KB068625

民事訴訟에서 民事執行까지(Ⅱ)

- 民事訴訟에서 不動産執行까지 -

全 將 憲

박영사

머 리 말

　광활하고 정교한 대우주(Great Universe) 속의 작은 지구 안에서 살아가고 있는 우리들은 어느 생명체보다도 치열한 경쟁과 복잡한 사회구조 속에 살아가고 있다. 오랜 세월 동안 농경사회와 자연생활을 하던 사회구조와 달리 현 시대는 100여년 사이에 엄청난 변화와 격동의 시대를 살아오면서 4차 산업혁명인 AI(Artificial Intelligence)시대로 접어들고 있으며 인간의 자연파괴와 자원 고갈로 우주를 향하여 나아가고 있다. 다른 생명들은 본능적인 자연의 흐름에 따라 살아가고 있지만 인간의 세계는 다양하고 복잡한 사회구조와 수많은 분쟁 속에서 살아가고 있다. 이러한 사회구조일수록 서로가 지켜야 할 사회규범이 없다면 인간의 세계는 무법천지의 세계가 될 것이다. 그래서 모든 국가들은 현 시대를 살아가면서 가장 공평하고 정의로운 규칙을 만들어 놓고 그 약속(Promise)을 위반한 경우에는 제재를 할 수 있도록 법(Law)이라는 사회규범을 만들어 놓고 있다.

　이러한 법은 크게 실체법과 절차법으로 구분할 수 있고 실체법은 민법, 상법 등과 절차법인 민사소송법, 민사집행법 등으로 이루어져 서로 유기적으로 연계되어 효력을 발생하게 되는데 그중 현대사회에서 제일 중요한 법은, 법의 마지막 단계이면서 꽃이라고 할 정도로 중요한 부동산 민사집행(부동산경매)이라고 할 수 있다. 옛말에 "길은 로마로 통한다"는 격언이 있듯이 당사자 사이에 민사분쟁은 궁극적으로 민사집행을 통하여 만족을 얻을 수밖에 없다. 그래서 천하에 아무리 자랑할 만한 명문의 확정판결문을 받았더라도 법의 마지막 단계에 해당하는 민사집행에 의하여 실효성이 인정되지 않는다면 그 판결문은 한낱 종잇조각에 불과하게 된다. 그런데 민사집행은 민사집행법만 알아서는 법리적인 관계가 작용이 안 되고 민법 등의 실체법과 민사소송법 등의 절차법이 서로 유기적으로 연계될 때 실무적으로나 학문적으로 효력이 발생하게 된다.

　저자는 그간 대학과 관공서 등에서 민법과 민사소송법, 그리고 민사집행법 (경매) 등에 대하여 오랜기간 동안 교육과 연구 그리고 실무를 하여 오면서 대학 (원)생과 전문인, 그리고 일반인들이 다양한 민사사건에서 벌어지는 분쟁을 어떠한 법리적인 관계로 실체법을 적용하여 민사소송을 제기하고 판결을 받는지, 그리고 그 판결문에 기하여 부동산, 동산, 채권 등에 민사집행을 신청하여 그 낙찰대금으로부터 어떠한 배당순위에 의하여 채권을 회수할 수 있는지, 민사소송과 민사집행의 전 과정을 유기적으로 연계하여 쉽게 이해할 수 있고 실속있는 내용의 전문법서를 생각하게 되었다.

　그리고 기존에 나와 있는 책들은 민사소송과 민사집행(경매)의 내용이 서로 일련의 과정으로 연계되어 있는데도 각각 독립해서 다루고 있기 때문에 막상 분쟁이 발생하여 소송을 제기하고 판결을 받았더라도 어떻게 민사집행을 신청하여 배당까지 이루어지는지, 권리와 의무의 실체를 규율하는 실체법에서부터 민사집행까지의 전체적인 연계가 되어 있지 않기 때문에 제일 중요한 민사집행단계에서 곤경에 처하거나 위험에 빠지는 경우가 상당히 많다.

　그래서 본서의 대제목을 "민사소송에서 민사집행까지"라고 정하여 제1권은 "민사소송에서 민사집행까지(Ⅰ) － 민사소송에서 부동산·채권·동산 압류까지 －"로 하였으며 제2권은 "민사소송에서 민사집행까지(Ⅱ) － 민사소송에서 부동산집행까지 －"로 정하였다. 그리고 제1권에서는 소송을 제기하여 판결을 받아 부동산·채권·동산에 대한 압류를 하고 제2권에서는 제1권의 민사소송 등의 판결문을 가지고 부동산집행을 하는 시리즈(Series)로 집필하여 본서를 통하여 민사사건의 처음부터 시작하여 배당을 받아 종결되기까지의 전 과정을 서로 유기적으로 연계·융합하여 다양한 민사분쟁이 해결되는 관계를 조감(see the entire view) 할 수 있도록 집필하였다.

　그리고 현재의 부동산경매제도는 법학과 부동산학문 중 꽃에 해당한다고 할 정도로 중요한 학문분야임에도 불구하고 법의 사각지대로 가장 소외받는 분야로 취급받아 왔다. 그래서 학계와 법조계, 실무계에 계신 분들과 뜻을 같이 하여 작년에 국내 최초로 한국부동산경매학회를 창립하여 위와 같은 내용의 실무적이며 학문적인 전문서가 더욱 필요하다는 점을 느끼게 되었다.

이에 대한 본서의 특징을 간략히 살펴보면 다음과 같다.

첫째, 제1권의 민사소송에서 제2권의 민사집행까지의 방대한 전체적인 내용의 연결고리를 보다 쉽게 이해할 수 있도록 민사분쟁에서 실정법의 적용과 그에 따른 소장작성 그리고 판결을 받아 명도까지 이르는 전 과정을 각종서식과 이론, 판례 등을 예시하여 서술하였다. 따라서 하나의 사건이 실정법과 민사소송뿐만 아니라 민사집행신청에서 배당과 명도에까지 이르는, 각각의 연결고리를 설명하여 제1권의 민사소송 내용이 제2권의 민사집행의 각 단계에서 전체적인 내용을 이해하는데 도움이 되고자 하였으며 가능한 쉽게 이해할 수 있도록 하였다. 본서에서는 이러한 일련의 전체과정들을 연계하여 설명함으로써 민법은 알고 있지만 소송은 제기할 수 없고, 소송을 통하여 판결은 받았지만 어떻게 경매를 신청할지 몰라 결국 채권회수도 하지 못하고 소멸시효로 집행권원이 종잇조각이 되어 버리는 일이 없도록 하였다.

둘째, 민사집행은 단순한 민사집행법만 알아서는 안 되고 민법, 공법 등의 실체법과 민사소송법, 민사집행법 등의 절차법을 서로 유기적으로 연계하여 적용할 때 법리적인 관계가 작용을 하게 된다. 그래서 민사소송과 민사집행은 바늘과 실의 관계와 비유되듯이 밀접한 관계로 연계되어 효력이 발생한다. 이러한 민사집행은 실체법과 절차법, 그리고 부동산학문을 포함하고 있는 종합학문으로 제일 복잡하고 난해한 분야에 해당한다. 따라서 추상적이고 난해한 실정법인 민법이 절차법인 경매와의 관계에서 어떻게 응용되고 적용되는지를 알기 쉽게 풀이하여 어느 누구나 법리적인 관계를 이해할 수 있도록 기술하였고 문장구성은 현실적이며 이해하기 쉽도록 사례와 판례 그리고 도해를 많이 삽입하여 서술을 하였다.

셋째, 민사분쟁의 신속과 비용 절감 등을 위하여 도입한 전자소송에 대하여 어떻게 전자소송으로 민사소송을 제기하고 판결을 받아 부동산과 동산 등에 대하여 민사집행을 할 수 있는지 설명하였다.

넷째, 본서의 부동산경매 사례들은 가능한 실제 사례를 가지고 권리분석과 설명을 하고 있지만 일자와 금액 등은 일부 수정을 하였다. 그리고 부동산경매의 용어는 일반적·대중적으로 많이 사용하고 있는 '매수인'은 '낙찰자', '경락인',

'매각'은 '낙찰', '경락' 등으로 쉽게 표현하여 내용을 이해하는 데 어려움이 없도록 하였다.

다섯째, 부동산경매에 관한 법의 규정은 사회현실과 밀접한 관계가 있기 때문에 얼마 시행되지 않고 변경이나 삭제되는 법들이 많다. 그러나 실질적·법리적인 관계는 변경된 새로운 조문만 적용하면 동일하게 효력을 발생하는 법들도 상당히 많이 있다. 그래서 이러한 법의 규정이나 판례 등에 대한 사례해석, 해석론 그리고 적용 등에 대한 내용은 가능한 삭제를 하지 않고 현행법의 체계에서도 그대로 적용될 수 있도록 하였다. 또한 일부내용은 아예 삭제를 하지 않고 법원경매의 역사적인(Historical) 흐름의 이해 차원에서 그대로 유지하되 이에 대한 내용은 적절히 표시를 하였다.

여섯째, 부동산경매는 사법과 공법, 부동산학 등 다양한 법 등이 관련되어 있고 강제집행이 이루어지기 때문에 채권자와 채무자, 임차인 그리고 입찰자 사이에 이해관계가 첨예하게 대립되는 경우가 많다. 따라서 본서는 이러한 이해관계인 들이 가능한 모두 조화로운 관계 속에 보호받을 수 있도록 다양한 방안으로 집필하였다. 그리고 실체법인 민법 등이 절차법인 민사집행(경매)과의 관계에서 어떻게 응용되고 효력이 발생하는지를 각종 사례와 판례 등을 통하여 살펴봄으로써 살아 움직이는 법의 실체를 알 수 있도록 하였다.

일곱째, 민사집행은 실무적으로나 학문적으로 중요한 학문영역인데도 법과대학에서는 필수과목이 아니며 각종 국가시험에서도 제외되고 있다. 그리고 법의 방대함으로 인하여 법과대학에서는 권리와 의무의 실체를 규율하고 있는 실체법인 민법 등을 따로 배우고 나중에 고학년일 때 실체법을 실현하기 위한 절차법인 민사소송법도 각기 따로 배우기 때문에 민법이나 상법 등은 상당히 많이 알고 있는데도 이를 실현하기 위한 민사소송법과 연계가 되지 않아 판결을 제대로 받을 수 없거나 확정판결은 정상적으로 받았지만 이 중 제일 중요한 민사집행을 배우지 않아서 앞에서 어렵게 실체법을 알고 민사소송까지 제기하여 받은 확정판결문이 제일 중요한 민사집행 단계에서 종잇조각이 되어 버리는 Mechanism of Education으로 되어 있다. 따라서 본서는 이러한 Mechanism을 보완하기 위하여 제목을 "민사소송에서 민사집행까지"라고 정하고 제1권은 민사소송편, 제2권은 민사집행편의 Series로 집필하여 본서를 통하여 민사사건의 처음부터 시작하여 배당을 받아 종결되기까지의 전 과정을 조감할 수 있도록 집필하였다. 예컨대 제1권 60면에서 주택임대차 분쟁이 발생한 경우 어떠한 주택임대차보호법이 적용되어 해결을 하여야 하는지 그리고 보전처분은 어떻게 하여야 하는지 그래서 본 사건의 민사소송을 어느 법원에 제기하고 소장은 어떻게 작성하여 법원에서 주장해야 하는지를 설명하여 확정판결을 받기까지의 전 과정을 이해할 수 있도록 하였다. 그리고 제2권에서는 제1권에서 받은 확정판결에 기하여 민사집행법에서 2/3 이상을 차지하는, 부동산집행을 어떻게 신청하여 매각절차가 이루어지는지 그리고 나중에 매각대금(낙찰대금)으로부터 어떠한 순위에 따라 배당을 받을 수 있는지를 제1권과 제2권을 유기적으로 연계 설명하여 민사사건의 전체적인 법리적인 관계를 각종 서식과 도해, 판례 그리고 실제 사례 등을 인용하여 최대한 쉽게 이해할 수 있도록 하였다.

여덟째, 공동저당, 지분경매, 관습법상 법정지상권, 유치권, 인수되는 후순위 권리, 파산 및 회생절차와 경매와의 관계, 임차인 등의 특수부동산에 대하여 구체적이며 실무적으로 설명을 하였다. 그리고 법정지상권과 일괄경매신청권은 일반거래에서 뿐만 아니라 금융기관에서도 여신업무와 밀접한 관련이 있어 양 제도의 차이점과 문제점을 사례로 설명하고 그에 대한 해결방안을 설명하였다. 그리고 민사소송과 민사집행은 실천학문이라 실무경향을 위주로 쉽고 간이하게 설명하였다.

위에 열거한 사항 외에도 본서는 일반인과 전문인 그리고 대학(원)생들이 제1권과 제2권의 "민사소송에서 민사집행까지"의 유기적인 전 과정을 학습함으로서 민사사건을 처음부터 배당 받기까지 쉽게 이해할 수 있도록 다양한 방법과 내용으로 구성하였다.

우리가 살아가고 보이는 모든 현상들의 세계는 고난(Hardship), 분쟁(Dispute)과 인내(Patience) 속에 아름다운 품격(Dignity)과 희망(Hope), 그리고 감사(Gratitude)하는 마음으로 변화하고 언젠가는 살라지는 미완성의 조각품을 만들면서 보이지 않는 영원한 SOUL 세계로 향하고 있는 듯 보인다. 어려우면서도 아름다운 현실 속의 과정들을 잘 극복하고 좋은 일들이 독자 여러분들에게 가득하기를 기원한다.

이 책이 나오기까지 주위에서 나를 도와주신 모든 분들께 이 자리를 통하여 감사한 마음을 드린다. 그리고 본서가 나올 수 있도록 간행을 맡아주신 박영사 안종만 회장님과 출간을 위하여 세심히 수고하여 주신 편집부의 이승현 과장님, 박가온 위원님, 기획마케팅팀의 오치웅 대리님에게 감사한 마음을 전한다.

2021.　10.　22.

파란 하늘과 호수를 바라보며
단국대학교 연구실에서
저자 전　장　헌

차 례

부동산에 대한
경매신청절차

제 1 절
부동산경매(입찰)의 의의

　　부동산은 인간생활과 경제의 기본토대를 이루고 있으며 경제의 발달과 함께 개인이나 기업은 부동산을 담보로 제공하고 자금을 융통하거나, 담보없이 자금을 융통하기도 한다. 이때 개인이나 기업이 차용한 금전을 약정한 기일에 변제하지 않게 되면 채권자는 채권을 회수하기 위해 국가의 집행기관을 통하여 금전채권을 회수하게 된다. 이처럼 개인이나 금융기관이 금전채권을 회수하기 위한 방법은 채무자가 제공한 담보물건에 대하여 경매를 신청하는 임의경매와 집행권원에 기해 경매(입찰1))를 신청하는 강제경매로 크게 구분할 수가 있다. 강제경매는 강제집행절차 중 그 집행의 대상이 부동산일 경우 가장 대표적인 강제집행 방법이다. 그리고 임의경매는 일반적으로 담보권의 실행을 위한 경매를 말하는데 이는 저당권 등의 담보권을 가진 채권자가 변제기일이 지나도록 채무자가 이행을 하지 않는 경우 담보권에 의하여 보장되는 우선변제를 받기 위하여 담보의 목적물을 경매하는 것을 말한다. 이러한 경매는 경매에 관심 있는 사람들에게만

---

1) 경매질서의 문란 등으로 경매의 공정성이 보장되지 않자 1992년경부터 대법원은 점차로 부동산등의 환가절차를 입찰방법으로 전환하여, 1993. 2. 25. 송무심의 제14호로 부동산 등에 관한 입찰실시에 관한 처리지침(송민93-2)을 제정함으로써 입찰방식이 구술주의에서 서면입찰방식으로 전환되는 계기가 마련되었다. 이 경우 '경매'는 '입찰'로, '경락기일'은 '매각결정기일'로, '최고가 입찰자'는 '최고가매수신고인'으로, 차순위입찰신고인은 차순위 매수신고인으로, '낙찰허가결정'은 '매각허가결정'으로 본다고 규정하고 있다. 그리고 2002. 7. 1. 부터는 민사집행법 제103조에 의하여 '기간입찰', '기일입찰', '호가경매'를 할 수 있도록 규정하였다. 위와 같은 입찰방식에 대해서는 각 집행법원이 자율적으로 결정할 수 있도록 하고 있으나 현재는 일부 법원만이 기간입찰을 일부 부동산에 대해서 실시하고 있고, 이외는 종전과 같이 '기일입찰'을 실시하고 있다. 본서에서는 쉽게 이해하기 위해 "입찰"등을 "경매", "매각허가결정"은 "낙찰허가결정"이라고 칭하여 서술하고자 한다.

해당되는 별도의 영역으로만 인식되어 경매브로커나 특정인만 하는 것으로 여겨져 왔었다. 그러다가 법원의 경매절차 매각방법이 구술신고방식에서 서면입찰제로 변경 실시된 이후 일반 수요자도 쉽게 입찰에 참가할 수 있게 되어 지금은 많은 사람들이 법원경매를 이용하고 있다.

임의경매는 강제경매의 절차를 준용한다(민사집행법 268조)고 되어 있어 구별의 실익이 크다고 할 수는 없다.[2] 그러나 강제경매는 집행권원에 기하여 경매를 하는 것이기 때문에 공신력과[3] 실체상의 하자로 인한 경락허가결정에 대한 이의 사유가 될 수 없다. 그러나 임의경매는 담보권 증명서류에 표시된 담보권의 부존재·원인무효 등의 사유가 있으면 매수인이 매각대금을 완납하였다 하여도 목적물의 소유권을 취득하지 못한다.[4] 다만 강제경매와 임의경매는 모두 압류·환가·배당의 절차를 통하여 채권자의 만족을 국가권력에 기하여 강제적으로 실현하는 법적 절차라는 점에서는 동일하다.

---

2) 대판 1991. 2. 8. 90다16177; 가집행선고부판결을 채무명의로 하여 채무자 소유 부동산에 대하여 강제경매를 신청한 채권자가 스스로 경락인이 되어 경락허가결정이 확정된 다음 경락대금 지급에 있어서는 채무명의가 된 가집행선고부판결에서 표시된 채권을 자동채권으로 하여 경락대금 지급채무와 상계신청을 한 결과 민사소송법 제660조 제2항 소정의 이의가 없어 경락대금 납부기일에 그 상계의 효력이 발생하고 경락인이 경매부동산의 소유권을 취득하였다면 위 가집행선고부판결의 집행력이 상계 당시 적법한 절차에 의하여 저지되지 아니한 이상, 위 상계는 채권자가 실제로 경락대금을 납부한 다음 배당기일에 자기의 채권액을 배당받는 경우와 마 찬가지의 효력을 발생한다고 할 것이고, 따라서 그 이후에 위 가집행선고부판결이 상소심에서 취소되어 위 상계에 있어서의 자동채권의 존재가 부정되었다 할지라도 위 상계를 비롯하여 이미 완료된 강제경매절차의 효력에는 아무런 영향을 미치지 아니한다.

3) 집행권원에 표시된 집행채권의 존재가 부정된다고 할지라도 경매절차가 적법하게 진행하여 경락인이 대금을 납부한 때에는 공신력이 인정되어 경락인은 유효하게 경매부동산의 소유권을 취득한다. 그러나 임의경매의 경우 담보권의 부존재는 경락의 효력에 영향을 미쳐 실체상의 하자는 경락인이 잔금을 납부하더라도 경락인의 소유권은 부정된다.

4) 대판 1999. 2. 9. 98다51855.

제2절
강제경매와 임의경매의 개시결정신청

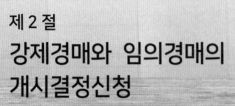

 제1항 강제경매[1]

1. 강제경매는 무엇인가

경매는 강제경매와 임의경매로 크게 나눌 수가 있는데 그중 강제경매는 종국판결 기타 집행권원에 기하여 채무자 소유의 부동산에 대하여 경매개시결정을 (압류)하여 낙찰대금으로부터 채권자에게 채권회수를 할 수 있도록 한 제도이다. 강제경매를 하기 위해서는 제1권에서 살펴본 집행권원[2]과 집행문이 있어야 하는데 집행권원에는 확정판결·화해조서·인낙조서·조정조서·지급명령·공정증서 등이 있다.

2. 집행당사자

가. 의의

집행당사자는 집행문의 부여에 의하여 확정된다. 집행문의 부여 없이도 집

---

1) 전장헌. 민법과 민사집행법의 관계, 법률정보센터, 2018, 4면 이하 참조.
2) 집행권원이란 개인 간의 이행에 관한 사문서를 공적인 기관에서 확인한 문서를 말한다. 강제집행의 대상이 되는 것은 법원의 확정판결인 이행청구권에 한한다. 확인판결이나 형성판결은 그 확정에 의하여 기판력이나 형성력이 발생하여 그 판결을 구하는 목적이 달성되므로 새삼스럽게 강제집행을 할 필요가 생기지 아니한다.

행력이 있는 집행권원의 경우에는 그 집행권원에 표시된 당사자가 집행당사자가 된다. 집행당사자 적격을 가진 자라도 집행문이 부여되어 있지 않으면 집행당사자가 될 수 없고, 집행당사자 적격을 가지지 않은 자라도 집행문이 부여되면 그 집행문이 취소될 때까지는 집행당사자가 된다.

부동산 강제경매신청

채 권 자 성 명
　　　　　주 소
채 무 자 성 명
　　　　　주 소
청구금액 : 원금　　　　원 및 이에 대한　　년　　월　　일부터 다 갚을 때까지 연　　%비율에 의한 금원
경매할 부동산의 표시 : 별지 목록 기재와 같음

경매의 원인된 채권과 집행할 수 있는 집행권원
채무자는 채권자에게　　법원　　가　　청구사건의 200　년　월　일 선고한 판결(또는　공증인　작성　호 공정증서)의 집행력 있는 정본에 기하여 위 청구금액을 변제하여야 할 것이나 이를 이행하지 아니하므로 위 부동산에 대한 강제경매 절차를 개시하여 주시기 바랍니다.

첨 부 서 류
1. 집행력있는 정본　　　　　　　　　1통
2. 송달증명서　　　　　　　　　　　1통
3. 부동산등기부등본　　　　　　　　1통

년　　　　　　월　　　　　　일

위 채권자　　　　　　(인)

연락처(☎)

지방법원　　　　　귀중

나. 집행당사자의 적격과 변동

(1) 집행당사자 적격

(가) 집행당사자 적격의 의의

집행당사자는 집행문이 부여된 뒤에 집행력 있는 정본에 표시된 자임에 대하여, 집행당사자 적격이란 집행절차에 있어서 누가 정당한 집행당사자인가를 말하는 것으로, 누구를 위하여 또는 누구에 대하여 집행문이 부여되어야 하는가의 문제이다. 적격의 유무는 집행문 부여에 있어서 조사할 사항이다.

(나) 집행당사자의 범위

집행당사자 적격의 범위는 집행권원의 집행력이 미치는 주관적 범위와 같다(민사집행법 25조). 확정되거나 가집행선고 있는 종국판결의 집행력이 미치는 범위는 그 판결의 기판력의 주관적 범위와 동일하다(민사소송법 218조).

1) 판결상의 당사자

판결이 집행권원이 될 때에는 원칙적으로 당해 판결상의 원·피고가 집행적격자이다(민사집행법 25조 1항 본문).

2) 기판력이 미치는 제3자

당사자 이외에 승계집행문이 부여될 자들이다.

① **변론종결 후의 승계인**　　집행권원에 표시된 당사자의 권리, 의무, 그리고 당사자적격을 승계한 자로서 변론없이 한 판결의 경우는 판결선고 후의 승계인(민사소송법 218조 1항)이고, 일반판결 집행권원에 대하여는 사실심변론종결 후의 승계인이다. 이외에도 민사소송법 제218조 제2항은 당사자가 변론을 종결할 때까지 변론없이 한 판결의 경우에는 판결을 선고한 뒤의 승계인이 승계사실을 진술하지 아니한 때에는 변론을 종결한 뒤 변론없이 한 판결의 경우에는 판결을 선고한 뒤에 승계한 것으로 추정하여 그 사람에 대하여 또는 그 사람을 위하여 집행할 수 있다(민사집행법 25조 1항 본문). 승계의 종류인 포괄승계나 특정승계, 그리고 원인에 해당하는 매매, 증여, 채권양도, 면책적채무인수, 경매, 전부명령 등을 가리지 않고 승계인의 선의나 악의도 불문한다.

승계가 있으면 채권자는 승계집행문을 받아 집행할 수 있고, 다시 집행권원을 얻을 필요가 없다.

ⅰ. 승계인에 해당하는 경우　　　청구근거가 물권적 청구권인 소유권이전등기를 명한 판결, 건물명도판결, 건물철거판결이 있은 후, 채무자로부터 소유권이전등기, 점유, 건물소유권을 이전받은 제3자에 대하여 위 확정판결의 기판력이 미친다. 따라서 원인무효임을 이유로 소유권이전등기말소를 명한 확정판결의 변론종결 후에 이로부터 소유권이전등기나 담보권설정등기를 경료한 제3자는 승계인에 해당하고(대판 1972. 7. 25. 72다935), 대지 소유권에 기한 방해배제청구로서 그 지상건물의 철거를 구하여 승소확정판결을 얻은 경우 그 지상건물에 관하여 위 확정판결의 변론종결 전에 경료된 소유권이전청구권가등기에 기하여 위 확정판결의 변론종결 후에 소유권이전등기를 경료한 자가 있다면 그는 민사소송법 제204조 제1항의 변론종결 후의 승계인이라 할 것이어서 위 확정판결의 기판력이 미친다(대판 1992. 10. 27. 92다10883).

ⅱ. 승계인에 해당하지 않는 경우　　　청구근거가 채권적 청구권인 매매나 기타의 사유로 인한 소유권이전등기이행청구의 승소판결을 받아 확정되었다고 하여도 이로 인한 소유권이전등기를 마치지 아니한 이상, 그 확정판결의 변론종결 후에 채무자로부터 목적물을 양수하여 소유권이전등기를 마친 제3자는 승계인에 해당하지 않는다(대판 1993. 2. 12. 92다25151, 1980. 11. 25. 80다2217).3) 그리고 매매

---

3) 대판 1993. 2. 12. 92다25151; 확정한 사실은 다음과 같다.
　(가) 이 사건 각 부동산은 원래 소외 김영희(1988. 1. 9. 사망)의 소유였는데 1986. 4. 30. 그의 처, 아들들 및 사촌동생인 피고들 명의로 각 매매를 원인으로 한 소유권이전등기가 경료되었다.
　(나) 원고는 1983.경 위 김영희를 상대로 하여, 위 김영희는 1964.7.1. 그가 공유수면매립면허를 신청하고자 하는 전남 광양군 골약면 마동리 17 지선공유수면상에 원고가 점용허가를 받아 점용하고 있던 45,000평에 대한 공유수면 점용권을 원고로부터 양도받되 그 대가로 매립공사 완료 후 그 매립지 중 45,000평의 3할에 해당하는 13,500평을 원고가 지정하는 부분으로 원고에게 양도하기로 하는 <u>교환계약을 체결</u>하였으므로 위 매립지 중 원고가 지정하는 부분인 이 사건 각 부동산에 관하여 그 <u>소유권이전등기절차의 이행을 구하는 소송</u>을 제기하였는데, 위 소송의 제1, 2심은 모두 원고의 청구를 인용하였으나 대법원은 1985. 3. 12. 원고에게 위 공유수면 점용권이 있었다거나 그 점용권을 위 망인에게 양도하였다고 인정할 만한 증거가 없다는 이유로 위 제2심판결을 파기환송하였고 위 사건을 환송받은 광주고등법원은 1985. 11. 6. 위 환송판결과 같은 취지에서 제1심판결을 취소하고 원고의 청구를 기각하는 판결을 선고하였으며 대법원도 1986. 2. 11. 그에 대한 원고의 상고허가신청을 기각하여 위 원고패소판결이 확정되었다.
　이 사건 피고들이 전소 판결의 변론종결 후의 승계인에 해당하므로 위 전소 판결의 기판력이 이 사건에도 미친다고 본 것으로 여겨지나, 이 사건에 있어서처럼 <u>전소의 소송물이 채권적 청구권인 소유권이전등기청구권일 때에는 이 사건 피고들이 위 전소의 변론종결 후에 전소 피고로부터 소유권이전등기를 경료받았다 하더라도 이 사건 피고들이 전소의 기판력이 미치는 변론종결 후의 제3자에 해당한다고는 할 수 없다</u>(당원 1969. 10. 23. 69사80 판결; 1980. 11. 25. 80다2217 판결 각 참조).

를 원인으로 소유권이전등기 청구사건의 확정판결이 있은 후 그 판결 전에 개시
된 강제경매절차에서 그 대지소유권을 경락취득한(대판 1971. 3. 23. 71다234), 채권
계약에 터잡은 통행권에 관한 확정판결의 변론종결 후에 당해 토지를 특정승계
취득한 자, 전차권을 양수하여 다시 전대차계약을 체결한 자가 그 양도인을 대
위하여 점포의 점유자를 상대로 한 점포 명도청구소송에서 승소판결을 받았으나
그 소송의 변론종결 후 그가 점포를 양도한 경우 점포를 양수한 자(대판 1991. 1.
15. 90다9964 점포명도), 채권적 청구권에 기한 건물명도소송의 변론종결 후에 피고
로부터 건물의 점유를 취득한 자에게는 판결의 기판력인 집행력이 미치지 아니
한다.[4] 승계가 있으면 채권자는 승계집행문을 부여받아 집행할 수 있고(민사집행
법 31조 1항), 승계인을 위하여 또는 승계인에 대하여 다시 집행권원을 얻을 필요
가 없다.

　② **당사자 또는 승계인을 위하여 목적물을 소지한 사람**　　청구의 목적물이란
소송물이 특정물의 이행을 목적으로 하는 청구권인 경우의 그 물건을 말한다.
그리고 물건이 동산이나 부동산이거나를 불문하며 그 청구권이 물권이거나 채권
인 경우에도 해당한다. 당사자나 변론종결 후의 승계인을 위하여 청구의 목적물
을 소지한 자에게 기판력과 집행력이 확장된다(민사소송법 218조 1항). 예컨대, 수
치인, 창고업자, 관리인, 운송인 등과 같이 오로지 본인을 위하여 소지하는 경우
를 가리키는 것이고, 임차인이나 질권자와 같이 자기 고유의 이익을 위하여 목
적물을 소지한 경우는 포함되지 않는다.

　　그러나 법인이 당사자일 때 그 직원의 소지나[5] 당사자 본인의 동거가족의

---

4) 대판 1991. 1. 15. 90다9964 판결:
　　가. 건물명도소송에서의 소송물인 청구가 물권적청구 등과 같이 대세적인 효력을 가진 경우에
　　는 그 판결의 기판력이나 집행력이 변론종결 후에 그 재판의 피고로부터 그 건물의 점유를 취
　　득한 자에게도 미치나 그 청구가 대인적인 효력밖에 없는 채권적청구만에 그친 때에는 위와 같
　　은 점유승계인에게 위의 효력이 미치지 아니한다.
　　나. 원고가 갑으로부터 을에 대한 점포의 전차권을 양도받고 다시 을과 전대차계약을 맺은 다
　　음, 그 점포를 점유하고 있는 병을 상대로 갑으로부터 양수한 전차권을 보전하기 위하여 갑을
　　대위하여 점포의 명도청구소송을 제기하여 승소판결을 받았으나 병이 그 사건의 변론종결 후
　　에 마음대로 피고에게 위 점포를 양도함으로써 피고가 이를 점유하고 있는 경우 원고의 위 소
　　송에서의 청구는 채권적청구이므로 피고에 대하여는 그 판결의 기판력과 집행력이 미치지 아
　　니하고, 따라서 그 승소판결만으로 피고에 대하여 명도집행을 할 수 없게 된 원고로서는 피고
　　를 상대로 다시 위 점포의 명도를 구할 소송상의 이익이 있다.
5) 1. Fact

소지와 같이 점유보조자의 경우는 본인이 직접 소지하는 경우와 같기 때문에, 이 경우의 집행에는 승계집행문까지도 필요로 하지 않는다.

③ 제3자를 위하여 당사자가 된 사람이 받은 판결에 있어서의 제3자　　다른 사람의 권리에 관하여 당사자로서 소송수행권을 가진 자는 소송담당자가 받은 판결의 집행력은 제3에게도 미친다. 예컨대 선정당사자, 파산관재인, 정리회사의 관리인, 대표소송을 수행하는 주주, 유언집행자 등이 받은 판결의 집행력은 선정자, 파산자, 정리회사, 채무자, 회사, 상속인 등에게 미친다. 따라서 그들에 대한 또는 그들을 위한 강제집행에서는 승계집행문을 부여받아야 한다.

④ 독립당사자참가 또는 소송인수에 의하여 소송을 탈퇴한 당사자　　탈퇴한 당사자에게도 집행당사자 적격이 있다.

(2) 당사자 적격의 변동

(가) 집행문 부여 전의 변동

집행권원이 성립 후 집행문 부여 전에 당사자의 사망, 그 밖의 원인에 의하여 집행권원상의 당사자적격에 변동이 생기면 새로 당사자 적격을 취득한 자를 위하여 또는 그 자에 대하여 승계집행문을 부여받아야 한다.

원고의 소유로 추정되는 이 사건 건물 중 원심 판시의 4층 및 5층을 선경도시개발 주식회사가 그 사무실로 사용하고 있는데, 피고 김기수는 위 회사의 회장, 피고 양문선은 사장, 피고 김시한은 이사, 피고 표제욱은 기획이사라는 직함을 가지고 위 회사의 사무실인 위 건물의 4, 5층을 점용하고 있는 사실을 인정한다.

2. Judgement

피고들이 위 건물의 점용권원에 대한 주장, 입증이 없는 한 그들이 점용하는 이 사건 건물의 4층 및 5층 부분에서 퇴거할 의무가 있다고 판단하였다.

3. Rationale

- 소유물반환청구의 상대방은 현재 그 물건을 점유하는 자이고 그 점유보조자에 불과한 자는 이에 해당하지 아니하는 것이므로(대판 1977. 12. 13. 77다865 참조), 원심이 인정한 대로 위 회사의 직원으로서 위 건물부분에 대한 점유보조자에 불과할 뿐 독립한 점유주체가 아닌 피고들은, 위 회사를 상대로 한 명도소송의 확정판결에 따른 집행력이 미치는 것은 별론으로 하고, 소유물반환청구의 성질을 가지는 퇴거청구의 독립한 상대방이 될 수는 없는 것이다(원고도 원심의 변론에서 피고들이 점유보조자임을 주장하고 있다).

- 원고는 이 사건 건물은 원고의 소유인데 피고들이 위 회사의 점유보조자로서 그 건물 중 4층 및 5층을 권원없이 점용하고 있으므로 그 건물부분에서 퇴거할 의무가 있다고 주장하나, 위에서 본 바와 같이 위 회사의 직원으로서 점유보조자에 불과한 피고들은 독립하여 소유물반환청구(퇴거청구)의 상대방이 될 수 없으므로, 원고의 청구는 이유 없다(대판 2001. 4. 27. 2001다 13983 건물명도).

(나) 집행문 부여 후의 변동

1) 원칙

집행문 부여에 의하여 집행당사자는 확정되지만, 그 이후에도 승계등의 사유로 집행당사자로서 집행하거나 집행받을 적격에 변경이 생긴 경우에는 새로운 적격자를 위하여 또는 그자에 대하여 승계집행문을 부여받아야만 그자를 위하여 또는 그자에 대하여 집행을 착수 또는 속행할 수 있다.

2) 예외

집행개시 후 채무자가 사망한 경우에는 상속재산에 대하여 승계집행문이 없어도 집행할 수 있다.

다. 집행당사자 능력과 소송능력

(1) 당사자 능력

당사자 능력이란 집행채권자 또는 집행채무자로 되기 위한 소송법상의 능력을 말하는 것으로 그에 관한 효력의 귀속주체가 될 수 있는 능력을 말한다. 민법상의 권리주체인 자연인과 법인, 민사소송상 비법인사단·재단으로서 대표자 또는 관리인 있는 경우에는 집행당사자 능력이 있다. 그러나 민법상 조합은 당사자능력이 부정되므로 조합에 속하는 재산에 대한 집행은 조합원 전원이 채권자 또는 채무자가 된다.

(2) 소송능력

(가) 채권자

당사자가 유효하게 민사집행법상의 소송행위를 하기 위해서는 소송능력이 있어야 한다. 행위무능력자는 법정대리인에 의하여 소송행위를 하여야 한다.

(나) 채무자

채무자는 원칙적으로 소송능력을 요하지 않는다. 그러나 채무자의 경매개시결정, 압류명령의 수령, 특별현금화방법 허가 전의 채무자 심문, 집행에 관한 이의, 그리고 즉시항고 등을 함에는 소송능력을 요한다.

(다) 대리인

민사집행절차는 대리인에 의하여 할 수 있다. 집행관에 의한 집행절차에 있어서는 대리인의 자격에 제한이 없다. 집행법원이 하는 집행절차에는 변호사만 대리인이 될 수 있지만 집행법원이 단독판사일 경우 당사자와 친족 등 특별한 관계가 있으면 법원의 허가를 얻어 대리인이 될 수 있다. 이에는 법관의 면전에서 받는 심문이나 이의신청, 항고 등에 의하여 변론을 하는 경우도 해당된다고 할 것이다.

3. 신청서에 기재할 사항

강제경매를 하기 위해서는 우선 강제경매신청서를 제출해야 하는데, 강제경매신청서에는 채권자와 채무자, 그리고 대리인을 표시해야 한다. 또한 어느 법원에 신청할 것인지 그 법원을 표시해야 하며 부동산의 표시 및 경매원인된 일정한 채권과, 집행할 수 있는 일정한 집행권원를 기재해야 한다.

그리고 강제경매에 의하여 변제받고자 하는 일정한 채권의 청구액 전액을 기재하여야 한다. 왜냐하면 나중에 채권 계산서의 제출에 의한 확장이 허용되지 않기 때문이다. 다만, 별도의 배당요구에 의하여 확장된 부분은 청구할 수 있다.

4. 첨부서류

강제경매신청을 하기 위해서는 집행문을 부여받은 집행권원[6]과 신청서 1통, 부동산목록 30통, 송달증명원 1통,[7] 채권자·채무자가 행위무능력자인 경우 무능력자의 법정대리인임을 입증하는 호적등본 1통, 법인인 경우에는 법인의 대표자임을 증명하는 서면(법인등기부 등본) 1통, 소송대리인에 의한 경우에는 대리권을 증명하기 위하여 소송위임장 첨부, 등기부에 채무자의 소유로 등기가 되어 있는

---

6) 채무명의에는 판결문·공정증서·확정된 지급명령·화해조서·조정조서 등이 있다. 여기에 집행할 수 있다는 것과 집행당사자, 집행의 범위 등을 공증하기 위하여 법원사무관 등이 공증기관으로서 채무명의의 말미에 부기하는 공증문언을 말한다. 집행문이 있는 채무명의 정본을 "집행력 있는 정본" 또는 "집행정본"이라 한다.

7) 송달증명원은 채무명의가 상대방에 교부되었음을 증명하는 것으로 송달이 되었으면 관할 법원 민사과에서 발급받을 수가 있다. 만약 송달이 되지 않았다면 특별송달이나 공시송달을 하여 송달증명원을 발급받아 강제경매신청을 해야 한다.

등기부등본이나 채무자의 명의로 등기할 수 있음을 증명할 수 있는 서류[8] 1통,
이해관계인 일람표 1통이 필요하다.

그리고 등록세(청구채권액의 2/1000)와 지방교육세(등록세의 20/100)를 납부한
영수필통지서 1통 및 영수필확인서 1통이 필요하다.

【서식】 부동산목록

부동산 목록

1. 서울 서초구 서초동 ○○번지
   대 ○○○평방미터(m²)

2. 위지상
   철근콘크리트조 슬래브지붕 주택
   1층 ○○○평방미터(m²)
   2층 ○○○평방미터(m²)

3. 목록(아파트 등 대지권 표시 예)
   1동의 건물의 표시
   서울 서초구 ○○동 ○○-○
   ○○아파트 제 ○○동
   철근콘크리트조 슬래브지붕 ○○층 아파트

   전유부분의 건물의 표시
     건물의 번호 : ○○-○-○○○
     구   조 : 철근콘크리트조
     면   적 : ○층 ○○호 ○○.○○평방미터(m²)

   대지권의 표시
   토지의 표시 : 1. 서울 서초구 ○○동 ○○-○
                   대 ○○○○평방미터(m²)
   대지권의 종류 : 1. 소유권
   대지권의 비율 : ○○○○ 분의 ○○○

---

8) 건축허가를 받았으나 사용승인(준공검사)이 나오지 않아 등기가 되어 있지 않은 부동산일지라
   도 관계된 서류를 첨부하여 강제경매를 신청할 수 있다.

【서식】 이해관계인 일람표 양식

순 위	이해관계인	성 명	주 소
	채권자	○○○	서울 동대문구 ○○○
	채무자	○○○	서울 광진구○○○
	소유자	○○○	서울 중랑구 ○○○
	근저당권자	주식회사 ○○은행	서울 서초구 ○○○
	전세권자	김○○	서울 송파구 ○○동 ○○

5. 경매신청비용[9]

1) 등록세·교육세

강제경매할 부동산이 있는 곳의 시·군·구청 세무과에서 등록세 과세표준 및 세액신고서를 작성하여 신고하고 이어 고지서를 발급받아 금융기관이나 우체국 등에 납부한 후 그 영수증 등을 경매신청서 접수시 함께 제출하면 된다.

㉠ 등록세: 청구금액의 2/1,000

㉡ 교육세: 등록세의 20/100

2) 송달료

이는 경매절차를 진행하는 데 따른 당사자 및 이해관계인 등에 대한 소환 또는 통지를 하기 위해 소요될 우편비용으로 법원이 정한 수납은행(주로 당해 법원 내에 있는 은행)에 송달료를 납부한 후 그 영수증을 경매신청서 제출시 함께 제출하면 된다.

---

9) 경매신청비용은 물가상승이나 경제적인 여건 등으로 계속적이며 수시로 인상 변경되어 왔으며 앞으로도 계속 변경될 것이다. 그런데 이렇게 수시로 변경되는 신청비용 등에 대해 그때마다 본서의 내용을 변경하기에는 한계가 있다. 따라서 본서의 경매신청비용은 경매신청을 하기 위해서 어떠한 절차와 비용이 들어가는지에 대한 개략적인 내용으로 이해를 하고 각 항목별 비용은 앞으로도 계속 물가상승 등으로 변경된 금액으로 계산하여 산정하면 될 것으로 본다. 그리고 경매신청비용 이외에도 소송촉진 등에 관한 특별법(제3조: 법정이자)에 따른 연체이자도 연 20%에서 연 15%, 다시 2019. 6. 1.부터 연 12%로 시행되고 있는데, 이러한 내용들도 이때마다 변경하여 출간하기에는 본서가 절차법과 실체법을 다루고 있는 특징으로 한계가 있으므로 앞으로 이러한 금액이 변경되더라도 본서의 절차적인 내용을 이해하여 인상된 금액을 적용하는 관계로 이해하면 될 것으로 본다.

납부할 송달료: (신청서상의 이해관계인수+3)×10회분이다[예를 들어 이해관계인이 7명이면 (7+3) × 10회분(1회분 3,020원)=302,000원].

3) 집행비용

집행비용은 채권자가 강제경매를 하기 위해 필요한 비용으로 미리 법원에 납부하여야 한다. 감정인이 하는 감정평가비용, 집행관이 하는 임대차현황조사보고서, 신문광고비, 수수료 등에 들어가는 비용을 말한다. 본 집행비용은 채권자가 미리 납부하는 대신 배당에서 제일 선순위로 배당받는다.

① 일반적인 비용

㉠ 신문공고료: 16,500원(부동산 1필지당. 아파트는 2필지로 계산함)

33,000원(토지, 건물)

㉡ 부동산현황조사료: 500만원까지 30,000원+16,260원(여비 등 비용)

500만원초과 40,000원+16,260원(여비 등 비용)

㉢ 매각수수료

청구금액 1천만원 이하: 청구금액×0.02+5,000원

청구금액 1천만원 초과 5천만원 이하: (청구금액−1천만원)×0.015+203,000원

청구금액 5천만원 초과 1억원 이하: (청구금액−5천만원)×0.01+803,000원

청구금액 1억원 초과 3억원까지: (청구금액−1억원)×0.005+1,303,000원

청구금액 3억원 초과 5억원까지: (청구금액−3억원)×0.003+2,303,000원

청구금액 5억원 초과 10억원까지: (청구금액−5억원)×0.002+2,903,000원

청구금액 10억원 초과: 3,903,000원(상한선)

㉣ 감정수수료: 감정수수료는 5천만원까지 150,000원이다. 초과하는 경우는 누진료에 따르지만 실무상 예납금은 경매접수시 납부하기 때문에 감정가액을 정확하게 알 수 없어 200,000만원으로 한다. 추후 경매절차가 끝나면 남는 금액은 배당시 집행비용이라는 항목으로 환급해 준다.

• 평가가액 5천만원까지: 금 150,000원

• 평가가액 5천만원 초과 5억원까지: (평가가액×0.0011+95,000원)×0.8

• 평가가액 5억원 초과 10억원까지: (평가가액×0.0009+195,000원)×0.8

• 평가가액 10억원 초과 50억원까지: (평가가액×0.0008+295,000원)×0.8

- 평가가액 50억원 초과 100억원까지: (평가가액×0.0007＋795,000원)×0.8
- 평가가액 100억원 초과 500억원까지: (평가가액×0.0006＋1,795,000원)×0.8
- 평가가액 500억원 초과 1,000억원까지: (평가가액×0.0005＋6,795,000원)×0.8
- 평기기액 1,000억인 초괴: (평기기액×0.0004 ┼ 16,795,000원)×0.8

※ 감정수수료는 매각대금 대신 평가가액으로 계산함.

ⓜ 유찰수수료: 6,000원

ⓑ 자동차 인도 집행수수료: 20,500원

② **서울지방법원 집행비용 산정**(예)

㉠ 신문공고료: 건당 200,000원

㉡ 현황조사수수료: 건당 63,260원

㉢ 매각수수료

청구금액 1천만원 이하: 청구금액×0.02＋5,000원

청구금액 1천만원 초과 5천만원 이하: (청구금액－1천만원)×0.015＋203,000원

청구금액 5천만원 초과 1억원 이하: (청구금액－5천만원)×0.01＋803,000원

청구금액 1억원 초과 3억원까지: (청구금액－1억원)×0.005＋1,303,000원

청구금액 3억원 초과 5억원까지: (청구금액－3억원)×0.003＋2,303,000원

청구금액 5억원 초과 10억원까지: (청구금액－5억원)×0.002＋2,903,000원

청구금액 10억원 초과: 3,903,000원(상한선)

㉣ 감정료: 200,000만원

ⓜ 유찰수수료: 1회당 6,000원

ⓑ 송달료: (신청서상 이해관계인수＋3)×10회분(1회분 3,020원)

6. 집행법원

부동산경매에 대한 관할법원(강제경매, 임의경매, 강제관리)은 목적부동산 소재지를 관할하는 지방법원이다. 이는 집행권원을 받은 법원과 다른 지역에 부동산이 소재하고 있다면 그 부동산 소재지 관할법원에 강제경매를 신청해야 한다는

것이다. 이 관할은 전속관할이기 때문에 당사자의 특약으로 달리 정할 수 없다. 강제경매를 신청하는 채권자가 관할법원을 잘못 알고 관할권 없는 법원에 경매를 신청하였다면 법원은 그 신청을 각하할 것이 아니고 관할지방법원에 이송하여야 한다.

7. 강제경매개시결정 신청심사(재판)

1) 심사

강제경매를 신청하기 위해 경매신청서를 민사집행사건부에 접수하면, 집행법원은 사건부호로 "타경"과 "○○○○○"의 사건번호를 부여한 후 사건배당을 한다. 경매신청에 대하여 집행법원은 변론을 하지 않고 심리를 할 수 있는데 우선 신청서의 기재 및 첨부서류에 의하여 강제집행의 일반요건 및 강제경매에 특히 필요한 요건 등에 관하여 형식적 심사를 한다. 판결절차에서와 같이 실질적 심사의 필요는 없다. 심리의 결과 신청이 적법하면 강제경매개시결정을 하고 만약 요건에 흠결이 있고 그 하자가 보정될 수 없는 것인 때에는 신청을 각하한다. 단, 보정할 수 있는 것이면 그 보정을 명한다. 이어 신청을 허용하여야 할 때에는 신청인으로 하여금 경매비용을 예납시킨 다음 경매개시결정을 허락한다는 결정을 한다. 강제경매개시결정과 동시에 법원은 관할 등기소에 압류[10] 취지를 부동산등기부에 기입할 것을 등기공무원에 촉탁한다. 등기공무원은 경매개시결정을 등기한 후 부동산 등기부등본을 관할법원에 송부한다.

2) 일반적인 검토사항

경매개시결정의 신청을 법원에 제출하면 법원은 ① 관할법원확인[11] ② 중복사건심사[12] ③ 등기부상과 부동산목록의 일치 여부 확인 ④ 경매신청권자보다 앞선 순위의 근저당권자, 전세권, 가압류권자 등을 확인한다.[13] ⑤ 최초근저당[14]이나 가

---

10) 압류는 채무자에게 송달된 때 또는 경매개시결정 기입등기를 한 때 압류의 효력이 생긴다(민법 83조 4항). 따라서 강제경매개시결정등기나 임의경매개시결정등기를 한 때 압류가 되었다고 한다.

11) 부동산소재지 관할법원에 경매를 신청하는 토지관할이다.

12) 등기부에 의하여 중복사건인 것이 확인되면 선행사건의 담당계로 재배당한다.

13) 경매신청권자보다 선순위 채권액을 확인하여 후에 잉여의 가망이 없는 경우는 경매신청권자에게 매수신청을 통지하여 주고, 경매신청권자가 매수신청을 하지 않는 경우에 경매를 취소시키기 위해 기록표지 우측에 표시하여 둔다.

압류,15) 담보가등기, 강제경매개시기입등기 일자를 기록표지에 기재한다.16) ⑥ 부동산이 채무자 소유일 것, 압류금지 부동산이 아닐 것 등을 형식적으로 심사하여 신청이 적법하다고 인정되면 강제경매개시결정을 한다.

3) 경매신청의 각하

강제경매신청의 요건에 흠결이 있으면 각하하고 그 흠결이 보정될 수 없는 것인 때에는 결정으로 신청을 각하한다. 각하결정에 대하여 경매신청권자는 즉시항고를 할 수 있다. 요건의 흠결이 경미한 때에는 보정을 명한다.

8. 실체적 요건·절차적 요건

실체적인 요건(집행권원과 집행문)이 전혀 존재하지 않는데도 불구하고 실시된 경매는 절대적 무효이므로 그 경락허가결정을 원인으로 한 소유권이전등기는 원인무효로서 말소된다.17) 또한 집행권원이 무효인 경우에 경매의 효력도 없어지는 가에 대해서 판례는 무효설의 입장을 따르고 있다.18) 그러나 집행권원의 폐기·취소19)와 집행채권이 소멸된 경우 경락인의 소유권취득의 효력에는 영향이 없다고 보는 것이 판례의 입장이다.20)

절차적인 요건의 하자로 인한 경우는 경락인의 소유권변동에 영향을 미칠 수가 없다. 일단 경락허가결정이 확정되고 경락대금을 완납한 이후에는 경매절차상의 문제로 경락허가결정의 무효를 주장할 수는 없다는 것이다. 경매가 진행

---

14) 토지와 건물의 최초근저당일자가 다른 경우 임차인은 건물의 최초근저당일자를 기준으로 대항력 유무를 결정하게 된다.

15) 가압류등기가 마쳐진 후에 그 주택을 임차한 자는 가압류의 처분금지 효력에 의하여 가압류 사건의 본안판결의 집행으로 경락인에게 대항력을 행사하여 보증금의 인수를 주장할 수 없다.

16) 최초근저당이나 또는 가압류, 담보가등기, 강제경매개시기입등기보다 앞선 일자로 임차인이 주택을 인도받아 전입을 하여 놓았다면 대항력이 인정되어 경락인이 보증금을 인수해야 하기 때문이다.

17) 대판 1978. 6. 27. 78다446, 대법원 판례집 제26권 2집, 160면.

18) 대판 1991. 10. 11. 91다21640, 대법원 판례집 제39권 4집, 1991, 29면 이하.

19) 대판 1959. 9. 10. 429민상680, 대법원 판례집 제7권, 211면 【판결요지】집행력 있는 확정판결에 의해 강제경매가 진행되어 경락인이 잔금을 납부하였다면 동 확정판결이 재심 기타 소송행위의 추완에 인한 소송진행 결과 폐기되었다 하더라도 그 이전에 동 확정판결에 의하여 이미 행한 집행행위는 그로 인하여 효력을 상실하지 아니하고 소유권을 유효하게 취득하게 된다.

20) 대판 1964. 5. 19. 63다962, 대법원 판례집 제12권 1집, 1964, 98면 이하.

되는 과정 중에 절차상 하자가 있을 경우에는 낙찰허가에 대한 항고라든가 이의 신청을 할 수도 있는데 이를 해태한 자에게까지 경락인의 소유권을 변동시키는 것은 경매절차의 확실성과 안정성을 해하는 결과가 된다고 하기 때문에 인정하지 않고 있다. 다만 민사소송법 제431조, 제422조에 의한 준재심으로는 확정된 경락허가결정의 취소도 가능한바, 동 취소가 경매절차의 완결 후일 때에는 경락인의 소유권취득의 효과에 영향을 미친다.[21]

---

21) 대판 1967. 2. 28. 66마89, 대법원 판례집 제15권 1집, 153면.

제 2 항   임의경매

【부동산임의경매신청표지】

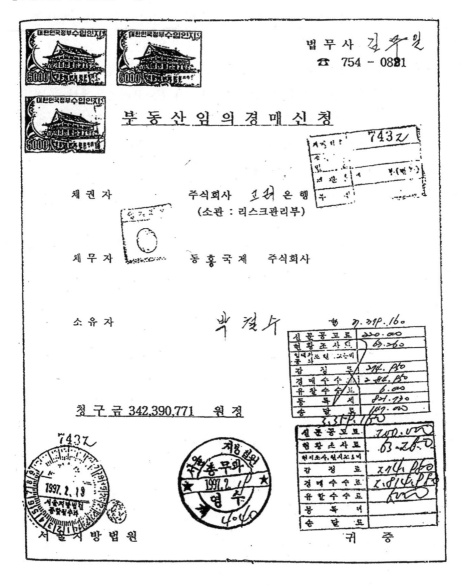

1. 의의

임의경매는 채무자나 물상보증인의 특정재산에 대하여 저당권이나 전세권, 질권, 담보가등기를 설정하고 이를 일정기간에 갚지 않거나 계약의 해지, 해제사유가 발생하였을 경우에 신청할 수가 있다. 강제경매는 채무자의 특정되지 않은 일반재산에 대하여 인적책임을 구현하는 것인 반면 임의경매는 특정재산에 대한 물적책임을 묻는 것이다. 위와 같은 강제경매나 임의경매는 금전채권의 만족을 얻기 위하여 국가기관에 대해 행하는 경매라는 점에서 공통점이 있다.

위의 임의경매신청 부동산은 경매신청채권자 (주)고려은행에서 채무자 박철수가 근저당권에 기한 채무액을 변제하지 않자 박철수 소유의 가옥에 대하여 임의경매를 신청한 것이다. 본 물건은 실제 낙찰받은 물건으로써 어떻게 (주)고려은행[22]이 임의경매를 신청하고 낙찰이 되어 경락인이 잔금을 납부하고 배당이 이루어지고 있는가에 대하여 해당하는 각 장에서 설명을 하고 있어 이에 대한 경매서식을 읽어가다 보면 전체적인 민사집행의 흐름을 파악할 수 있을 것이다. 본 물건에 대한 이해를 위하여 주요 내용을 요약 정리하여 보면 다음과 같다.

---

22) 가능한 실제 낙찰된 사실을 위주로 설명을 하겠으나, 이름과 번지 등은 가명을 사용하도록 한다.

【경매물건요약】

사건번호	소재지	면적(평방)	등기부상권리분석	임차관계	감정평가액
					최저경매가
20 -8482	서울 강남구	대	압류 20. 10. 16.	김현주	450,000,000
	대치동65	75.12/2441 6	강남구청	20. 11. 26.	360,000,000
아파트	쌍용아파트 8동	건132.05	가압 20. 11. 25.	(전입)	결 과
	1008호	(43평형)	고려은행	배당 20. 4. 21.	20. 4. 25.
(주)고려은행	* 철근조슬래브	방4	128,659,000	1500만	유찰
(주)동흥국제	지붕	화장실 2	가압 20. 11. 27.		
박철수	* 시내버스등	20. 11. 6.	신용보증기금	천정짐	
	교통양호	준공 14층	460,000,000	20. 10. 26(전입)	
	* 일반주거지역	아파트	가압 20. 8. 3.	배당 20. 4. 21.	
	* 2종미관지구		기술신용기금	1200만	
	* 중앙공급식		500,000,000		
			가압 20. 11. 2.		
			대한보증보험		
			임의 20. 12. 27.		
			고려은행		
			근저 20. 10. 14.		
			고려은행		
			272,800,845		
			근저 20. 11. 17.		
			고려은행		
			25,550,422		
			근저 20. 11. 19.		
			고려은행		
			200,000,000		
			근저 20. 11. 24.		
			외환은행		
			60,000,000		

우선 위의 물건요약 내용에서 살펴보고 있는 바와 같이 채무자는 (주)동흥국제를 운영하는 대표이사 박철수인데, (주)고려은행으로부터 차용한 근저당권의 피담보채권액을 변제하지 못하자, 근저당권자인 (주)고려은행이 채권액을 변제받기 위하여 20. 12. 27. 임의경매개시결정을 받아 박철수의 집에 대하여 임의경매를 신청한 것이다. 그렇게 하여 본 물건은 2회 유찰되는 시점에서 낙찰이 되었고 채무자 박철수 집 방 한칸에 세를 얻어 살고 있는 세입자들이 항고를 제기하여 대법원까지 진행된 물건이다. 이어 대법원에서 재항고가 기각되어 잔금기일이 정

하여졌는데도 잔금을 계속 납부하지 않다가 재매각(재입찰) 입찰기일 바로 전에 잔금을 지불하고 소유권이전등기를 한 사례이다. 이하에서는 본 물건을 가지고 경매를 신청한 때부터 시작하여 배당을 받고, 명도하기까지의 전 과정을 각 장에서 개략적으로 설명하고 있다. 따라서 본 사례와 연계하여 각 장의 내용을 이해하면 민사집행의 윤곽을 이해하는 데 상당히 도움이 될 것으로 본다.

2. 부동산 임의경매 신청서

부동산 임의경매 신청서

채 권 자   성 명 주식회사 고려은행
　　　　　주 소 서울시 중구 남대문로 2가 8-1
채 무 자   성 명 동흥 국제 주식회사
　　　　　주 소 서울시 송파구 신천동 11-9 한신코아 오피스텔 810호
청구금액 : 원금 342,390,771 원정 및 이에 대한 20년 3월 20일부터 다 갚을
때까지 연 12% 비율에 의한 금원
경매할 부동산의 표시 : 별지 목록 기재와 같음

담보권과 피담보채권의 표시

채무자는 채권자에게　　년 월 일 금　　원을, 이자는 연　　%, 변제기
일　년　월　일로 정하여 대여하였고, 위 채무의 담보로 별지목록기재 부동산에
대하여　　지방법원　등기 접수 제　호로서 근저당권설정등기를 마쳤는데, 채
무자는 변제기가 경과하여도 아직까지 변제하지 아니하므로 위 청구금액의 변제
에 충당하기 위하여 위 부동산에 대하여 담보권실행을 위한 경매절차를 개시하여
주시기 바랍니다.

첨 부 서 류

1. 부동산등기부등본　　　　　　　　　　　　　　　　　1통
2. 근저당권설정계약서(채권증서 또는 원인증서 포함) 사본　 1통

　　　　　　　　　　년　월　일
　　　　위 채권자　　　　　　　　　(인)
　　　　　　　　　　연락처(☎)

지방법원　　　　귀중

3. 신청내용

부동산 임의경매신청

채권자　　　　주식회사 고려은행
　　　　서울시 중구 남대문로 2가 8-1
　　　　대표이사 이 강 국
　　　　지배인　김 윤 환
　　　　(소관 : 리스크 관리부)
　　　　전화 : 373-2785, 2345
채무자　　　　동흥 국제 주식회사
　　　　서울시 송파구 신천동 11-9 한신코아오피스텔 810호
　　　　대표이사 박 철 수
소유자　　　　박 철수
　　　　서울시 강남구 대치동 65, 쌍용아파트 8동 1008호

<u>청구금액 금 342,390,771 원정</u>
1. 서기 20년 10월 14일 16,542,029 상호부금
2. 서기 20년 5월 31일 18,671,884 상호부금
3. 서기 20년 5월 31일 18,671,884 상호부금
4. 서기 20년 12월 29일 47,404,974 대여금
5. 서기 20년 5월 31일 80,000,000 대여금
6. 서기 20년 4월 23일 13,500,000 대여금
7. 서기 20년 12월 30일 36,500,000 대여금
8. 서기 20년 1월 4일 36,000,000 대여금
9. 서기 20년 1월 23일 35,000,000 대여금
10. 서기 20년 2월 27일 29,200,000 대여금
11. 서기 20년 2월 28일 10,900,000 대여금
(도합금 342,390,771 원정)

　위 금원에 대하여
　금 16,542,029 대하여 20년 3월 20일
　금 18,671,884 대하여 20년 3월 1일
　금 18,671,884 대하여 20년 3월 1일
　금 47,404,974 대하여 20년 3월 24일
　금 80,000,000 대하여 20년 1월 31일

금 13,500,000 대하여 20년 5월 23일
금 36,500,000 대하여 20년 3월 24일
금 36,000,000 대하여 20년 3월 28일
금 35,000,000 대하여 20년 4월 18일
금 29,200,000 대하여 20년 5월 22일
금 10,900,000 대하여 20년 5월 22일
부터 완제일까지 연 12%의 비율에 의한 연체금

청구취지

위 청구금액을 변제에 충당하기 위하여 별지 목록 기재 부동산에 대하여 경매개시결정
을 한다
라는 재판을 구함.

청구원인

1. 채무자는 채권자 은행의 본 지점에 대하여 현재 부담하고 또는 장래에 부담하게 될
모든 채무를 공동 담보하기 위하여 별지 목록 기재 부동산에 대하여 아래와 같이 근저당
권 설정등기를 필 하였음

－ 아 래 －

(단위 : 원)

설정계약 연월일	등기년월일	관할법인	접수번호	채권최고액	비고, 채무자
20. 12. 13.	20. 12. 14.	서울지방법원 강남등기소	153684	272,800,845	
20. 1. 16.	20. 1. 17.	〃	4201	25,550,422	
20. 8. 13.	20. 8. 13.	〃	81171	200,000,000	

2. 채무자 동흥국제(주)는 서기 20. 10. 14. 채권자와 상호부금입금약정을 체결하고 이
에 대한 약정금을 채권자로부터 차입하였다. 차입할 때의 동 약정 내용에 따르면 채무자
는 동 부금을 수령함과 동시에 채권자에 대하여 금 80,340,642원의 부금 채무를 부담하
고 그 변제방법은 20. 10. 19.부터 20. 11. 19.까지 일정금액을 38회에 걸쳐 분할 변제키
로 하고 만약 채무자가 납입금액을 1회라도 연체하거나 위 개별약정에서 정한 사유를 위
반하였을 경우 채무자는 채권자의 원리금 지급 청구 즉시 이를 변제함은 물론 연체일로부
터 실지 입금일까지 채권자 은행소정의 비율에 의한 연체 손해금을 지급하기로 하였음.
그런데 채무자는 20. 3. 19.까지의 부금을 불입하고 이후 부금 16,542,029원에 대하여
는 불입치 아니하므로 부득이 채무자에게 이의 변제를 구하였으나 이를 이행치 않으며,

3. 또한 채무자 동흥국제(주)는 20. 5. 31. 채권자와 상호부금입금약정을 체결하고 이에 대한 약정금을 채권자로부터 차입하였다. 차입할 때의 동약정 내용에 따르면 채무자는 동 부금을 수령함과 동시에 채권자에 대하여 금 43,184,041원의 부금 채무를 부담하고 그 변제방법은 20. 6. 30.부터 20. 9. 30.까지 일정금액을 40회에 걸쳐 분할 변제키로 하고 만약 채무자가 납입금액을 1회라도 연체하거나 위 개별약정에서 정한 사유를 위반하였을 경우 채무자는 채권자의 원리금 지급 청구 즉시 이를 변제함은 물론 연체일로부터 실지 입금일까지 채권자 소정의 비율에 의한 연체 손해금을 지급하기로 하였음.

그런데 채무자는 20. 2. 29.까지의 부금을 불입하고 이후 부금 18,671,884원에 대하여는 불입치 아니하므로 부득이 채무자에게 이의 변제를 구하였으나 이를 이행치 않으며

4. 또한 채무자 동흥국제(주)는 년 월 일 채권자와 상호부금입금약정을 체결하고 이에 대한 약정금을 채권자로부터 차입하였다. 차입할 때의 동약정 내용에 따르면 채무자는 동 부금을 수령함과 동시에 채권자에 대하여 금 47,404,974원의 부금채무를 부담하고……만약 채무자가 납입금액을 1회라도 연체하거나 위 개별에서 정한 사유를 위반하였을 경우 채무자는 채권자의 원리금 지급청구 즉시 이를 변제함은 물론 연체일로부터 실지 입금일까지 채권자 소정의 비율에 의한 연체 손해금을 지급하기로 하였음.

또한 채무자 동흥국제(주)는 채권자와 서기 20. 6. 21. 대여금 거래를 위한 여신한도 거래약정(무역금융)을 체결할 때 지급보증거래약정을 맺고 동일 이에 대한 약정서를 채권자에게 차입하고 차입할 때의 동 약정 내용에 따르면 한도금 금 200,000,000원정 범위 내에서 거래기간 20. 6. 21. 까지의 채무자의 무역어음 인수의뢰에 따른 대출거래를 함에 있어 만약 채무자가 위 약정 대출 받은 이후 대여원리금의 연체 등 위 개별약정에서 정한 사유를 위반하였을 경우 채무자는 채권자의 원리금 지급 청구 즉시 이를 변제하기로 하였음.

그리하여 채무자는 채권자로부터

20. 12. 30.에 금 36,500,000원 만기일 20. 3. 26.

20. 1. 4.에 금 36,000,000원 만기일 20. 3. 28.

20. 1. 23.에 금 35,000,000원 만기일 20. 4. 18.

20. 2. 27.에 금 29,200,000원 만기일 20. 5. 22.

20. 2. 28.에 금 10,900,000원 만기일 20. 5. 22.

까지로 도합금 147,600,000원 정을 받았으나 위 대여금에 대하여 만기일 전일까지 소정 이자만을 지급하고 현재에 이르도록 연체하고 있으며 채권자는 채무자에 대한 전체 원리금의 지급을 수차 촉구하였으나 차일피일하며 이에 응하지 아니하므로 부득이 이 건 청구금의 지급을 받기 위한 근저당권 실행으로 본 신청에 이르렀습니다.

4. 신청서류

(1) 【부속서류】

부속서류

1. 위임장	1통
1. 주식회사 등기부초본	2통
1. 부동산 등기부등본	1통
1. 상호부금입금약정서	4통
1. 금전소비대차약정서	1통
1. 여신한도거래약정서	2통
1. 지급보증거래약정서	1통
1. 근저당권설정 계약서	3통
1. 경매실행 예정사실 통지확인서	통

20 년 월 일

위 채권자 주식회사 고려은행
서울시 중구 남대문로 2가 8-1
대표이사 이 강국

(2) 【부속서류】

부동산목록

1동의 건물의 표시

　서울시 강남구 대치동 65

　철근 콘크리트 슬래브지붕 14층 아파트

　　　　제 8 동

전유 부분의 건물의 표시

　　　　건물의 번호 8-10-1008

　　　　구　　　조 철근콘크리트

　　　　면　　　적 10층 1008호 132.05평방미터

대지권의 표시

토지의 표시　동소 65

　　　　　대 24416 평방미터

대지권의 종류　소유권

대지권의 비율　24416분의 75.12

---

(3) 【이해관계인 일람표 양식】

우편번호	이해관계인	성　명	주　소
100-092	주식회사 고려은행 (소관 : 리스크 관리부)	채권자 겸 가압류권자	서울시 중구 남대문로 2가 8-1
	동흥국제(주)	채무자	서울시 송파구 신천동 11-9
	박철수	소유자	서울시 강남구 대치동 65 쌍용아파트 8동 1008호
	주) 한국외환은행		서울시 중구 을지로 2가
	강남구	교부권자	
	신용보증기금	가압류권	서울시 마포구 공덕동 254-8
	기술보증기금	가압류권	부산시 중구 중앙동 8가 121
	대한보증보험(주)	가압류권	서울시 강남구 삼성동 145

저당권이나 전세권 등에 의하여 경매를 신청하는 경우에는 집행권원이 필요 없고 담보된 부동산등기부등본과 그에 대한 설정계약서를 제출하면 된다. 그리고 임의경매신청서 1통, 부동산목록 30통, 채권자나 채무자가 법인인 경우에는 법인등기부등본 1통, 금융기관이 신청하는 경우는 경매신청 전에 채무자 및 소유자에게 경매실행 예정사실을 통지하였다는 뜻의 "경매실행 예정사실 통지확인서" 1통을 임의경매신청서에 첨부하면 된다.

5. 집행비용

부동산이 소재하고 있는 관할 시·군·구청에 등록세 과세표준 및 세액신고서를 작성하여 신고를 하면 납부고지서를 발급하여 주는데 이를 가지고 인근 은행이나 우체국에 납부금액과 함께 제출하면 영수증을 교부하여 준다. 영수증은 경매신청서와 함께 첨부하여 집행법원에 제출하면 된다. 등록세는 청구금액의 2/1,000이며, 교육세는 등록세액의 20/100이다.

6. 집행법원

임의경매신청은 부동산 소재지를 관할하는 법원에 제출하여야 한다.

7. 임의경매개시결정 심리(재판)

임의경매의 신청이 있으면 경매신청서는 민사집행 사건부에 접수하고 사건부호 "타경" 및 사건번호를 부여한 후 사건배당을 한다. 집행법원은 변론을 하지 않고 심리를 할 수 있는데 우선 신청서의 기재 및 첨부서류에 의하여 강제집행의 일반요건 및 강제경매에 특히 필요한 요건 등에 관하여 형식적 심사를 한다. 판결절차에서와 같이 실질적 심사의 요건은 필요 없다. 심리의 결과 신청이 적법하면 강제경매개시결정을 하고 만약 요건에 흠결이 있고 그 하자가 보정될 수 없는 것인 때에는 신청을 각하한다.

8. 실체적 요건·절차적 요건

담보권 실행경매에 있어서 실체적 요건은 실체상 유효한 저당권과 그에 기한 피담보채권 또는 실체상의 권리가 존재함을 요한다. 만약 경매개시결정 전에 이미 저당권이 부존재하거나 소멸하였는데도 불구하고 경매개시결정이 이루어져 낙찰이 되었고 이어 경락인이 잔금을 납부하였다면 설사 잔금을 납부한 이후일지라도 경락인은 소유권을 인정받을 수 없게 된다. 판례는 민사소송법 제727조(현 민사집행법 267조)를 엄격하게 해석하여 판시하기를 "구건물 멸실 후에 신건물이 신축되었고 구건물과 신건물 사이에 동일성이 없는 멸실된 구건물에 대한 근저당권 설정등기는 무효이며 이에 기하여 진행된 임의경매절차에서 신건물을 경락받았다 하더라도 그 소유권을 취득할 수 없다"고 판시하고 있다.[23] 그리고 의사무능력자가 채권자와 사이에 금전소비대차계약을 체결하고 그 대여금채권을 담보하기 위하여 자신 소유의 부동산에 근저당권을 설정하여 준 후 위 근저당권에 기한 임의경매절차가 진행되어 최고가매수인에 대한 매각허가결정이 확정되고 그 매각대금에 대한 배당절차가 진행된 경우에, 의사무능력자의 법정대리인 등은 위 근저당권설정계약의 무효를 주장하여 경락인을 상대로 소유권의 취득을 다툴 수 있다.[24]

그러나 매수인이(경락인) 근저당권의 채권을 양도받은 후 낙찰대금과 상계하는 방식으로 낙찰대금을 완납하여 소유권을 취득하고 이후 근저당권설정계약이 사해행위로 취소된다고 하더라도 낙찰인의 소유권 취득에는 아무런 영향이 없다. 따라서 그 원상회복의 방법으로 낙찰인의 소유권이전등기를 말소할 수는 없다.[25]

그런데 경락인이 잔금을 납부하기 전에 경매신청채권자의 채권액을 채무자가 변제한 경우는 설사 낙찰허가결정이 되었다고 하더라도 경락인이 잔금을 지불하지 못하는 폐단이 생기고 이에 따라 경락인이 불의의 손해를 입는 경우가 발생할 수 있게 된다. 이에 대해서 채무자는 경락인이 잔금을 지불하면 소유권

---

23) 대판 1993. 5. 25. 92다15574.
24) 대판 2006. 9. 22. 2004다51627.
25) 대판 2001. 2. 27. 2000다44348.

을 취득하였을 것이라고 믿었던 신뢰이익을 배상하여야 할 것으로 본다.

경매에 있어 절차적인 요건의 하자로 인한 경우는 경락인의 소유권변동에 영향을 미칠 수는 없는 것이다. 일단 경락허가결정이 확정되고 경락대금을 완납한 이후에는 경매절차상의 문제로 경락허가결정의 무효를 주장할 수 없게 한다는 것이다. 왜냐하면 경매절차상의 하자를 이유로 경락인의 소유권에 대한 무효를 인정하게 한다면 경락인은 경매에 대한 절차상의 공신력도 신뢰할 수 없고 불의의 손해를 입을 수 있는 여지가 많이 생기게 되기 때문이다. 또한 채권자나 채무자 및 이해관계인은 낙찰허가에 대한 항고라든가 이의신청을 하여 경매절차를 취하시킬 수도 있을 것인데 이를 해태한 자에게 경락인이 잔금까지 지불하여 소유권이 확정되었는데도 이를 무효화하는 것은 경매진행절차상 합당하지 않기 때문이다.

9. 임의경매신청서 작성부터 접수까지

[사례]

K은행은 채무자에게 일반자금대출로 1억 2천만원을 대출해 주기 위해 현재 및 장래에 부담하는 모든 채무를 담보하기 위하여 채무자 소유의 부동산에 근저당권설정계약을 체결하고 아래의 금원을 대출하였다. 그러나 채무자는 위 약정에 위반하여 이건 경매신청일 현재까지 청구채권 상당의 원리금 지급을 지체하고 있어 K은행은 담보권을 실행하여 청구채권의 변제에 충당하고자 한다.

K은행은 어떻게 경매신청서를 작성하고 이에 따른 첨부서류와 비용은 얼마나 되며 어느 법원에 경매를 신청하여야 하는가?

– 아래 –

번 호	과 목	대출금액	대출잔액	대출일자	상환일자	지연배상금율
1	자금대출	120,000,000	116,356,342	20. 8. 21.	20. 8. 21.	21%

[해설]

경매신청은 서면으로 하여야 한다. 신청서에는 소정사항을 기재하고, 소정서류를 첨부하여야 한다. 또한 인지를 붙여야 하고 채권금액의 1,000분의 2에 해당하는 등록세, 집행비용을 예납하여야 한다. 예납하지 아니하면 경매신청을 각하하거나 집행절차를 취소할 수 있다. 그리고 경매신청을 하기 위해서는 표지작성, 송달료·예납금 영수증 첨부, 이해관계인 표시, 부동산의 표시, 경매신청서, 그리고 첨부서류 등이 필요하다. 이외에도 경매를 신청하기 위해서는 예납금을 납부해야 하는데 송달료, 감정료, 현황조사수수료, 신문공고료, 매각수수료, 유찰수수료 등이 있다.

다음 사례를 보면서 구체적으로 살펴보도록 한다.

(1) 경매신청서의 작성

1) 표지작성

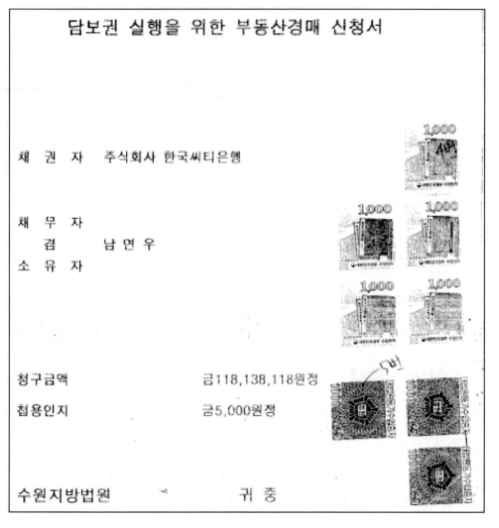

담보권 실행을 위한 부동산경매 신청서

채 권 자   주식회사 한국씨티은행

채 무 자
겸   남 연 우
소 유 자

청구금액   금118,138,118원정

첩용인지   금5,000원정

수원지방법원   귀 중

• 경매신청을 하기 위해서는 표지작성, 송달료, 예납금 영수증 첨부, 이해관계인표, 부동산의 표시, 경매신청서 그리고 첨부서류 등이 필요하다.

• 증지는 한 필지당 3,000원이다. 실무상 아파트는 대지권 등기가 되어 있지 않는 한 한건으로 보아 위의 사례와 같이 3,000원이다. 그리고 주택은 토지와 건물이 별도등기가 되어 있으므로 6,000원을 첨부한다. 아파트 2채를 일괄경매

로 들어갈 경우에는 증지 6,000원을 표지에 붙인다.

- 강제경매에 준하여 신청하되 인지는 신청하는 근저당 한 개당 5,000원을 붙인다.

2) 송달료·등록세 등 영수증 첨부

		송달료(예납)영수증(납부자용)		3번	
				은행번호 : 10-1096336-8	
납부당사자사용란	법원명	서울중앙지방법원 (000210)	사건번호		
	성명	주식회사 ○은행	금액	362,400 원	
	주소		우편번호		
	잔액환급계좌번호	①신한계좌입금	신한은행	계좌번호	
		②타은행계좌입금	씨티	계좌번호	1295123
			예금주	전화번호	0221026901

▶ 위 금액을 영수합니다.

서울중앙지방법원

남편

2010. 04. 23 (09:41:49)

● 신한은행
인터넷뱅킹

▶ 본 납부확인증은 참고용으로 법적효력이 없으며, 중복발급이 가능합니다.

- 송달료는 이해관계인 표에 나와 있는 사람 수에 3을 더해 3,020원을 곱하고 여기에 '×10회분'을 합하여 납부한다. 3,020원은 등기 1회 송달료이다.

【등록세】

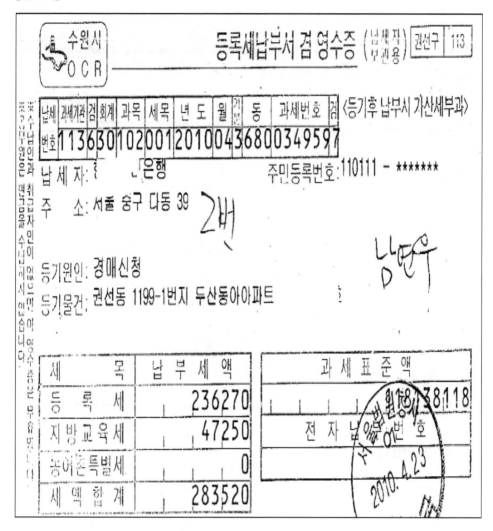

• 등록세는 우편으로 직접 구청에 보내면 보내준다(우편은 회송우편으로 보내야
된다. 등록세액은 [채권금액×2%＋지방교육세(등록세의 12%)]이다. 본 영수증을 경매신
청서에 첨부하여 제출한다.

【예납금】

은행번호: 2010-636118   【제4호 서식】

법 원 명	수원지방법원			
사 건 번 호	000250-	-0000000	물건번호	0001
납 부 금 액	₩2,049,260		보관금종류	경매예납금
납부자성명	(주) 은행		주민등록번호 (사업자등록번호)	102-81-
납부자주소	100-180 서울 중구 다동 33번지		전화번호	02 2102
잔액환급 계좌번호	은행	지점	예 금 주	
	계좌번호	129-51-		

위의 금액을 보관금으로 영수합니다.

20   년   월   일.   남연우

은행   지점

예납금은 신문공고료, 현황조사료, 감정료, 매각수수료, 그리고 유찰수수료 등이 해당한다. 감정료, 임대차현황조사료 등의 예납금이 본 사건의 경우 위와 같이 2,049,260원에 해당한다. 그 금액을 법원계좌번호로 법원구내에서 입금하고 이에 대한 영수증을 경매신청서에 첨부하여 제출한다.

3) 이해관계인표

관 계	성 명	등기일자	주 소	채권액
채권자	**갑은행**	20년 8월 21일 제113110호	서울시 중구 다동	금144,000,000원
채무자 겸 소유자	남연우	20년 8월 17일	경기도 수원시	
가압류권자	서울보증보험 주식회사	20년 3월 12일 제21420호		
가압류권자	아주캐피탈 주식회사	20년 2월 26일 제16665호		
가등기권자	이향식	20년 4월 19일 제37108호		
근저당권자	주식회사 상호저축은행	20년 4월 10일 제44952호		
근저당권자	박봉규	20년 4월 18일 제48125호		
근저당권자	서영선	20년 12월 4일 제119780호		
이해관계인 채무자	주식회사 에스젠네트			

- 이해관계인표는 등기부등본을 보고 기재한다.

4) 부동산의 표시

부동산의 표시는 등기부등본을 보고 똑같이 기재해야 하며, 표지부터 여기까지는 오른쪽 상단부분에 간인을 해야 한다.

```
1동의 건물의 표시        경기도 용인시---현대아파트—제4층 제405호
전유부분의 건물의 표시    건물의 번호 제4층 제403호
                        구      조 철근콘크리트조
                        면      적 84.788제곱미터
대지권의 목적인
토지의 표시              1. 용인시 -----------
대지권의 종류            1. 소유권대지권
대지권의 종류            1. 소유권대지권
                        - 이    상 -
```

부동산 물건이 토지 건물로 되어 있는 경우 각각 기재해준다.

경매물건이 2개 이상인 경우 부동산표시를 각각 해줘야 하며 부동산물건에 따라 증지를 더 붙여야 된다.

5) 담보권 실행을 위한 부동산경매 신청서

채 권 자　　　주식회사 갑 은행
　　　　　　　서울시 중구 다동.
　　　　　　　대표이사 OOO
　　　　　　　지 배 인 OOO
　　　　　　　(소관: 개인심사부)
　　　　　　　☎ 02) 2102-0000

송 달 장 소　　서울시 동작구 대방동 000000(개인심사부)

채 무 자
　　겸　　　　남 연 우(00000-000000)
소 유 자　　　경기도 수원시 권선구 권선동 OO아파트

등기부상주소　위 상동[26]

청구채권의 표시

금118,138,118원[27] (서기 20. 8. 21. 대출금 및 카드대금 연체이자)

위 금원 중 금116,356,342원정에 대하여 20. 4. 21일부터 완제일까지 연 21%의 비율에 의한 지연이자[28]

경매할 부동산의 표시
별지목록 기재와 같음

---

26) 소유자의 주민등록주소와 등기부상주소가 다를 경우 기재한다. 만약 같은 경우에는 "위 상동"이라 기재한다.

27) 여기의 청구금액은 표지에 나와 있는 금액과 동일한다. 본 청구금액은 아래의 원금 116,356,342원에 경매신청시까지의 지연이자를 합한 금액이다. 본 금액이 등록세액을 계산할 때 청구채권금액이 된다.

28) 표지에 나와 있는 청구채권의 금액 중 원금에 대한 부분을 기재한다. 본 원금에 대한 추가확장은 임의경매신청권자에게는 인정되지 않기 때문에 굳이 추가확장을 하고자 할 때에는 배당요구종기일까지 추가금액에 대하여 경매신청을 다시 해야만 된다. 따라서 위의 예에서 116,356,342원에 대한 원금에 대한 금액 이외에 나중에 추가로 카드연체금액이 2,000만원 발견되어 확장하고자 할 때에는 2,000만원에 대하여 다시 경매신청을 하여야 한다. 2,000만원을 확장하여도 본 부동산의 근저당권의 채권최고액이 140,000,000원이기 때문에 가능하다. 그러나 지연이자에 대한 금액은 위에서 118,138,118원으로 경매신청시까지 합한 청구금액으로 신청하였다 하여도 배당기일까지 계산하여 추가로 할 수 있다. 그러기 위해서는 "완제시까지 지연이자를 청구한다"라는 문구가 들어가야 하며 만약 경매신청까지 등으로 날짜를 한정한 경우에는 그 날짜까지만 지연이자에 대한 금액을 인정한다. 따라서 완제시까지 지연이자를 청구한다는 문구가 들어 있어 그 지연이자가 예를 들어 1000만원이 발생하였다면 위의 118,138,118원+1,000만원을 합한 금액으로 배당기일 이전에 채권계산서를 작성하여 배당을 받을 수 있다. 지연이자는 약관에 따른다.

신 청 취 지

채권자가 채무자에 대하여 가지는 위 청구금액의 변제에 충당하기 위하여 별지목록 기재 부동산에 대하여 경매절차를 개시하고 채권자를 위하여 이를 압류한다.
라는 결정을 구합니다.

신 청 원 인

1. 채무자는 채권자의 여신거래기본약관을 승인하고 채무자가 채권자에 대하여 현재 및 장래에 부담하는 모든 채무를 담보하기 위하여 별지기재 물건에 대하여 근저당권설정계약을 체결하고 아래와 같이 근저당권설정등기를 경료하였습니다.

- 아 래 -

번 호	등기접수일자	접수번호	설정계약일자	채권최고액	관할등기소(과)
1	20년8월21일	제0000호	20년8월21일	금144,000,000원	수원지방법원 동수원등기소

2. 그리고 채권자는 채무자에게 아래와 같은 약정을 하고 아래의 금원을 대출하였습니다.

- 아 래 -

번 호	대출과목	대출금액	대출잔액	대출일자	상환일자	지연배상금율
1	일반자금대출	120,000,000	116,356,342	20. 8. 21.	20. 8. 21.	21%

3. 그러나 채무자는 위 약정에 위반하여 이 건 경매신청일 현재까지 위 청구채권 상당의 원리금 지급을 지체하고 있습니다.

4. 그러므로 채권자는 수차례에 걸쳐 위 대출금의 변제를 독촉하였으나 채무자는 이에 불응하고 있는바 채무자는 위 약정에 기하여 기한의 이익을 상실하였으므로 부득이 위 담보권을 실행하여 청구채권의 변제에 충당하고자 이건 경매신청에 이른 것입니다.

첨부서류

1. 부동산등기부등본	1부
1. 근저당권설정계약서 사본	1부
1. 대출거래약정서 사본	1부
1. 청구금액표	1부
1. 여신거래기본약관(가계용)	1부
1. 위임장	1부

20.   4.   .

위 채권자   주식회사 갑 은행
대표이사 000
지 배 인 000

수원지방법원   귀 중

부동산의 표시

1동의 건물의 표시   경기도 수원시 권선구 권선동
전유부분의 건물의 표시   건물의 번호   제9층 제906호
                         구   조   철근콘크리트구조
                         면   적   101.91제곱미터
대지권의 목적인
토지의 표시   1, 경기도 수원시 권선구 권선동   대 44307.8제곱미터
대지권의 종류   1. 소유권 대지권
대지권의 비율   44307.8분의 53.574

이 상

(2) 경매신청서상의 청구금액

1) 피담보채권의 표시방법

- 피담보채권은 경매신청서에 기재하여 소명하면 족하고 그 존재를 증명해야 경매개시결정을 할 수 있는 것이 아니다.

- 청구금액의 표시방법은 원금 및 신청시까지의 이자, 지연이자의 합계액을 표시하고, 그 아래에 원금을 기재하고 이자, 지연이자는 완제시까지로 표시를 한다.

- 앞의 경매신청서 작성은 다음과 같이 청구금액에 경매신청시까지의 지연이자와 원금을 합한 금액으로 기재를 하고 그 아래에는 원금에 대하여 완제시까지 지연이자를 청구하는 방법으로 작성하였음을 알 수 있다.

청 구 채 권 의 표 시

금118,138,118원(서기 20. 8. 21. 대출금및카드대금연체이자)
위 금원 중 금116,356,342원정에 대하여 20. 4. 21일부터 완제일까지 연 21%의 비율에 의한 지연이자

---

2) 근저당권의 피담보채권의 확정

① **신청채권자인 경우**   근저당권의 피담보채권은 기본계약의 존속기간의 만료 또는 결산기에 확정되나, 그러한 정함이 없는 경우는 채무자가 확정청구를 할 수 있다. 근저당권자가 스스로 담보권의 실행을 위한 경매를 신청한 때에는 그때까지 기본계약에 의하여 발생되어 있는 채권으로 그 피담보채권이 확정되는 것이고,[29] 이때 신청채권자가 그 경매신청서에 피담보채권 중 일부만을 청구금액으로 기재하여 경매를 신청하였을 경우에는 다른 특단의 사정이 없는 한 신청채권자가 당해 경매절차에서 배당을 받을 금액이 그 기재된 채권액을 한도로 확정되는 것이며,[30] 그 피담보채권이 경매신청서에 기재된 청구금액으로 확정되는 것이 아니라고 할 것이다.

예컨대 갑은 을의 토지와 건물에 대하여 현재 및 장래에 부담하는 어음대출, 보증채무 등 여신거래에 관한 모든 채무, 채권최고액은 금 1억원, 근저당권의 존

---

29) 대판 1988. 10. 11. 87다카545, 1993. 3. 12. 92다48567, 1996. 3. 8. 95다36596.
30) 대판 1994. 1. 25. 92다50270, 1995. 2. 28. 94다8952, 1995. 6. 9. 95다15261, 1997. 1. 21. 96다457.

속기간은 정하지 아니하는 내용의 포괄근저당권설정계약을 체결하고, 다음 날 그 근저당권설정등기를 경료하고 을에게 가계적금 대출금 70,000,000원을 대출하여 주었다. 이후 을이 대출금 중 3,000만원에 대하여 연체하자 경매신청을 하면서 그 경매신청서에 청구금액으로 연체금 합계 금 3,000만원 및 그에 대한 이자만을 기재하여 경매개시결정을 하였다. 그런데 갑은 배당요구 종기일 이후에 대출금 잔액 금 9,000만원과 그 이자 등을 합한 금 1억 1천만원을 청구금액으로 한 채권계산서를 제출하였다. 이 경우 갑은 근저당권의 채권최고액인 금 1억원의 한도 내에서는 우선변제권이 있는 것이라고 볼 수 있는가?

위 사례에서 갑의 근저당권의 피담보채권에는 경매에서 제출한 채권계산서에 기재되어 있는 채권 이외에 다른 대출금 및 그에 대한 지연손해금 채권이 포함되어 있어 위 각 근저당권의 채권최고액인 금 1억원의 한도 내에서는 우선변제권이 있다.

그러나 갑은 근저당권에 기하여 이 사건 부동산에 대한 경매를 신청할 때 금 3,000만원 및 및 그에 대한 지연이자만을 청구금액으로 하였으므로, 근저당권에 기하여 담보되는 채권은 위 금 3,000만원 및 그에 대한 지연이자 채권으로 확정되었다 할 것이다.

따라서 담보권의 실행을 위한 경매에서 신청채권자가 경매를 신청함에 있어 그 경매신청서에 피담보채권 중 일부만을 청구금액으로 기재하였을 경우에는 다른 특단의 사정이 없는 한 신청채권자가 당해 경매절차에서 배당을 받을 금액이 그 기재된 채권액을 한도로 확정되고, 신청채권자가 채권계산서를 제출하는 방법에 의하여 그 청구금액을 확장할 수는 없다. 설사 신청채권자가 경매신청서에 기재하지 아니한 다른 피담보채권을 가지고 있었다고 하더라도 그 청구금액을 확장한 채권계산서를 제출하는 방법으로는 피담보채권액 중 경매신청 당시의 청구금액을 초과하는 금액에 관하여는 배당에 참가할 수는 없다.

판례는 "이중(중복)경매신청이 있는 경우 선행 경매신청사건의 배당요구 종기일이 연기되거나 선행 경매신청사건이 취하 또는 취소되어 뒤에 신청된 경매사건에 따라 절차를 계속 진행하게 되는 경우가 아닌 한, 배당요구 종기는 선행 경매신청사건에서 정한 배당요구 종기가 그대로 적용되며, 이중경매신청이 있는 경우 그 경매신청이 선행 경매신청사건의 배당요구 종기까지 이루어진 때에는 그 경매신청자는 배당받을 채권자로 취급되는 것으로 보고 있다.[31] 만약, 선행 경매신청사건의 배당요구 종기일 후 경매신청을 하였다면, 뒤의 경매신청인은 그기 민사집행법 제148조 제2호(배당요구의 종기까시 배낭요구를 한 재권자), 세3호(첫 경매개시결정등기 전에 등기된 가압류채권자), 제4호(저당권·전세권, 그 밖의 우선변제청구권으로서 첫 경매개시결정등기 전에 등기되었고 매각으로 소멸하는 것을 가진 채권자)에 해당하는 경우가 아닌 한, 설령 이중경매신청이 받아들여진 경우에도 배당받을 수 없다"고 보고 있다.[32]

따라서 위의 사례에서 임의경매신청권자인 갑이 추가적인 채권액을 채권최고액의 범위 내에서 배당받기 위해서는 선행 임의경매사건의 배당요구 종기일까지 이중경매신청이 이루어져야 한다. 그러나 위와 같은 이중경매신청에 의하지 아니하고 해당 금원이 후순위 채권자들에게 배당되었다는 이유로 부당이득반환청구를 청구를 하는 것은 인정받을 수 없을 것이다.

② **신청채권자가 아닌 경우**   후순위저당권자가 경매를 신청한 경우 선순위 근저당권자의 피담보채권은 매각 대금 완납시에 확정된다(대판 1999. 9. 21. 99다26085).

3) 청구 금액의 확장

① 경매신청서에 피담보채권의 일부만을 청구금액으로 기재하였을 경우에는 신청채권자가 당해 경매절차에서 배당받을 금액이 그 기재된 채권액을 한도로 확정되며, 이후 채권계산서를 제출하는 방법에 의하여 청구금액을 확장할 수 없다. 이는 피담보채권 중 일부 채권의 변제기가 도래하지 아니한 경우에도 마찬가지이다.

② 대법원은 "담보권의 실행을 위한 경매절차에서 경매신청채권자에 우선하는 근저당권자는 배당요구를 하지 아니하더라도 당연히 등기부상 기재된 채권최고액의 범위 내에서 그 순위에 따른 배당을 받을 수 있으므로, 그러한 근저당권자가 채권계산서를 제출하지 않았다고 하더라도 배당에서 제외할 수 없고, 또한

---

31) 본 내용은 민사집행법 제148조 제1호의 "배당요구의 종기까지 경매신청을 한 압류채권자"는 배당받을 채권자의 범위로 해석된다.

32) 울산지법 2009. 4. 3. 2007가단41613.

위 근저당권자는 경락기일 전에 일응 피담보채권액을 기재한 채권계산서를 제출하였다고 하더라도 그 후 배당표가 작성될 때까지 피담보채권액을 보정하는 채권계산서를 다시 제출할 수 있다고 할 것이며, 이 경우 배당법원으로서는 특단의 사정이 없는 한 배당표작성 당시까지 제출한 채권계산서와 증빙 등에 의하여 위 근저당권자가 등기부상 기재된 채권최고액의 범위 내에서 배당받을 채권액을 산정하여야 한다"라고 보고 있다(대판 1999. 1. 26. 98다21946).

③ 부대채권(이자, 지연이자 등)은 경매신청서에 "완제시까지"로 기재한 경우에는 배당기일까지의 이자를 배당받을 수 있다(이는 청구금액의 확장이 아니다).

④ 대판 2001. 3. 23. 99다11526에서 "담보권 실행을 위한 경매절차에 있어 신청채권자가 이자 등 부대채권을 표시하였다가 나중에 채권계산서에 의하여 그 부대채권을 증액하는 방법으로 청구금액을 확장하는 경우 그 확장은 늦어도 채권계산서의 제출기한인 경락기일까지는 이루어져야 하고, 그 이후에는 허용되지 않는다고 보아야 한다"라고 보고 있다.

(3) 첨부서류 및 비용

1) 첨부서류

1. 부동산등기부등본	1부
1. 근저당권설정계약서 사본	1부
1. 대출거래약정서 사본	1부
1. 청구금액표	1부
1. 여신거래기본약관(가계용)	1부
1. 위임장	1부

0000. 00. 00

위 채권자 　주식회사 갑 은행

수원지방법원　　　　　　　　　　　　　　귀중

2) 경매신청비용

① 개요

㈜ 갑 은행 경매 예납금 청구서		
청구채권	금 118,138,118 원	
채무자 겸 소유자	남 연 우	
수원지방법원 20 타경		
공과금의 종류		금 액
예납금 (집행비용)	신문공고료	200,000(경매신청건당)
	현황조사료	63,260(경매신청건당)
	감정료	200,000(대법원사이트 참고)
	매각수수료	00(대법원사이트 참고)
	유찰수수료	6,000(유찰시마다 6,000원씩 추가납부)
소 계		2,049,260

등록세	283,520(채권금액×2% + 지방교육세(등록세의 20%)
송달료	362,400(이해관계인 + 3×3,020원×10)
인지대	5,000(근저당 한개당)
증지대	3,000(한필지당)
교통비	30,000 협약에 따름
초본발급	4,000 직접 발급 500원 신용회사에 의뢰 4,000원
합 계	2,737,180
수수료	260,000 법무사 보수표가 있긴 하지만 법무사에게 위임하였을 경우 협의함
부가가치세	26,000 수수료의 10%
합 계	286,000 수수료와 부가세의 합
총합계	3,023,180

② **인터넷 예납금**　　경매신청인은 경매절차를 진행함에 있어서 필요한 신문공고료, 현황조사수수료, 매각수수료, 감정수수료, 송달료 등의 비용에 대한 대략적인 계산액을 산출하여 집행법원에 예납하여야 한다.

부동산경매예납금 계산기준표

　가.　매각수수료계산방식[집행관수수료규칙 16조, 집행관에게 지급할 부동산 경매수수료의 예납 및 지급에 관한 예규(재민 79−5) 3조 1항]
　　ㅇ 경매신청서 표시채권 10만원까지: 5,000원
　　ㅇ 경매신청서 표시채권 10만원 초과 1,000만원까지: (경매신청서 표시채권 −10만원)÷100,000×2,000+5,000원
　　ㅇ 경매신청서 표시채권 1,000만원 초과 5,000만원까지: (경매신청서 표시채권 −1,000만원)÷100,000×1,500+203,000원
　　ㅇ 경매신청서 표시채권 5,000만원 초과 1억원까지: (경매신청서 표시채권 −5,000만원)÷100,000×1,000+803,000원
　　ㅇ 경매신청서 표시채권 1억원 초과 3억원까지: (경매신청서 표시채권 −1억원)÷100,000×500+1,303,000원
　　ㅇ 경매신청서 표시채권 3억원 초과 5억원까지: (경매신청서 표시채권 −3억원)÷100,000×300+2,303,000원
　　ㅇ 경매신청서 표시채권 5억원 초과 10억원까지: (경매신청서 표시채권 −5억원)÷100,000×200+2,903,000원
　　ㅇ 경매신청서 표시채권 10억원 초과: 3,903,000원
　※ 초과금액이 10만원에 미달하여도 10만원으로 산정함.

　나.　감정료 계산방식(감정인등 선정과 감정료 산정기준 등에 관한 예규 31조, 35조, 34조)
　　ㅇ 기본감정료: 감정가액(임료, 사용료 감정의 경우는 시가액)에 따라 『감정평가업자의 보수에 관한 기준』(위 기준 중 법원의 소송평가에 대하여는 할증률을 적용하여 산정하기로 하는 3조 3항 11호는 적용하지 아니한다)이 정한 평가수수료의 금액에 80%[다만 「부동산가격 공시 및 감정평가에 관한 법률」 2조에 따른 아파트의 경우에는 70%]를 곱한 금액
　　ㅇ 동일한 감정명령에 의한 시가 등의 총감정료가 240,000원 미만인 때에는 240,000원으로 하고, 6,000,000원을 초과할 때에는 6,000,000원으로 함.
　　ㅇ 여비는 다음과 같은 기준으로 민사소송비용규칙 소정의 여비정액으로 한다.

1. 감정가액이 2억원까지는 1인 2회
2. 감정가액이 2억원 초과는 2인 2회

다. 현황조사 수수료(집행관수수료규칙 15조, 3조 1항, 22조 및 법원공무원여비규칙 13조 별표 1)
  ○ 5만원까지: 2,000원＋여비 등 비용
  ○ 10만원까지: 2,500원＋여비 등 비용
  ○ 25만원까지: 4,000원＋여비 등 비용
  ○ 50만원까지: 6,000원＋여비 등 비용
  ○ 75만원까지: 8,000원＋여비 등 비용
  ○ 100만원까지: 10,000원＋여비 등 비용
  ○ 300만원까지: 20,000원＋여비 등 비용
  ○ 500만원까지: 30,000원＋여비 등 비용
  ○ 500만원 초과: 40,000원＋여비 등 비용

라. 신문공고료 산출방식(민사소송비용법 10조, 8조)
  ○ 기본(2필지까지): 200,000원
  ○ 추가(2필지 초과되는 경우임): 1필지당 100,000원 추가

마. 유찰수수료[집행관수수료규칙 제17조, 집행관에게 지급할 부동산 경매수수료의 예납 및 지급에 관한 예규(재민 79-5) 제3조 제2항]: 5,000원(1,000원×5회)

바. 송달료계산: (이해관계인 수＋3)×3,550원×10회분(송달료규칙의 시행에 따른 업무처리요령, 재판예규 제1453호)

사. 등록면허세: 가액×2/1,000(부동산소재지 구청납부, 지방세법 28조 1항 1호)
  지방교육세: 등록세액의 20/100(부동산소재지 구청납부, 지방세법 151조)

아. 인지: 5,000원(민사소송등인지법 9조 3항 1호)

자. 증지: 3,000원(1필지당)

③ 예납금 세부내역(집행비용)

1. 신문공고료	건당 200,000원
2. 현황조사수수료	건당 63,260원
3. 매각수수료	청구금액 1천만원 이하: 청구금액×0.02+5,000원 청구금액 1천만원 초과 5천만원 이하: 　(청구금액−1천만원)×0.015+203,000원 청구금액 5천만원 초과 1억원 이하: 　(청구금액−5천만원)×0.01+803,000원 청구금액 1억원 초과 3억원까지: 　(청구금액−1억원)×0.005+1,303,000원 청구금액 3억원 초과 5억원까지: 　(청구금액−3억원)×0.003+2,303,000원 청구금액 5억원 초과 10억원까지: 　(청구금액−5억원)×0.002+2,903,000원 청구금액 10억원 초과: 3,903,000원(상한선)
4. 감정수수료	감정수수료는 5천만원까지는 150,000원이고 초과하는 경우는 누진료에 따르지만 실무상 예납금은 경매접수시 납부하기 때문에 감정가액을 정확하게 알 수 없어 200,000만원으로 한다. 추후 경매절차가 끝나면 남는 금액은 배당시 집행비용이라는 항목으로 환급해준다.

대법원 사이트에 계산공식	대법원 사이트에 계산공식이 나와 있다. 그러나 매각물건실거래가란에 총채권금액을 쓰면 예상비용이 자동으로 산출된다. 매각물건실거래가란에 실거래금액을 기재하면 예납비용이 커질 수 있어 총채권금액을 기재함. 추후 부족한 예납금은 법원에서 추납통지서를 발송하므로 그때 추납해도 상관없다. 예를 들어 물건시가는 10억원인데 채권은 1억원인 경우 물건시가로 계산하면 예납금이 엄청나게 나오므로 총채권액을 기재해준다.
예납금 방법	예납금은 접수해야 할 법원 내에 있는 은행과 동일한 은행에 납부해야 한다. 법원에 따라 사건번호 없이는 예납금이 안 되는 곳도 있으므로 이런 경우에는 일단 접수하고 사건번호를 알아낸 다음 납부한다. 실무상으로는 납부하고 전화해주고 보정명령신청서를 만들어 첨부해서 법원에 접수하거나 우편으로 보낸다.

(4) 관할법원

부동산 경매신청은 부동산 소재지 관할법원에 접수하거나 대법원전자소송으로 신청할 수 있다(https://ecfs.scourt.go.kr/ecf/index.jsp). 대법원에 전자소송으로 경매를 신청하면 시간이 단축되는 등 효율적이다. 이에 대한 내용은 본서의 '내법원 전자소송이용 방법'을 참고하면 된다. 그리고 접수는 본인이 직접 접수해도 되고 우편으로 해도 되는데 우편으로 접수하면 대체로 그 다음 날 4시 정도면 경매접수처에 도착한다. 우편으로 접수한 경우 사건번호는 접수계에 전화해서 채권자와 채무자의 신원을 알려주고 문의를 하면 대부분의 법원에서 알려준다.

경매접수하고 1~7일 정도 지나면 사건번호 검색이 가능하다. 진행내역이 궁금하면 대법원 인터넷의 법원경매정보란에서 사건번호를 검색하면 알 수 있다.

제3항　임의경매에 강제경매의 규정을 준용

1. 강제경매의 규정을 준용

　1990. 1. 13. 법 제4201호로 민사소송법을 개정하면서 종래 임의경매에 관한 절차를 규율하던 경매법을 폐지하고 민사소송법의 강제집행편에 담보권의 실행을 위한 경매에 관한 새로운 장을 만들어 강제집행(집행력있는 판결이나, 공정증서정본에 의한 경매)과 담보권(근저당권 등에 기한 경매)의 실행 등을 위한 경매에 관한 규정이 시행되어 오다가, 민사집행법이 2002. 7. 1.부터 단행법률로 분리·제정되어 시행되고 있다. 그 규정을 보면 다음과 같다.

　1) 근저당권에 기한 부동산 경매절차에도 강제경매에 관한 규정 전부를 준용하도록 하였다.

　2) 담보권의 실행을 위한 부동산에 대한 경매도 원칙적으로 압류에서 배당에 이르기까지 강제경매와 동일한 절차에 의하여 실시한다.

　3) 담보권의 실행 등을 위한 경매절차에는 그 성질에 반하지 아니한 강제집행편의 제1장 총칙규정을 준용하도록 한다.[33)]

2. 강제경매와 임의경매의 차이점

　임의경매의 절차는 그 성질에 반하지 않는 한 강제집행의 규정을 준용하도록(민사집행법 제268조) 하고 있기 때문에 임의경매와 강제경매를 구별하는 의미는 크지 않다. 다만 강제경매는 법원의 판결이나 이에 준하는 공정증서에 의한 집행권원에 의하고, 임의경매는 채무자와 채권자의 합의에 따른 저당권이나 전세권 등에 의하여 하기 때문에 실체상의 하자로 인한 경우에는 양자가 차이가 있다. 예컨대 강제경매는 실체상의 하자를 이유로 이의를 제기하는 경우에는 청구

---

33) 부동산을 목적으로 하는 담보권의 실행을 위한 임의경매절차는 민사집행법 제79조 내지 제162조의 강제경매의 규정을 준용한다(민사집행법 268조).

이의의 소를 제기하여야 하고, 임의경매는 실체상의 하자[34]를 이유로 경매개시 결정에 대한 이의를 제기해야 한다.

강제경매의 경우에도 임의경매의 경우와 마찬가지로 경락인이 경락대금을 완납한 때에 경매부동산에 대한 소유권을 취득하는 것이므로, 강제경매절차에서 경락허가결정이 된 후라도 경락인이 경락대금을 완납하기 이전까지는 경매법원 은 민사집행법 제49조 제2호의 서면인 경매절차의 일시정지를 명하는 결정정본 을 제출한 경우에는 필요적으로 그 경매절차의 진행을 정지하여야 한다. 만약 동법 제49조 제1호의 서면인 강제집행을 허가하지 아니한다는 취지의 집행력 있 는 판결정본이 제출된 경우에는 이미 실시한 집행처분을 취소하여야 하므로 경 매개시결정도 취소한다.

그리고 임의경매의 경우에는 피담보채권의 소멸로 이미 저당권이 소멸되었 는데도 경매를 신청하여 매수인이 매각대금을 완납한 경우 매수인의 소유권은 인정되지 않지만[35] 강제경매의 경우에는 가집행선고부판결이 상소심에서 집행채 권의 존재가 부정되어도 이미 완료된 경락인의 소유권취득은 유효하기 때문에[36] 공신력이 인정된다.

---

34) 저당권의 피담보채권이 존재하지 않음에도 불구하고 경매를 신청하여 낙찰이 되어 잔금을 지 불한 경우 경락인은 소유권을 인정할 수 없다.
35) 대판 2012. 1. 12. 2011다68012.
36) 대판 1991. 2. 8. 90다16177.

제 3 절
경매대상 목적물(감정평가의 대상물)

경매의 대상이 되는 목적물은 부동산이다. 여기서 부동산이라 함은 토지 및 건물뿐만 아니라, 그 정착물로서 부동산과 동일시되는 권리도 포함한다.

1. 토지의 정착물

토지에 정착된 공작물 중 부동산으로 취급할 수 없는 것(예: 담장, 구거)과 수목1)은 토지와 하나의 부동산으로 취급되기 때문에 독립하여 강제경매의 대상이 되지 않는다.

2. 건물

건물은 토지로부터 독립된 부동산으로 취급되기 때문에 강제경매의 대상이 된다. 또한 건물에 있어 공유지분이나 구분소유권도 독립하여 강제경매의 대상이 된다. 그러나 건축 중에 있는 건물로서 사회통념상 독립된 부동산으로 볼 수 없는 개개의 건축자재나 공작물은 유체동산 압류방법에 따라 경매를 할 수밖에 없을 것이다. 다만 이 경우에도 채무자가 유체동산 집행을 무시하고 건축공사를 계속 강행하여2) 부동산 경매를 할 시점에 이르러 건물로서 골격을 갖춘 독립된

---

1) 여기서 수목은 입목에 관한 법률에 의해 등기하지 않은 것을 의미한다. 만약 일단의 수목에 대하여 입목에 관한 법률에 의하여 소유권보존등기를 하게 되면 그 수목은 '입목'이라 하여 독립된 부동산으로 취급되어 경매의 목적물, 소유권의 객체, 저당권의 객체, 법정지상권의 객체가 된다.

부동산으로 되어 있다면 집행관은 유체동산으로서 집행을 하여서는 안 되고, 부동산경매의 대상으로 보아 경매를 진행해야 할 것이다.

한편 등기부상 독립한 별개 점포로 등재돼 있더라도 다른 점포와 경계가 불분명하면 경매신청을 할 수 없다.[3]

대법원은 "1동의 건물의 일부분이 구분소유권의 객체가 될 수 있으려면 그 부분이 이용상은 물론 구조상으로도 다른 부분과 구분되는 독립성이 있어야 한다"며 설사 건축물관리대장에 독립한 별개의 구분건물로 등록돼 있고, 부동산등기부상에도 구분소유권의 목적으로 등기돼 있더라도 구분소유권의 객체가 될 수 없다고 판단하고 있다. 따라서 "건축물관리대장상 구분건물로 작성돼 있고 이를 기초로 등기도 이뤄졌으며 부동산의 경계 내지 구획에 관한 식별표지는 얼마든지 특정 및 복원이 가능하다"고 할 수 있더라도 "인접한 다른 점포들과 벽체등의 구분 없이 단지 바닥에 경계선을 표시하거나 경계지점에 진열장 또는 칸막이 등을 세우는 간이한 방법으로 경계를 구분하고 있다"고 판시하고 있다.

결국 건축물관리대장에 독립한 별개의 구분건물로 등록돼 있고, 부동산등기부상에도 구분소유권의 목적으로 등기돼 있더라도 구분소유권의 객체가 될 수 없기 때문에 경매신청을 할 수 없으며 명도소송이나 인도명령에서도 문제가 될 수 있는 소지가 있다.

3. 미분리의 과실

미분리의 천연과실은 토지의 구성부분이므로 통상은 그 토지에 대한 압류의 효력이 천연과실에도 미친다고 할 수 있다. 그러나 천연과실이 원물로부터 분리하는 때에는 이를 수취할 권리자에게 귀속하게 되므로(민법 102조 1항) 토지의 구성부분이라 할 수가 없다. 따라서 천연과실에 대하여 성숙기 전 1개월 내부터는 과실수취권이 있는 채무자를 상대로 유체동산에 대한 강제집행을 할 수가 있을 것이다.

---

2) 한편 유체동산에 대하여 압류를 하였는데도 불구하고 계속 공사를 강행한 경우 공무상비밀표시무효죄가 성립될 수도 있다.

3) 대결 2009마1449.

4. 입목

일단의 수목 집단을 입목에 관한 법률에 의하여 소유권보존등기를 하게 되면 이를 "입목"이라 칭하는데 이러한 입목은 부동산으로 취급되기 때문에 강제경매의 대상이 된다.[4] 따라서 입목에 관한 법률에 의하여 등기된 입목이나 명인방법을 갖춘 수목의 집단은 독립된 부동산으로 취급되므로 본 목적물과 별개의 부동산으로 취급하여 감정평가에서 제외해야 할 것이다. 한편 입목은 소유권, 저당권, 지상권의 객체가 되지만 명인방법(표찰, 울타리 등)을 갖춘 수목은 저당권의 객체가 될 수 없다.

5. 미등기 부동산

미등기 부동산이라 하더라도 채무자의 소유인 것이 여러 사실증명에 의하여 입증되면 강제경매를 신청할 수 있다. 미등기 부동산에 관하여 경매개시결정을 하면 경매법원의 촉탁에 의하여 등기공무권이 소유권보존등기를 하고 경매개시 결정 기입등기를 하게 되는데 이때 경매신청권자는 채무자의 소유임을 증명하는 서면과 부동산의 표시를 증명하는 서면을 첨부하여야 한다. 예컨대 토지가 미등기인 경우는 토지대장이나 소유권 확인판결 또는 수용증명서 등을 제출하여 이를 근거로 소유권보존등기를 하고 경매를 진행할 수 있게 되는 것이다. 그리고 건물이 미등기인 경우에는 가옥대장이나 건축물관리대장 또는 과세대장에 의하여 발부된 건물의 표시나 소유자 표시가 있는 가옥대장을 경매신청 즉시 제출하여야 한다. 위의 내용을 보완하기 위하여 민사집행법 제81조는 미등기건물에 대한 집행방법을 마련하였는데 건축법에 의한 허가 또는 신고를 적법하게 마쳤으나 사용승인을 받지 못하여 보존등기를 받지 못한 건물에 대하여 부동산집행을 할 수 있다. 다만, 건축허가를 받지 않았거나 건축신고를 하지 않은 무허가 건물

---

4) 경매의 대상이 된 토지 위에 성립하고 있는 채무자 소유의 미등기 수목은 토지의 구성부분으로서 토지의 일부로 간주되어 특별한 사정이 없는 한 토지와 함께 경매되는 것이므로 그 수목의 가액을 포함하여 경매 대상 토지를 평가하여 이를 최저경매가격으로 공고하여야 하고, 다만 입목에 관한 법률에 따라 등기된 입목이나 명인방법을 갖춘 수목의 경우에는 독립하여 거래의 객체가 되므로 토지 평가에 포함되지 아니한다(대판 1998. 10. 28. 98마1817).

에 대해서는 인정하지 아니한다.

다시 말해서 경매대상 부동산이 채무자 소유로 미등기되어 있는 경우에도 즉시 채무자 명의로 등기할 수 있다는 것을 증명하는 서류를 첨부하면 강제경매를 신청할 수 있도록 하고, 그 부동산이 미등기 건물인 경우에는 그 건물이 채무자의 소유임을 증명할 서류, 그 건물의 지번·구조·면적을 증명할 서류 및 그 건물에 관한 건축허가 또는 건축신고를 증명할 서류를 첨부하면 된다(민사집행법 81조 1항). 그리고 채권자는 집행력 있는 정본을 제시하고 위 사항들을 증명할 것을 청구할 수 있고, 건물의 지번·구조·면적을 증명하지 못한 때에는, 채권자는 경매신청과 동시에 그 조사를 집행법원에 신청할 수 있다(민사집행법 81조 3항). 이러한 신청이 있는 경우 집행법원은 집행관에게 그 조사를 하게 하여야 한다.

집행관은 미등기 건물의 지번·구조·면적을 조사하기 위하여 건물에 출입할 수 있고, 채무자 또는 건물을 점유하는 제3자에게 질문하거나 문서를 제시하도록 요구할 수 있다. 또한 건물에 출입하기 위하여 필요한 때에는 잠긴 문을 여는 등 적절한 처분을 할 수 있다(민사집행법 82조). 위와 같은 조사를 위하여 필요한 비용은 채권자의 집행비용으로 하며 집행관은 조사를 마친 후 즉시 집행법원에 신고하여야 한다.

제 4 절
경매의 대상에서 주의해야 할 목적물

1. 유공자 재산

국가유공자 등 예우 및 지원에 관한 법률 제56조에 의하여 유공자 등이 국가보훈처로부터 부동산을 구입하기 위해 대부금을 받아 소유권등기를 할 때에는, 등기신청서에 당해 부동산이 대부금에 의하여 취득된 재산임과 '양도 또는 담보로 제공할 수 없음'을 명시하여야 한다.

따라서 본 목적물은 다른 사람에게 양도나 담보로 제공하거나 압류를 할 수가 없게 된다. 다만 대부금을 수령한 자가 상환능력이 없어 처장의 승인을 받아 다른 대부대상자에게 인도하는 경우나, 금융기관으로부터 본인이 대부를 받기 위하여 담보로 제공하는 경우에는 예외적으로 인정된다. 따라서 금융기관이 대출금을 상환받기 위하여 경매를 신청하는 경우는 순위에 따라 배당이 이루어지며 '금지등기'는 경매로 인하여 소멸하게 된다.

2. 사립학교 재산의 경매

학교법인이 그 기본재산을 매도·증여·교환 또는 용도를 변경하거나 담보로 제공하고자 할 때 또는 의무의 부담이나 권리의 포기를 하고자 할 때에는 관할청의 허가를 받아야 한다(사립학교법 28조 1항).

학교법인이 학교교육에 직접 사용하는 교지, 교사, 체육장, 실습 또는 연구

시설, 기타 교육에 직접 사용되는 시설·설비 및 교재·교구 등의 재산은 매도하거나 담보로 제공할 수 없다(동법 28조 2항).[1] 따라서 사립학교 재산은 강제집행을 할 수가 없다. 다만, 교육환경의 개선을 위하여 교지의 전부와 교육용 기본시설의 일부를 확보한 후 학교를 이전하거나 본교와 분교를 통합하고자 하는 경우 등은 예외적으로 인정된다. 이때 저당권 설정 당시 관할청의 허가를 받지 않고 등기공무원이 저당권등기를 하였다면 본 등기는 무효가 된다. 따라서 위와 같은 사실이 있는데도 불구하고 낙찰허가가 확정되어 경락인이 대금을 납부하였다면 소유권을 주장할 수 없게 된다. 사립학교의 교지에 직접 사용하는 교지, 교사 등 재산의 매도금지는 비단 그것이 매매계약의 목적물이 될 수 없다는 데 그치는 것이 아니고 매매로 인한 소유권이전 가능성을 전부 배제하자는 것으로, 강제경매절차에 의한 매도금지도 포함된다.[2] 따라서 사립학교의 재산을 경매로 취득한다는 것은 어렵다고 볼 수 있다.

3. 유치원 부동산

유치원도 초·중등 교육법상의 학교이므로 사립학교법의 적용을 받는다. 따라서 유치원 건물도 사립학교법 제28조의 '재산의 관리 및 보호에 관한 규제'를 받게 된다. 다만 유치원 건물[3]이 유치원 경영자 자신의 건물이 아니라 다른 사람의 건물을 세를 얻어 사용하는 경우에는 매도하거나 담보로 제공할 수 있다. 따라서 유치원 건물을 소유자가 직접 경영하는 경우에는 유치원 건물을 매도하거나 담보로 제공할 수는 없다.

4. 사찰부동산

사찰소유의 부동산을 강제경매하는 경우에는 주무관청인 문화체육관광부장

---

1) 학교 기본재산에 대한 경매절차상의 최고가매수인이 감독청에게 그 기본재산처분에 관한 허가 신청을 대위행사할 수 있는지 여부(대판 1994. 9. 27. 93누22784).
2) 대판 1972. 4. 14. 72마3307.
3) 건축물대장이나 건물등기부에 유치원으로 등록되어 있는 건물.

관의 허가를 얻어야 한다. 허가 없이 진행된 강제경매절차에 의하여 경락받은 것을 원인으로 하여 경료된 소유권이전등기는 적법한 원인을 결여한 무효의 등기이다(대판 1981. 8. 20. 80다2136).

5. 종중 부동산

종중 부동산을 저당권의 객체로 하여 경매를 진행하기 위해서는 임원들의 결의와 날인이 있어야 한다. 그러나 일부 임원들이 저당권을 설정하고 빚을 갚지 못하게 되는 경우에는 경매를 진행시키지 못하게 하기 위해 종중인들이 원인무효에 따른 '근저당권 말소의 청구의 소'를 제기하여 저당권을 무효화하는 경우가 종종 있다. 이렇게 하여 원인무효에 의한 저당권으로 경매가 이루어지게 되면 설사 경락인이 잔금을 지불하더라도 부동산 등기에 공신력이 없기 때문에 경락인은 소유권을 상실하게 된다.

6. 공장재단이나 광업재단

공장저당법에 의한 공장재단, 광업재단저당법에 의한 광업재단은 일개의 부동산으로 취급되어 강제경매의 대상이 된다(공장저당법 10조, 14조). 즉, 공장재단이나 광업재단을 구성하는 기계 또는 기구 등은 동산이라 하더라도 유체동산에 의한 집행을 할 수가 없고 저당권의 목적물인 토지나 건물 등과 함께 강제집행의 방법에 의하여 경매를 할 수가 있다. 따라서 공장에 속하는 토지나 건물에 대한 저당권설정의 등기를 신청하는 때에는 그 토지나 건물에 설치한 기계 또는 기구 등이 동산이라 하더라도 공장의 공용물로서 인정하여 공장재단 목록을 작성하고 경매를 신청하여야 한다. 즉, 공장재단은 토지나 건물에 설치한 기계 또는 기구 등은 하나의 공용물로서 인정하여 경매를 신청해야 한다는 것이다. 매각부동산이 공장재단, 광업재단의 일부를 구성하고 있는 때에는 이에 대한 개별집행은 금지되며 재단의 일부에 속함이 드러난 경우에는 매각절차는 취소하여야 한다(공장저당법 제14조). 이와 같은 공용물에 속하는 공장재단은 다음에 속하는 대상의 전부나 일부를 구성으로 한다.

① 공장에 속하는 토지 및 건물

② 기계, 기구, 전주, 전선, 배치제관 기타의 부속물

③ 지상권 및 전세권 등

7. 한국자산관리공사(KAMCO)와 법원경매가 경합된 경우

국세체납자에 대하여 한국자산관리공사에서 공매를 진행하고 있는 중에도 법원은 그 부동산에 대하여 강제경매나 임의경매를 진행할 수 있다.[4] 이 경우에는 양 당사자 중 먼저 소유권을 취득한 자가 진정한 소유자로 확정된다(대판 1959. 5. 19. 4292민상2). 위와 같이 공매와 경매가 동시에 진행하고 있을 때, 법원에서 진행하고 있는 것은 부동산에 대해서는 등기부에 '강제경매'나 '임의경매'를 표시하고 있기 때문에 알 수 있지만, 공매는 등기부에 압류만 등기되어 있기 때문에 언제 공매를 진행하는지 정확히 알 수가 없다. 우리민법은 경매나 공매로 인한 부동산물권취득은 등기를 요하지 않는다고 규정하고 있으므로(민법 187조), 먼저 잔금을 납부한 자가 소유권을 인정받게 된다. 따라서 민법 제187조에 의하여 잔금을 지급하는 날 소유권을 인정받게 된다. 한편 경매는 잔금지불기한일을 낙찰허가 확정일로부터 30일 이내로 지정하게 되어 있는데 구민사소송법 제654조는 그 지정기일 이내에 경락인이 설사 대금을 납부하더라도 집행법원은 경락인에게 소유권의 취득을 인정하지 않고 그 대금납부 지정기일이 도래하였을 때 인정하고 있었다. 이에 따라 경락인은 잔금지불기일 전에 미리 납부하고 싶어도 납부를 할 수가 없었고 잔금지불기일이 도래해야 납부를 할 수가 있었다. 그러나 새로운 민사집행법에서는 잔금납부기일을 잔금납부기한일로 변경하여 그 대금지급기한일까지 낙찰대금을 납부하면 유효하게 소유권을 취득할 수 있도록 하는 규정을 두게 되었다(민사집행법 142조 2항). 한편 공매에서는 낙찰대금이 1천만원을 초과하는 경우 매각대금예정일로부터 60일 이내에는 언제든지 낙찰대금을 납부할 수 있다는 규정을 두고 있어서 공매가 소유권취득시기에 있어 유리하다.

---

4) 대판 1961. 2. 9. 4293민상124.

8. 자동차, 중기 및 항공기

자동차, 중기 및 항공기는 실체법상으로는 동산임에는 틀림없으나 그 특수성에 비추어 등록된 자동차와 중기에 대한 강제집행은 부동산 강제집행의 규정에 의한다. 그리고 등록된 항공기에 대한 강제집행은 선박에 의한 강제집행의 방법에 의한다.

9. 사회복지법인의 재산

사회복지법인의 기본재산의 매도, 담보제공 등에 관한 사회복지사업법 제23조 제3항의 규정은 강행규정으로서 사회복지법인이 이에 위반하여 주무관청의 허가를 받지 않고 그 기본재산을 매도하더라도 효력이 없으므로, 법원의 부동산임의경매절차에서 사회복지법인의 기본재산인 부동산에 관한 낙찰이 있었고 낙찰대금이 완납되었다 하더라도 위 낙찰에 대하여 주무관청의 허가가 없었다면 그 부동산에 관한 소유권은 사회복지법인으로부터 낙찰인에게로 이전되지 아니한다.[5]

따라서 부동산임의경매절차에서 사회복지법인의 기본재산인 부동산에 관한 낙찰에 대하여 주무관청의 허가가 없는 경우 기본재산의 소유권이 낙찰인에게 이전되지 않는다.

10. 등기원인에 대하여 행정관청의 허가 등을 요하는 경우의 업무처리 예규

가. 등기원인에 대하여 행정관청의 허가, 동의 또는 승낙을 요하는 경우에는 이를 증명하는 서면을 제출하여야 한다.

나. 등기원인에 대하여 행정관청의 허가 등을 요하는 경우의 예시

(1) 농지의 취득에 대한 농지소재지 관할 시장, 구청장, 읍장, 면장의 농지취득자격증명(농지법 8조 1항)

---

5) 대결 2003. 9. 26. 2002마4353.

(2) 학교법인의 기본재산의 매도, 증여, 교환, 담보제공 또는 권리포기에 대한 관할청(교육부장관, 특별시·광역시·도 교육감)의 허가(사립학교법 28조 1항)

(3) 허가구역 안에 있는 토지에 관한 소유권·지상권(소유권·지상권의 취득을 목적으로 하는 권리를 포함한다)을 이전 또는 설정(대가를 받고 이전 또는 설정하는 경우에 한한다)하는 계약(예약을 포함한다)의 체결에 대한 시장·군수 또는 구청장의 허가 또는 그 허가받은 사항을 변경하고자 하는 경우의 시장·군수 또는 구청장의 허가(국토의 계획 및 이용에 관한 법률 118조 1항)

(4) 전통사찰의 부동산의 양도에 대한 문화체육관광부장관의 허가 및 전통사찰의 부동산의 대여 또는 담보제공에 대한 시·도지사의 허가(전통사찰보존법 9조 1항·2항 1호), 또는 허가받은 사항을 변경하는 경우

(5) 향교재단의 부동산의 처분 또는 담보제공에 대한 특별시장·광역시장·도지사 또는 특별자치도지사의 허가(향교재산법 8조 1항 1호)

(6) 외국인 등이 토지를 취득하는 경우 시장·군수·구청장의 허가(외국인토지법 4조 2항)

(7) 공익법인의 기본재산의 매도, 증여, 임대, 교환 또는 담보제공에 대한 주무관청의 허가(공익법인의 설립·운영에 관한 법률 11조 3항)

(9) 북한이탈주민의 보호 및 정착지원에 관한 법률에 의한 주거지원을 받는 보호대상자가 그 주민등록전입신고일부터 2년 이내에 그 주거지원에 따라 취득한 부동산의 소유권, 전세권 또는 임차권을 양도하거나 저당권을 설정하는 경우의 통일부장관의 허가(북한이탈주민의 보호 및 정착지원에 관한 법률 20조 2항)

(10) 사회복지법인의 기본재산의 매도, 증여, 교환, 임대 또는 담보제공에 대한 시·도지사의 허가(사회복지사업법 23조 3항 1호)

(11) 의료법인의 기본재산의 매도, 증여, 임대, 교환 또는 담보제공에 대한 시·도지사의 허가(의료법 48조 3항)[6]

---

6) 부칙: (다른 예규의 폐지) 등기원인에 대하여 관공서의 허가, 동의 또는 승낙을 요하는 경우에 관한 업무처리지침(등기예규 제704호, 제721호, 제856호, 예규집 92항), 임야에 대한 소유권이전등기신청과 임야매매증명의 제출여부(등기예규 제712호, 예규집 108항)는 이를 폐지한다. 부칙(2007. 3. 5. 제1169호), (다른 예규의 폐지) 재외국민의 국내 토지취득에 따른 소유권이전등기신청서의 첨부서면(등기예규 제481호)은 이를 폐지한다.

11. 농지취득자격과 경매

가. 농지의 개념

농지란 "전·답, 과수원, 그 밖에 법적 지목(地目)을 불문하고 실제로 농작물 경작지", "목초·종묘·인삼·약초·잔디 및 조림용 묘목", "과수·뽕나무·유실수 그 밖의 생육기간이 2년 이상인 식물", "조경 또는 관상용 수목과 그 묘목(조경목적으로 식재한 것을 제외한다)" 등과 같이 다년생식물 재배지로 이용되는 토지. 다만, 초지법7)에 따라 조성된 초지 등 대통령령으로 정하는 토지는 제외한다.

나. 농지 여부의 판단기준

어떤 토지가 '농지'인지는 공부상의 지목과 관계없이 그 토지의 사실상 현상에 따라 판단하여야 하지만(농지법 2조 1호), 농지법상 '농지'였던 토지가 현실적으로 다른 용도로 이용되고 있더라도 그 토지가 농지전용허가 등을 받지 아니하고 불법 전용된 것이어서 농지로 원상회복되어야 하는 것이라면 그 변경 상태는 일시적인 것에 불과하고 여전히 농지법상 '농지'에 해당한다.8)

그리고 농지법 제2조 제1호에서 정한 '농지'에 해당하는지 판단하는 기준 및 공부상 지목이 전(田)인 토지가 농지의 현상을 상실하였으나 상실 상태가 일시적인 것에 불과하여 농지로서의 원상회복이 용이한 경우, 농지에 해당하며 농지가

---

7) 제2조 제1호 가목 단서에서 "초지법에 따라 조성된 토지 등 대통령령으로 정하는 토지"란 다음 각 호의 토지를 말한다.
1. 공간정보의 구축 및 관리 등에 관한 법률에 따른 지목이 전·답, 과수원이 아닌 토지(지목이 임야인 토지는 제외한다)로서 농작물 경작지 또는 제1항 각 호에 따른 다년생식물 재배지로 계속하여 이용되는 기간이 3년 미만인 토지. 2. 공간정보의 구축 및 관리 등에 관한 법률에 따른 지목이 임야인 토지로서 산지관리법에 따른 산지전용허가(다른 법률에 따라 산지전용허가가 의제되는 인가·허가·승인 등을 포함한다)를 거치지 아니하고 농작물의 경작 또는 다년생식물의 재배에 이용되는 토지. 3. 초지법에 따라 조성된 초지. ③ 법 제2조 제1호 나목에서 "대통령령으로 정하는 시설"이란 다음 각 호의 구분에 따른 시설을 말한다. <개정 2019. 7. 2.> 1. 법 제2조 제1호 가목의 토지의 개량시설로서 다음 각 목의 어느 하나에 해당하는 시설. 가. 유지(溜池: 웅덩이), 양·배수시설, 수로, 농로, 제방. 나. 그 밖에 농지의 보전이나 이용에 필요한 시설로서 농림축산식품부령으로 정하는 시설 2. 법 제2조 제1호 가목의 토지에 설치하는 농축산물 생산시설로서 농작물 경작지 또는 제1항 각 호의 다년생식물의 재배에 설치한 다음 각 목의 어느 하나에 해당하는 시설. 가. 고정식온실·버섯재배사 및 비닐하우스와 농림축산식품부령으로 정하는 그 부속시설. 나. 축사·곤충사육사와 농림축산식품부령으로 정하는 그 부속시설. 다. 간이퇴비장. 라. 농막·간이저온저장고 및 간이액비저장조 중 농림축산식품부령으로 정하는 시설
8) 대판 2019. 2. 14. 2017두65357.

형질변경이나 전용으로 현실적으로 다른 용도로 사용되고 있으나, 일정 기간 사용 후 농지로 복구한다는 조건으로 일시사용허가를 받아 이루어진 것으로서 허가기간 만료 후 농지로 복구하여야 하고 농지로 회복하는 것이 가능한 경우에는 변경 상태가 일시적인 경우에 해당하므로 농지에 해당한다.[9]

다. 농지취득자격증명의 필요 여부에 대한 판례

(1) 농지취득자격증명이 필요한 경우

• 경매대상토지가 농지법 제2조 제1호의 농지에 해당하여 농지를 취득하는 자가 그 소유권에 관한 등기를 신청할 때에 농지취득자격증명이 필요함에 따라 '최고가매수신고인은 매각결정기일까지 이 사건 경매대상토지에 관한 농지취득자격증명서를 제출할 것'을 특별매각조건으로 정한 경우 최고가매수신고인이 매각결정기일까지 농지취득자격증명을 제출하지 않았다면 이는 민사집행법 제121조 제2호의 매각불허가사유에 해당하고, 최고가매수신고인이 농지취득자격증명서의 발급에 필요한 모든 요건을 갖추었음에도 행정청이 부당히 위 증명서의 발급을 거부하여 이를 제출하지 못한 경우에도 마찬가지라 할 것이다.[10] 위와 같이 법원은 농지취득자격증명의 효력은 매각허가결정의 전제조건으로 보고 있다.

• 구 민사소송법(2002. 1. 26. 법률 제6626호로 전문 개정되기 전의 것)이 적용되는 사건에서 경매법원에 의하여 경락불허가결정이 내려진 이후 그 결정에 대한 항고사건 계속중에 농지취득자격증명이 제출된 경우에는 항고법원으로서는 이와 같은 사유까지 고려하여 경락불허가결정의 당부를 판단하여야 할 것이다.[11] 농지취득자격증명의 발급은 매각허부결정일까지 제출하면 되므로 농지취득증명을 매각허부결정일까지 제출하지 못한 경우에는 즉시항고를 통하여 농지취득증명을 발급받은 경우에는 보증금 몰수없이 매각허가결정을 받을 수 있다.

• 농지취득자격증명은 농지를 취득하는 자에게 농지취득의 자격이 있다는 것을 증명하는 것으로, 농지를 취득하려는 자는 농지 소재지를 관할하는 시장, 구청장, 읍장 또는 면장으로부터 농지취득자격증명을 발급받아 농지의 소유권에

---

9) 대판 2015. 3. 12. 2013도10544.

10) 대결 2014. 4. 3. 2014마62.

11) 대결 2004. 2. 25. 2002마4061.

관한 등기를 신청할 때에 이를 첨부하여야 한다(농지법 8조 1항·4항). 농지를 취득
하려는 자가 농지에 관하여 소유권이전등기를 마쳤다고 하더라도 농지취득자격
증명을 발급받지 못한 이상 그 소유권을 취득하지 못하고, 농지에 관한 경매절
차에서 농지취득자격증명의 발급은 매각허가요건에 해당한다.[12]

(2) 농지취득자격증명이 필요하지 않은 경우

• 농지개혁법의 적용대상이 되는 같은 법 제2조의 농지라 함은 형식적인 지
목여하에 불구하고, 농경지로서의 목적을 이룰 수 있는 객관적인 상태에 있는 농
지만을 의미한다고 볼 것인데, 강남구청장 발행의 도시계획확인원 및 농지세 부
과 여부에 대한 회신과 하치장설치신고서의 각 기재와 원심에서 현장검증결과를
종합하면, 이 사건 토지는 공부상의 지목만 전으로 되어 있을 뿐 도시계획상의
개발제한구역에 편입되어 있고, 그 지상에는 공장건물 2동이 건립되어 있으며,
그 건물주위의 나머지 토지 부분도 대리석하치장 등 공장의 작업장으로 사용되는
등 사실상 대지화되어 농경지로 사용되고 있지 아니한 사실이 인정되므로, 경매
목적 부동산인 이 사건 토지는 그 토지의 객관적인 현상으로 보아 농지개혁법의
적용대상인 농지가 아니라 할 것이므로 이 사건 토지의 최고가경매인이 농지개혁
법 소정의 농지매매증명을 제출하지 아니하였다는 이유만으로 경락을 불허할 수
없고, 경매법원은 이 사건 부동산에 관하여 최고경매가격을 신고한 항고인에게 경
락을 허가함이 타당하다.[13] 이런 경우에는 농지라고 하더라도 도시계획 등으로 편
입되어 있는 경우에는 농지취득자격증명이 없어도 매각허가결정을 하여야 한다.

• 지적공부상 토지의 지목이 답으로 되어 있기는 하나 그 토지에 대한 낙찰
허가결정 훨씬 전에 인근 토지보다 약 1~2m나 성토되어 그 지상에 콘테이너박
스와 창고가 설치되는 등 이미 타용도로 전용되어 상당 기간 동안 건축자재 하

---

12) 대판 2018. 7. 11. 2014두36518; 이에 반해 일반매매계약에서는 사실심의 변론이 종결될 때까지
는 소재지 관서의 증명을 얻어야 한다. 농지개혁법 제19조 제2항 소정의 소재지 관서의 증명이
농지매매의 효력발생요건이라는 취지가 매매로 인한 소유권이전의 효과를 발생할 수 없다는
것일 뿐 농지매매 당사자 사이에 채권계약으로서의 효력까지 발생하지 못한다는 것은 아니라
고 할지라도, 소재지 관서의 증명을 얻지 아니한 채 체결된 농지의 매매계약을 원인으로 하여
매수인이 매도인을 상대로 현재의 이행의 소로 무조건의 소유권이전등기절차의 이행을 청구하
는 경우에는 적어도 사실심의 변론이 종결될 때까지는 소재지 관서의 증명을 얻어야만 인용될
수 있는 것이다(대판 1994. 12. 9. 94다42402).
13) 대결 1987. 1. 15. 86마1095.

치장으로 사용되어 왔기 때문에 농지로서의 기능을 완전히 상실하였고, 또한 낙찰인이 낙찰허가결정 이전에 농지취득자격증명의 발급을 신청하였음에도 해당 관서에서 농지로 볼 수 없다는 이유로 신청 자체가 반려된 점이나 낙찰인이 낙찰을 받은 직후에 적법한 절차를 거쳐 현황대로 농지전용허가가 이루어짐으로써 향후 원상회복명령이 발하여질 가능성이 소멸된 점을 고려하여 볼 때, 낙찰허가결정 당시 그 토지는 이미 농지법 제2조 소정의 농지에 해당한다고 볼 수 없으므로, 낙찰인이 임의경매절차에서 최고가입찰자로서 그 토지를 낙찰받음에 있어서 농지법 제8조 소정의 농지취득자격증명을 발급받을 필요는 없다.[14]

• 판례는 "농지취득자격증명의 법적성질에 대하여 매각허가요건으로 보고 있다. 경매목적인 토지의 지목이 전으로 되어 있지만 사실상 대지화되어 농경지로 사용되지 아니하고 있어 객관적인 현상으로 보아 농지개혁법의 적용대상인 농지가 아니라면, 토지의 최고가경매인이 농지개혁법 소정의 농지매매 증명을 제출하지 아니하였다는 이유만으로 경락을 불허할 수 없다"고 보고 있다.[15]

• 토지가 농지로서의 현상을 상술하고 그 사실상 형태가 일시적이라고 볼 수 없다면 그 토지는 더이상 농지에 해당하지 않는다.[16]

(3) 농지취득자격증명 미제출로 인한 불허가 조치 등

농지법 소정의 농지취득자격증명은 농지를 취득하는 자가 그 소유권에 관한 등기를 신청할 때에 첨부하여야 할 서류로서 농지를 취득하는 자에게 농지취득의 자격이 있다는 것을 증명하는 것일 뿐 농지취득의 원인이 되는 매매 등 법률행위의 효력을 발생시키는 요건은 아니다(대판 1998. 2. 27. 97다49251 등 참조). 그리고 농지에 관한 경매절차에서 이러한 농지취득자격증명 없이 낙찰허가결정 및 대금납부가 이루어지고 그에 따른 소유권이전등기까지 경료되었다 하더라도 농지취득자격증명은 그 후에 추완하여도 무방하다 할 것이며[17] 경매법원이 농지취득자격증명의 미제출을 이유로 매각불허가 결정을 한 이후 그 결정에 대한 항고 사건 계속 중에 농지취득자격증명이 제출된 경우에는 항고법원으로서는 이와 같

---

14) 대판 1997. 12. 23. 97다42991.
15) 대결 1987. 1. 15. 86마1095.
16) 대판 2009. 4. 16. 2007도6703.
17) 대판 2008. 2. 1. 2006다27451.

은 사유까지 고려하여 매각불허가결정의 당부를 판단하여야 한다.[18)]

• 농지취득자격증명발급은 행정기관 내부 사무처리준칙에 불과한 것으로 법원을 구속하는 법적 효력이 없으며 불법 형질변경이 원상복구되지 않았다는 이유로 농지취득자격증명 발급을 거부한다면 경매절차를 통하여 소유권이 이전되는 경우에는 원상복구를 기대하기 어려우므로 이를 이유로 거부할 수 없다.[19)]

라. 농지취득자격증명의 제외 사항

농지를 취득하려는 자는 농지 소재지를 관할하는 시장(구를 두지 아니한 시의 시장을 말하며, 도농 복합 형태의 시는 농지 소재지가 동지역인 경우만을 말한다), 구청장(도농 복합 형태의 시의 구에서는 농지 소재지가 동지역인 경우만을 말한다), 읍장 또는 면장(이하 "시·구·읍·면의 장"이라 한다)에게서 농지취득자격증명을 발급받아야 한다.

다만, 상속[상속인에게 한 유증(遺贈)을 포함한다]으로 농지를 취득하여 소유하는 경우, 농지전용협의를 마친 농지를 소유하는 경우(농지법 8조), 농지로의 복구계획서를 제출하거나 농업경영계획서에 복구계획을 포함하여 작성한 경우에는 그 계획이 실현가능한 경우에는(농림부 예규 8조 1항 8호) 농지취득자격증명을 발급받지 아니하고 농지를 취득할 수 있다(농지법 8조). 그러므로 최고가매수인이 복구계획 등을 작성하여 제출한 경우 소재지 관서는 그 계획이 실현 가능한 경우에는 농지취득증명의 발급을 받지 아니하고 매각허가를 받을 수 있다.

---

18) 대결 2004. 2. 25. 2002마4061.
19) 광주지법 2020. 7. 23. 2019구합13916.

12. 토지별도등기와 경매

사건번호	20. (임의경매)		물건번호	11		작성일자	20. 5. 20.		
감정평가액	별지 기재와 같음		최선순위설정	20.3.30. 근저당권		배당요구종기		20.11.11.	
점유자	점유부분	출처	권리	전유기간	보증금	차임	전입일자	확정일자	배당요구
박동철	303호	권리신고	임차인	20. 2. 30. -20. 2. 30.	100,000,000		20. 2. 20.		20. 11. 7.
<비고>									
▶등기된 부동산에 관한 권리 또는 가처분으로 허가에 의하여 그 효력이 소멸되지 아니하는 것 김충길의 공유지분에 대하여는 선순위 가등기가 있어, 이에 기해 본등기가 이루어질 경우 경락인이 소유권을 상실할 수 있음.									
▶ 허가에 의하여 설정된 것으로 보는 지상권의 개요									
없음									
▶ 비고란									
민법 제365조에 의한 일괄									

*토지별도등기있음
(토지저당: 20. 6. 18.)

(1) 토지별도등기 내용

토지별도등기는 공동주택(아파트, 다세대주택, 연립주택)에서 발생한다. 보통 공동주택은 건물등기부등본과 토지등기부등본이 따로 구성되어 있지 않고 건물등기부등본 하나만 되어 있는 것이 원칙이다. 이는 공동주택은 건물과 토지를 따로 분리처분할 수 없다는 규정 때문이다. 그런데 토지등기부등본이 따로 나와 있는 경우가 있다. 이는 토지소유주가 건물을 건축하기 위하여 토지에 먼저 담보를 설정하고 돈을 빌린 후 건물을 완공하였는데 건물이 전부 완공되었음에도 불구하고 토지상에 설정되어 있는 채무를 변제하지 않는 경우 발생하게 된다. 즉, 건물등기부등본이 나왔음에도 불구하고 토지등기부에 설정한 채무액을 변제하지 못하면 건물등기부등본에 "토지등기부등본에 별도등기"라고 갑구란에 표시를 한다. 이런 부동산을 낙찰받게 되면 토지상에 설정되어 있는 채무액을 경락인이 그대로 인수할 수도 있다.

(2) 토지별도등기 있는 건물을 낙찰받은 경우와 대지를 낙찰받은 경우

대지상에 저당권을 설정할 당시에 건물이 없었던 경우 토지상의 저당권자는 토지주와 건물주가 저당권실행 당시에 동일인인 경우에는 민법 제365조에 의하여 건물에 대하여도 일괄경매신청을 할 수 있다. 이때 토지의 나대지상의 저당권자는 자신의 선택에 따라 집합건물의 전부나 일부를 대지와 함께 경매신청할 수도 있다.[20] 즉 나대지상의 저당권자는 임의로 1필의 대지에 대한 일부 지분과 그에 상응하는 특정의 구분건물에 대하여 경매신청을 할 수도 있고, 대지사용권 지분의 전부를 그에 상응하는 구분건물에 대해 동시에 경매신청을 할 수 있다.

위의 경우와 달리 건물에 대하여 민법 제365조에 따른 일괄경매신청을 할 수 없어 토지만을 경매신청하여 낙찰이 된 경우에는 먼저 대지권등기의 말소를 신청한 후 그 말소가 이루어진 토지등기부등본을 집행법원에 제출하여 경락으로 인한 소유권이전등기의 촉탁을 실시한다.[21]

원칙적으로 토지별도등기인 부동산을 낙찰받게 되면 토지상에 설정되어 있는 채무액을 경락인이 인수하게 된다. 다만 집행법원에서 매수인에게 토지(대지권)에 대한 저당권을 인수할 것으로 조건으로 하지 않고,[22] 토지(대지권)의 저당권자가 채권 신고를 한 경우에는 구분건물의 대지권 비율만큼에 상응하는 토지저당권을 그 비율만큼만 일부 말소시킨다. 즉, 경락대금이 완납되면 토지등기부에 경락을 원인으로 하여 대지권에 대한 부분에 해당하는 지분을 말소시키는 방법으로 토지

---

20) 사법논집 제27조, 62면.

21) 토지만에 대한 저당권등기가 경료된 후 대지권 취지의 등기가 된 경우에 그 저당권에 기한 임의경매신청으로 인한 경락에 의한 소유권 이전등기를 하기 위해서는 경락자는 우선 경락허가 결정 및 동 확정증명을 대위원인을 증명하는 서면으로 하여 대지권 말소등기를 신청함으로써, 등기공무원으로 하여금 대지권 등기의 말소와 동시에 직권으로 토지등기용지 중 대지권인 취지의 등기를 말소하고 건물등기용지 중 대지권에 대한 등기로서의 효력이 있는 등기를 부동산등기법 제102조의4 규정에 의하여 토지등기용지의 해당 사항란에 전부 전사하게 한 다음, 집행법원은 경락으로 인한 소유권이전등기촉탁과 동시에 그 토지의 등기용지 중 저당권기입등기 후의 소유권등기와 경락인이 인수하지 아니한 부동산상 부담의 기입의 말소등기촉탁을 하여야 할 것이며, 그 촉탁서에는 소유권이전등기등기와 말소등기별로 등록세 영수필 확인서를 첨부하여야 한다(1991. 6. 26. 등기선례 3-778, 등기 제1362호).

22) 집합건물의 등기부상 토지별도등기가 있으면서 인수조건을 붙이지 않았다면 감정평가를 명할 때 대지권과 건물의 가격을 분리하여 감정하도록 한다.

저당권 변경의 부기등기를 순차적으로 하여, 궁극적으로는 대지권의 지분에 대하여 전부가 경매되면 토지의 저당권자는 채권액을 전부 변제받게 되고 토지의 저당권도 전부 말소되는 합리적인 결과로 진행한다.[23] 그러나 토지만을 대상으로 담보권 등을 설정한 채권자가 토지경매를 신청하여 낙찰받은 경우 지상의 긴물은 칠거나 토지를 경락받는 매수인에게 건물주는 지료를 납부할 수도 있다.

집행법원은 집합건물등기부상 별도등기가 있는 경우는 경매신청채권자에게 토지별도등기부를 제출하도록 하고 있다.

한편, 집합건물 중 일부 구분건물에 대한 경매신청권자가 그 일부 구분건물 및 그 대지권에 대하여 경매신청을 하는 경우, 토지저당권자는 그 피담보채권액 전액을 기준으로 배당에 참가할 수 있으나 토지상에 설정된 저당권의 효력이 건물에는 미치지 않기 때문에 건물의 매각대금으로부터는 배당을 받을 수 없다.

---

23) 사법논집 제27조 65면.

13. 대지권 미등기

(1) 사례내용

① 소유권이전 등기부등본상에는 20. 11. 10. 매매로 이승종에서 최상희로 변경되었습니다.
② 등기부상에는 대지권에 대한 별도 표시가 없습니다.
③ 대지권도 같이 매매가 되는지? 아니면 별도로 매매해야 하는지?
④ 현재 이 집은 맨션이며 경매로 제가 낙찰받았을 때, 대지권은 별도 매매로 매입을 해야 하는지?

(2) 사건원인

토지대장			
관리자	관리내용	원인일자	채권최고액
이승종	소유권이전	20. 5. 15.	
	대지권설정	20. 7. 20.	
최상희	소유권이전	20. 11. 10.	
박민수	소유권이전	20. 12. 1.	
	(경락으로)		

(3) 사례해설

결론부터 말하자면, 대지권은 별도로 매입하지 않아도 된다.

① 왜냐하면 대지사용권은 원칙적으로 전유부분의 종된 권리이고(종물과는 다르다). 집합건물의 소유 및 관리에 관한 법률 제20조 제1항은 "구분 소유자의 대지사용권은 그가 가지는 전유부분의 처분에 따른다"고 규정하고 있고, 제2항은 "구분소유자는 그가 가지는 전유부분과 분리하여 대지사용권을 처분할 수 없기 때문이다. 다만 규약으로서 달리한 때에는 그러하지 아니하다"라고 규정하고 있다. 즉, 대지사용권을 규약으로 달리 정하지 않은 때에는 그 대지사용권은 전유부분의 종된 권리에 불과하기 때문에 임의경매나 강제경매에 관계없이 전유부분

의 소유자가 대지사용권을 취득할 수 있고, 비록 대지권 등기를 하지 않았다고 하더라도 그 대지사용권은 구분건물의 종된 권리이기 때문에 당연히 경매목적물에 포함되어 매입한 것으로 보게 된다.

② 저당권설정 당시에 저당권설정자가 대지사용권을 취득하고 있었으나 대지권등기만을 경료하지 않고 있어 집합건물의 전유부분에만 저당권설정등기를 경료한 경우에는 저당권의 효력이 대지사용권에도 미치게 된다.

③ 위의 사례에서 등기부상에 대지권지분에 대한 표시가 되어 있는가? 만약 표시되어 있다면 관계없다. 만약 이곳에 없으면 다시 감정평가서를 확인하여 대지지분에 대한 것도 평가하여 금액을 산출한 것인지 확인하여 보고 만약 감정평가를 하였다면 관계없으니 입찰을 보아도 될 것이다. 그러나 평가를 하지 않았다고 하더라도 앞에서 설명한 바와 같이 전유부분의 소유자가 대지사용권을 취득하고 있다면 대지권을 주장할 수 있을 것이다.

④ 집합건물의 분양자가 수분양자에게 대지지분에 관한 소유권이전등기나 대지권변경등기는 지적정리 후 해주기로 하고 우선 전유부분에 관하여만 소유권이전등기를 마쳐 주었는데, 그 후 대지지분에 관한 소유권이전등기나 대지권변경등기가 되지 아니한 상태에서 전유부분에 대한 경매절차가 진행되어 제3자가 전유부분을 경락받은 경우, 그 경락인은 집합건물의 소유 및 관리에 관한 법률 제2조 제6호의 대지사용권을 취득하고, 이는 수분양자가 분양자에게 그 분양대금을 완납한 경우는 물론 그 분양대금을 완납하지 못한 경우에도 마찬가지이다. 따라서 그러한 경우 경락인은 대지사용권 취득의 효과로서 분양자와 수분양자를 상대로 분양자로부터 수분양자를 거쳐 순차로 대지지분에 관한 소유권이전등기절차를 마쳐줄 것을 구하거나 분양자를 상대로 대지권변경등기절차를 마쳐줄 것을 구할 수 있고, 분양자는 이에 대하여 수분양자의 분양대금 미지급을 이유로 한 동시이행항변을 할 수 있을 뿐이다.[24]

따라서 경락 후 경매법원의 등기촉탁 이전에 대지지분에 대하여 전유부분의 소유자 명의로 소유권이전등기가 경료되었다면 전유부분과 아울러 대지지분에

---

24) 대판(전) 2000. 11. 16. 98다45652, 45669; 대판 2005. 4. 14. 2004다25338; 대판 2006. 9. 22. 2004다58611).

대하여도 경매법원의 등기촉탁에 의하여 경락인 앞으로 소유권이전등기가 경료된다 할 것이나, 만일 등기촉탁시까지 대지지분에 대한 소유권이전등기가 경료되어 있지 아니한 경우에는 경락인으로서는 전유부분에 대하여서만 등기촉탁의 방법으로 소유권이전등기를 경료할 수 있고, 그 대지권에 대하여는 분양자가 경락인을 위하여 부동산등기법 시행규칙 제60조의2에 의한 대지권변경등기를 하거나 경락인이 분양자로부터 수분양자를 거쳐 순차로 대지의 지분소유권이전등기를 경료한 후 전유부분의 대지권변경등기를 하는 방법에 의하여야 한다. 그리고 분양자가 전유부분의 소유자인 경락인을 위하여 하는 부동산등기법 시행규칙 제60조의2에 의한 대지권변경등기는 그 형식은 건물의 표시변경등기이나 실질은 당해 전유부분의 최종 소유자가 그 등기에 의하여 분양자로부터 바로 대지권을 취득하게 되는 것이어서, 분양자로부터 전유부분의 현재의 최종 소유명의인에게 하는 토지에 관한 공유지분이전등기에 해당되고, 그 의사표시의 진술만 있으면 분양자와 중간소유자의 적극적인 협력이나 계속적인 행위가 없더라도 그 목적을 달성할 수 있으므로, 전유부분의 소유권자는 분양자로부터 직접 대지권을 이전받기 위하여 분양자를 상대로 대지권변경등기절차의 이행을 소구할 수 있다.[25]

---

25) 대판 2004. 7. 8. 2002다40210 참조.

경매진행절차

입찰의 준비

【최고서】

서울중앙지방법원
최고서

강남구청장, 삼성세무서장 귀하

사건 : 20 타경8482 부동산 임의경매

소유자 성명 : 박 철 수

　　　　주소 : 서울시 강남구 대치동 65 쌍용아파트 8동 1008

주민등록번호 : 500012-1002587

　별지 기재 부동산에 대하여 경매개시결정을 하였으므로 이 부동산에 관한 조세 기타 공과의 미납금 유무와 만일 미납금이 있는 경우에는 그 금액과 법정기일을 20. 3. 10.까지 통지하여 주시고 법정기일은 일자까지 정확히 기재하여 주시기 바랍니다.

20. 2. 24.

법원사무관　○○○

제1항 공과주관 공무소에 대한 최고

집행법원이 경매개시결정을 한 때에는 조세 기타 공과를 주관하는 공무소에 대하여 그 경매 대상 부동산에 대한 채권의 유무와 한도를 일정한 기간 내에 통지할 것을 최고한다. 이와 같은 이유는 집행법원이 우선채권인 당해세의 유무, 금액에 관하여 통지를 받아 잉여의 가망이 있는지 여부를 확인함과 동시에 조세 등을 경매절차에서 교부청구할 수 있는 기회를 주어 그 징수를 용이하게 하려는 데 목적이 있다. 그리고 소유권이전에 관한 가등기가 되어 있는 부동산에 대하여 경매개시결정이 있는 경우에는 집행법원(경매담당법원)은 가등기권리자에 대하여 그 가등기가 담보가등기인 때에는 그 내용 및 채권의 존부, 원인 및 수액을, 담보가등기가 아닌 경우에는 그 내용을 법원에 신고할 것을 상당한 기간을 정하여 최고하도록 하고 있다. 왜냐하면 등기부에 가등기가 되어 있는 경우에 그 등기부상의 기재만으로는 담보가등기인지 아니면 순수한 소유권이전청구권 보전을 위한 가등기인지 알 수 없기 때문이다. 만약 말소기준권리보다 앞선 일자로 설정되어 있는 가등기권자가 매각허가일(낙찰허가일)[1]까지 권리신고를 하지 않은 경우에는 그 가등기는 소유권이전청구권 보전을 위한 가등기로 보아 경락인이 잔금을 지불하였더라도 말소가 되지 않는다.

---

[1] 민사집행법 제84조 제1항 규정에 따라 첫 매각(경매)기일 이전의 배당요구 종기일까지 신고를 하여야 한다.

제 2 항 집행관의 임대차현황조사

1. 현황조사명령

【현황조사명령】

서울중앙지방법원
현 황 조 사 명 령

○ ○ 지방법원 소속 집행관 귀하

사건 20 타경8482 부동산 임의경매

별지 기재 부동산에 대한 다음 사항을 조사하여 20. 3. 10.까지 보고하여 주시기 바랍니다.

  1. 부동산의 현상 및 점유관계

    가. 부동산의 위치 및 점유관계

    나. 부동산의 내부구조 및 사용용도 등(도면, 사진 등 첨부)

  2. 임대차관계

    가. 임차목적물

    나. 임차인

    다. 임차내용(보증금, 전세금, 임대차기간 등)

    라. 주민등록 전입 여부 및 그 일자

    마. 확정일자 여부 및 그 일자

  3. 기타 현황사항 채권자: 주식회사 고려은행(리스크 관리부)

                채무자: 동흥국제 주식회사

                소유자: 박 철 수

                청구금액: 금 342,390,771원

○○○○.   .   .

사법보좌관 ○ ○ ○ (인)

경매개시결정 기입등기가 경료되면 법원은 집행관에게 부동산의 현상, 점유관계, 임차인의 보증금의 수액 또는 차임 기타 현황에 관하여 지체없이 조사할 것을 명한다. 법원이 집행관에게 조사명령을 내리면 집행관은 점유자의 점유권원의 유무와 경락인에게 대항할 수 있는지 여부를 가리지 않고 조사하여 보고를 한다. 이 현황조사보고서 사본은 입찰기일 1주일 전에 법원경매계의 사무실 인근에 비치하고 있어 입찰에 참여하고자 하는 자는 이 사본을 보고 물건현황과 임차인의 권리분석을 할 수가 있다.[2]

집행관이 작성하여 보고하는 현황조사의 내용은 부동산의 매각준비단계에서 매각물건명세서 작성에 있어서 기초가 될 뿐만 아니라 매각목적 부동산에 임차인이 있을 경우에는 매수인에 대한 대항력 유무의 판단, 매수신고가격을 결정하는 중요한 자료되며, 최저경매가격의 결정 및 인도명령의 허부 판단의 자료가 된다.[3]

또한 법원은 경매의 대중화와 신속한 경매진행을 위하여 전국에서 실시하고 있는 법원경매 부동산을 대법원 인터넷 사이트[4]에 올려놓고 있다. 대법원 인터넷 사이트의 경매분야에 접속하면 누구나 무료로 법원에서 조사한 감정평가서, 집행관의 임대차 현황조사보고서, 입찰물건서, 배당요구 종기일 등을 열람·복사할 수 있다. 열람과 복사는 법원마다 조금씩 다르나 보통 입찰기일 14일 이전까지 가능하다. 유찰된 부동산은 약 30일 후에 진행하기 때문에 약 16일 동안은 열람할 수가 없다. 입찰 당일 매각된 부동산은 그 다음 날 결과를 알 수가 있다.

입찰에 참여하고자 할 때 일반인들은 많이 유찰되어 최저금액이 낮게 형성되어 있는 부동산만을 먼저 고르는 경향이 있는데, 이것은 실패하는 길 중 하나이다. 왜냐하면 부동산은 여러 가지 법적인 권리관계나 물건분석을 요하는 내용이 많다. 더구나 경매로 진행하는 부동산은 더하다. 그런데도 많이 유찰되어 최저입찰가액이 낮게 형성되어 있는 부동산만을 검색하는 경향이 짙다. 그렇게 입

---

2) 경매사건에서 집행관이 경매부동산에 관한 임대차조사를 하면서 임차인이라고 주장하는 자의 처의 진술의 진실 여부를 조사확인하지 않은 채 위 진술만을 근거로 하여 작성한 임대차조사보고서는 임대차계약사실을 인정할 증거로서의 가치가 박약하다(대판 1992. 11. 24. 92다26123).
3) 법원행정처, 집행관감독 실무편람, 2018. 3., 300면.
4) www.courtauction.go.kr

찰기일로부터 14일 이전에 열람과 복사를 시작하여 입찰에 참여하지 말고 최초 감정평가액으로 입찰에 참여할 수 있는 물건이나 단기간 이내 권리분석을 할 수 있는 물건 이외에는 처음 나온 물건부터 검색을 하여 입찰기일 이전까지 복사를 하여 놓고 몇번 유찰되어 입찰에 참여할 수 있는 최저입찰금액이 형성될 때까지 기다린 후 입찰에 참여하는 것이 바람직하다.

그리고 경매가 진행되어 종결될 때까지의 전 경매기일을 인터넷에서 미리 알 수가 있기 때문에, 그 동안은 입찰에 참여할 수 있는 최저입찰가액이 형성될 때까지 복사한 서류를 근거로 철저한 물건분석과 법적인 권리분석, 자금준비를 한 후 입찰에 참여해야 실패하지 않는다. 다만, 이때에도 채무액이 시세보다 많이 설정되어 있는 물건을 선정하는 것이 우선적으로 필요하다. 시세에 비하여 채무액이 너무 적은 경우에는 낙찰을 받아도 잔금지급 이전에 이해관계인이 경매 신청권자의 채권액을 변제하고 경매를 취소시키는 경우가 많기 때문이다.

2. 집행관의 조사사항

집행관은 임대차 현황을 조사하기 위하여 부동산에 출입할 수 있고, 채무자 또는 그 부동산을 점유하는 제3자에게 질문하거나 문서의 제시를 요구할 수도 있다. 그리고 필요한 때에는 부동산에 출입하기 위하여 잠긴 문을 여는 등 적절한 처분을 할 수도 있다. 이외 관할 구역 외에서도 그 직무를 행할 수 있으며 저항을 받는 때에는 경찰 또는 국군의 원조를 청구할 수 있다.

3. 현황조사보고서

임대차목적물 소재지에 주민등록 전입신고가 되어 있으면 집행관은 조사보고서에 전입신고를 기재하고 주민등록등본을 첨부하여 법원에 제출하여야 한다. 그 밖에 임대차계약서 등 객관적 자료의 복사가 가능하면 그 사본을 임대차보고서와 함께 제출한다. 법원은 현황조사보고서 등에 의하여 소액임차인인 자로 판명되거나, 소액임차인인지 여부를 명백히 알 수 없는 경우, 또는 권리신고를 하고 배당요구를 하지 아니한 임차인에 대하여는 배당요구를 하여야 배당받을 수 있음을 고지한다.

부동산현황조사보고서

서울중앙지방법원 사법보좌관 귀하

20 타경8482 부동산경매사건에 관하여 다음과 같이 부동산의 현황을 조사 보고합니다.

     1. 부동산의 표시(별지와 같음)

     2. 조사의 일시: 20. 2. 27. 12 : 40

     3. 조사의 장소(부동산 소재지 현장)

     4. 조사의 방법: 소유자의 장남 진술, 주민등록 등록 교부신청

첨부.   1. 부동산의 현황 및 점유관계서

       2. 임대차관계서

20. 2. 28.

현황수수료 : 62,260원

집행관 : ○ ○ ○ (인)

【임대차관계 조사서】

임대차관계 조사서

(1) 임차목적물: 서울시 강남구 대치동 65 쌍용아파트 8동 1008호 방 4개 중 1개

(2) 임차인: 김현주

(3) 임차내용:

    (가) 보증금   원정   월세   원정

    (나) 전세금 1,500만원

    (다) 임대차기간 20. 11. 26.부터 20. 11. 25.까지

    (라) 기타

(4) 주민등록 전입 여부 및 그 일자: 20. 11. 26.

(5) 일자확정 여부 및 그 일자: 미상

---

(1) 임차목적물 : 서울시 강남구 대치동 65 쌍용 아파트 8동 1008호 방 4개 중 1개

(2) 임차인: 천정짐

(3) 임차내용:

    (가) 보증금   원정   월세   원정

    (나) 전세금 1,200만원

    (다) 임대차기간 20. 10. 26.부터 20. 10. 25.까지

    (라) 기타

(4) 주민등록 전입 여부 및 그 일자: 20. 10. 26.

(5) 일자확정 여부 및 그 일자: 미상

4. 집행관의 부동산 경매 · 입찰 절차에서 현황조사시 유의사항[5]

(1) 야간 · 휴일 현황조사의 활용

집행관은 폐문 부재로 평일 주간에 현황조사를 할 수 없을 때에는 야간·휴일에 현황조사를 실시하고, 현황조사보고서에 야간·휴일에 현황조사를 실시한 사유를 기재하여 집행법원에 제출하여야 한다.

(2) 현황조사시 건물의 현황과 등기부상 표시가 현저하게 상이한 경우의 현황조사보고서 기재방법 · 정도

집행관은 현황조사시에 조사대상 건물이 멸실되고 다른 건물이 신축되어 있는 경우에는 관계인의 진술을 청취하여 그 내용을 현황조사보고서에 기재하고 (신·구 건물의 동일성 상실 여부에 대한 집행관의 의견을 부기한다), 구 건물에 관한 멸실등기가 경료되었으면 그 등기부등본을 현황조사보고서에 첨부한다.

(3) 현황조사의 대상 토지 · 건물에 부합물, 종물, 구성부분이 존재하는 경우

집행관은 현황조사의 대상인 토지·건물에 부합물, 종물, 구성부분이 될 수 있는 물건이 있고 그로 인하여 매각부동산의 감정평가에 중대한 영향을 미칠 것이라고 판단되는 경우(예컨대 고가의 정원석, 상당한 규모의 제시외 건물, 지하굴착공사에 의한 콘크리트 구조물, 건축 중인 건물 등)에는 이를 현황조사보고서에 기재하여야 한다.

(4) 주민등록 등 · 초본 등의 첨부

1) 현황조사의 대상이 주택인 경우, 집행관은 임대차관계의 확인을 위하여 매각부동산 소재지에 주민등록 전입신고된 세대주 전원에 대한 주민등록 등·초본을 발급받아 현황조사보고서에 첨부하여야 한다.

2) 현황조사의 대상이 상가건물인 경우, 집행관은 상가건물임대차보호법 시행령 제3조 제2항이 정하는 등록사항 등의 현황서 등본과 건물도면의 등본을 발급받아 현황조사보고서에 첨부하여야 한다.

---

5) 대법원재판예규 제880호, 시행 2002. 11. 1., 2002. 10. 31., 일부개정, 대법원(법원행정처).

(5) 건물 내부구조도의 첨부

집행관은 현황조사의 대상인 주택 또는 상가건물에 임차인이 여러 명 있는 경우에는 각 임차인의 해당 임차부분과 입주 인원수를, 주민등록(또는 등록사항 등의 현황서)상의 동·호수와 등기부 등 공부상에 표시된 동·호수가 상이한 경우에는 실제 동·호수, 주민등록(또는 등록사항 등의 현황서)상의 동·호수와 공부상의 동·호수를, 임차목적물이 주택인 경우에는 임차인 본인 및 그 가족들의 전·출입 상황을 현황조사보고서에 기재하고, 건물의 내부구조와 각 부분별로 임차인을 표시한 도면을 현황조사보고서에 첨부하여야 한다.

(6) 매각부동산 사진의 첨부

민사집행규칙 제46조 제2항 소정의 사진은 조사의 대상 전체를 촬영한 것이 아니고 그 일부를 촬영한 것이라도 그 현황을 파악할 수 있을 정도면 충분하다. 다만, 일부를 촬영한 사진을 첨부한 때에는 그 취지를 기재하고 촬영한 부분에 대한 설명을 부기하여야 한다.

제 3 항 감정평가서의 작성

> No. 245-97호
>
>
> ## 감 정 평 가 서
>
>
>
>
> 건   명: 박 철 수 소유물건(20 타경 8482호)
>
> 의뢰인: 서울중앙지방법원
>
>
>
> 20 . 2. 27.
>
>
>
> 정밀감정평가사무소
>
> 전화(02) 224-3324

1. 최저경매가격의 결정

집행법원은 등기관으로부터 경매개시결정기입등기의 통지를 받은 후 3일 내에 감정평가명령을 발하여 감정인으로 하여금 경매부동산을 평가하게 하고, 그 평가액을 참작하여 최저입찰가격을 정한다(민사집행법 97조 1항).

2. 경매대상목적물의 감정평가

본 감정평가서는 지가공시 및 토지 등의 평가에 관한 법률에 의거 성실·공정하게 작성하였기에 서명날인합니다.

감정평가사　　　　　박칠성 (인)

평가가액	십사억오천만원정(1,450,000,000)					
평가의뢰인	서울중앙지방법원 사법보좌관		평가목적	경매		
소유자 또는 대상업체명	박철수(20 타경8482)		평가조건			
목록표시근거	제시목록		가격시점	조사기간	작성일자	
			20. 2. 28.	20. 2. 28.	20. 3. 4.	
평가내용	구 조	면 적		평가가격		비 고
		공 부	사 정	단 가	금 액	
	건물의 번호	8-10-1008 132.05	132.05 (39.9평)		1,450,000,000 1,450,000,000원	비준가격
	철근콘크리트슬래브 10층 1008호 소유권대지권	75.12/24.416	75.12 (22.7평)			

평가금액산출근거및의견	1. 본건은 강남구 대치동 소재 쌍용아파트 제8동 10층 1008호(43평형)로 인근 유사아파트의 가격수준과 입지조건, 부근상황, 위치 및 층별 효용도, 부대설비등을 참작하여 건물과 토지의 소유권, 대지권을 일체로 한 거래사례 비교법으로 평가하였음. 2. 현장조사시 폐문부재로 인하여 임대 및 건물 이용개황도는 같은 동네 타호수의 일반적인 이용상황을 참작하여 도시하였으니 경매진행시 참작하시기 바람.

1) 감정평가의 방법

집행법원은 최저경매가격을 정하기 위하여 감정인을 선임하고 그 부동산에 대한 감정평가명령을 한다. 감정평가방법은 감정인이 직접 경매부동산의 현장에 나가 부동산의 위치, 주위의 현황, 건물의 구조, 자재 등 제반사정을 참작하여 객관적이며 공정하고 타당성 있는 방법으로 평가한다. 따라서 경매부동산 위에 유치권이 존재하고 있는 경우에는 그 부동산이 부담하고 있는 가격을 평가하고, 경락인에게 대항할 수 있는 용익권이 존재하는 경우에는 그 부담이 있는 부동산 가격을 평가하여야 한다. 또한 대항력 있는 임차권으로써 등기된 임차권, 지상건물의 등기를 한 토지임차인, 주택의 임차인 등도 평가를 한다.

감정평가업자가 현장조사 당시 감정대상주택 소유자의 처로부터 임대차가 없다는 확인을 받고 감성평가서에 "임대차 없음"이라고 기재하였으나 이후에 임차인의 존재가 밝혀진 경우, 감정평가업자는 감정평가서를 근거로 부실 대출을 한 금융기관의 손해를 배상할 책임이 있다. 담보목적물에 대하여 감정평가업자가 부당한 감정을 함으로써 감정 의뢰인이 그 감정을 믿고 정당한 감정가격을 초과한 대출을 한 경우에는 부당한 감정가격에 근거하여 산출된 담보가치와 정당한 감정가격에 근거하여 산출된 담보가치의 차액을 한도로 하여 대출금 중 정당한 감정가격에 근거하여 산출된 담보가치를 초과한 부분이 손해액이 된다. 담보목적물에 주택임대차보호법에서 정한 대항력을 갖춘 임차인이 있는 경우, 정당한 감정가격에 근거한 담보가치는 주택의 감정평가액에서 임차보증금을 공제한 금액에 담보평가요율을 곱하는 방법에 따라 계산한 금액을 반환한다.6)

---

6) 원심은 금융기관인 원고가 감정평가업자인 피고 1과 사이에 위 피고가 감정 목적물인 주택에 관한 임대차 사항을 상세히 조사하기로 하는 내용의 이 사건 협약을 체결한 사실, 원고가 20. 10.경 소외 강석곤으로부터 그 소유의 이 사건 주택(다세대 주택으로 방 2칸, 거실 겸 방 1칸, 주방 1칸, 욕실 1칸, 다용도실 1칸, 발코니 1칸이다)을 담보로 하는 대출신청을 받고 피고 1에게 감정평가를 의뢰한 사실, 피고 1의 업무보조자로 현장조사를 지시받은 소외 1은 이 사건 주택을 방문하여 현장조사를 하면서 소유자인 강석곤의 처인 소외 이순덕으로부터 이 사건 주택에는 임차인이 없으며 자신들이 거주하고 있다는 말을 전해 듣고, 임대차확인서에 "임대 없음"이라는 확인을 받았으며, 이 사건 주택의 소재지로 전입신고가 되어 있는 강석곤의 주민등록증 사본 및 주민등록등본을 제출받은 사실, 이어서 소외 1은 이 사건 주택의 옆집에 들러 이 사건 주택의 거주인을 확인하려 하였으나 문이 잠겨 있어 확인하지 못하였고, 이 사건 주택의 인근에 위치한 부동산중개업소를 찾아가 이 사건 주택의 시세와 임대차관계를 문의하여 이 사건 주택의 시세는 약 80,000,000원 정도이며, 이 사건 주택에 대한 임대차관계는 확실히 알 수 없고 다만 자신이 세를 놓아준 적이 없다는 취지의 진술을 들은 사실, 소외 1의 조사 등을 근거로 하여 피고 1은 1996. 11. 4. 이 사건 주택의 감정평가액이 65,000,000원, 이 사건 주택에 임대차관계가 없고 소유자가 직접 거주한다는 내용의 감정평가서를 작성하여 원고에게 제출한 사실, 원고는 위 감정평가서를 기초로 이 사건 주택에 대한 임대차관계가 없음을 전제로 그 담보가치를 32,800,000원[=(감정평가액 65,000,000원-소액임차보증금 12,000,000원×방 2개)×원고의 담보평가요율 80%, 원심의 '소액임차보증금 8,000,000원×방 3개'는 오기로 보인다.]으로 평가하여, 20. 11. 7. 채권최고액 41,600,000원으로 하는 근저당권설정등기를 마친 후, 다음날 강석곤에게 32,000,000원을 대출한 사실, 소외 정주일은 이 사건 주택의 임차인으로서 46,000,000원의

2) 재평가

감정인의 평가가 합리적 근거가 없거나 감정평가서에 반드시 고려하여야 할 사정을 고려하지 않고 평가하여 이를 최저경매가격으로 정한 경우에는 재감정평가명령을 할 수 있다. 그리고 최초의 경매 이후 경매집행의 정지결정 등으로 장기간 경매절차가 정지되고 그동안의 경제사정으로 감정평가액이 적당한 최저경매가격이라고 보기 어려울 때는 경매의 공정을 기하기 위하여 재평가명령을 할 수 있다.

3) 감정평가의 대상물

① **감정평가의 대상물**   감정평가의 대상물은 경매목적 부동산 및 경락인이 그 부동산과 함께 취득할 모든 물건 및 권리에 미친다. 경락인이 취득할 물적 범위는 압류의 효력이 미치는 물적 범위와 일치한다. 경매목적부동산의 구성부분, 천연과실, 종물 등도 감정평가의 대상이 된다. 그리고 압류의 효력은 종물과 종된 권리에도 미치므로 함께 평가를 하여야 한다.

② **부동산**   경락인이 경락으로 인하여 소유권을 취득하는 부동산의 범위는

임차보증금을 회수하기 위하여 20. 12. 23. 부동산강제경매를 신청하였고 위 경매절차에서 이 사건 주택은 소외 강옥경에게 53,530,000원에 낙찰되었으며, 경매법원은 배당기일인 2000. 3. 20. 집행비용을 공제한 나머지 51,590,043원을 배당함에 있어, 정주일이 20. 3. 16. 이 사건 주택을 임대보증금 43,000,000원에 임차하여 20. 4. 10. 입주하고, 20. 4. 15. 전입신고를 마친 후, 20. 7. 18. 그 임대차계약서에 확정일자까지 받은 사실을 인정하고, 제1순위로 정주일에게 43,000,000원을; 제2순위로 교부권자인 양천구청장에게 107,090원을; 제3순위로 근저당권자인 원고에게 나머지 잔액 8,482,953원을 각 배당한 사실을 각 확정한 후에, 이 사건 주택에 대한 소외 1의 현장조사 당시 임차인인 정주일이 가족과 함께 위 주택에 입주한 지 2년 8개월가량이나 지난 상태였다는 것이므로, 소외 1이 현장조사를 하면서 좀 더 주의를 기울였다면 위 임차인이 거주하고 있다는 점을 알 수 있었을 것으로 보이고, 옆집이나 그 위·아래층에 거주하는 주민들에게 이 사건 주택의 실제 거주인에 대하여 확인하여 보았더라도 임차인이 있다는 사실을 알 수 있었다고 보여지며, 당시 임차인의 존재 여부를 알지 못한 상태에서 소유자의 처만을 만날 수 있었던 관계로 임대상황을 제대로 조사할 수 없었다고 하더라도, 감정평가를 하는 피고 1로서는 평가액보다 많은 대출을 받을 목적으로 임대차관계를 허위로 진술할 가능성이 있는 소유자의 처의 진술에만 의존할 것이 아니라 인근 주민들에게 문의하는 등 가능한 방법을 동원하여 임대차 사항을 조사하고, 그러한 조사에 의해서도 임차인의 존재 여부를 밝힐 수 없거나 그러한 조사 자체가 불가능하였다면 원고에게 그와 같은 사정을 알림으로써 적어도 원고로 하여금 이 사건 주택에 임차인이 있을 수 있다는 점에 대하여 주의를 환기시키는 정도의 의무는 이행하였어야 한다고 봄이 상당하고, 그럼에도 불구하고 피고 1이 이 사건 주택의 임대상황에 관하여 정확한 조사를 하지 아니한 채 만연히 이순덕의 진술만을 듣고서 임차인이 없고 소유자만이 거주한다는 내용의 잘못된 감정평가서를 원고에게 제출한 이상, 피고 1은 이 사건 협약에서 정한 임대차 조사의무를 제대로 이행하지 못한 것이라 할 것이고, 피고 1 및 그 연대보증인인 피고 호명규는 연대하여 이 사건 협약에 따라 위와 같은 부실한 감정평가로 인하여 원고가 입은 손해를 배상할 책임이 있다(대판 2004. 5. 27. 2003다24840).

일반적으로 경락허가결정에 의하여 기재된 부동산의 범위에 의하여 정하여지게 된다. 등기부표시와 실제건물의 동일성이 다른 경우에는 양자 사이에 사회통념 상 동일성 내지 유사성이 인정되는 한도에서, 그 현황의 범위로 소유권을 취득한다고 할 것이다.

③ **부합물**　저당권의 효력은 저당부동산에 부합된 물건에 미치기 때문에(민법 358조 본문) 당연히 감정평가의 대상이 된다. 여기서 부합된 물건의 의미는 목적부동산과 결합하여 거래관념상 부동산의 일부분이 되었다고 인정되는 물건을 말한다. 예컨대 토지에 대한 수목(과수), 건물에 대한 증축부분,[7][8][9] 부속건물, 엘리베이터, 배전반시설 등이 이에 해당한다. 그러나 이와 같은 부합물일지라도 타인의 권원에 의하여 부합시킨 것은 물건으로서 독립성이 있을 때는 저당권의 효력이 미치지 않는다. 그리고 부합물에 대한 권리의 변동에 대하여 다른 약정을 한 때에는 저당권의 효력이 미치지 않기 때문에 감정평가의 대상으로 할 수가 없다. 따라서 이와 같은 물건을 낙찰받았을 경우에는 소유권을 주장할 수 없게 된다. 판례는 "타인의 권원(지상권, 전세권, 임차권 등)에 의한 물건으로서 저당권의 효력이 미치지 않는 부합물은 주된 물건과 독립성이 있어야 하며 부합의 시기와 관련해서는 저당권설정 당시 이미 부합하여 있는 것이든 그 후에 부합한 것이든

---

7) 저당목적 건물 위에 증축한 건물은 그것이 타인의 관계에 의하여 부속시킨 것이라는 등 특별한 사유가 없는 한 저당권의 효력은 그 증축된 건물에도 미친다.
　경매목적물 위의 증축부분에 대한 평가를 누락한 평가액을 최저경매가격으로 하여 공고된 경매기일공고는 위법임을 면할 수 없고 이 위법한 공고를 전제로 한 경락허가결정 역시 위법한 것이라 할 것이다(대판 1969. 8. 26. 69마80).

8) 본건 저당권이 설정된 것 중 건물부분 점포 1동 건평 12평과 창고 1동 건평 18평이 그 후 한 곳에 붙어 지어져서 건물을 증축한 결과 약 43평이 증가되어 통합된 한개의 목조 어연즙 평가건 창고 및 공장 1동의 현존건물 건평 73평으로 된 경우에는 종래의 건물과 현존건물이 동일한 것으로 볼 수 있으므로 종래의 건물에 대한 저당권은 동일한 건물로서 증축된 현존건물에 미친다고 할 것이다(대판 1967. 6. 15. 67마439).

9) 건물의 일부분이 구조상으로나 이용상으로 다른 부분과 구분되는 독립성이 있으면 구분소유권의 객체로 될 수 있다 할 것인바, 건물의 증축 부분이 기존 건물 부분과 벽으로 구분되어 있고 기존 건물 부분과 무관한 용도로 사용되고 있다면 구조상으로나 이용상으로 독립되어 있어 구분소유권의 객체가 될 수 있다.
　건물 임차인이 자신의 비용을 들여 증축한 부분을 임대인 소유로 귀속시키기로 하는 약정은 임차인이 원상회복의무를 면하는 대신 투입비용의 변상이나 권리주장을 포기하는 내용이 포함된 것으로서 특별한 사정이 없는 한 유효하므로, 그 약정이 부속물매수청구권을 포기하는 약정으로서 강행규정에 반하여 무효라고 할 수 없고 또한 그 증축부분의 원상회복이 불가능하다고 해서 유익비의 상환을 청구할 수도 없다(대판 1996. 8. 20. 94다44705, 44712).

원칙적으로 부합된 물건에 대하여 저당권의 효력이 미친다"고 판시하고 있다.[10]

㉠ 건물에 부합한 물건   토지와 건물은 각각 별개의 부동산이므로 토지에 설정된 저당권의 효력은 건물에는 미치지 않는다. 문제가 되는 것은 건물에 설정한 저당권의 효력이 그 부속건물에도 미쳐 감정평가의 대상이 되고 이어 경락인이 그 목적물에 대한 소유권을 취득할 수 있느냐 하는 것이다.

부속건물은 특별한 사정이 없는 한 주된 건물과 일체를 이루는 하나의 건물로 보아야 하므로 주된 건물에 대한 저당권의 효력은 부속건물에 대해서도 그 효력이 미친다고 볼 수 있다.[11] 판례는 "저당권의 효력은 증축된 부분이 주된 건물에 저당권을 설정할 당시의 저당목적물과 동일성[12]이 인정되는 경우에는 저당권의 효력이 미친다"고 판시하고 있다.[13] 증축 또는 개축되는 부분이 독립된 구분소유권의 객체로 될 수 없는 것인 때에는 부합물로 보아 평가의 대상으로 삼아야 한다는 것이다. 따라서 기존건물에 부합된 증축부분은 경매절차에서 경매목적물로 평가되지 아니한 경우에도 경락인은 증축부분의 소유권을 취득할 수 있다.[14]

㉡ 토지에 부합한 물건   수목은 본래 식재되어 있는 토지에 부합되어 토지소유자의 소유로 되는 것이 원칙이므로 경매대상인 토지상의 수목은 당연히 토지와 함께 평가의 대상이 되고 경락인은 그 토지와 함께 수목에 대한 소유권을 취득한다. 그렇지만 타인이 임차권 등의 권원에 기하여 심은 수목은 경매대상에서 제외되고, 입목등기에 관한 법률에 따라 등기된 입목과 명인방법을 갖춘 수목은 법률상 독립한 거래대상이 되므로 감정평가에서 제외되고 경락인은 이에 대한 소유권을 주장할 수 없다.

농작물도 원칙적으로 경작되고 있는 토지에 부합되어 토지소유자의 소유로

---

10) 대판 1974. 12. 12. 73다298.
11) 부속건물이 저당건물과 동일한 가옥대장이나 등기부에 등재되어 있거나 또는 동일한 지번상에 건축되어 있는 경우라도 당연히 종물이라고는 볼 수 없고 그 독립성의 인정 여부에 따라 그것이 인정되지 않는 경우에 한하여 종물로 볼 수 있을 것이다(대판 1996. 10. 5. 66마222).
12) 건물이 증축된 경우에 그 증축부분에 대하여 저당권의 효력이 미치는지의 여부는 증축부분이 기존건물에 부합된 물리적 구조뿐만 아니라, 그 용도와 기능면에서 기존건물과 독립한 경제적 효용을 가지고 거래상 별개의 소유권의 객체가 될 수 있는지의 여부에 따라 결정해야 할 것이다.
13) 대결 1968. 5. 27. 68마140.
14) 대판 1992. 12. 8. 92다266772.

되는 것이므로 그 토지상에 소유자가 재배하는 농작물은 토지와 함께 압류의 효력이 미치고 경매의 목적물이 된다. 그러나 타인이 경매대상 토지 위에 농작물을 재배하는 경우에는 설사 그 타인이 권원 없이 불법적으로 그 토지 위에 농작물을 경작하는 경우에도 권원의 유무와 관계없이 그 토지에 부합되지 않고 경작자의 소유에 속한다고 본다. 즉, 타인의 토지에 불법적으로 농작물을 경작한 경우에도 경락인은 농작물을 수확하기 전까지는 그 토지의 명도를 요구할 수 없다는 것이다. 따라서 농작물은 토지소유자가 경작하는 경우에만 경매목적물이 될 수 있고, 타인이 경작한 농작물에 대해서는 불법으로 경작하였더라도 경락인은 주장할 수가 없다.

또한 토지의 부합물로서 교량, 도랑, 돌담, 도로의 포장, 논둑, 주유소, 땅속에 부설된 유류 저장탱크 등은 토지의 부합물로 보아 감정평가의 대상이 된다. 토지에 대한 경매절차에서 그 지상건물을 토지의 부합물 내지 종물로 보아 토지와 함께 경매를 진행하고 경락허가를 하였다고 하더라도 그 건물에 대한 소유권을 취득할 수는 없다.

④ **종물**　민법 제358조는 "저당권의 효력은 저당부동산에 부합된 물건과 종물에도 미친다"라고 규정하고 있어 종물에 대해서도 부합물에 관한 이론을 적용하고 있다. 그리고 종물은 저당권설정 이후에 새로이 부가된 종물에 관하여도 저당권의 효력이 미친다는 것이 판례의 입장이기 때문에[15] 경매개시결정에 의한 압류의 효력발생 이후에 부가한 종물에 대해서도 경락인은 소유권을 주장할 수 있다고 보아야 할 것이다. 한편 제3자의 종물이 주물 그 자체의 경제적 효용을 다하지 않는 종물인 경우에는 주물 자체의 효용과 직접 관계가 없는 물건이기 때문에 평가에서 제외해야 할 것이다. 이와 같은 종물의 대상으로는 보일러시설, 주유소의 주유기, 화장실, 목욕탕, 창고 등을 들 수 있다.

⑤ **종된 권리**　압류 및 저당권의 효력은 경매목적 부동산의 종된 권리에도 미치기 때문에 경락인은 종된 권리에 대해서도 소유권을 주장할 수 있다. 예컨대 건물 위에 저당권을 설정한 경우에 저당권자는 그 건물에 종된 권리인 건물의 소유를 목적으로 하는 대지이용권(지상권, 전세권, 임차권)에도 효력을 주장할

---

15) 대판 1971. 12. 10. 71마757.

수 있다. 같은 맥락에서 건물소유를 위한 법정지상권도 종된 권리로서 평가의 대상이 된다고 할 수 있다. 따라서 건물의 소유를 목적으로 한 토지의 임대차에 있어 건물에 저당권을 설정한 자는 그 토지에 대한 임차권에도 효력을 주장할 수 있어 경락인은 토지에 대한 임차권에도 효력을 주장힐 수 있게 된다. 그리니 임차인이 그 토지에 대한 임차권을 임대인의 동의없이 타인에게 양도한 이후에, 경락인이 건물에 설정된 저당권에 따라 낙찰을 받았을 경우에는 임대인에게 토지임차권의 효력을 주장할 수 없다.

⑥ **대지권**   아파트와 같은 구분소유권의 목적인 집합건물에 대하여 저당권을 설정한 경우에 그 저당권의 효력은 그 건물의 종된 권리인 건물의 소유를 목적으로 하는 대지이용권 및 공용부분에 대한 지분권에 대해서도 효력이 미치기 때문에 경락인은 이에 대한 소유권을 취득하게 된다.

⑦ **환지예정지**   경매부동산에 환지예정지가 있는 경우에 환지예정지의 지정에 의한 토지의 사용관계는 그 예정지 위에 이전하는 것이므로 그 예정지의 위치 및 평수 등도 종전 토지의 평가시에 참작되어야 하며 경락인은 환지예정지에 대해서 소유권을 주장할 수 있다.

⑧ **천연과실**   부동산경매와 관련되는 천연과실(예: 열매·곡물·우유·광물·석재 등)은 물건의 용법에 따라 수취하는 산출물을 말한다. 미분리의 천연과실은 원래 토지의 구성부분이므로 평가의 대상이 되나, 명인방법을 갖추어 제3자에게 양도된 경우라면 평가대상으로 할 수가 없다. 한편 미분리의 과실이 경락시까지 성숙기에 달하여 채무자에게 수취될 것이 예상되거나 채굴이 예상되는 경우에는 채무자에게 소유권이 귀속하기 때문에 평가를 하여서는 안 된다.

저당권은 목적물의 사용·수익을 설정자에게 남겨두는 것이 원칙이므로 천연과실에는 저당권의 효력이 원칙적으로 미치지 않는다. 그러나 민법 제359조는 "저당부동산에 대한 압류가 행해진 후에는 저당권 설정자가 수취하는 과실 또는 수취할 수 있는 과실에 대해서도 저당권의 효력이 미친다"라고 규정하여 이때부터는 천연과실까지 고려하여 평가를 하여야 한다. 이때 저당권자가 위의 효력을 주장하기 위해서는 그 부동산에 대한 소유권, 지상권 또는 전세권을 취득한 제3자에 대해서 경매가 개시되었다는(압류) 사실을 통지하여야 한다.

⑨ **법정과실** 물건의 사용대가로 받는 금전 기타의 물건을 법정과실(예: 차임·토지사용의 대가인 지료·이자 등)이라 한다. 압류 및 저당권의 효력은 원칙적으로 법정과실에는 미치지 않으므로 법정과실은 감정평가의 대상이 되지 않는다. 다만 경락인이 잔금을 납부한 날로부터는 민법 제187조에 따라 등기를 하지 않았더라도 소유권이 인정되기 때문에 법정과실에 대해서도 소유권을 주장할 수 있다.

제 4 항   매각(입찰)물건명세서 작성

【매각물건명세서】

서 울 중 앙 지 방 법 원

20: 타경2361

매각물건명세서

사 건	20: 타경2361 부동산임의경매 201 타경102490(중복)	매각 물건번호	1	작성 일자	20: 07.07	담임법관 (사법보좌관)		온기원	〔인〕
부동산 및 감정평가액 최저매각가격의 표시	별지기재와 같음	최선순위 설정		2019.01.11, 근저당권		배당요구종기		2019.06.14	

부동산의 점유자와 점유의 권원, 점유할 수 있는 기간, 차임 또는 보증금에 관한 관계인의 진술 및 임차인이 있는 경우 배당요구 여부와 그 일자, 전입신고일자 또는 사업자등록신청일자와 확정일자의 유무와 그 일자

점유자 성 명	점유 부분	정보출처 구 분	점유의 권 원	임대차기간 (점유기간)	보 증 금	차 임	전입신고 일자, 사업자등록 신청일자	확정일자	배당 요구여부 (배당요구일자)
김기황	전유부 분 건물의 전부	등기사항 전부증명 서	주거 전세권자	2019.01.11-20 12.01.10	3,500,000,000				

〈비고〉
김기황:김기황은 전세권자로서 전세권설정등기일은 2019.01.11 임.

※ 최선순위 설정일자보다 대항요건을 먼저 갖춘 주택·상가건물 임차인의 임차보증금은 매수인에게 인수되는 경우가 발생 할 수 있고, 대항력과 우선변제권이 있는 주택·상가건물 임차인이 배당요구를 하였으나 보증금 전액에 관하여 배당을 받지 아니한 경우에는 배당받지 못한 잔액이 매수인에게 인수되게 됨을 주의하시기 바랍니다.

등기된 부동산에 관한 권리 또는 가처분으로 매각으로 그 효력이 소멸되지 아니하는 것

을구 순위 15번 전세권설정등기(2019.01.11. 등기)는 말소되지 않고 매수인에게 인수됨

매각에 따라 설정된 것으로 보는 지상권의 개요

비고란

주1 : 매각목적물에서 제외되는 비등기건물 등이 있을 경우에는 그 취지를 명확히 기재한다.
  2 : 매각으로 소멸되는 가등기담보권, 가압류, 전세권의 등기일자가 최선순위 저당권등기일자보다 빠른 경우에는 그 등기일자를 기재한다.

15	전세권설정	2019년1월11일
		제5406호
			2019년1월11일
			설정계약
				전세금 금3,500,000,000원
				범 위 전유부분 건물의 전부
				존속기간 2019년1월11일부터
				     2021년1월10일까지
				전세권자 김기 660429-*******
				     경기도 양평군 양서면 북한강로 24-`
				     102동 호 (한마음필하우스)

15-1				15번 등기는 건물만에 관한 것임 2019년1월11일 부기

16	근저당권설정	2019년1월11일
		제5407호
			2019년1월11일
			설정계약
				채권최고액 금870,000,000원
				채무자 신숙 .
				     서울특별시 강남구 영동대로138길 12,
				     101동 호 (청담동,청담자이아파트)
				근저당권자 이대 720506-*******
				     부산광역시 부산진구 중앙대로775번길 5,
				     15 호(부전동, 대림빌딩)

1. 매각(입찰)물건명세서의 작성

매각물건명세서는 집행법원의 재판이 아니고 일종의 사실행위에 속한다. 매각물건명세서에는 다음 양식과 같은 사실을 기재하여 매각(경매)기일 1주일 전까지 작성하여 열람할 수 있도록 하고 있다.

매각물건명세서는 경매대상물건을 표시하고 그 현황과 권리관계를 공시하여 매수희망자가 경매대상 물건에 필요한 정보를 쉽게 얻을 수 있도록 하여 예측하지 못한 손해를 입는 것을 방지하고자 하는 것이다.16)

2. 매각물건명세서의 기재사항

① **부동산의 표시**   부동산의 표시는 등기부상의 부동산표시를 그대로 기재하되, 그 표시와 부동산현황이 다른 경우에는 그 현황도 병기한다. 매각목적물에서 제외되는 미등기 건물 등이 있을 때에는 그 취지를 기재한다.

② **점유관계와 관계인 진술**   임대차현황보고서 또는 감정평가서 등에 의하여 목적부동산의 점유자와 점유권원, 점유기간, 차임과 보증금에 관한 관계인의 진술, 임차인의 배당요구 여부와 그 일자, 전입신고일자 및 확정일자의 유무와 그 일자를 기재한다.

③ **경락으로 소멸하지 않는 부동산 위의 권리 또는 가처분으로 경락에 의하여 소멸되지 않는 권리**   민사집행법 제91조 제4항에 의하여 매수인에게 인수되는 권리를 기재한다. 담보권·압류채권·가압류채권에 대항할 수 있는 지상권·지역권·배당요구를 한 전세권·등기된 임차인 또는 가처분을 기재한다.

유치권은 매수인에게 인수되지만 등기된 권리가 아니므로 기재를 하지 않고, 다만 유치권자가 점유자인 때에는 제2호에 기재한다.

권리관계를 공시하지 아니하는 예고등기는 매각물건명세서에 기재사항이 아

---

16) 대결 1995. 11. 22. 95마1197; 경매절차에 있어서 부동산현황조사 및 입찰물건명세서의 작성은 입찰대상 부동산의 현황을 되도록 정확히 파악하여 일반인에게 그 현황과 권리관계를 공시함으로써 매수 희망자가 입찰대상 물건에 필요한 정보를 쉽게 얻을 수 있게 하여 예측하지 못한 손해를 입는 것을 방지하고자 함에 있다.

니다.[17)]

④ 경락으로 발생하는 법정지상권

⑤ **최선순위 저당권설정일자 등**　최선순위 설정일자는 매각으로 경매부동산
의 권리가 매수인에게 인수되는지 소멸되는지에 대한 판단기준이 되는 권리를
기재한다. 이러한 권리를 일명 "말소기준권리"라고도 한다. 최선순위 설정일자
(말소기준권리)는 매각으로 소멸되는 권리로서 등기부에 기재되어 있는 권리이다.
이러한 최선순위 설정일자(말소기준권리)의 종류에는 (근)저당권, 가압류, 강제경
매, 임의경매, 체납처분에 의한 압류, 담보가등기, 배당요구한 전세권(건물전체)
등이 있다. 이 중 제일 앞선 일자가 실질적인 최선순위 설정일자로 매각물건명
세서에 기재한다.

임차인의 매수인에 대한 대항력의 유무는 민사집행법 제91조 제4항의 저당
권·압류·가압류권자에[18)] 대항할 수 없는 경우이기 때문에 그 일자를 기재한다.
토지와 건물의 등기일자가 다른 경우에는 그 모두를 기재한다. 왜냐하면 임차인
이 매수인에게 대항할 수 있는지의 여부는 건물의 1순위 말소기준권리를 가지고
분석하기 때문이다.

예컨대 토지에 대하여 1순위 저당권이 설정되고, 그 후 임차인이 대항력을 갖
춘 다음 건물에 1순위 저당권이 설정된 경우, 이 경우의 임차인은 건물의 매수인
에게 대항할 수 있고 토지의 매수인에게만 대항할 수 없다. 따라서 최선순위 저당
권을 매각물건명세서에 기재할 때 건물과 토지의 일자가 다른 때에는 모두 기재하
고 매각부동산이 여러 개인 경우에 설정일자가 다르면 모두 기재해야 한다.

위의 사례 경매부동산에서 전세권 금액 35억원은 낙찰자(매수인)가 인수해야
한다. 왜냐하면 매각물건명세서상의 최선순위 설정일자(말소기준권리)와 전세권등
기 접수일자는 동일하지만 접수번호상 전세권이 선순위이기 때문에 낙찰자가 전
세권의 금액은 인수해야 하기 때문이다.

---

17) 대판 2001. 3. 14. 99마4849. 예고등기제도는 폐지되었지만 이전 사건의 참고사항으로 한다.
18) 민사집행법 제91조 제4항의 저당권 가압류 압류 등을 일명 "말소기준권리" 또는 "대항력 유무
　의 기준권리"라고 칭한다.

3. 위반의 효과

매각물건명세서의 작성에 중대한 하자가 있는 때에는 경락허가에 대한 이의사유가 되며 나아가 직권에 의한 불허가사유가 된다(민사집행법 121조 5호·6호·7호).[19] 그러나 매각물건명세서의 작성은 사실행위에 속하고 그에 의하여 매각조건이 결정되거나 실체법상의 권리관계에 영향을 미치는 것이 아니며 공신적 효력도 인정되지 않는 것으로[20] 국가에 대한 손해배상의 책임이 없는 것으로 보고 있다. 대법원은 "매각물건명세서에 임차인의 배당요구 사실이 기재되어 있지 않았다는 사정만으로는 일반 매수희망자가 그 매수의사나 매수신고가격을 결정함에 있어서 어떠한 영향을 받게 되었다고 보기는 어렵고, 뿐더러 배당요구 사실의 통지 여부나 그 도달 여부는 매각물건명세서의 기재사항이 아님이 명백하므로, 물건명세서상 임차인의 배당요구나 그 통지에 관한 사항이 기재되지 아니하였다고 하여 낙찰불허가 사유가 되는 '물건명세서의 작성에 중대한 하자가 있는 때'에 해당하는 것으로 볼 수는 없다"고 보고 있다.[21]

---

19) 이에 대한 규정을 보면 우선 민사집행법 제121조 제1호는 "매각허가에 대한 이의는 다음 각 호 가운데 어느 하나에 해당하는 이유가 있을 때 신청할 수 있다"라고 규정하면서 민사집행법 제121조 제5호에서 "최저경매가격의 결정, 일괄경매의 결정 또는 매각물건명세서의 작성에 중대한 흠이 있는 때"에, 제121조 제6호는 "천재지변, 그 밖에 자기가 책임질 수 없는 사유로 부동산이 현저하게 훼손된 사실 또는 부동산에 관한 중대한 권리관계가 변동된 사실이 경매진행절차 중에 밝혀진 때"에, 제121조 제7호는 "경매절차에 그 밖의 중대한 잘못이 있는 때"에는 "매각허가에 대한 이의신청을 낙찰허가일까지 할 수 있다"라고(민사집행법 120조 2항) 규정하고 있다.

20) 대판 2000. 2. 16. 98마2837.

21) 대판 2001. 9. 25. 2001다1942.

제 5 항   매각기일 및 매각결정기일의 지정·공고·통지

1. 기일의 지정

법원은 최저매각가격으로 압류채권자의 채권에 우선하는 부동산 위의 모든 부담과 절차비용을 변제하고 남을 것이 있다고 인정할 때나 압류채권자가 법원으로부터 우선매수신청의 통지를 받은 날로부터 1주이내에 압류채권자에 우선하는 부동산의 모든 부담과 절차비용을 변제하고 남을 만한 가격을 정하여 그 가격에 맞는 매수신고가 없을 때에는 자기가 그 가격으로 매수하겠다고 신청하면서 충분한 보증을 제공한 때에 매각기일과 매각결정기일을 정하여 공고한다(민사집행법 104조 1항).

최초매각기일·매각결정기일의 지정·공고·통지는 배당요구종기일부터 1월 안에 하여야 하고(민사집행법 104조 2항), 최초매각기일은 공고일부터 2주 후 20일 안의 날로 정하되, 연월일과 시각을 특정하여야 한다. 신매각기일과 재매각기일은 사유발생일로부터 1주 안에 정하되, 공고일로부터 2주 후 20일 안의 날로 정한다(재민 91-5).

매각결정기일은 최고가매수신고인이 있을 경우 매각허부 여부에 대한 결정을 기일을 말하는데 매각기일로부터 1주일 내의 날로 정하여야 하나(민사집행법 109조 1항) 이는 훈시규정이다. 매각기일과 함께 지정공고를 하고 있다.

2. 공고

매각기일과 매각결정기일을 정한 때에는 집행법원은 이를 공고하여야 한다(민사집행법 104조 1항). 공고는 ① 법원게시판에 게시, ② 관보 또는 신문게재, ③ 전자통신매체를 이용한 대법원 인터넷 사이트나 자동응답방식을 이용한 공고 가운데 어느 하나의 방법에 의한다(민사집행규칙 11조 1항). 공고는 매 기일마다 법원게시판에 게시하는 방법으로 공고하나, 첫 매각기일을 공고하는 때에는 신문공고에 하되 여러 경매사건을 일괄 공고한다. 속행기일은 비용이 많이 드는 신문 공고 없이 법원게시판 공고나 매각물건명세서에 공고한다.

법원사무관 등은 위 게시판공고·신문공고절차와는 별도로 공고사항의 요지를 매각기일 2주 전까지 인터넷 법원경매공고(www.courtauction.go.kr)에 개시하여야 한다(재만 2004－3 7조).

공고는 매각기일(기간입찰의 경우는 입찰기간개시일)의 2주 전까지 하여야 하고(민사집행규칙 56조), 20일 전까지 공고의뢰를 하여야 한다.

3. 통지

법원은 매각기일과 매각결정기일을 이해관계인에게 통지하여야 한다(민사집행법 104조 2항). 매각기일과 매각결정기일의 통지는 집행기록에 표시된 이해관계인의 주소에 발송할 수 있다(민사집행법 104조 3항). 일반 공고만으로 부족하여 개별통지를 함으로써 경매절차에 참여할 기회를 제공하고 절차권을 보장하고 있다. 수회 매각기일·매각결정기일의 일괄지정방식에 의하는 경우에는 이해관계인에 대한 통지도 일괄하여 한다(재민 98－11).

주택임대차보호법상의 대항요건을 갖춘 임차인은 권리신고를 하지 않더라도 경매절차상 이해관계인이 될 수 없으며 이해관계인이 아닌 임차인이 경매절차 진행사실의 통지를 받지 못하였음을 이유로 경매절차의 위법을 다툴 수도 없다. 그리고 부동산 현황조사 과정에서 임대차관계를 제대로 확인하지 않은 집행관의 직무상 잘못이, 그 결과로 경매절차의 진행에 관한 통지를 받지 못하여 우선변제권의 행사에 필요한 조치를 취하지 못함으로써 손해를 입은 임차인에 대하여 불법행위를 구성하지 않는다.[22]

---

22) 대판 2008. 11. 13. 2008다43976.

제 2 절
특별매각조건에 대한 재판

제1항 총설

매각조건이라 함은 법원이 경매대상 부동산을 매각하여 그 소유권을 경락인에게 이전시키는 조건을 말한다. 이와 같은 매각조건은 법정매각조건과 특별매각조건으로 나누어 볼 수 있다.

법정매각조건은 모든 경매절차에 공통하여 법이 미리 정한 매각조건을 말하며, 특별매각조건은 각각의 경매절차에 있어서 특별히 정한 매각조건을 말한다.

제2항 법정매각조건

법정매각조건은 다음과 같은 것이 있다.
① 최저경매가격 미만의 매각불허
② 부동산 위의 담보권, 용익권의 소멸, 인수 여부
③ 매수신청인의 의무
④ 잉여가 없는 경우의 경매불허
⑤ 경락인의 소유권 취득시기

⑥ 경락인이 인도 청구할 수 있는 시기

이에 대해서 매각조건이라 할 수 없는 것은 경매의 장소, 경매기일, 경락허가, 항고, 경락허부에 대한 이의 등이 있는데, 이는 강제집행법상의 권리이지 매각조건은 아니기 때문이다.

 제3항   분할경매와 일괄경매

1. 분할경매

1개의 경매절차에서 수개의 부동산을 경매하는 경우에는 분할경매와 일괄경매의 방법이 있는데, 각 부동산별로 최저경매가격을 결정하는 경매방법을 분할경매라 하고, 수개의 부동산 전부를 일괄평가하여 진행하는 경매를 일괄경매라 한다. 민사소송법은 수개의 부동산을 경매하는 경우에 1개의 낙찰된 부동산으로부터 각 채권자에게 변제하고 그 집행비용에 충분한 때에는 다른 부동산에 대한 경락을 허가하지 아니한다고 규정하고 있기 때문에 분할경매를 원칙으로 하고 있다.[1]

다만, 법원은 수개의 부동산의 위치, 형태, 이용관계 등을 고려하여 이를 동일인에게 일괄매수시킴이 상당하다고 인정할 때에는 일괄경매할 것을 정할 수 있다.

경매부동산을 분할경매로 하는 것은 법정매각조건이 아니며 법원은 이해관계인의 합의가 없어도 자유롭게 분할경매로 할 것인지 아니면 일괄경매에 의해서 경매를 진행할 것인지를 결정할 수가 있다(대판 1964. 6. 24. 64마444).

---

1) 민사집행법 제101조 제3항.

2. 일괄경매

법원은 수개의 부동산의 위치, 형태 이용관계 등을 고려하여 이를 동일인에게 일괄매수시키는 것이 상당하다고 인정할 때에는 직권으로 일괄경매할 것을 정할 수 있다. 다만 저당건물의 종물로 볼 수 없는 별개 건물이 설사 일괄경매에 의하여 경락자에게 경락되었다 하더라도 그 별개 건물에 대한 경락은 당연무효이다.[2] 일괄경매는 법원의 직권사항이나 이해관계인의 신청에 따라 일괄경매하도록 결정할 수 있다. 법원은 공익상 필요에 의하여 최저경매가격의 변경을 포함한 변경을 직권으로 할 수도 있다. 다만 경매의 본질적·근본적인 매각조건은 직권으로 변경을 하지 못한다.[3]

그러나 서로 다른 종류의 재산이라 하더라도 일괄하여 매각하는 것이 경매가격의 적정화와 사회적 효용의 증대라는 측면에서 더 바람직한 경우가 있을 때는 일괄하여 경매를 진행한다. 이는 동일한 채무자에게 속하는 공장건물과 대지, 기계설비 등에 대하여 각각 부동산경매와, 동산경매 등을 하여 각각 다른 사람에게 낙찰이 되면 생산시설이 모두 해체되고 저가로 매각되기 때문에 동일인에게 일괄매각하는 방향으로 진행을 하는 것이다. 따라서 민사집행법 제98조 제2항에서는[4] 그 일괄매각의 범위를 확대함으로써 금전채권을 제외한 경매목적물의 경우 서로 다른 종류의 재산이라도 그 이용관계를 고려하여 동일인에게 일괄매수하게 하는 것이 상당한 때에는 직권 또는 이해관계인의 신청에 의하여 이를 일괄매각할 수 있도록 규정하고 있다.

---

2) 대판 1983. 8. 23. 83다177.
3) 직권에 의한 최저경매가격의 변경은 집행법원의 전단을 허용하는 것이 아니고 수긍할 만한 이유가 있는 경우에 한하여 허용되는 것이므로 채무자에 대한 기일통지의 송달불능을 이유로 경매기일을 직권으로 각 연기하면서 최저경매가격을 저감하였음은 위법이다(대판 1959. 5. 5. 4291민재항206, 카드8662).
4) 민사집행법 제98조는 구민사소송법 제615조의2의 일괄경매보다 더 확대하여 일괄경매의 범위를 정하고 있다.

제3절
경매의 매각방법

제1항 서설

　　민사집행법은 부동산의 매각방법으로 경매를 원칙으로 하면서 특정한 입찰기일에 특정한 입찰장소에서 입찰을 실시하는 기일입찰제를 도입하고 있다. 그러나 이와 같은 기일입찰에 의한 경매는 일반인의 참가를 어렵게 하고 경매브로커로 인한 부작용을 가져오기 쉬운바, 새로운 민사집행법 제103조에서는 "기간입찰"의 방법을 규정하면서 아울러 "호가경매"와 "기일입찰"의 방법도 아울러 실시할 수 있도록 명문으로 규정하고 있다. 다만, 매각방법 중 호가경매, 기일입찰, 기간입찰의 어느 것을 택할 것인가는 집행법원의 재량에 맡기도록 하였다. 호가경매는 1993년 이전에 실시하던 구술로 하는 경매방식을 말하고, 기일입찰은 매각기일에 입찰 및 개찰을 하게 하는 경매방식을 의미한다. 그리고 이번 민사집행법에서 독특한 경매방법으로 제시하고 있는 기간입찰은 입찰기간 내에 입찰을 하게 하는 방식이다. 이러한 경매방법 중 기일입찰을 원칙으로 하며 예외적으로 기간입찰을 실시하고 있다. 이하에서 이에 대한 내용을 살펴보도록 한다.

제 2 항　입찰방법의 종류

1. 기일입찰

　기일입찰은 매각기일(경매기일)에 입찰도 하고 입찰이 끝나면 바로 개찰도 하는 경매방식을 말한다. 여기서 경매기일이란 경매목적된 부동산에 대한 경매를 실시하는 날짜를 말한다. 경매기일 입찰에 참여하고자 하는 사람은 집행관이 입찰의 시작을 알리는 종이 울린 후, 입찰표의 제출을 최고하고 입찰마감시간을 고지하면 당일날 입찰을 보고 개찰을 하게 된다(송민 93-2 8조). 입찰자는 입찰표를 작성하고, 입찰 당일 열람할 수 있는 감정평가서, 임대차현황조사서와 경쟁자 파악 등의 확인과 마지막 권리분석을 하고 입찰 여부를 결정한다. 그래서 이상이 없으면 입찰 표를 작성한 후 그 입찰표를 입찰함에 투함함으로써 입찰을 하게 된다. 그러나 입찰 당일 서류열람과 입찰표 기재, 경쟁자 파악 그리고 권리분석 등, 이 모든 것을 당일에 다 하고 입찰을 본다는 것은 부동산의 가치로 보아 무리가 있다고 볼 수 있다. 따라서 입찰 당일 전에 현장조사나 서류발급, 대법원에서 제공하고 있는 법원경매정보의 검색, 법원에서 입찰서류 열람,[1] 입찰가액의 최고매입금액과 최저매입금액의 산정 등을 통하여 80~90%의 조사를 끝낸 후 현장조사와 입찰 당일날 경쟁자를 파악하고 최종적인 권리분석을 마친 후 입찰에 참여하여야 권리분석상의 실수와 입찰가를 높게 써서 후회하는 일이 없을 것이다.

2. 기간입찰제

　기간입찰제라 함은 "특정한 입찰기일"에 특정한 입찰장소에서 입찰을 실시

---

1) 법원은 입찰 당일로부터 7일 전에 입찰자의 편의를 위하여 해당하는 서류를 열람할 수 있게 하여 주고 있다. 이때에는 어느 누구나 참석하여 입찰하려는 물건의 감정평가서와 물건명세서 등을 볼 수가 있다. 장소는 일반적으로 경매계 근방에 비치하여 놓고 있다. 다만 주민등록등본이나 계약서, 배당신청서류, 집행권원의 내용 등은 이날 열람할 수가 없다. 왜냐하면 많은 사람들이 자격없이 열람을 하여 중대한 서류의 훼손, 정정 등을 하기 때문이다. 따라서 이날 열람하지 못한 부분은 최고가 매수신고인으로 결정된 후 집행법원에 열람을 신청한다.

하는 현행의 기일입찰제도와는 달리 "일정한 입찰기간"을 정하여 그 일정한 기간을 중심으로 실시하는 입찰방식을 의미한다. 기간입찰에서는 입찰기간을 1주 이상 1월 이하의 범위 안에서 정하고 매각기일은 입찰기간이 끝난 후 1주 안의 날을 정하여 하도록 규정하고 있다(민사집행규칙 68조). 이 경우 입찰자는 그 입찰기간 내에 법원이 정한 최저입찰가격의 1할 또는 2할을 일률적으로 법원의 은행계좌에 납입한 뒤 그 입금표를 입찰표에 첨부하여, 집행관 사무실에 제출하거나 우편으로 법원에 제출한다. 입찰기간 종료 후 1수일 안에 개찰기일을 실시하여 최고가 매수신고인, 차순위 매수신고인을 정하고 경락기일에서 경락허가결정을 하는 방식을 취한다.

입찰에 응찰하려면 최저매각가격의 1/10을 입찰보증금으로 내야 했지만 이 방식 이외에 보증보험회사의 지급보증증명서를 제출하여도 응찰이 가능하다. 응찰자가 보증보험회사를 이용하지 않고 직접 응찰을 하려면 입찰시 등기우편에 법원이 정한 최저 매각가격의 10%를 법원의 은행계좌에 납입한 뒤 그 입금표를 첨부하면 된다.

기간입찰에서 법원은 7~30일의 입찰기간을 공고한 후 이 기간에 일반인으로부터 입찰을 받고 입찰기간이 종료되면 7일 이내에 입찰서류를 개봉, 최고매수가격을 써낸 사람에게 최고가매수인으로 결정한다. 보험료는 아파트는 건당 최저매각가의 0.5%, 아파트를 제외한 주거용 건물, 즉 단독주택, 다세대 주택, 연립주택 등은 건당 1.0%, 상가, 오피스텔 등 비주거용 건물은 건당 1.8% 등이다. 보증보험에 가입하고자 할 때 최저매각가 5억원 이하인 경우는 본인의 신분증만 지참하면 전국의 보증보험 지점 및 대리점에서 가입이 되지만 5억원이 넘는 경우는 각 지점장이 자체 심사하므로 가입이 되지 않을 수도 있다.

기간입찰제는 다른 사람의 매수신청 유무 및 그 신청액을 인식 또는 추측하는 것이 봉쇄되기 때문에 한편으로는 일반 국민들의 적극적 매수를 유도할 수 있고, 매각가격의 적정화와 원격지 거주자 등도 매수에 참가할 수 있는 효과가 있으리라고도 본다. 다만, 이 제도의 단점은 입찰기간 동안에 제출된 입찰표의 정보가 외부에 유출될 염려가 있는 것이다. 그렇게 되면 법원의 경매제도가 뿌리채 흔들리는 문제가 생길 수 있는 단점이 있다.

3. 1기일 2회 입찰제

기일입찰에 있어서는 일단 입찰기일에 유찰된 물건에 대하여 약 1월 후에 새로이 진행됨으로써 채무자는 이자부담과 경매비용의 증가를 보이게 되고 채권자는 신속한 환가절차와 권리구제를 받을 수 없는 단점이 있다. 이에 대해 민사집행법 제115조 제4항은 "「기일입찰」 또는 「호가경매」의 방법에 의한 매각기일에서 매각기일을 마감할 때까지 허가할 매수가격의 신고가 없는 때에는 집행관은 즉시 매각기일의 마감을 취소하고 같은 방법으로 매수가격을 신고하도록 최고할 수 있다"고 규정하고 있다. 본 규정에서는 입찰기일에 유찰되는 부동산에 대하여 최저입찰가격의 저감없이 즉시 제2회의 입찰을 실시할 수 있도록 규정하여, 제1회 기일에 응찰하지 아니하였던 사람도 최저입찰가격의 저감없이 당일 제2회 기일에 응찰할 수 있어 경매절차의 신속을 기하게 될 것으로 보인다. 그리고 입찰자는 제1회(예컨대 당일 오전입찰) 입찰에서 유찰된 부동산에 대하여 제2회(당일 오후입찰) 입찰 때는 오전에 열람한 법원서류와 경쟁자를 파악하여 충분한 시간을 가지고 입찰금액과 권리분석을 결정할 수 있어 입찰자들이 선의의 경매를 할 수 있다고 볼 수도 있다.

 제 3 항 준비서류

1. 입찰자 본인이 직접 입찰할 경우

① 주민등록증 또는 운전면허증
② 도장(아무 도장이나 됨)
③ 입찰보증금(최저매각금액의 10%~30%)은 자기앞수표나 현금, 은행이 보증한 지급보증 위탁계약서 또는 보증보험회사의 지급보증증명서
④ 입찰표 양식에 따라 작성한 입찰표 1장을 입찰 당일 집행관에게 제출한다.

2. 대리인에 의해 입찰할 경우

① 입찰자의 인감증명서

② 입찰자의 위임장(입찰자의 인감증명서가 날인된 것). 위임장에 본인의 인감도장을 찍은 경우는 본인의 막도장만 있어도 된다.

③ 대리인의 주민등록증, 도장

④ 입찰보증금(최저매각금액의 10~30%)은 자기앞수표나 현금, 지급보증위탁계약서 또는 보증보험회사의 지급보증증명서

⑤ 입찰표 양식에 따라 작성한 입찰표 1장을 입찰 당일 집행관에게 제출한다.

3. 법인이 입찰할 경우

① 법인등기부등본 또는 초본

② 법인인감도장

③ 법인 대표의 주민등록증 또는 운전면허증

④ 입찰보증금

4. 외국인이 대리인(내국인)을 통해 경매에 참가할 경우

1) 대리인의 구비서류

① 외국현지의 한국공관에서 공증받은 위임장

② 여권 또는 시민권증서 사본(한글번역문도 함께 제출)

③ 대리인의 주민등록증과 도장

2) 경매입찰 취득

3) 외국인 부동산 등기용 등록번호 발급

　　담당 : 출입국 관리사무소(02-650-6212~5)

4) 6개월 내 토지취득 신고필증 발급

　　담당 : 해당구청 지적과

5) 해당부서 : 국토교통부

5. 매수신청의 보증 및 보증서에 의한 담보의 제공

(1) 매수신청보증

① 기간입찰에서 매수신청보증의 제공은 입금증명서 또는 보증서에 의한다.

② 기일입찰에서 매수신청보증의 제공은 현금, 자기앞수표 또는 보증서에 의한다.

(2) 입금증명서인 매수신청보증의 처리

1) 반환절차

① 집행관은 입찰절차의 종결 후 즉시 최고가매수신고인과 차순위매수신고인을 제외한 다른 매수신고인의 입금증명서 중 확인란을 기재하여 세입세출외현금출납공무원(이하 출납공무원이라고 한다)에게 송부한다.

② 입금증명서를 제출하지 아니한 사람은 입금증명서를 작성한 후 법원사무관등에게 제출하고, 법원사무관등은 확인란을 기재하여 출납공무원에게 송부한다.

③ 입금증명서가 제출되지 아니한 경우 법원사무관등은 담임법관으로부터 법원보관금취급규칙의 별지 제7호 서식의 법원보관금출급명령서를 발부받아 출납공무원에게 송부한다.

④ 입금증명서에 법원이 정한 보증금액을 초과하여 매수신청보증이 제공된 경우 집행관과 법원사무관등은 제40조 제2항의 규정에 따라 매수신청보증 중 초과금액을 처리한다.

2) 통지

집행관은 입찰절차를 종결한 때에는 매각통지서(전산양식 A3398)를 작성하여 취급점에 통지하여야 한다.

(3) 보증서인 매수신청보증의 처리

1) 반환절차

① 최고가매수신고인과 차순위매수신고인을 제외한 다른 매수신고인이 입찰절차 종결후 경매법정에서 보증서의 반환을 신청하는 경우 집행관은 다음 각 호

와 같이 처리한다.

ⅰ) 기일입찰에서는 신청인으로부터 입찰자용 수취증을 교부받아 기일입찰 봉투의 연결번호 및 간인과의 일치 여부를 대조하고 아울러 주민등록증을 제시 받아 보증의 제출자 본인인지 여부를 확인한 후 그 입찰자에게 보증서를 즉시 반환하고 기일입찰표 하단의 영수증란에 서명 또는 날인을 받아 매각조서에 첨 부한다.

ⅱ) 기간입찰에서는 주민등록증을 제시받아 보증의 제출자 본인인지 여부를 확인한 후 그 입찰자에게 보증서를 즉시 반환하고 기간입찰표 하단의 영수증란 에 서명 또는 날인을 받아 매각조서에 첨부한다.

② 최고가매수신고인과 차순위매수신고인을 제외한 다른 매수신고인이 기록 이 법원에 송부된 후 보증서의 반환을 신청하는 경우 법원사무관등은 신청인으 로부터 주민등록증을 제시받아 보증서의 제출자 본인인지 여부를 확인한 다음, 입찰표 하단의 영수증란에 서명 또는 날인을 받고, 그 입찰자에게 보증서를 반 환한다.

2) 보증료 환급을 위한 확인

다음 각 호의 경우 입찰자로 하여금 보증료(보험료)의 전부 또는 일부를 환급 받을 수 있도록, 기록이 집행관에 있는 때에는 집행관이, 법원에 있는 때에는 법 원사무관등이 제출된 보증서 뒷면의 법원확인란 중 해당 항목에 √ 표시 및 기명 날인을 한 다음 원본을 입찰자에게 교부하고, 그 사본을 기록에 편철한다.

① 입찰에 참가하지 않은 경우

② 매각기일 전 경매신청의 취하 또는 경매절차의 취소가 있었던 경우

③ 별지 5 보증서의 무효사유에 해당하는 경우

3) 보증금의 납부최고

① 법원은 다음 각 호의 사유가 발생한 경우 보증금납부최고서(전산양식 A3399)를 작성한 다음 보증서 사본과 함께 보증서를 발급한 은행등에 보증금의 납부를 등 기우편으로 최고하고, 그 사본을 작성하여 기록에 편철한다.

ⅰ) 매수인이 대금지급기한까지 그 매각대금 전액을 납입하지 아니하고, 차 순위매수신고인에 대한 매각허가결정이 있는 경우

ii) 차순위매수신고인이 없는 상태에서 매수인이 재매각기일 3일 전까지 매각대금 전액을 납입하지 아니한 경우

iii) 매각조건불이행으로 매각불허가결정이 확정된 경우

② 매수인이 차액지급신고(전산양식 A3427) 또는 채무인수신고(진산양식 A3428)를 하고, 배당기일에 그 차액을 지급하지 아니하는 경우에 매수인이 납입해야 될 금액이 보증금의 한도 내에 있을 때에는 배당기일을 연기하고, 법원은 즉시 보증금납부최고서를 작성한 다음 보증서의 사본과 함께 보증서를 발급한 은행등에 보증금의 납부를 등기우편으로 최고하고, 그 사본을 작성하여 기록에 편철한다.

(4) 지급보증위탁계약체결문서의 제출에 의한 담보제공과 관련한 사무처리요령

(개정 2005. 7. 26. 재판예규 제1014호, 재민 2003 – 5)

1) 보증서 제출에 의한 담보제공이 허용되지 아니하는 경우(제5조)

다음 각호의 경우에는 보증서 제출에 의한 담보제공이 허용되지 아니한다.

① 가집행선고 있는 판결에 대하여 상소제기가 있는 때의 강제집행의 일시정지를 위한 담보

② 청구이의의 소의 제기가 있는 때의 강제집행의 일시정지를 위한 담보

③ 민사소송법 제299조 제2항의 규정에 따른 소명에 갈음한 보증

④ 매각허가결정에 대한 항고에 있어서의 보증(민사집행법 130조 3항, 268조, 269조)

⑤ 가압류해방금액(민사집행법 282조)

⑥ 그 밖에 담보제공의 성질상 제1호 내지 제5호에 준하는 경우

2) 보증서 제출에 의한 담보제공이 허용되는 경우

① 남을 가망이 없을 경우의 보증제공방법(민집 102조 2항, 규칙 54조 1항 3호)

② 기간입찰과 기일입찰에서 매수신청보증

③ 선박경매절차에 있어서 채무자가 그 취소를 위하여 제공하는 압류채권자 및 배당요구채권자의 채권과 집행비용에 해당하는 보증금(민사집행법 181조)

④ 소송비용담보

⑤ 채권자가 부동산·자동차·건설기계 또는 금전채권에 대한 가압류신청을 하는 때에는 법원의 담보제공명령이 없더라도 미리 다음 각 호의 금액을 보증금액으로 하는 보증서원본을 제출하는 방법으로 담보제공의 허가신청을 할 수 있다. 다만, 급여채권·영업자예금채권에 대한 가압류신청을 하는 때에는 그러하지 아니하다.

ⅰ) 부동산·자동차·건설기계에 대한 가압류 신청사건: 청구금액(원금만을 기준으로 하고 이자·지연손해금 등은 포함하지 않는다. 이하 같다)의 1/10(10,000원 미만은 버린다. 이하 같다)

ⅱ) 금전채권에 대한 가압류 신청사건: 청구금액의 2/5. 다만, 법원이 지역 사정 등을 고려하여 별도의 기준을 정한 경우에는 그 금액

【입찰표작성예】

<table>
<tr><td colspan="9" align="center">입 찰 표</td><td colspan="3"></td></tr>
<tr><td colspan="5">서울중앙지방법원 집행관 귀하</td><td colspan="4"></td><td colspan="3">20 년 5월 23일</td></tr>
<tr><td colspan="4">사건번호</td><td colspan="2">20   타경8482</td><td colspan="2">물건번호</td><td colspan="4"></td></tr>
<tr><td rowspan="6">입
찰
자</td><td rowspan="3">본
인</td><td colspan="2">성명</td><td colspan="2">박정일</td><td colspan="2"></td><td colspan="4"></td></tr>
<tr><td colspan="2">주민등록번호</td><td colspan="2">415712-1074672</td><td colspan="2">전화번호</td><td colspan="4">888-8888</td></tr>
<tr><td colspan="2">주소</td><td colspan="8">주소 서울시 영등포구 여의도동 28 광장아파트 8동 1008호</td></tr>
<tr><td rowspan="3">대
리
인</td><td colspan="2">성명</td><td colspan="2">권혁준</td><td colspan="2">본인과의 관계</td><td colspan="4">자</td></tr>
<tr><td colspan="2">주민등록번호</td><td colspan="2">627812-1070121</td><td colspan="2">전화번호</td><td colspan="4">777-0001</td></tr>
<tr><td colspan="2">주소</td><td colspan="8">주소 서울시 영등포구 여의도동 광장아파트 8동 1008호</td></tr>
</table>

입찰 가액	억	천 만	백 만	십 만	만	천	백	십	일	원	보증 금액2)	억	천 만	백 만	십 만	만	천	백	십	일	원
	4	5	7	7	1	0	0	0	0				3	6	0	0	0	0	0	0	0

보증금을 반환 받았습니다.   입찰자   권 혁준 (인)

주의사항

1. 입찰표는 물건마다 별도의 용지를 사용하십시오. 다만 일괄입찰시에는 1매의 용지를 사용하십시오.
2. 한 사건에서 입찰물건이 여러 개 있고 그 물건들이 개별적으로 입찰에 부쳐진 경우에는 사건번호외에 물건번호를 기재하십시오.
3. 입찰자가 법인인 경우에는 본인의 성명란에 법인의 명칭과 대표자의 지위 및 성명을 : 주민등록번호란에는 법인의 등록번호를 각 기재하고 대표자의 자격을 증명하는 문서(법인의 등기부 등·초본)를 제출하여야 합니다.
4. 주소는 주민등록상의 주소를, 법인은 등기부상의 본점 소재지를 기재하시고, 신분확인상 필요하오니 주민등록증을 꼭 지참하십시오.
5. 금액의 기재는 수정할 수 없으므로 수정을 요하는 때에는 새용지를 사용하십시오.
6. 대리인이 입찰하는 때에는 입찰자란에 본인 및 대리인의 인적사항을 모두 기재하는 외에 본인의 위임장과 인감증명을 제출하십시오.
7. 위임장, 인감증명 및 자격증명서는 이 입찰표에 첨부하십시오.
8. 일단 제출된 입찰표는 취소, 변경이나 교환이 불가능합니다.
9. 공동으로 입찰하는 경우에는 허가받은 공동입찰허가원을 입찰표와 제출하되, 입찰표의 본인란에는 "별첨 공동입찰자목록 기재와 같음"이라고 기재한 다음, 입찰표와 공동입찰허가원 사이에는 공동입찰자 전원이 간인하십시오.
10. 대리인의 경우에는 날인란에 입찰자 본인의 성명, 대리관계 및 대리인의 성명 모두 기재하고 날인하십시오.
11. 입찰자 본인 또는 대리인 누구나 입찰보증금을 반환받을 수 있습니다.

　　본 사례의 입찰표는 앞의 제1장의 임의 경매신청사건에 대한 부동산으로 입찰표를 작성한 것이다.

---

2) 입찰보증금액은 최저매각금액(최저입찰금액)의 10분의 1을 원칙적으로 제공해야 한다(민사집행규칙 63조 1항). 예컨대 감정평가액은 450,000,000원에 1회 유찰되어 최저매각금액(입찰금액)이 360,000,000원인데 최고가 매수신고금액을 457,710,000으로 한 경우라고 가정한다면 보증금액은 최저매각금액의 10%에 해당하는 3,600만원을 보증금으로 제공하여 기재해야 하며 매수신고금액의 10%가 아니다.

【위임장】

위 임 장
(경매위임용 위임장)

성　　　명

주민등록번호

주　　　소

본인은 위 사람을 대리인으로 정하고 다음 권한을 위임함.

－ 다　　　음 －

1. 타경　　　　　　　　　　호 부동산 입찰사건에서

　　　　　　　　　　　입찰신청 및 보증금의 납부행위

2. 위 사건의 인도명령신청 행위와 잔금납부

20　　년　　월　　일

위 임 인　　　　　　　　　　　　　　　(인)

주　　소

　　　　　　　　　　　　지방법원　　　　　귀중

첨부서류 : 인감증명서　　1통

제 4 항   법원서류 열람방법

1. 서설

입찰자는 입찰에 참여하려고 하는 물건에 대하여 모든 서류를 열람할 수 있다. 그러나 중요한 주민등록등본이나 임대차계약서, 그리고 송달증명서나 경매신청권자의 집행권원 등은 입찰 당일에 열람할 수 없고 최고가 매수신고 후 열람할 수 있다.[3] 2004년 2월 이전에는 최고가 매수신고인이 이해관계인에 해당하지 않는다고 하여 최고가 매수신고 이후에도 열람을 할 수 없었다. 그리고 입찰 당일에는 종전과 달리 모든 서류를 열람할 수 없고 감정평가서, 임대차현황조사보고서, 배당요구신청 여부 등을 입찰기일로부터 14일 이전에 법원이나 대법원 인터넷 사이트에서 열람하였던 개략적인 내용만 열람이 가능하다. 왜냐하면 입찰당일 열람할 수 있는 시간이 1시간에 불과하고, 1시간 동안도 혼자만 볼 수 있는 것이 아니고 이 물건에 대하여 입찰에 참여하려는 모든 사람이 보아야 하기 때문이다. 특히 중요한 원본서류에 열람자가 기입을 하여 입찰자에게 혼란을 시키는 문제가 발생하기도 하였다. 그래서 입찰자는 입찰 당일 전에 법원서류를 열람·복사하고, 직접 발급받을 수 있는 서류는 미리 발급받아 조사한다. 위와 같은 서류를 참고하여 현장도 답사하고 서류상의 내용과 현장의 상황이 일치하는지를 조사하여야 한다. 그렇게 해서 입찰기일에는 그동안 현장조사에서 분석하였던 정확한 시세와 방문자 수 등의 경쟁자를 파악한 후 입찰에 참여해야 한다. 최고가 매수신고인이 된 경우에는 입찰기일 이전까지 열람할 수 없었던 서류 등을 법원에 열람을 신청하여 철저히 다시 한번 권리분석을 한 후 잔금을 납부하여야할 것이다. 최고가 매수신고인 된 후 그 많은 서류 중에 어떤 서류를 어떻게 보아야 효율적인지는 다음에서 살펴보도록 한다.

---

3) 전장헌, 민법과 민사집행법의 관계, 법률정보센터, 2005, 485면.

2. 법원서류 조사방법

```
┌────── 사례: 경매함정에 빠지면 시세보다 더 주고 사는 낭패를 당하게 된다. ──────┐
│   경매로 부동산을 매입하면 주변 시세보다 싼 금액으로 살 수 있다는 점과 방대
│ 한 부동산 중 원하는 부동산을 골라서 살 수 있다는 장점 때문에 많은 사람들이
│ 경매를 통하여 부동산을 매입하고 있다. 그러나 모든 부동산이 다 좋은 것은 아
│ 니고 그중에는 보이지 않는 함정과 난해한 법적 분석을 요하는 경우도 있어 이로
│ 인하여 오히려 시세보다 더 주고 낙찰을 받는 경우도 허다하다. 이는 경우에 따
│ 라 법적인 분석의 함정으로 돈을 날리는 일이 있다는 것이다. 따라서 이러한 손
│ 해를 당하지 않기 위해서는 어떠한 조사와 분석을 하고 입찰에 참여해야 하는지
│ 다음에서 살펴보도록 한다.
└─────────────────────────────────────────────────────┘
```

1) 열람신청

법원마다 입찰 당일 열람신청 방법은 조금씩 다르지만 일반적으로 열람번호
표에 사건번호를 기재한 후 신분증과 함께 집행관에게[4] 제시하면 집행관은 해당
하는 사건번호를 찾아 열람하게 하여 주고 있다. 이때에 같은 사건번호를 신청
한 사람이 여러 사람이 있는 경우에는 동일한 서류를 함께 보게 하는 법원이 있
는가 하면, 일부법원은 한 사람이 서류를 다 보고 나면 그 이후에 다른 사람을
호칭하여 열람하게 하거나, 또는 열람번호표와 신분증 제시없이 입찰서류를 입
찰법정 옆에 비치하여 자유롭게 열람할 수 있는 방법으로 진행하는 법원도 있다.

그런데 최근에는 위와 같은 법원서류의 제공없이 경매법정 앞에 비치된 PC
에서 서류를 열람할 수 있도록 하여 간이한 방법으로 서류를 열람할 수 있도록
하는 제도로 변화하고 있다. 그러므로 미리 대법원 경매정보 사이트에서 서류를
열람하고 현장답사, 기타 서류, 최고가매수신고 이후의 조사 방법 등으로 철저한
조사분석이 더욱 필요하다고 볼 수 있다.

2) 조사방법

일반적으로 경매법원은 입찰 당일 서류제공을 하지 않고 PC에서 열람할 수
있도록 하고 있다. 참고적으로 입찰 당일 서류를 열람할 수 있도록 하는 경매제

---

[4] 입찰장소 가운데 있는 분이 집행관이고 그 외 사람은 집행관사무실의 직원들인 경우가 일반적
이다. 입찰장소에 있는 직원에게 신분증을 제시하고 열람할 수 있다.

도가 있었다.5) 입찰 당일에 PC로 열람할 수 있는 시간은 대략 1시간 정도이다. 그러므로 권리분석을 그르치는 수가 있다. 따라서 입찰기일 전에 대법원경매정보(www.courtauction.go.kr)에서 물건기본정보, 매각물건명세서, 현황조사서, 감정평가서, 사건상세조회 내에 사건내역과 문건/송달내역의 집행법원에서 준비한 서류를 가지고 현장조사와 권리분석을 1차로 한다. 그리고 입찰에 참가하기 전에 직접 부동산등기부등본, 건축물대장, 토지이용계획확인원, 전입세대열람, 국토교통부실거래가(http://rtmolit.co.kr) 등의 서류를 발급받아 최종적으로 종합분석을 한 이후에 입찰에 참여하여야 한다. 이외에도 매각기일에 최고가매수신고인으로 결정이 되면 해당하는 경매계에서 본 사건의 경매진행서류를 열람·복사하여 잔금납부일까지 다시 한번 확인 조사·분석하여야 한다. 최고가 매수인은 민사집행법 제90조의 이해관계인에는 해당하지 않지만 경매사건서류를 열람할 수 있는 이해관계인에는 해당한다. 그러나 임차인이 배당요구종기일 이후에 권리신고를 한 경우에는 이해관계인에 해당하지 않는다.6)

---

5) 입찰 당일 서류를 열람할 수 있도록 하는 제도는 현재는 시행하지 않고 있어 역사의 흔적으로 남을 수도 있지만 앞으로 다시 시도할 수도 있으므로 참고적으로 기록하여 둔다.

6) 민사소송법 제607조 제4호(현민사집행법 90조 4호) 소정의 이해관계인이라고 하여 경락허가결정이나 낙찰허가결정에 대하여 즉시항고를 제기하기 위하여는 경락허가결정이나 낙찰허가결정이 있을 때까지 그러한 사실을 증명하여야 하고, 경락허가결정이나 낙찰허가결정이 있은 후에 그에 대하여 즉시항고를 하면서 그러한 사실을 증명한 자는 그 제4호 소정의 이해관계인이라고 할 수 없으므로 그 즉시항고는 부적법한바, 주택임대차보호법상의 대항요건을 갖춘 임차인이 경매 목적 부동산 위의 권리자라고 하더라도 그러한 사실만으로 당연히 이해관계인이 되는 것이 아니고 경매법원에 스스로 그 권리를 증명하여 신고하여야 비로소 이해관계인으로 되는 것이고, 그와 같은 권리신고는 자기의 책임으로 스스로 하여야 하는 것이므로, 집행관의 현황조사의 결과 임차인으로 조사, 보고되어 있는지 여부와는 관계없이 스스로 집행법원에 권리를 증명하여 신고하지 아니한 이상 이해관계인이 될 수 없으며, 대법원송무예규(송민98-6)에 의한 경매절차 진행사실의 주택임차인에 대한 통지는 법률상 규정된 의무가 아니라 당사자의 편의를 위하여 주택임차인에게 임차 목적물에 대하여 경매절차가 진행 중인 사실과 소액임차권자나 확정일자부 임차권자라도 배당요구를 하여야 우선변제를 받을 수 있다는 내용을 안내하여 주는 것일 뿐이므로, 임차인이 위와 같은 통지를 받지 못하였다고 하더라도 경락허가결정이나 낙찰허가결정(현민사집행법 체제하에서는 배당요구종기일) 이후에 권리신고를 한 경우에는 경락허가결정이나 낙찰허가결정에 항고를 제기할 수 있는 정당한 이해관계인이 될 수 없다(대판 1999. 8. 26. 99마3792).

┌─── 사례해설: 경매함정에 빠지면 시세보다 더 주고 사는 낭패를 당하게 된다. ───┐

1. 감정평가액을 완전히 믿지 말라!

법원경매로 나오는 부동산은 "20 타경12005호"라고 표시한다. 본 내용은 20년도에 경매를 신청한 것을 의미한다. 다르게 말한다면 20년도에 감정평가를 한 물건이다. 부동산금액은 하루가 다르게 변할 때도 있다. 예컨대 감정평가 이후 낙찰이 되는 시점까지는 약 6개월에서 10개월 정도 걸린다. 그렇기 때문에 감정평가한 금액과 현재시세는 많은 차이가 있으므로 현재 감성평가금액만 믿고 낙찰을 받아서는 안 될 것이다. 또한 신도시 아파트 단지 내에는 같은 32평 아파트일지라도 차이가 상당히 많이 나는 경우도 많다. 따라서 입찰에 참여하기 전에 현장답사를 통하여 현재 위치에 나와 있는 부동산의 시세가 얼마인지 정확히 파악을 하고 입찰에 참여해야 할 것이다. 그것도 일반시세가 아닌 급매로 나오는 금액이 얼마가 되는지 정확히 파악해야 할 것이다. 최근 낙찰되었다가 다시 나오는 물건이 전체 물건 중 약 30% 이상이나 되고 있어 강의 때 수강생들로부터 자주 질문을 받는다. "왜 낙찰된 물건이 다시 나오냐고" 이것은 낙찰받은 사람이 잘못 낙찰을 받아서 잔금을 지불하지 않았기 때문에 나오게 되는 것이 일반적이다. 이런 물건이 요사이 많이 나오는 이유는 여러 가지 이유가 있겠지만, 특히 물건분석을 정확히 하지 않았기 때문에 발생하는 경우가 많다. 일반매매는 중간에 정확한 시세와 물건을 파악하고 매매계약서를 작성하지만 경매는 그렇지 않다는 것이다. 따라서 정확한 시세파악과 서류와 현장의 일치 여부를 면밀히 살펴본 후 입찰에 참여해야 불의의 손해를 입지 않을 것이다.

2. 최초저당의 실체

간혹 있는 사건인데 최초저당권의 피담보채권이 없는데도 불구하고 낙찰받았다가 손해를 입는 경우가 있다. 예컨대 1순위 저당권이 설정되어 있고, 2순위는 임차인이 확정일자를 받지 않고 전입과 계약서만 갖춘 상태, 3순위는 저당(경매신청권자), 4순위는 가압류되어 있는 부동산이 있다고 하자. 이럴 때 경락인은 임차인이 후순위로 되어 있어 인수하지 않는다고 판단한 후 입찰에 참여를 하였고 이어 잔금을 지불하고 소유권이전까지 하였다. 그런데 나중에 알고 보니 1순위로 되어 있는 저당권자가 채권금액이 전혀 없는데도 저당권등기만 말소하지 않은 상태에 있었던 것이다. 결국 경락인은 대항력 있는 임차인 때문에 보증금 전액을 물어주어야 할 입장에 놓이게 되었다. 따라서 경락인은 입찰 당일 서류를 열람한 때에는 등기부등본상 설정되어 있는 권리관계의 말소 여부만을 분석할 것이 아니라, 선순위 저당권자의 피담보채권액도 확인을 한 후 입찰에 참여해야 할 것이다.

└───┘

3) 최고가 매수신고인으로 된 후 조사할 서류

입찰기일 이전이나 입찰 당일 모든 서류를 다 볼 수 없기 때문에 다음과 같은 서류를 미리 서면으로 적어 놓고 그 사항을 서류와 대조하면서 열람을 하고 필요한 서류는 복사를 하는 것이 효율적이다.

① 감정평가서의 내용과 입찰목록의 내용이 일치하는지를 확인한다.

② 입찰물건명세서에 낙찰로 인하여 소멸되지 않는 사항이 기재되어 있는지 여부를 확인한다.

③ 임차인의 주민등록등본과 계약서, 그리고 권리신고 및 배당요구신청서를 제출하였는지 확인한다.

④ 등기부상의 기재가 입찰자가 입찰 전에 조사한 등기부상의 내용과 법원에서 열람한 등기부상의 내용이 서로 일치하는지 살펴본다. 이때에는 맨 마지막 날자에 발급받은 등기부를 열람한다. 왜냐하면 법원에 비치되어 있는 등기부등본은 동일한 부동산을 가지고 여러 사람이 발급받아 제출하기 때문에 일자가 다른 등기부등본이 많기 때문이다. 특히 여러 가지 사정으로 법원경매진행기간이 1년 이상 오래동안 진행되는 물건일 때에는 등기부 내용이 처음 등기부와 맨 마지막 등기부의 내용이 다를 수도 있어 확인을 해볼 필요가 있다.

⑤ 송달증명서를 확인한다. 경매를 진행하기 위해서는 채무자에게 경매진행 사실을 송달해야 한다. 만약 송달하지 않고 낙찰허가를 하였을 경우에는 불허가 사유가 된다. 송달증명서에는 송달불능사유라든가, 이사내용, 현 점유자의 상태 등을 객관적으로 기재하도록 하고 있기 때문에, 그 내용을 입찰 당일에 확인하여 대략적으로 명도를 쉽게 할 수 있을지 아니면 어렵게 할 것인지를 파악한다. 경매개시결정에 따른 압류의 내용을 집행법원은 채무자에게 송달하여 주어야 하는데 송달이 되지 않은 상태에서 경매를 진행하였다면 낙찰이 되었더라도 집행법원은 불허가 결정을 내린다.[7] 따라서 법원은 송달이 불능이 되면 채권자에게

---

7) 다만 채무자가 외국에 있거나 있는 곳이 분명하지 아니한 때에는 집행행위에 속한 송달이나 통지를 하지 아니하여도 된다(민사집행법 12조). 그리고 집행법원은 집행절차에서 외국으로 송달할 경우가 있는 경우에는 이해관계인에게 송달과 함께 대한민국 안에 송달이나 통지를 받을 장소와 영수인을 정하여 상당한 기간 내에 신고하도록 명령을 내릴 수가 있다. 이때 이해관계인이 기간 내에 신고가 없는 경우에는 그 이후의 송달이나 통지를 아니할 수 있다(민사집행법 13조 1항·2항). 본 규정은 경매개시결정을 하게 되면 채무자와 소유자에게 그 결정정본을 송달하

주소보정이나 집행관 송달 등의 방법으로 상대방에게 다시 송달을 하게 한다. 이때 집행법원은 송달이 불능된 경우 왜 불능이 되었는지를 송달증명서에 기재토록 하고 있어 이를 보면 현 점유자의 상황을 알 수가 있다. 소유자에게 경매개시결정의 송달이 계속 불능이 되어 5번만에 이루어졌다면 아마도 낙찰자는 잔금을 지급한 후 최소한 5번 이상은 가봐야 협의명도나, 명도소송을 제기하여 내보낼 수가 있을 것이다. 그러나 단 한번만에 송달이 된 집이라면 나중에 내보내는 것도 대체적으로 원만할 것이다.

또한 가장임차인을 밝혀내는 방법 중 송달증명서의 분석도 한 방법이 된다. 집행법원에서는 경매개시결정 등기를 촉탁한 후 임차인에게 권리신고 및 배당요구신청통지서를 송달하는데 이때에 어떤 사람이 수령하였는지 서명날인하게 되어 있다.

⑥ 집행권원에 기해 강제경매를 신청하는 경우는 그 집행권원의 내용을 간략히 알아두는 것이 좋다. 그리고 저당권에 기해 임의경매를 진행하는 경우에도 실질적인 피담보채권이 얼마나 되는지 확인하고 입찰에 참여하는 것이 좋다. 채무액이 많지 않은 경우에는 채무자가 경매신청권자의 채권액을 경락인의 잔금일까지 변제하고 경매를 취소시키는 경우가 많기 때문이다. 이렇게 되면 경락자는 아무 소용도 없는 물건만 낙찰받게 된 것이 된다.

⑦ 낙찰을 받은 경우에는 매수인 신분의 이해관계인으로서 해당하는 경매계에서 서류열람 및 발급을 신청하여 잔금 납부이전에 철저한 조사분석을 하는 것이 실패하지 않는 방법이 될 것이다.

⑧ 경매는 일반매매와 달리 경락인과 임차인이 직접 대면하고 낙찰을 받는

여야 하고, 경매를 진행하면서 이해관계인, 경락인 등에게도 각종의 기일통지나 최고 등을 하여야 하는데, 경매기일과 경락기일의 통지와 같은 특례가 없는 경우에는 송달할 장소가 외국인 때에 그 송달에 3개월 내지 6개월 정도의 시간이 소요되어 경매의 신속한 진행에 장애가 되고 있고, 일부 경락인은 이러한 제도를 악용하여 대금지급의 기일을 늦추기 위하여 의도적으로 주소를 외국으로 신고하고 대금지급의 기일을 늦추는 경우도 있어 이를 개선하기 위하여 본 규정을 제정한 것이라고 할 수 있다. 따라서 집행절차에 관하여 집행법원이 이해관계인에게 외국으로 송달하는 경우에는 그 송달과 함께 대한민국 내에 송달장소를 신고할 것을 고지할 수 있고, 신고가 없는 경우에는 그 이후 당해절차 내에서 하는 송달이나 통지 등을 실시하지 않을 수도 있게 되었다. 한편 경매가 진행되어 법원에 각종 신청이나 신고를 한 사람 또는 법원으로부터 송달을 받을 사람이 송달받을 장소를 바꾼 때에는 그 취지를 법원에 신고하여야 한다. 만약 위의 신고를 하지 아니하여 송달할 장소를 달리 알 수 없는 경우에는 집행법원은 이미 신고된 장소 또는 종전에 송달을 받던 장소에 발송할 수 있다(민사집행법 14조 1항·2항).

것이 아니기 때문에, 낙찰자는 가능한 임대차계약서에 기재된 임차인과 소유자의 전화번호를 알아두는 것이 좋다. 왜냐하면 낙찰자는 임차인 또는 채무자와 직접 대면을 통하여 그 집을 매수하는 것이 아니기 때문에 명도를 하는 데 어려움이 많기 때문이다. 따라서 이때에는 알아둔 전화번호로 명도 진행시에 직절히 이용하면 좋다.

제5항 입찰에 참가할 수 있는 자격

1. 입찰에 참가할 수 없는 사람

다음에 열거한 사람은 낙찰을 받을 수 없다.

① **행위무능력자**   행위무능력자(한정치산자·금치산자·미성년자)는 직접 법률행위를 할 수 없으므로 설사 자기가 낙찰을 받았더라도 불허가사유가 된다. 본인 앞으로 소유권이전등기를 하기 위해서는 법정대리인이 입찰행위를 대리하여야 소유권을 이전받을 수가 있다.[8]

② **채무자**   경매신청권자가 채무자로부터 채권액을 변제받지 못하여 결국 경매를 신청한 것이기 때문에 채무자는 낙찰 받으려는 돈으로 경매신청권자의 채권액을 변제해야 한다는 취지 하에 채무자가 입찰에 참여하는 것을 인정하지 않는다. 그러나 채무자의 가족은 입찰에 참여할 수 있다.

③ **소유자**   소유자가 직접 채무자가 아닌 경우에는 입찰을 할 수 있다. 즉 소유자가 물상보증인인 경우에는 입찰에 참여할 수 있다.

④ **재경매**[9]의 경우 종전 낙찰자

---

8) 법률적 지식이 없거나 부족한 매수희망자들을 위하여 경매절차가 진행중인 부동산에 대한 권리의 하자 유무를 확인한 결과를 설명해 주면서 공동명의로 낙찰받아 분할하여 주겠다고 제의하여 승낙을 받은 다음 그들 중 한사람으로 하여금 대리입찰하게 하고 입찰법정에 함께 가서 입찰할 금액을 정해주는 등 입찰을 위한 제반절차를 사실상 주도하면서 그 외부적인 형식만 매수희망자들이 직접 입찰을 하는 것처럼 하여 실질적으로 입찰을 대리한 행위는 변호사법 제90조 제2호 소정의 '대리'에 해당할 뿐 부동산중개업법 시행령 제19조의2 제2호 소정의 '경매대상 부동산에 대한 권리분석 및 취득의 알선'에는 해당하지 않는다(대판 1999. 12. 24. 99도21930).

9) 경매절차는 신경매와 재경매로 구분할 수 있다.

• 재경매: 재경매는 낙찰자가 잔금지불일날 대금을 지급하지 않고, 차순위자도 없을 경우 입찰을 다시 진행하는 것을 말한다. 이때 다시 경매를 진행할 때는 종전 최저경매가격 그대로 경매를 진행한다. 재경매를 실시하여 새로운 자에게 낙찰이 되었을 경우에는 종전의 낙찰자는 보증금을 반환받지 못하고 그 보증금은 배당금에 충당된다. 다만 경매신청권자의 피담보채권이 변제되어 소멸되거나, 경매가 취하된 경우에는 예외적으로 보증금을 반환받을 수가 있다.

• 신경매: 입찰기일 입찰을 실시하였으나 응찰자가 새로이 날짜를 정하여 입찰을 다시 진행하는 것을 말한다. 이에는 경매가 유찰되어 새로 입찰을 진행하는 경우, 이의에 의한 경락불허가 결정이 나서 다시 경매를 진행할 때, 경매목적물이 훼손되어 경락이 불허가 난 경우 등이다. 이때는 다음 입찰기일에 낙찰을 위하여 종전 최저경매가에서 20~30%을 저감한 최저경매가격으로 경매를 진행한다.

⑤ 이해관계있는 집행법원 및 그 친족
⑥ 경매대상부동산의 감정평가인 및 그 친족
⑦ 집행법원의 법관 및 담당경매계 직원
⑧ 강제집행면탈 범죄자 및 경매를 교사하거나 방해한 자
⑨ 공무집행방해 범죄자

2. 공동매수신청

공동입찰이란 하나의 물건에 대하여 여러 사람이 공동의 명의로 낙찰받는 경우를 말한다. 경매목적물에 대하여 공유 또는 합유를 목적으로 공동입찰을 하고자 하는 사람은 입찰 당일 공동입찰자 목록을 작성하여 입찰에 참여할 수 있다. 이때 공동입찰자 목록에는 소유권이전등기를 함에 있어서 필요한 각자의 지분을 표시하여야 하며, 만약 매수신청시 지분의 표시를 하지 않으면 균등(평균)한 비율로 취득한 것으로 인정한다.

공동입찰을 함에 있어 종전과 같은 집행관의 사전허가 및 입찰자 상호 간의 관계기재와 같은 제한은 없어졌다. 그러나 공동입찰의 형식을 빌어 담합 등을 하는 경우에는 매각불허가나 매수신청을 하지 못하도록 제재를 가한다.

공동입찰의 형식을 빌어 부당하게 담합한 것이 판명된 때에는 집행관은 매수신청을 하지 못하도록 하거나 매각불허가를 할 수 있다.

공 동 입 찰 신 고 서

법원 집행관   귀하

사건번호 20 타경   호
물건번호
공동입찰자 별지 목록과 같음

위 사건에 관하여 공동입찰을 신고합니다.

20 년 월 일

신청인   외   인(별지목록 기재와 같음)

※ 1. 공동입찰을 하는 때에는 입찰표에 각자의 지분을 분명하게 표시하여야 합니다.
   2. 별지 공동입찰자 목록과 사이에 공동입찰자 전원이 간인 하십시오.

【공동입찰자 목록】

| 번호 | 성 명 | 주   소 | 지 분 | 상호 관계 |
		주 민 등 록 번 호		
	㉙			
		—		
	㉙			
		—		
	㉙			
		—		
	㉙			
		—		
	㉙			
		—		
	㉙			
		—		
	㉙			
		—		

건설임대주택을 민사집행법에 따라 경매하는 경우에는 최고가매수신고가 있음에도 불구하고 임차인에게 매각을 허가하여야 한다. 임대주택법 제15조[10]의 규정에 의하여 임차인이 우선분양전환 받을 수 있는 임대주택은 부도임대주택의 경매에 관한 특례에 따라 매각기일까지 민사집행법 제113조에 따른 보증을 제공하고 최고매수신고가격과 같은 가격으로 채무자인 임대사업자의 임대주택을 우선매수하겠다는 신고를 할 수 있다(임대주택법 15조의2 1항).

이때 집행법원은 최고가매수신고가 있더라도 제1항의 임차인에게 매각을 허가하여야 한다(동법 2항). 임차인이 우선매수신고를 한 경우에는 최고가매수신고인을 민사집행법 제114조의 차순위매수신고인으로 본다(동법 3항).

---

10) 제15조(건설임대주택의 우선분양전환) ① 임대사업자는 임대의무기간이 경과된 후 「주택법」 제16조의 규정에 의하여 사업계획승인을 얻어 건설한 주택 중 「주택법」 제60조의 규정에 의하여 국민주택기금의 자금을 지원받아 건설하거나 공공사업에 의하여 조성된 택지에 건설하는 임대주택을 분양전환하는 경우에는 다음 각 호의 어느 하나에 해당하는 임차인에게 우선분양전환하여야 한다. <개정 2005.7.13.>
 1. 입주일 이후부터 분양전환 당시까지 당해 임대주택에 거주한 무주택자인 임차인
 2. 건설임대주택에 입주한 후 상속·판결 또는 혼인으로 인하여 다른 주택을 소유하게 된 경우 분양전환 당시까지 당해 주택을 처분하여 무주택자로 된 임차인
 3. 제13조 단서의 규정에 의하여 임차권을 양도받은 경우에는 양도일 이후부터 분양전환 당시까지 무주택자인 임차인
 4. 선착순의 방법으로 입주자로 선정된 경우에는 분양전환 당시까지 무주택자인 임차인
 5. 분양전환 당시 당해 임대주택의 임차인인 국가기관 또는 법인
 ② 제1항의 규정에 불구하고 임대사업자의 부도 등 대통령령이 정하는 경우에는 분양전환 당시 당해 임대주택에 거주하는 임차인에게 우선분양전환할 수 있다. <신설 2005.7.13.>
 ③ 제1항의 규정에 의하여 건설임대주택을 우선분양전환하는 경우 분양전환의 방법·절차 및 가격 등에 관하여 필요한 사항은 대통령령으로 정한다.

제 6 항 입찰시 주의사항

1. 입찰이 무효처리되는 경우

① 입찰금액란은 같은 용지란에 수정이나 변경을 하지 못한다. 따라서 금액을 수정하고자 할 때에는 번거롭지만 입찰표를 다시 써야 한다.

② 대리인에 의하여 입찰에 참여하고자 할 때에는 본인의 인감증명서를 첨부하여야 한다. 그렇지 않은 경우에는 무효처리된다.

③ 입찰보증금은 낙찰받으려고 하는 물건의 최저매각금액의 10~30%로 정하여진다. 그런데 급한 마음에 특별매각조건으로 보증금액이 30%로 정하여져 있는데도 불구하고, 입찰 당일 이를 확인하지 않고 입찰을 보았다가 최고가 매수인으로 결정되는 순간 무효로 처리되어 결국 125억원짜리 건물을 놓치는 경우도 있다.

④ 공동으로 입찰을 받고자 하는 자는 입찰에 참여하기 전에 공동입찰서를 제출하여 입찰에 참여해야 한다. 공동입찰서는 입찰 당일 경매장에서 집행관에게 신청하면 무료로 지급한다.

⑤ 보증금은 가능한 수표로 지급하는 것이 좋다. 어떤 사람이 665,640,000원을 입찰가로 정하고 66,640,000원을 보증금으로 제출할려고 하였는데 보증금이 현찰이라 한번 확인을 하면 모자라고, 또 한번 확인하면 남고 하여 결국 나중에 맞는 것으로 확인하고 입찰에 참여하였는데 나중에 개찰을 하여 보니, 보증금이 10,000원이 모자라 결국 무효처리된 것이다. 그런데 우연인지 이렇게 쓰는 사람이 꼭 많은 경쟁자 속에서 낙찰이 되는 경우가 많았다. 무효처리된 사람은 한숨만 쉬고 내려오는데 이를 바라보면 안타까운 마음이 많이 든다. 그래서 2002년 7월 1일부터 진행되는 물건에 대해서는 최저매각금액(최저입찰금액)의 10분의 1로 한다고 규정하게 되었다(민사집행규칙 63조 1항). 예컨대 감정가 2억원에 보증금액이 10%인 물건이 계속 유찰되어 최저입찰금액이 1억원으로 되어 있어 1억 5천원에 낙찰받으려고 한다면 보증금액은 1,000만원만 있으면 되고 입찰표 기재는

입찰가액란에 1억 5천만원, 보증금액란에는 1,000만원만 기재하면 된다. 그러나 법원이 상당하다고 인정하는 때에는 보증금액을 그 이상 요구할 수도 있다(민사집행규칙 63조 2항). 매수신청의 보증은 금전이나 보증보험회사의 지급보증증명서, 은행법의 규정에 따른 금융기관이 발행한 자기앞수표로써 지급제시기간이 끝나는 날까지 5일 이상의 기간이 남아 있는 것 또는 은행 등이 매수신청하려는 사람을 위하여 일정액의 금전을 법원의 최고에 따라 지급한다는 취지의 기한의 정함이 없는 지급보증위탁계약이 매수신청을 하려는 사람과 은행 등 사이에 맺어진 사실을 증명하는 문서로 한다(민사집행규칙 64조).

2. 변경이나 취하 등의 확인

입찰 당일 경매장에 도착하면 맨 먼저 확인해야 할 사항이 법원경매장 입구에 붙어 있는 입찰공고표이다. 이것을 먼저 보고 입찰하려고 하는 사건번호의 취하나 변경 등이 있는지 여부를 확인하고 입찰참여 여부를 결정해야 한다. 일부 입찰자는 이를 확인하지 않고 힘들게 서류를 열람하고 권리 분석하여 입찰표를 제출하였다가 나중에 집행관이 "본 물건은 취하되어 입찰을 진행하지 않는다"는 소리를 듣고서는 허탈감에 그냥 되돌아 가는 경우가 종종 있다. 따라서 입찰 당일 경매법정에 들어서면 맨 처음 입찰진행 여부를 확인해야 헛수고를 하지 않게 된다.

① **취하방식**   경매는 낙찰이 되었더라도 경락인이 잔금을 지급하기 전까지 경매신청권자가 경매취하서를 집행법원에 제출하면 경매는 더 이상 진행을 하지 않게 된다. 다만, 낙찰이 되었을 경우에는 경매취소와는 달리 낙찰자의 동의서가 필요하다. 그렇게 하여 경매신청권자의 경매취하서 3통(원본용, 말소등기촉탁서, 채무자송달용)과 낙찰자의 경매취하의 동의서를 준비하여 경매법원에 제출하면 낙찰이 되었더라도 경매를 취하시킬 수가 있다.

② **동의권자**   매수신고 전에는 채권자 단독으로 가능할 수 있으나, 매수신고 후에는 최고가매수신고인과 차순위매수신고인의 동의가 필요하다. 경매신청의 취하는 잔금지불일까지 가능하다.

【경매신청의 취하서】

경매신청의 취하서

채권자
채무자
경락인

위 당사자간 귀원　　　타경　　호 부동산 경매신청에 관하여 당사자 간의 화
해가 성립하였으므로 경매신청을 취하합니다.

20　년 월 일
채권자　　　(인)

지방법원　　　　귀중

---

③ 그러나 경매신청권자의 채권액을 변제하고 경매를 취소하는 경우에는 경
락인의 동의를 받지 않고 경매를 취소시킬 수가 있다. 이때에는 경매신청권자의
피담보채권액을 변제하고 해당되는 등기부를 말소하여 법원에 제출하면 된다.
예컨대 저당권자가 임의경매를 신청하여 낙찰이 되었을 경우 낙찰자가 동의를
하여 주지 않으면 취하를 할 수가 없는데 이때는 경매를 신청한 저당권자의 피
담보채권액을 변제하여 그 저당권 등기를 말소한 후 경매개시결정에 대한 이의
신청을 이유로 경매취소를 법원에 신청하면 낙찰자의 동의 없이 경매를 취소할
수가 있다.

제 7 항   입찰금액 산정

입찰에 참여하기 위해서는 정확한 입찰금액을 써야 한다. 입찰에서 2등은 아무리 근소한 차이로 떨어졌더라도 아무 소용이 없다. 1등한 자만 기분 좋게 해주는 들러리가 되고 떨어지고 나면 아예 술값만 축내게 된다. 그렇다고 해서 너무 큰 차이로 낙찰을 받더라도 후회를 하게 된다. 따라서 정확한 시세파악과 살고 있는 사람을 내보내기 위한 명도비용, 일반매매와의 추가 세금비용, 기타 비용 등 정확한 입찰가액을 산정하여 낙찰을 받아야 할 것이다. 그리고 유사한 물건의 낙찰율을 계속 파악하여 입찰가를 산정해야 할 것이다. 대개 유사한 물건의 낙찰가는 크게 벗어나지 않는 한 비슷한 율(%)로 낙찰되기 때문이다. 위와 같은 입찰가 산정은 입찰 당일 전에 최저금액으로 쓸 입찰가와 최고금액으로 쓸 입찰가를 미리 산정하여 놓고 있다가 입찰 당일에는 경쟁자의 다소, 현장조사 때의 방문자인원 및 시세, 입찰서류 등의 내용에 따라 전날 산정한 최저입찰가와 최고입찰가액의 범위 내에서 입찰가액을 써내야 경쟁심리로 많이 써서 냈다가 나중에 후회하는 일이 없게 된다. 최근에는 경매 매물로 나오는 물건 중에 낙찰되었다가 다시 나오는 물건이 많다. 그것은 법적인 권리분석을 잘못한 경우도 있지만 입찰자가 정확한 입찰가액을 분석하지 않고 입찰 당일 다른 입찰자와의 경쟁에서 낙찰받으려는 욕심만으로 입찰금액을 많이 써넣기 때문이다. 입찰 당일 얼마를 써야 낙찰을 받을 수 있을지 분석하는 방법은 여러 가지가 있는데, 그 중 경쟁입찰자를 파악하는 방법도 중요하다. 경쟁입찰자를 분석하는 방법은 그 서류를 열람하고 있는 사람이 몇 명이나 되는가를 파악하면 되는데, 몇 명이나 입찰에 참여하는지 알려면 입찰 당일 입찰에 참여하고자 하는 사람이 몇 명이나 대법원 법원경매정보 사이트(www.courtauction.go.kr)나 유료 사이트의 서류를 열람하고 있는지 파악하면 된다. 그러한 이유는 입찰자가 일반적으로 입찰 이전에 서류를 열람하고 입찰에 참여하기 때문이다. 그러나 입찰가를 결정하는 데 있어 이것만을 전적으로 믿어서는 안 된다. 왜냐하면 일부 몰지식한 채권자나 채무자는 높은 금액으로 낙찰받게 하려고 일부러 입찰에 참여하지도 않으면서 여러 사람이 열람하거나 법원경매를 배우기 위해 견학을 온 사람들이 열람을 하는 경우도 있기 때문이다. 그러므로 입찰자는 꼭 입찰서류를 열람하고 있는 조회수가 많다고 "전부 입찰에 참여하고자 하는 사람이다"라고 생각하고 입찰가액을 결정하기에는 금액이 큰 부동산인 경우에는 무리가 있다고 본다. 이러한 이유 때문에 아예 처음 입찰물건이 나올 때에 입찰서류를 미리 조사하는 방법도 있다. 미리 조사를 하여 두었다가 몇 번 유찰이 되고 난 후 입찰을 하기에 적합한 최저금액이 되었을 때에 입찰에 참여하는 것이다. 결론적으로 입찰가액을 산정하기 위해서는 경쟁자 파악도 중요하지만 본 부동산을 매입하는 goal이 무엇인지, 급매가액과 입찰가액과의 차이, future value(미래가치), usefulness(유용성) 등을 종합하여 논리적이면서 체계적으로 판단하여야 할 것이다.

제 4 절
매각(낙찰)허가절차

매각허가에 대한 이의신청

　　채 권 자　　　: 이 금 관
　　채무자 겸 소유자　　　: 서 금 순
　위 채권자 및 채무자 간의 20　타경72785호 부동산 강제경매사건에 관해서 아래의 사유로 매각허가에 대한 이의신청을 제출합니다.

이　유

　본건 경매부동산에는 임차인 이광춘이 있는데도 불구하고 20년 7월 22일 진행된 매각물건명세서에는 "임차인이 없음"이라고 등재되어 있어 본건 경락은 민사집행법 제91조, 제121조 제5호에 따라 이를 허락하지 않는다는 결정을 하여 주시옵기를 신청합니다.

원　인

1. 본건 부동산의 실지 현황은 1층과 2층의 전체가 약 11개월 정도나 공가로 되어 있어 많이 손상되어 있고, 이미 전기요금이나 수도 및 하수도 요금은 장기간 체납되어 단전 및 단수조치가 내려진 지가 오래되어 있습니다.
2. 임차인 이광춘이 매각물건명세서에는 없는 것으로 표기되어 있으나 실질적으로는 본건 부동산에 주민등록 전입을 최초근저당 앞선 일자로 하고 있고 임대차계약서상에 보증금액도 고액이라고 주장하고 있어 경락인이 추가로 임차인의 보증금을 물어주어야 할 처지에 놓여 있습니다. 이는 매각물건명세서상의 중대한 사유에 해당하여 경락을 불허가하여 주시옵기를 신청합니다(물건명세서에 경락인이 인수할 부담을 기재하지 않았거나 인수하지 않을 부담을 기재하였을 때에는 민사집행법 제121조 제5호의 물건명세서의 작성에 하자).

3. 따라서 채권자와 채무자는 이러한 사실관계를 법원에 신고하거나 정정하여 경락인이 선의의 피해를 당하지 않도록 해야 함에도 불구하고 해태한 것은 민법 제578조에 따른 계약해제 또는 대금감액의 청구에도 해당한다고 볼 수도 있어 본 낙찰은 허용할 성질의 것이 아니라고 사료되옵니다.

첨부서류

1. 전기단전 및 단수에 영수증
2. 사진(2부)
3. 주민등록등본(임차인)

20 . ○. ○.

위 신청인(경락인)   황 진 미
서울○○지방법원 귀중

 제1항   매각(낙찰)기일[1)](#)

1. 매각기일

매각(낙찰)기일 집행법원은 법원에 출석한 이해관계인의 진술과 경매절차의 적법 여부만을 심사하여 매각허가 또는 불허가 결정을 선고하게 된다. 이러한 매각기일은 최고가 매수신고일로부터 7일 이내로 정하고 있으나 이는 훈시규정에 불과함으로 7일 이후로 정하더라도 관계없다.

매각기일에 집행법원은 경매에 관한 절차상의 하자가 있는지 혹은 물건명세서의 중대한 하자가 있어 불허가 사유가 있는지를 조사하여 허가를 내리게 된다. 이외에도 농지취득자격증명원 제출(미제출시 보증금 몰수),[2)](#) 채무자와 소유자에게

---

1) 부동산경매에 대한 용어는 대중적인 용어로 '매각'을 '낙찰', '경락' 등으로 호칭하고 있어 쉽게 이해하기 위해 통일하지 않고 서술한다.

2) 부동산강제경매사건의 최고가매수신고인이 애당초 농지취득자격증명발급신청을 한 목적이 경락기일에서 경매법원에 이를 제출하기 위한 데에 있고 행정청이 적극적인 처분을 하지 않고 있는 사이 위 경락기일이 이미 도과하였다 하더라도, 위 사실만으로 위 신고인이 부동산을 취득할 가

적법하게 송달이 되었는지 여부, 가등기에 기하여 본등기가 되었는지 등을 조사하여 허가 여부를 결정하게 된다.

2. 이해관계인의 진술

1) 진술할 수 있는 이해관계인의 범위

집행법원은 매각(낙찰)기일에 이해관계인의 매각 허부에 대한 의견과 매각불허가사유 유무를 검토하여 매각 허부에 대해 결정으로 선고를 한다. 여기서 이해관계인은 넓은 개념으로서 최고가 매수신고인과 차순위 매수신고인도 이의신청을 할 수 있는 이해관계인의 범위로 본다.

2) 진술방법

이해관계인의 진술은 원칙적으로 매각(경락)기일에 구술로 하여야 하나, 서면으로 제출하여도 된다. 서면으로 제출하는 경우는 "낙찰허가에 대한 이의신청" 또는 "매각허가에 대한 이의신청"으로 하면 된다. 위와 같은 이의신청은 항고와는 달리 매각 허가일까지 하여야 한다. 그러나 서면으로 제출하는 경우에는 심리를 위하여 매각허가일 2일 전까지는 경매계에 제출하여야 할 것이다.

3) 진술의 내용

이해관계인의 진술은 최고가 매수신고인에 대하여 매각을 허가하여야 할 것이라는 진술과 매각허가에 대한 이의로 구별할 수 있다.

① **매각허가의 승인**　　민사집행법 제121조 제1호의 경우에는 경매한 부동산이 양도할 수 없는 것이거나 경매절차를 정지한 때에 하며, 민사집행법 제121조 제2호의 경우에는 능력 또는 자격의 흠결이 매각결정기일까지 제거되지 아니한 때에 불허가한다(민사집행법 123조 2항).

위 열거사항 이외의 이의사유가 있는 때에 이에 대한 매각허가의 승인은 법

능성이 전혀 없게 되었다고 단정할 수는 없으므로 위 경락기일이 이미 도과함으로써 위 신고인이 농지취득자격증명을 발급받을 실익이 없게 되었다거나 행정청의 부작위에 대한 위법확인을 구할 소의 이익이 없게 되었다고 볼 수는 없으며, 또한 부작위 위법 여부의 판단 기준시는 사실심의 구두변론종결시이므로 행정청이 원심판결선고한 이후에 위 신고인의 위 신청에 대하여 거부처분을 함으로써 부작위 상태가 해소되었다 하더라도 달리 볼 것은 아니다(대판 1999. 4. 9. 98두12437).

원을 구속하지 않으므로 매각결정기일에 이해관계인의 출석 여부, 이해관계인의 진술 여부, 매각허가의 승인 여부를 불문하고 직권으로 매각의 허부를 결정한다. 경락허가의 승인은 승인한 자에 대하여서만 효력이 있으므로 다른 이해관계인은 이로 인하여 이의권을 상실당하지 않는다.

② **매각허가에 대한 이의사유**   매각허가에 대한 이의는 이해관계인이 민사집행법 제123조 제1항, 제2항에 따라 다음에서 설명하는 민사집행법 제121조에 열거한 이의사유에 기하여 매각을 허가하여서는 안 된다는 소송법상의 진술을 말하는 것으로 매각허가가 있을 때까지 매각허가에 대한 이의신청을 할 수 있다 (민사집행법 120조 2항). 이는 판결절차에 있어서 변론에 해당하는 것으로, 이의는 자기의 이익에 관한 것을 이유로 하는 것이어야 한다. 또한 자기와 무관한 다른 이해관계인의 이익에 관한 것을 이유로 이의를 할 수가 없다. 매각허가에 대한 이의사유는 민사집행법 제121조 이하에 열거된 것에 한정된다. 이에 대한 민사집행법 제121조 이하의 규정은 다음과 같다.

㉠ 강제집행을 허가할 수 없거나 집행을 속행할 수 없을 때(민사집행법 121조 1호)[3]

"강제집행을 허가할 수 없는 때"라 함은 강제집행의 요건, 강제집행개시의 요건, 강제경매신청의 요건이 흠결된 경우를 말한다. 그리고 "강제집행을 속행할 수 없는 때"라 함은 집행의 정지 또는 취소사유가 있을 때(민사집행법 49조, 50조), 경매신청의 취하가 있을 때(민사집행법 93조 이하)와 같이 집행절차 중에 집행법상 절차의 진행을 저해하는 사유가 발생한 경우를 말한다. 예컨대 경매기일을 이해관계인에게 통지하지 아니한 경우에도 이에 해당한다.

㉡ 최고가매수신고인이 부동산을 매수할 능력이나 자격이 없을 때(민사집행법 121조 2호)[4]   "부동산을 매수할 능력이 없는 때"란 입찰자가 피성년후견인, 피한정후견인, 피특정후견인과 같이 독립하여 법률행위를 할 수 없는 자가 매수하는 것을 의미한다. 그리고 "부동산을 매수할 자격이 없는 때"란 법률의 규정에 의하여 경매부동산을 취득할 자격이 없거나 그 부동산을 취득하려면 관청의 증명이나

---

3) 민사집행법 제121조 제1호에서 "강제집행을 허가할 수 없거나 집행을 계속 진행할 수 없을 때"에 는 "법원은 직권으로 매각(경락)을 허가하지 아니한다"고 규정하고 있다(민사집행법 123조 2항).

4) 민사집행법 제121조 제2호: '최고가매수인이 부동산을 매수할 능력이나 자격이 없는 때에는' 민 사집행법 제123조 제2항에 따라 '집행법원은 매각(경락)을 허가하지 아니한다'.

허가를 받아야 할 경우를 말한다. 예컨대 재경매에 있어서 전 경락인은 입찰에 참여할 수 없고, 농지를 경매로 취득한 경우에는 농지취득자격증명 등을 낙찰허가일까지 제출하여야 하는 것을 말한다.

ⓒ 최고가매수신고인이나 그 대리인 또는 최고가매수인을 내세워 매수신고를 한 사람이 민사집행법 제108조 각 호의 제1호[5])에 해당하는 때(민사집행법 121조 4호)[6]) 집행관은 민사집행법 제204조, 제108조 이하에 해당한다고 인정되는 자에 대하여는 경매장소에서의 입장을 금지하거나 매수신청을 금지할 수 있다.

그러나 이러한 제도적 장치에도 불구하고 이에 해당하는 자가 최고가매수신고인이 된 경우에는 매각허가에 대한 이의를 신청할 수 있다.

ⓔ 최저경매가격의 결정, 일괄경매의 결정 또는 물건명세서의 작성에 중대한 흠이 있는 때(민사집행법 121조 5호)[7]) 대항력 있는 임차인이 있는데도 불구하고 물건명세서나 임대차현황조사보고서에 "임차인 없음"이라고 표기한 것은 본조의 규정에 해당되어 매각허가에 대한 이의신청을 할 수 있다. 예컨대 입찰자가 물건명세서에 "임차인 없음"이라고 표기된 사실을 믿고 낙찰을 받았는데 나중에 선순위 대항력 있는 임차인이 있다는 사실을 알게 되어 경락인이 추가로 임차인의 보증금을 인수해야 할 문제가 발생한 경우라면 본조의 최저경매가격의 결정, 물건명세서의 작성상 중대한 하자에 해당되어 낙찰자는 매각허가일 전에 매각허가에 대한 이의신청을 할 수 있고 법원은 민사집행법 제123조 제1항의 규정에 따라 매각(경락)을 허가하지 아니하여야 한다. 또한 물건명세서의 사본을 비치하지

---

5) 민사집행법 제108조[경매장소의 질서유지]: 집행관은 다음 각 호의 1에 해당한다고 인정되는 자에 대하여 경매장소에의 입장을 금지하거나 경매장소에서 퇴장시키거나 매수의 신청을 금할 수 있다.
   1. 타인의 매수신청을 방해한 자
   2. 부당하게 타인과 담합하거나 기타 법률의 적정한 실시를 방해한 자
   3. 제1호 또는 제2호의 행위를 교사한 자
   4. 경매에 관하여 형법 제136조, 제137조, 제140조, 제142조, 제315조 및 제323조 내지 제327조에 규정된 죄로 유죄판결을 받고 그 확정판결일로부터 2년을 경과하지 아니한 자
6) 민사집행법 제121조 제4호: 최고가매수신고인, 그 대리인 또는 최고가매수신고인을 내세워 매수신고를 한 사람이 민사집행법 제108조의 '매각장소의 질서유지'의 사유에 해당하는 때는 이의신청을 할 수 있다.
7) 민사집행법 제121조 제5호의 "최저경매가격의 결정, 일괄매각 결정 또는 물건명세서의 작성에 중대한 흠이 있는 때"는 "매각허가에 대한 이의신청을 할 수 있다"고 규정하고 있고, "법원은 이의가 정당하다고 인정한 때에는 매각(경락)을 허가하지 아니한다"고 규정하고 있다(민사집행법 123조 1항).

아니한 경우에도 본호의 매각허가에 대한 이의사유가 된다.

ⓒ 천재지변, 그 밖에 자기가 책임을 질 수 없는 사유로 부동산이 현저하게 훼손된 사실 또는 부동산에 관한 중대한 권리관계가 변동된 사실이 경매절차의 진행중에 밝혀진 때(민사집행법 121조 6호)　　본조의 규정은 새로이 민사집행법 제121조 제6호에 규정을 두어 2002년 7월 1일부터 시행되고 있는 법령인데 두 가지 내용으로 분류할 수 있다. 첫째, 입찰자가 입찰에 참여하여 낙찰을 받아 잔금을 지급하기 전에 자기가 책임질 수 없는 사유로 부동산이 현저하게 훼손된 경우에 해당한다. 둘째는 낙찰을 받아 잔금을 지급하기 전에 부동산에 관한 중대한 권리관계가 변동되어 이해관계인이 손해를 당하는 경우에 해당한다. 예컨대 1순위 저당권이 있고 그 다음 2순위 임차인이 주택임대차보호법 제3조 제1항의 대항요건을 갖추고 있는 경우 임차인이 1순위 저당권을 변제하면 경락인은 낙찰대금 외에 임차인의 보증금을 추가로 물어 주어야 하는 문제가 발생한다. 이때 경락인은 본조의 규정에 의하여 매각허가결정이 확정된 후 잔금을 납부하기 전까지 매각허가결정의 취소를 신청할 수 있다(민사집행법 127조). 이때 집행법원은 새로 물건명세서를 작성하여 직권으로 매각기일을 정해야 한다(민사집행법 125조 1항·2항). 한편 위의 두 가지 사유가 낙찰허가일 이전에 해당하는 경우에는 이해관계인은 민사집행법 제121조에 따라 낙찰허가에 대한 이의신청을 할 수 있고, 신청서를 받은 집행법원은 신청내용이 정당하다고 인정한 때에 매각(낙찰)을 허가하지 아니한다(민사집행법 123조 1항).

ⓑ 경매절차에 그 밖의 중대한 잘못이 있는 때(민사집행법 121조 7호)　　민사집행법 제121조 제7호는 "경매를 진행하는 데 있어 위의 사유 외의 중대한 잘못이 있는 때에도 이의신청을 매각허가일까지 할 수 있다"고 규정하여 포괄적으로 경매진행절차 중 중대한 잘못이 있는 때에는 이의를 할 수 있다는 규정을 두고 있다. 이는 구민사소송법 제633조 제5호(경매기일 공고가 법률의 규정에 위반한 때), 제7호 및 제8호가 모두 경매절차에 하자가 있는 경우에 해당하고 그 위반사항만으로 일률적으로 불허가하는 것은 타당하지 않아 새로운 민사집행법 제121조 제7호에서는 경매절차에 그 밖의 중대한 잘못이 있는 경우에도 매각에 대한 이의사유를 신설하여 경락인과 이해관계인을 포괄적으로 보호하면서 위의 3가지 규정을 삭제한 것이다. 즉, 제121조 소정의 이의사유 외에도 "경매절차에 그 밖의 중

대한 잘못이 있는 때"에는 매각에 대한 이의사유로 할 수 있도록 하였다. 예컨대 집행관이 경매의 종결을 함에 있어 최고가매수신고인의 성명과 그 가격을 호창하지 않고 종결한 경우에도 이의사유가 된다. 또한 매수신청인이 보증으로 최저입찰금액(최저매각금액)의 10분의 1이나 특별매각조건으로 10분의 3에 해당하는 현금 및 법원이 인정한 유가증권을 제출하고 입찰에 참여하여 가장 큰 금액을 써낸 경우 집행관은 최고가매수신고인으로 결정을 하게 된다. 그런데 집행관이 실수로 낙찰자가 제출한 10분의 1 내지 10분의 3에 해당하는 보증금이 미달인데도 최고가매수신고인으로 최고한 경우에는 매각허가가 있을 때까지[8] 이해관계인은 본조의 규정에 따라 매각허가에 대한 이의신청을 할 수 있다. 법원은 이와 같은 이의신청을 이해관계인이 한 경우에는 매각(경락)을 허가하지 아니한다.

③ **이의에 대한 재판**　　매각허가에 대한 이의가 정당하다고 인정한 때에는 법원은 매각불허가결정을 한다. 이의는 독립한 신청이 아니므로 법원은 정당하지 않다고 인정할 때에는 이의진술이 있었음을 경락조서에 기재만 하면 된다. 그리고 이의신청권자에게 응답할 필요 없이 매각을 허가하면 된다. 이에 대해 이의신청인은 매각허가결정에 대한 즉시항고를 할 수 있을 뿐 별도로 불복항고는 할 수 없다.

---

8) 집행관이 입찰당일 본 목적물에 대하여 가장 큰 금액을 써낸 사람에게 최고가 매수신고인으로 최고를 하고, 이후 7일째 되는 날에는 최고가매수신고인에게 특별한 사유가 없으면 매각허가를 집행법원 사법보좌관이 한다.

제 2 항 매각을 불허가결정하여야 할 경우

○ ○ **지방법원 매각불허가결정**

귀하

사건 20 타경 부동산강제(임의)경매
최고가매수신고인 홍 길동
　　　　　　서울시 서초구 서초동 ○ ○ ○ 호
주문 별지목록 기재 부동산에 대한 매각은 이를 허가하지 아니한다.

이유 위 사건에 관하여 별지 목록 부동산에 관하여 20. 7. 7. 매각기일에 최고
가매수신고인으로부터 금 100,000,000원의 매수가격신고가 있었으나 매각기일의
공고에 흠결이 있으므로 주문과 같이 결정한다.

20. 7. 7.

사법보좌관　　　(인)

　　집행법원은 이해관계인의 이의가 정당하다고 인정한 때나 민사집행법 제121
조에 규정한 사유가 있는 때에는 직권으로 매각을 허가하지 아니한다는 취지의
결정을 한다(민사집행법 123조 1항·2항, 126조). 이에 대한 구체적인 내용을 보면 다
음과 같다.

1. 이해관계인의 이의가 정당한 경우

　　법원은 이해관계인의 이의가 정당하다고 인정할 때에는 매각불허가결정을
하여야 한다.

2. 입찰부동산이 양도할 수 없는 것이거나 집행정지사유가 발생하여 경매절차를 중지한 경우(민사집행법 121조 1호)

매각(경락)기일에 이해관계인의 매각허가에 대한 이의사유가 없더라도 법원이 직권조사한 결과 민사집행법 제121조에 규정된 이의사유가 있다고 인정되는 때에는 직권으로 불허가결정을 하여야 한다(민사집행법 123조 2항). 민사집행법 제121조 제1호의 경우에는 경매한 부동산이 양도할 수 없는 것으로서 사립학교의 교지, 교사 등을 양도하거나, 경매부동산이 멸실되어 이전할 수 없는 것인 때, 또는 집행정지나 취소사유가 발생하여 경매절차를 정지한 때에 직권으로 불허가결정을 한다.

3. 낙찰자의 매수능력이 부족한 때(민사집행법 121조 2호)

민사집행법 제123조 제2항은 "매각허가에 대한 이의신청사유가 있을 때는 직권으로 매각(경락)을 허가하지 아니한다"라고 규정하면서 단서에 "다만, 위의 이의사유 중 제2호(최고가매수신고인이 부동산을 매수할 능력이나 자격이 없는 때) 또는 제3호(부동산을 매수할 자격이 없는, 즉 경매장소의 질서유지를 방해할 자로 인정되는 자가 최고가 매수신고인을 내세워 매수신고를 한 경우)의 경우에는 능력 또는 자격의 흠이 제거되지 아니한 때에 한하여 매각을 불허가하여야 한다"라고 규정하고 있다.

민사집행법 제121조 제2호의 경우에는 입찰자의 능력이나 자격의 흠결이 낙찰허가일까지 제거되지 아니한 때에 한하여 직권으로 불허가결정을 한다.

4. 수개의 부동산을 입찰한 경우 1개의 부동산의 매득금으로 각 채권자의 채권을 변제함에 충분한 때(민사집행법 124조)

수개의 부동산을 동시에 경매한 경우에 1개의 부동산의 매득금으로 각 채권자의 채권을 변제하고 집행비용의 충당에 충분한 때에는 다른 부동산의 경락을 허가하여서는 안 된다. 여기서 각 채권자의 채권이라 함은 경매신청채권자와 그에 우선하는 선순위채권자는 물론이고 배당요구채권자 중 경매신청인과 동순위로 배당을 받을 자의 채권도 포함한다. 그러나 경매신청채권자보다 후순위의 채권은 포함되지 않는다. 한편 토지와 건물을 일괄매각하는 경우나 재산을 분리하여 매각하면 그 경제적 효용이 현저하게 떨어지는 경우 또는 채무자의 동의가 있는 때는 일괄경매가 허용된다(민사집행법 101조 3항 단서).

5. 최고가 입찰자가 정하여진 후 책임질 수 없는 사유로 부동산이 훼손된 경우 또는 부동산에 관한 중대한 권리관계가 변동된 사실이 경매절차의 진행 중에 밝혀진 때

매수가격의 신고 후에 "민사집행법 제121조 제6호(천재지변, 그 밖에 자기가 책임을 질 수 없는 사유로 부동산이 현저하게 훼손된 사실 또는 부동산에 관한 중대한 권리관계가 변동된 사실이 경매절차의 진행 중에 밝혀진 때)의 사실이 매각허가결정 확정(낙찰허가 확정) 뒤에 밝혀진 경우에 매수인(경락인)은 대금을 납부할 때까지 '매각허가에 대한 이의신청'이 아닌 '매각허가결정의 취소신청'을 할 수 있다"고 민사집행법 제127조 제2항에서 규정하고 있다. 취소신청은 특별한 규정이 없으므로 구술이나 서면으로도 할 수가 있지만 부동산의 훼손이 경미한 때에는 할 수가 없다.

위의 신청에 관한 결정에 대하여 이해관계인은 즉시항고를 할 수 있다(민사집행법 127조 2항).

6. 매수신청인의 보증금 반환

매각불허가결정이 확정되면 매수인이나 매각허가를 주장한 매수신고인은 매수신청의 보증으로 제공한 금전 또는 유가증권의 반환을 청구할 수 있다.

제 3 항   매각을 허가결정하여야 할 경우

1. 매각을 허가하여야 할 경우

이해관계인이 한 매각허가에 대한 이의사유가 이유 없다고 인정되고, 기타 직권으로 매각을 불허가할 사유가 없다고 인정될 때에 집행법원은 최고가 매수 신고인에게 매각을 허가한다는 취지의 결정을 하여야 한다.

2. 매각허가결정의 기재사항

○○ 지방법원 매각허가결정

귀하

사건   20 타경8482호 부동산강제(임의)경매

경락인   ○○○

서울시 영등포구 여의도동 ○ ○ ○ 호

낙찰금액   금 4억5천7백7십1만원정

별지 기재 부동산에 대하여 최고가로 매수 신고한 위 사람에게 매각을 허가한다.

20. 5. 30.

사법보좌관   (인)

매각(경락)을 허가하는 결정에는 경매한 부동산, 경락인과 경락을 허가한 경 매가격을 기재하고 특별한 매각조건으로 경락한 때에는 그 조건을 기재한다.

제 4 항   매각허가결정에 대한 즉시항고

【즉시항고장】

매각허가결정에 대한 즉시항고

항고인 : (김 현주)

주   소 : 서울시 강남구 대치동 65번지

위 항고인은 지방법원 20 타경 8482호 부동산경매사에 관하여 동원이 20. 5. 30.에 선고한 매각허가 결정에 대하여 불복하므로 이에 항고합니다.

원 결정의 표시

별지 기재 부동산에 대하여 최고가로 입찰신고한 위 사람에게 매각을 허가한다.

항 고 취 지

원 결정을 취소하고 다시 상당한 재판을 구함.

항 고 이 유

추후 제출함.

20. 6. 4.

항 고 인 김 현 주(인)

서울중앙지방법원   경매 7계 귀중

---

1. 매각(경락)허부 결정에 대한 불복방법

법원의 위법한 매각허가 또는 불허가로 손해를 입게 되는 이해관계인은 그 결정에 대하여 즉시항고(민사집행법 129조)[9]를 할 수 있다. 매각허가결정에 대한 이의신청이라는 제목으로 제출된 항고는 이를 즉시항고로 보아 처리함이 타당하다(대결 1972. 8. 23. 72마763). 불허가신청이나 허가를 내려달라고 하는 즉시항고는 항고기간이 1주일이다. 이 1주일의 기간은 낙찰허부 결정 선고일로부터 일률적으로 진행한다. 따라서 매각허가가 결정된 후 일주일이 지난 후(낙찰허가 확정일)부터는 매각허가에 대한 항고를 할 수 없다.

2. 항고의 제기방식

1) 항고이유서 제출의무

매각허부에 대하여 즉시항고를 하고자 하는 자는 매각허부 결정을 선고한 집행법원에 대하여 항고장을 제출한다. 항고장에는 항고인, 원 결정의 표시, 그 결정에 대하여 즉시항고를 한다는 취지, 항고의 취지를 기재하고 법원을 표시한 후 항고인 또는 그 대리인이 기명 날인한다. 2002. 7. 1. 이전에는 항고장에 반드시 항고이유서를 기재하지 않아도 항고가 가능하였지만 2002. 7. 1.부터는 민사집행법 제15조에 따라 항고장에 항고이유를 기재하지 않은 때에는 항고장을 제출한 날부터 10일 내에 항고이유서를 낙찰받은 법원에 제출하여야 하고, 이를 해태한 때에는 낙찰받은 법원이 그 항고장을 각하하도록 하고 있다. 그리고 항고법원은 원칙적으로 항고장 또는 항고이유서에 기재된 항고이유에 한하여 조사·판단하여야 한다는 규정을 두고 있기 때문에 설사 다른 내용이 있더라도 조사·판단할 수가 없다. 이와 같이 항고인으로 하여금 항고장에 항고이유를 기재하게 하고, 이를 기재하지 않은 때에는 낙찰받은 법원이 10일 내에 항고이유서

---

9) 민사집행법 제129조 제1항에서 "이해관계인이 즉시항고를 하기 위해서는 그 경락허가 여부의 결정에 따라 본인에게 손해가 발생할 경우에만 즉시항고를 할 수 있다"고 규정하고 있어, 설사 낙찰허가에 대한 이의신청사유(민사집행법 121조)에 해당한다고 하더라도 본인의 손해와 관련이 없는 때에는 즉시항고를 할 수 없도록 하고 있다. 본 내용은 낙찰허가에 대한 이의신청을 할 때도 마찬가지라고 볼 수 있다.

를 제출케 하고 그래도 하지 않은 때에는 낙찰받은 법원에서 직권으로 즉시항고를 각하할 수 있는 결정을 하게 한다. 따라서 2002. 7. 1.부터는 예전과 달리 항고법원은 항고심의 심리를 촉진하고 항고의 남발을 방지하는 효과를 기대할 수 있게 되었다. 한편 즉시항고는 편면적 불복절차이고 판결절차에서와 같이 두 당사자의 대립을 예상하는 것이 아니므로 항고장에 피항고인을 표시하는 것이 아니다. 또한 상대방에게 항고장을 송달하는 것도 아니다.

2) 매각허가결정에 대한 항고이유서

항고를 하고자 하는 자는 항고이유서도 제출해야 하지만 항고이유서는 다음에 해당하는 사유를 이유로 하는 때에만 할 수가 있다. 민사집행법 제15조 제5항은 "항고인이 항고이유서를 제출하지 아니하거나 항고이유가 제15조 제4항의 규정에 위반한 때10) 또는 항고가 부적법하고 이를 보정할 수 없음이 분명한 때에는 원심법원(낙찰받은 법원)은 결정으로 그 즉시항고를 각하하여야 한다"라고 규정하고 있어 이제는 항고인이 낙찰자의 매각대금지급기한일을 정지하기 위하여 편법적으로 항고를 한 후 그 항고가 기각되기 전에 경매신청권자의 채권액을 변제하고 경매를 취소시키는 악용의 항고를 할 수 없게 되었다.

3) 매각허가결정에 대한 항고사유

"매각(경락)허가결정에 대하여 항고를 하고자 할 때는 항고이유서를 제출해야 한다"고 규정을 두고 있고(민사집행법 15조 5항), 그에 대한 항고이유서의 내용도 민사집행법 제121조 이하에서 규정하고 있는 "매각허가에 대한 이의신청 사유"에 해당하는 때나, "그 결정절차에(낙찰허가결정)에 중대한 잘못이 있다는 것을 이유로 하는 때에만 할 수 있다"고 규정하고 있다.

매각허가에 대한 이의신청사유(항고를 할 수 있는 사유들: 민사집행법 121조 이하)

항고를 제기하고자 하는 자는 다음 각 호 가운데 어느 하나에 해당하는 경우에 할 수가 있다. 여기서는 개략적인 내용만을 살펴보고, 보다 자세한 내용은 위의 내용에서 살펴본 "매각허가에 대한 이의사유"를 참고하면 된다.

---

10) 민사집행법 제15조 제4항은 "항고이유는 대법원규칙이 정하는 바에 따라 적어야 한다"고 규정하여 이제는 아무렇게나 항고이유를 적어 제출할 수 없고 일정한 절차에 따라 작성을 한 후 제출을 해야 낙찰받은 법원으로부터 각하를 당하지 않게 된다. 그리고 실무상 항고장이 제출된 후 기록을 항고법원에 보내기까지는 1주 내지 2주의 기간이 소요되고 항고기간이 너무 짧으면 항고인에게 부당하므로 항고이유서의 제출기간을 10일로 규정하였다.

① 강제집행을 허가할 수 없거나, 집행을 계속할 수 없을 때 항고를 할 수 있다(민사집행법 121조 1호).

② 최고가매수신고인이 부동산을 매수할 능력이나 자격이 없는 때에 항고를 할 수 있다(민사집행법 121조 2호).

③ 부동산을 매수할 자격이 없는 사람이 최고가매수신고인을 내세워 매수신고를 한 때에는 항고를 할 수 있다(민사집행법 121조 3호).

④ 최고가매수신고인, 그 대리인 또는 최고가매수신고인을 내세워 매수신고를 한 사람이 제108조(경매장소의 질서유지를 방해하는 자에 대한 규정 등) 각 호 가운데 어느 하나에 해당하는 때에 항고를 할 수 있다(민사집행법 121조 4호).

⑤ 최저경매가격의 결정, 일괄경매의 결정 또는 매각물건명세서의 작성에 중대한 흠이 있는 사유가 있는 때는 이해관계인은 낙찰허가결정에 대한 항고를 할 수 있다(민사집행법 121조 5호).

⑥ 천재지변, 그 밖에 자기가 책임을 질 수 없는 사유로 부동산이 현저하게 훼손된 사실 또는 부동산에 관한 중대한 권리관계가 변동된 사실이 경매절차의 진행 중에 밝혀진 때에는 이해관계인은 매각허가결정에 대하여 항고를 할 수 있다(민사집행법 121조 6호).

⑦ 경매절차에 그 밖의 중대한 잘못이 있는 때에도 이해관계인은 매각허가결정에 대한 항고를 할 수 있다(민사집행법 121조 7호).

3. 항고할 때 보증금의 공탁

1) 항고가 기각되었을 때 공탁금 전액을 돌려받지 못하는 자

① 채무자

② 소유자

위의 자가 매각허가결정에 대하여 불복의 방법으로 즉시항고를 하기 위해서는 낙찰대금의 10분의 1에 해당하는 현금이나 법원이 인정하는 유가증권을 공탁하여야 한다(민사집행법 130조 3항).[11] 만약 항고가 기각될 때에는 항고인은 보증으

---

11) 민사집행법 제130조 제3항: "매각허가결정에 대하여 항고를 하고자 하는 사람은 보증으로 매각대금

로 제공한 현금이나 유가증권의 반환을 청구하지 못한다(민사집행법 130조 6항).[12] 마찬가지로 채무자 및 소유자가 항고를 취하한 경우에도 항고인은 보증으로 제공한 금전이나 유가증권의 반환을 청구할 수 없다(민사집행법 130조 8항).

2) 항고가 기각되었을 때 공탁금의 일부를 돌려받지 못하는 자

① 임차인

② 채권자

③ 경락인

채무자와 소유자 외의 임차인, 채권자, 경락인이 한 항고가 기각된 때에는 항고인이 보증으로 제공한 낙찰대금의 10분의 1에 해당하는 금전이나, 유가증권을 현금화한 금액 가운데 항고를 한 날로부터 항고기각결정이 확정된 날까지의 매각대금에 대한 대법원 규칙이 정하는 이율(연 12%의 이율)에 의한 금액(보증으로 제공한 금전이나, 유가증권을 현금화한 금액을 한도로 한다)을 반환할 것을 요구할 수 없다(민사집행법 130조 7항). 마찬가지로 임차인, 채권자, 경락인이 항고를 취하하는 경우에도 항고를 한 날로부터 항고기각결정이 확정된 날까지 연 12%에 의한 금액에 대하여 돌려줄 것을 청구할 수 없다(민사집행법 130조 6항·7항, 민사집행규칙 75조). 그러나 경매신청이 취하되었거나 경매절차가 취소된 때에는 설사 항고가 기각되었다고 하더라도 항고인은 공탁한 보증금을 반환받을 수 있다.[13]

의 10분의 1에 해당하는 금전 또는 법원이 인정한 유가증권을 공탁하여야 한다"라고 규정하고 있다.

12) 민사집행법 제130조 제6항: "채무자 및 소유자가 한 항고가 기각된 때에는 항고인은 보증으로 제공한 금전이나 유가증권의 반환을 주장할 수 없다"고 규정하고 있다.

13) 참고적으로 2002년 7월 1일 이전까지 유효한 공탁금을 납부하지 않고 항고를 할 수 있는 구민사소송법 제642조 제4항에 따른 임차인과 채권자들의 항고에 대한 내용을 살펴보고, 2002년 7월 1일부터 시행되고 있는 민사집행법 제130조 제7항에 따라 위의 임차인들과 채권자들도 공탁금을 납부하게 되어 있어, 양 제도상의 차이점에 따른 변화를 비교하여 보기 위해 2002년 7월 1일까지 유효했던 임차인과 채권자들의 항고에 대한 내용을 살펴보도록 한다.

– 공탁금을 납부하지 않고 항고를 할 수 있었던 이해관계인들 –

① 임차인: 낙찰허가일까지 권리를 신고한 임차인은 낙찰허부에 대한 즉시항고를 할 수 있다. 이때 임차인은 낙찰대금의 10분의 1에 해당하는 보증금을 공탁금으로 납부하지 않고도 항고를 할 수 있기 때문에 임차인은 이유없는 항고를 제기하여 경매절차를 정지시키는 경우가 많이 발생하고 있다. 임차인이 낙찰허부에 대하여 즉시항고를 제기하면 잔금기일이 2∼6개월까지 정지되기 때문에 경락인은 대금을 납부할 수도 없고, 입찰을 포기할 수도 없는 문제가 발생하게 된다. 이에 대하여 항고장을 접수한 집행법원에서는 이유없는 즉시항고가 명백한 경우에도 직접심리를 하지 못하고 항고법원에 제반서류를 이송하게 되고 항고법원에서 심리하여 낙찰허가를 내린 집행법원에 기각을 하기까지는 2개월에서 3개월, 다시 대법원까지 재항고를 하게 되면 6∼7개월 정도까지 궁극적으로 잔금기일이 연기되게 된다.

몰수한 금원에 대하여는 배당할 금액에 포함하여 나중에 배당하게 된다.

4. 항고심의 절차

【즉시항고이유서】

항 고 이 유

　매각기일의 공고에는 최저경매가액을 기재하여야 하는 바 경매목적물인 본건 토지의 최저가액이 정하여진 것은 20. 8. 25.이며 경매기일 공고가 있었던 것은 20. 8. 23.이다. 그간 본건 경매절차의 집행정지 등으로 1년 이상이 경과하여 일반적 지가의 상승에 따른 본건 토지의 가액도 현저하게 상승하였는데도 불구하고 종전의 최저경매가액을 그대로 게재한 공고는 위법이다. 따라서 위 공고는 민사집행법 제106조에 게기한 요건의 기재를 결한 것으로써 본건 매각은 민사집행법 제121조 제5호에 따라 불허가되어야 한다.

20. 12. 22.
항고인 : ○○○ (인)

○○지방법원　귀중

　매각허부에 대한 항고심의 심리절차에도 일반적으로 일반항고에 관한 규정이 그대로 적용된다. 따라서 매각허부 결정에 대한 항고사건의 심리에 있어서 변론의 여부와 항고인 기타 이해관계인에 대한 심문을 할 것인지의 여부는 항고법원의 자유재량에 속한다. 항고법원은 반드시 이해관계인을 변론 내지 심문의 방법에 의하여 사실심리를 하여야 하는 것은 아니다.

1) 재판의 내용

　매각불허가결정에 대한 항고가 이유 있을 때에는 원 결정을 취소하고 매각을 허가하는 결정을 한다. 항고법원이 원 결정을 취소하고 매각허부 결정을 하는 경우에는 매각허부 결정의 선고는 하지 않아도 된다. 따라서 상당한 방법으

---

② 채권자: 채권자도 즉시항고를 할 때 공탁금을 납부하지 않고 할 수 있다. 이때에는 채권자는 경매개시결정 이전의 등기부상 등기된 저당권이나 전세권자 등일 것을 원칙적으로 요하나 예외적으로 경매개시결정 이후의 채권자가 하는 경우도 많다.

로 고지하면 족하다. 항고기각의 경우에는 항고인에게만 고지하면 되지만 원 결정을 취소하고 새로운 결정을 하게 되는 경우에는 항고인 외에 그 결정에 대하여 불복할 수 있는 모든 이해관계인에게 고지하여야 한다. 항고법원이 항고를 이유 있다고 인정하여[14] 원 결정을 취소하고 매각불허가 결정을 한 경우에는 일반의 매각불허가 결정의 효력과 동일하다.

항고법원이 항고를 기각할 경우에는 다음과 같은 내용에 따라 결정으로 기각을 하고 항고인에게 본 결정문을 송부하여야 한다.

【부동산 매각허가결정】

서 울 중 앙 지 방 법 원
제10민사부
결   정

사건   20 라0000 부동산매각허가결정
항고인   1. 김 현 주
(배당요구임차인)   2. 천 정 짐

항고인들 주소 : 서울 강남구 대치동 65 쌍용아파트 8동 1008호
원심결정   서울지방법원 20. 7. 25. 자 20 라1385 결정
주문   이 사건 항고를 모두 기각한다.
이유   항고인들은 원결정의 취소를 바랄 뿐 아무런 항고이유도 제출하지 아니하고, 기록을 살펴보아도 원결정을 직권으로 취소할 만한 위법사유도 존재하지 아니하므로, 이 사건 항고는 이유 없어 이를 모두 기각한다.

20. 7. 25.

재판장 판사 박   범
판사 김 태 호

---

14) 경매부동산의 평가에 있어 감정인이 건물의 용도를 착각하였을 뿐 아니라 건물의 면적을 무려 100평방미터나 작게 잡아 평가하였다면 이를 그대로 최저경매가격으로 결정한 경매법원의 결정에는 중대한 하자가 있었다고 하지 않을 수 없으며 따라서 이를 바로잡지 않고 그대로 경락을 허가한 경락허가결정에는 민사소송법 제728조(현민사집행법 268조)에 의하여 준용되는 같은 법 제642조 제2항, 제633조 제6호 소정의 항고사유가 있다 할 것이다(대결 1991. 12. 16. 91마239).

이해관계인이 재항고를 하면 항고법원은 관계된 모든 입찰서류와 재항고장을 대법원으로 송부한다. 이때 항고법원은 항고인들의 재항고이유에 대해 이유 없다고 인정하는 때에는 의결서를 첨부하여 관련된 입찰서류와 함께 대법원에 보내도록 하고 있다. 예컨대 "위 사건에 관하여 당원의 결정에 대한 재항고는 그 이유 없다고 사료됩니다"라고 의견서를 첨부하여 대법원에서 심리하는 데 참고하도록 하고 있다. 대법원은 항고법원으로부터 넘겨받은 재항고장과 관계된 입찰서류를 검토하여 이유가 없을 때는 다음과 같이 기각을 하고 관련된 입찰서류들을 모두 낙찰받았던 경매법원에 송부하게 된다. 관련된 입찰서류를 모두 송부받은 경매법원은 낙찰자에게 잔금납부기한일을 통지하여 주게 되는데 이때에는 경락인이 잔금기일을 되도록 빨리 납부할 수 있도록 하여 주기 위하여 30일 내에 잔금기일을 정하여 통지하여 주고 있다.[15] 이와 같은 일련의 즉시항고들은 2심의 효력과 확정차단의 효력이 있을 뿐이고, 실질적으로 집행정지의 효력은 없다(민사집행법 15조 6항).[16] 그러나 매각허가결정이 확정되어야 효력이 있으므로(민사집행법 126조 3항) 즉시항고가 있으면 집행법원은 대금지급기일 및 배당기일이나 신경매기일을 지정·실시할 수 없게 된다(민사집행법 142조 1항). 그러나 항고기간을 도과하여 즉시항고를 한 경우에는 명령으로 항고장을 각하하고 이후의 절차를 진행하고 있다. 즉시항고를 하게 되면 배당기일이나 신경매기일을 지정·실시할 수 없고, 대법원에서 기각이 되어 경매법원에 오기까지 약 6개월에서 8개월 정도가 지나 잔금기일이 잡히기 때문에 상당히 불편하고, 잔금기일이 정해졌더라도 잔금기일 이전까지 채무자가 경매신청권의 채권액을 변제하고 경매를 취소시킬 수 있기 때문에 새로운 민사집행법 제129조 제1항에서는 "매각허가 여부의 결정에 따라

---

15) 대금지급기일은 낙찰허가결정확정일 또는 상소법원으로부터 기록송부를 받은 날로부터 3일 이내에 지정 및 통지를 하되 그 지급기일은 위 기일로부터 1개월 이내의 기간으로 정하여야 한다(송민 91-5 예규)(민사집행법 142조).

16) 민사집행법 제15조 제6항은 "즉시항고는 집행정지의 효력을 가지지 아니한다. 다만 항고법원(재판기록이 원심법원에 남아 있는 때에는 원심법원)은 항고에 대한 결정이 있을 때까지 담보를 제공하게 하거나 담보를 제공하게 하지 아니하고 원심재판의 집행을 정지하거나 집행절차의 전부 또는 일부를 정지하도록 명할 수 있고, 담보를 제공하게 하고 그 집행을 계속하도록 명할 수 있다"라고 규정하면서 제7항에서는 이때 "항고법원이 심리할 사항은 항고장 또는 항고이유서에 적힌 이유에 대해서만 조사하여 결정한다"라는 규정을 두어 그 외의 사항에 대해서는 조사하지 않고 있다. 물론 원심재판에 영향을 미칠 수 있는 법령위반 또는 사실오인이 있는 때에는 직권으로 조사를 할 수 있다.

본인에게 손해가 발생한 경우에만 즉시항고를 할 수 있다"는 규정을 두고 있다.

2) 즉시항고와 집행정지

매각허부 결정은 확정되어야 효력이 있으므로(민사집행법 126조 3항), 즉시항고가 확정될 때까지 집행법원은 낙찰자의 대금지급 및 배당기일이나 신경매기일을 지정·실시할 수 없다(민사집행법 142조). 그러나 항고기간을 경과한 후 즉시항고를 한 경우에는 명령으로 항고를 각하하고 이후의 절차를 진행하게 된다.

【대법원항고여부결정문】

대 법 원

제 3 부   20. 10. 4. 원본영수(인)
결 정

사건	20 마2065 매각허가결정
재항고인	1. 김 현 주
	2. 천 정 임
	재항고인들 주소 : 서울시 강남구 대치동 65
원심결정	서울지방법원 20. 7. 25. 자 20 라1385 결정
주문	재항고를 모두 기각한다.
이유	재항고인들의 재항고이유는 상고심절차에 관한 특례법 제7조, 제4조 소정의 심리 불속행에 해당하므로, 같은 법 제5조에 의하여 관여 법관의 일치된 의견으로 주문과 같이 결정한다.

20. 10. 4.

재판장 대법관   전 용 식
대법관   김 진 영
대법관   이 종 구
주심 대법관   이 무 성

제 5 절
대금의 납부

【대금지급기한통지서】

서 울 중 앙 지 방 법 원
대금지급기한통지서

사건 20 타경 21225호   부동산임의경매
채권자   주식회사 ○○은행(리스크 관리부)
채무자   ○○○○ 주식회사
경락인·낙찰자
대금지급기한일 20. 11. 22.~20. 12. 8. 14 : 00까지로 한다.
위와 같이 대금지급기한일이 지정되었으니 이 법원에 출석하기 바랍니다.

20. 11. 17.
법원사무관 박 정 일 (인)

1. 낙찰자의 대금지급의무

① 강제경매나 임의경매를 불문하고 경락인은 매각허가결정 확정일 이후에
법원이 지정한 대금지급기한일까지 경락대금을 납부하여야 한다(민사집행법 142조

2항). 따라서 대금지급의무를 불이행할 때에는 경매부동산의 소유권을 취득할 수 있는 지위를 상실할 뿐만 아니라 이미 지급한 입찰보증금의 반환도 청구할 수 없게 된다. 경락인은 매각허가결정의 확정에 의하여 대금납부의무가 발생함으로 매각허가결정 확정 전에는 대금을 납부할 수 없다. 설사 매각허가 확정 전에 대금지급기한의 지정이 있었다고 하여도 그 기한의 지정은 아무런 효력이 발생할 수 없기 때문에 경락인이 그 기한일까지 매각대금을 납부하지 않았다고 하여도 매각허가결정의 효력이 상실되는 것은 아니다. 그리고 집행법원은 경락인이 매각허가결정이 확정되기 전에 대금을 제공하였더라도 이를 수령할 수는 없다(대판 1992. 2. 14. 91다40160).

② 경매개시결정을 채무자에게 송달함이 없이 경매를 진행하여 매각허가결정이 나고 대금지급기한일까지 지정되어 경락인이 낙찰대금을 납부하였다면 이는 경매개시결정의 효력이 발생하지 아니한 상태에서 이루어진 것이기 때문에 경매대금을 납부한 것은 부적법하여 납부의 효력을 인정할 수가 없다(대결 1995. 7. 11. 95마147).

③ 경락인이 납부해야 할 대금은 최고가 매수신고 때 제공한 보증금을 제외한 나머지 금액을 납부하면 된다. 그러나 보증보험증명서로 보증금을 대체한 경우에는 전액을 납부하여야 한다.

2. 매각대금의 지급시기

1) 매각대금 지급기한

민사집행법 제142조 제1항, 제2항은 매각허가결정이 확정되면 법원은 대금지급기한을 정하여야 한다고 규정하고 있다. 판례는 경락대금을 법원이 대금지급기일로 지정한 기일 이외의 날에 납부하거나 그 이전에 공탁하여도 이는 대금납부로서의 효력이 없다고 판시하였다.[1] 이에 따라 채무자 등이 대금지급기일 전에 채무를 변제하고 집행취소문서를 제출하는 등에 의하여 경매절차가 취소되면 경락인은 그 소유권을 취득하지 못하는 불합리한 점이 발생하였다.

---

1) 대판 1966. 6. 28. 66다833.

이에 따라 새로운 민사집행법 제142조 제2항에서는 "대금지급기일은 매각허가결정 확정일 후에 법원이 지정한 대금지급기한까지 매각대금을 납부하여야 한다"라고 규정하여 집행법원은 대금지급기일이 아닌 2일 이상으로 제시되는 대금지급기한을 지정하여 경락인이 그 대금지급기한 내에 언제라도 매각대금이 나런되면 집행법원은 매각대금을 수령하고 그 소유권을 취득할 수 있도록 규정하여 낙찰자의 지위를 보호할 수 있도록 하였다.

2) 대금지급기한의 지정

① **대금지급기한 지정의 일반**　　대금지급기한은 매각허가결정 확정일 또는 상소법원(항고 또는 재항고법원)으로부터 기록송부를 받은 날로부터 3일 이내에 지정 및 통지를 하되 그 지급기한은 위 기일로부터 1개월 이내의 기간으로 정하여야 한다(송민예규 91-5). 항고가 기각되어 항고법원으로부터 제반서류를 송부받은 집행법원은 실무상 20일 내에 대급납부일을 지정하여 낙찰자(경락인)에게 통지하고 있다.

3. 낙찰자의 권리양도와 대금지급의무

경락인은 경락대금을 완납한 때에 민법 제187조에 의하여 목적물의 소유권을 취득하게 된다. 그러나 낙찰자가 매각허가결정 전에 최고가 입찰자의 지위를 제3자에게 양도한 때에 법원은 그 "양도가 전매 등 위법한 것이 아니라고 판단되면 양수인에게 낙찰허가결정을 선고할 수 있다. 이때 양수인에게 낙찰허가결정을 선고한 때에 한하여 낙찰자는 대금지급의무를 면하고 양수인이 대금을 납부한 때에는 그 부동산의 소유권을 취득하게 된다"[2]라고 판시하고 있다. 원칙적으로 최고가매수인은 낙찰받은 물건에 대해서 잔금을 지급하고, 등기를 하기 이전까지는 양도를 할 수 없는데 예외적으로 그 양도가 전매 등 위법한 것이 아닌 경우에는 최고가매수인이 낙찰받은 물건을 매각허가결정일 전에 양도할 수 있고, 집행법원이 양수인에게 매각허가결정을 선고한 때에는 양수인이 낙찰대금을 납부함으로써 소유권을 취득한다는 것이다.

---

2) 서울지방법원 성남지원 1996. 7. 23. 96타경7825, 96타경8361, 8378 병합사건.

4. 부동산 실권리자명의 등기에 관한 법률(약칭: 부동산실명법)

(1) 일반매매에서의 명의신탁(부동산실명법)

1) 의의

부동산 실권리자명의 등기에 관한 법률은 부동산에 관한 소유권과 그 밖의 물권을 실체적 권리관계와 일치하도록 실권리자명의(名義)로 등기하게 함으로써 부동산등기제도를 악용한 투기·탈세·탈법행위 등 반사회적 행위를 방지하고 부동산 거래의 정상화와 부동산 가격의 안정을 도모하여 국민경제의 건전한 발전에 이바지함을 목적으로 한다(부동산실명법 1조).

2) 실권리자명의 등기의무 등

누구든지 부동산에 관한 물권을 명의신탁약정에 따라 명의수탁자의 명의로 등기하여서는 아니 된다. 그리고 채무의 변제를 담보하기 위하여 채권자가 부동산에 관한 물권을 이전받는 경우에는 채무자, 채권금액 및 채무변제를 위한 담보라는 뜻이 적힌 서면을 등기신청서와 함께 등기관에게 제출하여야 한다(부동산실명법 3조).

3) 명의신탁약정의 효력

제4조(명의신탁약정의 효력)

① 명의신탁약정은 무효로 한다.

② 명의신탁약정에 따른 등기로 이루어진 부동산에 관한 물권변동은 무효로 한다. 다만, 부동산에 관한 물권을 취득하기 위한 계약에서 명의수탁자가 어느 한쪽 당사자가 되고 상대방 당사자는 명의신탁약정이 있다는 사실을 알지 못한 경우에는 그러하지 아니하다.

③ 제1항 및 제2항의 무효는 제3자에게 대항하지 못한다.

명의신탁은 크게 등기명의신탁과 계약명의신탁으로 구분할 수 있다.

가) 등기명의신탁

등기명의신탁은 다시 2자간 명의신탁과 3자간 명의신탁으로 구분할 수 있다. "2자간 명의신탁"이란 명의신탁자 본인 명의로 되어 있는 명의를 수탁자 명의로 이전하는 경우이다. 예컨대 실소유자 X가 그의 등기 명의를 Y에게 이전하는 경우이다. X가 Y에게 등기 명의를 이전하기 위하여 체결한 약정서와 등기 모두가 무효에 해당되어(부동산실명법 4조 2항). X가 Y를 상대로 물권적 방해배제청구 권에(민법 제214조) 근거한 소유권이전등기청구권을 행사하여 반환청구할 수 있다.

그리고 "3자간 명의신탁"이란 명의신탁자가 원소유자의 부동산을 매입하면 서 제3자 명익로 등기를 하는 경우이다. 예컨대 J 소유의 부동산에 대해 X가 매 매계약을 체결하고 이에 대한 대금지불도 하면서 단지 소유명의만을 J에서 Y 명 의로 바로 이전등기를 하는 경우이다. 이때 Y 명의 등기는 무효에 해당하며 소 유자는 여전히 J이다. 따라서 J는 Y를 상대로 물권적 방해배제청구권의 성질에 따라 소유권이전등청구권을 행사할 수 있다. 그리고 X와 J의 매매계약은 유효하 기 때문에 X는 Y 명의 소유권을 이전받기 위하여 J를 대위하여 Y 명의 소유권 을 말소청구하고 이후 J에게 이전한 소유권이전등기를 청구할 수 있다.

나) 계약명의신탁

① **매도인의 선의/악의**   신탁자가 수탁자와 명의신탁약정에 따라 수탁자가 매도인과 매매계약을 체결하고 수탁자 명의로 등기를 하는 경우이다.

예컨대 매매계약을 매도인 J와 수탁자 Y 사이에 체결하고 Y 명의로 소유권 이전등기를 하는 경우이다. 그리고 매매대금은 X가 매도인 J에게 지불하며 매매 계약은 체결하지 않는다. 이때 Y 명의 소유권등기는 J의 선의/악의 여부에 따라 달라진다. J가 선의이면 Y 명의 소유권등기는 유효하지만 악의인 경우에는 Y 명 의 소유권등기는 무효에 해당한다(부동산실명법 4조 2항 단서), 그러므로 Y 명의 소 유권등기가 유효한 경우에 있어서는 우선 X와 Y 사이에 명의신탁약정이 무효에 해당하고(부동산실명법 4조 1항)전 소유주 J에 대해서도 소유권을 주장할 수 있으므 로 Y는 유효한 소유권을 취득하게 된다(부동산실명법 4조 2항 단서).

판례는 "부동산 실권리자명의 등기에 관한 법률 제4조 제2항 단서는 부동산 거래의 상대방을 보호하기 위한 것으로 상대방이 명의신탁약정이 있다는 사실을 알지 못한 채 물권을 취득하기 위한 계약을 체결한 경우 그 계약과 그에 따른 등기를 유효라고 한 것이다. 명의신탁자와 명의수탁자가 계약명의신탁약정을 맺 고 명의수탁자가 당사자가 되어 매도인과 부동산에 관한 매매계약을 체결하는 경우 그 계약과 등기의 효력은 매매계약을 체결할 당시 매도인의 인식을 기준으 로 판단해야 하고, 매도인이 계약 체결 이후에 명의신탁약정 사실을 알게 되었다고 하더라도 위 계약과 등기의 효력에는 영향이 없다. 매도인이 계약 체결 이후 명의신탁약정 사실을 알게 되었다는 우연한 사정으로 인해서 위와 같이 유효하게 성립한 매매계약이 소급적으로 무효로 된다고 볼 근거가 없다. 만일 매도인이 계약 체결 이후 명의신탁약정 사실을 알게 되었다는 사정을 들어 매매계약의 효력을 다툴 수 있도록 한다면 매도인의 선택에 따라서 매매계약의 효력이 좌우되는 부당한 결과를 가져올 것이다"고 판시하고 있다.[3]

판례 입장은 명의신탁자와 명의수탁자가 계약명의신탁약정을 맺고 명의수탁자가 당사자가 되어 매도인과 부동산에 관한 매매계약을 체결하는 경우, 계약과 등기의 효력을 판단하는 기준은 매매계약을 체결할 당시 매도인의 인식이 선의/악의에 따라 달라지는 것으로 보며 매도인이 계약 체결 이후 명의신탁약정 사실을 알게 되었다는 이유로 위 계약과 등기가 무효로 되지는 않는다고 보고 있다.

② **제3자에 대한 대항력**　"명의신탁약정에 따른 무효"(부동산실명법 4조 1항)와 "명의신탁약정에 따른 등기로 이루어진 부동산에 관한 물권변동이 무효"에 해당하더라도(동법 4조 2항)는 제3자에게는 대항하지 못한다(동법 4조 3항). 예컨대 X와 Y 사이에 이루어진 명의신탁이 J가 악의인 상태에서 Y가 소유권을 취득하여 무효인데도, Y가 제3자인 K에게 소유권을 이전한 경우 K의 소유권은 유효하게 된다.

부동산실명법은 악의의 제3자에게도 대항할 수 없도록 함으로써(부동산실명법 4조 3항) 거래의 안전을 도모할 뿐만 아니라 신탁자의 지위를 불안하게 하여 명의신탁을 하지 못하도록 하는 입법취지도 살릴 수가 있기 때문에[4] 명의신탁약정의 무효와 명의신탁약정에 따른 등기로 이루어진 부동산에 관한 물권변동의 무효는 제3자인 K에게 대항하지 못하고 제3자는 선의/악의를 불문하고 유효하게 소유권을 취득하게 된다(동법 4조 3항).

판례는 "양자간 등기명의신탁에서 명의수탁자가 신탁부동산을 처분하여 제3취득자가 유효하게 소유권을 취득하고 이로써 명의신탁자가 신탁부동산에 대한

---

3) 대판 2018. 4. 10. 2017다257715; 대판 2015. 12. 23. 2012다202932; 판례는 "판결명의신탁자와 명의수탁자가 계약명의신탁약정을 맺고 명의수탁자가 당사자가 되어 명의신탁약정이 있다는 사실을 알지 못하는 소유자와 부동산 취득에 관한 계약을 체결한 경우" 계약의 효력은 유효하며 이에 따른 수탁자의 등기도 유효한 것으로 보고 있다.

4) 명순구, 민법학원론, 박영사, 2018, 428면.

소유권을 상실하였다면, 명의신탁자의 소유권에 기한 물권적 청구권, 즉 말소등기청구권이나 진정명의회복을 원인으로 한 이전등기청구권도 더 이상 그 존재 자체가 인정되지 않는다. 그 후 명의수탁자가 우연히 신탁부동산의 소유권을 다시 취득하였다고 하더라도 명의신탁자가 신탁부동산의 소유권을 상실한 사실에는 변함이 없으므로, 여전히 물권적 청구권은 그 존재 자체가 인정되지 않는다"고 판시하고 있다.5) 판례의 입장은 양자간 등기명의신탁에 있어서 명의신탁자는 신탁부동산의 소유자로서 명의수탁자를 상대로 원인무효를 이유로 소유권이전등기의 말소를 구할 수 있을 뿐 아니라 진정한 등기명의의 회복을 원인으로 한 소유권이전등기절차의 이행을 구할 수 있다고 보고 있다.6) 그러나 부동산실명법 제4조 제3항의 "제1항 및 제2항의 무효는 제3자에게 대항하지 못한다"는 규정에 따라, 무효인 명의신탁등기 명의자 즉 명의수탁자가 신탁부동산을 임의로 처분한 경우, 특별한 사정이 없는 한 그 제3취득자는 유효하게 소유권을 취득하게 되고, 이로써 명의신탁자는 신탁부동산에 대한 소유권을 상실한다고 보고 있다.7)

(2) 부동산경매에서 명의신탁(부동산실명법)

부동산경매절차에서 부동산을 매수하려는 사람이 매수대금을 자신이 부담하면서 다른 사람의 명의로 매각허가결정을 받기로 약정하여 그에 따라 매각허가가 이루어진 경우, 경매 목적 부동산의 소유권을 취득하는 자는 명의인(수탁자)이 된다.

판례는 "부동산경매절차에서 부동산을 매수하려는 사람이 매수대금을 자신이 부담하면서 다른 사람의 명의로 매각허가결정을 받기로 그 다른 사람과 약정함에 따라 매각허가가 이루어진 경우 그 경매절차에서 매수인의 지위에 서게 되는 사람은 어디까지나 그 명의인이므로 경매 목적 부동산의 소유권은 매수대금을 실질적으로 부담한 사람이 누구인가와 상관없이 그 명의인이 취득한다고 할 것이고, 이 경우 매수대금을 부담한 사람과 이름을 빌려준 사람 사이에는 명의신탁관계가 성립한다"고8) 판시하고 있다.

---

5) 대판 2013. 2. 28. 2010다89814.
6) 대판 2002. 9. 6. 2002다35157.
7) 대판 2003. 5. 16. 2002다69556.
8) 대판 2005. 4. 29. 2005다664.

즉 부동산경매로 낙찰을 받는 경우에는 일반매매와 다르게 매도인(채무자 혹은 물상보증인)이 신탁자와 수탁자 사이의 관계를 경매에서 알 수 없기 때문에 낙찰자(매수인)의 소유권이 유효하게 된다. 따라서 매매대금을 지급한 신탁자는 매수인(수탁자)을 상대로 소유권에 기한 이전등기청구권을 행사할 수 없다.

5. 낙찰가의 대금지급 불이행과 법원의 조치

1) 차순위 매수신고인에 대한 매각허부결정

경락인이 대금지급기한일까지 그 의무를 이행하지 않을 경우에 집행법원은 차순위매수신고인에게 매각허부에 대한 결정을 하여야 한다(민사집행법 137조 1항). 따라서 집행법원은 차순위매수신고인에 대한 매각허부에 대한 결정을 하고 매각허가결정이 확정되면 차순위매수신고인에게 대금지급기한일을 지정하여 납부케 할 수 있다. 단, 차순위매수신고인에 대한 매각이 허가되지 아니하면 직권으로 재경매를 실시한다.

차순위매수신고인에 대한 매각기일은 최초의 대금지급기일로부터 3일 이내에 지정하되, 그 대금지급기일로부터 14일 이내의 날로 정하여야 한다(송민예규 91-5).

차순위매수신고인에 대한 매각허가결정이 있는 때에는 낙찰자는 최고가매수신고 때 지불하였던 보증금의 반환을 청구할 수 없다(민사집행법 137조 2항).

2) 재입찰명령 후의 대금납부

① 재입찰   매각허가결정 확정 후 집행법원이 지정한 대금지급기한까지 경락인이 대금지급의무를 완전히 이행하지 아니하고 차순위매수신고인도 없을 때에는 집행법원은 직권으로 입찰[9]을 다시 실시하게 되는데 일반적으로 이때로부터 약 30일 후에 다시 입찰을 실시하게 된다. 이와 같이 차순위매수신고인도 없는 상태에서 낙찰자가 대금을 지불하지 않으면 경매를 다시 실시하게 되는데 이를 "재경매"라 칭한다(민사집행법 138조 1항). 이때에는 전에 실시하였던 최저입찰금액으로 다시 입찰을 하게 된다.

---

9) 편의상 경매라 칭한다.

재경매는 매각허가결정이 확정된 후 경락인이 대금을 납부하지 않아 다시 실시하는 데 반하여, 신경매는 입찰을 처음으로 실시하는 경우로서 경락허가결정의 확정에 이르지 아니한 경우에만 실시하는 점에서 양자는 차이가 있다. 다만, 재경매와 신경매는 경매절차를 다시 실시한다는 점에서는 동일하나.

② **재입찰기일 3일 전까지 대금납부**   경락인이 재경매기일 3일 전까지 대금, 연체이자와 절차비용을 지급한 때에는 재경매절차를 취소하여야 한다. 여기서 재경매기일 3일 전이라 함은 재경매기일의 전일로부터 소급하여 3일이 되는 날까지를 의미한다.[10]

예컨대 재입찰기일이 7월 10일이면 7월 9일부터 역산하여 3일이 되는 날은 9일, 8일, 7일이 되므로 7월 7일까지 대금을 납부하면 재경매절차는 취소된다. 다만 7월 7일이 일요일이나 공휴일인 경우에는 그 익일인 7월 8일까지 납부하면 된다. 이때의 지연이자는 연 12%로 대금지급기일 다음 날부터 대금납부할 때까지에 해당하는 이자를 납부해야 한다.

③ **재입찰기일 3일 이후 다시 재입찰기일 전에 한 대금납부**   집행법원은 경락인이 재경매기일 3일 전까지 대금을 납부하지 않은 경우에도 이후 재입찰기일 3일 전에 납부를 한다면 경락인의 대금납부의 진정성과 공정성에 저촉되지 않은 경우에 한하여 재입찰기일을 변경하여 대금납부를 허가한다. 이때 낙찰자가 대금을 즉시 납부하지 않고 일정기간을 주면 납부하겠다고 하는 경우에는 이를 허용하지 않고 재입찰기일을 그대로 진행한다.

④ **재경매기일 유찰 후의 대금납부**   재입찰기일 3일 전까지 경락인이 대금을 납부하지 않는 경우 집행법원은 재경매를 실시하게 된다. 약 30일 후 재경매기일을 실시하였지만 입찰자가 없어 유찰이 되었을 때는 또 다시 다음 재경매기일 3일 전까지 경락인은 원금, 절차비용, 연체이자 연 12%를 납부하고 소유권을 취득할 수 있다.

⑤ **차순위매수신고인의 지위**   경락인은 차순위자에게 낙찰허가결정이 있는 때로부터 보증금을 몰수당하게 되므로, 차순위자에게 낙찰허가가 나기 전까지는 차순위자에 우선하여 낙찰대금을 납부할 수 있다. 그리고 차순위매수신고인이

---

10) 대결 1992. 6. 9. 91마500.

대금납부 지정기한일까지 대금을 납부하지 않은 경우에는 차순위매수신고인도 위의 경우와 동일하게 재경매기일 3일 전까지 원금과 절차비용, 그리고 연 12%의 지연이자를 납부하면 소유권을 취득할 수 있게 된다. 이때에는 재경매기일 3일 전까지 차순위매수신고인과 최고가매수신고인 중 먼저 대금을 납부한 자가 경매목적물의 소유권을 취득하게 된다.

3) 낙찰자가 보증금을 반환받을 수 있는 경우

재입찰이 실시되면 전 낙찰자는 이후의 입찰에는 참가할 수 없다. 그리고 매수신고 때 제공한 보증금은 반환을 청구할 수가 없다. 단, 다음과 같은 경우에는 설사 매각허가결정이 났더라도 보증금을 반환받을 수 있다.

① 재입찰명령 후 채무자가 경매신청권자의 채권액을 변제하고 말소된 등기부를 집행법원에 제출하면 경매를 취소시킬 수 있는데, 이때에는 낙찰자의 지위가 소급적으로 무효가 되기 때문에 경락인은 보증금을 반환받을 수 있게 된다.

② 경매신청이 적법하게 취하된 경우

③ 선행경매가 취소 또는 취하되었는데 이후의 후행경매도 취소나 취하가 이루어진 경우에는 보증금을 반환받을 수 있다. 따라서 선행경매만이 취소 또는 취하되었고 후행경매는 그대로 진행되고 있는 경우에는 후행경매절차가 선행경매사건의 속행이라는 성격을 지니고 있으므로 경락인은 보증금의 반환을 청구할 수 없게 된다.

예컨대,

한변제(소유자이며 채무자)

김철수 임의경매 20. 5. 9.

박일동 임의경매 20. 7. 5.

김철수 근저당 20. 5. 1. 1억원

홍길동 저당권 20. 7. 2. 1억원

박일동 근저당 20. 7. 1. 1억원

이 경우는 김철수가 선행경매사건으로 경매를 먼저 진행하고 있다. 이때 소유자인 한변제씨가 김철수의 근저당 1억원을 변제하게 되면 경매는 취소된다. 그러나 후행경매사건(저당권자 박일동)이 경매를 이어 받아서 다시 진행을 하게 되므로 낙찰자가 낙찰대금을 납부하지 않게 되면 입찰보증금을 반환받을 수가 없게 된다.

④ 잉여의 가망이 없어(민사집행법 91조, 102조) 경매절차가 취소된 경우나 재입찰절차에서 입찰부동산이 멸실된 경우에 전 낙찰자는 보증금을 반환받을 수 있게 된다. 그러한 이유는 전 낙찰자가 대금을 납부하지 않은 것이 그의 의무불이행으로 발생한 것이 아니기 때문이다.

제 2 항 송달불능의 경우

낙찰자에 대한 대금지급기한일 소환장이 송달불능되면 발송송달한다(민사집행법 187조). 그러나 불능사유가 수취인 부재나 폐문부재의 경우에는 공시송달한다.

한편 경매법원이 이중경매신청에 기하여 경매개시결정을 하면서 그 결정을 채무자에게 송달함이 없이 경매절차를 진행하였다면 그 경매는 경매개시결정의 효력을 발생하지 아니한 상태에서 이루어진 것이어서 당연히 무효이다. 따라서 그 개시결정이 채무자에게 송달되기 전에 경매대금의 납부를 명하고 이에 따라 경매대금을 납부한 것은 경매절차를 속행할 수 없는 상태에서의 대금납부로서 부적법하며 대금납부의 효력을 인정할 수 없게 된다(대결 1995. 7. 11. 95마147). 즉 채무자에게 경매개시결정(임의경매개시결정 또는 강제경매개시결정)의 통지를 하지 아니하고 경락인에게 잔금기한일을 통지하여 낙찰대금을 납부한 경우에는 경락인에게 소유권을 인정할 수 없게 된다.

제 3 항 대금납부절차

1. 현금의 지급방법

① 대금지급은 현금이나 금융기관에서 발행한 자기앞수표를 법원에 납부하여야 한다.

② 가계수표와 대금의 분할납부는 허용하지 않는다.

③ 공동경락인은 경락대금 전액에 관하여 연대책임을 부담하므로 각 경락인은 자기의 부담부분에 대하여 분할지급할 수 없다.

④ 매각허가결정에 표시된 경락인이 그 결정선고 전 또는 선고 후에 사망한 경우에 그 결정은 상속인에게 미치므로 상속인은 호적등본을 첨부하여 상속개시가 있었다는 사실을 신고하고 상속인의 명의로 대금을 납부할 수 있다.

⑤ 경락인이 대금지급기한일까지 경매계에 출석하여 대금을 지급하고자 할 때에 사건담임자는 담임법관으로부터 법원보관금 납부명령서를 발부받아 경락인에게 교부하고, 경락인은 그 납부명령서와 대금을 법원 내에 있는 취급점[11]에 납부하면 된다(법원보관금취급규칙 9조 3항). 이 경우 취급점은 낙찰자에게 법원보관금 영수증서를 교부한다. 그리고 법원보관금을 납부받은 취급점은 지체없이 출납공무원과 사건담임자 및 계약담당공무원에게 그 수납내역을 전송하여야 하며, 사건담임자는 취급점으로부터 전송된 수납내역을 확인한 후 사건번호 등 필요한 사항을 전산등록하여야 한다(법원보관금취급규칙 10조, 11조).

---

11) 일반적으로 법원 내에 있는 은행을 말한다.

2. 특별한 지급방법

(1) 배당액과의 상계

【상계신청서】

```
                    상 계 신 청

              채권자 겸 경락인
                 채 무 자
                 소 유 자

   위 당사자간 귀원 20   타경 ○○○○○호 부동산경매사건에 관하여

   20 년 월 일자로 경락하였는바 동 사건의 경락대금지급에

   있어서 상계신청인이(채권자 겸 경락인)이 배당받을 채권액과 상계

   하여 주시기를 민사집행법 제143조, 제268조에 의하여 신청합니다.

                    20  .  .  .

              위 신청인(채권자겸경락인)        (인)

   ○○지방법원          귀중
```

1) 상계신청이 있는 경우

① 배당받을 채권자가 경락인인 경우에 경락인은 자기가 교부받을 배당액과 경락대금을 대등액에서 상계할 수 있으며, 이에 의하여 그 한도에서 대금지급의 효력이 발생한다. 이 경우 대금액이 배당액보다 다액인 때에는 경락인은 그 차액을 납부하여야 한다. 이 경우 낙찰자는 매각허가결정기일이 끝날 때까지 경매계에 상계신청서를 제출하고[12] 배당받아야 할 금액을 제외한 낙찰대금을 배당기일에 납부할 수 있다(민사집행법 143조 2항). 차액지급신고서가 제출되어 매각허가결정이 확정되면 바로 배당기일을 정하면 되고 따로 대금지급기한을 정할 필요가 없다. 그러나 차액지급을 허용할 수 없는 경우에는 바로 대금지급기한을 지정하

---

12) 차액지급에 의한 대금납부는 매각결정기일이 끝날 때까지 법원에 신고하여야 하므로 그 이후의 차액지급은 부적법하다.

여 통지하여야 하고, 그 기한까지 대금을 납부하지 아니하면 재경매를 하여야 한다. 법원사무관 등은 배당표원안이 확정되면 배당기일에 낙찰자가 지급하여야 할 금액을 배당기일 3일 전까지 전화나 팩스로 통지하는 것이 바람직하다.

② 배당받을 채권자가 동시에 경락인인 경우에는 이와 같은 상계의 기회를 주기 위하여 대금지급기한일과 배당기일을 동일 일시로 지정한다. 일반적으로 대금지급기한일에는 이해관계인이나 배당을 요구한 채권자를 소환할 필요가 없으나 대금지급기한일과 배당기일이 동일 일시로 지정된 경우에는 이해관계인과 배당요구채권자도 소환하여야 한다.

③ 배당기일에 낙찰자의 상계할 채권에 대하여 이의를 하고자 하는 자는 이의 있는 채권액에 상응하는 대금을 지급하거나 담보를 제공하여야 한다(민사집행법 143조 2항).

2) 상계신청권자 배당금에 대한 압류나 가압류의 신청

채권자가 지급받을 배당금(배당금교부청구권)에 대하여 압류 또는 가압류가 된 경우 경락인은 이를 상계할 수 없다. 배당금교부청구권의 채권에 대하여 가압류를 하게 되면 채권의 처분과 영수에 대한 처분금지적 효력이 있으므로 가압류권자를 해하면서 상계를 허용할 수 없기 때문이다.

(2) 채무인수에 의한 경락대금방법

① 경락인은 매각조건에 의하여 부동산의 부담을 인수하는 한도에서 관계채권자의 승낙이 있으면 매입대금의 지급에 갈음하여 채무를 인수할 수 있다(민사집행법 143조 1항).

② 채무인수의 경우 대금지급기한일을 변경하여 배당기일과 같은 일시로 지정한다.

③ 관계채권자에 대한 배당금은 지급하지 않는다. 대신 경락인은 인수한 금액만큼 경락대금에서 공제하고 법원에 납부하면 된다.

④ 저당권의 피담보채권을 경락인이 인수할 경우 그 저당권은 말소하여서는 안 된다.[13]

---

13) 경매부동산에 존재하는 저당권이나 말소대상인 전세권은 경락으로 소멸하는 것이 원칙이나 경

【채무인수신고서】

매각대금지급에 갈음한 채무인수신고서

채권자

채무자

위 당사자간 귀원 20   타경   호 부동산 강제경매사건에 관하여 매수인은 20. 6. 7. 대금지급기한일 통지서를 받았으나 매수인은 위 부동산의 매각대금에서 배당받을 수 있는 주택임차권자의 채무자에 대한 임차보증금 5,000만원의 채무를 인수하였음을 신고합니다.

첨 부 서 류

1. 임차보증금 채무인수계약서 사본   1통

2. 인감증명서   1통

20. 7. 5.

위 매수인 김 철 수   (인)

주소

위 채무인수에 동의함

20. 7. 7.

배당요구채권자   김동길(인)

주소

○○지방법원 귀중

락인이 배당기일에 관계채권자의 승낙을 얻어 경락대금의 한도 내에서 그 지급에 갈음하여 저당권의 피담보채권을 포함한 관계채권자에 대한 채무자의 채무를 인수하여 그 배당액에 상응하는 경락대금의 지급의무를 면할 수 있다. 여기서 저당권이 피담보채권인 경우에는 결국 경락인이 피담보채권을 인수하며 저당권은 말소되지 않고 존속하게 된다. 다만, 채무인수는 반드시 모든 채권자의 채무를 인수하여야 하는 것은 아니고 승낙을 얻은 일부 채권자의 채무만 인수할 수도 있다. 전세권자와 경락인이 채무인수에 대한 합의를 한 경우에도 위와 같다.

제 4 항 경매의 하자와 소유권 취득 여부

1. 강제경매

(1) 경매절차의 하자

강제경매이건 임의경매이건 경매절차에 하자가 있더라도 경락허가결정이 확정되고 경락인이 대금을 납부한 이상 경매절차 외에서 별소로 경락의 무효를 주장하여 경락인의 소유권을 다툴 수 없다.[14] 그러나 학교법인의 기본재산이 감독청의 허가없이 강제경매절차에 의하여 경락되어 경락인 명의로 소유권이전등기가 경료되었다면 그 등기는 적법한 원인을 결여한 등기로서 효력이 없다.[15]

(2) 집행권원의 하자

① 집행권원의 부존재   집행력 있는 정본이 전혀 존재하지 않거나 지급명령을 허위로 송달케 하여 이루어진 강제경매는 절대적 요건에 흠결이 있기 때문에 적법한 절차가 이루어졌다 하더라도 당연무효로서 효력이 발생하지 않게 된다.[16]

② 집행권원의 무효   집행권원이 무효인 경우에는 설사 경락인이 대금을 납부하더라도 유효하게 소유권을 취득할 수 없다. 예컨대 무권대리인의 촉탁에 의하여 공정증서가 이루어진 경우, 그 공정증서는 집행권원으로서 무효이므로 그러한 무효인 공정증서에 의하여 진행된 경매절차에서 경락을 받은 경우 소유권을 취득할 수 없다. 그러나 실체상 무효의 경우에는 그 집행권원에 기해 한 강제집행으로는 매수인의 소유권 취득에 영향이 없다. 판례는 경매개시의 근거가 된 확정판결이 재심소송으로 취소되었는데도 경매절차를 미리 정지·취소시키지 못한 채 계속 진행된 이상 매수인의 소유권 취득에 영향이 없는 것으로 보고 있다.[17]

---

14) 대판 1992. 7. 28. 92다7726.

15) 대판 1994. 1. 25. 93다42993; 대판 1981. 8. 20. 80다2136 또한 사찰재산에 대하여 강제경매를 하는 경우에는 관할청인 문화공보부장관의 허가를 얻어야 하는 것이므로 그 허가 없이 진행된 강제경매절차에 의하여 경락받은 것을 원인으로 하여 경료된 소유권이전등기는 적법한 원인을 결여한 무효의 등기이다.

16) 대판 1976. 2. 10. 75다330.

17) 대판 1996. 12. 20. 96다42628.

③ 경락인이 대금을 납부한 이후에 집행권원이 폐기·취소되거나 또는 상소심판결에 의하여 가집행선고의 효력이 상실되거나 집행채권이 부정되는 경우에도 경락인의 소유권 취득의 효력에는 영향을 미치지 않는다.

2. 임의경매

임의경매에 있어서 담보권의 부존재, 소멸, 피담보채권의 불발생, 무효 등과 같이 당초부터 담보권이 부존재한 경우에는 이에 기한 경매절차 역시 무효이므로 그 절차에서 경락인이 대금을 납부하였다 하여도 소유권을 취득할 수 없다. 그러나 일단 유효하게 성립되었던 담보권이 경매절차 개시 후에 피담보채권의 변제, 담보권의 포기 등의 사유로 인하여 사후적으로 소멸한 경우에는 대금을 모두 지급한 이상 소유권을 취득하는 데 영향을 미치지 않는다.

즉 실체상의 하자는 경매절차에 영향을 미치므로 이해관계인은 절차상의 하자 외에 실체상의 하자를 이유로 경매개시결정에 대한 이의를 할 수 있고(민사집행법 265조), 경락허가결정에 대한 이의나 항고도 할 수가 있다.

한편 경락인이 낙찰대금을 납부하기 이전에 채무자가 경매신청권자의 피담보채권액을 변제하고 그 말소등기를 집행법원에 경매신청을 한 채권자가(일명, 압류권자) 제출하게 되면 매각허가결정의 확정에도 불구하고 경락인의 동의없이 경매를 취소할 수 있다.

제 6 절
납부해야 할 세금

1. 서설

부동산을 경매로 매입하면 세금을 납부해야 소유권이전등기를 할 수 있는데, 납부해야 할 세금은 크게 나누어 취득세와 등록세가 있다. 경락인이 입찰가 산정을 할 때 주의할 점이 일반매매로 부동산을 취득할 때와 경매로 취득할 때의 세금액이 다르다는 사실이다. 경매로 부동산을 취득할 때와 일반매매로 취득할 때의 과세표준액이 다르기 때문이다. 경매에서는 등록세와 취득세를 낙찰가 기준으로 하는 반면 일반매매에서는 국세청에서 고시하는 과세시가표준액을 기준으로[1] 하기 때문에 일반매매로 사는 것보다 일반적으로 약 2/3 이상을 절감할 수 있다. 따라서 입찰에 참여하려고 하는 자는 일반매매로 부동산을 매입할 때의 세금과 경매로 매입할 때 세금의 차액이 얼마나 되는지 알아보고 입찰가를 산정해야 시세와 정확한 차이를 두고 부동산을 경매로 매입할 수 있게 된다.

2. 부동산을 취득할 때 납부해야 할 세율은 얼마인가?

여기서 부동산을 취득할 때 내야 하는 세율에 대하여 "예시"를 들어 살펴보면

---

[1] 일부 허가지역에서는 실질거래가액을 기준으로 하는 경우가 있다. 따라서 실질거래가액으로 세율을 적용하는 지역에서는 경매로 매입하는 경우와 말소등기비용 등 이외에는 큰 차이가 없다.

다음과 같다.[2]

종 류	세 율
등록세	2%
교육세	20%(등록세의)
취득세	1~4%
농어촌특별세	10%(취득세의)
채권매입비	2~5%(과세시가표준액의)

경매로 부동산을 취득하여 소유권이전등기를 하기 위해서는 먼저 등록세를 납부해야 하는데 등록세는 해당 시·군·구청에 낙찰가액의 2%에 해당하는 세율을 곱하여 그 금액을 납부하면 된다. 위와 같이 계산한 금액을 지정한 은행에 납부하고 영수증을 교부받아 소유권이전등기 촉탁신청서와 함께 법원에 제출하면 법원은 관할등기소에 소유권이전등기촉탁의 명령을 하여 경락인 앞으로 소유권등기를 하여 준다. 물론 소유권이전등기촉탁을 할 때에는 등록세 외에 아래에서 설명하고 있는 취득세, 교육세, 농어촌특별세, 채권매입영수증 등을 첨부하여야 한다. 등록세를 납부할 때는 교육세를 같이 납부해야 하는데 교육세는 등록세의 20%에 해당하는 금액이다.

그리고 등록세의 납부기한은 법률로 정확히 규정한 것은 없지만 부동산등기특별조치법에 따라 "부동산등기를 할 수 있는 날로부터 60일 이내에 소유권이전등기를 하여야 한다"라고 규정하고 있어 이에 따라야 할 것으로 본다. 만약 이를 어길 경우 시장·군수는 등록세의 5배 이하의 금액을 과태료로 부과할 수 있다.

---

2) 물가상승이나 사회적인 여건 등으로 세율은 계속 변경되기 때문에 본 사례의 세율은 참고적으로 이해하고 세금에 대한 주요 종류를 해당하는 시기의 세율을 적용하여 계산하면 향후 세율이 계속 변경되더라도 세금액을 산정할 수 있을 것으로 본다. 본서에 있어서 이후 내용의 세율에 대해서도 동일한 내용으로 적용하면 될 것이다.

3. 납부기간 및 사례

(1) 납부기간

취득세는 부동산취득시 부담해야 하는 세금으로써 소재지 시장·군수·구청장이 부과 징수한다. 취득세는 부동산을 취득한 날로부터 30일 이내에 해당 시·군·구청에 신고·납부하도록 하고 있고, 경락인은 잔금을 납부한 날로부터 30일 이내에 취득세를 납부해야 과태료를 물지 않게 된다. 만약 30일 이후에 취득세를 신고, 납부하였을 경우에는 세액의 20%를 추가로 부담해야 한다. 따라서 경락인은 법률의 규정에 따라 잔금을 지급한 때로부터 소유권은 인정받지만 30일 이내에 등기를 하지 않으면 가산세를 부담하기 때문에 결국 "잔금일로부터 30일 이내에 등기를 하여야 한다"라고 보아야 할 것이다.

(2) 사례: 아파트를 2억원에 낙찰받았을 때 납부해야 할 총 세금은 얼마나 되는가?[3)]

낙찰대금 : 2억원		
종 류	세 율	금액
등록세	2%	400만원
교육세	등록세의 20%	80만원
취득세	2%	400만원
농어촌특별세	취득세의 10%(잔용면적 25평 이하의 국민주택에는 비과세)	40만원
채권매입비	과세시가표준액의 2~5%(채권할인하면 낙찰가의 0.2%)	40만원
합 계	약 6%	960만원

본인이 직접 소유권이전등기를 하지 않고 법무사 사무실에 의뢰할 경우에는 법무사마다 조금씩은 다르지만 위에서 설명한 세금 외에 말소등기를 하기 위한 비용으로 1건당 약 3만원에서 5만원과 법무사 수수료 등이 추가로 들어간다. 예컨대 말소촉탁등기를 할 가압류나 저당권이 5개가 있다면 5건×3만원=15만원이 법무사 수수료 외에 추가로 들어간다. 결국 낙찰가의 약 5.5~6%에 해당하는 세금을 납부하면 소유권이전등기를 할 수가 있다고 볼 수 있다.

---

3) 아래 표의 세율은 물가 변동이나 금리 등으로 인해 수시로 변동되므로 참고적으로 이해하고 변동되는 그 시기의 세율에 아래 표의 세금종류를 적용하여 해당하는 세금을 산출하면 된다.

낙찰받은 부동산의 소유권이전등기방법

 제 1 항 촉탁등기 신청시 발급받아야 할 서류 및 순서

【매각대금완납증명원】

완 납 증 명 원

채권자 주식회사 고려은행
채무자 동흥국제주식회사
소유자 박 철 수
낙찰자 박 정 잔

위 당사자간 임의경매사건에 관하여 매수인은 20. 1. 8. 귀원에 매각대금 457,710,000원을 완납하였으므로 증명하여 주시기 바랍니다.

<table>
<tr><td>20. 3.</td><td>위 증명합니다.</td></tr>
<tr><td>매수인 : 박 정 잔 (인)</td><td>20. 3. 6.</td></tr>
<tr><td>서울중앙지방법원 귀중</td><td>서울중앙지방법원 법원사무관 이종수</td></tr>
</table>

1. 완납증명원·등기부등본 발급절차

매수인(경락인)이 소유권이전등기를 하기 위해서는 우선 이와 같은 매각대금

완납증명원을 법원에서 발급받아 가지고 있어야 한다. 왜냐하면 취득세 납부신고를 할 때나 양도소득신고를 할 때 제출해야 하기 때문이다. 매각대금완납증명원은 경락인이 잔금을 납부할 때 담당경매계장에게 신청을 하면 즉시 발급하여 준다. 이때 부동산목록도 함께 발급받으면 나중에 또 부동산목록을 작성하지 않아도 될 것이다. 그 다음에 할 것은 먼저 동사무소에 들러, 본인 주민등록등본을 2부 발급받아야 할 것이다. 그리고 등기소에 해당 부동산의 등기부 2부를 발급받아야 하는데 발급시 아파트, 빌라, 오피스텔 등은 건물등기부등본만을 발급받으면 되지만, 단독주택은 반드시 토지등기부등본과 건물등기부등본을 함께 발급받아야 한다. 단독주택인 경우는 토지와 건물 각 2부씩 총 4부를 발급받고, 아파트와 같은 집합건물은 건물등기부등본 2통만 발급받으면 된다.

2. 관할 구청(취득세 및 등록세 납부고지서 발급)

관할 시·구청의 지적과로 가서 토지대장 2부, 건축물관리대장 2부, 공시지가확인원 2부를 발급받는다. 서류를 발급받았으면 재산세 1과를 가도록 한다. 재산세과에 가면 낙찰대금에 따른 취득세와 등록세를 납부하러 왔다고 하면서 낙찰완납증명원을 제출하면, 담당자가 취득세 고지서 1부와 등록세 고지서 1부를 발급하여 줄 것이다. 취득세와 등록세는 매각대금의 각각 0.2%, 0.2%[1]로 정해지고 농특세는 취득세의 10%를, 교육세는 등록세의 20%를 함께 납부하고 이어 그 영수증을 수령하여 등기촉탁서와 함께 나중에 법원에 제출해야 한다. 따라서 영수증 등은 꼭 가지고 있어야 한다. 한편 취득세 고지서를 받으면, 구청에서는 고지서 발급을 해주었다는 확인서를 보관하기 위해 발급증명서에 납세자의 서명을 요구하고 있다.

---

1) 주택이나 상가, 사무실 등의 건물을 구입할 때에 등록세율이 정책적, 물가변동 등의 사유로 높아지는 경우와 낮아지는 경우가 수시로 있으며 이미 실거래가로 등록세가 부과되고 있는 분양주택과 공시지가(70~80%)를 기준으로 하는 토지의 등록세율도 최근 인하되었다. 제4장 제2절 제2항에서 사례로 예시하고 있는 채권자 고려은행의 경매신청사건은 등록세율이 인하되기 이전의 사건이지만 이해를 돕기 위하여 인하된 등록세율로 계산하여 설명한다.

【취득신고 겸 자진납부 세액계산서】

취득신고 겸 자진납부 세액계산서

집수번호		20000 – 1072 – 10002				
과세번호	취득세번호	11 – 15040 – 20007				
	등록세번호	11 – 15007 – 21235				
구 분	성 명	법인 구분	주민(법인)등록번호	전화번호	주 소	
납세 의무자	박정잔	개인	420512 – 1074313		서울시 영등포구 여의도동 정자아파트 7동 215호	

전소유자	박철수		607512 – 107212		서울시 강남구 대치동 쌍용아파트 8동 1008호

물건내역	취득일	20. 1. 8.	취득원인	경락	취득세구분	일반과세	
	납기일	20. 2. 22.	등기원인	경락	등록세구분	일반과세	
	구조/지가 /종류	용도/적용율	1㎡당과표/대수 /깊이/지름	면적/톤수 /수량	가감산율	취득세과표	
토 지	2,200,000	50.0%	75.12㎡			82,632,000원	
건 물				132,000원 132.05㎡	120%	20,916,720원	

위와 같이 자진신고납부 합니다. 20. 3. 7. 신고자 박정잔 ㉑ 강남구청장(시·구청장) 귀하	등기번호	(일자 :)허가		(일자 :)		
	취득과세 표준	457,710,000	취득 세율	20/1000	등록세(세율 : 30/1000)	합계
	등록과세 표준액	457,710,000				
	취득세	9,154,200				
	등록세	13,731,300				

대리신고인 기재란 : 황진이 (인) 위임받은 자와의 관계(법무사) 전화번호 : 777 – 2222

이때 이 서류의 이름은 "취득신고 겸 자진납부 세액계산서"인데 본 내용 중에 꼭 확인하고 복사해야 할 부분이다. 왜냐하면 국민주택채권 매입을 할 때에 여기에 있는 과세시가표준액을 기준으로 하기 때문이다. 따라서 이 서류를 한 통 더 복사를 부탁하여 받아 오거나 아니면 아래의 내용을 기재하여 두었다가 주택채권매입을 할 때 참고하면 될 것이다.

즉 "과세시가표준액 예시"의 내용은 주택채권매입을 할 때 기준이 되기 때문에 한부를 더 복사하거나 아니면 과세시가표준액 예시와 같이 따로 메모하여 두었다가 주택채권매입을 할 때 과표기준으로 삼으면 된다.

【과세시가표준액 예시】

물건내역	취득일	20. 1. 8.	취득원인	경락	취득세구분	일반과세
	납기일	20. 2. 22.	등기원인	경락	등록세구분	일반과세
	구조/지가/종류	용도/적용율	1㎡당과표/대수/깊이/지름	면적/톤수/수량	가감산율	취득세과표
토 지	2,200,000	50.0%	75.12㎡			82,632,000원
건 물				132,000원 132.05㎡	120%	20,916,720원

그리고 나서 시·구청을 나오지 말고 재산세과에 가서 말소등록고지서를 발급받아 낙찰로 인하여 말소되는 등기부상의 권리관계를 말소하도록 준비한다. 이때 하지 않으면 나중에 다시 방문하여 이를 해야 하기 때문이다. 이 등기의 권리들을 말소하기 위해서는 말소 1건당 등록세 3,000원, 교육세 600원을 제출해야 한다. 예컨대 말소해야 할 등기가 임의경매 1건, 가압류 7건, 근저당권 1건 등 총 9건이 있을 경우에는 '말소등록세 3,000원과 교육세 600원(합 3,600원)×9=32,400원'의 고지서를 발급받아야 할 것이다. 말소할 것이 몇 건이나 되는지 알아보려면 등기부등본을 갑구부터 을구까지 차근히 보아 지금까지 배운 소제주의와 인수주의에 의해서 분석하면 될 것이다.

3. 관할 세무서(양도신고)

부동산을 낙찰받아 소유권등기를 하고자 할 때에는 낙찰부동산에 대한 전소유자(채무자)를 대신해서 부동산 양도신고를 하여 주어야 한다. 그래야 등기를 할 수 있다. 다만 전소유자가 부동산을 소유 등기한 지 3년이 지난 주택이거나, 부동산을 등기한 지 8년이 지난 농지인 경우에는 하지 않아도 된다. 따라서 이런 때는 세무서에 갈 필요가 없다. 그렇다면 이전 소유자가 몇 년 동안 소유권이전등기를 하고 살았는지 알아보아야 하는데 그것은 부동산 등기부등본의 갑구란을 보면 쉽게 알 수가 있다. 그리고 그 구입 연도에 대해서도 자세하게 나와 있다. 이 두 가지 경우를 제외하고는 세무서에 가서 양도신고확인서를 제출하여야 한다. 세무서에 가면 부동산 양도신고라고 써있는 창구가 있는데 그곳에 가서 담당자에게 양도신고확인서를 발급받으러 왔다고 하면 다음과 같은 서류를 줄 것이다. 이 서류에 다음과 같은 내용을 기재하여 제출하면 된다.

【부동산양도신고확인서】

발행번호 제호	**부동산양도**		신고서 확인서	처리기한 즉시
등기의무자 (양도인)	① 성명	박철수	② 주민등록번호	420512 - 1072317
	③ 주소	서울시 강남구 대치동 쌍용아파트 8동 1008호		
등기권리자 (양수인)	④ 성명	박정잔	⑤ 주민등록번호	415712 - 1074672
등기원인	⑥ 주소			
⑦ 등기원인	코드번호 : 24(경매)		⑧ 양도계약일자	20. 1. 8.
부동산 양도내용				
⑨ 부동산소재지	⑩ 종류	⑪ 면적(㎡)	⑫ 양도지분	⑬ 잔금일자
동소 8동 1008호	아파트	대지 75,12㎡/24416 건물 132.05㎡(43평형)		20. 1. 8

부동산 양도내용
소득세법 제165조 제1항의 규정에 의하여 부동산 양도내용을 위와 같이 신고합니다. 20. 3. 신고인 또는 수임인 주소 : 서울시 영등포구 여의도동 정자아파트 8동 102호 성명 : 박정잔 (서명 또는 인) 세무서장 귀하 붙임 : 양도소득과세표준예정신고 및 자진납부계산서 1부
위와 같이 부동산양도내용을 신고하였음을 확인합니다. 20. 3. 세무서장   (인)

우선 등기의무자를 기재해야 하는데 등기의무자란 낙찰 부동산의 이전소유자를 의미한다. 등기의무자의 주소와 주민등록번호는 부동산 등기부등본에 나와 있는 대로 기재하면 된다. 그리고 등기권리자란에는 자신의 주소와 주민등록번호, 그리고 전화번호를 차례로 기재한다. 등기원인란에는 코드번호를 24(경매)라고 기재하고, 양도계약일자는 낙찰대금 완납일을 기재하면 된다. 부동산 양도내용에 기재할 것은 토지대장에 있는 소유 대지의 지분과 건물의 건축물대장에 있는 경매 부동산 건축물의 실질 평방미터를 기재하면 된다. 잔금일자라고 표시된 곳에도 낙찰대금일자를 기재하면 된다. 그리고 첨부서류로는 부동산 등기부등본을 제출하면 되는데 아파트, 빌라, 다가구, 오피스텔 등인 때에는 건물등기부등본만을 제출하면 되지만 단독주택인 경우에는 반드시 건물 및 토지등기부등본 2통을 제출하여야 한다.

그리고 토지대장, 건축물관리대장, 공시지가확인원, 주민등록등본, 낙찰완납증명원 각 1부씩을 제출하면 끝나게 된다. 그리고 이어서 발급받은 서류들을 가지고 "낙찰로 인한 소유권이전 및 말소등기 촉탁서"를 작성하고 국민주택채권액과 등록세를 가까운 국민은행에 가서 납부를 하고 그 영수증을 수령하여 지금까지 준비한 각종 서류들과 함께 경매법원에 제출하면 소유권이전을 할 수 있게 된다. 이에 대한 자세한 내용들을 제2항에 살펴보도록 한다.

"매각에 의한 소유권이전 및 말소등기 촉탁신청서"와 첨부서류를 준비하여 경락인이 법원에 제출하면, 경매법원은 등기촉탁서를 작성하여 경락인이 제출한 첨부서류와 함께 등기소장 앞으로 등기촉탁을 하게 된다.

정리하여 설명하면 경락인이 대금지급기한일에 경락대금을 완납하면 이로써 경락부동산의 소유권을 취득하고 경매법원은 바로 소유권이전등기의 촉탁등기를 하게 된다(민사집행법 144조 1항). 그리고 경매법원이 소유권이전등기를 관할등기소에 촉탁하기 위해서는 주민등록표등본, 등록세영수필통지서 및 영수필확인서, 국민주택채권매입필증 등 촉탁서와 첨부서류가 필요하므로 경매법원은 경락인에게 위의 촉탁신청서류와 첨부서류를 제출토록 하여 서류가 제출되면 즉시 등기촉탁서를 작성하여 등기를 촉탁하게 된다.

제 2 항 촉탁의 시기

【매각에 의한 소유권이전 및 말소등기 촉탁신청】

매각에 의한 소유권이전 및 말소등기 촉탁신청

채권자 주식회사 고려은행
채무자 동흥국제 주식회사
소유자 박 철 수
매수인 박 정 잔(02)222-3272
서울시 영등포구 여의도동 정자아파트 7동 7001호

위 당사자간 임의경매사건에 관하여 매수인은 20. 1. 8. 귀원에 매각대금 457,710,000원을 완납하였으므로 별지목록 부동산에 대하여 소유권이전 및 말소등기를 촉탁하여 주시기 바랍니다.

첨 부 서 류

1. 부동산 등기부등본 1통
1. 건축물 관리대장등본 1통
1. 공시지가 확인원 1통
1. 토지대장 1통
1. 주민등록등본 1통
1. 등록세 및 교육세 영수필증 1통
1. 국민주택채권 매입필증 1통
1. 등록세 및 국민주택 채권계산 명세서 1통

20. 3.
매수인 : 박 정 잔 (인)

서울지방법원 귀중

제 3 항 촉탁할 등기

【별지2: 말소할 등기권리】

말소할 등기				
번 호	말소할 등기	접수년월일	접수번호	등록세
1	가압류	20. 6. 17.	제44274호	금 3,600원
2	가압류	20. 7. 29.	제56389호	금 3,600원
3	가압류	20. 8. 3.	제58051호	금 3,600원
4	가압류	20. 11. 2.	제79037호	금 3,600원
5	가압류	20. 11. 21.	제83849호	금 3,600원
6	가압류	20. 12. 20.	제92156호	금 3,600원
7	근저당	20. 12. 14.	제153684호	금 3,600원
8	임의경매	20. 4. 25.	제43345호	금 3,600원

1. 소유권이전등기

법원은 경락인(매수인)이 경락대금을 납부하면 경락부동산의 소유권을 취득하므로 매각허가결정을 원인으로 경락인을 위하여 소유권이전등기를 관할등기소 등기공무원에게 촉탁하여야 한다(민사집행법 144조 1항 1호).

(1) 경락인이 사망한 경우

매각허가결정 확정 후 대금납부 전에 경락인이 사망함으로써 그 상속인이 경락인의 지위를 승계하여 경락대금을 납부한 경우에는 사망한 경락인을 위하여 소유권이전등기를 촉탁할 것이 아니라 직접 상속인 명의로 소유권이전등기를 촉탁한다.

(2) 경락인의 지위가 양도된 경우

경락인이 매각허가결정 확정 후에 경락부동산의 소유권을 제3자에게 양도하고 그 제3자가 경락대금을 납부한 경우라 하더라도 법원은 경락인을 위하여 이전등기촉탁을 하여야 할 것이며, 제3자를 등기권리자로 하여 원칙적으로 이전등기촉탁을 하지는 않는다. 왜냐하면 집행법원은 그 양도행위의 유·무효를 심사할 권한이 없을 뿐만 아니라 양수인 명의로 직접 이전등기의 촉탁을 하는 것은 진실의 권리변동과는 부합되지 아니하기 때문이다.

(3) 압류의 효력 발생 후에 제3취득자가 낙찰을 받은 경우

경매개시결정 기입등기 이후에 소유권이전등기를 받은 제3취득자가 경락인이 된 경우에는 경매개시기입등기와 제3취득자 명의의 소유권등기의 말소촉탁 그리고 경락을 원인으로 한 소유권이전등기를 동시에 촉탁한다.

그러나 경매개시결정 등기 이전에 소유권이전 등기를 받은 제3취득자가 매수인이 된 경우에는 경매개시결정 등기의 말소촉탁 및 매수인이 인수하지 않는 부담기입의 말소촉탁 외에 소유권이전등기 촉탁을 하지 않는다.

(4) 재외국민 또는 국외이주자가 낙찰을 받은 경우의 등기촉탁방법

재외국인 또는 국외이주자가 낙찰을 받은 경우에는 주소를 증명하는 서면과 주민등록번호가 없기 때문에 「재외국민 부동산등기용 등록번호증명서」를 제출하여야 한다. 「재외국민 부동산등기용 등록번호증명서」는 대법원 소재지 관할등기소2)에서 부여받으면 된다.

2. 경락인이 인수하지 아니한 부동산 위의 부담의 기입의 말소

경락인이 인수하지 아니한 부동산상 부담이라 함은 경락에 의하여 소멸하는 저당권의 등기뿐만 아니라 경락인에게 대항할 수 없는 모든 권리의 등기를 말한다. 법원은 경락인이 경락대금을 완납한 경우에는 직권으로 경락인이 인수하지 아니한 부동산 위의 부담의 기입을 말소한다(민사집행법 144조 1항 2호). 말소의 대상이 되는 등기를 구체적으로 보면 다음과 같다.

---

2) 서울지방법원 등기과가 관할등기소에 해당한다.

(1) 저당권설정등기 등

저당권, 근저당권, 가등기담보권, 존속기간의 정함이 없거나 경락인에게 대항할 수 있는 전세권자가 첫 경매기일까지 배당요구한 경우 등은 경락에 의하여 소멸되므로 각 그 등기는 말소촉탁의 대상이 된다.

(2) 용익물권의 등기, 임차권의 등기

지상권·지역권·전세권 및 등기된 임차권 등이 최초근저당권이나 최초가압류, 경매개시결정기입등기일보다 이후에 되어 있을 경우에는 경락인에게 대항할 수 없기 때문에 말소촉탁의 대상이 된다(민사집행법 91조).

(3) 소유권이전등기

경매개시결정기입등기(압류) 이후에 제3자에게 소유권이전을 받은 자나 소유권이전청구권 보전의 가등기권자는 경락인에게 대항할 수 없으므로 말소촉탁의 대상이 된다.

(4) 가압류

가압류는 최초근저당일자를 기준으로 하여 앞선 일자로 되어 있거나 이후에 되어 있거나 관계없이 원칙적으로 모두 말소촉탁이 된다. 그러나 최초근저당보다 앞선 일자로 되어 있으면서 맨 마지막에 되어 있는 소유권이전일자보다도 앞선 일자로 가압류가 되어 있는 경우 말소촉탁이 되지 않는 경우가 있다. 즉, 가압류등기 후 소유권이 이전되어 현 소유자의 채권자가 경매를 신청하여 경락이 된 경우에는 구 소유자에 대한 가압류권자는 배당에 참여할 수 없으므로 말소가 되지 않는 경우가 있다.

다음의 표에서 구체적으로 살펴본다.

【가압류가 말소되지 않는 경우】

가압류가 예외적으로 말소되지 않는 경우				
권리자	권리의 종류	설정일자	금액	비 고
A	소유권이전	20. 1. 1.		전소유자
갑	가압류	20. 2. 2.	1억원	전소유자를 상대로 한 가압류이기 때문에 예외적으로 말소가 안되는 경우 있음. 아래 설명 참조.
B	소유권이전	20. 3. 3.		현소유자
을	가압류	20. 4. 4.	1억원	현소유자를 상대로 한 가압류이기 때문에 후순위 "C"저당권과 안분배당 후 말소됨.
C	임의경매	20. 5. 5.		
C	근저당	20. 6. 6.	1억원	
병	가압류	20. 7. 7.	1억원	말소가 된다. 다만, 금액이 남아 있을 경우에는 후순위 "D"저당권과 안분하여 배당금을 수령함.
D	저당권	20. 8. 8.	1억원	

위의 표에서 보면 각기 다른 성질을 가진 세 종류의 가압류가 있다. 그중 "갑"인 가압류는 낙찰이 되더라도 예외적으로 말소촉탁등기를 할 수 없고 그대로 남을 수 있다. 따라서 이런 물건을 낙찰받아서는 안 될 것이다. 말소가 안 되는 이유는 다음과 같은 요건을 모두 충족하였을 때이다. 즉 "최초근저당보다 앞선 일자로 가압류가 되어 있을 것, 맨 마지막 소유권이전일자보다 앞선 일자로 가압류"가 되어 있을 것, 그리고 매수인이 위 가압류등기의 부담을 인수하는 것을 전제로 이전에 매각절차를 진행시킨 경우이다.

표에서 "갑"인 가압류는 최초근저당 "C"의 근저당보다 앞선 일자로 되어 있으면서 "맨 마지막 소유권이전 일자인" B보다 앞선 일자로 되어 있다. 그리고 이전 경매절차에서 매수인이 위 가압류등기의 부담을 인수하는 것을 전제로 매각절차를 진행시킨 경우이다. 일반적으로 이런 가압류가 있는 경우 집행법원에서는 매각물건명세서에 "전소유자를 상대로 한 가압류를 인수한다"라고 기재한다.

판례는 "부동산에 대한 가압류집행 후 가압류목적물의 소유권이 제3자에게 이전된 경우 가압류의 처분금지적 효력이 미치는 것은 가압류결정 당시의 청구금액의 한도 안에서 가압류목적물의 교환가치이고, 위와 같은 처분금지적 효력은 가압류채권자와 제3취득자 사이에서만 있는 것이므로 제3취득자의 채권자가 신청한 경매절차에서 매각 및 경락인이 취득하게 되는 대상은 가압류목적물 전체라고 할 것이지만, 가압류의 처분금지적 효력이 미치는 매각대금 부분은 가압류채권자가 우선적인 권리를 행사할 수 있고 제3취득자의 채권자들은 이를 수인하여야 하므로, 가압류채권자는 그 매각절차에서 당해 가압류목적물의 매각대금에서 가압류결정 당시의 청구금액을 한도로 하여 배당을 받을 수 있고, 제3취득자의 채권자는 위 매각대금 중 가압류의 처분금지적 효력이 미치는 범위의 금액에 대하여는 배당을 받을 수 없다"고 판시하고 있다.[3]

즉 현소유자의 채권자들은 전소유자의 가압류권자가 목적물의 매각대금에서 가압류결정 당시의 청구금액을 한도로 하여 배당을 받을 수 있다고 보고 있다. 그리고 남은 금액이 있을 경우 현소유자의 채권자들이 배당순위에 따라 배당을 받을 수 있다.

다만 위와 같은 가압류권이더라도 이전 매각절차에서 위 가압류권을 배당에서 배제하고 진행한 경우에는 소멸되지 않으며 매수인이 인수해야 한다.[4]

물론 "갑"인 가압류가 본안소송에 기하여 강제경매를 신청하여 낙찰된 경우나[5] 가압류권자 "갑"이 설정되고 난 후 "A"에서 "B"에게 소유권이전되기 전에 저당권이 설정되어 있는 상태에서 낙찰이 된 경우에는 말소촉탁의 대상이 된다.

(5) 가처분등기

가처분등기 일자가 최초근저당일자, 경매개시결정일자, 가압류일자 이후에

---

3) 대판 2006. 7. 28. 2006다19986.

4) 대판 2007. 4. 13. 2005다8682; 전소유자 상대로 한 가압류권은 현소유자의 채권자가 경매신청한 사건에서 배당을 받고 소멸한다. 그러나 경우에 따라서는 집행법원이 종전소유자를 채무자로 하는 가압류등기의 부담을 매수인이 인수하는 것을 전제로 하여 위 가압류채권자를 배당절차에서 배제하고 매각절차를 진행시킬 수도 있으며, 이와 같이 매수인이 위 가압류등기의 부담을 인수하는 것을 전제로 매각절차를 진행시킨 경우에는 위 가압류의 효력이 소멸하지 아니하므로 집행법원의 말소촉탁이 될 수 없다. 따라서 종전소유자를 채무자로 하는 가압류등기가 이루어진 부동산에 대하여 매각절차가 진행되었다는 사정만으로 위 가압류의 효력이 소멸하였다고 단정할 수 없고, 구체적인 매각절차를 살펴 집행법원이 위 가압류등기의 부담을 매수인이 인수하는 것을 전제로 하여 매각절차를 진행하였는가 여부에 따라 위 가압류 효력의 소멸 여부를 판단하여야 한다.

5) 이때 전소유자의 가압류권자와 현소유자의 가압류권자나 근저당권자 사이에는 안분배당을 하는 것이 아니고, 먼저 전소유자의 가압류권자가 배당을 받고 난 나머지가 있는 경우에 배당을 받게 된다(대판 1998. 11. 10. 98다43441).

되어 있을 경우에는 원칙적으로 말소촉탁의 대상이 된다.

(6) 국세체납처분에 의한 압류등기

국세체납처분에 의한 공매와 강제경매 또는 임의경매절차는 독자적으로 진행할 수 있고 양 절차 중 먼저 진행된 절차에서 소유권을 취득한 자가 진정한 소유자로 확정된다.[6] 그리고 경락 후의 배당에 있어서 국세는 우선적으로 변제되어야 하므로 경매절차의 배당절차에서 국세체납처분에 의한 압류등기에 관계된 국세를 우선변제하고 그 압류등기를 말소한다.

(7) 예고등기[7]

예고등기는 등기원인의 무효나 취소를 이유로 법원에 등기말소나 등기회복을 위한 소송이 제기된 경우 그 법원의 촉탁에 의하여 기입되는 등기를 말한다. 이러한 예고등기는 경고적인 효력만이 있을 뿐 권리에 관한 공시를 목적으로 하는 등기가 아니므로 부동산상의 부담으로 되지 아니하며 원칙적으로 말소의 대상이 되지 않는다. 즉, 낙찰이 되더라도 말소촉탁이 되지 않는다.

3. 경매신청기입등기의 말소

낙찰이 되어 경락인이 잔금을 납부하면 경매신청기입등기는 필요없게 되므로 경매법원은 직권으로 그 등기를 말소촉탁한다(민사집행법 144조 1항 3호).

---

6) 대결 1961. 2. 9. 4293민상124.
7) 예고등기는 등기원인의 무효 또는 취소에 의한 등기의 말소 또는 회복의 소가 제기된 경우에 이를 제3자에게 경고하기 위하여 수소법원의 촉탁으로 행하여지는 등기였다. 이러한 예고등기가 부동산경매에서 있으면 그 예고등기가 말소기준권리보다 이후에 되어 있더라도 매각이 되지 않기 때문에 이러한 관계를 악용하여 예고등기를 하는 경우가 많이 있었다. 이런 이유 등으로 예고등기는 2011년 4월 12일 부동산등기법이 개정되면서 삭제·폐지되었다. 그래서 현재는 부동산경매에서 지나간 역사의 흔적으로만 남게 되었다.

제 4 항 등기촉탁절차

1. 등기촉탁의 요령

【소유권이전 및 과표산정비용 계산】

소유권이전

부동산매각대금 : 457,710,000 원정
등록세 : 9,154,200원 교육세 : 금 1,830,840원
합계금 : 금 10,985,040원
말소등록세 8건 : 28,800원정

첨 부 서 류

1. 토지
공시지가 ㎡당 가격 : 2,200,000원
공시지가 적용비율
(2,200,000원×50%)×면적 75.12㎡=82,632,000원
주택채권 : 82,632,000×(40/1,000)=3,310,000원

2. 건물
공시지가 ㎡당 가격 금 2,200,000원 지역번호 : 16
15년 경과(1983년 신축)
면적 : 132.05×132,000원=20,916,720원
  (20% 가산)
주택채권 20,916,720×(35/1,000)=732,085원

경락인이 경매법원에 촉탁등기를 신청할 때는 위의 도표에서와 같이 소유권이전에 따른 등록세, 교육세, 말소등록세 등을 계산한 내용과 부동산주택채권매입에 필요한 과표산정의 계산서를 작성하여 촉탁신청서와 함께 법원에 제출해야 한다.

위와 같이 계산한 서류와 낙찰로 인한 소유권이전 및 말소등기촉탁신청서, 그리고 첨부서류와 말소할 등기표를 함께 경매법원에 제출하면 경매법원 담당법관 명의로 등기촉탁서를 작성하여 이를 관할등기소의 등기공무원에게 송부하는 방법으로 한다. 경매법원 내에 있는 등기소에 촉탁을 할 경우는 법원직원이 직접 송부하고, 경매법원 외에 있는 등기소에 촉탁을 할 경우에는 우편에 의한다.

촉탁서를 경락인이나 기타의 자로 하여금 등기소에 직접 제출토록 하는 것은 허용되지 않는다. 그리고 경락인에 대한 소유권이전등기와 부동산 위의 부담의 기입등기의 말소등기, 경매신청기입등기의 말소등기는 그 등기의 목적은 서로 다르나 관련성이 있기 때문에 동일한 촉탁서에 의하여 동시에 촉탁등기를 하고 있다.

2. 등기촉탁서의 기재사항

【등기촉탁서】

서 울 지 방 법 원
등기촉탁서(이전)

등기관 귀하

사 건 : 20 타경8482 부동산임의경매
부동산의 표시 : 별지1과 같음.
등기권리자 : 박정잔
　　　　　　　서울시 영등포구 여의도동 28 정자아파트 8-1008호
등기의무자 : 박철수
　　　　　　　서울시 강남구 대치동 65 쌍용아파트 28동 1108호
등기원인과 그 연월일 20. 1. 8. 부동산임의경매로 인한 경락
등기목적　　　 1. 소유권이전등기　 2. 말소할 등기 : (별지2와 같음)
과세표준　　　금　 457,710,000원
등록세　　　　금　　10,985,040원(교육세 포함, 말소 8건 금 28,800원)
주택채권　　　금　　 4,080,000원
등기촉탁수수료 금　　　 13,000원
첨부서류　　　 1. 매각허가결정정본 1통　　　 2. 촉탁서부본 3통
　　　　　　　위 등기를 촉탁합니다.(등본작성 : 20. 3. 5.)
　　　　　　　　　　　 20. 3. 9.

법원사무관　ㅇ　ㅇ　ㅇ　[직인]

---

(1) 촉탁서의 기재방법

① 법원은 경락인에게 권리를 이전하여 주기 위해 이와 같은 촉탁서를 작성하여 관할등기소에 송부하여야 한다. 이에 대한 촉탁서의 구체적인 기재사항을 보면 다음과 같다.

② 과세표준은 본인이 낙찰받은 가격을 기재하면 된다. 앞서 낙찰받은 금액 457,710,000원을 기재하면 된다.

③ 이전등록세는 낙찰가의 2%로 구청에서 발급받은 세액을 기재하면 된다. 단, 교육세는 등록세액의 20%이므로 이것 역시 구청에서 발급받은 등록세액에 있는 금액을 기재하면 되고 위에서와 같이 합한 금액을 기재하면 된다.

④ 말소등록세 역시 발급 때 납부했던 세액을 기재하면 되는데 이에 대한 등록세의 20%를 교육세로 납부해야 한다. 따라서 말소등록세 한 건당 3,000원 그리고 이에 대한 등록세의 20%를 교육세로 납부해야 하며 한 건당 말소등기하는 데 드는 비용은 3,600원이 된다. 위의 예에서 말소할 건수가 8건이므로 3,600원을 곱하면 총액은 28,800원이 된다.

⑤ 등기신청 수수료는 말소등기 건수에 따라 달라지는데 다음과 같은 기준에 따른다.

등기를 말소할 때 기본으로 지급하는 수수료가 5,000원인데, 여기에 말소건수에 따라 1,000원씩 추가된다. 따라서 5,000원에 8건(8,000원)을 더해 13,000원이 된다.

(2) 부동산의 표시

【별지 1】

부동산의 표시

1동의 건물의 표시
서울시 강남구 대치동 65번지 철근콘크리트조 슬래브지붕 14층 아파트 쌍용아파트 제8동

전유부분 건물의 표시
  건물의번호 : 8 - 10 - 1008
  구　　　조 : 철근콘크리트조
  면　　　적 : 10층 1008호 132.05평방미터
               (43평형)
대지권의 표시
  토지의 표시
강남구 대치동 65번지 철근콘크리트조 슬래브지붕 14층 아파트 쌍용아파트 대
      24416 평방미터
  대지권의 종류 : 소유권
  대지권의 비율 : 24416 분지의 75.12

촉탁할 등기의 목적이 되는 경락부동산은 등기부의 표시와 일치되도록 기재해야 한다. 그리고 경락부동산이 수개인 경우에는 별지목록에 의하여 부동산을 표시한다.

(3) 등기권리자

등기권리자는 경락인을 표시해야 한다. 따라서 경락인이 자연인인 경우에는 그 주소와 성명을, 법인인 경우에는 소재지와 명칭을 기재한다. 단, 법인의 경우 그 대표자는 기재할 필요가 없다.

(4) 등기의무자

소유권이전등기의 등기의무자는 경매개시결정기입등기(압류의 효력) 당시의 소유권 등기명의인이 등기의무자가 된다. 만약 경매개시결정기입등기 이후에 소유권을 취득한 제3자가 있다면 이때에도 그 소유권이전등기는 압류의 효력에 대

항할 수 없으므로 제3자가 등기의무자가 될 수는 없다.

(5) 등기원인과 그 연월일

등기원인은 경락허가결정이고 그 연월일은 경락허가 결정일사이다.

(6) 등기목적

등기목적은 가능한 한 구체적으로 표시를 해야 한다. 예컨대 소유권이전의 경우에는 "소유권이전등기"라고 표시하고 저당권설정등기를 말소하고자 할 때에는 "2002년 5월 7일 접수 제12725호 저당권설정등기의 말소"라고 기재를 한다.

(7) 과세표준

소유권이전등기의 등록세의 과세표준이 될 금액을 기재한다. 이때 과세표준액은 낙찰대금이 된다.

(8) 등록세액

소유권이전등기에 있어서는 과세표준액의 1,000분의 20(농지는 1,000분의 10)에 해당하는 등록세와 그 등록세액의 100분의 20에 해당하는 교육세를 납부하여 촉탁서에 기재하여야 한다. 말소할 등기는 한 건당 3,000원의 등록세와 600원의 교육세(등록세액의 100분의 20)가 들어간다. 이때 경락인은 국고수납은행에 이와 같이 계산한 등록세액을 납부하고 그 영수필통지서와 영수필확인서를 촉탁서와 함께 나중에 제출하면 된다.

3. 등기촉탁서에 첨부할 서류

(1) 매각허가결정등본

경매법원이 관할등기소에 등기를 촉탁하기 위해서는 매각허가결정등본을 첨부하도록 법으로 규정하고 있으나 실무상으로는 매각허가결정등본은 등기원인의 일자를 증명하는 서면으로 삼지 않고 촉탁서를 송부할 때 촉탁서부본을 첨부하여 등기소에서 촉탁서부본에 등기필의 인증을 하고 있다.

(2) 등기권리자의 주소를 증명하는 서류

촉탁서에는 등기권리자의 주민등록등본 1통을 첨부한다.

(3) 상속을 증명하는 서류

경락대금 완납 전에 경락인이 사망한 경우에는 제적등본, 호적등본, 상속포기 증명 등 상속을 증명하는 서면을 제출하여 상속인 앞으로 직접 소유권이전을 한다.

(4) 국민주택채권 매입필증[8]

낙찰받은 부동산의 과세표준액이 500만원 이상인 경우에는 국민주택채권을 매입하고 그 매입필증을 교부받아 이를 촉탁서와 함께 제출해야 한다. 국민주택 채권의 매입금액은 낙찰대금으로 계산하지 않고 과세시가표준액에 주택건설촉진 법 시행령 별표 3에 정한 매입률을 곱하여 산출한 금액으로 한다. 단, 등록세와 취득세는 낙찰대금으로 한다. 즉 등록세와 취득세는 낙찰대금으로 세금을 매기 고, 국민주택채권을 매입할 때는 관할구청에 낙찰대금에 대한 취득세 납부신고 를 할 때 받았던 "취득신고 겸 자진납부 세액계산서"에 있는 금액이 과세시가표 준액이 된다. 따라서 국민주택채권을 매입할 때는 "취득신고 겸 자진납부 세액 계산서"에 적혀 있는 과세시가표준액내용에 국민주택채권의 매입률을 곱한 금액 을 납부하게 된다. 여기서 과세시가표준액이란 것은 토지의 경우에는 매년 조례 로써 결정되어 토지대장에 기재되어 있는 토지등급과 행정안전부가 고시한 부동 산 과세시가표준액표에 의하여 산출한 금액을 말하고, 건물의 경우에는 그 구조, 연수 등과 위 부동산과세시가표준액에 의하여 산출한 금액을 말한다. 관할구청 에서 취득세 고지서를 발급받을 때 보면 "취득신고 겸 자진납부 세액계산서"가 있는데 그것이 과세시가표준액이 된다는 것이다. 국민주택채권의 매입금액은 촉

---

8) 국민주택채권 매입금액은 물가 변동이나 금리 변동 등으로 인해 수시로 변동되므로 그때마다 해당시기의 금액을 적용하여 산출하는 것은 부동산경매가 절차법이기 때문에 한계가 있다. 따 라서 본서에는 전체적으로 어떠한 종류를 적용하여 산출하는 것인지를 이해하여 해당하는 시 기에 구체적인 매입률 등을 적용하여 산출하면 될 것이다.

탁 당시의 과세시가표준액을 기준으로 아래표의 국민주택채권의 매입률을 곱하여 산출한 금액을 국민은행에서 채권으로 매입하면 된다. 과세시가표준액에 대한 국민주택채권의 매입률을 참고적으로 보면 다음과 같다.

【국민주택채권의 매입률】

소유권보존 또는 이전의 경우 국민주택채권의 매입률		
1. 주거전용 건축물	과세시가표준액의	
가) 500만원 이상 2,000만원 미만	20/1,000	
나) 2,000만원 이상 3,000만원 미만	특별시 및 광역시	35/1,000
	기타지역	30/1,000
다) 3,000만원 이상 4,000만원 미만	특별시 및 광역시	40/1,000
	기타지역	35/1,000
라) 4,000만원 이상 5,000만원 미만	특별시 및 광역시	50/1,000
	기타지역	45/1,000
마) 5,000만원 이상 1억원 미만	특별시 및 광역시	60/1,000
	기타지역	55/1,000
바) 1억원 이상	특별시 및 광역시	70/1,000
	기타지역	65/1,000
2. 주거전용 건축물 이외의 부동산(토지, 빌딩 등)	과세시가표준액의	
가) 500만원 이상 5,000만원 미만	특별시 및 광역시	25/1,000
	기타지역	20/1,000
나) 5,000만원 이상 1억원 미만	특별시 및 광역시	40/1,000
	기타지역	35/1,000
다) 1억원 이상	특별시 및 광역시	50/1,000
	기타지역	45/1,000

앞선 사례의 경우 토지는 과세표준액이 8천만원 정도되므로, 채권매입금액은 82,632,000 × (40/1,000) = 3,310,000원정이 된다. 이 산출된 가격이 바로 토지에 대한 채권매입금액이 된다.

그리고 건물은 해당 건물, 지하실, 주차장 등의 모든 공유면적까지 포함하여 과세표준액이 산출된다. 이 공유면적까지 모두 상업시설이 아닌 이상 모두 주거용 부동산으로 취급된다. 이 경우 과세표준액의 소계가 20,916,720원이기 때문에 채권매입률은 35/1,000이 된다. 따라서 주택채권매입액은 20,916,720 × (35/1,000) = 732,085원이 된다. 바로 이 금액이 납부할 금액이 된다.

그렇게 하여 위의 토지분과 이 건물분을 합한 4,042,082원이 국민주택채권의 매입금액이 될 것이다. 그러나 국민주택채권은 최소단위가 10,000원이기 때문에 1,000원 이상이면 10,000원을 사야 한다. 따라서 위의 경우 경락인은 4,042,082원이기 때문에 4,050,000원의 국민주택채권을 매입해야 한다. 국민주택채권은 국민은행(구주택은행)에서 매입하게 되는데 보통 대부계(대출상담계)의 옆자리에서 취급한다. 국민주택채권이란 대부분의 부동산을 등기할 때 구입해야 하는 세금의 성질을 가지고 있는 것인데, 경락인의 입장에서는 상당한 부담이 될 것이다. 따라서 대부분은 바로 이곳에서 매도를 하는 경우가 많다. 국민은행에서 매도도 대행해 준다. 담당직원에게 매도를 부탁하면 매입금과 매도금의 차액만 지불하고 매도를 하여 준다. 일반적으로 매입금액의 75~50%에 매각을 한다. 그런 다음 채권영수증을 수령하여 가지고 오면 된다. 이와 같은 채권매입을 위해 국민은행에 갈 때에는 등록세도 납부하고 영수증을 수취하는 것이 좋다. 등록세는 이름 그대로 이전등기에 반드시 필요한 세금인데, 등록세를 납입하지 않으면 이전등기를 할 수 없다. 등록세를 납부할 때에는 등기부상 설정되어 있는 말소대상의 등기부상의 권리에 대해서 말소 등록세를 납부하고 영수증을 수취하는 것이 시간도 절약되고 능률적이다. 등록세를 제출하고 나면 2장의 영수증을 주는데, 구체적으로 말소등록세까지 합하면 모두 4장이 된다. 한 장은 납세자 보관용이고 또 한 장은 등기소 보관용이다. 그러면 은행에서 수취할 총 서류는 모두 3종류가 된다. 첫째가 등록세 납입고지서 영수증 2장(납세자용, 등기소보관용), 둘째가 말소등록세 납입고지서 영수증 2장(납세자용, 등기소보관용), 셋째가 채권매입

영수증이 된다. 본 서류 등은 법원에 등기촉탁서를 제출할 때 필요한 서류이기 때문에 잘 챙겨야 한다.

(5) 토지대장등본, 가옥대장등본

국민주택채권의 매입의무의 판단, 매입액의 산출을 위하여 토지대장등본, 가옥대장등본이 필요하므로 경매법원은 경락인에게 등기촉탁신청일에 해당하는 연도의 위 대장등본을 제출하도록 하고 있다.

(6) 등록세영수필통지서, 영수필확인서

등기촉탁을 하기 위해서는 등록세영수필통지서와 영수필확인서를 송부하여야 하므로 낙찰자는 등기촉탁 전에 이전등기와 말소등기에 필요한 등록세를 납부하고 등록세영수필통지서와 영수필확인서를 법원에 제출하도록 하고 있다. 경락인이 이를 제출하지 않으면 법원은 등기촉탁을 하지 않는다.

4. 등기촉탁비용

소유권이전등기와 부담기입등기 및 경매신청등기의 말소에 관한 비용은 경락인의 부담으로 한다. 따라서 경락인은 위의 비용을 법원에 납부하여야 하는데 그에 대한 비용으로는 촉탁서 송부비용, 등기공무원이 등기필증을 법원에 송부하는 비용, 법원이 등기필증을 경락인에게 송부하는 비용 등이 있다. 단, 등록세는 현금으로 법원에 납부하지 않고 낙찰대금의 20/1000에 해당하는 등록세를 은행에 납부하여 그 등록세영수필통지서, 영수필확인서를 법원에 제출하면 된다.

5. 촉탁신청서류 등 준비방법

우선 구청에서 발급받은 토지대장, 건축물관리대장, 공시지가 확인원, 주민등록등본을 각각 3부씩 복사한다. 복사가 끝났으면 은행에서 세금납부 후 받았던 등록세 고지서 영수증 2장과 채권영수증을 A4종이에 붙인다. 그리고 난 다음 다음과 같은 서류를 작성하여 각인을 하고 경매법원에 제출하면 된다.

첫째, 먼저 컴퓨터로 작성했던 이전등기 촉탁신청서를 차례대로 5장을 배열하고, 그 다음에는 부동산 등기부등본, 토지대장 복사본, 건축물관리대장 복사본, 공시지가확인원 복사본, 마지막으로 주민등록등본 복사본을 순서대로 배열하고 묶어준다.(1- 원부)

둘째, 컴퓨터로 작성했던 서류 중에서 부동산의 표시부분을 가장 앞으로 배열하고 다음에 말소할 등기부분을, 그 다음에는 토지대장 원본, 건축물관리대장 원본, 공시지가 확인원 원본, 주민등록등본 원본, 등록세 고지서 영수증을 붙인 종이, 다음은 국민주택채권 영수증을 붙인 종이, 그리고 세무서에서 발급받은 부동산양도신고확인서를 차례대로 배열 후에 묶어준다.(2- 원부)

셋째, 다음은 컴퓨터로 작성했던 서류 중에서 부동산의 표시부분을 가장 앞으로 배열하고 다음에 말소할 등기, 토지대장 사본, 건축물관리대장 사본, 공시지가확인원 사본, 주민등록등본사본을 배열 후 묶어준다.(3- 원부)

넷째, 부동산표시, 말소할 등기, 토지대장 사본, 건축물관리대장 사본, 공시지가확인원 사본, 주민등록등본 사본을 배열한다.(4- 원부).

다섯째, 부동산표시, 말소할 등기를 정리한다.(5- 원부)

여섯째, 부동산표시, 말소할 등기를 정리한다.(6- 원부)

위와 같이 총 6부를 작성한 다음 서류를 1~6번째 서류까지 순서대로 배열한 후에 고정시켜 하나로 묶어준다. 그리고 하나로 묶은 후에는 이제 낙찰자의 도장을 찍고, 간인을 한다. 간인은 지금까지 만들었던 서류(1-원부~1-6원부)를 반으로 접은 다음 낙찰자의 도장을 접은 부분의 앞장의 뒷면과 뒷장의 앞면에 같이 맞물려서 찍어주면 된다.

그런 다음 서류묶음 가장 앞장의 등기촉탁신청서라고 써 있는 부분에 연필로 본인의 이름과 연락처를 기재하여 둔다. 왜냐하면 법원에서 잘못 되었다고 연락이 올 때 보정을 할 수 있기 때문이다. 그렇게 하여 법원에 도착하면 우선 우체국으로 가서 송달료로 우표 3회분 6,980원을 매입하고, 법원소재 은행에서 수입증지를 사서 우표와 증지, 등록세 납입고지서 영수증을 붙인 다음 종이 위에 같이 끼워 나중에 경매담당직원이 사용할 수 있도록 하여 준다. 이렇게 해서 모든 서류를 준비하고 법원의 담당 경매계장에게 제출하여 검토 후 이상이 없으면 담당계장의 도장을 찍어준다. 그런 후 경매접수계에 가서 접수만 시키면 끝나게 된다.

6. 등기필증의 교부

이후 10~15일 정도가 지나면 등기부등본이 나오게 되는데 이때 경락인이 송달료를 납부하였으면 경매법원은 경락인에게 위 등기필증을 우송하고, 납부하지 않았으면 경락인이 직접 경매법원에 가서 영수증을 받고 등기필증을 교부받는다. 등기권리증이라는 것은 일명 집문서인데, 등기공무원이 이전등기를 완료하였을 때에는 첨부된 촉탁서 부본에 등기번호, 접수연월일, 접수번호, 순위번호와 등기필의 취지를 기재하고 등기소인을 찍어 이를 경매법원에 송부하면 된다.

제 8 절

공매제도

 ## 제1항 서설

　공매부동산에　대한　이해는　공매시행기관인　한국자산관리공사의(온비드: https://www.onbid.co.kr/op/dsa/main/main.do) 업무를 파악하는 것이 요체이다. 한국 자산관리공사는 정부출자법인으로서 금융기관의 부실채권 및 각종 비업무용 부 동산 또는 부실기업의 소유부동산을 직접 매입하여 신속하게 적정가격으로 재매 각하는 업무를 취급한다. 이로써 금융산업의 경쟁력과 기업활동의 기반을 강화 하는 역할을 담당하고 있다. 한국자산관리공사의 자본은 정부발행 부실채권 정

리기금과 성업공사 자체 1조원 가량의 자본금을 바탕으로 하고 있다. 한국자산 관리공사의 주요업무는 국세, 지방세 체납 압류부동산의 매각, 비업무용 부동산 의 관리와 매각, 부실기업 보유 부동산의 관리, 매각, 인수정리, 부실채권의 보 전, 추심의 수임과 매입, 인수정리, 인수한 부동산의 매각과 임대 등 개발업무, 신탁업법에 의한 부동산 담보 신탁업무 등을 한다. 1962년 4월 6일 한국산업은 행의 지연대출금 회수를 위하여 한국산업은행법 제53조 제3항에 의해 성업공사 가 설립되면서 비업무용 부동산에 대한 공매를 시행하게 되었다. 초창기 성업공 사는 한국산업은행의 부실정리채권의 정리를 위해 법원경매로 유입된 담보채권 실행을 위한 경매에서 일정한도까지 가격이 하락되더라도 매각되지 않은 경우 채권과 상계하여 취득하였다. 이 경우의 부동산을 유입취득 부동산이라 칭하여 이를 매각하는 방식을 비업무용 부동산 매각, 즉 공매라고 하였다. 공매는 가격 을 공개한 가운데 여러 사람들에게 경쟁입찰을 실시하여 최고가 입찰자에게 매 각하는 방법을 사용하므로 공매라는 용어를 사용하고 있다. 현재는 2000년 1월 1일자로 회사명을 한국자산관리공사(KAMCO)로 변경하였고 매각방법을 입찰이라 는 경매방식으로 실시하고 있다.

1. 공매준비

1) 공매예정가격결정
제1회차 공매예정가격은 감정가격과 재산유입에 소요된 제비용을 합계한 금 액으로 하고, 제2회차 공매예정가격은 장부가격과 감정가격 중 낮은 금액으로 한다. 다만, 장부가격이 감정가격의 80% 이하일 경우에는 감정가의 80% 금액으 로 책정한다. 제3회차 이후의 공매예정가격은 감정가격의 50%에 달할 때까지 전 회차 공매예정가격의 매 5~10%를 인하한 금액으로 책정한다.

2) 대금납부기한
일시금과 할부금으로 나누고 있으며, 일시금은 6개월 이내에 전액을 납부하 는 것이며 할부금은 소정기간동안 매 6개월마다 균등분할납부하는 것을 말한다. 할부금에 있어서 할부기간은 공매차수보다 순차적으로 연장하며 최소 6개월부터

2년까지를 기준할부기간으로 하고 매각되지 않을시 3~5년 이상으로 연장하는 방식을 택하고 있다.

3) 명도책임

공매재산의 점유사용을 위한 명도는 원칙적으로 매도자인 자산관리공사에서 책임을 지고 있으며, 특별한 사정이 있는 경우에만 극히 예외적으로 매수자 부담으로 하고 있다.

2. 매각방법

1) 공고

일간신문에 최저매매가격을 공개, 공고한 후 일반경쟁 입찰방법에 의한 공매를 실시함을 원칙으로 하고 공매는 매분기 1회 이상 실시하며 일반 원매자들의 편의와 원만한 매각을 위하여 차기 공매공고 일자 및 게재신문을 예고하고 있다.

2) 낙찰자 결정

공매낙찰자 결정은 1인 이상의 유효한 입찰로써 최저매매가격 이상 최고가격입찰로 하며 동일가격의 최고가격 입찰자가 2인 이상인 경우에 추첨으로 결정한다.

3) 유찰계약

공매입찰을 실시하여도 매각되지 아니한 경우, 낙찰자가 계약을 체결하지 아니한 경우(토지거래불허, 신고불수리 포함), 물건의 관련자가 매입요청을 한 경우, 법령에 의하여 매각재산이 수용되거나 선매되는 경우, 위임자 요청에 의하여 매각되는 경우에는 수의계약을 할 수 있다.

3. 유찰계약방법

1) 입찰을 실시하여도 매각되지 아니한 경우

공고한 입찰절차를 전부 종료한 후 다음 공매공고 전까지 계약가능하며 계약조건은 전회차 공매조건 이상으로 매각하여야 한다.

2) 낙찰자가 계약을 체결하지 아니한 경우

낙찰취소 후 다음 공매공고 전까지 계약가능하며 계약조건은 낙찰조건 이상으로 해야 한다.

3) 연고자가 매입할려는 경우

전차 공매가격에도 불구하고 채무관계연고자는 장부가액, 원금, 원금 및 미수이자, 관리비용, 연체이자, 매매대금완납일까지의 대출이자를 합한 금액 이상으로 계약체결하여야 한다.

4. 사후관리

1) 매수자 명의변경 허용

해약을 방지하고 매각대금을 조기회수할 수 있으며 매수자로서의 지위도 보장할 수 있으므로 매수자의 요청을 받아서 명의계약 변경을 허용해 준다. 다만, 명의변경도 국토이용관리법에 의한 토지거래신고·허가·절차 등 명의변경계약서의 검인절차를 신규매각재산에 준하여 처리한다.

2) 잔금완납 전 사전입주 사용 허용

즉시 입주해야 하는 매수자의 편익을 보장하기 위하여 사전점유에 따른 납부조장책이나 일정조건(매각대금의 약 1/3 정도 납입한 경우)을 이행한 후 점유사용을 허용한다.

3) 잔금완납 전 소유권이전 허용

매수인이 잔대금 전액을 충당할 수 있는 예금·적금 또는 은행지급보증서나 국·공채, 금융채, 금전신탁, 보증회사가 발행하는 지급계약(이행) 보증보험증권 등을 담보로 제공하는 경우에는 매매대금완납 전이라도 소유권이전을 허용한다.

4) 명도소송 이행

매수자로부터 사전입주신청이나 명도소송 조기착수 의뢰를 요청받은 경우에는 명도지연으로 대금추심에 지연됨이 없도록 인도명령신청, 명도소송 등에 의해 명도를 완료함으로써 매수자가 재산권을 행할 수 있도록 편리를 제공한다.

5. 비업무용 재산의 공매절차

【요약】

```
                              공매

 • 입찰공고와 입찰서 제출, 계약금납부, 대금납부 등 모든 절차가 온비드 사
   이트를 통하여 이루어짐.
 • 온비드: https://www.onbid.co.kr/op/dsa/main/main.do
 • 입찰기간(월~수) → 개찰(목 11시 개찰)
 • 매각허가결정통지(월 10시 이후)
 • 대금납부(1천만원 이상은 60일 이내)
 • 소유권(전, 논, 과수원=농지취득자격증명원)
 • 상계신청(x)
 • 공매의 권리분석은 법원경매와 유사함.
```

1) 공매준비

한국자산관리공사가 금융기관으로부터 비업무용 공매를 의뢰받으면 인계·인수 절차를 밟고 재산현황조사와 경매관리 등 재산보전관리를 위한 조치를 한다.

2) 공매공고

공매공고는 공매입찰일 10일 전에 일간지, 경제지 또는 지방지를 이용하여 최저매각예정가격, 대금납부기한 및 납부방법, 계약체결방법, 입찰실시 및 장소 등을 공고한다.

3) 공매안내 및 상담

4) 공매입찰

공매입찰은 오전 11시에 본점 및 각 지점에서 동시에 실시한다.

5) 개찰 및 낙찰자 선정

개찰은 입찰자의 입회하에 실시한다. 최고가격입찰자가 2인 이상일 경우 즉시 추첨으로 낙찰자를 선정한다. 공매번호별 낙찰자가 결정되면 입회검사역의 확인을 받아 낙찰자를 발표한다.

6) 입찰보증금 반환

낙찰자의 입찰보증금은 계약보증으로 하며, 유찰자의 입찰보증금은 현장에서 입찰자의 주민등록증과 날인도장을 확인하고 반환한다.

 제 2 항 체납압류재산의 공매방법

1. 공매대행의 절차

1) 공매대행의 의뢰

세무서장이 압류재산의 공매를 대행하고자 할 경우에는 체납자의 주소 또는 거소와 성명, 공매할 재산의 종류와 수량, 품질과 소재지, 압류에 관계되는 국세의 과세연도, 세목, 세액과 납부기한, 기타 필요사항 등을 기재한 공매대행의뢰서를 한국자산관리공사에 송부하여야 한다.

2) 체납자 등에 대한 공매대행의 통지

세무서장은 공매대행의 사실을 체납자, 납세담보물건 소유자 및 그 재산상의 전세권·질권·저당권 기타 권리를 가진 자와 압류재산을 보관하고 있는 자에게 통지하여야 한다.

3) 압류재산의 인도

공매대행을 의뢰할 때에는 세무서장이 점유하고 있거나 제3자로 하여금 보관하게 한 재산은 이를 한국자산관리공사에 인도한다.

4) 공매공고의 통지

공매를 대행하는 한국자산관리공사가 공매공고를 한 경우에는 지체없이 그 사실을 소관세무서장에게 통지하여야 한다.

2. 체납압류재산의 공매절차

1) 공매공고 준비

공매예정가격 책정으로 제1차 예정가격은 감정가격기준으로 하고 제3차 이후 예정가격은 매각예정가격의 50/100에 달할 때까지 최초 매각예정가격의 10/100씩 체감하여 결정(다만 선순위채권, 체납처분비를 합산한 금액 이하로는 체감할 수 없다)한다. 50/100까지 체감하여도 미배각시에는 소관세부서장과 협의하여 새로운 매각예정가격을 결정한다.

2) 공매공고

공매일로부터 10일 전까지 공고하여야 한다.

3) 공매의 통지

공매통지는 체납자에게 임의납부 기회를 주고 저당권자 등에게 공매에 참여할 기회를 줌으로써 공매처분의 공정을 기하기 위한 필요적 절차로 해석한다.

4) 입찰의 방법과 개찰

입찰서를 개찰개시 전에 공매를 집행하는 공무원에게 제출하여야 한다.

5) 낙찰자의 결정

낙찰자로 결정하고자 하는 자의 입찰가격이 매각예정가격 이상이고 최고액의 입찰자이어야 한다.

6) 매각결정

매각결정이라 함은 세무서장이 압류재산을 매각함에 있어서 공매의 경우에는 낙찰자 또는 경락자, 수의계약에 의한 경우에는 매수인이 될 자에게 대하여 그 매수의 청약을 승낙하여 그들에게 매각하기로 결정하는 처분을 말한다. 매각이 결정되면 체납자와 매수인 사이에 매매계약이 성립하는 효력이 발생한다. 따라서 매수인은 체납자로부터 매매재산의 소유권을 승계취득한다.

7) 매수대금의 납부

매수대금의 납부기한은 매각결정을 한 날로부터 7일 내에 한다. 그러나 세무서장이 필요하다고 인정할 때에는 그 납부기한을 30일 한도로 연장할 수 있다. 매수대금을 납부한 때 매수인에게 재산권이 이전한다.

8) 매수대금 수령의 효과

세무서장이 매수대금을 수령한 때에는 그 한도 내에서 체납자로부터 체납액을 징수한 것으로 본다.

 제 3 항 수의계약

수의계약이라 함은 비업무용 재산(예 : 수탁재산)을 공매방법에 의하지 아니하고 매각가격 및 매수인으로 될 자를 결정하는 매각방법으로 권리자의 권익에 중요한 영향을 미치므로 법률로써 그 절차를 엄격하게 규정하고 있다.

1) 수의계약의 의의

비업무용 재산을 입찰 또는 경매 등의 경쟁방법에 의하지 아니하고 세무서장이 매수인과 매각대금을 결정하여 매각하는 계약이다.

2) 수의계약에 의한 매각요건

① 매각대금이 체납처분비에 충당하고 잔여가 없는 재산

② 부패, 변질 또는 감량되기 쉬운 재산

③ 추산가격이 1천만원 미만인 재산

④ 소지 또는 매매가 규제된 재산

⑤ 매수희망자가 없는 재산으로 제1회 공매 후 1년간 5회 이상 공매하여도 매각되지 아니한 재산 또는 공매함이 적절하지 아니한 재산

제 4 항 공매제도의 장·단점

1. 장점

1) 할부로 매각하므로 자금부담이 경감된다. 한국자산관리공사에서 매각하는

비업무용 재산은 최소 6개월에서 5년까지 할부로 매각하고 대금납부도 6개월마다 분할납부하도록 하고 있어 일시에 많은 자금부담이 소요되지 않는다. 다만, 압류재산은 할부로 매각하지 않는다. 그리고 권리관계가 안전하다. 비업무용재산은 담보권 실행으로 법원경매에서 금융기관이 유입취득한 재산 또는 기업체소유 재산으로 소유권이 금융기관 또는 기업체로 되어 있고 다른 권리는 모두 정리된 상태이므로 안전하게 취득할 수 있으며, 만약 권리관계에 이상이 있을 때는 한국자산관리공사에서 책임을 진다. 압류재산은 세무서나 지방자치단체에서 소유권이전 촉탁 및 권리관계 말소를 해주고 있다. 계약자 명의변경, 사전점유사용대금완납 전 소유권이전제도를 실시하고 있다. 한국자산관리공사의 공매에서 낙찰을 받은 매수자는 할부대금 납부 도중 명의변경계약을 할 수 있으므로 제3자에게 매각할 수 있고, 매수물건이 주택이나 공장인 경우에는 매수대금의 3분의 1에 해당하는 금액만 납부하면 대금납부완납 전이라도 사용할 수 있다. 또한 대금완납 전이라도 할부대금의 기일별 납부 보장책으로 이행보증 보험증권 등을 제공하면 소유권이전도 허용하므로 담보제공을 통한 금융의 융통 등에 유리하다.

  2) 3회 이상 팔리지 않은 물건을 매수하면 토지거래허가신고가 면제된다.

2. 단점

- 비업무용 재산의 경우 -

1) 공매 낙찰자의 차순위 신고제도가 없다.
2) 공매물건의 관리상태가 다소 부실하다.

- 압류재산의 경우 -

1) 공매물건의 임대차 등 현황조사를 원매자가 직접 해야 한다.
2) 공매물건의 채권자가 인수시 채권상계 납부제도가 없다.
3) 명도를 위한 인도명령제도가 없다.
4) 법원경매 물건보다 물건의 종류와 양이 적다. 그리고 법원경매보다 낙찰가액이 높다.

제 9 절
경매신청을 취하 및 정지시키는 방법

 제1항 경매신청을 취하시키는 방법

1. 취하의 시기 및 요건

　　최고가매수의 신고가 있은 후에 민사집행법 제49조 제3호, 제4호, 제6호, 제266조 제1항 제4호에 의한 서류를 제출하여 경매신청을 취하하려면 낙찰자(최고가매수신고인 또는 매수인과 차순위매수신고인)의 동의가 있어야 한다(민사집행법 93조 2항 및 3항). 또한 민사집행법 제49조 제1호, 제3호, 제5호, 제6호의 서류를 제출한 경우에는 이미 실시한 집행처분을 취소하여야 한다. 그러나 민사집행법 제49조 제2호, 제4호의 서류를 법원에 제출한 경우에는 이미 실시한 집행처분을 일시 유지하여야 한다.

2. 취하할 수 있는 자

　　경매신청을 취하할 수 있는 자는 경매신청인이다. 경매절차가 개시된 후에 경매신청의 기본인 권리에 관하여 승계가 생긴 경우에도 포괄승계인(상속)이건 특별승계인(매매)이건 간에 관계없이 승계인이 승계집행문을 부여받아 이를 집행법원에 제출할 때까지는 종전의 경매신청채권자가 경매를 취하할 수 있다.

3. 취하의 방식

취하의 의사표시는 집행법원에 대하여 하여야 하며 경매기일이 개시된 이후에도 집행관에게 취하를 하는 것은 아니다. 취하의 의사는 반드시 서면으로 하여야 한다는 규정은 없으므로 구술로도 취하의 의사표시를 할 수 있다. 이 경우에는 조서를 작성하여야 할 것이나 가능한 취하의 존재를 명확히하기 위해 당사자에게 취하서를 제출하도록 하고 있다.

4. 취하 후의 처리

1) 경매절차의 종료

경매신청이 취하되면 압류는 소멸한다. 취하가 있었는데 낙찰자의(최고가매수신고인 또는 매수인과 차순위매수신고인) 동의가 없어 유효한 취하로 되지 못한 경우에는 그대로 경매절차를 진행한다.

경매신청이 취하되면 그때까지 소요되었던 경매절차의 비용은 경매신청인이 부담하여야 한다.

2) 경매신청기입등기의 말소촉탁

집행법원은 유효한 취하가 있으면 직권으로 등기공무원에게 경매개시신청기입등기의 말소를 촉탁한다. 취하를 하려면 낙찰자(최고가매수신고인과 차순위매수신고인)의 동의가 필요한데 취하서만이 제출된 때에는 동의서가 제출될 때까지 말소촉탁을 할 수 없다.

5. 낙찰자(최고가매수신고인 또는 매수인과 차순위매수신고인)의 동의 없이 취하할 수 있는 방법

원칙적으로 낙찰이 된 후 채무자나 소유자가 경매를 종료시켜 소유권을 되찾고 싶으면 낙찰자(최고가매수신고인 또는 매수인, 차순위매수신고인)의 동의서를 받아야 채권자의 경매취하서와 같이 첨부하여 집행법원에 제출하면 경매를 종료시킬 수 있다. 따라서 낙찰자(최고가매수신고인 또는 매수인, 차순위매수신고인)의 동의를 받지 못하면 채무자나 소유자는 경매신청권자에게 변제할 돈을 마련하였어도 목적물을 상실하게 되는 결과가 발생한다. 다만, 다음과 같은 경우에는 낙찰자(최고가매수인 또는 차순위매수신고인)의 동의를 받지 않고서도 경매를 종료시킬 수 있다.

① 강제집행을 행할 판결 또는 그 가집행을 취소하는 취지나 강제집행을 허가하지 아니하거나 그 정지를 명하는 취지 또는 집행처분의 취소를 명한 취지를 적은 집행력 있는 재판의 정본을 제출한 경우에는 낙찰자의 동의없이 경매를 종료시킬 수 있다(민사집행법 49조 1호).

② 강제집행할 판결, 그 밖의 재판이 소의 취하 등의 사유로 효력을 잃었다는 것을 증명하는 조서등본 또는 법원사무관 등이 작성한 증서를 집행법원에 제출하는 경우에는 낙찰자의 동의를 받지 않고서도 경매를 종료시킬 수 있다(민사집행법 49조 5호).

③ 임의경매절차에서 채무자가 경매개시결정에 대한 이의신청을 하여 인용결정이 확정된 경우나 임의경매신청권자의 근저당권에 대한 피담보채권액을 모두 변제하고 채무부존재확인소송을 제기하여 확정판결을 받은 경우에는 낙찰자의 동의없이 경매를 종료시킬 수 있다.

6. 낙찰자(최고가매수신고인 또는 매수인과 차순위매수신고인)의 동의를 받아 취하하는 방법

낙찰이 된 후 민사집행법 제49조 제3호, 제4호, 제6호, 제93조 제2항·제3항의 서류를 제출하여 경매를 취하하고자 하는 자는 낙찰자(최고가매수신고인 또는 매수인과 차순위매수신고인)의 동의서를 받아 경락인이 대금을 납부할 때까지 집행법원이나 항고법원에 위의 서류를 제출하여야 한다.

① 강제집행을 면하기 위하여 담보를 제공한 증명서류를 낙찰대금납부 전에 집행법원에 제출하여 경매를 취하하고자 하는 자는(예: 채무자나 소유자) 낙찰자의 동의서와 경매신청권자의 경매신청의 취하서를 같이 제출하여야 한다. 그러면 압류의 효력은 소멸하게 된다(민사집행법 49조 3호, 93조 2항·3항). 이때 집행법원은

이미 실시한 낙찰을 취소하여야 하며, 이에 대하여 이해관계인은 즉시항고를 할 수 없다(민사집행법 17조 1항).

② 강제집행할 판결이 있은 뒤에 채권자가 변제를 받았거나, 의무이행을 미루도록 승낙한 취지를 적은 증서를 집행법원에 제출하여 경매를 정지하고자 하는 자(예: 소유자나 채무자)는 낙찰자의 동의를 받아야 경매를 정지시킬 수 있다(민사집행법 49조 4호, 93조 3항 단서). 이때 집행법원은 이미 실시한 집행처분을 일시적으로 유지하게 하여야 한다. 이에 대하여 이해관계인은 즉시항고를 할 수 없다.

③ 낙찰이 된 후 강제집행을 하지 아니한다거나 강제집행의 신청이나 위임을 취하한다는 취지를 적은 화해조서의 정본 또는 공정증서의 정본을 제출하여 경매를 취하하고자 하는 자는 낙찰자의 동의를 받아 집행법원에 제출하면 경매개시결정(압류)의 효력은 소멸하게 된다(민사집행법 49조 6호, 93조 3항 본문). 이때 집행법원은 이미 실시한 낙찰처분을 취소하여야 하며, 이에 대하여 이해관계인은 즉시항고를 할 수 없다.

 ## 제 2 항 경매절차를 정지 및 취소시키는 방법

1. 서설

경매절차의 정지란 경매법원이 법률상 1개의 집행권원에 기한 전체로서의 강제경매의 개시·속행을 할 수 없는 상태를 말한다. 정지의 원인으로는 민사집행법 제49조 각 호의 법정서류의 제출에 의한 정지와 법정사실의 정지사유가(집행정본의 무효, 채무자의 파산선고, 화의절차의 개시, 회사정리절차의 개시 등과 같은 법정사실) 있고 이에 기해서 경매진행을 취소할 수 있다. 그리고 경매개시결정에 대한 이의신청은 경락인이 매각대금을 모두 납부할 때까지 할 수 있는데, 이의신청은 집행정지의 효력은 없기 때문에 집행법원은 이의에 대한 재판 전의 잠정처분으로 일시 집행정지를 명할 수가 있다(민사집행법 86조, 16조 2항). 또한 경매절차에 대한 일시정지는 법원의 직권사항이므로 이의신청권자의 정지신청에 구속을 받지 않는다.

2. 강제집행의 필수적 정지·취소의 사유

강제집행에 있어서 다음 각 사유의 서류를 이해관계인이 법원에 제출한 경우에는 법원은 그 경매를 정지하고(민사집행법 49조), 일정한 경우는 경매를 취소하여야 한다.

1) 강제경매개시결정 이전이거나 매각기일 이전인 경우

강제경매의 경우에 민사집행법 제49조 제1호·제3호·제5호·제6호의 서류가 제출된 경우에는 경매신청을 각하하고, 개시결정 후 매각기일이 지정된 경우에는 그 기일의 지정을 취소하여 경매기일을 막는다.

2) 경매기일 후 매각허가 결정선고 전

민사집행법 제49조 제1호·제3호·제5호·제6호의 서류가 집행법원에 제출된 경우에는 동법 제50조 제1항에 따라 경매절차의 취소결정을 한다. 다만, 강제집행의 일시정지를 명한 취지를 적은 재판의 정본(민사집행법 49조 2호)을 제출한 경우에는 민사집행법 제121조 제1호(강제집행을 계속 진행할 수 없을 때)에 따라 매각불허가결정을 한다. 이 단계에서 동법 제4호(변제증서 등)의 서류가 제출된 경우에는 집행정지의 효력이 없으므로 이를 무시하고 매각허부결정을 선고하여 대금지급기한일을 지정한다. 매각허가결정이 취소되거나 효력을 잃게 된 때 또는 매각을 허가하지 아니하는 결정이 확정된 때에는 집행정지의 효력이 있으므로 이에 해당하는 경우에는 신경매기일 또는 재경매기일을 지정하여서는 안 된다.

3) 매각허가결정이 확정된 후 잔금지급기한일 전에 제49조의 서류가 제출된 경우

민사집행법 제49조 제1호·제2호·제3호·제5호·제6호의 서류가 매각허가결정이 확정된 후 잔금을 지급하기 전에 제출된 경우에는 대금지급기한일의 지정 등 그 이후의 절차의 진행을 정지하고 그중에서도 집행취소서류가 제출된 경우에는 경매절차취소결정을 하여야 한다.

4) 잔금을 납부한 이후

그러나 위의 서류가 매각대금을 납부한 후에 제출된 경우에는 그 채권자를 배당에서 제외하고 배당을 실시한다. 그중 제49호 제2호의 서류가 제출된 경우에는 채권자에 대한 배당금을 공탁하고, 제49호 제4호의 서류가 제출된 경우에는 채권자에 대한 배당금을 지급한다.

3. 담보권의 실행 등을 위한 경매절차의 정지사유

민사집행법 제266조 제1항은 담보권의 실행(예: 저당권에 따른 경매)에 따른 경매진행절차 중에 다음의 사유 가운데 어느 하나에 해당하는 문서가 경매법원에 제출되면 법원은 앞에서 살펴본 강제집행의 필수적 정지나 취소의 사유에 따라 경매절차를 정지 내지 취소를 하여야 할 것이다.

① 담보권의 등기가 말소된 등기부의 등본
② 담보권 등기를 말소하도록 명한 확정판결의 정본
③ 담보권이 없거나 소멸되었다는 취지의 확정판결의 정본
④ 채권자가 담보권을 실행하지 아니하기로 하거나 경매신청을 취하하겠다는 취지 또는 피담보채권을 변제받았거나 그 변제를 미루도록 승낙한다는 취지를 적은 서류
⑤ 담보권의 실행을 일시 정지하도록 명한 재판의 정본

한편 민사집행법 제266조 제2항에서는 위의 사유 중 "담보권의 등기가 말소된 등기부의 등본 내지, 담보권이 없거나 소멸되었다는 취지의 확정판결의 정본과 채권자가 담보권을 실행하지 아니하기로 하거나 경매신청을 취하하겠다는 취지 또는 피담보채권을 변제받았거나 그 변제를 미루도록 승낙한다는 취지를 적은 서류가 화해조서의 정본 또는 공정증서의 정본인 경우에는 경매법원은 이미 실시한 경매절차를 취소하여야 하며, 담보권의 실행을 일시정지하도록 명한 재판의 정본의 경우에는 그 재판에 따라 경매절차를 취소하지 아니한 때에만 이미 실시한 경매절차를 일시적으로 유지하게 하여야 한다"라고 규정하고 있다.

4. 집행정지의 범위와 취소의 사유

(1) 집행정지의 범위

집행정지의 효력이 미치는 범위는 정지사유에 따라 다르다. 청구에 관한 이의의 소(민사집행법 44조)의 승소확정판결이나 이 소의 제기에 의한 집행정지의 효력은 하나의 집행권원에 기하여 전체를 집행정지시킨다. 그러나 집행에 관한 이의의 소(민사집행법 16조) 및 이 소의 제기에 의한 집행정지명령(민사집행법 46조)은 개개의 구체적 집행절차를 정지시킬 뿐이다.

(2) 집행취소의 사유

경매집행 취소는 그 집행처분을 한 집행기관이 하는데 이에 대한 취소사유는 다음과 같다.

1) 집행취소서류의 제출

민사집행법 제49조의 집행정지서류 가운데 제49조 제1호·제3호·제5호·제6호의 서류가 법원에 제출되면 법원은 이미 실시한 집행처분을 취소한다.

2) 기타의 경우

그 밖의 개별적인 취소사유로는 우선 집행비용을 예납하지 않은 경우, 부동산의 멸실, 잉여가망이 없는 경우, 관할위반, 보증의 제공 등이 있다.

[요약표]

1. 집행의 필수적 정지 · 제한(민사집행법 49조)

조문 제49조	내 용	서 류
제1호	집행할 판결 또는 그 가집행을 취소하는 취지나 강제집행을 허가하지 아니하거나 그 정지를 명하는 취지 또는 집행처분의 취소를 명한 취지를 기재	집행력 있는 재판의 정본
제2호	강제집행의 일시정지를 명한 취지를 기재	재판의 정본
제3호	집행을 면하기 위하여 담보 제공	증명서류
제4호	집행할 판결이 있은 뒤에 채권자가 변제를 받았거나, 의무이행을 미루도록 승낙한 취지	증서
제5호	집행할 판결 기타 재판이 소의 취하 기타의 사유에 의하여 실효되었음을 증명	조서등본 기타 법원사무관 등 작성의 증서
제6호	강제집행을 하지 않는다는 취지 또는 강제집행의 신청이나 위임을 취하한다는 취지를 기재	화해조서의 정본 또는 공정증서의 정본

2. 집행처분의 취소 · 일시유지

조문 제49조	내 용	서 류	취소 · 일시유지
제1호	집행할 판결 또는 그 가집행을 취소하는 취지나 강제집행을 허가하지 아니하거나 그 정지를 명하는 취지 또는 집행처분의 취소를 명한 취지를 기재	집행력 있는 재판의 정본	취소
제2호	강제집행의 일시정지를 명한 취지를 기재	재판의 정본	일시유지
제3호	집행을 면하기 위하여 담보 제공	증명서류	취소
제4호	집행할 판결이 있은 뒤에 채권자가 변제를 받았거나, 의무이행을 미루도록 승낙한 취지	증서	일시유지
제5호	집행할 판결 기타 재판이 소의 취하 기타의 사유에 의하여 실효되었음을 증명	조서등본 기타 법원사무관 등 작성의 증서	취소
제6호	강제집행을 하지 않는다는 취지 또는 강제집행의 신청이나 위임을 취하한다는 취지를 기재	화해조서의 정본 또는 공정증서의 정본	취소

① 제49조 제1호의 집행할 판결을 취소하는 재판의 정본: 가집행선고부판결을 취소하는 상소심판결
② 가집행을 취소하는 재판: 가집행의 선고만을 취소하는 재판의 정본
③ 강제집행을 허가하지 아니하는 경우: 집행문 부여에 관한 이의신청을 인용하여 집행의 종국적 불허를 선언한 재판의 정본
④ 강제집행의 정지를 명하는 재판: 변제기한의 일시적 유예를 이유로 한 청구에 관한 이의의 소를 인용한 판결의 재판정본
⑤ 집행처분의 취소의 명한 재판: 청구에 관한 이의의 소에 부수하여 행하여지는 잠정처분 중 이미 실시한 집행처분의 취소를 명한 재판의 정본

3. 집행정지서류등의 제출시기 · 경매취소(민사집행법 시행령 50조 · 93조)

조문 제49조	내 용	서 류
제1호	집행할 판결 또는 그 가집행을 취소하는 취지나 강제집행을 허가하지 아니하거나 그 정지를 명하는 취지 또는 집행처분의 취소를 명한 취지를 기재	집행력 있는 재판의 정본
제2호	강제집행의 일시정지를 명한 취지를 기재	재판의 정본
제3호	집행을 면하기 위하여 담보를 제공	증명서류
제4호	집행할 판결이 있은 뒤에 채권자가 변제를 받았거나, 의무이행을 미루도록 승낙한 취지	증서
제5호	집행할 판결 기타 재판이 소의 취하 기타의 사유에 의하여 실효되었음을 증명	조서등본 기타 법원사무관 등 작성의 증서
제6호	강제집행을 하지 않는다는 취지 또는 강제집행의 신청이나 위임을 취하한다는 취지를 기재	화해조서의 정본 또는 공정증서의 정본

1) 집행정지서류 등의 제출시기

① 제49조 제1호 · 제2호 · 제5호의 서류는 매수인이 매각대금을 내기 전까지 제출하면 된다(민사집행법 시행령 50조 1항).

② 매각허가결정이 있은 뒤에 법 제49조 제2호의 서류가 제출된 경우에는 매수인은 매각대금을 낼 때까지 매각허가결정의 취소신청을 할 수 있다. 이 신청에 관한 결정에 대하여 즉시항고를 할 수 있다(민사집행법 시행령 50조 2항).

③ 매수인이 매각대금을 납부한 뒤에 법 제49조 각 호 가운데 어느 서류가 제출된 때에는 절차를 계속진행하여야 한다(민사집행법 시행령 50조 3항).

- 제1호·제3호·제5호·제6호의 서류가 제출된 때에는 그 채권자를 배당에서 제외한다.
- 제2호의 서류가 제출된 때에는 그 채권자에 대한 배당금을 공탁한다.
- 제4호의 서류가 제출된 때에는 그 채권자에 대한 배당금을 지급한다.

2) 경매신청의 취소

제49조 제3호·제4호·제6호의 서류를 매수신고가 있은 후에 제출하여 경매를 취하하는 경우에는 최고가 매수인 또는 매수인과 차순위 매수신고인의 동의를 받아야 그 효력이 생긴다(민사집행법 93조 2항). 제49조 제3호 또는 제6호의 서류를 제출하면 압류의 효력이 소멸하고, 제49조 4호의 서류를 제출하는 경우에는 집행를 정지하여야 한다(민사집행법 93조 3항).

제 10 절
경매에 있어서의 구제방안

민사집행절차에 의하여 손해를 보는 자는 이에 대한 불복방법으로 즉시항고, 집행에 관한 이의신청, 제3자 이의의 소, 집행문 부여에 대한 이의신청, 청구이의의 소 등에 의하여 구제를 받을 수가 있는데, 이에 대한 내용을 살펴보아 경락인이나 채무자, 채권자가 집행절차로 인하여 손해를 입는 경우에 대처하여 보고자 한다. 물론 이상의 방법 외에 경매개시결정에 대한 이의신청이나 본서에서 살펴보고 있는 "부동산 경매에서 담보책임"의 방법으로도 이해관계인은 구제받을 수 있을 것이다.

 제1항 집행에 관한 이의

1. 집행에 관한 이의

민사집행법 제16조 제1항은 "집행법원의 집행절차에 관한 재판으로써 즉시항고를 할 수 없는 것과 집행관의 집행처분, 그 밖에 집행관이 지킬 집행절차에 대하여 법원에 이의를 신청할 수 있다"고 규정하고 있다.

2. 이의의 대상 및 사유

(1) 민사집행의 절차에 관한 집행법원의 재판으로써 즉시항고를 할 수 없는 것에 대하여 이의신청을 할 수 있다(예: 집행권원의 흠결, 집행정본의 흠결, 집행권원의 불송달, 반대급부의 제공, 무허가 야간·휴일의 집행). 따라서 즉시항고가 허용되는 사유에 대해서는 이의를 할 수 없으며(예: 물건명세서의 중대한 하자), 집행행위의 형식적인 절차상의 하자로 인한 경우로 즉시항고에 해당하지 않는 경우에 할 수가 있다. 실체상의 사유인 집행권원의 부존재, 소멸, 외관상의 명의나 점유가 실체상의 권리와 부합하지 않은 것을 이유로는 이의를 할 수 없으며 집행기관이 스스로 조사·판단하여 준수하여야 할 집행법규를 어긴 경우에 이의신청을 할 수 있다.

(2) 집행관의 집행행위의 처분 기타 집행관이 준수할 집행절차를 이행하지 않은 경우에 할 수 있다. 여기서 집행관이 집행행위시 준수할 집행절차란 집행관이 당사자의 신청을 각하한 경우, 집행관이 집행기록의 열람을 거부한 경우 등이 이에 해당한다.

(3) 집행관의 집행위임의 거부 및 집행행위를 지체하는 경우에 이의를 신청할 수 있다.

(4) 집행관이 계산한 수수료에 잘못이 있는 경우 집행에 관한 이의를 신청할 수 있다.

3. 이의의 절차

(1) 이의신청의 방법은 구두 또는 서면으로 할 수 있다. 관할법원은 집행법원이 된다.

(2) 이의신청은 강제집행이 개시된 뒤에 하여야 한다.

【집행에 관한 이의신청】

집행에 관한 이의신청

신청인 :
주　소 : 서울시 강남구 서초동 251번지
피신청인 :
주　소 : 서울시 은평구 불광동 22번지

신 청 취 지

위 당사자간 서울지방법원 20　가합 21202호 대여금 청구소송사건의 집행력 있는 판결 정본에 기한 강제집행을 허용하지 않는다라는 재판을 구합니다.

신 청 이 유

1. 피신청인은 서울지방법원 20　가합 21202호 대여금 청구소송사건의 집행력 있는 정본에 의하여 서울지방법원 집행관 이정길에게 위임한 부동산 강제집행에 대하여 위 강제집행을 실시하였습니다.

2. 그러나 위 집행당시는 야간·공휴일 임에도 불구하고 집행법원의 허가없이 집행을 하였습니다. 이와 같은 집행관의 행위는 집행관이 준수하여야 할 절차에 잘못이 있습니다.

3. 그러므로 이 사건 강제집행은 부당한 것이므로 이에 대하여 집행에 관한 이의신청에 이른 것입니다.

입 증 방 법

1. 강제집행조서등본 1통

20.　.　.
위 신청인　　　　(인)

지방법원 귀중

4. 심리 및 재판

(1) 이의에 대하여는 결정으로 재판한다.

(2) 이의의 사유가 인정되는 때에는 그 집행처분을 허가하지 않거나 집행관에게 특정의 집행을 하여야 한다는 취지를 선언한다.

(3) 이의가 부적법하다고 인정한 때에는 그 신청을 각하할 것이고 이유가 없을 때는 기각한다.

5. 이의신청 방법

이의를 신청하기 위해서는 이의신청서 2통, 인지, 송달료납부 영수증 등의 첨부서류를 가지고 낙찰을 받은 경매법원에 신청하면 된다. 이의신청은 경매신청 채권자, 채무자, 제3자(경락인 등)가 할 수 있다.

제3자 이의의 소는 집행관이 채무자의 물건이 아닌, 제3자의 물건에 강제집행을 하는 경우 제기한다. 예컨대 집행관이 채무자 소유의 동산인 줄 알고 임차인의 동산에 압류를 하는 경우, 임차인은 제3자의 이의의 소를 집행법원에 제기할 수 있다.

【제3자 이의의 소】

이해 관계 진술서

1. 귀사무소   본, 가   호 『유체동산 압류사건』에 관하
   여   .   .   . 채무자   에서 본인소유 유체동산을 압류당하였
   는바
2. 본인은 위 사건의 채무자가 아닌 제3자로서 압류당할 하등 이유가 없으므로
3. 위 집행에 대한 제3자 이의의 소를 제기할 이해관계인임을 진술함.

.   .   .

   서울특별시   구   동   가   번지   호
                        로

   위 진술인(제3자)   ㉑

주민등록증 번호	ㅡ
신 분 증 번 호	
연락처전화번호	

   서울동부지방법원 집행관   귀하
   확 인 서

   위 이해관계인임을 확인함

제 2 항 즉시항고

즉시항고는 민사집행절차에 관한 재판에 관하여 특별한 규정이 있는 경우에
하는 불복방법으로 집행정지의 효력은 없다. 이 즉시항고는 법률에 특별한 규정

이 있는 경우에만 허용하고 있다. 자세한 내용은 제2장 제4절 경락허가절차에서 설명하고 있으니 그곳을 참조하기 바란다.

 ## 제 3 항 청구이의의 소

1. 의의

청구에 관한 이의의 소란 채무자가 집행권원에 표시된 청구권에 관하여 생긴 사유를 내세워 그 집행권원이 집행력이 없다고 하는 것을 구하는 소를 말한다.

2. 청구이의의 사유

(1) 집행권원이 확정판결과 같이 기판력이 있는 경우에는 청구권의 소멸이나 청구권의 행사를 저지할 수 있는 원인에 해당하고, 집행권원이 집행증서와 같이 기판력이 없는 경우에는 청구권이 불성립하거나 무효에 해당하는 경우에도 청구이의의 사유가 된다. 즉 기판력이 있는 집행권원의 경우에는 채무자가 채무를 전부변제하였다거나, 대물변제, 상계, 면제, 혼동, 계약해제, 소멸시효의 완성 등이 발생한 경우에 할 수 있기 때문에 이의의 원인이 변론종결 후에 생긴 사유이거나 변론없이 한 판결의 경우에는 판결이 선고된 뒤에 생긴 것이어야 한다.

(2) 집행권원에 표시된 청구권과 실체관계가 일치하지 않는 것이면 그 내용에 제한이 없다.

(3) 확정판결에 의한 권리라 하더라도 신의에 좇아 성실히 행사되어야 하고 그 판결에 기한 집행이 권리남용이 되는 경우에는 허용되지 않으므로 집행채무자는 청구이의의 소에 의하여 그 집행의 배제를 구할 수 있다.[1]

---

1) 대판 2001. 11. 13. 99다32899.

3. 적용범위

(1) 본소는 집행권원의 유효한 존재를 전제로 한다.[2)]

따라서 집행권원의 존재를 다투거나 그 폐기를 위하여 하는 것은 아니다.

(2) 집행권원을 집행의 기초로 하는 모든 집행권원에 관하여 인정된다. 따라서 집행권원에 표시된 청구권이 금전채권이나 비금전채권인 경우 또는 그 집행권원이 판결, 결정 등의 재판이나 집행증서 등의 재판이 아니어도 관계없다. 예컨대 부동산인도명령 등에도 할 수 있다. 그러나 가집행선고부 판결, 가압류, 가처분은 허용되지 않는다.

4. 소제기의 시기

집행권원이 성립하여 유효하게 존속하고 있는 이상 언제나 제기할 수 있다.

5. 심리와 판결

(1) 통상의 소송에 있어서와 마찬가지로 진행하므로 소장에는 청구의 원인으로 이의의 대상인 집행권원과 그 이행의무에 대한 이의의 형태를 기재한다.

(2) 청구에 관한 이의의 소의 결과 청구의 전부 또는 일부를 인용한 때에는 청구취지에 응하여 그 집행권원에 의한 경매집행의 일시적 혹은 영구적 불허가 결정을 하여야 한다.

(3) 청구에 관한 이의의 소의 판결이 확정되면 집행권원의 집행력이 소멸하

---

2) 대법원 민사3부는 청구이의 상고심(2002다48559)에서 원소승소판결을 내린 원심을 확정했다. 재판부는 판결문에서 "확정판결에 의한 권리라 하더라도 신의에 좇아 성실히 행사돼야 하고 그 판결에 기한 집행이 권리남용이 되는 경우에는 허용되지 않으므로 집행채무자는 청구이의의 소에 의해 그 집행의 배제를 구할 수 있다"고 밝혔다. 재판부는 이어 "확정판결내용이 실체적 권리관계에 배치되는 경우 확정된 권리의 성질과 내용, 판결 성립 경위와 영향 등 제반사정을 종합해 볼 때 그 확정판결에 기한 집행이 현저히 부당하고 상대방으로 하여금 그 집행을 수인하도록 하는 것이 정의에 반함이 명백해 사회생활상 용인할 수 없다고 인정되는 경우에 그 집행은 권리남용으로서 허용되지 않는다"며 "이러한 법리는 확정된 조정에 갈음하는 결정에 기한 강제집행이 권리남용으로서 허용되지 않는 경우에도 마찬가지로 적용된다"고 설명했다.

므로 경매절차의 개시·속행을 저지할 수 있을 뿐만 아니라 이미 행한 경매절차의 취소를 구할 수 있다(민사집행법 49조 1호). 다만, 이것은 경락인이 잔금을 납부하기 전까지만 가능하다.

(4) 청구에 관한 이의의 소가 제기되었음에도 경매가 진행되어 경락인이 잔금을 납부하였다면 나중에 본소가 이유 있음이 판명되었더라도 경매절차를 정지시킬 수가 없게 된다. 따라서 법원은 이의를 주장한 사유가 법률상 이유 있다고 인정되고 사실에 대한 소명(疎明)이 있을 때에는 당사자의 신청에 의하여 종국판결이 있을 때까지 잠정처분3)을 명하는 결정을 할 수 있다. 이 잠정처분은 종국판결이 있을 때까지의 임시의 처분이므로 종국판결이 선고되면 그 효력이 소멸된다.

(5) 집행권원이 성립하여 유효하게 존속하고 있는 경우에 청구에 관한 이의의 소를 제기할 수 있는데 이때는 소장 3통, 집행권원 1통, 집행조서등본 1통을 준비하여 판결일 경우는 1심법원에, 지급명령에 대하여는 그 지급명령을 발한 법원에 제출하면 된다. 청구에 관한 이의신청은 원칙적으로는 집행권원에 표시된 채무자가 하여야 하나, 이들의 채권자도 채권자대위권에 의하여 원고가 될 수 있다.

---

3) 민사집행법 제46조는 민사집행법 제44조(청구에 관한 이의의 소), 제45조(집행문 부여에 대한 이의의 소)의 이의의 소에 의하여 강제집행을 정지시키는 효력은 없지만 위의 이의사유가 이유가 있다고 인정되고, 사실에 대한 소명이 있을 때는 수소법원은 당사자의 신청에 따라 판결이 있을 때까지 다음과 같은 잠정처분을 할 수 있다고 규정하고 있다.
  1. 담보를 제공하게 하거나 하지 않고 강제집행의 일시정지를 명하는 처분
  2. 채무자를 위하여 집행의 정지를 명하기는 하나 채권자가 담보를 제공하면 집행의 속행을 명하는 처분
  3. 집행정지뿐 아니라 다시 채무자로 하여금 담보를 제공하게 하고 이미 실시한 집행처분의 취소를 명하는 처분

【청구이의의 소】

청구이의의 소

원　고 :
주　소 : 서울 강남구 서초동 251번지
피　고 :
주　소 : 서울 은평구 불광동 22번지

청구이의의 소

청 구 취 지

1. 피고의 원고에 대한 서울지방법원 20가합21202호 대여금 청구소송사건의 집행력 있는 판결 정본에 기한 강제집행은 이를 불허한다.
2. 소송비용은 피고의 부담으로 한다.
라는 판결을 구합니다.

청 구 원 인

1. 피고는 원고에 대하여 1억원 및 이에 대한 20. 1. 1.부터 완제일까지 연 10푼의 비율에 의한 이자를 지급하라는 피고 소송 청구취지 기재의 판결을 가지고 있습니다.
2. 그러나 원고는 위 판결에 대하여 승복하고 위 집행권원의 성립 후인 20. 7. 1. 피고에 위의 채무를 피고의 주소지에서 변제하였으나 채권자는 손해배상으로 더 지급을 요구하면서 수령을 거절하여 부득이 20. 8. 1. 서울 지방법원 공탁공무원에게 변제공탁으로 채무를 이행하였습니다.
3. 그러므로 이 채권이 소멸되었는데도 불구하고 강제경매를 신청하여 진행되고 있기에 본소에 이르게 된 것입니다.

입 증 방 법

1. 판결정보(갑 제1호증)
2. 공탁서(갑 제2호증)

첨 부 서 류

1. 소장 부본　　1통
1. 위 입증서류　1통

20.　.　.
위 신청인(원고)　　(인)

지방법원 귀중

제 4 항 집행문 부여에 대한 이의신청

1. 의의

(1) 집행문 부여가 부적법함을 주장하여 그 취소 기타의 시정을 구하는 채무자의 신청을 말한다(민사집행법 34조 1항).

(2) 재판장의 명령에 의하여 법원사무관이 집행문을 부여하였거나 공증인가 합동법률사무소에 신청한 집행문에 대하여도 집행문 부여가 부적합함을 주장하여 채무자는 집행문 부여에 대한 취소나 시정을 구하는 이의신청을 할 수 있다.

2. 적용범위

집행문 부여기관의 조사사항에 속하는 모든 요건의 흠결이 이의사유가 된다.

3. 이의의 원인

집행권원에 판결의 선고가 없거나, 집행증서가 무효인 경우, 판결 후 소가 취하된 경우, 판결이 확정되지 않은 경우, 조건이 성취되지 않은 경우, 승계가 명백하지 않은 경우 등으로 집행문 부여기관의 조사사항에 속하는 내용에 흠결이 있는 경우가 이의사유에 해당한다.

4. 심리와 판결

(1) 임의적 변론을 거쳐 결정의 형식으로 재판한다. 실무에서는 변론과 심문을 거치지 않고 이의가 이유 있다고 인정하는 때에는 집행문을 취소하고 그 집행력 있는 정본에 기한 집행을 허가하지 아니한다는 취지의 결정을 한다.

【집행문 부여에 대한 이의신청서】

집행문 부여에 대한 이의신청

신 청 인(원고) :
    주　소 : 서울시 강남구 서초동 251번지
피신청인(피고) :
    주　소 : 서울시 은평구 불광동 22번지

신 청 취 지

1. 신청인(원고)와 피신청인(피고)간의 지방법원 20가합21202호 대여금 청구소송 사건에 관한 확정판결에 대하여 동 법원 법원사무관 0 0 0이 20. . . 부여한 집행문은 이를 취소한다.
2. 위 판결정본에 의한 강제집행은 이를 불허한다.
라는 재판을 구합니다.

신 청 이 유

1. 집행권원에 판결의 선고가 없는데도 불구하고 집행문을 부여하였음
2. 따라서 위 집행문의 취소 및 이에 대한 강제집행의 불허를 위하여 이 신청에 이른 것입니다.

첨 부 서 류

1. 판결정본
1. 집행조서등본

20. . .

위 신청인(원고)　　　(인)

지방법원　 귀중

---

(2) 이의신청이 인정된다고 하여 강제경매가 당연히 정지되는 것은 아니다. 채무자가 이의에 대한 재판을 하기 전에 강제집행의 정지를 신청하면 법원은 채무자에게 담보를 제공하게 하거나 제공하지 아니하고 이의에 대한 재판이 있기까지 강제집행의 정지를 명할 수 있다(민사집행법 34조 2항, 16조 2항).

(3) 원칙적으로 집행문 부여에 대한 이의신청은 채무자가 신청하는데 이때에는 이의신청서 2통, 집행권원사본 1통, 집행조서등본 1통을 준비하여 집행문을 부여한 법원이나 공증인 사무실의 주소지를 관할하는 법원에 제출하면 된다.

 제 5 항 변제증서 등의 제출에 의한 경매절차를 정지시키는 방법

강제집행할 판결이 있은 뒤에 경매신청 채권자가 변제를 받았다는 취지를 적은 증서를 집행법원에 제출하여 강제집행을 정지시키는 경우에는 그 정지기간은 2월로 한다. 다만 경매신청 채권자의 채무이행을 미루도록 승낙하였다는 취지를 적은 채권자의 증서를 집행법원에 제출한 경우에는 그 강제집행의 정지는 2회로 하되 전체기간을 합하여 6개월을 초과할 수가 없다(민사집행법 51조 2항).

예컨대 채무자나 소유자가 경매신청권자의 채무변제를 당분간 미루어 나중에 변제하기로 채권자의 동의를 받아 경매를 일시정지시키고 싶을 때는 경매신청 채권자의 "채무이행의 유예를 승낙하였다"는 취지를 기재한 증서를 경매법원에 제출하면 되지만, 이 역시 경매절차의 정지기간은 2회에 한하며 전체기간을 합하여 6개월을 넘길 수가 없다는 것이다(민사집행법 51조 2항). 그리고 변제증서의 효력은 입찰실시 이전과 이후에 제출된 경우에 따라 그 효력이 아래와 같이 다르다.

1. 입찰기일 이전에 변제증서를 제출한 경우

입찰기일 이전에 경매신청 채권자가 변제증서를 제출하면 경매절차가 2개월 동안 정지된다. 다만 2개월이 지나도록 별도의 집행정지결정문이나 집행취소결정에 해당하는 청구이의승소판결문 또는 근저당권말소의 판결문을 받지 못하면 그대로 경매는 진행한다.

2. 입찰기일 이후에 변제증서를 제출한 경우

입찰기일 이후에 변제증서를 제출하면 집행정지의 효력이 없다. 다만, 이 경우는 청구이의의 소를 제기하고 수소법원으로부터 잠정처분을 받아 경매를 정지시킬 수 있다. 근저당권에 기한 임의경매에 있어서는 경매개시결정에 대한 이의신청을 하면서 변제증서를 제출한 경우에 경매개시결정을 취소시킬 수 있다.

 제 6 항 경매개시결정에 대한 이의신청을 한 경우

경매개시결정에 대한 이의신청이나 집행에 관한 이의, 즉시항고, 청구이의의 소 등은 집행정지의 효력이 없기 때문에 이와 같은 소를 제기하더라도 경매는 그대로 진행하게 된다. 따라서 경매를 정지시키기 위해서는 경매개시결정에 대한 이의신청이나 청구이의의 소 또는 집행에 대한 이의신청을 하면서 그 재판 전의 잠정처분으로 채무자에게 담보를 제공하거나 하지 아니하고 그 집행의 일시정지를 구하는 소를 제기하여야 한다. 다만, 매각허부결정의 여부에 대한 즉시항고를 한 경우에는 항고가 기각될 때까지 재판의 확정이 차단되므로 집행정지의 신청을 할 필요가 없다. 따라서 집행정지 신청을 하지 않아도 즉시항고를 한 항고서가 기각이 될 때까지는 경매절차가 진행되지 않으나, 민사집행법 제15조에 의한 즉시항고를 한 경우에는 집행정지의 효력을 가지지 아니한다(민사집행법 15조 6항).

**제 7 항 말소된 등기부등본, 확정된 청구이의의 승소판결이
제출된 경우**

다음과 같은 사유를 이유로 하는 경우에는 설사 담보권실행에 의한 임의경매로 낙찰이 되었더라도 최고가매수인이나 차순위매수인의 동의를 받지 않고서도 소유자나 채무자는 경매를 취소시킬 수 있다.

(1) 담보물권의 피담보채권을 전부 변제하고 말소된 등기부등본 1통과 경매개시 결정에 대한 이의신청서(민사집행법 265조, 266조 1호) 1통을 첨부하여 경매법원에 제출한 경우(민사집행법 266조 1항 1호)

(2) 담보물권등기의 말소를 명한 확정판결의 정본을 경매법원에 제출한 경우(민사집행법 266조 1항 2호)

(3) 담보물권이 없거나 소멸되었다는 취지의 확정판결의 정본을 경매법원에 제출하면 경매를 취소시킬 수가 있다(민사집행법 266조 1항 3호). 그리고 경매신청 채권자가 채무자나 소유자의 협조를 받아 담보권을 실행하지 않기로 하거나 경매신청을 취하하겠다는 취지 또는 피담보채권을 변제받았거나 그 변제를 미루도록 승낙한다는 취지의 서류를 화해조서의 정본 또는 공정증서의 정본을 매수인의 동의 받아 제출한 경우에는 집행법원은 이미 실시한 경매절차를 취소하여야 한다(민사집행법 266조 1항 4호).

제 8 항 매도인의 담보책임과 부당이득의 관계

1. 의의

민사집행절차에서 본의 아니게 부동산을 잘못 매입한 경우 매수인은 상당히 당황할 것이다. 이때 매수인은 민사집행절차 각 집행단계에서 경매개시결정에

대한 이의, 즉시항고 매각허가결정의 확정 이후 잔금납부시까지 매각허가결정의
취소신청(민사집행법 127조) 등을 주장할 수 있고 잔금을 납부한 이후에는 부당이
득반환청구나 매도인의 담보책임을 적용하여 구제받을 수 있을 것이다. 여기서
는 잔금납부 이후 부당이득반환청구와 매도인의 담보책임을 어떠한 법률관계에
서 적용할 수 있는지 살펴보고자 한다.

2. 매도인의 담보책임을 적용한 판례

① 선순위 근저당권의 존재로 후순위 임차권이 소멸하는 것으로 알고 부동
산을 낙찰받았다. 그 후 채무자가 후순위 임차권의 대항력을 존속시킬 목적으로
선순위 근저당권의 피담보채무를 모두 변제하여 그 근저당권을 소멸시키고도 이
점에 대하여 낙찰자에게 아무런 고지도 하지 않았다. 그래서 낙찰자가 대항력
있는 임차권이 존속하게 된다는 사정을 알지 못한 채 대금지급기일에 낙찰대금
을 지급하였다면, 채무자는 민법 제578조 제3항의 규정에 의하여 낙찰자가 입게
된 손해를 배상할 책임이 있을 것이다.[4]

② 경락인이 경매목적물에 대항력 있는 임대차가 존재함을 알지 못하였음으
로 인하여 경락 목적을 달성할 수 없게 된 경우, 그 권리구제 방법

경매의 목적물에 대항력 있는 임대차가 존재하는 경우에 경락인이 이를 알지
못한 때에는 경락인은 이로 인하여 계약의 목적을 달성할 수 없는 경우에 한하여
계약을 해제할 수 있다. 이때 채무자에게 자력이 없는 경우 배당을 받은 채권자에
게 그 대금의 전부나 일부의 반환을 구하거나, 그 계약해제와 함께 또는 그와 별
도로 경매목적물에 위와 같은 흠결이 있음을 알고 고지하지 아니한 채무자나 이를
알고 경매를 신청한 채권자에게 손해배상을 청구할 수 있다. 다만 계약을 해제함
이 없이 채무자나 경락대금을 배당받은 채권자들을 상대로 경매목적물상의 대항
력 있는 임차인에 대한 임대차보증금에 상당하는 경락대금의 전부나 일부에 대하
여 부당이득을 취하였다고 하여 바로 그 반환을 구할 수 있는 것은 아니다.[5]

---

4) 대판 2003. 4. 25. 2002다70075.
5) 대판 1996. 7. 12. 96다7106; 주택임대차보호법 제3조 제3항, 민법 제575조 제1항, 제578조, 제
   741조.

③ 민법 제578조에 의하여 경매신청 채권자가 경락인에게 부담하는 손해배상책임은 반드시 신청채권자의 경매신청행위가 위법한 것임을 전제로 하는 것은 아니지만, 경매절차에서 소유권이전청구권 가등기가 경료된 부동산을 경락받았으나 가등기에 기한 본등기가 경료되지 않은 경우에는 아직 경락인이 그 부동산의 소유권을 상실한 것이 아니므로 민법 제578조에 의한 손해배상책임이 성립되었다고 볼 여지가 없다.[6]

그러나 소유권에 관한 가등기의 목적이 된 부동산을 낙찰받아 낙찰대금까지 납부하여 소유권을 취득한 낙찰인이 그 후 가등기에 기한 본등기가 경료됨으로써 일단 취득한 소유권을 상실하게 된 때에는 매각으로 인하여 소유권의 이전이 불가능하였던 것이 아니므로, 민사집행법 제96조에 따라 집행법원으로부터 그 경매절차의 취소결정을 받아 납부한 낙찰대금을 반환받을 수는 없다고 할 것이나, 이는 매매의 목적 부동산에 설정된 저당권 또는 전세권의 행사로 인하여 매수인이 취득한 소유권을 상실한 경우와 유사하므로, 민법 제578조, 제576조를 유추적용하여 담보책임을 추급할 수는 있다고 할 것이다. 이러한 담보책임은 낙찰인이 경매절차 밖에서 별소에 의하여 채무자 또는 채권자를 상대로 추급하는 것이 원칙이라고 할 것이나, 아직 배당이 실시되기 전이라면, 이러한 때에도 낙찰인으로 하여금 배당이 실시되는 것을 기다렸다가 경매절차 밖에서 별소에 의하여 담보책임을 추급하게 하는 것은 가혹하므로, 이 경우 낙찰인은 민사집행법 제96조를 유추적용하여 집행법원에 대하여 경매에 의한 매매계약을 해제하고 납부한 낙찰대금의 반환을 청구하는 방법으로 담보책임을 추급할 수 있다[7]고 하여 민법 제578조, 제576조의 담보책임을 적용하고 있다.

3. 부당이득반환청구를 인용한 판례

① 경락인이 강제경매절차를 통하여 부동산을 경락받아 대금을 완납하고 그 앞으로 소유권이전등기까지 마쳤으나, 그 후 강제경매절차의 기초가 된 채무자

---

6) 대판 1999. 9. 17. 97다54024.

7) 대판 1997. 11. 11. 96그64).

명의의 소유권이전등기가 원인무효의 등기이어서 경매 부동산에 대한 소유권을 취득하지 못하게 된 경우, 이와 같은 강제경매는 무효라고 할 것이므로 경락인은 경매신청 채권자에게 경매대금 중 그가 배당받은 금액에 대하여 일반 부당이득의 법리에 따라 반환을 청구할 수 있고, 민법 제578조 제1항·제2항에 따른 경매의 채무자나 채권자의 담보책임은 인정될 여지가 없을 것이다.[8]

② 매매의 일종인 경매에 있어서 그 목적물의 하자로 인하여 경락인이 경락의 목적인 재산권을 완전히 취득할 수 없을 때에 매매의 경우에 준하여 매도인의 위치에 있는 경매의 채무자나 채권자에게 담보책임을 부담시켜 경락인을 보호할 수는 없을 것이다. 왜냐하면 <u>담보책임은 매매의 경우와 마찬가지로 경매절차는 유효하게 이루어졌으나 경매의 목적이 된 권리의 전부 또는 일부가 타인에게 속하는 등의</u> 하자로 경락인이 완전한 소유권을 취득할 수 없거나 이를 잃게 되는 경우에 인정되는 것이고, 경매절차 자체가 무효인 경우에는 경매의 채무자나 채권자의 담보책임은 인정될 여지가 없기 때문이다. 예컨대 경락인이 강제경매절차를 통하여 부동산을 경락받아 대금을 납부하고 그 앞으로 소유권이전등기까지 마쳤으나, 그 후 위 강제집행의 채무명의가 된 약속어음공정증서가 위조된 것이어서 무효라는 이유로 그 소유권이전등기의 말소를 명하는 판결이 확정됨으로써 경매목적부동산에 대한 소유권을 취득하지 못하게 된 경우 경락인은 경매채권자나 배당을 받은 채권자를 상대로 경매대금 중 그가 배당받은 금액에 대하여 일반 부당이득의 법리에 따라 반환을 청구할 수 있을 뿐, 민법 제578조 제2

---

8) 대판 2004. 6. 24. 2003다59259: 대법원은 이 사건 건물 및 대지에 관한 강제경매절차에서 원고가 이를 경락받아 경락대금을 완납하고 소유권이전등기를 경료한 사실, 피고들이 강제경매절차에서 이 사건 건물 및 대지에 관한 근저당권자로서 채권최고액에 해당하는 9억원을 배당받았으나, 그에 관한 이의가 제기됨에 따라 피고들에 대한 배당금이 공탁된 사실, 그 후 강제경매절차의 채무자인 에버그린 주식회사 명의로 이 사건 건물에 관하여 경료된 소유권보존등기가 원인무효의 등기라는 이유로 원고에 대하여 그에 터잡아 경료된 원고 명의의 소유권이전등기를 말소하라는 내용의 판결이 확정된 사실을 인정한 다음, 이 사건 건물에 대한 강제경매절차는 그 개시 당시부터 채무자 소유가 아닌 타인 소유의 부동산을 대상으로 한 것이어서 무효이므로, 강제경매절차에서 배당받은 피고들은 법률상 원인 없이 이득을 얻었다고 할 것이고, 따라서 피고들은 원고에게 공탁된 배당금 중 이 사건 건물에 관한 899,929,624원의 청구권을 양도할 의무가 있다고 판단하였다. 또한, 이 사건 건물에 관하여 <u>소유권보존등기말소예고등기가 경료되어 있었다거나</u> 원고가 에버그린 주식회사의 이사로서 이 사건 건물의 건축과정에 간여하였다는 등의 사정만으로는 <u>원고의 부당이득반환청구가 신의성실의 원칙 내지 형평의 원칙에 반한다고 할 수 없다고</u> 판단하였다.

항에 의한 담보책임을 물을 수는 없을 것이다.[9]

4. 검토

이상에서 살펴보았듯이 판례는, 담보책임은 매매의 경우와 마찬가지로 경매 절차는 유효하게 이루어졌으나 경매의 목적이 된 권리의 전부 또는 일부가 타인에게 속하는 등의 하자로 경락인이 완전한 소유권을 취득할 수 없거나 이를 잃게 되는 경우에 인정되는 것이고, 경매절차 자체가 무효인 경우에는 담보책임을 인정하지 않고 있다.

매도인의 담보책임은 채무자와 채권자에게 담보책임을 청구할 수 있는 반면 (민법 578조 1항·2항) 부당이득반환청구는 채권자에게만 행사할 수 있어 매수인의 입장에서는 매도인의 담보책임을 적용하는 것이 더 유리하다고 볼 수 있다.

담보책임을 주장하는 경우 낙찰인(매수인)이 경매절차 밖에서 별소에 의하여 채무자 또는 채권자를 상대로 추급하는 것이 원칙이나, 아직 배당이 실시되기 전이라면, 민사집행법 제96조를 유추적용하여 집행법원에 대하여 경매에 의한 매매계약을 해제하고 납부한 낙찰대금의 반환을 청구할 수 있을 것이다. 그러나 배당이 실시되어 이미 채권자들이 배당을 수령하고 배당이의의 소를 제기할 수 있는 기한이 종료한 경우에는 별소를 제기해야 하는데 부실채권이 될 소지가 있다.

---

9) 대판 1991. 10. 11. 91다21640.

제 11 절
잘못 낙찰받았을 때 구제받은 사례

1. 후순위권리자가 대위변제를 하고 경락인에게 인수를 주장하는 경우

사건번호	소재지	면적(평방)	등기부상권리분석	임차관계	감정평가액
					최저경매가
20－30689	서초구 양재동 375－7 현대빌라	대19.56/300.7 건 38.44 (전용11.6평) 20. 3. 27. 준공 4층 공동주택	근저 20. 1. 1. 김민수 1,000만 근저 20. 3. 3. 주택은행 4,000만 임의 20. 4. 4. 주택은행 가압 20. 5. 5. 김철주 5,000만	이성숙 20. 2. 2. 전입＋계약＋ 인도 5,000만원	70,000,000 56,000,000
다세대 주택은행 김종현	*철콘조평슬래 브지붕 *상세계획구역 입안지 *택지개발예정 지구				결과 20. 0. 0. 유찰

① 임차인 이성숙은 최초근저당보다 이후에 주민등록 전입과 계약서, 인도를 갖춘 것으로 되어 있기 때문에 경락인에게 대항할 수도 없고, 확정일자도 받지 않아 집행법원에서 배당을 받을 수가 없다.

② 이때 임차인이 최초근저당 20. 1. 1.의 1,000만원을 채무자 대신 변제하면 임차인의 지위는 어떻게 될 것인가? 임차인은 2순위 주택은행 근저당보다 앞선 일자로 되기 때문에 대항력이 인정되어 경락인에게 보증금 5,000만원의 인수를 주장할 수 있게 된다. 이를 대위변제라고 하는데 대위변제는 물건의 이해관

계인이(예: 가등기권자, 가처분권자, 임차인, 지상권자, 전세권자 등) 잔금을 납부할 때까지 할 수 있다.

③ 위와 같은 경우 경락인의 입장에서는 대위변제로 불의의 5,000만원을 물어주어야 하는데, 이럴 때 경락인이 구제받을 수 있는 방안은 없을까? 구제받을 수 있는 방안이 있다면 어떻게 구제받을 수 있는지가 문제인데, 이는 각 민사집행과정에 따라 민사집행법에 의한 구제방안이 다르며, 민법 제578조에 의한 담보책임도 청구할 수 있다.

㉠ 매각허가일 전에 대위변제를 한 경우　이해관계인[1]이 매각허가일 전에 대위변제를 하고 경락인에게 자기 권리를 주장하면 경락인에게 손해가 발생하는데 이때에는 민사집행법 제121조 제7호의 규정에 의하여 집행법원에 매각허가에 대한 이의신청[2]을 할 수 있다. 이는 매각허가일 전까지 경락인이 이와 같은 사실을 법원에 입증하여 신청하면 된다. 법원은 매각허가에 대한 이의신청을 심리하여 매각허가일에 불허가 여부를 결정하게 된다. 불허가결정이 나면 경락인은 보증금을 반환받을 수 있게 된다. 그러나 이와 같은 사실이 있을 경우에는 경락인이 대위변제한 사실을 입증하지 않아도 법원 자체에서 직권으로 불허가결정을 하고 경락인에게 보증금을 되돌려 주어야 한다(민사집행법 123조 1항·2항).

㉡ 매각허가 후 매각허가확정일 사이에 대위변제를 한 경우　매각허가 후 확정 전에 대위변제를 한 경우에는, 경락인이 확정 전에 이와 같은 사실을 입증하여

---

1) 이해관계인에 해당하는 자는 경매절차에서 자기의 권리를 보호받기 위하여 집행법원의 경매절차에 참여하여 권리를 행사할 수 있다. 이러한 이해관계인에 해당하는 자의 범위는 "제3장 제5절 경매에서의 이해관계인" 편에서 자세하게 설명하고 있으니 그곳을 참고하기 바란다.

2) 경락허가에 대한 이의신청이란 이해관계인이 민사집행법 제121조 이하의 사유에 기하여 경락을 허가하여서는 아니 된다고 주장하는 소송법상의 진술을 말한다. 이와 같은 경락허가에 대한 이의신청은 경락허가(일반적으로 최고가매수신고일로부터 7일)가 있을 때까지 경매법원에 신청하여야 한다. 낙찰허가에 대한 이의신청은 반드시 서면으로 제출할 필요는 없고 구두로도 할 수가 있다. 이의신청을 할 때는 공탁금을 납부할 필요는 없다. 경매법원은 이해관계인이 민사집행법 제121조 이하의 사유를 들어 이의를 하는 경우 그 이의가 정당하다고 인정할 때에는 낙찰기일에 낙찰불허가 결정을 한다. 다만 낙찰허가에 대한 이의가 정당하다고 인정할 수 없을 때는 낙찰허가결정의 선고를 한다. 경매법원이 경락허가에 대한 이의신청을 인정하지 않아 불허가 결정의 선고를 한 것에 대하여 이해관계인은 즉시항고를 할 수 있을 뿐이고 별도로 이의가 받아들여지지 아니한 데 대하여 불복항고를 할 수는 없다. 경매법원은 낙찰허가에 대한 이의신청에 대하여 경매법원이 반드시 응답할 의무는 없는 것이다. 그리고 경락허가에 대한 이의는 이의 신청권자의 권리와 관련이 있는 사유에 한해서만 할 수 있지 자기와 무관한 다른 이해관계인의 권리에 관한 것은 설사 민사집행법 제121조 이하에 해당하는 사유에 해당한다고 하여도 할 수가 없다.

(말소된 등기부 등본을 첨부) 즉시항고를 할 수가 있다. 그러면 낙찰받은 법원에서 제반서류를 항고법원에 송부하고, 항고법원에서는 이를 심리하여 원 결정에 대한 취소 여부만을 결정하고 집행법원에서 새로운 매각허가결정을 하게 된다. 이어 원심법원(낙찰받은 법원)은 항고심에서 원 결정을 취소하는 결정이 내려오면, 새로운 매각허부결정을 하여, 매각허가결정을 하고, 다시 항고가 없는 경우에 경락인에게 낙찰보증금을 반환하여 준다.

ⓒ 매각허가확정 후 낙찰대금지급 이전에 한 경우   매각허가확정이 나고 잔금지급일 전에 대위변제를 한 경우에는 민사집행법 제127조 제1항[3])에 의하여 매각허가결정에 대한 취소를 신청할 수 있다.

ⓔ 매각잔금지불 후에 대위변제를 한 경우   매각대금을 지급하면 민법 제187조에 의하여 등기를 하지 않았더라도 경락인에게 소유권이 인정되므로 대위변제에 대한 신경은 안 써도 된다. 즉, 매각대금 납부 이후부터는 이해관계인이 대위변제를 하여도 경락인의 소유권은 변동되지 않기 때문에 안심해도 된다.

ⓜ 민법에 의한 담보책임의 청구   대법원은 "선순위 근저당권의 존재로 후순위 임차권이 소멸하는 것으로 알고 부동산을 낙찰받았으나, 그 후 채무자가 후순위 임차권의 대항력을 존속시킬 목적으로 선순위 근저당권의 피담보채무를 모두 변제하고 그 근저당권을 소멸시키고도 이 점에 대하여 낙찰자에게 아무런 고지도 하지 않아 낙찰자가 대항력 있는 임차권이 존속하게 된다는 사정을 알지 못한 채 대금지급기한일에 매각대금을 지급하였다면, 채무자는 민법 제578조 제3항의 규정에 의하여 낙찰자가 입게 된 손해를 배상할 책임이 있다"고 판시하고 있다.[4])

④ 그렇다고 하여도 경락인의 입장에서는 대위변제에 대한 불안감을 떨칠수가 없다. 이에 따라 대위변제의 걱정없이 입찰을 볼 수 있는 방안이 없는지 생

---

3) 민사집행법 제127조 제1항은 다음과 같이 규정을 두어 경락인을 보호하고 있다.
　"낙찰허가결정이 확정된 후 매수인이 잔금을 납부하기 전까지 다음과 같은 사유가 발생하였을 때는 경락인은 경매법원에 경락허가결정에 대한 취소를 신청할 수 있다.
　　　　　　　　－ 다 음－
　1) 천재지변, 그 밖에 자기가 책임을 질 수 없는 사유로 부동산이 현저하게 훼손된 사실이 있을 때
　2) 경매가 진행되고 있는 동안에 부동산에 관한 중대한 권리관계가 변동된 경우
4) 대판 2003. 4. 25. 2002다70075.

각을 하여 보게 될 것이다. 그에 대한 대응방안은,

첫째 : 우선 최초근저당의 금액이 큰 물건을 택해야 한다는 것이다. 예컨대 임차인의 보증금은 2,000만원, 최초근저당의 금액이 5,000만원인 경우에는 최초근저당 5,000만원을 변제하고, 임차인이 보증금 2,000만원을 경락인에게 주장하려고 하지는 않을 것이라는 것이다. 즉, 부동산 시세보다 채무액이 많이 설정되어 있는 부동산은 채무자가 경매신청권자의 채권액을 변제하고 경매를 취소시키려고 하지 않기 때문에 이런 부동산을 낙찰받는 것이 좋다. 채무액이 많이 설정되어 있으면 분석하기가 복잡하지 않겠느냐고 반문을 제기할 입찰자도 있겠지만 그러나 이러한 문제는 앞에서 배운 "소제주의와 인수주의"만 정확히 알고 있으면 문제될 것이 하나도 없다. 등기부상의 권리관계는 어떤 경우에 낙찰이 되었을 때 모두 말소가 되고, 어떤 경우에는 말소가 되지 않는지를 우리는 앞에서 배웠기 때문에 문제될 것이 없다. 이 점은 법원경매로 부동산을 매입하고자 하는 자의 입장에서도 상당히 중요하다. 어떤 사람은 낙찰을 10번이나 받았지만 소유권이전은 하나도 못한 채 나중에 술값만 날리고 일반매매로 매입한 사람이 있다. 그런데 어떤 사람은 10번 입찰을 보았는데 거의 다 소유권이전을 하여 부동산을 10채나 가지고 임대사업을 하는 사람이 있다. 두 사람은 어떤 차이점 때문에 이런 양상을 보이고 있는가? 이것은 입찰을 잘 보는 사람은 입찰할 때 권리분석이나 물건의 특징만을 먼저 살펴보는 것이 아니라 채무액이 얼마나 설정되어 있는가를 우선 분석하고 이런 물건부터 선정하여 권리분석을 하기 때문이다. 시세에 비해 채무액이 적은 경우에는 설사 낙찰이 되었더라도 소유자(채무자)가 잔금기한일 전에 급전이라도 빌려서 경매신청권자의 채권을 변제하고 취소시킬 수 있기 때문이다.

따라서 채무액이 많은 물건을 우선 선정하는 것은 입찰의 시작에 있어서 첫 단추를 잘 끼워야 한다는 이치와 같다고 할 수 있다.

둘째 : 그리고 경매신청권자가 최초근저당(말소기준권리)인 물건을 택해서 입찰을 보는 것이다. 최초근저당(말소기준권리)인 경매신청권자의 채권액을 임차인이나 이해관계인이 변제를 하게 되면 경매신청권자는 임차인을 통하여 채권을 모두 회수하였기 때문에 더 이상 경매를 진행할 필요가 없게 된다. 따라서 경매

법원(집행법원)은 경매 자체를 취소시켜 버린다. 즉, 임차인이 경매신청권자의 채권액을 변제하면 경매는 취소가 되고 경락인은 임차인의 보증금을 인수하지 않아도 될 뿐만 아니라 경매법원으로부터 입찰보증금을 되찾을 수 있게 된다.

2. 잔금지불 후 청구권보존에 의한 가등기권자가 본등기를 하여 경락인이 소유권을 상실한 경우 구제방법

사건번호	소재지	면적(평방)	등기부상권리분석	임차관계	감정평가액
					최저경매가
20 – 5870	관악구 봉천동 279 – 22 해태 보라매타워 1 동 101호	대 9.7030/39 85.1 (2.9평) 건59.94 (18.2평)방2 20. 10. 30. 준공 23층 아파트	가등기 20. 7. 1. 김근석 근저당 20. 7. 2. 박종환 1억 근저당 20. 7. 3. 윤침수 1억 임의 20. 7. 7. 박종환	없음	130,000,000 104,000,000
아파트 남애작 이근호	철근조슬래브지 붕 보라매공원 동측 인근 차량 출입가능 도시 가스난방				결 과
					20. 7. 7. 유찰

① 가등기권자인 김근석은 소유권이전청구권보존에 의한 가등기권리자이다. 이와 같이 청구권보전에 의한 가등기가 최초근저당보다 앞선 일자로 되어 있을 경우에는 경락인이 낙찰대금을 납부하더라도 그 가등기는 말소되지 않는다.

② 그러나 경락인이 위와 같은 사실이 있음에도 간과하고 낙찰을 받아 소유권이전등기까지 하였다면 경락인은 소유권을 상실하게 될 것이다.

③ 매각대금 납부 이후 가등기권자가 본등기를 하면서 소유권이전을 한 경락인의 이전등기를 말소시켜 버린다면 경락인은 졸지에 소유권을 상실하게 된다.

④ 이와 같이 가등기가 최초근저당보다 앞선 일자로 되어 있는데도 불구하고 경락인이 낙찰을 받아 소유권을 상실하게 된 경우에는 경락인은 다음과 같은 방법에 의하여 구제받을 수 있을 것이다.

㉠ 최고가매수신고 후 잔금지급일 이전에 가등기권자가 본등기를 한 경우 경락인은 민사집행법 제96조 제1항에 의하여 경매법원에 취소를 신청할 수 있다.

ⓛ 매각허가확정 후 매각대금지급 이전에 본등기를 한 경우　매각허가확정 후 경락인이 잔금을 지불하기 전에 가등기권자가 본등기를 한 경우에는 민사집행법 제121조 제6호 후단의 "부동산에 관한 중대한 권리관계가 변동된 사실"을 주장하여 매각허가결정의 취소를 신청할 수 있다(민사집행법 127조 1항).

ⓒ 매각잔금지불 후 배당실시 전에 본등기를 한 경우　이 경우에는 매각으로 인하여 소유권의 이전이 불가능하게 되었던 것이 아니므로 민사집행법 제96조에 따라 집행법원으로부터 그 경매절차의 취소결정을 받아 납부한 낙찰대금을 반환받을 수는 없다고 할 것이나, 아직 배당이 실시되기 전이라면 배당이 실시되기까지 기다려 별소에 의하여 담보책임을 추급하게 되는 것은 가혹하므로, 이 경우 낙찰자는 민사집행법 제96조를 유추적용하여 집행법원에 대하여 경매에 의한 매매계약을 해제하고 납부한 낙찰대금의 반환을 청구하는 방법으로 담보책임을 추급할 수 있을 것이다(대판 1997. 11. 11. 96ㄱ64).

ⓔ 매각대금을 지불 후 배당이 실시된 후 본등기를 한 경우　경락인이 잔금을 납부하고 채권자에게 배당이 실시된 이후에 가등기권자가 본등기를 한 경우라면 민법 제576조, 제578조를 적용하여 채무자를 상대로 계약을 해제하고 대금반환청구를 할 수 있을 것이다. 이때에는 채무자가 무자력일 가능성이 크기 때문에 배당을 받은 채권자를 상대로 반환청구를 하여야 할 것이다. 구체적인 내용은 제1권에서 설명하고 있으니 그곳을 참조하기 바란다.

3. 법정지상권자와 유치권자가 경락인에게 대항할 때

사건번호	소재지	면적(평방)	등기부상권리분석	임차관계	감정평가액
					최저경매가
20–41180	서울시 동작구 대방동 44－5 * 영화초등교 북측인근 * 제반차량출입용이 * 버스정류장 도보 10분 * 부정형 토지 * 서측 8m 포장도로 접함 * 입찰대상이 아닌 건물 있어 법정지상권 성립여지 있음	대602 (182.11평) 건1층 227.26 (83.87평) －소매점 건2층 285.7 (86.25평) 건3층 285.2 －4가구 (257.62) 보존등기 20. 3. 2.	임차권 20. 6. 1. 김상탁 3,000만 근저 20. 6. 2. 한빛은행 13억(롯데월드) 근저 20. 6. 3. 노량진(새) 2억800만 압류 20. 6. 4. 동작세무 가압 20. 6. 5. 박록경 2800만 가등 20. 6. 6. 허영 강제 20. 6. 7. 김상탁 발급일자 20. . .	김태봉 1000/ 월50만 강점용 600/월 50만 김봉님 3억/월 650만	1,770,905,310
					1,133,379,390 한국감정 20/1/22
근린주택 김상탁 김춘자 김춘자				신인주 20. 10. 21. 확정 20. 12. 24. 배당 20. 8. 28. 낙찰이 된 후 임차인 박철수가 경락인에게 유치권 1억원을 주장	결 과
					20. 2. 30. 유찰 20. 3. 29. 유찰 20. 5. 3. 변경 20. 6. 7. 낙찰 20. 10. 11. 낙찰 20. 12. 6. 유찰

(1) 물건개요

본 물건을 근린주택으로 상가와 주택을 겸용으로 사용하고 있는 물건으로서 임차인 김상탁이 보증금 3,000만원을 변제받기 위하여 자기가 살고 있는 집에 강제경매를 신청한 것이다. 등기부상의 각종 권리관계는 한빛은행을 기준으로 이후에 설정되어 있기 때문에 낙찰이 되면 모두 말소가 된다. 임차인 김태봉, 강점용, 김봉님은 주민등록전입을 하지 않은 것으로 보아 상가를 임대차한 것으로 보이고 나머지 임차인의 권리관계는 최초근저당 한빛은행보다 이후에 대항요건을 갖추고 있기 때문에 경락인이 인수부담할 것은 없다. 다만, 본 물건의 문제는 "입찰대상이 아닌 건물 있음, 법정지상권 성립 여지 있음"과 임차인 박철수가 1억원의 유치권 신고를 하였는데 그 존부가 불분명하다고 표기한 내용이다. 이에 대한 법정지상권과 유치권의 법적 성질을 살펴보아야 할 것이다.

법정지상권이나 유치권은 법률의 규정에 의하여 발생하는 물권이기 때문에 등기를 요하지 않는다. 특히 유치권의 경우에는 유치권의 존재에 대해 등기를 요하지 않기 때문에 경락인의 입장에서는 이와 같은 유치권이 있다는 사실을 모르고 낙찰을 받았다가 불의의 손해를 입는 경우가 종종 발생한다.

(2) 유치권의 발생

유치권의 발생은 동산이나 부동산 자체로부터 발생한 채권에 대하여 유치권의 성립을 인정하고 있다. 대법원은 임차인이 부동산 자체를 이용하기 위해 필요비와 유익비를 지출하였다면 임대인에게 그 비용을 반환청구할 수 있고, 반환을 하지 않을 경우에는 부동산을 정당하게 점유할 수 있는 유치권의 성립을 인정하고 있다.5) 따라서 유치권(임차인)자는 필요비와 유익비를 상환받을 때까지 부동산을 점유할 수 있게 된다. 이와 같은 유치권이 발생한 경우에는 유치권자가 법원에 채권의 신고를 하거나 공시방법으로 등기를 요하지 않는다는 점이다. 유치권은 법률의 규정에 의해 발생하는 물권이기 때문에 등기를 요하지 않는다는 점과 채권신고를 집행법원에 신고한 경우에 한하여 인정한다는 규정이 없다는 것이다. 결국 경락인이 이러한 사실을 모르고 낙찰을 받았다가는 명도도 요구할 수 없고 결국 유치권자의 피담보채권까지 변제해야 하는 문제가 발생하게 된다(민사집행법 91조 5항). 이에 대하여는 민사집행법 제83조 제3항, 규칙 제44조 제1항에 규정한 경매개시결정 후의 보전처분에 의하여 경매목적물에 유치비지출 등을 함부로 못하게 하는 방법, 부동산의 가격손상에 따른 매각허가결정의 취소(민사집행법 96조) 그리고 유치권 부존재확인의 소를6) 제기할 수 있다. 그리고 입

---

5) 다만 임대인과 임차인이 임대차계약을 체결하면서 단서 사항에 "임대차 종료 후 원상으로 회복한다"라고 특약을 한 경우에는 필요비와 유익비의 성립을 인정할 수 없다. 왜냐하면 "임차인이 필요비와 유익비를 지출한 경우 임대인에게 그 상환을 청구할 수 있다"는 민법 제626조 제1항 및 제2항의 규정은 임의규정이고 당사자의 특약으로 배척할 수 있기 때문이다. 따라서 임대차계약을 체결하면서 단서 사항에 "임대차계약 종료 후 임차인은 목적물을 원상으로 복구한다"라고 특약을 한 것은 임차인이 필요비와 유익비의 청구를 임대인에게 청구할 수 없다는 문구이다. 그리고 필요비는 임차인이 필요비를 지출한 후 즉시 청구할 수 있는데 이때 즉시 청구하지 못한 경우에는 계약 종료 후 6개월 내에 청구해야 유효하다. 그리고 유익비는 유익비 지출 후 즉시 청구할 수는 없고 계약 종료 후 6개월 내에 청구해야만 유효하기 때문에 만약 임차인이 위의 기간이 경과한 후에 필요비와 유익비에 대해 유치권을 주장한다면 그 성립이 인정될 수 없을 것이다.

법적인 개정방안으로 민사집행법 제91조 제3항과 제4항의 인수주의와 소제주의를 준용해야 하며 경매개시결정 이후의 유치권자는 배당요구의 종기일까지 채권신고를 하여야 하고 이외에 피담보채권의 존부는 확정판결의 결정에 의하여 인정하는 방향 등 다양한 개정방안이 필요하다고 본다.

(3) 법정지상권의 발생

법정지상권은 토지에 대해 저당권을 설정할 당시 건물이 존재하고 토지와 건물소유자가 동일한 상태에서 토지와 건물소유자가 다르게 되었을 때 건물소유자에게 법정지상권을 인정하고 있는 제도이다. 법정지상권이 발생할 수 있는 토지를 경락받은 자는 건물소유자에게 지상권과 동등한 효력을 인정하여 줌으로써 전혀 사용할 수 없는 토지를 경락받게 되고 상당한 손해를 당하게 된다.

(4) 경락인이 구제받는 방법

1) 매각허가 이전인 경우 구제방법

매각허가를 받기 전까지 인수해야 할 유치권과 법정지상권이 있다는 사실을 경락인이 알게 되었다면, 경락인은 민사집행법 제121조 제5호·제7호에 의한 매각허가에 대한 이의신청을 할 수 있을 것이다. 즉, 제121조 제7호의 규정에 의한 경매절차에 그 밖의 중대한 잘못이 있는 때에 해당하기 때문에 매각허가에 대한 이의신청을 할 수 있을 것이다.

2) 매각허가 확정 이전에 구제방법

매각허가 이후 확정 전이면 민사집행법 제121조 제5호·제7호의 사유를 이유로 하여 즉시항고를 제기하고 불허가신청을 하면 된다(민사집행법 130조).

3) 매각허가 확정 이후 매각대금납부 이전에 구제받는 방법

천재지변, 그 밖에 자기가 책임을 질 수 없는 사유로 부동산이 현저하게 훼손된 사실 또는 부동산에 관한 중대한 권리관계가 변동된 사실이(동법 121조 6호) 매각허가결정의 확정 뒤에 밝혀진 경우에는 매수인은 대금을 낼 때까지 매각허가결정의 취소신청을 할 수 있다. 이에 대하여 이해관계인은 즉시항고를 할 수 있다.

---

6) 대판 2004. 9. 23. 2004다32848.

예컨대 낙찰허가(매각허부결정)확정일 이후부터 대금납부일 이전에 대항력의 요건을 갖춘 후순위 주택임차인이 선순위 근저당권자의 피담보채권액을 대위변제하고 매수인에게 대항력을 행사하는 경우, 이때 매수인은 매각허가결정의 취소를 집행법원에 신청하여 부증금을 반한반을 수 있다.

판례는 "임의경매절차가 진행되어 그 낙찰허가결정이 확정되었는데 그 낙찰대금 지급기일이 지정되기 전에 그 낙찰목적물에 대한 소유자 내지 채무자 또는 그 매수인의 책임으로 돌릴 수 없는 사유로 말미암아 그 낙찰목적물의 일부가 멸실되었고, 그 낙찰인이 나머지 부분이라도 매수할 의사가 있어서 경매법원에 대하여 그 낙찰대금의 감액신청을 하여 왔을 때에는 경매법원으로서는 민법상의 쌍무계약에 있어서의 위험부담 내지 하자담보책임의 이론을 적용하여 그 감액결정을 허용할 수 있다"고[7] 판시하고 있다. 여기서 낙찰목적물의 일부가 "멸실"된 때라 함은 물리적인 멸실뿐만 아니라 경매개시결정이 취소되는 등의 사유로 낙찰인이 당해 목적물의 소유권을 취득할 수 없게 된 경우도 이에 포함된다.[8]

4) 매각대금 납부 후 배당 이전에 구제방법

매각대금을 지급한 이후이면 문제가 복잡해지는데, 만약 입찰물건명세서에 경락인수의 대상이 되는 법정지상권의 존재를 명시하지 아니하여 경락인이 매각대금을 완납한 후 매수의 목적을 달성할 수 없게 된 경우에는 민법 제575조 제1항에 따라 계약을 해제할 수 있을 것이고, 법정지상권자의 행사로 말미암아 경락인이 취득한 권리를 상실한 경우에는 민법 제575조 제1항에 따라 채무자나 채권자에게 담보책임을 주장할 수 있을 것이다. 여기서 민법 제575조의 "목적을 달성할 수 없는 경우"란 제3자의 입장에서도 "그러한 경우라면 본인도 낙찰받지 않았을 것"이라고 여길 정도의 객관적 하자를 의미한다. 만약 경미한 사안의 문제인 경우라면 배당기일 전에 민법 제578조에 따라 대금감액을 청구하여 치유할 수 있을 것이다.

5) 매각대금 납부 후 배당 이후의 구제방법

그리고 배당이 완료된 이후면[9] 1차적으로 채무자를 상대로 반환청구를 하고

---

7) 대결 1979. 7. 24. 78마248, 대결 2004. 12. 24. 2003마1665.

8) 대결 2005. 3. 29. 2005마58.

9) 경매의 목적물에 대항력 있는 임대차가 존재하는 경우에 경락인이 이를 알지 못한 때에는 경락

채무자가 자력이 없을 때는 2차적으로 배당을 받아간 채권자들을 상대로 반환청구를 하여 구제받을 수 있다. 이때 채권자들이 반환해야 할 금액은 낙찰대금보다 반환해야 할 총액이 적은 때에는 각 채권자들은 각자가 배당받은 금액에서 채권금액의 비율에 따라 반환해야 할 것이다. 그러나 낙찰대금보다 반환해야 할 금액이 더 많을 때에는 각 채권자는 채권금액에 관계없이 배당받은 금액 전부를 반환해야 할 것이다. 이에 따른 경락인의 소유권이전 말소의무와 채무자 또는 배당채권자의 배당금반환의무는 동시이행의 관계에 있다. 사세한 내용은 제1권에서 설명하고 있으니 그곳에서 살펴보도록 한다.

인은 이로 인하여 계약의 목적을 달성할 수 없는 경우에 한하여 계약을 해제하고 채무자 또는 채무자에게 자력이 없는 때에는 배당을 받은 채권자에게 그 대금의 전부나 일부의 반환을 구하거나, 그 계약해제와 함께 또는 그와 별도로 경매목적물에 위와 같은 흠결이 있음을 알고 고지하지 아니한 채무자나 이를 알고 경매를 신청한 채권자에게 손해배상을 청구할 수 있을 뿐, 계약을 해제함이 없이 채무자나 경락대금을 배당받은 채권자들을 상대로 경매목적물상의 대항력 있는 임차인에 대한 임대차보증금에 상당하는 경락대금의 전부나 일부를 부당이득하였다고 하여 바로 그 반환을 구할 수 있는 것은 아니다(대판 1996. 7. 12. 96다7106).

4. 임차인의 보증금을 경락인이 물어주어야 하는가?

사건번호	소재지	면적(평방)	등기부상권리분석	임차관계	감정평가액 최저경매가
20-33575 아파트 한솔상호 김성은	서울시 강남구 삼성동 진흥아 파트 3동1403호 철콘조슬래브지붕 청담역남동측지붕 역사문화미관지구 일반주거지역	대 116.34/226 49.9 건207.82 (62.87평) 방6, 화장실2 20. 5. 29. 준공 15층 아파트	압류 20. 11. 22. 강남구청 가압 20 . 12. 19 백기호 500만 가압 20. 12. 20 류봉렬 근저 20. 10. 2. 김경선 1억3천만 압류 20. 11. 5. 동대문구청 강제 20. 12. 27. 한솔상호 (여신관리2팀)	박재웅 20. 7. 2 전입 확정 20. 7. 7 1억 배당 요구 (소유자의 사위)	900,000,000 576,000,000 생림감정 20/5/14 **결 과** 20. 6. 21. 유찰 20. 7. 26. 유찰

① 위의 경우 임차인 박재웅은 소유자의 사위이지만 주민등록은 단독으로 전입신고를 하였기 때문에 임차인으로 인정받게 된다.

② 임차인은 최초근저당보다 앞선 일자로 주민등록전입과 확정일자를 받았기 때문에 경락인에게 대항할 수도 있고, 법원에서 배당도 받을 수 있는 막강한 효력을 가지게 된다.

③ 본 물건은 이와 같은 요건을 갖춘 임차인이 입찰에 참여하였으나 떨어지고 다른 사람에게 낙찰이 되자 임차인이 권리신고 및 배당요구신청한 것을 철회하여 문제가 발생한 것이다.

④ 경락인이 입찰 당일에 임차인이 배당요구신청한 것을 확인하고 낙찰을 받았는데 이후 임차인이 배당요구를 철회할 때에는 경락인은 예상치 않은 임차인의 보증금을 추가로 인수하게 된다.[10] 따라서 새로운 민사집행법에서는 이에 배

10) 2002년 7월 1일 전까지 시행된 구 민사소송법에서는 이럴 때 낙찰자는 배당요구신청한 것을 낙찰허가일 전까지 철회할 수 있고, 집행법원은 경락인의 보호를 위하여 불허가 결정을 하였다. 본

당요구의 철회를 할 수 없도록 명문규정을 두고 있다(민사집행법 88조 2항).[11]

⑤ 민사집행법 제88조 제2항에서는 경락인에게 보증금의 인수를 주장할 수 있는 대항력과 확정일자를 받은 임차인이 배당요구를 신청하였다가 다시 철회를 한 경우에도 배당을 실시하고 수령을 하지 않은 경우에는 공탁을 한다. 그리고 배당요구신청의 종기를 매각허가일까지가 아닌 첫 매각기일 이전의 배당요구 종기일까지 할 수 있도록 새로운 규정을 두게 되었다(민사집행법 84조 1항).

5. 가장임차인이 경락인에게 대항력을 주장하여 보증금을 달라고 주장할 때

낙찰을 받고 난 후 현장에 가보면 매각물건명세서에 나타나지 않은 임차인이 대항력을 주장하여 경락인이 추가로 임차인의 보증금을 부담하는 경우가 가끔 있다. 이때 경락인은 상당히 당황할 것이다. 입찰당일날은 임대차 현황조사보고서에 "임차인 없음"이라고 되어 있어 안심하고 낙찰을 받았는데 나중에 현장조사에서 전혀 다른 법률관계로 임차인이 있고 더구나 대항력 있는 임차인임을 주장하여 보증금의 인수를 주장한다면 누구나 깜짝 놀랄 일이다. 이때 경락인은 다음과 같은 권리분석에 따라 구제받을 수 있을 것이다. 우선 최저경매가격의 결정 또는 물건명세서의 중대한 하자를 이유로 매각허가일 이전이라면 매각허가에 대한 이의신청을 할 수 있을 것이다(민사집행법 121조 5호). 그러나 매각허가가 결정되고 매각허가확정 전이라면 즉시항고를 하여야 할 것이다. 이런 경우에는 경락인이 불허가 신청을 하지 않더라도 법원이 직권으로 조사하여 매각을 불허가할 수가 있다(민사집행법 123조 2항). 예전과 달리 지금은 이런 경우에 법원이 직권으로 매

사례 물건은 이에 따라 불허가 결정이 되었고 경매는 다시 한달 후에 진행이 되어 다른 사람이 낙찰을 받았고, 임차인은 낙찰이 되자 다시 배당요구를 신청하였는데, 집행법원에서는 1순위 배당을 받을 수 있는 임차인임에도 불구하고 금반언 및 신의칙에 위반된다고 하여 배당에서 제외를 시켜 버렸다. 결국 임차인은 경락인에게 보증금만 반환받고 이사를 가고 말았는데, 왜 임차인은 새로 배당요구 신청을 하여 법원에서 배당을 받으려고 하였는지 잘 생각해보자! 좀 야비한 사람이란 생각이 들지 않는가……이러한 폐단 때문에 새로운 민사집행법에서는 본 규정을 개정하였다.

11) 2002년 7월 1일부터 시행되고 있는 새로운 민사집행법 제88조 제1항에서는 "배당요구에 따라 경락인이 인수하여야 할 부담이 바뀌는 경우에는 배당요구를 한 채권자는 배당요구의 종기가 지난 뒤에 이를 철회하지 못한다"라고 규정하였다. 따라서 임차인은 첫 경매이전에 배당요구를 하고 나중에 낙찰허가일 전에 배당요구를 철회하여 경락인에게 불의의 보증금을 인수하게 할 수가 없다.

각 불허가를 내리고 임대차현황을 다시 조사하여 입찰을 진행한다.[12]

대개 이런 경우는 집주인과 임차인이 친인척지간으로 임차인의 주민등록이 단독세대로 되어 있으면서 최초근저당보다 앞선 일자로 되어 있다는 것을 이용하여 경락인에게 보증금의 인수를 주장하는 경우에 종종 발생하게 된다. 주민등록 전입이야 임의대로 변경을 할 수 없지만 계약서는 당사자 간에 얼마든지 수정 내지 변경을 할 수 있기 때문에 일부 채무자는 주민등록전입이 최초근저당일자보다 빠른 친척을 내세워 경락인에게 대항력을 이유로 보증금의 인수를 주장하는 경우가 있게 된다.

【매각대금 감액신청서】

매각대금 감액신청서

사건 20 타경 33664호 부동산 임의경매
최고가매수신청인 김영숙

이 사건에 관하여 최고가 경매신청인에게 다음과 같은 사유가 있으므로 매각대금을 감액하여 주시기 바랍니다.

신 청 취 지

수원지방법원 20 타경33664호 부동산임의경매 사건에 대하여 20. 10. 29.자 선고

---

12) 구민사소송법 제617조의2(민사집행법 105조)가 집행관에 의한 현황조사와 함께 경매물건명세서 제도를 도입하여 집행법원으로 하여금 경매물건명세서를 작성하고 그 사본을 비치하여 일반인에게 열람할 수 있도록 규정한 것은 일반인에게 경매대상 물건을 표시하고 그 현황과 권리관계를 공시하여 매수희망자가 경매대상 물건에 필요한 정보를 쉽게 얻을 수 있게 하여 예측하지 못한 손해를 방지하게 하고자 함에 있으므로, 같은 법 제635조 제2항(민사집행법 123조 2항), 제633조 제6호(민사집행법 121조 5호)에 의하여 직권에 의한 경락불허가사유가 되는 '물건명세서의 작성에 중대한 하자가 있는 때'에 해당하는지의 여부는 그 하자가 일반 매수희망자가 매수의사나 매수신고가격을 결정함에 있어 어떠한 영향을 받을 정도의 것이었는지를 중심으로 하여 부동산 경매와 경매물건명세서 제도의 취지에 비추어 구체적인 사안에 따라 합리적으로 판단하여야 하고, 이러한 법리는 경매에 갈음하는 입찰의 경우에도 마찬가지이다. 입찰기일까지 입찰물건명세서에 입찰목적물인 주택의 임차인의 전입신고일자가 저당권 설정일자보다 앞선 일자로 잘못 기재되어 있어 임차인이 대항력을 갖춘 것처럼 보이게 되었는데 임차인이 입찰기일까지 배당요구를 하지 않은 경우, 일반 매수희망자들은 그 주택을 낙찰받을 경우 임대인으로서의 지위를 승계하게 될 것으로 생각할 것이므로, 그러한 입찰물건명세서상의 하자는 매수희망자들이 매수의사나 매수신고가격을 결정함에 있어 중대한 영향을 미치는 중대한 하자에 해당한다(대판 1999. 9. 6. 99마2696).

한 매각허가결정 중 최고가 입찰가격을 금 36,000,000원으로 감액결정한다
라는 재판을 구합니다.

신 청 이 유

1. 신청인은 노부모를 모시고 살기 위하여 집을 구하는 중 법원의 경매에 의하여 구입을 하면 시세보다 싸게 구입할 수 있다는 말을 듣고 법원에 와서 알아보았더니, 마침 이 사건 아파트가 좋을 것 같아 법원에 비치된 감정평가서 및 현황조사보고서 등을 면밀히 검토한 후 주위 사람들에게 이상이 없느냐고 물어 보았더니 서류상 아무 이상이 없다고 하여 금 71,000,000원에 입찰을 하여 낙찰을 받게 되었습니다.

2. 그 후 낙찰이 허가되었고, 나중에 알고 보니 임차인이 항고를 제기하였다는 말을 듣고 아연실색하였습니다.

3. 법원의 명령에 의하여 집행관이 조사한 현황조사보고서에 임대차가 없고 소유자가 점유하고 있다고 되어 있고 입찰물건명세서에도 "임대차없음"이라고 작성되어 있어 이를 믿고 낙찰을 받았던 것입니다.

4. 그런데 이 사건 기록을 살펴보면 교묘히 법원 및 낙찰인을 기망하였음을 알 수 있습니다.

　　가. 이 사건 부동산상에 임대차가 존재하지 않은양 있다가 매각허가결정이 선고되자, 매각허가결정에 대한 항고기간 만료일인 20. 11. 5.에 최선순위인 이 사건 아파트에 전세보증금 35,000,000원에 임차하여 20. 4. 26. 전입신고를 마친 안정회가 권리신고 및 배당요구신청도 없이 항고장을 제출함으로써 낙찰인이 잔금납부를 사실상 포기토록 하였습니다.

　　나. 그리고 기록에 첨부한 위 임차인 안정회의 권리신고 및 배당요구신청서는 낙찰허가 이튿날인 20. 10. 30. 접수 제46067호로 귀원에 접수되었는데 당시 기록에 위 서류가 첨부되어 있지 않아 낙찰인이 위와 같은 선순위 임차인이 존재한 줄 알았더라면 항고를 제기하였을 것인데 그 기회가 박탈된 채 같은 문서가 20. 11. 18. 접수 제34132호로 다시 접수되어 기록에는 나중에 편철된 것입니다.

5. 낙찰인이 이 사건 부동산을 낙찰받음에 있어 선의이며, 과실 없음이 명백하므로 낙찰인에게 민법 제575조 및 제578조를 적용하여 낙찰인이 부담할 임차인의 임차금 35,000,000원을 매각대금에서 감액받고자 이 신청에 이른 것입니다.

첨 부 서 류

1. 입찰물건명세서 사본 1통
2. 주민등록등본　　　　 1통
3. 권리신고 및 배당요구신청서 사본 1통

　　　　　　　　　　　　　　20. 2.
　　　　　　　　　신청인(낙찰인)　김영숙　(인)

수원지방법원 귀중

가장 임차인을 찾아내는 방법은 저당권을 설정한 금융기관에 문의를 하면 알 수가 있다. 금융기관에서는 저당권을 설정할 때 임차인의 유무를 확인한 후 대출하여 주고 있기 때문이다. 위와 같이 단독세대로 주민등록이 되어 있는 사람이 있을 때에는 금융기관에서는 당사자를 은행에 나오라고 하여 임차인이 아니라는 각서를 받고 대출을 하여 주고 있다. 이때에 경락인은 임차인이 각서한 것을 복사하여 두고 있다가 가장임차인이 대항력을 주장하면 가짜임차인임을 밝힐 수가 있을 것이다.

다음과 같은 제반자료가 가장임차인임을 밝힐 수 있는 서류가 될 것이다.

① 가장임차인과 소유자 사이에 임대차 보증금을 주고 받은 영수증

② 임대차계약서상에 나타나 있는 중개업자의 진정성이나 임대차 보증금액이 고액이면서 중개업자란에 기재가 없는 경우

③ 방 4개에 주인과 세입자 3명이 거주하는 경우

④ 임대차계약서에 표기된 전화번호와 임차인의 전화번호가 일치하는지 여부

⑤ 공동주택의 경우 입주자 확인원에 기재되어 있는지 여부

⑥ 담보권을 설정할 때 임대차 현황조사관계의 내용, 이때 임차인 "있음", "없음"에 대해서 누가 진술하였는지

⑦ 집행관의 임대차 현황조사서상에 임차인 "있음", "없음"에 대해서 누가 어떻게 진술하였는지

⑧ 권리신고 및 배당요구신청서 등의 통지를 임차인이 수령하였는지, 자필 확인관계 등

⑨ 감정원의 임대차 현황조사관계서

⑩ 경락인에게 대항할 수 있는 임차인이 보증금액이 고액인데도 불구하고 확정일자를 받지 않은 경우는 일단 의심은 할 수 있지만 채무자가 기존에 가지고 있던 채권을 임대차 보증금으로 전환하기로 약정한 경우에는 인정을 하고 있다. 따라서 이것만으로는 단정적으로 단언하기는 어렵다.

⑪ 임차인으로 인정받기 위해서는 목적물을 임차목적으로 사용·수익하고 있음을 요한다.

⑫ 경비나 이해관계인의 가장임차인이라는 진술에 대한 녹취

그러나 진정한 임차인임에도 매각물건명세서에 잘못 기재되어 낙찰을 받은 경우 매수인(낙찰자)는 다음과 같은 각 경매절차 단계에 따라 구제를 받게 된다.

우선 매각허가 확정 전이면 매각불허가 신청을 하면서 임대차현황조사를 다시 하여 줄 것을 신청할 수 있을 것이며, 잔금을 납부하여 배당을 한 상태라면 채무자나 채권자를 상대로 민법 제578조를 주장하고 대금반환을 청구할 수도 있다. 이때에는 경락인은 매각허가에 대한 계약을 해제하고 대금반환의 청구를 해야 한다. 그러나 대항력 있는 임차인이 있다는 사실을 경락인이 이미 매각물건명세서를 통해 알고 있었는데, 보증금을 주지 않기 위해 가장임차인임을 주장하는 경우에는 이를 인정하지 않는다.

입찰보고서

경매로 부동산을 매입하기 위해서는 철저한 법적인 권리분석과 물건분석을 하여야 손해를 당하지 않게 된다. 아래에 있는 국내외 부동산 입찰양식을 이용하여 보고서로 제출하면 합리적일 것이다.

 제1항 국내 부동산 입찰보고서

입찰물건보고서

목   차

Ⅰ. 부동산 표시
Ⅱ. 주변입지분석
Ⅲ. 권리분석
Ⅳ. 적정입찰금액
Ⅴ. 부속서류

사건번호 :
주   소 :
소 유 자 :

(주) 경매정보

Ⅰ. 부동산표시

1. 부동산개요

주 소					
토지면적		건물 연면적		건물 층수	
감정가액		시 세		입찰금액	
현소유자		채권자		채무자	
현 장 조사자명		현장조사일자			

2. 토지표시

면 적	m²	도로조건		
경사도		방향		
형 상		지목	공부 상실제	
공시지가		주변지역시세		
공 법 상 제약사항				

3. 건물표시

신축연도				
건물구조	공부상			
	현 황			
건물용도	공부상			
	현 황			
층별면적 및 용도	층	면 적	용 도	
				현 건물상태에 대한 소견
	총 면적 :			

II. 주변입지분석

1. 위치 및 　주변환경		
2. 지역적 분석		
3. 개별적 분석		
4. 도로상황		
5. 주변상권 현황		
6. 시세분석	거래시세	
	현재시세	
7. 입지분석에 대한 　종합적인 견해		
8. 매입 후 이용 　개발에 관한 　견해		

Ⅲ. 권리분석

1. 등기부상 권리관계

채권종류	권리자	설정일	채권최고액	비 고

2. 등기부상 권리관계에 대한 분석

* 권리분석견해	

3. 임대차현황조사

점유부분	성 명	임차금액	주민등록일	확 정 일	실거주 여부	점유용도	비 고

3-1. 주민등록등본열람내용

성 명	전입신고	성 명	전입신고

4. 임대차현황조사분석견해

* 임대차분석 견해	

5. 종합권리분석견해

* 종합분석견해	

Ⅳ. 적정입찰금액

1. 낙찰사례

소 재	지 면	적	감 정 가	낙 찰 가	비 고(%)

2. 입찰금액산정방법

입찰가액		
각 제세공과금	취득세	
	등록세	
	교육세	
	채권매입액	
	인지세	
	농어촌특별세	
	등기말소건수	
리스크 여부 및 금액		
실질입찰금액 (입찰가액+부대비용)		

3. 입찰전략

예 상 안	응찰상황	응찰예상가격	총소요비용	비 고
A안	단독입찰시			
B안	경쟁입찰시			
C안	상 한 선			
D안	하 한 선			

4. 최종입찰금액에 대한 견해

감정금액	최종입찰금액	감정가액대비 입찰가 비율(%)	입찰금액에 대한 견해 및 근거

5. 최종낙찰금액에 대한 평가견해

낙찰최종평가	

6. 매입 후 처분방안

임 대	
매 매	
기 타	

V. 부속서류

별첨 1. [원경사진]　　　　　별첨 2. [근경사진]

별첨 3. [지번도]　　　　　　별첨 4. [위치도]

별첨 5. 토지 등기부등본
별첨 6. 건물 등기부등본
별첨 7. 토지대장(지가확인)
별첨 8. 건축물관리대장
별첨 9. 토지이용계획확인원
별첨 10. 주민등록 열람기록확인원

제2항 국외 부동산 입찰보고서

Ⅰ. 물건분석 요약표(Property Information)

구 분(Area)		내 용(Description)
	번호(No.)	
	감정가(Appraised value)	
	시장가격(Market price)	6억
	경매예상낙찰가 (Expected winning price)	4억 7천만원
	접수일(Application date)	
	낙찰경매차수(예상) [Round of successful bidding(forecast)]	

1. 인수되는 권리(Rights to take over)

채권종류 (Credit type)	권리자 (Owner)	설정인 (Date of right setting)	채권최고액 (Maximum amount)	비고 (Remarks)
없음				

2. 인수되는 임대차(Leases to take over)

성 명(Name)	임차금액(Lease amount)	전입일(Move in date)	비고(Remarks)
없음			

3. 종합의견(General opinion)

본건의 부동산은 한밭대교의 5거리를 끼고 있으면서 전방에는 왕복 6차선 도로를 접하고 있는 교통관계가 상당히 좋은 위치에 자리 잡고 있다. 또한 대전 농수산물시장이 길건너편에 있어 농수산 시장을 중심으로 하여 각종 도매시장이 줄지어 들어서고 있다. 본 부동산도 농수산물 시장이 근접하고 있어 각 점포가 농수산물도매시장으로 사용하고 있는 것으로 파악할 수 있다. 현재 점포들은 공실이 없는 것으로 보아 장사가 잘 되는 것으로 파악된다.

등기부상에 설정되어 있는 각종 채권액은 경락으로 인하여 모두 말소되고 경락인은 추가로 부담해야 할 권리관계나 금액이 없어 안심하고 매입해도 될 것이다.

본건의 부동산에는 여러 명의 임차인이 살고 있는데 이들은 사무실로 사용하고 있기 때문에 보증금을 반환받을 수 있는 법적 근거가 없다. 따라서 경락인의 입장에서는 보증금 인수문제는 없고 단지 임차인이 이사를 가지 않을 경우 인도명령 내지 명도소송을 하여 강제적으로 내보내면 된다. 이에 대한 비용으로 약 2천만원을 추가로 책정하여 놓고 입찰에 참여해야 할 것이다. 현 상태대로 유지하여 임대수익을 올리는 방안도 검토되고 있다.

Ⅱ. 물건 분석표(Property Information)

1. 개요(Overview)

주 소 Address	대전 대덕구 오전동 72 − 1	도시명 City	대전	도 Province	충남
토시면석 Lot Size	788㎡	건물 층수 Floors	지하1층, 지상2층	건물연 면적 Floor Size	494㎡
낙찰예정가액 Expected Winning Price			4억 7천만원		
현소유자 Current Owner	송길자외 5명	채권자 Creditor	(주)충청은행	채무자 Debtor	(주)대풍건설
현장조사 자명 Site Inspector	최석민	현장조사일자 Site Inspection Date	20. 11. 22.		

2. 토지(Land)

면 적 Size	788㎡	가로조건 Access Road		왕복6차선도로접
경사도 Slant Degrees	수평	방향 Direction		동향
형 상 Shape	직사각형	지목 Land Purpose	공부상 Official	대지
			실제 Actual	대지
공시지가 Official Land Price	1,240,000(원/㎡)	주변지역시세 Neighbors Price		6억 8천만원
공법상 제약사항 Regulatory Restrictions	도시지역 일반주거지역 미관5종지구			

3. 건물(Building)

신축연도 Completion Year			20. . .			
건물구조 Building Structure	공부상 (Official)	철근콘크리트				
	실 제 (Actual)	동일				
건물용도 Building Usage	공부상 (Official)	점포, 다방, 사무실				
	실 제 (Actual)	동일				
층 별 면적 및 용도 Size/Usage by Floor	층 (Floor)	면적 (Size)	용도 (Usage)	제시외부분 Additionals	구조 Structure	사무실
	지층 1층 2층	103㎡ 328㎡ 62	다방 점포 사무실			
					층 수 Floor	2층
					면 적 Size	약250㎡
					용 도 Usage	사무실
	총 면적(Total Size) : 493㎡					

Ⅲ. 물건권리분석표(Property Analysis Information)

1. 권리관계분석(Rights Analysis)

채권종류 (Credit type)	권리자(Owner)	설정일 (Date of right setting)	채권최고액 (Maximum Amount)	비 고 (Remarks)
가압류	윤순병외2명	20. 6. 30.	68,000,000	
근저당	(주)충청은행	20. 10. 6.	1,130,000,000	
근저당	박재관	20. 9. 11.	45,000,000	
근저당	함영실	20. 6. 11.	45,000,000	
근저당외10명	이장호	20. 6. 11.	45,000,000	

2. 임대차내역(Leases)

점유부분 Leased Part	성 명 Name	임차금액 Amount	전입일 Move-in Date	확정일 Date of Move-in Certification	실거주 여부 Actual Dwelling	점유용도 Usage	비 고 Remarks
지층	다방	미상	없음		점유	다방	
1층	정육점	미상	없음		점유	정육점	
1층	현진상회	미상	없음		점유	현진상회	
〃	대진상사	미상	:		점유	대진상사	
〃	성진상사	미상	〃		점유	성진상사	
〃	아사상사	미상	〃		점유	아사상사	
〃	매일상사	미상	〃		점유	매일상사	
2층	사무실	미상	:		점유	사무실	

3. 주민등록 열람내역(social ID Document Reading)

성 명(Name)	전입신고(Move-In Date)	성 명(Name)	전입신고(Move-In Date)
해당사항 없음			

4. 권리관계에 대한 의견(Comment on Rights)

G-2. 임대차에 대한 의견(Comment on Lease)

최초근저당(주)충청은행을 기점으로 하여 경락이 되었을 경우 모두 말소되기 때문에 아무런 문제가 없다.	임차인의 보증금은 임대차보호법의 적용을 받지 않기 때문에 경락인이 인수부담할 염려는 없다.

5. 입지조건분석(Site Conditions)

위치 및 주위환경 Location & Surroundings	농수산물시장 전면 앞에 위치하고 있다. 주변지역은 상가와 시장으로 둘러 쌓여 있다.	
교통상황 Traffic Conditions	전방도로가 왕복 6차선도로로 접하고 있다.	
주변상권형성 여부 Nearby Commercial Area	대전농수산물시장을 전면으로 하여 있고 이것을 중심으로 하여	
	주변지역은 도매시장으로 상가들이 줄줄이 이어져 있다.	
가시성 정도 Visibility	농수산물 시장이 인접하고 있어 향후 시장성은 상당히 좋아질 것으로 보인다.	
차량출입 여부 Vehicle Access	접근 가능	
시세분석 Market Price Analysis	현재매물 Businesses on Sale	약 6억원선 정도
	거래사례 Traded Case	최근사례 없음

6. 낙찰사례분석(Similar Cased)

소재지(Address)	면 적(Size)	감정가 (Appraised Value)	낙찰가 (Winning Value)	비고(%) (Remarks(%))
대전 대덕구 오정동 235-4	대323 1층점포 176 외4층 지층1층 20년 준공	551,322,300 20. 1. 5.	238,000,000 20. 6. 15. 낙찰	43% (감정가대비)
대전 대덕구 중리동 178-15	대 182. 1층 84 2층 49 지층 51	120,000,000	84,000,000	70% (감정가대비)

7. 입찰방안(Bidding Plan)

낙찰참여 평가근거 Rationale of Bidding Participation	시장금액을 6억원선으로 보고 20%씩 2회 유찰된 최저금액 3억 8천만원을 최저금액으로
	보고 경쟁입찰시 4억 7천만원을 쓰고 낙찰받는 것이 향후 발전가능성 있는 점을 감안하여 입찰에 참여

예상안 Option Plans	응찰상황 Bidding Status	응찰예상가격 Expected Bidding Price	총소요비용 Total Cost	비 고 Remarks
A안 Plan A	단독입찰시 One Bidder	3억 9천만원	424,154,000	
B안 Plan B	경쟁입찰시 Several	4억 7천만원	514,154,000	
C안 Plan C	Bidders 상한선 Ceiling	5억원	544,154,000	

8. 비용분석(Cost Analysis)

낙찰적정가액 Proper Winning Price	본권의 주변지역은 농수산시장을 비롯하여 시장성이나 투자가치가 있어 4억 7천만원이 적정하다고 보인다.	
각 제세공과금 Taxes	취득세(Acquisition Tax)	9,400,000
	등록세(Registration Tax)	9,400,000
	교육세(Educational Tax)	188,000
	채권매입액(Bond Purchase)	
	인지세(Stamp)	
	농어촌특별세 (special Agricultural Tax)	940,000
	등기말소건수 (# of Cleaned Rights)	14건×2만원=280,000원
리스크 여부 및 금액 Risk and Value	명도비용으로 약 2천만원을 잡고 입찰에 참여해야 한다.	
총 액(Total)	510,208,000원	

9. 구입 후 활용대안(Future Use)

물건종목에 대한 적용법률 Related Regulations	임대차보호법은 적용이 안되고 경락대금 후에 임차인을 상대로 명도 소송을 해야 할 법률문제가 남아 있다.
구입 후 활용방안 Future Use	농수산물시장이 바로 앞에 있어 앞으로 본건의 부동산을 농수산물 도 매상으로 활용할 수 있는 방안으로 나아갈 때 상당한 수지 타산이 나올 것 같다.

Ⅳ. 물건조망 분석표(Property View Information)

Page.5

별첨 1. [원경사진]
(Appendix 1[Entire View])

별첨 2. [근경사진]
(Appendix 2[Close View])

별첨 3. [지번도]
(Appendix 3[Address Map])

별첨 4. [위치도]
(Appendix 4[Location Map])

별첨 5. 토지 등기부등본(Appendix 5[Copy of Registration Document])
별첨 6. 건물 등기부등본(Appendix 6[Copy of Building Registration Document])
별첨 7. 주민등록열람기록확인원(신청서 사본)(Appendix 7. Copy of Social ID Document Read Request Form)

제 3 항 입찰약정서

약 정 서

　본 약정은 민사집행법에 의한 경매사건과 국세징수법 그 밖의 법령에 의한 공매 부동산에 관한 권리분석, 매수신청 또는 입찰신청의 대리를 하기 위해 양 당사자 간에 다음과 같이 약정을 체결한다.

1. 경매물건의뢰

일자		관할법원		사건번호	
종별		소재지			
감정가		내정가			
기타					

2. 약정자

본인 (갑)	성명		주민등록번호	
	주소		전 화	
대리인 (을)	회사	(주)흰 구름 따라 저 산을 넘어서		
	연락처	777-5757		

3. 내용

(1)	갑은 업무위임 약정금조로 ○○만원을 을에게 예치함.
(2)	경매당일 을의 귀책사유로 당해물건에 응찰하지 못하였을시 을은 약정금의 배액을 배상하여야 한다.
(3)	업무수행에 따른 수수료 및 제비용은 (감정가격의 %　　또는　　원정)으로 하고 낙찰일 을에게 지불한다.
(4)	인도 및 명도에 따른 업무는 ○○○의 부담으로 한다.
(5)	소유권 이전에 따른 등기 및 제세공과금 납부 업무는 ○○○이 한다.

20. 7. 7.

의뢰인(갑) :　　　　(인)

회사(을) :　　　　(인)

　　법무사는 법무사법 제2조 제1항 제5호, 중개업자는 공인중개사법 제14조 제2항에 의하여 민사집행법에 의한 경매 및 국세징수법 그 밖의 법령에 의한 공매 대상 부동산에 대한 권리분석, 매수신청 또는 입찰신청의 대리행위를 할 수 있다. 여기서 법무사는 부동산 이외의 물건에 대해서도 재산취득에 관한 상담, 매수신청 또는 입찰신청의 대리행위를 할 수 있지만 중개업자는 부동산에 한하여 권리분석 및 취득의 알선과 매수신청 또는 입찰신청의 대리행위를 할 수 있다.

　　주의할 점은 명도에 관한 업무는 변호사법과 저촉되기 때문에 할 수 없다. 따라서 이에 관한 내용은 약정서에 게재하지 말아야 할 것이다.

제 13 절
투자요령

1. 임야

경매로 임야를 낙찰받는 것은 일반매매로 매입을 하는 것보다 유리한 점이 많다. 우선 싸게 매입할 수 있다는 점도 들 수 있지만 자격조건이 까다롭지 않다는 점이다. 즉, 일반매매로 임야를 매입하는 경우에는 임야매매증명원을 발급받아야 하지만 경매로 매입할 때는 임야매매증명원이 필요없고 경락인이 낙찰받아 잔금만 지불하면 바로 소유권이전등기를 할 수 있다. 그래서 사업을 하는 사람들이 담보물로 이용하기 위해 임야를 경매로 매입을 하는 경우가 종종 있다.

또한 임야를 경매로 매입하는 경우에는 잔금을 지불하고 명도를 할 필요가 없다는 장점이 있다. 경매로 부동산을 매입하는 데 있어 제일 어려운 점이 "권리분석"과 "명도"인데 임야인 경우에는 그곳에 살고 있는 사람이 없기 때문에 명도에 따른 어려움이 없다. 그래서 여성투자자 분들이 임야를 특히 경매로 많이 매입하고 있다. 권리분석만 정확히 하면 잔금만 지불하고 소유권이전을 바로 받을 수 있기 때문에 여성분들도 손쉽게 낙찰받아 소유권이전을 할 수가 있다. 특히 임야를 경매로 매입할 때에는 "토임"이라고 되어 있는 산을 낙찰받는 것이 유리하다. "토임"이란 토지대장에 기재되어 있는 부동산을 의미한다. 일반적으로 토임은 경사가 낮아 대지로 형질변경을 하는 데 용이하고 주변지역이 산과 밭 등으로 둘러싸여 있어 투자가치가 높다.

2. 전세금으로 내집 마련

부동산은 인생여정과 같아 정신없이 오르는 시점이 있는가 하면 내릴 때도 있다. 일반인들은 부동산 경기가 좋을 때 매입하는 경우가 많은데 이는 바람직 하지 않은 투자방법이다. 생각건대 부동산에 관심을 가지지 않고 성공을 한 개 인이나 국내외 기업은 그리 많지 않다고 본다. 일반적으로 부동산에 적절히 투 자를 하거나 이용을 하여 자기 자본을 안정적으로 구축하여 놓고 있다. 그러면 어떻게 부동산에 투자를 하여야 성공할 수 있는가? 이것은 여러 방법이 있을 수 있는데 그중 어느 시점에 부동산을 매입하고 어느 시점에 파느냐 하는 타이밍을 정확히 예측하는 점도 상당히 중요하다고 할 수 있다. 그러나 그 타이밍을 맞춘 다는 것은 결코 쉬운 일이 아닐 것이다. 다만, 이에 대한 일반적인 기본이론은 있을 수 있다. '부동산가격이 언제 내려가서 싸게 살 수 있느냐' 그러한 시점을 알려면 우선 경제전반에 관한 지식을 터득해야 할 것이다. 경제와 부동산경기는 '실과 바늘관계'라고 보기 때문이다. 우선 경제흐름을 알고 난 후 부동산의 매입 시점을 분석하는 것이 타당하다고 본다. 그리고 그러한 경제흐름은 국내 경제흐 름만을 알아서는 안 되고 세계적인 경제흐름을 파악해야 할 것이다. 왜냐하면 지금은 세계가 1일 생활권으로 좁아지고 있기 때문에 세계 경제전반에 관한 흐 름을 알고 있어야 하기 때문이다.

그러나 이 원칙이 반드시 그러하다는 것은 아니다. 예컨대 20년 11월경 경 제학박사인 모교수께서 용인에 있는 아파트를 7 : 1 경쟁속에 시세보다 약 5,000 만원 싸게 낙찰을 받았다. 그러나 잔금을 지불할 때쯤 되니까, 1억원 정도가 하 락하여 결국 시세보다 더 주고 산 격이 되고 말았다. 이와 같이 앞으로 발생할 부동산시장의 변동에 대해서는 경제학적으로 접근할 수 없는 현상도 있다. 이럴 때는 경제학적으로 부동산시장의 흐름을 파악할 것이 아니라 철학적으로 풀어 볼 수도 있을 것이다. 그래서 부동산을 전세금으로 매입하여 지금은 상당한 부 를 축적한 사람도 있다. 예컨대 신촌역 인근의 연립을 3억원에 낙찰받아 3억 5 천만원에 전세금을 주고 다시 강남에 있는 부동산을 그 전세금으로 낙찰받아 다 시 전세를 주는 식으로 5채나 낙찰을 받아 지금은 상당히 올라 안정적인 기반을 가지게 된 사람도 있다.

3. 자투리 땅 개발

주택밀집지역이나 역세권의 이면도로에 위치한 단독주택을 싼 값에 낙찰받아 상가주택으로 개발할 경우 몇 배 이상의 투자가치를 노릴 수가 있다.

지하 1층과 지상 1~2층까지는 상가로, 3~4층은 주택으로 개발하는 방법도 좋다. 개발가능성 높은 지하철 1호선의 광운대역, 2호선 왕십리역, 4호선 수유역, 군자역 등 지하철 역세권지역 등이 유망지역이다. 단독주택의 경우 대부분 1~3회 정도 유찰하고 초기자금도 적게 들어 시세보다 30~50% 싸게 구입할 수 있다.

4. 전원카페

전원카페는 전원생활을 즐기면서 카페를 운영하고 안정적인 수입을 얻을 수 있어 유망투자대상으로 부상하고 있다. 최근에는 명예퇴직자나 정년퇴직자를 중심으로 하는 투자자가 늘고 있어 양평지역에만 약 1백여 개가 성업 중이다. 수도권 순환고속도로 주변이 1급 후보지로 떠오르고 있다. 이곳의 전원카페는 대략 대지 150평 정도에 부속임야 약 300평, 건축면적은 60평 정도로 지어져 있다. 경매로 구입할 경우에는 일반매매보다 상당히 저가로 매입이 가능하여 상당히 유리하다. 또한 임야를 경매로 매입할 경우에는 토지거래허가구역 내의 임야일지라도 허가를 받지 않고 소유권이전등기를 바로 할 수 있다. 즉, 임야매매증명서를 제출하지 않아도 가능하다는 점이다. 그리고 명도에 따른 부담이 없기 때문에 여성들이 관심을 갖고 입찰에 참여하고 있다.

5. 아파트

법원경매는 예전과 달리 많은 사람들이 입찰에 참여를 하고 있어 아파트와 같은 부동산은 경쟁이 치열하고 시세와 대비하여 별 차이가 없는 실정이다. 다만 아파트라도 평수가 큰 아파트는 경쟁자가 많지 않아 시세와 대비하여 낮은 가격에 매입이 가능하다. 특히 관심을 가져볼만한 것은 재건축을 바라볼 수 있는 아파트라고 할 수 있을 것이다. 재건축대상 아파트를 매입하기 위해서는 우선 땅의 지분이 넓은 부동산을 매입해야 투자가치가 있는데 요즘은 소형 평수 의무비율제로 인하여 투자가치가 떨어지고 있다. 다만, 아파트의 지가가 높은 부동산인 경우에는 향후 재건축을 할 때 무상으로 받을 수 있는 면적이 크기 때문에 관심을 가져볼 만하다.

6. 상가건물

(1) 의의

상가는 아파트와 달리 경매시장에서 싸게 낙찰받을 수 있고 "권리금"을 주지 않고 매입할 수 있다는 장점이 있다.

그러나 상가가 최고의 부동산 투자대상으로 각광받고 있으나 유통업계의 변화에 따라 상가투자의 리스크가 증가하고 있고 그 가치가 떨어지는 면도 가지고 있다. 또한 상권이 점점 광역화되고 유명백화점의 지역점들이 곳곳에서 생겨나고 외국 대형할인점 등도 가세하고 있어 그 가치가 더 떨어지고 있는 실정이다. 특히 중소형 상가의 입지는 점점 좁아지고 있다. 따라서 정확한 시세를 기준하기가 어렵고 경기에 따라 부침이 심해 수익성 예측이 어렵다.

그러나 잘 고르면 시세차익도 얻고 매달 임대료도 챙길 수 있는 수익성 높은 부동산임에는 틀림없다. 따라서 경매로 상가에 투자할 때에는 신중하고도 구체적인 분석하에 입찰에 참여해야 시세보다 싸게 매입할 수 있다.

(2) 상가입지 선정요령

상가투자의 기본은 좋은 입지를 가진 상가를 선택하는 것이다. 상가투자를 위한 입지조건을 분석할 때에는 다음과 같은 사항을 검토하여야 한다.

① 업종에 따라 입지조건을 달리 선정하여야 한다.

영위하고자 하는 업종이 무엇인지에 따라 택해야 할 입지가 달라지기 때문이다.

② **고객 접근성이 높아야 한다.**

목이 좋다는 말로 표현되는 고객 접근성은 자동차 숫자가 증가하면서 점점 더 수송분담률이 높아지고 있다. 그런 면에서 지하철 역세권 상가는 일반 상가보다 절대적으로 유리하다. 승·하차 인원이 많은 역세권은 역시를 한번만 찾아봐도 알 수가 있다. 특히 출퇴근의 교통수단이 다른 경우에는 승·하차 인원에 상당한 차이가 나기 때문에 하차인원이 많은 역세권이 유리하다. 같은 지역에서도 고객 동선에 따라 명암이 엇갈리므로 퇴근길 동선에 입지한 상가가 경쟁력이 높은 편이다. 같은 역세권이라면 배후 주거단지 중에서도 도보거리에 인구밀집도가 높은 쪽의 입지가 좋다. 도로 폭의 대소를 떠나 고객이 귀가할 때 주로 다니는 도로를 파악해야 한다.

③ **고객유인권이 있어야 한다.**

상권 내 소비자 성향에 어울리는 전문업종이 몰려 있으면 경쟁력이 높다. 하지만 1천평 이하의 시설은 전문적인 시설수준에 불리하므로 피하는 것이 좋다.

④ **업종지정은 경쟁력 확보에 유리하다.**

순환버스를 동원해 손님을 유인하는 대형상가보다는 아파트 단지 내에 있는 상가에 위치해야 영업이 잘 된다. 약국, 제과점 등의 근린생활품목이 여기에 해당하는 편이다. 미용실, 세탁소, 학원 등은 업종지정의 효과가 약하지만 걸어서 닿을 수 있는 거리에 1천가구 이상의 아파트가 밀집해 있다면 안정성을 기대할 수 있다.

(3) 상가 투자시 체크포인트

① 사람의 왕래가 많은 곳을 찾아라
② 주변상가 3곳 이상의 가격을 비교하라
③ 상권 주변사람들의 말에 귀를 기울여라
④ 임대수요가 많은지 알아보라
⑤ 단지 내 상가는 배후 가구 수, 전문상가는 규모, 근린상가는 통행인구, 테마상가는 인근소비층을 살펴보라
⑥ 구입조건 중 가장 좋은 상가를 선택하라

(4) 경매로 상가를 낙찰받을 때 유의사항

① 상가도 상가건물임대차보호법의 적용을 받기 때문에 경락인에게 대항할 수 있는 임차인이 있는 경우 임차인의 보증금을 경락인이 인수해야 한다. 그리고 임차인의 보증금이 고액인 경우에는 명도하기에 어려움이 있다. 따라서 명도비용을 충분히 고려하고 입찰에 참여해야 한다.

② 경매로 상가를 낙찰받을 경우에는 권리금을 주지 않아도 되는 장점이 있다. 그러나 매수인에게 대항력 있는 상가임차인의 경우 계약만료 이후에 신규 임차인과 권리금계약을 체결하는 경우 특별한 사유가 없는 한 임대인이 신규임차인과 임대차계약을 체결해야 하는 점을 유의해야 한다. 자세한 내용은 본서의 상가건물임대차법의 권리금내용을 참고하기 바란다. 그리고 임차인이 자기가 시설한 비용에 대하여 유치권을 주장하는 경우에는 그 금액을 인수해야 목적물을 명도받을 수 있는 경우도 있어 주의가 요망된다. 대법원도 임차인이 그 목적물에 들인 필요비와 유익비에 대해 유치권을 인정하고 있다. 그러나 모든 시설비에 대해 유치권을 인정하는 것은 아니다.

③ 관리비와 전기세 등이 연체한 것이 있는지도 살펴보아야 한다. 종전에는 관리비와 전기세에 대해 경락인이 인수해야 한다는 하급심 판례가 있었지만 최근 판례에서는 공용부분은 인수해야 하지만 전용부분의 관리비는 승계하지 않는다고 판시하고 있다.[1] 여하튼 인수하지 않는다고 하여도 현재상황에서는 시비가 일고 있으니 최소한 금액이 얼마나 되는지는 알고 입찰에 참여해야 할 것이다.

7. 대학가 인근지역의 부동산을 경매로 낙찰받아 임대사업

월세 임대주택이 확대되고 있다고 하지만, 아직 집값이나 임대료에 비해 수요자들의 소득수준이 낮기 때문에 전문직 고소득층 수요가 밀집된 강남권이나 도심권이 아니면 월세형 임대가 어려운 것이 현실이다.

또 임대사업용 아파트를 선택할 때 초기 매입부담을 줄이기 위해 매매가 대비 전세가 비율이 높은 15평 이상 소형 아파트를 찾는 사람들이 많지만 실제 수

---

1) 서울지방법원 2000. 5. 17. 99나94209; 전장헌, 부동산경매투자비법과 함정, 한솔출판사, 2005, 97면.

익률은 낮은 편이다. 서울지역 변두리나 경기권은 아파트매매가 상승률이 낮아 상대적으로 전세가 비율이 높고 전세수요도 많은 편이지만 5년 임대 후 되팔 때 시세차익도 없고 매매거래가 안 되는 경우가 많다. 이런 지역의 아파트는 시세 차익도 없고 매매거래가 안 되고 있다. 따라서 어느 정도의 자금력이 있다면 서 울 변두리 지역의 소형아파트를 여러 채 사서 임대하는 것보다 도심권에서 대학 가를 낀 역세권 다가구주택을 구입하여 맞벌이 부부나 도심권 독신 직장인 및 학생들을 겨냥한 하숙형 임대사업이 실속 있는 투자가 될 수 있다.

　한동안 높은 임대료 때문에 인기가 좋았던 원룸주택은 신축부지의 땅값과 평당 건축비 상승으로 초기 투자비용이 커 월세형으로 운영한다고 하여도 수익 성이 별로 없다. 반면 건축연수가 10년 이상된 도심권 기존 다가구 주택을 경매 로 매입하면 별도의 건축비 부담없이 낙찰받아 개보수 후 100% 월세형으로 임 대할 수 있어 훨씬 수익성이 좋다고 할 수 있다. 특히 2호선과 4호선의 경우 강 남과 도심권을 경유하면서 인근에 대학가를 끼고 있는 곳이 있다면 학생과 직장 인 모두를 겨냥할 수 있어 공실률 없이 안정적으로 임대사업을 할 수가 있을 것 이다. 또는 지방대학 인근의 땅을 경매로 낙찰받아 원룸형으로 신축하여 임대를 주는 방안도 고소득과 안정적인 수입을 올릴 수 있을 것이다. 6년 전에 평택에 있는 모대학의 인근지역 토지를 매입하여 19개 원룸으로 신축한 후 임대를 주었 는데 현재 안정적인 수익을 올리고 있다. 임대료도 매학기별로 받기 때문에 더 욱 관리하기가 용이하다. 참고적으로 주택임대사업자로 등록한 후 전용면적 60 ㎡(18평) 이하 아파트, 다세대, 연립주택 등을 취득할 때에는 각종 세금혜택이 많 이 있어 이에 대한 내용을 살펴보도록 한다.

　첫째, 부동산을 취득한 후 소유권이전시 내는 세금 중 등록세는 100% 감면 되고, 취득세도 100% 감면, 교육세 100% 감면, 농특세는 부과하지 않는다.

　둘째, 소유권이전등기 후 보유하고 있을 때 내는 재산세 관계에 있어 재산세는 50%, 종합토지세 85㎡ 이하는 분리과세, 택지 초과 소유부담금은 100% 감면, 사업 소득세는 전세보증금에 대해서는 나오지 않고 월세부분에 대해서만 나오고 있다.

　셋째, 보유하고 있던 부동산을 팔았을 때 내는 양도소득세는 5년 이상 임대하 고 있다가 팔면 50% 감면, 10년 이상 임대하고 있다가 팔면 100% 전액 면제받는다.

넷째, 경매로 다세대, 연립주택 등을 구입할 경우에는 시세보다 상당히 싸게 낙찰받을 수 있고, 재임대를 할 때는 투자금액의 대부분을 회수할 수 있어 여러 채의 부동산을 경매로 매입하여 임대사업을 하는 것도 괜찮을 것이다.

8. 외국인 상대의 임대사업

(1) 의의

외국인을 상대로 한 임대주택사업은 경매로 주택을 싸게 매입하여 리모델링을 한 후 임대를 하면 부동산가치의 상승과 고수익의 임대를 올릴 수 있어 메리트가 있다. 얼마전 한 퇴직자가 이태원지역의 주택을 시세보다 싸게 낙찰받아 리모델링 한 후 임대를 주어 현재 안정적인 임대료로 노후생활을 누리고 있다. 위와같은 외국인 상대의 임대주택사업은 다음과 같은 특징이 있다. 이에 대한 내용을 살펴보고 입찰에 참여해야 할 것이다.

외국인 임대주택사업은 연 20% 수준의 고수익이 가능한 분야이다. 내국인 임대는 보통 전세를 통해 이루어지고 있다. 일정 금액을 받았다가 계약기간이 끝나면 되돌려 주어야 하기 때문에 결과적으로 전세보증금을 어떻게 운영하는지가 수익의 규모를 결정한다. 그러나 외국인 임대는 다르다. 외국인 임대는 속칭 "깔세" 형식이다. 미리 월세를 1년에서 3년치를 받는다.

외국인 임대주택사업은 대상지역이 한정되어 있어, "어느 위치가 외국인 임대사업으로 각광받을 것인가"를 조사하는 것이 상당히 중요하다. 외국인들은 모여 사는 것을 좋아하기 때문에 특정지역을 선정하여 매입해야 실패를 하지 않는다. 특히 강북에서는 성북동과 한남동, 이태원동, 동빙고동 등이고 강남에서는 반포, 방배동 등이 외국인 임대주택사업으로 인기가 있는 지역이다. 외국인 임대사업에서 성공하려면 특히 위치선정을 잘 해야 하는데 이태원 지역이 유망하다. 그중에서도 1급지역으로는 하얏트호텔 지역과 캐피탈호텔 인근지역인데 이 지역의 부동산을 매입하여 임대사업을 하면 외국인의 임차인이 없어 공가로 되는 경우는 없을 것이다. 왜냐하면 이 지역은 외국인 대사관도 많고 외국인들이 생활하기 편리한 각종시설들이 집중되어 있기 때문이다. 다만 최근 용산 미군기지를 오산이나 송탄지역으로 이전한다는 논의가 있는데, 미군기지를 다른 곳으로 이전한다면 이태원지역의 임대사업이 다소 둔화될 것이다. 따라서 이에 대한 추이를 주목할 필요가 있다.

아파트뿐만 아니라 단독주택도 외국인 임대주택사업이 가능하다. 보통 대지 200평 건평 100평 정도의 고급주택은 상당히 높은 임대료를 받고 있다. 전용면적 60~70평짜리 빌라는 월 1,000만원 이상을 받고 있기 때문에 개인이 투자하기에도 가장 적절하다.

국내에 체류하는 외국인들은 단기체류자가 21만명, 장기체류자가 18만명 정도나 된다. 단기체류자 중 비즈니스 목적으로 체류하고 있는 외국인은 약 9만 5천명 정도로 분석되고 있다. 장기체류자 중 비즈니스 목적으로 체류하고 있는 외국인은 5% 내외이다. 이 중 서울에서 장기체류하고 있는 외국인은 5만 3천명 정도이다. 이러한 장기체류 외국인들은 증가추세에 있으므로 외국인 대상 임대주택사업은 앞으로도 지속적으로 관심을 가져볼 만 하다.

(2) 유의사항

외국인 임대주택사업은 수익성이 높은 반면 편의성을 높일 수 있도록 주택의 유지와 관리에 특별히 신경을 써야 한다.

1가구 1주차 주차공간이 확보되어야 하고 거실, 화장실, 싱크대 등 내부구조도 외국인에 맞게 설계되어야 한다.

특히 유의해야 할 것은 계약서를 영문으로 작성하고 계약관행이 내국인을 상대로 하는 것과 다르다는 점이다. 따라서 계약서상의 의문점이나 불리한 점이 있는지를 세밀히 검토하여야 한다.

9. 관광 편의시설업(외국인 관광 도시민박업)

(1) 의의

외국인관광 도시민박업은 인구와 산업이 밀집되어 있거나 밀집이 예상되어 그 지역에 대하여 체계적인 개발·정비·관리·보전 등이 필요한 도시지역의[2] 주민이 자신이 거주하고 있는 다음의 어느 하나에 해당하는 주택(아래: 용도별 건축물의 종류)을 이용하여 외국인 관광객에게 한국의 가정문화를 체험할 수 있도록 적합한 시설을 갖추고 숙식 등을 제공3)하는 업을 말한다.4)

(2) 외국인관광 도시민박업의 종류

외국인을 대상으로 도시민박업을 할 수 있는 부동산의 종류는 다음과 같다.5)

용도별 건축물의 종류(제3조의5 관련)

1. 단독주택[단독주택의 형태를 갖춘 가정어린이집 · 공동생활가정 · 지역아동센터 및 노인복지시설(노인복지주택은 제외한다)을 포함한다]

　가. 단독주택

　다. 다가구주택: 다음의 요건을 모두 갖춘 주택으로서 공동주택에 해당하지 아니하는 것을 말한다.

　　1) 주택으로 쓰는 층수(지하층은 제외한다)가 3개 층 이하일 것. 다만, 1층의 전부 또는 일부를 필로티 구조로 하여 주차장으로 사용하고 나머지 부분을 주택 외의 용도로 쓰는 경우에는 해당 층을 주택의 층수에서 제외한다.

　　2) 1개 동의 주택으로 쓰이는 바닥면적(부설 주차장 면적은 제외한다. 이하 같다)의 합계가 660제곱미터 이하일 것

　　3) 19세대(대지 내 동별 세대수를 합한 세대를 말한다) 이하가 거주할 수 있을 것

2. 공동주택

　가. 아파트: 주택으로 쓰는 층수가 5개 층 이상인 주택

　나. 연립주택: 주택으로 쓰는 1개 동의 바닥면적(2개 이상의 동을 지하주차장으로 연결하는 경우에는 각각의 동으로 본다) 합계가 660제곱미터를 초과하고, 층수가 4개 층 이하인 주택

　다. 다세대주택: 주택으로 쓰는 1개 동의 바닥면적 합계가 660제곱미터 이하이고, 층수가 4개 층 이하인 주택(2개 이상의 동을 지하주차장으로 연결하는 경우에는 각각의 동으로 본다)

---

2) 국토의 계획 및 이용에 관한 법률 제6조 제1호, 농어촌정비법에 따른 농어촌지역 및 준농어촌지역은 제외한다.

3) 도시지역에서 「도시재생 활성화 및 지원에 관한 특별법」 제2조 제6호에 따른 도시재생활성화계획에 따라 같은 조 제9호에 따른 마을기업이 외국인 관광객에게 우선하여 숙식 등을 제공하면서, 외국인 관광객의 이용에 지장을 주지 아니하는 범위에서 해당 지역을 방문하는 내국인 관광객에게 그 지역의 특성화된 문화를 체험할 수 있도록 숙식 등을 제공하는 것을 포함한다.

4) 관광진흥법 제2조 제1항 3의 바.

5) 근거법령: 관광진흥법 제6조, 동법 시행령 제2조 제1항 제6호 카목, 시행규칙 제14조, 제15조.

(3) 외국인관광 도시민박업

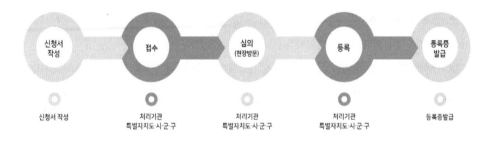

1) 등록기준

• 주택의 연면적이 230제곱미터 미만일 것

• 외국어 안내 서비스가 가능한 체제를 갖출 것

• 소화기를 1개 이상 구비하고, 객실마다 단독경보형 감지기, 일산화탄소 경보기(개별 난방시)를 설치할 것

> 가. 자연 및 주변환경과 조화를 이루는 3층(다만, 2018년 6월 30일까지는 4층으로 한다) 이하의 건축물일 것
> 나. 객실이 30실 이하일 것
> 다. 취사 및 숙박에 필요한 설비를 갖출 것
> 라. 바비큐장, 캠프파이어장 등 주인의 환대가 가능한 1종류 이상의 이용시설을 갖추고 있을 것(다만, 관광펜션이 수개의 건물 동으로 이루어진 경우에는 그 시설을 공동으로 설치할 수 있다)
> 마. 숙박시설 및 이용시설에 대하여 외국어 안내 표기를 할 것

2) 유의사항

• 주변 교통의 원활한 소통에 지장을 초래하지 않을 것

외국인 관광객인 아닌 내국인을 상대로 숙식을 제공하여 대가를 받은 경우 불법숙박 영업으로 처벌받을 수 있음.

• 성매매, 사행행위 등 다른 법에 의해 규율되는 불법행위를 하는 경우 관련 법률에 의거 처벌받을 수 있음.

• 소음, 소란, 매연 및 진동 등 이와 유사한 행위로 이웃토지의 사용을 방해하거나 이웃거주자의 생활에 불편, 고통을 주지 않도록 주의해야 함.

• 지방자치단체, 관광공사 및 민간교류 단체 등에 등록하여 운영(독자적인 영업을 하는 경우 다른 도시민박업체와의 균형을 고려할 것)

• 관광진흥법에 의한 외국인 관광 도시민박업자로 지정되면 별도의 숙박업 신고를 할 필요가 없으나 지정받지 아니하고 공중위생관리법상 숙박영업을 하는 경우 해당 법률에 의해 처벌될 수 있음.

(4) 지정관청: 소재지 관할 구청(관광진흥법)

(5) 수수료 및 처리기간

■ 수수료: 20,000원

■ 처리기간: 17일

■ 지정후 면허세 45,000원 납부(지정증 교부시 면허세 교지서 동시 발급/ 다음 해부터 매년 1월 부과)

■ 공사: 한국관광공사(관광환경개선팀: 한국관광공사 세이프스테이)

10. 농막

(1) 의의

농막이라 함은 농작업에 직접 필요한 농자재 및 농기계 보관, 수확 농산물 간이 처리 또는 농작업 중 일시 휴식을 위하여 설치하는 시설로서 연면적 20제곱미터 이하이고 주거 목적이 아닌 경우로 한정한다(농지법 시행규칙 3조의 2). 다시 말해서 농막이란 농업인들이 농자재 및 농기계 보관, 간단한 취사, 샤워, 휴식 등을 할 수 있도록 전기, 수도, 가스등의 설치가 가능한 건물을 의미한다.

(2) 농지취득

농막을 설치하기 위해서는 우선 농지를 매입하여야 한다. 농지란 농지법 제

2조 제1호에서 "농지란 전, 답, 과수원, 그밖에 법적 지목을 불문하고 실제로 농작물 경작지 또는 다년 생식물 재배지로 이용되고 있는 토지와 토지 개량시설과 농축산물 생산시설의 부지를 말한다."라고 명시하고 있다. 대법원 판례는 토지가 농지인지 여부는 공부상 지목 여하와 상관없이 그 현실의 이용 상태를 기초로 하여 객관적으로 판단하여야 하고 소유자나 이용자의 주관적 의사나 법률상의 지목에 의할 것은 아니라고 판시하고 있다.

농지를 경매로 취득하기 위해서는 최고가 매수신고일로부터 7일 이내의 매각허부결정일 까지 농지취득자격증명원을 제출해야 매각허가가 이루어진다. 만약 이때까지 농지취득자격증명원을 제출하지 못하면 보증금을 몰수하여 배당금에 편입한다.

그런데 공매로 농지를 취득하는 경우에는 공고문에 "공매재산 중 농지에 대하여는 농지법 제8조 규정에 의거 농지취득자격증명을 발급받을 수 있는 개인이나 일반법인이 농지를 낙찰받은 후 농지취득자격증명을 발급받지 못하여 소유권이전등기를 할 수 없더라도 매각결정은 취소되지 않으므로 입찰자 책임하에 사전 조사하고 입찰에 참가하시기 바랍니다."라는 문구로 명시하고 있다. 따라서 공매로 농지를 매입하는 경우에는 매각허가결정이 취소되지 않고 보증금이 몰수되지 않는다. 그러나 민법 제187조에 따라 등기를 하지 않더라도 소유권을 인정받는데는 문제가 없으나 소유권이전등기 촉탁등기를 할 때 농지취득자격증명원의 제출을 의무화하고 있다. 따라서 이때까지 제출하지 못하면 소유권이전등기를 할수 없어 민법 제187조 단서에 따른 소유권이전등기 등 처분상에 어려움이 따르게 된다.

(3) 관련 규정

농막 등 농축산물 생산시설의 세부 범위를 시행규칙에 정할 수 있도록 위임 근거마련 및 범위 명확화하였으며 농지전용허가없이 농지에 설치할 수 있는 농막·간이저온저장고·간이액비저장조의 범위를 농림축산식품부령으로 정할 수 있도록 위임 근거 마련하였다.

제3조의2(농막 등의 범위) 영 제2조 제3항 제2호라목 및 영 제29조 제1항 제7

호에서 "농림축산식품부령으로 정하는 시설"이란 각각 다음 각 호의 시설을 말한다. 1. 농막: 농작업에 직접 필요한 농자재 및 농기계 보관, 수확 농산물 간이 처리 또는 농작업 중 일시 휴식을 위하여 설치하는 시설(연면적 20제곱미터 이하이고, 주거 목적이 아닌 경우로 한정한다) 2. 간이저온저장고: 연면적 33제곱미터 이하일 것 3. 간이액비저장조: 저장 용량이 200톤 이하일 것[6]

(4) 범위와 신고방법

농막은 철근콘크리트 구조를 제외한 목조, 컨테이너, 경량철골, 버스 등의 구조로 된 건물을 설치할 수 있다. 그리고 맹지인 경우에도 설치가 가능한 점이 있다. 농막을 설치하기 위해서는 가설건축물 신고서와 건물 배치도, 타인의 토지인 경우 임대차계약서, 토지등기부등본, 인접대지 경계로부터 가능한 0.5m 이상의 이격거리를 두어 인터넷 등으로 가설건축물 축조신고를 해당 지자체 건축과에 하면 된다. 그러면 3~5일 이후 취득세, 등록세를 납부하고 신고필증을 부여받아 도로명 주소를 부여받을 수 있고 전기, 가스, 수도 등의 설치도 할 수가 있다.

(5) 농막 설치기준

1) 2012년 11월1일부터 농막에 전기 · 수도 · 가스 등의 시설을 설치할 수 있으나 정화조 설치는 지역의 조례에 따라 다르기 때문에 환경위생과에 문의할 것
2) 농업생산에 필요한 시설일 것
3) 주거목적이 아닌 시설로서 농기구, 농약, 비료등 농업용 기자재 또는 종자의 보관, 농작업자의 휴식 및 간이 취사 등의 용도로 사용되는 시설일 것
4) 연면적의 합계가 20㎡(약 6평) 이내일 것
5) 농지로 분류되는 전, 답, 과수원의 지목일 것

(6) 농막설치 존속기간

농막설치(가설건축물)의 존치기간은 3년 이내로 하고 있다. 연장을 하기 위해서는 만료일 7일 전까지 연장 신청신고를 하여야 한다.

---

6) 농림축산식품부, 농지업무편람, 농림식품부, 2020.11, 33면.

(7) 검토

농지를 취득하여 주말체험농장으로 이용하는 도시인들이 증가하고 있으며, 각박한 도시세상에서 벗어나 자연과 동화되며 살고 싶은 사람들이 증가하고 있다. 그래서 정년 이후 도시생활을 벗어나 시골에 전원주택을 신축하여 실고자 하는 사람이 증가하고 있다. 그러나 초기의 생각과는 다르게 적응하지 못하고 신축한 주택을 처분하지도 못하고 어려움에 처하는 경우가 많다.

그래서 미리 체험영농생활 등을 하여 보고 일주일 중 1박 2일의 주말은 전원생활을 하면서 자연스럽게 적응하는 단계가 필요하다고 본다. 우선 농지를 경매 등으로 매입하여 체험 영농으로 다양한 농작물도 경작하여 보고 농막도 신축하여 생활도 하여 보는 것이 실패하지 않고 안정적으로 노후에 정착할 수 있다고 본다.

그리고 농막을 설치하기 위한 주변 환경으로는 바다나 강이 앞에 보이고 뒤로는 야산 등이 있는 농지가 적합하다. 그리고 300평 이상의 농지를 매입하여 농작물도 경작하고 농막을 신축하여 생활하는 것이 필요하다. 또한 도시생활을 겸유 하는 경우에는 도시에서 1시 30분 이내의 거리가 적합할 것이다.

11. 임업인을 위한 산림경영관리사(농막)

(1) 의의

임야를 개발함에 있어서 제일 중요한 것은 개발지에 접근할 수 있는 임도와 휴식장소, 장비를 보관할 수 있는 건물을 마련하는 것이다. 왜냐하면 임업인들이 산속에서 약초나 야생물 등을 재배하여 보관, 육성하기 위해서는 산속에서 휴식과 장비 등을 보관하는 건물이 필요하기 때문이다. 그래서 임업인이 산림작업의 관리를 위한 부지면적 200㎡ 미만의 산림경영관리사(주거용은 제외)를 신축할 수 있도록 하고 있다.[7]

---

7) 산지관리법 제15조 제1항 제1호 및 동법시행령 제18조 제2항 관련시행령 별표3 등.

(2) 필요서류

산지일시 사용신고서,[8] 사업계획서, 지형도 그리고 산지일시사용예정지 실측도를 작성하여 산림과에 제출한다. 그리고 건축과에 방문하여서는 가설건축물 신고서, 해당 건축물의 평면도, 지적도(위치도)를 제출하면 되고 건축법에 따른 건축신고나 허가는 필요없다.

(3) 산림경영관리사의 요건

1) 신청인이 임업인일 것: 임업인이 되기 위해서는 다음 각 호의 어느 하나에 해당하는 자를 말한다.[9]

- 3헥타르(9천평) 이상의 산림에서 임업을 경영하는 자
- 1년 중 90일 이상 임업에 종사하는 자
- 임업경영을 통한 임산물의 연간 판매액이 120만원 이상인 자
- 대추나무와 호두나무는 300평 이상, 잣나무 3천평 이상, 밤나무 1500평 이상을 재배하는 자

이상의 요건 중 하나만 해당해도 임야에 산림경영사(농막)를 설치할 수 있는 요건에 해당한다. 참고적으로 관리사 설치를 허용하는 고정식 온실 등의 시설면 적은 고정식 온실·버섯재배사 및 비닐하우스의 시설 면적이 $6,000㎡$ 이하 이어야 한다.[10]

2) 용도지역의 제한 없이 모든 산지에 신축이 가능하다. 즉 보전산지, 임업용산지, 농림지역에서도 허용된다.

3) 임야를 사용할 수 있는 소유자나 토지사용 승낙을 받아 토지를 사용할 수 있는 권리가 존재하여야 한다.

---

8) 다음 각 호의 어느 하나에 해당하는 용도로 산지일시사용을 하려는 자는 국유림의 산지에 대하여는 산림청장에게, 국유림이 아닌 산림의 산지에 대하여는 시장·군수·구청장에게 신고하고 할 수 있다(산지관리법 제15조의2 제4항). 1. 「건축법」에 따른 건축허가 또는 건축신고 대상이 아닌 간이 농림어업용 시설과 농림수산물 간이처리시설의 설치, 4. 산나물, 약초, 약용수종, 조경수·야생화 등 관상산림식물의 재배(성토 또는 절토 등을 통하여 지표면으로부터 높이 또는 깊이 50센티미터 이상 형질변경을 수반하는 경우에 한정한다), 5. 가축의 방목 및 해당 방목지에서 가축의 방목을 위하여 필요한 목초(牧草) 종자의 파종, 7. 임도, 작업로, 임산물 운반로, 등산로·탐방로 등 숲길, 그 밖에 이와 유사한 산길의 조성.

9) 임업 및 산촌 진흥촉진에 관한 법률 시행령 제2조

10) 농림축산식품부고시 제2018-48호, 2018. 6. 8., 일부개정

4) 부지면적은 200㎡(약 60평) 미만이어야 하고 작업대기 및 휴식 등을 위한 공간면적이 바닥면적의 100분의 25(약 50㎡) 이하이어야 한다. 즉, 산림경영관리사(농막)을 설치할 수 있는 건축물은 15평 이하이어야 한다.

5) 산림경영관리사의 주용도와 구조 등은 산림작업의 관리를 위한 시설로서 주용도와 구조, 설비 등이 주거용으로는 안 된다.

6) 산림경영관리사는 산지의 일시사용 신고만으로 가능하며 산림자원조성비나 산지복구비의 예치도 없다. 다만, 가설건축물 신고는 하여야 한다.

(4) 산림경관리사 신축요건

1) 신청자는 임업인 또는 농업인이어야 한다.

2) 평균경사도 조사를 지역에 따라 요구하는 경우도 있으나 거의 없다.

3) 사업계획서, 가설건축물 축조신고, 평면도, 지적도에 표시된 위치도 신청비, 면허세, 취득세 등이 필요하다.

4) 건축법상 도로가 없는 맹지인 경우도 가능하다.

(5) 검토

임야는 일반적으로 주택지로부터 멀리 떨어져 있고 임야를 원활히 이용하기 곤란한 여건 등이 많이 있다. 그래서 임업인들이 임산물의 육성채취나 보관, 휴식 등 산림작업의 관리를 위한 산림경영관리사(농막)를 설치할 수 있도록 하고 있다.

이러한 산림경영관리사(농막)는 가설건축물 축조신고로 도로에 접하고 있지 않아도 되며 보전산지, 공익용산지, 임업용산지에도 약 15평 이하의 건축물을 신축할 수 있다, 그러나 그린벨트 지역에서는 할 수가 없다.

부지면적은 200㎡이고 가설건축물의 면적은 50㎡(약 15평) 미만으로 2층 이하의 축조가 가능하다. 산림경영관리사를 목적으로 면사무소에서 가설건축물신고서를 제출하여 허용하면 그때부터 전기, 상하수도, 정화조 등을 설치할 수 있다.

부동산경매를 통하여 임야를 매입하면 농지와 같은 농지취득자격증명원의 제출 없이도 소유권이전을 받을 수가 있다. 그리고 임야는 특별한 임대차분석이나 명도절차 없이 바로 개발 및 이용할 수 있는 장점도 가지고 있다.

다만, 가평과 양평의 경우는 산림경영사 설치를 허용하지만 일부 지자체의 경우에는 가설건축물조례에 대하여 산림경영관리사 규정이 없다는 이유 등으로 거부하는 경우가 있다. 산지의 효율적인 이용 및 보전 등을 위해서는 향후 통일적 해석을 위한 입법적 조치가 필요하다고 본다.

12. 캠핑장 개발

(1) 의의

캠핑장이란 산이나 바다, 강 등의 야외에서 텐트나 막사 등을 설치하고 휴양을 하거나 여가생활을 할 수 있는 장소를 의미한다. 그런데 2020~2022년 코로나로 인하여 전 세계는 정치, 경제, 교육 등 모든 분야에 있어서 위축되었고 사람들 사이에도 사이버 공간 속에서 활동하는 관계가 증가하면서 산과 바다 등 자연과 벗하면 지낼 수 있는 캠핑문화가 증가하고 있다. 산이나 야외에 텐트를 설치하고 자연과 벗하며 여가생활을 하였던 70년대의 캠핑문화와 비교된다.

그러나 지금은 생활 수준이 증가하면서 오토캠핑(motor home, motor caravan)으로 캠핑카와 트레일러에 침대와 주방시설 등의 모든 설비를 갖추고 자동차에 매달아 개러바닝(caravaning) site를 이용하는 사람이 증가하고 있다. 그리고 국내 캠핑 인구도 약 300만명에 이르고 있고 산업규모도 약 2조원에 달하고 있다. 그래서 최근은 이러한 캠핑카(motor home)와 카라반(caravan)에 상하수도와 전기 등의 시설을 연결하여 사용할 수 오토캠핑장을 개발하는 곳이 증가하고 있다.

(2) 캠핑장의 관련 규정 및 요건
1) 규정

야영장에 대하여 관광진흥법에서는 "야영에 적합한 시설 및 설비 등을 갖추고 야영편의를 제공하는 시설(청소년활동 진흥법 제10조 제1호 마목에 따른 청소년야영장은 제외한다)을 관광객에게 이용하게 하는 업"(관광진흥법 제2장 3조 1항 3호)을 야영장이라고 하고 있다.

그리고 이외에도 캠핑장과 관련된 규정으로는 농업촌 정비법상 관광농업, 청소년 활동진흥법상 청소년 수련시설, 산림문화휴양에 관한 법률에 의한 일반야영장 등이 있다. 그중 일반적으로 캠핑장으로 많이 활용할 수 있고 사업자등록이 용이한 규정은 관관진흥법상 야영장, 농업촌 정비법상 관광농입, 산림문화휴양에 관한 법률에 의한 일반야영장[11] 그리고 자연공원법상 일반야영장이 해당될 것이다.

캠핑장 부지에 대한 관련 개발 규정으로는 국토계획 및 이용에 관한 법률 의하여 도시지역, 관리지역, 농림지역, 생산관리지지역, 보전관리지역에서도 개발허가가 가능하다. 그러나 자연환경보전지역, 자연취락지역은 개발허가가 나오지 않는다.

2) 요건

야영장은 캠핑장에 전기, 수도, 취사 등의 시설을 갖추고 이용할 수 있는 일반캠핑장과 오토캠핑장으로 구분할 수 있는데, 자연경관이 좋고 관광지역과 인접한 곳으로 다음과 같은 요건을 갖추고 있어야 한다.[12]

- 캠핑장에 설치되는 건축물의 바닥면적 합계가 캠핑장 전체면적의 100분의 10미만일 것
- 텐트를 칠 수 있는 공간이 1개당 15㎡ 이상일 것
- 차량 1대당 50㎡ 이상의 야영공간일 것
- 하수도 및 화장실 시설을 확보할 것
- 보전관리지역 또는 녹지지역에 캠핑장을 설치할 경우에는 야영장 전체면적이 1만제곱미터 미만이어야 하고 건축물의 바닥면적 합계는 300제곱미터 미만, 그리고 캠핑장으로 인한 비탈면 토사, 유출 등의 피해가 발생하지 않아야 할 것

---

11) 산림문화휴양에 관한 법률에 의한 일반야영장으로 제2조에 "숲속야영장이란 산림 안에서 텐트와 자동차 등을 이용하여 야영을 할 수 있도록 적합한 시설을 갖추어 조성한 공간(시설과 토지를 포함한다)을 말한다"라고 규정하여 자연경관이 수련한 곳에 캠핑장을 개발할 수 있는 규정을 마련하여 일반인들이 휴식을 취할 수 있도록 하고 있다.
12) 관광진흥법 시행령 별표 1 참고

(3) 캠핑장 사례

최근 자동차에 장비를 싣고 캠핑을 하는 오토캠핑이 증가하면서 국내캠핑정 수도 약 300여개나 되고 있는데 일반적으로 소규모로 운영하고 있다. 그러나 2002년 사업주체가 동해시청의 경우 동해의 망상 오토캠핑장(약 3만평, 캠핑장 93 사이트, 연간 6만영, 약 70% 가동률, 순이익 연 2억원)과 2008년 세계 캠핑캐라바닝대 회를 개최하고 가평군청이 사업주체인 자라섬 캠핑장(약 8만평, 캠핑장 250개)은 대 규모 캠핑장으로 운영되고 있다.

(4) 검토

원래 오토캠핑이란 자동차에 캠핑 장비을 싣고 자동차 옆에 텐트를 설치하 여 야영하는 것을 의미하는데 생활수준이 높아지고 자동차 보급과 트레일러가 나오면서 캐러바닝(caravaning)[13]이란 캠핑문화가 등장하기 시작하였다.

캠핑장을 개발하기 위해서는 우선 주변 자연이 좋아야 할 것이다. 바다나 강 또는 산과 인접하고 있어야 할 것이다. 그리고 면적은 가능한 1만 평 이상의 부 지를 매입하여 캠핑장 이외 펜션, 식당, 승마장, 한옥마을 체험, 다목적 운동장 등의 종합 시설을 설치하여 운영하는 경쟁력이 있을 것이다. 만약 이러한 요건 이 충족되지 않는 수도권 인접지역이라면 교통망이 좋아야 하고 다양한 레저시 설이나 역사문화 시설과 연계한 프로그램의 실시가 필요하다.

따라서 캠핑문화시대에 경쟁률이 낮은 임야를 경매로 매입하여 오토캠핑장 과 텐트를 설치할 수 있는 일반캠핑장, 그리고 종합레저시설을 함께 이용할 수 있는 임야를 개발하여 활용하는 방안도 고려하여 볼 수 있을 것이다.

13. 부동산 투자전략(정리)

법원경매나 공매도 과거처럼 소형 부동산에 단독으로 투자하는 것보다는 할 인폭이 큰 부동산에 공동투자를 하는 것이 유리하다. 소액물건은 투자수요가 많 아 초기 낙찰률이 높아 할인폭이 적다. 반면 자금규모가 어느 정도 필요한 물건

---

13) 캐러바닝은 자동차에 캠핑 트레일러를 연결하여 여행하는 것을 의미한다.

은 투자수요가 적기 때문에 2번 이상 유찰되는 경우가 많아 이런 물건은 높은 시세차익을 두고 낙찰을 받을 수 있어 유리하다.

또한 법원 경매로 임야를 매입하는 경우에는 명도에 대한 절차도 필요 없고 임야매매증명원도 생략되기 때문에 임야를 경매로 싸게 매입하는 깃도 좋은 방법이 될 것이다.

법원경매는 단독으로 응찰하는 것이 원칙이지만 친족관계나 공동점유자 또는 공동사용자나 임차인 등이 공동으로 자본을 모아 입찰에 참여하는 방법도 괜찮다. 이때에는 공유지분으로 소유권이전을 하여 공동개발이나 투자를 할 수도 있어 소액자본을 가진 자들에게 유리하다. 또한 최근에는 개인 간 펀드를 조성해 중개법인을 세우고 본격적인 공동투자를 하는 사람들도 많이 있어 이러한 방향으로 경매를 이용하는 방법도 괜찮을 것이다.

03

경매의 핵심 권리분석

제 1 절
권리분석의 개념

  경매는 불특정 다수인을 상대로 공개경매 입찰방식에 의해 부동산을 매각하는 절차로서 국가의 공권력에 의해 채권자가 자기 채권의 만족을 얻기 위해 행하는 민사소송법상 강제집행의 한 방법으로 물권변동의 효력을 가져오게 한다. 경매절차에 있어서 부동산의 매각은 그것을 환가하여 그 매득금으로 채권자의 채권변제를 충당하고자 하는 수단인 것이다. 그런데 경매목적물이 된 부동산에는 아무런 제한물권 없이 채무자 자신만 소유자로 등기되어 있는 물건도 있지만 유치권이나 예고등기 또는 지상권, 저당권, 대항력 있는 임차인 등이 있는 부동산도 있다. 그런데 경매로 진행되는 부동산에 위와 같은 각종의 제한물권이 설정되어 있는 경우에 어떠한 권리관계로 그 권리들이 소멸되고 인수되어 경락인에게 영향을 미치는지 알아보는 것이 상당히 중요한데 이를 "권리분석"이라 한다. 경락인 입장에서는 권리분석을 잘 하느냐 못하느냐에 따라 경매에서의 승패 여부가 좌우되므로 상당히 중요하다고 할 수 있다.

제 2 절
말소기준권리

1. 서설

　법원경매로 나오는 부동산을 보면 등기부에 여러 가지 물권이 많이 설정되어 있는 물건이나 등기부에 설정되어 있지는 않지만 복잡한 권리분석을 요하는 물건(예: 법정지상권, 유치권 등)도 있다. 이와 같이 복잡한 권리관계가 되어 있는 부동산을 낙찰받았을 때 경락인 입장에서는 경락대금 외에 추가로 인수하는 금액이나 등기부상에 말소되지 않은 권리가 없기를 희망할 것이다. 그러나 경매는 일반매매와 달리 경락이 되더라도 말소가 되는 경우와 그렇지 않은 경우가 있어 경락인이 불의의 손해를 당하는 경우가 있다. 따라서 등기부상에 설정되어 있는 지상권·지역권·전세권·저당권·가등기·가처분·가압류와, 등기부상 등기되어 있지 않은 유치권·법정지상권 등이 경락으로 말소가 될 것인지, 아니면 말소가 안되어 경락인이 인수를 할 것인지의 여부를 분석하는 것은 경매로 부동산을 매입하는 데 있어 상당히 중요한 권리분석이 된다.

2. 권리분석의 종류

경매에 있어 권리분석은 크게 나누어 등기부상의 권리분석과 주택 및 상가 건물 임대차보호법상의 권리분석으로 구분할 수 있다. 등기부상의 권리분석은 경락인이 대금을 납부하고 소유권이전등기를 하였을 때 등기부상에 설정되어 있는 각종 가압류, 가등기, 가처분, 지상권 등이 어떠한 권리관계로 말소가 되는지를 분석하는 것이다. 예컨대 경락인이 소유권이전등기를 하였음에도 불구하고 지상권등기가 그대로 남아 있다면 이는 잘못 권리분석을 한 것이다. 주택 및 상가건물 임대차보호법상의 권리분석을 할 때도 마찬가지이다. 경락인이 낙찰대금을 납부하였음에도 불구하고 추가로 임차인의 보증금을 인수하는 경우가 있는데 이를 모르고 낙찰받았다면 이 또한 경락인이 권리분석을 잘못한 것이 된다.

3. 말소기준권리

이와 같이 등기부상에 설정되어 있는 각종 권리나(지상권, 가등기, 가처분, 전세권, 가압류) 임차인의 보증금을 인수해야 하는(대항력) 법률관계는 어떠한 법리가 적용되어 "인수" 또는 "소멸"되는지, 그것을 분석하는 중요한 내용으로 우선 "말소기준권리"(또는 "소멸기준권리")가 무엇이며, 그 종류에는 무엇이 있는지 알아야 할 것이다. 왜냐하면 말소기준권리 일자를 기준으로 그보다 앞선 일자로 설정되어 있는 등기부상 용익물권은 원칙적으로 말소되지 않기 때문이다. 그리고 임차인의 보증금 인수문제도 말소기준권리를 기준으로 하여 그보다 앞선 일자로 임차인이 주민등록전입과 계약, 인도가 빠르게 되어 있다면 임차인의 보증금을 경락인이 인수해야 하기 때문이다. 이와 같은 말소기준권리가 될 수 있는 권리의 종류에는 근저당·저당권·가압류·담보가등기·경매개시결정등기(강제경매)·압류 등이 있는데 이 중 가장 빠른 날짜로 설정되어 있는 일자가 등기부상의 권리나 또는 임차인의 보증금 인수 여부(대항력)에 대한 실질적인 말소기준권리가 된다.

그리고 가장 빠른 날짜로 설정되어 있는 말소기준권리는 "최초"라는 용어를 붙여 "최초근저당" 또는 "최초가압류"라고도 칭한다. 그러나 경매로 진행되고 있는 물건 중 95% 이상은 최초근저당이 가장 빠른 날짜로 설정되어 있는 경우가 많기 때문에 일반적으로 최초근저당일자를 말소기준으로 정하여 인수나 소멸 여부에 대한 권리분석을 하고 있다.[1]

---

1) 임의경매개시결정기입등기일이 근저당보다 빠른 날짜로 되어 있는 경우는 별로 없다. 왜냐하면 근저당이 설정되어 있는 물건이라면 임의경매개시결정 등기일자는 근저당 설정일 이후에 이루어지기 때문이다. 그리고 가압류가 근저당보다 앞선 일자로 되어 있는 경우에는 원칙적으로 가압류일자를 기준으로 등기부상의 권리관계나 임차인의 대항력 유무를 분석해야 하겠지만 가압류라는 것은 말 그대로 임시 보전적인 처분이기 때문에 본안소송에서 패소할 수도 있다. 그런데 이 가압류를 기준으로 임차인의 보증금을 인수하지 않아도 된다고 낙찰을 받았다가 가압류가 중간에 소멸이라도 하면 임차인은 결국 대항력을 취득하게 되어 불안한 말소기준권리가 된다고 할 수 있다. 그래서 가장 확실한 것은 근저당이나 저당권이 설정되어 있는 물건이라면 가능한 근저당이나 저당권 중 가장 빠른 날짜를 기준으로 말소기준권리를 삼는 것이 바람직하다.

제3절
인수주의 · 소제주의

 제1항 인수주의

1. 인수주의 핵심이론

　경락인이 경매신청 채권자의 채권에 우선하는 채권에 관한 부동산의 부담을 모두 현실적으로 인수하는 경우에 경락을 허가한다는 주의이다. 따라서 경락인 입장에서는 경락대금 외에 인수되는 금액만큼을 공제하고 입찰에 참여해야 손해를 당하지 않게 된다. 다음과 같은 권리들은 경락인이 대금을 완납하더라도 말소가 되지 않거나 경락인에게 대항할 수 있는 권리가 된다.

　용익물권에는 지상권·지역권·전세권이 있는데 이와 같은 용익물권은 말소기준권리인 "최초근저당이나 가장 먼저 설정된 가압류, 가장 먼저 설정된 압류채권, 가장 먼저 설정된 담보가등기, 가장 먼저 설정된 경매개시결정등기일"보다 앞선 일자로 설정되어 있을 경우에는 원칙적으로 말소가 되지 않는다.[1] 주택 및 상가건물임대차보호법에 의하여 임차인이 대항요건과 확정일자를 선순위로 받은 경우에는 말소기준권리에 해당하지 않는다고 보는 소극설의 견해가 있다.[2] 그

---

1) 민사집행법 제91조 제4항은 인수주의와 관련하여 "지상권·지역권·전세권 및 등기된 임차권이 저당권·압류채권·가압류채권에 대항할 수 있는 경우에는 매각으로 소멸하지 않는다"라고 규정하고 있다. 즉 말소기준권리로는 근저당·저당권·압류채권·경매개시결정등기일·가압류를 기준으로 삼고 있고, 그 말소기준권리보다 앞선 일자의 용익물권과(지상권·지역권·전세권) 등기된 임차권은 경락으로 소멸되지 않는다고 명시하고 있는 것이다.

근거는 매수인이 인수하지 아니한 부동산의 부담에 관한 기입인지 여부는 오로지 부동산등기부에 적힌 것을 기준으로 판단하여야 하고, 등기부에 기입되지 아니한 권리로서 특별법에 의하여 인정되는 권리를 성립한 때를 기준으로 판단하여서는 안 된다는 것이다. 예컨대 매각에 의하여 소멸하는 부동산의 부담 중 최선순위의 것(예: 근저당, 저당권, 강제경매등기 등)보다 앞서 담보가등기 아닌 소유권이전등기청구권 보전을 위한 가등기가 있고, 이보다 앞선 일자로 대항요건을 갖춘 주택 및 상가건물임차인이 확정일자를 받은 경우 그 임차인이 확정일자에 따라 전액배당을 받은 경우에도 소유권이전등기청구권 보전을 위한 가등기는 말소되지 않는다. 따라서 이런 경우에는 낙찰자가 가등기를 인수해야 하기 때문에 낙찰이 되지 않거나 낙찰이 되더라도 확정일자에 따라 전액배당을 받을 수가 없을 것이다. 한편으로 보면 임차인에게 불리한 사항이 될 수도 있지만 임차인이 경락인에게 대항력과 보증금의 인수를 주장할 수 있기 때문에 관계없다.

1) 지상권

지상권은 최초근저당보다[3] 앞선 일자로 설정되어 있을 경우 잔금을 지불하더라도 말소가 되지 않는다. 최초근저당일자와 지상권일자가 같은 날짜에 설정되어 있을 경우에는 접수번호의 선후에 따라 말소 여부를 결정해야 한다. 따라서 저당권 접수번호보다 지상권 접수번호가 더 빠른 경우에는 지상권은 말소가 되지 않는다. 일반적으로 금융기관에서 토지에 저당권을 설정할 때는 토지의 이용을 제한하기 위해 지상권을 같은 일자에 설정하면서 접수번호는 저당권보다 이후에 설정하는 경우가 많다.

2) 지역권

지역권의 설정일자가 최초근저당보다 앞선 일자로 설정되어 있는 경우 지역권은 경락인이 대금을 납부할지라도 말소가 되지 않는다.

3) 전세권

전세권은 최초근저당보다 앞선 일자로 설정되어 있는 경우 원칙적으로 말소

---

2) 법원실무제요 민사집행(Ⅱ), 부동산집행, 법원행정처 편, 2003, 383~384면.
3) 최초근저당이라 할 때에는 앞으로 편의상 말소기준권리인 "최초근저당·가압류·담보가등기·경매개시결정일(압류)" 중 가장 빠른 일자로 되어 있는 권리를 칭하기로 한다. 물론 입찰진행 물건 중 최초근저당이 90% 이상 되기 때문에 거의가 최초근저당일 것이다.

가 되지 않는다. 여기서 최초근저당이란 위에서 설명했듯이 같은 등기부상에 근저당이나 저당권이 설정되어 있다면 가장 빠른 날짜로 설정되어 있는 근저당권이나 저당권을 말한다.

전세권이 최초근저당보다 앞선 일자로 설정되어 있을지라도 전세권자가 배당요구종기일 이전[4]까지 배당요구신청을 하였다면 말소 촉탁의 대상이 된다. 이때 전세권자가 법원에서 전액을 배당받지 못한 경우 나머지 금액에 대해서는 경락인에게 대항력을 주장하여 대항할 수 있다.[5]

2. 담보물권과 인수주의

1) 저당권은 경락으로 인하여 모두 말소된다. 설사 근저당권자가 한푼도 배당을 못 받았을지라도 경락인이 잔금을 지불하면 말소대상이 된다.

2) 유치권은 법정담보물권으로 등기를 요하지 않는 물권이다.

유치권은 경락이 되더라도 피담보채권을 변제받을 때까지 목적물을 점유할 수 있는 권리가 있기 때문에 말소가 되지 않는다. 따라서 유치권이 있는 물건에 대해서는 그 금액만큼 공제하고 입찰에 참여해야 한다.

3) 소유권이전청구권보전에 의한 가등기가 최초근저당보다 앞선 일자로 설정되어 있을 경우에는 경락으로 말소가 되지 않는다.

---

4) 본서에서 "첫 매각기일 이전"이란 민사집행법 제84조 제1항의 "배당요구 종기일"을 의미하는 것으로 편의상 해석한다. 집행법원이 절차에 필요한 기간을 감안하여 배당요구할 수 있는 기간을 첫 매각기일 이전으로 재량적으로 정할 수 있다고 규정(민사집행법 84조 1항)하여 각 집행법원마다 정확한 배당요구 종기일이 다르다. 일반적으로 첫 매각기일 이전 약 1~3개월 이전으로 정하고 있다.

5) 민사집행법 제91조 제4항, 제84조 제2항은 "최초근저당보다 앞선 일자로 설정되어 있는 전세권은 경락인이 인수한다. 단 전세권의 경우에는 전세권자가 첫 경매기일 이전까지 배당요구를 하면 매각(경락)으로 소멸한다"라고 규정하고 있는 것이다. 따라서 최초근저당 일자보다 앞선 일자로 설정되어 있는 전세권자가 존속기간이 남아 있다고 하더라도 첫 경매기일 이전까지 배당요구를 하면 물권순위에 따라 배당을 받고 말소가 된다. 단, 이때 전액배당받지 못한 전세권 금액에 대해서는 경락인에게 인수를 주장할 수 있다.

3. 주택임대차와 인수주의

주택에 임대차계약과 주민등록을 전입하고 임차인이 살고 있는 경우에는 주택임대차보호법 제3조 제1항에 의한 대항력이 발생하기 때문에 임차인은 그 집을 매수한 양수인과 임대차계약서를 다시 체결하지 않아도 보증금의 인수를 주장할 수 있다. 그러나 이 집이 경매로 넘어가게 되는 경우는 주택임대차보호법 제3조 제2항에서 규정하고 있는 "양도인의 권리와 의무는 양수인이 승계한다"라는 의미와 다르게 적용되고 있다.

즉, 최초근저당보다 이전에 임차인이 '주민등록전입＋계약＋점유'를 하고 있는 경우에만 임차인은 경락인에게 보증금의 인수를 주장할 수 있는 대항력이 인정된다.

```
〈적용례〉: 임차인
      주민등록전입      20. 10. 7. 1억
      계약            20. 7. 6.
      점유            20. 7. 6.
근저당권자 최초근저당 20. 10. 17. 1억
```

① 주민등록전입, 계약, 점유(인도)의 일자가 각기 다른 경우에는 가장 늦게 받은 일자를 기준으로 임차인의 대항력의 유무를 분석한다. 따라서 위의 사태에서는 주민등록 전입일 20. 10. 7.이 대항력의 기준일이 된다.

② 그리고 보면 최초근저당은 20. 10. 17.이고, 임차인은 20. 10. 7.로 최초근저당보다 더 빠른 날짜로 대항요건을 갖추고 있다. 이럴 때 임차인은 경락인에게 보증금의 인수를 주장할 수 있다. 상대적으로 경락인이 이런 물건을 낙찰 받았을 때는 임차인의 보증금 1억을 추가로 인수해야 하는 문제가 발생한다. 따라서 그만큼 싸게 낙찰 받아야 할 것이다. 여기서 임차인이 대항력을 갖추기 위해서 확정일자의 요건은 필요하지 않다.

4. 그 외 권리와 인수주의

1) 임차권등기

임차권등기를 한 임차인이 대항력 및 확정일자에 의한 우선변제적 효력을 최초근저당 일자보다 이전에 갖추고 있는 경우에는 설사 주민등록전입을 다른 곳으로 옮겨 놓았다고 하여도 종전에 갖추고 있던 대항력과 확정일자에 우선변제적 효력은 계속 존속하게 된다. 따라서 대항력과 확정일자를 갖춘 임차권등기를 한 임차인은 대항요건을 상실하였을지라도 종전의 대항력과 확정일자에 따라 권리를 행사할 수 있다. 그리고 경락대금으로부터 보증금 전액을 변제받지 못한 경우에는 변제받지 못한 보증금에 대하여 경락인에게 주장도 할 수 있고, 존속기간까지 거주할 수도 있다. 다만, 배당받은 금액은 부당이득이 되기 때문에 반환해야 한다. 임차권등기는 경락인이 보증금을 지불할 때 공동으로 말소신청한다. 경락인의 보증금지급과 임차인의 임차권등기말소관계는 동시이행의 관계에 있다.

2) 예고등기

예고등기는 현재 삭제되어 현행법상 적용되지 않지만 참고적으로 다음과 같은 내용이 예고등기라는 점을 밝혀둔다. 예고등기는 최초근저당 일자보다 빠른 날짜로 되어 있거나 이후에 되어 있거나와 관계없이 원칙적으로 말소가 되지 않는다. 따라서 경락인은 예고등기가 되어 있는 물건은 낙찰받지 않는 것이 좋다. 다만, 예고등기가 되어 있더라도 소송을 제기한 원고가 패소하거나 경락으로 소멸되는 권리를 목적으로 한 예고등기는 법원의 직권으로 말소가 되기 때문에 낙찰을 받아도 무방하다. 그러나 예고등기가 되어 있는 부동산을 낙찰받으려면 소송관계도 알아야 하고 소의 승·패 여부를 가늠할 수 있어야 하기 때문에 경락으로 소멸되는 권리를 목적으로 한 예고등기가 아니면 가능한 입찰에 참여하지 않는 것이 좋다.

3) 가압류

가압류는 경락이 되면 원칙적으로 소멸한다.

4) 가처분

최초근저당보다 앞선 일자로 가처분이 되어 있는 경우 말소되지 않는다.

그러나 강제경매의 개시 당시 근저당권이 이미 소멸하였으나 형식상 등기만이 남아 있는데 그보다 후순위라는 이유로 깅제경매개시결정 이전에 경료된 가처분기입등기가 집행법원의 촉탁에 의하여 말소된 경우, 그 말소등기의 효력은 무효이다.[6] 그리고 이후 부동산처분금지 가처분의 채권자가 본안소송에서 승소확정판결을 받은 경우, 그 가처분기입등기 이후에 개시된 부동산 강제경매절차에서 부동산을 낙찰받은 자의 소유권이전등기는 가처분채권자에 대한 관계에서 무효가 되기 때문에, 말소될 처지에 있다. 그러므로 낙찰자(매수인)가 위 강제경매절차가 진행되는 것을 알고 아무런 이의를 하지 아니하였다 하더라도 낙찰자의 소유권 말소에는 영향을 미치지 않는다.

그리고 가처분등기가 그 지상건물소유자에 대한 건물철거 · 토지인도청구권을 보전하기 위하여 토지소유자가 건물에 한 경우에는 강제경매개시결정 또는 담보권설정등기 이후에 이루어졌어도 매각으로 소멸하지 않는다.[7]

5) 환매등기

환매등기도 최초근저당보다 앞선 일자로 설정되어 있으면 말소가 되지 않는다.

 제 2 항 소제주의

소제주의란 경락허가에 의하여 부동산의 모든 부담은 소멸하고 완전한 소유권을 경락인이 취득한다는 주의이다. 우리나라에서는 저당권 등 우선변제청구권이 있는 담보물권에 한해서 원칙적으로 소제주의를 쓰고 있다. 따라서 다음과 같은 경우는 모두 말소가 되어 경락자가 잔금지불 외에 추가로 인수 부담할 것이 없다.

---

6) 대판 1997. 12. 9. 97다25521.
7) 법원실무제요, 민사집행(Ⅱ), 사법연수원, 2019, 453면.

1. 용익물권과 소제주의

용익물권에는 지상권·지역권·전세권이 있다. 이와 같은 용익물권이 말소기준권리(최초근저당·가장 먼저 설정된 가압류·가장 먼저 설정된 담보가등기·가장 먼저 설정된 경매개시결정등기일)보다 이후에 설정되어 있는 경우에는 모두 말소된다.

1) 지상권

지상권은 최초근저당(최초근저당이라 할 때 이하 말소기준권리인 최초근저당·가압류·담보가등기·경매개시결정등기일을 포함하여 칭한다)보다 이후에 설정되어 있을 경우 경락인이 잔금을 지불하면 말소된다. 최초근저당일자와 지상권일자가 같은 날짜에 설정되어 있는 경우에는 접수번호의 선후에 따라 말소 여부를 분석하면 된다. 따라서 지상권 접수번호가 저당권 접수번호보다 이후에 설정되어 있는 경우에 지상권은 말소가 된다.

2) 지역권

지역권의 설정일자가 최초근저당보다 이후에 설정되어 있는 경우 지역권은 경락인이 대금을 납부할 때 말소된다.

3) 전세권

전세권은 최초근저당보다 이후에 설정되어 있는 경우 물권적 순위에 따라 배당을 받고 말소대상이 된다.

2. 담보물권과 소제주의

1) 저당권은 경락으로 인하여 모두 말소된다. 설사 근저당권자가 한푼도 배당을 받지 못했을지라도 경락인이 잔금을 납부하면 말소된다.

2) 유치권은 법정담보물권으로서 등기를 하지 않는 물권이다.

유치권은 경락이 되더라도 피담보채권을 변제받을 때까지 물건을 점유할 수 있기 때문에 소멸되지 않는다. 따라서 유치권이 있는 물건의 명도를 받으려면 그 금액만큼 제하고 입찰에 참여해야 할 것이다.

3) 담보가등기는 최초근저당보다 앞선 일자로 설정되어 있거나 이후에 설정

되었거나 관계없이 경락이 되면 모두 소멸한다. 이때 담보가등기는 저당권으로 보아 가등기 순위에 따라 배당을 받고 말소된다.

그러나 청구권보전에 의한 가등기가 선순위인 경우 말소가 되지 않고 인수 된다. 이러한 가등기는 부동산의 강제경매절차에서 경매목적부동산이 낙찰된 때 에도 소유권이전등기청구권의 순위보전을 위한 가등기는 그보다 선순위의 담보 권이나 가압류가 없는 이상 담보목적의 가등기와는 달리 말소되지 아니한 채 낙 찰인에게 인수되는 것인바, 권리신고가 되지 않아 담보가등기인지 순위보전의 가등기인지 알 수 없는 경우에도 그 가등기가 등기부상 최선순위이면 집행법원 으로서는 일단 이를 순위보전을 위한 가등기로 보아 낙찰인에게 그 부담이 인수 될 수 있다는 취지를 입찰물건명세서에 기재한 후 그에 기하여 경매절차를 진행 하면 족한 것이지, 반드시 그 가등기가 담보가등기인지 순위보전의 가등기인지 밝혀질 때까지 경매절차를 중지하여야 하는 것은 아니다.[8]

3. 주택임대차와 소제주의

임차인이 최초근저당 이후에 주민등록전입 + 계약 + 점유를 하고 있는 경우 에는 경락인이 임차인의 보증금을 인수하지 않는다.

〈적용례〉: 임차인
　　　　주민등록전입　　　20. 12. 7. 1억
　　　　계약　　　　　　　20. 7. 7.
　　　　점유　　　　　　　20. 7. 8.
근저당권자 최초근저당　　20. 10. 17. 1억

① 여기서 임차인은 제일 늦게 받은 일자를 기준으로 대항력의 유무를 따진다.
② 계약서일자로 보면 최초근저당일자보다 앞선 일자로 되어 있지만 주민등 록전입은 최초근저당 20. 10. 17. 보다 이후인 20. 12. 7.로 되어 있기 때문에 임 차인은 경락인에게 보증금의 인수를 주장할 수 없다.

---

8) 대결 2003. 10. 6. 2003마1438.

4. 그 외 권리와 소제주의

1) 임차권등기

임차권등기를 한 임차인이 대항력 및 확정일자를 최초근저당 이후에 갖추고 있는 경우에는 경락인에게 대항력을 행사할 수 없고 말소대상이 된다. 따라서 임차권등기를 한 임차인은 확정일자에 의한 배당만을 법원에서 받을 수 있을 뿐이다.

2) 예고등기

예고등기는 최초근저당일자보다 빠른 날짜로 되어 있건 이후로 되어 있건 관계없이 원칙적으로 말소가 되지 않는다. 따라서 경락인은 예고등기가 되어 있는 부동산은 가능한 낙찰받지 않는 것이 좋다.

3) 가압류

가압류일자가 최초근저당일자보다 이후로 설정되어 있는 경우 그 가압류는 말소된다. 그리고 최초근저당보다 앞선 일자로 되어 있더라도 맨 마지막 소유권 이전일자 이후에 되어 있을 경우에는 안분배당 후 말소된다. 가압류등기는 매수 인이 인수한다는 조건으로 매각되지 아니한 경우 압류의 효력 발생 전후를 불문하고 모두 말소된다.

4) 가처분

최초근저당보다 이후에 가처분이 되어 있는 경우 말소가 된다. 다만, 토지소유자가 그 지상건물 소유자에 대한 건물철거·토지인도청구권을 보전하기 위하여 건물에 대한 처분금지가처분을 한 때에는 처분금지가처분등기가 건물에 관한 강제경매개시결정등기 또는 담보권설정등기 이후에 이루어졌어도 매각으로 소멸하지 않는다.[9]

5) 환매등기

환매등기도 최초근저당 이후로 설정되어 있으면 말소된다.

6) 국세체납에 의한 압류등기

국세체납처분에 의한 압류는 경락대금으로부터 배당을 받고 말소대상이 된다.

---

9) 법원실무제요 민사집행(II), 부동산집행, 법원행정처편, 2003, 390면.

제 4 절
잉여주의

【채권자 매수통지서】

서 울 지 방 법 원 통 지 서

사건 20 타경0000호 부동산강제경매
채권자 : 박철수
채무자 : 황진이

　위 당사자간의 강제경매사건에 관하여 이 법원이 채무자에 대한 부동산강제경매 개시결정을 하였던바, 최저매각금액 금　　원으로는 채권자에 우선하는 부동산의 부담 금　원 및 매각절차 비용을 변제하면 잔금이 없다고 인정되므로 민사집행법 제102조에 의하여 통지함.

　따라서 압류채권자는 이 통지를 받은 날로부터 7일 내에 우선변제 채권자의 채권액 기타 모든 부담금을 변제하고 남는 것이 있을 경우 가격을 정하여 그 값에 응하는 매수신고인이 없을 때에는 그 가격으로 매수할 것을 신청하고 충분한 보증금을 제공하여야 하며 위 사항을 이행치 않을 때에는 매각절차를 취소함.

20. 12. 7.

사법보좌관　○○○

1. 의의

　잉여주의를 적용하는 관계는 두 가지로 분류할 수 있다. 첫째, "압류채권자의 채권에 우선하는 채권에 관한 부동산의 부담을 매수인에게 인수하게 하거나,

매각대금으로 그 부담을 변제하는 데 부족하지 아니하다는 것이 인정된 경우가 아니면 부동산을 매각하지 못한다"는 규정이다(민사집행법 91조 1항). 이 규정에 따라 집행법원은 고가 매수신고인이 매각기일에 결정되었더라도 매각결정기일에 위의 규정에 따른 잉여주의에 반하는 경우에는 매각불허가 결정을 한다. 이에 대하여 매각을 주장하는 매수인은 즉시항고를 할 수 있을 것이다(민사집행법 129조 2항 단서). 예컨대 1순위 근저당 1억, 2순위 강제경매가 진행되어 9천만원에 최고가 매수신고가 된 경우에 1순위 근저당권자가 전액배당을 받을 수 없는 금액으로 낙찰이 되었기 때문에 매각결정기일에 불허가결정을 한다. 그러나 위의 경우 1순위 권리자가 근저당이 아니고 전세권자나, 대항력과 확정일자의 요건을 갖춘 임차인인 경우에는 9천만원을 배당받고 못 받은 1천만원에 대해서는 매수인(낙찰자)에게 인수를 주장할 수 있기 때문에 매수인이 매각을 주장하는 즉시항고를(민사집행법 129조 2항 단서) 할 수 있을 것으로 보인다. 그러나 매각허가결정이 확정된 경우에 하자는 치유된다.

둘째, 집행법원은 법원이 정한 최저경매가격으로 압류채권자(경매신청채권자)의 채권에 우선하는 모든 부동산상의 부담과 경매비용을 변제하면 남는 것이 없다고 인정될 때에는 이를 압류채권자에게 통지하여야 한다(민사집행법 102조 1항). 압류채권자가 위의 통지를 받은 날로부터 1주 이내에 압류채권자에 우선하는 채권을 넘는 가격으로 매수하는 자가 없을 경우에는 압류채권자의 채권에 우선하는 부동산의 모든 부담과 절차비용을 변제하고 남을 만한 가격을 정하여 가격에 맞는 매수신고가 없을 때에는 자기가 그 가격으로 매수하겠다고 신청하면서 충분한 보증금을 제공하지 아니하면 법원은 경매를 취소하여야 한다(민사집행법 102조 이하). 이는 압류채권자의 무익·무용한 집행을 방지하기 위한 규정이다. 여기서 우선채권이라 함은 압류채권자의 채권에 우선하는 모든 부동산상의 부담과 경매비용을 포함한 금액을 말한다.

2. 우선채권의 범위

1) 압류채권자의 채권에 우선하는 부동산상의 모든 부담

압류채권자의 채권에 우선하는 부동산상의 모든 부담이란 경매부동산의 낙찰대금에서 압류채권자(경매신청권자)에 우선하여 변제받을 수 있는 채권으로서 당해 경매절차에서 밝혀진 것을 말한다.

① 경매신청권자보다 앞선 순위의 저당권은 선순위의 저당권에 의한 피담보채권으로 보아 우선채권을 인정한다. (채권신고가 제출되지 아니한 경우에는 채권최고액)

② 선순위 전세권등기가 민사집행법 제91조 제4항의 적용을 받아 경락으로 소멸하게 될 전세권인 경우에는 전세금반환채권도 우선채권의 범위에 속한다. 그러나 배당요구를 하지 않은 선순위전세권은 매수인이 인수하므로 제외한다.

③ 가등기담보권은 선순위 가등기담보권에 의하여 담보되는 채권으로 보아 담보가등기로 신고한 경우는 우선채권에 속한다.

④ 국세, 지방세, 산업재해보험료 등이 그 실제적 순위가 압류채권자의 권리에 우선하는 때에는 우선채권에 해당한다. 그 부동산에 부과된 당해세에 해당하는가의 여부는 묻지 않는다.

⑤ 주택에 속하는 임차인의 최우선 변제금, 우선순위가 인정되는 확정일자에 따른 보증금

⑥ 임금채권 등 노무관계로 인한 채권 그리고 예상되는 집행비용

⑦ 강제경매개시 후 압류채권자에 우선하는 저당권자 등이 경매신청을 하여 이중경매개시결정이 되어 있는 경우에는 절차의 불필요한 지연을 막기 위해서라도 민사집행법 제102조 소정의 최저경매가격과 비교하여야 할 우선채권의 범위를 정하는 기준이 되는 권리는 그 절차에서 경매개시결정을 받은 채권자 중 최우선순위 권리자의 권리로 봄이 옳다. 예컨대 1순위 근저당 1억원, 2순위 근저당 1억원 있는 상태에서 2순위 근저당권자가 먼저 임의경매신청을 하고 이후에 1순위 근저당권자가 임의경매신청을 한 경우, 잉여주의를 적용하는 기준이 되는 권리는 선순위 임의경매신청이 아닌 1순위 근저당을 기준으로 한다. 따라서 위의 경우 5천만원에 낙찰이 되었더라도 매각결정기일에 허가를 하여야 한다. 왜냐하면 경매비용

이외에는 1순위 근저당권자에 우선하는 채권자가 없기 때문이다.

매수인에게 대항할 수 있는 20. 2. 2.(전입＋계약＋인도) 주택임차인의 보증금이 1억, 이후 20. 3. 3. 근저당권 피담보채권 1억, 이후 가압류 20. 4. 4. 1억원, 이후 20. 10. 10. 강제경매신채권자 1억, 임금채권자 1억 배당요구, 그리고 경매비용 1000만원인 경매부동산의 최저매각금액이 5천만원인 경우 경매신청채권자가 잉여주의에 따라 매수해야 할 금액은 2억 1천만원 이상이어야 한다. 왜냐하면 근저당권 1억, 임금채권자 1억, 경매신청비용 1천만원이 변제받을 수 있는 금액 이상이어야 하기 때문이다. 보증금액은 2억 1천만원－5천만원＝1억 6천만원 이상 제공되어야 절차가 속행된다.

2) 절차비용

경매절차비용은 항상 경락대금으로부터 우선변제를 받으므로 이것도 우선채권에 속한다. 또한 경매신청 기입등기등록세·감정평가료·임대차 현황조사료·각종 증명서 작성비용·경매수수료 등은 경매절차를 완결할 때까지 지출될 것이 예상되므로 우선채권의 범위에 포함시킨다.

3) 공동저당권자의 우선채권 검토

우선하는 채권의 범위와 관련하여 공동저당권의 경우 "공동저당권의 목적이 된 부동산 중 1개만이 이시매각되는 경우 또는 여러 개의 부동산이 이시분할(개별)매각되는 경우에도 피담보채권 전액이 우선채권으로 된다"는 견해가 있다.[1]

그러므로 선순위 공동저당권자가 1개만이 이시매각 되는 경우나 여러개의 부동산이 이시분할(개별)매각되는 경우에 선순위 공동저당권자보다 우선하는 채권자가 이시매각으로 전액배당을 받는 경우에는 설사 공동저당권가 전액배당을 받을 수 없는 경우에도 무잉여로 판단해서는 안 된다고 해석하여야 할 것이다.

판례도 "우선채권자가 그 의사에 반한 시기에 투자의 회수를 강요당하는 것과 같은 부당한 결과를 피하기 위한 것으로서 우선채권자나 압류 채권자를 보호하기 위한 규정이기 때문이다",[2] "일괄매각결정에 따라 진행된 경매절차에서 여러 개의 부동산 중 일부에 관하여 그 부동산만을 매각한다면 남을 가망이 없더

---

1) 법원행정처, 법원실무제요 민사집행(II), 2014, 171면.
2) 대결 1987. 10. 30. 87마861.

라도 전체로서 판단하여 배당을 받을 가능성이 있는 경우, 집행법원이 매각절차를 진행할 수 있다",[3] "압류채권자가 집행채무자의 공유지분 전부에 관하여 강제집행을 할 때, 공유지분 전부 중 일부 지분만을 매각한다면 남을 가망이 없더라도 압류채권자가 나머지 지분의 매각대금에서 일부라도 배당받을 가능성이 있는 경우, 공유지분 전부에 대한 경매가 남을 가망이 있는 경매에 해당한다"[4]고 판시하고 있다.

예컨대 강제경매신청권자보다 우선하는 선순위의 공동근저당권(이하 동일명칭으로 함) 채권최고액이 5억으로 A부동산과 B부동산에 설정되어 있고 A 부동산에는 선순위 공동저당권보다 우선하는 1순위 근저당권이 1억으로 채권최고액이 설정되어 있다. 그리고 시세 10억원에 해당하는 B부동산에는 선순위 공동근저당권자가 1순위로 설정되어 있다. 이때 A부동산이 경매로 3억원에 매각이 되어 1순위 근저당권자가 1억원을 배당받고 2억원은 공동근저당권자가 배당을 받은 경우 본 부동산으로만 보면 무잉여이지만 다른 부동산에 대하여 공동저당권자가 충분히 배당을 받을 수 있는 경우에 해당하기 때문에 경매절차를 속행하여 매각허가를 하여야 할 것이다. 이러한 경우 우선채권자에 해당하는 공동저당권자에게 잉여주의의 목적취지에 따른 불이익을 초래하지 않을 뿐만 아니라 잉여의 가치가 없는 경우로 해석하게 되면 공동저당권이란 일부부동산에 대해서는 충분한 담보권보장이 되지 않기 때문에 추가로 공동담보를 설정한 취지에도 부합하지 않고 악용의 소지도 발생할 여지가 많게 된다.

따라서 선순위 공동담보권자가 있는 상태에서 어느 하나의 부동산만 먼저 이시매각이 이루어져 공동담보권자보다 우선하는 자가 전액 배당을 받을 수 있는 금액으로 매각이 이루어진 경우에는 설사 이시매각으로 공동저당권자가 전액을 받을 수 없다고 하더라도 전체로서 판단하여 배당을 받을 가능성이 있는 경우, 즉 나머지 공동담보 부동산에 대하여 충분히 배당을 받을 수 있는[5] 선순위

---

3) 대결 2012. 12. 21. 2012마379.
4) 대결 2013. 11. 19. 2012마745.
5) 대판(전) 2017. 12. 21. 2013다16992; 공동근저당권자가 스스로 근저당권을 실행하거나 타인에 의하여 개시된 경매 등의 환가절차를 통하여 공동담보의 목적 부동산 중 일부에 대한 환가대금 등으로부터 다른 권리자에 우선하여 피담보채권의 일부에 대하여 배당받은 경우에, 그와 같이 우선변제받은 금액에 관하여는 공동담보의 나머지 목적 부동산에 대한 경매 등의 환가절차에

공동담보권으로 인정된다면 잉여가치가 있는 것으로 판단하여 매각허가 내지 잉여가치가 있는 것으로 판단하여야 할 것이다.

3. 매수신청 및 보증제공에 의한 경매절차의 속행

1) 매수신청

압류채권자가 위 통지를 받은 날로부터 7일 이내에 우선채권총액을 변제하고 잉여가 있을 가격을 정하여 그 가격에 응하는 매수신고가 없는 때에는 그 가격으로 매수할 것을 신청하고 충분한 보증을 제공한 경우에 한하여 법원은 경매절차를 속행하며 충분한 보증을 제공하지 않으면 경매절차를 취소하여야 한다(민사집행법 102조 1항).

압류채권자는 매수신청 및 보증제공을 하였더라도 경매기일까지는 이를 철회할 수 있다. 철회를 한 경우에는 보증금의 반환을 요구할 수 있다.

2) 보증의 제공

압류채권자가 매수신청을 함에 있어서는 최저경매가격과 매수신청액(우선하는 부담과 비용을 변제하고 납을 가격)의 차액을 보증액으로 제공하여야 한다. 예컨대 압류채권자에 우선하는 합계 금액이 1억원, 집행비용 5백만원, 최저경매가격(최저매각가격) 8,000만원인 경우에 1억 5백만원－8,000만원＝2,500만원을 보증으로 제공하지 아니하면 경매절차를 취소하여야 한다(민사집행법 102조 2항). 보증의 방법으로는, 현금이나 법원이 인정하는 유가증권을 공탁하고 매수신청서와 함께 공탁서 원본을 집행법원에 제출하면 된다.

3) 매수신청 및 보증제공 후의 조치

압류채권자가 매수신청을 한 경우에 그 매수신청금액 이상의 가격이 아니면 매각허가가 되지 않는다는 점에서 최저매각가격과 비슷한 의미를 가지고 있다. 법원은 압류채권자로부터 매수신청이 있었다는 사실을 경매기일에 공고해야 한다.

서 다시 공동근저당권자로서 우선변제권을 행사할 수 없으며, 공동담보의 나머지 목적 부동산에 대하여 공동근저당권자로서 행사할 수 있는 우선변제권의 범위는 피담보채권의 확정 여부와 상관없이 최초의 채권최고액에서 위와 같이 우선변제받은 금액을 공제한 나머지 채권최고액으로 제한된다.

　　압류채권자는 매각기일에 출석하여 매수신청금액보다 더 높은 금액으로 매수가격을 신고할 수도 있다. 이때 제공한 보증금이 매수금액의 10분의 1이 되지 않으면 10분의 1에 해당하는 만큼 보증금을 추가로 제공하여야 한다.

　　매각기일에서 압류채권자의 매수신청금액 이상의 매수가격의 신고가 없는 경우에는 압류채권자가 매각기일에 출석하였는지 여부를 불문하고 압류채권자를 최고가 매수신고인으로 정하여 그 성명과 가격을 호창한 후 경매를 종결한다.

　　압류채권자의 보증제공액이 매각대금에 미달하는 경우에는 대금지급기한일에 그 차액을 매각대금으로 납부해야 하는데 이를 하지 아니한 상태에서 차순위 매수신고인이 없는 경우에는 재경매를 할 것이 아니고 경매를 취소해야 한다. 경매절차의 취소결정이 확정되면 압류채권자는 앞서 제공한 보증금의 반환을 청구할 수 있다.

【채권자 매수신청서】

경매부동산매수신청

채권자 박 철 수
채무자 김 정 일

　　위 당사자의 귀원 20 타경7000호 부동산경매사건에 대하여 귀원으로부터 민사집행법 제102조 제1항에 의한 통지를 받았는 바, 신청채권자의 채권에 우선하는 저당권자 박동수가 가지는 채권은 이미 반 이상 변제되어 별지 증명서와 같이 현재 원리합계금 2,000만원이므로 본건 부동산상의 부담 및 절차비용을 변제하고도 잉여가 있을 경우 금 3,000만원 이상으로 매각할 수가 있음.

　　따라서 이 가격으로 매수인이 없을 경우에는 신청채권자가 동 가격으로써 이를 매수하고자 별첨과 같이 충분한 담보를 제공하였으므로 위 경매절차를 속행하여 주시기를 신청함.

20. 7. 7.

채권자 박 철수 (인)

서울중앙지방법원 귀중

---

4. 경매절차의 취소

압류채권자가 잉여의 가망이 없다는 통지를 받고 7일 이내에 적법한 매수신청 및 보증의 제공을 하지 않은 때에는 법원은 결정으로 경매를 취소한다.

5. 잉여주의 위반의 효과

잉여주의를 간과하고 경매절차를 진행하여 최고입찰가격으로 매수신고를 한 자에게 집행관이 최고가 매수신고인으로 호창하고 경매를 종결하였다 하더라도 집행법원은 잉여주의에 따라 매각기일에 경락을 불허가하는 결정을 할 수 있다. 만약 매각을 불허가하여야 하는데도 불구하고 허가를 하였을 경우에는 이해관계인이 즉시항고할 수 있다. 이해관계인은 압류채권자와 우선채권자에 한하고 채무자와 소유자는 이에 대하여 항고를 할 수 없다.

제 5 절

핵심사례연습

 제1항 인수주의

1. 인수주의 사례분석

용 도	사건번호 20-555 25	소재지	면적(평방)	권리분석	임차관계	결과	감정평가액
							최저경매가
아 파 트	주택은행 박동수 황진이	광진구 구의동 293-24 한양아파트 101호 * 용곡초등교 북측 150m * 주거환경 보통 * 차량출입 가능 * 구의역 인근	대 29.3/3396 건 45.99 (15평) 방 2개 20. 9. 25. 준공 5층	가등기 20. 1. 1. 장희빈 가처분 20. 2. 2. 김소라 전세권 20. 3. 3. 홍길동 지상권 20. 4. 4. 김동수 임의 20. 12. 12. 주택은행 근저당 20. 6. 6. 주택은행 저당권 20. 9. 5. 국민은행 가압류 20. 1. 5. 박동길 지역권 20. 7. 5. 황필진 환매 20. 9. 7. 김인식	정재석 20. 1. 1. (전입+계약서+ 점유). 확정일자 20. 7. 7. 5억원 배당요구신청	20. 12. 7. 유찰 20. 1. 15. 유찰	100,000,000 80,000,000 64,000,000

① 위의 사례에서 최초근저당(주택은행) 20. 6. 6.을 기준으로 하여 이보다 앞선 일자로 설정되어 있는 청구권보전의 가등기·가처분·전세권<예외 : 배당요

구신청을 하면 원칙적으로 소멸＞·지상권은 경락이 되더라도 말소촉탁의 대상이 되지 않는다.

② 그리고 최초근저당 주택은행의 근저당을 기준으로 하여 그보다 이후에 설정되어 있는 지역권·환매등기는 낙찰이 되면 말소촉탁이 된다.

③ 임차인은 최초근저당일자를 기준으로 하여 전입＋계약서＋점유일자가 앞선 일자로 되어 있기 때문에 주택임대차보호법 제3조 제1항에 의한 대항력이 인정되어 경락인에게 보증금의 인수를 주장할 수 있다. 그러나 확정일자는 최초근저당 이후에 설정되어 있기 때문에 근저당(주택은행)이 먼저 배당을 받고 난 이후에 배당을 받게 된다.

2. 인수주의 핵심이론

① 유치권·법정지상권

② 말소기준권리는 말소기준권리의 종류에 해당하는 근저당·저당·압류·가압류·강제경매·담보가등기·전세권(건물의 전부를 대상으로 한 전세권으로 배당요구 신청하여 소멸되는 전세권) 중 제일 앞선 일자를 말소기준권리라고 한다.

③ 말소기준권리보다 앞선 일자로 설정된 용익물권(전세권·지상권·지역권)

④ 말소기준권리보다 앞선 일자로 대항력이 되어 있는 주택임차인(주민등록 전입＋계약＋점유), 상가임차인(사업자등록＋계약＋점유)

⑤ 말소기준권리보다 앞선 일자로 설정되어 있는 가처분·소유권이전청구권 보존에 의한 가등기·환매등기

⑥ 최초근저당(저당권)과 맨 마지막 소유권이전일자보다 앞선 일자로 설정되어 있는 가압류(전소유자를 상대로 한 가압류). 그러면서 전경매단계에서 인수되는 조건으로 매각이 된 부동산인데 현재 진행되는 경매에서 인수한다고 매각조건으로 결정하여 진행하는 부동산

⑦ 위의 사항에 해당하는 권리는 경락이 되더라도 말소되지 않는다.

제 2 항 소제주의

1. 소제주의 사례

용도	사건번호 20-555 25	소재지	면적(평방)	권리분석	임차관계	결과	감정평가액
							최저경매가
아파트	주택은행 박동수 황진이	광진구 구의동 293－24 한양아파트 101호 *용곡초등교북 측150m *주거환경보통 *차량출입가능 *구의역인근	대 29.3/3396 건45.99 (15평) 방2개 20. 9. 25. 준공 5층	가등기 20. 2. 2. 장희빈 가처분 20. 3. 3. 김소라 전세권 20. 4. 4. 홍길동 지상권 20. 5. 5. 김동수 임의 20. 7. 7. 국민은행 근저당 20. 1. 1. 주택은행 1천만원 저당권 20. 6. 4. 국민은행 2억원 가압류 20. 6. 5. 박동길 지역권 20. 7. 5. 황필진 환매 20. 9. 7. 김인식	정재석 20. 2. 2. (전 입 ＋ 계 약 서 점유). 확정일자 20. 10. 1. 5억원 배당요구신청	20. 12. 7. 유찰 20. 1. 15. 유찰	1,000,000,000 800,000,000 640,000,000

① 위의 경우는 20. 1. 1. 최초근저당(주택은행) 기준으로 하여 이보다 이후에 설정되어 있는 청구권보전의 가등기·가처분·지상권·전세권 등은 말소된다.

② 역시 최초근저당을 기준으로 하여 이 보다 이후에 설정되어 있는 지역권·환매등기 등도 말소된다.

③ 최초근저당을 기준으로 이보다 이후에 대항요건을 갖춘 임차인은 경락인에게 보증금의 인수를 주장할 수 없고, 단지 확정일자에 의한 배당만 받을 수 있다. 그러나 확정일자도 선순위 권리자인 근저당, 전세권, 가압류, 저당권자 등이 먼저 설정되어 있어 이들이 먼저 배당을 받고 난 나머지 금액이 있을 경우에 한하여 배당을 받을 수 있다.

2. 소제주의 핵심이론

① 말소기준권리보다 이후에 설정된 용익물권(지상권·전세권·지역권)은 경락인이 대금을 납부하면 말소촉탁의 대상이 된다.

② 말소기준권리보다 이후에 설정된 가처분·환매등기 등도 말소촉탁의 대상이 된다.

③ 말소기준권리보다 이후에 대항요건을 갖춘 주택의 임차인(계약＋전입＋점유), 상가임차인(사업자등록＋계약＋점유)은 경락인에게 대항할 수 없다.

④ 저당권·근저당권은 말소기준권리와 관계없이 경락인이 대금을 납부하면 모두 말소된다.

⑤ 말소기준권리보다 앞선 일자로 설정되어 있거나 이후에 설정되어 있는 담보가등기는 경락인이 잔금을 납부하면 가등기순위에 따라 배당을 받고 말소된다.

제 3 항 대위변제

1) 위의 소제주의 사례의 부동산을 낙찰받고자 한다면 임차인 관계를 주의 깊게 분석한 후 입찰에 참여해야 할 것이다. 왜냐하면 경락인이 임차인의 보증금을 인수할 수도 있기 때문이다. 그 근거는 경매에서 이해관계에 해당하는 자는 자기의 권리를 경락인에게 주장하기 위하여 말소기준권리의 채권액을 경락인이 낙찰대금을 납부할 때까지 변제하고 인수를 주장할 수 있기 때문이다.[1] 이를 "대위변제"라고 하는데 경락인이 주의해야 할 사항이다. 이때 이해관계인은 변제한 채무액에 대하여 채무자에게 구상권을 행사하여 청구할 수도 있다.

2) 사례에서 임차인이 최초근저당 채권액을 변제하면 2순위 저당권보다 앞선 일자로 대항요건을 갖추고 있기 때문에 경락인에게 보증금의 인수를 주장할 수 있게 된다.

---

1) 대판 1998. 8. 21. 98마1031.

3) 물론 임차인만 대위변제를 할 수 있는 것은 아니고 경락으로 말소된 지위에 있는 지상권자나 가처분권자 청구권보전의 가등기, 전세권자 등도 최초근저당의 피담보채권을 대위변제하고 경락인에게 자기의 권리를 주장할 수 있다.

4) 이와 같이 이해관계인이 최초근저당을 대위변제하고 경락인에게 예상치 못한 권리를 행사할 수 있기 때문에 말소기준권리인 최초근저당만을 기준으로 안심하고 대항력과 등기부상의 소멸 여부를 분석할 것이 아니라 그 최초근저당이 대위변제의 가능성은 없는지도 살펴보고 입찰에 참여해야 한다.

5) 그러다 보면 입찰자는 대위변제의 위험과 그 가능성의 판단 때문에 입찰에 접근하기가 무척 어려울 것이다. "대위변제 신경 안 쓰고 입찰에 참여하는 방안은 없을까?" 하는 호소를 하게 될 것이다. 이에 대해 대위변제의 문제를 신경 쓰지 않고 입찰에 참가하는 방법을 소개하겠다. 우선 위의 사례에서 최초근저당이 주택은행이 아니고 국민은행이라면 대위변제에 대해 염려하지 않고 입찰에 참여해도 될 것이다. 왜냐하면 국민은행의 피담보채권액을 이해관계인이 대위변제하면 경매가 취소되기 때문이다. 즉, 경매신청권자가 채권액을 변제받기 위하여 경매를 신청하였는데 임차인 등으로(대위변제권자)부터 모두 변제받았다면 집행법원은 더 이상 경매를 진행할 필요가 없기 때문에 경매를 취소한다는 것이다. 따라서 경매는 취소되고 경락인은 보증금을 법원에서 반환받을 수 있기 때문에 경락인이 보증금을 날릴 염려는 없게 된다.

또한 최초근저당의 피담보채권액이 얼마나 되는지를 살펴보고 입찰에 참여하는 것도 한 방법이 될 것이다. 왜냐하면 최초근저당의 채권액이 대위변제하고자 하는 자의 채권액보다 많거나 비슷한 금액인 경우에는 대위변제를 할 이익이 없기 때문이다. 이때는 불안한 마음을 가지고 입찰에 참여하지 않아도 된다. 대위변제를 할 수 있는 기간은 경락잔금을 납부할 때까지이다. 이때까지 이해관계인은 말소기준권리자의 채권액을 변제하고 경락인에게 자기의 권리를 주장할 수 있게 된다. 따라서 눈치빠른 사람은 '아! 입찰자가 입찰 기일에 낙찰을 받았다 하더라도 잔금을 납부하기 이전까지는 샴페인을 터뜨릴 때가 아니구나'라는 생각을 가질 것이다.

선순위근저당권의 존재로 후순위임차권이 소멸하는 것으로 알고 부동산을 낙찰받았다. 그러나 그 후 채무자가 후순위임차권의 대항력을 존속시킬 목적으로 선순위근저당권의 피담보채무를 모두 변제하고 그 근저당권을 소멸시키고도 이 점에 대하여 낙찰자에게 아무런 고지도 하지 않았다. 이후 낙찰자가 대항력 있는 임차권이 존속하게 된다는 사정을 알지 못한 채 대금지급기한일에 낙찰대금을 지급하였다면, 채무자는 민법 제578조 제3항의 규정에 의하여 낙찰자가 입게 된 손해를 배상할 책임이 있다.[2]

---

2) 대판 2003. 4. 25. 2002다70075.

제 4 항 말소기준권리의 사례분석

1. 가압류가 말소기준인 경우

용도	사건번호 20-555 25	소재지	면적(평방)	권리분석	임차관계	결과	감정평가액 최저경매가
아파트	국민은행 박동수 황진이	광진구 구의동 293 – 24 한양아파트 101호 *용곡초등교 북측 150m *주거환경보통 *차량출입가능 *구의역인근	대 29.3/3396 건45.99 (15평)방 2개 20. 9. 25. 준공 5층	가압류 20. 2. 2. 최고다 가등기 20. 3. 1. 장희빈 가처분 20. 4. 2. 김소라 전세권 20. 5. 3. 홍길동 지상권 20. 6. 4. 김동수 임의 20. 11. 7. 국민은행 근저당 20. 7. 5. 주택은행 1,000만원 저당권 20. 8. 5. 국민은행 2,000만원 압류 20. 9. 5. 박동길 지역권 20. 10. 5. 황필진 환매 20. 11. 7. 김인식	정재석20.3.3. (전입＋계약 서＋인도). 확정일자 20. 10. 1. 5억원 배당요구신청	20. 12. 7. 유찰 20. 1. 15. 유찰	1,000,000,000 800,000,000 640,000,000

① 위의 사례에서 말소기준권리는 최선순위일자인 가압류(최고다)이다. 왜냐하면 다른 말소기준권리의 종류인 근저당, 가등기(담보가등기), 압류, 임의경매개시결정등기일보다 빠른 날짜로 설정되어 있기 때문이다.

② 따라서 선순위가압류를 기준으로 이보다 늦게 설정된 가등기·가처분·전세권·지상권·지역권·환매등기 등은 경락인이 대금을 완납하면 말소촉탁의 대상이 된다.

③ 임차인도 역시 가압류일자를 기준으로 이보다 늦게 대항요건을 갖추고 있기 때문에 경락인에게 대항력을 행사하여 보증금의 인수를 주장할 수 없다. 다만, 확정일자는 인수주의와 관계없이 법원에서 배당만 받을 수 있는 우선변제적 효력이 있기 때문에 물권적인 우선변제적 순위에 따라 배당을 받게 된다.

④ 압류도 말소기준권리에 해당한다.

㉠ 내용

경매개시결정등기(국세체납처분에 의한 압류등기, 매각에 의하여 소멸되는 가압류등기도 같다) 후에 소유권이전등기를 받은 제3취득자가 매수인이 된 경우에는, 경매개시결정등기와 제3취득자 명의의 소유권등기의 말소촉탁과 동시에 매각을 원인으로 한 소유권이전등기 촉탁을 하여야 한다(등기예규 제1194호). 따라서 국세체납에 의한 압류등기 또는 가압류등기가 있고 그 압류 또는 가압류등기가 매각으로 인하여 소멸하는 경우에는 그 압류 또는 가압류 기입등기 이후의 가등기뿐만 아니라 소유권이전등기도 말소촉탁의 대상이 된다.

㉡ 예시

【 갑　구 】(소유권에 관한 사항)				
순위번호	등기목적	접 수	등기원인	권리자 및 기타사항
2	강제경매개시결정	2007년 1월 5일 제314호	2007년 1월 4일 서울중앙지방법원의 경매개시결정(2007타경18)	채권자 이을순 540 서울특별시 서초구
3	소유권이전	2007년 1월 9일 제723호	2006년 12월 4일 매매	소유자 최갑동 62 서울특별시 강서구
4	3번소유권말소	2007년 6월 8일 제12345호	2007년 5월 21일 강제경매로 인한 매각	
5	소유권이전	2007년 6월 8일 제12345호	2007년 5월 21일 강제경매로 인한 매각	소유자 최갑동 62 서울특별시 강서구
6	2번강제경매개시결정등기말소	2007년 6월 8일 제12345호	2007년 5월 21일 강제경매로 인한 매각	

순위 번호 2번(채권자: 이을순)의 강제경매개시결정등기 이후의 소유권이전등기는 강제경매개시결정권자에게 대항할 수 없으므로 경락으로 소멸하게 되었다.

2. 담보가등기가 말소기준권리가 된 경우

용 도	사건번호 20–555 25	소재지	면적(평방)	권리분석	임차관계	결 과	감정평가액 최저경매가
주택	국민은행 박동수 황진이	광진구 구의동 293 – 24 한양아파트 101호 *용곡초등교북 측150m *주거환경보통 *차량출입가능 *구의역인근	대 29.3/3396 건45.99 (15평) 방2개 20. 9. 25. 준공 5층	가등기(담보가등기) 20. 1. 1. 장미희 가처분 20. 2. 2. 김소라 전세권 20. 3. 3. 홍길동 지상권 20. 4. 4. 김동수 임의 20. 12. 7. 국민은행 근저당 20. 5. 5. 제일은 행 1억원 저당권 20. 9. 5. 국민은 행 2억원 가압류 20. 11. 5. 박동길 지역권 20. 7. 5. 황필진 환매 20. 9. 7. 김인식		20. 12. 7. 유찰 20. 1. 15. 유찰	1,000,000,000 800,000,000 640,000,000

① 위의 사례에서 말소기준권리는 가장 빠른 날짜로 설정되어 있는 담보가
등기이다. 이보다 이후에 설정된 가처분·전세권·지상권·지역권·환매등기는 모
두 말소촉탁의 대상이 된다.

② 이때 가등기가 담보가등기가 아니고 소유권이전청구권 보전에 의한 가등
기인 경우는 어떻게 될 것인가? 청구권보전에 의한 가등기는 말소기준권리에 해
당하지 않는다. 이런 경우에는 다음 말소기준권리 중 가장 빠른 날짜로 설정되
어 있는 근저당을 기준으로 인수 여부를 분석해야 한다. 그렇게 된다면 최초근
저당일자가 말소기준권리가 되어 이전에 설정된 소유권이전청구권 보전에 의한
가등기, 가처분, 전세권, 지상권은 말소되지 않는다. 그러나 최초근저당보다 이
후에 설정된 지역권, 환매등기는 말소된다.

③ 가등기는 소유권이전청구권 보전의 가등기와 담보가등기로 구분할 수 있
는데 소유권이전청구권 보전의 가등기라 함은 본등기를 할 수 있는 실체법적 요
건이 갖추어지지 아니한 경우에 장래에 할 본등기의 준비로서 하는 등기이다.
이것은 소유권이나 저당권 등의 권리의 이전, 변경 또는 소멸의 청구권을 보전
하려 할 때에 한다.

320 제3장 경매의 핵심 권리분석

④ 따라서 입찰자 입장에서는 가등기가 담보가등기인지 아니면 소유권이전 청구권 보전에 의한 가등기인지를 확인하고 입찰에 참여해야 할 것이다.

그러나 가등기는 등기부만으로는 담보가등기인지 아니면 청구권보존에 의한 가등기인지를 구분할 수가 없다. 그래서 집행법원은 가등기권자에게 무슨 가등기인지 채권신고를 하라고 통지를 한다. 이때 배당요구 종기일 이전까지 가등기권자가 어떠한 가등기인지 신고하지 않은 경우에는 청구권 보전에 의한 가등기로 보아 배당을 하지 않고 말소대상에서 제외하며 말소기준권리에 해당하지 않는다. 따라서 이런 경우에는 경락인이 그 가등기를 인수하고 매입해야 하기 때문에 주의해야 한다.

⑤ 위의 내용을 다시 정리하면 최선순위의 가등기가 담보가등기인 경우에는 말소기준권리로 본다. 그리고 최초근저당보다 앞선 일자로 담보가등기가 설정되어 있는 경우에는 경락에 의하여 말소되므로 낙찰자가 담보가등기를 인수하지 않는다. 그리고 담보가등기인 경우에는 대법원법원경매정보의 물건상세검색의 문건/송달내역에 담보가등기권자가 신고를 한 내용을 알 수 있다.[3] 만약 담보가등기로 신고를 하였다면 이런 경우 법원은 매각물건명세서의 최선순위설정일자(일명: 말소기준권리)에 담보가등기 일자를 기재한다.

그러나 청구권 보전의 가등기는 말소기준권리에 해당하지 않는다. 그리고 청구권 보전의 가등기가 최초근저당보다 앞선 일자로 설정되어 있는 경우에는 낙찰자에게 대항할 수 있고 경락에 의하여 말소가 되지 않으므로 경락인이 대금을 납부하더라도 가등기권자가 추후에 본등기를 경료하면 낙찰자 명의의 소유권이전등기는 직권말소 대상이 된다.

---

3) 대법원경매정보/문건/송달내용 중

물건상세검색

검색조건 법원: 서울동부지방법원 | 사건번호: 20 타경142

| 사건내역 | 기일내역 | 문건/송달내역 | 인쇄 | 이전 |

문건처리내역

접수일	접수내역	결과
2020.01.14	채권자 송00 사용증명 제출	
2020.01.14	채권자 송00 송달장소 및 송달영수인 신고서 제출	
2020.01.16	등기소 서0000000 000 등기필증 제출	
2020.01.28	집행관 방00 현황조사보고서 제출	
2020.01.31	감정인 하0000000 감정평가서 제출	
2020.03.24	교부권자 서0000000 교부청구서 제출	
2020.07.20	기타 한000 공고료청구서 제출	

송달내역

송달일	송달내역	송달결과
2020.01.20	주무관서 국0000000 0000 최고서 발송	2020.01.21 송달간주

3. 강제경매 및 임의경매등기일이 말소기준권리

용도	사건번호 20 -19272	소재지	면적 (평반)	권리분석	임차관계	결과	감정평가액 최저경매가
주택	김유치 국민은행 박동수 황진이	광진구 구의동 293－24 한양아파트 101호 *용곡초등교북 측150m *주거환경보통 *차량출입가능 *구의역인근	대 29.3/3396 건 45.99 (15평)방 2개 20. 9. 25. 준공 5층	가등기 20. 3. 3. 장희빈 가처분 20. 7. 8. 김소라 전세권 20. 5. 9. 홍길동 지상권 20. 6. 4. 김동수 강제 20. 7. 7. 국민은행 임의 20. 12. 12. 김유치 근저당 20. 8. 1. 외환은행 1억원 저당권 20. 9. 5. 신한은행 2억원 가압류 20. 9. 6. 박동길	김철 20. 7. 9. (전입＋계약 서＋점유) 확정일자 20. 9. 4. 배당요구신청 5억원 이미자 20. 7. 7. (전입＋계약 ＋점유) 3억원	20. 12. 7. 유찰 20. 1. 15. 유찰	1,000,000,000 800,000,000 640,000,000

① 여기서 말소기준권리는 강제경매등기일(국민은행)이다. 왜냐하면 말소기준 권리들 중 가장 빠른 날짜를 기준으로 하기 때문이다.

② 강제경매등기일보다 이전에 설정된 가등기(청구권보전)·전세권(배당요구 안함)·지상권 등은 모두 경락으로 인수된다.

③ 그러나 강제경매등기일 이후 설정된 가처분은 소멸된다.

④ 근저당과 저당권은 강제경매등기일과 관계없이 모두 말소된다.

⑤ 임의경매등기일은 강제경매등기일보다 이후로 되어 있기 때문에 강제경 매등기일이 말소기준권리가 된다. 이런 경우는 우선 강제경매를 먼저 진행하고, 만약 강제경매신청권자의 채권액을 이해관계인이 변제한 경우에는 임의경매를 진행한다. 경락으로 임의경매와 강제경매는 모두 말소대상이 된다.

⑥ 임차인 김철은 강제경매등기일 이후에 대항요건을 갖추고 있기 때문에 경락인에게 대항할 수 없고 확정일자에 의해 배당을 받게 된다.

⑦ 임차인 이미자는 강제경매일과 동일한 날짜에 대항요건(전입＋계약＋점유)을 갖추고 있지만 그 효력은 그 익일인 오전 0시부터 발생하기 때문에 결국 경락인에게 보증금의 인수를 주장할 수 없게 된다. 그러나 임차인이 20. 7. 6. 대항요

건을 갖추고 있다면 문제는 달라진다. 왜냐하면 임차인의 대항력은 20. 7. 7.일 오전 0시, 강제경매일의 효력은 20. 7. 7. 오전 9시부터 효력이 발생하기 때문에 임차인의 대항력이 우선하여 경락인에게 3억원을 주장할 수 있기 때문이다.

권리분석실무

제 1 절
소유권과 경매

 제1항 소유권 취득의 범위

1. 기준

경락인이 경락으로 소유권을 취득하는 부동산의 범위는 일반적으로 감정평가서에 평가된 내용과 동일하지만 일치하지 않는 경우에는 부동산목록과 매각물건명세서에 기재된 부동산의 범위에 의하여 정하여진다. 만일에 공부상의 기재와 부동산 현황이 그 객관적 범위에 있어서 불일치한 경우에는 다음에서 설명하고 있는 기준에 따라 소유권을 취득한다고 볼 수 있다.

2. 범위

1) 미등기건물이 있을 경우 취득 여부

저당권의 효력은 부합물이나 종물에도 미치기 때문에 부합물이나 종물도 경매의 대상이 된다. 그러므로 부합물이나 종물은 평가대상에서 제외되었거나 경락허가결정에 표시되지 아니하였더라도 경락인은 그 부합물과 종물에 대하여 소유권을 주장할 수 있다. 뿐만 아니라 등기를 하지 않은 부합물1)이나 종물2)도 낙

---

1) 부합물은 목적부동산과 결합하여 거래관념상 부동산의 일부분이 되었다고 인정되는 것으로서 토

찰이 되면 경락인에게 소유권이 인정된다. 다만 저당건물의 부속건물이나 종물로 볼 수 없는 별개의 건물이 감정평가되어 일괄경매가 이루어진 경우 이는 당연무효이므로 경락인은 소유권을 주장할 수 없고, 단지 감정평가를 잘못하여 매입하였기 때문에 그 금액은 부당이득반환으로 상내방에게 반환청구를 할 수 있을 뿐이다.[3]

2) 건물의 증축부분

원칙적으로 사회적이나 경제적 관점에서 건물의 증축부분이 기존의 본건물과 별개의 독립건물이거나 기존 건물과 증축 후의 건물이 동일성 또는 유사성이 인정되지 않는다면 경매목적물의 범위에서 제외될 것이다. 그러나 증축부분이 기존건물에 부착된 물리적 구조뿐만 아니라 기존건물과 독립한 경제적 효율이 없는 경우에는 설사 별도로 보존등기가 경료되었거나 감정평가를 하지 아니한 경우에도 경락인은 증축부분의 소유권을 취득할 수 있다.[4]

3) 저당토지상에 그 설정 후 축조한 건물부분

저당권의 효력은 저당부동산에 부합된 물건과 종물에도 미친다. 따라서 구 건물과 새로운 건물 사이에 독립성이 없는 경우에는 부합에 관한 규정(민법 256

지에 대한 수목, 건물에 대한 증축부분, 부속건물 등을 말한다. 증축 또는 개축되는 부분이 독립된 구분소유권의 객체로 거래될 수 없는 것일 때에는 기존건물에 부합한다(대판 1981. 7. 7. 80다2643).

2) 종물은 주물의 처분에 따르고 양자는 그 법률적 운명을 함께 한다. 특히 민법은 "주물 위에 저당권이 설정된 경우에 그 저당권의 효력은 종물에도 미친다"고 규정하고 있고(민법 358조), '물건의 소유자가 그 물건의 상용에 공하기 위하여 자기 소유인 다른 물건을 이에 부속하게 한 때에는 그 부속물은 종물이다'라고 규정하고 있다(민법 100조 1항). 종물은 주물의 경제적 효용을 높이는 기능을 하여야 하기 때문에 주물 그 자체의 효용을 돕는 것이 아닌 TV·책상 등은 가옥의 종물이 아니다. 종물은 주물로부터 독립된 별개의 물건이어야 한다. 종물은 부동산·동산을 가리지 않는다. 예컨대 주택에 부속된 창고는 주택에 대한 종물이다. 판례는 "주유소의 주유기는 독립된 물건이기는 하나 그것은 계속해서 주유소 건물 자체의 경제적 효용을 다하게 하는 작용을 하고 있으므로, 그 주유기는 주유소의 종물에 해당한다"고 판시하고 있다(대판 1995. 6. 29. 94다6345).

3) 토지에 대한 경매절차에서 그 지상건물을 토지의 종물 내지 부합물로 보고 경매를 진행하여 경락되었다 하여도 경락인이 건물에 대한 소유권은 취득할 수 없다(대판 1997. 9. 26. 79다10314).

4) 대법원은 건물이 증축된 경우에 증축부분의 기존건물에 대한 부합 여부에 대하여 "증축부분이 기존건물에 부착된 물리적 구조뿐만 아니라, 그 용도와 기능면에서 기존 건물과 독립한 경제적 효용을 가지고 거래상 별개의 소유권의 객체가 될 수 있는지의 여부 및 이를 소유하는 자의 의사 등을 종합해서 판단하여야 한다"(대판 1996. 6. 14. 94다53006)라고 하고, "증축부분에 대한 평가를 누락한 평가액을 최저경매가격으로 정한 것은 잘못된 것"으로 판시하였다(대판 1981. 6. 15. 81마151).

조)에 따라 새로운 건물에도 저당권의 효력이 미치는 것으로 보아야 할 것이다. 따라서 독립성이 없는 새로운 건물에 대하여도 매수인(경락인)은 소유권을 주장할 수 있다. 위와 같은 관계는 설사 구건물과 새로운 건물의 소유자가 각기 다른 경우에도 마찬가지로 보아야 한다. 그러므로 타인의 목적물로 독립성이 있는 목적물에 대해서는 저당권의 효력이 미치지 않는다.

토지상에 저당권을 설정한 후 그 설정자가 그 토지 위에 건물을 축조한 경우에는 저당권자는 토지와 함께 그 축조한 건물에 대하여 일괄하여 경매를 신청할 수 있을지와 관련하여 의문이 생기게 된다. 만약 축조한 건물에 대해서 일괄경매를 인정하지 않는다면 토지상에 저당권을 설정한 자는 그 이후에 증축한 건물로 말미암아 낙찰이 원활히 되지 않아 채권회수가 어렵게 될 것이다. 그래서 민법 제365조는 "토지를 목적으로 저당권을 설정한 후 그 설정자가 그 토지에 건물을 신축한 때에는 저당권자는 토지와 함께 그 건물에 대하여도 경매를 청구할 수 있다고 규정하고 있다. 그러나 그 건물의 경매대가에 대하여는 우선변제를 받을 권리가 없다. 본 규정은 저당권자의 권리이지 의무는 아니고 법원의 직권으로 일괄경매를 신청할 수 있는 사항도 아니기 때문에 경매신청권자가 본 규정을 모르고 건물을 제외한 토지만을 경매신청한 경우에는 채권회수를 원활히 할 수 없는 문제가 발생할 수 있다.

저당권자가 이러한 일괄경매를 청구할 수 있는 것은 저당권설정자인 토지소유자나 포괄승계인이 저당토지 위에 건물을 신축한 경우이며, 이외의 자가 건물을 신축한 경우에는 일괄경매권이 인정되지 않는다.

3. 제시외 물건과 입찰외 물건

감정평가서나 입찰목록을 보면 가끔 "제시외 물건"이나 "입찰외 물건"이라고 표시가 되어 경매로 나오는 부동산이 있다. 이러한 물건은 모두 부동산등기부상에 등기가 되어 있지 않은 물건인데 경락인에게 상당한 차이를 보이며 영향을 미치게 된다.

제시외 물건은 일반적으로 부합물이나 종물로서 인정되는 물건인데 입찰대상의 범위에 포함하여 감정평가를 하고 입찰이 이루어지기 때문에 경락인이 그 제시외 물건의 소유권을 주장할 수 있다. 그러나 입찰외 물건은 입찰대상에서 제외되는 물건이기 때문에 경락인이 입찰외 물건의 소유권을 원칙적으로 취득할 수 없다. 따라서 입찰외 물건으로 표시되어 있는 부동산을 낙찰받았을 경우에는 주된 부동산까지 사용할 수 없는 문제가 발생할 수 있다. 따라서 입찰외 물건으로 표시되어 있는 부동산은 가능한 한 낙찰받지 않는 것이 좋다.

 제 2 항 공유

1. 의의

공유는 공동소유자 사이에 아무런 인적 결합관계 내지 단체적 통제도 없고 목적물에 대한 각 공유자의 지배권한은 완전히 자유롭고 독립적이며, 다만 목적물에 대한 소유권이 동일하기 때문에 그 행사에 제약을 받는다. 각자가 가지는 소유권에 대한 지배권능을 "지분"이라 하고 그 지분은 자유로이 처분할 수 있을 뿐만 아니라 언제든지 분할청구하여 단독소유로 할 수 있는 개인주의적인 성향이 강한 공동소유의 특징이 있다.

2. 공유관계의 성립

① **의의** 물건이 지분에 의하여 수인의 소유로 된 때에는 공유로 한다(262조 1항). 이 지분은 하나의 소유권의 분량적 일부분의 형태로 법률 규정이나 법률행위에 의하여 성립하게 된다.

② **법률행위에 의한 성립** 하나의 물건을 수인이 공동의 형태로 소유한다는 합의가 있을 때 공유가 성립한다. 공유물이 부동산인 때에는 공유자의 명의로 전부 기재하는 공유등기 이외에 각 지분권자의 지분비율에 대한 지분등기도 하

여야 한다. 만약 이를 등기하지 않은 때에는 각 지분권자의 지분은 균등한 것으로 추정하여 실제의 지분비율을 가지고 제3자에게 대항할 수 없다.

③ **법률의 규정에 의한 성립**　다음과 같은 경우에는 법률의 규정에 의하여 공유관계가 성립한다.

　　㉠ 수인공동의 무주물선점·유실물습득·매장물 발견

　　㉡ 타인의 토지에서의 매장물 발견

　　㉢ 주종을 구별할 수 없는 동산 간의 부합·혼화

　　㉣ 공유물의 과실

　　㉤ 공동상속재산과 공동포괄수유재산

3. 공유의 내부관계

① **지분의 비율**　각 공유자의 지분의 비율은 법률의 규정이나 공유자의 의사표시에 의하여 정하여지나 불명확한 경우에는 균등한 것으로 추정한다(민법 262조 2항). 공유자 중 어느 한 사람이 그의 지분을 포기하거나 상속권자 없이 사망한 때에는 그 지분은 다른 공유자에게 각 지분의 비율로 귀속한다(민법 267조).

② **공유물의 사용·수익**　공유자는 공유물 전부를 지분의 비율로 사용·수익할 수 있다(민법 263조). 공유물의 관리비용·공세 등의 의무는 지분의 비율로 부담한다. 예컨대 공유물에 대한 지분비율이 '7 : 3'이라면 공유물에서 나오는 지출비와 수익비는 '7 : 3'의 비율에 따라 분배해야 할 것이다. 만약 이에 대한 비율이 불명확한 경우에는 균등한 것으로 보아 '5 : 5'씩 분배해야 할 것이다.

③ **공유물의 보존·관리·변경·처분**　공유자는 공유물 관리에5) 관한 사항을

---

5) 공유물의 관리에 관한 사항은 공유자의 지분의 과반수로써 결정하고, 공유물의 사용·수익·관리에 관한 공유자 간의 특약은 특정승계인에게도 승계되나, 공유물에 관한 특약이 지분권자로서 사용·수익권을 사실상 포기하는 등으로 공유지분권의 본질적 부분을 침해하는 경우에는 특정승계인이 그러한 사실을 알고도 공유지분권을 취득하였다는 등 특별한 사정이 없는 한 특정승계인에게 당연히 승계된다고 볼 수 없다. 그리고 甲이 집합건물을 신축·분양하면서 수분양자인 乙 등에게 해당 전유부분과 함께 토지 중 일부 공유지분에 관한 지분소유권이전등기를 해주고, 나머지 공유지분은 장차 건물 증축 등을 위해 남겨 두었는데, 나머지 공유지분에 관하여 설정된 근저당권에 기한 경매절차에서 丙 등이 소유권을 취득한 사안에서, 나머지 공유지분을 경매절차에서 취득하였음에도 대지에 관한 사용·수익을 전혀 하지 못하고 있는 丙 등은 토지를 배타적으로 점유·사용하고 있는 乙 등을 상대로 부당이득반환청구를 할 수 있고, 甲이 乙

공유자 지분의 과반수로써 결정하고 보존행위는 각자가 할 수 있다(민법 265조). 그러나 공유물의 변경이나 처분은 다른 공유자의 동의 없이는 할 수가 없다. 따라서 공유자 전원의 동의가 있어야 한다. 그러나 지분은 자유로이 처분할 수 있다.

임대차계약에 대한 법률행위는 관리행위에 해당하기 때문에 공유지분의 과반수 이상의 지분권자가 주택 및 상가임대차계약을 체결할 수 있다.

4. 공유물의 대외관계

① 각 공유자는 단독으로 보존행위의 성질을 가지는 지분권의 확인을 청구하고 공유물이 침해된 경우에 각 지분권자는 그 전부에 관하여 방해제거, 인도·명도청구의 소 등을 청구할 수 있다.[6]

② 공유물이 타인의 명의로 등기되어 있는 경우에는 전체로서의 공유관계를 주장하여 등기를 청구해야 하고 시효를 중단하는 경우에도 공유자 전원이 공동으로 해야 한다. 청구의 내용이 관리·처분행위인 경우에는 공유자 전원이 소송을 제기해야 하기 때문이다.

③ 공유자가 공유물을 타인에게 임대하는 행위 및 그 임대차계약을 해지하는 행위는 공유물의 관리행위에 해당하므로 민법 제265조 본문에 의하여 공유자의 지분의 과반수로써 결정하여야 한다.[7] 그러므로 상가건물 임대차보호법이 적용되는 상가건물의 공유자인 임대인이 같은 법 제10조 제4항에 의하여 임차인에게 갱신 거절의 통지를 하는 행위는 실질적으로 임대차계약의 해지와 같이 공유물의 임대차를 종료시키는 것이므로, 공유물의 관리행위에 해당하고, 따라서 공유자의 지분의 과반수로써 결정하여야 한다. 원심판결 이유에 의하면, 상가인 이

등에게 집합건물의 용법에 따라 무상으로 사용할 수 있는 권한을 부여한 것으로 해석될 수 있더라도 그와 같은 약정이 丙 등에게 당연히 승계된다고 볼 수 없는데도, 이와 달리 본 원심판결에 법리오해의 위법이 있다(대판 2012. 5. 24. 2010다108210).

6) 지분을 소유하고 있는 공유자나 그 지분에 관한 소유권이전등기청구권을 가지고 있는 자라고 할지라도 다른 공유자와의 협의 없이는 공유물을 배타적으로 점유하여 사용·수익할 수 없는 것이므로, 다른 공유권자는 자신이 소유하고 있는 지분이 과반수에 미달되더라도 공유물을 점유하고 있는 자에 대하여 공유물의 보존행위로서 공유물의 인도나 명도를 청구할 수 있다(대판(전) 1994. 3. 22. 93다9392, 93다9408 소유권이전등기, 공동투자이익금반환).

7) 대판 1962. 4. 4. 62다1.

사건 건물의 공유자로서 임대인 중 1인인 원고가 피고들과의 각 임대차계약에 관하여 갱신거절의 의사를 표시하였음을 들어 피고들의 각 임차 부분의 명도를 청구하는 원고의 이 사건 청구에 대하여, 원심은, 원고는 이 사건 건물의 1/2 지분권자에 불과하고 위 갱신거절에 관하여 나머지 1/2 지분권자인 소외인이 동의하였음을 인정할 증거가 없으므로 원고의 갱신거절의 의사표시가 유효하다고 볼 수 없다는 이유로 원고의 청구를 배척하였는바, 원심의 이러한 판단은 앞서 본 법리에 비추어 정당하여 수긍이 가고, 거기에 상고이유에서 주장하는 바와 같은 상가건물 임대차보호법상의 묵시의 갱신 또는 공유물의 관리행위에 관한 법리를 오해한 잘못이 없다.[8]

---

8) 대판 2010. 9. 9. 2010다37905.

5. 공유자의 우선매수신청권 제도

(1) 공유자 우선매수신청권의 내용

【공유자의 우선매수신청권 제도】

공유자의 지분 우선매수신고서

사건번호   20 타경   12345호
채권자
　　　　　　시 구 동 번지
소유자(공유자)
　　　　　　시 구 동 번지
위 사건에 관하여 공유자는 다음과 같이 공유자지분 우선매수권행사를 민사집행법 제140조에 따라서 신고합니다.

－ 다 음 －

1. 우선매수신고대상 경매목적물
　　　서울지방법원 서부지원 20 타경12345호 부동산강제(임의)경매사건의 목적물 번호 제 번 토지 시 구 동 번지 대 ㎡ 위 토지에 대한 지분
2. 위 항 목적물에 대하여 공유자 홍길동은 위 목적물에 대한(지분 50%의) 공유자인바, 최고가 매수신고가격과 동일한 가격으로 우선매수할 것을 신고합니다.
3. 보증의 선제공에 관하여 최고매수신고가격을 금원으로 예상하고 보증금으로 그 가격의 분의 에 해당하는 금 원의 현금 또는 자기앞수표를 집행관에게 년 월 일 보관하였습니다.

첨부서류

1. 집행관보증금보관영수증   1통
2. 등기부등본　　　　　　　 1통
3. 주민등록표등본　　　　　 1통(공유자)

20. 7. 7.

우선매수신고인 공유자　　　 (인)
　지방법원 귀중

---

① 공유자 우선매수신청권이란 일부 공유자의 지분이 경매로 나온 경우 채무자가 아닌 다른 공유자가 최저매각가격의 1/10의 가격으로 매수할 것을 신고하고, 최고가 매수신고가격의 10분의 1에 해당하는 현금이나, 법원이 인정하는 유가증권을 집행관에게 매각기일까지 납부하여 우선매수할 것을 신고할 수 있는 제도를 말한다(민사집행법 140조 1항).[9]

이 경우 법원은 최고가매수신고가 있음에도 불구하고 그 공유자에게 경락을 허가하여야 한다(민사집행법 140조 2항). 수인의 공유자가 우선매수할 것을 신고한 경우에는 특별한 협의가 없는 한 공유지분의 비율에 의하여 채무자의 지분을 매수하게 된다(민사집행법 140조 3항). 공유자가 우선매수신청권을 행사할 수 있는 시기는 매각기일까지이다. 여기서 매각기일까지라 함은 집행관이 입찰을 종결하기 이전까지를 말한다.[10] 즉, 공유자는 집행관이 최고가매수신고인의 성명과 가격을 호창하고 입찰의 종결을 선언하기 전에 최고가 매수신고가격과 동일한 가격으로 매수할 것을 신고하고 즉시 최저매각가격의 10분의 1에 해당하는 보증을 제공하면 적법한 우선매수권을 행사할 수 있다. 따라서 집행관이 입찰의 종결을 선언한 후에는 위 공유자의 우선매수권은 행사할 수 없다.

② 공유자가 최고가 매수신고가격과 동일한 가격으로 매수할 것을 신고하고 보증을 제공한 때에는 그 공유자가 최고가매수신고인으로 되므로 집행관은 그 공유자를 최고가매수신고인으로 호창하고 경매를 종결해야 한다.

③ 공유자가 경매기일 전에 미리 경매를 실시할 집행관 또는 경매법원(집행법원)에 보증을 제공하고 그 보증에 상응하는 가격이라면 우선매수권을 행사하겠다는 신고를 하는 방법으로도 우선매수권을 행사할 수 있다.

④ 부동산경매를 통하여 입찰에 참가하고자 하는 자는 일반적으로 권리능력과 행위능력이 필요하다(민사집행법 121조 2호 참조). 그러므로 집행관은 입찰에 참여하는 사람의 주민등록증 그 밖의 신분을 증명할 수 있는 서면을 제출하게 하

---

9) 민사집행법 제140조 제1항.
10) 공유자의 우선매수권은 최고가매수신고인이 결정된 후에 공유자에게 그 가격으로 경락 내지 낙찰을 받을 수 있는 기회를 부여하는 제도이고, 경매와 입찰은 최고가매수인을 결정하는 방법에 불과한 점을 고려한다면 입찰의 경우에도 공유자의 우선매수신고 시기는 집행관이 입찰의 종결을 선언하기 전까지이면 되지 입찰마감시각까지로 제한할 것은 아니다(대판 2000. 1. 28. 99다5871).

여 매수신청인이 본인인지 및 행위능력이 있는지 유무를 확인하여야 한다. 만약 법인이 매수신청을 하는 경우에도 같은 방법으로 신분을 확인함과 아울러 그 자격도 서면에 의하여 확인하여야 한다.[11) 따라서 공유자가 매수신청을 하고자 할 경우에도 일반적인 매수자격을 갖추어야 한다. 그리고 합유와 같이 지분관계가 없는 경우나 공유자지분 전부가 한 개의 담보를 구성한 경우에는 인정되지 않으며 각 공유자의 지분이 구분되어 별개의 집행 대상이 된 경우에 공유자우선매수신청이 인정된다.[12)

⑤ 1동의 건물 중 위치 및 면적이 특정되고 구조상 및 이용상 독립성이 있는 일부분씩을 2인 이상이 구분소유하기로 하는 약정을 하고 등기만은 편의상 각 구분소유의 면적에 해당하는 비율로 공유지분 등기를 하여 놓은 경우 공유자들 사이에 상호 명의신탁관계에 있는 이른바 구분 소유적 공유관계에 해당한다.

이러한 구분소유적공유관계의 부동산을 경매로 취득하는 경우 그 소유권취득은 성질상 승계취득이어서 1동의 건물 중 특정부분에 대한 구분소유적 공유관계를 표상하는 공유지분을 목적으로 하는 근저당권이 설정된 후 그 근저당권의 실행에 의하여 위 공유지분을 취득한 낙찰자는 구분 소유적 공유지분을 그대로 취득하는 것이다. 그러므로 건물에 관한 구분 소유적 공유지분에 대한 입찰을 실시하는 집행법원으로서는 감정인에게 위 건물의 지분에 대한 평가가 아닌 특정 구분소유 목적물에 대한 평가를 하게 하고 그 평가액을 참작하여 최저입찰가격을 정한 후 입찰을 실시하여야 한다.[13)

⑥ 공유자가 다수인 상태에서 공유자우선매수신청을 한 경우 공유자 사이에 특별한 합의가 없으면 공유지분의 비율에 따라 채무자의 지분을 매수한다(민사집행법 140조 3항).

---

11) 대법원 재판예규 제970호(재민 2004-3, 제30조).
12) 즉 강제경매의 경우에 있어서 집행대상 부동산의 소유관계가 甲, 乙, 丙으로 3인의 공유지분으로 된다면 먼저, 甲, 乙, 丙, 각 지분이 독립적으로 집행의 대상이 되어 개별적으로 집행이 진행된 경우와 다음으로 특정 공유자의 지분이 집행의 대상이 되는 경우에는 그 외의 공유자는 공유자 지분 매수신청의 자격 요건을 갖추었다 할 것이고, 또한 임의경매의 경우 공유자인 甲, 乙, 丙의 지분 중에서 어느 특정인의 지분만이 집행의 대상이 되어 입찰을 실시할 때 그 특정 지분 이외의 지분 공유자는 공유자로서 공유자 매수신청에 참가할 수 있다 할 것이다.
13) 대결 2001. 6. 15. 2000마2633.

(2) 입찰기일 전 우선매수신청

입찰기일 전에 우선매수를 신청하였지만 최고가매수신고인이 없는 경우에는 최저매각가격을 최고가 매수신고가격으로 하여 그 공유자에게 매각을 허가하여야 한다(민사집행법 140조 2항).

제 3 항 공유부동산의 분할

1. 의의

공유자는 공유물의 분할을 청구할 수 있다. 그러나 5년 내의 기간으로 분할하지 아니할 것으로 약정할 수 있다(민법 268조 1항). 계약을 갱신한 때에는 그 기간은 갱신한 날로부터 5년을 넘지 못한다. 이 약정은 등기를 하여야만 지분의 양수인에게 대항할 수 있다.

그리고 분할의 방법에 관하여 협의가 성립되지 아니한 때에는 공유자는 법원에 그 분할을 청구할 수 있다(민법 269조 1항). 이때 법원은 공유물을 현물로 분할할 수 없거나 분할로 인하여 현저히 그 가액이 감손될 염려가 있는 때에는 경매를 통한 환가방법으로 분할을 청구할 수 있다.[14]

그리고 공유자는 다른 공유자가 분할로 인하여 취득한 물건에 대하여 그 지분의 비율로 매도인과 동일한 담보책임이 있다.

---

14) 공유물분할의 소에 있어서 분할대상 목적물의 특정부분만 도로에 접하여 다른 부분에 비하여 그 경제적 효용가치가 많음에도 분할부분의 어느 한쪽이 도로변으로 치우치도록 하는 방법으로 현물분할하는 경우에는 경제적 가치가 지분비율에 상응하도록 분할하여야 하며, 그 목적물이 상업지역으로 지정되어 현물분할할 경우 그 분할부분의 어느 한쪽이 건축법상 상업지역의 건축물 대지면적의 최소한도 이하의 면적이 된다면 대금분할의 방법으로 분할하여야 한다(대판 1999. 6. 11. 99다6746).

2. 공유부동산의 매각조건

공유부동산에 대하여 각 공유자는 공유물의 분할을 청구할 있다(민법 268조). 그리고 분할의 방법으로는 원칙적으로 협의에 의한 분할을 인정하고 있고 그 협의가 성립되지 아니한 때 공유자는 법원에 그 분할을 청구할 수 있다. 이때 현물로 분할할 수 없거나 분할로 인하여 현저히 그 가액이 감손될 염려가 있는 경우 법원은 담보권 실행을 위한 경매의 예에 따라(민사집행법 제274조) 물건의 경매를 명하여 매각대금으로 배당을 실시하도록 할 수 있도록 하고 있다(민법 제269조).

그런데 부동산에 관한 담보권 실행을 위한 경매에서는 부동산 위에 존재하는 제한물권 등의 부담은 소멸하는 것이 원칙인데(민사집행법 268조, 동법 91조 2항~4항),15) 형식적 경매에 해당하는 공유부동산의 대금분할경매에서는 매각조건에 따라 소멸되지 않는 경우도 있다.16)

학설은 "매수인에게 목적부동산 위의 부담을 매수인에게 인수하게 하는 경우 가격의 심각한 저감이 있다"17)는 점 등을 들어 공유부동산분할 경매의 매각조건에 있어서도 경매목적물상의 담보물권 등의 부담은 매각으로 소멸하여야 한다는 입장과 "형식적 경매에서는 현금화 자체를 목적으로 하지 청구권의 만족이나 실현이라는 단계는 가지 않으므로 목적부동산 위에 부담이 있는 경우에는 매수인에게 인수하는 매각조건으로 현금화를 하면 족한다"18)는 점 등을 들어 공유부동산상의 부담은 매수인이 인수해야 한다는 견해이다.

이에 대해 판례는 "공유물분할을 위한 경매에서 인수주의를 취할 경우 구 민사소송법이 목적부동산 위의 부담에 관하여 그 존부 및 내용을 조사·확정하거나 인수되는 부담의 범위를 제한하는 규정을 두고 있지 않을 뿐더러 목적부동산 위의 부담이 담보하는 채무를 매수인이 인수하도록 하는 규정도 두고 있지 않아 매수인 및 피담보채무의 채무자나 물상보증인이 매우 불안정한 지위에 있게 되

---

15) 법원행정처, 법원실무제요 민사집행(Ⅱ)─부동산집행─, 법원행정처, 2014, 721면.
16) 전장헌, "공유부동산의 분할에서 매각조건과 공유지분위에 설정한 담보물권의 개선방안", 법학연구, 20권 2호, 한국법학회, 2020, 307면.
17) 김능환, 민법주해Ⅸ, 박영사, 1995, 768면.
18) 법원행정처, 전게서, 721면.

며, 목적부동산 중 일부 공유지분에 관하여만 부담이 있는 때에는 매수인으로 하여금 그 부담을 인수하도록 하면서도 그러한 사정을 고려하지 않은 채 공유자들에게 매각대금을 공유지분 비율로 분배한다면 이는 형평에 반하는 결과가 된다. 또한 공유물분할소송에서나 경매절차에서 공유지분 외의 합리적인 분배비율을 정하기도 어려우므로, 공유물분할을 위한 경매 등의 이른바 형식적 경매가 강제경매 또는 담보권의 실행을 위한 경매와 중복되는 경우에 관하여 규정하고 있는 구 민사소송법 제734조 제2항 및 제3항을 감안하더라도, 공유물분할을 위한 경매도 강제경매나 담보권 실행을 위한 경매와 마찬가지로 목적부동산 위의 부담을 소멸시키는 것을 법정매각조건으로 하여 실시된다고 봄이 상당하다. 다만, 집행법원은 필요한 경우 위와 같은 법정매각조건과는 달리 목적부동산 위의 부담을 소멸시키지 않고 매수인으로 하여금 인수하도록 할 수 있으나, 이때에는 매각조건 변경결정을 하여 이를 고지하여야 한다"[19]라고 판시하고 있다.

위와 같이 판례는 원칙적으로 소멸주의의 입장에 있는 것으로 보이는데 "목적부동산 위의 부담을 소멸시키지 않고 매수인으로 하여금 인수하도록 할 수 있으나 매각조건을 변경 결정하여 고지하도록 할 수 있다"라고 한다.

그러나 판례의 입장대로 사항에 따라 매각조건을 변경하여 해결하게 되면 법적 불안정과 이러한 사실을 매각물건명세서에 제대로 반영하지 않은 관계에 따른 책임에 대하여도 매각물건명세서는 공신력이 없는 것으로 보기 때문에 매수인의 보호에 한계에 있으며 거래의 안전에도 문제가 될 수 있다.

그리고 민사집행법 제274조 제1항은 "유치권에 의한 경매와 민법·상법, 그 밖의 법률이 규정하는 바에 따른 경매(이하 "유치권등에 의한 경매"라 한다)는 담보권 실행을 위한 경매의 예에 따라 실시한다"라고 규정하고 있다. 여기서 민법이란 의미는 공유물분할에 대한 경매청구를 규정한 민법 제269조도 해당하는 것으로 "공유물분할방법에 대하여 협의가 성립되지 아니한 때 공유자는 법원에 그 분할을 청구할 수 있으며 만약 현물로 분할할 수 없거나 분할로 인하여 현저히 그 가액이 감손될 염려가 있는 때 법원은 물건의 경매를 명할 수 있다"고 규정하고 있는데, 현물로 분할할 수 없는 경우 법원에서 대금분할에 따른 경매를 의미한

---

19) 대판 2009. 10. 29. 2006다37908.

다고 해석할 수 있으며, 이런 경우 민사집행법 제274조 제1항에 따른 담보권실행의 예에 따라 실시하면 될 것으로 본다. 그런데 여기 "예에 따른다"는 의미가 명확하지 않고 다양한 해석상의 의문을 낳고 있기 때문에 특히 실무상 많이 활용되고 있는 공유부동산의 분할경매청구에 있어서 매각조건에 따라 이해관계가 달라지는 문제가 발생하게 된다.

그러므로 공유부동산의 대금분할 경매에 있어서는 각 공유자는 공유물을, 그 가치를 분할하여 현금화하는 것을 목적으로 하는 경매이기 때문에 각 공유자의 지분권은 매각으로 소멸하는 관계로 해석하여야 할 것으로 본다.[20]

3. 공유지분 위에 설정된 담보물권

공유부동산의 분할경매 매각조건에 따라 공유관계가 종료되면 각 지분권은 서로 대금분할·가격배상의 매매에 따른 효력 등이 발생한다. 그런데 부동산 일부 공유지분에 관하여 저당권 등 담보물권이 설정된 후 공유부동산이 분할된 경우 그 저당권은 분할에 의하여 어떠한 영향을 받는지 명문의 규정이 없으므로[21] 학설과 판례의 견해가 첨예하게 대립하고 있다.

이에 대해 학설은 "담보물권은 불가분성 때문에 목적물의 전부에 미치므로 공유부동산이 수개의 부동산으로 분할된 경우 공유지분의 담보물권은 분할된 각개의 부동산에 그 지분의 비율에 따라 존속한다"는 점[22]을 들어 존속해야 한다는 견해와 "각 공유자가 취득하는 권리는 지분의 비율에 따라 가치를 가지고 있으므로 저당권의 객체인 지분권도 저당권을 설정한 지분 위에만 존속한다"는[23] 집중설의 견해가 있다. 그리고 판례의 입장은 "갑, 을 등 명의로 지분이 나뉘어 있는 분할 전 대지 중 갑 지분에 관하여 병 명의로 근저당권이 설정되어 있었고, 이후 을 지분을 양수한 정이 위 대지를 분할하여 분할된 일부 대지 위에 집합건물을 신축하여 소유권보존등기를 하면서 그 일부 대지에 관하여 대지권등기를

---

20) 전장헌, 전게논문, 312면.
21) 양형우, 민법의 세계, 피앤씨미디어, 2018, 585면.
22) 홍성재, 물권법, 대영문화사, 2018, 394면; 김중한, 물권법, 박영사, 1983, 289면.
23) 방순원, 신물권법, 박영사, 1960, 161면; 김기선, 한국물권법, 박영사, 1973, 293면.

마쳤는데, 그 후 집합건물 중 일부 전유부분과 그 대지권에 관하여 경매절차가 진행된 사안에서, 병은 근저당권의 피담보채권 전액을 기준으로 위 전유부분에 대한 전체 매각대금 중 대지권에 대한 부분에 관하여 우선변제받을 권리가 있다"[24]고 판시하여 분할된 각 부동산 위에 종전의 지분비율대로 존속한다는 견해로 존속설의 입장을 취하고 있다.[25]

그런데 판례는 "부동산의 일부 공유지분에 관하여 저당권이 설정된 후 부동산이 분할된 경우 그 저당권은 분할된 각 부동산 위에 종전의 지분비율대로 존속하고, 분할된 각 부동산은 저당권의 공동담보가 된다"[26]는 입장이나, 공유는 다른 공동소유(합유나 총유)와 다르게 지분권의 결집력이 약하며 공유물 전체에 대하여 영향을 미칠 수 없다는 점에서 타당하지 않다고 본다.

따라서 공동부동산의 일부지분권에 설정된 담보물권은 불가분성에 의하여 다른 지분권 위에 미치지 않으며 오직 지분권 설정한 부동산의 지분비율에만 미치는 관계라고 해석하는 것이 타당할 것으로 본다.[27]

---

24) 대판 2012. 3. 29. 2011다74932.
25) 전장헌, 전게논문, 315면.
26) 대판 2012. 3. 29. 2011다74932.
27) 전장헌, 전게논문, 317면.

제4항 집합건물의 구분건물과 대지권

1. 의의

1984년 4월에 '집합건물의 소유 및 관리에 관한 법률'(이하 '집합건물법'이라 한다)을 제정하였는데, 본법은 구분소유권의 대상과 한계, 구분소유자 상호간의 법률관계, 구분소유권과 그 공동이용부분 및 그 대지에 대한 소유이용관계 등을 개선하고 고층건물 기타 집합건물 내에서의 공동생활을 합리적으로 규율하여 일반국민에게 법적 안정성과 거래의 편익을 제공하려는 입법취지를 가지고 있다.

그런데 집합건물의 대지권 성립이전에 대지저당권이 성립하고 있더라도 구분건물저당권이 먼저 실행되는 경우에는 구분건물과 대지사용권은 일체로 매각이 되어 구분소유자 다수의 재산권이 보호되고 있으나 대지저당권이 먼저 실행되는 경우에는 결국 구분건물이 철거되어야 한다. 집합건물법의 입법취지나 규정이 전유부분에 대한 구분소유권을 중심으로 해서 집합건물법 제13조 동법 제20조가 이루어지고 있는데, 집합건물법 제7조의 구분소유권매도청구권을 단순히 구분건물의 철거라는 미명하에 대지소유자에게만 인정을 하고 있어 다수의 구분소유권자에게 재산권을 침해하고 법률적인 불완전으로 국민경제질서에도 위배되는 요인이 되고 있는 실정이다.

2. 구분소유권과 대지권

(1) 집합건물의 구분소유권

구분소유권이란 집합건물법 제2조 제1호에서 "1동의 건물 중 구조상 구분된 여러 개의 부분이 독립한 건물로서 사용될 수 있을 때에는 그 각 부분은 이 법에서 정하는 바에 따라 각각 소유권의 목적으로 할 수 있다."라고 하여 구분소유권을 정의하고 있다. 즉 아파트나 오피스텔과 같이 1동의 건물이 있으나 그 건물을 수개의 독립된 부분으로 나누어 각 부분을 별개의 독립적인 소유권의 객체로 삼는 것을 의사로 이를 구분한 때에 각각의 부분에 구분소유권이 성립한다.

(2) 집합건물의 대지사용권

1) 의의

대지사용권이란 집합건물에 있어서 구분소유권자가 그의 전유부분을 소유하기 위하여 건물의 대지에 대하여 가지는 권리를 말한다(집합건물법 2조 6호). 위와 같이 구분소유권자가 전유부분을 소유하기 위하여 건물의 대지에 관하여 가지는 대지사용권은 소유권인 경우가 대부분이겠지만 지상권·전세권·임차권일 수도 있다. 그리고 구분소유권자는 층수·면적 등에 관계없이 대지 전체에 대하여 이를 사용·수익할 권리가 있다.[28]

그리고 대지권은 구분건물의 소유자가 전유부분을 소유하기 위해서 갖고 있는 대지사용권 중에서 전유부분과 분리하여 처분할 수 없는 권리를 말한다.[29] 대지권이라는 용어는 부동산등기법에서 대지사용권으로서 건물과 분리하여 처분할 수 없는 것을 대지권으로 정의하면서 사용되었다(부동산등기법 42조 4항). 대지권은 대지사용권보다 좁은 개념으로서 부동산등기법 제4조 제4항은 집합건물의 보존등기신청시에 대지권사용권이 있으면서 분리처분을 허용하는 규약이나 공정증서를 제시하지 못하는 경우에는 반드시 대지권에 관한 사항을 기재하도록 하고 있다. 대지권은 대지사용권의 종류에 따라 '소유권대지권', '임차권대지권'으로 구분한다.[30]

2) 구분건물과 대지사용권의 일체불가분성

집합건물법 제20조 제1항은 "구분소유자의 대지사용권은 그가 가지는 전유부분의 처분에 따른다."라고 규정하고 있고 동법 제20조 제2항은 "구분소유자는 그가 가지는 전유부분과 분리하여 대지사용권을 처분할 수 없다. 다만 규약으로써 달리 정한 경우에는 그러하지 아니하다."라고 규정하고 있다. 우리 법은 원칙적으로 토지와 건물을 각각 독립된 부동산으로 취급하고 있는데 위 조항에 의하면 구분건물인 전유부분과 대지사용권의 일체불가분성을 인정하고 있다. 이러한

---

28) 전장헌, 민법학강의, 2010, 667면.
29) 손창환, 민사집행법 실무연구, 2002, 10면.
30) 양경승, "대지권의 법적성질과 관련문제", 사법논집, 제24집, 1993, 268면.

일체불가분성을 인정한 취지는 집합건물의 전유부분과 대지사용권이 분리되는 것을 최대한 방지함으로써 다수인이 생활하고 있는 구분건물의 철거를 방지하고 집합건물에 관한 법률관계의 안정과 합리적인 규율을 도모하려는 데 있다.[31]

3. 집합건물의 구분건물에 대한 강제집행

(1) 의의

전유부분과 대지사용권이 일체화 되어 있는 경우에는 대지권과 전유부분의 일체불가분성에 따라 대지권이라는 뜻의 등기를 한 토지의 등기용지에는 대지권을 목적으로 하는 저당권설정등기를 하지 못하며(부동산등기법 61조 4항), 대지권이 등기된 구분 건물의 등기용지에는 건물만을 목적으로 하는 저당권의 설정등기를 할 수 없도록 부동산등기법은 규정을 하고 있다(부동산등기법 61조 3항). 이러한 대지권 취지의 등기를 하기 이전에 구분건물에 대하여 담보물권 등을 설정하고 위 담보물권에 기하여 전유부분에 대한 경매절차가 개시된 경우에 담보물권의 효력이 설정되지 아니한 대지사용권에도 미치는지 그리고 대지사용권 성립 전부터 토지만에 관하여 설정되어 있던 근저당권이 소멸하는지에 대해 문제가 된다.

(2) 학설 및 판례의 태도

종속성 긍정설은 대지사용권이 집합건물법 제20조 제1항에 의해 전유부분의 권리에 대한 종된 권리라는 견해이다.[32] 이에 대하여 종속성 부정설은 집합건물법 제20조 제2항의 분리처분금지규정이 전유부분과 대지사용권의 일체불가분성을 선언한 원칙규정이고 동조 제1항은 무효한 규정이라 한다.[33]

---

31) 정다주, "집합건물에서 전유부분과 대지사용권 사이의 일체불가분성과 분리처분된 경우의 상호관련성", 민사판례연구, 제32집, 2010, 287면.

32) 박홍래, "전유부분의 대지사용권의 일체성", 민사법학, 제22호, 2002.9, 408면; 박순성, "대지지분소유자 구분소유권매도청구권 -집합건물의 소유 및 관리에 관한 법률 제20조의 해석을 중심으로-, 민사판례연구, 제20집, 1998.6, 128면; 진상욱, "집합건물 대지사용권의 일체불가분성", 토지법학, 제24-2호, 2008.12, 101면; 양경승, "대지권의 법적성질과 관련문제", 사법논집, 제24집, 1993, 278면.

33) 김황식, "집합건물의 소유및 관리에 관한 법률", 민사판례연구(XII), 1990, 368면; 송달용, "구분소유의 목적인 건물만에 근저당권을 설정한 자가 근저당권에 기한 경매에 의하여 건물을 경락 받은 자에 대하여 매도청구권을 갖는지 여부", 판례연구(11), 1998, 253면; 양경욱, "건물의 구

대법원은 "구분건물의 전유 부분만에 관하여 설정된 저당권의 효력은 대지 사용권의 분리처분이 가능하도록 규약으로 정하는 등의 특별한 사정이 없는 한 그 전유부분의 소유자가 사후에라도 대지사용권을 취득함으로써 전유부분과 대 지권이 동일소유자의 소유에 속하게 되었다면 그 대지사용권까지 미친다."고 판 시를 하고[34] "구분건물의 대지사용권은 전유부분과 종속적 일체불가분성이 인정 되어 전유부분에 대한 경매개시결정과 압류의 효력이 당연히 종된 권리인 대지 사용권에도 미친다"[35]라고 판시를 하여 "설사 대지권 성립 전부터 토지만에 관 하여 별도등기로 설정되어 있던 근저당권이라 할지라도 경매과정에서 이를 존속 시켜 경락인이 인수하게 한다는 취지의 특별매각조건이 정하여져 있지 않았던 이상 위 토지공유지분에 대한 범위에서는 매각부동산 위의 저당권에 해당하여 소멸한다"라고 판시를 하여[36] 종속성 긍정설의 입장을 취하고 있으며 대지사용 권이 전유분에 대한 종물내지 종된 권리라는 점을 명백히 밝히고 있다.

4. 집합건물의 대지집행

(1) 문제의 제기

집합건물의 대지에 대한 저당권은 구분건물에 대지권의 등기가 이루어지기 전에 저당권을 설정할 수가 있는데, 이는 크게 두 가지 유형으로 구분할 수 있 다. 첫째는 대지에 대한 저당권을 저당권설정자가 구분건물을 축조하기 시작 한 이후에 설정한 경우인데, 이때는 구분건물의 소유자에게 민법 제366조에 의한 '법정지상권'이 인정되기 때문에 크게 문제될 소지가 없다. 그러나 집합건물이 신축되기 이전에 설정된 토지의 저당권자 등에 의하여 집행이 이루어지는 경우 에는 구분건물이 철거를 당할 수 있는지 문제가 된다.

분소유에 관한 법률문제", 사법논집, 제16집, 1985, 89면.
34) 대판 1995. 8. 22. 94다12722.
35) 대판 1997. 6. 10. 97마814.
36) 대판 2008. 3. 13. 2005다15048.

(2) 학설 및 판례의 경향

대지에 관하여 근저당권이 설정된 후에 비로소 집합건물의 구분소유관계가 성립된 경우는 집합건물의 성립 전에 이미 근저당권 설정이라는 처분행위가 존재하고 그 근저당권의 실행절차로서 경매가 진행하기 때문에 집합건물법 제20조의 종속성 긍정설이나 부정설에 따라 해결을 할 수가 없고 일체불가분성이 부정되는 관계가 된다고 한다.[37]

대법원은 "구분소유자 아닌 자가 집합건물의 건축 이전부터 전유부분의 소유와 무관하게 집합건물의 대지로 된 토지에 대하여 가지고 있던 권리는 구 집합건물의 소유 및 관리에 관한 법률상 대지사용권이라 할 수 없으므로 국가가 위 토지를 공매한 것은 같은 법 제20조의 분리처분 금지 규정에 반하지 않는다."고 판시하고 있다.[38]

이외에도 대지권의 성립 전에 대지에 관하여 별도등기로 설정되어 있던 근저당권이 실행됨에 따라 대지사용권(토지공유지분)이 전유부분으로부터 분리 처분된 경우에 대지권 없이 위 공유지분을 전유부분의 대지로 사용해 온 구분건물 소유자는 토지지분을 경락받은 자에게 이에 대한 대지권한(소유권)을 인정해야 하는 것으로 보고 있다.[39]

(3) 소결

위와 같이 집합건물의 건축 전부터 대지에 관하여 설정되어 있던 저당권 등이 실행됨에 따라 대지사용권이 전유부분으로부터 분리 처분된 경우는 집합건물법 제20조에 규정된 분리처분금지의 제한을 받지 않는다고 보고 있다. 이와 같은 관계는 결국 대지저당권자가 전유부분과 대지사용권의 일체성이 부정되거나

---

37) 하경일, "집합건물의 신축과 대지사용권의 취득시기 및 대지만에 대한 강제집행의 당부", 한국경영법무연구소, 2005, 11면; 박태신, "집합건물법에 있어서 집합건물의 대지 및 대지사용권의 고찰", 홍익법학, 제11권 제2호, 2010, 350면.

38) 토지에 대한 매매예약을 체결하고 이에 따른 소유권이전등기청구권 가등기만을 마친 상태에서 그 지상에 집합건물을 건축하였으나 매매예약에 따른 소유권이전등기 전에 국가가 그 토지를 체납처분에 의해 공매한 사안에서, 구분소유자 아닌 자가 집합건물의 건축 이전부터 전유부분의 소유와 무관하게 집합건물의 대지로 된 토지에 대하여 가지고 있던 권리는 구 집합건물의 소유 및 관리에 관한 법률상 대지사용권이라 할 수 없으므로 국가가 위 토지를 공매한 것은 같은 법 제20조의 분리처분 금지 규정에 반하지 않는다(대판 2010. 5. 27. 2010다6017).

39) 대판 2008. 3. 13. 2005다15048.

일괄경매청구권이 인정되지 않는 대지를 집행하여 대지와 구분소유자가 분리된 경우 대지소유자는 구분건물에 대한 철거판결을 받는 경우가 발생하게 된다.[40]

---

40) 사례인용출처 http://www.taein.co.kr.

제 2 절
지상권과 경매

제1항 지상권의 의의 및 성질

지상권은 타인의 토지에서 건물 기타 공작물이나 수목을 소유하기 위하여 그 토지를 사용하는 용익물권이다(민법 279조). 타인의 토지를 전면적으로 지배하는 소유권에 비해 지상권의 객체는 1필의 토지임을 원칙으로 하나 1필의 토지 일부라도 성립할 수 있다.

제2항 지상권과 임차권

① 공작물이나 수목을 소유하기 위하여 타인의 토지를 이용하는 지상권은 배타성과 지배성이 있는 물권임에 대하여 임차권은 임대인에 대하여 토지를 사용·수익할 것을 청구할 수 있는 채권에 지나지 않는다.

② 지상권은 제3자에 대하여 대항할 수 있으나 임차권은 이러한 대항력이 없기 때문에 토지의 매수인이 인도를 청구할 경우 거절할 수 없다.

③ 지상권은 양도성이 있어 임대인의 동의 없이 양도·임대·담보로 제공할 수도 있다. 그러나 임차권은 임대인의 동의 없이는 양도 또는 전대하지 못한다.

④ 지상권은 최장기간의 제한이 없고 최단기의 제한만 있는데 임차권은 특별한 경우 외에는 20년을 넘지 못하여 최단기간의 제한이 없다.

⑤ 지상권은 2년 이상의 지료 연체가 있으면 소멸청구를 할 수 있는 데 반해 임차권은 2기의 차임연체가 있으면 계약을 해지할 수 있다.

⑥ 지상권은 유익비상환청구권만 인정되는 데 반해 임차권은 유익비와 필요비상환청구권이 인정된다.

⑦ 지상권은 지료가 영향을 미치는 요소가 아니나, 임차권은 지료가 절대적 영향을 미치는 요소가 된다.

 제3항 지상권의 취득

1. 법률행위에 의한 취득

지상권은 토지소유자(지상권설정자)와의 설정계약과 등기에 의하여 성립하는 것이 일반적이다. 유언과 지상권의 양도에 의해서도 발생하는데 이것도 법률행위에 의한 취득이다.

2. 법률의 규정에 의한 취득

상속·판결·경매·공용징수·취득시효 등에 의해서 지상권이 성립될 수 있다. 이때에는 취득시효의 경우를 제외하고는 등기를 요하지 않는다. 법률의 규정에 의하여 발생하는 지상권의 종류에는 다음과 같은 권리가 있다.

(1) 법정지상권

현행법상 인정되는 법정지상권은 다음과 같으며 법정지상권에 대해서는 절을 달리하여 구체적으로 살펴본다.

1) 민법 제305조의 법정지상권

전세권설정 후 토지소유자만이 변경된 때에 건물소유자(전세권설정자)에게 법정지상권을 인정한다.

2) 민법 제366조의 법정지상권

저당권의 실행으로 토지소유자와 건물소유자가 다르게 되었을 때 토지소유자는 건물을 낙찰받은 건물소유자에게 지상권을 설정하여 주게 된다(민법 366조 전단). 그러나 지료는 당사자의 협의가 이루어지지 않을 경우 당사자의 청구에 의하여 법원이 이를 정할 수 있다(민법 366조 후단).

3) 토지 및 그 지상의 건물이 동일한 소유자에게 속하는 경우에 그 토지 또는 건물에 대하여 청산절차(가등기담보 등에 관한 법률에 의함)를 통해 소유권을 취득하거나 담보가등기에 기한 본등기가 행하여져 토지와 건물소유자가 다르게 된 경우에 토지소유자는 건물소유자를 위하여 법정지상권을 설정하여준 것으로 본다.

4) 입목이 경매 기타 사유로 토지와 입목의 소유자가 각각 다르게 되었을 때, 토지소유자는 입목소유자에게 지상권을 설정하여준 것으로 본다.

(2) 관습법상 법정지상권 및 구분지상권

민법에 규정되어 있지 않으나, 일정한 경우에는 관습법상 법정지상권의 성립을 판례가 인정하고 있다. 관습법상의 지상권은 분묘기지권과 관습법상의 법정지상권 등이다.[1] 구분지상권은 토지의 상하 어떤 층만을 객체로 하여 건물 이외에 터널·지하철·고가도로·송전소·교각 등의 사용을 목적으로 타인의 토지를 사용하는 용익권이다.

1) 분묘기지권

① **의의** 분묘기지권이란 타인의 토지 위에 분묘를 소유하기 위하여 설정한 지상권 유사의 물권을 말한다. 판례에 의하면 분묘기지권은 다음과 같은 세 가지 경우에 성립하게 된다.

---

1) 대판 1991. 6. 28. 90다16214: 관습에 의한 법정지상권이 있는 건물의 경락인은 경매시에 경락 후 건물을 철거하는 등의 매각조건 아래 경매되었다는 등 특별한 사정이 없는 한 건물의 경락 취득과 함께 그 지상권도 당연히 취득하였다고 할 것이므로 그 지상권으로써 토지소유권을 전득한 자에게 대항할 수 있다.

② 성립요건

㉠ 소유자의 승낙을 얻어 그 소유지 안에 분묘를 설치한 때에는 분묘기지권이 성립한다.

㉡ 이때 단순한 청약과 승낙이 있을 뿐이고 구체적인 약정이 없을 때에도 성립할 수 있다고 보는 것이 판례의 입장이다. 분묘가 있는 임야를 경락받은 자는 그 분묘에 대하여 분묘기지권을 인정해 주어야 한다.

㉢ 종손계열에 속한 소유자가 타인 소유의 토지를 승낙 없이 20년간 평온·공연하게 분묘를 설치하여 점유한 경우에는 취득시효로 분묘기지권을 취득하게 된다.

③ **경매 및 매매로 인한 분묘기지권의 효력**

㉠ 분묘기지권의 보호 분묘가 침해당한 때에는 분묘 소유자는 그 침해의 배제를 청구할 수 있다.[2]

㉡ 효력범위 분묘를 수호하고 제사를 올리려고 하는 목적의 필요한 범위 내에서 분묘에 대한 효력을 주장할 수 있다. 따라서 분묘가 설치된 기지에 국한되는 것이 아니고 분묘의 수호 및 제사의 봉행에 필요한 주위의 땅에도 분묘기지권의 효력을 주장할 수 있다.[3] 그렇다고 분묘기지권의 효력이 미치는 범위의 토지에 대해서 새로운 분묘를 설치할 수 있는 것은 아니다.

④ **존속기간** 존속기간의 약정이 없는 경우에도 분묘기지권자는 분묘의 수호와 제사를 계속하는 동안에는 분묘기지권을 계속 주장할 수 있다.

⑤ **분묘기지권의 지료** 판례는 지상권에 있어서 지료의 지급은 그 요소가 아니어서 지료에 관한 약정이 없는 이상 분묘기지권에 관한 지료의 지급을 구할 수 없다고 판시하고 있다. 그런데 최근 전원 합의체 판결은 "지료를 인정해야 한다"는 내용으로 종전 판례를 다음과 같이 변경하였다.

2000. 1. 12. 법률 제6158호로 전부 개정된 구 장사 등에 관한 법률(이하 '장사법'이라 한다)의 시행일인 2001. 1. 13. 이전에 타인의 토지에 분묘를 설치한 다음 20년간 평온·공연하게 분묘의 기지(기지)를 점유함으로써 분묘기지권을 시효로 취득하였더라도, 분묘기지권자는 토지소유자가 분묘기지에 관한 지료를 청구

---

2) 대판 1959. 10. 8. 4291민상770.
3) 대판 1965. 3. 23. 65다17.

하면 그 청구한 날부터의 지료를 지급할 의무가 있다고 보아야 한다.

관습법으로 인정된 권리의 내용을 확정함에 있어서는 그 권리의 법적 성질과 인정 취지, 당사자 사이의 이익형량 및 전체 법질서와의 조화를 고려하여 합리적으로 판단하여야 한다. 취득시효형 분묘기지권은 당사자의 합의에 의하지 않고 성립하는 지상권 유사의 권리이고, 그로 인하여 토지 소유권이 사실상 영구적으로 제한될 수 있다. 따라서 시효로 분묘기지권을 취득한 사람은 일정한 범위에서 토지소유자에게 토지 사용의 대가를 지급할 의무를 부담한다고 보는 것이 형평에 부합한다. 취득시효형 분묘기지권이 관습법으로 인정되어 온 역사적·사회적 배경, 분묘를 둘러싸고 형성된 기존의 사실관계에 대한 당사자의 신뢰와 법적 안정성, 관습법상 권리로서의 분묘기지권의 특수성, 조리와 신의성실의 원칙 및 부동산의 계속적 용익관계에 관하여 이러한 가치를 구체화한 민법상 지료증감청구권 규정의 취지 등을 종합하여 볼 때, 시효로 분묘기지권을 취득한 사람은 토지소유자가 분묘기지에 관한 지료를 청구하면 그 청구한 날부터의 지료를 지급하여야 한다고 봄이 타당하다.[4]

⑥ **공시방법**　관습법상의 지상권은 분묘 자체가 공시의 기능을 하고 있기 때문에 등기를 요하지 않는다. 다만, 분묘가 평장되거나 암장된 경우에는 분묘기지권이 발생하지 않는다.

2) 장사법(장사 등에 관한 법률, 약칭: 장사법)과의 관계

2001년부터 시행되고 있는 장사법에 의하면 남의 토지에 허락 없이 분묘를 설치하지 못하도록 하고 있으며 취득시효의 인정도 부정하고 있다. 다만, 이 법 시행일 이전의 분묘에 대해서는 종전의 분묘기지권이 인정되고 있다. 그리고 묘지가 개인 소유의 토지 위에 있다면 관련법에 따른 기간의 제한을 받지 않으나 지방자치단체 또는 법인이 국가의 허가를 받은 묘지는 설치기간이 따로 정해져 있다.

① 장사법에 관한 내용

매장을 한 자는 매장 후 30일 이내에 매장지를 관할하는 특별자치시장·특별자치도지사·시장·군수·구청장(이하 "시장등"이라 한다)에게 신고하여야 한다(8조 1항: 매장·화장 및 개장의 신고).

---

4) 대판(전) 2021. 4. 29. 2017다228007.

　　국가, 시·도지사 또는 시장·군수·구청장이 아닌 자는 다음 각 호의 구분에 따른 묘지(이하 "사설묘지"라 한다)를 설치·관리할 수 있다. 1. 개인묘지: 1기의 분묘 또는 해당 분묘에 매장된 자와 배우자 관계였던 자의 분묘를 같은 구역 안에 설치하는 묘지, 2. 가족묘지: 「민법」에 따라 친족관계였던 자의 분묘를 같은 구역 안에 설치하는 묘지, 3. 종중·문중묘지: 종중이나 문중 구성원의 분묘를 같은 구역 안에 설치하는 묘지, 4. 법인묘지: 법인이 불특정 다수인의 분묘를 같은 구역 안에 설치하는 묘지. 위와 같은 개인묘지를 설치한 자는 보건복지부령으로 정하는 바에 따라 묘지를 설치한 후 30일 이내에 해당 묘지를 관할하는 시장등에게 신고하여야 한다(14조 1항 및 2항).

　　공설묘지 및 제14조에 따른 사설묘지에 설치된 분묘의 설치기간은 30년으로 한다. 설치기간이 지난 분묘의 연고자가 시·도지사, 시장·군수·구청장 또는 제14조 제4항에 따라 법인묘지의 설치·관리를 허가받은 자에게 그 설치기간의 연장을 신청하는 경우에는 1회에 한하여 그 설치기간을 30년으로 하여 연장하여야 한다. 설치기간을 계산할 때 합장 분묘인 경우에는 합장된 날을 기준으로 계산한다. 그러나 위의 분묘의 설치기간에도 불구하고 시·도지사 또는 시장·군수·구청장은 관할 구역 안의 묘지 수급을 위하여 필요하다고 인정되면 조례로 정하는 바에 따라 5년 이상 30년 미만의 기간 안에서 분묘 설치기간의 연장 기간을 단축할 수 있다. 설치기간이 끝난 분묘의 연고자는 설치기간이 끝난 날부터 1년 이내에 해당 분묘에 설치된 시설물을 철거하고 매장된 유골을 화장하거나 봉안하여야 한다(19조 및 20조).

　　② 장사법과 분묘기지권에 대한 관계

　　판례는 "타인 소유의 토지에 분묘를 설치한 경우에 20년간 평온, 공연하게 분묘의 기지를 점유하면 지상권과 유사한 관습상의 물권인 분묘기지권을 시효로 취득한다는 법적 규범이 2000. 1. 12. 법률 제6158호로 전부 개정된 「장사 등에 관한 법률」의 시행일인 2001. 1. 13. 이전에 설치된 분묘에 관하여 현재까지 유지되고 있다"고[5] 판시하고 있다.

　　즉 「장사 등에 관한 법률」의 시행일인 2001년 1월 13일 이전에 설치된 분묘

---

5) 대판(전) 2017. 1. 19. 2013다17292.

에 대해서는 종전의 분묘기지권이 유지된다고 보고 있다.

3) 관습법상의 법정지상권

동일인에게 속하고 있던 토지와 건물이 매매나 증여, 공매 그리고 강제집행 등을 원인으로 그 소유자가 각기 달리 되었을 경우 당사자 사이에 특약이 없으면 토지소유자는 건물소유자를 위하여 관습법상의 법정지상권을 설정하여준 것으로 본다. 즉, 토지와 건물 중의 어느 한쪽만이 매매·증여·강제집행·국세징수법에 의한 공매 등으로 인하여 토지와 건물소유자가 각기 다르게 되었을 경우에 건물소유자에게 관습법상의 법정지상권을 인정한다.

이때 토지소유자와 건물소유자는 처분 당시에 동일인에 속하고[6] 있어야 한다. 즉, 처분 당시 통일인 소유의 토지와 건물 중에 어느 한쪽만이 매매·증여·강제집행·국제징수법에 의한 공매 등으로 인하여 토지와 건물소유자가 각기 다르게 되었을 때 건물소유자에게 관습법상의 법정지상권을 인정하고 있다.

한편 처분당시의 기준과 관련하여 판례는 다음과 같이 판시하고 있다.

① 강제경매로 인한 경우에는 경락 당시에 대지와 그 지상건물의 소유자가 동일인이어야 하지만 경락 이전에 강제집행의 원인이 되는 가압류 이후에 소유자가 다르게 된 경우에는 그 소유권은 경락에 의하여 말소될 운명에 있기 때문에 토지와 건물주가 동일인이 아니라고 부정할 수 없으므로 법정지상권이 인정된다.[7]

---

6) 대판 1995. 7. 28. 95다9075, 9082: 관습법상의 법정지상권이 성립되기 위하여는 토지와 건물 중 어느 하나가 처분될 당시에 토지와 그 지상건물이 동일인의 소유에 속하였으면 족하고 원시적으로 동일인의 소유였을 필요는 없다.

7) 대판 1990. 6. 26. 89다카24094: 원고와 피고가 이 사건 대지를 공동으로 매수하여 같은 평수로 사실상 분할한 다음 각자 자기의 돈으로 자기 몫의 대지 위에 건물을 신축하여 점유하여 왔다면 비록 위 분할 협의 당시 위 대지가 등기부상으로는 원·피고 사이의 공유로 되어 있다 하더라도 그 대지의 소유관계는 처음부터 구분소유적 공유관계에 있다 할 것이고, 따라서 이 사건 건물과 대지는 원고와의 내부관계에 있어서 피고의 단독소유로 되었다 할 것이므로 피고는 그 후 이 사건 대지의 피고지분만을 경락취득한 원고에 대하여 그 소유의 이 사건 건물을 위한 관습상의 법정지상권을 취득하였다고 할 것이다.
또한 원심은 이 사건 건물을 피고의 구분소유로 본다 하더라도 그 대지는 그 경락 전에 이미 소외 김경한 명의로 등기가 되어 있어서 그 경락 당시에는 위 대지와 그 지상건물의 소유자가 동일인이 아니라는 이유로 이 사건 법정지상권의 성립을 부정하고 있으나 원심이 든 증거에 의하더라도 위 경락은 이 사건 대지부분에 의한 가압류에 기한 강제경매에 의하여 이루어졌고 위 김경한 앞으로 된 위 등기는 그 가압류 후에 이루어진 것임이 분명하므로 위 경락에 의하여 말소될 운명에 있는 위 김경한 앞으로의 등기를 들어 피고의 소유권을 부정할 수 없을 뿐만 아니라 위 토지부분이 위 김경한 앞으로 양도되었을때 그 지상건물을 위한 법정지상권이 성립되었다고도 보지 못할 바 아니다.

② 강제경매로 인하여 관습상의 법정지상권이 성립되기 위하여는 매각허가 당시에 토지와 그 지상건물이 소유자를 같이 하고 있으면 족하고 강제경매를 위한 압류가 있은 때로부터 경락에 이르는 기간 중 계약하여 그 소유자를 같이 하고 있음을 요하는 것은 아니다.[8] 따라서 토지는 갑 소유, 건물은 을 소유인 상태에서 토지만에 대한 가압류가 있은 후에 전전 이전되다가 토지만 강제경매절차에서 매각허가 당시에 토지와 건물의 소유자가 동일인으로 되어 있는 경우에는 토지를 낙찰받은 자는 건물주를 위하여 관습법상 법정지상권을 인정하여 주어야 한다.

③ 강제경매의 목적이 된 토지 또는 그 지상 건물에 관하여 강제경매를 위한 압류나 그 압류에 선행한 가압류가 있기 이전에 저당권이 설정되어 있다가 그 후 강제경매로 인해 그 저당권이 소멸하는 경우에는, 그 저당권 설정 당시를 기준으로 토지와 그 지상 건물이 동일인에게 속하였는지에 따라 관습상 법정지상권의 성립 여부를 판단하여야 한다.[9]

④ 강제경매개시결정 이전에 가압류가 있는 경우에는, 그 가압류가 강제경매개시결정으로 인하여 본압류로 이행되어 가압류집행이 본집행에 포섭됨으로써 당초부터 본집행이 있었던 것과 같은 효력이 있다. 따라서 경매의 목적이 된 부동산에 대하여 가압류가 있고 그것이 본압류로 이행되어 경매절차가 진행된 경우에는, 애초 가압류가 효력을 발생하는 때를 기준으로 토지와 그 지상 건물이 동일인에 속하였는지를 판단하여야 한다.[10]

당사자 사이에 건물을 철거한다는 특약이 없어야 한다. 관습법상의 법정지상권은 공익권 성질을 갖는 것이지만 이의 포기를 불허할 정도로 강력한 공익성을 갖는 것은 아니기 때문에 당사자의 특약에 의해 포기를 인정한다.[11] 예컨대

결론적으로 구분소유적 관계로 토지를 공유하고 있는 상태에서 자기 몫의 토지 위에 건물을 신축한 공유자의 토지가 경매로 낙찰이 된 경우 낙찰자는 자기 몫의 건물주에게 법정지상권을 인정해야 한다. 그리고 강제경매로 인한 경우에는 경락 당시에 대지와 그 지상건물의 소유자가 동일인이어야 하지만 경락 이전에 강제집행의 원인이 되는 가압류 이후에 소유자가 다르게 된 경우에는 그 소유권은 경락에 의하여 말소될 운명에 있기 때문에 토지와 건물주가 동일인이 아니라고 부정할 수 없다.

8) 대판 1970. 9. 29. 70다1454.
9) 대판 2013. 4. 11. 2009다62059.
10) 대판(전) 2012. 10. 18. 2010다52140.
11) 대판 1968. 1. 31. 67다2007.

갑이 을의 토지 위에 근저당권을 설정할 때 그 지상에 을 소유의 무허가 점포 3개와 등기를 한 주택 1채가 있는 상황이었다. 갑은 점포의 경우 무허가 건물로 등기를 할 수 있는 상황이 아니라서 근저당권을 설정할 수가 없었다. 그래서 토지와 그 지상의 주택에 대해서만 근저당권을 설정하였다. 이후 갑이 경매를 신청할 때 무허가 점포인 점포 3개에 대해서 관습법상의 법정지상권이 인정되는가? 만약 인정된다면 점포 3개로 말미암아 낙찰가는 상당히 저감되어 근저당권은 피담보채권을 완전(Perfect)하게 회수할 수 없는 문제가 발생할 것이며 점포에 대해서는 무허가건물이기 때문에 일괄경매신청도 할 수 없을 것이다. 이에 대해 갑은 을의 점포에 대해 관습법상의 법정지상권이 인정되지 않는다는 특약 등을 하고 근저당권의 피담보채권에 대해 지급명령에 따른 집행권원을 받아 을 소유의 토지와 주택에 대해서 강제경매를 신청하면 무허가 점포에 대해서는 관습법상의 법정지상권이 인정되지 않는다.

우리민법 제187조 단서는 법정지상권을 등기하지 않은 상태에서 건물을 처분하면 건물의 양수인은 토지소유자에게 법정지상권의 내용을 가지고 대항할 수 없다고 규정하고 있는데 판례는 이러한 경우에도 법정지상권을 인정하고 있다. 즉 "대지소유자가 건물의 양수인에 대해 건물철거 및 대지인도를 청구하는 것은 지상권의 부담을 용인하고 그 설정등기절차를 이행할 의무있는 자가 그 권리자를 상대로 한 청구로서 신의칙상 허용될 수 없다"(대판 1988. 9. 27. 87다카279)고 하여 법정지상권을 등기하지 않은 건물양수인에게도 법정지상권을 인정하는 것으로 보고 있다.

관습법상 법정지상권은 지상권의 내용을 준용한다. 따라서 관습법상의 법정지상권은 존속기간을 약정하지 아니한 경우에는 민법 제281조를 준용하여 최단기간을 적용하고 있다. 그리고 지료에 대해서는 당사자의 청구에 의하여 법원이 정할 수도 있다.

4) 구분지상권

일반지상권은 토지의 상하 전체에 대한 권리로서 토지 전체에 대한 전면적인 효력을 주장할 수 있다. 이에 대하여 구분지상권은 토지의 상하 어떤 층만을 대상으로 하여 건물 기타 공작물의 소유를 목적으로 하여 설정한다.

구분지상권도 지상권의 일종으로서 물권의 성질을 가지고 있다. 따라서 당사자 사이의 물권적 합의와 등기에 의하여 성립하게 된다.

구분지상권은 그 객체가 어떤 층에 한정되기 때문에 토지의 상하 범위를 반드시 정하여 등기해야 효력이 발생한다.

구분지상권을 설정하려고 할 때에 제3자가 당해 토지를 사용·수익할 권리를 가지고 있는 경우에는 그 권리자 및 그 권리를 목적으로 하는 권리를 가진 자 전원의 승낙이 있어야 구분지상권을 설정할 수 있다.

구분지상권자는 설정행위에서 정하여진 범위 내에서만 사용할 권리를 갖고 그 외의 범위에 대해서는 토지소유자가 사용권을 가진다.

 제 4 항 지상권의 존속기간

1. 존속기간을 정한 지상권

① 지상권의 존속기간을 정한 경우에는 그 기간은 다음의 기간보다 단축하여 약정하지 못한다(민법 280조 1항).

　㉠ 석조·연화조·석회조 또는 이와 유사한 견고한 건물이나 수목의 소유를 목적으로 하는 때에는 30년

　㉡ 그 밖에 건물의 소유를 목적으로 하는 때에는 15년

　㉢ 건물 이외의 공작물의 소유를 목적으로 하는 때는 5년

　㉣ 설정행위로 위의 약정기간보다 단축한 기간으로 정한 때에는 그 기간은 위의 최단기간까지 연장된다(민법 280조 2항).

2. 존속기간을 정하지 않은 경우

① 계약으로 지상권의 존속기간을 정하지 아니한 경우에는 그 존속기간은 다음과 같다(민법 281조 1항).

㉠ 지상권의 종류와 구조에 따라 존속기간을 정한 경우는 최단기간의 규정을 준용한다(민법 281조 1항).

㉡ 지상권설정 당시에 공작물의 종류와 구조를 정하지 아니한 때에는 15년을 존속기간으로 한다(민법 281조 2항).

3. 계약의 갱신과 존속기간

① **갱신계약**   당사자가 계약을 갱신하는 경우에는 그 갱신기간도 마찬가지로 존속기간을 정한 경우의 최단기간보다 단축하여 약정하지 못한다(민법 284조).

② **갱신청구권**   지상권이 소멸한 경우에 건물 기타 공작물이나 수목이 현존하는 때에는 지상권자는 계약의 갱신을 청구할 수 있다(민법 283조 1항).

③ **지상물매수청구권**   지상권자의 갱신청구가 있을 때 지상권설정자는 이를 거절할 수 있다. 이 경우 지상권자는 지상권설정자에게 상당한 가액으로 공작물이나 수목의 매수를 청구할 수 있다(민법 283조 2항).

▲ 제 5 항 지상권의 효력

1. 토지사용권과 상린관계

지상권자는 설정행위로서 정하여진 목적의 범위 내에서 토지를 사용할 권리를 가진다. 지상권자에게도 물권적 청구권이 모두 인정되어 토지점유를 방해하는 자에게 행사할 수 있고, 토지와의 이용의 조절을 꾀하는 상린관계의 규정도 준용이 된다.

2. 지상권의 처분

지상권자는 지상권을 토지소유자의 동의 없이 양도할 수 있고 지상권의 존속기간 내에서 그 토지를 임대할 수 있다(민법 282조). 본 규정은 강행규정이기 때문에 당사자의 특약으로 배척할 수 없다.

3. 지료증감청구권

지료가 토지에 대한 조세나 지가의 변동 등으로 인하여 상당하지 아니하게 된 때에는 당사자는 그 증감을 청구할 수 있다(민법 286조).

4. 지료체납의 효과

지상권자가 2년 이상의 지료를 지급하지 아니한 때에는 지상권설정자는 지상권의 소멸을 청구할 수 있다.

 제 6 항 지상권과 경매의 관계

일반적인 경우 토지를 담보로 저당권을 설정할 때에 저당권자는 지상권을 동시에 설정한다.[12] 예컨대 1순위로 저당권을 설정하고 접수번호는 이후로 하여 지상권을 설정한다. 이와 같이 동일한 날짜에 동일인이 저당권과 지상권이 설정되어 있는 경우에는 접수번호를 확인하여 권리분석을 하면 된다. 만약 최초저당권보다 앞선 순위의 접수번호로 지상권자가 설정되어 있을 경우에는 그 지상권은 소멸되지 않으며, 경락인이 인수해야 한다.

---

12) 저당권자가 토지에 대하여 저당권을 설정하면서 굳이 토지에 대하여 지상권을 설정하는 것은 토지소유자가 목적물을 점유하는 것을 이용하여 본 토지상에 각종 구축물이나 임대차를 설정하게 되면 결국 담보가치가 떨어져 저당권자의 채권회수가 어려워지기 때문이다.

제 7 항 지상권의 소멸

1. 소멸사유

1) 물권 일반의 소멸원인

토지의 멸실·존속기간의 만료·소멸시효·혼동·토지의 수용·지상권에 우선하는 저당권이 실행되면 지상권은 소멸한다.

2) 지상권에만 특유한 소멸원인

지상권자의 소멸청구·지상권의 포기·지상권소멸에 대한 약정으로 소멸한다.

2. 지상권 소멸통지

지상권이 저당권의 목적으로 되어 있는 경우 또는 그 토지에 있는 건물, 수목이 저당권의 목적이 된 때에는 지상권 설정자의 지상권 소멸청구는 저당권자에게 그것을 통지한 후 상당한 기간이 경과하고 또한 등기를 한 후에야 소멸을 할 수 있다.

3. 소멸의 효과

지상권이 소멸하게 되면 지상권자는 토지를 반환할 의무를 부담한다.

① **지상물수거권과 지상물매수청구권**   지상권이 소멸한 때에는 지상권자는 건물 기타 공작물이나 수목을 수거하여 토지를 원상에 회복하여야 한다(민법 285조 1항). 이때 토지소유자가 상당한 가액을 제공하여 그 공작물이나 수목의 매수를 청구한 때에는 지상권자는 정당한 이유없이 이를 거절하지 못한다(민법 285조 2항). 이 토지소유자의 매수청구권은 형성권이라고 보는 것이 일반적인 통설이다.

② **유익비상환청구권**   토지의 임대차에 있어서는 임차인에게 필요비와 유익비의 상환청구권을 인정하고 있으나 지상권의 경우 필요비상환청구권은 인정하지 않고 유익비상환청구권만을 인정하고 있다.

제 3 절
법정지상권과 경매

 제1항 법정지상권제도의 이론적 배경 및 근거

〈사례 : 법정지상권 조심〉

경매로 부동산을 취득할 때 토지의 사용에 대한 법정지상권은 등기를 하지 않더라도 토지를 배타적으로 주장할 수 있는 권리를 인정받을 수 있는데, 이를 법정지상권이라고 한다. 이러한 법정지상권이 성립하는 토지를 경매로 매입한 경우 경락자는 상당한 손해를 볼 수 있다. 경락인이 토지에 대한 소유권이전을 하였더라도 본 토지상에 있는 건물주에게 철거를 요구할 수 없고 지상건물이 견고한 경우에는 30년이라는 기간 동안 낙찰받은 토지를 사용할 수 없는 제약을 받게 된다. 일전에 한 여성이 토지를 낙찰받았는데 그 토지 위에는 무허가 건물이 있었다. 이후 그 건물에 대한 법정지상권 성립 여부를 여러 곳에 자문을 받아 낙찰을 받았다. 만약 법정지상권이 인정된다면 낙찰을 받은 토지는 기존의 건물로 제한을 받는 토지가 되어 제대로 사용할 수가 없을 것이다.

법정지상권제도는 건물을 토지와 별도의 독립한 부동산으로 취급하는 우리 법제의 산물이다. 건물을 독립한 물건으로 보지 않고 토지의 본질적 구성부분으로 보는 독일에서는 법정지상권을 인정하지 않는다.

법정지상권을 인정하여야 하는 근거는 건물을 토지와 독립된 부동산으로 인정하는 우리 법제에서 그 건물을 위한 토지용익권과의 결합을 법률상 강제하지 아니하면 건물을 철거해야 하는 문제가 발생하기 때문이다. 이러한 법제는 우리나라와 일본뿐이다.

현행 민법은 구민법 제388조에 해당하는 제366조의 법정지상권 외에 전세권 설정 후에 대지소유자의 특별승계가 있을 때에도 법정지상권(민법 305조)을 인정하고 있다. 구민법 시행시에 인정되었던 관습법상의 법정지상권은 우리의 대법원에 의하여 계속 유지되고 있다. 그중에서 매매·증여로 인하여 소유자에게 변경이 생긴 경우에 인정되는 법정지상권의 타당성에 대해서는 많은 비판이 가해지고 있다.

법정지상권은 건물 및 입목의 이용을 보호하기 위하여 정책적으로 인정한 권리로서, 법률의 규정에 의한 지상권의 취득이므로 등기없이 효력을 발생하고 있다.[1]

 제 2 항 법정지상권의 유형

1. 민법에 의한 법정지상권

우리의 법제는 토지와 건물을 별개의 부동산으로 보아 독립된 소유권을 인정하고 있다. 따라서 토지소유권이 없는 자가 그 토지 위에 건물을 신축하고자 할 경우는 토지소유자의 동의를 받아 임차권이나 지상권을 설정하고 건물을 신축해야 한다. 그러나 이런 합의 없이도 토지에 대한 이용권을 당연히 법률상 인정해주는 제도가 있는데 이를 "법정지상권"이라고 한다. 법정지상권은 동일인 소유의 건물과 토지가 저당권 등의 실행으로 소유자가 각각 다르게 되었을 때, 건물소유자와 토지소유자 간에 토지이용에 대한 아무런 합의가 없다고 하더라도 건물소유자에게 법률상 당연히 토지를 이용할 수 있는 권리를 인정하고 있다. 이는 건물소유자가 토지이용권 내지 사용권이 없어서 건물을 철거해야 하는 비

---

1) 민법 제187조: 상속, 공용징수, 판결, 경매 기타 법률의 규정에 의한 부동산에 관한 물권의 취득은 등기를 요하지 아니한다. 그러나 등기를 하지 아니하면 이를 처분하지 못한다.

경제적인 성질을 개선하고 일정한 요건하에 건물소유자에게 토지사용권을 인정하여 사회·경제적인 합리성을 추구하기 위해서이다.

토지와 건물이 동일인에게 귀속하던 중 어느 한쪽에만 또는 토지와 건물에 저당권이 설정되고 그 저당권 실행으로 토지소유자와 건물소유자가 다르게 되었을 때 토지소유자는 건물을 낙찰받은 건물소유주에게 지상권을 설정하여준 것으로 본다(민법 366조 전단). 그러나 지료는 당사자 간 협의가 이루어지지 않을 경우 당사자의 청구에 의하여 법원이 이를 정할 수 있다(민법 366조 후단).

2. 전세권상의 법정지상권

토지와 건물이 동일한 소유자에게 속한 경우에, 건물에 전세권을 설정한 후 토지소유자만이 변경되었을 때 새로운 토지소유주는 전세권을 설정한 자에 대하여 법정지상권을 설정하여준 것으로 본다. 이 경우 법정지상권을 취득하는 자는 전세권자가 아니고 전세권을 설정한 자이다. 즉, 건물소유자가 법정지상권을 취득하게 된다.

3. 입목법상의 법정지상권

지상권은 타인의 토지 위에 건물 기타 공작물이나 수목을 소유하기 위하여 그 토지를 사용하는 권리를 말한다(민법 279조). 토지와 입목이 동일인에게 속하고 있는 경우에, 경매 기타의 사유로 토지와 입목이 다른 소유자에게 속하게 된 경우에 토지소유자는 입목소유자에 대하여 법정지상권을 설정한 것으로 본다. 이 경우 지료에 관하여는 당사자의 약정에 따른다(입목에 관한 법률 6조). 여기서 입목이란 「입목에 관한 법률」에 의하여 입목을 등기한 경우를 말한다. 이때 입목에 관한 법정지상권의 존속기간은 최단기간을 30년으로 보고2) 그 존속기간이 만료하였을 경우에는 토지소유자에게 계약갱신청구권을 행사할 수 있으며, 계약

---

2) 민법 제280조 제1항 제1호는 "석조·연화조·석회조 또는 이와 유사한 견고한 건물이나 수목의 소유를 목적으로 하는 때에는 지상권의 존속기간으로 최단기간을 30년으로 본다"고 규정하고 있다. 따라서 입목에 관한 법정지상권에 있어서도 그 존속기간은 최단기간을 30년으로 보아야 한다.

의 갱신을 수용하지 않는 경우에는 입목의 매수를 청구할 수도 있다. 입목에 대하여 법정지상권이 성립될 수 있는 토지를 낙찰받게 되면 경락인은 이용할 수 없는 토지를 낙찰받게 되어 불의의 손해를 입게 된다.

4. 담보가등기의 법정지상권

토지와 그 지상건물이 동일한 소유자에게 속하는 경우에 그 토지 또는 토지와 건물에 가등기담보권, 양도담보권 또는 매도담보권이 설정된 후 이들 담보권의 실행(귀속청산)으로 토지와 건물의 소유자가 다르게 된 때에는 건물주에게 법정지상권이 인정된다(가등기담보법 10조).

5. 지상권과 임차권의 비교

건물이나 공작물 또는 수목을 소유하기 위하여 지상권은 토지를 배타적으로 지배할 수 있는 물권임에 대하여 임차권은 임대인에 대하여 토지를 사용·수익할 것을 청구할 수 있는 채권에 지나지 않는다(민법 622조).

지상권은 제3자에 대하여 대항할 수 있으나 임차권은 이러한 대항력이 없기 때문에 토지소유자가 변경되어 토지의 인도를 청구할 경우에는 거절할 수가 없게 된다. 다만 이때 채권인 임차권도 등기를 하면 제3자에게 대항할 수는 있다.

지상권은 양도성이 있어 임대인의 동의 없이 양도·임대·담보로 제공할 수도 있다. 그러나 임차인은 임대인의 동의 없이 양도 또는 전대를 하지 못한다.

지상권은 최장기 존속기간의 제한이 없고 최단기의 제한만 있으나 임차권은 특별한 경우 외에는 20년을 넘지 못한다. 지상권은 2년 이상의 지료연체가 있으면 소멸청구를 할 수 있는 데 반해 임차권은 2기의 차임연체가 있으면 계약을 해지할 수 있다.

제 3 항 민법에 의한 법정지상권의 성립요건

1. 서설

법정지상권을 인정하는 이유는 동일소유자에 속하는 토지와 그 지상건물의 어느 한쪽에 저당권이 설정되었거나 또는 함께 저당권이 설정되었다가 저당권이 실행되어 각기 소유자를 달리하게 된 때에 어떠한 방법을 강구하지 않으면 그 건물을 철거할 수밖에 없기 때문이다. 만약 법정지상권을 인정하지 않으면 건물은 건물소유자 이외의 자의 소유토지가 되어 결국 건물소유자는 약정이용권이 없는 토지의 불법점거자가 된다. 따라서 민법과 특별법에서는 4종류의 법정지상권을 인정하고 있다. 전세권의 경우와(민법 305조), 위에서 언급한 저당권의 경우(민법 366조), 그리고 특별법인 가등기담보의 경우와(가담법 10조), 입목저당의 경우(입목법 6조)에 인정하고 있다. 또한 이와 유사한 것으로 매매·증여 또는 강제경매·공매 등에 의하여 발생하는 관습법상의 법정지상권도 있다. 이 중 민법 제366조의 저당권에 기한 법정지상권의 내용은 다른 법정지상권이나 관습법상 법정지상권에 중추적인 내용을 담고 있어 이를 중심으로 살펴본다.

2. 법정지상권의 성립요건

민법 제366조에 의한 법정지상권의 성립요건을 보면, ① 저당권 설정 당시에 지상에 건물이 존재할 것 ② 저당권 설정 당시에 토지와 건물이 동일한 소유자에게 속할 것 ③ 저당권 실행의 결과 토지와 건물이 다른 소유자에게 속할 것 등을 요건으로 한다. 이러한 요건에는 많은 문제가 있다. 저당권자 및 저당부동산에 이해관계를 갖게 된 제3자(후순위 저당권자, 경매시의 매수인 등)의 예측가능성의 확보 및 건물보호를 목적으로 한다는 법정지상권의 이념 등에 따라서 그 성립요건을 엄밀히 살펴보아야 할 것이다.

(1) 저당권 설정 당시 건물의 존재

(가) 건물의 존재시기

1) 판례

저당권 설정 당시부터 저당권의 목적이 되는 토지 위에 건물이 존재하는 경우에 한하여 본조의 법정지상권이 성립된다. 판례는 "건물 없는 토지에 대하여 저당권이 설정되었는데 그 후에 설정자가 그 위에 건물을 건축한 경우에는 법정지상권이 생길 수 없다"는 다수설과 같은 입장을 취하고 있다.[3]

2) 학설

① **다수설**　저당권 설정 당시부터 토지 위에 건물이 존재하는 경우에만 법정지상권을 인정하며 저당권이 설정된 토지 위에 나중에 건물이 축조된 경우에는 법정지상권의 성립을 배제한다.[4]

② **소수설**　저당권 설정 당시에는 저당권의 목적인 토지 위에 건물이 존재하지 않았다 하더라도 그 후에 건물을 축조한 경우에도 법정지상권을 인정한다. 이렇게 하는 것이 사회경제상 타당하다는 점을 들고 있다.[5]

3) 소결

"저당권 설정 당시 지상에 건물이 존재할 것을 요한다"[6]는 판례의 입장은

---

3) 대결 1978. 8. 22. 78다630(공 1978. 11402); 대판 1992. 6. 12. 92다7221는 토지에 저당권이 설정된 당시에 건물이 전혀 없으면 법정지상권을 인정하고 있지 않지만 점차 완성된 건물이 아니라 외형상 예상할 수 있는 정도까지 건축이 진전된 경우에도 법정지상권을 인정하는 등 그 범위를 점차 확대하고 있다: 제주지법 1996. 8. 23. 90다타6339는 토지소유자에게 불측의 손해를 가져오지 않는다는 점과 아파트 입주자 보호라는 점을 이유로 들어 저당권설정 당시에 건물이 존재하지 않았더라도 법정지상권을 인정하고 있다(고용철, 법정지상권, 충남대법학연구 제7권 제1호, 1996, 재인용).

4) 김증한·김학동, 물권법, 박영사, 1997, 532면; 곽윤직, 물권법, 박영사, 2000, 629면; 김상용, 물권법, 범문사, 1995, 786면; 이영준, 물권법, 박영사, 2001, 906면.

5) 김용한, 물권법, 박영사, 1989, 575면; 양창수, "지상건물의 재건축과 법정지상권", 민사판례연구 제14권, 1992, 102~103면.

6) 대결 1978. 8. 22. 78다630(공 1978. 11402); 대판 1992. 6. 12. 92다7221는 토지에 저당권이 설정된 당시에 건물이 전혀 없으면 법정지상권을 인정하고 있지 않지만 점차 완성된 건물이 아니라 외형상 예상할 수 있는 정도까지 건축이 진전된 경우에도 법정지상권을 인정하는 등 그 범위를 점차 확대하고 있다: 제주지법 1996. 8. 23. 90다타6339는 토지소유자에게 불측의 손해를 가져오지 않는다는 점과 아파트 입주자 보호라는 점을 이유로 들어 저당권설정 당시에 건물이 존재하지 않았더라도 법정지상권을 인정하고 있다(고용철, 법정지상권, 충남대법학연구 제7권 제1호, 1996, 재인용).

다음과 같은 점에 유의하여야 한다. 나대지에 1순위의 저당권을 설정한 후 건물을 신축하고, 다시 그 토지에 2순위 저당권을 설정하여 2순위 저당권자가 경매를 신청하여 낙찰이 된 경우 법정지상권은 인정되지 않는다.[7] 법정지상권이 성립하기 위해서는 1순위 해당하는 담보권이 설정될 당시에 건물이 존재해야 하며, 그 이후의 담보권이 설정될 당시에 건물이 존재하는 경우에는 법정지상권이 성립하지 않는다. 위와 같은 이유는 1순위 담보권자의 교환가치를 보호하기 위해서이다. 사견으로는 민사집행법 제91조 제3항에 의거하여 1순위 저당권에 한정하지 않고 이외의 1순위 압류나 가압류 등도 토지에 저당권을 설정할 당시에 건물이 존재하는 경우에는 법정지상권을 인정하는 하는 방안이 검토된다.

(나) 건축 중의 건물

재건축의 진행 중에 경매가 행하여진 경우에도 법정지상권의 성립을 인정하고 있다. 즉, 재건축이 진행 중이어서 저당권 설정 당시 건물의 존재를 예측할 수 있거나 또한 사회경제적 관념에서 그 가치를 유지할 정도로 건조가 진행되었으면 가령 건물의 독립성을 인정할 정도로 완성되지 않았다 하더라도 법정지상권의 성립을 인정하는 것이 그 제도의 존재의의에 부합하기 때문이라고 한다. 건물은 완성된 것이 아니라도 된다.[8]

(다) 건물에 대한 보존등기의 여부

1) 대지와 그 지상 미등기건물이 그 대지에 대한 근저당 설정 당시 동일인의 소유에 속하였다가 그 후 대지의 경매로 대지와 건물이 다른 소유자에게 속하게 된 경우 건물소유자는 민법 제366조에 의하여 건물의 소유를 목적으로 하는 법정지상권을 취득하고, 법정지상권자는 물권으로서의 효력에 의하여 이를 취득할 당시의 대지소유자나 이로부터 소유권을 전득한 제3자에 대하여도 등기 없이 지상권을 주장할 수 있는 것이므로 대지소유자에 대하여 지상권설정등기청

---

7) 박준서, 주석민법, 한국사법행정학회, 206면; 김준호, 전게서, 754면; 김형배, 전게서, 602면.

8) 대판 1992. 6. 12. 92다7221(공925호 2137)은 토지에 관하여 저당권이 설정될 당시 그 지상에 건물이 위 토지소유자에 의하여 건축중이었고, 그것이 사회관념상 독립된 건물로 볼 수 있는 정도에 이르지 않았다 하더라도 건물의 규모, 종류와 외형상 예상할 수 있는 정도까지 건축이 진전되어 있는 경우에는 저당권자는 완성될 건물을 예상할 수 있으므로 법정지상권을 인정하여도 불측의 손해를 입는 것이 아니며 사회경제적으로 건물을 유지할 필요가 인정되기 때문에 법정지상권의 성립을 인정함이 상당하다고 해석된다.

구권이 있다.9)

2) 법정지상권이 성립하기 위하여는 저당권 설정 당시에 토지상에 건물이 존재하면 족하므로 그 건물이 무허가건물로서 보존등기가 되어 있지 않다거나 평수가 지극히 작은 건물이라 하더라도 법정지상권은 성립한다.10)

(라) 법정지상권이 성립한 이후 건물의 증축·개축·재축·신축11)에 관한 판례

1) 법정지상권이 성립한 후 건물을 증축·개축·재축·신축

대법원 판례는 "소정의 법정지상권이 성립한 후에 건물을 개축 또는 증축하는 경우는 물론 그 건물이 멸실되거나 철거된 후에 재건축·신축하는 경우에도 법정지상권은 성립하고 이 경우 신건물과 구건물 사이에 동일성이 있거나 소유자가 동일한 것을 요하는 것은 아니지만, 그 법정지상권의 범위 내용인 존속기간·범위 등은 구건물을 기준으로 하여 그 유지 또는 사용을 위하여 일반적으로 필요한 범위 내의 대지부분에 한정 된다"12)고 판시하고 있다.

2) 법정지상권이 성립하기 이전 건물을 증축·개축·재축·신축

건물이 있는 토지에 저당권을 설정한 후에 건물을 재축 또는 증축하는 경우는 물론, 그 건물이 멸실되거나 철거된 후에 재건축·신축하는 경우에도 법정지상권은 성립하며 이 경우 구건물을 기준으로 하여 그 유지 또는 사용을 위하여 일반적으로 필요한 범위 내의 대지 부분에 한정된다"13)14)고 판시하고 있다 즉,

---

9) 대판 1989. 5. 9. 88다카15338.

10) 대판 1964. 9. 22. 63다62; 대판 1992. 6. 12. 92다7221.

11) 신축이라 함은 건축물이 없는 대지에 새로이 건축물을 축조하는 것, 증축이라 함은 기존건축물이 있는 대지 안에서 건축물의 건축면적·연면적 높이를 증가시키는 것, 개축이라 함은 기존 건축물의 전부 또는 일부를 철거하고 그 대지 안에 종전과 동일한 규모의 범위 안에서 건축물을 다시 축조하는 것, 재축이라 함은 천재·지변 기타 재해에 의하여 멸실된 경우에 그 대지 안에 종전과 동일한 규모의 범위 안에서 다시 축조하는 것을 말한다(건축법시행령 2조 1항 1호 내지 4호).

12) 대판 1993. 6. 25. 92다20330; 대판 1995. 7. 28. 95다9075: 법정지상권이 성립한 후에 지상건물을 증축하더라도 이를 철거할 의무는 없다.

13) 대판 1990. 7. 10. 90다카6399; 대판 1991. 4. 26. 90다19985; 대판 1997. 1. 21. 96다40080.

14) 또한 대판 2003. 12. 18. 98다43601 전원합의체 판결에서 "단독저당, 공동저당 어느 경우나 원칙적으로 저당권설정 당시 존재하던 건물이 헐린 후 재축된 신건물에 대하여는 물권법정주의의 원칙상 법정지상권이 성립될 수 없지만 예외적으로 그 성립을 인정하여도 저당권자의 의사 내지 기대에 반하지 아니하는 경우(단독저당이 여기에 해당한다)에 국한하여 건물보호를 위하여 법정지상권의 성립범위를 확장해석하는 것은 법정지상권의 성립요건의 객관성이나 강제성과는 관련이 없다"고 보고 있다.

민법 제366조 소정의 법정지상권이 성립하려면 토지에 저당권을 설정할 당시 저당권의 목적되는 토지 위에 건물이 존재한 경우이어야 하는데, 그 이후 건물을 개축·증축하는 경우는 물론이고 건물이 멸실되거나 철거된 후 재축·신축하는 경우에도 법정지상권이 성립하는 것으로 보고 있다. 이 경우 법정지상권의 내용인 존속기간, 범위 등은 구건물을 기준으로 하여 그 이용에 일반적으로 필요한 범위 내로 제한된다.15)16) 이에 대한 내용을 보면 대지 소유자가 대지에 관한 근저당권설정등기 당시부터 건립되어 있던 목조와즙 평가건 주택 1동 건평 12평을 철거하고 그곳에 새로운 건물을 신축하였는데, 그 후 근저당권이 실행되어 대지와 건물의 소유자가 달라졌고 대지소유자가 건물의 철거를 요구하는 경우 건물 소유자는 법정지상권을 주장할 수 있으나, 그 범위는 구건물의 유지 및 사용을 위하여 필요한 범위 내의 대지부분에 한정된다고 할 것이므로 법원으로서는 그 대지 위에 성립하는 법정지상권의 범위를 확정한 후 그 건물의 철거 여부 및 범위를 확정하고 그에 따른 지료나 손해금의 지급을 명해야 하고17) 법정지상권의 성립범위에 관하여 그 성립 당시에 존재하고 있었던 기존건물 이외에 법정지상권의 성립 이후 증축·신축된 건물에까지 확장된다고 볼 수는 없으며 기존건물 부분의 유지·사용에 필요한 범위도 그 사정에 비추어 그 부지만으로 한정된다고 판단한 것은 옳다18)고 판시하고 있다.

　　그러나 위의 경우와 달리 동일인의 소유에 속하는 토지 및 그 지상 건물에 관하여 공동저당권이 설정된 후 그 지상 건물이 철거되고 새로 건물이 신축된 경우에는 그 신축건물의 소유자가 토지의 소유자와 동일하고 토지의 저당권자에게 신축건물에 관하여 토지의 저당권과 동일한 순위의 공동저당권을 설정해 주는 등 특별한 사정이 없는 경우에는 토지에 설정된 저당물의 경매로 인하여 토지와 그 신축건물이 다른 소유자에 속하게 되더라도 그 신축건물을 위한 법정지상권은 성립하지 않게 된다. 그 이유는 동일인의 소유에 속하는 토지 및 그 지상 건물에 관하여 공동저당권이 설정된 경우에는, 처음부터 지상 건물로 인하여 토

---

15) 대판 1990. 7. 10. 90다카6399.
16) 대판 2000. 12. 12. 2000다19007; 대판 1992. 6. 26. 92다9388.
17) 대판 1991. 4. 26. 90다19985.
18) 대판 1997. 1. 21. 96다40080.

지의 이용이 제한받는 것을 용인하고 토지에 대하여만 저당권을 설정하여 법정
지상권의 가치만큼 감소된 토지의 교환가치를 담보로 취득한 경우와는 달리, 공
동저당권자는 토지 및 건물 각각의 교환가치 전부를 담보로 취득한 것으로서,
저당권의 목적이 된 건물이 그대로 존속하는 이상은 건물을 위한 법정지상권이
성립해도 그로 인하여 토지의 교환가치에서 제외된 법정지상권의 가액 상당 가
치는 법정지상권이 성립하는 건물의 교환가치에서 되찾을 수 있다. 궁극적으로
토지에 관하여 아무런 제한이 없는 나대지로서의 교환가치 전체를 실현시킬 수
있다고 기대하지만, 건물이 철거된 후 신축된 건물에 토지와 동순위의 공동저당
권이 설정되지 아니하였는데도 그 신축건물을 위한 법정지상권이 성립한다고 해
석하게 되면, 공동저당권자가 법정지상권이 성립하는 신축건물의 교환가치를 취
득할 수 없게 되는 결과로 법정지상권의 가액 상당 가치를 되찾을 길이 막혀 위
와 같이 당초 나대지로서의 토지의 교환가치 전체를 기대하여 담보를 취득한 공
동저당권자에게 불측의 손해를 입게 하기 때문에 인정하지 않고 있다.[19] 이에
대한 자세한 내용은 제6항 법정지상권과 일괄경매신청권의 관계에 '2. 법정지상
권의 성부'에서 살펴보기로 한다.

3) 법정지상권이 성립하기 이전에 건물을 부합(합체)시킨 경우

이 름	권 리	부동산	연. 월. 일	기 타
갑	소유권이전	토지, 등기건물(전주인: 유연근),	20. 2. 2.	
		미등기건물(전주인: 김철수)	20. 3. 3.	
A	근저당권자	토지, 등기건물	20. 4. 4.	미등기건물 존재
갑	소유권자	등기건물과 미등기건물을 개축하여 신건물로 완성	20. 5. 5.	합체됨
A	임의경매	토지(건물, 미등기건물은 제외)	20. 6. 6.	
을	낙찰	토지	20. 7. 7.	

위와 같은 사례에서 갑이 종전 등기건물 및 미등기건물의 지붕을 하나의 판
넬지붕으로 바꾸고, 두 건물이 서로 마주보는 쪽의 벽을 헐어낸 후 외부의 벽을

19) 대판(전) 2003. 12. 18. 98다43601.

연결하여 두 건물을 하나의 건물로 합동·합체하는 공사를 실시함으로써 신건물이 만들어진 경우, 종전 등기건물과 종전 미등기건물은 각 그 구조상의 독립성을 잃고 연속한 1개의 건물로 관념될 수밖에 없다 할 것이다.

그러므로 위와 같은 합동·합체로 인하여 종전 미등기건물 부분이 민법 제256조의 규정에 따라 종전 등기건물 부분에 부합한 경우에 해당하므로, 원래 근저당권의 목적이었던 종전 등기건물은 신건물과 그 동일성이 인정된다 할 것이다. 즉, 위의 사례는 종전 등기건물이 철거 또는 멸실된 후 새로 신건물이 신축된 것이라고 인정하기에 부족하고 종전 등기건물과 종전 미등기건물이 합동·합체되어 1개의 건물로 됨으로써 원래 근저당권의 목적이었던 종전 등기건물과 신건물 사이에 그 동일성이 인정된다고 볼 수 있다.

그리고 경매대상 건물이 인접한 다른 건물과 합동(합동)됨으로 인하여 건물로서의 독립성을 상실하게 되었다면 경매대상 건물만을 독립하여 양도하거나 경매의 대상으로 삼을 수는 없고, 이러한 경우 경매대상 건물에 대한 채권자의 저당권은 위 합동으로 인하여 생겨난 새로운 건물 중에서 위 경매대상 건물이 차지하는 비율에 상응하는 공유지분 위에 존속하게 된다.[20]

따라서 동일인 소유 토지와 그 지상 건물에 공동근저당권이 설정된 후 그 건물이 다른 건물과 합동(합동)되어 신건물이 생겼고 그 후 경매로 토지와 신건물이 다른 소유자에게 속하게 됨에 따라 신건물을 위한 법정지상권이 성립된 경우에는, 그 법정지상권의 내용인 존속기간과 범위 등은 종전 건물을 기준으로 하여 그 이용에 일반적으로 필요한 범위 내로 제한된다.[21]

(2) 토지와 건물이 동일인의 소유에 속할 것

(가) 소유자의 동일성에 관한 문제

1) 민법 제366조에 의한 법정지상권이 인정되려면 저당권 설정 당시에 동일인의 소유에 속하는 토지와 그 위에 있는 가옥이 저당권실행으로 인하여 각기

---

20) 위와 같이 담보권이 합체된 건물의 공유지분에 존속한다고 하더라도 건물의 실체와 등기부가 일치하지 않아 담보권의 실행이 불가능하다. 따라서 건물의 합병에 관한 규정을(부동산 등기법 105조 이하)을 유추준용하여 등기를 하여야 하는데 그 실효성을 거두기 어렵다. 그러므로 일본의 개정 부동산등기법과 같은 내용의 법 개정이 필요한 실정이다.

21) 대판 2010. 1. 14. 2009다66150.

그 소유자를 달리하는 경우에 발생한다. 여기서 저당권 설정 당시라는 의미는 1순위 저당권을 의미한다. 따라서 1순위 저당권 설정 당시에는 건물소유자와 토지소유자가 동일하지 않았다가 2순위 저당권을 설정할 때 건물소유자와 토지소유자가 동일하게 된 경우에는 법정지상권을 인정하지 않는다. 반면 관습법상의 법정지상권에 있어서는 토지와 건물을 처분할 당시에 토지와 건물의 소유자가 동일인에 속하면 족하고, 원시적으로 동일인의 소유였을 필요는 없다.[22]

저당권 설정 당시 토지와 그 위의 가옥의 소유자를 각기 달리하고 있었던 때에는, 양 소유자 사이에 이미 그 건물에 관하여 어떤 약정용익권이 설정되어 있을 것이므로 법정지상권을 인정할 필요가 없다.[23] 따라서 토지에 대한 저당권은 건물을 위한 토지이용권을 부담하고, 건물에 대한 저당권은 용익권을 수반하는 것으로 성립한다.[24]

2) 저당권 설정 당시에 토지와 건물이 동일인에게 속하였으나 그중 어느 하나에 관하여 소유권이전청구권보전을 위한 가등기가 경료되어 있었고 그 후 위 가등기에 기한 본등기가 행하여진 경우에 가등기는 단순히 순위보전의 효력이 있을 뿐이므로 저당권설정 후에 소유권이전이 있다고 보아야 할 것이다. 그리고 가등기가 있는 경우에는 저당권설정의 시점에 있어서 용익권을 설정하는 것은 사실상 기대할 수 없으므로 법정지상권의 성립을 긍정하는 것이 타당할 것이다.[25][26]

3) 갑 소유의 미등기건물과 대지를 함께 양수한 을이 대지에 관하여서만 소유권이전등기를 경료한 상태에서 대지에 저당권을 설정하고 이후 대지의 경매로 소유자가 달라지게 된 경우에는 갑에게는 관습법상의 법정지상권, 을에게는 법

---

22) 대판 1995. 7. 28. 95다9075.

23) 대판 1988. 9. 27. 88다카4017.

24) 곽윤직, 전게서, 471면.

25) 박준서, 법정지상권, 사법논집(법원행정처) 5집, 1974, 113~146면: 법정지상권의 성립요건으로서 토지·건물이 동일인의 소유에 속하여야 한다는 뜻은 소유자가 다를 때에는 당사자 간의 약정용익권으로 규율되어 법이 개입할 필요가 없으나 동일인의 소유에 속한 경우는 용익권을 설정할 기회가 없으므로 법정지상권으로 이를 보호하려는 데 그 취지가 있는 것으로 보면 가등기의 소급이론만을 내세워 법정지상권을 부정하는 것은 부당하다고 한다.

26) 대판 1994. 11. 22. 94다5458: 원래 채권을 담보하기 위하여 나대지상에 가등기가 경료되었고, 그 뒤 대지소유자가 그 지상에 건물을 신축하였는데, 그 후 그 가등기에 기한 본등기가 경료되어 대지와 건물의 소유자가 달라진 경우에 관습상 법정지상권을 인정하면 애초에 대지에 채권담보를 위하여 가등기를 경료한 사람의 이익을 크게 해하게 되기 때문에 특별한 사정이 없는 한 건물을 위한 관습상 법정지상권이 성립한다고 할 수 없다.

정지상권이 모두 인정되지 않는다.[27)]

왜냐하면 을이 토지에 저당권을 설정할 당시에 토지는 을의 소유이지만 건물은 여전히 갑의 소유에 해당하여 대지와 건물이 동일인의 소유한 상태에서 저당권을 설정한 것으로 볼 수 없기 때문이다. 즉, 민법 제366조의 법정지상권은 저당권 설정 당시에 동일인의 소유에 속하는 토지와 건물이 저당권의 실행에 의한 경매로 인하여 각기 다른 사람의 소유에 속하게 된 경우에 건물의 소유를 위하여 인정되는 것이므로, 미등기건물을 그 대지와 함께 매수한 을이 그 대지에 관하여만 소유권이전등기를 넘겨받고 건물에 대하여는 그 등기를 이전받지 못하고 있다가, 대지에 대하여 저당권을 설정하고 그 저당권의 실행으로 대지가 경매되어 다른 사람의 소유로 된 경우에는, 그 저당권의 설정 당시에 이미 대지(을소유)와 건물(갑소유)이 각각 다른 사람의 소유에 속하고 있었으므로 법정지상권이 성립될 여지가 없기 때문이다.[28)]

그리고 관습상의 법정지상권은 동일인의 소유이던 토지와 그 지상건물이 매매 기타 원인으로 인하여 각각 소유자를 달리하게 되었으나 그 건물을 철거한다는 등의 특약이 없으면 건물 소유자로 하여금 토지를 계속 사용하게 하려는 것이 당사자의 의사라고 보아 인정되는 것이므로 토지의 점유·사용에 관하여 당사자 사이에 약정이 있는 것으로 볼 수 있거나 토지 소유자가(을 소유) 건물의 처분권(건물주는 갑, 건물의 처분권자는 을)까지 함께 취득한 경우에는 갑에게 관습상의 법정지상권을 인정할 까닭이 없다 할 것이다.[29)]

그러므로 미등기건물을 갑이 그 대지와 함께 을에게 매도하였다면 비록 을에게 그 대지에 관하여만 소유권이전등기가 경료되고 건물에 관하여는 등기가 경료되지 아니하여 형식적으로 대지와 건물이 그 소유 명의자를 달리하게 되었다 하더라도 매도인(갑)에게 관습상의 법정지상권을 인정할 이유가 없다고 할 것이다.

그러나 사례와 달리, 갑이 그 소유로 등기되어 있던 토지 위에 건물을 신축

---

27) 대판(전) 2002. 6. 20. 선고 2002다9660; 대판 1998. 4. 24. 98다4798.

28) 대판 1987. 12. 8. 87다카869; 대판 1989. 2. 14. 88다카2592; 대판 1991. 8. 27. 91다16730; 대판(전) 2002.06.20. 선고 2002다9660[건물등철거].

29) 대판 1987. 7. 7. 87다카634; 대판 1992. 4. 10. 91다40610; 대판 1998. 4. 24. 98다4798; 대판(전) 2002.06.20. 2002다9660[건물등철거].

하면서 저당권을 설정하였고 을은 갑으로부터 이 건물을 매수하고서도 미등기인 관계로 소유권이전등기를 하지 못하였다. 이후 토지에 대하여서만 임의경매절차가 진행되어 그 토지를 병이 경락받은 경우, 갑은 건물의 존립을 위한 법정지상권을 주장할 수 있다.

왜냐하면 갑이 그 앞으로 등기된 토지 위에 건물을 신축하였고 을이 갑으로부터 미등기인 건물을 양수하여 그 등기를 마치지 아니하였다면 그 건물의 소유권은 여전히 갑에게 남아 있고 토지저당권설정 당시에도 그 토지와 건물이 모두 갑의 소유로 되어 있었기 때문이다. 이런 경우 그 토지가 병에게 경락되었을 때 갑이 그 건물의 소유를 위한 법정지상권을 취득하게 된다.

위의 사례와 같이 건물소유자인 갑이 건물의 소유를 위한 법정지상권을 취득하기에 앞서 건물을 양도한 경우에는 특별한 사정이 없는 한 건물과 함께 장차 취득하게 될 법정지상권도 을에게 양도하기로 하였다고 보지 못할 바 아니다. 따라서 을은 채권자대위의 법리에 따라 갑과 낙찰자인 병 및 그로부터 토지를 매수한 정에게 대하여 차례로 지상권설정등기 및 그 이전등기절차의 이행을 구할 수 있다.

그 이유는 법정지상권을 취득할 지위에 있는 을에 대하여 경락인이 건물의 철거를 구하는 것은 지상권의 부담을 용인하고 지상권설정등기절차를 이행할 의무가 있는 자가 그 권리자를 상대로 한 것이어서 신의성실의 원칙상 허용될 수 없기 때문이다.[30]

한편, 대지의 소유자였던 갑이 을에게 그 지상에 신축 중인 지상구조물(기초공사 및 옹벽공사만 이루어진 상태)을 매도하여 을이 대지에 관하여 소유권이전등기를 마치고, 같은 해 근저당권을 설정하였다. 이후 을은 대지상의 건물신축공사를 계속하여 2층 주택과 그 부속건물인 창고, 계단, 변소 등이 완공상태에 이르게 되어 대지 및 그 지상의 위 건물들을 병에게 매도하였다. 병은 대지에 관하여는 소유권이전등기를 마쳤으나 위 건물은 준공허가를 받지 못하여 미등기상태로 있었다. 이러한 상황에서 토지에 설정된 근저당권에 기하여 토지를 정이 낙찰을 받은 경우 건물에 대하여 법정지상권이 인정될 수 있을까?

---

30) 대판 1985. 4. 9. 85다카1131.

　　을이 대지에 근저당을 설정할 당시 그 지상에 건물을 신축하고 있었고, 그로부터 불과 4개월여만에 2층 주택 및 부속건물이 완공상태에 있었다. 이런 사정은 근저당권설정 당시에 위 건물의 건축은 외형상 상당한 정도로 진전되어 있었음을 짐작하기 어렵지 않을 것이다.[31] 정이 대지를 경락받기 이전에 위 건물을 양수한 병이 건물에 대하여 소유권이전등기를 경료받지 못하였기 때문에 그 소유권은 여전히 매도인이며 원시취득자인 을에게 남아 있게 된다. 그러나 을과 병이 이 건물을 양도하면서 추후 법정지상권도 양수받기로 하였다면, 병은 채권자 대위의 법리에 따라 전 건물소유자인 을 및 대지소유자인 경락인에 대하여 차례로 법정지상권의 설정등기절차이행을 구할 수 있다 할 것이다. 따라서 이러한 법정지상권을 취득할 지위에 있는 병에 대하여 대지소유자인 경락인이 소유권에 기하여 건물의 철거를 구함은 신의성실의 원칙상 허용될 수 없을 것이다.

　　4) 공유토지 위에 건물을 소유하고 있는 토지공유자 중 1인이 그 토지지분만을 전매한 경우는 관습상의 법정지상권이 성립하지 않는다.[32]

　　왜냐하면 이는 마치 토지공유자의 1인으로 하여금 다른 공유자의 지분에 대하여서까지 지상권 설정의 처분행위를 허용하는 셈이 되어 부당하므로 이러한 경우에는 당해 토지에 관하여 건물의 소유를 위한 법정지상권이 성립될 수 없다.[33]

　　그러나 토지가 갑의 소유로 되어 있고, 토지의 단독소유주(갑)와 다른 소유

---

31) 대판 1992. 6. 12. 92다7221; 대판 1985. 4. 9. 84다카1131, 1132; 대판 1989. 5. 9. 88다카15338: 민법 제366조 소정의 법정지상권은 저당권 설정 당시 동일인의 소유에 속하던 토지와 건물이 경매로 인하여 양자의 소유자가 다르게 된 때에 건물의 소유자를 위하여 발생하는 것으로서 토지에 관하여 저당권이 설정될 당시 그 지상의 건물이 위 토지소유자에 의하여 건축 중이었고, 그것이 사회관념상 독립된 건물로 볼 수 있는 정도에 이르지 않았다 하더라도 건물의 규모, 종류가 외형상 예상할 수 있는 정도까지 건축이 진전되어 있는 경우에는 법정지상권의 성립을 인정함이 상당하다고 해석한다. 왜냐하면 위와 같은 정도로 건축이 진전되어 있는 경우에는 저당권자는 완성될 건물을 예상할 수 있으므로 법정지상권을 인정하여도 불측의 손해를 입는 것이 아니며 사회경제적으로도 건물을 유지할 필요가 인정되기 때문이다.

32) 토지공유자 중의 1인이 공유토지 위에 건물을 소유하고 있다가 토지지분만을 전매함으로써 단순히 토지공유자의 1인에 대하여 관습상의 법정지상권이 성립된 것으로 볼 사유가 발생하였다고 하더라도 당해 토지 자체에 관하여 건물의 소유를 위한 관습상의 법정지상권이 성립된 것으로 보게 된다면 이는 마치 토지공유자 1인으로 하여금 다른 공유자의 지분에 대하여서까지 지상권 설정의 처분행위를 허용하는 셈이 되어 부당하다 할 것이므로 위와 같은 경우에 있어서는 당해 토지에 관하여 건물의 소유를 위한 관습상의 법정지상권이 성립될 수 없다(대판 1987. 6. 23. 86다카2188).

33) 대판 1987. 6. 23. 86다카2188; 대판 1993. 4. 13. 92다55756.

자(을)가 건물을 공동으로 소유하고 있는 상태에서 토지에 설정된 저당권이 실행되어 "병"이 소유자가 된 경우 "갑"과 "을"은 "병"의 토지에 대하여 법정지상권을 주장할 수 있다. 왜냐하면 이때는 건물공유자 을의 권리를 침해하지 않기 때문이다.

한편 원고와 피고가 1필지의 대지를 구분 소유적으로 공유하고 피고가 자기 몫의 대지 위에 건물을 신축하여 점유하던 중 위 대지의 피고지분만을 원고가 경락 취득한 경우는 피고에게 관습상의 법정지상권을 인정한다.[34] 왜냐하면 대지의 소유관계가 처음부터 구분소유적 공유관계에 있기 때문이다.

따라서 공유로 등기된 토지의 소유관계가 구분소유적 공유관계에 있는 경우에는 공유자 중 1인이 소유하고 있는 건물과 그 대지는 다른 공유자와의 내부관계에 있어서는 그 공유자의 단독소유로 되었다 할 것이므로 건물을 소유하고 있는 공유자가 그 건물 또는 토지지분에 대하여 저당권을 설정하였다가 그 후 저당권의 실행으로 소유자가 달라지게 되면 건물 소유자는 그 건물의 소유를 위한 법정지상권을 취득하게 되며, 이는 구분소유적 공유관계에 있는 토지의 공유자들이 그 토지 위에 각자 독자적으로 별개의 건물을 소유하면서 그 토지 전체에 대하여 저당권을 설정하였다가 그 저당권의 실행으로 토지와 건물의 소유자가 달라지게 된 경우에도 마찬가지이다.[35]

예컨대,[36] 갑과 을이 각 1/2 지분씩 공유하고 있던 토지에 주택을 신축하기

---

34) 원고와 피고가 1필지의 대지를 공동으로 매수하여 같은 평수로 사실상 분할한 다음 각자 자기의 돈으로 자기 몫의 대지 위에 건물을 신축하여 점유하여 왔다면 비록 위 대지가 등기부상으로는 원·피고 사이의 공유로 되어 있다 하더라도 그 대지의 소유관계는 처음부터 구분소유적 공유관계에 있다 할 것이고, 따라서 피고 소유의 건물과 그 대지의 원고와의 내부관계에 있어서 피고의 단독소유로 되었다 할 것이므로 피고는 그 후 이 사건 대지의 피고지분만을 경락취득한 원고에 대하여 그 소유의 위 건물을 위한 관습상의 법정지상권을 취득하였다고 할 것이다 (이 사건 대지에 관하여 경락 전에 이미 소외 갑 앞으로 소유권이전등기가 되어 있었다 하더라도 경락은 가압류에 의한 강제경매에 의하여 이루어졌고 위 갑 명의의 등기는 위 가압류 후에 이루어진 것이 분명하므로 위 경락에 의하여 말소될 운명에 있는 갑의 등기를 들어 피고의 소유권을 부정할 수 없으므로 경락 당시에 대지와 그 지상건물의 소유자가 동일인이 아니라고 할 수 없다(대판 1990. 6. 26. 89다카24094).

35) 대판 2004. 6. 11. 2004다13533.

36) 본 사건의 사실관계를 구체적으로 보면 전(Before) 소유자인 A는 "갑과 을이 이 대지를 둘로 분할하여 각자 집을 짓고 싶었지만 땅 넓이가 작아서 분할이 되지 않았기 때문에 우선 갑과 을이 공유로 소유권이전등기를 하고, 이후 두 채의 건물을 짓고 나면 분할을 하자"는 얘기를 하였고, 당사자들인 갑과 을은 "함께 이 대지를 산 이유는 각자가 집 한 채씩을 지어 살려고 하였

로 하고, 관할시장으로부터 건축허가를 받아 신축공사에 착수하였다. 이후 갑과 을은 새마을금고로부터 토지 전부를 담보로 근저당권설정등기를 마쳤다. 이후 갑은 이 대지상에 주택의 외벽과 골조 부분만을 완성한 상태에서 준공검사도 받지 않고 입주하여 이를 소유하여 왔고, 을도 위 대지상에 주택의 외벽과 골조 부분만을 완성한 상태에서 준공검사도 받지 않고 입주하여 소유하여 오다가 병에게 채무금액을 담보하기 위하여 주택을 양도하고 그 건축허가명의를 변경하였다. 한편 병이 위 근저당권에 기하여 신청한 임의경매사건에서 정이 대지를 낙찰받았고, 갑에게 제1주택을 철거하고 그 대지 부분을 인도하며, 을과 병에게도 제2주택을 철거하고 그 대지 부분을 인도하라는 퇴거를 명하는 소송을 제기하였다. 위와 같은 경우 갑과 을은 저당권 설정 당시 1필지의 토지를 구분소유적으로 공유하면서 각기 자기 몫의 토지 위에 건물을 신축하여 점유하던 중 위 토지의 경매로 인하여 토지와 건물의 소유자가 다르게 되었기 때문에 건물 소유자는 토지 소유자에 대하여 그 소유의 건물을 위한 법정지상권을 취득한다 할 것이다.

따라서 갑과 을은 구분소유적 공유관계에 있는 특정토지의 소유자로서 각자 소유하는 특정토지 위에 각자 독자적으로 별개의 건물을 소유하면서 그 토지 전체에 대하여 저당권을 설정하였다가 그 저당권의 실행으로 토지와 건물의 소유자가 달라지게 된 경우에 해당하고, 주택의 원시취득자로서 소유자인 갑은 제1주택의, 을은 제2주택의 각 소유를 위한 법정지상권을 각 취득하게 된다. 그리고 제2주택의 양수인인 병은 제2주택이 미등기건물이므로 직접 법정지상권을 취득하지는 못하지만 을로부터 제2주택을 양수받을 당시 법정지상권도 함께 양수받았다면 법정지상권을 취득할 지위에 있는 자에 해당하므로 경락인인 병에게 주택의 철거 및 대지인도청구는 허용될 수 없다. 그리고 을은 제2주택에 대한 법정지상권자일뿐만 아니라 병의 승낙하에 제2주택을 점유하고 있으므로 을에 대한

기 때문인데, 땅을 사면서 북동쪽(위쪽)의 절반은 갑이 갖고 남서쪽(아래쪽)의 나머지 절반은 을이 가져서 각자 집을 짓기로 하며, 이 대지의 분할 경계선은 두 집의 측면선과 평행으로 선을 그어 각자 위·아래로 절반의 넓이가 되는 선으로 하기로 하였으며, 위 합의에 따라 두 사람이 각자 합의된 부분을 차지하여 건축허가를 받아 각자 건축에 들어갔다. 위와 같은 사실관계라고 본다면, 각 건물을 기준으로 경계를 구분하기가 용이한 사실을 인정할 수 있다. 따라서 갑과 을은 각 주택이 위치한 부분을 중심으로 하여 이 대지 중 각자의 지분에 해당하는 토지를 특정하여 구분소유하고 있었다고 볼 수 있다.

퇴거청구도 허용될 수 없을 것이다

(나) **저당권 설정 후에 토지와 건물이 각기 다른 소유자에게 속하게 된 경우**

토지에 저당권을 설정할 당시 지상에 건물이 존재하고 있었고 그 양자가 동일 소유자에게 속하였다기 그 후 저당권의 실행으로 토지가 낙찰되기 전에 건물이 제3자에게 양도된 경우, 민법 제366조 소정의 법정지상권을 인정하는 법의 취지가 저당물의 경매로 인하여 토지와 그 지상건물이 각기 다른 사람의 소유에 속하게 된 경우에 건물이 철거되는 것과 같은 사회경제적 손실을 방지하려는 공익상 이유에 근거하는 점, 저당권자로서는 저당권 설정 당시에 법정지상권의 부담을 예상하였을 것이고 또 저당권설정자는 저당권 설정 당시 담보가치가 저당권이 실행될 때에도 최소한 그대로 유지되어 있으면 될 것이므로 위와 같은 경우 법정지상권을 인정하더라도 저당권자 또는 저당권 설정자에게는 불측의 손해가 생기지 않는 반면, 법정지상권을 인정하지 않는다면 건물을 양수한 제3자는 건물을 철거하여야 하는 손해를 입게 되는 점 등에 비추어 위와 같은 경우 건물을 양수한 제3자는 민법 제366조 소정의 법정지상권을 취득한다.[37] 즉 법정지상권이 성립하기 위하여는 토지와 건물이 저당권이 설정될 당시에 동일한 소유자에게 속하고 있는 것으로 족하고 그 후 계속하여 동일한 소유자에게 속해 있을 필요는 없다는 것이다.[38][39]

(3) 저당권이 설정되고, 경매로 인하여 소유자가 달라질 것

경매의 결과 토지와 그 지상건물이 다른 사람의 소유에 귀속되어야 한다.[40] 당해저당권자의 신청에 의할 것을 요하지 아니하고, 일반채권자가 강제경매를 신청하는 경우에도 법정지상권은 성립한다.

토지 또는 건물의 일방에만 저당권이 설정된 후 경매가 이루어진 경우 법정지상권이 성립하는 것은 의문이 없다. 나아가 토지와 건물이 함께 동일한 저당

---

37) 대판 1999. 11. 23. 99다52602.

38) 김증한·김학동, 전게서, 533면.

39) 대판 1970. 9. 29. 70다1454: 강제경매로 인하여 관습상의 법정지상권이 성립되기 위하여는 경락 당시에 토지와 그 지상건물이 소유자를 같이 하고 있으면 족하고 강제경매를 위한 압류가 있을 때로부터 경락에 이르는 기간 중 계속하여 그 소유자를 같이 하고 있음을 요하는 것은 아니다.

40) 대판 1991. 5. 28. 91다6658.

권의 목적이었으나 후에 경매의 결과 각각 다른 사람에게 경락되거나 또는 한쪽만이 경락되는 경우,[41] 갑이 토지와 그 지상건물을 소유하였는데, 그중 토지에 관해 을 명의로 저당권설정등기가 경료되고, 그 후 을이 저당권실행을 하여 경매가 진행되는 도중에 갑이 병에게 지상건물을 소유권이전등기한 상황에서 토지를 낙찰받은 경우 낙찰자는 병에게 법정지상권의 성립을 인정해야 하며,[42] 토지·건물이 모두 동일인에게 경락된 후에 건물에 대한 경락허가결정이 취소된 경우에도 법정지상권이 성립한다고 할 것이다.[43]

(4) 특약의 효력

〈사례해설 : 법정지상권 조심〉

법정지상권은 토지와 건물이 동일한 소유자로 등재되어 있다가 저당권의 실행으로 한쪽 소유자가 다르게 되었을 경우 성립하게 된다. 이때 건물을 취득한 소유자에게 토지소유자는 법정지상권을 설정하여 주게 된다. 이러한 법정지상권이 성립하기 위해서는 다음과 같은 요건이 충족되어야 한다. 첫째, 저당권 설정 당시 토지와 건물소유자가 동일인이어야 한다. 둘째, 저당권 설정 당시 본 토지상에 건물이 존재해야 한다. 건물의 존재는 형태를 갖추고 있거나 완공을 하여 건물등기부등본이 나와 있어야 한다. 역설적으로 나대지 상태의 토지 위에 저당권을 설정한 후 건물이 존재하는 경우에는 법정지상권을 인정할 수 없다. 셋째, 저당권의 실행으로 토지소유자와 건물소유자가 다르게 되었을 때 건물소유자에게 법정지상권을 인정한다. 동일인 소유의 토지와 건물이 저당권의 실행으로 소유주가 다르게 된 경우 건물주는 건물의 사용을 목적으로 본 토지를 사용, 수익할 수 있게 된다. 그리고 지상건물이 견고한 건물인 경우에는 잔금을 납부한 날로부터 30년 동안 그 토지를 사용할 수 있고, 이 계약기간이 만료되면 건물주는 다시 재계약을 요구할 수 있다. 재계약을 수용하지 않는 경우 건물주는 토지주에게 지상건물을 매수할 것을 청구할 수 있다. 이와 같은 법정지상권을 주장할 수 있는 토지소유자는 건물소유자에게 지목이나 주변 환경 등에 따라 다르지만 토지 사용료로 연 3~7% 정도의 지료를 청구할 수 있다. 위의 사례에서 지상건물이 등기를 하지 않은 무허가 건물일지라도 법정지상권은 성립하게 된다.

---

41) 통설 : 곽윤직, 전게서, 471면; 권용우, 물권법, 법문사, 2001, 365면; 김증한·김학동, 전게서, 533면.
42) 대판 1999. 11. 23. 99다52602.
43) 이영준, 물권법, 박영사, 824면.

민법 제366조는 가치권과 이용권의 조절을 위한 공익상의 이유로 지상권의 설정을 강제하는 것이므로 저당권 설정 당시 당사자간의 특약으로 저당목적물인 토지에 대하여 법정지상권을 배제하는 약정을 하더라도 그 특약은 효력이 없다.[44]

민법 제366조는 강행규정이다.[45] 이는 가치권과 용익권의 조절을 위한 공익상의 이유로 지상권의 설정을 강제하는 것이기 때문이다. 이에 대해 법률에 의한 법정지상권에 관해서는 강행규정이므로 특약으로 배제할 수 없지만, 관습법상의 법정지상권은 특약이 없는 경우에 한해서 인정한다고 보는 견해도 있다.[46] 즉 관습법상의 법정지상권은 공익권 성질을 갖는 것이지만 이의 포기를 불허할 정도로 강력한 공익성을 갖는 것은 아니기 때문에 당사자의 특약에 의해 포기를 인정한다. 그러나 민법 제103조, 제104조에 반하는 경우는 무효로 인정하는 것이 타당하다고 본다.[47] 판례는 "대지와 건물의 소유자가 건물만을 양도하고 동 양수인과 대지에 대하여 임대차계약을 체결하였다면 특별한 사정이 없는 한 동 양수인은 본건 대지에 관한 관습상의 법정지상권을 포기하였다고 볼 것이다"[48] 라고 하여 당사자의 특약에 의해 포기를 인정하고 있다.

제 4 항 법정지상권의 성립시기 및 범위

지상권의 효력을 법정지상권에도 준용하고 있어 경매와 밀접한 관계가 있는 내용에 대하여 이하에서 살펴보고자 한다.

---

44) 대판 1988. 10. 25. 87다카1564.
45) 곽윤직, 전게서, 469면; 권용우, 전게서, 366면; 김용한, 전게서, 574면; 특별매각조건으로 임의 경매상에서 법정지상권의 발생을 배제할 수 있는 것으로 보는 견해도 있다.
46) 이은영, 물권법, 박영사, 1998, 598면.
47) 이영준, 전게서, 823면.
48) 대판 1968. 1. 31. 67다2007.

1. 성립시기

(1) 법정지상권이 성립하는 시기는 토지나 그 지상건물이 임의경매로 건물의 소유권이 경락인에게 이전하는 때이다. 즉, 경락인이 경락대금을 완납한 때에 법정지상권은 성립한다. 이 경우 법정지상권은 법률의 규정에 의한 물권취득이므로 등기를 요하지 않는다.[49]

(2) 따라서 건물의 소유자는 법정지상권을 취득할 당시의 토지소유자에 대해서는 물론이고 그로부터 토지소유권을 취득한 제3자에게 대해서도 등기 없이 법정지상권을 주장할 수 있다.[50]

2. 법정지상권의 범위

법정지상권이 미치는 범위는 반드시 그 건물에만 한하는 것이 아니며 지상건물이 창고인 경우에는 그 본래의 용도인 창고로서 사용하는데 일반적으로 필요한 그 둘레의 기지에도 미친다.[51] 즉, 법정지상권의 범위는 일반적인 지상권의 범위와 동일하다. 건물소유자는 건물을 사용하는 데 필요한 범위에서 대지를 사용할 권리를 갖는다. 필요한 범위는 건물의 크기, 건물의 사용목적과 주변의 환경 등을 종합적으로 고려하여 객관적으로 정하여진다.[52]

3. 지료청구

지료는 우선 당사자 간의 협의에 의하여 이를 정하게 되나, 협의가 성립하지 않는 경우에는 당사자의 청구에 의하여 법원이 정한다.

판례에 의하면 "토지소유자는 법원이 상당한 지료를 결정할 것을 전제로 하여 바로 그 급부를 구하는 청구를 할 수 있고, 이 경우 법원은 판결의 이유에서

---

49) 대판 1967. 5. 2. 66다2642.
50) 대판 1985. 4. 9, 84다카1131, 1132.
51) 대판 1977. 7. 26. 77다921(공 1977, 10245)
52) 김용한, 전게서, 576면; 이영준, 전게서, 909면.

지료를 얼마로 정한다는 판단을 하면 족하고 당사자가 급부판결을 구하여 왔음에도 불구하고 주문에 지료를 얼마로 정한다는 재판까지 할 필요는 없다"고 한다.53) 즉 판례는 법원이 지료를 정함에 있어 법정지상권이 설정될 당시의 제반사정을 참작하여 당사자 쌍방의 이익을 조회하여 이느 한 쪽에 부당하게 불이익 또는 이익을 주는 결과가 되지 않도록 하여야 하고54) 토지사용에 있어 어떠한 제한이나 하자 없이 토지를 완전하게 사용하고 있다면 아무런 제한 없이 다른 사람의 토지를 사용함으로써 얻는 이익에 상당하는 대가이어야 하며 건물이 건립되어 있는 것을 전제로 한 임료상당금액이 되어서는 안 되고55) 법정지상권 설정 당시의 제반사정을 참작한다 하더라도 법정지상권이 설정된 건물이 건립되어 있으므로 토지의 소유권이 제한을 받는 사정은 이를 참작하여 평가하여서는 안 된다56)고 보고 있다.57) 법정지상권자라고 할지라도 대지소유자에게 지료를 지급할 의무는 있는 것이고 법정지상권을 취득할 지위에 있는 자 역시 임료상당 이득을 대지소유자에게 반환할 의무를 면할 수 없는 것이므로 이러한 임료상당 부당이득의 반환청구까지도 신의성실의 원칙에 반한다고 볼 수는 없다.58)

지료에 관하여 합의가 이루어지지 않은 경우, 지료연체를 이유로 법정지상권의 소멸을 청구할 수는 없다.59) 다만, 법정지상권이 성립되고 그 지료액수가 판례에 의하여 정하여진 경우, 지료 지급의 지체가 판결확정일로부터 2년 이상이거나 판결확정 전후에 걸쳐 2년분 이상일 경우에도 토지소유자는 민법 제287조에 따라 지상권 소멸을 청구할 수 있다.60)

한편 법정지상권의 경우 당사자 사이에 지료에 관한 협의가 있었다거나 법원에 의하여 지료가 결정되었다는 아무런 입증이 없다면, 법정지상권자가 지료를 지급하지 않았다고 하더라도 지료 지급을 지체한 것으로는 볼 수 없으므로

---

53) 대판 1977. 7. 26. 77다921(공 1977, 10245).
54) 대판 1996. 9. 6. 65다2587.
55) 대판 1975. 12. 23. 75다 2066.
56) 대판 1989. 8. 8. 88다카18504(공 1989, 1346); 대판 1995. 9. 15. 94다61144(공 1995, 3389).
57) 하급심에서 시세에 연 4%의 지료를 지급할 것 판결, 2010. 9. 4. kbs1. 11시 도로문제 뉴스파일에서 인용
58) 대판 1988. 10. 24. 87다카1604(공 1988, 1463).
59) 대판 1994. 12. 2. 93다 52297.
60) 대판 1993. 3. 12. 92다 44749.

법정지상권자가 2년 이상의 지료를 지급하지 아니하였음을 이유로 하는 토지소유자의 지상권소멸청구는 이유가 없고, 지료액 또는 그 지급시기 등 지료에 관한 약정은 이를 등기하여야만 제3자에게 대항할 수 있는 것이고, 법원에 의한 지료의 결정은 당사자의 지료결정청구에 의하여 형식적 형성소송인 지료결정판결로 이루어져야 제3자에게도 그 효력이 있다. 그리고 민법 제287조가 토지소유자에게 지상권소멸청구권을 부여하고 있는 이유는 지상권은 성질상 그 존속기간 동안은 당연히 존속하는 것을 원칙으로 하는 것이나, 지상권자가 2년 이상의 지료를 연체하는 때에는 토지소유자로 하여금 지상권의 소멸을 청구할 수 있도록 함으로써 토지소유자의 이익을 보호하려는 취지에서 나온 것이라고 할 것이므로, 지상권자가 그 권리의 목적이 된 토지의 특정한 소유자에 대하여 2년분 이상의 지료를 지불하지 아니한 경우에 그 특정의 소유자는 선택에 따라 지상권의 소멸을 청구할 수 있으나, 지상권자의 지료 지급 연체가 토지소유권의 양도 전후에 걸쳐 이루어진 경우 토지양수인에 대한 연체기간이 2년이 되지 않는다면 양수인은 지상권소멸청구를 할 수 없다.[61]

　법정지상권의 지료연체와 관련된 판례의 내용을 아래에서 정리하여 살펴본다. 법정지상권이 인정되는 대지에 관한 1년분의 지료는 법정지상권 설정자인 갑과 법정지상권자인 을 사이에 서울지방법원 00가합000064 사건의 판결에서 1995. 4. 10.부터 1996. 3. 13.까지는 금 27,695,710원, 1996. 3. 14. 이후는 연금 26,655,270원으로 결정되었다. 갑은 위 판결 확정 후 본건 대지를 병에게 매도하는 한편, 그 매도에 따른 병들의 소유권 취득일 이전에 이미 발생한 갑의 을에 대한 지료청구채권도 병에게 양도하고 그 통지까지 마쳤다. 병은 을이 본건 대지에 관한 지상권을 취득한 1995. 4. 19.부터 위 지료를 지급하지 않음으로 이유로 위 지상권 성립일로부터 2년 이상의 지료를 지급하지 아니하였음을 이유로 지상권소멸청구의 의사표시가 담긴 1997. 12. 29.자 준비서면을 을에게 송달하였다. 그러나 서울지방법원 00가합000064 사건의 판결의 그 주문에서 "피고 을은 갑에게 금 29,742,710원을 지급할 것을 명하면서 그 이유에서 1995. 4. 20.부터 1996. 5. 19.까지의 기간 동안의 지료를 산정하기 위한 선결 문제로 1995. 4. 10.

---

61) 대판 2001. 3. 13. 99다17142.

부터 1996. 3. 13.까지는 연 금 27,695,710원, 1996. 3. 14. 이후는 연 금 26,655,270원으로 지료를 결정한 사실이 인정되므로, 앞에서 본 법리에 비추어 볼 때, 위 판결 이유에서 정한 지료에 관한 결정은 병과 피고 을 사이에는 그 효력이 없다고 할 것이어서, 법원에 의하여 제3자에게도 효력이 미치는 지료가 결정되었다고 할 수도 없고, 병과 피고 을 사이에 지료에 관한 협의가 있었다는 주장·입증이 없으므로, 병은 을에게 지료연체를 이유로 지상권소멸청구를 할 수 없다"고 판시하고 있다. 즉, 지상권자의 지료 지급 연체가 토지소유권의 양도 전후에 걸쳐 이루어진 경우 토지양수인에 대한 연체기간이 2년이 되지 않는다면 양수인은 지상권소멸청구를 할 수 없다. 그러나 건물이 서 있는 토지를 매수하여 그 시가의 7배가 넘는 건물의 철거를 요구하면서 그 인접토지가격의 2배 이상 되는 가격에 그 토지를 매수할 것을 요구하는 것은 권리의 남용에 해당한다.[62]

법정지상권의 성립과 지료에 대한 내용을 정리하면 다음과 같다.

저당권의 효력이 저당부동산에 부합된 물건과 종물에 미친다는 민법 제358조 본문을 유추하여 보면 건물에 대한 저당권의 효력은 그 건물에 종된 권리인 건물의 소유를 목적으로 하는 지상권에도 미치게 되므로, 건물에 대한 저당권이 실행되어 경락인이 그 건물의 소유권을 취득하였다면 경락 후 건물을 철거한다는 등의 매각조건에서 경매되었다는 등 특별한 사정이 없는 한, 경락인은 건물소유를 위한 지상권도 민법 제187조의 규정에 따라 등기 없이 당연히 취득하게 되고, 한편 이 경우에 경락인이 건물을 제3자에게 양도한 때에는, 특별한 사정이 없는 한 민법 제100조 제2항의 유추적용에 의하여 건물과 함께 종된 권리인 지상권도 양도하기로 한 것으로 봄이 상당하다.

그리고 지료액 또는 그 지급시기 등 지료에 관한 약정은 이를 등기하여야만 제3자에게 대항할 수 있으므로, 지료의 등기를 하지 않은 이상 토지소유자는 구 지상권자의 지료연체 사실을 들어 지상권을 이전받은 자에게 대항하지 못하며, 민법 제366조 단서의 규정에 의하여 법정지상권의 경우 그 지료는 당사자의 협의나 법원에 의하여 결정하도록 되어 있는데, 당사자 사이에 지료에 관한 협의가 있었다거나 법원에 의하여 지료가 결정되었다는 아무런 입증이 없고 법정지

---

62) 대판 1964. 11. 10. 64다720.

상권에 관한 지료가 결정된 바 없다면, 법정지상권자가 지료를 지급하지 않았다고 하더라도 지료 지급을 지체한 것으로는 볼 수 없으므로 법정지상권자가 2년 이상의 지료를 지급하지 아니하였음을 이유로 하는 토지소유자의 지상권 소멸청구는 이유가 없다. 예컨대 건물에 대한 저당권이 실행되어 건물의 2층을 경락받은 을은 건물만이 아니라 그에 종된 권리인 위 건물의 소유를 목적으로 한 법정지상권도 등기 없이 취득할 수 있고, 을로부터 위 건물을 매수한 병은 건물만이 아니라 위 법정지상권도 양수한 것이다.

그리고 지료액 또는 그 지급시기 등 지료에 관한 약정은 이를 등기하여야만 제3자에게 대항할 수 있는 것이므로(부동산등기법 136조), 지료의 등기를 하지 아니한 이상 토지소유자인 갑은 구 지상권자인 정의 지료연체 사실을 들어 지상권을 이전받은 을과 병에게 대항하지 못한다.

한편 변론종결 후의 승계인이란 변론종결 후에 당사자로부터 소송물인 권리의무를 승계하거나 계쟁물에 관한 당사자 적격을 승계한 자를 말하는 것이다. 따라서 토지소유자인 갑이 법정지상권을 원시취득한 정을 상대로 제기한 지료청구 소송이 갑의 승소로 확정되었고, 그 변론종결 후에 위 을이 법정지상권을 승계취득하였다 하더라도 을은 위 지료소송의 계쟁물에 관한 당사자 적격을 승계한 자에 해당하지도 아니하므로 을과 병은 위 지료소송의 기판력을 받는 변론종결 후의 승계인에 해당하지 아니한다 할 것이다.

다만 을은 이 사건 법정지상권자로서 이를 승계취득한 이후의 지료를 갑에게 지급할 의무를 부담하나 민법 제366조 단서의 규정에 의하여 법정지상권의 경우 그 지료는 당사자의 협의나 법원에 의하여 결정하도록 되어 있는데, 갑과 을은 지료에 관한 협의가 있었다거나 법원에 의하여 지료가 결정되었다는 아무런 입증이 없기 때문에, 을이 법정지상권에 따른 지료를 지급하지 아니하였다고 하더라도 지료 지급을 지체한 것으로는 볼 수 없다. 따라서 을이 법정지상권에 따른 2년 이상의 지료를 지급하지 아니하였음을 이유로 하는 토지소유자인 갑의 지상권 소멸청구는 인정될 수 없다(당원 1994. 12. 2. 93다52297 참조).

또한 갑이 법정지상권을 원시취득한 정에게 지상권 소멸청구를 한 사실을 인정할 아무런 자료가 없기 때문에 결국 을과 병에 대한 법정지상권이 소멸되지 아니한다(대판 1996. 4. 26. 95다52864).

4. 법정지상권의 소멸

법정지상권은 토지소유자의 소멸청구에 의하여 소멸하며, 이에 관하여 민법 제287조가 준용된다고 할 것이다.[63] 그러나 법정지상권이 소멸청구에 의하여 소멸하기 위해서는 그 전제조건으로 협의나 재판에 의하여 지료가 확정되었음에도 불구하고 지료를 지급하지 않아 이행연체가 발생하고 그에 대하여 소멸청구를 하여야 한다. 지료액 또는 그 지급시기 등 지료에 관한 약정은 이를 등기하여야만 제3자에게 대항할 수 있는 것이므로(부동산등기법 136조), 지료의 등기를 하지 아니한 이상 토지소유자는 그 지상권자의 지료연체사실을 들어 지상권을 이전받은 자에게 대항하지 못하고, 또 본조 단서의 규정에 의하여 법정지상권의 경우 그 지료는 당사자의 협의나 법원에 의하여 결정하도록 되어 있는데, 당사자 사이에 지료에 관한 협의가 있었다거나 법원에 의하여 지료가 결정되었다는 아무런 입증이 없고 법정지상권에 관한 지료가 결정된 바 없다면, 법정지상권자가 지료를 지급하지 않았다 하더라도 지료지급을 지체한 것으로 볼 수 없으므로 2년 이상의 지료를 지급하지 아니하였음을 이유로 하는 토지소유자의 지상권 소멸청구는 이유가 없다.[64]

또한 지상권은 지상권자에 의한 포기 및 당사자 사이의 계약에 의해서도 소멸한다.

5. 법정지상권의 존속기간

경매로 건물을 낙찰받은 법정지상권자는 그 존속기간과 관련하여 법률행위로 인한 지상권의 최단기간을 준용한다.[65] 민법 제281조 제1항은 "계약으로 지

---

63) 이영준, 전게서, 991면.
64) 대판 1996. 2. 26. 95다52864; 대판 1994. 12. 2. 93다52297.
65) 지상권의 존속기간
  1) 존속기간을 정한 지상권

상권의 존속기간을 정하지 아니한 경우에 그 존속기간은 지상권의 최단기간을 준용한다"고 규정하고 있다. 따라서 낙찰받을 당시 건물의 구조가 석조, 연화조 또는 견고한 건물이나 수목의 소유를 목적으로 하는 경우는 30년, 그 외 부동산 (예: 조립식건물 등)의 소유를 목적으로 하는 때는 15년, 공작물의 소유의 목적으로 하는 때는 5년의 최단기간의 존속기간을 법정지상권으로 주장할 수 있게 된다(민법 281조 1항).

 ## 제 5 항 법정지상권 양수인의 법적 지위

토지와 건물이 경매에 의하여 각각 분리되어 양도될 경우에 건물소유자가 아무런 권원 없이 타인의 토지를 사용하는 관계로 건물이 철거된다면 본인뿐만 아니라 사회경제적으로도 손실이 커질 것이다. 여기서 이러한 불합리한 점을 피하기 위하여 민법은 법정지상권을 인정하고 있다. 이는 강행규정으로서 특약으로 배제할 수 없다.

이와 같이 법정지상권을 취득하는 자는 지상권의 효력을66) 주장할 수 있기

---

① 지상권의 존속기간을 정한 경우에는 그 기간은 다음의 기간보다 단축하여 약정하지 못한다 (민법 280조 1항).
② 석조·연화조·석회조 또는 이와 유사한 견고한 건물이나 수목의 소유를 목적으로 하는 때에는 30년
③ 그 밖에 건물의 소유를 목적으로 하는 때에는 15년
④ 건물 이외의 공작물의 소유를 목적으로 하는 때는 5년
⑤ 설정행위로 위의 약정기간보다 단축한 기간으로 정한 때에는 그 기간은 위의 최단기간까지 연장된다(민법 280조 2항).
2) 존속기간을 정하지 않은 경우
① 계약으로 지상권의 존속기간을 정하지 아니한 경우에 그 존속기간은 다음과 같다(민법 281조 1항).
② 지상권의 종류와 구조에 따라 존속기간을 정한 경우는 최단기간의 규정을 준용한다(민법 281조 1항).
③ 지상권 설정 당시에 공작물의 종류와 구조를 정하지 아니한 때에는 15년을 존속기간으로 한다(민법 281조 2항).
66) 대판 1996. 4. 26. 95다52864; 대판 1994. 12. 2. 93다52297: 지상권자는 설정자에 대하여 갱신청구권·매수청구권·지상권소멸청구권을 행사할 수 있다. 단, 법정지상권에 관해서는 지료가 결정된 바 없기 때문에 법정지상권자가 지료를 지급하지 아니하였다 하더라도 지료지급을 지체한 것으로 볼 수 없기 때문에 법정지상권자가 2년 이상의 지료를 지급하지 아니하였음을 이

때문에 유리한 위치에 놓이는 반면 토지를 가지고 있는 자는 불리한 입장에 놓이게 된다.

다만, 관습법상의 법정지상권은 특약이 없는 경우에 한하여 예외적으로 인정하고 있다.[67][68] 대지와 긴물의 동일한 소유자가 건물만을 양도하면서 건물양수인에게 대지에 관한 임대차계약을 체결하였다면 건물양수인은 대지에 관한 관습법상의 법정지상권을 인정받을 수 없을 것이다.[69]

이와 같이 법정지상권자는 민법 제187조 단서의 규정에도 불구하고 법정지상권을 등기하지 않았더라도 토지소유자에게 지상권의 효력을 주장할 수 있는 법적 지위에 있다.

 제 6 항 법정지상권과 일괄경매신청권의 관계

1. 의의

법정지상권(366조)은 저당권 설정 당시 건물이 존재해야 하지만 일괄경매신청권(365조)은 저당권 설정 당시 건물이 부존재할 것을 요한다. 일괄경매신청권이 인정하는 이유는 토지를 담보로 담보권을 설정한 자를 보호하기 위하여 인정하고 있다. 반면 법정지상권은 토지와 건물이 저당권실행으로 분리되었을 때 건물주를 보호하기 위하여 인정한다.

토지에 저당권을 설정할 당시에는 건물이 존재하지 않았지만 이후 건물을 신축한 경우 토지저당권자는 담보권을 침해당하게 될 것이다. 특히 건물을 저당권설정자가 아닌 제3자가 신축을 한 경우는 일괄경매신청권도 인정되지 않기 때

유로 토지소유자의 지상권소멸청구는 이유가 없다고 판시하고 있다.

67) 대판 1988. 10. 25. 87다카1564.
68) 대판 1979. 8. 29. 79다1087: 경매의 경우에 경낙인은 건물의 소유권을 취득함과 동시에 등기없이 법정토지권을 취득한다.
69) 대판 1968. 1. 31. 67다2007.

문에 더욱 담보권을 침해하게 될 것이다. 그리고 대지와 건물의 소유자가 그 대지나 지상건물에 단독저당권을 설정하거나 공동저당권을 설정한 후 구건물을 멸실하여 신건물을 축조하였을 경우 신건물을 위하여 법정지상권을 인정할 것인지, 아니면 건물을 보호하기 위해서 민법 제365조의 일괄경매를 인정할 수 있는지 등이 문제가 되고 있어 이하에서 살펴보기로 한다.

2. 법정지상권의 성부

(1) 토지에만 저당권을 설정한 경우

1) 판례

동일인의 소유에 속하는 토지와 건물 중 토지에만 저당권이 설정된 후 구건물이 멸실하여 신건물을 축조하였을 경우 신건물을 위한 법정지상권을 인정할 것인지와 관련하여 일본의 판례는 신건물을 위한 법정지상권을 인정하고 있다.[70]

2) 학설

① 긍정설(통설)   저당권 설정 당시 토지 위에 건물이 존재하고 있었던 이상 그 후에 건물이 낡아서 개축, 증축되거나 멸실, 철거로 인하여 재축, 신축된 경우에도 신축건물을 위한 법정지상권이 성립한다고 한다. 그 논거로는 토지와 지상건물의 소유자가 토지에 대해서만 저당권을 설정한 경우에는 저당권 설정 당사자 사이에 그 지상건물을 위하여 지상권을 유보하려는 의사가 있었던 점, 저당권자로서는 저당권 설정 당시 지상건물을 위한 법정지상권의 부담을 고려하여 담보가치를 평가하였기 때문에 신건물을 위하여 법정지상권의 성립을 인정하더라도 저당권자를 해하지 않는다는 점과 법정지상권을 인정하는 것이 건물을 보호하는 공익요청에 부합하기 때문이라고 보고 있다.[71]

② 부정설   부정설은 기존건물을 철거하고 새로운 건물을 신축한 경우에는 그 건물이 민법 제365조의 일괄경매의 요건을 갖추고 있다면 저당권자에게 일괄경매권을 부여하고 있는데 그럼에도 불구하고 저당권자가 토지만을 경매한 경우

---

70) 大審院 昭和 10 (1935). 8. 10. 民集 14卷, 1549면.

71) 我妻榮, 新訂擔保物權法, 岩波書店, 1995, 353면; 박준서(편집대표), 주석민법, 물권(4), 한국사법행정학회, 2000, 211면; 손태호, 일괄경매와 법정지상권, 판례해설 제30호, 103면.

에는 건물주에게 법정지상권이 성립하는 것으로 보는 것이 토지소유자와 건물소유자가 분리되는 경우를 조금이라도 줄일 수 있어 합리적이라고 한다.[72]

3) 판례

민법 제366조 소정의 법정지상권이 성립하려면 저당권의 설정 당시 저당권의 목적이 되는 토지 위에 건물이 존재할 경우이어야 하는바, 저당권 설정 당시 건물이 존재한 이상 그 이후 건물을 개축, 증축하는 경우는 물론이고 건물이 멸실되거나 철거된 후 재축, 신축하는 경우에도 법정지상권이 성립한다 할 것이고, 이 경우 법정지상권의 내용인 존속기간, 범위 등은 구 건물을 기준으로 하여 그 이용에 일반적으로 필요한 범위 내로 제한된다.[73]

4) 검토

토지에만 저당권을 설정할 경우에는 처음부터 법정지상권의 부담을 각오하고 그만큼 저감한 교환가치의 상태에서 설정을 하기 때문에 신건물을 위한 법정지상권의 성립을 인정한다고 하여도 저당권자에게 손해가 발생하지 않는다고 본다. 따라서 건물을 헐고 다시 신축, 재축, 개축[74]을 하는 경우에도 인정해야 하며, 토지에 저당권을 설정할 당시의 건물을 철거하고 새로 건립하는 경우, 토지주와 건물주가 동일인 아닌 경우에도 법정지상권은 인정해야 할 것으로 본다. 왜냐하면 저당권 설정 당시 건물이 있는 토지에만 저당권을 설정하는 경우 저당권자는 법정지상권의 부담을 감안하고 설정하는데 이후 토지주와 건물주가 다르게 되었다고 법정지상권을 인정하지 않는다면 토지의 저당권자는 상대적으로 담보가치가 높아지는 문제가 발생할 수 있기 때문이다. 한편 법정지상권의 내용인 존속기간, 범위 등은 구건물을 기준으로 하여 그 이용에 일반적으로 필요한 범위 내로 제한하는 것이 타당하며[75] 법원으로서는 그 대지 위에 성립하는 법정지

---

72) 김문수, 법정지상권 성립요건으로서의 건물의 존재, 판례연구II(부산판례연구회), 1992, 88~106면.

73) 대판 1991. 4. 26. 90다19985.

74) 신축이라 함은 건축물이 없는 대지에 새로이 건축물을 축조하는 것. 증축이라 함은 기존 건축물이 있는 대지 안에서 건축물의 건축면적·연면적 높이를 증가시키는 것. 개축이라 함은 기존 건축물의 전부 또는 일부를 철거하고 그 대지 안에 종전과 동일한 규모의 범위 안에서 건축물을 다시 축조하는 것. 재축이라 함은 천재·지변 기타 재해에 의하여 멸실된 경우에 그 대지 안에 종전과 동일한 규모의 범위 안에서 다시 축조하는 것을 말한다(건축법 시행령 2조 1항 1 내지 4호).

75) 대판 2000. 12. 12. 2000다19007; 대판 1992. 6. 26. 92다9388.

상권의 범위를 확정한 후 그 건물의 철거 여부 및 범위를 확정하고 그에 따른 지료나 손해금의 지급을 부당이득으로 반환해야 할 것으로 본다.[76]

(2) 토지 및 건물에 공동저당권을 설정한 경우

1) 판례

판례는[77] "동일인의 소유에 속하는 토지 및 그 지상건물에 관하여 공동저당권이 설정된 후 그 지상건물이 철거되고 새로 건물이 신축된 경우에는 그 신축건물의 소유자가 토지의 소유자와 동일하고 토지의 저당권자에게 신축건물에 관하여 토지의 저당권과 동일한 순위의 공동저당권을 설정해 주는 등 특별한 사정이 없는 한 저당물의 경매로 인하여 토지와 그 신축건물이 다른 소유자에 속하게 되더라도 그 신축건물을 위한 법정지상권은 성립하지 않는다고 해석하여야 하는바, 그 이유는 동일인의 소유에 속하는 토지 및 그 지상 건물에 관하여 공동저당권이 설정된 경우에는, 처음부터 지상건물로 인하여 토지의 이용이 제한 받는 것을 용인하고 토지에 대하여만 저당권을 설정하여 법정지상권의 가치만큼 감소된 토지의 교환가치를 담보로 취득한 경우와는 달리, 공동저당권자는 토지 및 건물 각각의 교환가치 전부를 담보로 취득한 것으로서, 민법 제366조가 '저당물의 경매로 인하여 토지와 그 지상건물이 다른 소유자에게 속한 경우'라고 규정하여, 마치 경매 당시에 건물이 존재하기만 하면 법정지상권이 성립할 수 있는 것처럼 규정하고 있지만 위 조문의 해석상 법정지상권이 성립하기 위하여 저당권 설정 당시 토지상에 건물이 존재하여야 하고, 따라서 나대지에 저당권 설정 후 설정자가 그 지상에 건물 신축 후 경매로 토지와 건물의 소유자가 달라진 경우에는 그 신축건물을 위한 법정지상권의 성립을 부정하는 것이 판례·통설인바, 이는 이러한 경우에도 건물보호라는 공익적 요청을 고려하여 법정지상권의 성립을 허용하면 당초 건물 없는 토지의 교환가치를 기대한 저당권자의 기대 내지 의사에 반하기 때문에 이러한 당사자의 의사를 고려한 것으로 볼 수 있고, 이로 미루어 보아 법정지상권제도가 당사자의 의사를 전혀 도외시한 채 건물보호라는

---

76) 임정평, 채권각론, 법지사, 1997, 610면.
77) 대판(전) 2003. 12. 18. 98다43601.

공익적 요청에 의한 것이라고만 할 수는 없으며, 단독저당, 공동저당 어느 경우나 원칙적으로 저당권 설정 당시 존재하던 건물이 헐린 후 재축된 신건물에 대하여는 물권법정주의의 원칙상 법정지상권이 성립될 수 없지만 예외적으로 그 성립을 인정하여도 저당권자의 의사 내지 기대에 반하지 아니하는 경우(단독저당이 여기에 해당한다)에 국한하여 건물보호를 위하여 법정지상권의 성립범위를 확장 해석하는 것은 법정지상권의 성립요건의 객관성이나 강제성과는 관련이 없다"고 보고 있다. 이후에도 대법원은 앞의 '(1) 토지에만 저당권을 설정한 경우'와 달리 "동일인의 소유에 속하는 토지 및 그 지상건물에 관하여 공동저당권이 설정된 후 그 지상건물이 철거되고 새로 건물이 신축되어 두 건물 사이의 동일성이 부정되는 결과 공동저당권자가 신축건물의 교환가치를 취득할 수 없게 되었다면, 공동저당권자의 불측의 손해를 방지하기 위하여, 특별한 사정이 없는 한 저당물의 경매로 인하여 토지와 그 신축건물이 다른 소유자에 속하게 되더라도 그 신축건물을 위한 법정지상권은 성립하지 않는다"고 판시하고 있다.[78]

2) 학설

① **긍정설**   저당건물을 철거하고 새로운 건물을 설립한 경우에 대해서도 저당권설정당시에 토지위에 건물이 존재하고 있는 이상 법정지상권이 성립한다고 하고 있다.[79] 그 근거에 대해서는 명확하지 않으나 토지와 건물을 소유하고 있는 자가 그중의 어느 하나 또는 모두에 대하여 저당권을 설정한 경우에 건물의 소유자는 그 지상건물을 위하여 토지를 계속하여 이용할 수 있는 법률관계를 설정할 의사가 있다고 보는 것이 합당하고 자기 지상권이나 자기 차지권이 인정되지 않는 현행법상 저당권을 설정할 당시에는 당사자에게 토지의 이용관계를 마련할 기회가 실제로 봉쇄되어 있으므로 나중에 저당권의 실행으로 토지와 지상건물의 소유자가 분리되면 건물을 철거할 수 없기 때문에 이때에는 토지의 이용관계를 현실화할 필요성이 있다는 점이다. 또 다른 이유로서는 법정지상권의

---

78) 대판 2010. 1. 14. 2009다66150.

79) 김상용, 구 건물철거 후 신축한 경우의 민법 제366조에 의한 법정지상권의 성립여부, 판례평석, 법원사, 1995, 265면; 윤대성, 법정지상권의 법리, 한국민사법학회의 현대적 전개, 배경숙 교수 화갑기념논문집, 박영사, 1991, 394면; 곽윤직, 남효순, 민법주해Ⅶ, 박영사, 141면; 我妻榮, 前揭書, 353면; 高木多喜南, 共同抵當 最近 諸問題, 金融法務事情 1349號 6면; 대판 1997. 1. 21. 96다40080; 대판 1991. 4. 26. 90다19985.

성립 여부는 토지와 건물에 저당권이 설정될 당시를 기준으로 하고, 토지와 건물에 공동저당권이 설정된 경우에도 건물이 존속하는 것을 전제로 설정된 토지저당권은 구건물을 위한 법정지상권을 공제한 가치를 그 담보의 목적으로 한 것이며, 토지 또는 건물의 일방만이 경매에 회부된 이상 토지에 대한 저당권이 법정지상권의 가치를 공제한 교환가치만을 확보하고 있는데는 변함이 없고, 재건축된 신건물을 위하여 법정지상권이 성립한다고 하더라도, 그 지상권의 내용을 구건물을 기준으로 정하는 이상 토지저당권을 침해하는 것은 아니므로 법정지상권의 성립을 인정해야 한다는 견해이다.80) 이외에도 저당권자로서 토지 위에 건물이 존속한다는 것을 알고 권리를 취득한 자는 나중에 건물을 위한 토지이용관계에 부담을 지게 될 것을 예상하고 있었으므로 토지에 대한 담보가치를 파악할 때 건물의 존재가 토지의 담보가치 산정의 기초가 되었으므로 설사 법정지상권이 성립된다고 하여도 그의 이익을 침해하는 일은 없다는 것이다.81) 이때 법정지상권의 존속기간과 범위를 정하는 데 있어서는 다수설은 개축·재축 등이 있기 전의 구건물을 표준해서 결정하여야 한다는 입장과82) 신축건물을 기준으로 법정지상권의 존속기간과 범위를 정해야 한다는 견해로83) 양립되어 있는데 사견으로는 구건물을 표준으로서 결정하는 것이 합리적이라 본다.

② **부정설**　　토지와 건물에 공동저당권을 설정한 저당권자로서는 토지의 교환가치 중 법정지상권에 상당하는 부분은 건물저당권을 실행하여 법정지상권이 붙은 건물의 매각대금에서 회수하려고 하고, 법정지상권의 부담부 토지가격에 대해서는 토지저당권의 실행에 의하여 회수하려고 토지의 교환전체를 파악하고 있다. 그런데 건물이 멸실되어 재축된 경우에 법정지상권을 인정하게 되면, 토지의 교환가치 중 법정지상권에 상당하는 담보가치는 건물이 멸실되어 건물저당권

---

80) 我妻榮, 前揭書, 353面; 高木多喜南, 前揭書, 6면.
81) 양창수, 지상건물의 재건축과 법정지상권, 민사판례 V, 박영사, 1992, 31면.
82) 곽윤직, 전게서, 630면; 김용한, 전게서, 574면.
83) 김상용, 전게서, 787면; 양창수, 전게서, 34~35면은 신축건물을 위한 법정지상권의 내용은 구건물을 기준으로 하는 경우와 신건물을 기준으로 하는 경우 사이에 존속기간, 이용할 수 있는 토지의 범위와 그 이용의 태양 등과 관련하여 차이가 있을 수 있다고 전제한 다음 구체적인 문제점들을 검토한 다음 결론적으로 신건물을 기준으로 한 법정지상권의 성립을 인정하는 것이 타당하다. 다만, 이로 인하여 토지의 담보가치가 현저히 감소되는 예외적인 경우에는 경락 이후 신건물의 소유자가 그 건물의 존립을 위한 법정지상권을 취득하지 못한다고 한다.

을 실행할 수 없기 때문에 이를 실현하는 것이 불가능하게 되어 불합리하므로, 이와 같은 경우에는 법정지상권을 인정할 수 없으며 토지와 건물에 공동저당권이 설정된 경우 저당권자는 토지 및 건물 전체의 담보가치를 파악하고 있기 때문에 저당권이 설정된 건물이 존속하는 한은 당해 건물을 위해 법정지상권이 성립할 것을 허용하지만 건물이 해체될 때에는 토지에 관하여 법정지상권의 제약이 없는 나대지로서 담보가치를 파악하려 하는 것이 저당권 설정 당사자의 합리적 의사라고 하여 공동저당의 경우에 있어서 토지와 건물은 법정지상권이 부정되어야 한다는 입장이다.[84] 결과적으로 토지와 건물의 저당권자는 저당 토지와 건물 전체를 담보로 파악하고 있는데 공동저당권이 설정된 후 건물을 철거한 때에는 토지전체에 대한 담보가치가 아니라 법정지상권의 가액상당의 가치만큼 감소된 토지의 가치만을 얻게 되어 저당권 설정 당사자의 의사에 반한다는 견해이다.[85]

3) 검토

토지와 건물에 공동저당권을 설정하였더라도 토지와 건물을 일괄해서 경매하지 않고 따로 경매를 신청할 수 있을 것이고[86] 그때도 법정지상권이 발생할 것을 토지저당권자는 미리 분석한 후 그 교환가치에 해당하는 저당권을 설정하고, 건물저당권자는 건물의 가액과 지상권의 가액을 더한 담보가치를 파악하고 저당권을 설정하기 때문에 위 부정설에서 밝히고 있는 "… 토지건물에 공동저당권이 설정된 경우 저당권자는 토지 및 건물 전체의 담보가치를 파악 … 건물이 해체될 때에는 토지에 관하여 법정지상권의 제약이 없는 나대지로서 담보가치를 파악"한다는 의견에는 어려움이 있다. 오히려 토지와 건물에 공동저당권을 설정한 후 건물을 헐고 신축한 경우 법정지상권을 부정하면 토지저당권자의 교환가치만 상승되는 불평등의 문제점이 나타날 수 있다. 따라서 이런 경우에는 법정지상권을 인정하여야 한다.

---

84) 井上捻, 擔保價値の實現と法定地上權の成否, 金融法務事情 1209호, 27면.

85) 손태호, 일괄경매와 법정지상권 대법원판례해설30호, 1988, 62면.

86) 토지와 건물에 공동저당권을 설정하였더라도 토지나 건물의 담보가치가 높은 경우에는 구태여 일괄로 경매하지 않고 개별경매를 신청하여 법정지상권이 설정된 토지나 건물을 매수한 후 이후 나머지 부동산을 경매신청하여 채권회수를 하는 경우도 있다.

이런 경우 저당권자의 보호를 위하여 민법 제362조에 따른 원상회복 또는 상당한 담보제공을 청구하거나 금융기관인 경우에는 은행 표준서식인 근저당권 설정계약서 제2조 제2항에 따라[87] 신축건물에 대하여 근저당권설정등기청구소송을 제기하여 승소·판결을 득한 후 근저당권 설정등기를 하는 방안을 검토할 수 있다. 이외에도 저당권자가 토지에도 지상권을 동순위로 설정한 상태에서 저당권설정자가 건물을 신축하고자 할 때에는 지상권자의 동의를 받아야 건축허가를 받을 수 있도록 하거나[88] 신축건물에 대해서 일괄경매신청권을 완화하여 설사 건물주가 동일인이 아닌 경우에도 일괄경매신청권을 인정하는 방안 등이 위 판례[89]의 법정지상권의 부정을 완화하고 양 당사자의 공평성을 기할 수 있는 제도가 되리라 본다.

그러나 위의 판례와[90] 다르게 법정지상권을 인정하면 다음과 같은 부작용이 발생할 수도 있다. ⅰ) 저당권을 설정할 당시에 존재하는 구건물이 소멸된 후 재건축된 신건물에 공동순위의 저당권 설정의 이행을 하지 않거나, ⅱ) 집행에 임박하여 구건물을 철거하고 간이한 신건물을 지어 법정지상권의 성립을 주장하면서 저당권의 실행을 방해하는 악현상, ⅲ) 저당권 설정 당시 건물이 있다가 신축이 되었기 때문에 일괄경매신청과 법정지상권의 성립 여부의 논란, ⅳ) 저당권자가 건물의 철거를 동의하는 경우에도 저당권 설정자 이후 새로운 건물주가 저당권을 설정해주지 않거나, ⅴ) 합리적 금융제도의 운용 등에도 문제가 발생할 수 있어 당사자의 합리적 의사와 저당권자의 이익 등을 전체적으로 고려하여 볼 때 법정지상권을 부정하는 것이 더 합리적이라고 볼 수 있다.

---

87) 근저당 토지상에 미등기건물이 있는 경우 또는 장래 건물을 신축한 경우에 채권자는 채권보전 상 필요에 따라 청구할 수 있는데, 이때 설정자는 지체없이 그 보존등기를 하는 동시에 그 건물에 제1조에 의한 근저당권을 추가설정할 수 있다.

88) 종전에는 지상권자의 동의를 받아야 건축허가를 내어주었는데 현재는 허가관청 중 약 20% 정도는 지상권자의 동의 없이도 건축허가를 내어주고 있다.

89) 대판 2003. 12. 18. 98다43601.

90) 대판 2003. 12. 18. 98다43601.

3. 일괄경매신청권의 가부

(1) 일괄경매신청권 제도

민법 제365조에 의한 일괄경매의 법적성질은 토지에 대한 경매와 건물에 대한 형식적 경매가 혼합된 경매절차라는 견해[91]와 토지의 저당권에 내재하는 환가권이 토지뿐 아니라 건물에까지 미친다고 해석하게 되면 건물의 경매도 저당권의 실행으로서의 경매라는 견해와[92] 어느 견해에 의하더라도 결론에 곧바로 차이가 생기는 것은 아니지만 담보경매의 일종이라고 해석할 수 있다고 하는 견해가 있다.[93] 사견으로는 담보경매의 일종으로 파악하는 것이 타당할 것으로 본다. 일괄경매신청권은 결과적으로 토지저당권자의 담보권 보장의 방안으로 건물에도 경매청구권을 인정하고 있기 때문이다.

(2) 일괄경매신청권의 요건

1) 토지와 건물주가 동일인

일괄경매를 신청하기 위해서는 저당권 설정 당시와 실행 당시에 토지주와 건물주가 동일할 것을 요구하고 있다.

따라서 저당권 설정 당시에는 토지주와 건물주가 동일인이었는데 건물신축 중에 건물주가 변경되었다가 저당권 실행 당시에 동일인으로 되었다면 일괄경매신청권이 인정된다.

민법 제365조에 의한 일괄경매는 법정지상권제도와 상관관계를 가진 제도이고 법정지상권의 보호를 받을 수 없는 건물을 토지와 함께 일괄로 경매함으로써 토지저당권의 실행 후에도 건물을 존속시키려고 하는 사회경제적인 이익을 보장하려는 제도로 보고 있다.[94] 그래서 제3자가 건축한 건물도 일괄경매의 대상이 될 수 있다고 해석하는 견해도 있다.[95] 생각건대 공동저당의 목적인 구건물을

---

91) 競賣手續硏究會編, 新版競賣手續實務錄, 1972, 32면.
92) 不動産執行 にぉゅる 配當 硏究, 靑林書院, 1991, 52면.
93) 이균용, 공동저당권의 목적인 건물을 재건축한 경우에 법정지상권의 성부와 일괄경매의 가부, 사법논집 32집, 2001, 99면.
94) 이균용, 전게논문, 95면.
95) 右田文次郎, 前揭論文, 308면.

철거하고 신축한 경우에는 신건물의 소유자가 토지소유자와 동일인인지 여부의 요건을 완화하여 일괄경매의 범위를 확대하여 해석하는 방안이 필요하리라 본다. 그러면 건물과 토지를 일괄로 경매하여 건물을 철거하지 않아도 될 뿐만 아니라 토지만 경매한 경우보다 높은 금액으로 낙찰이 되어 채권회수도 용이할 것이다. 그러나 저당권 설정 당시 토지소유자가 소유하는 지상건물이 있는 때에는 법정지상권이 성립하며 제3자 소유의 건물이 있는 때에는 그자를 위하여 토지이용권을 설정할 수 있으므로 이때는 일괄경매신청권을 인정할 필요가 없을 것이다.[96)]

2) 저당권 설정 당시 건물의 존재 여부

일괄경매신청권이 인정되기 위해서는 저당권 설정 당시와 실행 당시에 토지에 저당권을 설정할 당시 건물이 부존재하여야 한다. 건물은 무허가·불법건물은 물론 건물의 존재가 예측되고 사회경제적으로 그 가치의 유지가 인정되고 있는 건물도 포함한다.

저당토지상에 건물이 축조되더라도 토지에 설정된 저당권의 효력은 건물에 미치지 않는다. 토지저당권자가 건물에 대하여 일괄경매신청을 한 경우 건물의 낙찰가액(매매가액)으로부터는 우선변제를 받을 수 없고 토지낙찰가액으로부터만 배당을 받을 수 있다. 그러나 토지만 저당권 실행을 할 경우와 달리 건물도 일괄로 경매를 진행하기 때문에 낙찰가액이 높아져 토지만 경매한 경우보다 채권회수가 원활할 것이다.

(3) 일괄경매신청권의 실무상 문제점과 해결방안

1) 토지주와 건물주가 동일인이 아닌 경우

① 문제의 제기

일괄경매신청권이 인정되기 위해서는 토지주와 건물주가 동일인이어야 한다.

토지주가 사망하여 상속인이 건물을 신축한 경우는 관계가 없지만 다음과 같은 경우는 문제가 된다. 첫째, 토지를 담보로 담보권을 설정한 후 설정자가 건물을 완공한 후 제3자와 짜고 양도한 경우, 둘째, 완공하기 이전에 부도가 나거

---

96) 이균용, 전게논문, 97면.

나 제3자에게 양도한 경우, 셋째, 설정자가 수급인에게 공사를 의뢰하였는데 나중에 수급인이 유치권을 행사하는 경우 등이 문제가 되고 있다.

② 문제의 해결

첫째의 경우는 담보권설정자가 채권의 해함을 알고 재산권을 목적으로 한 법률행위를 하였기 때문에 담보권자는 법원에 그 취소 및 원상회복을 청구하거나(민법 406조) 통정허위표시를 원인으로(민법 108조) 무효를 주장하여 건물에도 담보권을 설정할 수 있을 것이다.

둘째의 경우는 담보권설정자가 건물을 신축하다가 부도가 나서 다른 사람에게 양도를 한 경우나 담보권설정등기 이전에 제3자에게 처분한 경우에는 선순위 담보권을 설정할 수 없을 것이다. 따라서 이때는 즉시 신축건물의 처분을 금지하는 가처분을 하고 신축건물을 대상으로 근저당권설정등기청구소송을 제기하여 판결을 받아 단독으로 근저당권설정등기를 하여야 할 것이다. 담보권설정등기를 할 수 없는 경우에는 채무자에게 다른 담보의 보충을 청구할 수 있다. 만약 이행하지 않는 경우에는 타인의 점유 또는 권리의 목적이 된 자기의 물건 또는 전자기록 등 특수 매체기록을 취거, 은닉 또는 손괴하여 타인의 권리행사를 방해한 자는 5년 이하의 징역 또는 700만원 이하의 벌금에 처한다는 규정에 따라 검사나 사법경찰관에게 형사고소할 수 있을 것이다(형사소송법 237조 1항).

셋째의 경우는 유치권에 관한 민법 조항에도 불구하고 당사자 사이에 유치권배제의 특약을 하고 토지에 담보권을 설정하였다면 나중에 일괄경매신청권을 행사하여 건물도 정상적인 금액으로 낙찰이 이루어지리라 본다. 그러나 이러한 특약을 하지 않은 경우에는 건물에 일괄로 경매는 신청할 수 있지만 건물에 대한 유치권의 행사로 유찰이 많이 되어 결국 부실채권으로 전락하고 말 것이다. 판례는 "주택건물의 신축공사를 한 수급인이 그 건물을 점유하고 있고 또 그 건물에 관하여 생긴 공사금 채권이 있다면, 수급인은 그 채권을 변제받을 때까지 건물을 유치할 권리가 있다고 할 것이고, 이러한 유치권은 수급인이 점유를 상실하거나 피담보채무가 변제되는 등 특단의 사정이 없는 한 소멸되지 않는다"[97] 고 보고 있다.

---

97) 대판 1995. 9. 15. 95다16202.

그런데 위의 사례와 달리 담보권설정자가 기성단계에 따라 공사대금을 받아 공사를 하고 있는데 담보권자가 부도가 나서 공사를 하지 못하는 경우가 발생한 경우 담보권설정자의 입장에서는 어떻게 해야 할 것인가? 하는 문제도 발생할 수 있을 것이다. 이때 공사를 완공하여 담보권설정자의 명의로 소유권등기를 하면 담보권자의 채권자는 토지와 건물을 일괄경매하여 대여금에 대한 배당을 청구할 것이다. 담보권설정자의 입장에서 보면 공사를 완공한 후 담보권자에게 대여금을 변제하지 못하면 목적물이 경매처분되는 입장에 놓이게 될 것이다.

2) 나대지에 담보권을 설정한 경우

① 문제의 제기

을이 건물이 없는 토지를 갑에게 담보로 제공하고 금전을 차용하고자 한다. 갑은 을의 토지를 담보로 저당권설정과 동시에 지상권설정을 하고 금전을 대여하였다. 그런데 이때 을이 갑의 동의없이 건물을 지을 수 있는지와 제3자가 건물에 대하여 유치권을 행사하여 저당권을 부실채권화 시키는 문제가 발생하고 있다.

② 문제의 해결

채권자가 지상건물이 없는 토지상에 저당권을 설정하는 경우 그 토지상에 지상권까지 설정하는 것이 일반적이다. 이는 저당권자가 저당토지의 이용권까지 확보함으로써 저당토지상에 건물이 축조되는 것을 방지하기 위해서이다. 지상권이 설정되어 있는 토지에 대하여 건물을 신축하고자 할 때에는 건축허가신청서에 지상권자의 토지사용승낙서를 첨부하도록 하고 있는 것이 일반적이나 일부에서는 공법적인 법률관계인 건축허가에 이를 개입시킬 필요가 없다는 이유로 그 첨부를 요하고 있지 않다. 아예 저당권이나 지상권을 등기하기 이전에 건축허가를 받아 놓는 경우도 있다. 법원은 지상권자의 동의 없이 건물을 신축한 경우 토지저당권자는 토지의 사용을 목적으로 하는 것이 아니라 저당권의 효력을 강화하기 위한 것이므로 이 경우 지상건물에 대한 철거를 인정하고 있지 않다. 따라서 저당권자는 설정등기 이전에 관할관청에 건축허가 여부를 미리 확인하는 것이 바람직하다. 이외에도 담보권 확보를 위하여 저당권설정자가 아닌 제3자가 건물을 신축하는 때에는 제3자와 연서하여 추가로 담보를 제공한다는 각서를 미리 받아 놓는다.

제3자가 채무자와 건물공사도급계약을 체결하고 건물을 축조하였는데, 채무자가 공사대금을 지급하지 않아 제3자가 건물에 대하여 유치권을 행사하거나 고의적으로 유치권을 행사하여 나중에 담보권이 부실채권화되는 경우가 많다. 따라서 이때는 유치권 배제의 특약을 담보권설정계약시에 기재하고, 공사내금을 건물의 기성단계에 따라 대여하는 방안이 필요하다.

3) 미등기건물있는 토지에 담보권을 설정한 경우

① 문제의 제기

갑은 을의 토지에 담보권을 설정하기 위해 현장을 갔는데 공부상으로는 나대지로 되어 있으나 실제현황은 미등기건물이 있다. 나중에 이 토지를 담보권 실행할 때 채권보전상 문제는 없는가? 낙찰이 된 경우 미등기건물의 소유주가 법정지상권을 주장할 수 있는가? 등이 문제된다.

② 문제의 해결

이때는 토지에 저당권을 설정하고 건물에는 양도각서를 받아 놓지만 실무상 어려움이 있다.

결국 법정지상권을 배제하는 특약을 하고 있는데 그 특약도 당사자 간에 채권적 효력만 있을 뿐이다. 판례는 민법 제366조는 가치권과 이용권의 조절을 위한 공익상의 이유로 지상권의 설정을 강제하는 것이므로 저당권 설정 당사자 간의 특약으로 저당목적물인 토지에 대하여 법정지상권을 배제하는 약정을 하더라도 그 특약은 효력이 없다고 보고 있다.[98]

4) 담보설정된 부동산을 헐고 신축한 경우

① 문제의 제기

갑 은행은 을 소유의 토지와 건물에 공동으로 근저당권을 설정하고 10억원을 대출하였다.

갑 은행은 을의 계속된 연체로 근저당권 실행을 위하여 현장을 답사하였다. 그런데 구건물을 헐고 건축허가를 득하여 공사를 하고 있는 것이다. 공사는 90% 이상의 공정이 끝나고 준공검사만 이뤄지지 않은 상태이다. 여기서 갑 은행이 취할 수 있는 담보권 실행의 방안이 문제된다.

---

98) 대판 1988. 10. 25. 87다카1564.

② 문제의 해결

근저당권설정자가 구 건물을 헐고 새 건물을 축조한 경우에 저당권자는 근저당권설정자로부터 신축건물을 담보로 제공받거나 새로운 담보를 제공받는 것이다. 저당권설정자가 임의로 이행을 하지 않거나 저당권자는 저당권설정자의 책임있는 사유로 인하여 저당물의 가액이 현저히 감소된 때에는 저당권자는 저당권설정자에게 대하여 그 원상회복 또는 상당한 담보제공을 청구할 수 있다(민법 362조).

그리고 은행거래에서 채무자 또는 보증인의 신용악화·담보가치의 감소등의 사유로 은행의 채권보전상 필요하다고 인정된 때에는 채무자는 은행의 청구에 의하여 은행이 인정하는 담보를 제공하거나 보증인을 세워야 한다(은행여신 거래 기본약관 표준서식 6조 1항). 은행 표준서식인 근저당권설정계약서 제2조 제2항에서는 "근저당 토지상에 미등기건물이 있는 경우, 장래 나대지에 건물을 신축한 경우, 구건물을 헐고 신축한 경우에 채권자는 채권보전상 필요에 따라 청구하는 때에는 설정자는 지체없이 그 보존등기를 하는 동시에 그 건물에 제1조에 의한 근저당권을 추가 설정할 수 있다"고 규정하고 있어 갑 은행은 을을 상대로 신축건물에 대하여 근저당권설정등기청구소송을 제기하여 승소·판결을 득한 후 근저당권 설정등기를 할 수 있다. 그러나 본 건물이 아직 준공검사를 득하지 못하고 있기 때문에 민사집행법 제81조 제1항 제2호 단서와 제3항 및 제4항에 의하여 우선 처분금지가처분을 하고 소유권보존등기를 완료한 후 근저당권설정등기를 하여야 할 것이다. 만약 신축건물이 건축허가된 내용과 상이하여 가처분이 각하된 경우에는 부득이 토지만 담보권을 실행하여야 할 것이다. 이때는 법정지상권이 발생하지 않기 때문에 일단 갑이 매입하고 채무불이행을 이유(민법 544조)로 토지인도소송을 제기하여 승소 판결을 받은 후 건물주에게 토지를 매도한다. 본 사안에서는 담보물 보충청구권을 행사하여 건물에서도 우선변제권을 행사할 수 있는 것이 타당하지만 대출연체액이 누적되어가는 상황이라면 우선 일괄경매를 신청한다. 이때 건물에 대하여 소유권보존등기가 되어 있는 경우는 근저당권설정등기청구 소송을 하고 청구권 보전을 위해 처분금지가처분이나 가등기가처분을 한다. 소유권보전등기가 되어 있지 아니한 경우에는 소유권증명을 하여 처분금지가처분 등의 방법으로 소유권 보전을 한 후 근저당권설정등기청구소송을 하는 방법으로 완료하여 집행법원에 권리신고를 하고 이후 토지배당금액에 대해서는 배당기일에 우선변제를 받으며 건물배당금액에 대해서는 근저당권설정등기청구소송의 승소판결에 따라 공탁금을 수령한다.

제4절
전세권과 경매

 제1항 전세권의 의의

전세권은 전세금을 지급하고 타인의 부동산을 점유하여 그 부동산의 용도에 좇아 사용·수익하는 용익물권으로서 그 부동산 전부에 대하여 후순위권리자 기타 채권자보다 전세금의 우선변제를 받을 권리가 있다(민법 303조 1항).

 제2항 전세권의 권리분석

1. 전세권이 소멸되는 경우와 인수되는 경우

① 이와 같은 전세권은 용익물권이면서 담보물권적인 성격을 가지고 있기 때문에 법원경매에서 양 성질이 나타나고 있다.

즉, 용익물권적인 성질로 최초근저당(최초가압류, 이하 동일)보다 앞선 일자로 전세권이 설정되어 있는 경우에는 전세권자에게 대항력이 인정되어 경락인이 원칙적으로 전세권자의 보증금과 존속기간을 인수해야 한다.

② 최초근저당보다 앞선 일자로 전세권등기가 되어 있을 때에는 경락으로

전세권이 소멸되지 않는 것이 원칙이지만 예외적으로 전세권자가 배당요구종기일까지 배당요구신청을 하면 존속기간이 만료하지 않았더라도 법원에서 배당을 받고 말소된다. 이때에 주의할 것은 전세권자가 법원에서 전액배당받지 못한 경우에는 경락인이 배당 받지 못한 전세권자의 보증금을 인수해야 한다는 것이다. 그러한 이유는 전세권자에게 대항력이 있기 때문이다.[1]

③ 최초근저당 설정일자보다 이후에 설정된 전세권은 경락인에게 보증금과 존속기간을 주장할 수 있는 대항력은 없고 단지 법원에서 배당만 받을 수 있는 우선변제적 효력이 있을 뿐이다. 따라서 최초근저당보다 이후에 설정된 전세권은 설사 낙찰대금으로부터 변제를 받지 못하였더라도 법원의 직권으로 관할등기소에 말소촉탁등기를 하게 된다. 이때 전세권자가 못 받은 보증금에 대해서는 일반채권으로 남기 때문에 다시 채무자를 상대로 법원에 소송을 제기하여 판결을 받아 그 판결(집행권원)에 기하여 채무자가 가지고 있는 부동산이나 동산에 대하여 경매를 신청할 수 있고, 채권에 대해서는 압류 및 추심명령 또는 압류 및 전부명령을 받아 보증금을 회수할 수 있을 것이다. 최초근저당보다 이후에 설정된 전세권이 경매개시결정 이전에 등기를 한 경우에는 배당요구신청을 하지 않더라도 물권적·우선변제적 순위에 따라 배당을 받는다.

다만 경매개시결정등기일 이후 전세권등기를 한 경우에는 배당요구신청을 배당요구 종기일까지 해야 우선변제를 받을 수 있다.

④ 전세권과 저당권이 경합하는 경우 전세권이 저당권보다 선순위일 경우 전세권자가 경매를 신청하면 둘 다 소멸하지만 그보다 후순위인 저당권자가 경매를 신청하면 전세권은 원칙적으로 소멸하지 않고 전세권자가 배당요구 종기일까지 배당요구신청을 한 경우 소멸한다.

---

[1] 민사집행법 제91조 제4항은 예외적으로 "전세권이 최초근저당이나 압류채권이나 또는 가압류채권보다 이전에 설정되어 있을지라도 첫 경매기일 이전까지 배당요구를 하면 경락으로 소멸한다"고 규정하고 있다(민사집행법 91조 3항·4항).

2. 기한의 정함이 없는 전세권

전세권의 존속기간에 관해서 양 당사자는 설정행위로 정할 수도 있고, 아니면 기간을 정하지 아니할 수도 있다. 전세권의 기간을 약정한 경우에는 최장기간의 제한으로 10년 이상을 원칙적으로 할 수가 없다. 그리고 건물인 경우는 최단기간의 제한으로 1년 이내로 정한 전세권기간은 1년으로 본다. 그리고 전세권기간을 정한 경우에도 전세권설정자가 계약기간 종료 6월에서 1월까지 사이에 계약의 변경이나 종료의 통지를 전세권자에게 하지 않은 경우에는 그 전세기간이 만료된 후, 전 전세권과 동일한 조건으로 다시 계약한 것으로 본다. 이를 법정갱신 또는 묵시의 갱신이 이루어졌다고 한다. 이때는 존속기간은 정함이 없는 것으로 보아 양 당사자는 언제든지 계약의 해지통고를 할 수가 있고, 양 당사자가 계약해지통고를 한 경우 6개월 후에 전세권은 소멸하게 된다.

법정갱신으로 인한 존속기간의 정함이 없는 전세권이나 아예 존속기간을 약정하지 않은 전세권은 설사 최초근저당보다 앞선 일자로 설정되어 있더라도 낙찰이 되면 배당순위에 따라 배당을 받고 말소가 된다.

3. 주택임대차보호법상의 임차인으로서 전세권을 설정한 경우

주택임차인으로서의 우선변제를 받을 수 있는 권리와 전세권자로서 우선변제를 받을 수 있는 권리는 그 근거규정 및 성립요건을 달리하는 별개의 권리이기 때문에 최초근저당보다 앞선 일자로 대항력 요건을 갖추고 주택에 살고 있는 임차인이 임대차계약과는 별도로 전세권설정등기를 경료하여 법원에서 일부 배당을 받았다면 대항력은 계속 존속하기 때문에 전세권에 의해 배당 받지 못한 금액에 대해서는 경락인이 임차인의 보증금을 인수해야 한다.[2]

---

2) 대판 1993. 12. 24. 93다39676.

4. 전소유자가 주택의 임차인으로서 대항력과 전세권까지 가지고 있는 경우

전소유자가 20.[3] 2. 2. 주민등록전입을 갖추고 있던 중 20. 4. 4. 주택을 매도하고 20. 3. 3. 임대차계약을 체결하여 임차인으로 되었다(점유개정에 의한 인도방법). 이후 현소유자는 주택에 저당권을 20. 5. 5. 설정하였고, 전소유자였던 임차인이 불안한 마음에 20. 6. 6. 전세권설정을 하였다. 이때 전세권자가 낙찰금액이 낮아 법원에서 일부만 배당을 받은 경우에 나머지 보증금에 대하여 대항력을 주장하여 경락인에게 인수를 주장할 수 있는가? 결론은 임차인으로 대항력을 주장할 수 없다. 왜냐하면 소유권이전등기 전에 임대차계약을 체결하면 임대차계약서로는 임차인일지 몰라도 등기부상에는 임차인이 아직까지 소유자로 되어 있기 때문에 결국은 임차인이면서 소유자가 혼자 임대차계약을 체결한 결과가 되기 때문이다. 언젠가 이런 경우로 전소유주가 소유권이전등기보다 빨리 임대차계약을 체결하여 보증금을 주장할 수 없는 경우가 있었다.

비슷한 케이스로 대법원까지 올라간 사건이 있어 소개한다. 전소유자가 살던 집을 팔고 그 집을 임차하는 경우 전소유자는 아무런 저당권도 설정되어 있지 않은 깨끗한 상태의 부동산에 주민등록 전입신고가 이미 되어 있기 때문에 안심하고 그 집에 대한 임대차계약을 체결하고 확정일자를 받아 두었다. 그러나 이와 같은 임차인이 보호를 받는 줄 알고 있다가 나중에 경매로 넘어갔을 때 불의의 손해를 입는 경우도 있다. 왜냐하면 집을 산 매수인이 잔금이 부족하여 은행에서 저당권을 설정하고 대출을 받았는데 저당권을 설정한 날이 소유권이전을 한 날과 같은 날이라면 전소유자인 임차인은 대항력을 상실하고[4] 확정일자의 효력도 저당권보다 이후에 발생하기 때문에 은행인 저당권자가 우선변제를 받고 난 나머지가 있을 때 경락인이 확정일자에 의해 우선변제를 받을 수 있기 때문이다. 그러한 이유는 전소유자가 임차인으로 인정받는 것은 소유권을 이전한 다

---

3) 본서에서의 집행권원, 부동산경매사례물건 등에 대한 연도 표시는 해당하는 연도를 가능한 모두 "20."으로 표시하기로 하고 월과 일자만 가능한 사례에 해당하는 일자로 표시한다. 그렇게 연도를 "20."으로 표시를 하더라도 월(月)과 일자(日)만으로 권리분석 등은 가능하도록 하였음.

4) 경락인에게 보증금의 인수를 주장할 수 있는 대항력을 의미한다.

음 날로부터이기 때문이다. 즉, 매수인이 소유권이전등기를 하기 이전에 임차인이 대항력과 확정일자의 요건을 갖추었다고 하더라도 매수인 앞으로 소유권이전등기를 한 익일부터 그 효력이 발생한다. 소유권이전일과 저당권을 설정한 은행의 일자가 동일한 경우에는 저당권의 효력은 당일부터 발생하고 임차인의 대항력은 소유권이전을 한 그 다음 날부터 발생하기 때문이다. 결국 임차인은 저당권자가 우선배당을 받고 난 나머지가 있을 경우에 배당을 받을 수 있게 된다. 따라서 소유자가 집을 팔면서 다시 그 집에 임차인으로 있겠다고 한다년 가능한 한 소유권이전일자에 매수인이 근저당권을 설정하였는지 확인하고 임대차계약을 체결하는 것이 바람직할 것이다.

🔺 제 3 항 전세권이 대항력 유무의 기준이 될 수 있는지

전세권은 최초근저당이나 가압류와 같이 임차인의 대항력 유무의 기준이 될 수 없다. 왜냐하면 건물의 일부를 목적으로 하는 전세권은 그 목적물인 건물부분에 한하여 효력이 미치기 때문이다. 따라서 임차인의 대항력요건(주민등록전입+계약+인도)이 최초 근저당설정일자보다 앞선 일자로 되어 있고 전세권설정일자보다 이후에 되어 있는 경우, 이때 임차인은 전세권일자를 기준으로 대항력의 유무를 삼는 것이 아니고 최초근저당일자를 기준으로 대항력의 유무를 결정해야 함으로 임차인은 대항력이 있다. 즉, 전세권은 임차인의 대항력 유무의 기준으로 삼을 수는 없다는 것이다. 다음의 예에서 구체적인 내용을 살펴본다.

낙찰: 1억원
김철수: 전세권자 20년 7월 7일 1억원
김우선: 임차인 20년 8월 8일(전입+계약+점유) 1억원
김정미: 근저당 20년 9월 9일 1억원
김미숙: 저당권 20년 10월 10일 1억원

① 이와 같이 1억원에 낙찰되었을 경우 전세권은 대항력기준이 될 수 없기 때문에 임차인은 경락인에게 대항력을 주장할 수 있게 된다.

② 이유는 최초근저당 김정미보다 앞선 일자로 대항력 요건을 갖추고 있기 때문이다. 참고로 대항력 요건은 주민등록전입＋계약＋점유만 한 상태에서 최초근저당보다 앞선 일자로 되어 있는 경우 인정되고, 확정일자는 받지 않아도 효력이 발생한다. 다만 전세권이 건물의 전부를 목적으로 한 전세권으로 매각으로 소멸되는 전세권인 경우에는 말소기준권리에 해당한다. 따라서 이런 경우는 전세권보다 이후의 임차인은 대항력이 없기 때문에 경락인에게 보증금의 인수를 주장할 수 없다.

 ## 제 4 항 전세권에 기한 경매신청방법

1. 전세권등기가 되어 있는 경우의 경매신청

전세기간 만료 후 전세금 반환을 목적으로 경매를 신청하기 위해서는 전세권자는 전세목적물 인도의무 및 전세권설정등기의 말소의무와 전세권설정자(집주인)의 전세금반환채무가 동시이행의 관계에 있으므로 먼저 전세권자가 전세목적물의 인도의무 및 전세권설정등기의 말소의무의 이행제공을 완료하여 전세권설정자를 이행지체에 빠뜨려야 한다. 그렇게 하기 위해서는 전세권설정자에게 보증금반환 즉시 전세목적물의 명도와 아울러 전세권말소등기를 하여 주겠다는 내용증명을 발송하여 주어야 할 것이다.

2. 전세권등기를 하지 않은 경우의 경매신청

전세권등기를 갖추지 않은 임차인이 보증금을 반환받지 못해 자기가 살고 있는 집을 경매신청하기 위해서는 우선 집행권원(채무명의)이 있어야 한다. 집행권원은 공정증서, 소액심판청구, 조정조서, 화해조서, 전세금반환청구소송 등에 의한 확정판결 등이 해당한다. 집행권원에 집행문을 부여받아 부동산등기부등본·강제경매신청서·예납금 등을 준비하여 부동산소재지 집행법원에 신청하면 경매를 할 수 있다. 만약 주택에 살고 있는 임차인이 경매를 신청하는 경우는 주택임대차보호법 제3조의2 제1항의 신설로 반대의무의 이행 또는 이행의 제공을 하지 않은 상태[5]에서도 경매를 신청할 수 있게 되었다. 즉, 이사를 가지 않고 살고 있는 상태에서도 경매를 신청할 수 있다.

---

5) 임차인이 임차주택에 대하여 보증금반환청구소송의 확정판결 기타 이에 준하는 채무명의에 기한 경매를 신청하는 경우에는 민사집행법 제41조 제1항의 규정에 불구하고 반대의무의 이행 또는 이행의 제공을(주택에 살고 있는 임차인이 주택을 임대인에게 명도하여 주지 않고 경매를 신청할 수 있다) 집행개시의 요건으로 하지 않는다(주택임대차보호법 3조의2 1항).

제 5 절
유치권과 경매

제1항 서설

1. 유치권의 의의

유치권이란 타인의 물건이나 유가증권을 점유한 자가 그 물건이나 유가증권에서 생긴 채권이 변제기에 있는 경우에 변제를 받을 때까지 그 물건 또는 유가증권을 유치할 수 있는 권리를 말한다(민법 320조 1항). 타인의 물건이나 유가증권을 점유하는 자가 그 물건이나 유가증권에 관한 채권을 가지고 있는 경우에 그 채권의 변제를 받기 전에 그 점유자가 먼저 그 물건이나 유가증권을 인도하여야 한다면 채권의 추심이 어려워진다. 따라서 이렇게 부당한 결과를 방지하기 위하여 그 채권의 변제를 받을 때까지 그 물건이나 유가증권의 반환을 거부할 수 있도록 함으로써 사실상 우선변제를 받을 수 있게 한 것이다. 유치권은 당사자의 의사와는 관계없이 일정한 요건만 갖추면 당연히 인정되는 법정담보물권이므로 등기를 요하지 않기 때문에 유치권의 성립 여부를 면밀히 분석한 후 입찰에 참여해야 불의의 손해를 입지 않을 것이다.

2. 유치권의 법적 성질

① **법정담보물권**　유치권은 일정한 요건을 갖출 때에 당연히 성립하는 법정 담보물권이다.

② **부종성**　유치권은 채권이 발생하지 않거나 소멸하는 때에는 유치권도 발생하지 않거나 소멸한다. 유치권은 담보물권 중에서 부종성의 특징이 가장 두드러지게 나타난다.

③ **수반성**　유치권은 특정의 채권을 담보하는 것이므로 채권이 이전하면 유치권도 그에 따라 이전한다.

④ **불가분성**　유치권자는 채권의 전부를 변제받을 때까지 목적물의 전부에 대하여 그 효력을 주장할 수 있다.

⑤ **물상대위성**　유치권은 법정담보물권이기는 하지만 다른 담보물권처럼 우선변제권이 없기 때문에 물상대위성은 인정되지 않는다. 그러나 경매신청권은 인정된다.

 제2항 유치권의 성립요건

1. 유치권의 목적물

유치권의 목적이 될 수 있는 것은 동산·부동산과 유가증권이다. 부동산 유치권이나 유가증권 유치권의 경우에는 등기나 배서가 필요하지 않다. 유치권은 점유를 필요요건으로 하여 점유에 의하여 발생과 소멸의 운명을 같이 하기 때문이다.

2. 채권과 목적물의 견련성

유치권은 채권의 발생이 목적물에 의하기 때문에 채권과 목적물 사이에는 견련성이 있어야 한다. 예컨대 점유자가 물건을 보존하기 위하여 지출한 금액은 청구하여 받을 수 있다.[1] 임차인이 임차목적물을 사용하기 위해 지출한 필요비는 목적물과 필요비 사이에 견련성이 있기 때문에 유치권이 성립하게 된다. 이에 따라 임대인은 필요비를 지불할 의무를 부담한다. 그러나 갑이 건물 신축공사 수급인 주식회사와 체결한 약정에 따라 공사현장에 시멘트와 모래 등의 건축자재를 공급한 사안에서, 갑의 건축자재대금채권은 매매계약에 따른 매매대금채권에 불과할 뿐 건물 자체에 관하여 생긴 채권이라고 할 수는 없기 때문에 유치권의 성립요건인 채권과 물건 간의 견련관계가 없다.[2]

3. 채권의 변제기

채권이 변제기에 있어야 한다. 즉, 채권이 변제기에 도래하지 않는 동안에는 유치권이 발생하지 않는다.

유치권은 그 목적물에 관하여 생긴 채권이 변제기에 있는 경우에 비로소 성립하고(민법 320조), 한편 채무자 소유의 부동산에 경매개시결정의 기입등기가 마쳐져 압류의 효력이 발생한 후에 유치권을 취득한 경우에는 그로써 부동산에 관한 경매절차의 매수인에게 대항할 수 없다. 따라서 채무자 소유의 건물에 관하여 증·개축 등 공사를 도급받은 수급인이 경매개시결정의 기입등기가 마쳐지기 전에 채무자로부터 건물의 점유를 이전받았다 하더라도 경매개시결정의 기입등기가 마쳐져 압류의 효력이 발생한 후에 공사를 완공하여 공사대금채권을 취득함으로써 그때 비로소 유치권이 성립한 경우에는, 수급인은 유치권을 내세워 경매절차의 매수인에게 대항할 수 없다.[3]

4. 목적물의 점유

유치권은 목적물을 점유하고 있어야 하며, 그 점유는 직접점유인지 간접점

---

1) 대판 1975. 2. 22. 78다2010.
2) 대판 2012. 1. 26. 2011다96208.
3) 대판 2009. 1. 15. 2008다70763.

유인지를 묻지 않고 인정된다.

5. 불법행위로 인한 점유가 아닐 것

점유가 불법행위로 인한 경우에는 유치권은 성립하지 않는다(민법 320조 2항).

 제 3 항 유치권의 효력

1. 유치권자의 권리

① **목적물의 유치** 유치권자는 채권의 전부를 변제받을 때까지 목적물을 유치할 수 있다(민법 320조 1항).

② **경매권과 우선변제권**

③ 유치권자는 채무의 변제를 받기 위하여 목적물을 경매할 수 있다(민법 322조 1항). 그러나 우선변제권은 가지지 않기 때문에 경매배당에서 제외될 수밖에 없다. 그러나 민사집행법 제91조 제5항은 "유치권이 부동산에 존재하는 경우에 경락인은 그 유치권으로 담보한 채권을 변제할 책임이 있다"고 규정하고 있다.

그리고 유치권자는 정당한 이유가 있는 때에 감정인의 평가에 의하여 유치물로 직접변제에 충당할 수 있는 간이변제충당권을 법원에 청구할 수 있다(민법 322조 2항 전단).[4] 이 경우 유치권자는 미리 채무자에게 통지하여야 한다(민법 322조 2항 후단).

④ **과실수취권** 유치권자는 유치물의 과실을 수취하여 다른 채권자보다 먼저 채권의 변제에 충당할 수 있다(민법 323조 1항). 수취한 과실은 먼저 채권의 이

---

4) 간이변제충당권은 목적물의 가치가 적어서 경매에 부치는 것이 부적당한 경우에 유치권자는 감정인의 평가에 의하여 유치물로 직접 변제에 충당할 것을 법원에 청구할 수 있다. 법원이 간이변제충당을 허가하는 결정을 하면 유치권자는 유치물의 소유권을 취득하게 된다. 이때 유치물의 평가액이 채권액을 초과하는 경우 유치권자는 그 초과액을 채무자에게 상환하여야 한다.

자에 충당하고 그 나머지가 있을 경우에는 원본에 충당한다(민법 323조 2항). 그리고 과실이 금전이 아닌 때에는 경매하여 환가할 수 있다.

⑤ **유치물 사용권**   유치권자는 채무자(소유자)의 승낙이 있는 경우 유치물의 사용·대여 또는 담보제공을 힐 수 있고(민법 324소 2항), 승낙을 얻지 않았더라도 보존이 필요한 범위 내에서 유치물을 사용할 수 있다(민법 324조 2항 단서). 예컨대 건물에 대한 유치권을 가진 자가 그 건물의 일부인 큰 홀에 대하여 일정기간 타인에게 대여하여 그곳에서 영화를 상영케 한 것은 보존에 필요한 사용이라고 판례는 보고 있다. 다만, 여기서 사용이익은 부당이득이므로 채무자에게 반환하여야 할 것으로 보고 있다.

⑥ **비용상환청구권**   유치권자는 유치물에 관하여 필요비와 유익비를 지출한 때에는 소유자에게 그 상환을 청구할 수 있다.

⑦ **유치권의 파산**   유치권자가 파산한 경우에는 유치권자는 별제권을 가진다(파산법 84조).

2. 유치권자의 의무

① **선량한 관리자**   유치권자는 선량한 관리자의 의무로서 유치물을 점유하여야 한다.

② **유치물의 사용·대여**   유치권자는 채무자의 승낙 없이 유치물의 사용·대여 또는 담보제공을 하지 못한다(민법 324조 2항 본문). 다만, 보존에 필요한 사용은 승낙이 없더라도 할 수 있다.

제 4 항 경매에서 유치권의 성립문제

용도	사건번호 20-10275	소재지	면적(평방)	권리분석	임차관계	감정평가액 최저경매가
근린 주택	숭인(새) 김은경 김은경	서울시 종로구 숭인동 20-215호 위 지상 *배춘옥, 이임 우 부부의 공 사대금 2,000 만원에 기인한 유치권신고 있 으나 성립 여 부 및 범위 불분명함.	대 249.9 중 /249.9 김정환 지분100/249.9 (45.3평) 건1층 73.92 (22.36평) -방3, 주방, 거실 2층71.27 (21.56평) 방5, 화장실2, 주방2 3층 20. 6. (22.1평)	임의 20. 11. 29. 숭인(새) 근저 20. 7. 1. 숭인(새) 1억3천만원 가압 20. 11. 27. 박정일 2000만원 발급일자 20. 12. 24.	(1층일부 - 방 1) 배춘옥 1억2천 만원 전입 20. 6. 7. 확정 20. 7. 27. 배당 20. 11. 8. -배춘옥의 동 생 (1층일부 - 방 1) 김복희 1억 8 천만원 전입 20. 6. 8. 배당 20. 11. 8.	425,288,410 300,000,000 내성감정 20. 12. 20. 유찰 : 20. 5. 27. 유찰 : 20. 7. 3. 유찰 : 20. 8. 7. 변경 : 20. 9. 11. 낙찰 : 20. 10. 23. 변경 : 20. 11. 27.

이 물건은 숭인(새)에서 채무자 겸 소유자인 김은경이 저당권을 설정하고 변제기일이 지나도록 이행을 하지 않자 경매를 신청한 물건이다. 등기부상의 권리관계는 낙찰이 되면 모두 말소대상이 되기 때문에 이상이 없다. 임차관계에 있어서 임차인 배춘옥은 대항력과 확정일자를 받았는데 확정일자를 늦게 받았기 때문에 배당금액이 없어 결국 낙찰자에게 대항력으로 인수를 주장하게 된다. 그리고 그 동생 김복희는 대항력은 인정되지만 확정일자는 받지 않았기 때문에 우선변제적 효력은 없다. 따라서 경락인에게 대항력으로 보증금의 인수를 주장할 수 있다. 그렇게 해서 임차인의 권리분석을 하면 된다. 문제는 임차인 배춘옥, 이임우 부부가 신고한 유치권이다. 유치권이 인정되면 경락인은 유치권의 금액을 변제해 주어야 하는 문제, 유치권자는 피담보채권액을 변제받을 때까지 목적물을 점유할 수 있다는 데서 문제가 발생한다. 유치권이 인정될 수 있는 물건을 낙찰받으려고 하는 매수인은 유치권에 대한 성립요건과 효력, 그리고 그에 대한 경매에서의 법적 관계들을 정확히 분석하고 입찰에 참여해야 한다. 이하에서 경매에서의 유치권의 내용을 살펴보도록 한다.

1. 필요비와 유익비의 성립요건

유치권이 발생하는 경우는 각양각색이지만 경매에 있어서는 건물을 건축하면서 건설비를 받지 못한 시공업자가 유치권을 주장하는 경우가 일반적이고 이외에 임차인이 부동산을 사용하면서 지출한 필요비와 유익비에 대해 유치권의 성립을 주장하고 있는 경우가 주로 문제되고 있다. 실질적으로 시공업자가 건물을 건설하다 부도로 중지되어 건설비를 받지 못한 경우 판례는 "시공업자에게 건설비를 받을 때까지 목적물을 점유할 수 있는 유치권이 인정된다"고 판시하고 있어 공사를 하다 부도로 중지되어 있는 부동산을 낙찰받으려고 하는 사람은 유치권의 성립을 면밀히 살펴보고 입찰에 참여해야 할 것이다. 그리고 임차인이 목적물을 사용하면서 지출한 필요비와 유익비에 대해서도 유치권의 성립을 인정하고 있기 때문에 이에 대하여 면밀히 성립요건을 분석한 후 입찰에 참여해야 할 것이다.

(1) 필요비의 성립요건

① 임차인 또는 점유자 등이 목적부동산을 점유하는 데 대해 정당한 권원이 있어야 비용상환청구권을 주장할 수 있다.

② 소유자 아닌 자가 필요비를 지출한 때에는 소유자(임대인)의 사전동의 또는 사후동의를 받았어야 하고, 동의를 받지 않고 지출한 비용에 대해서는 비용상환청구권이 인정되지 않는다고 보고 있다. 그러나 필요비와 유익비는 임의규정이기 때문에 임대인의 동의 없이도 발생하는 것으로 보아야 할 것이다.

③ 임차목적물을 상환할 때 원상회복 등의 약정이나 비용상환청구권의 발생을 배제하는 특약이 없어야 한다.[5]

④ 필요비상환청구권은 즉시 청구할 수 있고, 목적물을 임대인이 반환받은 날로부터 6개월 내에 청구해야 한다.

---

5) 임차인이 지출한 필요비와 유익비에 대해서 판례는 유치권의 성립을 인정하고 있기 때문에 당사자간에 임대차계약을 체결하면서 단서상에 "임대차계약 종료 후 목적물에 대하여 현상 그대로 반환한다"고 특약을 한 경우에는 유치권의 성립을 배제하고 있는 것이기 때문에 인정되지 않는다. 왜냐하면 필요비와 유익비의 성립에 대하여 임차인은 임대인에게 청구할 수 있지만(민법 626조 1항·2항), 본 규정은 임의규정이기 때문에 당사자의 특약으로 배척을 할 수 있고 배척을 하면 유치권이 인정되지 않기 때문이다.

(2) 유익비의 성립요건

① 유익비는 목적부동산의 객관적인 가치를 증가시켰을 경우에 인정된다.[6]

② 유익비 청구권자는 목적물의 가치를 증가시켰을 경우에 증가한 금액이나 지출한 금액을 임대인에게 청구할 수 있는데 임대인은 선택하여 임차인에게 지불할 수 있다.

③ 유익비도 임대인이 목적물을 반환받은 날로부터 6개월 내에 청구해야 한다.

2. 경매실무에서의 필요비와 유익비

(1) 비용상환청구권을 인정하여 배당을 한 사례

1) 주택임차인이 고장난 기름보일러를 수리하는 대신 가스보일러로 교체 시설하여 지출한 비용은 필요비와 유익비 등의 비용상환청구권을 인정할 수 있어 배당을 인정한다(서울지방법원 1999. 4. 29).

2) 주택의 임차인이 집 앞 통로의 포장비용을 지출한 경우 비용상환청구권에 기한 배당요구를 한 경우 유익비로 인정하여 배당을 하여 주었다(인천지방법원 1998. 11. 24).

(2) 비용상환청구권을 부정하여 배당하지 않은 사례

1) 주택임차인이 방바닥의 균열로 인한 연탄가스중독의 위험을 예방하기 위하여 방바닥 수선을 위해 지출한 비용은 임차인의 통상의 수선 및 관리의무에 포함된다고 하여 배당하지 않는다.

2) 임차인이 다방 경영에 필요한 시설을 하기 위하여 지출한 비용은 필요비 또는 유익비에 해당하지 않는다(대판 1968. 12. 17. 68다1928).

---

6) 임차목적물의 객관적 가치를 증가시키는 것이 아니라 특정 영업을 영위하는 데 필요한 시설비용은 유익비가 인정되지 않는다. 즉 집주인의 동의 없이 임차목적물 일부를 개조하였을 경우 그로 인한 집값 상승 같은 객관적 가치를 증가시킨 '유익비'나 보존에 지출한 '필요비'로 인정되면 유치권이 인정될 수 있으나, 임차목적물의 본래의 사용용도·목적에 크게 위배한 경우에는 계약해지의 사유가 될 수 있고 또한 손해배상책임 및 원상회복의무 등의 문제가 발생할 수 있다. 따라서 임대인으로부터 유치권을 주장하여 비용을 상환받기 위해서는 임차물의 보존에 필요한 비용인 '필요비'이거나 객관적 가치를 증가시키기 위해 투입된 '유익비'이어야 한다(대판 1991. 10. 8. 91다8029).

(3) 배당에서의 처리관계

1) 임대차계약서상에 원상회복의무의 특약을 한 경우나 비용상환청구권을 배제하는 특약을 한 경우에는 유치권이 성립하지 않는다.

2) 지출한 비용에 대한 입증으로서 임대인이 비용상환청구권을 인정한 공정증서, 확정판결이 있어야 배당을 받을 수 있다.

3) 일반적으로 비용상환청구권에 기하여 유치권을 주장할 때 그 적용요건이 엄격하고 그에 대한 입증서류가 충분하지 않기 때문에 낙찰자는 명도를 요구하고, 유치권자는 명도를 거부하면서 서로 대립을 하게 된다. 그래서 집행법원은 유치권의 신고가 있으면 일반적으로 불허가결정을 하고 있다. 유치권자가 정확한 유치권의 성립을 인정받기 위해서는 비용상환청구권의 성립요건에 대한 법원의 판결을 받아야 인정되는 방안으로 개정되어야 할 것으로 본다.

4) 이 사례에서 배춘옥, 이임우 부부의 공사대금 2,000만원에 기인한 유치권 신고를 하였다. 그러나 필요비와 유익비에 대하여 인정하지 않는다는 임대차계약상의 약정에 따라 결국 유치권에 의한 피담보채권액을 변제받을 수 없게 되었다.

 제 5 항 유치권의 소멸

1. 유치권의 일반적 소멸사유

유치권도 물권이므로 물권의 일반적 소멸사유인 목적물의 멸실·토지수용·혼동·포기 등에 의하여 소멸한다. 그리고 유치권은 담보물권이므로 피담보채권의 소멸에 의하여 소멸한다. 유치권의 행사가 있더라도 피담보채권의 소멸시효의 진행을 막지는 못한다. 따라서 소멸시효로 피담보채권이 소멸하면 유치권도 소멸한다. 다만, 유치권은 유치물을 점유하고 있으므로 시효로 소멸하지는 않는다.

2. 유치권에 특유한 소멸사유

유치권자가 그의 의무에 위반한 경우나 채무자가 상당한 담보를 제공한 경우 유치권의 소멸을 청구할 수 있다(민법 327조). 유치권자가 소유자의 승낙 없이 목적물을 임대·담보로 제공한 때에도 유치권은 소멸한다. 점유는 유치권의 성립 요건일 뿐만 아니라 본질적 요소이므로 이를 상실하면 유치권도 소멸한다. 다만, 유치권자가 직접점유나 간접점유를 하고 있으면 유치권은 소멸하지 않는다. 이 경우에도 점유는 계속하고 있는 것으로 보므로 그러한 사실만으로는 소멸하지 않는다. 다만, 유치권자의 의무위반을 이유로 하여 유치권을 소멸시킬 수는 있을 것이다.

제 6 항 유치권의 주장에 따른 경락인 구제방안

1. 경락인이 유치권자의 피담보채권액을 변제해야 하는지 여부

민사집행법 제91조 제5항은 "경락인이 유치권자에게 그 유치권으로 담보하는 채권을 변제할 책임이 있다"는 규정을 두고 있다. 이에 대하여 판례는 여기서 "변제할 책임이 있다"라는 의미는 부동산상의 부담을 승계한다는 취지이지 인적 채무까지 인수한다는 취지는 아니므로, "유치권자는 경락인에게 그 피담보채권의 변제가 있을 때까지 유치목적물의 인도를 거절할 수 있을 뿐이지 그 피담보채권의 변제는 청구할 수 없다"라고 판시하고 있다(대판 1996. 8. 23. 95다8713).

2. 유치권이 성립하여 경락인에게 주장하는 경우

유치권의 존부가 경매절차에서 판명되어 경락인이 목적물의 명도를 요구할 수 없는 경우 경락인은 경매의 각 진행절차에 따라 다음과 같은 법적 대응을 할 수 있다.

(1) 최고가 매수신고 후 매각기일 전에 밝혀진 경우

경매가 개시된 후 매가기일 전에 유치권이 판명난 경우에는 최지경매가격의 결정에 중대한 하자에 해당(민사집행법 121조 5호)하기 때문에 민사집행법 제121조 제7호의 "경매절차에 그 밖의 중대한 잘못이 있는 때"에 따라 매각허가에 대한 이의신청을 할 수 있다.

(2) 매각허가결정 후 잔금지급 전에 밝혀진 경우

매각허가확정 후 잔금지불 전에 유치권의 존부가 판명된 때 경락인은 민사집행법 제127조를 적용하여 매각허가결정의 취소신청을 할 수 있다.

(3) 매각잔금지급 후 밝혀진 경우

경락인이 대금을 납부한 후 유치권의 존부를 알게 되었을 때는 민법 제578조, 제575조, 제572조의 부동산경매에서의 담보책임을 적용하여 계약을 해제하고 채무자 또는 배당을 받은 채권자를 상대로 반환청구를 주장할 수 있다. 자세한 내용은 제1권의 부동산 경매에서의 담보책임을 참고하길 바란다. 초학자 입장에서는 조금은 어렵겠지만 그래도 잘못 낙찰받은 물건에 대하여 구제를 받기 위해서는 이해를 하여야 할 것이다.

3. 유치권이 성립하지 않은 경우에 낙찰자와의 관계

유치권이 존재하지 않는데도 불구하고 유치권자가 유치권의 신고를 하여 경매법원에서 이를 감안하여 최저경매가격의 결정을 한 경우에는 이해관계인은 매각허가에 대한 이의나 매각허가결정에 대한 즉시항고를 할 수 있을 것이다(민사집행법 121조 5호·6호, 106조 5호, 130조 2호). 집행채무자는 경락인에게 유치권에 의한 공제액 또는 그것과 실제 피담보채권과의 차액을 부당이득으로 반환을 청구할 수 있다.

4. 검토

경락인이 유치권자의 피담보채권액을 변제할 의무는 없다고 하지만(경락인이 유치권자의 피담보채권액을 변제해야 한다는 견해도 있다) 실질적으로 경락인이 목적물을 명도받으려면 낙찰대금 외에 그 피담보채권액을 인수하여야 하기 때문에 경매진행 중 유치권의 신고가 있으면 경락인은 당황하게 된다. 물론 유치권의 신고가 있다고 하여 다 인정받을 수 있는 것은 아니지만 유치권은 그 존부에 대하여 점유 이외에는 공시를 요구하지 않기 때문에 일반매매와 달리 경매에서는 특별히 그 성립요건을 강화할 필요가 있다고 생각된다.

 제 7 항 유치권에 대한 판례의 경향

1. 의의

유치권은 법정담보물권으로서 등기를 요하지 않는다. 부동산에 대한 공시방법인 등기를 하지 않더라도 유치권은 성립하기 때문에 경락인은 유치권의 존부를 알지 못하고 낙찰받았다가 불의의 손해를 당할 수 있다.

이와 같은 문제점 때문에 입찰물건명세서나 감정평가서 등에 유치권의 존부를 배당종기일 이전까지 미리 신고하도록 하여 입찰자가 이를 감안하여 입찰에 참여하도록 해야 할 것이다. 따라서 유치권자가 목적물의 명도를 경락인에게 거부하기 위해서는 배당요구 종기일 전에 피담보채권을 신고한 경우에 한하여 대항할 수 있도록 하여야 할 것이다. 얼마전 한 입찰자가 지방에서 건물을 낙찰받았는데 유치권자가 나중에 나타나 법원에 유치권을 주장하여 결국 합의를 하고 경매절차를 종료시킬 수밖에 없었다. 이와 같이 유치권은 부동산에 등기를 하지 않아도 성립할 수 있기 때문에 문제가 발생하고 있다. 유치권은 일반매매와 달리 경매의 경우는 소유자(채무자)와 직접 대화를 통하여 매수하는 것이 아니므로 유치권의 성립요건을 일반매매와는 달리 경매에서 더 강화할 필요가 있고, 유치권에 의한 피담보채권액과 내역을 배당요구 종기일까지 신고한 경우에 경락인에게 대항할 수 있도록 하여야 할 것이다.

2. 판례의 경향

(1) 판례는 "건물임차인이 임대차계약 종료시에 건물을 원상회복하여 임대인에게 명도하기로 임대차계약서에 특약을 한 경우에는 필요비와 유익비의 성립을 포기한 것으로 보아 유치권이 성립할 수 없다"고 한 반면 "기초공사, 벽체공사, 옥상슬라브공사만이 완공된 건물에 전세금을 지급하고 입주한 후 소유자와 위 건물을 매수하기로 합의하여 자기 자금으로 미완성 부분을 완성한 자는 위 건물에 들인 금액 상당의 변제를 받을 때까지 위 건물의 제3취득자에 대하여 유치권을 행사할 수 있다"[7]고 판시하여 유치권의 성립을 엄격하게 적용하고 있다.

(2) 부동산 경매절차에서의 매수인은 민사집행법 제91조 제5항에 따라 유치권자에게 그 유치권으로 담보하는 채권을 변제할 책임이 있는 것이 원칙이나, 채무자 소유의 건물 등 부동산에 경매개시결정의 기입등기가 경료되어 압류의 효력이 발생한 이후에 채무자가 위 부동산에 관한 공사대금 채권자에게 그 점유를 이전함으로써 그로 하여금 유치권을 취득하게 한 경우, 그와 같은 점유의 이전은 목적물의 교환가치를 감소시킬 우려가 있는 처분행위에 해당하여 민사집행법 제92조 제1항, 제83조 제4항에 따른 압류의 처분금지효에 저촉되므로 점유자로서는 위 유치권을 내세워 그 부동산에 관한 경매절차의 매수인에게 대항할 수 없다.[8]

(3) 그러나 이러한 법리는 경매로 인한 압류의 효력이 발생하기 전에 유치권을 취득한 경우에는 적용되지 아니하고, 유치권 취득시기가 근저당권 설정 이후라거나 유치권 취득 전에 설정된 근저당권에 기하여 경매절차가 개시되었다고 하여 달리 볼 것은 아니다.

---

7) 대결 1967. 11. 28. 66다2111.
8) 대판 2005. 8. 19. 2005다22688.

　　예컨대 A가 채권최고액 18억 2,000만원의 근저당권을 설정하고 이후 갑이 이 건물의 소유권을 취득한 후 이 건물을 찜질목욕탕으로 개조하는 공사를 하였다. 을은 갑으로부터 위 공사의 일부를 도급받아 시행하였는데 갑이 부도가 나는 바람에 공사대금을 받지 못하였다. 그래서 을이 공사대금에 대한 이 건물 중 사무실 부분에 대한 유치권을 행사하였다. 그 후 A가 건물에 대하여 위 근저당권에 기한 임의경매신청을 하여 임의경매개시결정이 내려지고 이 경매절차에서 병이 건물을 경락받아 소유권을 취득하였다. 이에 대하여 을은 경매개시결정등기 이전에 유치권의 요건을 갖추고 있기 때문에 매수인에게 유치권을 주장할 수 있다. 그러나 병이 근저당권 설정 이후에 대항력 있는 임차권을 취득한 임차인이 그 이후 개시된 강제경매절차의 경락인에 대해 대항할 수 없다는 사유를 들어 매수인에게 유치권을 주장할 있다는 근거는 이 사건과는 그 사안을 달리하여 원용하기에는 적절하지 아니하다.[9]

　　그러므로 근저당권을 기준으로 유치권의 성립요건을 정할 수는 없고 경매개시결정등기 이전에 유치권의 성립요건인 점유를 하고 있어야 할 것이다.

　　(4) 건물의 신축공사를 한 수급인이 그 건물을 점유하고 있고 또 그 건물에 관하여 생긴 공사금 채권이 있다면, 수급인은 그 채권을 변제받을 때까지 건물을 유치할 권리가 있는 것이지만[10], 건물의 신축공사를 도급받은 수급인이 <u>사회통념상 독립한 건물이라고 볼 수 없는 정착물을 토지에 설치한 상태에서 공사가 중단된 경우에 위 정착물은 토지의 부합물에 불과하여 이러한 정착물에 대하여 유치권을 행사할 수 없는 것이고, 또한 공사중단시까지 발생한 공사금 채권은 토지에 관하여 생긴 것이 아니므로 위 공사금 채권에 기하여 토지에 대하여 유치권을 행사할 수도 없는 것이다.</u>[11]

　　(5) 경매개시결정의 기입등기가 경료되어 압류의 효력이 발생한 후에 채무자가 당해 부동산의 점유를 이전함으로써 제3자가 취득한 유치권으로 압류채권자에게 대항할 수 있다고 한다면 경매절차에서의 매수인이 매수가격 결정의 기초로 삼은 현황조사보고서나 매각물건명세서 등에서 드러나지 않는 유치권의 부

---

9) 대판 2009. 1. 15. 2008다70763; 대판 1987. 3. 10. 86다카1718.
10) 대판 1995. 9. 15. 95다16202, 16219.
11) 대결 2008. 5. 30. 2007마98.

담을 그대로 인수하게 되어 경매절차의 공정성과 신뢰를 현저히 훼손하게 될 뿐
만 아니라, 유치권신고 등을 통해 매수신청인이 위와 같은 유치권의 존재를 알
게 되는 경우에는 매수가격의 즉각적인 하락이 초래되어 책임재산을 신속하고
적정하게 환기하여 채권자의 만족을 얻게 하려는 민사집행제노의 운영에 심각한
지장을 줄 수 있다. 따라서 압류 이후의 점유이전을 압류의 처분금지효에 저촉
되는 처분행위로 보는데, 이와 달리 부동산에 가압류등기가 경료되어 있을 뿐
현실적인 매각절차가 이루어지지 않고 있는 상황하에서는 채무자의 점유이전으
로 인하여 제3자가 유치권을 취득하게 된다고 하더라도 이를 처분행위로 볼 수
는 없다.12) 그리고 부동산인도명령 신청사건에서 매수인은 상대방의 점유사실만
소명하면 되는지 여부(적극) 및 점유가 매수인에게 대항할 수 있는 권원에 의한
것임은 이를 주장하는 상대방이 소명하여야 한다.13)

(6) 부동산에 관한 민사집행절차에서는 경매개시결정과 함께 압류를 명하므
로 압류가 행하여짐과 동시에 매각절차인 경매절차가 개시되는 반면, 국세징수
법에 의한 체납처분절차에서는 그와 달리 체납처분에 의한 압류(이하 '체납처분압
류'라고 한다)와 동시에 매각절차인 공매절차가 개시되는 것이 아닐 뿐만 아니라,
체납처분압류가 반드시 공매절차로 이어지는 것도 아니다. 또한 체납처분절차와
민사집행절차는 서로 별개의 절차로서 공매절차와 경매절차가 별도로 진행되는
것이므로, 부동산에 관하여 체납처분압류가 되어 있다고 하여 경매절차에서 이
를 그 부동산에 관하여 경매개시결정에 따른 압류가 행하여진 경우와 마찬가지
로 볼 수는 없다. 따라서 체납처분압류가 되어 있는 부동산이라고 하더라도 그
러한 사정만으로 경매절차가 개시되어 경매개시결정등기가 되기 전에 그 부동산
에 관하여 민사유치권을 취득한 유치권자가 경매절차의 매수인에게 그 유치권을
행사할 수 없다고 볼 것은 아니다.14)

(7) 민사소송법 제474조, 민법 제165조 제2항에 의하면, 지급명령에서 확정
된 채권은 단기의 소멸시효에 해당하는 것이라도 그 소멸시효기간이 10년으로
연장된다.

---

12) 대판 2011. 11. 24. 2009다19246.
13) 대결 2017. 2. 8. 2015마2025.
14) 대판 2014. 3. 20. 2009다60336.

(8) 유치권이 성립된 부동산의 매수인은 피담보채권의 소멸시효가 완성되면 시효로 인하여 채무가 소멸되는 결과 직접적인 이익을 받는 자에 해당하므로 소멸시효의 완성을 원용할 수 있는 지위에 있다고 할 것이나, 매수인은 유치권자에게 채무자의 채무와는 별개의 독립된 채무를 부담하는 것이 아니라 단지 채무자의 채무를 변제할 책임을 부담하는 점 등에 비추어 보면, 유치권의 피담보채권의 소멸시효기간이 확정판결 등에 의하여 10년으로 연장된 경우 매수인은 그 채권의 소멸시효기간이 연장된 효과를 부정하고 종전의 단기소멸시효기간을 원용할 수는 없다.[15]

(9) 경매개시결정등기가 되기 전에 이미 그 부동산에 관하여 민사유치권을 취득한 사람은 그 취득에 앞서 저당권설정등기나 가압류등기 또는 체납처분압류등기가 먼저 되어 있다 하더라도 경매절차의 매수인에게 자기의 유치권으로 대항할 수 있다.[16]

---

15) 대판 2009. 9. 24. 2009다39530.
16) 대판 2014. 4. 10. 2010다84932.

제 6 절
저당권과 경매

 ## 제1항 저당권의 의의

저당권은 채무자 또는 제3자(물상보증인)가 점유를 이전하지 않고 채무의 담보로 제공한 부동산으로부터 저당권자가 우선적으로 변제를 받을 수 있는 성질을 가지고 있는 담보물권이다. 저당권의 설정계약은 물권계약이므로 저당권설정계약에 관한 당사자의 합의만으로 효력이 생기지 아니하고 설정등기를 함으로써 효력이 생긴다(민법 185조). 저당권의 합의는 불요식이며 조건이나 기한을 붙일 수 없다. 이러한 저당권을 설정하고 난 후 채무자가 변제기일에 이행을 하지 않을 경우에는 저당권자가 스스로의 발의에 의하여 저당물을 환가하고 그 대가로부터 피담보채권의 변제를 받는 절차를 신청하게 된다.

 ## 제2항 저당권의 성질

1. 저당권의 성질

저당권은 당사자 사이에 저당권의 발생을 목적으로 하는 물권적 합의와 등기에 의하여 성립한다. 저당권은 채무자 또는 제3자가 채무의 담보로 제공한 부동산을 채권자가 질권에 있어서와 같이 제공자로부터 인도받지 않고 그 부동산을 단지 관념상으로만 지배하여 채무의 변제가 없는 경우에는 저당권 실행을 하여 그 목적물로부터 우선변제를 받을 수 있는 담보물권이다.

2. 설정등기

부동산 물권변동의 일반원칙에 따라 저당권설정 계약 외에 등기를 하여야 한다. 그리고 채권자와 채무자, 채권액·변제기·이자·이자의 발생기·이자의 지급시기·원본·이자의 지급장소 등을 내용으로 한 설정등기를 하여야 한다.

3. 저당권의 객체

저당권의 목적물은 공시의 방법인 등기·등록이 될 수 있는 것이어야 한다. 민법이 인정하는 저당권의 객체에는 부동산·지상권·전세권 등이 있고 민법 이외의 특별법에서 인정하고 있는 저당권의 객체에는 상법상의 등기된 선박·입목법상의 입목·특별법에 의하여 인정되고 있는 어업권·공장재단·항공기 등이 있다. 이 중 토지와 건물은 저당권의 주된 객체이다. 1필의 토지가 하나의 저당권이 될 수 있다. 따라서 1필의 토지 일부분에는 저당권을 설정할 수 없다. 다만, 집합건물의 경우에는 1동의 건물의 일부분에도 저당권을 설정할 수 있는데 그 일부분이 저당권의 목적이 되기 위해서는 독립성(예: 아파트·다세대 등)이 있어야 한다.

4. 저당권을 설정할 수 있는 채권

저당권에 의하여 담보되는 채권의 종류에는 제한이 없다. 채권의 일부를 피담보채권으로 할 수 있으며 수 개의 채권을 합하여 피담보채권으로 할 수도 있다. 채무자가 각각 다른 수 개의 채권에 관하여 1개의 저당권으로도 담보할 수도 있고, 현재의 채권 뿐만 아니라 장래에 발생할 특정의 채권을 위해서도 미리 저당권을 설정할 수 있다. 그리고 현재의 채권뿐만 아니라 장래 증감 변동하는 다수의 채권을 위하여 일정한 채권최고액을 정하여 저당권설정을 할 수도 있는데, 이를 근저당이라고 한다.

5. 부동산공사수급인의 저당권설정청구권

부동산공사의 수급인이 공사를 완료하면 도급인은 그 보수를 지급하여야 하는데 이때에 수급인은 그 보수에 관한 채권을 담보하기 위하여 그 공사비를 목적으로 한 저당권 설정을 청구할 수 있다(민법 666조). 그러나 저당권설정청구권의 행사로 당연히 저당권이 성립하는 것은 아니고 도급인이 청구에 응하여 저당권설정등기를 하였을 때 효력이 발생한다.

6. 법정저당권의 성립

토지임대인이 변제기를 경과한 최후 2년분의 차임채권에 대하여, 그 건물 기타 공작물에 부속한 임차인 소유의 부동산을 압류한 때에 저당권과 동일한 효력이 발생한다(민법 649조).

 제 3 항 저당권의 효력

1. 저당권의 효력이 미치는 범위

1) 피담보채권의 범위

저당권에 의하여 담보되는 채권의 범위는 원본·이자·위약금·손해배상·저당권의 실행비용 등이다.

① **원본** 담보되는 원본의 액·변제기·지급장소는 이를 등기하여야 한다.

② **이자**　이자에 관한 약정이 있는 경우에 이율·발생시기·지급시기·지급장소에 관한 약정을 등기하여야 한다.

③ **위약금**　위약금은 이를 등기하여야만 저당권에 의하여 담보된다.

④ **손해배상**　채무불이행으로 인한 손해배상, 즉 연체배상은 원본의 이행기일을 경과한 후의 1년분에 한한다(민법 360조 단서). 이러한 규정을 제정한 이유는 저당권자가 변제기일이 경과하여 저당권실행경매를 행사할 수 있음에도 불구하고 이를 이행하지 않아 지연이자의 확대로 후순위저당권자나 제3자의 변제금까지 해칠 염려가 있기 때문이다. 이에 따라 연체이자는 원본의 이행기일을 경과한 후의 1년분에 한해서만 인정하고 있다.

⑤ **저당권실행비용**　저당권 실행에 소요되는 부동산감정평가비용·경매신청 등록세 등의 비용은 저당권을 설정할 때에 등기하지 않아도 그 효력이 미친다.

2) **목적물의 범위**

① **부합물·종물**　저당권의 효력은 부합물에도 미치므로 경매대상물의 평가 대상으로 삼아야 한다. 다만, 타인의 권원(지상권, 전세권, 임차권)에 의한 부속물로서 주된 물건과 독립성이 있을 때는 그 부합물은 경매대상으로 평가해서는 안 된다. 건물의 증축 부분이 기존건물에 부합하여 기존건물과 분리하여서는 별개의 독립물로서의 효용을 갖지 못하는 이상 기존건물에 대한 근저당권은 민법 제358조에 의하여 부합된 증축 부분에도 효력이 미치는 것이므로 기존건물에 대한 경매절차에서 경매목적물로 평가되지 아니하였다고 할지라도 경락인은 부합된 증축 부분의 소유권을 취득한다. 부합물의 기준에 관한 판례의 입장을 살펴보면 다음과 같다.

건물이 증축된 경우에 증축 부분이 기존건물에 부합된 것으로 볼 것인가 아닌가 하는 점은 증축 부분이 기존건물에 부착된 물리적 구조뿐만 아니라, 그 용도와 기능의 면에서 기존건물과 독립한 경제적 효용을 가지고 거래상 별개의 소유권 객체가 될 수 있는지의 여부 및 증축하여 이를 소유하는 자의 의사 등을 종합하여 판단하여야 한다. 예컨대 지하 1층, 지상 7층의 주상복합건물을 신축하면서 불법으로 위 건물 중 주택 부분인 7층의 복층으로 같은 면적의 상층을 건축하였고, 그 상층은 독립된 외부 통로가 없이 하층 내부에 설치된 계단을 통해서만 출입이 가능하고, 별도의 주방시설도 없이 방과 거실로만 이루어져 있으며, 위와 같은 사정으로 상·하층 전체가 단일한 목적물로 임대되어 사용된 경우, 그 상층 부분은 하층에 부합되어[1] 저당권의 효력이 미친다.

제시외 건물이 존재하는 경우에는 소유자가 건축하여 소유하는 것으로 판명 된 경우에는 경매신청인이 대위에 의한 보존등기를 하여 일괄경매신청을 한다. 다만, 그것이 종물이거나 부합물임이 명백한 경우가 아닌 한 입찰물건에 포함시 켜서는 안 된다.[2]

임차인이 임차한 건물에 그 권원에 의하여 증축을 한 경우에 증축된 부분이 부합으로 인하여 기존건물의 구성 부분이 된 때에는 증축된 부분에 별개의 소유 권이 성립할 수 없으나, 증축된 부분이 구조상으로나 이용상으로 기존건물과 구 분되는 독립성이 있는 때에는 구분소유권이 성립하여 증축된 부분은 독립한 소유 권의 객체가 된다.[3] 낡은 가재도구 등의 보관장소로 사용되고 있는 방과 연탄창 고 및 공동변소가 본채에서 떨어져 축조된 경우에는 본채의 종물이라고 본다.[4]

건물 임차인이 자신의 비용을 들여 증축한 부분을 임대인 소유로 귀속시키 기로 하는 약정은 임차인이 원상회복의무를 면하는 대신 투입비용의 변상이나 권리주장을 포기하는 내용이 포함된 것으로서 특별한 사정이 없는 한 유효하므 로, 그 약정이 부속물매수청구권을 포기하는 약정으로서 강행규정에 반하여 무 효라고 할 수 없고 또한 그 증축 부분의 원상회복이 불가능하다고 해서 유익비 의 상환을 청구할 수도 없다.[5]

기존건물에 관하여 증축 후의 현존건물의 현황에 맞추어 증축으로 인한 건 물표시변경등기를 경료한 경우에는 특별한 사정이 없는 한 그 소유자는 증축 후 의 현존건물 전체를 1개의 건물로 하려는 의사가 있다고 봄이 상당하고, 이 경우 증축 부분이 기존건물의 구성부분이거나 이에 부합된 것으로서 기존건물과 증축 후의 현존건물 사이에 동일성이 인정된다면, 위 건물표시변경등기는 증축 후의

---

1) 대판 2002. 10. 25. 2000다63110.
2) 대판 1986. 5. 23. 86마295.
3) 대판 1993. 3. 9. 92다41214.
4) 대판 1991. 5. 14. 91다2779.
5) 대판 1996. 8. 20. 94다44705, 44712.

현존건물을 표상하는 유효한 등기라고 본다. 그리고 기존건물에 대하여 이미 설
정되어 있던 저당권의 효력은 법률에 특별한 규정이나 설정행위 등에 다른 약정
이 없는 한 증축 부분에도 미친다.

한편 증축 부분이 기존건물의 구성 부분이거나 이에 부합된 것이 아닌 별개
의 건물이고 이를 구분건물로 할 의사였다면 구분건물로서 등기를 하여야 할 것
이지 건물표시변경등기를 할 수는 없다. 만약 그 건물표시변경등기가 경료된 후
기존 건물에 설정된 저당권의 효력을 증축 부분에 미치게 하는 취지의 저당권변
경등기를 하였다고 하더라도 그 저당권의 효력은 별개의 건물인 증축 부분에 미
칠 수는 없다.[6]

저당권설정계약에서 다른 약정을 한 때에는 부합물일지라도 경매의 목적물
로 평가해서는 안 된다(민법 358조 단서). 예컨대, 지상권자·전세권자·임차인 등
이 부속시킨 수목·건물·기타의 공작물 등이 독립성을 갖추고 있거나 다른 약정
을 한 경우는 저당권의 효력이 미치지 아니한다.

② **종물** 주물 위에 저당권이 설정되면 그 저당권의 효력은 저당부동산의
종물에도 미친다.[7]

③ **과실** 저당부동산에 대한 압류가 있은 후에는 저당권설정자가 수취하는
과실 또는 수취할 수 있는 과실에 대하여 저당권자는 효력을 주장할 수 있다. 이
때 저당권자는 압류한 사실을 소유권·지상권·전세권을 취득한 제3자에게 통지

---

6) 대판 1999. 7. 27. 98다32540.
7) 백화점 건물의 지하 2층 기계실에 설치되어 있는 전화교환설비가 건물의 원소유자가 설치한 부
   속시설이며, 위 건물은 당초부터 그러한 시설을 수용하는 구조로 건축되었고, 위 시설들은 볼
   트와 전선 등으로 위 건물에 고정되어 각 층, 각 방실까지 이어지는 전선 등에 연결되어 있을
   뿐이어서 과다한 비용을 들이지 않고도 분리할 수 있고, 분리하더라도 독립한 동산으로서 가치
   를 지니며, 그 자리에 다른 것으로 대체할 수 있는 것이라면, 위 전화교환설비는 독립한 물건이
   기는 하나 그 용도, 설치된 위치와 그 위치에 해당하는 건물의 용도, 건물의 형태, 목적, 용도에
   대한 관계를 종합하여 볼 때, 위 건물에 연결되거나 부착하는 방법으로 설치되어 위 건물인 10
   층 백화점의 효용과 기능을 다하기에 필요불가결한 시설들로서, 위 건물의 상용에 제공된 종물
   이라 할 것이다.
   부동산의 종물은 주물의 처분에 따르고, 저당권은 그 목적부동산의 종물에 대하여도 그 효력이
   미치기 때문에, 저당권의 실행으로 개시된 경매절차에서 부동산을 경락받은 자와 그 승계인은
   종물의 소유권을 취득하고, 그 저당권이 설정된 이후에 종물에 대하여 강제집행을 한 자는 위
   와 같은 경락인과 그 승계인에게 강제집행의 효력을 주장할 수 없다(대판 1993. 8. 13. 92다
   43142). 횟집으로 사용할 점포 건물에 거의 붙여서 횟감용 생선을 보관하기 위하여, 즉 위 점포
   건물의 상용에 공하기 위하여 신축한 수족관 건물은 위 점포 건물의 종물이라고 해석할 것이다
   (대판 1993. 2. 12. 92도3234).

를 한 후에야 과실에 대하여 효력을 주장할 수 있다.

④ **목적토지상의 건물**   토지를 목적으로 저당권을 설정한 후에 설정자가 그 토지상에 건물을 축조하고, 그 이후 토지에 설정된 저당권에 기해 경매를 신청할 때는 건물에는 설사 저당권을 설정하지 못했다고 히더라도 건물과 일괄하여 경매를 신청할 수 있다. 이때 건물의 배당금에서는 우선변제를 받지 못한다(민법 365조).

⑤ **물상대위**   저당권은 저당목적물의 멸실·훼손·공용징수로 인하여 저당권설정자가 받을 금전 기타의 물건에 대하여 효력이 미친다.

2. 우선변제적 효력

① **우선변제를 받을 권리**   저당권자는 목적물로부터 우선변제를 받을 권리가 있다(민법 356조). 채무자가 채권의 변제기가 도래하였음에도 불구하고 이행을 하지 않는 경우 채권자는 저당권실행에 의하여 우선변제를 받거나 저당권의 피담보채권 중 완전변제받지 못한 잔여채권에 대하여 다시 집행권원을 받아 강제집행을 할 수 있다. 또한 저당권자는 타인이 집행하는 경매에 참가하여 우선변제를 받을 수도 있다. 즉, 저당권자는 채무자가 채무불이행을 하면 저당목적물을 환가해서 다른 채권자에게 우선하여 채권만족을 얻는 "우선변제적 효력"을 갖게 된다.

② **우선변제의 순위**   저당권자는 일반채권자에 대하여 우선하여 변제받을 권리가 있다. 동일한 부동산 위에 수 개의 물권이 경합하는 때에는 각 물권의 우선변제 순위는 설정등기의 전·후에 의하여 결정된다.

단, 유치권자는 우선변제권을 갖지 않지만 경락인이 유치권자에게 변제하지 않으면 목적물을 수취할 수 없어 실질적으로는 우선변제를 받는 결과가 된다.

③ **최우선변제**   주택임대차보호법에 의한 소액임차인과 당해 부동산에 부과된 국세(예: 상속세·증여세·토지초과세 등) 등은 저당권에 우선하여 최우선변제를 받는다.

3. 저당권의 실행

1) 저당권의 실행의 의의

저당권을 설정하고 난 후 채무자가 변제기일에 이행을 하지 않을 경우에는 저당권자가 스스로의 발의에 의하여 저당물을 환가하고 그 대가로부터 피담보채권의 우선변제를 받는 절차를 신청하게 된다. 이러한 절차를 민사집행법에 의한 담보권의 실행을 위한 경매라 한다. 이 법 제275조에 의하면 담보권의 실행을 위한 경매 등의 절차에는 제42조 내지 제44조 및 제46조 내지 제56조의 규정을 준용하도록 되어 있고 또한 민사집행법 제268조는 부동산 임의경매절차에는 강제경매절차에 관한 규정 제79조 내지 제162조의 규정을 준용한다고 되어 있어 실질적으로 저당권의 실행을 위한 규정은 강제경매의 절차를 따르고 있다.[8]

저당권의 실행은 저당권자가 담보권의 실행을 위한 방법에 의한다. 이러한 저당권은 부동산물권변동의 일반원칙에 따라 물권적 합의와 설정등기가 되어 있어야 성립한다. 이때 설정계약으로 담보할 채무의 최고액과 피담보채권의 범위를 결정하는데 담보할 채권의 최고액은 등기하여야 한다. 최고액의 한도에는 이자액 등이 포함되며 최고금액 범위 내에서 물권적 순위에 따라 배당을 받게 된다. 저당권에 의한 실행을 하기 위해서는 유효한 채권과 저당권이 존재해야 하고 채권의 이행기가 도래하여야 한다. 저당권의 실행은 저당권자가 목적부동산의 소재지 지방법원에 경매를 신청함으로써 시작된다. 법원은 경매신청이 적법하다고 인정되면 경매개시결정을 한다. 이에 기하여 법원은 입찰기일을 정하고 낙찰허가와 잔금 및 배당을 하는 순서로 환가를 하게 된다. 이때 저당권은 경락인이 잔금을 납부할 때 소제주의에 의하여 모두 말소하게 된다.

2) 경락의 효과

법원은 경락대금이 납부되면 우선 경매비용을 공제한 나머지 금액을 가지고 우선 순위에 따라 배당을 실시한다. 경락대금의 완납에 의하여 경락인은 등기를

---

8) 민사집행법 제268조는 "부동산을 목적으로 하는 담보권 실행을 위한 경매절차에는 제79조 내지 제162조의 규정을 준용한다"라고 규정하고 있고, 제79조 내지 제162조는 민사집행법 제2절 부동산에 관한 강제집행에 관한 조항으로서 구민사소송법 제3절 부동산에 대한 강제집행으로서 제600조의 집행법원에서부터 제662조의 공동경매까지이다.

하지 아니한 경우에도 민법 제187조에 따라 소유권을 취득한다.

저당권 설정일을 기초로 하여 그보다 앞선 일자로 설정되어 있는 용익물권은 특별한 경우 외에는 저당권의 실행으로 인하여 소멸하지 않고 경락인에게 대항할 수 있게 된다. 그러나 최초근저당보디 후에 설정된 용익물권은 경락대금의 납부로 소멸한다.

3) 경매의 하자

담보권 실행의 실체적 요건 흠결사유인 담보권 및 피담보채권의 부존재 또는 소멸, 승계사실의 부존재 등이 실체상 이의사유가 된다. 구체적으로는 저당권 설정등기의 무효사유, 피담보채권의 불성립, 무효, 변제 등에 의한 사유는 이의 사유가 된다. 이의신청서를 경매법원에 제출하면 법원은 결정으로 이에 대한 심판을 하게 된다. 이의신청에 대하여 정당한 이의가 있으면 경매개시결정을 취소하거나 각하 또는 기각을 한다. 경매개시결정에 대한 이의신청이 각하되거나 취소된 경우 즉시항고를 할 수 있다(민사집행법 86조). 경매개시결정에 대한 이의신청은 집행정지의 효력이 없다. 경락대금의 완납에 의한 경락인의 부동산소유권 취득(민사집행법 135조, 268조)은 담보권의 소멸에 의하여 영향을 방해받지 않는다(민사집행법 135조).[9] 그러나 일단 유효하게 성립된 담보권이 사후적으로 소멸한 경우에만 그에 기한 경매절차에 공신력을 인정하지 않는 것이지 담보권이 당초부터 부존재한 경우에는 경락인의 소유권 취득에도 영향을 미친다. 즉, 저당권설정등기가 원인무효(담보권설정계약 무효, 위조서류에 의한 등기)나 피담보부채권이 아예 부존재한 경우에는 경매가 진행되어 경락인이 잔금을 납부하였다고 하여도 소유권을 취득할 수 없다.

4. 저당권의 침해에 대한 구제

① **물권적 청구권**   저당권의 침해가 있는 경우에는 물권적 청구권을 행사하여 방해를 제거할 수 있다. 다만, 저당권은 점유를 요건으로 하지 않으므로 반환청구권은 인정되지 않는다.

---

9) 민사집행법 제135조는 "매수인은 매각대금을 다 낸 때에 목적인 권리를 취득한다"고 규정하고 있다.

② **손해배상청구권**　침해자의 고의·과실로 저당목적물로부터 채권의 실현을 얻지 못한 때에는 침해자에 대하여 불법행위로 인한 손해배상을 청구할 수 있다(민법 750조).

③ **저당물보충청구권**　저당권설정자의 책임 있는 사유로 저당물의 가액이 현저하게 감소한 때에는 저당권자는 설정자에 대하여 저당물의 원상회복 또는 상당한 담보제공을 청구할 수 있다(민법 362조).

④ **기한 이익의 상실**　저당권의 침해가 채무자의 책임 있는 사유로 발생한 때에는 채무자는 기한의 이익을 잃는다(민법 388조 1항). 이때에는 변제기일이 도래하기 전에도 저당권을 실행할 수 있다.

⑤ 저당권자는 저당권을 방해하거나 방해할 염려있는 행위를 하는 자에 대하여 방해의 제거 및 예방을 청구할 수 있다(민법 370조, 214조). 저당권은 목적 부동산의 사용·수익을 그대로 설정자에게 맡겨 두었다가 경매 절차를 통하여 경매목적물을 환가하고 그 대금에서 피담보채권을 우선 변제받는 것을 본질적인 내용으로 하는 담보물권으로서(민법 356조) 저당부동산의 소유자 또는 그로부터 점유권원을 설정받은 제3자에 의한 점유가 전제되어 있으므로 소유자 또는 제3자가 저당부동산을 점유하고 통상의 용법에 따라 사용·수익하는 한 저당권을 침해한다고 할 수 없다. 그러나 저당권자는 저당권 설정 이후 환가에 이르기까지 저당물의 교환가치에 대한 지배권능을 보유하고 있으므로 저당목적물의 소유자 또는 제3자가 저당목적물을 물리적으로 멸실·훼손하는 경우는 물론 그 밖의 행위로 저당부동산의 교환가치가 하락할 우려가 있는 등 저당권자의 우선변제청구권의 행사가 방해되는 결과가 발생한다면 저당권자는 저당권에 기한 방해배제청구권을 행사하여 방해행위의 제거를 청구할 수 있다. 대지의 소유자가 나대지 상태에서 저당권을 설정한 다음 대지상에 건물을 신축하기 시작하였으나 피담보채무를 변제하지 못함으로써 저당권이 실행에 이르렀거나 실행이 예상되는 상황인데도 소유자 또는 제3자가 신축공사를 계속한다면 신축건물을 위한 법정지상권이 성립하지 않는다고 할지라도 경매절차에 의한 매수인으로서는 신축건물의 소유자로 하여금 이를 철거하게 하고 대지를 인도받기까지 별도의 비용과 시간을 들여야 하므로, 저당목적 대지상에 건물신축공사가 진행되고 있다면 이는 경매

절차에서 매수희망자를 감소시키거나 매각가격을 저감시켜 결국 저당권자가 지배하는 교환가치의 실현을 방해하거나 방해할 염려가 있는 사정에 해당한다.[10]

 ## 제 4 항 저당권의 처분 및 소멸

1. 저당권의 처분

저당권은 채권에 종된 권리이므로 그 담보한 채권과 분리하여 타인에게 양도하거나 다른 채권의 목적으로 하지 못한다(민법 361조). 즉, 피담보채권과 저당권은 언제나 함께 양도하거나 담보로 할 수 있다. 저당권의 양도는 물권적 합의와 등기에 의하여 효력이 이루어지고 채권적 양도는 당사자 사이에 양도의 합의가 있는 때에 성립하게 된다. 따라서 저당권채권의 양도는 저당권의 양도와 채권적 양도의 합의가 있는 때에 성립하게 된다(민법 186조).

2. 저당권의 소멸

저당권은 물권 및 담보물권에 공통하는 소멸원인으로 소멸하는 외에 경매나 제3취득자의 변제로 소멸한다. 동일부동산에 설정된 여러 개의 저당권은 어느 저당권의 실행으로 모두 소멸한다. 저당권은 피담보채권이 소멸시효로 소멸하게 되면 부종성에 의하여 담보물권도 소멸한다(민법 369조). 지상권 또는 전세권 위에 저당권을 설정한 자는 저당권자의 동의 없이 그 지상권 또는 전세권을 소멸하게 하지 못한다(민법 371조). 지상권 또는 전세권이 소멸하면 이를 목적으로 하고 있는 저당권도 소멸하기 때문이다.

---

10) 대판 2006. 1. 27. 2003다58454.

제 5 항 특수저당권

1. 근저당

(1) 의의

근저당이란 계속적인 거래관계로부터 발생·소멸하는 불특정다수의 장래채권을 결산기에 계산한 후 잔존하는 채무를 일정한 한도액의 범위 내에서 담보하는 저당권을 말한다(민법 357조). 즉, 당좌대월계약·어음할인계약·상사와 소매상 사이의 계속적 물품공급 등의 경우처럼 계속적인 거래관계로부터 발생하고 소멸하는 채권의 담보를 장래의 결산기까지 유보하는 특수한 저당권이다.[11]

(2) 근저당권의 설정

(가) 근저당설정계약

1) 근저당권도 보통저당권과 같이 당사자의 계약과 등기에 의하여 효력이 발생한다(민법 180조). 근저당권인가 또는 일반저당권인가의 여부는 명칭에 의해서만 정할 것이 아니라 그 설정계약의 해석에 의하여 이를 정한다.[12]

2) 근저당권설정계약은 흔히 은행에 의하여 미리 작성되어 있는 일방약관의 형식에 한다. 근저당권설정계약약정 중 고객 일방에게 심히 불리한 규정은 신의성실, 선량한 풍속 기타 사회질서에 위배되는 것으로서 무효에 해당한다.[13]

(나) 등기

1) 등기원인

등기원인으로서 근저당권의 설정계약을 기재하여야 한다. 이는 등기원인으로서 "근저당권설정계약"을 기재하여야 함을 의미한다(부동산등기법 140조 2항).

---

11) 권용우, 물권법, 법문사, 2001, 546면; 김용한, 물권법론, 박영사, 1986, 584면; 김상용, 물권법, 법문사, 2000, 125면.
12) 대판 1963. 2. 7. 62다796.
13) 대판 1970. 9. 22. 70다1611(집18-3, 민 79).

2) 최고액

근저당권설정계약 당시에는 근저당권이 담보할 채권한도액만을 표시함으로써 족하고 그 기간의 확정을 장래에 유보할 수도 있다.[14]

3) 근저당권의 존속기간 또는 결산기의 등기

존속기간 내지 결산기의 등기 여부는 당사자의 자유이지만 일단 등기된 경우에는 후순위 저당권자가 설정된 이후에 기간을 변경하였다 하더라도 원래의 기간만료 후에 생긴 채권에 관하여는 후순위 저당권자에게 대항할 수 없다.[15]

(다) 포괄근저당

1) 의의

피담보채권의 존재를 전제로 하여서만 담보권이 존재할 수 있다는 부종성의 원칙은 피담보채권이 증감·변동하는 근저당에서는 현실적으로 피담보채권이 존재하지 않더라도 기본계약(당좌대월계약, 어음할인계약 등)이 존재하면 근저당권은 유효하게 성립한다(민법 357조). 그런데 포괄근저당의 경우에는 기본계약이 특정되어 있지 않고 "당사자 간의 모든 채무를 담보한다"라는 일반적·포괄적인 문언으로 표시되고 있어 이에 대한 효력이 문제되고 있다. 이에 대한 내용을 아래에서 살펴본다.

2) 유효성

가) 학설

포괄근저당은 피담보채권의 범위가 무한히 확대될 수 있다는 점에서 그 유효성이 문제될 수 있는데 현재 우리나라에서 포괄근저당을 전적으로 무효라고 하는 견해는 없고, 모든 경우 유효로 보는 단순유효설과, 일정한 제한을 두는 한정적 유효설로 나뉘어져 있다.

① **한정적 유효설**   이 설은 무효설과 같이 기본계약이 없는 포괄근저당은 무효이지만, 포괄근저당거래가 빈번한 현실의 거래실정을 반영하여, "현재 및 장래에 있어서 발생할 일체의 채권을 담보한다"는 형식의 순수한 포괄근저당은 무효라 할지라도 은행 등에서 사용되는 부가적 포괄근저당은 유효하다는 견해이다.[16]

---

14) 대판 1959. 5. 14. 4291민상546.

15) 대판 1961. 12. 14. 4293민상893(집9, 민106)

16) 곽윤직, 물권법, 박영사, 1992, 664면; 김용한, 전게서, 827면.

② **단순유효설**   이 설은 기본계약이 없는 포괄근저당도 유효하며 최고액의 범위 내에서 "장래의 일정한 시기"에 최고액의 범위 내에서 특정할 수 있는 것이면 포괄근저당의 피담보채권이 될 수 있다는 견해이다.[17]

나) 판례

① 포괄근저당에 대한 판례는 그리 많지 않으나 최근의 판례는 기본계약을 포괄적으로 파악하여 피담보채권의 범위를 확정하려는 시도에 대해 문제된 약관의 부동문자를 예문에 불과하다고 해석하여 그 효력을 부정함으로서 제약을 가하는 태도를 취하고 있다.[18][19]

② 판례는 "근저당권설정계약서는 처분문서이므로 특별한 사정이 없는 한 그 계약서의 문언에 따라 의사표시의 내용을 해석하여야 함이 원칙이기는 하나 그 근저당권설정계약서가 일반거래약관의 형태로 일률적으로 부동문자로 인쇄해 두고 사용하는 것이고 그 근저당권설정계약 체결의 경위와 목적, 피담보채무액, 근저당설정자와 채무자 및 채권자와의 상호관계 등 제반사정에 비추어 당사자의 의사가 계약서 문언과는 달리 장래 발생할 채무만을 피담보채무로 하려는 취지였다고 인정할 수 있는 경우에는 당사자의 의사에 따라 그 담보책임의 범위를 제한하여 새겨야 한다"라고 판시하여 개별약정이 약관조항에 우선하는 것으로 판시하였다.[20]

다) 사견

근저당권을 규정함에 있어서도 일정한 거래관계를 전제로 하고 있음에 비추어 보면, 포괄근저당이라고 하더라도 사실적·경제적인 거래관계는 있어야 한다는 점, 단순유효설과 같이 당사자 사이의 거래관계에서 발생한 채권뿐만 아니라 거래와 무관한 불법행위로 인한 손해배상청구권 또는 부당이득반환청구권까지 피담보채권에 포함된다고 보는 것은 후순위 권리자나 채무자 아닌 근저당권설정자에게 불측의 손해를 입게 할 여지가 있는 점 등에 비추어 한정적 유효설이 타

---

17) 이근식, 포괄근저당, 법정 20권 12호, 1965. 12., 9면; 김용한, 근저당의 특수문제, 현대 재산법의 제문제(김기선박사고희기념), 1987, 166면.

18) 권용우, 전게서, 565면.

19) 대판 1990. 7. 10. 89다카12152.

20) 대판 2000. 3. 28. 99다32332(공2000. 5. 15. [106], 1051); 대판 1994. 11. 25. 94다8969; 대판 1990. 6. 26. 89다카26915; 대판 1987. 5. 26. 85다카1045.

당하다고 본다. 이런 점에서 현재 은행 등에서 포괄근저당설정계약서에서 "기타 여신거래에 관한 모든 채무"라고 고쳐 사용하고 있음은 상당히 바람직한 조치라고 본다.

2. 공동저당

(1) 공동저당의 의의

동일한 채권의 담보로 수개의 부동산에 저당권을 설정한 경우를 공동저당이라고 한다(민법 368조 1항). 예컨대 "갑"이 "을"에 대하여 5천만원의 금전채권을 가지고 있는데 5천만원의 담보로 "을" 소유 부동산 토지에도 저당권을 설정하고, 임야에도 설정한 경우를 말한다. 공동저당은 복수의 부동산에 1개의 저당권만이 있는 것이 아니고 각 부동산마다 동일한 내용을 갖는 채권으로 1개의 저당권을 설정할 수 있다.

(2) 공동저당의 설정

공동저당의 설정에는 당사자의 설정계약과 등기를 요한다(민법 186조). 공동담보를 각 부동산에 등기를 할 때에는 1개의 채권을 위하여 공동으로 담보한다는 것을 아울러 기재한다(부동산등기법 145조). 공동담보의 담보물은 모두 채무자의 소유임을 요하지 않고 제3자의 물건이라도 가능하다.

(3) 공동저당의 효력

공동저당권자는 저당목적물 전부를 동시에 실행하느냐 아니면 순차로 할 것인지는 공동저당권자의 자유로운 선택에 의하여 할 수 있다. 이에 따라 후순위 저당권자 사이에 불공평한 결과를 가져올 수 있고, 부동산 담보가치를 부당하게 고정시키는 영향을 줄 수도 있어, 민법은 이에 대해 동시배당과 이시배당의 내용을 규정하고 있다. 다만 공동저당으로 목적물 전부를 동시에 경매하다 보면 다른 물건까지 전부 낙찰이 되어야 동시배당을 할 수 있기 때문에 설사 어느 한 물건에 대하여 낙찰되었더라도 다른 물건이 낙찰되어 배당이 될 때까지 기다려야 한다. 따라서 경락인 입장에서는 여러 물건 중 어느 하나의 부동산만 낙찰받으면 다른 물건이 낙찰되어 배당이 될 때까지는 기다려야 하는 불편함이 있다. 이때에는 임차인이 배당금을 수령할 때까지 명도를 요구할 수 없는 문제점이 나타난다.

(4) 동시배당

동시배당이란 공동저당목적물 전부를 동시에 경매하여 그 낙찰금액을 각 부동산의 낙찰금액에 비례하여 피담보채권의 분담을 정하고 나머지는 후순위저당권에게 변제하는 방법이다(민법 368조 1항). 예컨대 "갑"이 1,000만원의 채권에 대하여 A부동산(낙찰금액: 1,000만원)·B부동산(낙찰금액: 500만원)·C부동산(낙찰금액: 500만원)에 대하여 일시에 경매하여 위와 같은 금액으로 각 부동산이 낙찰되었고, "을"은 A부동산에 후순위저당으로 500만원이 설정되고 있으며, "병"도 "갑"보다 후순위저당으로 B부동산에 500만원, "정"도 "갑"보다 후순위저당으로, C부동산에 500만원이 설정되어 있다면 각각의 배당관계는 다음과 같다.

– 다 음 –

1) "갑"의 배당

① $1,000만원 \times \dfrac{1,000만원(A부동산낙찰금액)}{2,000만원(총낙찰금액)} = 500만원$
(갑의 채권액)   (A부동산에서 배당금액)

② $1,000만원 \times \dfrac{500만원(B부동산낙찰금액)}{2,000만원(총낙찰금액)} = 250만원$
(갑의 채권액)   (B부동산에서 배당금액)

③ $1,000만원 \times \dfrac{500만원(C부동산낙찰금액)}{2,000만원(총낙찰금액)} = 250만원$
(갑의 채권액)   (C부동산에서 배당금액)

2) "을"의 배당금액

"갑"이 A부동산에서 500만원을 변제받고 난 잔액 500만원에 대해서 "을"은 후순위권자로서 배당받게 된다.

3) "병"의 배당금액

"병"도 "갑"이 B부동산에서 배당받고 난 잔액 250만원에 대해서 후순위저당권자로서 배당을 받게 된다.

4) "정"의 배당금액

정도 "갑"이 C부동산에서 배당받고 난 잔액 250만원에 대해서 후순위저당권자로서 배당을 받게 된다.

(5) 이시배당

공동저당권의 목적물 중에 어느 부동산에 대해서만 경매를 실시하여 그 부동산의 낙찰금액에서 채권전액의 배당을 받는 경우이다. 이 경우 후순위 저당권자는 동시배당을 하였더라면 다른 부동산에서 변제를 받을 수 있을 금액의 한도에서 선순위공동저당권자를 대위하여 저당권을 주장할 수 있다. 위의 예에서 공동저당권자가 A부동산에만 경매를 하여 채권전액을 변제받았다면 "을"은 "갑"을 대위하여 B와 C부동산에 대해서 각각 250만원, 250만원의 한도에서 저당권을 행사할 수 있다. 이 대위는 법률의 규정에 의한 저당권의 이전이므로 등기 없이 효력이 생기나 "갑"이 설정한 저당권 부동산에 대하여 대위의 부기등기를 하지 않으면 제3자에게 효력을 주장할 수 없다. 한편 공동저당의 목적물 위에 선순위 저당권이 존재하는 경우에는 모든 부동산을 일괄하여 경매할 수 없고 선순위 저당권이 없는 부동산에 대해서만 경매를 하여야 한다. 일괄경매를 함으로써 선순위저당권자에게 불이익이 발생할 수 있기 때문이다.

(6) 공동저당부동산의 소유자가 동일한 경우와 다른 사안인 경우
(가) 의의

우리 우리민법 제368조 제1항에서는 "공동저당 목적물의 전체 환가대금을 동시에 배당하는 동시배당의 경우에는 각 부동산의 경매대가에 비례하여 그 채권의 분담을 정한다"고 규정하여 각 부동산상의 소유자와 차순위 저당권자, 그리고 기타 채권자와의 이해관계를 조절하고자 하고 있다. 그리고 동법 제2항에서는 "저당부동산 중 일부의 경매대가를 먼저 배당하는 경우에는 그 경매한 부동산의 차순위저당권자는 선순위저당권자가 다른 부동산의 경매대가에서 변제를 받을 수 있는 금액의 한도에서 선순위자를 대위하여 저당권을 행사할 수 있다"고 규정하고 있다.

그러나 이러한 규정에도 불구하고 공동저당부동산의 소유자가 모두 동일한 경우와 그 일부가 다른 사안인 경우 등에 따라 이해관계인에게 예상하지 않은 손해를 발생케 하고 있다.[21]

(나) 공동저당부동산이 전부 채무자 소유로 동일한 경우[22]

1) 동시배당을 하는 경우

[표 1]

부동산	매각대금	순위 1번	순위 2번
X	1억원	공동저당권자 甲 1억원	저당권자 乙 5,000만원
Y	5,000만원	공동저당권자 甲 1억원	저당권자 丙 5,000만원

예컨대 위의 [표 1]에서와 같이 甲이 1억원의 채권을 가지고 X와 Y부동산에 대하여 공동저당권을 설정하고 乙이 甲 소유의 X부동산에 후순위저당권자로 5,000만원을, 丙이 Y부동산에 대하여 후순위저당권자로 5,000만원을 설정하였다. 이후 甲이 X, Y부동산에 대하여 일괄경매를 신청하여 X부동산이 1억원에 낙찰이 되었고 Y부동산은 5,000만원에 낙찰이 되었다고 가정을 한 경우 각각의 부동산에 대한 동시배당관계는 다음과 같다.

- 다 음 -

1) 甲의 배당금액
- X부동산: 1억원×1억원(1억+5천만)=66,666,666원
- Y부동산: 1억원×5000만(1억+5천만)=33,333,333원

2) 乙의 배당금액
乙은 甲이 X부동산으로부터 66,666,666원을 변제받고 난 나머지 금액 33,333,333원을 후순위저당권자로서 배당을 받게 된다.

3) 丙의 배당금액
丙은 甲이 Y부동산의 매각대금 5,000만원에서 33,333,333원을 우선변제받고 난 나머지 금액 16,666,666원을 후순위저당권자로 배당을 받고 말소된다.

---

21) 전장헌, "공동저당부동산에 있어서 이해관계의 조정에 관한 소고", 법학논총, 44권 1호, 법학연구소, 2020, 327면.
22) 상계논문, 329면 이하 참조.

위와 같은 안분배당은 공동저당권의 목적 부동산 전부에 대하여 후순위저당권이 존재하는 경우뿐만 아니라 일부의 부동산에 대하여 후순위저당권이 존재하는 경우에도 적용된다.[23] 그러나 공동저당권의 부동산 전부에 후순위저당권이 존재하지 아니하고 소유지기 모두 동일한 경우로시 1개의 공동저당부동산으로부터 공동저당권자의 피담보채권액(경매비용포함) 전부를 변제받을 수 있으면 다른 부동산의 경매는 과잉경매금지의 원칙에 따라 허용되지 아니하므로(민사집행법 124조, 동법 368조) 안분부담의 문제는 발생하지 않는다.[24]

그리고 민법 제368조 제1항의 적용범위와 관련하여 민법 제368조 제1항은 공동저당권자의 임의의 경매신청을 배재하여 후순위저당권자 와의 관계에 있어서 이해관계의 조정을 주된 목적으로 한 규정이다.[25]

그리고 위 규정에는 공동저당권 부동산의 전부나 일부에 후순위저당권이 존재하는 경우에 적용한다는 규정이 없으므로 당해 부동산의 매각대금에 대하여는 후순위전세권자, 가압류권자, 배당요구신청을 배당요구종기일까지 한 일반채권자 들도 위 규정이 적용된다고 보아야 할 것이다.[26]

2) 이시배당을 하는 경우

가) 차순위권자의 대위권

공동저당권의 목적부동산 중 일부만 매각되어 경매대가를 배당하는 때에는 공동저당권자는 그 대가에서 그 채권전부의 변제를 받을 수 있다. 이 경우에 그 경매한 부동산의 차순위저당권자는 선순위저당권자가 다른 부동산의 경매대가에서 변제를 받을 수 있는 금액의 한도에서 선순위자를 대위하여 저당권을 행사할 수 있다(민법 제368조 제2항).

그리고 민법 제368조 제2항에 따라 후순위저당권자가 가지는 공동저당권자의 대위권은 공동저당권자가 일부부동산의 매각대금으로부터 전부를 변제받은 경우뿐만 아니라 일부의 변제를 받은 경우에도 적용된다. 예컨대 선순위공동저

---

23) 곽윤직·김재형, 물권법, 박영사, 2015, 255면.
24) 법원행정처, 전게서, 692면; 강태성, 물권법, 대명출판사, 2014, 1210면.
25) 법원행정처, 전게서, 694면.
26) 강태성, 전게서, 1209면; 고상용, 물권법, 박영사, 2002, 698면; 김상용, 물권법, 법문사, 2013, 721면; 송덕수, 물권법, 박영사, 2014, 523면; 이상태, 물권법, 박영사, 2015, 546면; 이영준, 물권법, 박영사, 2009, 928–930면; 법원행정처, 전게서, 694면.

당권자가 일부의 부동산으로부터 채권의 일부를 변제받은 경우에는 여전히 매각되지 아니한 부동산에 대하여 공동저당권을 보유하고 있으므로 차순위저당권자의 대위권은 선순위저당권자가 그 채권의 전부를 변제받을 것을 정지조건으로 하여 발생한다.27)

이러한 관계는 임금채권자나 조세채권자의 경우에도 마찬가지로 후순위저당권자로서 임금채권자가 수개의 부동산으로부터 동시에 배당받았다면 다른 부동산의 경매대가에서 변제를 받을 수 있었던 금액의 한도 안에서 선순위자인 임금채권자를 대위하여 우선하여 배당받을 수 있다.28) 판례는 "임금채권의 우선변제권은 사용자의 총재산에 대하여 저당권 등에 의하여 담보된 채권, 조세 등에 우선하여 변제받을 수 있는 이른바 법정담보물권으로서, 사용자 소유의 수개의 부동산 중 일부가 먼저 경매되어 그 경매대가에서 임금채권자가 우선변제권에 따라 우선변제받은 결과 그 경매부동산의 저당권자가 민법 제368조 제1항에 의하여 수개의 부동산으로부터 임금채권이 동시배당되는 경우보다 불이익을 받은 경우에는, 같은 조 제2항 후문을 유추적용하여 위와 같이 불이익을 받은 저당권자로서는 임금채권자가 수개의 부동산으로부터 동시에 배당받았다면 다른 부동산의 경매대가에서 변제를 받을 수 있었던 금액의 한도 안에서 선순위자인 임금채권자를 대위하여 다른 부동산의 경매절차에서 우선하여 배당받을 수 있다"29)고 판시하고 있다. 그러나 "이러한 후순위 저당권자의 대위권은 임금채권에 붙어 있는 법정담보물권적 성격을 가진 우선변제권을 공동저당과 유사한 관계에 있는 다른 부동산에 대위하여 행사하도록 허용하여 후순위저당권자나 다른 채권자 등의 이해관계를 조절하려는 것에 불과한 것이지 임금채권 자체를 대위하는 것은 아니다"고 보고 있다.30)

---

27) 강태성, 전게서, 1212면; 김상용, 전게서, 722면; 김증한·김학동, 물권법, 박영사, 1997, 560면; 김형수, "공동저당에 관한 연구", 토지법학, 제15호, 한국토지법학회, 2000, 71면.

28) 법원행정처, 전게서, 702면.

29) 대판 2009. 11. 12. 2009다53017, 53024; 대판 2005. 9. 29. 2005다34391.

30) 대판 2009. 11. 12. 2009다53017, 53024: 판례는 "사용자의 일부 부동산에 대해 먼저 이루어진 경매절차에서 임금채권 우선변제권이 실행되어 그 경매대가가 배당되고 나서 사용자에 대해 파산절차가 개시되어 사용자의 나머지 재산이 파산재단에 속하게 되었다고 하여, 민법 제368조 제2항 후문을 유추적용하여 후순위저당권자의 채권이 임금채권과 마찬가지로 구 파산법(2005. 3. 31. 법률 제7428호 채무자 회생 및 파산에 관한 법률 부칙 제2조로 폐지)상의 재단채권으로

그리고 공동저당권은 공동저당부동산 중 일부만 경매를 실행하여 이시배당을 하는 경우에도 최종적인 배당의 결과는 동시배당의 경우와 같게 함으로써 공동저당권자의 실행선택권 행사로 인하여 불이익을 입은 차순위저당권자를 보호하는 데 그 취지가 있다고 볼 수 있기 때문에 공동근저당권자 스스로 경매를 실행하는 경우는 물론 타인이 실행한 경매에서도 후순위권자에게 대위권을 인정하고 있다.[31]

[표2]

부동산	매각대금	순위 1번	순위 2번
X	4,000만원	공동저당권자 甲 3,000만원	저당권자 乙 3,000만원
Y	2,000만원	공동저당권자 甲 3,000만원	저당권자 丙 5,000만원

예컨대 위의 [표 2]에서 공동저당권자 甲이 X부동산만을 경매신청하여 매각대금 4,000만원을 배당하는 때에는 갑은 4,000만원에서 3,000만원을 전액을 배당받게 된다. 그러나 乙은 3,000만원에서 1,000만원만 배당을 받게 된다. 그러나 만약 X와 Y부동산이 일괄로 경매되어 동시에 배당을 실시하는 경우라면 甲은 X부동산으로부터 2,000만원을 배당받고 Y부동산으로부터는 1,000만원을 배당받게 된다. 乙은 X부동산에서 2,000만원 그리고 경매대가에 비례한 Y부동산으로의 잔액 1000만원에 대하여 갑을 대위하여 우선변제를 받게 된다. 이러한 관계는 Y부동산 위에 있는 순위 2번의 저당권자 丙의 경우도 마찬가지라고 할 수 있다.[32] 다시 말해서 이러한 차순순위권자의 대위권 관계는 X부동산만이 4,000만원에 매각된 상황에서 갑은 X 부동산에서 3000만원, 乙은 잔액 1,000만원을 배당받고 사건을 종료하게 된다. 이후 Y부동산이 매각된 경우 乙은 甲이 Y 부동산에서 동시배당을 하였더라면 배당받을 수 있는 1000만원의 금액에 대하여 민법 제368조 제2항에 따라 대위할 수 있으며 이에 대한 입증책임은 乙이 부담해야 한다.[33]

취급되어 파산절차에 의하지 아니하고 파산채권보다 우선하여 파산재단을 구성하는 사용자의 모든 재산으로부터 수시로 변제받아야 한다고 볼 아무런 근거가 없다"고 보고 있다.

31) 대판 2006. 10. 27. 2005다14502.

32) 법원행정처, 전게서, 702면.

나) 민법 제368조 제2항의 적용범위

민법 제368조 제2항의 이시배당은 선순위공동저당권자가 부동산 일부에 대해 경매를 실행하는 경우뿐만 아니라 후순위저당권자나 일반채권자가 공동저당부동산 중 일부의 부동산에 대해서만 경매를 실행한 경우에도 적용된다.[34] 그리고 민법 제368조 제2항의 "차순위저당권자"라는 의미는 선순위공동저당권자 바로 후순위의 저당권자뿐만 아니라 기타의 후순위담보권자로서 매각으로 소멸되는 자 전부를 의미한다.[35]

다) 대위의 효과

후순위권자의 대위는 선순위저당권자의 저당권이 법률상 당연히 저당권자에게 이전하는 법률의 규정에 의한 효과가 발생함으로서 후순위저당권자는 대위의 등기 없이도 효력이 생긴다(민법 제187조). 따라서 이런 경우에는 매각된 부동산에 대해서만 공동저당권 등기를 말소해야 하고 매각이 이루어지지 않은 부동산의 공동저당권을 말소하여서는 안 된다. 그리고 후순위저당권자의 대위권은 일단 배당기일에 그 배당표에 따라 배당을 실시하여 배당기일이 종료되었을 때 발생하며[36] 부기등기의 방법에 의하여 이전등기를 하면 된다.[37]

(다) 공동저당부동산의 소유자가 다른 경우[38]

공동저당의 부동산이 일부는 채무자 소유이고 다른 일부는 물상보증인이거나 제3자 소유인 경우 추후 경매가 실행되었을 경우 물상보증인의 변제자대위와 후순위권자와의 대위관계에 있어서 학설은 "민법 제368조에 따른 후순위저당권의 대위는 공동저당권자의 경매선택권의 보장을 전제로 후순위저당권자의 보호를 목적으로 규정되었으며 물상보증인의 변제자대위(민법 제481조 및 제482조)가 인정되지 않는 범위에서 인정해야 한다"[39]는 **변제자대위 우선설**의 견해를 들어

---

33) 상게서, 703면.

34) 김형석, "공동저당의 실행과 이해관계의 조정 –이해관계의 재론–", 법학연구소, 181호, 서울대학교법학, 2016, 69면.

35) 고상용, 물권법, 법문사, 2001, 700면; 이영준, 물권법, 박영사, 2009, 929면; 김인섭, "공동저당에 관한 연구", 사회과학논총, 제10권 제2호, 관동대학교 사회과학 연구소, 2004, 42면.

36) 대판 2006. 5. 26. 2003다18401.

37) 법원행정처, 전게서, 705면.

38) 전장헌, 전게논문.

39) 곽윤직, 물권법, 박영사, 2011, 607면; 고상용, 전게서, 702면; 이은영, 물권법, 박영사, 2002,

물상보증인의 변제자대위권이 후순위저당권자의 대위보다 우선하여야 한다고 한다. 이에 대해 후순위 저당권대위 우선설은 민법 제368조 제2항에 의하여 후순위저당권자의 대위를 물상보증인의 변제자대위권보다 우선함으로써 부동산의 담보가치를 충분히 활용하고자 하는 공동저당의 취지에도 적합하다"[40]는 점 등의 견해를 들어 채무자의 후순위저당권자가 물상보증인의 변제자대위권보다 우선하여야 한다는 견해이다.

판례는 "공동저당의 목적인 채무자 소유의 부동산과 물상보증인 소유의 부동산에 각각 채권자를 달리하는 후순위저당권이 설정되어 있는 경우, 물상보증인 소유의 부동산에 대하여 먼저 경매가 이루어져 그 경매대금의 교부에 의하여 1번 저당권자가 변제를 받은 때 물상보증인은 채무자에 대하여 구상권을 취득함과 동시에, 민법 제481조, 제482조의 규정에 의한 변제자대위에 의하여 채무자 소유의 부동산에 대한 1번저당권을 취득하고, 이러한 경우 물상보증인 소유의 부동산에 대한 후순위저당권자는 물상보증인에게 이전한 1번저당권으로부터 우선하여 변제를 받을 수 있으며, 물상보증인이 수인인 경우에도 마찬가지라 할 것이므로(이 경우 물상보증인들 사이의 변제자대위의 관계는 민법 제482조 제2항 제4호, 제3호에 의하여 규율될 것이다), 자기 소유의 부동산이 먼저 경매되어 1번저당권자에게 대위변제를 한 물상보증인은 1번저당권을 대위취득하고, 그 물상보증인 소유의 부동산의 후순위저당권자는 1번저당권에 대하여 물상대위를 할 수 있다"[41]고 판시하여 변제자대위 우선설의 입장에 있다.

그러나 채무자 소유의 부동산에 공동저당을 설정하고 후순위 저당권자가 존재할 당시에는 각각 부동산의 소유자가 동일인이었는데, 그중 일부의 부동산을 제3자에게 매도한 경우에도 변제자대위권을 우선하는 것은 타당하지 않다고 본다. 그러한 관계가 인정되면 결국 채무자는 악의적으로 공동저당을 설정한 부동산 중 일부를 제3자에게 양도하여 후순위저당권자의 담보권을 침해하고 악용의 소지가 만연하게 될 것이다.

796면; 송덕수, 전게서, 516면; 我妻榮, 新訂擔保物權法, 岩波書店, 1995. 457면; 鈴木祿彌, 擔保物權法講義, 創文社, 1994, 38면; 鈴木祿彌, 抵當制度の硏究, 一粒社, 1994, 235면.
40) 최창렬, 전게논문, 105면.
41) 대판 1994. 5. 10. 93다25417.

예컨대 다음의 예에서,

부동산	매각대금	순위 1번	순위 2번
A	1,200만원	공동저당권자 甲 1,600만원	저당권자 乙 800만원
B	800만원	공동저당권자 甲 1,600만원	저당권자 丙 400만원

A부동산만이 경매로 매각된 경우 1순위 공동저당권자는 매각대금 1,200만원 전액을 변제받고도 400만원은 못 받게 된다. 그러므로 2순위 저당권자는 전혀 변제를 받을 수 없게 된다.

그런데 만약 A와 B부동산이 동시에 매각되어 대금을 동시에 배당하였다면 甲은 A부동산으로부터 960만원[1600만원×1200만원(1200만＋800만)], B부동산의 매각대금으로부터 640만원[1600만원×800만원(1200만＋800만)]을 동시배당받을 수 있을 것이다. 이런 경우 乙은 B부동산에 대하여 甲의 공동저당권에 기한 甲의 잔여채권 400만원의 변제를 정지조건으로 하여 민법 제386조 제2항에 따라 대위할 수 있을 것이다.

그러므로 만약 이후에 B부동산이 800만원에 매각되었다면 甲은 B부동산의 경매대가에 비례한 640만원에서 잔여채권 400만원을 변제받게 된다. 그리고 난 나머지 240만원에 대하여는 乙이 변제받게 되며, 丙은 B부동산의 매각대금 800만원에서 경매대가에 비례한 640만원을 제한 160만원을 변제받게 된다.

그런데 판례의 입장대로 변제자대위권이 우선하게 되면 제3취득자 소유의 부동산에 대해서는 후순위저당권자가 민법 제368조에 따른 대위권이 인정되지 않기 때문에 위의 사례에서 乙은 한푼도 배당받지 못하게 된다. 그 대신 이미 채무자 소유의 부동산에 후순위저당권이 존재하고 있다는 사실을 알고 그 부동산을 매수한 사람은 우연한 사정으로 채무를 탕감받게 되고 채무자 소유의 저당권자보다 후순위에 해당하는 매수인 소유의 후순위저당권자가 오히려 乙이 배당받아갈 240만원을 전액 받아가는 불합리한 문제가 발생하게 된다.

그야말로 우연한 사정이나 고의로 채무자가 후순위 저당권이 있는 상태에서 채무자 소유의 부동산 중 일부를 다른 제3자에게 양도한 경우 후순위저당권자는 공동저당권자가 어느 부동산을 먼저 경매 실행하느냐의 자의적인 선택에 따라 부실채권이 될 수도 있고 아니면 변제받을 수도 있는 불안정한 위치에 놓이게 된다. 그러므로 특히 공동저당권을 설정하고 후순위저당권이 있는 상황에서 채무자가 동일인 부동산 중 일부를 제3자에게 양도한 경우에는 후순위저당권자는 민법 제368조 제2항에 따라 제3자 소유의 부동산에서 선순위공동서낭권사가 그 부동산의 경매대가에서 우선변제받을 수 있는 금액의 한도에서 대위할 수 있는 관계로 해석하여야 할 것이다.[42]

3. 근저당권의 효력

(가) 피담보채권의 범위

1) 최고액

① 여기서 최고액이라고 함은 담보목적물로부터 우선변제를 받을 수 있는 최고한도액을 말한다. 따라서 피담보채권의 액이 최고액을 초과하면 그 초과부분은 근저당권에 의하여 담보되지 아니하고[43] 확정된 피담보채권의 액이 최고액에 미달하는 때에는 확정액만을 우선변제받을 수 있다.

② 채무자의 채무액이 근저당 채권최고액을 초과하는 경우에 채무자 겸 근저당권설정자가 그 채무의 일부인 채권최고액과 지연손해금 및 집행비용만을 변제하였다면 채권전액의 변제가 있을 때까지 근저당권의 효력은 잔존채무에 미치는 것이므로 위 채무일부의 변제로써 위 근저당권의 말소를 청구할 수 없다.[44]

---

42) 전장헌, 전게논문, 347면.

43) 대판 1990. 11. 27. 89다카 30112(공보88호, 197면): 동일한 당사자가 동일거래관계로 인하여 발생되는 채무를 담보하기 위하여 동일한 목적물에 관하여 순위가 다른 여러 개의 근저당권을 설정한 경우에 있어서 그 각 근저당권은 모두 그 설정계약에서 정한 거래관계로 인하여 발생된 여러 개의 채권 전액을 각 그 한도범위 안에서 담보하는 것이므로 채무자와 물상보증인이 공동 발행한 약속어음에 기한 어음금 70,000,000원을 피담보채권으로 채권자가 임의경매를 신청한 데 대하여 물상보증인이 98,751,704원을 변제공탁하였고 위 약속어음은 채권자의 채무자에 대한 2차례의 대여금 합계 320,000,000원의 원리금의 변제를 위하여 발행된 것이 명백하고 채권자와 물상보증인 사이에 변제충당에 관한 합의나 분할변제에 관한 묵시적 합의도 없는 경우에는 위 공탁금은 먼저 경매비용 및 총대여금 320,000,000원에 대한 변제공탁일까지의 이자 및 원금 총액에 충당되어야 하는 것이다.

44) 대판 1981. 11. 10. 80다2712(공보671호, 42).

2) 피담보채권의 범위 및 최고액의 범위

근저당권의 효력이 미치는 피담보채권의 범위는 제1차적으로 당사자의 근저당권설정계약에 의하여 정하여지지만 근저당권설정계약에 없는 경우에는 민법 제357조 제2항과 함께 민법 제360조가 적용된다. 따라서 원본, 이자, 위약금, 채무불이행으로 인한 손해배상, 저당권의 실행비용 등이 채권최고액의 범위 내에서 담보된다(민법 360조 본문). 다만 민법 제357조 제2항의 지연이자 내지 지연배상은 1년분에 한정되지 아니하고 채권최고액의 범위 내에서 모두 담보되며, 근저당권의 실행비용은 저당권의 피담보채권의 범위와 달리 포함되지 않는다.[45]

(나) 피담보채권의 확정

근저당권은 장래에 발생·소멸하는 불확정한 피담보채권액을 담보하는 것이므로 그 채권이 확정되어야 우선변제를 받을 수 있다.

1) 근저당권의 존속기간을 정하지 아니한 때에는 다른 특약이 없는 한 당사자는 기본계약이나 설정계약을 해지할 수 있다.[46][47]

2) 피담보채권이 이와 같이 일단 확정되면 근저당권은 보통 저당권과 동일하게 된다고 할 것이므로[48] 그 후에 발생하는 채권은 그 근저당권에 의하여 담보되지 아니하고 무담보의 채권으로 된다고 할 것이다.[49]

(다) 근저당권의 실행(경매실행)

1) 기본계약에 결산기의 약정이 있으면 결산기의 도래에 의하여 채권은 확정되고, 근저당권은 확정된 채권을 담보하는 등의 보통의 저당권으로 된다. 따라서 확정된 피담보채권의 변제기가 도래하면 근저당권을 실행할 수 있다. 근저당권에 존속기간이 약정되어 있는 경우에는 이 기간의 도과에 의하여 피담보채권은 확정되고 보통저당권으로 확정된다. 이때의 경매실행은 저당권의 절차와 동일하다. 채권자의 청구가 있는 때에 위 변제기에 구애됨이 없이 이를 지급하기

---

45) 대판 1971. 5. 15. 71마251.
46) 대판 1962. 3. 22. 4294민상1149.
47) 대판 1963. 2. 7. 62다796.
48) 대판 1988. 10. 11. 87다카545: 근저당권자가 그 피담보채무의 불이행을 이유로 경매신청한 때에는 그 경매신청시에 근저당권은 확정되는 것이며 근저당권이 확정되면 그 이후에 발생하는 원금채권은 그 근저당권에 의하여 담보되지 않는다.
49) 대판 1957. 11. 10. 4289민상401.

로 당사자에 특약을 한 경우에는, 저당권자는 등기부상의 변제기에 관계없이 근저당권을 실행(경매실행)할 수 있다.[50]

2) 근저당권자가 피담보채무의 불이행을 이유로 경매를 신청한 경우에는 경매신청시에 근저당권이 피담보채권액이 확정되고 후순위지당권자가 경매를 신청하여 낙찰된 경우에는 선순위 근저당권자를 보호하기 위하여 낙찰대금을 납부할 때 피담보채권이 확정된다.[51]

4. 근저당권의 변경과 소멸

(가) 변경

근저당권의 변경은 채권최고액·존속기간 등의 변경, 기본계약의 추가·변경, 채무자의 변경, 근저당권의 양도 등과 같이 근저당 또는 기본계약의 당사자 또는 내용의 변경을 말한다.[52]

1) 최고액·존속기간 등의 변경

보통저당권은 피담보채권이 증액되면 새로운 저당권으로 보아 저당권설정등

---

50) 대결 1968. 11. 13. 68마1237.

51) 대판 1999. 9. 21. 99다26085: 당해 근저당권자는 저당부동산에 대하여 경매신청을 하지 아니하였는데 다른 채권자가 저당부동산에 대하여 경매신청을 한 경우 민사소송법 제608조 제2항, 제728조의 규정에 따라 경매신청을 하지 아니한 근저당권자의 근저당권도 경락으로 인하여 소멸하므로, 다른 채권자가 경매를 신청하여 경매절차가 개시된 때로부터 경락으로 인하여 당해 근저당권이 소멸하게 되기까지의 어느 시점에서인가는 당해 근저당권의 피담보채권도 확정된다고 하지 아니할 수 없는데, 그중 어느 시기에 당해 근저당권의 피담보채권이 확정되는가 하는 점에 관하여 우리 민법은 아무런 규정을 두고 있지 아니한 바, 부동산경매절차에서 경매신청기입등기 이전에 등기되어 있는 근저당권은 경락으로 인하여 소멸되는 대신에 그 근저당권자는 민사소송법 제605조가 정하는 배당요구를 하지 아니하더라도 당연히 그 순위에 따라 배당을 받을 수 있고, 이러한 까닭으로 선순위근저당권이 설정되어 있는 부동산에 대하여 근저당권을 취득하는 거래를 하려는 사람들은 선순위근저당권의 채권최고액만큼의 담보가치는 이미 선순위근저당권자에 의하여 파악되어 있는 것으로 인정하고 거래를 하는 것이 보통이므로, 담보권 실행을 위한 경매절차가 개시되었음을 선순위근저당권자가 안 때 이후의 어떤 시점에 선순위근저당권의 피담보채무액이 증가하더라도 그와 같이 증가한 피담보채무액이 선순위근저당권의 채권최고액 한도 안에 있다면 경매를 신청한 후순위근저당권자가 예측하지 못한 손해를 입게 된다고 볼 수 없는 반면, 선순위근저당권자는 자신이 경매신청을 하지 아니하였으면서도 경락으로 인하여 근저당권을 상실하게 되는 처지에 있으므로 거래의 안전을 해치지 아니하는 한도 안에서 선순위근저당권자가 파악한 담보가치를 최대한 활용할 수 있도록 함이 타당하다는 관점에서 보면, 후순위근저당권자가 경매를 신청한 경우 선순위근저당권의 피담보채권은 그 근저당권이 소멸하는 시기, 즉 경락인이 경락대금을 완납한 때에 확정된다고 보아야 한다.

52) 이영준, 물권법, 전게서, 1996, 863면.

기를 새로이 하여야 하겠지만 근저당권의 피담보채권은 불특정이므로 최고액을 증액한다 하더라도 피담보채권 자체의 변경은 아니다. 따라서 원래 근저당권은 특정된 것이 아니므로 최고액의 증액은 변경등기로서 족하다.[53] 다만, 후순위저당권자가 있는 경우에는 "등기부상 이해관계를 가지는 제3자"가 있는 경우이므로 그의 승낙서를 첨부하여야 부기등기를 할 수 있다.

2) 기본계약의 추가·변경

기본계약(당좌대월계약)으로부터 발생하는 채권을 담보하기 위하여 근저당권을 설정한 후에 당사자는 기본계약을 변경하거나(어음할인계약) 다른 기본계약을 추가할 수 있다.

3) 채무자의 변경

보통의 저당권과 달리 발생 및 소멸에 있어 피담보채무에 대한 부종성이 완화되어 있는 관계로 피담보채무가 확정되기 이전이라면 채무의 범위나 채무자를 변경할 수 있는 것이고, 채무의 범위나 채무자가 변경된 경우에는 당연히 변경 후의 범위에 속하는 채권이나 채무자에 대한 채권만이 당해 근저당권에 의하여 담보되고, 변경 전의 범위에 속하는 채권이나 채무자에 대한 채권은 그 근저당권에 의하여 담보되는 채무의 범위에서 제외된다.[54]

4) 근저당권의 양도

피담보채권이 양도되면 저당권의 수반성에 의하여 근저당권도 이전된다.[55]

(나) 소멸

1) 근저당권의 해지

근저당권에 의하여 담보되는 채권이 전부 소멸하고 채무자가 거래를 더 이상 계속할 의사가 없는 경우에는 근저당 또는 그 기초되는 계약에 존속기간의 정함이 있고 그 기간의 경과 전이라 할지라도 설정자는 그 계약을 해지하고 설정등기의 말소를 구할 수 있다.[56]

---

53) 이영준, 전게서, 863면.
54) 대판 1999. 5. 14. 97다15777(공1999상, 1147).
55) 대판 1968. 2. 20. 67다2543.
56) 대판 1966. 3. 22. 66다68(집14−1, 민 148).

2) 존속기간

존속기간이 경과하였더라도 근저당 거래를 계속하면 해지하지 않는 한 근저당권은 소멸하지 않는다.[57]

3) 제3취득자

채무자의 채무액이 근저당 채권최고액을 초과하는 경우에 채무자 겸 근저당권설정자가 그 채무의 일부인 채권최고액과 지연손해금 및 집행비용만을 변제하였다면 채권전액의 변제가 있을 때까지 근저당권의 효력은 잔존채무에 미치는 것이므로 위 채무일부의 변제로써 위 근저당권의 말소를 청구할 수 없다.[58] 그러나 경매부동산의 제3취득자는 근저당설정자와 근저당권자간에 최고액을 초과하는 부분에 대하여 담보의 효력이 미친다는 특약이 있다 하였더라도 채권최고액과 경매비용을 변제하면 저당권의 소멸을 청구할 수 있다.[59]

4) 근저당권의 소멸

혼동의 원인인 사유가 무효이면 근저당권은 소멸하지 않는다. 흔히 이러한 경우 혼동으로 소멸한 근저당권은 "당연히 부활한다"고 표현하나 애당초 근저당권은 소멸하지 아니하였던 것이다.[60][61]

---

57) 대판 1982. 7. 27. 81다카1117(공689호, 813): 은행으로부터 상업어음 할인대출을 받는 소외 회사를 위하여 어음거래약정서상 연대보증인이 된 자가 제공한 근저당권의 설정계약서 내용이 소외 회사가 현재 또는 장래 부담할 모든 채무를 담보하는 것이라면 어음할인대출금채무가 일단 변제되었다 하여도 위 근저당권설정계약이 유효하게 해지되지 않는 한 위 근저당권은 소멸되지 않고 그 후 발생한 모든 채무를 유효하게 담보한다.

58) 대판 1998. 11. 11. 80다2712(공 1982. 1. 1.(671), 42).

59) 대판 1971. 5. 15. 71마251(집19-2, 민18): 경매부동산을 매수한 제3취득자는 그 부동산으로 담보하는 채권최고액과 경매비용을 변제공탁하면 그 저당권의 소멸을 청구할 수 있다.

60) 이영준, 전게서, 870면.

61) 대판 1971. 8. 31. 71다1386(집19-2, 민 277): [판결요지] 근저당권자가 소유권을 취득하면 그 근저당권은 혼동에 의하여 소멸하지만 그 뒤 그 소유권취득이 무효인 것으로 밝혀지면 소멸하였던 근저당권은 당연히 부활한다. 혼동에 의하여 소멸한 근저당권이 소유권취득이 무효로 밝혀져 부활하는 경우에 등기부상 이해관계가 있는 자는 위 근저당권 말소등기의 회복등기절차를 이행함에 있어서 이것을 승낙할 의무가 있다. [이유] 원고는 이 사건에서 문제가 되어 있는 근저당권을 취득한 뒤 그 목적부동산의 소유자인 민경옥으로부터 그 부동산을 매수하고, 그 소유권이전등기절차를 마쳤으므로 필경 동일 부동산에 대하여 원고는 근저당권과 소유권을 취득한 셈이 되어서 혼동에 의하여 위의 근저당권은 소멸되었는데 이 소멸등기를 경유할 때에 등기부에는 근저당권 설정계약 해지를 원인으로 한 것처럼 기재된 취지로 원심은 사실을 인정하고 있다. 원심이 이러한 사실을 인정하기 위한 전제로서 거친 채증 과정의 기록을 정사하면서 살펴보면 적법하고, 여기에는 논지가 공격하는 바와 같은 허물(논리법칙에 위배되는 사실인정, 갑 제10호증의 1, 2등기신청서와 등기위임장의 실질적 증거능력에 대한 판단을 그르친 위법등

제 6 항 저당권과 경매

1. 매각허가 전 임차인이 최초근저당을 말소하여 경락인에게 대항력을 주장하는 경우

매각허가 결정 후 대금납부 전에 최초근저당 이후에 대항요건을 갖춘 임차인이 최초근저당을 말소하여 대항력을 취득하였을 경우 경락인은 어떻게 대응할 수 있겠는가. 주택임대차보호법 제3조에 정한 대항요건을 갖춘 임차권보다 선순위근저당권이 있는 경우, 낙찰로 인하여 선순위근저당권이 소멸하면 그보다 후순위의 임차권도 선순위의 근저당권이 확보한 담보가치의 보장을 위하여 그 대항력을 상실하는 것이지만, 낙찰로 인하여 근저당권이 소멸하고 낙찰자가 소유권을 취득하는 시점이 낙찰대금 지급기일 이전에 선순위근저당권이 다른 사유로 소멸한 경우에는 대항력 있는 임차권의 존재로 인하여 담보가치의 손상을 받을 선순위근저당권이 없게 되므로 임차권의 대항력이 소멸하지 않는다.[62] 따라서 선순위저당권의 소멸로 임차권의 대항력이 존속하는 것으로 변경됨으로써 낙찰 부동산의 부담이 현저히 증가하는 경우에는 경락인은 민사집행법 제121조 제6호, 제127조를[63] 유추적용하여 매각허가결정의 취소신청을 하여 보증금을 반환

기의 추정력에 관한 법리 위배, 민법 제369조의 규정을 잘못 해석한 위법)이 없다. 그런데 사실이 위와 같을진대 그 뒤에 원고가 취득한 이 사건 부동산에 대한 소유권이 원인무효에 의하여 무효인 것이 밝혀졌다면 혼동으로 소멸하였던 원고 명의의 위의 근저당권은 당연히 부활된다 할 것이요, 이 부활과정에서 피고와 같이 등기부상 이해관계가 있는 자는 원고가 위의 근저당권 말소등기의 회복등기절차를 이행함에 있어서 이것을 승낙할 의무가 있다 할 것이다.

62) 임대차의 대항력 발생시기보다 우선하는 저당권이 낙찰대금 지급 전에 피담보채무의 변제 등의 사유로 소멸하면 경매에 의하여 소멸하는 선순위저당권이 없는 경우가 되어 임차인은 경락인에게 대항할 수 있다(대판 1996. 2. 9. 95다49523). 이 경우의 경락인은 주택임대차보호법 제3조 제2항의 양수인에 해당하게 되어 결국 양수인(경락인)은 임차인의 보증금을 물어 주어야 한다.

63) 민사집행법 "제121조 제6호(천재지변, 그 밖에 자기가 책임을 질 수 없는 사유로 부동산이 현저하게 훼손된 사실 또는 부동산에 관한 중대한 권리관계가 변동된 사실이 경매절차의 진행 중에 밝혀진 때)에서 규정한 사실이 있는 때에는 경락을 허가하지 아니하고 경락인은 이에 대하여 경락허가에 대한 이의신청을 허가일 전까지 할 수 있고(민사집행법 123조 1항), 경락허가결정의 확정 뒤에 밝혀진 경우 매수인은 대금을 낼 때까지 경락허가결정의 취소신청을 할 수 있다"고 규정하고 있다.

즉 새로운 민사집행법은 낙찰이 된 후 천재지변, 그 밖에 자기가 책임질 수 없는 사유로 훼손

받을 수 있다.

2. 말소된 가처분권자가 살아나 경락인에게 대항하는 경우

1순위저당보다 후순위 일자로 가처분되어 있고, 2순위 근저당권보다 앞선 일자로 가처분이 되어 있는 경우 원칙적으로 1순위 저당보다는 이후에 설정된 가처분은 경락으로 소멸하지만 1순위저당이 경매신청 전에 이미 채무를 완제하여 말소만 하지 않은 상태로 존재하고 있다면, 이보다 후순위의 가처분은 말소되지 않는다.[64]

이외에도 강제경매의 개시 당시 근저당권이 이미 소멸하였으나 형식상 등기만이 남아 있는데 그보다 후순위라는 이유로 강제경매개시결정 이전에 경료된 가처분기입등기가 집행법원의 촉탁에 의하여 말소된 경우, 그 말소등기의 효력은 무효이다. 이후 부동산처분금지 가처분의 채권자가 본안소송에서 승소 확정 판결을 받은 경우, 그 가처분기입등기 이후에 개시된 부동산 강제경매절차에서 부동산을 낙찰받은 자의 소유권이전등기는 가처분채권자에 대한 관계에서 무효가 되기 때문에 말소될 처지에 있다고 할 것이며, 이는 피고가 위 강제경매절차가 진행되는 것을 알고 아무런 이의를 하지 아니하였다 하더라도 달리 볼 것이 아니다.[65]

된 사실 또는 부동산에 관한 중대한 권리관계가 변동된 사실이 경매절차의 진행 중에 밝혀진 때에는 낙찰허가일 전이면 경락인은 민사집행법 제121조, 제123조 제1항에 따라 집행법원에 경락허가에 대한 이의신청을 할 수 있고, 경락이 된 후 확정 전에 밝혀진 때에는 민사집행법 제130조 제2항에 따라 항고를 할 수 있으며, 낙찰확정이 된 후에 잔금을 납부할 때까지 사이에 밝혀진 경우에는 민사집행법 제127조 제1항에 따라 매각허가결정의 취소신청을 할 수 있도록 규정하고 있다. 그리고 잔금을 납부한 이후에 밝혀진 경우에는 본서의 제12장에서 설명하고 있는 "경매에서 매도인의 담보책임"을 적용하여 구제받으면 될 것이다.

64) 강제경매 당시 형식상 등기만이 남아 있을 뿐 근저당권의 채무는 경매신청 전에 이미 변제하였다면 본 근저당권을 기준으로 이후에 설정한 가처분등기를 말소한 것은 원인무효라 할 것이고, 가처분권자는 말소등기에도 불구하고 가처분권자로서 권리를 여전히 가지고 있다 할 것이므로 낙찰자 명의의 소유권이전등기는 가처분권자에 대한 관계에서는 무효이므로 말소를 해야 한다 (대판 1998. 10. 27. 97다26104).

65) 대판 1997. 12. 9. 97다25521.

3. 저당권자가 청구금액을 확장하고 싶은 경우

1) 경매신청채권자보다 선순위인저당권자가 채권액을 확장하고 싶을 때

후순위저당권자가 경매를 신청한 경우 선순위근저당권자는 입찰기일 전에 제출한 채권계산서상의 채권액을 입찰기일 이후에 확장하여 신고할 수 있다.[66]

2) 경매개시결정 후 신청채권자가 청구금액을 확장하고 싶을 때

경매신청권자가 경매를 신청할 당시에 피담보채권의 일부에 대하여만 경매를 실행하겠다는 취지로 경매신청서에 피담보채권의 원금 중 일부만을 청구금액으로 하여 경매를 신청하였을 경우에는 경매신청권자의 청구금액은 그 기재된 채권액을 한도로 확정되고 이후 채권계산서에 청구금액을 확장하여 제출하는 방법에 의한 청구금액의 확장은 할 수 없다.[67]

---

[66] 담보권의 실행을 위한 경매절차에서 경매신청채권자에 우선하는 근저당권자는 배당요구를 하지 아니하더라도 당연히 등기부상 기재된 채권최고액의 범위 내에서 그 순위에 따른 배당을 받을 수 있으므로 그러한 근저당권자가 채권계산서를 제출하지 않았다고 하더라도 배당에서 제외할 수 없고, 또한 위 근저당권자는 입찰기일 전에 일응 피담보채권액을 기재한 채권계산서를 제출하였다 하더라도 그 후 배당표가 작성될 때까지 피담보채권액을 보정하는 채권계산서를 다시 제출할 수 있다고 할 것이며, 이 경우 배당법원으로서는 특단의 사정이 없는 한 배당표 작성 당시까지 제출한 채권계산서와 증빙 등에 의하여 위 근저당권자가 등기부상 기재된 채권최고액의 범위 내에서 배당받을 채권액을 산정하여야 할 것이다.
그럼에도 불구하고 이 사건에서 경매신청채권자에 우선하는 근저당권자인 원고에 대한 배당을 경락기일 전에 제출된 채권계산서 기재의 피담보채권액만을 기초로 산정하여야 한다고 판단한 원심판결에는 경매신청권에 우선하는 근저당권자의 배당액 산정에 관한 법리를 오해한 위법이 있다고 할 것이고, 이러한 위법은 판결결과에 영향을 미쳤음이 명백하다(대판 1999. 1. 26. 98다21946).

[67] 담보권실행을 위한 경매에서 경매신청권자가 경매를 신청함에 있어서 그 경매신청서에 피담보채권액 중 일부만을 청구금액으로 기재하였을 경우에는 다른 특별한 사정이 없는 한 신청채권자가 당해 경매절차에서 배당을 받을 금액이 기재된 청구금액을 한도로 확정되며, 신청채권자가 청구금액확정신청서나 채권계산서를 제출하는 방법 등에 의하여 청구금액을 확장할 수는 없다(대판 1998. 7. 10. 96다39479).
이에 대해 강제경매의 경우에는 다음과 같이 판시하고 있다. 강제경매에 있어서 채권의 일부청구를 한 경우에 그 경매절차 개시를 한 후에는 청구금액의 확장은 허용되지 않고 그 후 청구금액을 확장하여 잔액을 청구하였다 하여도 배당요구의 효력밖에는 없는 것이므로 강제경매개시결정에 의하여 압류의 효력이 발생한 후에 채무자가 경매부동산을 처분하여 그 등기를 경료하였고 그 후에 청구금액 확장신청이 있고 먼저 한 강제경매사건이 강제경매절차에 의하지 않고 종료하였다면 청구금액 확장신청 이전에 소유권이전등기를 경료한 제3취득자는 그 소유권 취득을 확장신청인에 대항할 수 있다(대판 1983. 10. 15. 83마393). 따라서 강제경매의 신청채권자는 배당요구의 종기 시기인 배당요구종기일까지 청구금액을 확장하여 잔액을 청구한 경우에 이를 배당요구로 볼 수 있다.

3) 개정된 당해세 우선주의와 근저당권과의 관계

헌법 제13조 제2항의 "모든 국민은 소급입법에 의하여 재산권을 박탈당하지 않는다"는 규정에 비추어 보면 1995년 12월 6일 법률 제4995호로 개정된 당해세 우선의 효력은 개정되기 전에 설정된 지당권 등에 대해서는 소급하여 석용하지 않는다. 따라서 1995년 12월 6일 신설된 당해세(재산세·자동차세·종합토지세·도시계획세)는 1995년 12월 6일 이전 이미 설정되어 저당권에 대해서는 적용하지 않고 저당권이 우선배당을 받는다.

4. 대지권 없는 아파트를 낙찰받을 때

신축 분양아파트의 경우 분양자는 우선 건물만을 등기하고 대지지분은 이후 확정이 되면 대지지분에 대한 등기를 하게 된다. 이것은 시공회사에서 대지지분 주택개발사업의 미완료, 환지정산처분미결 등의 사유로 지적정리가 마무리되지 않은 관계로 토지분할작업을 한 후 대지권지분등기가 확정이 되면 이전등기를 하여 주기 때문이다. 대지권지분 확정을 하기 위해서는 약 6개월에서 2년 정도가 소요되는데, 문제는 건물소유자가 대지지분등기를 하기 전에 건물부분에 대하여 저당권을 설정하고, 그 채무액을 변제하지 않아 대지권등기가 되어 있지 않은 상태에서 건물만 경매로 나온 경우이다. 이때 "대지권지분에 대해서도 소유권을 주장할 수 있느냐"는 것이다.

집합건물의 소유 및 관리에 관한 법률 제2조 제6호는 "대지사용권이라 함은 구분소유자가 전유부분을 소유하기 위하여 대지에 대하여 가지는 권리를 말한다"라고 규정하여 전유부분에 대한 종된 권리에 대해서도 민법에 대한 특례를 인정하고 있다. 또한 위 법률 제20조는 "구분소유자의 대지소유권은 그가 가지는 전유부분과 분리하여 대지사용권을 처분할 수 없다"라고 규정되어 있어 전유부분과 대지권의 일체성을 법정하고 있다. 경매실무에서는 채무자가 대지권과 함께 구분건물에 대하여 분양을 받았으나 대지권의 등기가 경료되지 아니한 관계로 전유부분에 대해서만 경매신청을 한 경우 법원은 대지권을 제외한 전유부분에 대해서만 감정평가를 하여 최저입찰가격을 정하고 입찰물건명세서 등에는

"대지권 없음"이라고 기재하여 전유부분에 대해서만 입찰을 실시하고 있다. 이 때는 법원 감정평가서에 추후 확정된 대지권지분등기에 대한 금액을 평가하였고, 시공회사에서도 대지권지분등기를 경락인에게 바로 이전하여 준다고 할 때에 대지권지분등기가 되어 있지 않은 부동산을 낙찰받더라도 추후 대지권지분등기가 확정되면 경락인이 대지권지분에 대한 등기를 할 수 있다. 따라서 경락인이 감정평가서에 대지권에 대한 평가를 하지 않았는데도 불구하고 건물만 낙찰받으면 나중에 대지지분권에 대한 금액을 분양자(전소유자)에게 지불하여야 대지지분권을 이전받을 수 있다.68) 이렇게 되면 이중의 번거로움과 분양권자가 대지지분권을 이전하여 줄 것이냐는 문제가 남게 된다.

낙찰받은 후 낙찰자는 잔금을 지불하고 법원 감정평가서상에 기재되어 있는 "건물과 토지에 대한 금액" 내용을 복사하여 매각허가확정원을 집행법원에서 발급받아 시공회사에 제출하면 시공회사는 대지권 인수서류에 확인을 요한다. 그렇게 하여 준비된 서류를 등기소에 제출하면 대지권등기를 경락인 앞으로 직접 이전하여 준다.

5. 전유부분에만 설정한 저당권의 효력이 대지권에도 미치는지 여부

대지권등기가 아직 나오지 않아서 전유부분에만 근저당을 설정하고 그 후 대지권등기를 건물소유자가 하였으나 근저당권자가 추가로 대지권지분등기에 대한 근저당권 설정을 하지 않은 상태에서 낙찰이 되었을 때 근저당권자가 대지지분에 대한 낙찰금액에 대해서도 배당을 주장할 수 있는지가 문제이다. 집합건물

---

68) 판례는 "분양자가 전유부분을 소유할 당시에 대지지분에 대한 소유권을 취득하지 못한 상태에서 최초 분양자에게 대지지분이 이루어지고, 이후 미등기 대지와 건물에 대하여 낙찰이 되었다면 낙찰자도 건물소유를 위한 대지사용권을 취득하지 못한 구분소유자에 해당되고, 낙찰 후 분양자 명의로 대지권등기가 이전되었다면 분양자(전 건물소유자)는 대지지분소유자로서 이 사건 건물의 철거를 구할 권리를 가진 자에 해당하므로 집합건물의 소유 및 관리에 관한 법률 제7조에 의하여 구분건물을 매수한 자에게 구분소유권을 시가로 매도할 것을 청구할 수 있다"고 판시하고 있다(대판 1996. 12. 20. 96다14661). 따라서 경락인이 건물을 낙찰받을 당시 건물은 등기가 되어 있지만 대지권지분등기가 되어 있지 않은 아파트가 경매로 나왔을 경우에는 다음과 같은 사항을 주의해야 할 것이다. 첫째, 대지지분등기가 경매신청 전에 분양자(전 건물소유자) 앞으로 등기가 되어 있다면 전유부분과 대지지분의 소유자가 동일한지 여부를 파악해야 한다. 둘째, 감정평가서에 대지권지분에 대한 감정평가를 하였는지를 확인하고 입찰에 참여해야 한다.

의 소유 및 관리에 관한 법률 제20조를 보면 구분소유자의 대지사용권은 그가 가지는 전유부분의 처분에 따르도록 되어 있고, 전유부분과 분리하여 대지사용권을 처분할 수 없으며 담보권을 가진 금융기관 등에서 근저당권 설정시 대지권 등기가 경료되면 추기로 근지딩권을 설정하겠다는 약정까시 하였다면 이는 담보권의 실행 등을 위한 경매 등의 경우에 당연히 건물의 권리변동에 따른 대지권도 처분된 것으로 보아야 한다.[69] 건설회사에서는 아파트 등 분양공고시 대지권 지분과 건물의 전유면적 등을 분양가에 산입하여 공고하고 당첨자는 그에 대한 대금을 완불하였을 것이기 때문에 대지권과 건물을 일괄평가하여 경매를 진행한다고 볼 수 있다. 또한 근저당권의 효력은 저당부동산에 부합된 건물과 종물에까지 미칠 뿐만 아니라 종물은 주물의 처분에 따르는 것이 원칙이므로 건물과 분리처분할 수 없는 종물인[70] 대지권을 실무상으로는 경락인에게 귀속케 하여야 한다. 따라서 대지권등기 없는 아파트를 낙찰받았다고 하여도 전유부분과 대지권의 소유자가 동일인이고, 감정평가서상에 대지권까지 포함하여 최저경매가격으로 감정평가를 하였다면 대지권까지도 경락인은 취득할 수 있고, 저당권자는 건물과 토지에 대한 평가금액을 합한 낙찰대금으로부터 배당을 받을 수 있게 된다. 한편 경락인이 대지권지분비율이 확정되지 않아 대지권지분등기가 아무에게도 되어 있지 않은 상태에서 낙찰을 받았다면 시공회사에 대지권지분이전등기를 경락인 앞으로 바로 하여 줄 수 있는지를 확인하고 낙찰을 받을 필요가 있다. 왜냐하면 시공회사에서는 중간생략등기를 이유로 경락인에게 바로 소유권이전을 하여 주지 않고 최초분양자에게 대지지분을 이전하여 주면서 분양자로부터 대지지분을 이전받아 가라고 하는 경우도 약 5% 정도가 있기 때문이다.

---

69) 대판 2013. 11. 28. 2012다103325.
70) 규약으로써 달리 정한 때에는 전유부분과 대지사용권은 분리 처분할 수 있다(민법 20조 2항).

6. 구건물에 설정된 저당권이 이후 신축한 건물에도 효력이 미치는지 여부

저당권자가 토지와 건물에 대하여 저당권을 설정하였는데 이후 건물소유자가 건물을 헐고 구건물과 동일성이 없는 새로운 건물을 신축하였을 경우, 저당권자가 구건물에 대한 경매를 신청하여 토지 및 건물이 낙찰되었다고 하여도 경락인은 신건물에 대하여 소유권을 주장하지 못한다.[71]

7. 저당권설정 이후 설정된 청구권 보전에 의한 가등기의 말소 여부

근저당권이 설정되어 있는 부동산에 이후 소유권이전청구권 보전가등기가 이루어지고 그 후에 강제경매가 실시되어 그 경락허가결정이 확정된 경우에는 선순위근저당보다 후순위의 가등기는 소멸되는 것이다. 따라서 위 가등기가 「가등기담보 등에 관한 법률」에 따른 소정의 담보가등기라 하더라도 그 가등기권리 역시 같은 법률 제15조에 의하여 경락으로 인하여 소멸되고, 피고가 경매절차에서 배당요구신청을 하지 아니하였다거나 혹은 배당금을 수령하지 아니하였다 하더라도 마찬가지로 경락으로 소멸하는 것이다(대판 1992. 4. 14. 91다41996).

---

71) 임의경매절차가 진행되어 원고(경락인)가 1987년 3월 26일 부동산 중 대지부분은 3천 5백만원, 그 지상건물은 3천 2십만원에 경락되고 같은 해 4월 25일 위 경락대금을 납부한 사실 그러나 위 부동산의 소유자이던 위 안 0 0은 1985년 1월경 다시 그가 소유하고 있던 판시 대지상의 등기부상 표시와 같은 구건물을 헐고 그 대지상에 새로운 건물(신건물)을 신축함에 있어서 관할 관청으로부터 증·개축허가만을 받고서 실제로는 토지굴착으로 옆집과의 다툼이 있을 것을 염려하여 위 구건물 중 판시 일부 외벽만을 남기고 그 밖의 벽과 지붕 등을 헐어 내고 지하실을 크게 넓혀 같은 달 15일경 위 대지상에 신건물을 신축한 뒤 그에 따른 소유권보존등기를 하지 아니한 채 소유하고 있던 중 신건물부분에 대하여 위와 같이 경매절차가 진행된 사실을 인정한 다음, 위 인정사실에 의하면 등기부상 표시된 위 구건물은 멸실되었고 그 자리에 신축된 위 구건물과는 그 재료, 위치, 구조까지 전혀 다른 별개의 건물이라 할 것이며, 또 신축건물의 물권변동에 따른 등기를 멸실건물의 등기부에 기재하여도 그 등기는 무효라 할 것이고, 멸실된 그 건물을 표상한 등기가 신건물에 유용될 수 없으므로 멸실된 구건물에 대한 근저당권설정등기에 의하여 위 신축된 건물에 대한 근저당권이 설정되었다고는 할 수 없고, 따라서 위 근저당권설정등기에 의하여 진행된 경매절차에 신건물을 감정평가하여 원고가 이를 경락받았다 하더라도 신건물의 소유권을 취득할 수는 없다. 따라서 구건물 멸실 후에 신건물이 신축되었어도 구건물과 신건물 사이에 동일성이 없을 경우에는 멸실된 구건물에 대한 근저당권설정등기는 무효이며 이에 기하여 진행된 경매절차에서 신건물을 낙찰받았다고 하여도 그 소유권을 취득할 수 없다(대판 1992. 3. 31. 91다39184).

8. 저당지상의 건물에 대한 일괄경매신청

나대지를 목적으로 저당권을 설정한 후 저당권설정자(토지소유자)가 그 지상 위에 건물을 신축한 경우 저당권자는 설사 건물에 대하여 저당권을 설정하지 않았더라도 토지와 함께 건물을 일괄로 경매신청할 수 있다. 다만, 건물의 평가금액에 대한 낙찰금액에 대해서는 배당을 받을 수가 없다. 위와 같은 일괄경매신청권은 법원의 요구에 의하지 않고 저당권자의 신청에 의하여 할 수가 있다.

9. 근저당권의 무효·취소

서류를 위조하여 소유권이전등기를 한 자가 근저당권을 설정한 경우 그 근저당권은 무효로서 효력이 발생하지 않는다. 진정한 소유자인지를 확인하는 방법은 주민등록이 일반적이나 조금이라도 미심쩍으면 전 단계의 관계까지 세심히 살펴볼 필요가 있다. 그리고 의사무능력자와 체결한 근저당권은 무효이고 행위무능력자와 체결된 근저당권은 취소사유에 해당한다. 행위무능력자의 여부는 호적등본이나 신원증명서에 의하여 확인할 수 있다. 의사무능력자나 행위무능력자가 한 근저당권설정계약이 무효나 취소가 되어 금전을 반환할 때 위와 같은 무능력자는 현존이익의 범위 이내에서 반환할 수 있기 때문에 주의해야 한다. 대리권이 없는 자와 체결한 근저당권 설정계약은 소유자에게 원칙적으로 효력이 발생하지 않는다. 즉, 무효이다. 다만 본인이 대리권 없는 자의 대리행위에 대리권이 있는 것처럼 보이는 데에 외관상 원인제공을 한 경우에는 본인에게 효력이 발생한다. 이때 본인은 근저당설정계약의 무효를 주장할 수 없다. 무효인 근저당권에 기하여 임의경매가 이루어져 경락인이 잔금까지 납부하고 소유권이전등기를 한 경우 문제가 된다. 경락인은 설사 소유권이전등기를 하였더라도 실질적으로 전소유자에게 대항할 수 없고 전소유자에게 이전등기를 하여 주어야 한다. 결국 경락인은 배당받은 채권자들을 상대로 부당이득으로 반환청구해야 하고, 채권자들은 채무자를 상대로 손해배상을 청구하여야 하는데 채무자가 자력이 없는 때에는 결국 부실채권으로 남게 된다.

제 7 절
환매등기의 권리분석

제1항 의의

환매란 매도인이 매매계약과 동시에 환매할 권리를 보유한 경우, 일정한 기간 내에 그 영수한 금액 및 매수인이 부담한 비용을 상환하고 그 목적물을 다시 이전받을 수 있는 권리를 말한다.

제2항 환매의 요건

① 환매의 목적물은 동산·부동산을 가리지 않으며, 채권과 무체재산권도 목적물이 될 수 있다.

② 환매의 특약은 매매계약과 동시에 하여야 한다(민법 590조 1항).

③ 환매의 특약은 매매계약에 종된 계약이므로 주된 매매계약이 무효·취소가 되면 환매의 특약도 무효가 된다.

④ 매매의 목적물이 부동산인 경우에는 매매등기와 동시에 환매권의 보유를 등기할 수 있고 이때부터는 제3자에 대하여 효력이 있다(민법 592조).

⑤ 환매의 기간은 부동산은 5년, 동산은 3년을 넘지 못한다. 만약 약정기한

이 이를 넘은 때에는 부동산은 5년, 동산은 3년으로 단축된다. 환매기간은 한 번만 정할 수 있고 정하지 않은 경우에는 부동산은 5년, 동산은 3년으로 정한 것으로 본다(민법 591조).

 ## 제 3 항 환매권의 효과

① 환매권을 행사하면 매매계약은 해제되고 매수인은 목적물을 반환해야 한다. 이 때 매도인은 환매대금을 반환하여야 하며 특별한 약정이 없으면 목적물의 과실과 대금의 이자는 서로 상계한 것으로 본다.

② 매도인은 환매기간 내에 환매대금을 지불하고 환매의사표시를 할 수 있다. 환매권자는 이에 기하여 소유권이전등기를 할 수 있는데 이 경우 환매권자는 다시 소유권을 취득하게 된다.

③ 환매등기부동산을 제3자가 취득한 경우에는 제3자에게 환매의 의사표시를 해야 한다.

 ## 제 4 항 환매와 경매

① 환매등기가 최초근저당보다[1] 앞선 일자로 설정되어 있는 경우 그 환매등기는 낙찰로 말소되지 않는다. 반면 최초근저당보다 이후에 환매등기가 설정되어 있다면 낙찰로 말소된다.

② 낙찰로 말소되지 않는 환매등기가 되어 있는 목적물을 낙찰받았을 경우

---

1) 말소 여부의 기준이나 임차인의 대항력 유무의 기준은 최초근저당, 즉 가장 먼저 설정된 근저당, 최초저당권, 최초가압류, 최초담보가등기, 최초일자의 경매개시결정일이 기준이 된다. 예컨대 가압류일자보다 근저당이 더 빠른 날짜로 설정되어 있다면 근저당일자가 등기부상의 말소 기준 또는 임차인의 대항력 유무의 기준이 된다는 것이다.

환매권자는 낙찰자(환매의무자)에게 환매권을 행사할 수 있다. 이때 환매권자(매도인)가 환매기간 내에 환매대금을 지불하고 환매의사표시를 하면 경락인은 목적물을 반환하여야 한다. 다만, 이때 경락인이 환매대금보다 싸게 낙찰을 받았다면 이익을 볼 수 있지만 반대로 환매대금보다 많은 금액으로 낙찰을 받은 경우에는 그 차액만큼 경락인이 손해를 보게 된다. 그러한 이유는, 환매권자(매도인)가 환매기간 내에 환매권을 행사하면 경락인은 목적물을 반환할 의무가 발생하는데 환매대금보다 비싸게 낙찰받았다면 그 차액만큼은 환매권자에게 인수를 주장할 수 없기 때문이다. 예컨대 환매대금이 1억원인데 낙찰대금이 2억원이라면 환매권자는 경락인에게 1억원만 주고 소유권을 이전받을 수 있어 결국 경락인이 1억원을 손해보게 된다.

제 8 절
경매평가 대상물의 권리분석

1. 의의

경매목적물의 평가대상은 경락인이 그 부동산과 함께 취득할 모든 물건 및 권리에 미친다.[1] 경락인이 취득할 물적 범위는 압류(경매개시결정)의 효력이 미치는 물적 범위와 일치한다. 따라서 평가대상의 목적물은 등기부와 일치해야 하고, 구성부분, 천연과실, 종물 등도 경매목적물의 평가 대상물이 된다.

2. 부합물

(1) 토지에의 부합물

토지에 부합되어 있는 목적물 중 평가해야 할 부합물의 종류에는 정원수·수목, 주유소 땅속에 부설된 유류저장 탱크 등을 들 수 있다. 다만 입목에 관한 법률에 의해 소유권등기가 된 입목과 "명인방법(울타리, 목서 등)을 갖춘 수목"은 독

---

1) 압류금지부동산 및 선행된 가처분
  ① 압류금지부동산: 목적물이 법률의 규정에 의하여 압류가 금지되어 있으면 경매할 수 없다. 예컨대 학교나 국가보훈처에서 국가유공자에게 설정하여 준 저당권 등은 경매의 대상이 될 수 없다.
  ② 선행된 가처분: 가처분등기가 경락에 의하여 소멸하는 근저당권 등보다 후에 설정된 경우는 경락인에게 대항할 수 없기 때문에 잔금을 납부하면 말소된다. 다만, 경락에 의하여 소멸하는 근저당권 등보다 앞선 일자로 설정되어 있는 가처분은 잔금을 납부하더라도 말소가 되지 않고 가처분권자가 본안소송에서 승소를 하게 되면 경락인은 가처분권자에게 대항할 수 없으며 소유권을 상실하게 된다.

립하여 거래의 객체가 되므로 토지를 평가할 때 포함해서는 안 된다. 평가에서 제외된 입목이나 명인방법을 갖춘 수목, 타인의 권원에 의한 부합물로서 독립성이 있는 건물 등은 경락인의 소유가 되지 않고, 설사 경매절차에서 그 지상건물을 토지의 종물 내지 부합물로 평가하여 낙찰을 받았다고 하여도 이와 같은 부합물은 경락인이 소유권을 주장할 수 없다.[2]

(2) 건물에의 부합물

부동산의 구성부분은 부동산의 일부가 되기 때문에 당연히 압류의 효력이 미친다. 다만, 타인의 권리에 의해 부합시킨 물건으로서 독립성이 있을 때는 경매목적물로 평가해서는 안 된다. 따라서 타인의 권리에 의해 증축된 건물로서 독립성이 있을 때는 종전 건물에 부합되어 평가해서는 안 되며 그러한 목적물은 설사 경매로 낙찰받았을지라도 경락인이 소유권을 주장할 수 없다. 한편 증축된 부분이 기존건물에 부합되었는지 여부는 증축부분이 기존건물에 부착된 물리적 구조뿐만 아니라 그 용도와 기능면에서 기존건물과 독립한 효용을 가지고 거래상 별개의 소유권의 객체가 될 수 있는지의 여부 및 증축하여 이를 소유하는 자의 의사 등을 종합하여 판단하여야 한다.

타인의 토지상에 아무런 권원없이 농작물을 경작하였을 경우 이는 경작자의 소유가 된다. 즉, 타인이 경작하고 있는 토지를 낙찰받았을 경우 경락인은 그 농작물에 대한 소유권을 주장할 수 없다.

3. 종물 및 종된 권리

(1) 종물

저당권의 효력은 종물에도 미치므로 종물도 평가의 대상이 되어야 한다. 또한 압류 후에 발생한 종물에 관하여도 압류의 효력이 미친다. 다만, 제3자의 소

---

2) 저당권은 법률에 특별한 규정이 있거나 설정행위에 다른 약정이 있는 경우를 제외하고 그 저당부동산에 부합된 물건과 종물 이외까지 그 효력이 미치는 것이 아니라 할 것이므로 토지에 대한 경매절차에서 그 지상건물을 토지의 부합물 내지 종물로 보아 경매법원에서 저당토지와 함께 경매를 진행하고 경락허가를 하였다고 하여 그 건물의 소유권에 변동이 초래될 수 없는 것이다(대판 1974. 2. 12. 73다298).

유에 속하는 종물이나 고가의 종물은 저당권의 효력이 미치지 않기 때문에 독립하여 평가해야 할 것이다. 이와 같은 종물은 주물의 상용에 이바지하는 관계에 있어야 하며, 주물과는 독립성이 있고 주물과 종물의 소유자는 동일인일 것을 요한다. 예컨대 다음과 같은 경우는 종물로 보기 때문에 실사 평가를 하시 않았다 하더라도 저당권의 효력이 미치고 경락인은 소유권을 주장할 수 있다. 본채에서 떨어진 방과 연탄 광, 변소, 백화점건물의 기계실에 설치된 전화교환설비 등은 종물로 본다. 반면 저당건물의 부속건물이나 종물로 볼 수 없는 별개의 건물이 설사 일괄경매에 의하여 경락자에게 경락되었다고 하여도 이는 종물이나 부합물로 볼 수 없는 별개의 물건이기 때문에 경락인의 소유가 될 수 없고 무효가 된다(대판 1983. 3. 23. 83다177).

(2) 종된 권리

압류 및 저당권의 효력은 종된 권리에도 미치기 때문에 경락인은 경매부동산의 종된 권리에도 경락의 효력을 주장할 수 있다.

저당권의 효력은 낙찰받은 건물뿐만 아니라 건물의 사용을 목적으로 하는 토지의 임대차나 지상권(종된 권리임)에도 미친다. 예컨대 건물의 소유를 목적으로 한 토지임대차나 지상권에 있어서 건물을 낙찰받은 경락인은 건물의 소유를 목적으로 한 토지임대차나 지상권에 대해서도 토지소유자에게 토지에 대한 사용·수익의 효력을 주장할 수 있다.

4. 미분리의 천연과실

미분리의 천연과실은 원래 토지의 구성부분이므로 명인방법을 구비하여 제3자에게 양도된 경우가 아니면 원칙적으로 토지와 같이 평가해야 한다. 그러나 천연과실이 낙찰시까지 성숙기에 달하여 채무자에게 수취될 것이 예상되는 경우에는 평가대상에서 제외해야 한다. 그러한 이유는 천연과실(예: 사과, 배, 포도 등)을 압류할 때 채무자가 부동산을 이용하거나 관리하는 데 방해를 받지 않기 때문이다. 임의경매의 경우 민법 제359조는 "저당권의 효력이 저당부동산에 대한 압류가 있은 후에는 저당권설정자가 그 부동산으로부터 수취한 과실 또는 수취할 수 있는 과실에 미친다"고 규정하고 있으므로 천연과실까지 고려하여 평가한다. 다만 법정과실(예: 차임)은 압류의 효력이 미치지 않기 때문에 평가의 대상에서 제외해야 한다. 법정과실은 경락인이 잔금을 납부한 날로부터 민법 제187조에 따라 소유권이 미친다.

5. 과수원

과수원에 대한 평가는 지상과목에 대한 수종, 수령, 본수, 시설물 등을 현황대로 개별적으로 감정평가한다. 다만 위와 같은 지상과목에 대하여 평가를 하지 않고 과수원인 토지만을 평가하여 낙찰을 받았다면 낙찰자는 과수원의 수목에 대해서는 명도를 요구할 수 없게 된다. 따라서 입찰자는 감정평가서상에 과목에 대한 평가와 토지에 대한 평가를 일괄로 하였는지 살펴보고 입찰에 참여해야 할 것이다.

일전에 한 퇴직자가 여생을 시골에서 과수원을 경영하면서 지내기 위해 낙찰을 받았는데 나중에 알고 보니 과실수는 제외하고 토지만을 낙찰받아 불의의 손해를 당하는 것을 본 적이 있다. 이는 지목이 과수원으로 되어 있기 때문에 일반인들은 물건명세서에 "과수원"이라고 표기만 되어 있으면 지상에 있는 과실수까지 포함하여 낙찰을 받는 것으로 단순히 생각을 한다. 그러나 과수원이라는 것은 땅의 지목으로 나무를 말하는 것은 아니다. 따라서 과수원을 낙찰받고자 할 때에는 지상의 과실수까지 포함하여 감정평가를 하였는지 확인하고 입찰에 참여해야 할 것이다.

제 9 절
부동산등기

  제 1 항 의의

    등기는 물권행위와 더불어 물권변동이 일어나기 위해서 필요한 하나의 효력 발생요건이다. 따라서 물권행위만 있고 등기를 하지 않게 되면 물권변동이 일어나지 않게 된다. 그렇다면 부동산 물권변동을 완성시키는 등기는 어떠한 요건을 갖추어야 하는지가 문제가 된다. 이에는 두 가지 요건이 있다. 하나는 그 등기가 부동산등기법이 정하는 절차에 따라 적법하게 행하여져야 한다는 점이다. 이를 등기의 형식적 유효요건이라 한다. 다른 하나는 그 등기가 물권행위의 내용과 일치되는 등기를 해야 하는데 이를 실질적 유효요건이라고 한다.

제 2 항 등기의 형식적 유효요건

    ① 부동산 물권변동을 가져올 등기는 부동산등기법이 정하는 절차에 따라 적법하게 행하여져야 한다.

    ② 등기가 있어야만 한다. 등기는 효력발생요건이고 효력존속요건이 아니기 때문에 일단 유효하게 존재하였던 등기가 멸실되거나 또는 새 등기부에 이기되

는 과정에서 빠진 경우에도 그 등기가 표상하였던 물권은 소멸하지 않는다.

③ 등기는 관할등기소에 해야 한다.

④ 소유권보존등기의 경우 등기명의인이 동일인인 경우 먼저 이루어진 소유권보존등기가 원인무효가 되지 아니하는 한 뒤에 한 소유권보존등기는 무효가 된다.

⑤ 부동산등기법이 정하는 신청절차에 따라 등기를 하여야 한다.

 제 3 항 등기의 실질적 유효요건

등기는 물권행위와 일치하여야 한다. 따라서 실질적인 권리관계와 일치하지 않는 등기가 이루어진 경우에는 비록 형식적 요건이 갖추어져 있다고 하더라도 물권변동의 효력은 발생하지 않게 된다.

 제 4 항 등기종류

1. 등기의 내용에 따른 분류

① **기입등기**　소유권보존등기·소유권이전등기·저당권설정등기 등과 같이 새로운 등기원인에 의하여 새로이 등기용지에 기입하는 등기를 말한다.

② **경정등기**　등기를 하였는데 그 절차상의 착오 또는 유루(빠져 있음)로 인하여 이를 시정하기 위하여 하는 경우이다.

③ **변경등기**　등기가 행하여진 후에 등기된 사항에 변경이 생겨서 이를 시정하기 위하여 하는 등기를 말한다. 즉, 등기가 이루어진 후 후발적 변경사항 생겨 하는 등기를 말한다.

④ **말소등기**   등기된 권리나 객체가 존재하지 않는 경우에 이미 있는 등기를 주말하고 그 취지를 기재하는 등기이다.

⑤ **회복등기**   기존의 등기가 있음에도 불구하고 부당하게 소멸한 경우 이를 부활하게 하는 등기이다. 회복등기에는 말소된 등기를 회복하는 말소회복등기와 부당하게 멸실된 경우에 회복하는 멸실회복등기가 있다.

⑥ **멸실등기**   멸실등기는 부동산이 멸실된 경우에 하는 등기로 표제부의 기재를 주말하고 그 등기용지를 폐쇄하는 방법으로 한다.

2. 등기의 방식에 따른 분류

① **주등기**   주등기란 독립한 번호를 붙여서 하는 독립등기로 갑구·을구의 순위번호란에 하는 등기를 말한다.

② **부기등기**   변경등기나 경정등기와 같이 기존의 등기와 동일한 등기이거나 소유권이전 이외의 권리이전등기, 즉 전세권이나 저당권의 이전등기와 같이 기존의 등기와 동일한 순위를 갖는 등기일 때에는 기존의 주등기를 그대로 사용하되 다만 그 번호의 아래에 "부기 몇호"라고 하여 표기하는 등기를 말한다.

3. 등기의 효력에 따른 분류

(1) 종국등기 : 물권변동의 효력을 발생시키는 등기로서 본등기라고도 한다.

(2) 예비등기 : 물권변동의 효력을 직접적으로 발생시키는 것은 아니지만 간접적으로 하는 등기로서 가등기와 예고등기가 있다.

① **가등기**   본등기를 할 수 있을 만한 실체법적 또는 절차법적 요건을 갖추지 못하고 있을 때, 장래 그 요건이 구비될 때를 대비하여 하는 등기로서 본등기를 위하여 순위를 보전해 두는 효력을 갖는 등기를 말한다. 즉, 장래 발생할 종국등기를 위하여 순위보전을 하는 등기를 가등기라고 한다.

환언하면 본등기로서의 효력은 그 본등기를 한 때에 생기는 것이지만 그 본등기 내용의 실현이 가등기를 한 후 본등기를 하기까지의 사이에 생긴 사정에 의하여 방해받는 일이 없도록 하기 위하여 본등기의 순위를 결정하는 기준시점을 가등기가 된 시점으로 소급시키는 것이다.

예컨대 갑이 을로부터 부동산을 매수하고 그 이전등기청구권을 보전하기 위하여 가등기를 한 경우에 을이 갑의 본등기가 있기 전에 그 부동산을 병에게 양도하고 소유권이전등기까지 마쳤더라도 갑이 본등기를 하는 데 아무런 지장이 없고 갑이 본등기를 하면 갑의 소유권이전등기의 순위가 가등기시로 소급하여 을이 병에게 한 소유권이전등기는 무효가 되어 등기관이 갑의 본등기를 기입할 때에 직권으로 말소한다. 또는 을로부터 저당권을 설정받을 권리를 보전하기 위하여 가등기를 한 경우에 을이 갑의 본등기 있기 전에 그 부동산을 병에게 양도하고 이전등기까지 마쳤더라도 후일 갑이 저당권설정의 본등기를 받으면 병은 그 저당권의 부담을 안고 살 수 없게 되는 결과가 된다. 다만 그 가등기가 채권담보의 목적으로 가등기를 한 경우에는(대물변제예약) 가등기담보설정자는 그 피담보채권을 변제하고 가등기의 말소를 청구할 수 있기 때문에 전자의 청구권보전의 가등기에 비하여 위험도가 적다고 할 수 있다.

② 예고등기 예고등기는 등기의 무효·취소 등의 사유로 소송이 제기될 때 일반인들에게 그 등기의 말소 또는 회복의 소에 따른 권리변동의 위험성을 경고시키기 위하여 법원의 촉탁에 의하여 하는 등기이다.[1] 그러나 예고등기로 인하여 등기명의인이 거래상 받는 불이익이 크고 집행방해의 목적으로 소를 제기하여 예고등기가 행하여지는 사례가 있는 등 그 폐해가 크므로 '2010. 6. 11. 정부안'으로 2011년 10월 13일부터 폐지하기로 결정되었다(현행 4조, 39조, 170조 및 170조의2 삭제).

원래 예고등기제도는 부동산거래에서 공신력이 없는 현행 법제의 약점을 보완하기 위해 경매물건에 소송이 제기된 경우 이를 등기부에 올려 공시를 함으로써, 이를 모를 수 있는 선의의 제3자를 보호하기 위해 도입되었다. 그러나 당초

---

1) [구 부동산등기법]
제4조(예고등기) 예고등기(豫告登記)는 등기원인의 무효(無效)나 취소(取消)로 인한 등기의 말소 또는 회복의 소(訴)가 제기된 경우(패소한 원고가 재심의 소를 제기한 경우를 포함한다)에 한다. 그러나 그 무효나 취소로써 선의의 제3자에게 대항할 수 없는 경우에는 그러하지 아니하다.
제39조(예고등기) 예고등기는 제4조에 규정된 소를 수리(受理)한 법원이 직권으로 지체없이 촉탁서에 소장(訴狀)의 등본 또는 초본을 첨부하여 등기소에 촉탁하여야 한다.

입법취지와는 달리 저당권실행의 집행방해 등 강제집행절차를 방해할 목적으로 남용되고 있다는 지적이 꾸준히 제기돼 왔다. 법률상으로는 선의의 제3자에게 '거래할 해당부동산에 권리관계 관련 다툼이 있으니 거래에 신중을 기하라'는 경고적 의미밖에 없지만, 현실에서는 처분제한의 효력을 발휘하고 있기 때문이다. 예를 들면 보유하던 부동산을 경매로 날리게 될 처지에 놓인 채무자의 경우 다른 사람과 공모해 자신을 상대로 소유권이전등기 말소청구 소송 등 허위채권 소송을 제기토록 해서 예고등기가 되게 하는 행위가 전형적인 유형이다. 그렇게 해서 예고등기를 올려놓아 일반인의 입찰기회를 줄이고, 여러 차례 유찰시킴으로서 낙찰가를 낮춘 후에 본인 혹은 다른 사람 명의로 싸게 낙찰받아 채권자를 해치고 부당이득을 취하는 수법이 횡행하였던 것이다. 실제로 대법원 통계에서 보면 예고등기에 오른 재판에서 승소율은 14%에 불과했다고 한다.

이런 폐해 때문에 일본에서도 지난 2004년 이 제도를 폐지하였다. 우리나라도 이를 참고하여 2011년 10월 13일부터 예고등기제도를 완전 폐지하기로 한 것이다. 향후 예고등기제도의 대체방법으로는 처분금지가처분등기가 활용될 것으로 예상된다.

따라서 본서에서 서술하고 있는 예고등기는 이 법 시행일 이전 내용에 한하여 적용이 되며 이후의 내용에 대해서는 역사의 한 장으로 이해하면 될 것으로 본다.

4. 등기의 절차

① **공동신청주의원칙** 등기는 등기권리자와 등기의무자가 공동으로 신청하는 것이 원칙이다. 등기권리자란 등기를 함으로써 권리를 취득할 자로서 법률상의 이익을 얻을 자를 말하고 등기의무자란 권리를 상실하거나 불이익을 받게 되는 자를 말한다.

② **단독신청** 등기권리자와 등기의무자가 공동으로 신청하지 않더라도 등기의 진정을 보장할 수 있는 경우에는 단독으로 신청하는 것도 가능하다. 예컨대 상속으로 인한 등기·판결에 의한 등기·멸실회복등기·소유권보존등기·부동산의

표시의 변경등기·등기의무자가 행방불명된 경우의 말소등기 등은 단독신청이 가능하다.

③ **등기신청에 필요한 서면**　신청서, 등기원인을 증명하는 서류, 등기의무자의 권리에 관한 등기필증, 대리권한을 증명하는 서면 등이 있다.

5. 등기청구권

(1) 의의

등기는 공동으로 신청하는 것이 원칙이다. 그러므로 등기의무자가 등기의 신청에 협력하지 않는다면 등기권리자는 등기를 할 수 없게 된다. 따라서 등기권리자는 등기의무자에게 등기신청에 협력하여 줄 것을 요구할 수 있는 권리가 필요한데, 이 권리를 등기청구권이라 한다. 등기청구권은 등기공무원이라는 국가기관에 대하여 등기를 신청할 수 있는 공법상의 권리인 등기신청권과는 구별된다고 할 수 있다.

(2) 성질

① 등기의무자도 등기권리자에 대하여 예외적으로 등기청구권을 행사할 수 있는 경우가 있다. 예컨대 부동산소유권의 등기권리자인 매수인 단독으로 이전등기를 신청할 수 있는 데에도 불구하고 등기를 하고 있지 않음으로 인하여 등기의무자가 불의의 불이익을 당하고 있는 경우에는 등기의무자도 등기권리자에게 등기청구권을 행사할 수 있다.

② 등기신청권이 등기공무원이라는 국가기관에 대하여 하는 공법상의 권리인데 반하여 등기청구권은 사인이 사인에 대하여 등기의 신청을 위하여 협력을 구하는 사법상의 권리이다.

③ 등기청구권에 관하여는 채권적 청구권과 물권적 청구권으로 학설이 나누어지고 있다. 채권적 청구권은 등기청구권이 채권행위로부터 발생하기 때문에 그 성질을 채권적 청구권으로 보는 견해이다. 이에 반해 물권적 청구권은 물권행위의 독자성을 인정하고 채권적 원인행위로부터 물권적 청구권이 발생하는 것

이 아니고 물권적 합의에 따라 발생한다는 견해이다.

④ 매매 등 법률행위에 의한 등기청구권·점유시효취득자의 등기청구권·부동산임차인의 등기청구권·부동산환매권 등은 채권적 청구권이라 한다.

⑤ 피담보채권을 변제한 저당권설정자의 말소등기청구권·실체관계와 등기가 일치하지 않은 경우에 청구하는 등기는 물권적 청구권이라 한다.

⑥ 등기청구권을 채권적 청구권으로 보게 되면 일반채권과 마찬가지로 10년의 소멸시효로 행사할 수 없게 된다. 그러나 물권적 청구권으로 보게 되면 시효로 소멸하지 않게 된다.

6. 등기의 효력

(1) 본등기의 효력

① **권리변동적 효력**   등기는 물권행위와 더불어 물권변동을 일으키는 요건으로서 중요한 효력을 가진다. 물권변동의 효력은 등기를 신청한 때 생기는 것이 아니고 등기부에 기재한 때 발생한다.

② **순위확정력**   동일한 부동산에 설정된 수개의 권리의 순위는 다른 법률의 규정이 없으면 등기의 선후에 의하여 결정된다.

③ **추정적 효력**   등기가 존재하더라도 실체적인 권리관계가 존재하지 않으면 그 등기는 무효이다. 하지만 그 등기가 말소될 때까지는 외관상 실체적인 권리관계가 존재하는 것으로 추정할 수 있다. 이를 추정적 효력이라고 하는데 이는 단순한 추정에 불과하기 때문에 반증에 의하여 얼마든지 깨질 수 있다.

④ **대항력**   부동산 제한물권과 부동산 환매권·임차권에 관하여 존속기간·지료·전세금·피담보채권·환매특약 등을 등기하게 되면 이를 제3자에게 대항할 수 있게 된다. 예컨대 등기가 허용되는 일정한 사항에 관하여 등기를 하고 있지 않으면 채권적인 효력만이 있어 제3자에게 대항할 수 없지만 등기를 하게 되면 제3자에게도 주장할 수 있게 된다는 것이다.

⑤ **형식적 확정력**   등기가 일정한 절차에 의하여 이루어져 있는 이상 무효인 등기일지라도 등기절차에 의하지 않고는 말소할 수 없다.

⑥ **공신력** 등기에는 공신력이 없다. 따라서 위조등기를 믿고 부동산 이전등기를 하더라도 부동산소유권은 취득할 수 없게 된다.

(2) 가등기의 효력

가등기에 기하여 본등기를 하면 본등기의 순위는 가등기의 순위에 의한다(부동산등기법 6조 2항). 가등기는 순위보전의 효력이 있기 때문이다. 이것은 물권변동의 시기가 가등기한 때로 소급한다는 의미가 아니며 물권변동의 효력은 본등기를 한 때에 발생하고 다만 가등기에 기해 본등기를 한 때에 본등기의 순위가 가등기한 때로 소급함으로써 순위보전적 효력을 가진다는 의미이다. 예컨대 부동산을 이중으로 매매한 경우에 계약일자의 선후에 관계없이 먼저 소유권등기를 한 사람이 소유권을 주장할 수 있는 것처럼 가등기를 먼저 한 경우는 설사 제3자가 소유권이전등기를 하였더라도 가등기권자가 본등기를 하면 가등기 이후 한 소유권자는 가등기권자에게 대항할 수 없게 된다.

7. 경매 관련 등기

(1) 경매개시결정 기입등기

1) 경매신청등기의 등기

법원이 경매개시결정을 한 때에는 촉탁서에 그 결정정본을 첨부하여 경매신청등기의 촉탁을 하고 등기공무원은 이 촉탁에 의하여 그 등기를 실행하여야 한다.

다른 압류등기 또는 체납처분에 의한 압류등기가 있는 부동산에 대하여도 경매신청의 등기를 할 수 있고 또는 다른 저당권 등의 경매신청의 등기가 있는 부동산에 관하여도 중복하여 경매신청의 등기를 할 수 있다.

2) 등기부등본의 송부

① 등기공무원이 경매신청의 등기를 완료한 때에는 그 등기부의 등본을 경매법원에 송부하여야 한다. 그러나 실무상으로는 경매신청 등기촉탁서에 등기필인판을 찍어 등기공무원이 날인, 송부함으로써 그 등본의 작성에 갈음하고 있다.

② 경매신청등기 이후에 소유권의 말소등기, 강제경매신청등기 전의 가등기

에 기한 본등기 또는 담보권실행을 위한 경매신청등기 이후에 있어서 저당권설정등기 전의 가등기에 기한 등기를 한 때에는 그 등기부등본을 경매법원에 제출하여야 한다.

③ 경매신청기입등기가 경료된 이후에도 소유자는 소유권이전이나 서당권설성 등의 행위는 할 수 있지만 경매신청권자나 경락인에게는 대항하지 못하게 된다.

(2) 경매신청등기의 말소

1) 경매신청이 경락허가 없이 완결된 때에는 경매신청의 등기는 촉탁에 의하여 말소한다.

2) 경매신청의 취하나 경매절차 취소결정은 부동산의 멸실, 법령에 의한 강제집행의 금지가 있을 때에 한다. 이때는 촉탁서에 취소결정등본이나 취하서 또는 그 등본을 첨부하여야 한다.

(3) 경락 이후의 등기

1) 촉탁할 등기

경락대금의 완납이 있는 경우에 법원은 매각허가결정의 등본과 다음과 같은 서류를 첨부하여 관할등기소에 경락인 앞으로 소유권이전을 촉탁하여야 한다.

① 경락인의 소유권이전등기 서면

② 경락인이 인수하지 아니한 부동산의 부담기입의 말소등기 서면

③ 경매신청등기의 말소등기 서면

④ 등록세영수필증, 취득세영수필증, 교육세영수필증 등

2) 촉탁할 시기

경락으로 인한 등기의 촉탁은 경락대금의 완납이 있을 때에 한다(민사집행법 144조).

소유권을 취득하는 시기는 법률의 규정에 의한 물권변동으로(민법 187조) 경락인이 대금을 완납한 때 발생한다. 등기를 촉탁하기 위한 비용은 경락인이 부담한다. 따라서 경락인은 각종 등기를 촉탁하기 위하여 등록세 등을 납부하고 등기촉탁에 필요한 구비서류를 집행법원에 제출하여야 한다.

3) 촉탁서의 기재사항

① **일괄촉탁** 위의 각 등기는 동일 촉탁서에 일괄촉탁하면 동일한 사건번호로 접수할 것이나 사건의 건수는 등기의 목적에 따라 수건으로 계산한다. 촉탁서상의 등기원인은 "강제(임의)경매로 인한 매각"으로 한다. 그리고 등기원인일자는 "매각대금완납일"로 기재한다. 매각으로 인한 소유권이전등기의 등기의무자의 표시는 경매신청 당시의 등기명의인의 표시로 기재하며, 등기권리자는 매수인을 표시하는데, 다만 소유권이전의 효력이 발생하기 이전에 매수인이 사망한 때에는 상속인을 표시하면 된다.

4) 첨부서류

등기원인서면으로는 매각허가결정등본과 매각대금완납증명을 등기원인증서로 제출하고 등기권리자의 주소를 증명하는 서면, 경락자의 주민등록번호 또는 부동산등기용 등록번호를 증명하는 서면과 등기권리자가 납부한 등록세 영수확인서 등도 아울러 첨부하여 제출해야 한다.

5) 제3취득자가 매수인이 된 경우의 소유권이전등기의 생략

경매신청기입등기 전에 소유권이전등기를 받은 제3취득자가 매수인이 된 경우에는 그 명의로의 이전등기를 촉탁하지 아니하고 매수인이 인수하지 아니한 부동산상의 부담기입의 말소등기와 경매개시결정의 기입등기의 말소촉탁을 하여야 한다. 여기서 제3취득자란 경매신청등기 당시의 등기명의인만을 뜻한다. 따라서 경매신청등기 이후의 제3취득자가 매수인이 된 경우에는 그의 소유권취득의 등기는 부담기입으로서 말소하고 다시 매각으로 인한 소유권이전등기를 촉탁해야 한다.

6) 부담기입등기로서 말소의 대상이 되는 등기

① 매수인이 인수하지 아니한 부동산 위의 부담의 기입이라 함은 매각으로 소멸하는 저당권이나 매수인에게 대항할 수 없는 권리를 말한다. 원칙적으로 강제경매에 있어서 경매신청등기 이후의 등기, 담보권실행을 위한 경매에 있어서는 최초 저당권설정등기 이후의 등기가 매수인이 인수하지 아니한 부동산 위의 부담의 등기가 된다.

② 가압류 또는 체납처분의 등기는 원칙적으로 말소기준 권리의 선후를 불문하고 말소된다. 다만, 가압류 또는 체납처분의 압류등기 후에 소유권이전등기를 받은 명의인을 채무자로 하여 강제경매신청의 등기를 한 경우에는 그 가압류 또는 체납처분의 압류등기는 말소되지 않는다. 왜냐하면 가압류권리자나 체납처분을 압류등기한 처분청은 경매절차에서 배당에 가입을 할 수 없기 때문이다. 그러나 일부 견해는 체납처분에 의한 압류등기는 배당을 하여 주어야 하는 것으로 보는 설도 있다.

③ 저당권등기 후 또는 강제경매신청등기 이후의 용익물권은 말소된다.

④ 저당권설정등기 후 또는 강제경매신청등기 후의 가처분등기는 말소된다.

⑤ 경매신청등기 후의 소유권이전등기는 말소한다.

⑥ 예고등기는 말소되지 않는다.

(4) 강제관리에 관한 등기

1) 의의

강제관리는 매수인이 경락허가결정을 받은 후 대금을 지급하고 그 부동산의 인도를 받을 때까지 사이에 채무자인 그 부동산 소유자의 법률상의 지위 또는 사실상의 행위에 의하여 그 부동산의 가치가 감소되어 매수인이나 채권자의 이익을 해할 염려가 있으므로 매각허가결정이 있은 후 인도할 때까지 매수인이나 채권자의 신청에 의하여 법원이 관리인을 선임하여 그 관리인이 부동산에 대한 관리명령을 발할 수 있도록 하는 제도이다. 즉, 관리명령은 매수부동산의 현상유지를 목적으로 하는 일종의 보전처분이다.

또는 채무자 소유의 부동산을 법원이 선임한 관리인으로 하여금 관리케 하여 얻은 천연과실, 법정과실 등의 수익을 채권자가 만족하는 방법으로 채권을 회수케 하는 방법도 있다.

2) 신청의 방법

관리명령의 신청은 집행법원에 서면 또는 구술로 할 수 있다. 신청서에는 매각부동산을 매수인에게 인도할 때까지 법원이 상당하다고 인정하는 관리인 또는 신청인이 추천하는 사람을 선임하여 관리를 명하도록 신청하는 취지를 기재하여 제출한다.[2]

관리인에 대한 보수 또는 관리에 소요되는 비용은 관리명령신청인이 부담하므로 신청인은 이에 대한 예납을 하여야 한다.

3) 관리명령의 재판

관리명령의 신청이 있으면 집행법원은 변론을 거치지 않고 심리하여 신청이 이유있다고 인정할 때에는 관리인을 선임하고 그로 하여금 매각부동산의 관리를 명하는 재판을 발한다. 관리명령의 신청이 있으면 특별한 사유가 없는 한 신청 당일 재판하여야 하며, 관리인의 자격에는 제한이 없다. 법원이 강제관리개시결정을 하였을 때는 즉시 등기공무원에게 강제관리신청의 등기를 촉탁하며 등기공무원은 부동산등기부등본에 등기원인과 "00년 0월 0일 00법원의 강제관리개시결정" 또는는 "00년 0월 0일 강제관리취소결정"이라고 기재한다.

---

[2] 【부동산관리명령】

> # ○ ○ 지 방 법 원
> ## 부동산관리명령
>
> 사건　　　20　　　　타경 부동산관리명령
> 신청인(경락인) ○ ○ ○
> 　　　　　　　　서울시
> 상대방(채무자) ○ ○ ○
> 　　　　　　　　서울시
> 　주문　　　이 법원 20 타경 부동산 강제경매 사건에 관하여 이 법원 소속 집행관 ○ ○ ○를 관리인으로 선임하고 위 관리인에게 채무자 소유의 별지목록 부동산의 관리를 명한다.
> 　이유　　　이 법원 20 타경 부동산강제경매사건에 관하여 신청인의 부동산관리명령 신청이 이유있다고 인정되므로 민사집행법 제136조 제2항에 의하여 주문과 같이 결정한다.
>
> 　　　　　　　20. 7. 7.
> 　　　　　　　　판사　　○ ○ ○

4) 관리의 착수

관리인으로 선임된 자는 관리명령에 의하여 채무자에게 매각부동산의 인도를 구하고 채무자가 임의로 인도하면 인도를 받아 관리한다. 그러나 채무자가 인도를 기부하는 경우에는 매수인 또는 채권자는 법원으로부터 인도명령을 받아 인도를 강제할 수 있다.

5) 인도명령

채무자가 관리인에게 매각부동산을 인도하여 주지 않는 경우에는 관리인은 관리명령만을 가지고 그 인도를 강제할 권한은 없다. 따라서 관리명령을 한 경우에 부동산의 관리에 필요한 때에는 법원은 매수인 또는 채권자의 신청에 의하여 담보를 제공하게 하거나 제공없이 민사집행법 제136조 제3항의 인도명령에 준하는 명령을 할 수 있다. 법원이 인도명령을 신청인에게 송달하면 신청인은 이에 기하여 집행관에게 집행을 위임하여 인도를 집행한다. 이때 인도명령 정본은 집행 전에 채무자에게 송달하거나 집행관으로 하여금 집행과 동시에 채무자에게 송달한다.

6) 관리의 방법

관리인은 매각부동산의 인도를 받은 후 선량한 관리자의 주의로써 목적물을 보존·유지하여야 한다.

관리인은 부동산의 현상을 유지하기 위하여 관리비용을 지출할 수 있으며 이 경우 일일이 법원의 허가를 받거나 이해관계인의 동의를 요하는 것은 아니다.

7) 관리의 종료

매수인이 매각대금을 완납하고 관리인의 관리하에 있는 부동산의 인도를 청구하는 때에는 관리인은 관리사무를 청산하고 그 부동산을 매수인에게 인도하여야 한다.

경매개시결정의 취소·항고에 의한 매각허가결정의 취소, 매각허가의 취하 등으로 매각허가결정의 효력이 상실되는 경우에는 관리명령도 당연히 실효되어 그때 관리인의 관리도 종료된다.

그리고 관리인에 대한 보수 기타 관리에 소요되는 비용은 관리명령을 신청한 매수인이나 채권자가 부담한다. 그러한 이유는 관리명령이 매수인 또는 채권자를 보호하기 위한 집행절차의 부수처분이기 때문이다.

주택임대차보호법상의
권리분석

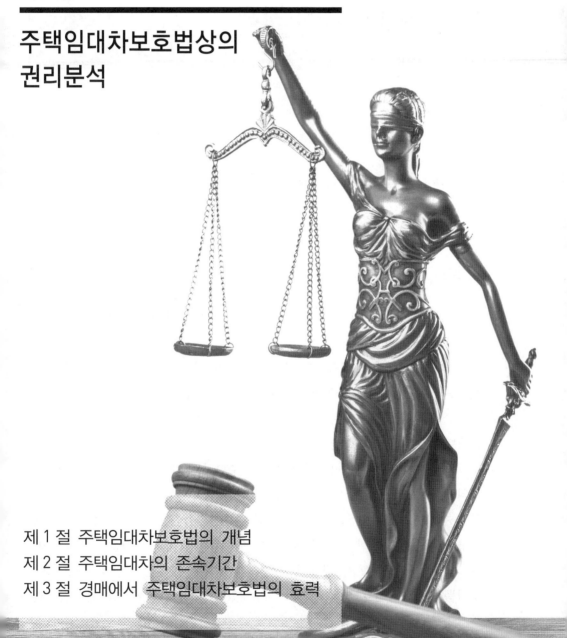

제1절
주택임대차보호법의 개념

 제1항 주택임대차보호법의 의의

1. 의의

임대차제도는 개인주의 색채와 소유권 절대성의 색채가 강한 로마법에서 타인의 물건을 사용·수익하기 위한 제도로서 발전한 것이다. 로마법에서의 임대차는 "매매는 임대차를 깨뜨린다" 또는 "매매에 의한 소유권의 양도는 임대차를 깨뜨린다"는 원칙, 즉 물권인 소유권은 채권인 임차권보다 우월하다는 관념을 기초로 하여 임대차를 순수한 채권관계로 인식하였으며 로마법을 계수한 서구의 근대법도 임대차를 단순한 채권관계로 규율하였다.

1960년대 이후 우리나라의 산업화가 추진되는 과정에서 농촌으로부터 도시로의 인구유입이 급작스럽게 이뤄지면서 도시의 주택난은 극심하였고 이를 해결하기 위하여 고층화된 집합건물에 의한 주택공급을 서두르게 되었다. 그럼에도 불구하고 주택에 대한 소유의식이 강한 우리나라에서는 그와 같은 주택의 공급에 의해서도 새롭게 창출되는 주택수요를 충족할 수 없는 주택의 부족 속에서 주택문제는 커다란 사회적 문제로 대두되었다. 이에 대하여 1981년 3월 5일에 주거용 건물의 임대차에 관하여 민법에 대한 특례를 규정한 특별법으로서 주택임대차보호법을 제정·시행하였고 이어 1983년 12월 30일 제1차 개정과 1989년 12월 30일 2차개정을 통하여 많은 부분을 보완하였다. 그리고 1999년 1월 21일 대대적으로 주택임대차보호법을 개정하여 1999년 3월 1일부터 시행에 들어가게 되었다. 현행 주택임대차보호법은 임차주택에 관히여 임차권등기를 하거나, 대항 요건을 구비하고 확정일자를 갖추거나, 소액임차인에 해당하면 임차인은 우선변제청구권을 취득할 수 있는 길을 열어 놓았다. 본 규정들은 주택에 살고 있는 임차인이 전세보증금을 어떻게 하면 안전하게 지킬 수 있는가? 하는 문제와도 관련성이 있어 일반인들에게도 상당히 중요하다고 할 수가 있다. 이하에서는 이에 대한 규정들이 경매에서 어떻게 효력을 발생하고 작용되는지를 사례를 통하여 살펴보도록 한다.

2. 주택임대차보호법의 적용관계

【임대차 계약체결시 주의할 점】

문제 : 임대차계약의 만기가 도래하여 재계약을 체결하려면 어떻게 해야 하는가?

　　전세기간의 만기가 도래하면 임차인과 임대인은 재계약시를 작성한다. 이 때 보증금을 인상하거나 감액하여 재계약을 하였는데도 이러한 금액이 종전과 동일한 효력이 있는 것으로 알고 있다가 나중에 당황해하는 경우가 많다. 그리고 재계약서를 제대로 작성하지 않아 받을 수 있는 보증금도 전혀 보호받지 못하는 경우도 있어, 어떻게 재계약을 체결하여야 정상적인 임대차계약으로서 효력을 인정받을 수 있는지 알아야 할 것이다.

문제해설 : 임대차계약의 만기가 도래하여 재계약을 체결하려면 어떻게 해야 하는가?

1. 등기부등본을 확인하라

　임대인과 임차인이 임대차계약의 만기가 도래하여 다시 계약서를 작성할 때 보증금을 더 인상하여 재계약서를 작성할 때가 있다. 이렇게 인상한 보증금은, 결론적으로 말한다면 종전과 동일한 효력을 인정받지 못하는 경우도 있다. 예컨대 일반주택을 처음 5천만원에 계약서를 작성하여 살고 있었는데 집주인이 계약기간의 만기가 도래하자 1천만원을 인상한 금액으로 다시 재계약을 요구하여 6천만원에 임대차 계약을 체결하였다고 가정하여 보자. 얼마 후 은행에서 이 집 주인이 빌린 돈을 갚지 않아 경매를 신청한 경우, 보증금을 인상한 시점보다 앞선 일자로 근저당권이 설정되었다면 1천만원에 대해서 확정일자를 받지 않았다면 우선변제권을 주장할 수가 없게 된다. 왜냐하면 근저당권자가 이 집을 담보로 하여 돈을 빌려 줄 때는 현재 나타나 있는 각종 채권자의 권리순위를 알아보고 돈을 빌려주었는데 그 후에 인상한 보증금을 우선하는 것으로 인정하면 먼저 설정한 저당권자를 보호할 수 없기 때문이다. 둘째, 인상한 1천만원에 대하여 법원에서 배당이 안 나올 때 경락인에게 인수를 주장할 수 있느냐는 점이다. 경락인에게 주장하기 위해서는 처음 대항요건을 갖출 때와 인상한 시점 사이에 말소기준권리가 없어야 가능하다. 그러나 위의 예는 1천만원을 인상하여 주는 시점에 이미 저당권이 설정되어 있었기 때문에 인상한 1,000만원에 대해서는 경락인에게도 주장할 수 없게 된다. 다만, 근저당권 설정 이전에 체결한 5,000만원에 대해서는 대항력과 우선변제권을 행사할 수 있다.

2. 계약기간 만료의 효력

일반적으로 계약기간이 만료되었을 때 재계약서를 작성하지 않고 그냥 사는 경우가 많다. 주택임대차보호법 제6조를 보면 "임대인이 임대차기간 만료 전 6월부터 2개월까지에 임차인에 대하여 갱신거절의 통지 또는 조건을 변경하지 아니하면 갱신하지 아니한다는 뜻의 통지를 하지 아니한 경우에는 그 기간이 만료된 때에 전임대차와 동일한 조건으로 다시 임대차한 것으로 보며, 임차인이 임대차기간 만료 전 2월까지 통지하지 아니한 때에도 또한 같다"라고 규정하고 있다. 즉, 임차인이나 임대인이 계약기간이 만료되어 재계약을 할 때나 집을 빼고 싶을 때는 집주인은 계약기간 만료 6월에서 2개월까지 사이에, 임차인은 계약기간 만료 2개월 전까지 상대방에 대하여 통지를해야 해지의 효력이 발생하는데, 이런 통지를 하지 않고 계약기간이 지났는데도 불구하고 그냥 살고 있을 때는 일명 "묵시의 계약(묵시적 갱신)"이 이루어졌다고 한다. 이때 양 당사자는 언제든지 계약해지의 통지를 할 수 있게 된다. 그러나 임차인과 임대인이 해지통고를 한 경우 그 효력기간에 있어서는 상당한 차이를 보이고 있다. 임차인이 묵시의 계약에서 계약해지 통지를 한 경우에는 3개월 후에 효력이 발생하는데 반하여 임대인이 해지통고를 한 경우에는 2년 후에 효력이 발생한다. 따라서 임대인 입장에서는 계약기간이 만료되면 가능한 한 재계약서를 작성하는 것이 유리하다.

3. 재계약시 주의사항

재계약서를 작성할 때 새로운 계약서를 작성하는 분도 있다. 이때 전 계약서는 '새로운 계약서가 있으니 버려도 되겠지' 하면서 없애 버리는 분들도 많은데 처음계약서는 후에 확정일자의 효력에 있어 새로운 계약서보다 먼저 효력이 발생하기 때문에 버리지 말고 보관할 필요가 있다. 굳이 새로운 계약서를 작성할 때는 계약서 단서상에 특기사항으로 "종전 계약서의 모든 내용을 승계한다"라고 간단히 명시하여 놓는 것이 좋다. 또한 재계약서를 작성할 때 불의의 손해를 방지하기 위해서는 등기부등본을 확인하여 선순위 설정 여부와 총채무액을 다시 한번 확인하고 작성할 필요가 있다.

① 보통 우리가 "세를 놓는다"라고 하는 것은 채권적인 전세나 월세계약을 의미하는 것이고 등기부에 등재된 것은 전세권이라 하여 물권적인 성격을 가진다. 전세권은 우리가 흔히 말하는 채권적 전세와는 달리 등기부에 전세권등기를 필한 것을 말한다. 전세권등기를 하면 경매신청을 할 수 있고 각종 담보물권과의 설정순위에 따라서 우선배당을 받을 수 있다.

② 등기를 하지 않은 전세계약, 월세계약을 법률상 임대차계약이라 한다. 이러한 채권적 성질을 갖고 있는 임대차계약은 물권적인 효력은 없지만 특별법인 주택임대차보호법에 의하여 보호받을 수가 있다.

③ 그러나 주택임대차보호법이라고 하여 모든 임차인에게 적용하여 보호를 하는 것은 아니다. 그 요건과 효력은 엄격하여 이에 대한 내용을 정확히 알고 있어야 한다. 위의 사례에서 살펴본 바와 같이 이 규정들은 주택에 대해서 적용이 되고, 그 효력과 관련해서는 일반매매에 있어서의 대항력(주택임대차보호법 3조 1항·2항)과 경매에서의 효력이 다르다는 것을 알 수 있을 것이다. 그리고 확정일자와 소액임차인 최우선변제, 그리고 임차권등기에 의하여 임차인이 보증금을 보호받거나 입찰에 참여하려고 하는 경우 어떠한 법률관계가 발생하는지 사례를 통하여 이하에서 살펴본다.

 ## 제 2 항 주택임대차보호법의 보호를 받을 수 있는 건물

> 제2조(적용범위) 이 법은 주거용 건물(이하 "주택"이라 한다)의 전부 또는 일부의 임대차에 관하여 이를 적용한다. 그 임차주택의 일부가 주거외의 목적으로 사용되는 경우에도 또한 같다.
> 제11조(일시사용을 위한 임대차) 이 법은 일시사용을 위한 임대차임이 명백한 경우에는 이를 적용하지 아니한다.

① 일시사용을 위한 임대차임이 명백한 경우에는 주택임대차보호법상의 보호를 받을 수가 없다. 임대차보호법의 취지는 경제적 약자의 보호와 현실적인 주거안정의 기여에 있으므로 안전적 주거라 볼 수 없는 주택, 방실 등의 임대차는 이 법의 적용에서 제외된다고 할 수 있다. 위와 같은 종류에는 호텔, 여관 등의 방실 임대차와 피서지의 민박시설공사를 위한 가건물 등이 있을 수 있다.

② 주거용 건물의 판단기준은 임대차 목적물의 공부상의 표시만을 기준으로

할 것이 아니라 실질용도에 따라서 정하여야 하고 건물의 일부가 임대차의 목적이 되어 주거용과 비주거용으로 겸용되는 경우에는 구체적인 경우에 따라 임대차의 목적, 건물의 구조, 목적물의 이용관계, 그리고 일상생활 여부를 참작하여 결정힌다.[1]

③ 주택임대차보호법 제2조에 따른 주거용 건물인지 여부의 판정기준은 다음과 같다. 첫째 임대목적물의 공부상의 표시만을 기준으로 할 것이 아니라 실질용도에 따라 정하여야 한다.[2] 둘째 임대차 당시에[3] 주거용 건물인지 비주거용 건물인지의 여부가 중요한 기준이 된다. 셋째 무허가, 유허가 준공검사 여부 등은 사실상 주거용인 이상 아무런 영향이 없다. 넷째 임대차 계약 당시에 비주거용 건물이라도 나중에 다른 선순위저당권이 설정되어 있지 않은 상태에서, 임대인 승낙하에 주거용으로 개조한 경우에는 주택임대차보호법상의 "주거용건물"로 본다(이 경우에는 임대인의 승낙을 받고 각종 제한물권이 설정되기 이전에 개조하여 사실상 주거용으로 쓰고 있는 경우에만 주거용건물로 보호받을 수 있다). 그러나 비주거용 건물의 일부가 주거용으로 사용하고 있는 경우에는 원칙적으로 주거용으로 보지 않는다.

---

1) 다세대주택 임차 당시 칭하여진 동호수로 주민등록은 이전하고 임대차계약서에 확정일자를 받았는데 준공검사 후 건축물관리대장이 작성되면서 동호수가 바뀌어 등기부 작성시에 임대계약서와 다른 동호수가 등재된 경우, 그 주택에 대하여 근저당권자의 신청에 의한 임의경매절차가 진행되던 중 임차인이 위 확정일자의 임대차계약서를 근거로 경매법원에 임차보증금반환채권에 대한 권리신고 및 배당요구를 하였다가 뒤늦게 그 주택의 표시가 위와 같이 다르게 되었다는 것을 알게 되어, 동장에게 그 주민등록 기재에 대하여 이의신청을 하여 주민등록표상의 주소를 등기부상 동호수로 정정하게 하였다면, 그 주택의 실제의 동표시와 불일치한 임차인의 주민등록은 임대차의 공시방법으로 유효한 것이라고 할 수 없고, 임차인은 실제 동표시와 맞게 주민등록이 정리된 이후에야 비로소 대항력을 취득하였다고 볼 것이다(대판 1994. 11. 22. 94다13176).

2) 주거용 건물에 해당하는지 여부는 임대차목적물의 공부상의 표시만을 기준으로 할 것이 아니라, 그 실질용도에 따라 정해야 하고 또 건물의 일부가 임대차의 목적이 되어 주거용과 비주거용으로 겸용되는 경우에는 구체적인 사정에 따라 그 임대차의 목적·전체 건물과 임대차목적물의 구조·형태 및 임대차목적물의 이용관계·임차인이 그곳에서 일상생활을 영위하는지 여부 등을 고려하여 합목적적으로 결정하여야 한다(대판 1996. 3. 12. 95다51953).

3) 주택임대차보호법이 적용되려면 먼저 임대차계약 당시를 기준으로 하여 그 건물의 구조상 주거용 또는 그와 겸용될 정도의 건물의 형태가 실질적으로 갖추어져 있어야 하고, 만일 그 당시에는 주거용 건물이 존재하지 아니하였는데 그 후 임의로 주거용으로 개조하였다면 임대인이 그 개조를 승낙하였다는 등의 특별한 사정이 없는 한, 위 법의 적용은 있을 수 없다고 하여야 한다(대판 1986. 1. 21. 85다카1367).

제 2 절
주택임대차의 존속기간

 제1항 존속기간을 약정하는 경우

① 임대차계약기간을 2년 미만으로 정한 경우에 그 기간은 2년으로 본다.

② 임차인은 2년 미만으로 정한 계약기간의 유효함을 주장할 수 있다.

③ 임대차가 종료한 경우에도 임차인은 보증금을 반환받을 때까지 임대차관계의 존속을 주장할 수 있다.

④ 임대인은 1년으로 정한 임대차계약기간을 2년으로 주장할 수 없다. 이는 임차인이 임대차계약기간을 1년으로 정한 경우 임차인이 1년만 살고 이사간다고 할 때 임대인이 최단기간인 2년을 주장할 수 없다는 것이다. 따라서 임대인은 1년으로 정한 임대차계약기간에 대하여 임차인이 항변할 때 2년으로 주장할 수 없고 임차인은 1년으로 체결한 임대차계약기간에 대하여 2년을 주장할 수 있다.

 제 2 항 법정갱신 및 존속기간을 약정하지 않은 경우

기간의 정함이 없는 임대차와 묵시의 갱신인 경우 임차인은 언제든지 계약해지의 통고를 할 수 있다.

1. 묵시적 갱신(법정갱신)의 경우 계약의 해지

① 묵시적 갱신으로 존속기간의 정함이 없는 계약이 이루어져 있는 경우 임차인은 언제든지 임대인에 대하여 계약해지 통고를 할 수 있다(주택임대차보호법 6조의2 1항). 존속기간의 정함이 없는 계약(묵시적 갱신에서)에서 임대인은 임차인으로부터 해지통고를 받은 날로부터 3개월이 경과하면 해지의 효력이 발생한다(주택임대차보호법 6조의2 2항).

② 묵시적 갱신으로 존속기간의 정함이 없는 계약이 이루어져 있는 경우 임대인은 임차인에 대하여 계약해지 통고를 할 수 있다. 그러나 해지의 효력은 임차인에게 해지의 통고가 도달된 후 2년이 경과한 때부터 발생한다(주택임대차보호법 4조 1항, 6조 2항, 6조의2 1항). 판례는 "주택임대차보호법은 그 입법의 취지가 임차인의 보호에 있으므로 임차인이 다른 주택에 세를 들었다고 가정해 보면, 이때 2년간은 주거생활이 보장되기 때문에 기간의 정함이 없는 것으로 보는 묵시적 갱신의 경우에도 그 존속기간은 2년으로 봄이 상당하다"라고 판시하고 있다.[1]

③ 따라서 임대인은 계약기간 종료 전 6개월에서 2개월 전 사이에 계약의 변경이나 종료의 통지를 임차인에게 해야 하며, 만약 하지 않고 묵시의 갱신이 이루어진 상태에서 임대인이 계약해지의 통고를 한 경우에는 임차인에게 도달한 날로부터 2년 이후에 효력이 발생한다. 그러나 묵시의 계약에서 임차인이 해지통고를 한 경우에는 임대인에게 도달한 날로부터 3개월 후에 효력이 발생하기 때문에 임대인은 이때부터 보증금반환과 중개수수료 납부의무가 발생한다. 따라서 임대사업을 하는 사람은 주의해서 계약기간 만료일을 확인해야 할 것이다.

2. 계약의 해지

① 임대인이 임대차기간 만료 전 6월부터 2월까지에 임차인에 대하여 갱신 거절의 통지 또는 조건을 변경하지 아니하면 갱신하지 아니한다는 뜻의 통지를 하지 아니한 경우에는 그 기간이 만료된 때에 전 임대차와 동일한 조건으로 다

---

1) 대판 1992. 1. 3. 92다카3031.

시 임대차한 것으로 본다(주택임대차보호법 6조 1항).

② 이 경우 임대차의 존속기간은 정함이 없는 것으로 본다(주택임대차보호법 6조 1항 단서).

③ 2기의 차임액에 달하도록 차임을 연체하거나 기타 임차인으로서의 의무를 현저히 위반한 임차인에 대하여는 이 규정을 적용하지 아니한다.

3. 임차인의 계약갱신요구권

임차인이 계약만료 2개월 이전에 계약갱신을 임대인에게 요구할 경우 정당한 사유가 없는 한 거절하지 못한다. 거절할 수 있는 사유는 임차인이 차임을 2기 연체한 경우, 주택의 일부를 파손한 경우, 재건축이나 철거 등을 해야 할 때이다. 임대인은 임차인의 계약갱신요구에 대하여 연 5%의 차임증액을 청구할 수 있다.

그리고 임차인이 전세계약을 갱신한 경우 임차인은 언제나 해지통고를 할 수 있고 해지통고를 임대인에게 도달하게 한 이후 3개월 이후에 해지의 효력이 발생한다.

만약 임대인이 임차인의 '2+2'년의 계약갱신요구를 거절한 경우에는 이에 대한 손해배상으로 높은 금액을 배상하여야 한다. 첫째, 갱신거절 당시의 월 차임의 3개월분에 해당하는 금액, 둘째 임대인이 제3자에게 임대하여 얻은 환산 월차임과 갱신거절 당시 환산 월차임 간 차액의 2년분에 해당하는 금액, 셋째 갱신거절로 인해 임차인이 입은 손해액으로 중개수수료와 다른 비싼 집을 구할 시에 추가로 드는 이자 비용 등을 배상하여야 한다.

제 3 항 임차권의 해지

① 담보권 실행에 의하여 경매가 진행될 경우 위 주택에 살고 있는 임차인이 대항요건이나 확정일자를 받은 경우라면 배당요구 종기일 이전까지 권리신고 및

배당요구신청서를 법원에 제출해야 순위에 따른 배당을 받을 수 있다.

　② 위의 요건을 갖춘 임차인이 계약기간이 만료되지 않았음에도 불구하고 권리신고 및 배당요구신청서를 입찰기일 전까지 제출한 경우에는 본 배당요구신청서를 계약해지의 통고로 보아 우선변제를 하여 수고 있었는데[2] 1999. 1. 21. 수택임대차보호법 제3조의5의 입법에 "임차권은 존속기간이 만료하지 않았더라도 경락으로 소멸한다"라는 규정을 두어(주택임대차보호법 3조의5) 입법적으로 해결을 하였다.

 제 4 항 경매의 경우 계약해지와 배당요구신청

1. 경매의 경우 계약의 해지

　① 임대차기간이 만료하기 전에 임차주택의 경매가 진행되고 있는 경우, 임차인은 양수인에게 대항할 수 있지만 임대인이 바뀌는 결과를 가져오는 경우로서 임차인 자신이 임대차관계의 승계를 원하지 아니한 때에는 공평의 원칙 내지 신의칙상 임차인은 임대차계약을 해지하고 확정일자에 의하여 우선변제를 청구할 수 있

---

2) 주택임대차보호법 제3조의2 제1항의 규정에 의하면, 제3자에 대한 대항요건과 확정일자를 갖춘 임차인은 민사소송법에 의한 경매시 임차주택의 환가대금에서 후순위권리자 기타 채권자보다 우선하여 보증금을 변제받을 권리가 있으나, 다만 그와 같은 요건을 갖춤으로써 우선변제권이 있는 주택임차인이라고 하더라도 주택의 양수인에게 대항할 수 있는 경우에는 임대차가 종료된 후가 아니면 경매절차에서 우선순위에 따른 배당을 받을 수 없으며, 한편 임차주택이 경매되는 경우에 주택의 양수인에게 대항할 수 있는 임차인이 임대차기간이 만료되지 아니하였음에도 경매법원에 배당요구를 하는 것은 스스로 더 이상 임대차관계의 존속을 원하지 아니함을 명백히 표시하는 것이어서 다른 특별한 사정이 없는 한 이를 임대차 해지의 의사표시로 볼 수 있고, 경매법원이 민사소송법 제606조 제1항(현 민사집행법 제89조)에 따라 <u>임대인에게 배당요구 사실을 통지하여 임차인의 해지의사가 경매법원을 통하여 임대인에게 전달되면 이때 임대차관계는 해지로 종료되며</u>, 임차인이 경매법원에 배당요구를 하였다는 사실만으로는 곧바로 임대차관계가 종료되지 아니한다.
경매법원이 임차인의 배당요구통지서를 경매신청인인 금융기관이 경매신청 당시 신고한 임대인(소유자)의 주소로 송달하였다가 이사갔다는 이유로 송달불능되자 등기우편으로 같은 주소에 발송한 경우, 금융기관의 연체대출금에 관한 특별조치법 제3조에 의하면, 금융기관의 신청에 따라 진행하는 경매절차에서 통지 또는 송달은 경매신청 당시의 부동산등기부에 기재된 주소나 법원에 신고된 주소에 발송함으로써 송달된 것으로 보도록 하고 있지만, 이는 경매절차에서 송달된 것으로 본다는 것일 뿐이므로, 발송만으로 배당요구통지서에 담긴 임대차 해지의 의사표시가 임대인에게 도달하였다고 볼 수 없다(대판 1998. 10. 27. 98다1560).

으며, 이때 임차인이 경매법원에 배당요구신청서를 제출하는 것은 임대차 해지의 의사표시로 볼 수 있다.3)

② 이때 경매에서 경락인에게 대항할 수 있는 임차인이 확정일자에 의하여 법원에서 전액 변제받지 못한 경우에는 그 나머지 보증금에 대하여 경락인에게 인수할 것을 주장할 수 있다. 대법원은 임대차보호법상의 대항력과 우선변제권의 두가지 권리를 인정하고 있는 취지가 보증금을 반환받을 수 있도록 보장하기 위한 데에 있는 점들을 들어 임차인이 확정일자에 의해 법원에서 우선변제를 받고, 받지 못한 금액에 대해서는 경락인에게 대항력을 주장하여 인수케 할 수 있다고 판시하고 있다.4)

---

3) 대판 1996. 7. 12. 94다37646.

4) 대법원은 "임대차보호법상의 대항력과 우선변제권의 두 가지 권리를 인정하고 있는 취지가 보증금을 반환받을 수 있도록 보장하기 위한 데에 있는 점, 경매절차의 안정성, 경매 이해관계인들의 예측가능성 등을 아울러 고려하여 볼 때, 두 가지 권리를 겸유하고 있는 임차인들이 먼저 우선변제권을 선택하여 임차주택에 대하여 진행되고 있는 경매절차에서 보증금 전액에 대하여 배당요구를 하였다고 하더라도 그 순위에 따른 배당이 실시될 경우 보증금전액을 배당받을 수 없었던 때에는 보증금 중 경매절차에서 배당받을 수 있었던 금액을 공제한 잔액에 관하여 경락인에게 대항하여 이를 반환 받을 때까지 임대차관계의 존속을 주장할 수 있다고 봄이 상당하며, 이 경우 임차인의 배당요구에 의하여 임대차는 해지되어 종료되고, 다만 같은 법 제4조 제2항에 의하여 임차인이 보증금의 잔액을 반환받을 때까지 임대차관계가 존속하는 것으로 의제될 뿐이므로, 경락인은 같은 법 제3조 제2항에 의하여 임대차가 종료된 상태에서의 임대인의 지위를 승계한다"라고 판시하고 있다(대판 1997. 8. 22. 96다53628; 대판 1998. 7. 10. 98다15545).

2. 배당요구신청

권리신고 및 배당요구신청서

사건번호 :　　　　타경　　　　호 부동산 임의(강제)경매
채 무 자 :
소 유 자 :

　신청인은 위 사건 경매목적부동산에 살고 있는 소액임차인으로서 000　　　원의 임차보증금 채권이 있어 이에 권리신고와 배당요구신청을 하오니 상기 임차보증금을 신청인에게 배당하여 주기를 바랍니다.

20.　　.　　.

권리신고 및 배당요구 신청인 :

첨부서류 : 1. 임대차 계약서 사본 1통
　　　　　 2. 세대별 주민등록표 등본 1통

　　　　지방법원　　　　귀중

　경매가 진행되고 있는 주택에 살고 있는 임차인은 집행법원에 권리신고 및 배당요구신청서를 제출해야[5] 확정일자에 의한 우선변제와 소액임차인 최우선변

---

5) 주택임대차보호법 제8조에서 임차인에게 같은 법 제3조 제1항 소정의 주택의 인도와 주민등록을 요건으로 명시하여 그 보증금 중 일정액의 한도 내에서는 등기된 담보물권자에게도 우선하여 변제받을 권리를 부여하고 있는 점, 위 임차인은 배당요구의 방법으로 우선변제권을 행사하는 점, 배당요구시까지만 위 요건을 구비하면 족하다고 한다면 동일한 임차주택에 대하여 주택임대차보호법 제8조 소정의 임차인 이외에 같은 법 제3조의2 소정의 임차인이 출현하여 배당요구를 하는 등 경매절차상의 다른 이해관계인들에게 피해를 입힐 수도 있는 점 등에 비추어 볼 때, 공시방법이 없는 주택임대차에 있어서 주택의 인도와 주민등록이라는 우선변제의 요건은 그 우선변제권 취득시에만

제를 받을 수 있다. 그러나 판례는 소액임차인이 낙찰허가일(민사집행법 84조 1항; 첫 매각기일 이전의 배당요구 종기일)까지 배당요구를 하지 않았다고 하더라도 소액임차인이 최우선변제를 포기하는 것으로 볼 수는 없다고 판시한 적이 있었다.[6] 그러나 지금은 소액임차인이 권리신고 및 배당요구신청서를 배당요구 종기일까지 한 경우에 인정하고 있다. 임차인이 권리신고 및 배당요구신청을 하기 위해서는 주민등록등본, 계약서, 도장이 필요하다. 그리고 주민등록등본은 경매부동산의 소재지 전입일자가 기재된 것을 제출해야 한다. 주의할 점은 권리신고 및 배당요구신청서는 배당요구 종기일까지[7] 제출해야지 이후에 제출하면 배당을 받을 수 없다는 것이다. 그리고 주민등록전입은 배당요구의 종기일 이전까지 계속 존속해야 하며 낙찰이 되었다고 다른 곳으로 옮기게 되면 임차인의 요건(대항요건)은 상실되어 최우선변제권이 인정되지 않는다.

3. 이해관계인이 될 수 있는 기한

임차인이 경매에서 항고할 수 있는 이해관계인이 될 수 있는 기한은 배당요구 종기일까지[8] 권리신고를 한 경우에 한한다. 집행관의 현황조사보고서에 임대차관계가 누락되어 경매법원으로부터 경매절차 진행사실을 통지받지 못한 대항

구비하면 족한 것이 아니고, 배당요구의 종기인 경락기일까지 계속 존속하고 있어야 한다(대판 1997. 10. 10. 95다44597). 민사집행법 제84조 제1항에서는 "경매개시결정에 따른 압류의 효력이 생긴 때(그 경매개시결정 전에 다른 경매개시결정이 있는 경우를 제외한다)에는 집행법원은 절차에 필요한 기간을 감안하여 배당요구를 할 수 있는 종기를 첫 매각기일 이전으로 정한다"라고 규정하고 2002년 7월 1일부터는 배당요구할 때 최종 경매기일 이전까지 하여야 할 것이다.

6) 주택임대차보호법 제3조의 규정에 의하면 임대차는 그 등기가 없는 경우에도 임차인이 주택의 인도와 주민등록 또는 전입신고를 마친 때에는 대항력이 발생하고 이 경우에 임차주택의 양수인은 임대인의 지위를 승계한 것으로 보도록 되어 있는바, 위 임차주택의 양도에는 강제경매에 의한 경락의 경우도 포함되는 것이므로, 임차인이 당해 경매절차에서 권리신고를 하여 소액보증금의 우선변제를 받는 절차를 취하지 아니하였다고 하여 임차주택의 경락인에게 그 임대차로써 대항할 수 없다거나 임차보증금반환채권을 포기한 것으로 볼 수는 없다(대판 1992. 7. 14. 92다12827).

7) 민사집행법 제84조 제1항에 따라 2002년 7월 1일부터는 첫 매각기일 이전의 배당요구 종기일까지 배당요구를 하여야 한다. 권리신고 및 배당요구신청서의 제출기한은 첫 매각기일 이전의 배당요구 종기일이다.

8) 민사집행법 제84조 제1항에 따라 첫 매각기일 이전의 배당요구 종기일(첫 경매기일)까지 배당요구 및 권리신고를 한 임차인을 이해관계인으로 본다.

요건을 갖춘 임차인이 배당요구 종기일 이후에 권리신고를 한 경우에는 즉시항
고를 제기할 수 있는 이해관계인에 해당하지 않는다.[9]

---

9) 민사소송법 제607조 제4호(현 민사집행법 90조) 소정의 이해관계인이라고 하여 경락허가결정
   이나 낙찰허가결정에 대하여 즉시항고를 제기하기 위하여는 경락허가결정이나 낙찰허가결정이
   있을 때까지 그러한 사실을 증명하여야 하고, 경락허가결정이나 낙찰허가결정이 있은 후에 그
   에 대하여 즉시항고를 하면서 그러한 사실을 증명한 자는 그 제4호 소정의 이해관계인이라고
   할 수 없으므로 그 즉시항고는 부적법한바, 주택임대차보호법상의 대항요건을 갖춘 임차인이
   경매목적 부동산 위의 권리자라고 하더라도 그러한 사실만으로 당연히 이해관계인이 되는 것
   이 아니고 경매법원에 스스로 그 권리를 증명하여 신고하여야 비로소 이해관계인으로 되는 것
   으로서, 그와 같은 권리신고는 자기의 책임으로 스스로 하여야 하는 것이므로, 집행관의 현황
   조사의 결과 임차인으로 조사, 보고되어 있는지 여부와는 관계없이 스스로 집행법원에 권리를
   증명하여 신고하지 아니한 이상 이해관계인이 될 수 없으며, 경매절차 진행사실의 주택임차인
   에 대한 통지는 법률상 규정된 의무가 아니라 당사자의 편의를 위하여 주택임차인에게 임차목
   적물에 대하여 경매절차가 진행 중인 사실과 소액임차권자나 확정일자부 임차권자라도 배당요
   구를 하여야 우선변제를 받을 수 있다는 내용을 안내하여 주는 것일 뿐이므로, 임차인이 위와
   같은 통지를 받지 못하였다고 하더라도 경락허가결정이나 낙찰허가결정 이후에 권리신고를 한
   경우에는 경락허가결정이나 낙찰허가결정에 항고를 제기할 수 있는 정당한 이해관계인이 될
   수 없다(대결 1999. 8. 26. 99마3792).

제 3 절
경매에서 주택임대차보호법의 효력

 제1항 대항력

1. 개념

(1) 일반임차인의 대항력

주택임대차보호법 제3조 제1항은 "주택의 임대차는 그 등기가 없는 경우에도 임차인이 주택의 인도와 주민등록을 마친 때에는 그 익일부터 제3자에 대하여 대항력이 생긴다"고 규정하고 있다. 따라서 대항력을 갖춘 임차인은 임차건물이 매매 등으로 새로운 소유자에게 이전되었다 하더라도 그 양수인에게 대항할 수가 있게 된다. 여기서 양수인에게 대항할 수 있다는 의미는 임차인이 보증금의 인수와 계약기간을 양수인에게 주장할 수 있다는 의미이다. 이렇기 때문에 양수인의 입장에서는 생각지 않은 임차인의 보증금을 인수해야 하는 경우도 발생할 수 있다. 예컨대 임대인과 양수인이 다가구주택의 매매계약을 체결하면서 임차인의 보증금에 대한 계산을 하지 않고 매매대금을 지급하였다면 양수인은 임차인의 보증금을 추가로 인수해아 하는 문제가 빌생한다. 이에 대한 분쟁의 소지를 없애기 위하여 주택임대차보호법 제3조 제4항은 "주택을 매매로 양수하는 자는 전 임대인의 권리와 의무를 승계한 것으로 본다", 동법 제3조 제5항은 주택을 매수한 자가 계약의 목적을 달성할 수 없는 경우에는 민법 제575조, 제578조를 준용하여 보호받을 수 있다고 규정하고 있다.

따라서 주택을 매입하고자 하는 자는 임차인의 보증금을 제한 나머지만 매매대금으로 지급해야지, 그렇지 않은 경우에는 민법 제575조나 민법 제578조에 따라 소를 제기하는 문제가 남게 된다. 종전의 임대인이 임차인에게 부담하고 있는 보증금 반환의무는 반대특약이 없는 한 소멸한다.[1]

(2) 법인인 임차인의 대항력

주택도시기금을 재원으로 하여 저소득층 무주택자에게 주거생활 안정을 목적으로 전세임대주택을 지원하는 법인이 주택을 임차한 후 지방자치단체의 장 또는 그 법인이 선정한 입주자가 그 주택을 인도받고 주민등록을 마쳤을 때에도 주택임대차보호법 제3조 제1항을 준용하여 대항력이 발생하며 이 경우 대항력이 인정되는 법인은 「한국토지주택공사법」에 따른 한국토지주택공사와 「지방공기업법」 제49조에 따라 주택사업을 목적으로 설립된 지방공사로 한다(3조 2항).

그리고 「중소기업기본법」 제2조에 따른 중소기업에 해당하는 법인이 소속 직원의 주거용으로 주택을 임차한 후 그 법인이 선정한 직원이 해당 주택을 인도받고 주민등록을 마쳤을 때에도 주택임대차보호법 제3조 제1항에 따른 대항력이 발생한다. 다만 임대차가 끝나기 전에 그 직원이 변경된 경우에는 그 법인이 선정한 새로운 직원이 주택을 인도받고 주민등록을 마친 다음 날부터 제삼자에 대하여 효력이 생긴다(3조 3항).

---

1) 대판 1987. 3. 10. 86다카1114.

2. 주택임차권의 대항요건과 존속

(1) 대항력의 취득요건

1) 의의

주택임대차보호법 제3조 제1항은 "임차인이 주택의 인도와 주민등록을 마친 때에는 그 익일부터 제3자에 대하여 효력이 생긴다"고 규정하고 있다. 이 경우 "전입신고를 마친 때에는 주민등록이 된 것으로 본다"라고 규정하고 있다. 이때 주민등록이 주택의 인도보다 먼저 이루어진 경우에는 주택 인도시에, 주택의 인도와 주민등록이 먼저 이루어졌으나 주택임대차계약을 나중에 한 경우에는 계약일에 대항력을 취득한다. 즉, 주민등록전입일과 계약서일자 그리고 점유 중에 가장 나중에 받은 날짜를 기준으로 하여 최초근저당일자보다 이전에 요건을 갖추고 있을 경우에 경락인에게 대항할 수 있다. 대항력의 행사에 있어서는 확정일자는 필요하지 않다. 대항요건에 확정일자를 받은 경우에는 낙찰대금으로부터 물권적인 순위에 따라 배당을 받을 수 있는 우선변제권이 있는 것이지, 대항력의 행사와는 관계가 없다. 경매에서 경락인이 주택임대차보호법 제3조 제2항에서 말하는 임차주택의 양수인에 해당하는 경우란 최초근저당보다 앞선 일자로 대항요건을 갖춘 경우에 한한다고 볼 수 있다.

그러나 주택의 인도 후에 전입신고가 이루어진 경우에 그 대항력의 취득시기가 문제이다. 이에 대하여 대법원은 "주택임대차보호법 제3조 제1항의 임대차는 그 등기가 없는 경우에도 임차인이 주택의 인도와 주민등록을 마친 때에 그 익일부터 제3자에 대하여 효력이 생긴다고 규정하고 있고, 같은 법 제3조의2 제1항은, 같은 법 제3조 제1항의 대항요건과 임대차계약서상의 확정일자를 갖춘 임차인은 경매 등에 의한 환가대금에서 후순위권리자 기타 채권자보다 우선하여 보증금을 변제받을 권리가 있으며, 주택의 임차인이 주택의 인도와 주민등록을 마친 당일 또는 그 이전에 임대차계약증서상에 확정일자를 갖춘 경우 같은 법 제3조의2 제1항에 의한 우선변제권은 같은 법 제3조 제1항에 의한 대항력과 마찬가지로 주택의 인도와 주민등록을 마친 다음 날을 기준으로 발생한다"[2]고 판시하고 있다.

---

2) 대판 1998. 9. 8. 98다26002.

【사례해설】

【사례】 호수와 달리 계약서를 작성한 임차인의 대항력은?

① 우선 등기부등본을 발급받아 다시 한번 최초근저당보나 앞선 일사로 주민등록 전입과 계약서 및 확정일자를 받았는지 확인하여 보세요. 그보다 앞선 일자로 되어 있다면 우선 안심해도 됩니다. 하지만 그것만으로 안심할 수는 없고 다시 등기부등본 첫장에 나와 있는 표제부를 보아 그곳에 표시되어 있는 호수는 어떻게 되어 있는지 확인해야 합니다. 만약 등기부등본에는 '지층 101호'라고 되어 있는데, 문패호수에 따라 그냥 '101호'로 계약서를 작성하였다면 임대차의 효력을 인정받을 수가 없습니다.

② 따라서 최초근저당보다 앞선 일자로 주민등록전입과 계약서, 그리고 확정일자를 갖춘, 이른바 대항력과 확정일자를 겸유하는 임차인이 되었다고 하더라도 계약서를 잘못 작성한 경우에는 경락인이나 법원에 보증금을 주장할 수 있는 지위를 상실하게 됩니다. 등기부상 표시되어 있는 호수와 동일하게 계약서를 작성해야지, 현황 문패만 보고 작성하였다가는 이와 같이 큰 손해를 보게 됩니다.

③ 다만 위와 같은 관례는 다세대주택인 경우만 적용되지 다가구주택인 경우에는 해당되지 않습니다. 왜냐하면 다세대주택이란 각 호수마다 주인이 다르게 되어 있어 등기부등본이 각기 다르기 때문입니다(다세대주택이란 각 호수마다 주인이 각각 되어 있는 공동주택을 말하고, 다가구는 집주인은 한 사람이고 각 호수마다 세를 준 경우의 공동주택을 말한다).

④ 즉, 다가구주택의 경우 다세대주택과는 달리 등기부상의 '101호'가 아닌 계약서에 '201호'로 작성을 하였더라도 보호를 받을 수가 있다는 것입니다. 따라서 이 점을 세입자뿐만 아니라 이 집을 낙찰받으려고 하는 사람도 유의해야 할 것입니다. 실제로 계약서에 '101호'라고 표시되어 있고 집주인만 살고 있어 낙찰을 받았는데 나중에 잔금을 지불하고 그 집을 가보니 '201호'에 선순위 세입자가 살고 있어 경락인이 임차인의 보증금 5,000만원을 물어준 경우가 있습니다.

⑤ 정리해서 말씀드리자면 귀하께서 살고 있는 집이 다세대주택인 경우라면 등기부등본상에 표시되어 있는 호수와 동일하게 계약서를 작성해야 주택임대차보호법의 적용을 받을 수 있을 것이고, 다가구주택인 경우라면 실제로 살고 있는 호수에 따라 권리분석을 할 것이 아니라 전체 호수의 주민등록등본의 호수를 확인하여 권리분석을 해야 할 것입니다. 따라서 입찰자 입장에서는 경매목적물이 다세대주택인지 다가구주택인지를 먼저 파악하고 권리분석을 해야 손해를 보지 않을 것입니다.

⑥ 위와 같은 법률관계는 목적물이 상가인 경우에도 상가건물 임대차보호법에 따라 적용될 수 있습니다.

2) 일반매매와 경매에서 대항력의 차이점

앞에서 살펴보았듯이 일반매매에서의 대항력과 경매에서의 대항력은 다르다는 것을 알 수 있다.[3][4] 즉, 일반매매로 매수인에게 임차인이 주장할 수 있는 대항력(주택임대차보호법 3조 1항)과는 다른 형태를 하고 있다는 것이다. 임차인이 경락인에게 대항력을 주장할 수 있다면 임차인은 계약기간까지 임대차효력을 주장할 수 있고 계약기간이 종료되었을 때에는 보증금 반환도 요구할 수 있다. 위의 경우 세입자가 대항력 요건을 갖추고 있는 상태에서 만약 전세금을 인상하였다면 그 인상한 금액은 최선순위담보물권 등이 설정되기 전까지의 금액은 경락인에게 주장할 수 있으나, 담보물권 등이 설정된 후에 인상된 금액은 후순위담보권자에게는 대항할 수 없을 것이다.[5] 다만 주택임대차보호법 시행일(1981. 3. 5.)

---

3) 즉, 주택을 임차한 자는 인도와 주민등록 전입을 한 익일날부터 주택을 매입한 자에게 보증금과 계약기간을 주장할 수 있는 대항력이 있지만, 경매의 경우는 다르다. 최초근저당보다 앞선 일자로 주택을 인도받고, 주민등록전입을 한 익일 경락인에게 보증금의 인수를 주장할 수 있는 대항력이 생기고, 최초근저당보다 이후에 대항요건을 갖춘 경우에는 경락인에게 보증금의 인수를 주장할 수 있는 대항력이 없게 된다는 것이다. 따라서 그 집이 일반매매로 팔리게 되는 경우에는 임차인은 새로운 주인하고 임대차계약을 체결하지 않아도 대항력이 발생하지만, 경매로 살고 있는 집이 넘어가게 되는 경우에는 대개 최초근저당보다 이후에 대항요건을 갖추게 되어 경락인에게 보증금의 인수를 주장할 수 없고 또한 임대차계약은 채권이기 때문에 배당에서 제외되어, 결국 그냥 쫓겨날 수밖에 없는 위치에 놓이게 되었다. 그래서 확정일자제도를 두어 최초근저당 이후에 임차한 자에게도 임대차계약서에 확정일자를 받아두면 물권과 동등한 순위에 따라 배당을 하여 주게 되었다. 자세한 것은 확정일자에서 살펴보자.

4) "민사소송법 제608조 제2항이 존속기간의 정함이 없거나 같은 법 제611조(현민사집행법 94조 1항)의 등기 후 6월 이내에 그 기간이 만료되는 전세권을 저당권과 함께 소멸하는 것으로 규정하고 있는 것은, 전세권의 우선변제적 효력에 근거하여 담보물권처럼 취급한 결과이므로, 이는 선행하는 저당권이 없는 상태에서 존재하는 전세권에 관하여 규정한 것으로 보아야지 선행하는 저당권이 있고 용익물권이나 대항력을 갖춘 임차권의 소멸 여부는 민사소송법에 명문의 규정이 없다고 할 것이나, 이는 결국 해석에 의하여 결정할 수밖에 없는데 후순위저당권의 실행으로 목적부동산이 경락된 경우에는 민사소송법 제728조·제608조 제2항의 규정에 의하여 선순위저당권까지도 당연히 소멸하는 것이므로, 이 경우 비록 후순위저당권자에게는 대항할 수 없는 임차권이라 하더라도, 소멸된 선순위저당권보다 뒤에 등기되었거나 대항력을 갖춘 임차권은 함께 소멸하는 것이고, 따라서 그 경락인은 주택임대차보호법 제3조 제1항에서 말하는 임차주택의 양수인 중에 포함된다고 할 수 없을 것이므로 경락인에 대하여 그 임차권의 효력을 주장할 수 없다(대판 1990. 8. 24. 90다카11377; 대판 2000. 2. 11. 99다59306).

5) 대항력을 갖춘 임차인이 저당권설정등기 이후에 임대인과 보증금을 증액하기로 합의하고 초과부분을 지급한 경우, 임차인이 저당권설정등기 후에 건물주와의 사이에 임차보증금을 증액하기로 한 합의는, 건물주가 저당권자를 해치는 법률행위를 할 수 없게 된 결과, 그 합의 당사자 사이에서만 효력이 있는 것이고 저당권자에게는 대항할 수 없다고 할 수밖에 없으므로, 임차인은 위 저당권에 기하여 건물을 경락받은 소유자의 건물명도청구에 대하여 증액 전 임차보증금을 상환받을 때까지 그 건물을 명도할 수 없다고 주장할 수 있을 뿐이고, 저당권설정등기 이후에 증액한 임차보증금으로써는 소유자에게 대항할 수 없다(대판 1990. 8. 24. 90다카11377).

이전에 성립한 대항력은 물권등기와의 선후에 관계없이 아무런 보호도 받지 못
할 것이다. 이는 담보물권자를 보호하기 위해서이다.

3) 관련 판례

수민등록 이전이 실제 인노된 주택의 시번과 나른 시번에 작오로 등록되어
있는 경우에는 나중에 올바르게 고친 날짜에 비로소 대항력을 취득하게 된다.
다만, 행정직원이 착오로 잘못 전입신고한 경우에는 원래 전입한 날짜를 기준으
로 한다.6)

그리고 주택을 매수하고 주민등록 전입신고까지 마친 다음 처와 함께 거주
하다가 주택을 매수한 자로부터 이를 다시 임차하여 계속 거주하기로 약정하고
처 명의의 임대차계약을 체결한 경우 처가 주택임대차보호법상의 대항력을 갖는
시기는 매수인에게 소유권이전등기가 경료된 익일부터 처와 매수인 간에 맺은
임대차계약의 대항력이 발생한다.7)

---

6) 주택임대차보호법상의 대항력 및 확정일자를 갖춘 임차인이 실제적으로는 다른 주택으로 이사
하였으면서도 임차주택에 대한 임차보증금을 반환받지 못한 탓에 그 보증금 반환을 확보하기
위한 목적으로 그 주택을 임대인에게 명도하지 않고 임차인 자신이 계속 점유하면서(그 점유방
법은 통상 일부 가재도구 등을 그 주택에 남겨 두고 문을 잠궈 두는 방법을 취한다) 주민등록
도 이전하지 않고 그대로 둠으로써, 주택의 인도와 주민등록 및 확정일자라는 우선변제권 행사
요건을 계속 갖추어 장차 경매절차에서 후순위근저당권자 등보다 우선하여 임차보증금을 배당
받으려는 경우에 있어서는, 설사 동사무소의 주민등록일제정리계획에 의하여 동사무소 직원이
임차인이 무단 전출한 것으로 판단하여 이를 이유로 임차인의 주민등록을 직권말소하였다고
하더라도, 임차인이 위 임차주택에 주민등록을 계속 유지할 의사로 스스로 주민등록을 이전하
지 아니하였고 위 주택을 계속적으로 점유하고 있는 이상, 임차인의 주민등록이 전체적으로나
종국적으로 이전 내지 소멸하였다고 볼 수는 없어서 제3자에 대한 대항력은 상실되지 아니한
다고 봄이 상당하다고 한 사례(대구지판 1998. 12. 1. 98가합4501).
7) 주택임대차보호법 제3조 제1항에서 주택의 인도와 더불어 대항력의 요건으로 규정하고 있는 주
민등록은 거래의 안전을 위하여 임차권의 존재를 제3자가 명백히 인식할 수 있게 하는 공시방법
으로 마련된 것으로서, 주민등록이 어떤 임대차를 공시하는 효력이 있는가의 여부는 그 주민등록
으로 제3자가 임차권의 존재를 인식할 수 있는가에 따라 결정된다고 할 것이므로, <u>주민등록이 대
항력의 요건을 충족시킬 수 있는 공시방법이 되려면 단순히 형식적으로 주민등록이 되어 있다는
것만으로는 부족하고, 주민등록에 의하여 표상되는 점유관계가 임차권을 매개로 하는 점유임을
제3자가 인식할 수 있는 정도는 되어야</u> 한다(대판 1999. 4. 23. 98다32939).
갑이 주택에 관하여 소유권이전등기를 경료하고 주민등록 전입신고까지 마친 다음 처와 함께 거
주하다가 을에게 매도함과 동시에 그로부터 이를 다시 임차하여 계속 거주하기로 약정하고 <u>임차
인을 갑의 처로 하는</u> 임대차계약을 체결한 후에야 을 명의의 소유권이전등기가 경료된 경우, 제3
자로서는 주택에 관하여 갑으로부터 을 앞으로 소유권이전등기가 경료되기 전에는 갑의 처의 주
민등록이 소유권 아닌 임차권을 매개로 하는 점유라는 것을 인식하기 어려웠다 할 것이므로, 갑
의 처의 주민등록은 주택에 관하여 을 명의의 소유권이전등기가 경료되기 전에는 주택임대차의
대항력 인정의 요건이 되는 적법한 공시방법으로서의 효력이 없고 을 명의의 소유권이전등기가
경료된 날에야 비로소 갑의 처와 을 사이의 임대차를 공시하는 유효한 공시방법이 된다고 할 것

이외에도 주택임대차보호법상의 대항력과 우선변제권의 두 권리를 겸유하고
있는 임차인이 우선변제권을 선택하여 임차주택에 대하여 진행되고 있는 경매절
차에서 보증금에 대한 배당요구를 하여 보증금 전액을 배당받을 수 있는 경우에
는, 특별한 사정이 없는 한 임차인이 그 배당금을 지급받을 수 있는 때, 즉 임차
인에 대한 배당표가 확정될 때까지는 임차권이 소멸하지 않는다. 따라서 경락인
이 낙찰대금을 납부하여 임차주택에 대한 소유권을 취득한 이후에 임차인이 임
차주택을 계속 점유하여 사용·수익하였다고 하더라도 임차인에 대한 배당표가
확정될 때까지의 사용·수익은 소멸하지 아니한 임차권에 기한 것이어서 경락인
에 대한 관계에서 부당이득이 성립되지 아니한다.[8]

예컨대, 갑이 전입신고를 마치고 거주하여 오던 그 소유의 이 사건 아파트를
을에게 3억 2,000만원으로 매도하면서, 위 매매대금 중 일시에 지급받은 1억
5,000만원을 뺀 나머지 1억 7,000만원에 대하여는 갑이 같은 날 을로부터 위 아
파트를 보증금 1억 7,000만원에 임차하는 것으로 하여 위 보증금으로써 위 잔금
지급에 갈음하기로 하고, 위 임대차계약에 따라 위 아파트에 계속 거주하면서
위 임대차계약서에 확정일자까지 받아두었고, 이후 을이 위 아파트에 관하여 그
명의로 소유권이전등기를 마친 후 다음 날 A를 근저당권자로 하는 채권최고액 3
억 9,000만원의 근저당권을 설정하여 위 근저당권에 기한 임의경매절차에서 병
이 위 아파트를 낙찰받았고, 조세교부채권자인 성남시 분당구청장에게 1순위로
배당한 다음 2순위로 갑에게 위 임대차보증금 1억 7,000만원을 배당하는 내용의
배당표를 작성하여 A가 갑의 배당액 전부에 대해 이의를 제기하고 배당이의의
소를 제기한 경우 A의 청구는 기각된다. 왜냐하면 앞에서 설명하고 있는 "대판
2000. 4. 11. 99다70556"에서 판시하고 있는 바와 같이 위의 사례의 경우에는 갑
의 대항력과 우선변제권의 효력이 A보다 우선하기 때문이다. 그리고 주택임대차
보호법상 대항력과 우선변제권의 두 가지 권리를 겸유하고 있는 임차인의 지위
에 있던 갑이 우선변제권을 선택하여 위 아파트에 대하여 진행되고 있는 경매절
차에서 보증금에 대한 배당요구를 하여 보증금 전액을 배당받을 수 있는 경우,

이며, 주택임대차보호법 제3조 제1항에 의하여 유효한 공시방법을 갖춘 다음 날인 을 명의의 소
유권이전등기일 익일부터 임차인으로서 대항력을 갖는다(대판 2000. 4. 11. 99다70556).
8) 대판 2004. 8. 30. 2003다23885.

갑의 배당표가 확정되기까지는 임차권이 소멸하지 아니하므로 임차인 갑이 배당
표 확정될 때까지 아파트를 점유하여 사용, 수익한 것은 임차권에 기한 것으로
서 경락인에게 대한 관계에서 부당이득도 성립되지 않기 때문이다.

임대인의 승낙을 받아 임차주택을 전대하고 그 전차인이 주택을 인도받아
자신의 주민등록을 마친 때에는 그때부터 임차인은 제3자에 대하여 대항력을 취
득한다.9) 따라서 경락인은 전차인과 전대인 사이의 임대차계약서에 임대인의 동
의가 있는 것을 확인하고, 만약 전대차계약에 대하여 임대인이 동의를 한 경우
에는 전대인과 전차인의 주민등록전입을 확인해야 손해를 입지 않을 것이다. 채
무자가 대출을 받을 목적으로 대항력 있는 임차인에게 부탁하여 근저당권자에게
임차인이 없다는 각서나 확인서를 작성케 하여 주고 이후 임차인이 대항력 있음
을 주장하여 경락인에게 보증금의 인수를 주장하는 것은 금반언 및 신의칙상 인
정하지 않고 있다.10)

그리고 소액임차인이나 대항요건 및 확정일자를 갖춘 임차인은 세든 집이
미등기 상태라 해도 주택의 경매절차에 참가해 우선변제권을 행사할 수 있다.11)

(2) 대항력의 존속

주택임대차보호법 제3조 제1항에서 주택임차인에게 주택의 인도와 주민등록
을 요건으로 명시하여 등기된 물권에 버금가는 대항력을 부여하고 있는 취지에
비추어 볼 때 달리 공시방법이 없는 주택임대차에 있어서 주택의 인도 및 주민
등록이라는 대항요건은 그 대항력 취득시에만 구비하면 족한 것이 아니고 그 대
항력을 유지하기 위하여서도 계속 존속하고 있어야 한다.12) 다만 임차인이 그

---

9) "주택임차인이 임차주택을 직접 점유하여 거주하지 않고 간접 점유하여 자신의 주민등록을 이
　전하지 아니한 경우라 하더라도 임대인의 승낙을 받아 임차주택을 전대하고 그 전차인이 주택
　을 인도받아 자신의 주민등록을 마친 때에는 그때로부터 임차인은 제3자에 대하여 대항력을
　취득한다(대결 1995. 6. 6. 94마2134).
10) 채무자가 동생 소유의 아파트에 관하여 근저당권을 설정하고 대출을 받으면서 채권자에게 자
　신은 임차인이 아니고 위 아파트에 관하여 일체의 권리를 주장하지 않겠다는 내용의 확인서를
　작성하여 준 경우, 그 후 대항력을 갖춘 임차인임을 내세워 이를 낙찰받은 채권자의 인도명령
　을 다투는 것은 금반언 및 신의칙에 위배되어 허용되지 아니한다(대결 2000. 1. 5. 99마4307).
11) 대판(전) 2007. 6. 21. 2004다26133.
12) 대판 2000. 9. 29. 2000다37012.

동거가족과 함께 거주하면서 동거가족의 주민등록은 그대로 둔 채 본인의 주민등록만 일시 이전한 경우에는 동거가족의 주민등록이 임차인의 주민등록을 대위하므로 주택임차권의 대항력은 존속하지만[13] 그 동거가족 전원이 주민등록을 옮겼다가 다시 전입신고를 한 경우에는 주민등록이 복귀한 시점부터 다시 대항력이 생긴다. 이러한 점 때문에 1999. 1. 21. 주택임차권등기를 제정하여 임차권등기를 경료한 때에는 종전의 주민등록전입을 이전한 경우에도 그 대항력은 계속 유지하도록 규정을 두었다. 또한 대항력을 보장하기 위한 대항요건은 언제까지 존속하고 있어야 하는가? 이 점에 대해서 판례는 "주택 및 주민등록이라는 대항요건은 그 대항력 취득시에만 구비하면 족할 것이 아니고 그 대항력을 유지하기 위하여서도, 배당요구의 종기일까지 계속 존속하고 있어야 한다"고 보고 있다.[14] 처음의 경락허가결정이 취소되어 신경매를 하였거나 경락허가결정의 확정 후 최고가매수인이 경락대금을 납부하지 아니하여 재경매를 한 경우에 있어서, '배당요구의 종기인 경락기일'이라 함은 배당금의 기초가 되는 경락대금을 납부한 경락인에 대하여 경락허가결정을 한 마지막 경락기일을 말한다.[15]

현행 민사집행법하에서는 첫 매각기일 이전에 배당요구 종기일이 정하여 지기 때문에 이때를 기준으로 하여야 할 것으로 본다.

---

13) 대판 1989. 1. 17. 88다카143.

14) 대판 1997. 10. 10. 95다44597: 본판결은 주택임대차보호법상 소액임차인의 우선변제권의 요건인 주택의 점유(인도)의 존속기간의 종기에 관하여 매각결정일이라고 판시하고 있는데, 구민사소송법하에서는 매각결정기일이 배당요구의 종기였던 점을 고려하여 보면 이는 배당요구의 종기까지 위 요건을 유지하여야 한다는 취지로 보이므로 현행법하에서는 법원이 정한 배당요구의 종기까지 위 요건을 갖추어야 한다. 다만 임차권등기를 마친 상가나 주택은 그러하지 않다. 그리고 위의 요건은 주택과 상가임대차의 소액보증금과 확정일자에 따른 우선변제권도 그대로 적용된다.

15) 달리 공시방법이 없는 주택임대차에 있어서 임차인이 주택임대차보호법에 의한 대항력과 우선변제권을 인정받기 위한 주택의 인도와 주민등록이라는 요건은 그 대항력 및 우선변제권의 취득시에만 구비하면 족한 것이 아니고 경매절차의 배당요구의 종기인 경락기일까지 계속 존속하고 있어야 하는데(대판 1997. 10. 10. 95다44597), 처음의 경락허가결정이 취소되어 신경매를 하였거나 경락허가결정의 확정 후 최고가매수인이 경락대금을 납부하지 아니하여 재경매를 한 경우에 있어서, '배당요구의 종기인 경락기일'이라 함은 배당금의 기초가 되는 경락대금을 납부한 경락인에 대하여 경락허가결정을 한 마지막 경락기일을 말한다고 보아야 한다. 동일한 임차주택에 대하여 대항력을 가진 임차인이 중복하여 나타나거나 가장임차인이 나타남으로 말미암아 경매절차의 다른 이해관계인들에게 피해를 주거나 경매절차의 진행을 방해하는 것을 방지하여야 할 필요성은 배당요구가 있을 수 있는 최종 시한인 마지막 경락기일까지 존재하는 것이기 때문이다(대판 2002. 8. 13. 2000다61466).

3. 대항력의 내용

(1) 임대인 지위의 승계

① 임대인의 임차인에 대한 권리·의무는 양수인에게 법률상 당연승계하므로 (주택임대차보호법 3조 4항) 양도인이나 양수인에 의한 양도사실의 통지 혹은 임차인의 승낙 등은 불필요하며, 양수인의 권리취득의 원인은 매매나 증여 등의 법률행위이든 상속, 경매, 체납처분 등의 법률의 규정에 의한 경우이든 모두 포함한다.[16] 그러나 경매와 연체된 관리비와 전기세 등의 경우에는 반드시 그러하지는 않다.[17]

② **존속기간**   존속기간도 등기 여부와 관계없이 양수인과의 사이에 그대로 승계된다.

③ **양도, 전대의 특약**   구소유자와 임차인 사이에 임차인이 자유롭게 임차권을 양도하거나 전대차 할 수 있다는 특약을 한 경우에는 그러한 특약도 양수인에게 그대로 승계된다.

④ **필요비상환청구권 등**   필요비상환청구권은 필요비의 지출시에 곧바로 생기는 권리이므로 주택의 양도 이전에 이미 발생되어 있는 필요비상환청구권을 양수인에 대하여 행사할 수 있을지에 대하여는 의문이 있으나 필요비는 임차주택의 보존을 위하여 지출한 비용이므로 양수인에게 상환의무가 승계된다고 보아도 불합리한 점이 없다고 보는 것이 일반적이다.

(2) 종전 임대인의 지위

주택임대차보호법 제3조 제4항은 "임차주택의 양수인은 임대인의 지위를 승계한 것으로 본다"고 규정하고 있는바 종전 임대인과 임차인간에 존재한 임대차계약관계가 그대로 임차주택의 양수인과 임차인간에 이행되고 종전 임대인은 그

---

16) 이범주, 주택임차권의 대항력, 온산 방순원 고희 기념논문집, 박영사, 1984, 170면.
17) 보증금 및 채권적 전세의 전세금도 등기와 상관없이 양수인과의 사이에 그대로 승계되고, 임차인이 대항력을 취득한 후에 임대주택이 양도되어 양수인이 일단 임차보증금반환채무를 부담하게 된 이상 그 후 임차인이 주민등록을 다른 곳으로 옮겼다 하여도 양수인의 임차보증금반환채무가 소멸하는 것이 아니므로 임차인은 여전히 양수인에 대하여 임차보증금의 반환을 청구할 수 있다(대판 1993. 12. 7. 93다36615).

임대계약관계에서 완전히 이탈하는지? 특히 종전 임대인에게 임차보증금반환청구권을 행사할 수 있는가에 대해서는 의문점이 있을 것이다. 이에 대해서 판례는 "주택임대차보호법 제3조 제1항, 제2항(현 3조 4항)의 규정에 의하면 주택의 임차인은 건물에 입주하고 주민등록을 함으로써 제3자에 대하여 대항력을 갖추게 되며 대항력이 구비된 후에 임차건물이 양도된 양수인은 임대인의 지위를 승계한 것으로 본다"라고 보면서 "임대차보증금반환채무는 임대인의 지위를 승계한 양수인에게 이전되고 양도인의 보증금반환채무는 소멸한다"라고 판시하고 있다(대판 1987. 3. 10. 86다카1114). 따라서 주택임대차보호법 제3조 제4항에 의한 양수인의 임대인으로서의 지위승계는 법률의 규정에 의한 승계이므로 그 지위의 승계에 임차인의 동의·승낙이 필요하지 않을 뿐만 아니라 임차인에게 통지할 필요도 없다. 이때 임차주택의 양도에 의하여 양도인의 임대인의 지위가 양수인에게 이전되는 결과로 양도인인 임대인으로서의 지위는 임차주택의 소유권과 결합하여 일체로서 이전되므로 양도인인 임대인의 보증금반환채무도 소멸함은 당연하다.

(3) 종전 임대인에 대한 부당이득 내지 구상금청구

양수인이 임대인의 지위를 승계하는 경우에는 임대차보증금반환채무도 소유권과 결합하여 일체로서 이전하고 이에 따라 종전 임대인의 보증금반환채무는 소멸한다는 견해를 유지한다고 할 때 주택의 양수인이 종전 임대인에 대하여 부당이득 또는 구상금을 청구할 수는 없을 것이다. 판례는 주택을 경락받은 자가 대항력 있는 임차인에게 보증금을 반환하고 종전 임대인에게 부당이득청구 내지 구상금청구를 한 사안에서 "주택의 임차인이 제3자에 대한 대항력을 구비한 후 임차주택의 소유권이 양도된 경우에는 그 양수인이 임대인의 지위를 승계하게 되고, 임차보증금반환채무도 주택의 소유권과 결합하여 일체로서 이전하며, 이에 따라 양도인의 위 채무는 소멸한다 할 것이므로 주택양수인이 임차인에게 임대차보증금을 반환하였다 하더라도 이는 자신의 채무를 변제한 것에 불과할 뿐 양도인의 채무를 대위변제한 것이라거나, 양도인이 위 금액 상당의 상환채무를 면함으로서 법률상 원인 없이 이익을 얻고 양수인이 그로 인하여 위 금액 상당의 손해를 입었다고 할 수 없다"고 하면서 주택양수인의 부당이득 내지 구상금청구권을 인정하지 않았다(대판 1993. 7. 17. 93다17324).

4. 중간임차권자의 법적 지위

(1) 서설

주택임대차보호법 제3조 제1항 본문에서 "주택의 인도와 주민등록을 마친 때에는 그 익일부터 제3자에 대하여 효력이 생긴다"라고 규정하고 있다. 여기서 대항력을 취득한 임차인이 임차권을 주장할 수 있는 '제3자'는 임대차계약의 당사자 이외의 자를 의미하므로 그 범위가 문제될 수 있다. 특히 중간임차권자의 대항력 유무와 관련하여 당해 주택이 서민용 아파트나 연립주택인 경우에는 분양 당시에 이미 은행의 근저당권이 설정되어 있는 것이 대부분이기 때문에 최초 근저당보다 이후에 대항요건(전입＋계약서＋인도)을 갖춘 경우가 일반적일 것이다. 판례는 "선순위저당권보다 뒤에 등기되었거나 대항력을 갖춘 임차권은 함께 소멸한다고 해석함이 상당하다"라고 하며 최초근저당보다 앞선 일자로 대항요건을 갖춘 임차인만 주택임대차보호법 제3조 제1항이 규정하고 있는 대항력 있는 임차인으로 보아 경락인에게 보증금의 인수를 주장할 수 있다고 보고 있다.

(2) 대항력의 인정범위

1) 의의

임차주택의 양수인이 될 수 있는 경우는 주택을 임대할 권리나 이를 수반하는 권리를 종국적·확정적으로 이전받게 되는 경우여야 하므로 임차주택의 소유권을 취득한 자 등을 말한다. 그러나 매매 등으로 특정승계하였으나 소유권이전등기를 경료하지 아니한 경우에는 특별한 사정이 없는 한 임차주택을 임대할 권리나 이에 수반하는 권리를 종국적·확정적으로 이전받은 것이라고 할 수 없으므로 주택임대차보호법 제3조 제4항의 양수인이라 할 수 없다.[18]

그리고 경매에 의하여 소유권을 취득한 경우에 경매목적물에 존재하는 권리

---

18) 대판 1987. 6. 23. 86다카2408.

중에 경매신청인의 권리보다 뒤에 등기된 권리는 소멸하고, 경매목적물 위에 존재하는 권리가 저당권인 경우에는 그 등기의 선후를 불문하고 모두 소멸하기 때문에 임의경매에 있어서는 임차인의 대항력 취득의 여부가 저당권설정등기의 일자와 임차인이 주택의 인도와 주민등록을 모두 마친 다음 날의 선후에 의하여 결정된다고 볼 수 있다. 또한 강제경매의 경우에는 강제경매신청의 기입등기일자와 임차인이 주택의 인도와 주민등록을 모두 마친 다음 날의 선후에 의하여 결정된다. 이와 같이 임차인의 대항력의 유무의 기준은 경매개시결정등기일을 기준으로 임차인이 앞선일자로 주민등록전입과 계약서, 그리고 점유를 하고 있을 때는 인정되고 이후에 되어 있을 때는 인정하지 않는다고 볼 수도 있지만, 반드시 경매개시결정등기일을 기준으로 하여 대항력의 유무를 삼을 수는 없을 것이다. 오히려 이하에서 설명하고 있는 최초근저당, 가압류, 담보가등기를 기준으로 하여 대항력의 유무를 삼는 경우가 더 많다. 왜냐하면 경매개시결정등기일은 위의 최초근저당, 가압류, 담보가등기일자보다 대개 이후에 설정되어 있기 때문에 임차인의 대항력 유무를 삼는 데 별로 이용되는 경우가 없기 때문이다. 특히 대항력 유무의 기준에 있어서는 위와 같은 말소권리들이 기준이 될 수는 있지만 이 중 최초근저당이 임차인의 대항력 유무에 있어서 실무상 가장 많이 사용되고 있어 이에 대한 내용들을 이어서 살펴보도록 한다.[19)]

---

19) 예컨대 등기부상에 설정되어 있는 근저당이나 저당권일자 중 가장 빠른 날짜로 설정되어 있는 근저당이나 저당권일자를 기준으로 하여 그보다 앞선 일자로 임차인이 주민등록전입＋계약서 일자＋점유일자를 갖춘 경우에는 주택임대차보호법 제3조 제1항에서 규정하고 있는 대항력이 인정되어 경락인이 임차인의 보증금과 계약기간을 인정하여 주고 있다.

2) 대항력의 기준권리

① 최초근저당[20]

② 경매개시결정등기

③ **가압류** 가압류 또는 압류는 제3자에 대하여 처분금지의 효력을 발생시키고 이를 공시함으로써 제3자로 하여금 그 등기 후에 권리를 취득하여도 경락인에게 대항할 수 없음을 경고하는 데 목적이 있다. 그러므로 임차인이 주민등록전입신고를 마치고 대항력을 갖추고 있다고 하여도 부동산에 가압류등기가 경료된 후에 그 채무자로부터 그 부동산을 임차한 자는 가압류집행으로 인한 처분금지의 효력에 의하여 가압류사건의 그 부동산을 취득한 경락인에게 그 임대차의 효력을 주장할 수 없다.[21]

④ **가등기** 가등기에는 순위보전의 효력이 있으므로 임차권의 대항력을 취득하기 전에 가등기가 경료되어 있으면 비록 그 가등기에 기한 본등기가 임차권의 대항력 취득 후에 이루어졌다 하더라도 임차인은 그 가등기권자에 대하여 임차권을 주장할 수 없다. 그러나 임차권의 대항력 취득 후에 가등기가 경료된 경우에는 그 가등기에 기하여 본등기가 경료되어도 임차인은 본등기 경료자에 대하여 임차권을 주장할 수 있다.[22]

3) 대위변제

임대차의 대항력 발생시기보다 우선하는 저당권이 낙찰대금 지급 전에 피담보채무의 변제 등의 사유로 소멸하면 경매에 의하여 소멸하는 선순위저당권이 없는 경우가 되어 임차인은 경락인에게 대항할 수 있다.[23] 이 경우 경락인은 주택임대차보호법 제3조 제4항의 양수인에 해당하게 된다.

---

20) 후순위저당권의 실행으로 목적부동산이 경락되어 그 선순위저당권이 함께 소멸한 경우라면 비록 후순위저당권자에게는 대항할 수 있는 임차권이더라도 소멸된 선순위저당권보다 뒤에 등기되었거나 대항력을 갖춘 임차권은 함께 소멸하고, 따라서 이와 같은 경우의 경락인은 주택임대차보호법 제3조에서 말하는 임차주택의 양수인 중에 포함되지 않는다 할 것이므로, 경락인에 대하여 그 임차권의 효력을 주장할 수 없다(대판 1987. 2. 24. 86다카1936).

21) 대판 1983. 4. 26. 83다카116.

22) 대판 1984. 2. 14. 83다카2131.

23) 대판 1996. 2. 9. 95다49523.

(3) 중간임차권자의 법적 지위

1) 대항력의 법적 지위

최초 저당권설정 후에 임차인이 대항력을 취득하고, 이후 주택임차권보다 후에 설정된 저당권의 실행으로 목적물을 경락받은 자는 주택임대차보호법 제3조 소정의 양수인에 해당하지 않는다. 즉, 후순위저당권의 실행으로 목적부동산이 경락되어 그 선순위저당권이 함께 소멸한 경우라면 비록 후순위저당권자에게는 대항할 수 있는 임차권이더라도 소멸된 선순위저당권보다 뒤에 등기되었거나 대항력을 갖춘 임차권은 함께 소멸한다. 따라서 이와 같은 경우의 경락인은 주택임대차보호법 제3조에서 말하는 임차주택의 양수인 중에 포함되지 않기 때문에 임차인은 경락인에게 그 임차권의 효력을 주장할 수 없다.[24]

2) 검토

민사집행법 제91조 제2항에서 후순위저당권자의 신청에 의한 경매로 선순위저당권까지 소멸하도록 규정한 것은 저당권은 경매목적물의 교환가치만을 확보하기 위한 것이어서 목적물이 비록 후순위저당권자의 경매신청에 의하여 경락되었다 하더라도 일단 교환가치화되었으므로 선순위저당권을 교환가치화된 경락대금에서 배당을 받고 소멸되도록 한 것일 뿐이지 교환가치를 목적으로 하지 않고, 목적물의 사용·수익을 목적으로 하는 용익권까지 소멸시키려는 취지는 아니라고 본다는 견해도 있다.[25] 그러나 1번 저당권자가 저당권을 설정할 당시에 목적

---

24) 경매법 제3조에 의하여, 경매의 목적인 부동산 위에 존재하는 권리로서 경매인의 권리보다 후에 등기된 권리는 경락대금의 완납으로 인하여 소멸되고, 한편 저당권의 경우는 경매인의 권리보다 먼저 등기한 것도 소멸하는 것이므로, 후순위저당권의 실행으로 목적부동산이 경락되어 그 선순위저당권이 함께 소멸한 경우라면 비록 후순위저당권자에게는 대항할 수 있는 임차권이더라도 소멸된 선순위저당권보다 뒤에 등기되었거나 대항력을 갖춘 임차권은 함께 소멸한다고 해석함이 상당하고, 따라서 이와 같은 경우의 경락인은 주택임대차보호법 제3조에서 말하는 임차주택의 양수인 중에 포함되지 않는다 할 것이므로, 경락인에 대하여 그 임차권의 효력을 주장할 수 없다 할 것이다. 원심이 확정한 사실에 의하면, 원고는 이 사건 부동산을 2번 근저당권자의 경매실행으로 경락받아 경락대금을 완납하였고, 피고는 2번 근저당권자보다는 앞서서 주택임대차보호법상의 대항력을 갖춘 임차인이 되었지만, 그 경락부동산 위에는 피고가 주택임대차보호법상의 대항력을 갖추기 이전에 1번 근저당권설정등기가 마쳐져 있었고 그 1번 근저당권도 경락으로 인하여 함께 소멸하였다는 것이니, 피고가 그 임차권의 효력을 경락인인 원고에 대하여 주장할 수 없다고 한 원심판단은 적법하고, 그 판단에 소론과 같이 주택임대차보호법 제3조의 법리를 오해한 위법이 없다. 논지 이유없으므로 상고를 기각하고, 상고비용은 패소자의 부담으로 하기로 관여법관의 의견이 일치되어 주문과 같이 판결한다(대판 1987. 2. 24. 86다카1936).

25) 권용우, 물권법(第5全訂版), 법문사, 2001. 1. 25., 530~531면.

담보가치를 파악하여 저당권을 설정하였는데 이후의 임차인에게 대항력을 인정케 한다면 담보권자의 담보가치를 떨어뜨리게 되어 거래의 안전을 해치고, 선순위저당권자는 불의의 손해를 입는 문제가 발생할 수 있을 것이다.

판례는 "저당권의 경우는 경매인의 권리보다 먼저 등기한 것도 소멸하는 것이므로, 후순위저당권의 실행으로 목적부동산이 경락되어 그 선순위저당권이 함께 소멸한 경우라면 비록 후순위저당권자에게는 대항할 수 있는 임차권이더라도 소멸된 선순위저당권보다 뒤에 등기되었거나 대항력을 갖춘 임차권은 함께 소멸한다고 해석함이 상당하고"라고 판시하고 있다.[26] 그러나 궁극적으로는 용익물권이나 주택임차권은 목적물의 사용·수익을 목적으로 하는 것이기 때문에 원칙적으로 민사집행법 제91조에 따라 소멸되는 것은 아니지만, 다만 후순위저당권이나 1번 저당권 등의 실행으로 인하여 중간 용익권자의 권리를 소멸케 하는 것은 선순위담보권자의 교환가치와의 형평성에 맞지 않기 때문에 소멸케 하는 것으로 보는 것이 타당할 것으로 보인다. 예컨대 저당권을 설정하기 전에 이미 제3자가 목적물에 관하여 용익권을 설정하고 있는 경우에는 그 권리부담을 감안하여 담보권을 설정하기 때문에 경락인에게 대항력을 행사하여도 담보권자의 피담보채권을 해하지 않는다. 그러나 저당권이 설정된 후에 제3자가 취득한 용익권(예: 임차인, 전세권, 지상권 등)에 관하여는 선순위담보권자의 채권회수 보호를 위하여 경락인에 대하여 대항할 수 없다고 보아야 할 것이다. 이와 같이 최초근저당일자보다(말소기준권리) 이후에 대항요건을 갖춘 임차인이 있는 경우 일반매매가 아닌 경매인 경우에는 임차인이 경락인에게 대항할 수 없는 문제가 발행하여(보증금의 인수와 존속기간) 주택임대차보호법 제3조의2 제2항에서는 이러한 임차인들을 보호하기 위하여 확정일자제도를 신설하게 되었다. 임차인이 계약서에 확정일자를 받아 두면 법원에서 물권적인 시간 순에 따라 배당을 받을 수 있게 되어, 중간임차권자의 대항력을 보완하게 되었다.

---

26) 이는 엄밀히 보면 민사집행법 제91조 제1항을 잘못 해석하고 있는 것이 아닌가 싶다. 후순위저당권자의 신청에 의한 경매로 선순위저당권까지 소멸하도록 규정한 것은 목적물의 사용·수익을 목적으로 하는 용익권까지 소멸시키려는 취지가 아님을 소외한 것이 아닌가 한다.

제 2 항 경매에서 임차인의 대항력 효력

1. 가압류일자 이전에 임차인이 대항력과 확정일자를 갖춘 경우

1) 해설

낙찰대금 : 1억원				
순위	권리	권리내용	원인일자	채권최고액
1	A	임차인	20. 6. 6. (전입＋확정일자)	5,000만원
2	B	가압류	20. 7. 7.	5,000만원
3	C	근저당	20. 8. 8.	5,000만원

① 위의 경우는 최초 근저당일자보다 앞선 일자로 가압류되어 있기 때문에 가압류가 말소기준이 된다. 따라서 위의 임차인은 가압류일자를 기준으로 대항력의 유무를 분석해야 하는데 사례에서는 임차인이 가압류일자보다 앞선일자로 대항요건을 갖추고 있기 때문에 대항력을 인정받아 경락인에게 대항할 수 있다. 그리고 확정일자도 가압류일자보다 먼저 되어 있어 1순위로 배당을 받을 수 있다.

② 임차인은 낙찰대금 1억원으로 확정일자의 우선변제적 효력에 따른 5,000만원을 전액 수령할 수 있기 때문에 경락인에게 대항력을 주장할 필요가 없다.

③ 이후 나머지 배당잔액 5,000만원을 가지고 가압류권자와 후순위근저당권자 간에 안분하여 배당을 받아간다.

이하에서 배당분석을 하여 보도록 하자.

2) 배당예상표

낙찰대금 : 1억원			
순위	권리	권리내용	계산방법(안분비례) : 낙찰대금 $\times \dfrac{\text{해당채권액}}{\text{총채권금액}}$ = 안분배당금
1	A	임차인	확정일자에 의해 5,000만원 전액을 수령함
2	B	가압류	$5{,}000 \times \dfrac{5{,}000만원}{1억}$ = 2,500만원
3	C	근저당	$5{,}000 \times \dfrac{5{,}000만원}{1억}$ = 2,500만원

후순위근저당권자는 선순위 가압류권자에게 우선변제적 효력을 주장할 수 없고, 가압류권자와 근저당권자는 안분비례에 의하여 평등하게 계산한 금액으로 배당을 받는다.

3) 종합분석

등기부상 설정되어 있는 말소기준 중 가압류가 가장 먼저 설정되었기 때문에 그 가압류를 말소기준으로 하여 임차인의 대항력을 권리분석해야 한다. 가압류권자와 후순위담보권자는 안분배당에 따라 채권을 회수한다.

2. 담보가등기 설정일 이전 임차인의 대항력 취득

1) 해설

낙찰대금 : 1억원				
순위	권리	권리내용	원인일자	채권최고액
1	A	임차인	20. 6. 6.(전입) 20. 8. 8.(확정일자)	5,000만원
2	B	담보가등기	20. 7. 7.	5,000만원
3	C	근저당	20. 9. 9.	5,000만원
4	D	강제경매	20. 10. 10.	5,000만원

① 위의 경우 말소기준권리는 담보가등기가 된다. 담보가등기는 경매가 진행될 때 저당권으로 보아 우선변제적 효력이 인정된다.

② 임차인은 말소기준권리인 담보가등기보다 앞선 일자로 대항요건을 갖추고 있다. 그러나 확정일자는 담보가등기보다 후순위에 해당한다. 그러므로 법원에서 배당순위는 담보가등기 이후에 배당을 받게 된다.

③ 그리고 확정일자에 의해서 우선변제를 받지 못하더라도 경락인에게 대항력을 주장할 수 있게 된다.

2) 배당예상표

낙찰대금 : 1억원			
순위	권리자	권리내용	계산방법(안분비례) : 낙찰대금 $\times \dfrac{\text{해당채권액}}{\text{총채권금액}}$ = 안분배당금
1	A	임차인 5,000만원	1) 대항력은 인정된다. 2) 확정일자 순위는 담보가등기보다는 이후이고 'C' 근저당권자보다는 선순위이다.
2	B	담보가등기 5,000만원	우선변제적 순위는 1순위이기 때문에 낙찰대금 1억원에서 피담보채권액 5,000만원을 전액 배당받는다.
3	A	임차인 5,000만원	확정일자의 효력에 따라 담보가등기권자가 배당을 받고 난 잔액 5,000만원을 수령한다.
4	C	근저당	배당금 잔액이 없어 근저당권자는 배당금을 한푼도 못받고 법원의 촉탁등기로 말소된다.
5	D	강제경매	배당금 잔액이 없어 강제경매는 말소된다. 다만 선순위근저당권자가 채권을 회수할 수 없기 때문에 잉여주의에 따라 경매가 취하될 수 있다.

3) 종합분석

등기부상 설정되어 있는 말소기준 중 담보가등기가 가장 먼저 설정되었기 때문에 담보가등기가 말소기준권리가 되어 임차인의 대항력의 여부를 결정한다. 확정일자의 효력은 담보가등기의 설정순위에 따라 배낭 여부가 결정된다. 본 사안에서는 임차인이 담보가등기보다 앞선 일자로 대항력의 요건을 갖추고 있지만 확정일자는 근저당권자보다 이후에 되어 있어 결국 법원에서는 한푼도 배당을 못 받고, 경락인에게 대항력만을 주장하여 보증금을 회수할 수 있게 된다. 경락인 입장에서는 이와 같은 경우 임차인의 보증금 5,000만원을 경락대금 외에 추가로 지불해야 한다고 분석하고 입찰에 참여해야 할 것이다. 특히 임차인의 대항력 효력은 주민등록전입, 계약서일자, 점유 중 가장 나중에 받은 날짜를 기준으로 하고, 확정일자의 효력도 주민등록전입, 계약서, 점유, 확정일자 중 가장 나중에 받은 일자를 기준으로 하여 효력이 발생한다는 점을 유의해야 할 것이다.

제3항 확정일자와 전세권등기

1. 확정일자란 무엇인가?

【사례】 확정일자 받은 계약서를 분실한 경우
저는 주택에 살면서 임대차계약서에 확정일자를 받아 보관하던 중 부주의로 계약서를 분실하였습니다. 그런데 이 집 주인이 사업에 실패하여 이 집까지 경매로 넘어가게 되었습니다. 법원에서 통지서가 왔는데 임차인은 권리신고 및 배당요구신청서를 작성하여 제출하라는 것입니다. 제가 알기로는 확정일자 받은 임대차계약서를 제출해야 법원에서 배당을 받을 수가 있다고 하는데 이미 확정일자 받은 계약서는 분실하였으니 이를 어떻게 하면 좋을지 막막합니다.

【사례해설】 확정일자 받은 계약서를 분실한 경우
확정일자 받은 계약서를 분실하였을 경우 관계기관에서 재발급을 하여 주지 않습니다. 우리가 계약서를 가지고 확정일자를 받으러 동사무소나 등기소에 가게 되는데 그곳에서는 "확정일자"만 찍어주고 계약금액이나 계약서의 내용에 대해서는 기재나 보관을 하지 않고 있다는 것입니다. 따라서 계약서를 분실하게 되면 그 확정일자에 따른 보증금을 보호받을 수가 없게 됩니다. 이와 같은 경우에는 집주인과 다시 임대차계약서를 작성하여 확정일자를 받아 두는 것이 좋습니다. 그러나 분실된 계약서를 다시 작성하기 전까지 등기부상의 설정된 저당권 등이 없다면 귀하의 대항력(전입과 계약서가 최초 근저당보다 앞선 일자로 되어 있는 경우)은 존속하기 때문에 경락인에게 보증금의 인수를 주장할 수가 있을 것입니다. 물론 새로운 계약서에 확정일자를 받기 전까지도 다른 담보물권자가 없다면 법원에서도 배당을 받을 수가 있을 것입니다. 그러나 귀하의 경우는 경매가 진행되고 있는 중에 확정일자를 받았기 때문에 시간상으로 후순위의 우선변제권자가 되어 낙찰대금으로 우선변제를 주장하는 것보다는 앞에서 살펴본 대항력의 효력을 가지고 경락인에게 보증금의 인수를 주장하거나, 이후에 배울 소액임차인 최우선변제의 요건을 갖추어 법원에서 1순위로 배당을 받는 방안을 모색해야 할 것으로 보입니다.

임차인 권익을 위해 제정된 주택임대차보호법에 특수한 권리를 추가하여 임차인의 보호를 더 강화시킨 것이 확정일자 제도이다. 강제집행에 의한 담보권의 실행, 또는 임대인의 국세체납으로 인한 공매 등으로 임차인이 살고 있는 집이

경매로 넘어가게 되는 경우 임대차계약서에 확정일자를 받아 두면 보증금에 물권적인 우선변제적 효력을 인정받아 후순위권리자보다 우선하여 변제를 받을 수 있다. 임차인이 우선변제를 받기 위해서는 등기부상 아무런 설정이 없는 상태에서 대항요건을 갖추고 있어야만 경락인에게 보증금의 반환청구를 주장할 수 있는데 실질적으로 아무런 담보설정이 없는 부동산을 찾기는 현실적으로 어려운 실정이다. 그렇다고 임대인이 꺼리고 있는 전세권등기를 임차인이 요구할 수도 없기에 1989년 12월 30일 확정일자 제도를 입법하게 된 것이다. 확정일자를 받게 되면 확정일자보다 후에 설정한 다른 물권자보다 우선하여 보증금을 받을 수 있기 때문에 효력과 이용절차가 전세권등기보다 좋다.

2. 확정일자의 성립요건

① 주민등록전입

② 주택의 점유

③ 임대차계약서

④ 임대차계약서에 확정일자

⑤ 등기부상 최초근저당이 1989년 12월 30일 이전에 이미 설정되어 있다면 확정일자의 효력을 발휘할 수 없다.[27]

⑥ 임대차계약서나 주민등록전입일자, 확정일자 중에 가장 나중에 기입된 일자를 기준으로 하여 우선변제적 효력을 인정받게 된다. 즉, 대항력과 마찬가지로 확정일자에 따른 우선변제적 효력도 그 익일에 효력이 발생한다.[28]

---

27) 주택임대차보호법 제3조 제2항에 따른 확정일자에 따른 입법이 1989년 12월 30일 시행하고 있기 때문에 그 이전에 설정한 담보권자에게 확정일자에 따른 효력을 주장할 수 없다.

28) 구 주택임대차보호법(1999. 1. 21. 법률 제5614호로 개정되기 전의 것) 제3조 제1항은 임대차는 그 등기가 없는 경우에도 임차인이 주택의 인도와 주민등록을 마친 때에는 그 익일부터 제3자에 대하여 효력이 생긴다고 규정하고 있고, 같은 법 제3조의2 제1항은 같은 법 제3조 제1항의 대항요건과 임대차계약증서상의 확정일자를 갖춘 임차인은 경매 등에 의한 환가대금에서 후순위권리자 기타 채권자보다 우선하여 보증금을 변제받을 권리가 있다고 규정하고 있는바, 주택의 임차인이 주택의 인도와 주민등록을 마친 당일 또는 그 이전에 임대차계약증서상에 확정일자를 갖춘 경우 같은 법 제3조의2 제1항에 의한 우선변제권은 같은 법 제3조 제1항에 의한 대항력과 마찬가지로 주택의 인도와 주민등록을 마친 다음 날을 기준으로 발생한다(대판 1999. 3. 23. 98다46938).

⑦ 확정일자를 받기 위해서는 관할등기소나 동사무소에서 임대차계약서에 오늘 날짜로 확정일자 관인을 받으면 되는데 그 받은 일자가 확정일자가 되는 것이다.

⑧ 확정일자를 받은 임차인이 임대차계약서에 임대차 목적물을 표시하면서 지번, 구조, 용도만 기재하고 아파트의 명칭과 그 전유부분의 동·호수의 기재를 누락한 경우에도 확정일자의 요건은 갖추었다고 볼 수 있다.[29]

3. 주택임대차계약의 신고[30]

(1) 의의

주택임대차계약의 신고제란 임대차 계약 당사자가 임대기간, 임대료 등의 계약내용 등을 신고하도록 하는 제도로서 신고 대상은 대통령이 정하는 지역에서 일정한 금액을 초과하는 계약으로 임대인과 임차인은 계약 체결일로부터 30일 이내에 공동신고를 하여야 한다.

(2) 주택임대차계약의 신고

임대차계약 당사자는 주택에 대하여 대통령령으로 정하는 금액을 초과하는 임대차계약을 체결한 경우 그 보증금 또는 차임 등을 임대차 계약의 체결일부터 30일 이내에 주택 소재지를 관할하는 신고관청에 공동으로 신고하여야 한다. 다만 임대차계약 당사자 중 일방이 신고를 거부하는 경우에는 단독으로 신고할 수 있다. 이에 따라 신고를 받은 신고관청은 그 신고 내용을 확인한 후 신고인에게 신고필증을 지체 없이 발급하여야 한다(6조의2).

---

[29] 주택임대차보호법 제3조의2 제2항에 의하면, 주택임차인은 같은 법 제3조 제1항에 규정된 대항요건과 임대차계약서상에 확정일자를 갖춘 경우에는 경매절차 등에서 보증금을 우선하여 변제받을 수 있고, 여기서 확정일자의 요건을 규정한 것은 임대인과 임차인 사이의 담합으로 임차보증금의 액수를 사후에 변경하는 것을 방지하고자 하는 취지일 뿐, 대항요건으로 규정된 주민등록과 같이 당해 임대차의 존재사실을 제3자에게 공시하고자 하는 것은 아니므로, 확정일자를 받은 임대차계약서가 당사자 사이에 체결된 당해 임대차계약에 관한 것으로서 진정하게 작성된 이상, 위와 같이 임대차계약서에 임대차 목적물을 표시하면서 아파트의 명칭과 그 전유부분의 동·호수의 기재를 누락하였다는 사유만으로 주택임대차보호법 제3조의2 제2항에 규정된 확정일자의 요건을 갖추지 못하였다고 볼 수는 없다(대판 1999. 6. 11. 99다7992).

[30] 부동산 거래신고 등에 관한 법률[신설2020. 8. 18., 시행일 2021. 6. 1.]

(3) 다른 법률에 따른 신고 등의 의제

주택임대차계약의 신고를 하지 않은 경우에도 임차인이 「주민등록법」에 따라 전입신고를 하는 경우 이 법에 따른 주택임대차계약의 신고를 한 것으로 본다. 이외에도 「공공주택 특별법」에 따른 공공주택사업자 및 「민간임대주택에 관한 특별법」에 따른 임대사업자는 관련 법령에 따른 주택임대차계약의 신고 또는 변경신고를 하는 경우 이 법에 따른 주택임대차계약의 신고 또는 변경신고를 한 것으로 본다.

그리고 주택임대차계약신고의 접수를 완료한 때에는 「주택임대차보호법」 제3조의6 제1항에[31] 따른 확정일자를 부여한 것으로 본다(임대차계약서가 제출된 경우로 한정한다). 이 경우 신고관청은 확정일자부를 작성하거나 확정일자부여기관에 (주택 소재지의 읍·면사무소, 동 주민센터 또는 시·군·구의 출장소, 지방법원 및 그 지원과 등기소) 신고 사실을 통보하여야 한다(6조의2).

4. 확정일자의 효력

1) 확정일자를 받게 되면 확정일자보다 후에 설정한 다른 물권자보다 우선하여 보증금을 받을 수 있다. 이용절차가 전세권등기보다 간편하다. 주거용 부동산이 경락되었을 경우 배당에 있어 확정일자는 건물과 토지를 합한 금액에서 배당을 받지만 전세권은 건물부분에서만 배당을 받아가기 때문에 배당효력면에서는 확정일자가 물권인 전세권보다 우월하다고 볼 수 있다. 그러나 전세권은 물권적 성격에 따라 임대인의 동의 없이 전세와 담보로 제공할 수도 있고 그외 주택이나 상가건물 임대차보호법의 적용을 받을 수 없는 사무실 등에 설정할 수 있다는 장점이 있다.

2) 대항력과 확정일자에 의한 우선변제권을 겸유하고 있는 임차인이 배당요구를 하였으나 보증금 중 일부만을 배당받은 경우 임차인은 법원에서 변제받지

---

31) 주택임대차보호법 제3조의 6 제1항: 확정일자는 주택 소재지의 읍·면사무소, 동 주민센터 또는 시(특별시·광역시·특별자치시는 제외하고, 특별자치도는 포함한다)·군·구(자치구를 말한다)의 출장소, 지방법원 및 그 지원과 등기소 또는 「공증인법」에 따른 공증인(이하 이 조에서 "확정일자부여기관"이라 한다)이 부여한다.

못한 보증금에 대해 대항력을 주장하여 경락인에게 변제를 주장할 수 있다.

　　3) 이때 임차인이 변제받지 못한 보증금을 이유로 임차목적물 전부를 계속하여 사용·수익하는 경우, 배당받을 보증금에 해당하는 부분에 대해서는 부당이득을 얻고 있다고 할 것이므로 임차인은 이를 반환하여야 한다.[32]

---

32) 주택임대차보호법상의 대항력과 우선변제권이라는 두 가지 권리를 겸유하고 있는 임차인이 먼저 우선변제권을 선택하여 임차주택에 대하여 진행되고 있는 경매절차에서 보증금 전액에 대하여 배당요구를 하였다고 하더라도, 그 순위에 따른 배당이 실시된 경우 보증금 전액을 배당받을 수 없었던 때에는 보증금 중 경매절차에서 배당받을 수 있었던 금액을 공제한 잔액에 관하여 경락인에게 대항하여 이를 반환받을 때까지 임대차관계의 존속을 주장할 수 있다고 봄이 상당하고, 이 경우 임차인의 배당요구에 의하여 임대차는 해지되어 종료되고, 다만 같은 법 제4조 제2항에 의하여 임차인이 보증금의 잔액을 반환받을 때까지 임대차관계가 존속하는 것으로 의제될 뿐이므로, 경락인은 같은 법 제3조 제2항에 의하여 임대차가 종료된 상태에서의 임대인의 지위를 승계한다.
주택임대차보호법상의 대항력과 우선변제권을 겸유하고 있는 임차인이 배당요구를 하였으나 보증금 전액을 배당받지 못하였다면 임차인은 임차보증금 중 배당받지 못한 금액을 반환받을 때까지 그 부분에 관하여는 임대차관계의 존속을 주장할 수 있으나 그 나머지 보증금 부분에 대하여는 이를 주장할 수 없으므로, 임차인이 그의 배당요구로 임대차계약이 해지되어 종료된 다음에도 기존 임대부분 전부를 사용·수익하고 있어 그로 인한 실질적 이익을 얻고 있다면 그 임대부분의 적정한 임료 상당액 중 임대차관계가 존속되는 것으로 보는 배당받지 못한 금액에 해당하는 부분을 제외한 나머지 보증금에 해당하는 부분에 대하여는 부당이득을 얻고 있다고 할 것이어서 이를 반환하여야 한다(대판 1998. 7. 10. 98다15545).

5. 경매에서 임차인의 확정일자 효력

(1) 가압류 후 대항력과 확정일자를 갖춘 임차인

1) 해설

낙찰대금 : 1억원				
순위	권리	권리내용	원인일자	채권최고액
1	A	가압류	20. 6. 6.	6,000원
2	B	임차인	20. 7. 7.(전입 + 확정일자)	2,000만원
3	C	근저당	20. 8. 8.	1억 2천만원

① 위의 경우는 가압류권자가 말소기준이 되기 때문에, 이후에 설정된 임차인과 근저당은 경락으로 말소촉탁의 대상이 된다.

② 문제는 가압류와 임차인의 배당관계인데 선순위 가압류권자에게 임차인은 우선변제적 효력을 주장할 수 없으므로 가압류와 임차인 그리고 근저당권자 사이에 안분배당 후 임차인이 근저당보다 우선변제적 효력이 앞서기 때문에 근저당의 배당액을 흡수한다.

③ 이때 임차인의 보증금이 소액임차인의 금액에 해당하더라도 선순위가압류권자에 대해서는 최우선변제권을 주장할 수 없다.

④ 안분배당계산을 하여 보면 다음과 같다.

2) 배당예상표

낙찰대금 : 1억원			
순위	권리	권리내용	계산방법(안분비례) : 낙찰대금 × $\dfrac{해당채권액}{총채권금액}$ = 안분배당금
1	A	가압류	$1억 \times \dfrac{6,000}{2억} = 3,000만원$(가압류권자 배당금)
2	B	임차인	$1억 \times \dfrac{2000만원}{2억} = 1,000만원$(임차인배당금)
3	C	근저당권	$1억 \times \dfrac{1억2천만원}{2억} = 6,000만원$(근저당권자배당금)

① 1순위 가압류권자와 2순위 임차인, 그리고 근저당권자와 안분배당을 하고, 2순위 임차인과 근저당권자는 물권적인 순위에 따라 배당을 받게 된다.

② 따라서 임차인은 2,000만원 중 1,000만원은 안분배당을 받는다. 그리고 나머지 1,000만원은 근저당권에 대하여 우선하여 배당을 한다. 결국 임차인은 자기의 채권 1,000만원이 충족할 때까지 근저당권자의 배당금 1,000만원을 흡수하여 2,000만원 전액을 배당받게 된다.

③ 근저당권자는 임차인에게 5,000만원을 배당받게 된다.

3) 종합분석

가압류 이후 대항력의 요건을 갖춘 확정일자를 받은 임차인이나 담보권자보다 선순위인 경우에는 전체적인 채권액을 가지고 안분배당을 한다. 그리고 이후의 권리자와의 순위는 흡수배당 또는 안분배당(평등배당)을 실시한다.

판례는 안분배당(평등배당)에 대하여 "대항요건(주택인도와 주민등록전입신고)과 임대차계약증서상의 확정일자를 갖춘 주택임차인은 후순위권리자 기타 일반채권자보다 우선하여 보증금을 변제받을 권리가 있음을 규정하고 있는바, 이는 임대차계약증서에 확정일자를 갖춘 경우에는 부동산 담보권에 유사한 권리를 인정한다는 취지이므로, 부동산 담보권자보다 선순위의 가압류채권자가 있는 경우에 그 담보권자가 선순위의 가압류채권자와 채권액에 비례한 평등배당을 받을 수 있는 것과 마찬가지로 위 규정에 의하여 우선변제권을 갖게 되는 임차보증금채권자도 선순위의 가압류채권자와는 평등배당의 관계에 있게 된다"고 판시하여 선순위 가압류채권자와 이후의 대항요건을 갖춘 임차인이나 담보권자와의 배당은 안분배당에 의하도록 하고 있다.

안분배당과 흡수배당에 대한 자세한 분석은 배당편에서 참고바란다.

(2) 주민등록전입 및 확정일자와 근저당권일자가 동일 날짜인 경우

1) 해설

낙찰대금 : 8천만원				
순위	권리	권리내용	원인일자	채권최고액
1	A	근저당	20. 7. 7.	1억원
2	B	임차인	20. 7. 7. (전입＋확정일자)	5,000만원

① 위의 사례와 같이 근저당권과 임차인의 날짜가 동일한 일자인 경우에는 우선 임차인의 대항력과 확정일자의 요건을 구분하여 권리분석을 해야 한다.

② 임차인의 대항력 발생일은 전입일 익일 0시부터 발생하기 때문에 위의 경우 근저당권보다는 이후에 전입을 한 것으로 보아야 한다. 즉, 근저당권자는 20년 7월 7일 09시부터 효력이 발생하고 임차인의 대항력은 20년 7월 8일 0시부터 발생하기 때문에 임차인의 날짜가 근저당권자보다 늦다는 것이다. 양자의 시간상의 차이가 나는 이유는 근저당권은 등기소 업무가 9시부터 시작하는 반면 하루의 시작은 0시부터 시작되기 때문이다. 따라서 임차인은 대항력이 없기 때문에 보증금의 인수를 경락인에게 주장할 수 없게 된다.

③ 확정일자의 효력도 대항력과 마찬가지로[33] 확정일자의 요건을 갖춘 익일 날 발생하기 때문에 결국 근저당권자보다 후순위가 되어 배당이 이루어지게 된다.

2) 배당예상표

낙찰대금 : 1억원			
순위	권리	권리내용	계산방법(안분비례) : 낙찰대금 × $\dfrac{\text{해당채권액}}{\text{총채권금액}}$ = 안분배당금
1	A	근저당권	낙찰대금이 8천만원이므로 근저당권자가 1순위로 전액 배당을 받는다.
2	B	임차인	임차인은 확정일자의 효력이 그 익일에 발생하기 때문에 결국 근저당보다는 이후에 배당을 받을 수 있고 배당금액은 잔액이 없어 임차인은 배당금을 수령할 수 없다.

---

[33] 확정일자의 우선변제적 효력은 대항력과 마찬가지로 주택임차권과 제3자에 대한 물권적 효력으로서, 임차인과 제3자 사이의 우선순위를 대항력과 달리 규율하여야 할 합리적인 근거도 없으므로 법 제3조의2 제1항에 규정된 확정일자를 입주 및 주민등록일과 같은 날 또는 그 이전에 갖춘 경우에는 우선변제적 효력은 대항력과 마찬가지로 인도와 주민등록을 마친 다음 날을 기준으로 발생한다(대판 1997. 12. 12. 97다22393).

3) 종합분석

임차인의 대항력과 확정일자의 일자가 근저당권과 동일한 날짜인 경우에는 대항력도 익일에 발생하고, 확정일자도 익일에 발생하기 때문에 결국 임차인은 대항력도 없고, 확정일자의 효력도 근저당권자보다 후순위가 되어 배당금을 받아 갈 수 없는 처지에 놓이게 되었다.

(3) 주민등록전입과 확정일자를 근저당권보다 이전에 갖추었을 때

1) 해설

낙찰대금 : 8천만원				
순위	권리	권리내용	원인일자	채권최고액
1	A	근저당	20. 7. 7.	5,000만원
2	B	임차인	20. 7. 6. (주민등록전입) 20. 7. 6. (확정일자)	2억원

① 위의 사례에서와 같이 임차인이 주민등록전입과 확정일자를 근저당권일자 이전에 갖추고 있을 경우에는 임차인의 대항력과 확정일자를 구분하여 분석하여야 한다. 왜냐하면 대항력과 확정일자의 요건은 다르기 때문이다.

② 임차인의 대항력은 전입일 익일 0시에 발생하기 때문에 20. 7. 7. 0시에 효력이 발생한다. 그런데 근저당권은 20. 7. 7. 오전 9시부터 효력이 발생하기 때문에 결국 임차인이 시간상 더 빨라 대항력이 인정되고 경락인에게 보증금의 인수를 요구할 수 있으며 계약기간까지 거주할 수 있게 된다.

③ 확정일자의 효력도 대항력과 마찬가지로 확정일자의 요건을 갖춘 익일에 발생하기 때문에 결국 근저당권자보다 선순위가 되어 배당금을 수령하게 된다.

2) 배당예상표

순위	권리	권리내용	낙찰대금 : 1억원		
			계산방법(안분비례) : 낙찰대금 × $\dfrac{해당채권액}{총채권금액}$ = 안분배당금		
1	A	근저당권 5,000만원	근저당권자는 임차인보다 순위가 밀려 배당금이 없다.		
2	B	임차인 2억원	임차인은 확정일자의 효력이 대항력과 마찬가지로 20. 7. 6. 익일인 20. 7. 7. 0시부터 발생하고, 근저당권은 20. 7. 7. 9시부터 효력이 발생하기 때문에 결국 임차인이 시간상 더 빨라 배당에서 우선한다.		

① 결국 임차인은 낙찰대금 1억원 전액을 배당받게 된다.

② 그러나 임차인의 보증금이 2억원이나 되기 때문에 못받은 1억원에 대해서는 대항력을 주장하여 경락인에게 인수케 할 수 있다.

3) 종합분석

임차인의 대항력과 확정일자가 근저당권 설정일보다 전인 경우에는 대항력과 확정일자의 효력이 모두 익일에 발생하기 때문에 결국 대항력을 주장하여 경락인에게 보증금의 인수를 주장할 수 있고, 확정일자도 근저당권자보다 앞선 일자로 되어 있기 때문에 우선배당을 받을 수 있게 된다. 여기서 주의할 점은 근저당권은 등기부상 가장 빨리 설정되어 있는 근저당을 기준으로 임차인의 대항력 유무를 결정한다는 점이다.

(4) 확정일자와 근저당권이 동일 날짜이고 주민등록전입일자는 근저당권설정일 전일인 경우

1) 해설

순위	권리	권리내용	낙찰대금 : 8천만원	채권최고액
			원인일자	
1	A	근저당	20. 7. 7.	5,000만원
2	B	임차인	20. 7. 6.(전입) 20. 7. 7.(확정)	2억원

① 위의 사례에서 임차인의 확정일자와 근저당권 일자가 동일일자이고 주민

등록 전입일자가 하루 먼저 되어 있는 경우에는 임차인의 대항력은 익일 0시에 발생하기 때문에 인정되나 확정일자의 효력은 당일에 발생하기 때문에 근저당권자와 안분배당에 따라 배당이 이루어진다.

② 즉 임차인의 대항력 : 20. 7. 7. 0시

　　　근저당권 : 20. 7. 7. 9시

부터 효력이 발생하기 때문에 임차인은 대항력을 경락인에게 주장할 수 있게 된다.

물론 여기서 근저당권은 말소기준인 최초근저당을 말한다.

③ 확정일자의 효력 : 20. 7. 7. 9시

　　　근저당권 : 20. 7. 7. 9시

이처럼 날짜와 시간이 동일하다. 여기서 확정일자는 그 익일로 보지 않고 당일 9시부터 효력이 발생한다. 왜냐하면 확정일의 효력이 대항력과 동일하게 익일에 발생한다는 것은 <u>확정일자를 주민등록전입 이전이나 같은 날 받았을 경우</u>에는 그 익일 0시부터 발생하기 때문이다.

2) 배당예상표

낙찰대금 : 1억원			
순위	권리	권리내용	계산방법(안분비례) : 낙찰대금 $\times \dfrac{\text{해당채권액}}{\text{총채권금액}}$ = 안분배당금
1	A	근저당권 5,000만원	1억원 $\times \dfrac{5,000만원}{2억 5천만원}$ = 2,000만원
2	B	임차인 2억원	1억원 $\times \dfrac{2억}{2억 5천만원}$ = 8,000만원＋(1억 2천만원)

① 근저당권과 임차인의 확정일자 순위는 동순위이기 때문에 위와 같이 안분배당에 따라 근저당권자 2,000만원을 배당받고, 임차인은 8,000만원을 법원에서 배당을 받게 된다.

② 그리고 임차인은 확정일자에 의해서 8,000만원을 배당받고 난 나머지 못받은 보증금(1억 2천만원)에 대해서는 경락인에게 대항력을 주장하여 받아갈 수 있다.

③ 결국 낙찰자는 낙찰대금 1억원 외에 대항력으로 1억 2천만원을 추가로 인수해야 하기 때문에 결국 2억 2천만원을 주고 부동산을 낙찰받게 된 것이다.

3) 종합분석

임차인의 주민등록전입일이 최초근저당보다 하루 전날이고 확정일자는 근저당권자와 동일 날짜인 경우에는 대항력은 그 익일 0시에 발생하기 때문에 인정되고, 확정일자는 최초근저당권과 동일한 일지로 보이 안분배딩에 따라 배당이 이루어진다.

(5) 전세권등기

① 전세권등기는 세입자와 임대인이 직접 등기소에 출두하여 신청하거나 법무사에게 위임하여 설정할 수가 있다. 전세권등기는 임대인이 거부하는 경향이 있기 때문에 계약서에 등기를 하여 준다는 내용을 단서사항에 약정하여 계약서를 작성하는 것이 좋다.

② 전세권등기를 하게 되면 법적으로 물권적인 성격이 발생하기 때문에 후순위물권자나 채권자에 비해 우선배당을 받을 수 있고, 임대인이 보증금을 반환하지 않을 경우에는 경매도 신청할 수 있다.

③ 전세권보다 우선하는 물권(근저당이나 압류 등)이 없는 상황에서 경락이 되어 소유권이 이전되었을 경우 전세권자는 새로운 소유자에게 보증금의 반환을 주장할 수 있고 계약기간이 남아 있다면 그 나머지 기간 동안에도 살 수가 있다.

제 4 항 임대차 보증금 중 일정액을 최우선 변제받는 방법

1. 보증금 중 일정액의 보호

제8조(보증금 중 일정액의 보호) ① 임차인은 보증금 중 일정액을 다른 담보물권자보다 우선하여 변제받을 권리가 있다. 이 경우 임차인은 주택에 대한 경매신청의 등기 전에 대항력 요건을 갖추어야 한다.

소액임차인의 범위

시 행	특별시·광역시		기타지역	
1981. 6. 14.	주택의 인도와 주민등록이전시 임차인에게 대항력을 부여한다.			
1984. 1. 1.	3백만원 이하		2백만원 이하	
2014. 4. 1.	서울	수도권 중 과밀억제권역	• 광역시(인천, 군 제외) • 수도권과밀억제권역이 아닌 인천 (군제외), 안산, 용인, 김포, 광주	그 밖의 지역
	9,500만원 이하 3,200만원	8,000만원 이하 2,700만원	6,000만원 이하 2,000만원	4,500만원 이하 1,500만원
2016. 3. 31.	서울	수도권 중 과밀억제권역	• 광역시(인천, 군 제외) • 수도권과밀억제권역이 아닌 인천(군제외), 안산, 용인, 김포, 광주	그 밖의 지역
	1억원 이하 3,400만원	8,000만원 이하 2,700만원	6,000만원 이하 2,000만원	5,000만원 이하 1,700만원
2018. 9. 18.	1억 1천만 3,700만원	1억원 3,400만원	6,000만원 2,000만원	5,000만원 1,700만원
2021. 5. 11.	1억 5천만 5,000만	1억 3천만 4,300만	7,000만 2,300만	6,000만 2,000만

• 수도권 중 과밀억제권역: 서울, 인천, 의정부, 구리시, 남양주시, 하남시, 고양시, 수원시, 성남시, 안양시, 부천시, 광명시, 과천시, 의왕시, 군포시, 시흥시
• 광역시 : 부산, 대구, 대전, 광주, 울산

① 소액임차인이 보증금등 일정액을 다른 담보물권자보다 우선하여 변제받

기 위해서는 다음과 같은 요건을 갖추어야 한다.

첫째, 담보물권(저당권·근저당권 등)이 이 법 시행일 이후에 설정되어 있어야 한다.

둘째, 소액보증금액이 이 법 시행 당시의 소액보증금액에 해당하여야 한다.

셋째, 경매개시결정등기 이전에 대항요건을 갖추어야 한다.

넷째, 배당요구 종기일까지 배당요구신청을 하여야 한다.

예컨대 주택임차인이 낙찰대금으로부터 담보물권자보다 우선하여 배당을 받기 위해서는 담보물권이 이법시행일 이후에 설정되어 있어야 하고, 보증금액은 이 법 시행일 당시의 소액보증금액 이하일 것, 경매개시결정등기 이전에 주민등록전입(대항요건)을 갖출 것, 그리고 배당요구 종기일까지 배당요구신청을 한 경우에 이 법 시행일 이후의 담보물권자보다 우선하여 배당을 받을 수 있다. 다만, 여기서 담보권자를 기준으로 소액임차인 여부를 판단하는 것이지 가압류권자가 이 법 시행일 이후에 되어 있다고 하여 그 가압류권보다 소액임차인이 최우선변제를 받는 것은 아니다. 다시 말해서 위에서 말하는 담보권은 근저당권이나 담보가등기는 포함되나 가압류권자에게 소액임차인의 최우선변제를 주장할 수 없다.

② 임차인의 최우선변제금액의 합계액이 낙찰대금 1/2을 초과하는 경우에는 낙찰대금의 1/2의 이하의 범위금액 내에서 안분배당하여 최우선변제를 인정받을 수 있다.

③ 소액임차인은 그 전입신고를 함에 있어서 제3자가 임차 여부를 알 수 있도록 독립세대주로 주민등록전입이 되어 있어야 하겠지만 예외적으로 이미 세들어 살고 있는 사람의 동거인으로 전입신고를 해도 보호받을 수 있는 경우가 있다.[34]

---

34) 소액임차인의 우선변제를 규정한 주택임대차보호법 제8조에서 우선변제를 인정하기 위한 요건으로 경매신청등기 이전에 전입신고가 되어 있을 것을 요구하는 것은 어떤 주택에 담보권을 설정하려는 자에 대해 임차권을 공시하려는 데 목적이 있는 것이 아니라 경매개시결정 이후에는 새롭게 임대차계약을 체결해 우선변제권을 주장하는 것을 막기 위한 데 그 목적이 있다고 할 것이다. 따라서 소액임차인의 경우 그 전입신고를 함에 있어서 제3자가 그 임대차사실을 쉽게 인식할 수 있도록 반드시 독립세대주로 신고를 해야 하는 것은 아니므로 피고 채씨가 이미 이 사건 주택에 세들어 살고 있는 김모씨의 동거인으로 전입신고를 했다고 해도 소액임차인으로서의 요건을 구비하고 있다고 봐야 한다.
지방출장이 잦아 독립세대주로 주민등록을 할 경우 우편물을 수령하지 못할 것을 우려한 피고 채씨가 이미 이 사건 주택에 세들어 살고 있던 김모씨의 동거인으로 전입신고를 했다가 집이 경매에 들어가자 소액임차인으로 신고했으나 1심에서 동거인으로 전입신고를 한 것은 소액임차인으로 인정할 수 없다고 패소하자 항소를 했었다(대판 1998. 11. 23. 98나38493).

④ 다만 위와 같은 소액임차인의 요건을 갖추었어도 경매가 곧 개시될 것으로 예상되는 아파트를 소액임차인 요건에 맞도록 시세보다 현저히 낮은 임차보증금으로 임차한 다음 계약상 잔금지급기일과 목적물인도기일보다 앞당겨 보증금 잔액을 지급하고 전입신고 후 확정일자를 받은 경우에는 주택임대차보호법의 보호대상인 소액임차인에 해당하지 않는다.[35]

2. 소액임차인이 많은 경우에도 전액을 받을 수 있는가?

부동산(주택: 서울시) 낙찰대금 : 2억원			
신한은행	근저당	2020. 9. 9.	1억원
최규진	임차인	2021. 10. 1.	3,700만원
최치원	임차인	2021. 10. 2.	3,700만원
최포함	임차인	2021. 10. 3.	3,700만원
김규식	근저당	2022. 10. 4.	1억원

임차인들이 소액임차인에 해당하기 위해서는 앞에서 설명한 바와 같이 특히 두 가지의 요건을 갖추어야 한다.

첫째, 담보물권(저당권·근저당권 등)이 이 법 시행일 이후에 설정되어 있어야 한다.

둘째, 소액보증금액이 이 법 시행 당시의 소액보증금액 이하에 해당하여야 한다.

본 사례에서 첫째 요건인 신한은행 담보물권이 이 법 시행일인 2018년 9월 18일 이후에 설정되었다. 그리고 둘째 요건인 소액보증금액이 2018년 9월 18일 이 법 시행 당시의 1억 1천만원 이하에 해당한다. 따라서 세 명의 주택임차인들은 모두 소액임차인에 해당하여 2018년 9월 18일 이후에 설정한 담보권(근저당)보다 우선하여 최우선변제를 주장할 수 있게 된다.

---

35) 갑이 아파트를 소유하고 있음에도 공인중개사인 남편의 중개에 따라 근저당권 채권최고액의 합계가 시세를 초과하고 경매가 곧 개시될 것으로 예상되는 아파트를 소액임차인 요건에 맞도록 시세보다 현저히 낮은 임차보증금으로 임차한 다음 당초 임대차계약상 잔금지급기일과 목적물인도기일보다 앞당겨 보증금 잔액을 지급하고 전입신고 후 확정일자를 받았는데, 그 직후 개시된 경매절차에서 배당을 받지 못하자 배당이의를 한 사안에서, 갑은 소액임차인을 보호하기 위하여 경매개시결정 전에만 대항요건을 갖추면 우선변제권을 인정하는 주택임대차보호법을 악용하여 부당한 이득을 취하고자 임대차계약을 체결한 것이므로 주택임대차보호법의 보호대상인 소액임차인에 해당하지 않는다(대판 2013. 12. 12. 2013다62223).

이러한 소액임차인의 최우선변제권의 요건은 앞으로 소액임차인의 보증금액이 물가상승으로 계속 인상되어 향후 20~30년 이후 서울시 기준 소액임차인보증금액이 5억원이 된다고 하더라도 똑같이 적용하면 될 것이다.

다시 말해시 앞으로도 소액임차인 보증금액은 물가상승 등으로 계속 인상하여 변경한 개정법이 시행될 것이다. 그렇다고 하여도 앞에서 설명한 내용 중 특히 소액임차인의 최우선변제의 요건인 2가지, 시행일 이후의 담보권자와 소액보증금액을 비교하여 적용하면 소액임차인의 최우선변제금액은 어렵지 않게 분석할 수 있을 것이다. 그리고 참고적으로 본서의 사례 내용에 있어서 2018년 9월 18일 이전에 시행되는 소액임차인 최우선변제금액에 해당하는 사례가 설사 있더라도 앞에서 설명한 내용과 같이 적용하여 분석하면 될 것이다.

본 사례에서는 소액임차인들의 최우선변제금액이 매각금액의 1/2을 초과하고 있다. 여기서 배당관계를 살펴보면 모두 1순위로 최우선변제를 받을 수 있는 임차인들이다. 그런데 1순위 소액임차인들의 최우선변제금 합계가 경락대금의 1/2을 초과하기 때문에 3명의 임차인은 분할하여 배당을 받게 된다. 즉, 하나의 주택에 2인 이상의 임차인들이 최우선변제를 받을 수 있는 요건을 갖춘 경우에 최우선변제금의 합산액이 경락대금의 1/2 이하여야 최우선변제금액 전액을 받을 수가 있다는 것이다.

구체적으로 살펴보면 최규진은 보증금 3,700만원인데 원칙적으로 최우선변제로 3,700만원을 받을 수 있다. 최치원은 3,700만원 보증금에 역시 3,700만원, 최포함은 3,700만원 보증금에 3,700만원 최우선변제를 받을 수 있다. 그러나 3명의 최우선변제금 합산액이 1억 1천 1백만원이 되기 때문에 전액을 다 받지는 못하고 결국 경락대금 2억원의 1/2인 1억원으로 다음과 같이 분할하여 배당을 받는다.

① 최규진 배당금액: $1억원 \times \dfrac{37,000,000}{111,000,000} = 33,333,333$원

② 최치원 배당금액: $1억원 \times \dfrac{37,000,000}{111,000,000} = 33,333,333$원

③ 최포함 배당금액: $1억원 \times \dfrac{37,000,000}{111,000,000} = 33,333,333$원

위의 임차인들이 배당받고 난 잔액 1억원에 대하여는 2순위 근저당권자 신한은행이 1억원 전액을 배당받고, 3순위 근저당권자 김규식은 나머지 금액이 없어 배당을 받지 못한다. 만약 경락대금이 4,000만원인 상태에서 보증금 3,700만원의 임차인이 1명만 있다면, 우선변제로서 3,700만원을 배당받는 것이 아니고 경락대금의 1/2인 2,000만원의 한도에서 배당받을 수가 있다.

3. 이외 내용

① 소액보증금의 범위변경에 따라 이 영 시행 전에 임차주택에 대하여 담보물권을 취득한 자에 대하여는 종전의 규정을 적용한다[부칙(법률 제4188호, 1989. 12. 30.) 4항]. 즉, 최초 담보권자에게는 소액임차인의 요건에 해당하지 않는다 하더라도 이후의 담보권자와의 사이에 소액임차인 최우선변제의 요건에 해당한다면 그 담보물권자에 대해서는 최우선변제를 주장하여 우선하여 배당을 받을 수 있다.[36]

② 토지와 주택에 대하여 근저당권을 설정한 후 주택을 임의로 멸실시키고 이후 건물을 신축하여 건물에 소액임차인으로 임대차계약을 체결한 경우에도 임차인은 건물뿐만 아니라 토지에 대한 감정평가 대비 낙찰금액에 대해서도 최우선변제를 주장할 수 있다.[37] 그러나 대지에 저당권을 설정한 후 건물을 신축하

---

[36] 구 주택임대차보호법(1989. 12. 30. 법률 제4188호로 개정된 것)이 개정·시행된 후로서 이에 따른 같은법 시행령이 개정되기 전에 근저당권이 설정되고, 그 시행령의 개정 후에 체결된 임대차계약의 보증금이 개정된 소액보증금의 범위에 속하는 경우, 같은 법 제8조 제3항이 대통령령에 위임한 것은 보증금의 범위이지 보호개시일자까지 위임한 것은 아니라고 보여지는 점, 위 개정된 시행령에는 경과조치에 관한 별도의 규정이 없는 점 등에 비추어 보면, 그 <u>임차인이 위 개정된 시행령에서 정한 우선변제권이 인정되는 소액임차인에 해당하는 이상 위 개정된 법 시행 후에 근저당권을 설정한 근저당권자와의 관계에서 그 보증금 중 위 개정된 시행령에서 정한 일정액에 관하여는 우선변제권이 인정된다고 보아야 한다</u>(서울지법 서부지원 1998. 7. 22. 97가단37992).

[37] 확정임대인이 토지와 그 지상주택에 근저당권을 설정하였다가 임의로 주택을 멸실시키고 그 자리에 다시 주택을 신축하여 이를 임대한 후 토지에 대한 근저당권 실행으로 주택이 함께 일괄경매된 경우, 주택임대차보호법이 별다른 제한없이 소액임차인에 대해 대지의 가액을 포함한 주택가액의 2분의 1의 범위 내에서 우선변제권이 있다고 규정하고 있는 점 및 이미 토지 위에 종전의 건물, 특히 주택이 건립되어 있어 근저당권자가 토지 및 종전 주택에 근저당권을 설정할 당시 이미 그 주택에 우선변제권이 인정될 소액임차인이 존재하리라는 것을 고려하여 그 담보가치를 정하였으리라고 보이는 특별한 사정이 있는 점에 비추어 새로 <u>건립된 주택의 소액임차인에게 대지부분의 배당금액에 대하여도 우선변제권을 인정하여야 한다</u>(서울지법 서부지원 1998. 7. 22. 97가단37992).

여 주택임대차계약을 체결한 경우 소액임차인은 대지의 경락대금에서 저당권자보다 우선하여 변제받지 못한다.

③ 임차주택의 대지만을 경락받은 자는 그 주택에 살고 있는 임차인의 양수인에 해당하지 않기 때문에 주택의 임차인은 토지를 낙찰받은 자에게 대항력을 주장하여 보증금의 인수를 부담케 할 수는 없다.[38]

④ 주택임대차보호법 소정의 소액임차인의 우선변제적 요건인 주택의 인도 및 주민등록 존속기간의 종기는 배당요구의 종기인 경락기일 이전까지 계속 존속하고 있어야 한다(대판 1997. 10. 10. 95다44597). 본 판례는 민사집행법 제84조 제1항의 신설로 배당요구의 종기일까지 대항력이 존속해야 하는 것으로 해석할 수 있다.

⑤ 임대건물의 구조상 5세대의 임차인이 있기는 어려운 점, 임차인의 전입신고가 임대인이 대출연체로 그 채권자로부터 법적 조치를 취하겠다는 최고장을 받은 이후 경매개시 전에 집중되어 있는 점, 협의이혼하여 따로 살고 있던 부부가 같은 날 전입신고하면서 따로 각 방 1개씩을 임차하였다고 주장하는 점, 건물을 모두 임대하고 다른 곳에 거주한다는 임대인 부부가 경매개시결정정본 및 배당기일소환장을 같은 건물에서 받았고 채권자의 직원이 방문하였을 때에 임대인의 처가 위 건물에서 잠을 자고 있었던 점, 임차인 가족이 거주한다는 방에 침대 1개 및 옷 몇 벌만 있었던 점 등에 비추어 이들을 우선변제권 있는 소액임차인으로 보기에 의심스러운 사정이 있다.[39]

⑥ 주택임대차보호법 제8조에 따라 우선변제를 받을 수 있는 금액은 압류금지채권으로 규정하였다(민사집행법 246조 1항 6호).

---

38) 주택임대차보호법 제3조 제2항에서 말하는 임대인의 지위를 승계한 것으로 보는 양수인이라 함은 같은 법 제3조 제1항, 제2항의 규정내용에 비추어 보면, 임대차의 목적이 된 주거용 건물의 양수인만을 의미하고 같은 법 제3조의2 제1항이 같은 법에서 정한 대항요건을 갖춘 임차인에게 경매 또는 공매에 의한 임차주택의 대지의 환가대금에서 후순위권리자보다 보증금을 우선변제받을 권리를 인정하였다고 하여도, 그 대지를 경락받은 자를 위해서 말하는 임차주택의 양수인이라고 할 수는 없다(대판 1998. 4. 10. 98다3276).
39) 대판 2001. 3. 23. 2000다53397.

4. 계약시의 총채무액 확인(소액임차인 보호)

지하철이나 주거환경이 양호한 곳은 주택을 헐고 3층짜리 다가구주택을 짓는 경우가 많다. 단독주택으로 사용하고 있는 것보다 여러 가구로 만들어 세를 놓는 것이 투자수익률을 훨씬 높이기 때문이다. 하지만 그 집에 살고 있는 세입자는 보증금을 날릴 염려와 다른 곳으로 이사를 가고 싶어도 들어올 사람이 없어 애를 태우는 경우가 발생할 수 있다.

1) 다가구주택 계약할 때 총채무액을 확인하라

지하철역이나 상업지역에 인접된 다가구주택은 임대인에게는 임대차계약서를 체결할 수 없을 정도로 경기가 좋다. 때문에 단독주택을 가지고 있는 사람은 주택을 헐고 다가구주택이나 연립주택을 증축 내지 신축하는 경우가 많다. 그러나 다가구주택에 살고 있는 세입자는 상대적으로 불안한 처지에 놓이게 된다.

실제로 서울 역삼동에 사무실을 두고 있는 김모씨는 아침 저녁으로 교통지옥에 시달리는 것이 싫어서 사무실 근방의 다가구 주택을 5천만원에 계약했다. 그런데 얼마 후 은행에서 '집주인이 빌린 돈을 갚지 않기 때문에 이 집을 경매시킨다'는 연락을 받았다. 김모씨는 계약서를 작성하기 전에 등기부등본을 확인하여 보고 아무런 담보물권도 설정되어 있지 않아 안심하고 계약을 체결하였다. 하지만 세입자가 13가구나 되는 다가구주택의 세입자 보증금을 합하였더니 그것만으로도 3억 9천만원이나 된다는 사실을 간과했던 것이다.

그 집 시세는 잘 해야 3억 2천만원 정도 밖에 안 나가는데 세입자들의 보증금액은 집 시세를 육박하고 있어 세입자의 확정일자가 저당권자인 은행보다 앞선 순위로 되어 있다고 하더라도 낙찰대금이 부족해 배당을 다 받아갈 수가 없는 것이었다.

그러면 소액임차인으로서 배당을 받으면 되지 않을까? 하지만 그것도 불안하다. 왜냐하면 시세가 3억 2천만원 나가는 정도면 대략 2억 4천만원 정도에 낙찰이 될 것인데 소액임차인들이 낙찰금액 전액으로 배당을 받지 못하고 낙찰대금의 1/2을 가지고 안분하여 배당을 받기 때문이다. 그러면 낙찰대금의 1/2인 1억 2천만원을 소액임차인들이 나눠 가져야 하는데 임차인이 13명이라면 소액보증만 1억 5천 6백만원이 되어 결국 소액 최우선보증금도 다 받을 수가 없는 처지에 놓이게 된 것이다.

따라서 다가구주택과 같이 세입자가 많이 살고 있는 경우에는 등기부등본만 확인할 것이 아니고 세입지의 총보증금이 얼마나 되는지, 시세는 일마나 가는시 확인하여 보고 계약서를 작성해야 확정일자에 따라 배당을 못 받으면 소액임차인 최우선으로라도 배당받을 수 있게 된다.

2) 배당신청방법

확정일자를 받은 세입자나 소액임차인은 낙찰된 후 배당요구 종기일까지40) 배당요구신청서를 제출해야 보증금을 받을 수 있다. 간혹 보면 배당요구 종기일 이후에 법원에 가서 배당요구신청서를 제출하는 경우도 있는데 이때는 접수를 받아주지 않는다. 결국 배당받을 수 있는 순위가 됨에도 불구하고 배당요구신청서를 늦게 제출하는 바람에 보증금을 못 받게 되는 일이 생기게 되는 것이다. 배당을 받기 위한 준비서류인 전세계약서, 주민등록등본, 배당요구신청서를 갖춰 해당 경매계에 제출하면 된다.

5. 근저당권의 목적물인 대지 위의 미등기인 주택에 임대차계약을 체결하고 주민등록전입을 한 경우 대지의 환가대금 중에서 소액보증금을 우선변제받을 수 있는지 여부

주택임대차보호법 제8조에 의하여 다른 담보물권자보다 우선변제를 받을 수 있는 주택임차인은 제1항의 규정상, 그 임차주택에 대한 경매신청의 등기 전에 주택을 인도받고 전입신고를 마쳐야 하며 그 요건을 갖추었을 때에만 제3항에 의하여 주택의 경락가액(대지가액을 포함)의 2분의 1의 범위 안에서 최우선변제를 받게 된다.

판례는 "대항요건 및 확정일자를 갖춘 임차인과 소액임차인에게 우선변제권을 인정한 주택임대차보호법 제3조의2 및 제8조가 미등기 주택을 달리 취급하는

---

40) 2002년 7월 1일부터는 새로운 민사집행법 제84조 제1항에 따라 첫 매각기일 이전의 배당요구 종기일까지 배당요구를 해야 한다.

특별한 규정을 두고 있지 아니하므로, 대항요건 및 확정일자를 갖춘 임차인과 소액임차인의 임차주택 대지에 대한 우선변제권에 관한 법리는 임차주택이 미등기인 경우에도 그대로 적용된다. 이와 달리 임차주택의 등기 여부에 따라 그 우선변제권의 인정 여부를 달리 해석하는 것은 합리적 이유나 근거 없이 그 적용 대상을 축소하거나 제한하는 것이 되어 부당하고, 민법과 달리 임차권의 등기 없이도 대항력과 우선변제권을 인정하는 같은 법의 취지에 비추어 타당하지 아니하다. 다만, 소액임차인의 우선변제권에 관한 같은 법 제8조 제1항이 그 후문에서 '이 경우 임차인은 주택에 대한 경매신청의 등기 전에' 대항요건을 갖추어야 한다고 규정하고 있으나, 이는 소액보증금을 배당받을 목적으로 배당절차에 임박하여 가장 임차인을 급조하는 등의 폐단을 방지하기 위하여 소액임차인의 대항요건의 구비시기를 제한하는 취지이지, 반드시 임차주택과 대지를 함께 경매하여 임차주택 자체에 경매신청의 등기가 되어야 한다거나 임차주택에 경매신청의 등기가 가능한 경우로 제한하는 취지는 아니라 할 것이다. 대지에 대한 경매신청의 등기 전에 위 대항요건을 갖추도록 하면 입법 취지를 충분히 달성할 수 있으므로, 위 규정이 미등기주택의 경우에 소액임차인의 대지에 관한 우선변제권을 배제하는 규정에 해당한다고 볼 수 없다"[41]고 판시하고 있다.

그리고 대지 및 건물에 관한 경매를 신청하였다가 그중 건물에 대한 경매신청만을 취하함으로써 이를 제외한 대지 부분만이 낙찰되었다고 하더라도, 그 주택의 소액임차인은 그 대지에 관한 낙찰대금 중에서 소액보증금을 담보물권자보다 우선하여 변제받을 수 있다.[42]

---

41) 대판(전) 2007. 6. 21. 2004다26133.

42) 임차주택의 환가대금 및 주택가액에 건물뿐만 아니라 대지의 환가대금 및 가액도 포함된다고 규정하고 있는 주택임대차보호법 제3조의2 제1항 및 제8조 제3항의 각 규정과 같은 법의 입법 취지 및 통상적으로 건물의 임대차에는 당연히 그 부지 부분의 이용을 수반하는 것인 점 등을 종합하여 보면, 주택임대차보호법 제2조에서 같은 법의 적용 대상으로 규정하고 있는 '주거용 건물'의 임대차라 함은 임차목적물 중 건물의 용도가 점포나 사무실 등이 아닌 주거용인 경우의 임대차를 뜻하는 것일 뿐이지, 같은 법의 적용 대상을 대지를 제외한 건물에만 한정하는 취지는 아니다. 따라서 다가구용 단독주택의 대지 및 건물에 관한 근저당권자가 그 대지 및 건물에 관한 경매를 신청하였다가 그중 건물에 대한 경매신청만을 취하함으로써 이를 제외한 대지 부분만이 낙찰되었다고 하더라도, 그 주택의 소액임차인은 그 대지에 관한 낙찰대금 중에서 소액보증금을 담보물권자보다 우선하여 변제받을 수 있다(대판 1996. 6. 14. 96다7595).

제 5 항 주택임차권등기

주택임차권등기명령신청서

신청인(임차인)　성명 :
　　　　　　　　주소 :
　　　　　　　　전화번호 :
피신청인(임대인)　성명 :
　　　　　　　　주소 :
별지목록 기재 건물에 관하여 아래와 같은 주택임차권등기를 명한다.
라는 결정을 구합니다.

- 아 래 -

1. 임대차계약일자 : 20 ． ． ．
2. 임차보증금액　：금　　원, 차임 : 금　　　원
3. 주민등록일자　：20 ． ． ．
4. 점유개시일자　：20 ． ． ．
5. 확정일자　　　：20 ． ． ．

신청이유

임차인은 임대차계약기간이 종료하여 임대인에게 수차례 보증금반환을 요구하였으나 이에 불응하므로 임차권등기를 신청하기에 이르렀습니다.

첨부서류

1. 건물등기부등본　　1통
2. 주민등록등본　　　1통
3. 임대차계약서 사본 1통

20 ． ． ．
신청인　　　(인)

지방법원 귀중

[주의]
　1. 이 신청서를 접수할 때에는 당사자 1인당 3회분의 송달료를 현금으로 송달료수납은행에 납부하시기 바랍니다.
　2. 임차보증금액란은 신청 당시까지 반환받지 못한 금액을 기재하고 주택임대차보호법 제12조의 등기하지 아니한 전세계약의 경우에는 차임란은 공란으로 하여 주십시오.
　3. 주택의 일부에 대한 임차권등기명령신청을 하는 경우에는 예컨대 "별지목록 기재 건물에 관하여…" 부분을 "별지목록 기재 건물 중 별지도면 표시 ㉠, ㉡, ㉢, … , ㉠의 각점을 순차로 연결한 선내부분 방 00㎡에 관하여…"라고 임대차의 목적을 특정하고 기재하고, 그 목적인 부분을 표시한 건물도면을 첨부하셔야 합니다.

1. 주택임차권등기의 내용

임차권등기를 한 이후에는 주택의 점유와 주민등록의 요건을 계속 갖추고 있지 아니하더라도 임차인이 가지고 있던 대항력과 우선변제권의 효력은 계속 존속하게 된다.

① 임차권등기를 하기 위해서는 임대차기간이 종료된 후 보증금을 반환받지 못한 경우에 할 수가 있다. 이 경우 임차인은 주택의 주소지를 관할하는 지방법원·지방법원지원 또는 시·군 법원에 임차권등기를 신청할 수 있다.

② 임차권등기 이후에 입주한 소액임차인은 설사 대항력(주택임대차보호법 3조 1항)의 요건을 갖추었다 하더라도 최우선변제 대상에서 제외한다.

③ 임차권등기에 관련된 비용은 임차인이 임대인에게 청구할 수 있다.

④ 보증금반환에 관한 청구소송은 소액사건심판법을 준용한다.

⑤ 임차권등기명령의 집행에 의한 임차권등기가 경료되면 임차인은 대항력 및 확정일자에 의한 우선변제권을 취득한다(주택임대차보호법 3조의3 5항 전문).

⑥ 임차권등기명령의 신청에는 다음의 사항을 기재하여야 하며, 신청의 원인 및 임차권등기의 원인이 된 사실은 이를 소명하여야 한다.

　㉠ 신청의 취지 및 이유

　㉡ 임대차의 목적인 주택(임대차의 목적이 주택의 일부분인 경우에는 그 도면을 첨부한다)

　㉢ 임차권등기의 원인이 된 사실(임차인이 3조 1항의 규정에 의한 대항력이나 3조의2 2항의 규정에 의한 확정일자를 취득한 경우에 그러한 사실)

⑦ 임차권등기신청을 기각하는 결정에 대하여 임차인은 항고할 수 있다(주택임대차보호법 3조의3 4항).

⑧ 임차인이 대항력 및 우선변제권을 갖추고 임대인의 협력을 얻어 임대차등기를 신청하는 경우에는 신청서에 주민등록을 전입한 날, 임차주택을 점유한 날, 확정일자를 받은 날 등을 기재해야 하며, 이를 증명할 수 있는 서류를 첨부하여야 한다(주택임대차보호법 3조의4 2항).

⑨ 임대차가 종료된 후 보증금을 반환받지 못한 임차인만 신청할 수 있다.

2. 주택임차권등기의 사례

임차권등기 이후 소액임차인의 지위

용도	사건번호 20-55525	소재지	면적(평방)	권리분석	임차관계	결과	감정평가액 최저경매가
주택	국민은행 김동필 황진이	광진구 구의동 293-24 한양아파트 101호 *용곡초등학교 북측150m *주거환경보통 *차량출입가능 *구의역인근	대 29.3/3396 건 45.99 (15평)방2개 20. 9. 25. 준공 5층	임의 20. 12. 7. 국민 은행 근저 20. 6. 1. 국민 은행 5,000만원 저당 20. 9. 5. 신한 은행 2,000만원 임차권 20. 10. 10. 갑	갑 20. 5. 9.(전입 +계약서+점유) 확정일자 20. 9. 2. 배당요구신청 5000만원 을 20. 11. 1.(전 입+계약서+점유) 확정일자 20. 11. 1. 배당요구 3,000만원	20. 12. 7. 유찰 20. 1. 15. 유찰	100,000,000 80,000,000 64,000,000 낙찰 : 8,000만원

① 본 물건은 임차인 "갑"이 계약기간이 종료하였음에도 보증금을 반환받지 못하자 임차권등기를 하고 다른 곳으로 이사를 간 물건이다.

② 이때 "갑"은 최초근저당보다 앞선일자로 대항력 요건을 갖추고 있는 상태에서, 임차권등기를 하였기 때문에 설사 다른 곳으로 주민등록을 이전할지라도 종전의 대항력과 확정일자에 의한 효력은 존속하게 된다. 따라서 "갑"은 경락인에게 대항할 수 있을 뿐만 아니라 신한은행보다 먼저 배당을 받을 수 있게 된다.

③ 문제는 소액임차인의 요건을 갖춘 "을"이다. 임차권등기를 하고 난 이후에는 임차인이 소액임차인 최우선변제의 요건을 갖추고 있다고 하더라도 인정을 하지 않는다는 사실이다. 다만, 확정일자에 의한 효력은 인정하고 있어 낙찰금액이 높게 되어 임차인에게까지 배당금이 돌아올 경우에는 확정일자에 의한 우선변제적 효력에 따라 배당금을 받을 수 있을 것이다. 위의 사례에서 임차인 "을"은 임차권등기 이후 소액임차인의 요건을 갖추었기 때문에 소액임차인 최우선변제로 배당을 받을 수가 없다. 그리고 배당할 금액이 부족하여 확정일자에 의한 배당도 못 받고 결국 쫓겨날 수밖에 없게 된다.

④ 8,000만원에 낙찰이 되었다면 임차인(갑)은 소액임차인에 의하여 먼저 변제받고 그리고 남은 금액은 국민은행 순으로 배당을 받고 종결된다. 그리고 임차인(갑)은 변제받지 못한 보증금액에 대해서는 매수인에게 대항력을 행사하여 인수를 주장할 수 있다.

제 6 항 주택임대차보호법의 분석방법(경매에서 실패하지 않으려면 4가지 권리분석을 일일이 하는 습관을 가져야 한다)

1. 기본이론

용도	사건번호 20 -1027	소재지	면적(평방)	권리분석	임차관계	감정평가액
						최저경매가
다 세 대	주택은행 유성근 최화순	서울시 서초구 양재동 16-20 현대타운 302호 *서초구민회관 *버스정류장 및 양재역 인근 *도시가스 개별난방 *남서측 8m 포 장도로 접함	대 43.9/361.6(13. 28평) 건 62.19(18.81평) (21.7평형) 방3개 토지 : 40,000,000 건물 : 60,000,000 총3층 중 3층 보존등기 20. 9. 25. 준공 5층	임의 20. 12. 2. 주택은행 근저당 20. 6. 13. 주택은행 7,800만원 (구의) 근저당 20. 6. 14. 양경화 2,000만원 임차권 20. 12. 22. 유정환	유정환 1억 2천만원 전입 20. 5. 7. 확정 20. 6. 8. 배당신청 20. 6. 15.	100,000,000 80,000,000 64,000,000 제일감정 감정 : 20. 4. 26 유찰 : 20. 5. 27 유찰 : 20. 6. 29

근래는 입찰물건 중에 낙찰이 되었다가 다시 나오는 물건이 많다. 그것은 그만큼 입찰을 잘못 보는 경우가 많다는 것이다. 낙찰을 받고 잔금을 지불하지 않으면 보증금을 되돌려 받지 못하게 되는데 그 보증금을 포기하면서까지 잔금을 지불하지 않는 경우가 많다는 것이다. 이런 경우 낙찰자의 심정이 오죽하겠는가? 왜 이런 문제가 발생하는 것일까? 이유는 입찰자가 각각의 주택임대차보호법 내용은 알고 있지만, 전체적인 내용으로 연계하여 분석할 줄 모르기 때문이다. 처음 배울 때부터 체계적인 지식으로 전체적인 권리분석을 할 수 있는 그런 습관을 배워야 하는데 그렇지 못했기 때문인 것이다. 즉, 나무는 알지만 숲을 볼 줄 모르는 이치와 같다. 따라서 지금까지 배운 주택임대차보호법의 4가지 규정을 전부 적용하여 풀어보는 시간을 갖고자 한다. 그에 대한 사례의 내용을 기준으로 기본이론, 중급이론, 고급이론 3단계로 나누어 단계별로 권리분석하여 보도록 한다. 본 내용은 주택임대차보호법의 4가지 규정을 모두 혼합하여 권리분석을 하고 있기 때문에 지금까지 배운 대항력, 확정일자, 소액임차인 최우선변제, 임차권등기에 대한 내용을 정확히 알아야 풀 수 있을 것이다. 따라서 잘 이해되지

않으면 앞에서 배운, 주택임대차보호법 4가지 규정을 다시 한번 살펴보고 권리
분석하기를 권한다.

부동산 낙찰내금 : 1억원　　　[서울시 지역]			
주택은행	근저당	20. 6. 13.	1억원
유정환	임차인	전입 20. 5. 7.(계약서 + 인도) 확정 20. 6. 8. 임차권 20. 12. 22. 배당요구신청 20. 6. 15.	1억 2천만원
양경화	근저당	20. 6. 14.	1억원

① 위의 기본사례는 주택은행에서 경매를 신청한 물건인데 등기부상의 권리
관계도 모두 말소되고 물건관계도 양호한 편이다. 단지 문제가 되는 것은 임차인
유정환의 보증금문제인데 이에 대한 내용을 다음의 표를 통해 살펴보도록 하자.

② 위의 경우 임차인 유정환은 확정일자에 따라 법원에서 배당도 받을 수
있지만 경락인에게 보증금의 인수도 주장할 수 있을 것이다. 그리고 임차권등기
도 하였다. 이런 임차인의 법적 분석을 하기 위해서는 다음과 같은 표를 가지고
일일이 분석하여 종합적인 결론을 이끌어내는 습관이 필요하다. 여러 임차인을
상대로 권리분석을 하는 경우 실수로 종종 사고가 발생하기 때문이다.

적용법규 임차인	대항력	확정일자	소액임차인	임차권등기
유정환	(0)	(0)	(×)	(0)
	임차인은 최초근저당보다 이전에 대항요건(주민등록전입 + 계약서 + 인도)을 갖추고 있기 때문에 경락인에게 보증금의 인수를 주장할 수 있다.	임차인은 확정일자에 따라 배당요구신청을 하였기 때문에 법원에서 1순위로 배당금을 수령할 수 있다.	임차인이 소액 보증금액 최우선변제에 해당하여 주택은행 근저당권자에게 주장하기 위해서는 그 금액이 서울시 기준 1억 1천만 이하이어야 하는데, 그 금액이 초과하고 있기 때문에 해당되지 않는다.	임차인이 임차권등기를 하였기 때문에 그 주민등록을 다른 곳으로 전출하였더라도 종전의 임대차 효력을 주장할 수 있다.

③ 임차인은 대항력 요건과 확정일자 그리고 임차권등기에 의한 효력을 인정받을 수 있다. 우선 임차인은 법원에 배당요구신청을 하였기 때문에 확정일자의 효력에 따라 보증금 1억 2천만을 1순위로 배당받을 수가 있다. 그러나 낙찰대금이 1억원이기 때문에 임차인은 전액을 배당받지 못한다. 그러나 이때 임차인은 대항력이 인정되고 있기 때문에 경락인에게 못 받은 2,000만원을 주장할 수 있다. 그리고 임차인이 법원에서 보증금 전액을 배당받지 못한 경우에는 임차권등기는 법원 자체에서 말소촉탁하지 않고 그대로 남아 있게 된다. 그리고 나중에 경락인이 보증금 2,000만원을 임차인에게 지불하면서 임차권말소등기에 필요한 서류를 넘겨받아 공동으로 말소를 해야 한다. 물론 잔금지불일 이전에 2,000만원을 지불하고 그에 대한 임차권말소서류와 소유권이전등기 촉탁서를 함께 제출한 경우에는 일괄하여 말소촉탁할 수 있을 것이다.

④ 여기서 주의할 점이 있다. 물론 위의 사례에서 임차인은 배당요구신청서를 제출하였지만 간혹 보면 입찰자들이 임차인의 배당요구신청을 정확히 살펴보지 않고 입찰에 참여하였다가 나중에 임차인의 보증금 전액을 대항력으로 물어주는 경우가 종종 발생한다. 그와 같은 이유는 한 물건에 임차인들이 여러 명 있다 보면 확정일자를 받았으니 당연히 배당신청도 한 것으로 생각하기 때문이다. 또는 위와 같은 임차인의 권리분석 중 대항력을 빠뜨리고 분석한다든가, 또는 다른 임차인이 한 배당요구신청을 본 임차인이 배당요구를 한 것으로 착각하고 입찰을 보기 때문에 자주 발생하게 된다. 나중에 임차인이 배당요구신청을 하지 않은 것을 이유로 보증금의 전부 인수를 주장하면 그제서야 깜짝 놀라면서 당황하는 경우가 종종 있다. 그리고 임차권등기를 경매개시결정등기 이후에 한 경우에는 배당요구신청을 하여야 종전의 확정일자에 따라 우선변제권이 인정된다는 점도 주의하여 살펴보아야 한다. 따라서 입찰 당일은 아무리 바쁘고 정신이 없더라도 배당요구신청을 하였는지 꼭 확인을 하고 입찰에 참여해야 할 것이다. 그리고 소액임차인 최우선변제에 해당하는 임차인일지라도 배당요구신청을 하지 않았으면 최우선변제를 받을 수가 없다는 점도 유의해야 할 것이다.

2. 중급이론

용도	사건번호 20 -15225	소재지	면적(평방)	권리분석	임차관계	감정평가액 최저경매기
주택	국민은행 김미자 황연숙	서울시 마포구 아현동 141－515 *아현역 동측 인근 *북측 4m 포 장도로 *도시가스난방	대 33(10.05평) 28(9평) 지하주택 22.67 (방2) 보일러실 12.39 20. 9. 25. 준공	임의 20. 12. 2. 국민은행 근저당 20. 10. 20. 국민은행 30,000 만원(구의) 근저당 20. 11. 8. 신한은행 10,800만원	갑 20,000만원 전입 20. 11. 2. 배당요구 20. 1. 8. 을 40,000만원 전입 20. 10. 6. 배당요구 20. 1. 8.	800,000,000 640,000,000 510,200,000 (60.00%) 제일감정 감정 : 20. 12. 26. 유찰 : 20. 5. 27. 유찰 : 20. 6. 29.

① 위의 사례에서 물상보증인인 소유자 황연숙은 김미자로부터 담보제공 요청을 받고 본인 주택을 담보로 제공하였다. 그런데 채무자 김미자가 변제를 하지 못하자 경매에 들어가게 되었다. 등기부관계는 낙찰이 되면 모두 말소촉탁의 대상이 되기 때문에 문제될 것이 없다. 그러나 임차인의 권리분석이 문제가 된다. 다음의 표를 통해 살펴보도록 하자.

부동산 낙찰대금 : 6억원			
국민은행	근저당	20. 10. 20.	30,000만원
갑	임차인	20. 11. 2.(확정일자 없음) (주민등록전입＋계약서＋인도＋배당요구신청)	20,000만원
신한은행	근저당	20. 11. 8.	10,800만원
을	임차인	20. 10. 6. (주민등록전입＋계약서＋인도＋배당요구신청)	40,000만원

② 위의 경우 임차인 '갑'과 '을'의 권리분석 방법을 설명하겠다. 우선 임차인의 권리분석을 하는 방법으로서 주택임대차보호법상 임차인이 보호받을 수 있는 법적 규정을 모두 비교 분석한 다음 결론을 이끌어내는 습관이 필요하다고 하였다. 왜냐하면 주택임대차보호법에서는 크게 4가지 규정에 의해서 임차인이 보증금을 안전하게 지킬 수 있는데 그중 1가지만 빠뜨리고 권리분석하여도 그것이 나중에 밝혀지면 치명적일 수 있기 때문이다. 부동산은 매매대금이나 임차인 보증금액이 고액이기 때문에 정확히 분석하는 습관이 필요하다.

우리는 앞의 이론에서 임차인이 보증금을 안전하게 지키는 방안으로 주택임대차보호법의 4가지 규정을 살펴보았다. 그 첫째가 주택임대차보호법 제3조 제1항에 의한 대항력, 둘째가 동법 제3조의2 제2항에 의한 확정일자의 우선변제적 효력, 셋째 동법 제8조에 의한 소액임차인 최우선변제, 넷째는 IMF 때 탄생한 동법 제3조의3에 의한 임차권등기이다. 이 4가지 규정에 의해 임차인은 보증금을 안전하게 지킬 수가 있기 때문에 4가지 규정을 철저히 분석한 후 결론을 이끌어내야 할 것이다. 다음에서 구체적으로 살펴보도록 한다.

③ 그럼 "갑"과 "을"의 권리분석을 하여 보자.

적용법규 임차인	대항력	확정일자	소액임차인	임차권등기
갑	(×) 갑은 최초근저당보다 이후에 대항요건(주민등록전입+계약서+인도)을 갖추고 있기 때문에 경락인에게 보증금의 인수를 주장할 수 없다.	(×) 갑은 확정일자를 받지 않았기 때문에 배당금액이 남아 있는데도 불구하고 배당을 받을 수가 없다.	(×) 임차인 갑은 국민은행에 대해서는 소액임차인 최우선변제에 해당하지 않기 때문에 1순위 근저당보다 우선하여 배당받을 수가 없다.	(×) 갑은 임차권등기를 하지 않았기 때문에 임차권등기에 대한 효력을 주장할 수 없다.
을	(○) 을은 최초근저당보다 이전에 대항요건(주민등록전입+계약서+인도)을 갖추고 있기 때문에 경락인에게 대항할 수 있다.	(×) 을은 확정일자를 받지 않았기 때문에 확정일자에 의한 배당을 주장할 수 없다.	(×) 을은 최초근저당권자인 국민은행에 대하여 보증금액이 4억원으로 이 법 시행당시(2018년 9월 18일 기준 1억 1천만원/3,700만원)의 보증금액이 초과하기 때문에 최우선변제권을 주장할 수 없다. 그러나 만약 세월이 흘러 예컨대 2050년 1월 1일 서울시 기준 소액보증금액을 4억원에 1억원을 최우선변제권으로 인정한다면 이 법 시행일인 2050년 1월 1일 이후의 담보권자에 대해서는 최우선변제권을 주장할 수 있을 것이다.	(×) 을은 임차권등기를 하지 않았기 때문에 그에 대한 적용을 할 수 없다.

우선 "갑"은 대항력, 확정일자, 임차권등기에 의한 효력은 주장할 수 없고, 소액임차인 최우선변제권도 해당하지 않는다. 따라서 보증금 전액을 날리게 된다.

그리고 "을"은 첫째, 대항력이 있다. 둘째, 확정일자의 우선변제적 효력은 확정일자를 받지 않았기 때문에 적용이 되지 않는다. 그리고 소액임차인도 보증금액이 초과되어 해당하지 않는다. 그러나 만약 "을"의 보증금액이 1억 1천만원이라고 가정하고 1순위 국민은행의 근저당권이 2018년 9월 18일 이전에 설정되어 소액임차인을 주장하지 못하여도 2순위 신한은행의 근저당권이 2018년 9월 18일 이후에 설정되어 배당을 받아갈 수 있다면 소액임차인으로 최우선변제권을 주장하여 우선변제를 받고 못 받은 금액은 대항력으로 매수인에게 주장할 수 있을 것이다.[43]

위의 사례를 정리하여 보면 "갑"은 대항력, 확정일자, 소액임차인, 그리고 임차권등기의 요건을 모두 갖추지 못하였기 때문에 보증금 전액을 날리게 된다.

그리고 "을"은 대항력은 인정되나 확정일자, 소액임차인, 임차권등기는 해당하지 않는다. 따라서 "을"은 매수인에게 보증금 4억원 전액을 주장할 수 있기 때문에 매수인 입장에서는 낙찰대금 이외에 "을"의 4억원을 인수한다고 분석하고 입찰에 참여해야 할 것이다.

---

43) 이때 일반인들이 입찰에 참가하기 위해 법원에 갔다가 10명 중 9명은 마지막 권리분석을 하지 못하고 되돌아오는 경우가 많다. 그것은 임차인의 전입일자 때문이다. 위의 예에서 임차인이 신한은행에게 소액임차인으로 주장하려면 임차인도 역시 주민등록 전입일자가 소액임차인의 최우선변제 시행일 이후에 설정되어 있어야 하지 않느냐는 것이다. 그렇게 되지 않으면 임차인은 소액임차인에 해당하지 않기 때문에 경락인이 임차인의 보증금을 인수해야 하는 것으로 분석을 한 후 결정을 하지 못하고 그냥 되돌아오는 경우가 많다는 것이다. 다시 한번 말하지만 임차인이 소액임차인에 해당하기 위한 요건으로서 첫째, 보증금액이 이 법 시행일 당시의 소액보증금에 해당해야 하고, 둘째, 담보물권설정일이 해당하는 이 법 시행일 이후에 설정되어 있으면 되는 것이지, 임차인의 주민등록전입일은 임차인의 소액보증금 최우선변제와 관계가 없다는 점이다.

3. 고급이론

용도	사건번호 20 -15225	소재지	면적(평방)	권리분석	임차관계	감정평가액 최저경매가
주 택	국민은행 이춘자 김연옥	서울시 종로구 이화동 97－6 *혜하여ㄷㅂ 5분, 상가밀 집지역 *건축선지정 구역 *중심미관지구	대 37.4(11.315평) 일반상업지역 건 6.89(11.16평) 미등기부분(34.89) 공시 : 2,550,000 단가 : 3,350,000 토지 : 125,290,000 건물 : 31,906,210 20.9.25 보존등기	임의 20. 11. 1. 국 민 은 행 근저당 20. 4. 4. 80,000만원 신한은행 근저당 20. 11. 11. 20,000만원	정미경 12,000만 전입 20. 2. 2. 확정 20. 2. 2. 배당 20. 10. 8. 박미옥 30,000만 전입 20. 3. 3. 확정 20. 3. 3. 임차권 20. 10. 10. 차철수 20,000만 전입 20. 9. 9. 배당 20. 10. 10.	800,000,000 640,000,000 510,200,000 (60.00%) 제일감정 감정 : 20. 12. 22. 유찰 : 20. 5. 25. 유찰 : 20. 6. 24.

　① 위의 물건은 물상보증인인 소유자 김연옥이 주 채무자인 이춘자의 보증 제공을 받고 자기 집을 담보로 제공하였다가 채무자가 변제를 하지 않자 국민은 행에서 경매를 신청한 것이다. 등기부상 권리관계는 낙찰이 되면 모두 말소가 되기 때문에 문제될 것이 없다. 단지 임차인들이 여러명이 있는데, 이에 대한 분석을 해야 할 것이다. 아래에서 도표를 가지고 살펴보도록 하자.

부동산 낙찰대금 : 60,000만원			
국민은행	근저당	20. 4. 4.	80,000만원
정미경	임차인	20. 2. 2.(전입＋계약서＋인도) (확정 : 20. 2. 2. 배당 : 20. 10. 8.)	12,000만원
박미옥	임차인	20.3. 3.(전입＋계약서＋인도) (임차권 : 20. 10. 10.), (확정 : 20. 3. 3.)	30,000만원
차철수	임차인	20. 9. 9.(전입＋계약서＋인도) (배당 : 20. 10. 10.)	20,000만원
신한은행	근저당	20. 11. 11.	20,000만원

② 이 경우에도 임차인 3명에 대해서 대항력과 확정일자, 소액임차인 최우선변제, 임차권등기에 대한 분석을 일일이 한 다음 결론을 이끌어내야 할 것이다. 그렇게 해야 추호도 실수가 없을 것이다. 우선 여기서 임차인의 대항력 유무는 최초근저당인 국민은행 20. 4. 4.이 기준이 될 것이다. 그리고 임차인의 소액보증금 최우선변제금액은 낙찰대금의 1/2범위 내에서 받아갈 수 있기 때문에 각 임차인의 소액보증금은 안분하여 계산한 배당금액을 받아갈 것이다. 그리고 나서 못 받은 보증금액에 대해서는 확정일자에 의한 효력과 근저당권의 설정일자를 비교하여 물권적인 시간 순에 의해서 배당을 받을 것이다. 그렇게 해서도 못 받은 보증금이 있을 때에는 대항력을 주장하여 경락인에게 인수도 주장할 수 있을 것이다. 이러한 일련의 연계과정을 다음과 같이 표를 그려 하나 하나 분석을 해야 실수가 없을 것이다.

③ 그럼 각 임차인들의 권리분석을 하여 보자.

임차인들은 모두 소액임차인 최우선변제에 해당되지 않는다.

④ **정미경**

㉠ 소액임차인 최우선변제 임차인 정미경은 소액임차인에 해당하지 않는다.

㉡ 확정일자에 의한 우선변제 확정일자에 의한 효력은 국민은행보다 이전에 받았기 때문에 국민은행보다 선순위로 배당을 받는다.

㉢ 대항력 정미경은 확정일자에 따른 우선변제권으로 국민은행보다 우선하여 낙찰대금 6억원에서 1순위로 1억 2천만원을 배당받는다. 따라서 못 받은 금액은 없기 때문에 매수인(경락인)에게 대항력을 행사할 수 없다.

⑤ **박미옥**

㉠ 소액임차인 최우선변제 임차인 박미옥은 소액임차인에 해당하지 않는다.

㉡ 확정일자에 의한 우선변제 임차인 박미옥의 확정일자가 최초근저당인 국민은행보다 앞선 일자로 되어 있기 때문에 국민은행보다 우선하여 확정일자에 의한 효력을 주장할 수 있게 된다. 그래서 낙찰대금으로부터 3억원을 배당받는다.

㉢ 대항력 매수인(경락인)은 확정일자에 의하여 보증금 전액을 배당 받았다. 따라서 매수인에게 대항할 수 있는 요건은 갖추었지만 보증금의 인수를 매수인에게 주장할 수는 없다.

적용법규 임차인	대항력	확정일자	소액임차인	임차권등기
정미경	(○) 임차인 정미경은 최초근저당보다 이전에 대항요건(주민등록전입 + 계약서 + 인도)을 갖추고 있기 때문에 경락인에게 보증금의 인수를 주장할 수 있다.	(○) 정미경은 확정일자를 받고 배당요구신청을 하였기 때문에 법원에서 배당금액을 수령할 자격은 있다. 따라서 확정일자에 의한 우선변제적 효력을 주장할 수 있다. 확정일자도 최초근저당보다 앞선 일자로 되어 있어 배당받을 가능성이 높다.	(×) 정미경은 국민은행에 대하여 소액보증금액이 초과되어 소액임차인 최우선변제에는 해당되지 않는다. 따라서 1순위로 배당받을 자격이 없다.44)	(×) 정미경은 임차권등기를 하지 않았기 때문에 그에 대한 효력을 주장할 수 없다.
박미옥	(○) 임차인 박미옥은 최초 근저당일자보다 이전에 대항요건(주민등록전입 + 계약서 + 인도)을 갖추고 있기 때문에 매수인에게 대항력을 행사할 수 있다.	(○) 박미옥은 확정일자를 받았으며 임차권등기를 경매개시결정등기 이전에 임차권등기를 하였기 때문에 배당요구신청을 하지 않아도 우선변제권인정 된다. 다만 낙찰대금이 적은 경우 확정일자순위까지 돌아올지 분석을 해야 한다. 만약 전액 배당을 받지 못하는 경우에는 나머지 금액에 대해서는 낙찰자에게 인수를 주장할 수 있게 된다.	(×) 박미옥은 최초근저당권자인 국민은행과 신한은행에 대하여 보증금액이 초과되어 소액임차인 최우선변제를 주장할 수 없다.	(○) 박미옥은 임차권등기를 하였다. 따라서설사 임차권등기 이후에 주민등록을 다른 곳으로 이전하였어도 종전의 대항력과 확정일자의 효력은 존속한다.
차철수	(×) 임차인 차철수는 최초근저당보다 이후에 전입일자가 되어 있기 때문에 대항력이 없어 경락인에게 보증금의 인수를 주장할 수 없다.	(×) 임차인 차철수는 확정일자를 받지 않았기 때문에 우선변제적 효력이 없다.	(×) 차철수는 최초 근저당권자인 국민은행과 신한은행에 대해서 소액임차인에 해당하지 않기 때문에 소액보증금을 주장할 수 없다.	(×) 차철수는 임차권등기를 하지 않아 효력을 주장할 수 없다.

⑥ 차철수

㉠ 소액임차인 최우선변제　임차인 차철수는 소액임차인에 해당하지 않는다.

㉡ 확정일자에 의한 우선변제　확정일자를 받지 않았기 때문에 우선변제적 효력을 주장할 수 없다.

㉢ 대항력　임차인 차철수는 매수인에게 대항할 수 있는 요건을 갖추지 못하였다. 따라서 소액임차인과 확정일자에 의하여 배당받지 못한 금액을 매수인에게 인수를 주장할 수 없다. 결국 보증금 2억원 전액을 날리게 되었다.

제 7 항 차임증감의 청구권

① 약정한 차임 또는 보증금이 임차주택에 관한 조세·공과금 기타 부담의 증감이나 경제사정의 변동으로 인하여 상당하지 아니하게 된 때에는 당사자는 장래에 대하여 그 증감을 청구할 수 있다(주택임대차보호법 7조).

② 차임 등의 증액청구는 약정차임의 1/20의 금액을 초과하지 못한다(주택임대차보호법 7조 2항).

③ 임대차계약 또는 약정한 차임 등의 증액이 있은 후 1년 이내에는 다시 증액청구를 하지 못한다.

제 8 항 주택임차권의 승계

① 임차인이 상속권자 없이 사망한 경우에 그 주택에서 가정공동생활을 하던 사실상의 혼인관계에 있는 자는 임차인의 권리와 의무를 승계한다(주택임대차보호법 9조 1항).

---

44) 소액임차인의 최우선변제요건에 대한 자세한 내용은 본서 "제4항 2. 소액임차인이 많은 경우에도 전액을 받을 수 있는가?"의 내용을 참고.

② 임차인이 사망한 경우에 사망 당시 상속권자가 그 주택에서 가정공동생활을 하고 있지 아니한 때에는 그 주택에서 가정공동생활을 하던 사실상의 혼인관계에 있는 자와 2촌[45] 이내의 친족은 공동으로 임차인의 권리와 의무를 승계한다(주택임대차보호법 9조 2항).

③ 위의 경우에 임차인이 사망한 후 1월 이내에 임대인에 대하여 반대의사를 표시한 때에는 그러하지 아니한다.

④ 전조 제1항 및 제2항의 경우에 임대차관계에서 생긴 채권·채무는 임차인의 권리의무를 승계한 자에게 귀속한다(주택임대차보호법 9조 4항).

⑤ 민법상의 상속순위

㉠ 제1순위 : 직계비속(아들·딸) + (배우자)

㉡ 제2순위 : 직계존속(부모·조부모) + (배우자)

㉢ 제3순위 : 형제자매

㉣ 제4순위 : 4촌 이내의 형제

제 9 항 임차주택의 경매 및 임대인의 담보책임

1. 임차주택의 경매

(1) 임차인이 임차보증금반환청구권의 확정판결 기타 이에 준하는 집행권원에 기하여 경매를 신청하는 경우에는 임차인은 반대의무의 이행 또는 이행의 제공(주택의 명도)을 하지 않고서도 경매를 신청할 수 있다(주택임대차보호법 3조의2 1항). 즉, 임차인이 계약기간이 종료하였는데도 불구하고 보증금을 반환받지 못한 경우 임차인은 집행권원에 기해 임차인이 살고 있는 집을 경매신청할 수 있다. 이 때 임차인이 경매를 하기 위해서는 살고 있는 집에 대해서 임대인에게 명도를 하여 주어야 하는데(반대급부의 이행), 현재는 주택임대차보호법 제3조의2 제1항의

---

45) 본인을 기준으로 배우자 간에는 무촌이고, 부모와 자식은 1촌, 할아버지와 손자 그리고 형제지간은 2촌, 부모님의 형제에 대해서는 3촌이 된다.

신설로 임차인은 이사를 가지 않고서도, 즉 살고 있는 상태에서 임대인의 집을 경매신청할 수 있게 되었다.

(2) 임차권은 임차주택의 경락에 의하여 소멸한다. 다만, 보증금이 전액 변제되지 아니한 대항력 있는 임차권은 경락인에게 대항힐 수 있기 때문에 집행법원은 경락이 되었더라도 임차권등기를 말소하지 않는다.

① 대항력과 확정일자를 받은 임차권등기자가 보증금을 전액 배당받지 못하였을 경우 경락인은 추가로 임차인의 보증금을 대항력으로 인해 인수해야 한다. 이 때 임차권등기는 집행법원에서 말소촉탁을 하여 주지 않고 경락인이 임차인에게 변제받지 못한 나머지 보증금을 지불할 때 말소할 수 있다.

② 그러므로 경락인은 대항력 있는 임차권등기를 한 임차인이 경락대금으로부터 보증금 중 변제받지 못한 금액에 대해서는 경락대금 외에 추가로 보증금을 지급하고 임차권등기를 임차인과 공동으로 말소해야 한다고 분석한 후 입찰에 참여해야 할 것이다.

(3) 임대인이 임대차계약을 체결하면서 임차인에게 임대목적물이 경매진행 중인 사실을 알리지 아니한 경우에는 임대인의 사기죄가 성립할 수 있다.

이때 임차인이 등기부를 확인 또는 열람하는 것이 가능하더라도 사기죄는 성립하게 된다.[46]

(4) 주택에 관하여 소유권이전등기를 경료하고 주민등록 전입신고까지 마친 다음 처와 함께 거주하다가 다른 사람에게 주택을 매도함과 동시에 다시 매도인으로부터 임차하여 계속 거주하기로 임대차계약을 체결하면서 처 명의로 임대차계약을 체결한 경우 처의 임차인으로서의 지위는 매도인의 명의로 소유권이전등기가 경료된 익일부터 주택임대차보호법상 임차인으로서 대항력을 갖는다.[47]

---

46) 사기죄의 요건으로서의 기망은 널리 재산상의 거래관계에 있어 서로 지켜야 할 신의와 성실의 의무를 저버리는 모든 적극적 또는 소극적 행위를 말하는 것이고, 이러한 소극적 행위로서의 부작위에 의한 기망은 법률상 고지의무 있는 자가 일정한 사실에 관하여 상대방이 착오에 빠져 있음을 알면서도 이를 고지하지 아니함을 말하는 것으로서, 일반거래의 경험칙상 상대방이 그 사실을 알았더라면 당해 법률행위를 하지 않았을 것이 명백한 경우에는 신의칙에 비추어 그 사실을 고지할 법률상 의무가 인정되는 것이다(대판 1998. 12. 8. 98도3263).

47) 갑이 주택에 관하여 소유권이전등기를 경료하고 주민등록 전입신고까지 마친 다음 처와 함께 거주하다가 을에게 매도함과 동시에 그로부터 이를 다시 임차하여 계속 거주하기로 약정하고 임차인을 갑의 처로 하는 임대차계약을 체결한 후에야 을 명의의 소유권이전등기가 경료된 경우, 제3자로서는 주택에 관하여 갑으로부터 을 앞으로 소유권이전등기가 경료되기 전에는 갑의 처의 주

2. 임대인의 담보책임

(1) 임대차의 목적이 된 주택이 매매 또는 경매로 진행되어 매수인 또는 경락인이 손해를 입게 되는 경우에는 민법 제575조 제1항과 제3항(용익적 권리의 제한) 그리고 민법 제578조(경매에서의 담보책임)의 규정을 준용하여 보호받을 수 있을 것이다. 이와 같은 근거는 주택임대차보호법 제3조 제5항에서 찾을 수가 있을 것이다. 주택임대차보호법 제3조 제5항은 "임대차의 목적이 된 주택이 매매 또는 경매의 목적이 된 경우 민법 제575조 제1항, 제3항 및 제578조의 규정을 준용한다"라고 규정하고 있기 때문이다. 예컨대 매매의 목적이 되어 있는 주택 위에 대항력을 갖춘 임차인이 존재하여 매수인이 계약의 목적을 달성할 수 없는 경우에 매수인은 매도인에 대하여 계약을 해제할 수 있고 손해가 발생하면 손해배상도 청구할 수 있다(민법 575조 1항·2항; 주택임대차보호법 3조 5항). 이때 매수인의 계약해제권과 손해배상청구권은 제한받는 임차권이 존재한다는 사실을 안 날로부터 1년 내에 행사하여야 한다(민법 575조 3항).

(2) 경락인에게 대항할 수 있는 임차인이 존재하는 사실을 모르고 주택을 낙찰받은 경우, 경락인은 채무자에게 계약의 해제 또는 대금의 감액을 청구할 수 있다(민법 575조 1항, 578조 1항). 만약 채무자가 자력이 없는 때에는 경락인은 대금의 배당을 받은 채권자에 대하여 그 대금 전부나 일부의 반환을 청구할 수 있다(민법 578조 2항). 그리고 경락인은 채무자가 물건 또는 권리의 흠결을 알고 고지하지 아니한 때에는 경락인은 그 흠결을 안 채무자나 채권자에 대하여 손해배상을 청구할 수 있다(민법 578조 3항).

(3) 동시이행의 항변권 규정은(민법 536조) 임대차의 목적물인 주택이 매매 또는 경매로 진행되고 있는 경우에도 준용한다.

민등록이 소유권 아닌 임차권을 매개로 하는 점유라는 것을 인식하기 어려웠다 할 것이므로, 갑의 처의 주민등록은 주택에 관하여 을 명의의 소유권이전등기가 경료되기 전에는 주택임대차의 대항력 인정의 요건이 되는 적법한 공시방법으로서의 효력이 없고 을 명의의 소유권이전등기가 경료된 날에야 비로소 갑의 처와 을 사이의 임대차를 공시하는 유효한 공시방법이 된다고 할 것이며, 주택임대차보호법 제3조 제1항에 의하여 유효한 공시방법을 갖춘 다음 날인 을 명의의 소유권이전등기일 익일부터 임차인으로서 대항력을 갖는다(대판 2000. 2. 11. 99다59306).

제 10 항 주택임대차 질문·답변

1. 임차인의 보증금액 주제방안

【질문】 안녕하세요? 우선 이렇게 모두가 어려운 시기에 경매나 법에 무지한 일반인들을 위해 본 코너를 운영하시는 운영자님께 감사드립니다.

저는 지난 20 년 11월 전세 4억원에 2년 계약으로 전세를 들었습니다. 등기부상 3억원의 저당이 있었으나 시세에 무지했던 관계로 그냥 들어왔고 현재 집주인은 어제까지 은행에서 빌린 금액의 20%를 상환해야 했으나 상환하지 못하고 있습니다. 집주인도 직장을 잃고 돈이 전혀 없다고 합니다. 은행측에서는 다음 주까지 집주인이 돈을 상환 못할 시 경매 처분하겠다고 합니다. 집은 10평이 조금 안되고 녹번 지하철역에 가까이 있으며 부동산에 알아보니 한때 시가가 5억원이 넘었으나 요새는 잘 해야 4억원짜리 집이라고 합니다. 은행은 얼마에 감정하여 이 집을 경매에 부칠까요? 제가 매입할 수 있을까요? 물론 여러 번 유찰될 시에요. 처음에 낙찰된다 하더라도 은행저당금 먼저 갚고 나면 제게로 오는 게 하나도 없는데 제가 행사할 수 있는 권리는 전혀 없는 겁니까? 저의 전세계약기간 만료는 20년 11월까지입니다. 그저 한숨만 쉬고 있습니다. 제발 제게 희망이 되는 말씀을 해주세요.

감사합니다.

순 위	권 리	권리내용	원인일자	채권최고액
1	A	임차인 2년계약	20. 11. 1(전입) 확정일자 없음	4억원
2	B	근저당	20. 2. 7.	3억원
3	C	근저당	20. 12. 12.	1억원

【답변】 이 어려운 시기에 살고 있는 보금자리마저 곤란한 지경에 처하게 되어 얼마나 마음의 고생이 심하십니까. 저희가 아는 범위에서 해결방법을 말씀드릴까 합니다.

① 현재 시가 5억원이면 얼마에 감정하여 경매에 낙찰될까요?

일반적으로 감정가는 시세대비 약 10%가 싼 금액으로 평가되는데 확실하지는 않습니다. 즉, 감정가가 시세보다 높게 나올 수도 있고 아주 낮게 나올 수도 있다는 것입니다. 정상적인 감정가로 본다면 약 4억 5천만원에 최초 감정가가

결정되어 법원경매로 나올 것 같습니다. 하지만 이 금액으로는 낙찰이 안 되고 1회 유찰될 때마다 20%씩 삭감되어 최저가 입찰가격이 형성될 것으로 보며 이보다 더 쓴 사람이 낙찰될 가능성이 높을 것 같습니다.

물론 지하철역이 가깝거나 재건축을 바라볼 수 있는 투자가치가 있는 부동산이라면 낙찰금액은 훨씬 더 오를 수도 있겠지요.

② 제가 할 수 있는 권리주장과 계약기간 20년 11월까지 살 수 있는지요?

우선 최초근저당일자보다 늦게 대항요건(주민등록전입＋계약서일자)을 갖춘 상태이기 때문에 낙찰이 되면 계약기간까지 살 수가 없습니다.

물론 위의 대항요건이 최초근저당보다 앞선 일자로 되어 있다면 계약기간까지 살거나 또는 낙찰받은 사람에게 보증금을 달라고 주장할 수도 있겠지요. 그러나 민경씨는 최초근저당일자 이후에 대항요건을 갖추고 있어 낙찰자에게 보증금을 달라고 주장할 수가 없네요.

③ 본인이 법원에서 돈을 받을 수가 있는지요?

다음과 같은 내용에 따라 배당이 이루어지리라 봅니다.

순 위	권리내용	원인일자	채권최고액
1	경매신청비용		300만원
2	임차인	20. 11. 1.~(2년 계약)	4억원
3	근저당	20. 2. 7.	3억원
4	근저당	20. 12. 12.	1억원

④ 법원에서의 배당관계

이 관계대로 서류가 되어 있는 상태에서 3억 5천만원에 낙찰이 되었다고 가정을 하여 본다면 배당관계는 다음과 같이 이루어지리라고 봅니다.

- 낙찰이 3억 5천만원에 되었다면 -

1순위 경매비용: 300만원

2순위 근저당: 3억원

3순위 세입자: 나머지 잔액 중 수령

4순위 근저당: 1억

다만 임차인이 위의 2순위 권리자가 배당을 받고 난 나머지를 배당받기 위해서는 주민등록등본과 확정일자 받은 임대차계약서를 권리신고 및 배당요구신청서와 함께 배당요구 종기일까지 담당 경매계에 제출해야 한다는 것입니다. 물론 확정일자를 받은 경우에 해당하는 깃인데 의뢰인은 확정일자를 안 받았기 때문에 해당하지 않네요. 그러므로 소액임차인으로 배당을 받는 방법을 이하에서 알아보는 것이 좋겠습니다.

⑤ 소액임차인으로의 최우선변제

이것은 말 그대로 보증금이 적은 세입자를 보호하자는 차원에서 제정된 법률인데 일정한 조건이 갖추어진 임차인은 법원에서 가장 먼저 배당금을 받아갈 수가 있다는 것입니다. 위의 경우라면 은행보다 먼저 소액보증금을 각 법 시행일 당시의 해당요건이 충족하는 경우 최우선변제를 받을 수 있습니다.[48]

⑥ 해결방법(정리)

우선 등기부등본을 보아 최초 근저당설정일이 위의 대항요건일자보다 이후로 되어 있다면 전액을 경락인이 받을 수가 있는데 위의 기재만으로 볼 때는 임차인의 대항요건이 이후에 되어 있기 때문에 경락인에게 보증금의 인수를 주장할 수 없습니다. 다만 소액임차인의 요건에 해당하는 경우 1순위 근저당에 우선하여 배당을 받을 수 있는데 이에 대한 방법을 모색할 필요가 있습니다.

이 사례에서는 설사 확정일자를 갖추어 배당신청을 하여도 낙찰금액이 3억원 정도면 2순위 근저당권자가 먼저 배당받고 난 나머지를 가지고 배당을 받아가기 때문에 확정일자를 받아 두었더라도 배당금은 받을 수가 없게 됩니다.

따라서 아예 의뢰인의 경우는 은행에서 입찰에 들어가기 전에 주민등록전입과 계약서작성(보증금금액은 최초근저당설정일에 따라 달라집니다)을 미리 해놓고 있다가 소액임차인 최우선변제를 주장하여 배당받는 것이 유리하다고 봅니다. 이렇게 하기 위해서는 경매가 진행될 때 권리신고 및 배당요구신청서＋임대차계약서＋주민등록등본을 준비하여 담당 법원에(집행법원) 배당요구 종기일까지 제출해야 배당기일에 소액임차인으로 최우선변제를 주장할 수가 있습니다.

그리고 법원에서 소액임차인으로 배당받고, 못 받은 금액에 대해서는 집주인

---

48) 이에 대한 자세한 내용은 본서의 소액임차인 최우선변제에서 참고하여 적용하면 된다.

을(경락인이 아닌 현재 소유자) 상대로 소액심판청구를 하여 승소판결을 받아 소유주가 가지고 있는 동산이나 채권에 대하여 강제경매를 신청하여 회수할 수 있습니다.

쉽게 설명하려고 하였는데 원래 법원경매라는 것이 법률적인 권리관계로 이루어져 있어 이해가 잘 되었는지 모르겠습니다.

2. 상계신청

【질문】 저는 20년 11월 17일에 전세금 4억원을 주고 23평형 아파트를 임차하여 현재 거주하고 있습니다. 그런데 집주인의 채무불이행으로 제가 실고 있는 아파트가 경매에 넘어가게 되었습니다. 현재 아파트에 설정된 근저당 및 가압류 금액은 다음과 같습니다.

순 위	권 리	권리내용	원인일자	채권최고액
1	A	근저당	20 . 11. 7.	1억 4천만원
2	B	임차인	20 . 11. 17.	4억원
3	C	가압류	20 . 11. 27.	1억 6천만원

이러한 상황에서 세입자인 제가 경매에 참여하여 4억원에 낙찰을 받는다면 법원에서의 배당관계는 어떻게 되는지요? 그리고 본인이 법원에서 받을 수 있는 금액은 얼마나 되고 추후 상계신청하면 잔금을 얼마나 납부해야 하는지 알고 싶습니다.

【답변】 예, 다음과 같이 배당이 이루어지리라 봅니다.

순 위	권 리	권리내용	원인일자	채권최고액
1	A	근저당	20. 11. 7.	1억 4천만원
2	B	임차인	20. 11. 17.	4억원
3	C	가압류	20. 11. 27.	1억 6천만원

① 이 상황에서 귀하가 낙찰을 받는다면 근저당권자가 1억 4천만원, 그리고 임차인이 나머지 금액을 가지고 배당을 받게 되겠습니다. 결국 임차인은 보증금 4억원에서 2억 6천만원만 배당을 받고 나머지 1억 4천만원에 대해서는 잔금이 없어 배당을 받을 수가 없습니다. 그렇지만 법원에서 집행권원을 얻어 채무자의 다른 동산이나 부동산에 대해 10년 내에 경매를 신청하여 보증금을 변제받을 수는 있을 것입니다.

② 그리고 낙찰대금 4억원은 잔금일에 다 납부하지 않아도 됩니다. 왜냐하면 법원에 낙찰잔금을 납부한 이후에도 배당받을 금액이 2억 6천만원이나 있기 때문입니다. 따라서 법원에서 배당받을 2억 6천만원을 제한 나머지 1억 4천만원만 법원에 납부하면 되는데 이를 "상계신청"이라고 합니다. 낙찰이 된 후 잔금통지서가 오기 전에 경락인이 법원에 신청하면 됩니다. 구체적인 신청방법은 최고

가매수신고 이후 매각결정기일이 끝날 때까지 법원에 비치되어 있는 상계신청서에 위와 같은 방법대로 작성하여 제출하면 됩니다. 즉 '법원에서 받을 금액이 있어 잔금만 납부할 수 있도록 허가하여 달라'고 쓰면 되고 준비서류로 세입자 전세계약서와 주민등록등본, 도장을 가지고 해당법원 경매계에 신청하면 됩니다.

③ 그러면 신청 후 약 2주 뒤에 상계신청에 대한 허가 여부를 결정하게 되는데 허가가 나면 잔금일자에 위의 방법대로 계산한 1억 4천만원만 납부하면 경락인은 소유권을 취득하게 되겠습니다.

④ 임차인이 살고 있는 집이 경매로 넘어가게 될 경우에는 당황하지 말고 '권리관계가 어떻게 되어 있는가?' 또는 본인이 확정일자는 받았는지 등을 면밀히 분석한 후 입찰에 참여하면 오히려 다른 사람이 낙찰을 받는 것보다 명도도할 필요가 없고 시세보다 싸면서 잔금도 다 준비되지 않은 상태에서 살 수가 있어 유리합니다. 따라서 살고 있는 집이 경매로 나올 경우에는 당황하지 말고 은행에서 융자를 받아서라도 내집 마련을 할 수 있는 기회로 삼아 보는 것도 좋을 것입니다. 그렇게 해서 내집을 마련하는 사람도 많이 있습니다.

3. 점유보조자를 통해 점유하고 있는 경우

【질문】 시골에 살고 있는 아버지가 그의 아들을 위하여 방 1칸을 세를 얻어 주었고 아들이 입주한 후 전입신고까지 마쳤는데 다만 그 아들이 학생이라서 아직은 그의 부친이 자신의 이름으로 임대차계약을 체결하였습니다. 이때에도 주택임대차보호법의 보호를 받을 수 있는지요?

【답변】 ① 결론부터 말하자면 보호대상이 됩니다.

② 왜냐하면 임차인인 부친이 그의 아들을 통하여 주택을 점유하는 것으로 보기 때문에 부친이 대항력을 취득한 것으로 봅니다.

③ 위의 사례에서 임차인인 아버지는 점유보조자인 아들의 점유와 주민등록만에 의하여 대항력을 취득할 수 있다는 것이 판례의[49] 입장입니다.

---

49) 대결 1995. 6. 5. 94마2134.

4. 가족의 일부만 주민등록전입을 한 경우

【질문】 임차인이 주택임대차계약을 체결하고 임차인의 처, 자녀, 동생 등 가족과 함께 입주하였으나 임차인 자신의 주민등록은 사업상의 필요에 의하여 다른 곳에 그대로 둔 채 임차인의 동생을 세대주로 하여 임차인의 처와 가족들을 그의 동거가족으로 하여 주민등록을 마쳤다가 그 후 임차인 자신의 주민등록까지 위 주소지에 전입신고를 하였을 때 이 집이 경매로 낙찰이 되면 주택임대차보호법의 보호를 받을 수 있는지요?

【답변】 ① 결론부터 말씀드린다면 보호받을 수 있습니다.

② 왜냐하면 주택임대차보호법 제3조 제1항에서 규정하고 있는 주민등록이라는 대항요건은 임차인 본인뿐 아니라 그 배우자나 자녀 등 가족의 주민등록을 포함하는 것이므로, 임차인의 처나 자녀와 같이 임차인 본인과 공동생활을 영위하는 가족만이 주민등록전입신고를 하여도 주택임대차보호법상의 대항요건인 주민등록을 마친 것으로 봅니다. 따라서 이 사례와 같은 경우에는 주택임대차보호법 제3조 제1항의 규정이 적용되기 때문에 경매로 낙찰이 되었을 경우 확정일자나 소액임차인 또는 경락인에게 대항력을 주장할 수 있는 효력이 그대로 인정됩니다.[50]

5. 점포건물을 임차하였으나 후에 주거용으로 개조한 경우

【질문】 점포건물을 임차하였으나 후에 개조한 경우도 주택임대차보호법이 적용될 수 있는지요?

【답변】 주택임대차 보호대상이 되는 건물인가의 판단은 임대차계약 체결 당시를 기준으로 해야 한다는 것이 대법원의 판례입니다. 따라서 임대차계약 체결 당시는 비주거용 건물이었는데 그 후 임차인이 임의로 주거용으로 개조한다든가 종전의 건물에 주거용 건물을 증축하는 경우에는 주택임대차 보호대상이 될 수 없습니다. 그러나 임차인이 임대인의 승낙을 얻어 주거용으로 개조한 경우에는

---

50) 대판 1987. 10. 26. 87다카14.

그 개조한 시점을 기준으로 주택임대차보호법이 적용되어 대항력, 확정일자, 소액임차인, 임차권등기에 관한 규정에 따라 보호를 받을 수 있게 됩니다. 그리고 2002년 11월 11일부터는 「상가건물임대차보호법」이 시행되었기 때문에 상업용 목적인 점포는 본 법에 의해서 보호를 받을 수가 있어 걱정하지 않아도 될 것 같습니다. 다만 2002년 11월 1일 이전에 담보물건이 설정되어 있는 경우에는 그 담보물권자에게 상가임차인이 대항요건, 확정일자에 따른 우선변제권, 소액임차인의 요건을 갖추었어도 주장할 수가 없습니다(자세한 내용은 제8장의 상가건물임대차보호법을 참고). 그리고 상업용이 아닌 사무실은 「상가건물 임대차보호법」의 보호를 받을 수 없기 때문에 전세권등기를 하거나 아니면 보증금을 적게 내고 월세를 많이 내는 방법으로 계약서를 체결하는 것이 좋은 방안이 될 것입니다.

6. 사실혼관계(동거)에 있는 사람의 경우

【질문】 임차인이 사실혼(혼인신고를 하지 않은 자와 동거)관계에 있는 자와 동거를 해오던 중 사망을 한 경우 사실혼관계에 있는 자가 보증금의 인수를 주장할 수 있는지요?

【답변】 ① 결론부터 말씀드린다면 주장할 수 있습니다.

② 왜냐하면 임차인이 사망 당시 상속권자 없이 사망한 경우 사실혼관계에 있는 자는 임차인의 권리와 의무를 단독으로 승계할 수 있고(주택임대차보호법 9조 1항). 임차인이 사망 당시 임차인의 상속권자가 있지만, 그 상속권자가 임차인과 동거하지 않았다면 사실혼의 배우자는 사망자(임차인)의 2촌 이내의 친족과 공동으로 권리와 의무를 승계받기 때문입니다. 따라서 임차인이 상속권자가 없이 사망한 경우에는 귀하께서 보증금의 전액을 주장할 수 있을 것이고, 임차인이 상속권자가 있는데 같은 주택에서 생활을 해오지 않았다면 귀하와 임차인의 2촌 이내(형제, 자식이나 부모 또는 처)의 친족과 공동으로 보증금을 나누어 가지면 됩니다.

7. 세대합가로 낙찰자의 임차인 보증금 인수가능여부

【질문】 주민등록전입상에 세대합가로 되어 있는 날짜가 최초근저당 이후라서 안심하고 낙찰을 받았는데 괜찮은지요?

【답변】 일반인이 스스로 입찰에 참여하는 데 있어서 가장 피곤한 문제는 주민 등록상 선순위세입자가 전혀 없었는데도 입찰 후에 갑자기 나타나는 경우입니다.

즉, 세대합가의 문제 역시 선순위 세입자가 없어서 마음 놓고 입찰에 참여했 는데, 갑자기 선순위 세입자가 나타나는 경우입니다. 예를 들어 "갑"이라는 사람 이 선순위로 세를 들어 살다가 뒤에 "갑"의 아버지 "을"이 다시 그 집에 입주하 면서 "갑"과 "을"이 세대를 합가해 버리면, 먼저 입주했던 "갑"의 전입일자는 삭 제되고 합가한 일자를 기준으로 전입일자가 다시 잡히게 되지만, 법적인 대항력 은 "갑"이 처음 입주했던 일자를 기준으로 발생하게 됩니다.

이는 대법원판례에서도 인정된 원칙이므로 주의해야 하는데, 입찰참가자의 입장에서는 주민등록등본상 "세대합가"라는 말이 나오면 주민등록초본을 확인하여 세대원 중에서 가장 먼저 전입했었던 날짜를 기준으로 권리분석을 해야 합니다.

8. 소액임차인이 사해행위취소의 대상으로 배당에서 제외되는 경우

【질문】 아파트의 방이 2개인데, 채무자는 그 처와 자녀 2명이 방 1개에 거주하고 임 차인이 방 하나를 사용하고 있습니다. 부동산임의경매절차가 진행되었는데, 그 배당 절차에서 소액임차인이 아파트의 방 1개를 보증금 1,500만원에 임차한 임차인으로 최우선변제권이 있음을 전제로 배당요구한 경우 인정되는지요?

【답변】 대법원은 소액임차인의 최우선변제에 관한 배당이의에서 사해행위로 인한 취소의 대상이 되는 기준을 마련하고 있는데 "주택임대차보호법 제8조의 소액보증금 최우선변제권은 임차목적 주택에 대하여 저당권에 의하여 담보된 채 권, 조세 등에 우선하여 변제받을 수 있는 일종의 법정담보물권을 부여한 것이

므로, 채무자가 채무초과상태에서 채무자 소유의 유일한 주택에 대하여 위 법조 소정의 임차권을 설정해준 행위는 채무초과상태에서의 담보제공행위로서 채무자의 총재산의 감소를 초래하는 행위가 되는 것이고, 따라서 그 임차권설정행위는 사해행위취소의 대상이 된다"고 보고 있습니다. 그리고 이에 대한 구체적인 기준으로 "주택임대차보호법 제8조의 소액보증금 최우선변제권 보호대상인 임차권을 설정해준 행위가 사해행위인 경우, 채무자의 악의는 추정되는 것이고, 수익자인 임차인의 악의 또한 추정된다고 할 것이나, 다만 위 법조 소정의 요건을 갖춘 임차인에 대하여 선행의 담보권자 등에 우선하여 소액보증금을 회수할 수 있도록 한 입법 취지에 비추어 보면, 위 법조 소정의 임차권을 취득하는 자는 자신의 보증금회수에 대하여 상당한 신뢰를 갖게 되고, 따라서 임대인의 채무초과상태 여부를 비롯하여 자신의 임대차계약이 사해행위가 되는지에 대하여 통상적인 거래행위 때보다는 주의를 덜 기울이게 될 것이므로, 수익자인 임차인의 선의를 판단함에 있어서는 실제로 보증금이 지급되었는지, 그 보증금의 액수는 적정한지, 등기부상 다수의 권리제한관계가 있어서 임대인의 채무초과상태를 의심할 만한 사정이 있었는데도 굳이 임대차계약을 체결할 사정이 있었는지, 임대인과 친인척관계 등 특별한 관계는 없는지 등을 종합적으로 고려하여 논리와 경험칙을 통하여 합리적으로 판단하여야 한다"라고 판시하고 있습니다.51)

위의 질문에서 임차인이 부동산임의경매절차가 진행되었는데, 그 배당절차에서 아파트의 방 1개를 보증금 1,500만원에 최우선변제권이 있음을 전제로 배당요구를 한 경우, 채무자의 악의는 추정되는 것이고, 수익자인 임차인의 악의 또한 추정된다고 할 것입니다.52) 다만 위 법조 소정의 요건을 갖춘 임차인에 대하여 선행의 담보권자 등에 우선하여 소액보증금을 회수할 수 있도록 한 입법 취지에 비추어 보면, 위 법조 소정의 임차권을 취득하는 자는 자신의 보증금회수에 대하여 상당한 신뢰를 갖게 되고, 따라서 임대인의 채무초과상태 여부를 비롯하여 자신의 임대차계약이 사해행위가 되는지에 대하여 통상적인 거래행위 때보다는 주의를 덜 기울이게 될 것이므로, 수익자인 임차인의 선의를 판단함에

---

51) 대판 2005. 5. 13. 2003다50771.
52) 대판 2001. 4. 24. 2000다41875.

있어서는 실제로 보증금이 지급되었는지, 그 보증금의 액수는 적정한지, 등기부상 다수의 권리제한관계가 있어서 임대인의 채무초과상태를 의심할 만한 사정이 있었는데도 굳이 임대차계약을 체결할 사정이 있었는지, 임대인과 친인척관계 등 특별한 관계는 없는지 등을 종합적으로 고려하여 논리와 경험칙을 통하여 합리적으로 판단하여야 할 것입니다. 그런데 방이 2개인데, 채무자는 그 처와 자녀 2명이 방 1개에 거주하고 임차인이 방 하나를 사용하고 있습니다. 그리고 경매법원의 집행관이 아파트의 현황을 조사할 때 임대차계약일로부터 불과 10개월이 지난 후인데도 점유를 개시한 때가 가을인지, 겨울인지, 보증금이 얼마인지 조차 정확히 알지 못한 점, 채무자의 처와 친척관계가 있는 것으로 보이는 점 등으로 보아 경험칙상 임차인이 진정한 임차인인지에 대하여 의심의 여지가 있고, 이러한 사정하에서는 수익자인 임차인의 악의에 대한 추정이 번복되었다고 보기 어렵다고 보아야 할 것입니다.

따라서 본 질문의 임차인이 구체적으로 위와 같은 기준에 해당한다면 소액임차인으로 최우선변제권을 주장하여 배당을 받을 수는 없을 것으로 보입니다.

상가건물 임대차보호법
권리분석

제 1 절
목적

제1조(목적) 이 법은 상가건물 임대차에 관하여 민법에 대한 특례를 규정함으로써 국민 경제생활의 안정을 보장함을 목적으로 한다.

　　상가건물임대차보호법은 상가건물의 임대차에서 일반적으로 사회·경제적 약자인 임차인을 보호함으로써 임차인들의 경제생활의 안정을 도모하기 위하여 민법에 대한 특례를 규정하기 위하여 제정하였다. 본 법은 소규모·소자본을 가진 사회·경제적 약자인 영세 상인들의 영업기간을 보장하고 건물이 경매되더라도 모든 권리에 앞서 일정 보증금을 회수와 우선변제적 효력, 그리고 과도한 보증금과 월세의 인상을 막는 데 초점이 맞춰져 있다.

제 2 절
적용범위

제2조(적용범위) ① 이 법은 상가건물(제3조 제1항에 따른 사업자등록의 대상이 되는 건물을 말한다)의 임대차(임대차 목적물의 주된 부분을 영업용으로 사용하는 경우를 포함한다)에 대하여 적용한다. 다만, 제14조의2에 따른 상가건물임대차위원회의 심의를 거쳐 대통령령으로 정하는 보증금액을 초과하는 임대차에 대하여는 그러하지 아니하다. 〈개정 2020. 7. 31.〉
② 제1항 단서에 따른 보증금액을 정할 때에는 해당 지역의 경제 여건 및 임대차 목적물의 규모 등을 고려하여 지역별로 구분하여 규정하되, 보증금 외에 차임이 있는 경우에는 그 차임액에 「은행법」에 따른 은행의 대출금리 등을 고려하여 대통령령으로 정하는 비율을 곱하여 환산한 금액을 포함하여야 한다. 〈개정 2010. 5. 17.〉
③ 제1항 단서에도 불구하고 제3조, 제10조 제1항, 제2항, 제3항 본문, 제10조의2부터 제10조의9까지의 규정 및 제19조는 제1항 단서에 따른 보증금액을 초과하는 임대차에 대하여도 적용한다. 〈개정 2020. 9. 29.〉

제1항 일정한 보증금액의 보장

1) 이 법은 상가건물의 임대차에 대하여 적용하되, 제14조의2에 따른 상가건물임대차위원회의 심의를 거쳐 대통령령이 정하는 보증금액을 초과하는 임대차에 대하여는 적용하지 아니하기로 한다(2조).
2) 영세상가의 기준은 점포의 임대료로 영세상가의 보호대상 기준으로 삼는

다. 기준이 되는 임대료 액수는 시행령에서 구체적으로 정한다. 보증금액은 정부가 해당 지역의 경제여건 및 상가 규모를 고려해 산정할 것이다.

즉, 모든 상가건물의 임차인에 대하여 적용되는 것이 아니라 환산보증금[보증금＋차임(월세)환산액＜차임(월세)×100＞]이 해당 지역별로 다음 금액 이하인 경우에만 적용된다. 예컨대 임차인이 보증금 9억원에 100만원의 월세를 내고 있다면 환산보증금은[9억 원＋(100만 원×100)]＝10억원이 된다. 따라서 서울지역이라면 상가건물 임대차보호법의 보호를 받을 수 있으나 과밀억제권역의 임차인이라면 보호받을 수가 없다.

참고 : 지역별 일정보증금액

시 행	서울특별시	수도권 중 과밀억제권역	광역시(군 지역과 인천광역시 제외)	기타지역
2002. 11. 1.	2억 4천만원 이하	1억 9천만원 이하	1억 5천만원 이하	1억 4천만원 이하
2014. 4. 1.	4억원 이하	3억원 이하	광역시(「수도권정비 계획법」에 따른 과밀억제권역에 포함된 지역과 군지역은 제외한다), 안산시, 용인시, 김포시 및 광주시 2억 4천만원 이하	1억 8천만원 이하
2015. 5. 13.	대항력(3조 1항), 상가권리금(10조의3) 등			
2018. 1. 26.	6억 1천만원 이하	5억원 이하	3억 9천만원 이하	2억 7천만원 이하
2019. 4. 2.	9억원	6억 9천만원	5억 4천만원	3억 7천만원

제 2 항 상가건물에의 적용

				상가권리분석		
사건번호	소재지	면적(평방)	등기부상권리분석	임차관계	감정평가액	
					최저경매가	
20 – 1688 하나 김진철	서울시 강남구 역삼동 **	대 90평 건 1층 50평 　　2층 50평 　　3층 45평 　　4층 45평 지하철역 소재	근저 15. 5. 14. 하나 2억 근저 18. 1. 27 제일 2억 근저 19. 4. 2. 신한 8억 임의 19. 9. 9. 하나	▸ 김추자 2억/210만 사 + 인 + 계 + 확 + 배 15. 5. 5. ▸ 박은희 2억/210만 사 + 인 + 계 + 확 + 배 15. 5. 13. ▸ 이미자 2억/410만 사 + 인 + 계 + 확 + 배 17. 7. 7. ▸ 김정일 5억/400만 사 + 인 + 계 + 확 + 배 18. 1. 26.	2,000,000,000,000 (100%) 신우감정 1,024,000,000,000	

		낙찰(병): 12억원			
권리	권리내용	원인일자	청구액	분석	
김추자	임차인	15. 5. 5. (사업＋계약＋인도)＋확정＋배당	2억/210만		
박은희	임차인	15. 5. 13. (사업＋인도＋계약)＋확정＋배당	2억/210만		
하나	근저당	15. 5. 14.	2억		
이미자	임차인	17. 7. 7. (사업＋계약＋인도)＋확정＋배당	2억/410만		
제일	근저당	18. 1. 27.	2억		
김정일	임차인	18. 1. 26. (사업＋계약＋인도)＋확정＋배당	5억/400만		
신한	근저당	19. 4. 2.	8억		
하나	임의경매	19. 9. 9.			

1) 모든 상가건물에 적용하지 않고 영업용 건물만 해당한다. 그리고 사업자등록의 대상은 자연인(외국인 포함)뿐만 아니라 법인도 포함한다.

2) 이 법은 상가건물(3조 1항에 따른 사업자등록의 대상이 되는 건물을 말한다)의 임대차(임대차 목적물의 주된 부분을 영업용으로 사용하는 경우를 포함한다)에 대하여 적용한다. 다만, 대통령령으로 정하는 보증금액을 초과하는 임대차에 대하여는 그

러하지 아니하다(2조 1항).

그리고 대통령령으로 정하는 보증금액을 초과하는 보증금액을 초과하는 임대차에 대하여도 대항력(3조), 계약갱신요구 등(10조 1항·2항·3항 본문), 계약갱신의 특례[1](10조의2), 권리금(10조의3부터 10조의7),에 대해서는 보증금액을 초과하는 임대차에 대하여도 적용한다(2015. 5. 13.).[2]

그러나 확정일자에 따른 임대차보증액에 대해서는 이 법 시행일 당시의 보증금액이 초과하는 경우에는 상가건물 임대차보호법을 적용할 수 없기 때문에 임차인은 보호받을 수가 없을 수 있다. 예컨대 2015년 5월 13일 이후에 근저당권이 설정되어 있고 이 법 시행일 이후에 상가임대차가 적용되는 보증금을 초과하여 임대차계약을 체결하고 확정일자를 받은 상가임차인이 있다고 가정하여 보자. 이때 낙찰이 되면 매수인(낙찰인)은 근저당권보다 이전에 대항력의 요건을 갖춘 상가임차인이 있는 경우에는 보증금을 인수해야 한다. 그러나 확정일자에 따른 효력은 이 법 시행일 당시의 보증금액을 초과하였기 때문에 배당순위에 해당하더라도 배당금을 받을 수가 없다.

한편 판례는[3] 상가건물 임대차보호법 적용대상인 '상가건물 임대차'의 의미 및 이러한 '상가건물'에 해당하는지에 관한 판단 기준과 관련하여 "제3조 제1항에 비추어 보면, 상가건물 임대차보호법이 적용되는 상가건물 임대차는 사업자등록 대상이 되는 건물로서 임대차 목적물인 건물을 영리를 목적으로 하는 영업용으로 사용하는 임대차를 가리킨다. 그리고 상가건물 임대차보호법이 적용되는 상가건물에 해당하는지는 공부상 표시가 아닌 건물의 현황·용도 등에 비추어 영업용으로 사용하느냐에 따라 실질적으로 판단하여야 하고, 단순히 상품의 보관·제조·가공 등 사실행위만이 이루어지는 공장·창고 등은 영업용으로 사용하는 경우라고 할 수 없으나 그곳에서 그러한 사실행위와 더불어 영리를 목적으로 하는 활동이 함께 이루어진다면 상가건물 임대차보호법 적용대상인 상가건물에 해

---

1) 보증금액을 초과하는 임대차의 계약갱신의 경우에는 당사자는 상가건물에 관한 조세, 공과금, 주변 상가건물의 차임 및 보증금, 그 밖의 부담이나 경제사정의 변동 등을 고려하여 차임과 보증금의 증감을 청구할 수 있다(10조의2).
2) 부칙 2조: 제2조 제3항의 개정 중 제3조 대항력에 관한 규정은 이 법 시행 후 최초로 계약이 체결되거나 갱신되는 임대차부터 적용한다.
3) 대판 2011. 7. 28. 2009다40967.

당한다"고 판시하고 있다.

즉, 상가건물임대차보호법이 적용되는 건물로 인정되기 위해서는 상가건물임대차보호법이 적용되는 상가건물에 해당하는지는 공부상 표시가 아닌 건물의 현황·용도 등에 비추어 영업용으로 사용하느냐에 따라 실질적으로 판단하여야 한다고 보고 있다.

3) 이 법 시행 당시의 임차인으로서 제5조(확정일자)의 규정에 의한 보증금 우선변제의 보호를 받고자 하는 자는 이 법 시행 전에 대통령이 정하는 바에 따라 건물의 소재지를 관할하는 세무서장에게 임대차계약서상의 확정일자를 신청할 수 있다(부칙 3조).

4) 이 법은 목적건물의 등기하지 아니한 전세계약에 관하여 이를 준용한다. 이 경우 "전세금"은 "임대차의 보증금"으로 본다(17조).

5) 이 법은 민법에 대한 특별법이자 강행법규의 성질을 가지고 있기 때문에 상가건물에 대한 내용에 대해서 민법의 규정보다 이 법이 우선 적용되고 당사자의 특약으로 임차인에게 불리한 특약을 할 수 없다.

6) 임대인은 다른 부분에서 제3자가 임차인이 임대차목적물에서 행하는 영업 등을 해할 우려가 있는 영업 기타 행위를 하지 아니하도록 할 의무를 부담할 수 있다. 그러한 약정은 반드시 명시적으로 행하여질 필요는 없고, 임대차계약의 목적, 목적물 이용의 구체적 내용, 임대차계약 관계의 존속기간 및 그 사이의 경과, 당사자 사이의 인적관계, 목적물의 구조등에 비추어 인정될 수도 있다.[4]

제 3 항 갱신기간

이 법은 일시사용을 위한 임대차임이 명백한 경우에는 이를 적용하지 아니한다(16조).

---

4) 대판 2010. 6. 10. 2009다64307.

【사례】 상가건물도 보증금보호를 받을 수 있는가?

상가로 사용하고 있지만 주거용으로도 같이 사용하고 있는 경우에는 그 건물의 주된 용도와 건물면적의 과반수 여부에 따라 해당되는 임대차보호법을 적용한다. 상가 겸 주거용으로 사용하고 있는 건물은 많다. 예를 들어 살림을 하면서 식료품 가게를 하고 있는 경우나 세탁소, 또는 금은방 등의 가게를 운영하면서 살림살이를 하고 있는 경우가 있다. 이러한 집이 경매로 넘어갈 경우 세입자는 보증금을 받을 수기 있느냐? 하는 문제이다. 90년 6월경 아산에서 방앗간을 운영하고 있는 "김모 씨"는 은행에서 왔다면서 이 집 주인이 빌린 돈을 갚지 않아 이 집을 경매신청한다는 이야기를 듣고 어떻게 하면 좋을지 몰라 당황해 하고 있었다. "김모씨"의 방앗간은 방이 1개 있어 살림도 하면서 방앗간으로 사용하고 있었고 전세계약서를 작성할 때 등기부등본을 확인하여 보니 1순위 근저당권자가 1억원으로 단 한 건 설정되어 있었기 때문에 안심하고 계약서를 작성하고 확정일자도 받아 두었다. 그런데 설마 하던 자기 집이 경매로 넘어간다는 이야기를 듣고 아연실색하고 말았다.

얼마 후 이 부동산은 경매가 진행되어 낙찰이 되었고 "김모씨"는 배당을 받기 위해 법원에 가보니 한푼도 배당받지 못한 것이다. 이유인즉 확정일자에 따른 우선 변제권을 인정하지 하지 않아서이다. 집행법원은 주택임대차보호법의 적용을 받을 수 있는 주택으로 보지 않고 상가로 보아 확정일자에 따른 배당을 하여주지 않은 것이다. 법원에서는 계약서와 등기부등본의 공부상에 모두 상가로 표기되어 있었고 실질적인 용도도 방앗간으로 사용하고 있어 주택임대차보호법에 따라 보호를 해 줄 수 없었던 것이다. 이런 경우는 보증금을 보호받을 수 없다. 다만 상가 겸 주거용으로 사용하고 있더라도 다음 【사례해설1】, 【사례해설2】와 같은 주거용건물의 판단 기준 조건에 충족하거나 상가건물 임대차보호법의 요건을 충족하는 경우에는 보호 받을 수가 있을 것이다.

【사례해설1】 상가건물도 보증금보호를 받을 수 있는가?

1. 주거용건물의 판단기준

첫째, 주거용건물의 판단기준은 임대차목적물의 공부상 표시만을 기준으로 하는 것이 아니다. 건물의 일부가 주거용과 비주거용으로 겸용하고 있는 경우에도 임대차의 목적, 건물의 구조, 목적물의 이용관계 등 구체적인 경우에 따라 주거용건물에 해당하는지 여부를 판단해야 한다.

둘째, 임대차 당시에 주거용인지 비주거용 건물인지 여부가 중요하다. 예컨대 점포건물을 임차하였으나 후에 주거용으로 개조한 경우에는 보증금을 보호받을 수가 없다. 하지만 주인의 승낙을 받고 담보물권이 설정되기 전에 개조한 경우에는 임대차보호법의 적용을 받을 수가 있다. 따라서 개조한 시점 이전에 등기부상 아무런 설정이 되어 있지 않고 주인의 승낙을 받았다면 제일 먼저 배당을 받을 수 있고 신소유자에게 보증금의 반환도 주장할 수 있게 된다.

셋째, 주거용으로 사용하고 있는 면적이 점포로 사용하고 있는 면적보다 더 커야 한다. 설사 점포로 같이 사용하고 있더라도 주된 용도가 사회통념상 주거로 사용하고 있는 경우로 인식되어야 한다.

2. 상가건물에 세를 얻은 사람이 보호를 받을 수 있는가?

상가건물은 원칙적으로 주택임대차보호법의 적용을 받지 못하기 때문에 보증금 보호를 받을 수 있는 방법이 없었으나 상가건물임대차보호법이 제정되어 상가를 목적으로 임대차계약을 체결한 자도 보호를 받을 수가 있게 되었다. 단지 모든 상가가 다 보호를 받을 수 있는 것은 아니고 대략 다음과 같은 요건이 충족되어야 한다. 첫째, 임대차 목적물의 주된 부분을 영업용으로 사용하는 상가이어야 한다. 둘째, 보증금액이 당해 지역의 경제여건에 따른 대통령령이 정하는 보증금액을 초과하지 않아야 한다. 특히 상가건물 임대차보호법은 상가를 목적으로 임대차계약을 체결한 자만을 보호하기 때문에 사무실을 사용하는 자는 다음과 같은 방법으로 계약을 체결해야 보호를 받을 수 있을 것이다.

첫째, 가능하면 보증금을 적게 걸고 월세를 많이 낸다. 둘째, 전세권을 설정하는 것이다. 전세권을 설정하면 우선 법원에서 배당을 받을 수도 있고, 제3자에게 대항력도 행사할 수 있다. 또한 임대인이 보증금의 지불을 하지 않는 경우에는 전세권등기를 가지고 경매를 신청하여 보증금도 반환받을 수가 있다. 전세권을 설정할 때는 건물에만 설정할 것이 아니라 토지에도 같이 설정하는 것이 좋다. 왜냐하면 건물에만 설정하면 토지금액에 대한 배당금은 포함되지 않고 건물금액에 대한 배당금만 나오기 때문에 전세금을 다 못받는 경우가 발생할 수 있기 때문이다.

【사례해설2】: 상가건물도 보증금보호를 받을 수 있는가?

① 임차주택의 일부가 주거 외의 목적으로 사용하고 있더라도 주택임대차보호법의 보호를 받을 수 있으나, 다만 주택과 점포의 규모 및 주된 용도를 참작하여 사회통념상 점포의 일부를 주거로 사용하는 경우에는 주택으로 보호받을 수 없고 상가임대차보호법에 따라 보호받을 수 있을 것이다. 위의 사례에서 주택임대차보호법이 적용되어 보증금을 배당받기 위해서는 다음과 같은 요건이 필요하다고 보여진다.

셋째, 세약서를 작성할 때 이미 무거용으로 사용하고 있이야 한다. 따라서 임대차계약 체결 당시에는 방앗간으로만 사용하고 있었는데 그 후 임의대로 주거용으로 개조하여 사용하여 왔다면 주거용으로 볼 수 없기 때문에 보호를 받을 수가 없다. 다만 계약서를 작성할 때 방앗간으로만 사용하고 있다가 후에 주거용으로 같이 사용하기 위하여 집주인의 동의를 얻어 개조한 경우에는 그 개조한 시점을 기준으로 하여 주택임대차보호법의 적용을 받을 수가 있다.[5]

둘째, 방앗간의 면적과 살림하고 있는 주거면적을 비교하여 주거용으로 사용하고 있는 면적이 더 커야 한다. 주택임대차보호법의 적용을 받기 위해서는 주된 사용목적이 주거용이어야 한다는 점이다. 즉 상가에는 주택임대차보호법이 적용되지 않기 때문에 설사 계약서에 확정일자를 받았거나 대항요건을 갖추었다고 하더라도 주택임대차보호법에 의하여 보호받을 수 없다.

② 따라서 주택임대차보호법의 적용을 받기 위해서는 계약서를 작성하기 전에 방앗간 외에 살림으로 사용하기 위한 방도 있어야 하고 그 살림으로 사용하고 있는 면적이 방앗간으로 사용하고 있는 면적보다 더 커야 실질적으로 보호받을 수 있다. 계약서나 등기부등본상에는 상가로 표시되어 있을지라도 실질적인 주된 용도가 주거용이고 그 주거용으로 사용하고 있는 면적이 상가로 사용하고 있는 면적보다 더 큰 경우에만 보호를 받을 수가 있다. 위의 사례는 상가건물임대차보호법이 시행되기 이전에 대항요건과 확정일자를 받았기 때문에 상가건물임대차보호법에 의하여 보호받을 수 없다. 그리고 주거 겸 상가로 사용하고 있는 경우라면 가능한 한 계약서나 주된 용도가 주거로 사용하고 있는 것이 유리하다. 왜냐하면 주택과 달리 상가는 각 지역별로 보증금액이 일정액을 초과한 경우에는 대항력과 우선변제권뿐만 아니라 아예 상가임대차보호법이 적용되지 않기 때문이다.

---

5) 대판 1986. 1. 21. 85다카1367.

제 3 절
대항력

제3조(대항력 등)
① 임대차는 그 등기가 없는 경우에도 임차인이 건물의 인도와 부가가치세법 제5조, 소득세법 제168조 또는 법인세법 제111조에 따른 사업자등록을 신청한 때에는 그 다음 날부터 제3자에 대하여 효력이 생긴다.
② 임차건물의 양수인(그 밖에 임대할 권리를 승계한 자를 포함한다)은 임대지위를 승계한 것으로 본다.
③ 이 법에 따라 임대차의 목적이 된 건물이 매매 또는 경매의 목적물이 된 경우에는 민법 제575조 제1항·제3항 및 제578조를 준용한다.
④ 제3항의 경우에는 민법 제536조를 준용한다.

 ## 제1항 의의

임대차는 그 등기가 없는 경우에도 임차인이 건물의 인도와 부가가치세법 제5조, 소득세법 제168조 또는 법인세법 제111조의 규정에 의한 사업자등록을 신청한 때에는 그 다음 날부터 제3자에 대하여 대항력이 발생한다(3조). 여기서 대항력이란 매매나 경매로 상가건물을 매수한 자에게 임차인이 보증금과 존속기간을 주장(대항)할 수 있다는 의미이다.

제 2 항 요건

1. 건물의 인도

인도란 임차인이 임차건물을 인도받아 거주하는 경우를 말한다. 그러나 임차인이 임차주택을 직접점유하지 않더라도, 임대인의 승낙을 받아 임차주택을 전대하고 전차인이 건물을 인도받아 자신의 사업자등록을 신청한 때에도 그 다음 날부터 제3자에게 대하여 효력이 발생한다.

2. 사업자등록

상가임대차의 대항력은 임차인이 건물인도와 관할세무서에 사업자등록을 신청한 그 다음 날부터 효력이 발생한다(3조 1항). 즉, 임차인이 건물에 입주하고 관할 세무서에 사업자 등록을 신청하면 그 다음 날부터 효력이 발생한다. 그 다음날이란 사업자등록이 나온 날이 아니고 그 다음 날 새벽 "0"시를 말한다. 이 경우 사업자등록에는 당해 건물의 소재지번이 기재되어야 하고, 해당 건물이 동호수로 구분되거나 특정되는 기호가 있는 때에는 이를 표시하여야 한다. 실제 사업장 소재지가 다르게 기재된 경우에는 대항요건으로서의 효력을 갖지 못한다.

 제 3 항 효력

1. 일반매매의 대항력

(1) 임차인이 상가건물을 인도받고 사업자등록신청을 한 때에는 그 다음 날부터 상가건물을 매수한 자에게 보증금의 인수와 존속기간을 주장할 수 있다(3조

2항). 따라서 상가건물을 매수하고자 하는 자는 임차인의 보증금을 제외한 나머지 금액을 매매대금으로 지급하여야 한다.

(2) 상가건물을 인도받고 사업자등록을 신청한 임차인은 건물을 매수한 자에게 존속기간을 주장할 수 있다.

(3) 임대인의 지위가 양수인에게 승계된 경우 종전의 임대인은 임대차관계에서 탈퇴하고 양수인 등이 그 관계에서 발생하는 모든 지위를 승계한다. 이때 승계는 면책적 채무승계로서 종전 임대인에게 임차인은 보증금의 인수를 주장할 수 없다.

(4) 임차인은 확정일자를 받지 않고 대항력 요건만 갖추고 있더라도 매매에 해당하는 경우에는 상가건물을 매입한 자에게 보증금과 존속기간을 주장할 수 있다. 따라서 누가 건물을 매입하였는지 관계없이 계약기간이 만료한 후 최종소유자에게 보증금의 인수를 주장할 수 있다. 다만, 경매로 넘어갈지도 모르니 가능한 확정일자를 받아두는 것이 좋다. 확정일자를 미리 받아두어야 물권자와 시간 순에 따라 배당을 받을 수 있기 때문이다.

2. 경매에서의 대항력

(1) 최초근저당(말소기준권리)보다 앞선 일자로 대항력 요건을 갖춘 경우[1] 경락인은 임차인의 보증금과 존속기간을 인수해야 한다. 반대로 최초근저당[2]보다 이후에 대항력요건을 갖춘 경우[3]에는 임차인의 보증금과 존속기간을 경락인이 인수하지 않아도 된다. 이때에는 확정일자를 받지 않아도 임차인은 보증금의 인수를 경락인에게 주장할 수 있다.

(2) 최초근저당 보다 앞선 일자로 대항력과 확정일자의 요건을 갖춘 임차인이 배당요구를 하였음에도 임차보증금의 전액을 배당받을 수 없을 때에는 그 잔액을 받을 때까지 임대차관계의 존속을 주장할 수 있다.

(3) 담보권의 실행을 위한 부동산의 입찰절차에 있어서, 상가건물 임대차보

---

1) 임차인이 상가건물을 인도받고 사업자등록을 신청한 경우 그 다음 날.

2) 말소기준권리.

3) 임차인이 상가건물을 인도받고 사업자등록을 신청한 경우 그 다음 날.

호법 제3조에 정한 대항요건을 갖춘 임차권보다 선순위의 근저당권이 있는 경우, 낙찰로 인하여 선순위근저당권이 소멸하면 그보다 후순위의 임차권도 선순위근저당권이 확보한 담보가치의 보장을 위하여 그 대항력을 상실하는 것이지만, 낙찰로 인하여 근저당권이 소멸하고 낙찰인이 소유권을 취득하게 되는 시점인 낙찰대금지급기한일 이전에 선순위근저당권이 다른 사유로 소멸한 경우에는, 대항력 있는 임차권의 존재로 인하여 담보가치의 손상을 받을 선순위근저당권이 없게 되므로 임차권의 대항력이 소멸하지 아니한다. 선순위근저당권의 존재로 후순위임차권의 대항력이 소멸하는 것으로 알고 부동산을 낙찰받았으나, 그 이후 선순위근저당권의 소멸로 인하여 임차권의 대항력이 존속하는 것으로 변경됨으로써 낙찰부동산의 부담이 현저히 증가하는 경우에는 낙찰인은 민사집행법 제127조 제1항의 유추적용에 의하여 매각허가결정의 취소신청을 할 수 있다.

제 4 절

보증금의 회수

제1항 서설

상가임대차의 대항력(3조 1항)과 관할 세무서장으로부터 임대차계약서상의 확정일자를 받은 임차인은 민사집행법에 의한 경매 또는 국세징수법에 의한 공매시 임차 물건(임대인 소유의 대지를 포함한다)의 환가대금에서 후순위권리자 그 밖의 채권자보다 우선하여 보증금을 변제받을 권리가 있다(5조 2항). 또 임차인은 보증금 일정액을 다른 담보물권자보다 우선하여 변제 받을 권리가 있다(14조 1항).

제2항 확정일자에 따른 우선변제적 효력

1. 의의

대항요건을 갖추고 관할 세무서장으로부터 임대차계약서상의 확정일자를 받은 임차인은 경매나 공매시 임차한 대지를 포함한 상가건물의 환가대금에서 후순위권리자 그 밖의 채권자보다 우선하여 변제받을 권리를 인정한다(5조). 즉, 물권과 동등한 순위로 우선변제적 효력을 인정한다.

이제는 임차인도 간단하게 상가에 대항요건을 갖추고 확정일자를 받아두면 상가건물이 경매로 넘어 갔을 때 법원에서 물권과 동등한 시간 순에 따라 배당을 받을 수 있게 되었다.

2. 확정일자의 요건

(1) 대항요건을 갖출 것

건물의 입주와 관할 세무서에 사업자 등록을 신청해야 한다.

(2) 확정일자의 요건을 갖출 것

대항요건을 갖추고 관할 세무서에서 확정일자를 받으면 법원에서 물권과 동등한 순위에 따라 배당을 받을 수 있다.

3. 확정일자의 효력

(1) 확정일자는 관할 세무서에 임대차계약서에 확정일자를 받으면 후순위 권리자보다 우선변제권을 행사할 수 있는 효력이 발생한다.

(2) 확정일자에 따른 우선변제적 효력은 물권과 동등한 순위를 인정한다. 따라서 물권자가 등기한 일자와 확정일자에 따른 날짜를 비교하여 빠른 날짜로 받은 자가 우선하여 법원에서 배당을 받을 수 있다.

(3) 세무서에서 확정일자를 받지 못하면 낙찰대금으로부터 우선변제권을 행사할 수 없다.

제 3 항 소액임차인 최우선변제

제14조(보증금 중 일정액의 보호)
① 임차인은 보증금 중 일정액을 다른 담보물권자보다 우선하여 변제받을 권리가 있다. 이 경우 임차인은 건물에 대한 경매신청의 등기 전에 제3조 제1항의 요건을 갖추어야 한다.
② 제5조 제4항 내지 제6항의 규정은 제1항의 경우에 이를 준용한다.
③ 제1항의 규정에 따라 우선변제를 받을 임차인 및 보증금 중 일정액의 범위와 기준은 임대건물가액(임대인 소유의 대지 가액을 포함한다)의 2분의 1의 범위에서 해당 지역의 경제 여건, 보증금 및 차임 등을 고려하여 제14조의2에 따른 상가건물임대차위원회의 심의를 거쳐 대통령령으로 정한다.

---

1. 의의

임차목적 건물(임대인 소유의 대지를 포함)이 민사집행법에 의한 경매 또는 국세징수법에 의한 공매시 임차건물의 임차인이 일정한 요건을 갖춘 경우에는 환가대금에서 최우선적으로 일정액의 소액보증금을 다른 담보물권자보다 우선하여 변제를 받을 수 있다.

2. 요건

(1) 대항력

이 법이 정한 대항요건을 갖추어야 한다. 즉, 건물의 인도와 사업자등록신청이 있어야 한다.

(2) 경매개시결정 기입등기 전에 소액임차인 최우선변제 요건을 갖추어야 한다.

소액임차인 최우선변제를 받기 위해서는 첫째, 경매개시결정 기입등기 전에 건물의 인도를 받고 사업자등록신청을 하였어야 한다. 만약 사업자등록 신청한 일자와 경매개시결정등기를 한 일자가 동일하다면 임차인은 보호를 받지 못한다. 둘째, 담보물권설정등기일과 소액보증금 최우선변제의 입법시행일이 적용되어야 한다. 예컨대 임차인이 소액보증금액 최우선변제에 해당하기 위해서는 해당하는 이 법 시행일 이후에 담보물권을 취득한 자에게 주장할 수 있다. 셋째, 최우선변제 대상 보증금은 제2조 제항의 규정에 의하여 환산한 금액의 합계가 다음의 표와 같아야 한다.

　　그리고 위와 같은 소액임차인의 최우선변제요건은 앞으로 소액임차인의 보증금액이 물가상승으로 계속 인상되어 향후 20~30년 이후 서울시 기준 소액임차인 보증금액이 5억원이 된다고 하더라도 똑같이 적용하면 될 것이다. 다시 말해서 앞으로도 소액임차인 보증금액은 물가상승 등으로 계속 인상하여 변경한 개정법이 시행될 것이다. 그렇다고 하여도 앞에서 설명한 내용 중 특히 소액임차인의 최우선변제의 요건인 2가지, 시행일 이후의 담보권자와 보증금액을 비교하여 적용하면 소액임차인의 최우선변제금액을 산출하는 것은 어렵지 않을 것이다.

참고 : 상가소액임차인 최우선변제금액

시 행	서울특별시	수도권 중 과밀억제권역	광역시(군 지역과 인천광역시 제외)	기타지역
2002. 11. 1.	4,500만원 이하에서 1,350만원까지	3,900만원 이하에서 1,170만원까지	3,000만원 이하에서 900만원까지	2,500만원 이하에서 750만원까지
2010. 7. 26.	5,000만원 이하에서 1,500만원까지	4,500만원 이하에서 1,350만원까지	3,000만원 이하에서 900만원까지	2,500만원 이하에서 750만원까지
2014. 4. 1.	6,500만원이하 2,200만원	5,500만원 이하 1,900만원	3,8백만원 이하 1,300만원	3천만원 이하 1,000만원

　　그리고 보증금과 월세가 있는 상가건물임대차의 경우에는 주택과 다르게 '보증금과 월세에 100을 곱하여 환산한 금액을 합한 금액'을 가지고 최우선변제 대상인지 여부를 판단해야 한다. 예컨대 서울시에 소재한 상가건물의 임차인이 보증금 3,000만원에 35만원의 임대차계약을 체결한 경우 환산보증금은 [3,000만원 +(35만원×100)]＝6,500만원으로 소액임차인 최우선변제의 대상이 되나 수도권 중 과밀억제권역과 대구광역시의 임차인이라면 소액임차인으로 보호받을 수가 없게 된다.

[별지 제6호 서식]

접수번호 :		확 정 일 자 신 청 서			처리기간
					즉시
임 차 인 (임차법인)	상 호 (법인명)		사업장등록번호		
	성 명 (대표자)		주민등록번호 (법인등록번호)		
	사 업 장				
	주 소 (본점소재지)		전화 번호	휴대전화	사업장 / 주소지
임 대 인 (임대법인)	상 호 (법인명)		사업장등록번호		
	성 명 (대표자)		주민등록번호 (법인등록번호)		
	사 업 장				
	주 소 (본점소재지)		전화 번호	휴대전화	사업장 / 주소지

임대차 계약 내용				
임차부동산	소재지(상가 및 빌딩명, 동, 열, 층, 호수까지 구체적으로 기재)			면적(㎡)
계 약 일	계 약 기 간	보증금	차임(월세)	확정일자번호
20. . .	20 . . ~ 20 . .	원	원	

상가건물임대차보호법 제5조 제2항 및 동법 부칙 제3조의 규정에 의하여 확정일자를 신청합니다.

20 년 월 일

신청인   (서명 또는 인)

세무서장 귀하

구비서류 : 1. 상가건물 임대차계약서 원본
2. 사업자등록증 원본(사업자등록신청중에 있는 자는 제외)
3. 대리신청인은 확정일자 신청 위임장 1부

유의사항 : 1. 임차한 건물이 주로(총면적의 50% 초과 등)사업에 이용되는 경우만 신청대장이며 주로 주거에 이용되는 경우에는 주택임대차보호법에 의하여 신청하여야 합니다.
2. 상가건물임대차보호법의 적용을 받기 위해서는 임차부동산의 소재지를 사업자등록상 사업장소재지 및 건축물관리대장 등의 공부상 소재지와 일치되도록 기재하여야 합니다.

(3) 확정일자의 불요

소액임차인이 최우선변제권을 행사하기 위해서는 다음과 같은 요건을 갖추어야 한다.

첫째, 각 지역별로 일정한 금액 이하의 보증금액이어야 한다.

둘째, 소액임차인의 최우선변제권을 인정하는 각각의 법 시행 이후에 담보권이 등기되어 있어야 한다.

셋째, 경매개시결정등기일 이전에 대항요건을 갖추고 있어야 한다. 여기서 확정일자는 요건으로 하지 않는다.

위의 세 가지 요건을 모두 충족하고 있는 소액임차인은 그 담보권자에 우선하여 낙찰대금으로부터 최우선변제를 받을 수 있다.

(4) 우선변제를 받을 임차인의 범위

우선변제를 받을 임차인 및 보증금 중 일정액의 범위와 기준은 임대건물가액(임대인 소유의 대지 가액을 포함한다)의 2분의 1의 범위에서 해당 지역의 경제여건, 보증금 및 차임 등을 고려하여 대통령령으로 정한다. 즉, 임차인의 보증금 중 일정액이 건물가액(임대인 소유 대지가액 포함)의 2분의 1을 초과하는 때에는 그 가액의 2분의 1에 해당하는 금액에 한하여 우선변제를 받을 수 있다.

3. 효력

임차목적 건물(임대인 소유의 대지를 포함)이 민사집행법에 의한 경매 또는 국세징수법에 의한 공매시 임차건물의 환가대금에서 최우선적으로 일정액의 소액보증금을 다른 담보물권자보다 우선변제를 받을 수 있다.

제5절
임차권등기

제1항 의의

임대차관계 종료 후에 임차인이 취득하고 있는 대항력과 우선변제권을 유지하기 위해서는 건물의 점유와 사업자등록을 계속 유지하여야 한다. 그러나 임차인이 임대차 종료 후에 건물의 점유를 계속할 수 없거나 사업자등록신청을 유지하지 못할 경우에는 임차권등기명령에 의한 임차권등기를 함으로써 대항력과 우선변제권을 유지할 수 있다.

제2항 요건

임대차가 종료된 후 보증금을 반환받지 못한 임차인은 임차건물의 소재지를 관할하는 지방법원·지방법원지원 또는 시·군 법원에 임차권등기명령을 신청할 수 있다(6조).

1. 임대차가 종료하였을 것

임대차 계약기간이 종료하였을 것을 요한다. 임차인의 개인적인 사정으로 임대차계약 종료 전 임차권등기신청을 하는 것은 인정하지 않는다.

2. 보증금을 반환받지 못했을 것

 제3항 신청절차

1. 신청에 필요한 서류

임차권등기명령의 신청에는 다음의 사항을 기재하여야 하며, 신청의 이유 및 임차권등기의 원인이 된 사실은 이를 소명하여야 한다(6조 2항).
  1) 신청의 취지 및 이유
  2) 임대차의 목적인 건물(임대차의 목적이 건물의 일부분인 경우에는 그 도면을 첨부한다)
  3) 임차권등기의 원인이 된 사실(임차인이 제3조 제1항의 규정에 의한 대항력을 취득하였거나 제5조 제2항의 규정에 의한 우선변제권을 취득한 경우에는 그 사실)
  4) 기타 대법원규칙이 정하는 사항

2. 신청법원

임차건물의 소재지를 관할하는 지방법원·지방법원지원 또는 시·군 법원에 임차권등기명령을 신청할 수 있다.

3. 기각결정에 대한 항고

임차권등기명령신청을 기각하는 결정에 대하여 임차인은 항고할 수 있다 (6조 4항).

4. 등기비용의 청구

임차인은 제1항의 규정에 의한 임차권등기명령의 신청 및 그에 따른 임차권 등기와 관련하여 소요된 비용을 임대인에게 청구할 수 있다(6조 8항).

 제 4 항 임차권등기의 효력

1. 대항력과 우선변제권의 취득 및 유지

(1) 취득

임차권등기명령의 집행에 의한 임차권등기가 경료되면 임차인은 제3조 제1 항의 규정에 의한 대항력 및 제5조 제2항의 규정에 의한 우선변제권을 취득하여 후순위 물권자에 우선하여 법원에서 배당을 받을 수 있다.

(2) 유지

이때 임차인이 임차권등기 이전에 이미 대항력 또는 우선변제권을 취득한 경우에는 제3조 제1항의 대항요건을 상실하더라도 이미 취득한 대항력 또는 우 선변제권을 상실하지 아니한다. 즉, 임차인이 임차권등기를 한 후 다른 곳으로 이사를 가거나 사업자등록을 신청한 것을 폐쇄하였을지라도 종전의 대항력과 확 정일자의 효력은 존속한다.

2. 최우선변제의 제한

임차권등기명령의 집행에 의한 임차권등기가 경료된 건물(임대차의 목적이 건물의 일부분인 경우에는 해당 부분에 한한다)을 그 이후에 임차한 임차인은 소액임차인 최우선변제에 의한 우선변제를 받을 권리가 없다. 다만, 확정일자에 따른 효력은 인정받을 수 있다.

3. 민법 제621조의 임차권등기와의 관계

(1) 임차인이 대항력 또는 우선변제권을 갖추고 민법 제621조의 규정에 의한 건물임대차등기를 한 경우에도 이 법의 대항력과 우선변제권이 인정된다(6조 5항). 또한 이 등기가 경료된 건물을 그 이후에 임차한 임차인은 이 법에 의한 보증금 중 일정액의 우선변제를 받을 권리가 없다(6조 6항).

(2) 임차인이 대항력 또는 우선변제권을 갖추고 임대인에게 임대차등기를 신청하는 경우 당사자 간에 특별한 약정이 없으면 임대인의 협력을 얻어 임대차등기를 신청할 수 있다. 이때 임차인은 신청서에 다음 각 호의 사항을 기재하고 이를 증명할 수 있는 서면(임대차의 목적이 건물의 일부분인 경우에는 해당 부분의 도면을 포함한다)을 첨부하여야 한다.

1) 사업자등록을 신청한 날
2) 임차건물을 점유한 날
3) 임대차계약서상의 확정일자를 받은 날

제6절
상가건물의 권리금과 경매의 관계

 제1항 상가권리금에 대한 주요 내용

1. 개요

　최근 상가건물 임대차보호법은 권리금에 관한 규정을 법제화하여 "권리금이란 임대차 목적물인 상가건물에서 영업을 하는 자 또는 영업을 하려는 자가 영업시설·비품, 거래처, 신용, 영업상의 노하우, 상가건물의 위치에 따른 영업상의 이점 등 유형·무형의 재산적 가치의 양도 또는 이용대가로서 임대인, 임차인에게 보증금과 차임 이외에 지급하는 금전 등의 대가를 말한다"(10조의3 1항)라고 정의를 밝히고 있다.

2. 방해금지의무와 손해배상

(1) 의의

　임대인은 임대차기간이 끝나기 3개월 전부터 임대차 종료시까지 다음 각 호의 어느 하나에 해당하는 행위를 함으로써 권리금 계약에 따라 임차인이 주선한 신규임차인이 되려는 자로부터 권리금을 지급받는 것을 방해하여서는 아니 된다. 다만, 제10조 제1항 각 호의 어느 하나에 해당하는 사유가 있는 경우에는 그러하지 아니하다. 기존 임차인의 권리금 회수를 방해하는 경우에는 손해배상을 청구할 수 있도록(10조의4 3항) 법적 근거를 마련하였다.

(2) 방해금지의무 사항(10조의4 1항)

1) 임차인이 주선한 신규임차인이 되려는 자에게 권리금을 요구하거나 임차인이 주선한 신규임차인이 되려는 자로부터 권리금을 수수하는 행위

2) 임차인이 주선한 신규임차인이 되려는 자로 하여금 임차인에게 권리금을 지급하지 못하게 하는 행위

3) 임차인이 주선한 신규임차인이 되려는 자에게 상가건물에 관한 조세, 공과금, 주변 상가건물의 차임 및 보증금, 그 밖의 부담에 따른 금액에 비추어 현저히 고액의 차임과 보증금을 요구하는 행위

4) 그 밖에 정당한 사유 없이 임대인이 임차인이 주선한 신규임차인이 되려는 자와 임대차계약의 체결을 거절하는 행위

3. 방해금지의무 면제사유

(1) 의의

임대인의 재산권과 계약체결의 자유를 과도하게 침해하지 않기 위하여 임대인의 협력의무가 면제되는 사유로 크게 갱신거절 사유가 있는 경우(10조의4 1항 단서)와 임대인이 계약체결을 거절할 수 있는 정당한 사유도(10조의4 2항) 함께 규정하고 있다.

(2) 갱신거절사유(10조 1항: 계약갱신 요구 등)

① 임대인은 임차인이 임대차기간이 만료되기 6개월 전부터 1개월 전까지 사이에 계약갱신을 요구할 경우 정당한 사유 없이 거절하지 못한다. 다만, 다음 각 호의 어느 하나의 경우에는 그러하지 아니하다.

― 임차인이 3기의 차임액에 해당하는 금액에 이르도록 차임을 연체한 사실이 있는 경우

- 임차인이 거짓이나 그 밖의 부정한 방법으로 임차한 경우
- 서로 합의하여 임대인이 임차인에게 상당한 보상을 제공한 경우
- 임차인이 임대인의 동의 없이 목적 건물의 전부 또는 일부를 전대(轉貸)한 경우

(3) 계약거절사유(10조의4 2항)

다음 각 호의 어느 하나에 해당하는 경우에는 제10조의4 제1항 제4호의 정당한 사유가 있는 것으로 본다.

- 임차인이 주선한 신규임차인이 되려는 자가 보증금 또는 차임을 지급할 자력이 없는 경우
- 임차인이 주선한 신규임차인이 되려는 자가 임차인으로서의 의무를 위반할 우려가 있거나 그 밖에 임대차를 유지하기 어려운 상당한 사유가 있는 경우
- 임대차 목적물인 상가건물을 1년 6개월 이상 영리목적으로 사용하지 아니한 경우
- 임대인이 선택한 신규임차인이 임차인과 권리금 계약을 체결하고 그 권리금을 지급한 경우

 ## 제 2 항 상가권리금과 경매의 관계

1. 매수인에게 대항력 있는 임차인

매수인에게 대항력 있는 임차인은 매수인(낙찰자)에게 권리금에 대한 협력의무를 주장할 수 있다.

매수인에게 대항력 있는 임차인은 보증금액에 대한 제한 없이 매수인에게 보증금의 인수를 주장할 수 있다.

매수인에게 대항력과 우선변제권 있는 임차인이 배당요구 종기일까지 배당요구를 한 경우 우선변제권은 이 법 시행 당시의 금액에 대해서만 우선변제권을 주장할 수 있다. 다만, 전액배당을 못 받은 경우는 매수인에게 전액 인수를 주장할 수 있다.

2. 매수인에게 대항력 없는 임차인

매수인에게 대항력 없는 임차인은 매수인(낙찰자)에게 권리금에 대한 협력의무를 주장할 수 없다.

매수인에게 대항력 없는 임차인은 매수인에게 보증금의 인수를 주장할 수 없다.

매수인에게 대항력 없는 임차인이 확정일자를 받고 배당요구 종기일까지 배당요구를 한 경우 우선변제권은 이 법 시행 당시의 금액에 대해서만 우선변제권을 주장할 수 있다.

제7절
상가임대차의 존속의 보장

 제1항 존속기간을 약정한 경우

1. 최단기간의 제한

기간의 정함이 없거나 기간을 1년 미만으로 정한 임대차는 그 기간을 1년으로 본다(9조 1항). 그러나 임차인은 1년 미만으로 기간의 유효함을 주장할 수 있다. 임대차가 종료한 경우에 임차인이 보증금을 반환받을 때까지는 임대차관계는 존속하는 것으로 본다(9조 2항).

2. 최장기간의 제한

1) 상가건물 임대차보호법은 최장기간의 제한에 관하여 아무런 규정을 두고 있지 않다.

2) 따라서 최장기간의 제한에 관해서는 민법 제651조 제1항, 제2항이 규정하는 일반원칙을 따라, 임대차의 존속기간은 20년을 넘지 못한다(민법 650조 1항 본문).

제 2 항 계약의 갱신요구청구권 등

1. 임차인의 계약 갱신요구청구권

(1) 임차인은 임대차기간 만료 전 6개월에서 1개월 전까지 사이에 임대인에게 계약갱신청구를 주장할 수 있다. 이때 임대인은 정당한 사유없이 이를 거절하지 못한다(10조 1항). 임차인으로부터 계약갱신의 요구를 받은 임대인은 청구할 당시의 차임 또는 보증금의 100분의 5의 금액을 초과하지 않는 범위 내에서 임차료를 올려 달라고 주장할 수 있다.

(2) 임차인의 계약갱신요구에 대하여 임대인이 거절할 수 있는 "정당한 사유"란 다음 각 호의 1의 사유에 해당하는 경우이다. 이와 같은 사유가 있을 때 임대인은 임차인의 계약갱신청구를 거절할 수 있다.

① 임차인이 3기의 차임액에 달하도록 차임을 연체한 사실이 있는 경우

② 임차인이 거짓 그 밖의 부정한 방법으로 임차한 경우

③ 쌍방 합의하에 임대인이 임차인에게 상당한 보상을 제공한 경우

④ 임차인이 임대인의 동의 없이 목적 건물의 전부 또는 일부를 전대한 경우

⑤ 임차인이 임차한 건물의 전부 또는 일부를 고의 또는 중대한 과실로 파손한 경우

⑥ 임차한 건물의 전부 또는 일부가 멸실되어 임대차의 목적을 달성하지 못할 경우

⑦ 임대인이 목적 건물의 전부 또는 대부분을 철거하거나 재건축하기 위해 목적 건물의 점유 회복이 필요한 경우

⑧ 그 밖에 임차인이 임차인으로서의 의무를 현저히 위반하거나 임대차를 존속하기 어려운 중대한 사유가 있는 경우

(3) 임차인의 계약갱신요구권은 최초의 임대차기간을 포함한 전체 임대차기간이 10년을 초과하지 아니하는 범위에서만 행사할 수 있다(10조 2항). 즉, 임차인은 1년 임대차계약이 종료하면 계약을 해지할 수도 있고 더 하고 싶다면 다시

계약갱신요구권을 행사하여(10조 1항) 총 10년 동안 영업을 할 수 있다(10조 2항). 최장기간이 10년이 아니고 계약갱신에 따른 계약기간으로 10년이다. 이 법은 건물주의 일방적인 계약해지로 인한 폐해를 방지하고 권리금에 대하여 임차인의 존속기간을 10년 동안 보장하여 그 기간 동안 안정적으로 영업권 행사를 할 수 있도록 하자는 취지에서 입법하였다. 따라서 임차인은 임대차계약을 체결할 때 가능한 한 단기간으로 정하는 것이 유리하다. 1년 미만으로 정하여도 임대인과 달리 1년으로 주장할 수도 있고 아니면 10년까지 영업을 할 수 있기 때문이다. 영업이 잘될지 모르는 상태에서 10년으로 계약을 체결하였다가 중간에 그만두고 싶을 때는 임대인의 존속기간 보장으로 원칙적으로 해지를 할 수 없다. 이때는 임차인 자신이 직접 새로운 세입자를 구하여 그 세입자로부터 보증금을 받을 수밖에 없다. 그 사이 건물을 공실로 비워 놓았어도 임료를 계속 지급해야 하는 문제가 남게 된다. 임차인의 계약갱신요구에 따른 임대차는 전임대차와 동일한 조건으로 다시 계약된 것으로 본다. 다만, 차임과 보증금은 제11조의 규정에 의한 범위에서 증감할 수 있다(10조 3항).

(4) 임차인의 계약갱신요구청구권과 관련하여 다음과 같은 판례와 명도소송을 살펴볼 수 있다.

① 제10조 제1항에서 정하는 임차인의 계약갱신요구권은 임차인이 임대차기간이 만료되기 6개월 전부터 1개월 전까지 사이에 계약의 갱신을 요구하면 그 단서에서 정하는 사유가 없는 한 임대인이 그 갱신을 거절할 수 없는 것을 내용으로 하여서 임차인의 주도로 임대차계약의 갱신을 달성하려는 것이다. 이에 비하여 같은 조 제4항은 임대인이 위와 같은 기간 내에 갱신거절의 통지 또는 조건변경의 통지를 하지 아니하면 임대차기간이 만료된 때에 임대차의 갱신을 의제하는 것으로서, 기간의 만료로 인한 임대차관계의 종료에 임대인의 적극적인 조치를 요구한다. 이와 같이 이들 두 법조항상의 각 임대차갱신제도는 그 취지와 내용을 서로 달리하는 것이므로, 임차인의 갱신요구권에 관하여 전체 임대차기간을 5년으로[1] 제한하는 같은 조 제2항의 규정은 같은 조 제4항에서 정하는

---

1) 개정 2018. 10. 16.: 10년으로 변경되었으므로 이후에 또 변경되더라도 법리적인 계약갱신요구권의 내용은 최장기간만 변경하여 적용하면 된다.

법정갱신에 대하여는 적용되지 아니한다고 할 것이다[2]. 예를 들어 상가건물임대차기간을 3년으로 하면서 임대인이 임대차기간이 만료되기 6개월 전부터 1개월 전까지 사이에 갱신거절의 통지 또는 조건변경의 통지를 아니하고 3년의 임대차기간이 만료된 때에 전임대차와 동일한 조건으로 다시 임대차한 것으로 본다. 이 경우에 임대차의 존속기간은 1년으로 보며(10조 4항) 임차인은 언제든지 임대인에게 계약해지의 통고를 할 수 있고, 임대인이 통고를 받은 날부터 3개월이 지나면 효력이 발생하며, 임대인 해지통고를 한 경우에는 위의 3년에 대한 임대차기간이 만료한 날로부터 계산하여 1년이 되는 날에 임대차계약이 종료한 것으로 본다(대판 2010. 6. 10. 2009다64307).

② 상가건물 임대차보호법 제10조 제1항 제7호는 '철거하거나 재건축하기 위해'라고만 규정할 뿐 철거나 재건축의 구체적 사유를 규정하고 있지 아니하고, 같은 법 제10조 제1항은 본문에서 "임대인은 임차인이 임대차기간 만료 전 6월부터 1월까지 사이에 행하는 계약갱신요구에 대하여 정당한 사유 없이 이를 거절하지 못한다"고 규정하면서 단서에서 "다만, 다음 각 호의 1의 경우에는 그러하지 아니하다"고 규정하고 있으므로 단서에 규정되지 않은 사유라고 하더라도 정당한 사유가 있다고 판단되는 경우에는 본문의 규정에 의하여 임대인이 임차인의 갱신요구를 거절할 수 있는 것으로 해석된다. 따라서 건물이 노후하거나 안전에 문제가 있는 경우가 아니더라도 임대인은 건물을 철거하거나 재건축하기 위하여 임대차계약의 갱신을 거절할 수 있다.

예컨대, 임대인이 임차인과의 사이에, 일반음식점 53.55㎡(이하 '이 사건 점포'라 한다)를 보증금 1억원, 월 임료 200만원으로 정하여 임대차계약(이하 '이 사건 계약'이라 한다)을 체결하였다. 그런데 임차인은 종전 임차인으로부터 본 점포에 관하여 권리금 2,000만원에 양수하였다. 임차인이 계약 종료일로부터 약 4개월 전에게 임대인에게 상가건물 임대차보호법(이하 '법'이라 한다) 제10조에 따라 이 사건 계약의 갱신을 요구한다는 서면통지를 하였다. 그러나 임차인이 계약의 종료일 이후부터 명도 완료일까지는 이 사건 점포를 법률상 원인 없이 점유·사용하면서 임료 상당의 부당이득을 얻고, 이로 인하여 임대인에게 임료 상당의 손해

---

2) 대판 2010. 6. 10. 2009다64307.

를 입혔다고 한다면, 임차인은 임대인에게 계약의 종료일 이후부터 명도 완료시까지 임료 상당액을 부당이득금으로 반환할 의무가 있다. 그러므로 이를 당연히 공제하게 되고 임차인의 임차보증금 채권은 소멸하였으므로 임차인은 계약갱신 청구권에도 불구하고 임대인에게 본 목적물을 명도하여야 한다.3)

③ 임대차계약상의 임대인 지위를 승계한 양수인이 승계 이전의 3기에 해당하는 차임연체를 이유로 임대차계약을 해지할 수 있다. 다만, 임대인 지위가 양수인에게 승계된 경우 이미 발생한 연체차임채권은 따로 채권양도의 요건을 갖추지 않는 한 승계되지 않는다. 따라서 양수인이 연체차임채권을 양수받지 않은 이상 승계 이후의 연체차임액이 3기 이상의 차임액에 달하여야만 비로소 임대차계약을 해지할 수 있다(건물명도: 대판 2008. 10. 9. 2008다3022).

④ 상가건물 임대차보호법이 임차인에게 5년의 임차기간 범위 내에서 계약갱신 요구권을 부여하고 있는 제도의 취지는 임대차계약을 통하여 상가건물을 영업장으로 확보하고 영업을 시작하는 상인들의 경우 영업 초기의 투자비용이나 시설비용이 과대함에도 불구하고 임대차기간의 만료로 인하여 영업장을 옮겨야 할 경우 그 초기비용을 회수하지 못하는 손실을 입게 되므로, 상가건물 임차인에게 영업개시일로부터 최소한의 임차기간을 보장함으로써 위와 같은 비용회수를 용이하게 하려는 데 있다. 따라서 상가건물 임대차보호법 시행일인 2002. 11. 1. 이전에 이미 체결 또는 갱신되었다가 시행일 이후 갱신된 상가건물 임대차의 경우 같은 법 제10조 제2항이 정하는 '최초의 임대차'라 함은, 상가건물 임차인이 영업을 위하여 최초로 그 상가건물을 임차한 계약을 의미한다고 해석할 수 있을 뿐, 같은 법 시행일 이후 최초로 갱신된 임대차라고 해석할 수는 없다.4)

2. 법정갱신

① 임대인이 임대차기간 만료 전 6월부터 1월까지 사이에 임차인에게 갱신 거절의 통지 또는 조건의 변경에 대한 통지를 하지 아니한 경우에도 그 기간이

---

3) 대구지판 2008. 7. 22. 2008나8841.
4) 부산지판 2005. 10. 24. 2005가단40293.

만료된 때에 전 임대차와 동일한 조건으로 다시 임대차한 것으로 본다(10조 4항).

② 이 경우에 임대차의 존속기간은 1년으로 본다(10조 4항 단서). 따라서 임차인은 언제든지 임대인에 대하여 계약해지의 통고를 할 수 있으며 임대인이 이 해지통고를 받은 경우에는 3월이 경과하면 그 효력이 발생하고, 임차인이 해지통고를 받은 경우에는 1년 후에 효력이 발생한다.

③ 다만 임대인 임대차계약의 만료 전 6월부터 1월까지 사이에 임차인에게 갱신거절의 통지 또는 조건의 변경에 대한 통지를 한 경우에는 그 임대차계약의 기간이 만료한 때에 임대차계약은 종료한 것으로 본다.

판례는 "상가건물 임대차보호법상 묵시의 갱신 규정에 의하여, 임대인이 임대차기간 만료 전 6개월부터 1개월까지 사이에 임차인에 대하여 갱신거절의 통지를 하지 아니한 경우 그 기간이 만료된 때에 전 임대차와 동일한 조건으로 다시 임대차한 것으로 볼 것이고, 이 경우 임대차의 존속기간은 정함이 없는 것으로 보게 되며(10조 4항) 기간의 정함이 없는 임대차는 그 기간을 1년으로 보아(9조 1항) 결국 임대차기간은 1년간으로 묵시적으로 갱신되는바, 위에서 본 바와 같이 피고가 원고에게 2005. 7. 14. 계약 갱신 거절의사를 통지한 사실은 있으나 이는 상가건물 임대차보호법 제10조 제4항, 제1항 소정의 임대차기간 만료일(2005. 7. 31.) 전 6개월부터 1개월 사이에 통지된 것이 아니어서 효력이 없고, 따라서 이 사건 임대차계약은 그 기간 만료일 다음 날인 2005. 8. 1.부터 2006. 7. 31.까지 1년간 전 임대차와 동일한 조건으로 묵시적으로 갱신되었다고 할 것이고, 그 후 갱신된 임대차기간 만료일인 2006. 7. 31. 전 6개월부터 1개월 사이에 임대인인 피고가 갱신거절의 의사를 통지하였음을 인정할 증거가 없으므로 위 임대차계약은 다시 2006. 8. 1.부터 2007. 7. 31.까지 1년간 묵시의 갱신이 되었다고 할 것이다. 그런데 임대인인 피고가 2007. 2. 9. 원고를 상대로 대전지방법원 2007가단8423호로 건물명도 소송을 제기하였고, 그 소송이 임대차기간 만료일인 2007. 7. 31.을 전후하여 계속되고 있었는바, 위 건물명도 소송의 제기는 피고가 원고에게 이 사건 임대차계약에 대한 갱신을 거절하는 의사를 표시한 것으로 봄이 상당하므로, 갱신된 임대차계약의 기간 만료일인 2007. 7. 31. 전 6개월부터 1개월 사이에 피고의 계약갱신 거절의 통지가 유지되고 있었다고 봄이 상당하고,

따라서 이 사건 임대차 계약은 2007. 7. 31. 기간만료로 종료되었다고 할 것이다.”라고 판시하였다.[5]

따라서 임대차계약의 종료일이 2021년 7월 31일인 경우에는 임대인이 임대차기간 만료일 전(Before) 6개월부터 1개월 사이에 갱신거절의 통지 또는 조건의 변경에 대한 통지를 한 경우에 2021년 7월 31일에 기간만료로 종료되었다고 할 수 있다.

그러나 위의 경우 2021년 7월 14일에 임대인이 해지통고를 한 경우는 임대차기간 만료일(2021년 7월 31일) 전 6개월에서 1개월 사이에 한 통지가 아니어서 효력이 없다. 따라서 임대차계약은 그 기간 만료 다음 날인 2021년 8월 1일부터 2022년 7월 31일까지 1년간 전(Before) 임대차와 동일한 조건으로 다시 묵시적으로 갱신되었다고 할 것이다. 위와 같은 법리적인 권리는 주택임대차계약의 경우에도 적용된다고 할 것이다. 다만 주택임대차계약은 “임대인이 임대차기간이 끝나기 6개월 전부터 2개월 전까지의 기간에 임차인에게 갱신거절의 통지를 하지 아니하거나 계약조건을 변경하지 아니하면 갱신하지 아니한다는 뜻의 통지를 하지 아니한 경우에는 그 기간이 끝날 때에 전 임대차와 동일한 조건으로 다시 임대차한 것으로 본다. 임차인이 임대차기간이 끝나기 2개월 전까지 하지 아니한 경우에도 또한 같다(주임법 6조)고 규정하고 있고 이때의 존속기간은 2년으로 보고 있다(주임법 6조 2항). 따라서 이에 따른 기간만 적용하면 법리적인 관계는 동일하다고 볼 수 있다. 왜냐하면 묵시의 계약인 경우에 임대차존속기간은 1년으로 보며(10조 4항 단서) 임대인이 해지통고를 수령한 경우에는 1년, 임차인이 해지통고를 수령한 경우에는 3개월 후에 임대차계약의 해지 효력이 발생하기 때문이다.

---

5) 대판 2010. 6. 10. 2009다64307.

제 8 절
차임 등의 증감청구권

제1항 증감청구

　차임 또는 보증금이 임차건물에 관한 조세, 공과금 그 밖에 부담의 증감이나 경제사정의 변동으로 인하여 상당하지 아니하게 된 때에는 당사자는 장래에 대하여 그 증감을 청구할 수 있다(11조 본문). 이때 차임 또는 보증금의 증액청구는 청구 당시의 차임 또는 보증금의 100분의 5의 금액을 초과하지 못한다(법 11조 단서, 영 4조).

　차임증액청구는 임대차계약 또는 약정한 차임·보증금의 증액이 있은 후 1년 이내에는 다시 청구하지 못한다(11조 2항). 다만, 법정갱신되는 임대차는 전임대차와 동일한 조건으로 다시 계약된 것으로 보기 때문에 양 당사자가 차임 등을 증감하기 위해서는 임대차계약 종료 6개월에서 1개월 전 사이에 하여야 한다. 차임증감청구권은 임대인과 임차인 모두 청구할 수 있다.

제 2 항 월차임 전환시 산정율의 제한

(1) 보증금의 전부 또는 일부를 월 단위의 차임으로 전환하는 경우에는 그 전환되는 금액에 다음 각 호 중 낮은 비율을 곱한 월 차임의 범위를 초과할 수 없다(제12조).

1. 은행법에 따른 은행의 대출금리 및 해당 지역의 경제 여건 등을 고려하여 대통령령으로 정하는 비율(12조 1호)

2. 한국은행에서 공시한 기준금리에 대통령령으로 정하는 배수를 곱한 비율 (12조 2호)

그리고 법 제12조 제1호에서 "대통령령으로 정하는 비율"이란 연 1할 2푼을 말하며(영 5조 1항) 법 제12조 제2호에서 "대통령령으로 정하는 배수"란 4.5배를 말한다(영 5조 2항). 본 영은 2014년 1월 1일부터 시행하며 이 영 시행 당시 존속 중인 상가건물 임대차계약에 대해서도 적용하되, 이 영 시행 후 보증금의 전부 또는 일부를 월 단위 차임으로 전환하는 경우부터 적용한다.

(2) 보증금의 전부 또는 일부를 월 단위의 차임으로 전환하는 경우에는 그 전환되는 금액에 은행법에 의한 금융기관에서 적용하는 대출금리 및 해당 지역의 경제 여건 등을 감안하여 연 1할 2푼의 비율을 곱한 월차임의 범위를 초과할 수 없다(법 12조, 영 제5조). 즉, 전세를 월세로 전환할 때 임대료 인상폭과 월세 산정이율을 연 1할 2푼의 비율로 정하여 결정한다. 본 영은 2010. 7. 26.부터 2014. 1. 1.에 보증금의 전부 또는 일부를 월 단위 차임으로 전환하는 경우에 적용한다.

제 3 항 전대차 관계에 대한 적용

1. 계약갱신청구권·차임증감청구권·차임전환시 산정율 제한

계약갱신청구권(10조)내지 차임 등의 증감청구권(11조), 그리고 월차임전환시 산정율 제한(12조)의 규정은 전대인과 전차인의 관계에 적용한다(13조 1항). 임대인의 동의 없이 전대차계약을 체결한 경우에도 전대차계약은 유효하다. 다만, 이때 임대인은 임차인을 상대로 임대차계약을 해지할 수 있다.

2. 전차인의 계약갱신청구권의 대위행사

임대인의 동의를 받고 전대차계약을 체결한 전차인은 임차인의 계약갱신요구권 행사기간 범위 내에서 임차인을 대위하여 임대인에게 계약갱신요구권을 행사할 수 있다(법 13조). 이때 임대인은 전차인의 계약갱신요구권을 거절할 수 없다.

제 9 절
등록사항 등의 열람 · 제공

 제 1 항 열람 · 제공

　건물의 임대차에 이해관계가 있는 자는 건물의 소재지 관할 세무서장에게 다음과 같은 일정한 자료의 열람 또는 제공을 요청할 수 있으며, 이때 관할 세무서장은 정당한 사유 없이 이를 거부할 수 없다(4조).

　1) 임대인 · 임차인의 성명, 주소, 주민등록번호(임대인 · 임차인이 법인 또는 법인아닌 단체인 경우에는 법인명 또는 단체명, 대표자, 법인등록번호, 본점 · 사업장소재지)

　2) 건물의 소재지, 임대차 목적물 및 면적

　3) 사업자등록 신청일

　4) 사업자등록 신청일 당시의 보증금 및 차임, 임대차기간

　5) 임대차계약서상의 확정일자를 받은 날

　6) 임대차계약이 변경 또는 갱신된 경우에는 변경된 일자, 보증금 및 차임, 임대차기간, 새로운 확정일자를 받은 날

　7) 그 밖에 법무부령이 정하는 사항

제 2 항 특징

1) 상가를 새로 매수하려는 사람이나 임차인에게 도움이 된다. 상가를 매수하려는 사람은 본 상가건물에 임차하고 있는 임차인 수와 보증금액의 총액을 계산하여 매입금액이 적정선을 타진할 수 있다. 그리고 임대인이 높은 금액으로 팔 욕심으로 임차료가 높은 것처럼 위장하는 경우가 적잖이 발생하고 있는데 세무서에서 이 자료들을 열람함으로써 임차료 수준을 알아보는 것도 가능하다.

2) 경매로 상가건물을 매입한 사람은 경락허가 증명서나 경락잔금 납부완납 증명서 등을 제출하여 세무서에서 임차인의 계약내용을 확인할 수 있다. 세무서에서 임차인의 대항력과 확정일자, 그리고 소액임차인 최우선변제 여부를 파악할 수가 있기 때문에 임차인이 확정일자와 소액임차인에 따라 얼마를 배당받고, 못받은 보증금액에 대해서는 낙찰자가 얼마나 물어주어야 하는지를 분석할 수도 있다.

임차상가의 경매 및 임대인의 담보책임

제1항 임차상가의 경매

1. 민사집행법 제41조의 적용배제

민사집행법 제41조는 채권자가 반대의무의 이행 또는 이행의 제공을 하였다는 것을 증명하여야만 집행이 개시된다고 규정하여 반대의무의 이행 또는 이행의 제공을 집행개시의 요건으로 한다. 그러나 임차인이 임차건물에 대하여 보증금반환청구소송의 확정판결 그 밖에 이에 준하는 집행권원에 기한 경매를 신청하는 경우에는 민사집행법 제41조의 규정에 불구하고 반대의무의 이행 또는 이행의 제공을 집행개시의 요건으로 하지 아니하고 경매를 신청할 수 있다(5조 1항). 즉, 임차인이 상가의 명도를 임대인에게 하여주지 않은 상태에서 강제경매를 신청할 수 있다.

2. 임차인의 보증금을 경락인이 인수

제8조(경매에 의한 임차권의 소멸) 임차권은 임차건물에 대하여 민사집행법에 따른 경매가 실시된 경우에는 그 임차건물이 매각되면 소멸한다. 다만, 보증금이 전액 변제되지 아니한 대항력이 있는 임차권은 그러하지 아니하다.

(1) 의의

상가임대차는 임차건물의 경락에 의하여 소멸한다. 다만, 보증금이 전액 변제되지 아니한 대항력 있는 임차권이 있는 경우에는 그러하지 아니하다(8조). 이는 두 가지 경우로 나누어 볼 수 있다.

(2) 요건

1) 최초근저당보다 앞선 일자로 대항력 요건을 갖추고 있을 것
2) 확정일자를 받았거나 임차권등기를 하였을 것
3) 권리신고 및 배당요구신청
4) 경매가 진행되어 임차인이 법원에서 보증금 전액을 반환받지 못했을 것

(3) 효력

1) 경락인에게 대항할 수 있는 확정일자의 효력을 갖춘 임차인은 우선 법원에서 배당을 받고, 못 받은 보증금에 대해서는 경락인에게 대항력을 주장하여 인수를 주장할 수 있다.

2) 경락인에게 대항할 수 있는 대항력과 확정일자, 그리고 임차권등기를 갖춘 임차인이 법원에서 보증금을 전액 배당받지 못한 경우 경락인은 경락대금 외에 추가로 임차인이 법원에서 변제받지 못한 보증금을 지급하고 임차권등기를 말소할 수 있다. 이때 경락인의 보증금지급과 임차인의 임차권말소등기에 필요한 서류의 교부는 동시이행의 관계로 보아야 할 것이다.

3. 임차건물의 반환과 보증금의 수령

임차인은 임차건물을 양수인에게 인도하지 아니하면 우선변제받는 보증금을 수령하지 못한다(5조 3항).

4. 이의신청

(1) 보증금의 우선변제의 순위와 보증금에 대하여 이의가 있는 이해관계인은 경매법원 또는 체납처분청에 이의를 신청할 수 있다(5조 4항). 이 경우 이의의 완결, 배당이의의 소, 배당금액의 공탁, 공탁금의 배당 등에 관하여는 민사집행법상의 규정에 의한다(5조 5항).

(2) 이의신청이 있으면 체납처분청은 이해관계인이 이의신청일부터 7일 이내에 임차인을 상대로 소를 제기한 것을 증명한 때에는 당해 소송의 종결시까지 이의가 신청된 범위에서 임차인에 대한 보증금의 변제를 유보하고 잔여금액을 배분하여야 한다. 이 경우 유보된 보증금은 소송의 결과에 따라 배분한다.

 제 2 항　임대인의 담보책임

1. 일반매매의 매수인 보호

상가건물이 매매 또는 경매로 진행되어, 매수인 또는 경락인이 불의의 손해를 당하게 되는 경우 상가건물 임대차보호법은 민법 제575조 제1항·제3항 및 제578조의 규정을 적용하여 매수인을 보호한다(3조 3항). 따라서 매매의 목적물이 되어 있는 상가 위에 대항력을 갖춘 임차인이 존재하는 데도 매수인이 이를 알지 못하고 계약을 체결하여 계약의 목적을 달성할 수 없는 경우에는 본 계약을 해제할 수 있고, 계약의 손해배상도 청구할 수 있다. 이때 매수인의 계약해제권과 손해배상청구권은 제한받은 임차권이 존재한다는 사실을 안 날로부터 1년 내에 행사하여야 한다(민법 575조 3항).

2. 경매에서의 낙찰자 보호

매수인(경락인)은 매수인에게 대항할 수 있는 임차인이 있음에도 불구하고 이를 알지 못하고 낙찰받은 경우 채무자에게 계약의 해제 또는 대금의 감액을 청구할 수 있다(민법 575조 1항, 578조 1항). 만일 채무자가 자력이 없는 때에는 대금의 배당을 받은 채권자를 상대로 그 대금 전부나 일부의 반환을 청구할 수 있다(민법 578조 2항).

3. 동시이행의 항변권

동시이행의 항변권 규정은(민법 536조) 임대차의 목적이 되어 있는 상가가 매매 또는 경매로 진행되고 있는 경우에 준용한다(3조 4항).

제 11 절
기타 규정

제1항 내용

　　1. 본 법은 편면적 강행규정으로 이 법의 규정에 위반된 약정으로서 임차인에게 불리한 것은 그 효력이 없다(15조). 소액사건심판법 제6조·제7조·제10조 및 제11조의2의 규정은 임차인이 임대인에 대하여 제기하는 보증금반환청구소송에 관하여 이를 준용한다(18조).

　　2. 이 법은 2002년 11월 1일부터 시행한다(상가건물 임대차보호법 부칙 1항). 이 법은 이 법 시행 후 체결되거나 갱신된 임대차부터 적용한다. 다만 제3조·제5조 및 제14조의 규정은 이 법 시행 당시 존속 중인 임대차에 대하여도 이를 적용하되, 이 법 시행 전에 물권을 취득한 제3자에 대하여는 그 효력이 없다. 이 법 시행 당시의 임차인으로서 제5조의 규정에 의한 보증금 우선변제의 보호를 받고자 하는 자는 이 법 시행 전에 대통령령이 정하는 바에 따라 건물의 소재지 관할 세무서장에게 임대차계약서상의 확정일자를 신청할 수 있다(상가건물 임대차보호법 부칙 2항·3항).

제 2 항 해석

1. 상가건물 임대차보호법은 이 법 시행 후 체결되거나 갱신된 임대차부터 적용한다(상가건물 임대차보호법 부칙 2항).

상가건물 임대차보호법은 2002년 11월 1일부터 계약을 체결하거나 재계약을 한 경우 적용한다. 따라서 이 법 시행 후 체결되거나 갱신된 임대차부터 적용함으로 그 이후에 만기가 되어 임대인이 보증금을 인상하든가 아니면 이사를 가라고 할 때 임차인은 계약갱신의 청구권(상가건물 임대차보호법 부칙 10조 1항)이나 존속기간 10년(10조 2항)을 주장할 수 없다. 이때는 임차인이 재계약을 체결해야 계약갱신청구권이나 존속보장 등 상가건물 임대차보호법을 주장할 수 있다.

2. 제3조·제5조 및 제14조의 규정은 이 법 시행 당시 존속 중인 임대차에 대하여도 이를 적용한다(상가건물 임대차보호법 부칙 2항 단서).

따라서 대항력(3조)은 이 법 시행일 이전에 상가건물임대차계약을 체결하고 대항요건을 갖춘 임차인도 인정된다. 예컨대 임대인 이 법 시행일 이후부터 임차인 을과 서울에 있는 상가건물에 대하여 임대차계약을 체결하고 임차인이 사업자등록과 목적물을 인도받아 영업을 하고 있었는데, 갑이 병에게 목적물의 소유권을 이전한 경우, 을은 본 법 시행일 이전의 대항요건을 가지고 병에게 보증금의 인수와 존속기간을 주장할 수 있다.

3. 이 법 시행 전에 물권을 취득한 제3자에 대하여는 그 효력이 없다(상가건물 임대차보호법 부칙 2항 단서 후단).

임대인 갑과 임차인 을이 이 법 시행일 이전에 상가건물임대차계약을 체결하였더라도 임차인은 일반매매에서는 대항력(3조 1항)을 행사하여 갑에게 임대차계약을 주장할 수 있으나 경매에서는 그렇지 않다. 예컨대 이 법 시행일 이전에 최선순위저당권이 설정되어 있는 상황에서 병이 낙찰을 받았을 경우 을은 병에게 보증금의 인수나 존속기간을 주장할 수 없다. 이때는 을이 확정일자나 소액임차인의 요건을 갖추었을지라도 이 법 시행일 이전의 담보물권을 취득한 자에게는 우선변제권이나 최우선변제권을 행사할 수 없기 때문이다.

제 1 절
인도명령

제1항 인도명령의 의의

인도라 함은 물건의 사실상 지배를 이전하는 것을 뜻하는 것으로서, 원래 동산물권변동의 공시방법을 의미한다. 그리고 명도란 토지나 건물 또는 선박을 점유하고 있는 자가 그 점유를 타인의 지배하로 옮기는 것을 의미한다.

경락인은 경락대금을 완납할 때 민법 제187조의 법률의 규정에 의해 등기를 하지 않았어도 소유권을 취득하게 된다. 이때 소유자나 채무자 또는 불법점유자가 명도를 하여 주지 않으면 경락인은 소송을 제기하여 강제로 내보낸다. 명도소송은 일반적으로 소를 제기하여 확정판결을 받기까지 약 5개월 이상의 기간이 소요되는데 인도명령결정신청은 간략한 방법으로 집행을 할 수 있다.

인도명령결정신청은 경락대금 완납 후 6개월 내에 경락인이 채무자나 소유자 또는 경락인에게 대항할 수 없는 주택이나 상가건물의 임차인을 상대로 인도명령을 신청하면 특별한 사유가 없는 한 인도명령을 발한다. 인도명령결정을 신청하면 부동산을 경락인에게 인도할 것을 명하는 결정을 하게 되는데 이러한 명령을 인도명령결정문이라 한다(민사집행법 136조 1항).

인도명령의 신청이 있으면 법원은 채무자 또는 소유자에 대해서는 심문하지 않으나 채무자 또는 소유자 이외의 자에 대하여는 심문을 해야 한다. 그것은 점유자가 낙찰인에게 대항할 수 있는 권원의 존재 등에 관하여 주장이나 입증의 기회를 주어 그 정당한 기회를 보호할 필요가 있기 때문이다. 이에 대하여 민사집행법 제136조 제4항은 "그 점유자가 매수인에게 대항할 수 있는 권원에 의하여 점유하고 있지 아니함이 명백한 때 또는 이미 그 점유자를 심문한 때에는 그러하지 아니하나"라고 규정하여 심문 제외대상을 확장하였다.

즉 새로 개정된 민사집행법 제136조는 인도명령의 대상자와 심문요건에 대하여 채무자 또는 소유자가 점유하는 때, 경락인에게 대항할 수 있는 권원에 의하여 점유하고 있지 아니함이 명백한 때 또는 이미 그 사람을 심문한 때에는 심문을 생략할 수 있도록 함으로써 경매부동산의 인도를 용이하게 규정하고 있다.

제 2 항 인도명령집행의 요건

부동산인도명령신청

사건번호 20 타경21323호
신청인(매수인)
　　ㅇ시　ㅇ구　ㅇ동　ㅇ번지
피신청인(임차인)
　　ㅇ시　ㅇ구　ㅇ동　ㅇ번지
　위 사건에 관하여 신청인은　　　.　.　　.에 매각대금을 완납한 후 채무자에
게 별지 입찰부동산의 인도를 청구하였으나 채무자가 불응하고 있으므로, 귀원 소속
집행관으로 하여금 채무자의 위 부동산에 대한 점유를 풀고 이를 신청인에게 인도하
도록 하는 명령을 발령하여 주시기 바랍니다.

20. 7. 7.
신 청 인　　　　　(인)
연락처(☎)

지방법원　　　　귀중

　1) 신청인은 대금완납 후 6개월 내에 채무자, 소유자 또는 압류효력 발생 후에 점
유를 시작한 부동산 점유자에 대하여 부동산을 신청인에게 인도할 것을 법원에 신청
할 수 있습니다. 매각대금완납 후 6개월이 경과하면 이 신청을 할 수 없습니다.
　2) 신청서에는 인지를 붙이고 1통을 집행법원에 제출하며 인도명령정본 송달료(2회
분)를 납부하셔야 합니다.
　3) 인도명령의 상대방이 매각부동산의 전부를 점유하고 있지 않은 때에는 점유부분
을 특정할 수 있도록 도면을 첨부하여야 합니다.

1) 인도명령은 매각대금을 납부하였음에도 불구하고 채무자 또는 종전의 소유자가 점유하는 때, 매수인에게 대항할 수 있는 권원에 의하여 점유하고 있지 아니함이 명백한 때에(민사집행법 136조 1항 단서) 인도명령결정문을 받아 집행할 수 있다. 단, 대금납부 후 6개월 이내에 인도명령결정문을 신청해야 한다.

2) 압류의 효력이 발생한 후에 점유를 개시한 자는 채무자의 의사에 기한 것인가를 불문하고 심문 없이 인도명령을 신청할 수 있다(민사집행법 136조 4항 단서).

3) 인도명령결정문이 나오면 매수자는 송달증명원을 발급받아 집행관실에 집행비용과 함께 예납하고 그 후 담당집행관과 집행과정 및 집행일자를 협의하여 집행을 한다. 이때 집행관실에 제출해야 할 서류는 인도명령결정문 1통, 집행문 1통, 송달증명원 1통,[1] 집행비용[2]이다. 위의 서류와 집행비용을 집행관실에 제출하면 바로 관할 담당집행관과 집행일자를 협의[3]하게 된다. 집행일자가 정하여지면 집행하러 가는 날 경락자나 대리인은 현장에 참석하여야 한다.

4) 인도명령결정문은 매각대금납부 후 6개월 이내에 신청해야 한다. 만약 이 기일을 넘긴 후에 신청을 하게 되면 가옥명도청구소송에 의해야 한다.

5) 인도명령의 대상자는 소유자채무자·매수인에게 대항할 수 있는 권원에 의

---

1) 인도명령 상대방에게 본 인도명령결정문이 송달되면 집행법원에서 인도명령결정문이 송달되었다는 송달증명원을 발급받을 수가 있다. 그러나 인도명령결정문이 상대방에게 송달되지 않은 경우에는 발급받을 수가 없다. 송달증명원을 발급받지 못하면 현재 점유하고 있는 사람을 상대로 강제집행을 할 수 없기 때문에 경락인은 특별송달방법으로 집행관 송달이나 조조송달 또는 휴일송달을 신청하게 된다. 조조송달이나 공휴일에 인도명령결정문을 송달하기 위해서는 담당 판사의 허가를 받아야 한다. 이렇게 해서도 송달을 할 수 없는 경우에는 마지막으로 공시송달의 방법에 의하여 송달을 하면 된다. 결국 살고 있는 사람을 내보내기 위해서는 인도명령결정문이 상대방에게 송달되어 송달증명원을 발급받을 수 있고, 송달증명원과 인도명령결정문을 함께 첨부하여야 강제집행을 신청할 수 있다. 인도명령결정문이 상대방에게 송달되었더라도 신청권자에게 고지할 의무는 없기 때문에 신청권자는 수시로 집행법원에 확인하여 보아야 할 것이다.

2) 집행비용은 평수에 따라 다르다. 즉 평수가 넓으면 집행비용도 증가한다. 법원마다 약간은 다르지만 면적, 위험성, 구조 등에 따라 신용에 차이가 있다.

3) 집행일자를 왜 협의하느냐 하면 집행비용을 예납하고 집행을 하러 현장에 갔는데 안에 사람이 거주하고 있지 않으면 처음에는 집행을 하지 않고 그냥 되돌아오기 때문이다. 집행을 하지 않고 그냥 오더라도 예납한 집행비용의 30%를 집행비용으로 제한다. 이후 다시 집행을 하려면 그 30%를 보충하여야 한다. 따라서 사람이 언제 거주하고 있는지 정확히 알고 집행일자를 정해야 헛수고를 하지 않게 된다. 또한 사람이 없는 상태에서 집행을 하여 밖으로 여러 가지 가재도구를 내놓게 되면 집행은 완료되었지만 그 동산에 대한 보관은 경락인이 하여야 하기 때문에 보관에 대한 비용이나 관리를 해야 할 문제가 발생하게 된다.

하여 점유하고 있는 것으로 인정되지 않는 자이다(민사집행법 136조 1항).[4]

6) 인도명령결정문에 의해 집행을 하기 위해서는 집행비용을 예납해야 한다. 예납금을 납부하였더라도 강제집행을 하기 전에 점유자와 원만히 타협이 되어 집행을 하지 않아도 될 경우에는 예납금을 반환받을 수 있다. 따라서 매수인은 강제집행할 준비를 다하였을지라도 집행을 하기 전, 다시 한번 살고 있는 점유자와 타협의 시간을 가져보는 것이 양 당사자를 위하여 바람직할 것이다.

7) 집행비용은 평수와 물건의 종류에 따라 달라진다. 위의 서류를 집행관실에 접수한 후 강제집행을 실시하여 본 부동산을 이전받을 때까지 걸리는 기간은 대략 1~6개월 정도가 소요된다.

 제 3 항 인도명령의 집행

1) 인도명령의 송달

인도명령결정 정본은 신청인과 소유자나 점유자에게 송달되어야 한다. 우편송달이 안 되면 특별송달을 신청하여 집행관으로 하여금 송달하게 하거나 발송송달에 의하여 발송한 때 효력을 발생케 할 수 있다.

인도명령결정문이 송달되어야 하는 이유는 인도명령결정이 상대방에게 송달되어야만 민사신청과에서 송달증명을 교부받아 인도집행을 할 수 있기 때문이다. 그러나 수령인이 우편송달을 고의적으로 피하는 경우가 많고 폐문부재 등으로 송

---

4) 민사집행법이 제정되기 전의 구민사소송법에 의하면 법원은 대금을 납부한 후 6월 내에 경락인의 신청이 있는 때에는 채무자, 소유자 또는 압류의 효력이 발생한 후에 점유를 시작한 부동산점유자에 대하여 부동산을 경락인에게 인도할 것을 명할 수 있도록 규정하고 있다. 즉, 인도명령의 상대방을 "채무자, 소유자 또는 압류의 효력이 발생한 후에 점유를 시작한 부동산점유자"로 엄격히 제한하고 있고, 인도명령 발령시에는 그 점유자를 심문하되 다만, 채무자 또는 소유자가 점유하고 있는 때에는 생략할 수 있도록 규정하고 있기 때문에 심문대상의 범위문제와 인도명령의 대상자의 범위가 좁아 경락인이 부동산을 인도받는 데 어려움이 있었다. 이에 대해 새로운 민사집행법은 인도명령을 쉽게 발할 수 있도록 상대방을 확장하여 점유자가 경락인에게 대항할 수 있는 권원을 가진 경우 이외에는 인도명령을 발할 수 있게 하였고, 그 절차에 있어서도 인도명령 발령시에는 그 심문 제외대상을 확장하여 채무자 또는 소유자가 점유하는 때, 경락인에게 대항할 수 있는 권원에 의하여 점유하고 있지 아니함이 명백한 때, 이미 그 사람을 심문한 때에는 심문을 생략할 수 있도록 함으로써 경매부동산의 인도를 용이하게 하였다(민사집행법 136조 4항).

달이 되지 않아 특별송달이나 공시송달을 하는 경우가 많다.[5]

2) 인도명령의 집행

매수인은 인도명령결정 정본과 집행문 집행법원의 송달증명서를 첨부한 신청서를 집행관 사무실에 접수하여 인도집행을 위임하게 된다. 집행관의 강제집행에 이의를 할 때는 집행에 관한 이의를 신청하여 집행정지를 할 수 있는데 집행에 관한 이의는 집행관의 인도집행에 관한 흠결이 있을 때에 매수인도 할 수 있다. 집행법원의 인도명령결정 후 점유자나 소유자가 사망한 경우에는 상속인을 상대로 승계집행문을 부여받아 승계집행을 할 수 있다.

---

5) 새로운 민사집행법 제13조 제1항에서는 "집행절차에서 외국으로 송달하는 경우에는 송달과 함께 대한민국 안에 송달이나 통지를 받을 장소와 영수인을 정하여 상당한 기간 내에 신고하도록 명할 수 있다"고 규정하였고, 제2항에서는 "제1항의 기간 내에 신고가 없는 경우에는 그 이후의 송달이나 통지를 하지 아니할 수 있다"고 하여 집행절차에 관하여 외국으로 송달하는 경우에는 그 송달과 함께 대한민국 내에 송달장소를 신고할 것을 고지하도록 하였고, 신고가 없는 경우에는 그 이후 당해 절차 내에서 하는 송달이나 통지 등을 실시하지 않을 수 있게 규정하였다. 이는 경매개시결정을 하게 되면 채무자와 소유자에게 그 결정 정본을 송달하여야 하고, 경매를 진행하면서 이해관계인, 경락인 등에게도 각종의 기일통지나 최고 등을 하여야 하는데, 경매기일과 경락기일의 통지와 같은 특례가 없는 경우에 송달할 장소가 외국인 때에는 그 송달에 3개월 내지 6개월 정도의 시간이 소요되어 경매의 신속한 진행에 장애가 될 수 있다는 점을 악용하여 채무자 등이 의도적으로 주소를 외국으로 신고하기도 하여, 이 법안에서는 외국송달의 특례를 규정하여 이러한 점을 개선하였다.

【인도명령결정문】

○ ○ 지 방 법 원
결 정

사건 ○○타경 ○○부동산 인도명령

신청인(매수인) ○○○

　　　　　　서울시 동작구 ○○○

피신청인(채무자) ○○○

　　　　　　경기도 광명시 ○○○

주문

　　본원 소속 집행관은 별지 목록 기재 부동산에 대한 피신청인(채무자)의 점유
를 풀고 이를 신청인(매수인)에게 인도하라.

이유

　　본원 ○○타경 ○○부동산강제경매사건에 관하여 매수인의 인도명령신청이
이유 있다고 인정되므로 주문과 같이 결정한다.

○○. ○○. ○○.

사법보좌관 ○ ○ ○ 인

【강제경매신청서】

강 제 집 행 신 청 서

서울○○지방법원　집행관사무소　집행관　귀하

채권자	성 명		주민등록번호 (사업자등록번호)		전화번호	
					우편번호	□□□－□□□
	주 소	시　　구　　동(로)　　　가　　　번지　　호 (　통　　반) 　아파트　　　　동　　　　　호				
	대리인	성명(　　　　　　　　　　　　) 주민등록번호(　　　　　　　　　)		전화번호		
채무자	성 명		주민등록번호 (사업자등록번호)		전화번호	
					우편번호	□□□－□□□
	주 소	시　　구　　동(로)　　　가　　　번지　　호 (　통　　반) 　아파트　　　　동　　　　　호				
집행목적물소재지		채무자의 주소지와 같음 (※다른 경우는 아래에 기재함) 시　　구　　동(로)　　　가　　번지　　호(　통　　반) 　아파트　　　　동　　　　　호				
집 행 권 원						
집행의 목적물 및 집 행 방 법		동산압류, 동산가압류, 동산가처분, 부동산점유이전금지가처분, 건물명도, 철거, 부동산인도, 자동차인도, 기타(　　　　　　　　)				
청 구 금 액		원(내역은 뒷면과 같음)				

위 집행권원에 기한 집행을 하여 주시기 바랍니다.
※ 첨부서류
1. 집행권원　　　　1통　　　　　　　200　　．　　．
2. 송달증명서　　　1통　　　　　　　채권자　　　　　　　(인)
3. 위임장　　　　　1통　　　　　　　대리인　　　　　　　(인)

※ **특약사항**	예금계좌	개설은행	
1. 본인이 수령할 예납금잔액을 본인의 비용부담하에 오른쪽에 표시한 예금계좌에 입금하여 주실 것을 신청합니다. 　　　　　　　채권자　　　　　　　(인)		예 금 주	
		계좌번호	

2. 집행관이 계산한 수수료 기타 비용의 예납통지 또는
강제집행 속행의사 유무 확인 촉구를 2회 이상 받고도 채권자가 상당한 기간 내에 그 예납 또는 속
행의 의사표시를 하지 아니한 때에는 본건 강제집행 위임을 취하한 것으로 보고 종결처분하여도 이
의 없습니다.
　　　　　　　　　　　　　채권자　　　　　　　(인)

주 1. 굵은 선으로 표시된 부분은 반드시 기재하여야 합니다(금전채권의 경우 청구금액 포함).
　 2. 채권자가 개인인 경우에는 주민등록번호를 법인인 경우에는 사업자등록번호를 기재합니다.
3-1(앞면)
※ 부동산인도, 건물명도, 동산압류 등을 하기 위해서는 집행권원에 집행문을 집행법원에서 받아야
　 한다. 그리고 송달증명서를 집행법원에서 발급받아 위의 강제경매신청서 양식을 작성하여 집행
　 비용과 함께 집행관 사무실에 접수하면 집행관과 집행일자를 협의하고 목적물에 강제집행을
　 개시한다.

제 2 절
명도소송

1. 명도소송의 의의

매수인(낙찰자)는 소유자나 채무자 또는 점유자가 매수인에게 대항할 수 있는 권원에 의하여 점유하고 있지 아니함이 명백한 자에 대해서는 대금납부 후 6개월 내에 인도명령결정문이라는 간이한 방법으로 살고있는 사람을 내보낼 수가 있다. 그러나 점유자가 매수인에게 대항할 수 있는 권원에 의하여 점유하고 있는 것으로 인정되는 경우에는(민사집행법 136조 1항 단서) 점유의 권원에 대한 진정성을 확보하기 위하여 가옥명도청구소송에 의한 절차에 의해 판결을 받아 명도집행을 할 수 있다.

2. 명도소송의 대상자

① 매수인에게 대항할 수 있는 권원에 의하여 점유를 하는 자: 점유자가 매수인에게 대항할 수 있는 권원에 의하여 점유하고 있는 것으로 인정되는 임차인이 대금납부 후 부동산을 매수인에게 명도하여 주지 않으면 매수인은 명도청구소송을 제기하여 명도집행을 할 수 있다.

② 매각대금 납부 후 6개월이 경과한 인도명령 대상자: 소유자, 채무자 또는 점유자가 매수인에게 대항할 수 있는 권원에 의하여 점유하고 있지 아니함이 인정되는 자에 대해서는 인도명령결정을 신청해야 한다. 다만, 인도명령결정이라는

간이한 방법에 의해서 강제집행(민사집행)을 할 수 있는데도 불구하고 이를 하지 않아 대금납부 후 6개월이 경과한 때에는 가옥명도청구소송을 제기하여 명도집행을 해야 한다.

③ 승계인을 상대로 한 명도소송: 현 점유자가 사망을 하거나 승계의 원인이 발생한 때에는 승계인을 피고로 하여 소송을 제기한다. 예컨대 임차인이 사망한 경우에는 상속인이 피고로 되어야 할 것이고 만약 상속인이 없이 사망한 경우에는 그 주택에서 가정공동생활을 하던 사실상의 혼인관계에 있는 자가 피고적격을 가진다. 그리고 임차인이 주택을 전차인에게 전대한 경우에는 현목적물의 점유자인 전차인을 상대로 가옥명도청구소송을 제기해야 할 것이다.

④ 매수인의 임차주택 명도청구에 대하여 임차인이 동시이행의 항변을 행사: 임차인의 동시이행의 항변 속에는 위 임차인에 대한 배당표가 확정될 때까지 매수인의 명도청구에 응할 수 없다는 주장이 포함되어 있는 것으로 볼 수 있다. 따라서 그 변론종결일 현재 위 임차인을 상대로 한 배당이의소송이 계속 중이어서 위 임차인에 대한 배당표가 확정되지 아니한 경우에는 위 임차인에 대한 배당표가 확정되는 때에 명도할 것을 명하는 판결을 하여야 한다(대판 1997. 8. 29. 87다11195).

3. 가옥명도청구의 소와 점유이전금지 가처분의 필요성

매수인은 명도소송을 신청하기 전에 점유이전금지가처분신청을 하고 명도소송을 제기하는 것이 좋다. 왜냐하면 가옥명도청구소송을 제기하면 승소판결을 받기까지 약 3개월에서 6개월 정도 걸리는데, 나중에 승소판결을 받더라도 가옥명도청구소송의 대상자가 아닌 다른 사람이 목적물을 점유하고 있는 경우에는 집행을 하지 못하고 다시 현점유자를 상대로 가옥명도청구소송을 제기해야 하기 때문이다.

점유이전금지가처분은 점유자의 점유변경을 금지하는 효력을 가지고 있는 것으로 점유이전금지가처분을 한 후 가옥명도청구소송에 따른 승소판결을 가지고 집행을 하러 갔는데 다른 사람이 점유를 하고 있을 때는 그 점유자는 가처분권자에게 대항할 수 없으므로 직접 그자를 상대로 집행을 할 수 있게 된다.

한편 점유이전금지가처분을 해두지 않더라도 변론종결 후에 점유자가 타인에게 점유를 변경한 경우에는 승계집행문을 부여받아 그 승계인에 대한 가옥명도집행을 할 수 있는 방법도 있다.

4. 가옥명도집행

가옥명도청구소송을 제기하여 승소판결을 얻게 되면 집행관실에 판결문(집행권원)과 송달증명원, 그리고 집행비용을 예납하고 집행관과 집행일자를 협의하게 된다.

집행일자를 협의하는 이유는 현장에 가옥명도집행을 하러 갔는데 사람이 없으면 처음 1~2회 정도는 집행을 하지 못하고 그냥 올 수밖에 없기 때문이다. 그렇게 집행을 하지 못하고 그냥 오면 매수자가 예납한 집행비용의 30%는 비용으로 지출하게 되고 다음에 다시 집행을 하려면 30%를 다시 보충해야 명도집행을 할 수 있다. 따라서 매수자 입장에서는 집행 상대방이 언제 부동산에 거주하고 있는가를 면밀히 살펴보고 집행일자를 정해야 비용면이나 신속에 있어 용이하다. 또한 사람이 살고 있는 상태에서 명도집행을 해야 동산에 대한 보관의무도 없기 때문에 유리하다. 사람이 없는 상태에서 명도집행을 하여 동산을 외부에 적재한 경우에는 그 동산에 대하여는 매수자가 선량한 관리자의 의무로서 보관을 해야 한다.

그런데 채무자가 그 동산의 수취를 게을리 한 때에는 매수자는 집행관 사무실에 비치된 "집행목적물이 아닌 유체동산 경매신청허가서"에 명도집행조서 사본을 첨부하여 신청하면 집행법원은 유체동산 매각허가결정을 한다.

매수인은 유체동산 매각허가결정문과 유체동산 경매신청서를 집행관 사무실에 제출하여 이후 매수인이 보관하고 있는 가재도구 등 동산에 대하여 집행관에게 매각을 의뢰한다. 그리고 매각금액에서 가재도구에 대한 보관비용을 제한 나머지 금액은 공탁을 한다(민사집행법 258조 6항).

제 3 절
인도 · 명도의 집행유형

1. 의의

　인도는 부동산이나 선박 등을 직접 지배하고 있는 점유자의 점유를 강제적으로 집행하여 채권자에게 옮기는 것이다.

　명도는 거주인을 퇴거시키고 안에 있는 동산을 철거한 뒤에 인도하는 것이다. 따라서 명도는 인도의 한 형태라고 볼 수 있다. 인도 및 명도는 채권자의 위임에 의하여 집행관이 채무자로부터 강제적으로 점유를 수취하여 채권자에게 이전하는 것이다. 그렇기 때문에 여기에 복종하지 않을 때에는 실력으로 강제할 수 밖에 없는 것이다. 그리고 집행관이 사용한 노무자의 물리력으로 강제할 수 없을 때에는 경찰 또는 국군의 원조를 받아 할 수도 있다. 위와 같은 인도와 명도집행에 대해 점유자가 순순히 인도·명도에 응하지 않아 발생할 수 있는 유형에 대하여 살펴보면 다음과 같다.

2. 집행개시

　집행관은 전소유자에게 집행하러온 목적물을 설명하고 언제까지 인도 또는 명도할 것을 명령하고 그 날짜까지 이행하지 않으면 강제집행을 개시한다. 이어서 집행관은 경매목적 부동산에 있는 동산과 점유자를 외부로 내보내고 빈집을 매수인에게 인도하여 주게 된다.

3. 폐문집행

인도 또는 명도집행은 채권자나 그 대리인이 출석한 때에 한하여 집행할 수 있으며, 집행관이 채무자로부터 수취한 점유를 채권자에게 이전하여야 집행이 완료된다. 또한 집행목적물이 아닌 동산은 집행관이 이를 제거하여 채무자나 그 대리인 혹은 채무자의 성장한 동거친족 또는 고용인에게 인도해야 한다. 집행하러 간 날 경매목적 부동산에 점유자가 거주하고 있지 않은 경우에는 집행관은 직권으로 열쇠를 따고 들어갈 수 있다. 그러나 최소 2회 이상 집행하러 가는데도 사람이 없어 그냥 되돌아오는 경우에 최후로 집행을 하게 된다. 빈집인 경우에도 열쇠를 만들어 들어간 후 집행관은 안에 있는 동산을 외부에 일단 적재한다. 이런 경우가 폐문부재로 집행할 경우에 해당한다. 폐문 혹은 빈집을 집행하기 위해서는 성년자 2명이나 동직원 1명 또는 경찰관을 참석케 하여 집행할 수 있는데 이는 집행의 공정을 감시하고 후일의 증거를 남기게 하기 위해서이다. 단, 채무자가 저녁에만 목적물을 점유하고 있는 경우에는 낮에 강제로 집행을 하지 않고 법원의 허가를 얻어 야간집행을 할 수 있다. 이와 같이 사람이 안에 없을 경우에도 집행은 할 수 있지만 그 동산에 대한 보관은 매수인이 해야 하기 때문에 가능한 상대방이 목적물을 점유하고 있는 상태에서 집행을 해야 동산에 대한 보관의무가 없다. 매수인이 본 동산을 보관할 때는 선량한 관리자의 의무로서 보관을 해야 한다. 이와 같은 경우 매수인은 일반적으로 본 동산을 콘테이너 박스에 보관을 시키고 있다. 콘테이너 보관비용은 크기에 따라 다르지만 대략 월 60~80만원 정도가 들어간다. 보통 콘테이너 박스로 2개 정도를 사용한다고 보면 한달에 보관비로 약 150만원을 지출하게 된다. 이때 매수인은 본 동산을 장기간 보관할 수는 없기 때문에 동산 소유자에게 내용증명을 발송하여 일정기간 내에 동산을 가져가지 않을 경우에는 본인이 임의대로 처분하겠다는 내용증명을 2회 정도 발송하고 그래도 가져가지 않을 경우에는 본 동산에 대하여 압류를 한 후 강제경매를 하거나, 채무자가 그 동산의 수취를 게을리 한 때에는 집행법원의 허가를 받아 그 동산을 매각할 수 있다(민사집행법 258조 6항).

강제경매방법은 우선 콘테이너 박스 보관비용에 대한 영수증과 내용증명서 그리고 소액심판청구서를 작성하여 관할법원에 제출하고 그에 따라 승소판결을 받아 강제집행을 하면 된다. 소액심판청구를 하게 되면 간이한 방법으로 판결을 얻어 할 수 있다. 보통 신청서 제출 후 1월 내에 재판이 열리고 당사자가 출석하지 않고 대리인이 출석하여도 가능하며 1회 변론기일에 바로 판결을 선고한다. 예컨대 매수인이 콘테이너 보관비로 약 300만원을 지출하였다면 이에 대한 승소판결을 받아, 콘테이너 박스에 보관 중인 동산에 대해 경매를 한다. 그리고 그 매각대금으로 보관비와 집행비용을 회수하고 나머지가 있을 경우에는 채무자에게 돌려준다. 동산에 대한 경매는 법원에서 하지 않고 목적동산이 있는 곳에서 경매를 한다.

4. 저항집행

현점유자의 완강한 저항으로 집행관이 강제집행을 할 수 없을 경우에는 경찰 또는 국군의 원조를 청구할 수 있고 잠긴 문을 열 수도 있다. 다만, 국군의 원조는 법원에 신청해야 한다.

5. 부부공유의 유체동산에 대한 압류

우리나라는 부부별산제이기 때문에 부부사이일지라도 부부일방의 재산에 대하여는 집행할 수 없다. 그러나 부부의 재산 중 누구에게 속한 것인지 분명하지 않은 재산에 대해서는 부부의 공유로 추정하여 배우자의 소유에 속하는 유체동산에 대한 강제집행을 할 수 있다.

6. 명도완료 후 재침입시 법적 대응방법

집행이 종료되어 매수인에게 인도 혹은 명도를 하여 주었는데 또 다시 채무자가 재침입하여 점유하고 있을 때 매수인은 막막할 것이다. 왜냐하면 한번 집행이 종료된 집행권원으로는 다시 집행을 할 수 없기 때문이다. 따라서 재집행을 하기 위해서는 다시 가옥명도청구소송을 제기하여 승소판결을 받아 집행을 해야 한다. 판례는 강제집행이 완료된 후에 건물에 다시 침입한 것은 집행권원의 집행력이 이미 소멸하였으므로 형법 제140조 공무상 비밀표시무효죄에 해당하지 않는다고 판시하고 있다. 이러한 허점으로 힘들게 집행권원을 얻어 집행을 한 매수인은 상당한 동안 허송시간을 보내고 막대한 피해를 입게 된다. 그래서 형법에 강제집행효용침해죄(형법 140조의2)을 신설하게 되었는데 그 내용을 보면 "강제집행으로 명도 또는 인도된 부동산에 재침입하거나 기타 방법으로 강제집행의 효용을 해한 자는 5년 이하의 징역 또는 700만원 이하의 벌금에 처한다"고 규정하고 있다. 또한 주거침입죄(형법 319조)도 성립할 수 있기 때문에 집행이 완료되면 재침입은 염려하지 않아도 된다. 그리고 매수인은 점유권원 없는 자가 인도집행을 거부한 때에는 손해배상도 청구할 수 있다.[1]

---

[1] 경락된 부동산에 관해 점유할 권원이 없는 자가 허위의 임대차를 이유로 법원에 인도를 거부하는 소송을 제기하는 등의 방법으로 인도를 거부해 경락자의 정당한 소유권행사를 방해한 것에 대하여 손해배상책임을 인정하였다. 모 백화점을 경락받은 경락인은 허위의 임대차계약을 이유로 인도를 거부한 모 백화점측에 대하여 영업이익 상당의 손해분 15억원을 지급하라는 판결을 내렸다(서울지판 1998. 9. 15. 97가합33794).

제 4 절
협의명도

1. 협의명도의 의의

인간이 세상을 살아가는 데 있어서는 각종 분쟁이 있게 마련이다. 그런데 위와 같은 분쟁은 당사자가 직접 해결할 수 있는데 그 해결방법은 크게 나누어 무력으로 해결하는 방법과 대화로 해결하는 방법으로 구분할 수 있을 것이다. 궁극적으로 해결을 한다는 점에는 공통점이 있으나 해결하기까지의 과정은 상당한 차이를 보인다.

무력으로 해결하는 것은 양 당사자에게 물적·정신적 피해를 남기게 되는 반면 대화를 통한 해결은 양 당사자의 물적·정신적 피해를 최소화시킨다.

경매에 있어서도 위와 같은 근원적인 논리는 그대로 적용된다. 살고 있는 사람이 나가지 않는다고 하여 판결을 받아 강제적으로 명도집행을 하게 되면 살고 있는 사람을 내보낼 수는 있을지는 모르나 양 당사자 간의 마음에 상처를 입거나 명도집행비용, 점유자의 주택파손, 이웃 간 불미스러운 인상 등은 시간이 흘러도 계속 남게 된다. 그러나 대화를 통하여 명도라는 문제를 해결하였을 때는 명도를 해결한다는 점은 똑같지만 강제집행에 의한 명도와는 달리 후유증이 없고 시간적·경제적으로도 장점이 있다고 할 수 있다. 그러나 대화로 통한 해결방법은 오히려 강제적으로 하는 명도보다도 더 어렵고 다양한 방법을 요구하고 있어 본서에서는 이를 "협의명도"라 칭하고 이에 대한 명도방법을 세분하여 보았다.

2. 협의명도방법

협의명도는 여러 가지 방법이 있을 수 있으나 본 내용에서는 중요한 내용만 기술하기로 한다.

1) 임의명도

일반적인 사고방식은 가지고 있는 사람들은 매수인이 대금을 납부할 때 순순히 이사를 간다. 집행대상 부동산의 약 50~60%는 자진하여 이사갈 준비를 하고 있다. 즉, 아무런 조건 없이 매수인이 대금을 지급하고 인도를 요구하면 이사일자를 약 2개월 정도 여유를 주고 내보내게 된다. 위와 같은 방법에 따라 내보내는 방법을 "임의명도"라 한다.

2) 협의명도

정당하게 목적물을 점유할 수 있는 권원도 없는데도 불구하고 이사를 가지 않는 형태이다. 이때는 이사비용을 주면서 타협점을 찾아본다. 그러나 점유자가 이사비용을 터무니없이 많이 요구하는 경우에는 여러 가지 법적 문제에 대해서도 설명을 하여 줄 필요가 있다. 아무래도 점유자보다도 매수인이 경제적인 위치나 경매에 관한 법적 지식도 더 많이 알고 있기 때문에 점유자와 감정이 상하지 않게 대화를 모색하는 것이 좋다. 그래도 타협이 되지 않을 때는 법적 대응방안에 대해 설명하면서 타협점으로 들어올 수 있도록 한다.

원칙적으로 정당한 권원 없이 점유하는 자는 매수인에게 당연히 명도를 하여 주어야 할 것인데도 불구하고 당연히 이사비용을 받고 가는 줄 알고 명도를 거부하는 사람도 있다. 그러나 점유자도 본의 아니게 전재산을 날린 입장이기 때문에 가능한 한 점유자에게 이사비용을 지급하고 명도협의를 하는 것이 타당할 것이다.

이때 점유자는 타당성이 있는 이사비용을 요구해야 한다. 예컨대 32평 아파트를 명도하여 주는 조건으로 이사비용을 2,000만원이나 요구하는 것은 해결의 가능성이 희박하고 당사자를 극한 상황까지 가게 할 것이다.

점유자가 이런 식으로 나올 때는 여러 가지 방법으로 협의명도를 하여야 할 것이다. 이사비용은 매수인이 점유자에게 당연히 주는 것이 아니고 소유자(또는 임차인)가 본의 아니게 경매로 인하여 부동산의 점유를 상실한 것에 대하여 인도주의 입장에서 주는 것이라는 점을 인식시킨다. 반드시 주어야 하는 것은 아니라는 것이다. 이사비용은 명도집행비용 내에서 양 당사자가 타협안을 모색해야 할 것이다. 왜냐하면 이 비용을 거절할 경우 매수인은 그 이사비용으로 강제집행을 할 수 있기 때문이다. 물론 매수인 입장에서는 명도집행비용도 집행완료 후 점유자(소유자나 임차인 등)에게 반환받을 수 있다고 생각하겠지만 그러면 승소판결을 받고 이어 집행을 하여야 하는데 채무액을 변제하지 못해 부동산까지 경매로 날린 채무자에게 집행할 대상물이 있을리는 만무할 것이다. 따라서 매수인은 그 명도비용을 점유자에게 지불하고 내보내는 것이 타당하다.

3) 병행협의명도

병행협의명도 대상자는 임의명도나 타협명도의 가능성이 없는 자를 상대로 한다. 병행협의명도란 협의명도와 명도소송을 병행하여 집행하는 방법을 의미한다. 병행협의명도의 대상자는 대화 즉시 파악할 수가 있을 것이다. 이사를 절대 갈 수 없다든가, 이사기간을 차일피일 미루면서 회피하는 경우이다. 나중에 궁극적으로 협의명도로는 갈 수 없는 사람, 부양자가 없는 중환자·노인이 살고 있는 경우, 명도불응자가 다수인 경우(예: 호텔, 백화점임차인)일 것이다. 이때는 인도명령이나 명도소송을 진행하면서 협의를 계속 진행해 나아간다. 병행협의명도의 대상인 목적물을 낙찰받았을 경우에는 낙찰받기 전에 명도비용이나 협의금(이사비용)을 충분히 고려하여 그만큼 유찰시킨 다음 낙찰을 받아야 할 것이다. 일반적으로 명도명령이나 명도소송을 병행하면서 타협명도를 하면 명도에 응한다. 그래도 명도에 응하지 않거나 고액의 이사비용을 요구하는 경우는 목적물 점유에 따른 임료 상당의 손해배상의 소송을 제기하면서 협의명도를 병행하여 본다.

4) 명도확인서와 인도의 동시이행관계

임차인이 법원에서 배당금을 수령하기 위해서는 명도확인서와 명도확인서에 찍은 도장과의 일치 여부를 확인하기 위하여 매수인의 인감증명서가 필요하다. 이와 같은 서류를 구비하여 임차인이 배당일에 담당 경매계에 제출하면 즉시 배당금을 수령할 수 있다. 그러나 매수인이 명도확인서와 인감증명서를 임차인에게 교부하는 날짜와 임차인이 살고 있는 집을 매수인에게 이전하여 주는 날짜와 관련하여 당사자 간에 많은 분쟁이 발생하고 있다. 왜 이러한 현상이 일어나느냐 하면 임차인 입장에서는 확실한 배당결과에 따라 다른 집을 알아보고 계약금을 지급하려고 하는 데 반해, 경락인 입장에서는 임차인이 배당을 받고 난 이후에도 이사를 차일피일 미루면서 가지 않을 경우에는 다시 가옥명도청구소송을 제기하고 강제적으로 명도를 해야 하므로 서로 먼저 이행을 요구하기 때문이다.

일반적으로는 배당기일에 임차인이 이사를 가면서 매수인으로부터 명도확인서와 인감증명서를 건네 받아 법원에서 배당금을 수령하고 이사를 가고 있다. 이렇게 하는 방법으로 협의가 되지 않는 경우에는 배당기일에 배당 여부만을 확인한 후[1] 10일 내에 이사할 날짜를 매수자와 협의하여 그 이사날짜에 명도확인서와 인감증명서를 교부받는 것도 한 방법이 될 것이다.

---

1) 배당일에 다른 이해관계인이 배당이의신청을 하지 않으면 당일에 배당금을 지급한다.

【명도확인서】

명 도 확 인 서

소유자   :
매각부동산소재지 :
채무자   :
임차인   :

귀원 20 타경   호 부동산경매사건에 관하여 상기한 소재지를 점유하고 있
는 임차인은 배당금을 수령하기 위해 매수인에게 20 년   월 일자에 매수인에
게 명도하였음을 확인합니다.

20. . .

매수인 :   (인)

첨부서류 : 매수인인감증명 1통

　　지방법원   귀중

　　왜냐하면 임차인에게 배당금이 확정되어 있다면 당일에 수령하지 않았더라
도 일반적으로 10일 내에 위의 서류를 담당경매계에 제출하면 당일에 수령할 수
있기 때문이다. 따라서 10일이 넘으면 공탁을 하기 때문에 가능한 배당기일부터
10일 내에 이사를 가는 것으로 협의하는 것이 바람직할 것이다.

chapter

08

배당

제 1 절
배당요구절차

　　부동산경매절차는 목적부동산을 경매에[1] 의하여 매각하고 그 매각대금으로부터 채권자의 채권의 변제에 충당하는 절차이므로 그 절차는 일반적으로 압류, 환가, 배당이라는 3단계의 절차로 진행하게 된다. 매수인(경락인, 낙찰자)이 매각대금을 납부하면 집행법원은 그 대금으로부터 집행비용을 공제하고 그 잔액을 각 채권자에게 교부하여야 하고 잔액이 있으면 이를 채무자에게 지급하여야 하나, 채권자의 경합이 있거나 그 대금으로써 각 채권자의 채권 및 비용을 변제하기에 충분하지 않은 때에는 각 채권자, 민법, 상법 기타 특별법의 규정에 의하여 그 우선순위에 따라 배당을 실시한다. 즉, 금전채권에 관한 강제집행에 있어서 다수의 채권자가 경합하는 경우에 압류재산을 매각한 대금으로써 다수 채권자의 채권에 대하여 실시하는 변제절차를 배당절차라 한다.

---

1) 법원에서 현재 실시하고 있는 환가방식은 구술주의에서 서면주의로 변경되었기 때문에 원칙적으로 경매라 하지 않고 "입찰"이라 칭해야 한다. 그러나 본서에서는 이해를 위하여 입찰을 경매라고 칭한다.

제 1 항 배당받을 채권자

> 제148조(배당받을 채권자의 범위) 배당받을 채권자는 다음 각 호에 규정된 사람으로
> 한다.
> 1. 배당요구의 종기까지 경매신청을 한 압류채권자
> 2. 배당요구의 종기까지 배당요구를 한 채권자
> 3. 첫 경매개시결정등기전에 등기된 가압류채권자
> 4. 저당권·전세권, 그 밖의 우선변제청구권으로서 첫 경매개시결정등기전에 등기되었
>   고 매각으로 소멸하는 것을 가진 채권자

1. 배당요구를 하지 않아도 배당받을 수 있는 채권자[2]

1) 경매신청채권자

집행채권자(압류채권자)를 말한다. 경매신청채권자는 당연히 배당요구를 하지
않아도 경매신청을 배당요구 신청한 것으로 보기 때문에 배당을 실시한다.

2) 2중 압류채권자

이미 강제경매 또는 담보권실행을 위한 경매절차의 개시를 결정한 부동산에
대하여 다른 채권자가 배당요구 종기까지 경매신청에 의하여 2중 경매개시결정
이 이루어져 뒤의 압류채권자가 경매신청을 한 때에는 집행법원은 또 경매절차
를 진행하지 않고, 경매진행절차는 이미 경매개시결정을 한 경매를 먼저 진행을
하고 이어 먼저 한 경매사건의 절차가 순조롭게 진행되어 환가가 종료되면 후행
사건으로 경매개시결정을 한 채권자는 압류채권자의 자격으로 배당요구를 하지
않아도 당연히 참가하여 배당을 받을 수 있다.

---

2) 민사집행법 84조 4항, 148조 3호 및 4호에 따라 다음에 열거한 자는 첫 경매기일까지 배당요구
   신청을 하지 않았더라도 그 채권자의 채권액은 등기부등본 등 집행기록에 있는 서류와 증빙에
   따라 계산하여 배당을 실시한다. 다만 이 경우 다시 채권액을 추가로 제출하지 못한다(민사집
   행법 84조 4항). 이에 해당하는 자로는 우선 "첫 경매개시결정등기 전에 등기한 가압류채권자
   (민사집행법 148조 3호). 그리고 저당권·전세권, 그 밖의 우선변제청구권자로서 첫 경매개시결
   정등기 전에 등기되었고 매각(경매)으로 소멸하는 채권자(민사집행법 148조 4호)"가 해당한다.
   따라서 이외의 "집행력 정본을 가진 채권자, 경매개시결정이 등기된 뒤 가압류를 한 채권자, 민
   법, 상법, 그 밖의 법률에 의하여 우선변제청구권이 있는 채권자는 첫 매각기일(첫 경매기일)
   전까지 배당요구를 하여야 한다(민사집행법 84조 2항, 88조 1항).

3) 압류의 효력 발생 전에(첫 경매개시결정등기 전) 등기한 가압류권자·저당권자·전세권자·임차권등기권자

① 압류의 효력 발생 전에 등기한 가압류채권자

경매신청기입등기(압류) 전에 가압류집행을 한 채권자가 있을 때에는 그 채권자에 대한 배당액을 공탁하도록 되어 있으므로 이러한 가압류채권자는 배당요구의 신청이 없더라도 당연히 배당요구를 한 것과 동일하게 본다(민사집행법 87조 4항, 148조 3호). 그러나 본안소송에서 가압류 금액 이상의 승소판결을 받았다면 위 기간 내에 집행력 있는 정본에 의하여 배당요구를 할 필요가 있으며 그렇지 않으면 가압류 금액을 넘는 부분에 대하여는 전혀 배당에 참가할 수 없다. 한편 경매신청등기 후에 가압류집행을 한 경우에는 그 가압류는 경매신청인에게 대항할 수 없고 집행법원도 가압류사실을 알 수 없으므로 일반채권자와 마찬가지로 배당요구 종기일3)까지 배당요구를 해야 한다(민사집행법 84조 1항).4)

② 압류의 효력 발생 전에 등기한 저당권

낙찰에 의하여 소멸하는 저당권자로서 경매개시결정 이전에 등기한 자는 배당요구를 하지 않더라도 당연히 배당요구를 한 것으로 본다(민사집행법 84조 4항, 148조 4호).

그리고 우선권을 가진 채권자도 그 권리가 등기되어 있지 않은 경우에는 그 우선권의 존재만으로 당연히 배당요구의 효력이 생기는 것이 아니고 일반채권자와 마찬가지로 배당요구종기일까지 배당요구를 하여야 배당받을 수 있다. 여기에는 소액임차인 최우선변제에 해당하는 임차인도 마찬가지이다.

③ 압류의 효력 발생 전에 등기한 전세권자

낙찰에 의하여 소멸하는 전세권자는 배당요구를 하지 않더라도 당연히 등기순위에 의하여 배당이 이루어진다.

④ 임차권등기권자

첫 경매개시결정등기일 전에 임차권등기를 한 자는 배당요구신청서를 배당

---

3) 민사집행법 제84조 제1항에 따라 2002년 7월 1일부터는 첫 경매기일 이전의 배당요구 종기일까지 배당요구를 하여야 한다.

4) 경매절차개시 전의 부동산 가압류권자는 배당요구를 하지 않았더라도 당연히 배당요구를 한 것과 동일하게 취급되므로, 그러한 가압류권자가 채권계산서를 제출하지 않았다 하여도 배당에서 제외하여서는 아니 된다(대판 1995. 7. 28. 94다57718).

요구종기일까지 제출하지 않아도 배당순위에 따라 배당을 받게 된다.

    4) 국세, 지방세 등 공과금채권자로서 압류의 효력발생 전에 당해 채권에 기
      하여 교부청구, 압류, 참가압류를 한 자

    ① 이들 공과금채권자는 실체적 우선권이 인정되므로 그 순위가 압류채권자
의 권리에 우선하는 때에는 잉여주의의 우선채권에 해당한다.

    ② 참가압류는 국세, 지방세 등 조세채권에 관하여 징수권자가 집행법원 등
다른 기관에 의하여 이미 실시된 강제환가절차에 참가하여 압류하는 방법을 말
한다.

    ③ 국세체납에 의한 압류등기가 되어 있는 경우에는 교부청구를 한 효력이
있는 것으로 본다. 다만, 이 경우에도 압류권자는 배당요구 종기일까지 체납된
국세의 세액을 계산한 증빙서류를 제출해야지 그렇지 않은 경우에는 당해 압류
등기의 촉탁서에 기재한 체납세액만을 조사하여 배당을 할 수 있을 뿐이다. 따
라서 경락기일 이후 배당할 때까지의 사이에 교부청구된 세액은 그 국세가 실체
법상 다른 채권에 우선하는지의 여부를 불문하고 배당하여 줄 수 없다.

2. 배당을 요구해야 배당받을 수 있는 채권자

> **제88조(배당요구)**
> ① 집행력 있는 정본을 가진 채권자, 경매개시결정이 등기된 뒤에 가압류를 한 채
> 권자, 민법·상법, 그 밖의 법률에 의하여 우선변제청구권이 있는 채권자는 배당요구
> 를 할 수 있다.
> ② 배당요구에 따라 매수인이 인수하여야 할 부담이 바뀌는 경우 배당요구를 한 채
> 권자는 배당요구의 종기가 지난 뒤에 이를 철회하지 못한다.

1) 집행력 있는 정본을 가진 채권자

    집행력 있는 정본이라 함은 판결, 화해조서, 조정조서, 공정증서 기타 집행
권원의 정본의 말미에 집행문을 부기한 것으로서 집행권원에 집행력의 존재를
공증한 것을 말한다. 이러한 집행력 있는 정본을 가진 채권자는 선행하는 경매
진행절차에 후행으로 경매를 신청했는지를 불문하고 배당요구신청을 하여야 배
당을 받을 수 있다.

2) 민법, 상법 기타 법률에 의하여 우선변제청구권이 있는 채권자

우선변제청구권이 있는 소액임차인 최우선변제금액, 확정일자부 임차인, 근로기준법에 의한 임금채권, 상법에 의한 고용관계로 인한 채권이 있는 자 등은 법률에 의하여 우선변제권이 인정되고 있으나 등기가 되어 있지 않기 때문에 배당요구를 하여야 그 채권의 존부나 액수를 알 수 있어 배당금을 지급할 수 있게 된다.

3) 경매신청이 등기 후에 가압류를 한 채권자

경매신청의 등기 후에 가압류를 한 채권자는 배당요구 및 권리신고를 해야 배당에 참여할 수 있다.

4) 압류의 효력(첫 경매개시결정등기일) 발생 전에 등기한 가등기권자

압류의 효력 발생 전에 등기를 한 가등기권자는 경매에서 저당권자와 마찬가지의 효력을 가지고 배당을 받는다. 다만, 그 권리자가 채권을 증명하여 신고하지 않으면 등기상만으로는 순위보전의 가등기인지, 담보가등기인지를 구별할 수가 없다. 따라서 가등기권자가 채권을 신고하는 절차가 선행되어야 배당을 받을 수 있다. 법원은 경매개시결정과 동시에 가등기권자에게 그 가등기가 담보가등기인 때에는 그 내용 및 채권의 존부, 원인 및 수액을, 담보가등기가 아닌 경우에는 그 내용을 법원에 신고할 것을 상당한 기간을 정하여 최고하도록 하고 있다. 통상 통지를 받은 날로부터 1주일 내에 신고하도록 하고 있다. 만약 채권신고를 하지 않은 선순위가등기권자에게는 담보가등기일지라도 배당을 하여 주지 않는다.5)6)

---

5) 경매부동산에 대한 선순위 가등기권자가 경매법원에 "부동산을 분양받아 그 대금일부를 지급하였으나, 매도인의 부도로 진입로 문제에 대한 해결이 불가능하므로 그 지급한 금원을 반환받고자 하며 이를 담보가등기로 신고하니 배당을 요구한다"는 내용의 신고서를 제출하여 경매법원이 이를 담보가등기로 취급하여 경락으로 인한 말소등기를 촉탁하고 가등기권자에게 배당을 실시하는 배당표를 작성하였으나 배당이의소송에서 담보가등기가 아니라는 이유로 배당에서 제외되자 가등기권자가 원래의 소유권이전청구권 보전을 위한 가등기임을 주장하면서 가등기 말소회복등기를 위한 경락인의 승낙을 구한 사안에서 그 신고서의 결론에 담보가등기로 신고하는 내용을 담고 있기는 하지만 그 전체적인 취지로 보면 오히려 그 가등기는 소유권이전청구권 보전을 위하여 경료된 것임을 신고한 것으로 해석된다는 이유로 가등기권자로서는 위 신고서 제출로 인하여 경매법원이나 경락인에 대하여 그 가등기가 경락으로 인하여 당연히 말소될 것이라는 신의를 공여하였다고 보기 어렵고, 설사 경락인이 그 가등기는 경락으로 말소될 것이라는 판단하에 그 부동산을 경락받았다고 하더라도 이는 가등기권자가 신의를 공여함으로 인한 것이라고 볼 수 없다(대판 1996. 9. 6. 95다51694).

6) 근저당권이 설정된 부동산에 소유권이전청구권 보전의 가등기가 이루어지고, 그 후에 강제경매가 실시되어 그 경락허가결정이 확정된 경우에는 "경락인이 인수하지 아니한 부동산상의 부담

5) 압류 후에 약정담보를 취득한 자

첫 경매개시결정 등기 후에 설정된 저당권 등의 약정담보물권자는 배당요구의 종기일까지 배당요구 및 권리신고 배당요구를 하여야 배당에 참가할 수 있다 (민사집행법 84조 2항, 148조 2호).

한편 경매개시결정 기입등기 후에 그 부동산에 관하여 저당권을 취득한 자가 있다고 하여도 경매법원으로서는 이러한 사실을 알 수 없으므로 그자는 이해관계인인 "등기부에 기입된 부동산 위의 권리자"라고는 할 수 없고, 다만 그가 경매법원에 그러한 사실을 증명한 때에는 이해관계인인 "부동산 위의 권리자로서 그 사실을 증명한 자"에는 해당한다고 할 것이다. 그러나 이해관계인이라 하여 경락이나 낙찰의 허부의 결정에 대하여 즉시항고를 제기하기 위해서는 경락허가결정이나 낙찰허가결정이 있을 때까지 그러한 사실을 증명하여야 하고, 경락허가결정이나 낙찰허가결정이 있은 후에 즉시항고장을 제출하면서 비로소 그러한 사실을 증명하는 서류를 제출한 때에는 그 제4호 소정의 이해관계인이라 할 수 없으므로 그 항고는 부적법하다.[7]

이해관계인은 경매개시결정에 대한 이의신청권만이 아니라 집행법상의 즉시항고, 보전처분, 통지, 합의, 출석, 의견진술 등의 권리를 행사할 수 있다.

6) 제3취득자의 비용상환청구

저당목적물을 취득한 소유권자, 지상권자, 전세권자는 그 부동산의 보존 및 개량을 위하여 지출한 필요비 또는 유익비를 저당물의 경매대가에서 우선상환을 받을 수 있다(민법 367조). 다만, 제3취득자가 실제로 배당을 받기 위해서는 부동산 위의 권리자로서 그 권리를 증명하여 신고하여야 한다.

7) 조세 및 공과금 등의 교부청구권자

국세 등 조세채권 그리고 의료보험법, 국민의료보험법, 산업재해보상보험법, 국민연금법에 의한 기타 징수금은 설사 압류등기를 하지 않았더라도 배당요구 종기일까지 배당요구를 하면 배당순위에 따라 배당을 받을 수 있다. 배당순위는 조세는 법정기일이 해당되고 공과금 등은 납부기간일이 기준이 된다.

의 기입"으로서 소유권이전청구권 보전의 가등기는 말소촉탁의 대상이 된다.
7) 대결 1994. 9. 13. 94마1342; 대결 2004. 6. 14. 2004마118.

제2항 배당요구의 방식

배당요구신청

채 권 자

채 무 자

배당요구채권자

　　　　○시 ○구 ○동 ○번지

배당요구채권

1. 금　　　　원정

1. 위 원금에 대한　　년　○월 ○일 이후 완제일까지 연 0푼의 지연손해금

신청원인

위 채권자 채무자 간의 귀원　　　　타경 ○○호 부동산강제경매사건에 관하여
채권자는 채무자에 대하여 대여금 청구사건의 집행력 있는 판결정본

　　　　년　　　월　　　일

첨부서류

1. 집행력 있는 판결정본 1통

2. 배당요구서부본　　　1통

위 배당요구채권자　　　　　(인)

　　　　　　연락처(☎)

지방법원　　　　귀중

---

① 배당요구는 채권의 원인과 액수를 기재한 서면에 의하여야 한다. 신청서

에는 인지를 첨부한다. 신청서 부본은 이해관계인의 수마다 첨부하고 송달료를 납부해야 한다.

② 배당요구채권자가 법원소재지에 주소나 사무소가 없는 경우에는 그 법원 소재지에 가주소를 선정하여 법원에 신고하여야 한다. 신고 여부는 배당의 효력에는 영향이 없으나 신고를 하지 않으면 채권자에게 송달할 서류는 그의 본래의 주소지에 등기우편으로 발송할 수 있다.

③ 집행력 있는 정본에 의한 배당요구를 함에 있어서는 집행력 있는 정본을 첨부하여 제출하여야 하고 가압류채권자나 우선변제청구권자가 배당요구를 함에 있어서는 가압류등기가 된 등기부등본이나 우선변제청구권이 있음을 증명하는 서류를 첨부하여야 한다. 집행력 있는 정본 없이(예: 저당권자·전세권자·임금채권자·일정한 요건을 구비한 임차인·가압류채권자 등) 배당을 요구한 채권자가 있을 때에는 경매법원으로부터 배당요구의 통지를 받은 날로부터 5일 이내에 채무자는 그 채권의 인낙 여부를 경매법원에 신고하여야 한다. 만약 신고가 없으면 채무자가 그 채권을 부인한 것으로 본다. 그러나 통상은 인낙 여부에 따른 채권확정의 절차를 거치지 않고 일단 채권자에게 배당표를 작성하고 배당이의가 있는 경우에 한하여 배당을 제외하거나 또는 공탁의 절차를 취하고 있다.

④ 집행력 있는 정본 없이 배당을 요구한 채권자는 법원으로부터 위 통지를 받은 날로부터 채무자에 대하여 채권확정의 소를 제기하여 채권을 확정하여야 한다. 만약 이 기간 내에 그 증명을 하지 않으면 배당요구의 효력은 상실하고 배당절차에서 배제된다. 그러나 위 기간 내에 소를 제기한 경우 법원이 그 소의 확정 전에 배당절차를 실시하게 될 때에는 배당요구채권자에 대한 배당액은 공탁한다. 그러나 통상은 인낙 여부에 따른 채권확정의 절차를 거치지 않고 일단 채권자에게 배당 여부를 반영한 배당표를 작성하고 배당이의가 있는 경우에 한하여 배당 제외 또는 공탁의 절차를 취하고 있다.[8]

---

[8] 집행력 있는 정본없이 배당요구를 할 수 있는 채권자란 우선변제권이 있는 저당권자·전세권자·임금채권자·일정한 요건을 구비한 임차인·경매신청등기 후에 가압류한 채권자를 말한다. 이 중에 가압류채권자는 집행력 있는 정본을 제출하기 전까지는 배당금을 지급하지 않고 이를 공탁하므로 채권확정절차를 거치지 않더라도 배당금이 잘못 지급될 염려는 없다. 또한 전세권자나 저당권자도 피담보채권이 등기부에 공시되므로 채무자의 인낙 여부에 따른 우선채권의 확정절차를 거치지 않아도 되기 때문에 실무상 채무자의 인낙 여부의 통지 및 배당요구채권자의 채권

제 3 항 배당요구를 할 수 있는 시기

제84조(배당요구의 종기결정 및 공고)

① 경매개시결정에 따른 압류의 효력이 생긴 때(그 경매개시결정전에 다른 경매개시결정이 있는 경우를 제외한다)에는 집행법원은 절차에 필요한 기간을 감안하여 배당요구를 할 수 있는 종기(終期)를 첫 매각기일 이전으로 정한다.

② 배당요구의 종기가 정하여진 때에는 법원은 경매개시결정을 한 취지 및 배당요구의 종기를 공고하고, 제91조 제4항 단서의 전세권자 및 법원에 알려진 제88조제1항의 채권자에게 이를 고지하여야 한다.

③ 제1항의 배당요구의 종기결정 및 제2항의 공고는 경매개시결정에 따른 압류의 효력이 생긴 때부터 1주 이내에 하여야 한다.

④ 법원사무관등은 제148조 제3호 및 제4호의 채권자 및 조세, 그 밖의 공과금을 주관하는 공공기관에 대하여 채권의 유무, 그 원인 및 액수(원금·이자·비용, 그 밖의 부대채권(附帶債權)을 포함한다)를 배당요구의 종기까지 법원에 신고하도록 최고하여야 한다.

⑤ 제148조 제3호 및 제4호의 채권자가 제4항의 최고에 대한 신고를 하지 아니한 때에는 그 채권자의 채권액은 등기사항증명서 등 집행기록에 있는 서류와 증빙(證憑)에 따라 계산한다. 이 경우 다시 채권액을 추가하지 못한다. 〈개정 2011. 4. 12.〉

⑥ 법원은 특별히 필요하다고 인정하는 경우에는 배당요구의 종기를 연기할 수 있다.

⑦ 제6항의 경우에는 제2항 및 제4항의 규정을 준용한다. 다만, 이미 배당요구 또는 채권신고를 한 사람에 대하여는 같은 항의 고지 또는 최고를 하지 아니한다.

1. 시기

배당요구를 할 수 있는 시기에 대하여는 압류의 효력 발생시기 이후라 한다. 즉, 배당요구의 종기결정 및 공고는 경매개시결정에 따른 압류의 효력이 생긴 때부터 1주일 내에 하고(민사집행법 84조 3항) 그에 따른 배당요구의 종기는 첫 경매기일 이전에 하도록 규정하고(민사집행법 84조 1항) 있기 때문에 실질적으로 배당요구의 시기는 압류의 효력이 발생한 시기 이후부터 2개월에서 3개월 사이로

확정절차가 실무상 실행되지 않고 배당표를 작성한 다음 배당기일에 배당이의가 제기되는 경우에만 위와 같은 절차를 취하고 있는 실정이다.

첫 매각기일 이전인 배당요구 종기일까지로 보면 될 것이다.

2. 종기

"배당요구의 종기 결정 및 공고는 경매개시결정에 따른 압류의 효력이 생긴 때(그 경매개시결정 전에 다른 경매개시결정이 있은 경우를 제외한다)부터 1주일 내에 하고 집행법원은 절차에 필요한 기간을 감안하여 배당요구를 할 수 있는 종기를 첫 매각기일(경매기일) 이전으로 정한다"(민사집행법 84조 1항)라고 규정하고 있다. 따라서 집행법원은 배당요구의 종기가 정하여진 때에는 경매개시결정을 한 취지 및 배당요구의 종기를 공고하고, 최초근저당보다 앞선 일자로 설정되어 있는 전세권자,9) 집행력 있는 정본을 가진 채권자, 경매개시결정이 등기가 되기 전에 가압류를 한 채권자, 민법, 상법, 그 밖의 법률에 의하여 우선변제청구권이 있는 채권자에게 배당요구의 종기를 고지하여야 한다.

특히 경락인에게 대항할 수 있는 전세권자(최초근저당보다 빠른 날짜로 설정되어 있는 전세권자)가 배당요구 종기일까지 배당요구를 하였을 경우에는 경락인에게 대항할 수 있는 전세권일지라도 물권적인 순위에 따라 배당을 받고 전세권은 말소된다. 이때 법원에서 전액배당을 받지 못하였을 경우에는 그 나머지 전세권금액에 대해서 대항력을 주장하여 경락인에게 인수를 주장할 수 있게 된다(민사집행법 84조 2항, 91조 4항).10)

---

9) 경락인에게 전세권의 내용을 주장할 수 있는, 즉 대항력 있는 전세권자로서 최초근저당보다 앞선 일자로 설정되어 있는 전세권자를 의미한다.

10) 2002년 7월 1일부터 시행되고 있는 민사집행법이 제정되기 전의 민사소송법 제605조 제1항은 채권자 간의 평등주의를 철저하게 실현시키고 가능한 한 다수의 채권자에게 배당될 기회를 부여하기 위하여 배당요구의 종기를 경락기일까지로 규정하고 있었다. 그러나 입찰희망자들이 입찰신고 당시 주택임대차보호법에 의하여 배당요구를 할 수 있는 임차인이 배당요구를 할 것인지의 여부를 알 수 없고, 최종경매기일 이후 경락기일 사이에 위 임차인이 배당요구를 하는지 여부에 따라 이해관계인의 이해가 엇갈리는 등 매수신고시 매각조건이 확정되지 아니하는 문제가 발생하고 있기 때문에 민사집행법 84조를 제정하여 배당요구의 종기를 경매기일 이전으로 앞당기고, 전세권·주택임차권의 소멸 여부를 경매기일 이전에 확정할 수 있게 함으로써 경매참가자들이 매각조건이 확정된 상태에서 경매에 참여할 수 있게 되어 경매부동산도 안전하다는 인식과 경매제도의 활성화를 도모할 수 있게 되었다.

3. 배당절차의 도해 및 진행기간표

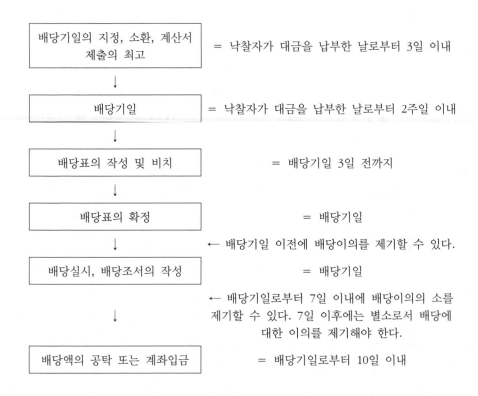

배당기일의 지정, 소환, 계산서 제출의 최고 = 낙찰자가 대금을 납부한 날로부터 3일 이내

배당기일 = 낙찰자가 대금을 납부한 날로부터 2주일 이내

배당표의 작성 및 비치 = 배당기일 3일 전까지

배당표의 확정 = 배당기일

← 배당기일 이전에 배당이의를 제기할 수 있다.

배당실시, 배당조서의 작성 = 배당기일

← 배당기일로부터 7일 이내에 배당이의의 소를 제기할 수 있다. 7일 이후에는 별소로서 배당에 대한 이의를 제기해야 한다.

배당액의 공탁 또는 계좌입금 = 배당기일로부터 10일 이내

제 4 항 배당요구에 대한 집행법원의 처리

1. 배당요구신청서 접수

배당요구의 신청이 있으면 집행법원은 신청서의 기재 및 첨부서류에 의하여 배당요구의 적법 여부만을 심사할 수 있으며, 배당요구채권의 실체적 존부에 관하여는 심사할 수 없다. 이는 채무자의 인낙 여부의 진술, 채권자의 채권확정소송에 의하여 결정될 문제이다. 그러나 실무에서는 집행력 있는 정본을 제출하지 않은 경우나 우선변제청구권이 없는 채권으로 배당요구를 한 경우에도 각하결정을 하는 것이 아니라 배당절차상 배당표에서 이를 제외하고 배당을 실시하는 처리방식을 취하고 있다.[11]

2. 배당요구의 통지

○ ○ 지방법원
통지서

귀하

사건 20 타경 부동산강제경매
채권자
채무자

위 사건에 관하여 채무자로부터 적법한 기일 내에 별지와 같이 채권을 인낙하지 아니한다는 통지가 있으므로 알려드립니다.

20. 7. 7.
법원사무관

---

11) 경매절차상의 하자는 경매절차의 성질상 민사소송법이 정하는 구제의 절차에 따라 시정될 것이 예정되어 있으므로, 당해 경매담당 판사가 위법 또는 부당한 목적을 가지고 경매절차를 진행하는 등 그 부여된 권한의 취지에 위배하여 재판절차를 진행하였다는 것이 명확한 경우와 같은 특별한 사정이 없는 한, 그 절차에 따른 구제를 구할 수 있는 권리자는 그 구제절차를 밟는 것을 게을리한 채 경매절차의 하자로 인하여 손해가 발생하였음을 이유로 국가에 대하여 그 배상을 청구할 수 없다(수원지법 1995. 2. 9. 94가합13698).

집행법원은 압류의 경합이나 배당요구신청이 있으면 직권으로 3일 이내에 이해관계인(압류채권자, 2중 압류채권자, 채무자, 집행력 있는 정본을 가진 채권자, 집행력 있는 정본을 가지지 아니한 배당요구채권자)에게 배당요구가 있음을 통지하여야 한다. 위 통지는 배당요구의 효력발생요건이 아니므로 법원은 언제든지 그 흠결을 보정할 수 있다. 그리고 법원이 이러한 배당요구의 통지를 하지 않더라도 배당요구 자체의 효력에는 영향을 미치지 않는다.

3. 배당요구채권자에 대한 통지

집행력 있는 정본 없이 배당을 요구한 채권자가 있는 때에 채무자는 경매법원으로부터 배당요구의 통지를 받은 날로부터 5일 이내에 그 채권의 인낙 여부를 집행법원에 신고하여야 한다. 신고가 없으면 채무자가 그 채권을 부인한 것으로 취급된다. 법원은 채무자로부터 배당요구채권을 인낙하지 아니한다는 통지를 받거나 5일 이내에 인낙한다는 통지를 받지 아니하였을 때에는 그 배당요구채권자로 하여금 그 채권확정을 위한 소를 제기토록 하기 위하여 그 사실을 배당요구채권자에게 통지하여야 한다. 그러나 실무에서는 사전통지 인낙 여부에 따른 채권확정의 절차를 거치지 않고 일단 이들 채권자에 대한 배당 여부를 반영한 배당표를 바로 작성하고 배당이의의 제기 여부에 따라 배당을 하거나 또는 배당제외, 공탁의 절차를 취하고 있다.

제 5 항 배당요구의 효력

1. 배당요구의 효력발생시기

배당요구는 배당요구신청서가 집행법원에 제출되면 그 신청요건이 구비되어 있는 한 곧바로 효력이 발생하게 된다.

2. 배당요구채권자에게 인정되는 권리

① 배당요구채권자는 일반적으로 경매부동산의 매각대금으로부터 채권의 순위에 따라 배당을 받을 수 있는 권리가 인정된다.
② 배당기일에 소환을 받을 권리가 인정된다.
③ 매각조건의 변경에 대한 합의권한이 인정된다.
④ 매각(낙찰)기일에 출석하여 낙찰허부에 관한 의견진술권
⑤ 매각(낙찰)허부에 대한 항고를 할 수 있는 권리

3. 배당요구를 하지 아니한 경우의 불이익

배당요구를 하여야 배당을 받을 수 있는 채권자[12]는 배당요구의 종기까지 배당요구를 하여야 한다. 만약 그때까지 배당요구를 하지 않은 경우에는 선순위 채권자라도 배당을 받을 수 없다. 그뿐 아니라 자기보다 후순위채권자로서 배당을 받을 자를 상대로 별도의 소송으로 부당이득반환청구를 하는 것도 허용되지 않는다.

---

12) 앞의 '1항의 2.'에서 설명하고 있으니 참고 바람.

제 6 항 채권계산서

1. 채권계산서의 제출

1) 채권계산서를 제출하여야 할 채권자

각 채권자는 배당요구의 종기일까지 그 채권의 원금, 이자, 비용 기타 부대채권의 계산서를 법원에 제출하여야 한다(민사집행법 84조 1항·4항). 위와 같은 채권자에는 집행력 있는 정본을 가진 채권자, 경매개시결정이 등기된 뒤에 가압류를 한 채권자, 민법, 상법 그 밖의 법률에 의하여 우선변제청구권이 있는 채권자 등이다(민사집행법 88조 1항).

2) 채권계산서의 기재사항

채권계산서에는 채권의 원금, 이자, 비용 기타 부대채권의 지출비용을 기재하여야 한다. 원금은 계산서 제출 당시의 원금액이다.

이자의 경우에는 배당요구 종기일까지 제출된 계산서에 이자채권이 기재되어 있는 한 배당요구 종기일 이후 추가로 배당기일까지의 이자를 계산하여 오더라도 그 부분 이자에 대해서는 배당을 하여 준다. 이자채권을 청구하지 않고 있다가 배당요구 종기일 이후 청구하는 것은 인정하지 않는다.

2. 채권계산서의 확장

1) 담보권의 실행을 위한 경매절차에서 경매신청채권자에 우선하는 근저당권자가 배당요구 종기일까지 제출한 채권계산서에 기재한 피담보채권액을 배당요구 종기일 이후 확장하는 내용으로 보정할 수 있다.

2) 경매신청권자가 경매를 신청함에 있어서 그 경매신청서에 그 채권의 일부청구를 한 경우 그 경매절차개시 후에는 청구금액의 확장을 할 수 없다.

3. 경매신청권자의 청구금액 확장

(1) 강제경매신청권자의 청구금액 확장

　강제경매에 있어서 채권의 일부청구를 한 경우에 그 경매절차를 개시한 후에는 청구금액의 확장은 허용되지 않고 그후에 청구금액을 확장하여 배당요구 종기일까지 잔액의 청구를 한 경우 배당요구의 효력으로 배당을 받을 수 있다. 따라서 강제경매개시결정에 의하여 압류의 효력이 발생한 후에 채무자가 경매부동산을 처분하여 그 등기를 경료한 다음 금액확장신청이 있고, 먼저한 강제경매 사건이 강제경매절차에 의하지 않고 종료하게 되면, 청구금액확장신청 이전에 소유권이전등기를 경유한 제3취득자는 그 소유권취득을 확장신청인에게 대항할 수 있다. 예컨대 청구금액확장신청 이전에 경매부동산에 관하여 소유권이전등기를 경유한 제3취득자인 갑이 경매신청 당시의 청구금액을 대위변제하였고, 이에 따라 위 집행권원 중 위 청구금액 부분의 집행력을 배제하는 판결이 제출되었다면 이는 '강제집행을 허가하지 아니하는 집행력 있는 재판의 정본'으로 보아야 할 것이다. 따라서 경매법원이 이 사건 강제경매개시결정을 취소하고, 강제경매 신청을 기각하였음은 정당하다(대결 1983. 10. 15. 83마393).

(2) 임의경매신청권자의 청구금액 확장

　담보권 실행을 위한 경매의 경우에는 채권계산서에 피담보채권을 확장하는 방법으로 나머지 피담보채권액 전체를 청구할 수 없으므로 배당요구의 종기까지 이중압류를 하여야 한다. 그리고 신청채권자가 경매신청서에 경매청구채권으로 이자 등 부대채권을 표시한 경우 나중에 채권계산서에 의하여 부대채권을 증액 하는 방법으로 청구금액은 확장할 수 있다. 다만 경매신청서에 "ㅇ월 ㅇ일까지" 라고 기재한 때에는 채권계산서에 의하여 부대채권을 증액하는 방법으로 확장할 수 있으나 그 확장이 허용되는 기한은 늦어도 배당요구 종기일까지이다(대판 2001. 3. 23. 99다11526). 그러나 부대채권(이자, 지연이자 등)은 경매신청서에 "완제시 까지"로 기재한 경우에는 배당기일까지의 이자를 배당받을 수 있다(이는 청구금액 의 확장이 아니다). 예컨대 경매신청 당시 피담보채권액 중 원금 3억원과 이에 대한 1997. 9. 22.까지의 이자를 합한 금 347,321,071원만을 청구금액으로 기재하여 경매신청을 하였다가, 배당요구 종기일 후인 1998. 5. 29.에 이르러 비로소 청구금액을 원금 3억원과 이에 대한 배당기일까지의 이자를 합한 금 393,959,427원으로 증액하는 내용의 채권계산서를 제출하여 그 지연이자 부분을 확장한 경우, 이 사건 청구금액의 확장은 그 종기인 배당요구 종기일을 경과하여 이루어진 것으로서 효력이 없다.

4. 채권계산서를 제출하지 않은 경우

첫 경매개시결정등기 전에 등기된 가압류채권자와 저당권·전세권, 그 밖의 우선변제청구권으로서 첫 경매개시결정등기 전에 등기되었고 매각(경매)으로 소멸하는 것을 가진 채권자가 채권의 유무와 그 원인 및 액수(원금·이자·비용, 그 밖의 부대채권을 포함한다)를 배당요구의 종기까지 법원에 신고하지 아니한 때에는 그 채권자의 채권액은 등기부등본 등 집행기록에 있는 서류와 증빙에 따라 계산하여 배당한다. 이 경우에는 다시 채권액을 추가로 제출하여도 원칙적으로 반영하지 않는다(민사집행법 84조 4항 및 5항, 148조 3호 및 4호).

체납처분의 압류등기가 되어 있는 경우 조세채권자가 배당요구 종기일까지 세액을 계산할 수 있는 증빙서류를 제출하지 않았다 하더라도 경매법원은 압류등기 촉탁서에 의한 체납세액을 조사하여 배당한다.

우선변제를 받을 저당권자가 계산서를 제출하지 않은 때에는 등기부 기재의 채권최고액이 채권액으로 된다.

5. 채권신고의 최고 및 불신고의 효과(민사집행법 84조 4항·5항, 동법 148조 3항·4항)

(1) 의의

담보권의 실행을 위한 경매절차에서 경매신청채권자에 우선하는 근저당권자는 배당요구를 하지 아니하더라도 당연히 등기부상 채권최고액의 범위 내에서 그 순위에 따른 배당을 받을 수 있으므로, 그러한 근저당권자가 채권계산서를 제출하지 않았다고 하더라도 배당에서 제외할 수 없고, 또한 그 근저당권자가 경락기일 전에 피담보채권액에 관한 채권계산서를 제출한 경우에도 그 후 배당표가 작성될 때까지는 피담보채권액을 보정하는 채권계산서를 다시 제출할 수 있으며, 이 경우 배당법원으로서는 특별한 사정이 없는 한 배당표 작성 당시까지 제출된 채권계산서와 증빙 등에 의하여 그 근저당권자가 채권최고액의 범위 내에서 배당받을 채권액을 산정하여야 한다.13)

(2) 채권신고를 한 경우(민사집행법 84조 5항 본문)

1) 사실관계

주택은행으로 된 근저당권설정등기가 1순위로 경료되었고, 1996. 2. 7. 채권최고액 36,000,000원, 채무자 송명길, 근저당권자 소외 주식회사 동남은행으로 된 근저당권설정등기가 2순위로 경료되었다. 위 주식회사 동남은행의 2번 근저당권은 그 피담보채권과 함께 피고 주식회사 한국주택은행을 거쳐 한국자산관리공사(원고)에게 양도, 이전되었다.

주식회사 한국주택은행은 위 1번 근저당권에 기하여 서울지방법원 남부지원 99타경14584호로 이 사건 부동산에 대한 임의경매를 신청하였다. 위 임의경매절차에서 원고는 2000. 6. 20. 경매법원에 원고의 채권액이 배당기일인 2000. 6. 27. 현재를 기준으로 1996. 2. 8.자 대출금 30,000,000원 중 미상환원금 18,511,225원 및 연체이자 7,604,652원 합계 26,115,877원이라는 내용의 채권계산서를 제출하였다. 위 경매법원은 위 채권계산서 등을 기초로 1순위로 선순위 근저당권자인 주식회사 한국주택은행에 11,700,000원, 2순위로 후순위근저당권자인 원고에게 26,115,877원…, 각 배당하는 내용으로 배당표 원안을 작성하였다. 그런데 원고는 배당기일 당일인 2000. 6. 27. 14:00경 카드론 대출금 10,834,425원, 신용카드 사용대금 261,897원 및 연체이자, 가지급금 등을 추가하여 원금 29,627,497원, 이자 10,178,659원 합계 39,806,156원으로 된 채권계산서를 다시 제출하였다. 그로부터 30분 후에 열린 배당기일에서 원고가 위 배당표 중 가압류권자들에 대한

---

13) 대판 1999. 1. 26. 98다21946.

배당액 전부에 대하여 이의를 하므로, 경매법원은 가압류권자들을 제외한 나머지 부분에 대하여만 기작성된 원안대로 배당표를 확정하고 배당을 실시하였다.

2) 2차 채권계산서 반영의 적부

부동산을 가압류하기 이전에 원고의 근저당권이 설정되었으므로, 원고가 근저당권자로서 2차로 제출한 채권 계산서상의 채권 39,806,156원에 대하여 채권최고액 36,000,000원의 범위 내에서 가압류권자인 피고들에 우선하여 배당을 받아야 하는데, 경매법원은 1차로 제출한 채권계산서상의 채권액에 대하여만 배당을 하였으므로, 배당표 중 원고에 대한 배당액 26,115,877원은 33,889,113원으로…, 각 경정되어야 한다.

따라서 배당표 원안[14]이 작성되어 이해관계인의 열람에 제공된 이후에 근저당권자가 피담보채권액을 보정하는 채권계산서를 제출한 경우에는 경매법원이 일단 지정한 배당기일을 변경하거나 속행하여 추가로 제출된 채권계산서를 배당표에 반영시키거나, 당해 근저당권자가 배당이의 및 배당이의의 소에 의하여 배당표의 경정을 구하거나 또는 부당이득 반환청구의 소를 통하여 상대적으로 조정하여야 할 것이다.

3) 피담보채권의 범위

은행과의 사이에 근저당권설정계약을 체결할 때 작성된 근저당권설정계약서에 '채무자가 은행 본·지점에 현재 및 장래 부담하는 여신거래로 인한 모든 채무를 담보하기 위하여 부동산에 근저당권을 설정한다.'는 취지의 기재가 있는 경우 그 기재는 채무의 종류나 성립시기에 관계없이 모든 채무를 담보하기로 하는 이른바 포괄근저당권을 설정한다.

예컨대 주식회사 갑 은행이 을에게 30,000,000원을 대여하면서 대여금액의 120%에 상당한 36,000,000원을 채권최고액으로 하여 근저당권을 설정하였다 하더라도, 위와 같은 대출금액과 채권최고액의 비율만으로는 위 갑 은행과 을이 위 대출원리금채권만을 담보할 의사로 근저당권설정계약을 체결하였다고 보기는 어렵고 달리 이를 인정할 만한 증거가 없다(서울지법 남부지판 2000. 11. 21. 2000가단31995).

---

14) 배당기일 3일 전에 작성·비치하는 배당표란 본래의 의미의 배당표의 전단계, 즉 배당표 원안(원안)을 가리키고, 배당표는 배당기일에 출석한 이해관계인과 배당요구채권자를 심문하여 최종적으로 작성·확정된다.

이외에도 "조세채권자인 국가가 국세징수법 제56조에 따라서 경매법원에 대하여 국세의 교부를 청구하는 것은 민사소송법상의 배당요구와 성질이 같은 것이고, 경매개시결정의 기입등기가 이루어지기 전에 조세의 체납에 의한 압류등기가 이미 되어 있는 경우에는 따로 교부청구를 하지 아니하더라도 그 등기로써 교부청구의 효력이 있는 것이다. 따라서 이러한 경우에는 낙찰기일까지 교부청구서 기타 그 세액을 알 수 있는 증빙서류가 전연 제출되어 있지 아니하였다 하더라도 국가를 배당에서 제외할 수는 없고, 또한 국가는 일단 체납세액에 관한 교부청구를 하였다고 하더라도 그 후 배당표가 작성될 때까지는 체납세액을 보정하는 서류와 증빙을 다시 제출할 수 있으며, 경매법원으로서는 배당표 작성 당시까지 제출된 서류와 증빙 등에 의하여 국가가 위 압류등기상의 청구금액의 범위 내에서 배당받을 체납세액을 산정하여야 한다"[15]고 판시하고 있다.

(3) 채권신고를 하지 않은 경우(민사집행법 84조 5항 단서)

원심이 적법하게 확정한 사실에 의하면 관할세무서장이 이 사건 토지에 관하여 경매개시결정이 되기 전에 국세체납처분의 절차로서 압류의 등기를 마쳤다는 것이므로 경락기일까지 꼭 교부청구를 할 필요는 없다고 하더라도, 관할세무

---

15) 이 사건에 관하여 보건대, 앞서 인정한 것처럼 원고는 이 사건 임야에 대한 경매개시결정의 기입등기가 경료되기 전인 1997. 7. 12. 위 이인규의 체납세액 94,824,790원 중 36,450,990원은 법정기일이 1996. 1. 16., 나머지 58,373,800원은 법정기일이 1997. 3. 16.인 것으로 하여 이 사건 임야를 압류하였으므로, 그 후 원고가 낙찰기일 전인 1999. 9. 16. 88,857,940원의 교부청구를 하면서 그 중 26,455,990원만이 위 근저당권설정등기일보다 법정기일이 앞서는 것으로 신고하였다 하더라도 그 배당기일 전인 1999. 12. 11. 다시 이를 정정하여 163,955,820원의 교부청구를 하면서 그 중 84,757,290원이 위 근저당권 설정등기 경료일보다 법정기일이 앞서는 것으로 신고한 이상, 경매법원은 최초 압류 당시의 청구금액 중 위 근저당권설정등기일보다 법정기일이 앞서는 것으로 하여 압류하였던 36,450,990원 범위 내의 체납세액에 관하여는 피고에 우선하여 배당하였어야 한다. 따라서 종합소득세 94,824,790원의 체납을 이유로 이 사건 임야를 압류하였고, 그 중 84,757,290원의 조세는 피고의 위 근저당권설정등기 경료일보다 법정기일이 앞서는 것인데도 원고의 담당공무원이 착오로 위와 같이 1999. 9. 16. 경매법원에 88,857,940의 조세채권 중 26,455,990원만이 우선권 있는 것으로 잘못 교부청구를 하였다가 1999. 12. 11. 다시 우선권 있는 조세채권을 84,757,290원으로 정정하여 다시 교부청구를 하였으나, 경매법원은 원고가 잘못 교부청구한 26,455,990원만을 피고에게 우선하여 배당하고 후순위 채권자인 피고에게 4,500만원을 배당하였는바, 경매부동산에 관하여 국세체납처분에 의한 압류등기가 되어 있는 경우에는 교부청구를 한 효력이 있는 것으로 보아야 하므로, 원고가 위와 같이 처음에는 잘못된 교부청구를 하였으나 나중에 이를 제대로 정정한 이상 피고에게 배당한 4,500만원도 원고에게 우선하여 배당하였어야 한다. 따라서 피고는 원고에게 위 배당금을 부당이득으로 반환할 의무가 있다(서울지판 2001. 1. 12. 2000나51833).

서장이 원고은행의 채권에 우선하여 배당을 받으려는 토지초과이득세는 경락기일(1990. 12. 7.임이 기록상 명백하다)이 지난 후에 납부고지되고 교부청구된 것으로서, 개포세무서장이 경락기일까지 그 세액을 계산할 수 있는 증빙서류를 제출할 여지가 없었던 것이므로, 이 사건 토지의 매각대금으로부터 배당을 받을 수 없다고 보아야 할 것이다(대판 1994. 3. 22. 93다19276). 그리고 부대채권을 "월 0일까지"라고 기재한 때에는 채권계산서에 의하여 부대채권을 증액하는 방법으로 청구금액을 확장할 수 있으나 그 확장은 늦어도 배당요구 종기까지는 이루어져야 한다(대판 2001. 3. 23. 99다11526호). 다만, 부대채권을(이자, 지연이자 등) 경매신청서에 "완제 시까지"로 기재한 경우에는 배당기일까지의 이자를 배당받을 수 있다.

(4) 정리

선순위근저당권의 피담보채권은 그 근저당권이 소멸하는 때, 즉 매수인이 매각대금을 완납한 때에 확정된다. 따라서 채권이 매각대금 지급시까지 발생한 것이기만 하면 채권최고액 범위 내에서는 배당요구의 종기 이후라도 채권계산서의 제출에 의하여 배당요구 채권액을 확장할 수 있다(대판 1999. 1. 26. 98다21946).

따라서 민사집행법 제148조 3호 및 제4호의 채권자가 배당요구의 종기까지 채권을 신고한 경우에는 다시 채권액을 추가할 수 있다(민사집행법 84조 5항 단서). 예컨대 갑의 경매개시결정등기 이전에 근저당권을 설정한 을의 채권최고액이 1억원이고 실제 대여금채권은 7,000만원, 그리고 매각대금납부시까지 발생한 채권이 1,000만원이 있다. 이때 을이 배당요구 종기일까지 7,000만원에 대한 채권신고를 하였다면 배당기일까지 1,000만원에 대한 채권계산서를 제출하여 배당을 받을 수 있다. 그러나 을이 배당요구 종기일까지 7,000만원에 대한 채권신고를 하지 않았다면 추가로 발생한 1,000만원에 대해서는 청구할 수 없을 것이다.

제 2 절
배당순위

제1항 서설

　배당채권자들이 모두 일반채권자들이라면 채권발생의 선후나 집행권원의 유무에 관계없이 각 채권자들은 채권액에 비례한 평등한 비율로 배당을 받게 되겠지만 민법, 상법 기타 법률에 의하여 일반채권자보다 우선하여 배당받을 수 있도록 규정하고 있는 채권자들이 있다면 이러한 채권자들에 대해서는 우선적으로 변제하여야 하기 때문에 배당표에 각 채권의 배당순위를 정하여 배당금을 지급하도록 해야 한다. 배당순위는 번호로 표시하며 동일순위인 채권자가 여러명인 경우에는 같은 번호로 표시한다. 낙찰대금으로 각 채권자의 채권 및 비용을 변제하기가 충분하지 않은 경우에는 민법, 상법 기타 법률의 규정에 의한 배당순위에 따라 배당을 하여 주게 된다. 이에 대한 각 채권자의 배당순위는 다음과 같다.

- 배 당 순 위 -

1. 매각재산에 조세채권의 법정기일 전에 설정된 저당권·전세권에 의하여 담보되는 채권이 있는 경우
　제1순위(집행비용): 경매신청비용인 집행비용은 매각대금으로부터 배당순위에 따른 금액을 산정할 때 우선 공제하고 배당한다.

제2순위(제3취득자의 비용상환청구권): 저당물의 제3취득자가 그 부동산의 보존·개량을 위하여 지출한 필요비·유익비(민법 367조)

제3순위(주택이나 상가의 소액보증금, 최종 3개월분의 임금과 최종 3년간의 퇴직금 및 재해보상금)

1) 주택 및 상가 임대차보호법상 소액보증금중 일정액
2) 근로기준법상의 임금채권 중 최종 3개월분의 임금채권, 최종 3년간의 퇴직금과 재해 보상금(근로기준법 37조 2항).

제4순위(당해세)

1) 국세(상속세·증여세·종합부동산세)
2) 지방세(재산세·자동차세·도시계획세·공동시설세)

제5순위(국세·지방세의 법정기일 전에 설정된 저당권·전세권에 의하여 담보되는 채권)

1) 전세권
2) 저당권
3) 담보가등기
4) 확정일자부 주택 및 상가 임차보증금
5) 임차권

제6순위(일반임금)

근로기준법 제38조 제2항의 임금 등을 제외한 임금 기타 근로관계로 인한 채권(근로기준법 38조 1항).

제7순위(조세채권)

국세 지방세등 지방자치단체의 징수금, 다만 법정기일등이 담보물권설정등기 이전인 경우에는 후순위 담보물권의 피담보채권과 일반 임금채권에 앞선다.

제8순위(공과금)

1) 국민건강보험료
2) 산업재해보상보험료
3) 국민연금보험료

제9순위(일반채권)

2. 매각재산에 조세채권의 법정기일 후에 설정된 저당권·전세권에 의하여 담보되는 채권이 있는 경우

1, 2, 3 순위: 앞에서 본 바와 같다.

4순위: 조세 기타 이와 동순위의 징수금(당해세 포함)

5순위: 조세 다음 순위의 공과금 중 납부기한이 저당권·전세권의 설정등기보다 앞서는 고용보험 및 산업재해보상보험의 보험료 징수등에 관한 법률상의 보험료 그 밖의 징수금, 구 국민의료보험법상의 의료보험료, 국민건강보험법상의 건강보험료 및 국민연금법상의 연금보험료

6순위: 저당권·전세권에 의하여 담보되는 채권

7순위: 임금 기타 근로관계로 인한 채권

8순위: 조세 다음 순위의 공과금 중 산업재해보상보험법상의 산업재해보상보험법상의 산업재해보상보험료 기타 징수금, 구 의료보험법에 의한 의료보험료, 구 국민연금법에 의한 연금보험료 및 납부기한이 저당권·전세권의 설정등기보다 후인 고용보험및 산업재해보상보험의 보험료징수등에 관한 법률상의 보험료 그 밖의 징수금, 구 국민의료보험법상의 의료보험료, 국민건강보험법상의 건강보험료 및 국민연금법상의 연금보험료

9순위: 일반채권

3. 매각재산에 저당권 등에 의하여 담보되는 채권이 없는 경우

1, 2, 3순위: 앞에서 본 바와 같다.

4순위: 임금 기타 근로관계로 인한 채권

5순위: 조세 기타 이와 동순위의 징수금(당해세 포함)

6순위: 조세 다음 순위의 공과금

7순위: 일반채권

제 2 항 각 권리자의 배당순위

1. 제1순위(집행비용)

집행비용은 경매절차를 진행하기 위하여 경매신청권리자가 경매를 신청하면서 예납한 금액으로 낙찰대금에서 1순위로 지급받는다. 집행비용은 전체 채권자를 위한 공익비용이기 때문에 일반적으로 배당채권의 범위에는 포함하지 않는다고 본다.

2. 제2순위(제3취득자의 비용상환청구권)

저당물의 제3취득자가 그 부동산의 보존, 개량을 위하여 필요비 또는 유익비를 지출한 때에는 민법 제203조 제1항·2항의(점유자의 비용상환청구권)의 규정에 의하여 저당물의 경매대가에서 우선상환받을 수 있다(민법 367조). 민법 제367조가 저당물의 제3취득자가 그 부동산에 관한 필요비 또는 유익비를 지출한 때에는 저당물의 경매대가에서 우선상환을 받을 수 있다고 규정한 취지는 저당권설정자가 아닌 제3취득자가 저당물에 관한 필요비 또는 유익비를 지출하여 저당물의 가치가 유지·증가된 경우, 매각대금 중 그로 인한 부분은 일종의 공익비용과 같아 보아 제3취득자가 경매대가에서 우선상환을 받을 수 있다는 것이다.[1] 따라서 건물의 증축비용을 투자한 대가로 건물에 대한 지분이전등기를 경료받았으나 저당권의 실행으로 그 권리를 상실한 자는 건물에 관한 제3취득자로서 필요비 또는 유익비를 지출한 것이 아니므로 저당물의 경매대가에서 우선상환을 받을 수 없다. 예컨대 갑이 건물의 증축을 을에게 하여 주고, 갑은 그에 대한 대가로 건물에 관한 지분이전등기를 경료받았다가 저당권의 실행으로 인하여 그 권리를 상실하게 된 경우에는 이 건물에 관한 제3취득자로서 필요비 또는 유익비를 지출한 것으로 볼 수 없다. 여기서 제3취득자는 저당권이 설정된 후에 저당목적물을 양

---

1) 대판 2004. 10. 15. 2004다36604.

도받은 양수인, 또는 그 저당부동산 위에 지상권이나 전세권을 취득한 자를 의미한다(민법 364조).[2] 제3취득자는 목적물 위에 유치권을 가지기도 하지만, 경매대금에서 지출한 비용에 대해 우선상환을 받게 하자는 데 본 조의 취지가 있으며, 본조는 제203조 제3항의 규정을 준용하고 있지 않으므로, 경매법원은 제3취득자가 지출한 유익비의 상환에 관해 상당한 상환기간을 유예할 수 없다.[3]

제3취득자가 부동산의 가치를 위하여 지출된 비용상환은 일종의 공익비용이므로 우선적으로 배당하여야 할 것이다. 실무에서는 제3취득자가 지출한 비용을 청구하는 예는 많지 않다. 제3취득자가 부동산의 가치를 유지, 증가하기 위하여 지출한 필요비와 유익비에 대해 법원은 유치권의 성립을 인정하여 배당요구를 하지 않았더라도 그 권리를 상실하는 것은 아니므로 제3취득자가 배당을 받을 수 있었던 채권액을 한도로 낙찰자에게 유치권을 행사할 수 있다고 보고 있다.[4]

3. 제3순위(우선특권)

우선특권에 해당하는 권리에는 소액임차인, 임금채권(임금채권 중 최종 3개월분의 임금채권과 최종 3년간의 퇴직금과 재해보상금), 당해세가 있다. 위 3가지의 권리가 경합하는 경우에는 소액임차인과 임금채권은 동등한 순위로 배당한다(송민91-2). 그리고 소액임차인과 임금채권은 제4순위에 해당하는 당해세에 우선하여 배당한다.

1) 주택임대차보호법상 소액보증금 중 일정액

우선채권 중 주택소액보증금채권은 보증금금액의 범위와 관계없이 언제나

---

2) 김형배, 민법학강의, 신조사, 2004, 606면.

3) 김준호, 민법강의, 법문사, 2002, 761면.

4) 임차인이 지출한 필요비 및 유익비에 대해 법원은 유치권의 성립을 인정하여 유치권자는 필요비 및 유익비의 금액을 변제받을 때까지 목적물을 점유할 수 있다고 판시하고 있다(대판 1975. 2. 22. 78다2010). 그러나 임차인이 위와 같은 필요비와 유익비를 주장하기 위해서는 임대차계약서상에 "임차인은 임대차계약 종료 후 목적물을 원상회복해야 한다"라는 약정을 하지 않았어야 한다(대판 1974. 4. 22. 75다 2010). 왜냐하면 필요비와 유익비에 대한 법의 규정은 임의규정이기 때문에 당사자의 약정으로 배제할 수 있고, 임대차관계 종료 후 건물을 원상으로 복구하여 임대인에게 명도하기로 약정한 경우에는 임차인의 필요비와 각종 유익비를 포기한 것으로 보아 유치권이 발생하지 않기 때문이다. 한편 임차인이 입주하면서 임대차 계약서상에 가스보일러를 설치하면서 지출한 비용에 대하여 임대인이 지불하기로 약정한 경우에는 유익비가 인정되어 배당을 청구할 수 있을 것이다.

타물권보다 우선하는 것이 아니다. 이 법이 시행일 이후에 담보물권자에 우선하여 변제받을 수가 있다.

왜냐하면 소액임차인의 최우선변제금액은 물가상승이나 금리 등으로 계속 인상되고 있기 때문에 소액임차인 최우선변제금액이 인상될 때 각 법 시행일 이후에 금융업계나 일반 사채업계에서 금전을 대여하고 저당권을 설정할 때에 방 1개당 소액보증금은 최우선변제로 배당받아갈 것으로 미리 예상하여 부동산을 평가하여 아예 이 금액을 제하고 평가하여 담보를 설정하였기 때문이다. 그러나 담보권자가 아니고 가압류권자에 대해서는 소액임차인의 요건을 갖추고 있어도 그 가압류권자에 우선하여 변제받는 것은 아니다.

2) 임금채권

① 의의

일반적으로 회사가 도산하면 그 회사재산을 처분하여 소위 빚 잔치를 하게 되는데 이럴 때 먼저 회사의 근저당권자, 국세, 지방세 등의 순서로 나눠주게(이 것을 배당이라 함) 된다. 이러다 보니 회사에서 열심히 일한 직원들은 월급은 물론이고 퇴직금도 못 받아 생계 자체를 위협받는 상황이 생기게 된다. 그래서 이러한 근로자의 생계보장 등을 목적으로 모든 권리보다 우선하여 근로자들이 부도 등으로 받지 못한 임금을 먼저 배당받을 수 있도록 한 제도가 임금채권에 대한 우선특권이다.[5]

② 근로기준법상의 임금채권 중 최종 3개월 분의 임금채권(최종 3년분의 퇴직금과 재해보상금을 포함한다)

임금채권의 우선특권 중 최종 3개월 분의 임금채권과 최종 3년간의 퇴직금,

---

5) 근로기준법 38조(임금채권 우선변제)
　① 임금, 재해보상금 그 밖에 근로관계로 인한 채권은 사용자의 총재산에 대하여 질권·저당권 또는 동산·채권 등이 담보에 관한 법률에 따른 담보권에 따라 담보된 채권을 제외하고는 조세·공과금 및 다른 채권에 우선하여 변제되어야 한다. 다만, 질권·저당권 또는 동산·채권 등의 담보에 관한 법률에 따른 담보권에 우선하는 조세·공과금에 대하여는 그러하지 아니하다.
　② 제1항에도 불구하고 다음 각 호의 1에 해당하는 채권은 사용자의 총재산에 대하여 질권·저당권 또는 동산·채권 등의 담보에 관한 법률에 따른 담보권에 따라 담보된 채권, 조세·공과금 및 다른 채권에 우선하여 변제되어야 한다.
　　1. 최종 3개월분의 임금
　　2. 재해보상금
　③ 제2항 제2호의 퇴직금은 계속근로년수 1년에 대하여 30일분의 평균임금으로 계산한 금액으로 한다.

재해보상금은 타 채권자(다른 담보물권자 및 모든 국세 등 채권자)보다 우선하여 배당을 받아 갈 수 있다. 따라서 저당권 등 우선변제권자는 최종 3개월분의 임금채권이 고액으로 되어 있는 경우에는 후순위 채권자가 되어 배당을 한푼도 못 받는 경우가 발생할 수도 있다. 예컨대 1번 저당권자가 임의경매를 신청하였는데 채무자 직원들의 최종 3월분 임금과 최종 3년간의 퇴직금의 배당요구로 결국 저당권자는 물권인데도 불구하고 임금채권으로 채권을 전액 회수할 수 없는 문제가 발생하기도 한다. 따라서 담보물권을 사용주의 재산에 설정할 때에는 근로자의 인원과 임금 등을 확인할 필요가 있다. 그래도 사용주의[6] 부도가 발생한 때에는 정규 근로자가 아닌 자들을 법원에 신고하여 배당을 받아가는 문제가 있다. 그래서 법원에서는 근로자의 확인을 위하여 의료보험이나 국민연금, 근로감독관의 확인서 등 관계서류의 제출을 요하기도 한다.

사용자 소유의 수개의 부동산 중 일부가 먼저 경매되어 그 경매대가에서 임금채권자가 우선특권에 따라 우선변제받은 결과 그 경매한 부동산의 저당권자가 수개의 부동산으로부터 임금채권이 동시배당되는 경우보다 불이익을 받는 경우가 있다. 이때에는 동일한 주채무자의 목적물에 공동저당을 설정하고 개별경매를 한 경우에 인정되는 물상대위(민법 368조 2항)를 준용하여 다른 부동산의 경매대가에서 변제를 받을 수 있었던 금액의 한도에서 선순위임금채권자를 대위하여 우선하여 배당을 받을 수 있다.[7] 그러나 임금채권자가 먼저 저당권실행이 이루어진 목적물에 배당요구신청을 하지 않았다가 나중에 이루어진 목적물에 배당요구신청을 하여 우선배당을 받아가고, 결국 담보물권자가 배당을 받지 못한 경우

---

6) 임금채권 우선특권조항은 "사용자의 총재산에 대해서"라고 규정하고 있는데 여기서 사용자는 법인에서는 그 법인만을 말하며 그 대표이사나 이사 등은 포함하지 않는다고 보아야 한다. 그리고 개인기업에서는 그 개인기업주를 말하기 때문에 개인이 가진 모든 재산에 대해서 근로자는 최우선변제권을 행사할 수 있다.

7) 임금채권 우선특권은 사용자의 총재산에 대하여 저당권 등에 의하여 담보된 채권, 조세 등에 우선하여 변제받을 수 있는 이른바 법정담보물권으로서, 사용자 소유의 수개의 부동산 중 일부가 먼저 경매되어 그 경매대가에서 임금채권자가 우선특권에 따라 우선변제받은 결과 그 경매한 부동산의 저당권자가 민법 제368조 제1항에 의하여 위 수개의 부동산으로부터 임금채권이 동시 배당되는 경우보다 불이익을 받은 경우에는, 같은 조 2항 후문을 유추적용하여 위와 같이 불이익을 받은 저당권자로서는 임금채권자가 위 수개의 부동산으로부터 동시에 배당받았다면 다른 부동산의 경매대가에서 변제를 받을 수 있었던 금액의 한도 안에서 선순위자인 임금채권자를 대위하여 다른 부동산의 경매절차에서 우선하여 배당받을 수 있다(대판 2002. 12. 10. 2002다48399).

에는 먼저 저당권실행에 의하여 배당을 받은 담보물권자들에게 물상대위(민법 368조 2항)를 인정하지 않고 있다.[8] 그래서 사용주 소유의 수개의 부동산 중 어느 하나만 저당권을 설정한 경우에는 연체가 되고 있어도 먼저 저당권을 실행하지 않으려는 현상이 발생한다. 이때에는 저당권을 설정하기 이전 다른 목적물에 이미 저당권을 설정한 자와 협의한 후 설정을 하는 방안도 필요하다.

• 근로기준법(1997. 3. 13. 법률 5309호로 제정되기 전의 것) 제30조의2 제2항에서 정한 근로자의 최종 3개월분의 임금에 대한 우선특권 규정에 의하여 보호되는 임금채권의 범위는 퇴직의 시기를 묻지 아니하고 사용자로부터 지급받지 못한 최종 3개월분의 임금을 말한다고 할 것이고, 반드시 사용자의 도산 등 사업폐지시로부터 소급하여 3월 내에 퇴직한 근로자의 임금채권에 한정하여 보호하는 취지라고 볼 수 없다.[9] 최종 3개월분 임금, 최종 3년분 퇴직금을 제외한 임금은 "일반임금"에 해당되어 그 순위에 배당된다.

• 근로기준법 제37조 제2항에 의하면, 근로관계로 인한 채권 중 최종 3개월분의 임금, 재해보상금의 채권은 사용자의 총재산에 대하여 질권 또는 저당권에 의하여 담보된 채권, 조세·공과금 및 다른 채권에 우선하여 변제되어야 한다고 규정하고 있다. 따라서 위와 같은 임금 등 채권의 최우선변제권은 근로자의 생활안정을 위한 사회정책적 고려에서 담보물권자 등의 희생아래 인정되고 있는 점, 민법 제334조, 제360조 등에 의하면 공시방법이 있는 민법상의 담보물권의 경우에도 우선변제권이 있는 피담보채권에 포함되는 이자 등 부대채권 및 그 범위에 관하여 별도로 규정하고 있음에 반하여, 위 근로기준법의 규정에는 최우선변제권이 있는 채권으로 원본채권만을 열거하고 있는 점 등에 비추어 볼 때, 임금 등에 대한 지연손해금 채권에 대하여는 최우선변제권이 인정되지 않는다.[10]

주택임대차보호법 제8조의 규정에 의한 소액임차인 최우선 변제금액과 근로기준법 제37조 제2항에 규정된 최종 3월분의 임금, 최종 3년간의 퇴직금 및 재해보상채권이 서로 경합하는 경우 두 채권은 상호 간의 우열을 정하고 있지 않기 때문에 동등한 순위의 채권으로 보아 배당을 실시한다.

---

8) 사견으로는 부당이득으로 반환청구가 인정되어야 할 것으로 본다.
9) 대판 1997. 11. 14. 97다32178.
10) 대판 2000. 1. 28. 99마5143.

【교부금청구서】

교 부 금 청 구 서

세   관

사건번호 : 20 타경8482

수   신 : 서울지방법원

참   조 : 경매33계

체납자	주소 또는 거소	대치동 65번지 쌍용아파트 8-1008
	성명	나홀로
교부청구금액		금, 삼십오만삼천구백육십원 정(353,960원 정)
경매물건		서울시 강남구 대치동 65번지 쌍용아파트 8-1008

체납액명세서							
제목	연도	과세번호	납기	본세	가산금	계	물건지
종합토지세	20.10	57513	20. 10. 10.	306,980	46,980	353,960	당해세
합계						353,960	

지방세법 제26조 제1항 제4호 및 동법 제31조의 사유로 인하여 위 금액을 교부코
자 국세징수법 제56조의 규정에 의하여 청구합니다.

20. 2. 20.

○ ○구청장

4. 제4순위(당해세)

당해세란 집행의 목적물에 대하여 부과된 국세와 가산금을 말한다(국세기본법
35조 1항 3호). 이는 국세와 지방세로 나누어진다. 당해세는 제3취득자의 비용상
환청구권이나 소액임차보증금 중 일정액, 임금채권 중 일정액을 제외하고는 우
선하여 배당받을 수 있는 우선특권이 있다.

조세와 저당권·전세권의 피담보채권 사이의 우선순위는 조세의 법정기일
또는 법정의무 성립일 등과 저당권설정 등기일의 선후를 따져 정한다.[11]

---

11) 국세의 법정기일 또는 지방세의 과세기준일, 납세의무성립일 전에 설정등기된 저당권에 의하여
담보된 채권은 제3순위의 우선변제권에 따라 배당이 이루어진다. 제3순위에 해당하는 권리의
종류에는 전세권·저당권·담보가등기·확정일자부 주택임차보증금이 있다. 저당권이 일반채권
자보다 우선하여 변제받기 위하여는 경매개시결정등기일 이전에 등기되어 있어야 한다. 저당권
상호 간에는 저당권설정등기의 선후에 의하여 우선순위가 정하여진다. 저당권자와 전세권자·
임차권등기자·확정일자 받은 임대차계약자도 그 등기의 전후와 확정일자의 순위에 따라 배당

그런데 당해세가 언제나 담보물권자에 대하여 우선하지는 않는다. 예컨대 원래 부동산은 갑의 소유이었는데, 갑이 을에게 증여하고 동일일에 을 명의로 증여를 원인으로 한 소유권이전등기를 마쳤다. 이후 을은 이 부동산에 관하여 채무자를 병, 근저당권자를 병으로 하는 근저당권설정등기를 마쳤다. 이후 천안 세무서장은 위와 같은 증여를 과세원인으로 하여 을에 대하여 증여세 4,573,712 원 납기를 갖은 해로 하였고 근저당권인 병은 이 사건 근저당권에 기하여 임의 경매를 신청하여 이 사건 부동산이 2,200만원에 경락되었다. 이후 이루어진 배당절차에서 경매법원은 실제 배당할 금 20,213,632원을 배당함에 있어 제1순위로 소액임차인 김승이에게 800만원을, 제2순위로 교부청구권자인 천안시에 72,000원을, 제3순위로 근저당권자인 병(피고)에게 10,314,474원을, 제4순위로 교부청구권자인 원고에게 427,350원을, 제5순위로 근저당권자인 한명애에게 1,412,808원을 각 배당하였다. 이에 대하여 국세기본법 제35조 제1항 제3호는 공시를 수반하는 담보물권과 관련하여 거래의 안전을 보장하려는 사법적(사익적) 요청과 조세채권의 실현을 확보하려는 공익적 요청을 적절하게 조화시키려는데 그 입법의 취지가 있으므로, 당해세가 담보물권에 의하여 담보되는 채권에 우선한다고 하더라도 이로써 담보물권의 본질적 내용까지 침해되어서는 아니 되고, 따라서 같은 법 제35조 제1항 제3호 단서에서 말하는 '그 재산에 대하여 부과된 국세'라 함은 담보물권을 취득하는 사람이 장래 그 재산에 대하여 부과될 것을 상당한 정도로 예측할 수 있는 것으로서 오로지 당해 재산을 소유하고 있는 것 자체에 담세력을 인정하여 부과되는 국세만을 국세만을 의미하는 것으로 본다.[12]

한편 "담보물권을 취득하는 사람으로서는 당해 토지가 장차 과세기간 종료일 현재의 이용 상황에 의하여 유휴토지 등에 해당하는 것으로 판정될 것인지, 당해 토지의 가액이 과세기간 동안 정상지가상승분을 초과할 정도로 상승할 것인지, 그에 따라 부과될 토지초과이득세의 세액은 어느 정도에 달할 것인지 등에 관하여 예측하기가 쉽지 않다"는 이유로 토지초과이득세에 대해서도 당해세

을 한다. 또한 저당권설정등기와 담보가등기의 배당순위도 같은 제3순위에 해당하기 때문에 이 때에는 가등기일자와 저당권일자를 비교하여 먼저 등기한 자가 우선하여 배당을 받는다. 확정일자의 효력이 저당권설정일자와 같은 날 효력이 발생하는 경우에는 확정일자 받은 임차인과 저당권자가 그 채권액에 비례하여 안분하여 배당을 받는다.

12) 대판 2001. 1. 30. 2000다47972.

를 부정하였다(대판(전) 1999. 3. 18. 96다23184). 그리고 저당권설정자가 그 피담보
채권에 우선하여 징수당할 아무런 조세의 체납도 없는 상태에서 사망한 경우에
그 상속인에 대하여 부과한 상속세는 이를 당해세라 하여 우선 징수할 수 없으
며(대판 1996. 7. 12. 96다21058), "근저당권을 설정할 당시 장래 이 사건 증여세 및
가산금은 장래 그 재산에 대하여 부과될 것을 상당한 정도로 예측할 수 있는 것
이 아니라 할 것이라 하여도 당해세에 해당한다고 볼 수 없다"판시하고 있다(부
산고판 2000. 8. 9. 2000나2917).

그러나 경락인에게 대항할 수 있는 용익권이 있는 물건에 응찰하고자 할 때
에는 당해세액이 얼마나 되는지 확인하고 입찰에 참여해야 불의의 손해를 당하
지 않게 된다. 얼마전 2번 저당권자가 임의경매를 신청하고, 1순위 확정일자와
대항력요건을 갖춘 임차인이 배당요구신청을 하여 입찰자는 임차인이 법원에서
1순위로 배당받을 것을 예상하고 낙찰받았는데 나중에 한푼도 배당받지 못한 경
우가 있다. 내용을 알아본 본 물건에는 당해세가 3,800만원이나 있었는데 입찰
자는 이러한 사실도 모르고 1순위자인 확정일자 받은 임차인이 우선하여 배당을
받는 줄 알고 있었던 것이다. 그러나 당해세가 우선하여 3,800만원의 배당을 받
아가자 임차인은 대항력을 행사하여 그 차액만큼을 주장하였고, 결국 낙찰자는
임차인 보증금 3,800만원을 물어주고서야 이사를 보낼 수가 있었다. 일반적으로
보면 당해세가 소액인 경우가 많기 때문에 큰 문제가 되는 경우가 없지만 그래
도 간혹 금액이 많은 당해세가 압류되어 있는 물건도 있다. 얼마전에는 모 은행
에서 벤처사업가의 담보물건에 저당권을 설정하였다가 당해세 때문에 한푼도 배
당을 못받은 사례가 있었다. 저당권자가 저당권을 설정하기 전에 세무서 등에
조회를 할 때에 당해세가 없다고 하여 설정을 하였는데 벤처사업이 부도가 나면
서 그동안 혜택을 받아왔던 조세혜택이 당해세로 법원에 신고가 되어 배당을 받
을 수 없었던 것이었다. 그래서 배당이의의 소를 제기한 상태인데 법의 형평성
과 신의성실의 원칙에 비추어 당해세보다 우선하여 저당권자에게 배당금을 지급
하여야 할 것으로 본다.

① 국세

국세에 해당하는 당해세의 종류에는 상속세·증여세·종합부동산세 등이 있

다. 담보물건이 제3자에게 양도된 경우 양수인에게 부과된 증여세는 당해세에도 불구하고 양도 전에 설정된 담보물권에 우선하지 못한다.

② 지방세

지방세에 해당하는 당해세의 종류에는 재산세·자동차세·도시계획세 등이 있다. 지방세에 대해서는 지방세법 제31조 제2항 제3호에서 당해세 우선원칙을 규정하고 있다가 1992. 1. 1. 부터 시행되는 개정지방세법에서 당해세 우선 규정을 삭제하였다. 그 후 1995. 12. 22. 지방세법이 다시 개정되면서 당해세 우선 규정을 새로이 두게 되었다. 이에 따라 개정법률이 시행되기(1996.1.1.) 전에 설정된 담보물권자에게는 그 이익이 부당하게 침해되는 것을 막기 위하여 그 피담보 물권에 대해서는 당해세 우선의 원칙을 적용하지 않는다.[13]

5. 제5순위(국세·지방세의 법정기일 전에 설정된 저당권·전세권에 의하여 담보되는 채권)

[국세우선 및 법정기일]

제35조(국세의 우선)

① 국세 및 강제징수비는 다른 공과금이나 그 밖의 채권에 우선하여 징수한다. 다만, 다음 각 호의 어느 하나에 해당하는 공과금이나 그 밖의 채권에 대해서는 그러하지 아니하다.

3. 제2항에 따른 법정기일 전에 다음 각 목의 어느 하나에 해당하는 권리가 설정된 재산을 매각하여 그 매각금액에서 국세를 징수하는 경우 그 권리에 의하여 담보된 채권 또는 임대차보증금반환채권

---

13) 헌법 제13조 제2항은 "모든 국민은 소급입법에 의하여 참정권의 제한을 받거나 재산권을 박탈 당하지 아니한다"라고 규정하고 있는 바에 비추어 볼 때 개정된 지방세법(1995. 12. 6. 법률 제 4995호로 개정되어 1996. 1. 1. 부터 시행된 것)에 의하여 새로이 규정된 당해세의 우선적 효력 은 그 우선적 효력을 설정한 법률이 제정되기 전에 이미 성립한 저당권이나 질권에 대해서까지 소급하여 적용될 수는 없고, 나아가 지방세법에 당해세 우선규정이 전혀 없는 시점에 저당권을 설정받는 자에게 장래에 당해세 우선규정이 신설될 것을 예측할 것을 요구할 수는 없으므로 저 당권설정 후 제정된 당해세 우선규정을 그 규정 제정 전에 이미 성립한 저당권에 대해서까지 적용하는 것은 저당권자의 예측을 침해한다는 점에서도 허용될 수 없다 할 것인바, 따라서 과 세관청이 배당요구를 한 재산세 및 종합토지세가 모두 근저당권의 목적물에 관하여 부과된 당 해세이고 그 법정기일(납세고지서 발송일)이 개정된 지방세법 시행 이후라고 하더라도, 그 조 세채권은 개정된 지방세법 시행 이전에 설정된 근저당권의 피담보채권에 대해서는 우선할 수 없다고 할 것이다(대판 1999. 3. 12. 98다59125).

가. 전세권, 질권 또는 저당권

나. 「주택임대차보호법」 제3조의2 제2항 또는 「상가건물 임대차보호법」 제5조 제2
항에 따라 대항요건과 확정일자를 갖춘 임차권

다. 납세의무자를 등기의무자로 하고 채무불이행을 정지조건으로 하는 대물변제(代
物辨濟)의 예약에 따라 채권 담보의 목적으로 가등기(가등록을 포함한다. 이하
같다)를 마친 가등기 담보권

4. 「주택임대차보호법」 제8조 또는 「상가건물 임대차보호법」 제14조에 따라 임차인
이 우선하여 변제받을 수 있는 금액에 관한 채권

5. 사용자의 재산을 매각하거나 추심(推尋)할 때 그 매각금액 또는 추심금액 중에
서 국세를 징수하는 경우에 「근로기준법」 제38조 또는 「근로자퇴직급여 보장법」
제12조에 따라 국세에 우선하여 변제되는 임금, 퇴직금, 재해보상금, 그 밖에
근로관계로 인한 채권

② 이 조에서 "법정기일"이란 다음 각 호의 어느 하나에 해당하는 기일을 말한다.

1. 과세표준과 세액의 신고에 따라 납세의무가 확정되는 국세[중간예납하는 법인세
와 예정신고납부하는 부가가치세 및 소득세(「소득세법」 제105조에 따라 신고하
는 경우로 한정한다)를 포함한다]의 경우 신고한 해당 세액: 그 신고일

2. 과세표준과 세액을 정부가 결정·경정 또는 수시부과 결정을 하는 경우 고지한
해당 세액(제47조의4에 따른 납부지연가산세 중 납부고지서에 따른 납부기한
후의 납부지연가산세와 제47조의5에 따른 원천징수 등 납부지연가산세 중 납부
고지서에 따른 납부기한 후의 원천징수 등 납부지연가산세를 포함한다): 그 납
부고지서의 발송일

3. 인지세와 원천징수의무자나 납세조합으로부터 징수하는 소득세·법인세 및 농어
촌특별세: 그 납세의무의 확정일

4. 제2차 납세의무자(보증인을 포함한다)의 재산에서 징수하는 국세: 「국세징수법」
제7조에 따른 납부고지서의 발송일

5. 제42조에 따른 양도담보재산에서 징수하는 국세: 「국세징수법」 제7조에 따른 납
부고지서의 발송일

6. 「국세징수법」 제31조 제2항에 따라 납세자의 재산을 압류한 경우에 그 압류와
관련하여 확정된 국세: 그 압류등기일 또는 등록일

7. 「부가가치세법」 제3조의2에 따라 신탁재산에서 징수하는 부가가치세등: 같은 법
제52조의2제1항에 따른 납부고지서의 발송일

8. 「종합부동산세법」 제7조의2 및 제12조의2에 따라 신탁재산에서 징수하는 종합부
동산세등: 같은 법 제16조의2 제1항에 따른 납부고지서의 발송일

③ 제1항에도 불구하고 해당 재산에 대하여 부과된 상속세, 증여세 및 종합부동산
세는 법정기일 전에 설정된 제1항 각 호의 권리에 의하여 담보된 채권 또는 임대차보
증금반환채권보다 우선한다.

저당권·전세권·대항요건을 갖춘 확정일자부 임차인·담보가등기·국세·지방세 및 체납처분비, 가산금 등의 징수금에 대한 우열은 그 성립시기의 우선순위에 따라 배당이 이루어진다. 즉, 조세와 저당권·전세권 등의 피담보 채권 사이의 우선순위는 조세의 법정기일과 저당권설정 등기일의 선후를 따져 정한다. 저당권의 설정등기일과 조세의 법정기일이 동일일일 경우는 조세가 우선한다. 제3순위에 해당하는 등기권리이 종류에는 전세권·저당권·담보가등기·임차권·확정일자부 주택 및 상가임차인 등이 있다.

저당권자가 낙찰대금으로부터 우선변제받기 위하여는 경매개시결정등기 이전에 저당권이 되어 있어야 권리신고를 하지 않더라도 배당을 받을 수 있다. 저당권 상호 간에는 저당권설정등기의 선후에 의하여 우선순위가 정하여진다. 저당권자와 전세권자·임차권등기자·확정일자 받은 임대차계약도 그 등기의 선후와 확정일자의 순위에 의하여 배당을 한다. 또한 저당권설정등기와 담보가등기의 배당순위도 가등기일자와 저당권일자를 비교하여 먼저 등기한 자에게 우선하여 배당을 한다.

확정일자의 효력이 저당권과 동일한 우선변제적 효력이 발생하는 경우에는 확정일자 받은 임차인과 저당권자는 그 채권액에 비례하여 안분하여 배당을 받는다.

매각재산에 조세채권의 법정기일 이전에 설정된 저당권·전세권에 의하여 담보되는 채권이 있는 경우, 근로기준법 제38조 제2항의 임금등을 제외한 임금 기타 근로관계로 인한 채권은 질권 또는 저당권에 의하여 담보된 채권보다 후순위로 변제되며(근로기준법 38조 1항), 조세채권보다는 우선한다.

6. 제6순위(일반임금)

근로기준법 제38조 제2항의 임금 등을 제외한 임금·퇴직금·재해보상금 기타 근로관계로 인한 채권은 사용자의 총재산에 대하여 질권 또는 저당권에 의하여 담보된 채권을 제외하고는 조세·공과금 및 다른 채권에 우선하여 변제되어야 한다. 다만 질권·저당권 또는 동산 채권 등의 담보에 관한 법률에 따른 담보권에 우선하는 조세·공과금에 대하여는 그러하지 아니하다(근로기준법 38조 1항). 따라서 조세와 공과금이 저당권보다 먼저 성립한 경우에는 조세, 공과금, 저당권, 그리고 임금채권의 순위로 배당이 이루어진다. 여기서 공과금이 저당권보다 이후에 성립한 경우에는 조세, 저당권, 임금, 그리고 공과금의 순위로 배당이 된다.

7. 제7순위(조세채권)

국세와 지방세 간에는 우열이 없다. 또 교부청구된 조세 상호 간에도 교부청구의 선후에 관계없이 동 순위이다. 저당권의 실행에 의한 부동산의 경매절차에서 저당권의 목적인 재산의 매각으로 인한 환가대금을 배당함에 있어 지방세채권과 근저당권부채권의 우열관계는 근저당권 설정등기일과 지방세채권의 법정기일의 선후에 달려 있다.[14] 저당권·전세권의 설정등기일과 조세의 법정기일이 같은 경우에는 조세채권이 우선한다(다수설).

8. 제8순위(공과금)

국민건강보험법상의 건강보험료, 그리고 국민연금법상의 연금보험료(2000. 12. 23. 법률6286호 개정된 것) 등은 국세 및 지방세 그리고 보험료 등의 납부기한 이전에 전세권·질권 또는 저당권의 설정을 등기한 자에게 우선하지 못한다(국민건강보험법 73조). 그러나 그 납부기한 이후에 설정된 저당권 등과 기타의 채권에 대하여는 우선한다.

국민건강보험법 부칙 제9조는 이 법 시행 당시 종전의 의료보험법 및 국민의료보험법에 의하여 납부기간이 경과된 보험료 등의 징수에 관하여는 종전의 규정에 의한다고 규정하고 있는 바. 구 국민연금법 제81조, 의료보험법 제58조(이하 '구법'이라 한다)에 의하면 국세 및 지방세를 제외한 다른 채권에 우선한다고 되어 있을 뿐 달리 국세우선에 관한 국세기본법 제35조 제1항 제3호 등을 준용

---

14) 서울고판 1998. 9. 8. 98나15981.

할 수 있는 근거는 두고 있지 아니하였으므로, 그 법률 시행 당시에는 납부기한이 경과된 연금보험료라 하더라도 일반채권에는 우선하나 저당권 등에 의하여 담보되는 채권에 우선하지는 않는다.[15]

그리고 산업재해보상보험법 제27조의2 제1항의 국세체납처분의 예에 의하여 징수할 수 있다는 규정은 그 문언이나 법규정의 형식상 국세징수법중 제3장에서 규정한 체납처분이 절차에 따라 강제징수할 수 있다는 소위 자력집행권이 있음을 규정한 것이지, 국세, 지방세가 위와 같이 저당권부채권등에 우선한다는 국세기본법 제35조, 지방세법 제31조 제1항, 제2한의 규정도 준용된다고는 볼 수 없다.[16] 한편 위 법 제27조의4에 산업재해보상보험료의 징수우선순위를 국세, 지방세 다음으로 한다고 규정한 것은 산업재해보상보험료의 징수에 있어서 국세우선원칙이 위 법 제27조의2 제1항의 규정에 의하여 준용됨에 따라서 국세 및 지방세와 보험료가 경합이 되었을 경우에 그 징수우선순위를 보험료가 국세, 지방세의 다음 순위로 된다는 규정이라고 해석하기 보다는(그렇게 해석하지 않으면 위 제27조의4에 당연한 것을 규정한 것에 불과하다) 산업재해보상보험재정의 확보를 위하여 산업재해보상보험료의 징수순위를 각종공과금과 일반채권보다 우선순위에 있음을 정한 것으로 보아야 할 것이다. 그리고 여기에서 국세, 지방세는 저당권부채권보다 후순위인 국세, 지방세를 의미한다고 보아야 할 것이다. 위와 같이 해석하는 것이 국세와 지방세, 저당권부채권, 산업재해보상보험료, 각종 공과금, 일반채권들 간의 우선순위를 각 그 목적에 따라 합리적으로 조절할 수 있다고 본다.[17]

따라서 산업재해보상보험료의 징수순위는 각종 공과금과 일반채권보다 우선순위에 있으나 산업재해보상보험료는 저당권자 등에 우선한다고 할 수 없다.

산업재해보상보험료는 저당권자 등에 우선한다고 할 수 없으나[18] 그리고 이들 채권자가 압류 등기를 한 후 저당권 등이 설정된 경우에는 그 압류의 효력으로 인해 저당권은 상대적으로 무효가 되어 일반채권자에 불과하게 되므로 보험

---

15) 대판 1988. 9. 27. 87다카428..
16) 대판 1988. 9. 27. 87다카428.
17) 대판 1990. 3. 9. 89다카17898.
18) 대판 1990. 3. 9. 89다카17898.

료등 채권이 저당권보다 우선하여 배당을 받아야 한다.[19]

9. 제9순위(일반채권)

　가장 후순위인 일반채권에는 강제경매신청채권, 가압류채권, 근저당의 담보 중 채권최고액을 초과하는 금원, 법원의 과태료 그리고 국유재산법상의 사용료·대부료·변상금 채권 등이 있다. 이와 같은 채권들은 채권성립시기의 선후에 구애됨이 없이 모두가 동 순위로서 배당을 받게 된다.

---

19) 대판 1998. 11. 13. 98다26149; 대판 1987. 6. 9. 86다카2570.

제 3 절

배당사례

제1항 가압류 후 저당권자·확정일자 받은 임차인의 배당관계

1. 입찰물건표

용도	사건번호 00-55525	소재지	면적(평방)	권리분석	임차관계	결과	감정평가액 최저경매가
주택	조흥은행 양수일	서초구 반포동 77-1 *방배중 교북측 인근 *주거환 경보통 *차량출 입가능 *동측 8m, 북서측 6m 포장 도로 접함	대 129.7 (39.23평) 건 1층 64.60 (19.54평) - 방3 2층 64.60 (19.54평) - 방3 지층 85.56 (25.97평) 방5, 욕실4, 제시외 10.2 00.8.5. 준공 2층주택 공시 : 1,360,000 감정 : 780,000 토지 : 156,166,00 건물 : 43,870,200 제시외 : 472,000	· 가압류 20. 2. 17. 장희빈 50,000만원 · 가압류 20. 6. 14. 국민은 행 22,000만원 · 임의 20. 7. 7. 조흥은행 · 근저당 20. 5. 16. 조흥은 행 30,000만원	유동진 20. 4. 19. 전입 확정일자 20. 4. 19. 50,000만원 이철수 20. 7. 2.전입 확정일자 20. 5. 3. 50,000만원	20. 12. 7. 유찰	2,033,660,000 1,626,928,000

① 본 물건은 조흥은행이 경매신청권자로서 3억원을 변제받기 위하여 임의경매를 신청한 사례이다.

② 등기부상에는 최초근저당보다 앞선 일자로 가압류가 되어 있어 본 가압류가 전소유사 앞으로 되어 있는 가압류인지를 확인하여 보아야 한다. 만약 전소유자 앞으로 되어 있으면서 매각물건명세서에 인수된다는 특별매각조건으로 진행되는 경우는 가압류는 말소가 되지 않기 때문에 낙찰을 받아서는 안 된다. 확인 결과 본 물건은 이런 특별매각조건으로 전소유자 앞으로 설정된 가압류가 아니어서 낙찰 후 안분배당에 따라 배당을 받고 이후 말소촉탁의 대상이 된다.

③ 임차인 유동진은 확정일자는 받았으나 가압류(장희빈)보다는 이후에 설정되어 있고 최초근저당보다는 앞선 일자로 되어 있어 배당분석을 하여 보아야 할 것 같다.

④ 그리고 근저당(조흥은행)과 임차인(이철수)의 관계는 임차인이 조흥은행보다 확정일자가 빠르게 되어 있지만 주민등록 전입은 이후에 되어 있어 실질적으로 임차인은 근저당(조흥은행)보다 이후에 배당을 받게 된다. 그러한 이유는 임차인의 대항력이나 확정일자의 효력은 가장 나중에 받은 일자를 기준으로 효력이 발생하기 때문이다.

⑤ 위의 사례는 두 가지 문제를 가지고 배당분석을 하여야 할 것이다.

2. 이해관계인 일람표

교부순위	교부이유	채권자	원인일자	채권최고액	청구액	비 고
1	가압류권자	장희빈	20. 2. 17.	500,000,000		
2	임차인	유동진	20. 4. 19.	임차보증금액 500,000,000	500,000,000	확정 20. 4. 19.
3	신청채권자겸 근저당권자	조흥은행	20. 5. 16.	300,000,000	300,000,000	
4	가압류권자	국민은행	20. 6. 14.	220,000,000	200,000,000	원금 150,000,000 이자 50,000,000
5	임차인	이철수	20. 7. 2.	임차보증금 500,000,000		확정 20. 5. 3.

① 1순위 가압류권자와 2순위 임차인은 안분배당을 한다.

② 4순위 가압류권자의 채권최고액은 22,000만원이지만 실질적인 청구액은 원금과 이자를 합하여 20,000만원이므로 20,000만원의 범위 내에서 배당을 받아 간다. 이때 가압류권자와 확정일자받은 임차인은 남은 금액을 가지고 안분으로 배당을 계산하여 배당금을 수령하게 된다.[1]

---

1) 가압류채권자와 근저당권자 및 근저당권설정등기 후 강제경매신청을 한 압류채권자 사이의 배당관계에 있어서, 근저당권자는 선순위가압류채권자에 대하여는 우선변제권을 주장할 수 없으므로 1차로 채권액에 따른 안분비례에 의하여 평등배당을 받은 다음, 후순위 경매신청압류채권자에 대하여는 우선변제권이 인정되므로 경매신청압류채권자가 받을 배당액으로부터 자기의 채권액을 만족시킬 때까지 이를 흡수하여 배당받을 수 있다(대판 1994. 11. 29. 94마417).

3. 배당표

<table>
<tr><td colspan="7" align="center">수원지방법원
배 당 표</td></tr>
<tr><td colspan="7">20 타경25055호 부동산임의경매</td></tr>
<tr><td colspan="2">배당할 금액①</td><td colspan="5">금 1,820,000,000</td></tr>
<tr><td rowspan="5">명
세</td><td>매각대금</td><td colspan="5">금 1,800,000,000</td></tr>
<tr><td>지연이자</td><td colspan="5">금</td></tr>
<tr><td>전낙찰인의
경매보증금</td><td colspan="5">금</td></tr>
<tr><td>항고보증금</td><td colspan="5">금 15,000,000</td></tr>
<tr><td>보증금이자</td><td colspan="5">금 5,000,000</td></tr>
<tr><td colspan="2">집행비용②</td><td colspan="5">금 20,000,000</td></tr>
<tr><td colspan="2">실제 배당할 금액
①~②</td><td colspan="5">금 1,800,000,000</td></tr>
<tr><td colspan="2">매각부동산</td><td colspan="5" align="center">서울시 서초구 반포동 77-1</td></tr>
<tr><td rowspan="4">채
권
금
액</td><td>원금</td><td>500,000,000</td><td>500,000,000</td><td>300,000,000</td><td>150,000,000</td><td>500,000,000</td></tr>
<tr><td>이자</td><td>0</td><td>0</td><td>0</td><td>50,000,000</td><td>0</td></tr>
<tr><td>비용</td><td>0</td><td>0</td><td>0</td><td>0</td><td>0</td></tr>
<tr><td>계</td><td>500,000,000</td><td>500,000,000</td><td>300,000,000</td><td>200,000,000</td><td>500,000,000</td></tr>
<tr><td colspan="2">배당순위</td><td>1</td><td>2</td><td>3</td><td>4</td><td>5</td></tr>
<tr><td colspan="2">이유</td><td>가압류권자</td><td>확정일자임차인</td><td>신청근저당권자</td><td>가압류권자</td><td>확정임차인</td></tr>
<tr><td colspan="2">채권최고액</td><td>500,000,000</td><td>500,000,000</td><td>300,000,000</td><td>220,000,000</td><td>500,000,000</td></tr>
<tr><td colspan="2">배당액</td><td>450,000,000</td><td>500,000,000</td><td>300,000,000</td><td>157,140,00</td><td>392,850,000</td></tr>
<tr><td colspan="2">잔여액</td><td>1,350,000,000</td><td>850,000,000</td><td>550,000,000</td><td>392,890,000</td><td>0</td></tr>
<tr><td colspan="2">비용비율</td><td></td><td></td><td></td><td></td><td></td></tr>
<tr><td colspan="2">채권자</td><td>장희빈</td><td>유동진</td><td>조흥은행</td><td>국민은행</td><td>이철수</td></tr>
<tr><td colspan="7" align="center">20 . 7. 7.

사법보좌관 ○ ○ ○ (인)</td></tr>
</table>

4. 종합분석

① 가압류권 이후 물권자와 배당관계 사례

교부순위	교부이유	계산방법(안분비례) : 낙찰대금 × $\dfrac{해당채권액}{총채권금액}$ = 안분배당금
1	가압류 (장희빈)	$18억원 \times \dfrac{50,000만원}{20억원}$ = 45,000만원(후순위권자의 안분배당에 의해 45,000만원 배당)
2	임차인 (유동진)	$18억원 \times \dfrac{50,000만원}{20억원}$ = 45,000만원(50,000만원이 충족될 때까지 후순위 배당금 5,000만원을 흡수)
3	신청채권자겸 근저당권자	$18억원 \times \dfrac{30,000만원}{20억원}$ = 27,000만원(30,000만원이 충족될 때까지 후순위 배당금 3,000만원을 흡수)
4	가압류권자 (국민은행)	$18억원 \times \dfrac{20,000만원}{20억원}$ = 18,000만원
5	임차인 (이철수)	$18억원 \times \dfrac{50,000만원}{20억원}$ = 45,000만원

가압류권자가 먼저 등기되고 나서 근저당권설정등기를 한 경우에는 그 근저당권등기는 가압류에 대한 처분금지의 효력 때문에 그 집행보전의 목적을 달성하는 데 필요한 범위에서 가압류채권자에 대한 관계에서만 상대적으로 무효이다. 그와 같은 관계는 가압류등기 이후의 근저당권자나, 확정일자를 받은 임차인, 경매를 신청한 압류권자와의 배당관계에서도 마찬가지로 적용된다. 즉 가압류 이후 근저당권 및 담보가등기, 확정일자 임차인, 경매를 신청한 압류권자 사이의 배당관계에 있어서, 가압류권자에게는 우선변제권을 주장할 수 없으므로 1차로 안분비례에 의하여 평등배당을 한 다음 물권순위에 따라 배당을 받는다. 따라서 가압류 이후 확정일자를 받은 임차인은 물권순위에 따라 자기의 채권액이 만족될 때까지 3순위 근저당권자의 배당액을 흡수하여 충족시키고, 그 근저당권자도 자기의 채권이 만족될 때까지 후순위 가압류권자와 확정일자 받은 임차인의 배당액을 흡수하여 채권을 만족시킨다.

② 이후 가압류권자와 확정일자 받은 임차인의 배당사례

교부순위	교부이유	계산방법(안분비례) : 낙찰대금 × $\dfrac{해당채권액}{총채권금액}$ = 안분배당금
1	가압류권자 (국민은행)	55,000만원 × $\dfrac{20,000만원}{70,000만원}$ = 157,140천원
2	임차인 (이철수)	55,000만원 × $\dfrac{50,000만원}{70,000만원}$ = 392,850천원

이후 가압류권자인 국민은행과 임차인 이철수와의 배당관계는, 임차인이 가압류권자에 대하여는 우선변제권을 주장할 수 없으므로 위의 예와 같이 남은 배당금액을 가지고 서로 안분비례에 의하여 평등배당을 한다. 즉 가압류권자와 임차인에게 돌아올 배당금 55,000만원을 가지고 확정일자 받은 임차인과 가압류권자가 안분배당을 하여 배당을 받아 가는 것이다.

5. 관련된 판례

1) 가압류 이후 근저당권

가압류채권자와 근저당권자 및 근저당권 설정등기 후 강제경매신청을 한 압류채권자 사이의 배당관계에 있어서는 근저당권자는 선순위 가압류채권자에 대하여는 우선변제권을 주장할 수 없으므로 1차로 안분비례에 의하여 평등배당을 받은 다음, 후순위 경매신청권자에 대하여는 우선변제권이 인정되므로 경매신청 압류채권자가 받을 배당액으로부터 자기의 채권액을 만족시킬 때까지 이를 흡수하여 배당받을 수 있다(대결 1994. 11. 29. 94마417).

2) 가압류 이후 확정일자 받은 임차인

부동산 담보권자보다 선순위 가압류채권자가 있는 경우에 그 담보권자가 선순위의 가압류채권자와 채권액에 비례한 평등배당을 받을 수 있는 것과 마찬가지로 위 규정에 의하여 우선변제권을 갖게 되는 임차보증금채권자도 선순위의 가압류채권자와는 평등배당의 관계에 있게 된다(대판 1992. 10. 13. 92다30597).

제2항 당해세·저당권·가압류·담보가등기 간의 배당관계

1. 입찰물건표

용도	사건번호 20-55525	소재지	면적(평방)	권리분석	임차관계	결과	감정평가액 / 최저경매가
주택	김철민 이민우	서울시 송파구 방이동 72-7 *주거환경보통 *차량출입가능 *동측 3m, 북서측 16m 포장 도로 접함	대 106 (32.7평) 건 63.70 (19.20평)방 3개 지하실 5.39 (1.63평) 보일러실 (총20평) 공시 : 834,000 감정 : 1,000,000 토지 : 106,000,000 건물 : 21,043,294 제시 : 1,076,652	압류 20. 5. 5. 서울시 370만원 가압류 20. 11. 13. (주)만도 1,500만원 압류 20. 6. 12. 송 파구청 4만원 가등기 20. 8. 25. 윤문환 2,500만원 강제 20. 7. 16. 김철민 2,000만원 근저당 20. 3. 3. 한빛은행 5,000만원	박추미 20. 4. 4. 전입 확정일자 20. 6. 6. 1,000만원	20. 5. 17. 유찰 20. 6. 21. 유찰	128,119,940 65,597,410 한국감정 낙 찰 : 7,600만원

① 본 물건은 김철민이 집행권원에 기하여 강제경매를 신청한 사건이다.

② 감정가 128,119,940원에 3회 유찰되어 7,600만원에 낙찰이 되었다.

③ 등기부상의 권리관계에서 말소기준권리는 최초근저당(한빛은행)이다. 이 날짜를 기준으로 이보다 이후에 설정되어 있는 가압류와 압류, 그리고 임차인 등은 경락인이 대금을 납부하면 모두 말소촉탁의 대상이 된다. 그리고 서울시 압류도 말소대상이 된다.

④ 임차인 역시 최초근저당 이후에 전입이 되어 있기 때문에 경락인에게 보증금의 인수를 주장할 수는 없고, 단지 확정일자나 소액임차인에 해당되면 법원에서 배당을 받아갈 수 있을 것이다. 그러나 가장 임차인으로 조사되어 배당에

서 제외되었다.

⑤ 본 물건은 등기부상에 설정되어 있는 각종 당해세(압류권자)와 근저당 및 가압류권자, 그리고 가등기권자와의 배당관계가 어떻게 되는가 알아보는 데 초점이 있을 것이다. 이에 대한 배당관계를 살펴보면 다음과 같다.

2. 이해관계인의 일람표

교부순위	교부이유	채권자	원인일자	채권최고액	청구액	비 고
1	압류권자	서울시	20. 5. 5.	370만원		
	임차인	박추미	20. 4. 4.	1,000만원	가장임차인으로 판명(배당제외)	확정 20. 6. 6. 소유자의 동생으로 동거인
2	근저당권자	한빛은행	20. 3. 3.	5,000만원	5,500만원	원금 3,700만원 이자 1,800만원
3	교부권자	송파구청	20. 6. 12.	4만원		
4	경매신청권자 (강제경매)	김철민	20. 7. 16.	2,000만원	1,000만원	원금 800만원 이자 200만원
5	가등기	윤문환	20. 8. 25.	2,500만원	2,500만원	
6	가압류권자	(주)만도	20. 11. 13.	1,500만원	2,000만원	원금 1,500만원 이자 500만원

① 2순위 근저당권의 채권최고액은 5,000만원이지만 실질적인 청구액은 원금과 이자를 합하여 5,500만원이다. 근저당권자는 채권최고액의 범위 내에서 배당을 받아갈 수 있기 때문에 이자가 채권최고액의 범위를 초과하더라도 5,000만원의 한도 내에서 배당을 받아갈 수가 있다.

② 6순위 가압류권자인 (주)만도는 채권최고액이 1,500만원이지만 실질적인 청구액은 원금과 이자를 합하여 2,000만원이나 된다. 이 경우 가압류권자는 1,500만원의 범위 내에서 배당을 받아갈 수 있다.

③ 4순위 경매신청권자의 채권최고액도 2,000만원이지만 실질적인 채권은 원금과 이자를 합하여 1,000만원밖에 되지 않는다. 경매신청권자는 설사 배당액이 남아 있다고 하더라도 1,000만원의 배당금만 받아갈 수 있다. 안분비례를 하여야 할 경우에는 채권 최고액의 범위 이내에서 실질적인 채권금액을(청구액) 가

지고 계산을 한다. 이 경우 후순위 물권자인 가등기권자와는 안분배당에 따라 배당금을 수령해야 한다. 참고적으로 경매신청개시결정 기입등기를 한 이후에도 소유권이전이나 가압류, 저당권, 가등기 등을 설정할 수 있지만 이때에는 채권신고를 배당요구 종기일까지(민사집행법 84조 1항) 하여야 이해관계인으로 인정되어 배당에 참여할 수 있을 것이다. 배당순위와 배당금액을 이하의 배당표에서 살펴보기. 그리고 담보가등기권자가 집행법원이 정한 기간 안에 채권신고를 한 경우에도 물권적 순위에 따라 배당된다.

3. 배당표

① 낙찰대금은 7,600만원이지만 여기서 배당기일까지의 보증금에 대한 이자를 합하면 7,700만원이 배당할 금액이다. 그러나 여기서 바로 배당계산을 하는 것은 아니고 집행비용을 제한 나머지를 가지고 배당순위를 정하게 된다. 그리고 보면 실질적으로 배당할 금액은 7,500만원이 된다.

② 우선 서울시의 압류권은 당해세로서 1순위로 우선배당을 받게 된다.

③ 그리고 송파구청의 재산세는 당해세로서 1순위로 배당을 받아야 하는데도 불구하고 제3순위로 밀려 있다.[2][3] 따라서 근저당권자가 2순위로 전액, 3순위

---

2) 그러한 이유는 지방세에 해당하는 당해세 중 1992. 1. 1. 이후에 성립한 지방세와 가산금은 1992. 1. 1. 이전이나 1992. 1. 1.~1995. 12. 31. 사이에 설정된 담보물권자(저당권, 전세권, 질권 등)보다 우선하여 배당을 받을 수 없기 때문이다.

3) 개정된 지방세법(1996. 1. 1. 부터 시행)에 의하여 새로이 규정된 당해세의 우선적 효력은 그 우선적 효력을 설정한 법률이 제정되기 전에 이미 성립한 저당권이나 질권에 대해서까지 소급하여 적용될 수는 없다. 지방세법에 당해세 우선 규정이 전혀 없는 시점에 저당권을 설정받는 자에게 장래에 당해세 우선 규정이 신설될 것을 예측할 것을 요구할 수는 없으므로 저당권설정 후 제정된 당해세 우선 규정을 소급하여 이미 성립한 저당권에 대해서까지 적용하는 것은 저당권자의 예측을 침해하기 때문에 허용할 수 없다. 따라서 재산세 및 종합토지세가 모두 근저당권의 목적물에 관하여 부과된 당해세이고 그 법정기일(납세고지서 발송일)이 개정된 1996. 1. 1. 시행 이후라고 하더라도 그 조세채권은 시행 이전에 설정된 근저당권의 피담보채권에 대해서는 우선할 수 없다고 할 것이다. 또한 1996. 1. 1. 이후에 성립한 당해세도 1992. 1. 1. 이전에 설정된 저당권 등에 대해서도 우선할 수가 없을 것이다. 이와 같은 문제가 발생하는 것은 지방세법 제31조 제2항 제3호에서 목적물에 부과된 지방세는 당해세 우선의 원칙을 규정하였는데 동법을 1992. 1. 1. 부터 폐지하였다가 또다시 1996. 1. 1.부터 당해세 우선의 원칙이 새로이 규정되었기 때문이다. 그러다 보니 1995. 12. 31. 이전까지 설정한 저당권과 1996. 1. 1. 이후에 부과된 당해세의 우선배당 문제가 발생하게 된 것이다. 이에 대하여 판례는 "개정된 지방세법 시행 이전에 설정된 근저당권의 피담보채권에 대해서는 우선할 수 없다"고 판시하고 있다(대판

가 송파구청의 당해세이다.

④ 강제경매신청권자는 이후 설정된 가등기담보물권자보다 우선변제적 효력을 주장할 수 없기 때문에 남은 금액을 가지고 서로 안분비례하여 배당을 받아간다.

⑤ 담보가등기권자는 안분비례로 계산한 금액에서 후순위 가압류권자의 배당금액을 자기의 채권이 충족될 때까지 흡수하여 배당을 받아간다. 다음의 계산표를 보면서 분석하여 보도록 한다.

4. 배당계산방법

① 가압류

교부 순위	교부이유	계산방법(안분비례) : 낙찰대금 × $\dfrac{해당채권액}{총채권금액}$ = 안분배당금
2, 3	근저당권과 송파구청	송파구청의 재산세는 당해세로서 1순위로 배당을 받아가야 하지만 시행 이전에 설정된 근저당권의 피담보채권에 대해서는 우선할 수 없기 때문에 근저당권자보다 우선하여 배당금을 주장할 수 없다.
4, 5	강제경매 신청권자와 담보가등기	$21,260,000$(남은금액) $\times \dfrac{10,000,000(경매신청권자채권액)}{50,000,000(잔여\ 총채권금액)} = 4,252,000$
5, 6	담보가등기와 이후 가압류	$21,260,000 \times \dfrac{25,000,000(담보가등기)}{50,000,000(잔여\ 총채권금액)} = 10,630,000$원$+6,378,000$원$=17,008,000$
6	가압류권자	$21,260,000 \times \dfrac{15,000,000(가압류)}{50,000,000(잔여\ 총채권금액)} = 6,378,000$원의 배당금을 가등기권자가 흡수하여 가므로 가압류권자는 배당금이 한푼도 없다.

5. 관련된 판례

1) 국세징수법상 압류등기가 경료된 부동산이 제3자에게 양도되어 소유권이전등기가 경료된 경우 그 압류의 효력이 미치는 체납액의 범위(구 국세징수법상:

1999. 3. 12. 98다59125). 또한 1992. 1. 1. 부터 1995. 12. 31. 까지 사이에 부과된 지방세에 대해서는 당해세 우선의원칙이 적용되지 않는 기간이었기 때문에 동 기간동안에 목적물에 부과된 지방세는 저당권·질권 또는 저당권 설정일과 조세의 법정기일 또는 납세의무성립일 등과 비교하여 먼저 설정되어 있는 권리가 우선하여 배당을 받게 될 것이다.

1993. 12. 31. 법률 4673호로 개정되기 전의 것) 제47조 제2항은 "제1항의 규정에 의한 압류는 압류의 등기 또는 등록을 한 후에 발생한 체납액에 대하여도 효력이 미친다"고 규정하고 있을 뿐이고 국세징수법상 압류등기가 경료된 부동산이 제3자에게 양도되어 그 소유권이전등기가 경료된 경우 그 압류의 효력이 미치는 체납액의 범위에 대하여는 아무런 규정을 두고 있지 않다. 그러나 조세채권의 확보와 제3취득자의 부하라는 서로 상충되는 이념을 조화롭게 구현하기 위하여 압류는 제3자 앞으로 소유권이전등기가 경료된 때를 기준으로 하여 그때까지 전소유자의 납세의무가 성립한 세액에 관하여 발생한 체납액에 대하여만 효력이 미치고 그 소유권이전등기가 경료된 후에 전소유자의 납세의무가 성립한 세액에 관하여 발생한 체납액에 대하여는 그 효력이 미치지 아니하는 것이라고 보아야 한다(대판 1996. 2. 27. 94누13305)고 판시하고 있다. 조세채권과 다른 채권들과의 배당순위를 정함에 있어서는 조세채권의 성립기준일은 납세의무 성립기준일 또는 납부기일을 기준으로 하기 때문에 이를 기준으로 근저당권자의 등기일과 비교를 해야 하고, 주택임대차보호법의 임차인은 확정일자의 효력일[4]과 비교하여 배당순위를 정한다.

2) 가압류 이후 담보가등기

담보가등기에 대하여 선순위 및 후순위 가압류채권이 있는 경우 부동산의 경매에 의한 매득금 중 경매비용을 제외한 나머지 금원을 배당함에 있어 가등기담보권자는 선순위 가압류채권자에 대하여 우선변제권을 주장할 수 없어 그 피담보채권과 선순위 및 후순위 가압류채권에 대하여 1차로 채권액에 따른 안분비례에 의하여 평등배당하되 담보가등기권자는 위 후순위 가압류채권에 대하여는 우선변제권이 인정되어 그 채권으로부터 받을 배당액으로부터 자기의 채권액을 만족시킬 때까지 이를 흡수하여 변제받을 수 있으며 선순위와 후순위 가압류채권이 동일인의 권리라 하여 그 귀결이 달라지는 것이 아니다.[5]

---

4) 주민등록전입 이전이나 동일한 일자에 확정일자를 받은 경우에는 그 확정일자의 효력은 익일에 발생한다.

5) 대판 1987. 6. 9. 86다카2570.

제 3 항 국민연금·저당권·조세채권

1. 사례

낙찰대금: 1000만원				
교부 순위	권리	권리내용	원인일자	채권최고액
1	A	국민건강보험료	20. 1. 30. 납부기한일	1,000만원
2	B	저당권	20 . 2. 28.	800만원
2	C	조세	20. 3. 31. 법정기일	200만원

위의 사례에서 건강보험료는 저당권보다 앞선 일자로 되어 있기 때문에 우선하여 배당된다. 그러나 조세채권에 대해서는 우선하지 못한다. 위와 같이 배당받을 채권자들 사이에 배당순위가 고정되지 아니하고 채권자들 사이에 우열관계가 상대에 따라 변동이 있는 경우에는, 그에 관계된 각 채권자의 채권액에 비례하여 안분한 후(1단계), 1단계에서 안분받지 못한 금액은 이에 달할 때까지 자신에게 열후하는 채권자의 안분액으로부터 흡수(2단계)하여 그 결과를 배당한다.[6]

이하에서 각 권리자들의 배당관계를 살펴본다.

낙찰대금 : 1000만원			
교부 순위	권리	권리내용	계산방법(안분비례) : 낙찰대금 × $\dfrac{\text{해당채권액}}{\text{총채권금액}}$ = 안분배당금
1	A	국민건강보험료 1,000만원	$1{,}000만원 \times \dfrac{1{,}000만원}{2{,}000만원} = 500만원$
2	B	저당권 800만원	$1{,}000만원 \times \dfrac{800만원}{2{,}000만원} = 400만원$
2	C	조세 200만원	$1{,}000만원 \times \dfrac{200만원}{2{,}000만원} = 100만원$

---

6) '안분후 흡수설'이라 하는데 실무에서도 이를 따르고 있다; 대판 1992. 3. 27. 91다44407; 대결 1994. 11. 29. 94마417.

2. 배당분석

① 보험료등은 국세와 지방세를 제외한 다른 채권에 우선하여 징수한다. 다만, 보험료등의 납부기한 전에 전세권·전세권·질권·저당권 또는 「동산·채권 등의 담보에 관한 법률」에 따른 담보권의 설정을 등기 또는 등록한 사실이 증명되는 재산을 매각한 때에 그 매각대금 중에서 보험료등을 징수하는 경우 그 전세권·질권·저당권 또는 「동산·채권 등의 담보에 관한 법률」에 따른 담보권으로 담보된 채권에 대하여는 그러하지 아니하다(국민건강보험법 85조). 위의 사례에서 위 보험료 등은 납부기한 후에 설정된 저당권에 우선한다고 하여도 조세보다 우선하는 것은 아니므로, 위 보험료의 납부기한 후에 설정된 저당권보다 후순위의 조세가 있을 경우에는[7] 저당권보다 우선하는 보험료채권과 저당권부채권 및 저당권보다 후순위의 조세채권 사이에 순환관계가 성립한다.

② 위의 표와 같이 안분배당을 한 후 다시 후순위자의 안분배당액에서 흡수한다. 안분 후 흡수함에 있어서 흡수할 금액은 자신의 채권액 중 1단계에서 안분배당받지 못한 부족액과 1단계에서 후순위자에게 안분배당된 금액을 각 한도로 하고, 또한 흡수는 각 흡수할 채권자마다 한번으로 종결시켜야 하고, 다시 위와 같은 절차를 반복하여서는 안 된다.[8]

③ 따라서 A는 안분배당 후의 부족금액 500만원을 후순위자에게서 흡수할 수 있다. 다만 B의 배당금액이 400만원밖에 되지 않아, 이것만 전부흡수하여 900만원 되고 B는 0원이 된다. A는 C에 대해서는 우선하지 못하므로 100만원을 흡수하지 못한다. 그리고 B는 C에 우선하므로 안분배당 후 400만원을 C의 안분배당금 100만원에서 흡수하여 B의 배당금액은 100만원이 된다. 그리고 C는 A에 우선함으로 C의 안분배당금 100만원을 제외한 나머지 100만원을 A로부터 흡수

---

7) 국민건강보험법의 시행일인 2000. 7. 1. 전에 납부기한이 도래한 연금보험료 등은 저당권 등에 의해 담보되는 채권에 우선할 수 없는 것이고, 이러한 법리는 그 저당권 등이 국민건강보험법 시행일 이후에 설정된 경우에도 동일하다고 보아야 할 것이므로 결국 국민건강보험법 시행일 전에 납부기한이 도래한 연금보험료 등은 저당권 등의 등기, 등록일자가 국민건강보험법 시행일 전인지, 후인지를 불문하고 저당권 등의 피담보채권보다 후순위에 선다(대판 2005. 10. 7. 2005다24394).

8) 법원실무제요, 민사집행 2권, 534면.

한다. 그래서 C의 배당금액은 100만원, A의 배당금액은 800만원이 된다.

3. 판례

① 부동산에 대하여 가압류등기가 먼저 되고 나서 근저당권설정등기가 마쳐진 경우에 그 근저당권등기는 가압류에 의한 처분금지의 효력 때문에 그 집행보전의 목적을 달성하는 데 필요한 범위 안에서 가압류채권자에 대한 관계에서만 상대적으로 무효이다. 따라서 위의 경우 가압류채권자와 근저당권자 및 근저당권설정등기 후 강제경매신청을 한 압류채권자 사이의 배당관계에 있어서, 근저당권자는 선순위 가압류채권자에 대하여는 우선변제권을 주장할 수 없으므로 1차로 채권액에 따른 안분비례에 의하여 평등배당을 받은 다음, 후순위 경매신청압류채권자에 대하여는 우선변제권이 인정되므로 경매신청압류채권자가 받을 배당액으로부터 자기의 채권액을 만족시킬 때까지 이를 흡수하여 배당받을 수 있다.[9]

② 가등기담보권자는 그 담보가등기가 경료된 부동산에 대하여 경매 등이 개시된 경우에 다른 채권자보다 자기 채권에 대하여 우선변제를 받을 권리가 있다고 할 것이고 이 경우 그 순위에 관하여는 그 담보가등기권리를 저당권으로 보고 그 담보가등기가 경료된 때에 저당권설정등기가 행해진 것으로 보게 되므로, 가등기담보권에 대하여 선순위 및 후순위 가압류채권이 있는 경우 부동산의 경매에 의한 매득금 중 경매비용을 제외한 나머지 금원을 배당함에 있어 가등기담보권자는 선순위 가압류채권에 대하여는 우선변제권을 주장할 수 없어 그 피담보채권과 선순위 및 후순위 가압류채권에 대하여 1차로 채권액에 따른 안분비례에 의하여 평등배당을 하되, 담보가등기권자는 위 후순위 가압류채권에 대하여는 우선변제권이 인정되어 그 채권으로부터 받을 배당액으로부터 자기의 채권액을 만족시킬 때까지 이를 흡수하여 변제받을 수 있으며 선순위와 후순위 가압류채권이 동일인의 권리라 하여 그 귀결이 달라지는 것이 아니다.[10]

---

9) 대결 1994. 11. 29. 94마417.
10) 대판 1992. 3. 27. 91다44407.

4. 종합분석

배당받을 채권자들 사이에 배당순위가 고정되지 아니하고 채권자들 사이에 우열관계가 상대에 따라 변동이 있는 경우에는 1차로 채권액에 따른 안분비례에 의하여 평등배당을 하고, 2차로 각각 자신의 채권액 중 1차에서 안분받지 못한 금액(부족액)에 달한 때까지 자신에게 열후하는 채권자의 안분액으로부터 흡수하여 배당한다.[11]. 결론적으로 위의 권리자들은 안분배당 후 2차로 후순위권리자의 배당금을 흡수하여 A는 800만원, B는 100만원, C는 100만원을 배당받는다.

---

11) 대결 1994. 11. 29. 94마417; 대판 1992. 3. 27. 91다44407.

제 4 항 저당권·당해세·소액임차인

1. 사례

낙찰대금 : 4억원				
교부 순위	권리	권리내용	원인일자	채권최고액
1	A	저당권	2016. 3. 3.	30,000만원
2	B	당해세	2020. 7. 7.	20,000만원
2	C	임차인 (목적물: 서울)	2022. 8. 8. (전입＋계약＋인도＋배당요구)	1억원

　위의 사례에서 저당권은 당해세에는 우선하지 못하나 임차인에게는 최우선
변제권을 거절할 수 있다. 당해세는 저당권에는 우선하나 임차인의 최우선변제권
에는 우선하지 못한다. 위와 같은 분석에 따라 다음의 순위로 배당분석을 한다.

2. 배당분석

낙찰대금 : 4억원				
순위	권리	권리내용	계산방법(안분비례) : 낙찰대금 $\times \dfrac{\text{해당채권액}}{\text{총채권금액}}$ = 안분배당금
1	A	저당권 3억원	4억원 $\times \dfrac{3억원}{5억\ 3천\ 7백만원}$ = 223,463,6871원
2	B	당해세 2억원	4억원 $\times \dfrac{2억원}{5억\ 3천\ 7백만원}$ = 148,975,791원
2	C	임차인 1억원	4억원 $\times \dfrac{3천\ 7백만원}{5억\ 3천\ 7백만원}$ = 27,560,521원

　① 위의 표와 같이 안분배당을 우선실시한다. 주의할 점은 C의 최우선변제
금액이 서울시 기준 3,700만원(2021. 5. 11. 5,000만원)이기 때문에 이를 기준으로

전체적인 채권액을 계산해야 한다. 그래서 3억원(A의 채권액) + 2억원(B의 채권액) + 3,700만원(C의 채권액) = 5억 3천 7백만원이다.

② 임차인은 저당권자에게 소액임차인으로 최우선변제권을 주장할 수 없으나 당해세에는 우선한다. 그리고 저당권자는 당해세에 우선하지 못하기 때문에 배당관계는 끝없이 순환관계가 되풀이 된다. 따라서 1차로 안분배당을 한 후 2차로 흡수배당을 하게 된다.

③ 우선 위의 표에서와 같이 안분배당을 한 후, 저당권자는 소액임차인에 우선하므로 A의 채권금액 중 안분배당 후의 배당받지 못한 76,536,319원을 한도로 C의 배당금액에서 흡수하여 251,024,208원이 되고 소액임차인은 0원이다. 이어 당해세는 저당권에 우선하므로 안분배당 후 배당받지 못한 51,024,209원을 흡수하여 2억원이 되고, 저당권은 199,999,999원이 된다. 그리고 소액임차인은 당해세에 우선하므로 안분배당 후 배당받지 못한 9,439,479원을 당해세의 배당금에서 흡수하여 9,439,479원이 되고 당해세는 190,560,521원이 된다.

3. 종합분석

결과적으로 위의 권리자들은 안분하여 배당을 한 후 2차로 후순위권리자의 배당금을 흡수하여 A는 199,999,999원, B는 190,560,521원, C는 9,439,479원을 배당받는다.

제 5 항　가압류·근저당권·조세·가압류

1. 사례

낙찰대금: 5,000만원				
교부순위	권리	권리내용	원인일자	채권최고액
1	A	가압류	20. 2. 2.	4,000만원
2	B	근저당권	20. 3. 3.	2,000만원·
3	C	조세	20. 4. 4.	3,000만원
4	D	가압류	20. 5. 5.	1,000만원

　위의 사례에서 가압류는 B와 D에 대해서는 평등한 반면, 조세에 대해서는 후순위이고 조세의 입장에서는 A와 D에 대해서는 선순위이나 근저당권보다는 후순위로서 서로 상호순위가 모순되는 관계에 있다. 이 경우에도 각 채권자의 채권액을 기초로 우선 안분배당을 한 후, 각자 후순위권리자의 배당액을 자기의 채권액을 만족할 때까지 흡수하여 배당한다.[12)]

2. 배당분석

낙찰대금: 5,000만원			
교부순위	권리	권리내용	계산방법(안분비례) : 낙찰대금 × $\dfrac{해당채권액}{총채권금액}$ = 안분배당금
1	A	가압류 4,000만원	$5,000만원 \times \dfrac{4,000만원}{1억원} = 2,000만원$
2	B	근저당권 2,000만원	$5,000만원 \times \dfrac{2,000만원}{1억원} = 1,000만원$
3	C	조세 3,000만원	$5,000만원 \times \dfrac{3,000만원}{1억원} = 1,500만원$
4	D	가압류 1,000만원	$5,000만원 \times \dfrac{1,000만원}{1억원} = 500만원$

　① 위의 표와 같이 안분배당을 한 후 B는 C와 D의 배당금액을 흡수하고, C

---

12) 대결 1994. 11. 29. 94마417.

는 A와 D의 배당금액을 흡수한다.

② 위의 안분배당금액에서 흡수순서는 B와 C는 D의 배당금액을 흡수할 수 있는데 B가 C보다 선순위자이므로 B의 채권에 먼저 흡수하고 그 다음에 남는 금액이 있을 경우 C의 채권에 흡수하는 순서를 밟아야 한다. 그리고 흡수당하는 순서는 C와 D 사이에는 D가 열후하므로 D에 배당된 것을 B는 먼저 흡수하고, 부족한 한도에서 C의 배당금액을 흡수한다. 이때 C와 D가 동 순위인 경우에는 안분하여 흡수한다. 따라서 근저당권는 D의 500만원을 먼저 흡수하고 부족한 500만원을 C로부터 흡수하여 2,000만원이 된다.

③ C는 흡수당한 부분은 일단 배당을 받은 것이므로 그 부분을 공제한 1,500만원만 후순위자로부터 흡수한다. C는 A와 D에 우선하는데 D는 남은 금액이 없어 A의 배당금액에서 1,500만원을 흡수한다. A는 결국 500만원이 남고 C는 2,500만원이 된다. 만약에 D에게 남은 금액이 있다고 가정하면 C는 A와 D로부터 안분하여 흡수를 한다. 예컨대 D에게 위에서 배당 후 남은 금액이 2,000만원이 있다면, C는 1,500만원에 대하여 A로부터 750만원, D로부터 750만원을 각각 흡수하여 2,500만원이 된다. 그래서 A 1,250만원, D도 1,250만원이 된다.

3. 종합분석

이 사례에서 선순위와 후순위 가압류권자가 동일인의 권리인 경우에도 마찬가지이다.[13] 결과적으로 위의 권리자들은 먼저 안분배당 후 2차로 후순위권리자의 배당금을 흡수하여 A는 500만원, B는 2,000만원, C는 2,500만원, D는 0원을 배당받는다.

---

13) 대판 1992. 10. 13. 92다30597.

제 4 절
배당금 지급

 제1항 배당기일의 준비

1. 배당기일의 지정 및 소환

○ ○ **지방법원**
통 지 서

귀하

사건 20 타경 부동산강제경매
채권자
채무자
소유자
배당기일 20 . 7. 7. 14 : 00

위와 같이 배당기일이 지정되었으니 이 법원에 출석하시기 바랍니다.

20. 6. .
법원사무관 ○ ○ ○ (인)

주의
1. 채권자는 채권증서 및 원리금 계산서를 제출하시기 바랍니다. 다만 원리금 계산서는 배당기일 3일 전까지 제출하셔야 합니다.
2. 대리인이 출석할 때에는 위임장, 인감증명서, 기타 자격증명서를 제출하여야 합니다.
3. 배당기일소환장을 받은 이해관계인일지라도 법정배당순위에 따라서는 배당금이 없는 경우도 있습니다.
4. 채권자가 배당금액을 입금할 예금계좌를 신고하면 그 예금계좌에 입금하여 드릴 수 있습니다. 이 경우 입금에 소요되는 수수료는 채권자 부담입니다.

1) 배당기일의 지정

경락인(매수인)이 매각대금을 납부하면 법원은 직권으로 배당기일을 지정하여야 한다(민사집행법 146조). 경락인이 매각대금을 지급하면 3일 이내에 배당기일을 지정하되 대금납부 후 2주일 이내에 배당기일을 열도록 한다. 그러나 실무에서는 채권자가 매수자로 된 경우에는 배당액과 상계할 기회를 주기 위하여 대금지급기일과 배당기일을 같은 일시로 지정하고 있다. 재경매를 명하였다가 경락인이 대금을 지급하여 재경매절차를 취소한 경우에는 대금지급기일을 정할 필요가 없으므로 배당기일만을 지정하도록 한다.

2) 배당기일의 소환

① 배당기일에는 이해관계인과 배당을 요구한 채권자를 소환하여야 한다.

② 기일소환장은 각 채권자 및 채무자의 쌍방에 대하여 늦어도 배당기일의 3일 전에 도달할 수 있도록 하여야 한다. 실무상으로는 배당기일 소환장에 채권계산서를 배당기일 3일 전까지 제출할 것을 최고하는 취지를 부기하여 송달하는 예가 많다. 그러나 이 최고는 법률상 근거가 없고 이에 의하여 채권신고를 하여도 배당요구 종기일 이후에 제출된 것이므로 배당요구로서의 효력이 생기는 것은 아니고 현존 채권액을 확인하려는 의미밖에 없다. 즉, 종전의 채권액을 경매신청권자가 확정할 수는 없다.

2. 배당표의 작성

1) 배당표 원안의 작성

법원은 배당표의 확정을 위하여 늦어도 배당기일의 3일 전까지 배당표의 원안을 작성하여야 하고 이를 법원에 비치하여 이해관계인이 열람할 수 있도록 하여야 한다(민사집행법 149조 1항). 따라서 배당표 원안은 늦어도 배당기일 3일 전까지는 작성·비치하여 각 채권자와 채무자로 하여금 열람할 기회를 주어야 한다. 법원은 각 채권자가 적법하게 제출한 계산서와 집행기록에 편철된 경매신청서, 배당요구신청서 등에 의하여 배당표 원안을 작성해야 한다.

【배당표의 작성예시】

서울지방법원 ○○지원
배 당 표

20 타경 786호 부동산임의경매

배당할 금액①		금 94,542,499			
명 세	매각대금	금 93,770,000			
	지연이자	금 635,838			
	전낙찰인의 경매보증금	금 0			
	항고보증금	금 0			
	보증금이자	금 136,661			
집행비용②		금 2,558,710			
실제 배당할 금액 ①~②		금 91,983,789			
매각부동산		별지와 같음			
채권자		이교영	심연화	상업공사	기술신용보증기금
채권금액	원금	20,000,000	10,000,000	11,936,459	57,037,670
	이자	0	0	15,185,317	16,370,592
	비용	0	0	0	0
	계	20,000,000	10,000,000	27,121,776	73,408,262
배당순위		1	1	2	3
이유		소액임차인	소액임차인	신청채권자 겸 근저당권자	근저당권자
채권최고액		20,000,000	10,000,000	72,962,330	57,037,670
배당액		12,000,000	10,000,000	27,121,776	42,862,013
잔여액		79,983,789	69,983,789	42,862,013	0
비용비율		100.00%	100.00%	100.00%	75.15%
공탁번호 (공탁일)		금제 호 (. . .)	금제 호 (. . .)	금제 호 (. . .)	금제 호 (. . .)

20. 7. 7.

사법보좌관 ○ ○ ○ (인)

열람 제공 후에 배당표 원안을 경정한 경우에는 배당기일을 변경하여야 하고, 배당기일에 경정한 경우에는 기일을 속행하여야 한다. 배당기일에 배당표가 확정되면 법원 및 채권자와 채무자는 이에 기속된다.

채권자들은 반드시 배당기일에 출석하여 이의를 진술하여야 하고 미리 서면으로 이의를 할 수 없으나, 채무자는 배당표 원안이 비치된 이후 배당기일이 끝날 때까지 채권자의 채권 또는 그 채권의 순위에 대하여 서면으로 이의를 할 수 있다(민사집행법 151조 3항).

2) 배당표의 기재사항

배당표에는 매각대금, 각 채권자의 채권의 원금·이자·비용, 배당의 순위와 배당의 율을 기재하도록 되어 있으나 배당표에는 위 기재사항 외에 배당법원의 표시, 사건번호, 배당할 금액, 매각부동산, 배당순위와 그 이유, 배당액, 잔여액, 비용비례액, 채권자의 성명 등을 기재하도록 하고 있다.

① 배당할 금액

배당할 금액에 산입될 것으로서는 다음의 4가지가 있다.

㉠ 대금　　매각대금을 말한다. 여기에는 입찰보증금까지 포함한다.

㉡ 대금지급기일로부터 대금지급까지의 지연이자　　재경매명령이 있었으나 전의 매수인이 매각대금과 지연이자 및 절차비용을 지급함으로써 재경매가 취소된 경우에, 매수인이 이때 납부한 지연이자를 말한다. 즉 매수인이 대금지급기일에 대금을 납부하지 않아, 재경매명령이 있었으나 매수인이 매각대금과 지연이자 및 절차비용을 납부하여 재경매가 취소된 경우에 매수인이 납부한 대금지급기한일로부터 대금지급시까지 발생한 지연이자를 말한다. 본 지연이자는 배당할 금액에 산입한다.

㉢ 항고인의 보증금　　채무자 또는 소유자의 항고가 기각된 경우에 항고인이 보증으로 제공한 금전이나 유가증권은 배당금액에 산입된다.[1]

㉣ 매수자와 차순위입찰자의 보증금　　입찰자가 대금지급기일에 대금을 납부

---

1) 항고가 기각된 때에는 항고인은 보증으로 제공한 금전이나 유가증권의 반환을 청구하지 못하며 그 보증금은 배당할 금액에 산입된다(민사집행법 147조 1항 3호·4호). 그러나 항고가 인용된 경우에는 확정증명을 제출하여 바로 보증금을 회수할 수 있으며 따로 담보취소절차를 밟을 필요가 없다. 항고가 기각되었더라도 경매가 취하되거나 취소된 때에는 항고인은 보증금을 반환받을 수가 있다.

하지 않아 재경매가 실시된 경우에는 매수인이 매수의 보증으로 제공한 금전이나 유가증권은 반환받지 못하고 이 보증금은 배당액에 산입된다. 역시 차순위신고인이 대금을 납부하지 않은 경우에도 이 보증금은 반환받지 못하고 배당액에 산입된다.

ⓜ 매각보증금 및 매각대금의 이자   경매절차의 배당시 매각보증금에 대한 이자 중, 잔금납부일로부터 배당기일 전일까지의 이자는 소유자에게 귀속되고 이는 배당금에 합산된다. 그러나 배당기일 이후의 이자는 배당받을 채권자에게 귀속하게 된다.

② 집행비용

○ ○ 지방법원
집행비용계산서

귀하

사건 20 타경 19272호   부동산강제경매

1. 금   원 경매신청서 등 첨부 인지대
2. 금   원 경매신청서 서기료
3. 금   원 경매신청기입등기 등록세
4. 금   원 송달비용
5. 금   원 감정평가비용
6. 금   원 임대차현황조사비용
7. 금   원 경매수수료
8. 금   원 신문공고 비용

합계 금   원
집행기록에 의하여 위와 같이 계산하였습니다.

20. 7. 7.
법원사무관   (인)

㉠ 우선변제를 받을 집행비용   집행비용이라 함은 각 채권자가 지출한 비용의 전부를 포함하는 것이 아니고 매각대금으로부터 우선변제를 받을 집행비용만

을 의미하며, 이에 해당하는 것으로서는 당해 경매절차를 통하여 모든 채권자를 위하여 한 행위에 소요된 비용으로서의 성질을 띤 집행비용을 의미한다. 예컨대 경매신청서 등 인지대, 경매신청서 서기료, 경매신청기입등기등록세, 송달비용, 등본 수수료, 평가비용, 임대차현황조사비용, 경매수수료, 신문공고비용 등이 이에 해당한다.

ⓒ 집행비용으로 되지 아니하는 것　배당요구신청을 하기 위해 지출한 비용은 집행비용에 해당하지 않는다.

ⓒ 압류가 경합된 경우　압류가 경합된 경우에 뒤의 경매신청에 소요된 비용은 배당요구신청에 소요된 비용과 마찬가지로 우선변제를 받을 비용에 해당되지 않으나 선행의 경매절차가 취소, 취하됨으로써 후행 경매절차가 진행된 때에는 집행신청 이하 전비용이 집행비용으로서 우선변제된다.

ⓔ 집행비용의 계산　집행비용은 채권자의 청구가 없어도 집행법원이 직권으로 집행기록과 채권자가 제출한 채권계산서 및 소명자료에 따라 계산하여 지급해준다.

ⓜ 법원은 집행비용의 계산관계를 명확히 하기 위하여 배당기일 3~4일 전까지 집행비용계산서를 작성하여 담당법관의 승인을 받도록 하고 있다.

③ 채권금액

배당에 참가한 모든 채권자의 채권을 말한다. 채권자가 채무자에 대하여 가지는 채권일지라도 청구 또는 배당요구를 하지 아니하거나 채권계산서에 기재하지 아니한 것은 포함하지 않는다. 단 압류의 효력발생 전에 등기한 저당권자나 가압류권의 채권은 관계없다. 저당권자가 우선변제를 받을 수 있는 범위는 원본, 이자, 위약금, 지연이자, 저당권의 실행비용이다. 단 매각대금으로써 저당권자가 가지는 위의 금액을 전부 만족시킬 수 없는 경우에는 비용, 지연이자, 위약금, 이자, 원금의 순서로 배당을 받는다. 여기서 지연이자는 변제기 이후의 1년분에 한하며, 약정이자는 제한을 받지 않고 받을 수 있다. 원본의 액과 그 이자, 이율, 발생시기, 지급시기는 이를 등기하여야 한다. 이자의 이율에 대한 등기가 없으면 후순위권자나 제3취득자에게 대항할 수 없다. 다만, 이자의 약정에 관하여만 등기가 있고 이율에 관하여 등기가 없으면 법정이율인 연 5%의 이자에 대해서만 우선변제를 주장할 수 있다. 근저당권이 담보하는 피담보채권의 범위는 그 채권최고액을 한도로 하고 그 결산기에 현실적으로 존재하는 채권액의 전부에 미친다. 다만 원금과 이자, 지연이자, 위약금 등을 합산하여 채권최고액의 범위를 초과하는 부분은 우선변제를 받을 수 없다.

④ 배당비율 및 배당액

배당은 우선순위에 따라 선순위의 채권으로부터 순차로 전액을 배당한 다음 잔액이 있으면 그 잔액에 대하여 일반채권자의 각 채권에 대해 안분한다. 따라서 배당순위가 동일한 배당가입 채권자 간에 있어서는 각 배당가입 채권액의 동순위 합산액에 대한 백분율이 배당비율로 된다.

【배당비율계산방법】

$$동순위\ 채권자배당계산 : 남은배당잔액 \times \frac{해당채권책}{총채권금액} = 안분배당금$$

배당비율은 배당액을 산출하는 기초가 된다. 즉, 동순위 채권자에게 배당할 금액에 배당비율을 곱하여 산출된 금액이 배당액이 된다. 따라서 배당에 참가한 동순위 채권자 간에는 배당할 금액에 배당비율을 곱하면 배당액이 산출된다. 또 선순위채권자가 있는 경우에는 최선순위채권으로부터 순차로 그 채권금액을 배당하고 일반채권자에 대하여는 배당할 금액에서 선순위 채권전액을 공제한 잔액에 관하여 위 배당비율에 따라 배당액을 산출한다.

제 2 항 배당기일

1. 배당기일의 실시

1) 배당표의 확정

법원은 미리 작성한 배당표 원안을 배당기일에 출석한 이해관계인과 배당을 요구한 채권자에게 열람시켜 그들의 의견을 듣고, 또 즉시 조사할 수 있는 서증은 조사한 다음 이에 기하여 배당표 원안에 추가하고, 정정할 것이 있으면 추가 정정하여 배당표를 완성 확정한다. 배당표에 대하여 이의가 있는 사람의 이의가 있는 부분에 한해서는 배당표를 확정하지 않는다. 출석한 이해관계인과 배당을 요구한 채권자의 합의가 있는 때에는 이에 의하여 배당표를 작성한다. 만약 배당기일에 소환을 받고도 출석하지 아니한 채권자는 배당표의 실시에 동의한 것으로 간주되므로 그 채권자에 대한 배당표는 확정된 것으로 본다. 채무자가 이의서면을 제출하지 아니하고 또한 배당기일에 출석하지 아니한 경우에도 마찬가지로 동의한 것으로 보아야 할 것이다.

사법보좌관이 작성한 배당표에 대한 이의신청은 배당표 원안이 비치된 이후부터 배당기일이 끝날 때까지 사법보좌관에게 하여야 한다. 이의신청을 받은 사법보좌관은 관계인들이 이의를 인정하거나 다른 합의가 이루어지는 경우에는 이에 따라 배당표를 경정하여 배당을 실시한다. 만약 관계인들이 이의를 인정하지 않거나 다른 합의가 이루어지지 않아 배당절차를 진행하지 못하는 경우에는 판사에게 이의신청을 송부한다. 이의신청사건을 송부받은 판사는 새로이 배당표를 작성하여 해당 기일 또는 속행된 기일에 배당을 실시한다.

2) 배당표에 대한 이의

① 이의를 할 수 있는 자 및 이의시기

배 당 배 제 신 청

사건번호   20 타경8482 부동산 임의경매
채권자   (주) 고려은행
채무자   (주) 동흥국제

위 당사자간의 경매사건에 관하여 배당요구한 임차인 김현준은 채무자 (주)동흥국제의 사원으로 사원이 대표이사의 주택에 임차보증금을 지급하고 대표이사와 임대차계약을 체결했다는 계약내용은 사회통념상 용인될 수 없으므로 본 경매물건의 배당에서 제외하여 주시기 바랍니다.

첨부서류 : 임차인 김현준 재직증명서 사본 1통. 끝
                              20 . 7. 25.

                위 채권자 주식회사   고려은행
                            은행장   박정직
                            지배인   김성실(인)
서울지방법원 (경매27계) 귀중

위의 배당배제신청은 맨처음 경매사례에서 등장한 임차인인데 임의경매개시결정등기 바로 이전에 주민등록전입을 하여 소액임차인으로 배당을 하였던 것이다.[2] 그런데 위 임차인이 소액임차인으로 인정받게 되면 경매신청한 주식회사 고려은행에서 받아갈 배당금액이 적어지기 때문에 고려은행에서는 임차인이 아

---

2) 임차인이 소액임차인으로 인정받아 최우선변제로 배당을 받으려면 경매개시결정일 이전에 주민등록전입과 계약서 그리고 점유를 하고 있으면 된다고 하지만, 경매개시결정 이전일 바로 전에 위의 요건을 갖추었을 때는 가장하여, 즉 소유자와 짜고 하였다는 느낌을 가질 수 있어 위와 같이 채권자가 배당배제신청을 하거나, 아니면 경매법원에서 아예 배당에서 제외시키는 경우가 많다. 따라서 임차인이 소액임차인으로 최우선변제를 받기 위해서는 경매개시결정일 최소한 6개월 이전에 주민등록전입이나 계약서를 갖추고 있어야 별 문제없이 배당을 받을 수 있다고 볼 수 있다. 왜냐하면 저당권자가 경매신청을 할 때는 채무자에게 마지막으로 경매실행예정통지를 최고하게 되는데 이것은 일반적으로 경매개시결정일 약 2개월 전에 발송하고 있다. 채무자 또는 소유자는 이 통지를 악용하여 경매개시결정일 이전에 가짜로 임차인을 만들어 놓고 주민등록을 전입시켜 소액임차인으로 배당을 받아가는 경우가 많기 때문이다.

니라는 사실을 입증하여 배당을 제외시키고자 신청한 내용이다. 결국 위 임차인은 배당기일에 출석도 하지 않았고 고려은행에서 임차인이 아니라는 재직증명서를 첨부하여 배당에서 제외시켜 버렸다.[3] 이러한 일련의 과정은 아래에서 설명하고 있다.

배당기일에 출석한 채무자 및 각 채권자는 배당표의 작성방법, 확정 및 배당실시절차와 다른 채권자의 채권과 순위 등에 관하여 배당기일에 출석하여 서면으로 이의할 수 있다(민사집행법 151조 2항). 따라서 채무자 외의 자가 이의서면을 제출하고 기일에 출석하지 아니한 때에는 그 이의서면을 무시하고 배당을 실시한다. 기일에 출석하지 아니한 채권자가 다른 채권자가 제기한 이의에 관계된 때에는 그 채권자는 이의를 정당하다고 인정하지 아니한 것으로 본다(민사집행법 153조 2항).

② **절차상의 이의**

㉠ 이의사유　　채무자와 각 채권자는 배당표의 작성과정이나 배당실시절차에 위법이 있음을 이유로 이의를 할 수 있다. 예컨대 배당표의 작성 위반, 배당할 금액의 탈루, 자기의 채권이 배당표에 기재되지 아니한 것을 이유로 이의할 수 있다. 채권자가 이의를 할 수 있는 것은 이의의 결과 자기의 배당액이 증가되는 경우에 한한다.

㉡ 이의에 대한 조치　　배당기일에 채무자 또는 채권자가 위와 같은 이의를 주장하는 것은 사전에 집행방법상의 위법에 대한 시정을 촉구하는 데 불과하므로 법원은 그 이의가 정당하다고 인정하면 그 절차의 위법을 시정하고 이의가 이유 없다고 인정되면 이의가 없는 부분에 한하여 배당을 실시한다. 이때 채무자나 채권자는 정식으로 집행에 이의나 배당이의의 소를 제기할 수 있으며, 배당표의 실시를 정지하기 위하여는 집행정지의 가처분을 받아 집행법원에 제출할 수 있다.

---

3) 임대건물의 구조상 5세대의 임차인이 있기는 어려운 점, 임차인의 전입신고가 임대인이 대출연체로 그 채권자로부터 법적 조치를 취하겠다는 최고장을 받은 이후 경매개시 전에 집중되어 있는 점, 협의이혼하여 따로 살고 있던 부부가 같은 날 전입신고하면서 따로 각 방 1개씩을 임차하였다고 주장하는 점, 건물을 모두 임대하고 다른 곳에 거주한다는 임대인 부부가 경매개시결정정본 및 배당기일소환장을 같은 건물에서 받았고 채권자의 직원이 방문하였을 때에 임대인의 처가 위 건물에서 잠을 자고 있었던 점, 임차인 가족이 거주한다는 방에 침대 1개 및 옷 몇 벌만 있었던 점 등에 비추어 이들을 우선변제권 있는 소액임차인으로 보기에 의심스러운 사정이 있다(대판 2001. 3. 23. 2000다53397).

③ **실체상의 이의**

㉠ 이의사유   배당기일에 출석한 채권자 및 채무자는 채권의 존부, 범위, 순위에 관하여 실체상의 다른 사유가 존재하는 경우에는 이의를 할 수 있다. 이때 각 채권자는 자기의 이해에 관련되는 다른 채권자의 채권의 존부, 범위, 순위에 관해 이의를 할 수 있을 뿐이다.

㉡ 이의신청방법   이의는 반드시 채무자, 채권자가 배당기일에 출석하여 서면을 제출하여야 한다.

㉢ 이의에 대한 조치   이의신청이 있으면 배당법원은 그 적법 여부만을 심사할 수 있으며 이의사유의 존부에 관하여 심사할 수 없다. 적법한 이의에 대해서는 그 이의내용에 불명한 점을 석명[4]하도록 한 다음, 이의에 관계있는 다른 채권자에게 인부의 진술을 듣고 이의가 정당하다고 인낙을 한 경우는 배당을 실시한다.

㉣ 이의신청에 대한 다른 채권자의 인부   이의신청에 관하여 이해관계있는 다른 채권자가 출석하고 있으면 그로 하여금 이의에 대한 인부를 진술하도록 한다. 즉, 이의신청에 관하여 이해관계가 있는 채권자에 대하여 법원은 소송지휘권을 발동하여 그 관계에 대하여 석명할 것을 명할 수 있다. 법원의 석명에 대하여 응답이 없는 경우에는 의제자백으로 인정하여 이의에 대하여 승인한 것으로 보기도 한다.

㉤ 불출석 채권자의 취급   기일에 출석하지 아니한 채권자는 배당표의 실시에 동의한 것으로 본다.

㉥ 이의의 효과

− 채무자가 이의신청을 한 경우

채무자가 집행력 있는 정본을 가진 채권에 대하여 이의를 한 때에는 청구이의의 소를 제기하고 배당기일로부터 7일 내에 집행법원에 소 제기 사실을 증명하여야 하며 이의의 소는 집행의 속행에 영향이 없으므로 배당절차를 정지시키기 위해서는 집행의 일시정지를 명하는 취지의 처분을 받아 법원에 제출해야 한다. 그렇지 않으면 배당정지의 효력이 없으므로 그대로 배당을 실시해야 한다.

채무자가 집행력 있는 정본을 가지지 아니한 채권에 이의를 한 때에는 배당이의의 소를 제기하여 이의를 완결하여야 하고 그 사실을 법원에 증명하면 그

---

4) 집행법원이 이의를 한 자에게 구체적으로 그 사실관계를 밝히도록 명령하는 것.

부분의 배당액은 공탁된다.

－채권자가 이의신청을 한 경우

이의가 기일에 완결되지 아니한 때에는 이의를 신청한 채권자는 그 이의를 완결하기 위하여 배당이의의 소를 제기하고, 배당기일로부터 7일 내에 그 소 제기사실을 증명하면 그 부분의 배당액은 공탁되나 그러한 증명이 없이 이 기간을 도과한 때에는 이의의 소에도 불구하고 배당이 실시된다.

판례는 "채권자가 제기하는 배당이의의 소는 대립하는 당사자인 채권자들 사이의 배당액을 둘러싼 분쟁을 해결하는 것이므로, 그 소송의 판결은 원·피고로 되어 있는 채권자들 사이에서 상대적으로 계쟁 배당부분의 귀속을 변경하는 것이어야 하고, 따라서 피고의 채권이 존재하지 않는 것으로 인정되는 경우 계쟁 배당부분 가운데 원고에게 귀속시키는 배당액을 계산함에 있어서 이의신청을 하지 아니한 다른 채권자의 채권을 참작할 필요가 없으며, 이는 이의신청을 하지 아니한 다른 채권자 가운데 원고보다 선순위의 채권자가 있다 하더라도 마찬가지이다"라고 보고 있다.

다시 말해서 채권자가 제기하는 배당이의의 소는 대립하는 당사자인 채권자들 사이의 배당액을 둘러싼 분쟁을 해결한다. 따라서 그 소송의 판결은 원·피고로 되어 있는 채권자들 사이에서 상대적으로 계쟁 배당부분의 귀속을 변경하는 것이어야 하고, 따라서 피고의 채권이 존재하지 않는 것으로 인정되는 경우 계쟁 배당부분 가운데 원고에게 귀속시키는 배당액을 계산함에 있어서 이의신청을 하지 아니한 다른 채권자의 채권을 참작할 필요가 없다. 이는 이의신청을 하지 아니한 다른 채권자 가운데 원고보다 선순위의 채권자가 있다 하더라도 마찬가지이다(민사집행법 161조 2항 2호 전문).

그러나 채무자가 제기한 이의 배당이의 소가 인용된 경우에는 이의를 제기하지 아니한 채권자를 위하여도 배당표를 바꾸어야 한다(민사집행법 161조 2항 2호). 채무자 승소의 판결의 효력은 그 범위에서 절대효가 인정된다.

Ⓐ 이의의 소제기 증명　이의가 완결되지 아니한 때에는 이의를 제기한 자는 배당기일로부터 7일 이내에 다른 채권자를 상대로 배당이의소송을 제기하여 이의를 완결하고 그 소 제기사실을 증명하여 집행법원에 증명하여야 한다. 소 제

기 증명을 하지 아니하고 그 기간을 도과한 경우에는 법원은 이의에도 불구하고 유보되었던 배당을 실시한다.

◎ 이의의 철회   이의신청인은 서면 또는 구술로 이의를 철회할 수 있다. 이의가 철회되면 유보뇌었던 배당은 실시된다.

2. 배당이의의 소

1) 의의

배당기일에 이의가 완결되지 아니한 경우, 채권자는 다른 채권자를 피고로 하여 또는 채무자는 집행정본 없는 채권자를 피고로 하여 배당이의의 소를 제기하여야 한다(민사집행법 154조 1항·2항) 이의를 한 자는 배당기일로부터 1주일 안에 집행법원에 배당이의의 소를 제기한 사실을 증명하는 서류를 제출하지 아니한 때에 또는 청구이의 소를 제기한 사실을 증명하는 서류와 그 소에 관한 집행정지재판의 정본을 제출하지 아니한 때에는 의의가 취하된 것으로 본다(민사집행법 154조 3항).

2) 부당이득반환청구와의 관계

이의한 채권자가 배당이의 소의 출소기간을 지키지 아니한 경우에도 배당표에 따른 배당을 받을 채권자에 대하여 소로 우선권 및 그 밖의 권리를 행사하는 데 영향을 미치지 아니한다(민사집행법 155조).

이에 대하여 대법원은 "확정된 배당표에 의하여 배당을 실시하는 것은 실체법상의 권리를 확정하는 것이 아니므로 배당을 받아야 할 자가 배당을 받지 못하고 배당을 받지 못할 자가 배당을 받은 경우에는 배당을 받지 못한 우선채권자는 배당을 받은 자에 대하여 부당이득반환청구권이 있다"라고 밝히고 있다.[5] 그러나 "민사소송법 제605조 제1항에서 규정하는 배당요구가 필요한 배당요구채권자는, 압류의 효력발생 전에 등기한 가압류채권자, 경락으로 인하여 소멸하는 저당권자 및 전세권자로서 압류의 효력발생 전에 등기한 자 등 당연히 배당을 받을 수 있는 채권자의 경우와는 달리, 경락기일까지 배당요구를 한 경우에 한

---

5) 대판 1997. 2. 14. 96다51585.

하여 비로소 배당을 받을 수 있고, 적법한 배당요구를 하지 아니한 경우에는 비록 실체법상 우선변제청구권이 있다 하더라도 경락대금으로부터 배당을 받을 수는 없을 것이므로, 이러한 배당요구채권자가 적법한 배당요구를 하지 아니하여 그를 배당에서 제외하는 것으로 배당표가 작성·확정되고 그 확정된 배당표에 따라 배당이 실시되었다면 그가 적법한 배당요구를 한 경우에 배당받을 수 있었던 금액 상당의 금원이 후순위채권자에게 배당되었다고 하여 이를 법률상 원인이 없는 것이라고 할 수 없다"[6]고 하여 부당이득반환청구를 허용하지 않고 있다.

3) 재판절차

원고적결은 이의신청을 한 채권자 또는 채무자이다. 채무자는 반드시 배당기일에 출석한자에 한하고, 채무자는 서면으로 이의를 하였더라도 원고적결이 있다. 집행력 있는 정본을 가지지 아니한 채권자(가압류 채권자 제외한다)에 대항 이의한 채무자와 다른 채권자에 대하여 이의한 채권자만 배당이의 소를 제기할 수 있고(민사집행법 154조 1항) 집행력 있는 정본을 가진 채권자에 대하여 이의한 채무자는 청구이의의 소를 제기하여야 한다(민사집행법 154조 2항).

이와 관련하여 대법원은 "허위의 근저당권에 대하여 배당이 이루어진 경우, 통정한 허위의 의사표시는 당사자 사이에서는 물론 제3자에 대하여도 무효이고 다만, 선의의 제3자에 대하여만 이를 대항하지 못한다고 할 것이므로, 배당채권자는 채권자취소의 소로써 통정허위표시를 취소하지 않았다 하더라도 그 무효를 주장하여 그에 기한 채권의 존부, 범위, 순위에 관한 배당이의의 소를 제기할 수 있고"[7] "근저당권설정등기가 위법하게 말소되어 아직 회복등기를 경료하지 못한 연유로 그 부동산에 대한 경매절차의 배당기일에서 피담보채권액에 해당하는 금액을 배당받지 못한 근저당권자는 배당기일에 출석하여 이의를 하고 배당이의의 소를 제기하여 구제를 받을 수 있고, 가사 배당기일에 출석하지 않음으로써 배당표가 확정되었다고 하더라도, 확정된 배당표에 의하여 배당을 실시하는 것은 실체법상의 권리를 확정하는 것이 아니기 때문에 위 경매절차에서 실제로 배당받은 자에 대하여 부당이득반환청구로서 그 배당금의 한도 내에서 그 근저당권설정등

---

6) 대판 2002. 1. 22. 2001다70702.
7) 대판 2001. 5. 8. 2000다9611.

기가 말소되지 아니하였더라면 배당받았을 금액의 지급을 구할 수 있다"[8]고 판시하여 별소가 아닌 배당이의의 소로 또는 배당배당이의[9]나 이의의 소를 제기하지 않았더라도 부당이득반환청구의 소 등으로 다툴 수 있는 것으로 보고 있다.

4) 판결의 효력

배당이의의 소에 대한 판결에서는 배당액에 대한 다툼이 있는 부분에 관하여 배당받을 채권자와 그 액수를 정하여야 한다. 이를 정하는 것이 적당하지 아니하다고 인정한 때에는 판결에서 배당표를 다시 만들고 다른 배당절차를 밟도록 명하여야 한다(민사집행법 157조).

청구가 이유 있는 경우에는 피고에 대한 배당액을 취소하고 그 배당액에 관하여 어느 채권자에게 얼마를 지급할 것인지를 구체적으로 정하며, 그와 같이 정하는 것이 부적당한 때에는 판결에 이의를 인용하는 범위를 정하고 배당법원에 대하여 배당표의 재작성과 그에 따른 새로운 배당절차의 실시를 명한다.

채권자가 제기한 배당이의소송은 대립하는 당사자인 채권자들 사이의 배당액을 둘러싼 분쟁을 상대적으로 해결하는 것에 지나지 아니하고 그 판결의 효력은 오직 소송당사자인 채권자들 사이에만 미칠 뿐이므로, 피고의 채권이 존재하지 아니한 것으로 인정된 경우에는 이의신청을 하지 아니한 다른 채권자의 채권을 참작할 필요가 없으며, 이는 이의신청을 하지 아니한 다른 채권자 가운데 원고보다 선순위의 채권자가 있다 하더라도 마찬가지이다. 또한 배당이의소송의 판결에서 계쟁 배당 부분에 관하여 배당을 받을 채권자와 그 수액을 정함에 있어서는 피고의 채권이 존재하지 않는 것으로 인정되는 경우에도, 이의신청을 하지 아니한 다른 채권자의 채권을 참작함이 없이 그 계쟁 배당 부분을 원고가 가지는 채권액의 한도 내에서 구하는 바에 따라 원고의 배당액으로 하고, 그 나머지는 피고의 배당액으로 유지함이 상당하다.[10]

그러나 채권자가 채무자로부터 제기당한 배당이의의 소에서 진 때에는 법원은 배당에 대하여 이의를 하지 아니한 채권자를 위하여서도 배당표를 바꾸어야 한다(민사집행법 161조 2항 2호). 이를 실무상 "추가배당"이라고 한다.

---

8) 대판 2002. 10. 22. 2000다59678.
9) 대판 2008. 9. 11. 2008다29697.
10) 대판 1998. 5. 22. 98다3818.

3. 배당의 실시

【배당사례】

	서 울 지 방 법 원			
	배 당 표			
20 타경 8482호 부동산임의경매				
배당할 금액①	금 460,954,150			
명 세	매각대금	금 457,710,000		
	지연이자	금 1,918,730		
	전낙찰인의 경매보증금	금 0		
	항고보증금	금 0		
	보증금이자	금 1,325,420		
집행비용②	금 5,389,110			
실제 배당할 금액 ①~②	금 455,565,040			
매각부동산	별지와 같음			
채권자	천정짐	강남구	주식회사 고려은행	
채 권 금 액	원금	12,000,000	353,960	486,269,618
	이자	0	0	90,438,662
	비용	0	0	0
	계	12,000,000	353,960	576,708,280
배당순위	1	2	3	
이유	소액임차인	당해세	신청채권자 겸 근저당권자	
채권최고액	1,200,000	353,960	498,351,267	
배당액	7,000,000	353,960	448,211,080	
잔여액	448,565,040	448,211,080	0	
비용비율	100.00%	100.00%	89,93879%	
공탁번호 (공탁일)	금제 호 (. . .)	금제 호 (. . .)	금제 호 (. . .)	
	○○○○. ○. ○.			
	사법보좌관 ○ ○ ○ (인)			

이 배당표에 기재되어 있는 바와 같이 앞서 살펴본 임차인 김현준은 소액임 차인으로 배당요구신청은 하였지만 경매신청권자인 고려은행의 배당제외 신청 때문에 배당에서 제외되었고, 임차인 천정짐만 소액임차인으로 인정되어 1순위 자로 배당을 받게 되었다. 임차인 천정짐은 소액임차인에 해당하기 때문에 이

법시행일 당시의 담보권자가 우선변제를 받을 배당금액에 대하여 최우선변제권을 주장할 수 있다. 위의 사례에서는 ㈜고려은행 근저당이 일부 배당금을 수령할 수 있으므로 그 자에 우선하여 700만원을 배당받을 수 있다.[11] 그리고 난 나머지 금액을 가지고 ㈜고려은행 근저당이 배당금을 수령한다. 그리고 강남구청의 종합토지세는 본 물건에 대하여 부과된 당해세이기 때문에 근저당권자보다 이후에 법정기일이 되어 있지만 우선하여 배당을 하여 주고 있다. 그리고 3순위자인 경매신청권자 고려은행에서 배당을 받아가게 되는데 남아 있는 배당금액이 적어 전액을 배당을 받지 못하고 채권최고액인 498,351,267원 중 89.98879%에 해당하는 448,211,080원만(배당금)을 수령한다. 배당표에 대한 보다 구체적인 배당내용을 다음의 표에서 설명하도록 하겠다.

---

11) 전장헌, 민법과 민사집행법의 관계, 법률정보센타, 2018, 208면.

【배당사례 : 이해관계인 일람표】

서 울 지 방 법 원

이해관계인 일람표
부동산 임의경매사건
경매개시결정기입일 . . .
매각허가결정 : . . .

경락가격 : 457,710,000
이 자 : 지연(1,918,730), 보증금(325,420)
비 용 : 5,389,110

교부 순위	교부이유	채권자	원인일자	채 권 최고액	청구액	비 고
3순위	신청자겸근저당권자	주식회사 고려은행	20. 10. 14.	272,800,845	1) 총채권액 576,708,280	1)원금 : 486,269,618 2)이자 : 90,438,662
	신청자겸근저당권자	주식회사 고려은행	20. 11. 17.	25,550,422		
	신청자겸근저당권자	주식회사 고려은행	20. 11. 19.	200,000,000	2)채권최고액 : 498,351,267	
	근저당권자	주식회사 한국외환은행	20. 11. 24.	60,000,000		
1순위	임차인	천정짐	전입 20. 10. 26. 확정×		12,000,000	소액보증금 700 만원 배당금 수 령
	임차인	김현주	전입 20. 11. 26. 확정×		15,000,000	고려은행의배당 배제 신청청구 로 배당제외
2순위	교부권자	강남구	20. 10. 16.		353,960	종합토지세 당해 세로 인정배당
4순위	가압류권자	주식회사 국민은행	20. 11. 25.		전부 후순위 채권자로서 남은 배당금액이 없어 배당에서 제외. 남은 금액이 있는 경우 에는 가압류일자에 관계없이 채권금액에 따 라 안분하여 배당하여 준다.	
	가압류권자	신용신용기금	20. 11. 26.			
	가압류권자	기술신용기금	20. 11. 27.			
	가압류권자	대한보증보험	20. 11. 30.			

위의 표에서 살펴보았듯이 임차인 김현준은 소액임차인으로 배당요구신청을 하였지만 배당에서 제외시키고 있다. 그러한 이유는 앞서 설명한 바와 같이 국민은행이 배당제외신청을 하였고, 배당기일소환장을 수령한 소유자의 전화번호도 없고, 또한 임차인 김현주도 임대차계약서상에 있는 전화번호로 전화를 여러 번 하였지만 없는 전화번호로 밝혀져 결국 배당에서 제외시켜버렸던 것이다. 경매법원은 가능한 소액임차인들을 보호하기 위해 배당하여 주려고 하고 있으나 위와 같이 임차인이 배당기일에도 출석을 하지 않은 경우에는 배당에서 제외시키고 있다.

그리고 경매신청권인 근저당권의 총채권액은 이자와 채권액을 합하여 576,708,280원이지만 이 금액으로 배당을 하여 주는 것이 아니고 배당금액이 남았다고 하더라도 등기부상 기재되어 있는 채권최고액 498,351,267원의 범위 내에서 배당을 하여 주고 있다. 그래서 저당권설정자가 변제기일이 지나고도 이행을 하지 않으면 저당권자(채권자)는 즉시 경매를 청구하여 이자액이 채권최고액의 범위를 초과하지 않는 범위 내에서 배당을 받으려고 한다. 본 물건에서는 실질적인 총 채권액은 원금과 이자를 합하여 576,708,280원, 등기부상에 설정된 채권최고액은 498,351,267원인데 남은 배당금액이 충분하지 않아 448,211,080원만 배당을 받아 결국 원금도 회수를 못하였다.

(1) 배당을 실시하여야 할 경우

1) 배당기일 이의신청이 없는 경우

배당기일에 출석한 채권자 및 채무자로부터 이의신청이 없는 경우 배당기일에 불출석함으로써 배당표에 의한 배당실시에 동의한 것으로 보게 되는 경우에는 법원이 작성한 배당표는 그대로 확정되므로 이에 따라 배당이 이루어진다.

2) 배당기일 이의신청이 있는 경우

① 이의신청이 있었으나 이의가 완결된 경우

이해관계인의 이의에 대하여 상대방 채권자가 이의가 정당하다고 인정하거나 다른 방법으로 합의가 성립한 때에는 이의가 완결되며, 이때는 그에 따라 배당표를 경정하여 배당을 실시한다.

② 이의신청이 있었으나 이의가 완결되지 않은 경우

이의가 완결되지 아니한 때에는 배당표 가운데 이의가 없는 부분에 대해서만 배당을 실시한다. 이 경우 이의가 있는 부분에 대하여는 배당을 유보하며 이의신청인이 7일 이내에 배당이의소송을 제기하여 그 사실을 증명하면 그 부분의 배당액에 대해서 공탁을 하고 이후 승소판결을 받게 되면 배당을 하여 준다.

③ 이의신청을 하였으나 이의신청을 철회한 경우

이 경우에는 법원은 기일을 정하여 배당받을 채권자와 채무자를 소환하여 종전의 배당표에 따라 배당을 실시한다.

④ 배당이의의 소송이 취하 또는 취하간주되거나 그 소송에 있어서 소각하 또는 청구기각의 판결이 확정되었음이 증명된 경우에는 종전의 배당표에 따라 배당을 실시한다.

⑤ 배당이의소송의 판결이 확정되었음이 증명된 경우

배당이의의 소송에 있어서 원고청구의 전부 또는 일부 인용의 판결이 확정되었을 경우 법원은 그 판결내용에 따라 배당을 실시한다. 즉, 판결주문에서 배당액을 경정한 경우에는 그 내용에 따라 배당표의 내용을 경정한 다음 해당 채권자에게 배당금을 지급할 것이며, 그 판결주문에서 새로운 배당표의 작성과 배당절차를 명한 경우에는 새로운 배당표를 작성하여 배당기일을 정하고 관계채권자 및 채무자를 소환하여 배당을 실시한다.

(2) 배당실시절차

1) 배당금의 지급

배당기일에 출석한 채권자는 법원보관금취급규칙에 따라 배당액을 지급받을 수 있다. 그리고 배당기일에 채권자가 출석하지 않은 경우에도 자기의 비용으로 예금계좌에 입금하여 줄 것을 법원에 신청하여 배당액을 지급받을 수가 있다. 임차인이 확정일자나 소액임차인의 요건에 해당되어 배당기일에 배당을 받기 위해서는 경락인의 명도확인서와 인감증명서(명도확인서에 도장을 찍은 것과 확인하기 위해 경락인의 인감증명서)를 담당경매계에 제출해야 당일에 배당금을 지급받게 된다.[12]

---

12) 임차인의 보호를 위한 주택임대차보호법의 취지에 비추어 볼 때 우선변제권이 있는 임차인은

2) 배당액의 공탁

다음의 각 채권자에 대한 배당액은 즉시 채권자에게 지급할 수 없거나 지급하는 것이 상당하지 않으므로 집행법원은 그 배당액을 직접 지급하지 않고 이를 공탁한다.

① 정지조건있는 채권에 대한 배당액

예컨대 임차인이 보증금을 배당받기 위해서는 경락인의 명도확인서와 인감증명서가 필요한데 이를 제출하지 않고 있는 경우에는, 위의 서류를 제출하는 것을 정지조건으로 하여 위의 배당액을 공탁한다.

② 집행력 있는 정본에 의하지 아니한 배당요구채권을 채무자가 인낙하지 아니한 경우

이 채권에 대한 배당액에 대하여는 채권자는 채권확정의 소를 제기하여 그 채권에 대한 확정판결을 받아야 배당금을 받을 수 있지 그렇지 않으면 그때까지는 불완전한 위 채권에 대하여는 배당을 실시하지 않고 이를 공탁한다. 추후 이 채권에 대한 확정판결이 나면 당해 채권자에게 배당금을 지급하고 불확정되면 다른 채권자에게 추가배당을 하여 준다.

③ 가압류채권자의 미확정채권에 대한 배당금

가압류채권의 경우는 본안소송에 의해서 판결이 확정되므로 그 이전에는 배당금을 일단 공탁하여 놓는다. 이때 다른 채권자가 가압류채권에 대한 이의를 제기하지 않은 상태에서 가압류에 대한 본안소송이 패소한 경우에는 추가로 배당을 실시하여 이전에 배당금액을 전액 변제받지 못한 채권자에게 배당을 실시한다. 그래도 남은 금액이 있을 경우에는 채무자에게 지급한다.

④ 배당이의소송 미완결의 채권에 대한 배당금

배당표에 대한 이의가 있는 채권에 관하여 적법한 배당이의의 소가 제기된 때에는 그 소가 종료될 때까지 배당액을 공탁하여야 한다.

임차주택의 가액으로부터 다른 채권자보다 우선하여 보증금을 변제받음과 동시에 임차목적물을 명도할 수 있는 권리가 있으며, 따라서 주택임대차보호법 제3조의2 제2항에서 임차인은 임차주택을 양수인에게 인도하지 아니하면 경매 또는 공매시 임차주택의 환가대금에서 보증금을 수령할 수 없다고 한 것은 경매 또는 공매절차에서 임차인이 보증금을 수령하기 위하여는 임차주택을 명도한 증명을 하여야 한다는 것을 의미하는 것이고, 임차인의 주택명도의무가 보증금반환의무보다 선이행되어야 하는 것은 아니다(대판 1994. 2. 22. 93다55241).

⑤ 배당기일에 출석하지 않은 채권자에 대한 배당금

배당받을 채권자가 배당기일에 출석하지 않은 경우에는 그 배당액을 지급할 수 없으므로 이를 공탁하여 배당을 완결한다.

후일 그 채권자가 지급을 청구하면 법원은 지급위탁서의 송부,[13] 지급증명서의 교부[14] 등의 배당금지급방법에 따라 지급한다.

배당액은 채권자가 배당기일에 출석하지 않아도 즉시 공탁을 하지 않고 10일 동안은 기다렸다가 그때까지도 지급청구가 없을 때 공탁을 한다. 따라서 임차인은 경락인이 배당기일 명도확인서와 인감증명서를 주는 조건으로 이사가는 것을 요구하여 협의가 이루어지지 않는 경우에는 다음과 같이 진행하는 것이 좋다. 우선 배당기일에는 담당경매계에서 배당금이 나오는지 여부만을 확인하고, 배당금지급이 확정되어 있다면 경락인과 이사 날짜를 10일 이내에 갈 것으로 협

---

[13]

지 급 위 탁 서			
법원 지원 공탁공무원 귀하			
공탁번호	년 제 호	공탁물	금 7,000,000원
공탁자	성 명	판사 ○ ○ ○	
	주 소	○ ○ 지방법원	
지급내역	지급액	수령인의 주소 및 성명	
소액임차인배당금	금 칠백만원 (7,000,000원)	서울시 마포구 아현동 227-3호, 천정짐	
공탁물을 위와 같이 지급의뢰 합니다. 00 년 0월 0일 사법보좌관 (인)			

[14]

증 명 서			
공탁번호	년 제 호	공탁물	금 7,000,000원
수령인	성 명	천정짐	금 7,000,000원
	주 소	서울시마포구아현동227-3	금 칠백만원 정
공탁물을 위와 같이 지급의뢰 합니다. 00 년 0월 0일 수원지방법원 사법보좌관 (인)			

의하여 명도확인서와 인감증명서를 그때까지 담당경매계에 제출하면 당일에 배당금을 지급받고 이사갈 수가 있다.

⑥ **집행정지 중의 채권에 대한 배당금**

집행력 있는 정본을 가진 배당권자 전원에 대하여 집행정지서면이 제출된 경우에는 배당절차는 정지되므로 공탁의 문제는 발생하지 않는다. 다만, 집행력 있는 정본을 가진 배당채권자의 일부에 대해서만 집행정지서면이 제출된 경우에는 법원은 배당절차를 속행한다.

⑦ **저당권설정의 가등기권리자에 대한 배당금**

압류의 효력발생 전(즉 말소기준보다 앞선 일자로 가등기가 되어 있는 경우)에 저당권설정등기청구권 보전을 위한 가등기가 경료되어 있는 경우 가등기권자가 본등기를 하면 우선변제를 받을 수 있으므로 법원은 가압류의 경우에 준하여 가등기권자에게 배당할 금액을 공탁하여야 한다. 다만, 가등기권자가 등기의무자의 동의서나 본등기를 함에 필요한 저당권 자체의 성립을 인낙하는 의무자의 채권확인서 또는 본등기를 명하는 확정판결 등을 법원에 제출하면 공탁을 하지 않고 바로 배당금을 지급한다.

(3) 추가배당절차

공탁된 배당금을 당해 채권자에게 배당할 수 없게 되어 다른 채권자에게 추가 배당을 하여야 할 경우에는 배당법원은 공탁된 금액에 대하여 배당표를 다시 작성하고 배당기일 3일 전에 법원에 비치하여 이를 관계채권자에게 열람하게 한 후 배당기일에 관계채권자 및 채무자를 소환하여 배당을 실시한다. 이때 관계채권자는 배당표에 대하여는 이의를 할 수 있으나 배당채권액 및 순위에 관한 문제로서 배당표 확정시 이전의 사유에 기한 것에 대하여는 이의를 할 수 없다.

09

경매핵심 사례분석

핵심사례분석은 앞에서 살펴본 이론적인 설명과 관련을 갖고 있는 물건에 대해서 특히 유의해야 할 내용을 중심으로 종합적인 분석을 하여 본다. 다른 사람이 낙찰받은 물건을 살펴보면서 자기가 알고 있는 지식과 다른 사실이 있을 때에는 바로 금전적인 문제와 관련되어 손해를 발생시킬 수 있기 때문에 사례분석도 상당히 중요하다.

1. 주의해야 할 대항력 있는 임차인

사건번호	소재지	면적(평방)	등기부상권리분석	임차관계	감정평가액
					최저경매가
20-22562 아파트 하나은행 임명신	서울시 서초구 잠원동 73 신반포(아)113동 1105호 * 반포역 도보 5~6분 소요 * 경원중교 북서측인근 * 버스(정) 인근소재	대 8553.11 중 (43.08/85419.23) (13평) 건 79.42 (24.02평) - 방3 78.8.23 준공 12층아파트 토지 : 57,000,000원 건물 : 133,000,000원	근저 20. 3. 20. 하나은행 1억2000만(을지로) 압류 20. 4. 12. 중부세무 가압 20. 5. 2. 신용보증 1096만(명동) 가압 20. 6. 9. 신한은행 546만(을지로) 임의 20. 12. 21. 하나은행 가압 20. 11. 27. 배경열	임칠성 1억5천만원 전입 20. 2. 7. 확정 20. 2. 10. 배당요구 20. 5. 5.	190,000,000 152,000,000 (80%) 건일감정 20. 3. 30.
					결 과
					20. 5. 16. 유찰 20. 6. 20. 낙찰

(1) 사건개요

본 물건은 주 채무자 겸 소유자인 임명신이 하나은행의 채권액을 변제하지 않아 임의경매를 신청한 물건이다. 종별은 아파트로 주변에 지하철과 학교가 있어 상당히 좋아 보인다. 문제는 임차인에 대한 인수 여부이다.

(2) 등기부상 권리분석

등기부상의 권리관계는 말소기준권리인 최초근저당(하나은행), 압류(중부세무)

그리고 가압류(신용보증 이하) 등은 경락인이 잔금을 지불하면 모두 말소된다.

(3) 임차인 권리분석

임차인 임칠성은 최초근저당보다 앞선 일자로 주민등록전입과 확정일자를 받았기 때문에 일명 왕순위 임차인에 해당한다. 따라서 법원에서 확정일자에 의해 배당금을 수령하고, 보증금 전액을 배당받지 못하였다면 나머지 보증금액에 대해서는 경락인에게 대항력을 주장하여 보증금의 인수를 주장할 수 있다.

임차인이 배당요구신청을 하였기 때문에 법원에서 가장 선순위로 배당을 받아 갈 수 있다. 이하에서 구체적인 배당관계를 살펴보자.

(4) 배당예상

낙찰대금 : 1억 6천만원			
순위	권리	권리내용	계산방법(안분비례) : 낙찰대금 × $\frac{\text{해당채권액}}{\text{총채권금액}}$ = 안분배당금
1	압류	중부세무(당해세) : 1천만원 20. 4. 12.	경매신청비용으로 약 350만원을 경매신청권자가 제일 먼저 배당을 받는다. 이어 중부세무서가 1순위자인 당해세에 해당하여 1천만원을 우선배당을 받게 된다.
2	임칠성	임차인 20. 2. 7.(전입) 20. 2. 10.(확정)	임차인 임칠성은 법원에서 중부세무서와 경매신청권자의 신청예납금을 제한 나머지 146,500,000원을 배당받게 된다. 문제는 임차인의 보증금액이 150,000,000원인데 법원에서 전액 배당받지 못할 나머지 금액에 대해서는 경락인이 물어주어야 한다는 점이다. 따라서 경락인은 160,000,000원의 경락대금 외에 추가로 3,500,000원을 임차인에게 지불해야 명도를 받을 수 있다.
3	하나 은행	경매신청권자 20. 12. 21.	경매신청권자는 남은 배당금액이 없기 때문에 채권회수를 할 수가 없다.

(5) 종합분석

따라서 경락인(매수인, 낙찰자)은 임차인이 확정일자에 의해 법원에서 배당을 받고 난 나머지 보증금에 대해서 추가로 인수해야 한다고 분석한 후 입찰에 참여해야 손해가 발생하지 않을 것이다.

특히 여기서 주의할 것은 '임차인이 배당요구신청을 하지 않았을 경우는 어떻게 될 것인가?'라는 문제이다. 임차인이 배당요구신청을 하지 않았더라면 설사 법원에서 확정일자순위에 의하여 배당금을 수령할 수 있는 순위에 해당하는 임차인일지라도 배당에서 제외하고 결국 임차인의 보증금 1억 5천만원 전액을 경락인이 인수해야 한다는 점이다.

그런데 이와 같은 사고가 많이 발생하고 있다. 그러한 이유는 임차인이 확정일자를 받았기 때문에 당연히 '배당요구신청서를 신청했겠지'하고 그냥 넘어가는 것도 이유가 된다. 따라서 임대차계약서와 확정일자 중 특히 권리신고 및 배당요구신청서는 임차인이 아무리 많이 있을지라도 면밀히 살펴보고 입찰에 참여해야 손해가 발생하지 않게 된다. 기간입찰제도1)의 경우에는 기일입찰제와 다르게 미리 열람할 수 있는 시간이 충분하기 때문에 배당요구신청 여부도 철저히 조사하고 입찰에 참여할 수 있는 장점이 있다.

---

1) 기간입찰이라 함은 "특정한 입찰기일"에 특정한 입찰장소에서 입찰을 실시하는 현행의 기일입찰제도와는 달리 "일정한 입찰기간"을 정하여 그 일정한 기간을 중심으로 실시하는 입찰방식을 의미한다. 이 경우 그 입찰기간 내에 입찰표를 직접 또는 우편으로 법원에 제출하게 하면서 법원이 정한 최저입찰가격의 1할 또는 2할을 일률적으로 법원의 은행계좌에 납입한 뒤 그 입금표를 입찰표에 첨부하게 하며, 입찰기간 종료 후 일정한 날짜 안에 개찰기일을 실시하여 최고가매수신고인, 차순위매수신고인을 정하고 경락기일에서 경락허가 결정을 하는 방식을 취하게 되는 것을 말한다. 부동산의 매각(경매)은 매각기일에 하는 호가경매, 매각기일에 개찰하는 기간입찰의 세 가지 방법으로 한다(민사집행법 103조 2항).

2. 임차권등기를 하고 이사한 경우

사건번호	소재지	면적(평방)	등기부상권리분석	임차관계(민원)	감정평가액
					최저경매가
20-337 87 유미희 김범	광진구 구의동 223-357 * 방지거병원 북측 위치 * 차량출입 가능 * 대중교통 보통 * 동측 6m 포장도로 접합 * 도시가스 난방	대 00평 건 1층, 2층, 3층, 4층, 5층, 지층, 옥탑1 제시외 다용도실 20. 1. 7. 준공 토지 : 25억3000만 건물 : 25억7000만 제시외건 : 111만 공시 : 10,210,000 단가 : 10,410,000 토지선순 위근저 20. 2. 8.	근저 20. 3. 17. 구의동(새) 175,000만 가압 20. 4. 16. 최종순 100,000만 가압 20. 5. 9. 이상은 가압 20. 6. 2. 국민은행 20,020만 임차권 20. 12. 12. 이해경 25,000만 임차권 20. 8. 8. 유미희 강제 20. 11. 11. 유미희	이해경 23,000 20. 2. 12. 확정 20. 2. 3. 배당요구 유미희 25,000 20. 2. 17. 확정 20. 2. 25. 이진희 13,000 20. 5. 16. 확정 20. 6. 12. 배당요구 이정옥 36,000 20. 2. 29. 이세주 20,000 20. 2. 24. 확정 20. 6. 13. 배당요구 이민오 10,000 20. 11. 25. 확정 20. 10. 25. 배당요구 최홍식 30,400 20. 2. 4. 확정 20. 2. 4. 배당요구 김영한 50,000 20. 1. 7. 확정 20. 2. 17. 백창기 10,000 20. 8. 25. 확정 20. 8. 29. 배당요구	6,100,000,000 4,880,000,000 3,904,000,000 (51%) 미래감정 **결과** 20. 3. 25. 유찰 20. 4. 30. 유찰 20. 5. 25. 유찰

(1) 사건개요

본 건물은 유미희가 임차보증금을 부동산 소유주 김범으로부터 반환받지 못하자, 임차권등기를 한 후 강제경매를 신청한 사건이다.

물건의 위치는 6m 도로에 접하고 있어, 주차난이 심한 저녁에는 담장 옆에 주차도 가능해 비교적 양호하다고 할 수 있다.

(2) 등기부상 권리분석

등기부상의 권리관계는 최초근저당 구의동(새), 가압류, 최종순, 가압류 등의 권리관계는 경락인이 잔금을 지불하면 말소되기 때문에 신경쓰지 않아도 된다.

다만, 임차권등기를 한 유미희와 이해경은 문제가 다르다. 만약 낙찰대금(매각대금, 경락대금)으로 유미희, 이해경이 법원에서 보증금을 전액 배당받지 못한다면 임차권등기는 말소촉탁대상에서 제외된다. 역설적으로 낙찰대금이 적어 임차인이 보증금 전액을 배당받지 못하였다면 경락인이 잔금을 지불한 후 남은 보증금액을 임차인에게 지불할 때 임차권등기를 경락인과 임차인이 함께 말소할 수가 있다. 따라서 이때 경락인의 보증금지불의무와 임차인의 임차권말소등기에 필요한 서류의 이전의무는 동시이행의 관계에 있다고 보아야 할 것이다.

다만, 여기서 이해경이 배당요구신청을 하지 않은 경우에는 낙찰자가 이해경 보증금 2억 3천만원을 대항력으로 인하여 인수해야 한다는 점을 주의해야 한다. 왜냐하면 임차권등기를 하게 되면 종전의 확정일자에 따른 효력은 인정되지만 경매개시결정등기 이후에 임차권등기를 한 경우에는 배당요구신청을 배당요구 종기일까지 하여야 배당을 받을 수 있기 때문이다. 물론 경매개시결정등기 이전에 임차권을 등기를 한 경우에는 임차권등기를 일종의 배당요구신청으로 보아 배당요구신청을 하지 않아도 확정일자 순위에 따라 배당을 받을 수가 있다. 본 사례에서 이해경은 임차권등기를 경매개시결정등기 이후에 하였지만 다행히 배당요구신청을 하였기 때문에 종전에 받은 확정일자 순위에 따라 우선변제권이 인정된다.

그리고 토지부분에 설정되어 있는 근저당에 대해서도 신경을 써야 할 것이다. 주택에 살고 있는 임차인이 경락인에게 보증금의 인수를 주장할 수 있기 위해서는 대항력이 인정되어야 하는데 그 대항력의 유무는 토지근저당 설정일자가 설사 주택에 설정되어 있는 근저당보다 앞선 일자로 되어 있다고 하여도, 토지에 설정되어 있는 최초근저당을 기준으로 하는 것이 아니고 주택의 최초근저당을 기준으로 하여 대항력의 유무를 분석해야 한다는 것이다. 본 사례 물건의 토지에 설정된 근저당이 임차인의 확정일자나 주택과 토지를 공동담보로 하여 설정한 근저당보다 빠른 일자로 설정되어 있기 때문에 토지에 설정된 근저당이 우선적으로 배당을 받게 된다. 단, 토지에 대해서만 근저당을 설정하였기 때문에 토지와 건물부분을 합한 감정평가금액에 대한 낙찰대금으로부터 배당을 받는 것이 아니고 토지부분 감정평가금액에 대한 낙찰금액에 대해서만 우선적으로 배당을 받게 된다.

(3) 임차인 권리분석

1) 유미희

유미희는 보증금을 임대차계약이 종료하였음에도 집주인으로부터 반환받지 못하자 임차권등기를 한 후 강제경매를 신청하였다. 유미희는 임차권등기를 하였기 때문에 설사 다른 곳으로 주민등록을 이전한다고 하여도 종전에 보유하고 있던 대항력과 확정일자의 효력은 계속 존속하게 된다.[2] 따라서 종전의 대항력과 확정일자의 효력에 따라서[3] 배당을 받게 된다.

그리고 유미희의 경우는 강제경매신청을 한 자체를 일종의 배당요구신청으로 볼 수 있기 때문에 배당요구신청을 하지 않아도 종전의 확정일자 순위에 따라 우선변제권이 인정된다.

2) 이해경

이해경도 유미희와 마찬가지로 임차권등기를 하였기 때문에 종전에 가지고 있던 대항력과 확정일자의 순위에 따라 낙찰대금에서 배당을 받는다. 그리고 특히 임차권등기를 강제경매개시결정등기 이후에 하였기 때문에 원칙적으로는 확

---

2) 주택임대차보호법 제3조의3 제5호에 의하면 "임차권등기명령 집행에 의한 임차권등기가 경료되면 임차인은 제3조 제1항의 규정에 의한 대항력 및 제3조의2 제2항의 규정에 의한 우선변제권을 취득한다. 다만 임차인이 임차권등기 이전에 이미 대항력 또는 우선변제권(확정일자에 따른 우선배당이나 소액임차인 최우선배당)을 취득한 경우에는 그 대항력 또는 우선변제권이 그대로 유지되며, 임차권등기 이후에는 제3조 제1항의 대항요건을 상실하더라도 이미 취득한 대항력 또는 우선변제권을 상실하지 않는다." 그리고 동법 제6호에 따르면 "임차권등기명령의 집행에 의한 임차권등기가 경료된 주택을 그 이후에 임차한 임차인은 제8조의 규정에 의한 우선변제를 받을 권리가 없다"고 하여 임차권등기 이후에 그 주택을 임차한 자는 소액임차인 최우선변제에서 제외를 하고 있다. 이와 같은 이유는 임차권등기 이후 주택을 임차한 소액임차인이 많아 최우선변제를 인정하게 되면 임차권등기를 한 자가 실질적으로 배당을 받을 수 없게 되어 임차권등기를 한 실익이 없게 되기 때문이다. 즉, 경매개시결정 이후에 주택을 임차한 자에게는 소액임차인 최우선변제에서 제외한다는 동법 제8조 제1항과 같은 취지로 생각하면 될 것이다.

3) 주민전입 20. 7. 17.
　계약서 20. 7. 20.
　확정일자 20. 7. 25.
　→ 이 중 가장 나중에 받은 날짜를 기준으로 대항력과 확정일자의 효력이 발생하기 때문에 대항력은 20. 7. 25. 발생하고 확정일자의 효력은 97. 7. 25. 발생한다. 왜냐하면 대항력의 발생은 주민등록전입＋계약＋점유의 요건만 갖추면 되고 확정일자는 필요하지 않기 때문이다.

정일자에 따른 우선변제권은 인정되지 않고 대항력으로 낙찰자에게 보증금의 인수만 주장할 수 있다. 그러나 배당요구신청을 하였기 때문에 확정일자에 따른 우선변제권이 인정된다. 그리고 못 받은 금액에 대해서는 대항력을 행사하여 경락인에게 보증금의 인수를 주장할 수 있다.

3) 이진희

임차보증금 13,000만원에 임대차계약을 체결한 이진희는 최초근저당인 구의동(새)보다 이후에 대항요건을 갖추고 있다. 따라서 확정일자에 의하여 배당을 받을 수가 있는데 배당순위가 근저당권인 구의동(새)보다 이후에 되어 있어 배당금액이 없는 경우에는 못받을 수도 있다.

4) 이정옥

이정옥은 확정일자를 받지 않았기 때문에 대항력만 인정되어 경락인에게 보증금의 인수를 주장할 수 있게 된다.

5) 이세주

이세주는 대항력과 확정일자의 순위가 다르다. 대항력은 최초근저당(말소기준권리)보다 앞선 일자로 되어 있기 때문에 대항력이[4] 인정되어 경락인에게 보증금을 달라고 주장할 수 있다. 그러나 확정일자는 최초근저당 구의동 새마을금고, 가압류 국민은행보다 이후에 되어 있기 때문에 선순위권자가 배당을 받고 난 잔액이 있을 때 배당을 받을 수가 있다. 따라서 낙찰대금이 낮아 법원에서 배당을 받지 못하였다면 경락인이 전액을 인수해야 한다.

6) 이민오

이민오는 강제경매개시결정등기 일자보다 이후에 전입신고를 하였기 때문에

---

[4] 여기서 대항력이 인정된다는 것은 최초근저당보다 앞선 일자로 주민등록전입이 되어 있을 때 인정된다. 물론 계약서와 점유도 포함한다. 예컨대,

주민등록전입　20. 7. 8.
계약서　　　　20. 6. 8.
점유　　　　　20. 5. 1.
근저당　　　　20. 8. 2.

으로 되어 있다고 가정할 때 이 중에 제일 나중에 받은 주민등록전입일자를 기준으로 최초근저당과 비교하여 대항력의 유무를 분석하게 된다. 물론 계약서 일자가 위와 반대로 주민등록전입일자보다 이후로 되어 있다면 계약서 일자를 기준으로 하여 최초근저당일자와 누가 더 먼저 설정되어 있는가 비교하여 계약서 일자가 늦게 되어 있다면 설사 주민등록전입은 먼저 되어 있을지라도 대항력을 인정받지 못하게 된다.

설사 소액임차인에 해당하더라도 인정되지 않는다. 다만 낙찰대금이 높게 되어 잔액이 남았을 경우에 확정일자에 의해서 배당금을 수령할 수가 있다. 경매개시 결정 등기 이후에 임차인은 소액임차인은 인정되지 않지만 확정일자에 따라 배당요구신청을 확정일자 순위에 따라 배당을 받을 수는 있다. 그리고 경매개시결정등기 이후에 전입을 한 임차인이기 때문에 인도명령결정의 대상자에 해당하여 명도소송대상자보다 수월하게 명도를 할 수 있다.

7) 최홍식

최홍식은 이민오와 달리 대항력과 확정일자가 최초근저당보다 앞선 일자로 되어 있기 때문에 우선 확정일자에 의해 배당금을 법원에서 수령하고 받지 못한 금액에 대해서는 경락인에게 인수를 주장할 수 있다.

8) 김영한

김영한 역시 위의 최홍식과 동일한 효력이 인정된다. 다만, 배당요구신청을 하지 않았기 때문에 대항력만 인정된다.

9) 백창기

유미희는 임차권등기를 한 이후에 주민등록을 다른 곳으로 이전하여도 종전에 가지고 있던 대항력과 확정일자의 효력을 그대로 유지받을 수 있다. 그래서 유미희가 임차권등기를 한 후 다른 곳으로 이사를 갔다. 그런데 그곳에 다시 백창기가 임대차계약을 체결하고 들어왔다. 이런 경우 백창기는 집주인이 확정일자에 의해서는 변제를 받지 못할지라도 소액임차인으로의 요건을 갖추면 가장 먼저 배당금을 수령할 수 있다는 말을 듣고 이사를 왔을 것이다. 그러나 임차권등기를 한 이후에 들어온 소액임차인은 최우선변제에서 제외된다는 사실을 모르고 있는 것이다. 결국 백창기는 한푼도 못받고 그냥 쫓겨나는 입장에 놓이게 되었다. 따라서 백창기는 집주인을 상대로 손해배상을 청구해야 하지만 집까지 경매로 넘어갔는데, 임차인이 설사 승소 판결문을 받았다고 하여도 재산이 한푼도 없기 때문에 무용지물이 되지 않을까 싶다. 그러나 낙찰대금이 높아 백창기의 순위까지 배당금액이 돌아온다면 설사 임차권등기 이후 임대차계약을 체결하였을지라도 확정일자에 의해서는 보증금을 배당받을 수가 있을 것이다.

(4) 배당예상

낙찰대금 : 40억원			
순위	권리	권리내용	계산방법(안분비례) : 낙찰대금 × $\frac{해당채권액}{총채권금액}$ = 안분배당금
1	소액 임차인	1) 백창기 2) 이민오 3) 이진희	세명은 모두 소액임차인에 해당하지 않는다. 그리고 백창기는 임차권등기 이후의 임차인이기 때문에 소액임차인에서 제외된다.
2	확정 일자순	유미희	확정일자에 의해 배낭을 받고 못 받은 금액은 낙찰자에게 대항력으로 인수를 주장할 수 있다. 최선순위 근저당보다 선순위에 해당하기 때문에 보증금 전액을 확정일자에 따라 우선변제권 인정.
		이해경	유미희와 동일함.
		이진희	대항력은 없음, 확정일자 순위에 따라 우선변제권 인정.
		이세주	대항력 인정.
		이민오	대항력 없음. 강제경매등기 이후의 소액임차인으로 최우선변제권 인정 안 됨.
		최홍식	대항력과 확정일자에 따른 권리인정.
		김영환	최홍식과 동일하나 배당요구 신청하지 않았기 때문에 대항력만 인정
		* 백창기 제외	

(5) 종합분석

본 물건은 '5 : 1경쟁' 속에 낙찰이 되었다. 그러나 낙찰자는 토지 선순위 근저당의 금액을 조사하지 않고 이 입찰서류만 확인하고 낙찰을 받아 잘못 매입하게 되었다. 토지선순위 근저당권자의 채권액이 고액인데 그 금액만큼 추가로 대항력과 확정일자요건을 갖춘 임차인의 보증금을 경락인이 인수해야 한다는 것이다. 물론 토지에 대한 감정평가비율대비 낙찰가액으로 토지에 저당권을 설정한 자가 배당을 받아갈 수 있었지만 문제는 예상하지 않은 토지근저당이 배당을 받아감에 따라 대항력 요건을 갖춘 확정일자 받은 임차인의 보증금을 경락인이 또 물어주어야 한다는 점이다.5) 그렇게 되면 위 부동산은 실질적으로 낙찰자가 임차인의 대항력으로 인해 추가로 보증금을 인수해야 하기 때문에 일반시세보다

---

5) 토지선순위근저당이 6,000만원을 배당받음으로 인하여 대항력과 확정일자를 받은 임차인은 그만큼 배당에서 제외되고 결국 경락인이 임차인의 대항력을 이유로 하여 6,000만원을 낙찰대금 외에 추가로 물어주어야 한다는 결론이 나오게 된다.

더 주고 사는 격이 된다.

본 물건은 임차인의 대항력, 확정일자, 최우선변제, 임차권등기와 관련된 내용이 포괄적으로 함축되어 있어 경매를 배우는 수강생이나 독자들에게는 상당히 좋은 사례라고 생각한다. 즉, 임차인의 보증금이 경매에서 어떻게 될 것인가에 대한 내용과 등기부상의 임차권등기에 대한 내용 등에 대해서 정확한 분석을 요구하는 사례라고 할 수 있다.

3. 속아버린 재건축 아파트 대지지분과 관리비

사건번호	소재지	면적(평방)	등기부상권리분석	임차관계	감정평가액
					최저경매가
20-400 23 박병곤 조배현	송파구 송파동 167 반도(아) 105동1200호 * 가락중학교옆 * 버스정류장3분소요 * 토지 : 3,300만원 * 건물 : 7,700만원	대 96.9/79011 건 66064 20. 9. 30. 준공 12층 건물	근저 20. 1. 27. 주택은행 2,600만(구로) 근저 20. 2. 12. 한아름 상호 6,500만(우신사업부) 근저 20. 3. 6. 한아름상호 1,000만 가등 20. 4. 8. 김동현 가압 20. 5. 1. 신용보증 가압 20. 6. 3. 서울보증 강제 20. 11. 21. 박병곤 발급일자 20. 12. 18.	없음	110,000,000원 88,000,000원
					결 과
					20. 3. 6. 유찰

(1) 사건개요

본 물건은 박병곤이 강제경매 신청권자로서 소유자이면서 채무자인 조배현이 채무를 이행하지 않자 법원에 대여금청구소송을 제기하여 확정판결에 기한 경매를 신청한 것이다. 대지지분이 건평에 비해 상당히 넓기 때문에 재건축을 목적으로 낙찰을 받으면 투자가치가 있을 법한 물건이다. 대지지분이 96.9/79011 이라는 것은 아파트 전체 땅 면적 79011㎡ 중에 자기 땅이 96.9㎡(평방미터)라는 것이다. 평으로 계산하면 약 29.4평이나 된다. 이와 같은 아파트를 재건축하면 일반적으로 대지지분의 1.5배를 무상으로 주는 것으로 계산을 하게 되고, 그러면 헌 아파트를 주고 약 45평 내외의 새 아파트를 받게 된다는 것이다. 상당히 좋은 이점이 있다. 그래서 너도 나도 재건축아파트를 매입하고자 하는 것이다. 그래서 재건축가능성 있는 아파트는 잠재성이 있기 때문에 투자가치가 크다. 본 물건은 대지지분도 상당히 넓어 '3 : 1경쟁' 속에 1억 5천 4백만원에 낙찰이 되었다. 그러나 낙찰자가 잔금을 지불하고 정확한 대지지분을 살펴보았더니 여기에 나와 있는 96.9㎡(약 29.4평)이 아니고 17평밖에 되지가 않는 것이었다. 결국은 시세보다도 비싸게 매입한 꼴이 되었다.

(2) 등기부상 권리분석

최초근저당을 기준으로 하여 이후에 설정된 근저당(한아름상호) 이하 가등기 김동현 등은 경락인이 잔금을 지불하면 법원의 말소촉탁으로 모두 소멸하기 때문에 경락인은 등기부상 아무런 부담이 없는 부동산을 낙찰받게 된다.

(3) 임차인 권리분석

임차인은 없고 주인만 살고 있기 때문에 잔금지불 후 6개월 내에 주인을 상대로 인도명령결정문 신청을 하여 결정문이 나오면 송달증명원을 첨부하여 집행관에게 강제집행신청을 하면 된다. 물론 강제집행을 하기 전에 집주인과 원만하게 협의가 이루어져 이사를 가는 경우에는 강제집행을 할 필요가 없을 것이다.

(4) 재건축아파트 투자의 타당성 여부

일반인들은 재건축을 바라보는 아파트를 매입하게 되면 이후 땅면적(대지권지분)을 기준으로 새 아파트를 건축하여 무상으로 준다는 이점 때문에 많은 사람이 매입을 하고 있다. 예컨대 건물면적은 13평이지만 대지지분면적(자기건물만에 해당하는 땅의 면적)이 15평이면 약 무상으로 24평의 아파트를 받을 수 있는 계산이 된다. "대지지분면적(15평)×1.5배"를 적용하여 재건축 후 아파트를 무상으로 주고 있기 때문에 인근의 25평 고층아파트보다 낡고 오래된 저층 13평 아파트이지만 더 비싸게 매매가 되고 있는 실정인 것이다.

그러나 최근에는 위의(대지권면적×1.5배=무상아파트지급) 비율을 적용하지 않고 있기 때문에 실질적으로 고가로 재건축대상 아파트를 매입해야 할 것인지는 다시 한번 검토를 해 보아야 할 것이다. 최근 재건축을 목적으로 사업자 선정을 하고 있는 아파트를 보면 "대지권면적×1.2배" 정도밖에 무상으로 아파트를 주려고 하지 않기 때문에 건축사업자와 아파트조합원들 간에 의견이 일치하지 않는 것을 볼 수 있다. 물론 적은 비율에 해당하는 아파트를 무상으로 지급받더라도 새 아파트를 받을 수 있고 자기가 원하면 무상으로 주는 아파트 건물평수에 원하는 건물평수의 평당금액을 더 주고 살 수가 있어 프리미엄에 대한 이점은 있으나, 옛날과 달리 그렇게 큰 이점은 없다. 만약 재건축을 바라볼 수 있는 아파트를 매입하고자 한다면 주변지역이 교통이나 학군관계가 양호한 부동산을 매입하는 것이 바람직하다. 그리고 연립이나 다세대 주택일지라도 대지지분면적이 넓고 위치가 좋은 곳은 오히려 대단지 아파트보다 재건축 공정기간과 매입금액의 조건이 더 좋을 수가 있다.

(5) 집합건물(아파트 등)의 관리비

집합건물의 관리규약상 관리비 중 일반관리비, 장부기장료, 위탁수수료, 화재보험료, 청소비, 수선유지비 등은 전(前) 구분소유자의 특별승계인에게 승계되는 공용부분 관리비에 포함된다. 그러나 공용부분 관리비에 대한 연체료는 특별승계인(경락인)에게 승계되는 공용부분 관리비에 포함되지 않는다. 그리고 집합건물의 관리단이 전 구분소유자의 특별승계인에게 특별승계인이 승계한 공용부분 관리비 등 전 구분소유자가 체납한 관리비의 징수를 위해 단전·단수 등의 조치를 취한 경우에는 관리단의 위 사용방해행위가 불법행위를 구성한다. 위와 같은 집합건물의 관리단 등 관리주체의 불법적인 사용방해행위로 인하여 건물의 구분소유자가 그 건물을 사용·수익하지 못한 경우에는 구분소유자가 그 기간 동안 발생한 관리비채무는 부담하지 않는다.[6]

(6) 분양권에 대한 저당권의 효력

재개발이나 재건축이 이루어지고 있는 부동산을 낙찰받은 경우, 낙찰자는 분양권을 주장하거나, 아니면 저당권설정자가 수령할 청산금에 대하여 물상대위를 행사할 수도 있다.

재건축 조합 설립 전 경매로 주택을 낙찰받았으면 조합설립 후 소유권이전

---

6) 대판 2006. 6. 29. 2004다3598, 3604.

하였더라도 조합원 자격이 있다. 도정법상 조합원 자격취득이 제한되는 양수는 당사자의 의사를 요소로 하는 법률행위에 의해 권리변동이 되는 경우에 한한다고 봄이 상당하고 원고가 비록 조합설립 후에 대금을 납부하고 소우권을 취득했다고 하더라도 법률행위가 아닌 경매에 의한 소유권 취득이므로 조합원 자격이 제한되는 양수에 해당하지 않는다.[7]

그리고 저당권 설정자가 이미 분양신청을 하여 분양권을 소유하고 있는 경우에는 저당권의 효력이 이에 미친다. 따라서 낙찰자는 재개발조합이나 재건축조합에 이기등기신청을 하여 권리를 주장할 수 있다. 그러나 분양신청을 하지 않은 경우에는 청산금에 대해서 물상대위권을 행사할 수 있다.

(7) 종합분석

재건축을 바라볼 수 있는 아파트를 투자목적으로 매입하는 분들이 상당히 많다. 재건축아파트가 투자목적으로 가치를 가지기 위해서는 땅 지분이 많아야 건물을 헐고 무상으로 받을 수 있는 아파트 건물평수가 큰데, 위의 사례와 같이 서류상의 면적을 정확히 살펴보지 않고 입찰에 참여한 경우 불의의 손해를 당하게 된다. 위의 물건은 등기부상의 표제부에 나타난 전체대지면적 대비 위의 아파트 대지권 지분면적이 일반적인 아파트의 대지권 지분면적과는 다르게 나타난 경우이다. 낙찰을 받기 위해서는 서류를 가지고 분석하는 것도 중요하지만 현장조사를 철저히 하여 서류상의 관계와 일치하는지 확인해야 한다.

그리고 집합건물의 관리규약상 관리비 중 일반관리비, 장부기장료, 위탁수수료, 화재보험료, 청소비, 수선유지비 등은 전 구분소유자의 특별승계인(경락인)에게 승계되는 공용부분 관리비에 포함되나 전용부분에 해당하는 관리비는 경락인이 승계하는 것은 아니다.

---

7) 서울행정법원 제11부 2007구합1033.

4. 반쪽만 나온 주택 낙찰받아도 되는가

사건번호	소재지	면적(평방)	등기부상 권리분석	임차관계	감정평가액
					최저경매가
20 − 124 29 주택 엘지캐 피탈 김용환 김용환외	경기도 과천시 원문동 1119 − 27 철근콘크리트 벽돌조슬래브 이주2단지내소재 버스정류장도보 3~5분 자연녹지지역 개발제한구역 대지 : 66,000,000원 건물 : 16,697,000원 제시 : 2,088,000원	대 132 건 78.98(방2) 지층 32.46(방2) (이상입찰지분) 1/2김용환지분 제시외방, 창고, 계단 (20. 4. 10. 보존) 표준공시지가 : 56만원 감정지가 : 100 만원	가압 20. 8. 28. 대한보증 18만외 3건합 2000만 강제 20. 10. 15. 엘지캐피탈 5,000만원	전옥희 1,000/60만 20. 1. 18. 확정 20. 1. 18. 배당요구	84,785,000원 67,828,500원
					결 과
					20. 5. 2. 유찰

(1) 사건개요

본 물건은 김용환이 채무자이면서 지분소유자권자이다. 부동산에 대한 지분권에 대해서 저당권도 설정할 수 있고, 처분도 할 수 있기 때문에 엘지캐피탈이 김용환이 가지고 있는 본 물건의 지분에 대하여 확정판결에 기한 강제경매를 신청한 것이다.

(2) 등기부상 권리분석

① 본 물건은 김용환이 주채무자이면서 소유자로 등기되어 2인이 공동으로 소유를 하고 있다. 엘지캘피탈이 경매신청권자로서 공동으로 소유하고 있는 김용환의 1/2지분에 대하여 경매를 신청하였다.

② 공동으로 소유하고 있는 형태에는 공유, 합유, 총유가 있다. 공유는 각자에게 지분권이 있으며 그 지분권을 처분·설정을 하는데 다른 지분권자의 동의 없이 할 수 있다. 따라서 과반수의 지분을 낙찰받은 자는 그 지분권에 대하여 다른 지분권자의 동의 없이 저당권을 설정하거나 양도를 할 수 있다.

③ 그리고 공유물에 대한 보존행위는 각 지분권자가 다른 지분권자의 동의

없이 할 수가 있고, 관리행위는 과반수의 동의를 받아 할 수 있다. 다만, 공유물에 대한 변경이나 처분행위는 다른 지분권자 전원의 동의를 받아야 할 수가 있다. 따라서 경락인이 본 물건을 주택에서 상가로 변경하고자 할 때는 다른 지분권자 전원의 동의를 받아야 한다.

④ 그런 공유물에서 발생하는 이익이나 의무는 지분의 비율에 따르고 있기 때문에 본 물건을 낙찰받았을 경우 낙찰자는 임대료 수익의 과반수를 주장할 수 있다. 즉, 60만원의 임대료 중 30만원을 주장할 수 있다.

⑤ 등기부상의 권리관계는 최초근저당이 없고 경매개시결정등기일과 가압류만 되어 있다. 이때에는 가압류가 강제경매등기일자보다 빨리 되어 있기 때문에 가압류가 말소기준권리가 되어 임차인의 대항력 유무의 기준과 등기부상의 말소기준권리가 된다.

(3) 임차인 권리분석

임차인은 말소기준권리인 가압류보다 앞선 일자로 대항력과 확정일자의 요건을 갖추었기 때문에 법원에서 가장 먼저 배당을 받고 보증금 전액을 배당받지 못한 금액에 대해서는 경락인에게 대항력을 주장하여 변제받을 수가 있다.

(4) 배당예상

낙찰대금 : 7천만원			
순위	권리	권리내용	계산방법(안분비례) : 낙찰대금 $\times \dfrac{\text{해당채권액}}{\text{총채권금액}}$ = 안분배당금
1	임차인	확정일자	1,000만원 전액을 배당받게 된다.
2	가압류	안분배당	6,000만원 $\times \dfrac{2000만원}{7000만원}$ = 17,142,857원
3	경매신청	안분배당	6,000만원 $\times \dfrac{5000만원}{7000만원}$ = 42,857,143원

가압류권자와 경매신청권자는 채권자들이기 때문에 임차인의 우선변제금액 1,000만원을 제한 나머지를 가지고 안분하여 배당을 받는다.

(5) 종합분석

지분으로 나온 경매부동산도 지분권의 법적 성질만 정확히 알고 낙찰을 받는다면 의외로 좋은 부동산을 싸게 낙찰받을 수가 있다. 일반인들은 지분으로 나온 부동산에 대하여 복잡하다고 느끼기 때문에 입찰을 꺼리고 있다.

일전에 32평 아파트가 5,000만원이라는 최저가로 나온 적이 있다. 본 아파트에는 임차인이 보증금 2,000만원에 월 100만원에 살고 있었는데 1/2지분으로 나온 물건이라서 다른 사람이 입찰을 보지 않았다. 그러나 본 아파트를 낙찰받게 되면 위에서 살펴본 바와 같이 월 임대료의 1/2에 해당하는 50만원을 낙찰자가 주장할 수 있고 낙찰받은 지분에 대해서는 다른 지분권자의 동의 없이 저당권도 설정할 수 있고 양도할 수도 있어 무조건 나쁘다고 할 수는 없을 것이다.

이외에도 과반수 이상의 지분권을 소유하고 있는 경우에는 임대차계약에 대해서는 관리행위에 해당하기 때문에 과반수 미만의 지분권을 소유하고 있는 공유자의 동의 없이 임대차계약을 체결할 수 있다.

그리고 공유물분할청구를 하게 되면 나중에 건물이 있는 부동산인 경우에는 법원에서 공유물 전부를 경매할 수 있도록 결정을 하여 공유자는 낙찰대금으로부터 지분비율에 따라 배당을 받을 수 있기 때문에 유리한 점이 많다. 이에 대한 자세한 내용은 본서의 공유물분할에서 설명하고 있다.

5. 경매로 나온 공장

사건번호	소재지	면적(평방)	등기부상권리분석	임차관계	감정평가액
					최서경매가
20-102 90 공장 한국상호신용 현대종합물산	안산시 성곡동 688-125 시화공단 내 제반교통상황 무난 북서측 10m 포장도로접함 일반공업지역 4종미관지구	공장용지 3377.3 (1021.6평) 건 1층 공장1584 (479.1평)폐쇄 1층수위실16.65 (5.03평) 2층48-사무실 (14.5평) 제시외건 416 기계기구 67점 중 54점 (13점 소재불명) 20. 2. 28. 준공 공시 : 118,000원 * 재감정(8월)	가압 20. 5. 9. 대한보증 1406만 그 외 6건 압류 20. 6. 20. 경기(의) 임의 20. 12. 17. 한국상호 압류 20. 7. 28. 연금공단 압류 20. 8. 5. 안산세무 전세권 20. 3. 2. 평화산업 근저 20. 2. 6. 한미은행 13억원 근저 20. 4. 23. 한국상호 5억원		1,240,354,650원 508,200,000원 정일감정
					결 과
					20. 5. 27. 유찰 20. 7. 1. 유찰 20. 8. 5. 낙찰 (8억 7831만원) 20. 10. 14. 유찰 20. 11. 18. 유찰 20. 12. 23. 유찰 20. 2. 2. 유찰

(1) 사건개요 및 물건분석

① 본 물건은 안산 시화공단 내에 있는 물건으로서 시세는 약 12억원 정도 나가는 물건인데, 계속 유찰이 되어 현재는 5억 8백 2십만원에 최저가가 형성되어 있다.

② 결과란을 보면 8억 7천 8백 3십 1만원에 낙찰이 되었는데 불허가결정이 되었다. 이유는 감정평가를 잘못한 것을 이유로 불허가 신청을 하여 결정이 난 것이다. 공장으로 나오는 물건은 여러 동산공장 물건이 있는데 그중 평가하지 않은 물건이 있다는 것을 이유로 채무자가 경매를 연기하기 위하여 불허가 신청을 하는 경우가 많다. 재평가를 하게 되면 종전에 낙찰받은 것은 불허가가 되고 다시 감정평가를 하여 입찰을 시작하게 된다.

③ 공장으로 나오는 토지와 건물 그 외 부속시설 등은 공장저당법 제7조에 의하여 일괄로 공장저당권을 설정할 수도 있고, 보통저당권을 설정할 수도 있다. 공장저당의 목적이 된 부동산과 이에 설치된 기계, 부속시설 등은 공용물로 일

괄경매가 이루어진다.

④ 입찰자는 입찰 전 경매기록조서와 감정평가서를 확인하여 공장저당법 제7조 목록에 의하여 기계와 부동산이 함께 감정평가되어 있다면 안심하고 낙찰을 받아도 된다.

다만, 기계에 대한 가압류가 공장저당법에 의한 저당권보다 이전에 설정되어 있다면 경락인이 기계에 대해서는 소유권을 주장할 수 없게 된다.

⑤ 그리고 기계류와 공장건물 및 토지는 동일한 소유주일 것을 요한다.[8]

⑥ 공장저당법 제4조는 "공장에 속하는 지하에 설정한 저당권의 효력은 건물을 제외한 그 토지에 부가되어 이와 일체를 이루는 물건과 그 토지에 설치된 기계, 기구 기타의 공장의 공용물에 미친다"고 규정하고 있다. 그러나 설정행위에 특별한 약정이 있는 경우와 민법 제406조의 규정에 의하여 채권자가 채무자의 행위를 취소할 수 있는 경우에는 그러하지 아니하다.

⑦ 공장저당법 제5조는 공장건물의 저당권과 관련하여 "전조의 공장은 공장의 소유자가 공장에 속하는 건물에 설정한 저당권에 준용한다"고 규정하고 있다.

⑧ 공장저당법 제7조는 공장의 저당권의 목적물의 목록과 관련하여 "공장에 속하는 토지나 건물에 대한 저당권설정의 등기를 신청하는 경우에는 그 토지나 건물에 설치한 기계, 기구 등 공장의 공용물로서 제4조와 제5조의 규정에 의하여 저당권의 목적이 되는 것의 목록을 제출하여야 한다"고 규정하고 있다.[9]

---

[8] 공장저당법에 의한 저당권의 실행으로 경매가 이루어지는 경우에 공장저당물건인 토지 또는 건물과 그에 설치된 기계, 기구 기타 공장의 공용물과는 유기적인 일체성이 있으므로 반드시 일괄하여 경매하여야 한다. 공장저당법 제4조, 제5조의 규정에 의하여 저당권의 목적이 되는 것으로 목록에 기재되어 있다고 하더라도 그것이 저당권설정자가 아닌 제3자의 소유인 경우에는 위 저당권의 효력이 미칠 수 없는 것이다(대판 1992. 8. 29. 92마576).

[9] 공장저당법 제7조에서 규정한 목록의 일부 물건에 대하여 공장저당권의 효력이 미치는지의 여부에 관하여 다툼이 있어 제3자이의의 소가 제기되어 그 물건에 대한 경매절차의 정지를 명하는 가처분결정이 내려져 있다면, 경매법원으로서는 그 일부 물건에 대한 경매절차만을 분리하여 나머지 물건에 대하여 경매절차를 진행할 것이 아니라 위 분쟁이 종결될 때까지 전체목적물에 대한 경매절차의 진행을 정지하였다가 분쟁의 결과에 따라 경매절차를 속행하여야 한다(대전지판 1992. 6. 12. 92라28).

(2) 등기부상 권리분석

등기부상의 권리분석은 말소기준권리 중 제일 빠른 날짜로 설정되어 있는 최초근저당권자인 한미은행을 말소기준권리로 하여 이 날짜보다 이후에 설정되어 있는 가압류(대한보증 이외) 이하 전세권(평화은행) 등은 경락인이 대금을 모두 납부하면 말소촉탁의 대상이 된다.

(3) 임차인 권리분석

임차인은 없다.

(4) 종합분석

공장을 경매로 낙찰받을려고 하는 경우에는 토지와 건물 및 기계 등이 공장저당법 제7조에 의하여 일괄로 근저당이 되어 있는가, 동일한 소유주의 물건을 감정평가하였는지 종합분석한 이후에 입찰에 참여해야 소유권을 주장할 수 있다. 따라서 이 경우와 같이 감정평가서에 일부 포함하지 않은 소재불명의 물건을 낙찰받은 경우에는 민사집행법 제121조 제5호에 의하여 이해관계인의 매각불허가 신청이나 법원의 직권으로 불허가한다(민사집행법 123조 2항).

6. 낙찰받고 소유권이전등기 후 팔아서 세금납부까지

사건번호	소재지	면적(평방)	등기부상권리분석	임차관계	감정평가액
					최저경매가
20 – 786	송파구 거여동 564 – 222	대 91.2(27.6평) 건 1층 45.45	근저 20. 3. 20. 자산관리공사외 1억 3,000만	심연화 20. 2. 28. 1,000만원	168,707,860원
				이규준 20. 2. 4.	86,378,419원
주택 자산관 리공사 양천계 김영숙	거여역 남서측 인근위지 차량접근 가능 대중교통 보통 등고평탄, 장형토지 북동측 4m 도 로접함. 일반주거지역 도시가스난방	방3 2층 45.42 방3 지층 51.93 방4 옥탑 5.52 방1 제시외 창고 7.5 창고 2.2 다용도실 2.4 보일러실 1.1 창고 6.0 주택일부 8.5 20. 1. 12. 준공 공시 : 910,000원 토지 : 1억 1,582 만원 건물 : 4,994만원 제시외 : 294만원	근서 20. 4. 11. 이진열 5,000만원 근저가처분 20. 5. 23. 기술신용(강남) 가압 20. 7. 20. 기술신용 5,000만원 가압 20. 8. 17. 대동은행 1억 533만(서초동) 임의 20. 11. 14. 자산관리공사 발급일자 20. 4. 7. 임차권 20. 12. 15. 이규준	확정 20. 3. 30. 2,000만원 배당요구 양영록 20. 2. 27. 이종국 20. 2. 8. 확정 20. 2. 1. 배당요구	아세아감정
					결 과
					20. 4. 24. 유찰
					20. 5. 22. 유찰
					20. 6. 19. 유찰

(1) 사건개요

본 물건은 원래 채무자 양천계가 상업은행으로부터 1억 3천만원을 차용하면서 근저당권을 설정하였는데 상업은행이 채권회수를 못하자 한국자산관리공사 앞으로 부기등기를 하고 근저당권을 양도한 것이다. 그래서 등기부등본 "을"란을 보면 상업은행이 1순위, 자산관리공사가 "1 – 2"의 부기등기로 등기되어 있다.

이에 대한 등기부등본을 권리분석하여 보도록 하자.

(2) 등기부상 권리분석

【근저당권양도】

	【을 구】		(소유권 이외의 권리에 관한 사항)	
순위 번호	등기목적	접 수	등기원인	권리자 및 기타사항
1 (전1)	근저당권 설정	20년 3월 20일 제16742호	20년 3월 16일 설정계약	채권최고액 금 일억삼천만원 채무자 양천계 서울 강남구 포이동 236－15 근저당권(주)한국상업은행 110－1 서울 중구 남대문로 2가 122 (양재동 지점) 공동담보 동소 동번지 토지
1－1	1번등기명의 인표시변경	20년 4월 21일 제64210호	20년 1월 4일 상호변경	(주)한국상업은행 성명(명칭) 주식회 사 한빛은행
1－2	1번근저당권 이전	20년 4월 31일 제64211호	20년 4월 29일 계약양도	근저당권자 자산관리동사 114671－0023 서울 강남구 역삼동 822
1－3	1번근저당권 일부이전	20년 5월 26일 제70502호	20년 5월 21일 확정채권일부 대위변제	변제액 금 57,037,670원 근저당권자 기술신용보증기금 1801－12 부산 중구 중앙동 4가 120－5 (강남지점)
2	근저당권 설정	20년 4월 11일 제33720호	20년 4월 11일 설정계약	채권최고액 금 오천만원 채무자 김영숙 서울 송파구 거여동 564－2 근저당권자 이진열 611225－123454 경기 하남시 상사창동 104 공동담보 동소 동번지 토지
2－1	2번근저당권 가처분	20년 5월 23일 제43524호	20년 5월 21일 서울지방법원 동부지원 가처분결정 (20카단23756)	금지사항 양도, 질권의 설정 및 기타 일체의 처분행위 금지 피보전권리 사해행위로 인한 근저당 권말소청구권 권리자 기술신용보증기금 부산 중구 중앙동 4가 17(강남지점) 부동산등기법 제177조의 6 제1항의 규정에 의하여 1번 내지 2－1번 등기 를 20년 5월 20일 전산이기

① 위에서 살펴보는 바와 같이 순위번호 1번 근저당권자인 한국상업은행은 채무자 양천계에게 채권최고액을 일억 삼천만원으로 그의 어머니 소유인 부동산

에 근저당권을 설정하여 위의 금액을 빌려주었다.

② 이어 한국상업은행이 한빛은행으로 넘어가자 1-1의 부기번호로 등기를 하여 상호를 변경하였다.

③ 그리고 1-2의 부기번호로 자산관리공사는 한국상업은행이 가지고 있는 근저당권(피담보채권과 일괄하여)을 양도받았다. 이때 부기번호는 주등기(예: 한국상업은행이 가지고 있는 1번순위)의 순위와 효력을 그대로 이어받게 된다.

위의 예에서 순위번호 1번의 한국상업은행이 가지고 있는 우선변제적 효력을 자산관리공사가 부기번호 1-2로 이전받았기 때문에, 설사 순위번호 2번인 근저당권자가 상업은행으로부터 저당권을 양도받은 자산관리공사의 일자보다 빠르게 설정되었다고 할지라도 자산관리공사는 상업은행의 1순위의 효력을 부기등기에(예: 1-2) 의하여 그대로 승계받기 때문에 2순위 저당권자(이진열)보다 우선하여 배당을 받아갈 수 있게 된다. 역시 1-3번 부기등기 순위인 기술신용보증기금도 접수일자는 순위번호 2번인 저당권보다 늦게 받았지만 부기번호의 효력이 1번 주등기의 순위에 의하기 때문에 2번 저당권자보다 우선하여 배당을 받을 수 있게 된다.

④ 부기번호 1-3의 기술신용보증은 채무자 양천계가 상업은행으로부터 근저당권을 설정할 때 보증을 하였는데, 양천계가 채무를 변제하지 않자 보증을 하였던 한도금액 57,037,670원에 대해 한국상업은행에 변제를 하여 주고, 한국상업은행에게 변제한 채권액을 양도받은 것인데 이때 한국상업은행이 가지고 있는 1번 순위의 우선변제적 효력을 "1-3"의 부기등기를 이용하여 그대로 이어받은 것이다. 한편 주등기의 부기번호가 여럿이 있을 경우에는 부기번호의 순서에 따라 배당이 이루어진다. 위의 예에서 같은 1번 주등기의 부기번호를 이용하고 있지만 자산관리공사의 "1-2"는 "1-3"의 기술상호신용금고 부기번호보다 빨리 되어 있기 때문에 자산관리공사가 우선배당을 받고 난 나머지가 있을 때 기술상호신용금고가 이어서 배당을 받을 수 있게 된다.

⑤ 그리고 부기번호 2-1의 순위를 가지고 있는 기술신용이 순위번호 2번인 근저당권에 대하여 가처분을 하고 있다. 이유인즉 이진열의 근저당권에 대하여 제3자에게 양도나 질권의 설정 및 기타의 처분행위를 하지 못하도록 부기등기를

한 것이다. 기술신용이 2번 근저당권자인 이진열로부터 받을 채권이 있는데 이를 보전하기 위하여 가처분을 한 것 같다. 그러나 본 물건에 대해서는 이진열까지 배당이 돌아올 정도의 낙찰대금이 되지 않기 때문에 별 실익이 없을 것이다.

(3) 임차인 권리분석

① 심연화는 소액임차인에 해당되어 법원으로부터 가장 먼저 1,000만원 전액을 배당받을 수 있다.

② 이규준은 최초근저당보다 앞선 일자로 전입과 계약서가 되어 있기 때문·에 대항력이 인정되어 경락인에게 보증금을 달라고 주장할 수 있다. 그러나 확정일자는 최초근저당보다 이후에 설정되어 있기 때문에 최초근저당이 변제를 받고 난 후 나머지 잔액이 있을 경우 배당을 받을 수가 있다. 여기서 최초근저당 (한국상업은행의 근저당)의 순위를 부기등기로 이전받았기 때문에 결국 맨마지막 부기번호 순위 "1-3"의 기술신용보증기금이 먼저 배당을 받고 난 나머지 잔액이 있을 경우 2순위 근저당권자보다 우선배당을 받을 수 있다. 따라서 이규준은 소액임차인으로서 우선배당받고 이후 나머지 금액에 대해서는 확정일자에 의하여 배당을 받아 가야 하는데 그 순위관계는 한국자산관리공사보다는 후순위이고, 2순위 근저당 이진영보다는 앞선 순위로 인정받지만 결국 남는 배당금이 없어 경락인에게 대항력을 주장하여 변제를 받아 가게 된다. 여기서 이규준은 경매개시결정등기가 이루어지고 난 이후 임차권등기를 하였는데 이 임차권등기는 임차인이 소액임차인으로 배당금을 수령할지라도 법원에서 말소촉탁하여 주지 않는다. 왜냐하면 임차인 이규준은 대항력과 확정일자요건을 갖춘 임차인인데 법원에서 보증금 전액을 배당받지 못했기 때문이다. 따라서 본 임차권등기는 경락인이 보증금을 임차인에게 지불하고 임차인으로부터 임차권 말소에 관한 서류를 교부받았을 때 말소등기를 할 수가 있다.

③ 양영록은 소유자 김영숙의 아들임과 동시에 주민등록상 동거인으로 되어 있기 때문에 임차인으로서 자격이 없다. 이와 같은 사실은 위의 정보지를 보면 대략 추측할 수 있어야 할 것이다. 본 물건의 사건번호 아래를 보면 채무자 양천계와 양영록은 같은 성씨를 가지고 있다. 그리고 소유자 김영숙은 장남인 아들

이(양천계) 근저당권을 설정하기 위해 담보를 요구하자 이를 뿌리치지 못하고 집을 담보로 제공하였다가 급기야 아들이 이를 변제하지 못하자 경매로 집을 날리고 만 것이다. 생각건대 남편이 유산으로 남겨준 집을 아들이 담보로 요구하자 모정 때문에 집을 담보로 제공하였다가 장남이 이를 갚지 못하자 경매로 나오게 된 것 같다.

그래서 보증이 무서운 것이다. 따라서 누가 보증을 서달라고 하더라도 특별한 관계가 아니면(Eternal Companion of Life) 보증보험을 이용하는 방향으로 권하는 것이 좋을 듯하다.

(4) 배당예상

【배당표】

<table>
<tr><td colspan="6" align="center">서울지방법원 동부지원

배 당 표</td></tr>
<tr><td colspan="6">20타경 786호 부동산임의경매</td></tr>
<tr><td colspan="2">배당할 금액①</td><td colspan="4">금 94,542,499원</td></tr>
<tr><td rowspan="5">명
세</td><td>매각대금</td><td colspan="4">금 93,770,000원</td></tr>
<tr><td>지연이자</td><td colspan="4">금 635,838원</td></tr>
<tr><td>전낙찰인의
경매보증금</td><td colspan="4">금 0원</td></tr>
<tr><td>항고보증금</td><td colspan="4">금 0원</td></tr>
<tr><td>보증금이자</td><td colspan="4">금 136,661원</td></tr>
<tr><td colspan="2">집행비용②</td><td colspan="4">금 2,558,710원</td></tr>
<tr><td colspan="2">실제 배당할 금액
①~②</td><td colspan="4">금 91,983,789원</td></tr>
<tr><td colspan="2">매각부동산</td><td colspan="4" align="center">별지와 같음</td></tr>
<tr><td colspan="2">채권자</td><td>이교영</td><td>심연화</td><td>성업공사</td><td>기술신용보증기금</td></tr>
<tr><td rowspan="4">채
권
금
액</td><td>원금</td><td>20,000,000</td><td>10,000,000</td><td>11,936,459</td><td>57,037,670</td></tr>
<tr><td>이자</td><td>0</td><td>0</td><td>15,185,317</td><td>16,370,592</td></tr>
<tr><td>비용</td><td>0</td><td>0</td><td>0</td><td>0</td></tr>
<tr><td>계</td><td>20,000,000</td><td>10,000,000</td><td>27,121,776</td><td>73,408,262</td></tr>
<tr><td colspan="2">배당순위</td><td>1</td><td>1</td><td>2</td><td>3</td></tr>
<tr><td colspan="2">이유</td><td>소액임차인</td><td>소액임차인</td><td>신청채권자 겸
근저당권자</td><td>근저당권자</td></tr>
<tr><td colspan="2">채권최고액</td><td>20,000,000</td><td>10,000,000</td><td>72,962,330</td><td>57,037,670</td></tr>
<tr><td colspan="2">배당액</td><td>12,000,000</td><td>10,000,000</td><td>27,121,776</td><td>42,862,013</td></tr>
<tr><td colspan="2">잔여액</td><td>79,983,789</td><td>69,983,789</td><td>42,862,013</td><td>0</td></tr>
<tr><td colspan="2">비용비율</td><td>100.00%</td><td>100.00%</td><td>100.00%</td><td>75.15%</td></tr>
<tr><td colspan="2">공탁번호
(공탁일)</td><td>금제 호
(. . .)</td><td>금제 호
(. . .)</td><td>금제 호
(. . .)</td><td>금제 호
(. . .)</td></tr>
<tr><td colspan="6" align="center">2000. 7. 7.
사법보좌관 ○ ○ ○ (인)</td></tr>
</table>

① 낙찰대금은 93,770,000원이다.

② 지연이자 635,838원을 배당금액으로 산정해야 한다. 635,838원이라는 지연

이자가 이 사례에서 발생한 이유는 낙찰자가 대금지급기한일에 제때 대금을 지불하지 않고 15일이 지난 후 납부를 하게 되자, 법원은 15일에 대한 연체이자로 연 25%의 이자를 계산한 금액을 낙찰대금과 합하여 납부토록 하였기 때문이다. 이에 대한 이자는 배당금액으로 편입되어 배당이 이루어진다.

③ 그리고 보증금이자는 낙찰자가 제공하였던 보증금에 대한 이자로서, 최고가 매수신고일로부터 잔금을 납부할 때까지 발생한 이자로 은행이자를 적용하여 계산한 금액이다.

④ 결국 위에서 설명한 낙찰대금＋지연이자＋보증금을 합한 금액이 채권자들에게 배당할 총금액이 된다. 위 금액에서 경매신청권자가 경매를 진행하기 위해 예납한 집행비용은 실제 배당할 금액으로 계산하지 않고 우선하여 지불한다. 결국 집행비용을 제한 나머지 금액이 각 채권자들에게 지불할 배당금액이 된다.

⑤ **이교영** 이교영은 입찰목록에 없던 이름이다. 그것은 원래 이규준이 임차인이었는데, 이규준이 노령으로 배당기일 전에 사망을 하자 그의 상속인인 이교영(손자)이 배당기일에 상속인임을 입증하여 배당금을 수령하였기 때문이다. 이교영은 위에서도 설명하였지만 우선 소액임차인으로 최우선변제를 받고 이후 못받은 보증금의 일부에 대해서는 경락인에게 대항력을 주장하여 변제를 받았다. 배당순위는 이교영이 소액임차인에 해당되어 보증금을 최우선적으로 배당을 받고, 같은 동순위인 소액임차인도 1순위자로서 배당을 받게 된다. 물론 위의 임차인이 법원에서 배당금을 수령하기 위해서는 경락인의 협조가 필요하게 된다.

임차인이 법원에서 배당금을 수령하기 위해서는 경락인에게 부동산을 명도하여 주었다는 명도확인서와 경락인의 인감증명서가 필요하다. 경락인의 명도확인서와 인감증명서의 교부시기와 임차인의 명도일자에 대하여 양 당사자가 서로 먼저 이행할 것으로 주장하여 분쟁이 많이 발생하고 있는데 이에 대하여 법의 규정은 없지만 일반적으로 배당기일에 임차인이 이사를 가면서 경락인으로부터 명도확인서와 인감증명서를 교부하는 관계로 해석하는 것이 타당할 것이다.

⑥ **심연화** 심연화는 소액임차인에 해당하여 보증금 전액을 낙찰대금으로부터 배당을 받게 된다. 즉, 위 배당표에서 기재한 바와 같이 보증금 100.00%를 배당받게 된다. 물론 임차인이 법원에서 배당금을 수령하기 위해서는 경락인으

로부터 명도확인서와 인감증명서를 받아 배당기일날 법원에 제출해야 배당금을 수령할 수 있게 된다.

⑦ **한국자산관리공사**　　한국자산관리공사는 원금 11,936,459원와 그동안의 이자 15,185,317원을 합한 27,121,776원을 소액임차인들이 배당받고 난 잔액 69,983,789원에 대하여 2순위자로서 배당금을 수령할 수 있게 된다. 결국 배당표에 표시한 바와 같이 100% 배당을 받게 된다.

⑧ 한국신용보증기금은 채무자 양천계가 상업은행에 근저당을 설정하고 금전을 차용하려고 할 때 담보물이 채권최고액에 미치지 못하자 상업은행의 담보물보완의 요금에 채무자가 한국신용보증기금을 보증으로 내세웠던 것이다. 이후 채무자가 근저당권 금액을 변제하지 못하자 결국 한국신용보증기금이 보증을 한 57,037,670원에 대하여 채무자 대신 변제하여 주고 한국신용보증기금은 한국상업은행이 가지고 있던 1번 순위의 우선변제적 효력을 부기등기를 이용하여 이전받은 것이다. 따라서 한국신용보증기금은 상업은행이 가지고 있는 1순위의 우선변제적 효력에 따라 배당을 받아 갈 수 있게 된 것이다. 그러나 한국자산관리공사보다는 부기번호가 늦어 한국자산관리공사가 먼저 배당을 받고 난 나머지 금액 42,862,013원에 대하여 배당금을 받게 된다. 한국신용보증기금의 총채권액은 원금 57,037,670원이고 그에 대한 이자는 16,370,592원으로서 위의 금액을 합한 73,408,262원이 실질적인 채권액이지만 등기부상 등기한 채권최고액이 57,037,670원이기 때문에 그 금액범위 내에서 배당을 받아갈 수 있게 된다. 결국 채권최고액인 57,037,670원의 범위 내에서 잔여액을 배당받게 되는데 선순위자에게 지불하고 난 나머지 금액이 42,862,013원이기 때문에 채권최고액 전액을 배당받지 못하고 남은 금액만 배당받고 말소가 된다. 그래서 75.15%의 배당금만 받을 수 있게 된 것이다.

(5) 별지목록

목 록

서울시 송파구 거여동 564-222
위지상

벽돌그 평슬래브 0층 단독주택
1층 45.42m
2층 45.42
지층 51.93
옥탑 5.52

배당표에 기재된 별지목록의 부동산이다. 본 목록은 법원에 일반소송을 제기할 때나 경매신청을 할 때 이용되고 있다. 경락인이 소유권이전등기를 하려면 낙찰대금완납증명원과 부동산목록이 필요한데 이때도 위와 같은 부동산 목록이 필요하게 된다. 그래서 미리 여러 장을 준비하여 제출하는 것이 좋다.

(6) 낙찰이전등기 비용내역서[10)

【낙찰이전등기비용내역서】

낙찰이전등기비용내역서

낙찰대금 : 93,770,000원

등록세	금 1,875,400원	낙찰대금×20[11)/1000
교육세	금 375,080원	등록세×20/100
주택채권	금	보유시 : 금 954,000원 할인시 : 금 542,150원
보수액	금 69,000원	
누진료	금 65,000원	천만원초과시
등기부등본대	금 6,400원	1통당4,200원(초과시 2,200원)
토지 및 가옥대장	금 15,000원	1통당 3,000원
증지대	금 13,000원	이전 : 금 5,000원 말소 : 금 1,000원(1필지당)
말소등기비용	금 120,000원	합계 : 12건
완납증명원작성료	금 20,000원	작성 및 제출대행료, 인지대
교통비 및 일당	금 50,000원	실비+40,000(2~4시간)
등록세 신고 및 납부	금 20,000원	
기타 비용		
합 계	금 5,494,970원	

① 위의 등기비용은 확정적인 것이 아니고 법무사 사무실마다 다소 차이가 있다.

② 부동산이전등기를 하기 위해서는 주택채권을 매입해야 하는데 일반인들이 주택채권을 보유하지 않고 즉시 할인을 하여 매각을 하고 있기 때문에 실질적인 채권매입비용은 채권매입금액의 20~40% 정도가 들어간다. 채권을 매각할 때 할인비율은 일률적으로 정하여져 있지 않고 경제적인 흐름이나 법무사 사무실에 따라 다소 차이가 있다.

③ 말소등기비용은 경락인이 잔금을 지불하고 난 이후 등기부상에 설정되어 있는 각종 권리를 말소하기 위해 들어가는 비용을 말한다. 법무사사무실에 의뢰

---

10) 세율 등은 수시로 변경된다. 그러나 등록세, 취득세, 말소등기비용 등의 세목은 잘 변경이 되지 않기 때문에 이러한 세목종류에 해당연도의 세율을 적용하여 소유권이전등기할 때 들어가는 비용을 산출하면 될 것이다.

11) 등록세율은 2005. 1. 1.부터 1.5~2%로 인하되었다.

하면 말소등기할 권리수와 소유권이전등기에 필요한 비용을 계산하고, 경락인이
이를 지급하면 관련된 서류를 구비하여 법원에 제출한다. 법원에 위의 서류가
접수되면 법원은 관할등기소에 말소등기촉탁을 하고 관할등기소 담당자는 법원
의 말소촉탁명령에 의하여 등기부에 설정되어 있는 권리를 말소한다. 등기부에
설정되어 있는 권리 중 말소할 대상이 많이 설정되어 있는 경우에는 말소비용이
많이 들어가게 된다. 일반적으로 말소할 권리는 한건당 2만원에서 5만원 정두의
수수료를 지불해야 한다.

④ 취득세는 낙찰잔금 납부일로부터 1개월 이내에 납입하지 않으면 10%의
가산금이 부과된다. 소유권이전등기촉탁신청서를 집행법원에 할 때 취득세 납부
증명서는 필요로 하지 않는다.

⑤ 농어촌특별세는 국민주택규모 초과(25.7평)의 건물을 취득하는 경우에 취
득세액의 10%에 해당하는 가산금을 부과한다.

(7) 부동산 양도에 따른 세금

(가) 양도소득의 개념

소득은 정상적이고 반복적인 경제활동을 통하여 획득하는 통상소득과 특별
한 경제활동 없이 단지 자산을 보유하고 있는 동안에 시세차익으로 형성된 자본
이득으로 구분할 수 있다.

현행 세법체계상 양도소득은 자본이득에 해당하는 소득이다. 즉 양도소득은
비사업용 자산을 양도하거나 사업용 자산 중에서 재고자산이 아닌 재산의 양도
에 의하여 실현된 소득으로서, 당해 자산의 보유기간 동안에 특별한 경제활동
없이 단순히 시간의 흐름에 따라 형성된 시세차익이 실현된 소득이다. 따라서
부동산의 양도로 인한 소득은 당해 부동산의 성격에 따라 소득의 유형이 결정되
고, 소득의 유형에 따라 과세방법이 달라지게 된다. 따라서 양도한 부동산이 비
사업용인 경우에는 자본이득에 해당되기 때문에 양도소득세가 과세된다. 그러나
양도한 부동산이 사업용인 경우에는 당해 부동산이 재고자산이면 통상소득에 해
당되어 사업소득세가 부과되지만 재고자산이 아닌 자본이득에 해당되면 양도소
득세가 과세된다.

(나) 양도의 개념

부동산 양도란 매매, 교환, 현물출자 등에 의해 부동산이 타인에게 유상으로 이전되는 것을 말한다.

(다) 양도소득세 과세대상

1) 토지 또는 건물

2) 부동산에 관한 권리

① 부동산 이용권으로서 지상권, 전세권, 등기된 부동산 임차권

② 부동산 취득으로서 아파트 당첨권 등

3) 주식 · 출자지분

4) 기타 자산의 양도로 인한 소득

특정주식, 사업용자산과 함께 양도하는 영업권, 특정시설물(골프장회원권)

(라) 1세대 1주택의 양도소득에 대한 비과세

1) 의의

1세대 1주택(고급주택 제외)과 이에 부수되는 토지의 양도로 인하여 발생하는 소득에 대하여는 양도소득세를 과세하지 아니한다. 여기서 1세대 1주택이란 1세대가 양도일 현재 국내에 1주택을 보유하고 있는 경우로서 당해 주택의 보유기간이 3년 이상인 것을 말한다.

2) 1세대의 요건

1세대란 거주자 및 그 배우자가 그들과 동일한 주소 또는 거소에서 생계를 같이 하는 가족과 함께 구성하는 사회통념상의 세대를 말한다. 단, 다음의 경우에는 배우자가 없어도 1세대로 본다.

① 당해 거주자의 연령이 30세 이상인 경우

② 당해 거주자에게 소득세법의 규정에 의한 소득이 있는 경우

③ 배우자가 사망하거나 이혼한 경우

④ 거주자가 당해 주택을 상속받은 경우

3) 주택 · 점포 겸용주택의 비과세

점포와 주택을 겸용으로 쓰고 있는 부동산에 대해서는 주택면적이 점포면적보다 큰 경우에는 점포를 주택으로 보아 양도소득세가 비과세된다.

(마) 양도소득세 계산방법

1) **계산절차**: 양도소득세 과세표준은 다음과 같은 3단계의 과정을 거쳐서 계산된다.

① 양도가액 − (취득가액 + 필요경비) = 양도차익

② 양도차익 − (장기보유특별공제 + 양도소득기본공제) = 과세표준

③ 과세표준 × 세율 = 양도소득세 산출세액

2) **양도가액**

양도가액은 과세대상 자산을 양도하고 그 대가로 획득한 경제적 가치이다.

양도가액은 양도차익의 계산에 있어서 가장 주된 항목으로 양도가액에서 필요경비를 공제하여 양도차익을 계산한다.

3) **필요경비**

① 필요경비는 부동산의 가치증가를 위해 지출된 비용을 말한다.

② 실지거래가액으로 신고한 경우 : 소개비, 용도변경비용, 이용편의비용, 개량비용, 양도비용 등

③ 기준시가로 신고한 경우

㉠ 토지: 국세청장이 고시한 공동주택은 취득시 기준시가×3%(미등기는 0.3%)

㉡ 건물: 취득당시 기준시가×3%(미등기는 0.3%)

4) **기타공제 내용**

① 양도소득기본공제: 연간 250만원을 공제한다. 단 1과세기간에 2회 이상 양도하는 경우에는 먼저 양도하는 양도소득금액에서부터 순차공제한다.

② 장기보유 특별공제액

㉠ 보유기간이 3년 이상 5년 미만인 것: 양도차익의 10%

㉡ 보유기간이 5년 이상 10년 미만인 것: 양도차익의 15%

㉢ 보유기간이 10년 이상인 것: 양도차익의 30%

5) **양도소득 세율**

양도소득세의 세율은 연간 양도소득을 합하여 소득이 많고 적음에 따라 차등세율이 적용된다.

6) 기준시가와 실제거래가액

양도·취득가액은 원칙적으로 기준시가에 의하여 계산하며 예외적으로 실제거래가액으로 계산한다. 따라서 토지는 개별공시지가, 건물은 기준시가에 의한다. 다만, 공동주택의 경우와 같이 지정지역의 경우에는 국세청장이 정한 기준시가에 의한다.

그리고 양도·취득가액을 실제거래가액으로 하는 경우가 있는데 이는 다음과 같다.

① 납세자가 양도소득세 과세표준 및 세액의 결정일 이내에 실제거래가액으로 신고한 경우

② 납세자가 조세부담을 회피할 목적으로 허위계약서의 작성·주민등록의 허위이전 등 부정한 방법으로 취득 또는 양도하는 경우로서 국세청장이 정하는 기준에 해당하는 경우

③ 납세자가 미등기 양도하거나 단기차익을 목적으로 부동산을 취득한 후 1년 이내에 양도한 경우

7) 양도소득세의 신고·납부 요령

① 부동산을 양도하는 경우에는 '부동산 양도소득 신고서'를 작성하여 양도자의 주소지 관할세무서에 제출하여야 한다.

② 등기 전 양도신고대상이 아닌 경우에는 예정신고를 하면 납부할 세액의 10%를 공제받을 수 있다. 예정신고기한은 양도 후 잔금을 받은 달의 말일부터 2월 이내이다.

③ 양도소득 이외에 다른 소득이 있으면 그 다음 해 5월 중에 확정신고를 해야 한다. 다만, 양도소득만 있을 경우에는 예정신고를 마치고 확정신고를 하지 않아도 된다.

8) 양도소득신고시 제출한 서유

양도소득세 신고시에는 세무서에 비치된 '양도소득세 신고 및 자진납부 계산서', '양도소득금액계산명세서' 각 2통을 작성하여 다음 서류와 함께 관할세무서에 제출하면 된다.

① 기준시가로 신고하는 경우: 토지등기부등본, 토지대장등본, 건축물 관리대장등본, 토지가격확인원

② 실지거래가액으로 신고하는 경우: 토지등기부등본, 취득 및 양도시의 계
약서, 필요경비에 관한 증빙서류

(바) 부동산 양도신고 작성사례

앞에서 낙찰받은 물건에 대한 양도소득세액을 계산하면 다음과 같다.

1)【부동산 양도신고에 따른 안내 말씀표】

<h2 style="text-align:center">부동산양도신고에 따른 안내말씀</h2>
1. 부동산양도신고사항 □ 성　　　　명 : 갑　　　(주민등록번호 : 450727-2477412) □ 확인서발행번호 : 222-7777-087265 □ 양　도　일　자 : 20년 10월 4일 (일반건물　　　 외　　　 건) □ 부 동 산 소 재 지 : 서울시 송파구 거여동 564-222 □ 납 부 할 세 액 : 과세미달　　(납부기한 :　　　　　　　　　　　) ※ 납부기한이 공휴일인 경우에는 그 다음날까지 납부하시기 바랍니다.
2. 안 내 말 씀 ① 국세행정에 협조하여 주셔서 감사합니다. ② 납부기한 내에 세액을 납부하시면 15%의 세액공제 혜택은 물론 　1) 실지거래가액에 의한 과세대상인 경우와 　2) 부동산매매에 따른 잔금청산의 지연 등으로 세액에 변동이 있는 경우를 제외하고 　　별도 조사 또는 확인없이 부동산양도에 따른 납세의무가 종결됩니다. ③ 위의 세액은 잔금을 받은 날(잔금을 받기 전에 소유권이전등기를 한 경우에는 등기 　접수일)이 속하는 달의 말일부터 2개월 내에 납부할 것으로 보고 15%를 공제한 세 　액입니다. 따라서, 납부기한 내에 납부하시지 않을 경우에는 15%를 공제하지 않은 　세액을 납부해야 합니다. ④ 신고한 내용에 정정할 사항이 있거나, 잔금수령이 지연되어 세액에 변동이 있을 경우 　에는 당초 신고한 세무서로 문의하시면 세액을 다시 안내해 드립니다. ⑤ 세액계산은 전산에 의하여 하고 있습니다. 그러나, 세액계산요소(공시지가, 등급 　등)의 입력착오가 있을 수 있으므로 반드시 세액계산내역을 확인하여야 합니다. 20년 10월 16일   송 파 ○ ○세 무 서 장 [문의전화 :　　　　]
※ 양도소득할 주민세 신고납부 안내 　지방세인 양도소득할 주민세는 양도소득세의 예정신고기간 만료일로부터 30일 이내 　에 주소지 관할 시·군·구청에 신고납부(자진신고 무납부시 20%의 가산세 추가 부 　담됨)하시기 바랍니다.

① 위의 '부동산양도신고에 따른 안내 말씀'의 표에서 설명하였듯이 납부기한 내에 세액을 자진납부하면 납부할 양도소득세액에 15%의 세액공제가 있음을 알 수 있다.

② 또한 부동산 매매에 따른 잔금청산의 지연 등으로 세액에 변동이 있는 경우를 제외하고는 별도 조사 또는 확인없이 부동산 양도에 따른 납세의무가 종결됨을 알 수 있다.

③ 이와 같은 양도소득신고는 잔금을 받은 날이 속하는 달의 말일로부터 2개월 내에 납부하였을 때 15%의 세액공제를 인정받게 된다. 한편 양도소득신고기한 내에 신고를 하지 않을 경우에는 신고불성실가산세로 산출세액의 10%를 가중하여 납부해야 한다.

2) 【양도소득금액 계산명세서】

확인서발행번호	222 – 7777 – 087265		**양 도 소 득 금 액 계 산 명 세 서**		

양 도 자 산 표 시					
① 세율구분(코드)	합 계	1년미만보유 (20)	1년미만보유 (20)	1년미만보유 (20)	
② 소 재 지		서울 송파 거여 787 – 25	서울 송파 거여 787 – 25	서울 송파 거여 787 – 25	
③ 자산종류(코드)		대지 (01)	단독주택 (30)	단독주택 (30)	
④ 총면적(양도지분)		91.200	61.930	45.420	

양 도 가 액 계 산						
⑤ 신고구분(실가, 기준시가)		실가		실가		실가
⑥ 양도 일자		2001. 10. 14.		2001. 10. 14.		2001. 10. 14.
⑦ 양도면적(㎡)		91,200		51,930		45,420
⑧ 건물분류번호 가액			31	121,000	31	121,000
⑨ 공시지가		902,000				
⑩ 양도가액	15,000,000	123,320,994		9,415,334		8,235,018

취 득 가 액 및 공 제 액 계 산						
⑪ 취득일자		2000. 01. 19.		2000. 09. 19.		2000. 09. 19.
⑫ 취득면적(㎡)		91.200		51.930		45.420
토지 ⑬ 등급 가액 취득당시						
90. 8. 30.						
직 전						
⑭ 공시 취득당시 지가		902,000				
90. 1. 1.						
⑮ 건물 분류번호 가액			31	121,000	31	121,000
⑯ 지정 최초고시당시기준시가 지역 취득당시기준시가						
⑰ 취득가액	141,770,000	1116,544,749		8,902,152		7,786,169
⑱ 기납부 토지초과이득세						
⑲ 기타필요경비	6,054,060	4,976,856		380,152		332,496
⑳ 양도차익	2,175,940	1,799,389		133,030		116,353
㉑ 장기보유특별공제						
㉒ 양도소득금액	2,175,940	1,799,389		133,030		116,353
㉓ 감면소득금액						
㉔ 감면종류 감면율						
㉕ 전기공시지가/기준시가		882,000				
㉖ 전기등급/분류번호 가액			31	119,000	31	119,000
㉗ 최초등급/분류번호 가액						

(210mm × 297mm, 일반용지 60g/㎡ (재활용품))

① 이 '양도소득금액 계산명세서'에서 양도가액과 취득가액을 실지거래가액

으로 계산한 이유는 1년 이내에 양도하였기 때문이다. 이때 취득가액은 실제 낙찰받은 금액으로 계산하게 된다. 단, 위의 예에서는 취득가액이 낙찰금액보다 많은 141,770,000원으로 계산하게 되었다. 왜냐하면 경락인이 대항력 있는 임차인의 보증금을 인수하게 되다 보니 실질적으로 취득하는 금액이 낙찰금액 94,542,499[12]원보다 많은 141,770,000원이 된 것이다.

② 기타 필요경비는 양도할 때 소요된 비용으로 공인중개사 수수료, 자본적 지출 및 양도비용 등이 해당된다.

③ 그래서 부동산을 양도(매매한 금액)한 금액 150,000,000원에서 '취득가액(141,770,000원) + 기타 필요경비(6,054,060원)'를 제한 나머지 금액이 양도를 하여야 할 금액에 해당한다.

④ 본 양도소득금액에서 양도소득 기본공제금액으로 2,500,000원을 제하여야 할 것이다. 그러나 양도소득금액이 2,500,000원에 미달되기 때문에 공제를 하지 않았다.

※ 재건축주택의 분양권 인정시기

• 비과세 : 서울시에서 1주택 1가구의 양도세 비과세 요건은 2년 거주(주민등록등본 또는 실질적으로 거주하였다는 관리비, 전기세 납부영수증) 3년 보유(처음 소유권 등기부터 매도할 때까지) 이상이어야 한다.

• 재건축 사업의 '관리처분계획의 인가'일부터 임시검사나 소유권등기를 한 날까지의 사이는 분양권으로 본다. 조합원 입주권이 재건축으로 변환되는 시기는 준공일로 본다.

• 1가구 1주택자가 청약에 당첨돼 받은 신규 분양권은 주택수에 포함되지 않는다.

• 주택인지 상가인지 여부는 원칙적으로 공부상을 기준하고 예외적으로 실질용도에 따른다.

• 양도세신고시 필요한 서류: 등기부등본, 건축물대장, 토지대장, 양도계약서, 취득계약서, 주민등록등본, 주민등록 초본

---

12) 경락대금을 잔금일자에 납부하지 않아 지연이자를 납부한 경우에는 낙찰대금에 지연이자를 합한 금액이 취득가액에 있어 경락대금이 된다.

3)【양도소득세 과세표준 예정신고 및 자진납부계산서】

확인서발행번호	222 - 7777 - 087265

양도소득서 과세표준 예정신고 및 자진납부계산서
(부동산양도신고용)

① 신고인 (양도인)	성명	김기수		주민등록번호					
	주소	서울 송파 거여 293 거여 9단지아파트 603 - 1208 37/3 (☎ 02) 431 - 8765							
② 양수인		성명	주민등록번호	양도자산	지분	성명	주민등록번호	양도자산	지분
	고식원				....				....
									....
③ 세율구분(코드)			합 계	20					
④ 양도소득금액			2,175,940		2,175,940				
⑤ 기신고·경정 결정된 양도소득금액 합계									
⑥ 양도소득기본공제			2,175,940		2,175,940				
⑦ 과세표준 (④+⑤-⑥)									
⑧ 세율			%		%				
⑨ 산출세액									
⑩ 감면세액									
⑪ 외국납부세액공제									
⑫ 예정신고 납부세액 공제									
⑬ 수정신고가산세등									
⑭ 기신고·결정·경정세액									
⑮ 자진납부할 세액 (⑨-⑩-⑪-⑫+⑬)									
⑯ 분납(물납)할세액									
⑰ 자진납부세액									
⑱ 환급세액									

농 어 촌 특 별 세 자 진 납 부 계 산 서	소득세법 제105조·제110조, 국세기본법 제45조·제45조의3 및 농어촌특별세법 제7조의 규정에 의하여(예정·확정·수정·기한후) 신고합니다.	접수(영수) 일자인
⑲ 소득세감면세액		
⑳ 세율		
㉑ 산출세액	20 년 10월 16일	
㉒ 수정신고가산세 등	신고인 (서명 또는 인)	
㉓ 기신고·결정·경정세액	세무대리인 (서명 또는 인)	
㉔ 자진납부할세액		
㉕ 분납할세액		
㉖ 자진납부세액	송파 세 무 서 장 귀하	
㉗ 환급세액		
구비서류	· 양도소득금액계산명세서(주식 또는 출자지분 양도의 경우에는 부표2) 1부 · 매매계약서 필요경비 증명서류 각 1부 · 주민등록표등본 1통 · 양도자산의 등기부등본 1통 · 토지 및 건축물관리대장등본 · 기타 양도소득세 계산에 필요한 서류 각 1부 · 감면신청서 1부	수수료 각1통 없음

① 이 '양도소득 금액 계산명세서'에서 계산한 바와 같이 양도소득금액은 2,175,940원으로 기재되어 있다.

② 여기에 "⑥번의 양도소득기본공제"금액 2,175,940원을 제하게 된다. 원래 양도소득기본공제금액은 연간 2,500,000원을 제할 수 있도록 하고 있지만 본 물건은 양도소득금액이 이에 미치지 않기 때문에 2,175,940원으로 계산한 것이다.

③ 만약 양도소득금액에서 양도소득기본공제 2,500,000원을 제한 나머지가 있다고 가정한다면 그 금액이 양도소득 과세표준액이 될 것이고 여기에 양도소득세율(40%)을 곱하면 산출세액이 된다.

④ 부동산을 양도신고하는 경우에는 산출세액에 15%를 공제하게 되고 그 금액을 관할 세무서에 납부하면 될 것이다.

4) 양도소득세 계산정리

위에서 계산할 양도소득세를 정리하면 다음과 같다.

① **양도가액** : 150,000,000원(1년 이내에 매도하였기 때문에 실제로 매도한 금액)

② **취득가액** : 141,770,000원(1년 이내에 매도하였기 때문에 실제로 낙찰받은 금액에 대항력 있는 임차인이 있는 경우에 보증금을 합한 금액)

③ **필요경비** : 6,054,060원(부동산의 가치 증가 등을 위해 지출된 비용으로 중개수수료·자본적 지출 및 양도비용 등)

④ **양도차익** : 2,175,940원(①−②−③)

⑤ **장기보유 특별공제** : 없음

⑥ **양도소득금액** : 2,175,940원(④−⑤)

⑦ **양도소득 기본공제** : 2,175,940원(원래 연간 2,500,000원을 양도소득 기본공제하여 감액해야 하지만 양도소득금액이 이에 미치지 않기 때문에 2,175,940원으로 계산)

⑧ **양도소득 과세표준** : 0원(⑥−⑦)

⑨ **산출세액** : ⑧×1년 이내에 양도하였기 때문에 양도소득세율 40%를 적용하여 산출된 금액이 산출세액이 된다.

⑩ **납부할 양도소득세액** : 0원(법정기한 내에 부동산을 자진하여 양도신고한 경우에는 산출세액의 15%를 공제받게 되는데, 그 공제한 금액이 실질적으로 관할 세무서에 납부할 양도소득세금이 된다).

5) 양도소득세 계산시 낙찰자가 준비해야 할 서류

낙찰받은 물건을 1년 내에 매도할 경우에는 실제거래가액에 의하기 때문에 실제거래가액에 의하였다는 증빙서류를 준비하고 있어야 세액을 감면받을 수가 있다.

① 최고가 매수신고시 받은 영수증과 잔금때 지불하고 받은 법원보관금영수증

② 낙찰받고 소유권이전등기하기 위하여 들어간 취득세와 등록세 등

③ 대항력 있는 임차인이 있어 낙찰대금 외에 추가로 임차인보증금을 지불한 경우에는 임대차계약서사본 1통

④ 이전등기하기 위하여 필요한 서류로 경락자의 주민등록등본 1통, 인감증명서(양도신고필증용), 막도장, 매매계약서사본 1통 등이 있다.

(8) 종합분석

① 이 사례를 통해 우리는 근저당권을 양도할 때에는 어떻게 양도를 하며 그에 따른 효력은 어떤 순위를 가지고 발생하는지 알게 되었다. 즉, 부기등기를 이용함으로써 주등기의 순위와 효력을 그대로 이어 받아 배당을 받아가는 것을 살펴보았다. 그리고 동일한 주등기의 부기등기가 경합할 때는, 부기등기 중 순위번호가 더 빠른 부기등기가 우선하여 배당받게 된다는 사실을 알게 되었다.

② 대항력요건을 갖춘 임차인이 법원에서 확정일자나 소액임차인의 효력으로서 배당을 전액받지 못한 경우, 나머지에 대해서는 경락인이 인수해야 하며, 이때 임차인이 임차권등기를 한 때에는 법원에서 말소촉탁을 하지 않고 경락인이 잔액을 지불할 때 말소할 수 있음을 알 수 있었다.

③ 임차인이 배당을 받기 전에 사망한 경우, 상속인이 피상속인의 권리를 승계하여 임차인(피상속인)의 배당금을 수령하는 것을 살펴보았다.

④ 법원마다 배당표양식은 다소 다르지만 대개 이와 같은 배당표양식과 절차에 의하여 배당을 하여 주고 있다.

⑤ 마지막으로 낙찰받은 부동산을 양도할 때 발생하는 양도소득세에 대하여 살펴보았다. 양도소득세는 기준시가와 실질거래가액에 의하여 세액을 산출할 수 있는데 실질적으로 양도하는 사람의 입장에서 본다면 기준시가에 의하여 양도하는 것이 양도소득세액의 부담이 적다고 할 수 있다. 그렇게 하기 위해서 매입한 후 1년이 지난 후에 양도하는 것이 여러 가지로 바람직할 것이다.

7. 임차인의 특수주소변경

사건번호	소재지	면적(평방)	등기부상권리분석	임차관계	감정평가액
					최저경매가
20타경59 221 다세대 국민신용 김정민	서울시 관악구 신림동 관악빌라 102호 관악초등교옆 도시가스 북서측 7m 도로접함 일반주거지역	대 30/294 건 58.3(20평) 방3 북서향 203.9 준공 4층건물	근저 20. 5. 9. 국민신용 4천만원 근저 20. 6. 8. 박태수 5천만원 가압 20. 7. 8. 우민진 임의 20. 11. 8. 국민신용	박영복 20. 1. 5. 5,000만원 특수주소변경 20. 11. 25.	90,000,000원 36,864,000원
					결 과
					20. 3. 유찰 20. 4. 유찰 20. 5. 유찰 20. 6. 유찰

(1) 사건개요

본 물건은 국민신용에서 채무자이면서 소유자인 김정민이 4천만원을 변제하지 않자 임의경매를 개시한 것이다. 문제는 임차인의 특수주소변경이다.

(2) 등기부상 권리분석

등기부상 권리관계는 최초근저당인 국민신용, 박태수, 가압류 등은 모두 말소대상이다.

(3) 임차인 권리분석

임차인은 서울시 관악구 신림동 103번지 5호 지상의 관악빌라 102호로 전입신고서를 기재하여 신고하였으나, 주민등록등본상에는 호수가 102호로 표시되지 않았다. 확인결과 동사무소 직원의 착오로 인하여 잘못 기재된 것이 확인되었다. 이후 담당공무원이 관악빌라 102호로 정정하여 특수주소변경을 하였던 것이다. 이와 같이 특수주소변경이 담당공무원의 착오로 인하여 경우에는 종전의 대항력과 확정일자의 효력은 모두 유지된다. 따라서 박영복은 20. 1. 5. 일자를 기준으로 대항력이 발생하기 때문에 경락인이 보증금을 인수해야 한다. 그러나 임차인의 잘못으로 등기부상에 기재되어 있는 위지상 "103번지 5호 102호" 중 "102호"를 오기하여 "103호" 주민등록전입신고를 하여 이후 20. 11. 25. 정정하여 특수주소변경을 하였다면 대항력의 기준은 정정한 20. 11. 25.을 기준으로 하게 될 것이다. 결국 임차인은 최초근저당보다 이후에 전입한 것이 되어 대항력을 상실하게 된다. 따라서 특수주소변경이 기재되어 있는 부동산을 입찰할 때는 특수주소변경의 원인이 임차인의 잘못으로 된 것이지 아니면 공무원의 착오로 인하여 정정한 것인지를 구분하여 입찰을 하여야 할 것이다. 그리고 임차인이 주민등록전입신고를 할 때에는 집 현관에 표시된 주소만을 보고 전입신고나 계약서를 작성할 것이 아니고 등기부등본에 기재된 주소와 일치하게 주민등록전입과 계약서를 작성해야 보호를 받을 수가 있을 것이다. 다가구주택은 여러 세대가 살고는 있지만 주인은 한 명이기 때문에 임차인은 동·호수의 기재없이 지번만 기재하고도 보호를 받을 수 있다. 예컨대 다가구 주택에 세들어 살고 있는 임차인이 "101호"에 살고 있으면서 주민등록 전입이나 임대차계약서를 "201"호로 잘못 기재하였다고 하더라도 보호를 받을 수 있다는 것이다.

(4) 종합분석

특수주소변경이란 등기부에 기재된 주소와 일치하지 않게 주민등록 전입신고를 한 것을 이후 올바르게 주소를 변경하는 것을 말한다. 그런데 특수주소변경을 하게 된 원인 중 임차인이 잘못한 경우는 변경한 날의 익일부터 전입신고가 인정되고, 공무원의 착오로 인하여 변경된 경우에는 처음 전입신고한 익일부터 효력이 발생하기 때문에 주의가 요구된다. 따라서 위의 물건과 같은 경우는 담당공무원의 착오로 인하여 특수주소변경한 것이기 때문에 처음 전입신고한 20. 1. 5. 익일부터 효력이 발생하고 최초근저당일자가 20. 5. 9.이기 때문에 경락인이 임차인의 보증금을 대항력으로 말미암아 인수하게 된 것이다.

8. 환매등기를 경락인이 인수하는 경우

사건번호	소재지	면적(평방)	등기부상권리분석	임차관계	감정평가액
					최저경매가
20-52968	서울시 중구 장충동 200-172	대 106(32평) 건 665.96 (20.29평) 방3개 제시외건 15(4.5평) 20. 7. 7. 보존	환특 20. 7. 7. 김무수 근저 20. 8. 8. 한태수 5000만 저당 20. 9. 9. 김철 임의 20. 10. 10. 한태수 환매기간 20. 7. 7.로부터 5년간	없음	456,000,000원
					364,800,000원
주택	벽돌조슬래브 일반주거지역				291,840,000원
					233,472,000원
한태수 양대승 양수자					결 과
					20. 5. 7. 유찰
					20. 6. 10. 유찰
					20. 8. 9. 유찰
					20. 9. 17. 유찰

(1) 사건개요

본 물건은 한태수가 경매신청권자로서 양대승이 빌린 돈을 갚지 않자 물상보증인인 양수자의 부동산에 대하여 임의경매를 신청한 것이다.

(2) 환매등기되어 있는 부동산을 낙찰받고 싶은 경우

등기부상의 권리관계에 환매특약등기가 되어 있어 문제이다. 환매특약이 최초근저당보다 앞선 일자로 되어 있는 경우에는 경락인이 잔금을 지불하더라도 말소가 되지 않는다.

따라서 환매권자인 김무수가 환매기간이 종료된 후 경락인에게 환매권을 행사하면 경락인은 환매권자에게 소유권을 이전하여 주어야 한다. 그러나 경락인이 한푼도 배당금을 못 받고 소유권을 이전하여 주는 것은 아니다. 환매권자가 환매기간이 종료한 후 환매권을 행사하여 다시 소유권을 찾아 오려면 환매계약을 체결할 당시에 매도한 금액과 비용을 경락인에게 지불해야 소유권을 이전받을 수 있기 때문이다. 그러므로 경락인 입장에서 보면 설사 최초근저당보다 앞선 일자로 환매등기가 되어 있을지라도 환매대금보다 저가로 낙찰을 받을 수 있다면 해당하는 차액에 대하여 이익을 낼 수 있기 때문에 괜찮을 것이다.

그러나 환매대금보다 비싸게 주고 낙찰을 받았을 경우에는 나중에 소유권을 환매권자에게 이전하여 주어야 하기 때문에 그 차액만큼 손해를 보게 될 것이다. 예컨대 집주인이 조상 대대로 내려온 집이라서 집은 팔고 싶지 않은데 금전을 차용하기 위해 매수인에게 매매계약을 체결하고 동시에 환매에 관한 특약을 하여 소유권을 이전하여 주면서 일정기간 내에(5년 내) 다시 매매대금과 환매비용을 지불하고 사오는 조건으로 매도를 하는 경우 환매를 이용하게 된다. 그렇게 하여 환매권자는 환매기간(최장기간은 5년)이 종료되면 매매대금과 환매비용을 환매의무자(매수인)에게 지불하고 소유권을 다시 찾아오게 된다.

9. 임차인이 부정각서를 쓰고 난 후 임차인이라고 주장하는 경우

사건번호	소재지	면적(평방)	등기부상권리분석	임차관계	감정평가액
					최저견매가
20－14749	서초구 서초동 1456－2 보천아파트 2동 408호 남부시외버스터미널 도시가스시설 일반주거지역	대 13.7725/1190 건 72.73 (25평형) 방3개 남향 20. 7. 22. 준공 5층아파트 토지 : 70,000,000원 건물 : 40,000,000원	근저 20. 3. 28. 전순희 근저 20. 4. 20. 박춘자 임의 20. 8. 21. 전순희 발급일자 20. 6. 12.	이철수 20. 2. 7.(전입) 5000만원 (소유자의 장모, 임차인이 아니라는 각서를 작성했음)	110,000,000원 70,000,000원
아파트 전순희 이양춘					결 과
					20. 6. 22. 유찰 ·· ·· 20. 1. 20. 유찰

(1) 등기부상 권리분석

본 물건의 등기부상 권리관계는 최초근저당인 전순희, 박춘자 근저당은 경락인이 잔금을 지불하면 모두 말소촉탁의 대상이 된다.

(2) 임차인 권리분석

① 위의 물건에서 법원에서 조사한 현황조사보고서를 보면 임차인란에 "이철수는 소유자의 장모로 임차인이 아니라는 각서가 있다"라고 기재되어 있다. 이와 같은 각서는 금융권에서 채무자에게 저당권을 설정하고 대출을 하여 줄 때 담보로 제공한 부동산에 이미 주민등록전입이 되어 있으면 저당권자의 우선변제적 효력을 저해할 수 있어 미리 각서를 받고 대출을 하여 주고 있다. 이후 저당권설정자가 저당권자의 피담보채권을 변제하지 않아 저당권자가 임의경매를 신청하였는데 임차인이 아니라고 한 자가 임차인이라고 주장하면서 저당권자의 우선변제적 효력을 해하려고 하는 경우, 저당권자는 종전에 작성한 "임차인이 아니라는 내용"의 각서를 이유로 주장할 수 있다. 이와 관련하여 판례는 "위와 같은 각서를 임차인이 작성하였는데도 불구하고 경매과정에서 임차인이라고 신고하여 배당을 받아가는 것은 특별한 사정이 없는 한 금반언의 원칙 및 신의칙에 위반되어 허용될 수 없다"고 판시하고 있다(대판 1997. 6. 27. 97다12211). 그러나 정

당한 임차인인데도 불구하고 임대인의 강요나 사기에 의하여 각서를 쓰고 대출을 받아간 경우에는 본 각서를 취소하여 적법한 임차인으로 할 수도 있다고 한다. 본 사안에서는 장모가 사위의 말을 듣고 각서를 쓴 것이기 때문에 적법한 임차인으로서 보호를 받을 수는 없다.

② 그러나 저당권자보다 앞선 일자로 주민등록 전입신고를 한 자가 있는데도 선마하고 저당권을 설정한 경우는 난감한 입장에 처할 수 있게 된다. 예컨대 위와 같이 각서를 작성하지 않고 저당권을 설정하였다가 이후 저당권자보다 앞선 일자로 주민등록 전입신고를 한 자가 경매가 진행되자 임차인이라고 주장하면서 경락인에게 대항력을 주장하게 되면 낙찰이 잘 되지 않기 때문에 결국 저당권도 채권회수를 할 수 없고, 일반 부실채권으로 전환될 수 있다. 그래서 일반채권자로 남게 되면 다시 집행권원을 받아 강제경매를 하여야 하는데 설사 이행판결을 받아 강제경매를 한다고 하더라도 채무자에게 재산이 없는 경우에는 무용지물의 집행권원이 되어 시간낭비만 하게 될 것이다. 사위와 장모관계나 집주인이 아들인데도 아버지가 독립된 세대로 구성되어 주민등록전입을 하고 있다면 임차인으로 인정받을 수 있다. 따라서 주민등록등본이 독립된 세대주로 처남이나 친동생 또는 부모가 되어 있을 때는 설사 친족관계일지라도 입찰자는 친족관계를 이유로 등한시하지 말고 독립된 세대구성 여부에 대하여 면밀히 살펴보고 입찰에 참여해야 할 것이다.

③ 그리고 채무자가 최초근저당보다 앞선 일자로 주민등록 전입과 임대차계약서를 작성하여 살고 있다면 역시 임차인으로 인정받아 경락인이 보증금을 인수할 수 있기 때문에 주의해야 할 것이다. 일반인들은 채무자이기 때문에 설사 선순위 임차인으로서 요건을 갖추고 있다고 하더라도 임차인으로 인정받을 수 없다고 생각한 후 입찰에 참여를 하는데 경락인이 임차인의 보증금 전액을 변제해야 할 문제가 발생할 수 있다. 채무자이기 때문에 임차인이 될 수 없지 않느냐는 의문점을 가질지 모르겠으나 주택임대차보호법상 임차인에 해당하는 자의 범위에서 채무자를 제외한다는 명문의 규정이 없고 기존의 채권을 임대차계약으로 전환하였거나 임차인이 집주인으로부터 금전을 차용하고 살고 있는 경우도 있을 수 있기 때문에 이럴 때는 임차인으로 인정받을 수 있다.

④ 주택임대차보호법에 따른 주택임차인의 대항력 발생일과 임대차계약서상 확정일자가 모두 당해 주택에 관한 1순위 근저당권 설정일보다 앞서는 경우, 주택임차인은 특별한 사정이 없는 한 대항력뿐 아니라 1순위 근저당권자보다 선순위의 우선변제권도 가지므로, 그 주택에 관하여 개시된 경매절차에서 배당요구종기 이전에 배당요구를 하였다면 1순위 근저당권자보다 우선하는 배당순위를 가진다.

그래서 집행법원은 부동산에 관한 경매절차에서 부동산의 표시, 부동산의 점유자와 점유의 권원, 점유할 수 있는 기간, 차임 또는 보증금에 관한 관계인의 진술 등의 사항을 적은 매각물건명세서를 작성한 다음 그 사본을 비치하여 누구든지 볼 수 있도록 한다(민사집행법 105조). 이는 경매대상부동산의 현황과 권리관계를 되도록 정확히 파악하여 일반인에게 공시함으로써 매수희망자가 필요한 정보를 쉽게 얻을 수 있게 하여 예측하지 못한 손해를 입는 것을 방지하기 위한 것이다. 그리고 주택임차인이 주택에 관하여 개시된 경매절차에서 임차보증금 액수, 주택인도일, 주민등록일(전입신고일), 임대차계약서상 확정일자 등 대항력 및 우선변제권 관련 사항을 밝히고 권리신고 및 배당요구를 한 경우 그 내용은 매각물건명세서에 기재되어 공시되므로, 매수희망자는 보통 이를 기초로 매각기일에서 신고할 매수가격을 정하게 된다. 그러므로 주택 경매절차의 매수인이 권리신고 및 배당요구를 한 주택임차인의 배당순위가 1순위 근저당권자보다 우선한다고 신뢰하여 임차보증금 전액이 매각대금에서 배당되어 임차보증금반환채무를 인수하지 않는다는 전제 아래 매수가격을 정하여 낙찰을 받아 주택에 관한 소유권을 취득하였다면, 설령 주택임차인이 1순위 근저당권자에게 무상거주확인서를 작성해 준 사실이 있어 임차보증금을 배당받지 못하게 되었다고 하더라도, 그러한 사정을 들어 주택의 인도를 구하는 매수인에게 주택임대차보호법상 대항력을 주장하는 것은 신의칙에 위반되어 허용될 수 없다.[13]

따라서 주택에 임차인이 매수인에게 대항력과 확정일자의 요건을 갖추고 배당요구신청을 하여 매각물건명세서에 이러한 관계가 기재되어 있다고 하더라도 1순위 근저당권자에게 무상거주확인서를 작성하여 준 사실이 있어 배당을 받지

---

13) 대판 2017. 4. 7. 2016다248431.

못한 경우 매수인이 임차인의 보증금을 인수하는 것은 아니다.

⑤ 또한 법인이 사원용 주택의 마련을 위하여 주택을 임차하고 그 소속직원을 입주시킨 후 직원 명의로 주민등록을 마쳤다 하여도 이는 법인의 주민등록으로 볼 수는 없기 때문에,[14] 설사 법인이 주택을 인도받고 임대차계약서상의 확정일자를 구비하였다고 하여도 우선변제권을 주장할 수는 없다. 왜냐하면 법인을 애당초 자신 명의로 주민등록을 할 수 없을 뿐만 아니라 주택임대차보호법상 보호대상으로 되지 아니하기 때문에 주택임차인으로서의 보호를 받을 수는 없다는 것이다. 따라서 확정일자에 의한 우선변제권의 효력도 법인인 경우에는 인정받을 수 없게 된다. 다만, 상가인 경우에는 법인도 임차인으로 인정한다. 그리고 예외적으로 중소기업법 제2조[15]에 따른 중소기업에 해당하는 법인이 소속직원의 주거용으로 임대차계약을 하고 직원이 전입과 인도를 마쳤을 때에는 대항력이 발생한다. 법인과 임대인 사이의 임대차계약상의 확정일자를 갖춘 임차인은 낙

---

14) 대판 1997. 7. 1. 96다7236.
15) 제2조(중소기업자의 범위)
  ① 중소기업을 육성하기 위한 시책(이하 "중소기업시책"이라 한다)의 대상이 되는 중소기업자는 다음 각 호의 어느 하나에 해당하는 기업 또는 조합 등(이하 "중소기업"이라 한다)을 영위하는 자로 한다. 다만, 「독점규제 및 공정거래에 관한 법률」 제31조 제1항에 따른 공시대상기업집단에 속하는 회사 또는 같은 법 제33조에 따라 공시대상기업 집단의 소속회사로 편입·통지된 것으로 보는 회사는 제외한다.
  1. 다음 각 목의 요건을 모두 갖추고 영리를 목적으로 사업을 하는 기업
  가. 업종별로 매출액 또는 자산총액 등이 대통령령으로 정하는 기준에 맞을 것
  나. 지분 소유나 출자 관계 등 소유와 경영의 실질적인 독립성이 대통령령으로 정하는 기준에 맞을 것
  2. 「사회적기업 육성법」 제2조 제1호에 따른 사회적기업 중에서 대통령령으로 정하는 사회적기업
  3. 「협동조합 기본법」 제2조에 따른 협동조합, 협동조합연합회, 사회적협동조합, 사회적협동조합연합회, 이종(異種)협동조합연합회(이 법 제2조 제1항 각 호에 따른 중소기업을 회원으로 하는 경우로 한정한다) 중 대통령령으로 정하는 자
  4. 「소비자생활협동조합법」 제2조에 따른 조합, 연합회, 전국연합회 중 대통령령으로 정하는 자
  5. 「중소기업협동조합법」 제3조에 따른 협동조합, 사업협동조합, 협동조합연합회 중 대통령령으로 정하는 자
  ② 중소기업은 대통령령으로 정하는 구분기준에 따라 소기업(小企業)과 중기업(中企業)으로 구분한다.
  ③ 제1항을 적용할 때 중소기업이 그 규모의 확대 등으로 중소기업에 해당하지 아니하게 된 경우 그 사유가 발생한 연도의 다음 연도부터 3년간은 중소기업으로 본다. 다만, 중소기업 외의 기업과 합병하거나 그 밖에 대통령령으로 정하는 사유로 중소기업에 해당하지 아니하게 된 경우에는 그러하지 아니하다.
  ④ 중소기업시책별 특성에 따라 특히 필요하다고 인정하면 해당 법률에서 정하는 바에 따라 법인·단체 등을 중소기업자로 할 수 있다. <개정 2020. 10. 20.>

찰대금으로부터 배당을 받을 수 있는 우선변제권도 발생한다.

제3조(대항력 등)
① 임대차는 그 등기(登記)가 없는 경우에도 임차인(賃借人)이 주택의 인도(引渡)와 주민등록을 마친 때에는 그 다음 날부터 제삼자에 대하여 효력이 생긴다. 이 경우 전입신고를 한 때에 주민등록이 된 것으로 본다.
② 주택도시기금을 재원으로 하여 저소득층 무주택자에게 주거생활 안정을 목적으로 전세임대주택을 지원하는 법인이 주택을 임차한 후 지방자치단체의 장 또는 그 법인이 선정한 입주자가 그 주택을 인도받고 주민등록을 마쳤을 때에는 제1항을 준용한다. 이 경우 대항력이 인정되는 법인은 대통령령으로 정한다. 〈개정 2015. 1. 6.〉
③ 「중소기업기본법」 제2조에 따른 중소기업에 해당하는 법인이 소속 직원의 주거용으로 주택을 임차한 후 그 법인이 선정한 직원이 해당 주택을 인도받고 주민등록을 마쳤을 때에는 제1항을 준용한다. 임대차가 끝나기 전에 그 직원이 변경된 경우에는 그 법인이 선정한 새로운 직원이 주택을 인도받고 주민등록을 마친 다음 날부터 제삼자에 대하여 효력이 생긴다. 〈신설 2013. 8. 13.〉

(3) 종합분석

임대인과 임차인이 부모와 형제 사이일지라도 임차인이 독립된 주민등록전입을 하고 있다면(독립세대) 임차인으로 인정받을 수가 있다. 한편 임차인이 아니라고 부정각서를 쓰고 난 이후 경매절차에서 배당요구를 하는 것은 특별한 사정이 없는 한 금반언 및 신의칙에 반하여 임차인으로 인정받을 수 없다.

10. 외국인이 임차인으로 되어 있는 아파트를 낙찰받으려는 경우

사건번호	소재지	면적(평방)	등기부상권리분석	임차관계	감정평가액
					최저경매가
20 - 607 72	용산구이태원동 258 - 122	대 779 (13/152) 건 108.17(방2)	가압 20. 9. 29. 최민수 8억 근저 20. 7. 7.	제임스 20. 1. 5. - 체류지변경 신고 -	430,000,000
아파트 한일은행 윤문환	골든빌라 가동 302 호 남산체육관 인근 버스정류장 인근 개별가스보일러 일반주거지역 최고고도지구 풍치지구	지 층 공 용 10.25 (43평형) 20. 7. 25. 준공	한일은행 5억 임의 20. 11. 7. 한일은행	(미국시민) 확정일자 20. 2. 8.	결 과

① 한남동이나 이태원 등에는 외국인들이 많이 거주하고 있다. 이들은 보증금 없이 1년 내지 3년치의 월세를 미리 주는 방식으로 임대차계약을 체결하여 살고 있다. 신축빌라인 경우에는 시세대비 연 10%의 임대료를 미리 선금으로 주는 조건으로 계약서를 체결하기 때문에, 몇 년만 임대를 주면 매입한 부동산금액을 환수도 할 수 있고 이후부터 안정적인 임대수익으로 생활도 할 수 있어 많은 사람들이 선호한다. 예를 들어 5억원을 주고 빌라를 매입하였다면 월 임대료로 약 600만원 정도 받게 되고, 2년간 임대차계약을 체결하였다면 선금으로 1억 4천 4백만원을 받게 되는데 이렇게 4번만 임대차계약을 체결하면 부동산을 매입한 금액이 모두 환수된다. 그러한 이유 때문에 투자목적과 정년퇴직을 앞두고 있는 직장인들이 노후를 대비하여 외국인 임대부동산을 많이 구입하고 있는 실정이다.

② 한편 이태원 근방에 있는 주택을 경매로 낙찰받아 리모델링을 한 후 임대수익을 올리고 있는 경우도 있는데 외국인들은 특히 주택을 선호하고 있기 때문에 이 역시 고소득을 올릴 수 있는 방법이 되고 있다.

③ 그러나 어느 부동산이나 외국인 임대에 적합한 것은 아니다. 가장 중요

한 것이 지역선별이다. 고액을 들여 부동산을 매입하였는데 임차인이 없어 계속 공실로 둔다면 그것보다 더한 낭패도 없을 것이다. 더구나 금전을 차용하여 매입하였다면 더욱 곤란할 것이다. 따라서 임대가 원활한 물건이 어떤 부동산인가 면밀히 살펴보고 매입을 해야 하는데 지역 선별이 우선이다. 외국인들이 밀집되어 있는 지역을 선별하여 매입해야 임대를 원활히 할 수 있다. 일반적으로 이태원 지역은 외국인 임대사업지역으로 선호되고 있는데 이태원이라고 다 그렇지는 않다. 이태원 지역은, A급, B급, C급지역으로 구분할 수 있는데 비싸더라도 A급지역을 매입하는 것이 좋다. A급지역으로는 하얏트호텔 인근과 독일대사관 인근 등이 임대가 가장 잘 되는 곳에 해당한다. 특히 독일대사관 인근지역(캐피탈호텔 인근)은 각국의 대사관 등이 밀집되어 있어 대사관 직원들이 많이 이용하고 있다. 그리고 부동산을 매입할 때는 테라스가 넓고 전망이 좋은 곳을 택해야 할 것이다. 왜냐하면 외국인 대상 임대부동산은 한국인이 선호하는 부동산과 달리 거실이 상당이 넓고 방은 별로 크지도 않으면서 테라스가 넓은 부동산을 원하기 때문이다. 아울러 외국인회사들의 국내상주 상태도 살펴보고 매입할 필요가 있다. 그리고 실질평수가 국내일반분양 평수보다 적기 때문에 외국인 임대부동산에 대해 국내국인을 상대로 매매나 임대를 줄 경우에는 매입한 금액으로 매도하지 못하는 단점도 있다.

④ 한편 외국인을 상대로 임대사업을 목적으로 부동산을 경매로 매입하고자 할 때 주의해야 할 사항이 있다. 우선 외국인이 임대차계약을 체결하고 있는 부동산을 경매로 매입할 경우 경락인이 아무 문제없이 그 외국인을 내보낼 수 있는가 하는 문제이다. 이와 관련해서는 몇 가지 조사를 한 후 입찰에 참여해야 실수가 없을 것이다.

⑤ 낙찰자(경락인)는 외국인 임차인이 외국인 출입국관리사무소에 외국인등록을 하고 살고 있는가를 조사하여 보아야 한다. 만약 정당한 입국절차에 따라 외국인이 외국인등록을 필하였다면 주민등록법 및 국제사법에 의거해 주택임대차보호법의 적용을 받을 수 있기 때문이다.

⑥ 참고적으로 외국인이 국내에 90일 이상 장기 체류하는 경우에는 출입국관리법 제31조 및 제36조에 의거해 외국인등록을 해야 하며, 등록외국인이 체류

지를 변경하고자 할 때에는 신체류지에 전입일로부터 14일 내에 신체류지의 관할 시·구청장에게 전입신고를 해야 한다. 또한 주민등록법 시행령 제6조는 주민등록에 관한 신고 대신에 출입국관리법에 의한 외국인등록을 하면 된다는 내용의 규정이 있으므로 출입국관리법 제31조 및 제36조의 규정에 의하여 외국인등록을 한 외국인은 본법의 보호를 받을 수 있게 된다.

그리고 출입국관리법은 외국인의 주민등록표에 관하여 외국인등록표로서 대신하도록 규정하고 있다.

⑦ 출입국관리법은 외국인의 주민등록표에 관하여 외국인등록표로서 대신하도록 규정하고 있다. 출입국관리법은 외국인등록증 등과 주민등록증 등의 관계에서 법령에 규정된 각종 절차와 거래관계 등에서 주민등록증이나 주민등록등본 또는 초본이 필요하면 외국인등록증이나 외국인등록 사실증명으로 이를 갈음하며 이 법에 따른 외국인등록과 체류지 변경신고는 주민등록과 전입신고를 갈음한 것으로 보고 있다(출입국관리법 88조의2).

⑧ 임차인이 외국인 또는 외국국적 동포인 경우의 대항력 인정에 관한 판례

- 외국인등록과 체류지 변경신고 또는 국내거소신고와 거소이전신고를 한 경우, 주택임대차보호법 제3조 제1항에서 주택임대차의 대항요건으로 정하는 주민등록과 같은 법적 효과가 인정되는지 여부[16]

출입국관리법이 2002. 12. 5. 법률 제6745호로 개정되면서 외국인의 편의를 위해 제88조의2를 신설하였다. 이에 따르면, 법령에 규정된 각종 절차와 거래관계 등에서 외국인등록증과 외국인등록 사실증명으로 주민등록증과 주민등록등본·초본을 갈음하고(제1항), 외국인등록과 체류지 변경신고로 주민등록과 전입신고를 갈음한다(제2항). 따라서 외국인이나 외국국적동포가 출입국관리법에 따라 마친 외국인등록과 체류지 변경신고는 주택임대차보호법(이하 '주택임대차법'이라 한다) 제3조 제1항에서 주택임대차의 대항요건으로 정하는 주민등록과 같은 법적 효과가 인정된다.

이처럼 출입국관리법이 외국인이나 외국국적동포가 외국인등록과 체류지 변경신고를 하면 주민등록법에 따른 주민등록과 전입신고를 한 것으로 간주하는

---

16) 대판 2019. 4. 11. 2015다254507.

취지는, 외국인이나 외국국적동포가 주민등록법에 따른 주민등록을 할 수 없는 대신에 외국인등록과 체류지 변경신고를 하면 주민등록을 한 것과 동등한 법적 보호를 해 주고자 하는 데 있다. 이는 특히 주택임대차법에 따라 주택의 인도와 수민능록을 마진 임차인에게 인정되는 대항력 등의 효과를 부여하는 데서 직접적인 실효성을 발휘한다.

한편 재외동포의 출입국과 법적 지위에 관한 법률(이하 '재외동포법'이라 한다)에 따르면, 국내거소신고나 거소이전신고를 한 외국국적동포는 출입국관리법에 따른 외국인등록과 체류지 변경신고를 한 것으로 간주한다(10조 4항).

따라서 국내거소신고를 한 외국국적동포에 대해서는 출입국관리법 제88조의 2 제2항이 적용되므로, 외국국적동포가 재외동포법에 따라 마친 국내거소신고와 거소이전신고에 대해서도 앞에서 본 외국인등록과 마찬가지로 주택임대차법 제3조 제1항에서 주택임대차의 대항요건으로 정하는 주민등록과 같은 법적 효과가 인정된다.

- 주민등록에 임차인의 배우자나 자녀 등 가족의 주민등록에 관한 법리가 재외동포의 출입국과 법적 지위에 포함되는지[17]

주택임대차보호법 제3조 제1항에 의한 대항력 취득의 요건인 주민등록은 임차인 본인뿐 아니라 그 배우자나 자녀 등 가족의 주민등록도 포함되고(대판 1996. 1. 26. 95다30338 등 참조), 이러한 법리는 재외동포법에 의한 재외국민이 임차인인 경우에도 마찬가지로 적용된다고 보아야 한다. 2015. 1. 22. 시행된 개정 주민등록법에 따라 재외국민도 주민등록을 할 수 있게 되기 전까지는 재외국민은 주민등록을 할 수도 없고 또한 외국인이 아니어서 출입국관리법 등에 의한 외국인등록 등도 할 수 없어 주택임대차보호법에 의한 대항력을 취득할 방도가 없었던 점을 감안하면, 재외국민이 임대차계약을 체결하고 동거 가족인 외국인 또는 외국국적동포가 외국인등록이나 국내거소신고 등을 한 경우와 재외국민의 동거 가족인 외국인 또는 외국국적동포가 스스로 임대차계약을 체결하고 외국인등록이나 국내거소신고 등을 한 경우와 사이에 법적 보호의 차이를 둘 이유가 없기 때문이다.

---

17) 대판 2016. 10. 13. 2015다14136.

그러므로 재외국민인 원고의 동거 가족으로서 외국인인 배우자 및 자녀들이 출입국관리법에 따라 이 사건 아파트를 거소로 하여 한 외국인등록은 주택임대차보호법상 대항력의 요건인 주민등록과 동일한 법적 효과가 인정된다고 보아야 한다. 따라서 아파트를 인도받은 원고는 동거 가족인 배우자 및 자녀들의 위와 같은 외국인등록으로써 이 사건 아파트에 대하여 주택임대차보호법 제3조 제1항에서 정한 대항력을 취득하였다고 할 것이다.

⑨ 이 물건에서 제임스란 임차인이 출입국관리법에 의한 외국인등록을 하고 최초근저당보다 앞선 일자로 대항요건을 갖추고 있기 때문에 경락인은 낙찰대금 외에 임차인의 보증금을 물어주어야 한다. 그리고 계약기간까지 살 수 있는 권한이 있기 때문에 그동안 명도도 요구할 수가 없다. 만약 위의 임차인이 확정일자에 의해 배당요구신청을 하였음에도 불구하고 전액을 배당받지 못하였다면 나머지에 대해서는 경락인이 인수를 해야 할 것이다.

⑩ 그리고 외국인을 상대로 명도소송을 할 경우는 명도소장에 외국인등록번호가 필요한데, 외국인등록번호는 쉽게 알 수가 없다. 따라서 입찰을 받으려고 하는 물건에 대하여 외국인 임차인이 명도소송이나 인도명령의 대상자 중 어디에 해당하는지 입찰당일에 임차인의 권리신고서를 면밀히 살펴보고 입찰에 참여해야 할 것이고, 특히 외국인등록번호를 미리 알아두는 것이 좋다.

11. 무분별한 항고로 경락인이 골탕먹는다(구민사소송법과 비교)

사건번호	소재지	면적(평방)	등기부상권리분석	인차관계	감정평가액
					최저경매가
20-6832	서울시 동작구	대 45.74/578	근저 20. 4. 9. 주택	임대차없음	2,200,000,000
연립	흑석동	건 90.9	은행 5,000만원		1,760,000,000
	230-171	(27.50평)	근저 20. 7. 7. 박철수		(80)%
주택은행	양지빌라	(39평형)	5억원		제일감정
한익진	202호	방3, 욕실2	임의 20. 12. 7.		20. 3. 30.
		20. 8. 23. 준공	주택은행		결 과
	벽돌조슬래브	토지 :	저당 20. 12. 8. 한너무		20. 5. 16. 변경
	지붕	110,000,000	1억원		20. 7. 25. 유찰
	은근초등교북	건물 :			
	서측	110,000,000			
	버스정류장				
	도보 10분				
	가스보일러				
	개별난방				
	북동측 6m도				
	로접함				
	일반주거지역				

(1) 사건개요

① 주택은행은 채무자가 채무액을 변제하지 않자 임의경매를 신청하였다. 그러나 채무자가 변제하지 않은 금액이 5,000만원이 되는지는 주택은행에 확인하여 보아야 할 것 같다. 왜냐하면 경매신청을 한 채권액이 부동산의 시세에 비해 너무 낮은 경우에는 낙찰을 받았더라도 중도에 취소될 가능성이 있기 때문이다. 낙찰이 되었더라도 낙찰자가 잔금을 지불하는 날까지 채무자가 경매신청권자의 채권액을 변제하면 경매 자체를 취소시킬 수 있기 때문이다.

② 따라서 경락인은 많은 경쟁자 속에서 낙찰이 되었다고 좋아만 할 것이 아니다. 경매신청권자의 채권액이 시세에 비해 너무 낮은 경우에는 입찰에 참여하지 않는 것이 좋을 것이다.

③ 낙찰받으려는 물건에 채무액이 너무 없는 경우보다는 채권액이 시세보다 많이 설정되어 있는 부동산이 오히려 중간에 채무자의 피담보채권의 변제로 취

소가 되지 않고 제때에 잔금을 납부할 수 있어 좋다. 실제로 채권액이 시세 이하로 떨어져 있는 부동산은 살아 있는 물건으로 보아 경락인에게는 여러 가지 부작용이 발생할 수 있다. 이때에는 채무자가 간단한 방법으로 경매를 취소시킬 수 있는데 경매신청권자의 채권액을 변제하고 그 근저당을 말소한 등기부등본을 법원에 제출하면 경락인의 동의 없이도 경매를 취소할 수가 있다. 다만, 경락인이 잔금을 납부한 이후에는 할 수가 없다. 왜냐하면 경락인이 잔금을 납부한 이후부터는 민법 제187조에 의해 소유권이 인정되기 때문이다. 또 다른 유형은 채무자가 아닌 소유자(물상보증인)가 입찰에 참가하였지만 떨어진 경우이다. 이때 소유자는 어떻게 하든 부동산을 경매로 잃지 않기 위해 여러 가지 방안을 연구하게 된다. 그중 하나가 낙찰이 된 부동산에 대하여 정지를 약 2개월에서 6개월 동안 시킨 후 그 동안 금전을 차용하여 경매신청권자의 채권액을 변제하고 경매를 취소시키는 방법이다. 그렇게 하기 위해서는 경매를 정지시켜야 하는데 그 방법으로 즉시항고를 이용하는 것이다.

④ 원래 즉시항고는 낙찰허가가 난 후 낙찰허가가 확정되기 전까지 이해관계인이 집행법원에 신청을 하여 하게 되는데, 즉시항고를 하면 낙찰허가에 대한 확정을 할 수가 없기 때문에 잔금기한일을 정할 수 없게 된다. 즉, 항고에 대한 기각이 될 때까지 잔금기한일은 잡히지 않게 된다.

⑤ 항고의 기간은 낙찰받은 법원에 이해관계인이 항고장을 제출하면 집행법원은 항고법원(고등법원)에 당해 서류를 모두 송부하고 항고법원은 본 항고이유에 대하여 항고이유가 이유없다고 인정되면 기각이 되었음을 항고인에게 송달하는데 이때 1주일 내에 재항고(대법원)를 할 수 있음을 통지하게 되어 있다. 항고인이 본 통지서 받은 후 1주일 내에 다시 재항고장을 항고법원(고등법원)에 접수시키면 항고법원은 제반서류를 정리하여 재항고법원(대법원)으로 송부하게 된다. 대법원은 재항고이유서를 심리한 후 이유없는 항고를 한 경우에는 이를 기각하여 모든 서류를 낙찰을 받았던 집행법원에 송부를 하게 된다. 대법원으로부터 입찰과 관련한 제반서류를 송부를 받은 법원은 20일 내에 경락인에게 잔금기한일을 정하여 통지를 하게 되어 있는데 여기까지 기간이 약 6개월에서 8개월 이상이 소요되고 있어 문제가 되었다.

⑥ 나중에 경락인이 기다리던 잔금지불기한일에 잔금을 지불하려고 6개월만에 법원에 가보면 그 전날 채무자가 경매신청권자의 채권액을 변제하고 경매를 취소시켜 버리는 경우가 많다. 경락인 입장에서는 어처구니없는 일이다. 6~8개월 동안 마음 고생하며 기다려 왔는데 잔금기일 전날에 변제를 하여 경매를 취소시킨 것이다.

⑦ 이와 같은 불합리한 점 때문에 현행 민사집행법[18]에서는 임차인과 채권자도 공탁금을 납부해야 항고를 할 수 있도록 개정을 하였다(민사집행법 130조 3항). 다만 "소유자와 채무자가 한 항고와 달리 임차인과 채권자가 항고가 기각되었을 때에는 항고를 한 날로부터 항고기각결정이 확정된 날까지 매각대금에 대하여 대법원규칙이 정하는 이율에 의한 금액에 대하여는 돌려줄 것을 요구할 수 없다"고 규정하고 있다.[19]

⑧ 민사집행법에서는 항고를 하고자 하는 모든 사람은 매각대금(경락대금)의 10분의 1에 해당하는 금전이나 유가증권을 공탁하도록 하고 있다.[20][21] 또한 매

---

[18] 민사소송법상 강제집행절차에 관한 규정은 1960년에 민사소송법이 제정된 후 1990년에 경매법을 흡수하기 위하여 동법을 개정한 것을 제외하고는 약 40년간 개정이 이루어지지 아니하여 사회·경제적 발전에 따른 신속한 권리구제의 필요성에 부응하지 못하고 있다는 지적에 따라, 채무자 등의 제도남용에 의한 민사집행절차의 지연을 방지하고 불량채무자에 대한 철저한 책임추궁을 통하여 효율적이고 신속한 권리구제방안을 마련하고자 민사소송법 제7편 강제집행편을 민사소송법에서 분리하여 민사집행법의 별도의 법률로 제정하여 2002년 7월 1일부터 시행하고 있다.

[19] 민사집행법 제130조 제7항은 "채무자 및 소유자 외의 사람이 한 항고가 기각된 때에는 항고인은 보증으로 제공한 금전이나, 유가증권을 현금화한 금액 가운데 항고를 한 날로부터 항고기각결정이 확정된 날까지의 매각대금에 대한 대법원규칙이 정하는 이율에 의한 금액(보증금으로 제공한 금전이나, 유가증권으로 현금화한 금액을 한도로 한다)에 대하여는 돌려줄 것을 요구할 수 없다"고 하여 채무자와 소유자 이외 사람이 항고를 하였다가 기각이 되었을 때는 항고가 진행되고 있는 동안에 해당하는 기간에 대하여 매각대금의 연 20%에 해당하는 금액을 돌려주지 않는다.

[20] 2002. 7. 1. 이전에 시행되었던 구 민사소송법 제642조 제4항은 경락인·소유자·채무자가 항고를 할 때에는 낙찰대금의 10분의 1에 해당하는 현금 또는 법원이 인정하는 유가증권을 보증금으로 공탁하도록 하였다. 그러나 2002년 7월 1일부터 시행되고 있는 민사집행법 제130조 제3항은 "매각허가결정에 대하여 항고를 하고자 하는 사람은 보증으로 매각대금의 10분의 1에 해당하는 금전 또는 법원이 인정한 유가증권을 공탁하여야 한다"고 규정하고, 채무자 및 소유자가 한 항고가 기각된 때에는 항고인은 보증으로 제공한 금전이나 유가증권을 돌려줄 것을 요구하고 있다(130조 6항). 다만 채무자 및 소유자 외의 사람이 한 항고가 기각된 때에는 항고인은 보증금으로 제공한 금전이나, 유가증권을 현금화한 금액 가운데 항고를 한 날로부터 항고기각결정이 확정된 날까지의 매각대금에 대한 대법원규칙이 정하는 이율(연 2할)에 의한 금원에 대하여는 돌려줄 것을 요구하지 못하도록 하고 있다(130조 7항).

[21] 서부지원에서 일전에 항고와 관련하여 항고이유서를 조사한 바가 있다. 그런데 이유 없는 항고가 약 98%에 이른다고 조사되었다. 항고를 하는 입장에서는 여러 가지 사정 때문에 항고를 하겠지만 다른 한편으로는 본연의 경매진행절차가 이와 같은 악용의 항고로 말미암아 지연되고,

각허가결정에 대한 항고는 매각허가에 대한 이의신청사유가 있다거나 그 결정절차에 중대한 잘못이 있다는 점을 이유로 한 때에만 항고를 할 수 있도록 규정하고 있다(민사집행법 130조 1항).

(2) 등기부상 권리분석

최초근저당이 주택은행, 박철수의 근저당, 임의경매개시결정 이후에 저당권을 설정한 한너무는 경락인이 낙찰대금을 납부하면 말소가 된다. 위의 사례에서 한너무는 소유자인 김익진과 친척이다. 입찰당일날 소유자 한익진은 다른 사람의 명의를 이용하여 입찰에 참여했는데 떨어지자 본 부동산을 잃지 않기 위해 친척지간인 한너무에게 저당권을 설정한 후 항고를 한 것이다. 보통 채권자보다 임차인들이 항고를 하는데 위의 사례와 같이 채권자가 항고를 하는 경우는 극히 드문 일이다. 위의 사례는 특이한 것으로 구 민사소송법 체제하에서 채권자가 임차인과 마찬가지로 공탁금을 납부하지 않고 항고를 할 수 있다는 점을 악용하여 소유자와 저당권자(채권자)와 통정을 하여 가장으로 저당권을 등기부상에 기재하여 놓고 낙찰허가시까지 제출을 한 경우이다. 어떤 소유자는 위와 같은 방법으로 공탁금을 납부하지 않고 항고를 하였는데 이상하게 항고가 진행되지 않고 바로 기각이 되어 경락인에게 잔금일자가 잡힌 경우가 있었다. 이것은 최고가 매수신고인이 결정된 후 가장저당권(채권자)자가 즉시 저당권 등기를 하고 항고를 하였지만 이에 대한 권리신고는 하지 않았기 때문이다. 여하튼 현행법 체제하에서도 입찰자가 항고로 고생을 하지 않고 정상적인 잔금지불일자에 잔금을 납부하기 위해서는 등기부상에 설정된 채권액이 많이 설정되어 있는 물건을 낙찰받는 것이 한 방법이 될 것이다. 등기부상에 설정된 채권액이 얼마 되지 않는 물건은 소유자가 물건을 잃지 않기 위해 항고를 이용하거나, 항고를 이용하기가 현행법상 여러 제한이 따른다면 민사집행법에서의 여러 구제방안을 악용하여 강제집행을 정지시

채권자는 채권회수를 원활히 회수할 수 없어 사회경제적인 문제도 발생할 수 있게 된다. 이에 따라 경락인은 낙찰받은 것을 포기할 수도 없고 다른 집을 살 수도 없는 입장에 놓이게 됨으로써 많은 손실이 발생하게 된다. 이와 같은 취지에 따라 이번 민사소송법 제7편 강제집행편을 민사집행법으로 분리하고 이어 민사집행법 제130조에 항고를 하기 위한 요건과 양 당사자의 형평에 맞는 법의 신설은 신속한 경매절차와 채권자의 원활한 채권회수를 위하여 바람직한 입법조치라고 보여진다.

키고, 잔금일자 며칠 전에 고이율의 이자돈을 빌려서라도 경매신청권자의 피담보 채권액을 변제하고 경매를 취소시킬 수 있기 때문이다.[22]

(3) 임차인 권리분석

임차인은 없다.

(4) 종합분석

따라서 경락인은 위와 같은 항고로 말미암아 잘못 낙찰 받았다고 법원에 왔다 갔다 하면서 가슴 졸이고, 잔금지불기일도 2개월에서 8개월동안 기다리다가 결국 잔금기일에 경매가 취소가 되어 허탈감에 젖을 것이 아니라 일명 "빈 껍데기 부동산"을 낙찰받는 것이 좋다. 예컨대 부동산 시세가 1억 정도 나가는 부동산이라면 채권금액이 최소한 1억 이상 되는 부동산이 좋다. 채무액이 많이 설정되어 있는 "빈 껍데기 부동산"은 취소가능성과 이해관계인의 항고가 적기 때문에 낙찰받은 후 30~50일 정도면 잔금도 지급하고 명도도 대체적으로 쉽게 할 수 있어 이런 부동산을 선별하여 입찰에 참여하는 것이 좋을 것이다.[23]

채무자 입장에서는 경매로 부동산을 날리지 않기 위해서 낙찰대금의 1/10에 해당하는 공탁금을 납부하고서라도 즉시항고를 제기한다. 그리고 나중에 이유없는 항고로 기각이 되더라도 또 재항고를 하여 대법원까지 간다. 그리고 그 기간 동안 부동산가격이 오르거나 금전을 마련하여 경매신청권자의 채무액을 경락인이 잔금을 납부하기 이전까지 변제하면 경매는 취소가 된다.

그렇게 되면 채무자는 부동산을 다시 찾을 수 있고 즉시항고 공탁금과 이에 대한 이자까지 돌려받게 된다. 그러나 낙찰자는 소유권이전은 할 수가 없고 단지

---

22) 등기부상 권리분석의 내용은 2002년 7월 1일부터 시행된 현 민사집행법하에서는 상당히 개선되었다. 예컨대 위의 예에서 채권자인 근저당권자가 항고를 하기 위해서는 공탁금을 납부해야 할 것이며, 항고를 하기 위해서는 매각허가에 대한 이의신청사유가 있다거나 그 결정절차에 중대한 잘못이 있는 경우에 할 수 있지 아무런 이유가 없이 항고를 할 수는 없다는 것이다. 그리고 항고를 하기 위해서는 공탁금을 납부해야 하는데 이를 하지 않은 경우에는 낙찰받은 법원에서 항고장을 접수받은 날로부터 1주일 내에 직접 각하할 수 있기 때문이다.

23) 경락인이 낙찰을 받았다고 하더라도 잔금을 납부하기 전까지는 소유권을 인정받을 수가 없다. 즉 불안정한 상태인 것이다. 낙찰대금에 비하여 집값이 너무 비싼 경우에는 채무자는 여러 방법으로 본 경매를 취소시킬 수 있다. 그렇기 때문에 가능한 한 채무액이 많은 부동산을 우선 선별하여 입찰에 참여하는 것이 소유권 취득에 유리하다.

보증금만 돌려받을 수 있게 된다. 경매에서 권리분석의 중요성을 생각하지 않을 수 없다.

등기부상에 설정되어 있는 채권액이 많으면 권리분석을 하기에 어려움이 있지 않느냐고 반문할지 모르나 앞에서 살펴본 내용들과 제5장 권리분석의 핵심에서 소제주의와 인수주의를 정확히 이해한다면 문제될 것이 없다.

12. 전차인이 임차인의 대항력을 승계할 수 있는지 여부

사건번호	소재지	면적(평방)	등기부상 권리분석	임차관계	감정평가액
					최저경매가
20 - 8517	성북구 석관동 404 석관동삼성아파트 101동 505호	대 34.948/3619.3 건 84.72 (25.63평) (34평형)	근저 20. 8. 13. 박철민 6,000만	이재현 20. 9. 9. 전입	145,000,000
아파트			근저 20. 10. 2. 이은영 1,000만	(전차인) 3,000만원 배당요구	116,000,000
	철근콘크리트 석관고교 서측 도로 왼편위치 전철역 인근 도시가스난방	방3, 화장실2 동향, 복도식 97.8.13. 준공 13층아파트	가압 20. 11. 23. 국민은행 132만	(전대인 김기수로부터 임대인의 동의를 받아 전차하였음)	결 과
박철민 한영교			임의 20. 12. 1. 박철민		20. 7. 26. 유찰
		토지 : 43,500,000 건물 : 101,500,000		김기수 20. 5. 8. 전입 계약 20. 5. 8. 3,000만원 (전대인) 배당요구	

(1) 사건개요

본 물건은 채무자이면서 소유자인 한영교가 경매신청권자인 박철민의 채무액을 변제하지 않자 경매를 신청한 것이다.

(2) 등기부상 권리분석

등기부상의 권리관계는 최초근저당 박철민과 각종 권리는 소제주의에 의하여 모두 말소된다. 따라서 경락인은 잔금을 지불한 후 깨끗한 등기부등본을 이전받게 된다.

(3) 임차인 권리분석

① 전차인 이재현은 전대인(임차인) 김기수로부터 위 주택 전부에 대하여 임대인(집주인)의 동의를 받아 전대차계약을 체결하였다. 그리고 전대인이 다른 곳으로 주민등록을 이전하기 전에 주민등록전입신고를 마쳤다. 보증금액은 전대인

과 동일한 범위로 임대차계약을 체결하였고, 이후 본 아파트가 낙찰이 되자 전차인은 법원에 권리신고 및 배당요구신청서를 제출하였다.

② 이때 전차인은 전대인이 종전에 가지고 있던 대항력과 소액임차인 최우선변제를 주장하여 법원에서 제일 먼저 배당받을 수 있느냐 하는 것이다.

③ 그리고 못 받은 보증금액에 대해서는 전대인이 가지고 있던 대항력을 주장하여 경락인에게 인수를 주장할 수 있느냐도 문제가 된다. 결론부터 말하자면 전차인은 소액임차인에 해당되어[24] 최우선변제를 주장하고 법원에서 배당을 받을 수 있을 뿐만 아니라 경락인에게 보증금의 인수를 주장할 수 있는 대항력도 있게 된다.

④ 주택임대차보호법 제3조 제1항에 의한 임차권의 대항력은 그 공시방법인 점유와 주민등록의 계속을 그 존속요건으로 하고 있는데 임대인의 동의를 얻어 적법하게 임차권을 양도나 전대한 경우에 있어서, 양수인이나 전차인이 임차인의 주민등록 퇴거일로부터 주민등록법상의 전입신고기간 내에 전입신고를 마치고 주택을 인도받아 점유를 계속하고 있다면 비록 위 임차권의 양도나 전대에 의하여 임차권의 공시방법인 점유와 주민등록이 변경되었다 하더라도 원래의 주택임차인이 갖는 임차권의 대항력은 소멸되지 아니하고 전대 이후에도 동일성을 유지한 채로 존속하기 때문이다.

판례는 "주택의 전대차가 그 당사자 사이뿐 아니라 임대인에 대하여도 주장할 수 있는 적법·유효한 것이라고 평가되는 경우에는, 전차인이 임차인으로부터 주택을 인도받아 자신의 주민등록을 마치고 있다면 이로써 주택이 임대차의 목적이 되어 있다는 사실은 충분히 공시될 수 있고 또 이러한 경우 다른 공시방법도 있을 수 없으므로, 결국 임차인의 대항요건은 전차인의 직접 점유 및 주민등록으로써 적법·유효하게 유지, 존속한다고 보아야 한다. 이와 같이 해석하는 것이 임차인의 주거생활의 안정과 임차보증금의 회수확보 등 주택임대차보호법의 취지에 부합함은 물론이고, 또 그와 같이 해석한다고 해서 이미 원래의 임대차에 의하여 대항을 받고 있었던 제3자에게 불측의 손해를 준다거나 형평에 어긋

---

24) 소액임차인에 대한 자세한 내용은 주택임대차보호법 권리분석의 소액임차인 최우선변제에 대한 내용을 참고하기 바란다.

나는 결과가 되는 것도 아니다"라고 보고 있다.[25] 즉 주택의 전대차가 임대인에 대하여도 적법·유효하다고 평가되는 경우, 전차인이 주택을 인도받아 자신의 주민등록을 마침으로써 임차인의 대항요건은 유지, 존속하는 것으로 보고 있다.

⑤ 따라서 주택의 임차인이 제3자에게 전대를 한 이후에도 그의 대항력은 소멸하지 않고 그대로 존속하게 되므로 임차인이 대항력을 취득한 이후에 설정된 근저당권의 실행으로 낙찰이 되었을 경우 임차인은 경락자에게 임대보증금반환청구권에 기한 동시이행항변권을 행사하여 그 반환을 받을 때까지 위 주택을 적법하게 점유할 권리를 갖게 되고, 임차인으로부터 전대차계약을 체결한 전차인도 임차인과 마찬가지로 동시이행의 항변권을 원용하여 위 임차인이 보증금의 반환을 받을 때까지 위 주택을 적법하게 점유하고 사용할 권리를 행사할 수 있게 된다. 따라서 임차주택이 경매로 낙찰되었을 경우 임차인(전대인)이 소액임차인에 해당하는 경우에는 전차인도 소액임차인으로 최우선배당을 받을 수 있다. 다만 이때 전차인은 임차인과 마찬가지로 소액임차인에 해당하여야 한다. 주택의 경우 전대차가 적법하고 전대인 자신이 우선변제권 있는 소액임차인 경우에 한하여 전차인도 소액임차인으로 본다.[26]

그리고 임차인에게 대항력이 인정되고 있다면 역시 소액임차인도 대항력이 인정되기 때문에 소액임차인으로서 전액을 배당 받지 못한 경우 나머지 금액에 대하여 경락인에게 대항력을 주장하여 나머지 금액의 인수를 주장할 수도 있게 된다.

⑥ 주택임차인이 임차주택을 직접 점유하지 않고, 간접점유하여 자신의 주민등록을 이전하지 아니한 경우라 하더라도 임대인의 동의를 받아 임차주택을 전대하고 그 전차인이 주택을 인도받아 자신의 주민등록을 마친 때에는 그때로부터 임차인은 제3자에 대하여 대항력을 취득하게 된다(대판 1994. 6. 24. 94다3155).

⑦ 한편 전차인은 목적물 소유자에게 직접 보증금반환청구권을 행사할 수 있는 권원이 없다는 점을(민법 630조) 들어 전차인이 설사 확정일자를 받았다고 하더라도 배당에서는 제외된다.

---

25) 대판 2007. 11. 29. 2005다64255.
26) 주임법 제8조에 관한 질의회답 재민 84-10.

⑧ 이 사례를 보면 전차인 이재현은 전대인 김기수로부터 전대차계약을 체결하고, 이어 임대인의 동의를 받아 적법하게 전대차계약을 체결하였기 때문에 전차인으로서 효력을 인정받을 수가 있다. 따라서 이재현은 소액임차인으로서 법원에서 가장 먼저 받을 수가 있다. 그리고 못 받은 보증금의 일부에 대해서는 경락인에게 대항력을 주장하여 인수를 주장할 수 있게 된다. 따라서 낙찰자 입장에서는 전차인이 주민등록전입만 보고 대항력 유무를 분석할 것이 아니라 전대차계약서에 임대인의 동의가 있는지 여부와 전대인의 주민등록 전입 및 계약서일자를 면밀히 살펴보고 입찰에 참여해야 불의의 손해를 입지 않게 될 것이다.

(4) 배당예상

낙찰대금 : 8천만원		
순위	권리내용	계산방법(안분비례) : 낙찰대금 × $\dfrac{\text{해당채권액}}{\text{총채권금액}}$ = 안분배당금
1	임차인 (이재현)	1,200만원 나머지 1,800만원은 경락인에게 인수를 주장할 수 있다.
2	경매신청권자	6,000만원 전액배당
3	근저당 (이은영)	800만원 200만원은 배당금액 없어 받지 못함.

(5) 종합분석

대항력을 갖춘 주택임차인이 임대인의 동의를 받아 전대차계약을 체결하고, 전차인이 임차인의 주민등록 퇴거일로부터 주민등록법상의 전입신고기간 내에 전입신고를 하여 인도받아 계속 살고 있다면 원래 임차인(전대인)이 가지고 있던 대항력은 소멸하지 않고, 전대 이후에도 그 동일성을 유지한 채로 계속 존속하게 된다. 따라서 위 주택을 전차한 전차인도 임차인의 동시이행항변권을 원용하여 위 임차인이 보증금의 반환을 받을 때까지 위 주택을 적법하게 점유·사용할 권리를 갖는다. 그리고 임차주택이 낙찰되었을 때에는 임차인의 보증금 범위에서 최우선배당도 받을 수 있게 된다.

이 사례에서 입찰자는 전차인 이재현의 전입일자만 볼 것이 아니라 전대인의 주민등록등본 전입신고가 언제 이루어졌는지를 살펴보아야 할 것이다. 그것은 이와 같이 적법하게 전대차계약을 체결한 경우에도 맨 처음 계약을 체결한 전대인의 주민등록전입을 기준으로 하여 전차인에게 대항력을 인정하고 있기 때문이다. 그리고 전대차계약서에 임대인의 동의가 있게 되면 전대인의 대항력을 전차인이 입찰자에게 주장하여 보증금의 인수를 주장할 수 있게 되기 때문에 입찰 당일에 전대차계약서에 임대인의 동의 여부를 살펴보고 동의가 있다면 전대인의 주민등록등본일자와 계약서 등을 면밀히 살펴보고 입찰에 참여해야 할 것이다. 만약 동의가 없다면 전차인은 임차인(전대인)의 대항력과 임차인의 최우선변제를 주장할 수 없을 것이다. 다만, 방 1개만 사용하는 경우와 같이 소액의 전차인인 경우에는 전대인의 동의를 받지 않았더라도 최우선변제를 주장할 수 있다.

13. 공유자우선매수권

사건번호	소재지	면적(평방)	등기부상권리분석	임차관계	감정평가액
					최저경매가

20-44974
 	
주택
 	
조흥은행
박건배
박건배외1
	서울 용산구 이태
	원동 106-222
	
	벽돌조석소성사슬
	래브
	해밀턴호텔 북동
	측인근
	북동측 6~7m 도
	로접함
	버스정류장 4~7분
	소요
	도시가스보일러
	
	표준지가 :
	1,350,000
	감정지가 :
	1,780,000원
	* 이상 박건배 지
	분 1/2전부
		대 824.8(199.5평)
		1층 235.55(방2, 화
		장실3)
		2층 206.44(방4, 화
		장실3)
		지층-보일러실 24.4
		제시외-다용도실
		28.6
		주차장 27.2
		(토지 :
		1,173,910,000원)
		(건물 :
		408,771,000원)
		제시외 : 22,320,000원
		보존등기 : 1995. 1. 14.
		표준지가 : 1,350,000
		감정지가 : 1,780,000원
		* 이상 박건배지분
		1/2전부
			가압 20. 11. 4. 중앙
			금융 2억
			가압 20. 11. 6. 신한
			금융 3억
			가압 20. 11. 7. 동아
			생명 2억
			  강제 20. 12. 13.
			   조흥은행 13억
			보존등기 : 20. 1. 14.
					1,605,001,000

					1,284,000,000
					결 과
					20. 1. 31. 유찰

(1) 공유자우선매수권의 의의

① 본 물건은 조흥은행이 박건배의 지분 1/2에 대해서 강제경매를 신청한 것이다. 물건의 위치는 상당히 양호한 편이다.

② 그래서 입찰 당일 최초감정가를 초과한 1,726,000,000원을 쓴 사람이 '5 : 1경쟁' 속에 최고가매수인으로 결정될 순간이었다. 집행관이 "1,726,000,000원을 쓴 김00씨가 최고가매수신고인이 되었습니다"라고 호창을 하려는 순간 앞에 앉아 있던 어떤 사람이 나타나 그 물건에 대한 공유자인데 공유자매수권을 행사하겠다고 하는 것이다. 집행관이 공유자인지 서류관계를 확인하여 보니 맞는 것이었다. 결국 집행관은 그 공유자에게 최고가매수인이 되었음을 호창하였는데, 최고액의 입찰가를 쓰고 낙찰이 된 줄 알았던 사람은 정신이 없는지 멍하니 서 있다가 보증금만 되돌려 받고 되돌아가는 일이 발생하였다.

③ 이와 같은 일이 발생하는 이유는 민사집행법 제140조 때문이다. 동법 제

140조 제1항은 "공유자는 경매기일까지 지분으로 나온 부동산에 대하여 입찰보증금을 제공하고 최고가 매수신고가격과 동일한 가격으로 채무자의 지분을 우선매수할 수 있다"고 규정하고 있기 때문이다. 이때 법원은 "최고가매수신고가 있음에도 불구하고 그 공유권자에게 경락을 허가"한다고 규정(140조 2항)하고 있다.[27]

④ 공유자가 우선매수권을 행사할 수 있는 시한은 매각기일까지이다. 여기서 매각기일까지란 집행관이 매각기일을 종결시키기 전까지를 말하는 것이다. 따라서 우선매수권을 행사하려고 하는 공유자는 집행관이 최고가 매수신고인의 성명과 가격을 호창하고 매각의 종결을 선언하기 전에 최고가매수신고가격과 동일가격으로 매수할 것을 신고하고 즉시 최저입찰금액의 10분의 1에 해당하는 보증금을 제공할 때 적법한 우선매수권자가 될 수 있다. 그러나 집행관이 다른 최고가매수신고인의 성명과 가격을 호창하고 입찰의 종결을 선언한 후에는 위의 매수권을 행사할 수 없다.

⑤ 공유자가 우선매수권을 행사한 경우 최고가 매수인은 차순위 매수신고인으로 보며 그 매수신고인은 집행관이 매각기일을 종결한다는 고지를 하기 전까지 차순위매수신고인의 지위를 포기할 수 있다(민사집행규칙 76조 3항).

⑥ 위의 방법 외에 공유자는 집행관이 입찰개시를 선언하기 전에 경매법원에 보증을 제공하고 그 보증에 상응하는 가격으로 최고가매수인이 나타난 경우에는 그자에 우선하여 매수할 것을 신고함으로써 우선매수권을 행사할 수도 있다.[28] 그

---

27) 민사집행법 제140조 제1항에서 "공유자는 매각기일(경매기일)까지 제113조에 따른 보증을 제공하고 최고가매수신고가격과 같은 가격으로 채무자의 지분을 우선매수하겠다는 신고를 할 수 있다"고 규정하고 또한 동법 제140조 제2항에서는 이때 "법원은 최고가매수신고가 있더라도 그 공유자에게 매각(경매)을 허가하여야 한다"고 규정하고 있기 때문에 민사집행법이 민사소송법에서 분리되기 전과 동일하다고 볼 수 있다.

28) 대결 2002. 6. 17. 2002마224; 공유자가 입찰기일 전에 우선매수신고서만을 제출하거나 최고가입찰자가 제공한 입찰보증금에 미달하는 금액의 보증금을 제공한 경우, 입찰기일에 집행관은 최고가매수신고를 확인한 다음 공유자의 출석 여부를 확인하고 공유자에게 최고가매수신고가격으로 매수할 것인지를 물어 보증금을 납부할 기회를 주어야 한다. 민사소송법 제650조 제1항은, 공유자는 경매기일까지 보증을 제공하고 최고매수신고가격과 동일한 가격으로 채무자의 지분을 우선매수할 것을 신고할 수 있다고 규정하고, 같은 조 제2항은 제1항의 경우에 법원은 최고가매수신고에 불구하고 그 공유자에게 경락을 허가하여야 한다고 규정하고 있는바, 이와 같은 공유자의 우선매수권은 일단 최고가매수신고인이 결정된 후에 공유자에게 그 가격으로 경락 내지 낙찰을 받을 수 있는 기회를 부여하는 제도이므로, 입찰의 경우에도 공유자의 우선매수신고 및 보증의 제공은 집행관이 입찰의 종결을 선언하기 전까지이면 되고 입찰마감시각까지로 제한할

러나 이 경우 우선매수를 신청하는 자가 없는 경우에는 동일한 가격으로 매수신고할 대상이 없기 때문에 공유자의 우선매수신청은 인정하지 않는다.

(2) 등기부상 권리분석

등기부상의 권리는 말소기준권리인 가압류 중앙금융, 신한은행 이하 모두 말소가 된다. 배당관계는 모두 채권자들이기 때문에 안분배당에 의하여 이루어진다.

(3) 임차인 권리분석

임차인은 없다.

(4) 배당예상

낙찰대금 : 17억 2천 6백만원			
순위	권리	권리내용	계산방법(안분비례) : 낙찰대금 × $\dfrac{\text{해당채권액}}{\text{총채권금액}}$ = 안분배당금
1	동순위	가압류 (중앙금융)	$1,726,000,000원 \times \dfrac{2억원}{20억원} = 172,600,000원$
2	동순위	가압류 (신한금융)	$1,726,000,000원 \times \dfrac{3억원}{20억원} = 258,900,000원$
3	동순위	가압류 (동아생명)	$1,726,000,000 \times \dfrac{2억원}{20억원} = 172,600,000원$
4	동순위	강제경매신청권자 (조흥은행)	$1,726,000,000 \times \dfrac{13억원}{20억원} = 1,121,900,000원$

것은 아니다. 공유자가 입찰기일 이전에 집행법원 또는 집행관에게 공유자우선매수신고서를 제출하는 방식으로 우선매수신고를 한 경우에도 반드시 이와 동시에 입찰보증금(최고가입찰자가 제공하게 될 입찰보증금 이상의 금액)을 집행관에게 제공하여야만 적법한 우선매수신고를 한 것으로 볼 것은 아니고 우선매수신고서만을 제출하거나 최고가입찰자가 제공한 입찰보증금에 미달하는 금액의 보증금을 제공한 경우에도 입찰기일에 입찰법정에서 집행관은 최고가입찰자와 그 입찰가격을 호창하고 입찰의 종결선언을 하기 전에 그 우선매수신고자의 출석 여부를 확인한 다음, 최고가입찰자의 입찰가격으로 매수할 의사가 있는지 여부를 확인하여 즉시 입찰보증금을 제공 또는 추가제공하도록 하는 등으로 그 최고입찰가격으로 매수할 기회를 주어야 한다. 입찰기일 전에 공유자우선매수신고서를 제출한 공유자가 입찰기일에 입찰에 참가하여 입찰표를 제출하였다고 하여 그 사실만으로 우선매수권을 포기한 것으로 볼 수도 없다.

가압류는 채권이기 때문에 채권자공평주의원칙에 따라 가압류권자들은 설정일자에 관계없이 동순위로 배당을 받게 된다. 따라서 채권자들은 채권액비율에 따라 안분하여 배당을 받게 된다.

(5) 종합분석

공유지분으로 나온 부동산을 채무자 아닌 다른 공유자가 공유자우선매수권을 행사하는 경우 최고가매수신고인은 어렵게 권리분석을 하고 낙찰을 받았지만 괜히 헛고생만 하는 경우가 발생하게 된다. 그래서 공유지분으로 나오는 물건은 쳐다보지도 않는다는 말도 있다. 그러나 이런 경우와 관계없이 입찰을 볼 수 있는 방법이 있다. 그것은 입찰에 참가하고자 하는 공유자의 채무액이 경매로 나온 지분부동산의 채무액보다 많은 경우나, 입찰에 참가하고자 하는 지분권자의 채무액이 아예 많은 경우이다. 이때는 다른 입찰자가 입찰에 참여하여도 공유자가 우선매수신청권을 행사하여 최고가매수신고인이 기회를 잃는 일은 발생하지 않을 것이다. 왜냐하면 이렇게 채무액이 많은 지분권자가 공유자 우선매수권을 행사하여 낙찰을 받아 등기를 하게 되면 그 채권자들만 좋은 일을 시키기 때문이다. 일전에 어떤 지분권자가 공유자우선매수권을 행사하여 낙찰을 받았다가 나중에 보증금을 포기하고 그 물건이 다시 입찰물건으로 진행한 경우가 있다. 이는 이와 같은 이치 때문이다. 다른 채권자들이 공유자매수신청권으로 낙찰받은 지분권자의 채권액을 확보할 수 있기 때문이다. 따라서 공유지분으로 나온 물건을 낙찰받고 싶은 사람은 다른 지분권자의 등기부를 확인하고 그 지분권자의 채무액이 많이 설정되어 있는 경우에는 안심하고 입찰에 참여해도 좋다.

14. 도로와 경매전략

사건번호	2016타결66	물건번호	1	물건종류	단독주택
감정평가액	374,247,840원	최저매각가격	128,367,000원	입찰방법	기일입찰
매각기일	2017.11.29 10:00 경매법정(101호)				
물건비고	일괄매각, 목록 2번 건물은 목록 1번과 743-26 양 지상에 걸쳐 소재하나, 743-26 토지는 매각에 포함되지 않았으므로 현황 및 권리관계 확인 후 입찰요망. 매수신청보증금 최저매각가격의 30% 임.				
목록1 소재지	(대지) 경기도 양평군 단월면 : 743-22				
목록2 소재지	(단독주택) 경기도 양평군 단월면 ' 743-22 5부지(5동)				
담당	수원지방법원 여주지원 I 경매				
사건접수	2016.07.08			경매개시일	2016.07.11
배당요구종기	2016.10.17			청구금액	228,854,344원

전경도<7>
지적도<1>
개황도<1>
관련사진<14>
지번약도<1>
위치도<1>

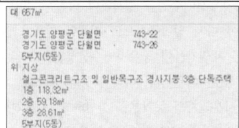

대 657㎡
경기도 양평군 단월면   743-22
경기도 양평군 단월면   743-26
5부지(5동)
위 지상
철근콘크리트구조 및 일반목구조 경사지붕 3층 단독주택
1층 118.32㎡
2층 59.18㎡
3층 28.61㎡
5부지(5동)

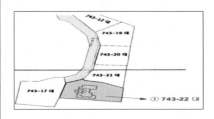

(1) Fact

- 본 물건은 32%까지 유찰되어 감정가액 약 3억 7천만원, 최저가액은 약1억 2천만원으로 형성되었음.
- 본건 743-22 대지와 함께 동소 743-26번지를 합하여 건축허가를 득하였음.
- 그런데 입찰자는 743-22번지의 바로 앞 정면도로를 향하고 있는 대지 743-26번지 약3평을 매입해야 함. 그리고 743-18번지(개인소유) 도로를 이용할 수 있어야 본 경매부동산을 정상적으로 사용할 수 있는 문제가 있음.

(2) contents of landfee elevation(사도법 및 도로사용 관련 내용)

1) 지방자치단체가 타인 소유의 토지를 아무런 권원 없이 도로부지로 점유·사용하고 있는 경우, 토지의 점유자로서의 지방자치단체의 이득 및 토지소유자의 손해 범위는 일반적으로 토지가 도로로 편입된 사정을 고려하지 않고 그 편입될 당시의 현실적 이용상황을 토대로 하여 산정한 임대료에서 개발이익을 공제한 금액 상당이고, 토지소유자가 토지를 취득할 당시 그 토지가 도로부지로 편입되어 지방자치단체가 점유·사용하고 있어 사권 행사에 제한이 있다는 점을 알고 있었다 하더라도 그러한 사정에 의하여 달리 볼 것은 아니며, 또한 토지의 임료를 산정하기 위한 기대이율은 국공채이율, 은행의 장기대출금리, 정상적인 부동산거래 이윤율, 국유재산법과 지방재정법이 정하는 대부요율을 고려하여 결정하여야 하며, 그 토지가 사도법에 의한 사도 또는 공공용지의 취득 및 손실보상에 관한 특례법 시행규칙 제6조의2 제2항 제1호 소정의 "사실상의 사도"가 아닌 이상 같은 특례법에 따라 인근 토지의 정상거래가격의 5분의 1 범위 내에서 추정거래가격을 구하여 이를 기준으로 하여 그 임료 상당의 손해액을 산정할 것은 아니다.29)

2) 사도법상의 사도란 도로법 제2조 제1항 소정의 도로나 도로법의 준용을 받는 도로가 아닌 것으로 관할시장 또는 군수의 설치허가에 의하여 설치된 것만을 의미한다고 보아야 할 것이다. 그러므로 도로가 위와 같은 설치허가를 얻었다는 자료가 있어야 하며 사도법 제9조, 제6조를 적용하여 처벌하기 위해서는 사도를 설치한 자이어야 한다.30)

3) 대지가 사도법 소정의 사도가 되기 위하여는 동법에 정한 관할시장 또는 군수의 사도개설 허가하여야 하는데 위 대지가 공도에 연결되어 있는 도로인 사실만으로 위 대지를 사도법 소정의 사도로 될 수 없다.31)

4) 어느 토지소유자가 제3자 소유의 토지를 매수하였더라면 자기 소유 토지와 공로 사이의 통로를 이용할 수 있었음에도 불구하고 이를 매수하지 아니하고, 타인이 이미 그 소유 토지와 공로 사이의 통로로 이용하고 있는 토지에 대하여 주위토지통행권을 주장한다 하더라도 이는 허용되어야 하고, 이를 신의성실원칙

---

29) 대판 1995. 4. 25. 94다26059.
30) 대판 1986. 7. 8. 86도398.
31) 서울민사지법 1969. 7. 25. 68가5721.

에 어긋난다고 할 수 없다. 사도법상 사도의 사용료(사견: 사도법 7조 3항)와 민법 제219조 제2항에 의한 손해보상은 그 요건과 성질을 달리한다. 사도법의 적용을 받는 사도가 되기 위하여는 미리 관할시장 또는 군수의 허가를 받아야 하고(사도법 4조) 그 허가가 있었음에 대하여 주장·입증이 있어야 한다.[32]

5) 행정처분의 직접 상대방이 아닌 제3자라도 당해 행정처분의 취소를 구할 법률상이 이이이 있는 경우에는 원고저격이 인정된다고 한 것이다. 그런데 여기서 말하는 '법률상의 이익'은 당해 처분의 근거법률에 의하여 보호되는 직접적이고 구체적인 이익이 있는 경우를 말하고, 다만 공익보호의 결과로 국민 일반이 공통적으로 가지는 추상적, 평균적, 일반적 이익과 같이 간접적이거나 사실적·경제적 이해관계를 가지는 데 불과한 경우는 여기에 포함되지 않는다(법률상 보호이익설: 대판 1995. 2. 28. 94누3964 등).

6) 주위토지통행권자가 민법 제219조 제1항 본문에 따라 통로를 개설하는 경우 통행지 소유자는 원칙적으로 통행권자의 통행을 수인할 소극적 의무를 부담할 뿐 통로개설 등 적극적인 작위의무를 부담하는 것은 아니다. 그러나 통행지 소유자가 주위토지통행권에 기한 통행에 방해가 되는 담장 등 축조물을 설치한 경우에는 주위토지통행권의 본래적 기능발휘를 위하여 통행지 소유자가 그 철거의무를 부담한다. 그리고 주위토지통행권자는 주위토지통행권이 인정되는 때에도 그 통로개설이나 유지비용을 부담하여야 하고, 민법 제219조 제1항 후문 및 제2항에 따라 그 통로개설로 인한 손해가 가장 적은 장소와 방법을 선택하여야 하며, 통행지 소유자의 손해를 보상하여야 한다.[33]

(3) Conclusion

- 본 사례는 743−18(개인소유: 매각에서 제외) 대지와 743−26번지의 도로(현황 대지)를 이용할 수 있는 법적인 권리분석을 결정(conclusion)한 경우에 약 32%로 싸게 낙찰받아야 타당함.
- 주위토지통행권을 주장하여 접근할 필요도 있음.

---

32) 대구지판 1988. 3. 2. 86가단3852.
33) 대판 2006. 10. 26. 2005다30993.

15. 구분소유자의 대지사용권

용 도	대지	채무/소유자	조원희/한국자산신탁	다음예정	종결(기각)
감 정 가	10,769,070,000	청 구 액	700,000,000	경매개시일	02.12.06
최 저 가	10,769,070,000 (100%)	토지총면적	677.3 ㎡ (204.88평)	배당종기일	04.01.31
입찰보증금	10% (1,076,907,000)	건물총면적	0 ㎡ (0평)	조 회 수	금일1 공고후401 누적401
주 의 사 항	·입찰외 ·본 건 지상에 건물 1동(철근콘크리트구조 (철근)콘크리트평슬래브지붕 지하3층/지상5층)이 소재. 법정지상권이 성립하는지 여부는 불분명함.				

우편번호및주소/감정서	물건번호/면 적 (㎡)	감정가/최저가/과정	임차조사	등기권리

110-300
서울 종로구
 	
07.11.07 가온감정
	물건번호: 단독물건
	
	대지 624.2
	(188.82평)
	입찰외제시외건물
	소재
		감정가 10,769,070,000
		
		최저가 10,769,070,000
		(100.0%)
		
		●경매진행과정
		       10,769,070,000
		① 유찰 2007-12-11
		
		   기각 2007-12-26
			●법원임차조사
			*종로구
			         집합건축
			물대장상 지하3층,지상5
			층 건물인사아트플라자가
			존재하고 있음.관리소장
			진술에 의하면 처음에는
			소유자 조원희가 부인 명
			의로 (주)프리빌을 만들
			어 건물을 지은 후 2001년
			경 분양을 하였으며
			2004.1.3.준공을 받았으나
			분양받을 사람과 공사업
			자 등 약140여명과 현재
			도 소송중이라 함.(주)프
			리빌 대표이사가 그 뒤 여
			러번 교체 되었고 건물에
			는 약146여개의 가게가있
			는데 조원희 명의 가게는
				저당권국민은행
				    1999.10.25
				  3,120,000,000
				지상권국민은행
				    1999.10.25
				    30년
				저당권김치묵
				    1999.10.28
				    700,000,000
				저당권정인철
				    1999.10.28
				    60,000,000
				가압류김창대
				    2000.03.14
				    170,000,000
				가압류전재천.
				    나대균
				    2000.05.08
				    122,600,000

위의 사례는 대지만 경매로 진행되고 있는 물건이다. 문제는 위와 같이 대지만 진행되고 있는 물건을 경매나 공매로 매수를 한 경우 집합건물의 구분소유자에게 대항할 수 있는지에 대해 법률적인 검토가 필요하다.

집합건물법은 제20조에서, 구분소유자의 대지사용권은 그가 가지는 전유부분의 처분에 따르고(제1항), 구분소유자는 규약 또는 공정증서로써 달리 정하지 않는 한 그가 가지는 전유부분과 분리하여 대지사용권을 처분할 수 없으며(2항, 4항), 위 분리처분금지는 그 취지를 등기하지 아니하면 선의로 물권을 취득한 제3자에 대하여 대항하지 못한다(3항)고 규정하고 있다. 위 규정의 취지는 집합건물의 전유부분과 대지사용권이 분리되는 것을 최대한 억제하여 대지사용권 없는 구분소유권의 발생을 방지함으로써 집합건물에 관한 법률관계의 안정과 합리적 규율을 도모하려는 데 있다. 따라서 이를 위반한 대지지분의 처분행위는 그 효력이 없다.

그러나 대지에 관하여 근저당권이 설정된 후에 비로소 집합건물의 구분소유 관계가 성립된 경우는 집합건물의 성립 전에 이미 근저당권 설정이라는 처분행위가 존재하고 그 근저당권의 실행절차로서 경매가 진행되어 매각이 이루어지는 것이므로, 집합건물법 제20조에서 금지하고 있는 분리처분에 해당한다고 할 수 없다. 이외에도 기존 근저당권에 따른 매각을 집합건물 성립 후의 독립된 처분이라 할 수 없고, 기존의 근저당권자는 애초에 집합건물 성립 이전의 나대지로서의 교환가치를 담보로 취득한 것인데 이후에 집합건물이 신축되었다는 사정에 따라 신축된 집합건물과 대지의 분리처분을 금지할 경우 대지에 관한 기존의 근저당권자는 지상건물로 인하여 대지의 이용·처분이 제한되어 집합건물의 대지사용권 가치만큼 감소된 대지의 교환가치를 담보로 가지게 되는 결과가 됨으로써 나대지로서의 토지의 교환가치 전체를 기대하여 담보를 취득한 근저당권자는 불측의 손해를 입게 된다. 따라서 집합건물의 성립 이전에 이미 대지에 관하여 근저당권이 존재하고, 그 근저당권의 실행으로 인한 경매가 진행되어 매각된 경우에는 집합건물법 제20조에서 금지하고 있는 분리처분에 해당한다고 할 수 없다.

사례정리

토 지				건 물		
갑	소유자	1998. 2. 1.		을	소유권보존등기	2003. 11. 5.
을	가등기(매매예약)	2001. 5. 31.	25억		건축물관리대장	2004. 1. 3.
정	근저당	1999. 10. 25.	31억(배당)	병외7	수분양자	2004. 1. 3. 분양
무	압류	2004. 6. 12.	06. 12. 4. 공매실시			2008. 11. 2. 등기
A	낙찰자	2008. 1. 3.				

위의 사례에서 정은 갑 소유의 토지에 대해서 1999년 10월 25일 근저당을 설정하였다. 이후 을은 갑 소유의 토지를 매매예약에 기한 가등기를 경료하였고 그 토지 위에 집합건물을 완공하여 2003년 11월 5일에 소유권보존등기를 하였다. 정이 갑 소유의 토지에 근저당을 설정할 당시에는 집합건물이 없는 상태였다. 위와 같은 상황에서 이후에 그 토지 위에 집합건물을 신축하여 그 전유부분을 분양받은 구분 소유자들은 집합건물의 소유 및 관리에 관한 법률 제2조 제6호에 따른 대지사용권이 인정되지 않는다. 왜냐하면 앞에서도 설명하고 있듯이 집합건물이 인정되기 이전에 토지에 담보권을 설정한 자를 보호하기 위해서이다. 따라서 이미 대지 소유자에 대하여 담보물권이 설정되었고 이후에 집합건물이 신축된 경우에는 담보권자들의 토지에 대한 교환가치를 보호하기 위해서 그 집합건물의 구분 소유자에게 대지사용권을 인정할 수 없다.

그리고 구분소유자 아닌 자가 집합건물 신축 전부터 그 집합건물의 대지로 된 토지에 대하여 가지고 있던 권리는 대지사용권이라 할 수 없으므로 집합건물의 소유 및 관리에 관한 법률 제20조에 정한 분리처분 금지의 제한을 받지 않는다. 대법원은 "토지에 대한 매매예약을 체결하고 이에 따른 소유권이전등기청구권 가등기만을 마친 상태에서 그 가등권자가 지상에 집합건물을 건축하였으나 매매예약에 따른 소유권이전등기 전에 국가가 그 토지를 체납처분에 의해 공매를 한 사안에서, 구분소유자 아닌 자가 집합건물의 건축 이전부터 전유부분의 소유와 무관하게 집합건물의 대지로 된 토지에 대하여 가지고 있던 권리는 구 집합건물의 소유 및 관리에 관한 법률상 대지사용권이라 할 수 없으므로 국가가 위 토지를 공매한 것은 같은 법 제20조의 분리처분 금지 규정에 반하지 않는다"

고 판시하고 있다.[34] 즉 구 집합건물의 소유 및 관리에 관한 법률(2010. 3. 31. 법률 제10204호로 개정되기 전의 것) 제20조에 의하여 분리처분이 금지되는 같은 법상 대지사용권이란 구분소유자가 전유부분을 소유하기 위하여 건물의 대지에 대하여 가지는 권리이므로(같은 법 2조 6호 참조), 구분소유자 아닌 자가 집합건물의 건축 전부터 전유부분의 소유와 무관하게 집합건물의 대지로 된 토지에 대하여 가지고 있던 권리는 같은 법 제20조에 규정된 분리처분금지의 제한을 받는다고 할 수 없기 때문에 그 토지에 대하여 공매나 경매로 진행되어 낙찰이 된 경우 집합건물의 구분소유자는 대지사용권에 대한 매수청구를 할 수 없다.

만약 대지 소유자가 집합건물을 신축하여 전유부분에 대해서만 수 분양자에게 양도하여 그 전유부분이 다시 강제경매가 이루어진 경우에는, 이미 그 건물에 대해서는 대지사용권이 성립하고 있으므로, 위 건물을 낙찰받은 사람은 집합건물의 소유 및 관리에 관한 법률에 의하여 토지에 대한 소유권 이전등기를 받을 수 있다.

결론적으로 위의 사례에서 토지만 낙찰을 받은 사람은 위와 같은 법리적인 관계에 따라 집합건물의 구분소유자에게 토지에 대한 이전등기를 하여 주지 않아도 되며, 토지에 대한 임료를 부당이득으로 청구할 수도 있다.

---

34) 토지에 대한 매매예약을 체결하고 이에 따른 소유권이전등기청구권 가등기만을 마친 상태에서 그 지상에 집합건물을 건축하였으나 매매예약에 따른 소유권이전등기 전에 국가가 그 토지를 체납처분에 의해 공매한 사안에서, 구분소유자 아닌 자가 집합건물의 건축 이전부터 전유부분의 소유와 무관하게 집합건물의 대지로 된 토지에 대하여 가지고 있던 권리는 구 집합건물의 소유 및 관리에 관한 법률상 대지사용권이라 할 수 없으므로 국가가 위 토지를 공매한 것은 같은 법 제20조의 분리처분 금지 규정에 반하지 않는다(대판 2010. 5. 27. 2010다6017).

16. 대지사용권의 존재를 모르는 제3자의 의미

경매구분	강제(기일)	채권자	조용진	낙찰일시	99.10.19 (종결 :00.03.10)
용도	아파트	채무/소유자	홍승구/	낙찰가격	131,000,000
감정가	130,000,000	청구액	87,000,000	경매개시일	98.06.29
최저가	104,000,000 (80%)	토지총면적	0 ㎡ (0평)	배당종기일	
입찰보증금	응찰가의 10%	건물총면적	84.69 ㎡ (25.62평)	조회수	금일1 공고후26 누적0
주의사항	·건물만입찰				

우편번호및주소/감정서	물건번호/면적 (㎡)	감정가/최저가/과정		임차조사	등기권리

137-130
서울 서초구 양재동
 	
●감정평가서정리
- 양재초등교북서측직
  선300m지점
- BUS(정)도보10분
- 도시가스난방
- 단지내아스팔트포장
  도로접함
- 일반주거지역
 	
.12.01 아세아감정
	물건번호: 단독물건
	
	·건 84.69
	(25.62평)
	(33평형-방3)
		감정가
		
		최저가
		
		●경매진행과정
		
		① 변경
		
		① 유찰
		
		① 낙찰
		
		① 낙찰
		
		종결
			130,000,000
			
			104,000,000
			(80.0%)
			
			1999-07-06
			
			1999-08-17
			
			1999-09-14
			
			131,000,000
			(100.8%)
			
			104,000,000
			1999-10-19
			
			131,000,000
			(100.8%)
			
			2000-03-10
				●법원임차조사
				승진규 전입 1994.05.09
				
				(보) 85,000,000
				(권리신고
				99.6.24)
				
				총보증금: 85,000,000
					가압류우성건설
					1997.06.27
					4772만외2건
					합:40218만
					압 류서초구
					1998.04.16
					
					강 제조용진
					1998.06.30

집합건물의 소유 및 관리에 관한 법률 제20조의 규정 내용과 입법 취지 등을 종합하여 볼 때, 경매절차에서 전유부분을 낙찰받은 사람은 대지사용권까지 취득하는 것이고, 규약이나 공정증서로 다르게 정하였다는 특별한 사정이 없는 한 대지사용권을 전유부분과 분리하여 처분할 수는 없으며, 이를 위반한 대지사용권의 처분은 법원의 강제경매절차에 의한 것이라 하더라도 무효이다. 또한, 대지사용권은 구분소유자가 전유부분을 소유하기 위하여 건물의 대지에 대하여 가지는 권리로서(같은 법 2조 6호) 그 성립을 위해서는 집합건물의 존재와 구분소유자가 전유부분 소유를 위하여 당해 대지를 사용할 수 있는 권리를 보유하는 것이외에 다른 특별한 요건이 필요치 않은 사정도 고려하면, "분리처분금지는 그 취지를 등기하지 아니하면 선의로 물권을 취득한 제3자에 대하여 대항하지 못한

다"고 정한 같은 법 제20조 제3항의 '선의'의 제3자는, 원칙적으로 집합건물의 대지로 되어 있는 사정을 모른 채 대지사용권의 목적이 되는 토지를 취득한 제3자를 의미한다.[35]

따라서 이때의 선의는 문언의 해석상 '대지사용권이 성립되었음을 알지 못하는 것'이 아니라, '분리처분금지 제약의 존재를 알지 못하는 것'을 의미한다고 봄이 상당하다. 그러므로 경매절차 진행 당시 등기부등본, 경매물건명세서, 현황조사보고서, 평가서 등을 통하여 토지를 낙찰받은 사람이 토지가 구분건물(예:아파트, 연립 등)에 속한 집합건물의 대지로 사용되고 있음을 알았다면, 집합건물의 전유부분(건물)만을 매수한 자(낙찰자)에게 소유권을 주장할 수 없다. 따라서 그 토지를 낙찰받은 사람은 그 토지에 대한 소유권을 말소하고 집합건물의 구분소유자에게 소유권을 이전하여야 한다.

위의 사례에서 갑이 아파트에 관한 소유권보존등기를 경료하기 전에 미리 을(수인 조합원)에게, 전유부분과 함께 분양한 대지지분에 관하여 각 전유부분의 면적비율에 상응하는 대지지분의 소유권이전등기를 마쳐주었다. 이후 을 소유의 대지지분에 대하여 강제경매개시결정이 이루어져 병이 93년도에 1,400만원에 낙찰을 받았다. 그리고 을 소유의 전유부분(건물)은 이후 대지권이 없는 상태에서 강제경매가 진행되어 이 사례와 같이 정이 낙찰을 받은 경우 정은 토지를 낙찰받은 병에게 토지에 대한 소유권의 이전을 주장할 수 있는가?

을은 이 토지지분을 병에게 경매로 처분하기 전에 이미 아파트의 소유를 위한 대지사용권을 취득하였으므로[36], 집합건물의 소유 및 관리에 관한 법률(이하 '집합건물법'이라 한다) 제20조의 규정에 따라, 이 토지는 이 사건 아파트와 분리처분이 불가능하게 된 토지이다.

따라서 토지지분에 관하여 진행된 강제경매는 무효이고, 위 경매절차에서의

---

35) 대판 2009. 6. 23. 2009다26145.

36) 집합건물의 구분소유자가 전유부분에 대한 대지사용권을 취득하는 시기는 집합건물의 성립시기와 일치한다고 할 것이다. 집합건물의 어느 부분이 전유부분인지 공용부분인지 여부는 구분소유가 성립한 시점, 즉 원칙적으로 건물 전체가 완성되어 당해 건물에 관한 건축물대장에 구분건물로 등록된 시점을 기준으로 판단하여야 하나(대판 1999. 9. 17. 99다1345), 그렇다고 하여 반드시 건축물대장상의 등록시점을 절대적인 기준으로 삼을 수 없고 그 이전이라도 집합건물로서 신축되고 분양이 이루어진 경우에는 전유부분에 대한 대지사용권이 성립하였다고 볼 수 있다.

낙찰을 원인으로 병 앞으로 이루어진 소유권이전등기는 무효로서 말소가 되어야 한다.

따라서 위의 사례에서 갑이 을(조합원)에게 선 분양하였고, 아파트의 신축을 완료하여 임시사용승인을 받아 을이 위 아파트에 입주하였다면 임시사용승인을 받은 무렵에는 집합건물로서 성립하였고, 위 토지에 대한 경매절차 진행 당시 등기부등본, 경매물건명세서, 현황조사보고서, 평가서 등을 통하여 토지를 낙찰받을 당시 병은 토지가 구분건물(예: 아파트, 연립 등)에 속한 집합건물의 대지로 사용되고 있음을 알 수 있었을 것이다. 그러므로 위 토지 지분에 대한 강제경매절차개시나 병의 낙찰 전에 이미 이 토지지분은 을이 아파트의 대지사용권을 취득하였다고 볼 수 있고, 병은 집합건물법 제20조 제3항의 선의의 제3자에 해당하지 않으므로 낙찰을 원인으로 마쳐진 병 명의의 토지에 대한 소유권이전등기는 무효의 등기라 할 것이다. 그러므로 위 사례의 구분건물을 낙찰받은 매수인(정)은 대지사용권에 기하여 병을 상대로 토지에 대한 소유권이전등기를 주장할 수 있다.

한편 건물을 낙찰받은 정이 취득하는 대지사용권은 소유권이 아닌 법정지상권 유사의 대지점유권이라고 할 것이다. 관습법상 법정지상권이 인정되지 않는 이유는 을 소유의 토지 일부에 대한 강제경매가 진행될 당시에 토지주는 을이고 건물주는 아직 을이 등기를 하기 이전이기 때문에 갑이 된다.

◆ 대지사용권에 기한 소유권이전등기 신청방법

위의 사례에서 구분건물을 낙찰받은 매수인(정)은 위 건물을 위한 대지사용권에 기하여 병을 상대로 토지에 대한 소유권이전등기를 신청할 수 있다. 이에 대한 내용을 이하에서 살펴본다.

집합건물법 제2조 제6호는, '"대지사용권"이라 함은 구분소유자가 전유부분을 소유하기 위하여 건물의 대지에 대하여 가지는 권리를 말한다.', 제20조 제1항은 '구분소유자의 대지사용권은 그가 가지는 전유부분의 처분에 따른다.', 제2항은 '구분소유자는 그가 가지는 전유부분과 분리하여 대지사용권을 처분할 수 없다. 다만, 규약으로써 달리 정한 때에는 그러하지 아니하다.'라고 각 규정하고 있는바, 아파트와 같은 대규모 집합건물의 경우, 대지의 분·합필 및 환지절차의 지연, 각 세대당 지분비율 결정의 지연 등으로 인하여 전유부분에 대한 소유권 보존등기 및 이전등기만 경료되고, 대지지분에 대한 소유권이전등기는 상당기간 지체되는 경우가 종종 생기고 있는데, 집합건물의 건축자가 그 대지를 매수하고도 아직 소유권이전등기를 경료받지 아니하였다 하여도 매매계약의 이행으로 대지를 인도받아 그 지상에 집합건물을 건축하였다면 매매계약의 효력으로서 이를 점유·사용할 권리가 생기게 될 것이고, 이러한 점유·사용권은 단순한 점유권과는 차원을 달리하는 본권으로서 집합건물법 제2조 제6호 소정의 구분소유자가 전유부분을 소유하기 위하여 건물의 대지에 대하여 가지는 권리인 대지사용권에 해당한다 할 것이다(대판 2001. 1. 30. 2000다10741).

　나아가(민법 358조에 의하면 저당권의 효력은 저당부동산에 부합된 물건과 종물에 미치는바, 이에 의하더라도 원고들은 이 사건 전유부분과 그 종된 권리로서 대지사용권을 함께 취득하였다 할 것이다), 만약 을이 갑 소유의 토지를 매수하고 아직 소유권이전등기를 경료받지 아니하였다 하여도 매매계약의 이행으로 대지를 인도받아 그 지상에 집합건물을 건축하였다면 매매계약의 효력으로서 건물의 대지에 대하여 가지는 권리인 대지사용권을 취득한 것으로 본다. 위와 같은 상황에서 을 소유의 전유부분이 경락 등으로 병에게 이전된 경우 병은 을이 가지고 있는 대지사용권을 승계받는다. 왜냐하면 위와 같은 사정만으로 전유부분과 대지지분의 일체성을 부정할 수 없기 때문이다. 이때 병은 을에 대하여 대지권변경등기절차의 이행을 구할 수는 없고 병과 을이 공동으로 대지사용권에 관한 이전등기를 신청할 수 있다.[37]

---

37) 대판 2008. 9. 11. 2007다45777.; 부동산등기법 제57조의3 제1항

17. 대지사용권에 기한 임료산정과 구분소유권의 매도청구권

소 재 지	서울 광진구 자양동 771-				
경매구분	임의경매	채 권 자	국○○○		
용 도	연립	채무/소유자	김○○ / 김○○○○	매각기일	07.01.15 (60,270,000원)
감 정 가	140,000,000 (00.06.03)	청 구 액	303,258,080	종 국 결 과	07.11.30 배당종결
최 저 가	29,360,000 (21%)	토 지 면 적	35.4㎡ (10.7평)	경매개시일	00.05.24
입찰보증금	응찰가의 10%	건 물 면 적	60㎡ (18.0평)	배당종기일	
주 의 사 항	·재매각물건 · 토지별도등기 특수件분석신청				

소재지/감정요약	물건번호/면적(㎡)	감정가/최저가/과정	임차조사	등기권리
서울 광진구 자양동	물건번호: 1번 (총물건수 9건)	감정가 **140,000,000** · 대지 70,000,000 (50%)	**법원임차조사**	소유권 김○○○○ 1999-05-25
감정평가서요약	대지 35.4/541.1 (10.71평) ₩29,360,000 건물	(평당 6,535,948) · 건물 70,000,000 (50%)	김○○ 전입 1999-04-14 확정 1999-06-10 배당 2000-11-07 (보) 50,000,000	가압류 손병호 1999-06-09 **818,000,000**
- 철근콘크리트조슬래브 (평) - 북측건대부속고등교,동측 광진구청,남동측자양사거리소재 - 일반주택및연립밀집 - 차량진입및주차용이 - 버스정류장도보3분소요 - 부정형토지 - (1차감정80,000,000원) - 도시지역 2000-06-03 삼정감정	· 건물 59.6/59.63 (18.04평) 방3, · 전체 59.63㎡ (18평) · 지분 59.6363614㎡ (18평) · 2001.6월재감정 - 총4층 - 보존: 1999-05-25	최저가 29,360,000 (21%) **경매진행과정** ① 0 2000-10-30 변경 ① 80,000,000 2001-04-07 유찰 ② 20%↓ 64,000,000 2001-05-07 유찰	허○○ 전입 1999-04-14 최○○ 전입 2000-02-15 김○○ 전입 2000-10-18 소유자김길오진술 관할동사 무소에주민 등록등재자조사 한바 소유자김길오, 세대주김 영옥, 김남순,허용회, 박동강, 박광식, 임욱현,김영원, 김우 김, 박동철, 정관수,정호성, 황 치만,허연자, 임문환,김영숙, 김옥숙, 김충신, 박참이등제되 어있음	가등기 문장숙 소유가등 1999-06-16 가압류 김순열 1999-06-23 **185,000,000** 가압류 국민은행 주택가락동 1999-09-03 **300,850,000** 임 의 국민은행 주택장안지원센타 2000-01-28 (저당권확인바랍니

(1) 사건개요

집합건물의 소유 및 관리에 관한 법률(이하 '집합건물법'이라고 한다)에 의하면, 대지사용권을 가지지 아니한 구분소유자가 있을 때에는 그 전유부분의 철거를 구할 권리를 가진 자는 그 구분소유자에 대하여 구분소유권을 시가로 매도할 것을 청구할 수 있다.

본 사건의 경우 원고는 대지권 없는 이 사건 구분건물의 대지소유자 겸 이 사건 구분건물 중 2분의 1 지분을 소유한 자이고, 피고는 대지사용권을 가지지 아니한 이 사건 구분건물 중 2분의 1 지분을 소유한 자이므로 원고가 피고에게 그 소유지분에 해당하는 이 사건 구분건물의 철거를 구할 권리를 가지고 있다고 할 것이다.

따라서 원고는 피고에게 집합건물법에 터잡아 소유지분을 시가로 매도할 것을 청구할 수 있고 이에 따라 얼마의 지료를 청구할 수 있는지도 아래의 판례에서 살펴보도록 한다.

(2) 사실관계

A와 B(소유자)	1988. 6. 5.	건물 및 토지 각 1/2 지분등기	
C(공동저당권)	1998. 6. 18.	건물 및 토지 공동근저당	4억
A와 B(소유자)	1999. 5. 25.	위 건물 신축 후 각 1/2지분등기	
D(가압류)	1999. 6. 9.	A의 지분 가압류	8억
갑(가등기)	1999. 6. 16.	가등기(매매예약)	
을(낙찰자)	2006. 2. 28.	구분건물과 대지권(541.1분의 36.91)	
병(지분건물소유)	2006. 5. 12.	B의 지분 중 건물: 본등기	

위의 사례에서 을이 토지전부와 구분건물을 낙찰받을 당시 D가 이미 A의지분에 가압류를 한 상태에 있었기 때문에 갑이 A와 B의 집합건물에 대하여 가등기에 기하여 본등기를 하여도 A의 지분에 대해서는 소유권을 주장할 수 없다. 왜냐하면 D의 가압류는 가등기보다 선순위로 되어 있기 때문에, 가압류권자가 이후 본안소송에 기하여 강제경매를 진행하면 가압류를 한 A의 지분권에 대해서는 갑이 소유권을 상실하기 때문이다. 그래서 가등기권자는 가압류를 한 A의 지분을 제외한 B의 지분에 대해서만 본등기를 할 수 있었고 이 중 건물부분에 대해서만 본등기를 한 것이다. 그리고 본 지분을 다시 병이 매수한 것이다.

위와 같은 사안에서 을은 가압류를 한 A의 1/2지분건물과 A와 B의 대지권

전체를 낙찰받았다. B의 1/2에 해당하는 대지지분에 대해서도 소유권을 주장할 수 있는 이유는 C가 가등기권자보다 토지에 대하여 우선하여 근저당을 설정하였기 때문이다. 가등기권자는 토지에 선순위로 근저당을 설정한 C에게 대항할 수 없는 것이고 그로 인하여 B의 토지지분을 낙찰받은 을에게도 대항할 수 없기 때문에 을은 A와 B의 토지전부를 낙찰받을 수 있었던 것이다. 즉 D가 가압류를 한 지분은 A의 지분에 한정하여 낙찰자가 소유권을 주장해야 하지만 가등기보다 선순위로 토지에 설정한 근저당이 있었기 때문에 B의 지분에 대해서도 소유권을 주장할 수 있는 것이다. 결국 을은 대지지분 전체와 건물은 A의 지분만 경락을 받을 수 있었던 것이다. 그리고 본 사례에서 토지별도는 토지지분에 해당하는 금액만큼 배당이 이루어지고 말소가 되기 때문에 경락인이 부담할 사안은 아니다.[38]

위 사안에서 을은 대지사용권을 가지지 아니한 구분소유자(병)에 대하여 그 전유부분의 철거를 구할 권리를 가지며, 1/2에 해당하는 구분소유권을 시가로 매도할 것을 청구할 수 있다. 왜냐하면 을은 구분건물 중 2분의 1 지분과 그 대지권 전부를 소유하고 있고, 병은 구분건물의 2분의 1 지분만을 소유한 자로서 대지권이 없다. 따라서 을은 병에게 집합건물법에 터잡아 소유지분을 시가로 매도할 것을 청구할 수 있고, 을의 매도청구권행사의 의사표시가 기재된 내용증명이 병에게 송달된 날에 병의 소유지분에 관하여 시가를 매매대금으로 한 매매가 성립되었다.

이에 대한 매도금액의 산정 및 임료 등의 공제에 대하여 살펴본다.

본 전유부분의 감정가액은 82,000,000원인데, 을이 1/2만 경락받았기 때문에 41,000,000원이 되며 본 금액을 병에게 지불하고 소유권을 이전받을 수 있다.

그리고 을은 구분건물 중 2분의 1 지분과 그 대지권 전부를 소유하고 있고, 병은 구분건물의 2분의 1 지분만을 소유하고 있으면서도 구분건물 전부를 점유·

---

38) [2] 구 민사소송법(2002. 1. 26. 법률 제6626호로 전문 개정되기 전의 것) 제608조 제2항 및 현행 민사집행법 제91조 제2항에 의하면 매각부동산 위의 모든 저당권은 경락으로 인하여 소멸한다고 규정되어 있으므로, 집합건물의 전유부분과 함께 그 대지사용권인 토지공유지분이 일체로서 경락되고 그 대금이 완납되면, 설사 대지권 성립 전부터 토지만에 관하여 별도등기로 설정되어 있던 근저당권이라 할지라도 경매과정에서 이를 존속시켜 경락인이 인수하게 한다는 취지의 특별매각조건이 정하여져 있지 않았던 이상 위 토지공유지분에 대한 범위에서는 매각부동산 위의 저당권에 해당하여 소멸한다(대판 2008. 3. 13. 2005다15048).

사용하고 있으므로 구분건물의 2분의 1과 대지권 전부에 상응하는 임료를 부당이득으로 청구할 수 있다. 이에 대한 감정평가액 대비한 구분건물의 2분의 1에 해당하는 월 임료는 142,000원이며, 구분건물의 대지지분에 해당하는 월 임료는 284,000원이다. 그 이후의 액수도 같을 것으로 예상되기 때문에 을은 병에게 0000년 00월 00일부터 이 구분건물을 인도할 때까지 월 426,000원(= 284,000원 + 142,000원)의 비율로 계산한 임료를 부당이득으로서 청구할 수 있다. 따라서 병은 을로부터 41,000,000원 즉 0000년 00월 00일부터 이 구분건물을 인도할 때까지 월 426,000원씩으로 계산한 금액을 공제한 돈을 지급받음과 동시에 이 구분건물 중 2분의 1 지분에 관하여 내용증명이 송달된 0000년 00월 00일자 매매를 원인으로 한 소유권이전등기절차를 이행하고, 이 구분건물에 대한 인도를 해야 한다.

따라서 집합건물의 소유 및 관리에 관한 법률에 의하면, 대지사용권을 가지지 아니한 구분소유자가 있을 때에는 그 전유부분의 철거를 구할 권리를 가진 자는 그 구분소유자에 대하여 구분소유권을 시가로 매도할 것을 청구할 수 있다. 그리고 집합건물의 대지소유자는 대지사용권을 가지지 아니한 건물구분소유자에 대하여 그 전유부분의 철거를 구할 권리를 가진 자에 해당한다.[39] 위의 사례에서 구분건물의 대지소유자 겸 구분건물 중 2분의 1 지분 소유자 을이 대지사용권을 가지지 아니한 구분건물 중 2분의 1 지분 소유자 병에 대하여 소유지분을 시가로 매도할 것을 청구하여 매매가 성립한 경우, 구분건물 중 2분의 1 지분만을 소유하고 있으면서도 구분건물 전부를 점유·사용하고 있는 병은 구분건물의 2분의 1과 대지권 전부에 상응하는 임료를 부당이득으로 반환하여야 한다.

---

39) 대판 2011. 1. 27. 2010다72779; 대판 2015. 9. 10. 2013다46047.

(3) 토지별도등기

집합건물 구분소유자의 대지사용권은 전유부분과 분리처분이 가능하도록 규약으로 정하였다는 등의 특별한 사정이 없는 한 전유부분과 종속적 일체불가분성이 인정되므로, 구분건물의 전유부분에 대한 저당권 또는 경매개시결정과 압류의 효력은 당연히 종물 내지 종된 권리인 대지사용권에까지 미치고, 그에 터잡아 진행된 경매절차에서 전유부분을 경락받은 자는 그 대지사용권도 함께 취득한다.[40] 특히 신축 당시부터 다세대주택의 각 세대 전부에 대하여 대지권등기를 하고 전유부분과 대지권이 같이 처분됨으로써 각 전유부분과 해당 대지사용권(토지공유지분)이 상호대응관계를 유지하면서 일체불가분성을 갖고 있는 경우, 대지권의 성립 전에 대지에 관하여 별도등기로 설정되어 있던 근저당권이 실행됨에 따라 대지사용권(토지공유지분)이 전유부분으로부터 분리처분되었더라도, 경매개시결정부터 경락허가결정에 이르기까지 경매목적물인 토지지분이 특정 전유부분의 대지권에 해당하는 공유지분임이 충분히 공시되었다면, 이로써 대지권을 가지고 있는 구분건물 소유자들과 대지의 공유지분권자 사이에 공유물의 사용에 관한 합의의 일종으로서 구분건물에서 분리된 위 공유지분(위 경매목적물)을 분리되기 전의 전유부분을 위한 사용에 제공하여 상호관련성을 유지하기로 하는 묵시적 합의가 성립하였다고 보아야 한다. 따라서 위와 같이 대지사용권이 분리처분됨에 따라 대지권 없이 위 공유지분을 전유부분의 대지로 사용해 온 구분건물 소유자는 위 공유지분을 분리취득한 소유자에게 부당이득으로 위 공유지분에 상응하는 임료 상당액 전부를 지급해야 한다. 즉 토지별도등기에 따른 근저당권에 기하여 토지지분을 경락받은 경우 이에 대한 대지권한(소유권)을 인정해야 하며, 이에 토지지분의 전유부분의 구분소유자는 대지지분의 소유자에게 임료를 지급하여야 한다. 대법원은 위와 같은 사안에서 약 9평에 해당하는 토지지분이 2천만원에 낙찰이 되었는데 월 291,049원을 지급할 것을 명하였다.

한편 현행 민사집행법 제91조 제2항에 의하면 매각부동산 위의 모든 저당권은 경락으로 인하여 소멸한다고 규정되어 있으므로, 위와 같은 이유로 전유부분과 함께 그 대지사용권인 토지공유지분이 일체로서 경락되고 그 대금이 완납되

---

40) 대판 2008. 3. 13. 2005다15048.

면, 설사 대지권 성립 전부터 토지만에 관하여 설정되어 있던 별도등기로서의 근저당권이라 할지라도 경매과정에서 이를 존속시켜 경락인이 인수하게 한다는 취지의 특별매각조건이 정하여져 있지 않았던 이상 위 토지공유지분에 대한 범위에서는 매각부동산 위의 저당권에 해당하여 소멸하게 되는 것이라 할 것이다.[41] 따라서 경매로 전유부분을 낙찰받기 이전에 이미 건물에 대한 보존등기와 토지에 대하여 대지권의 목적인 취지의 등기가 마쳐진 상태에서 전유부분을 낙찰받았다면 이미 대지권은 전유부분에 속한다고 보아야 한다. 더구나 전유부분을 경락받을 당시 낙찰허가결정문의 입찰가격에 대지권의 가격이 포함된 것으로 낙찰을 받았다면 대지권은 전유부분의 구분소유자에게 귀속된다고 보아야 한다. 이와 같은 법리는 설사 집합건물이 신축되기 이전에 토지에 대한 근저당권이 설정되어 있는 경우에도 마찬가지이다.[42]

즉, 경락 당시 경매목적물과 입찰가격 그리고 낙찰허가결정문에도 전유부분에 대한 대지권과 그 가격이 포함된 상태에서 낙찰대금이 완납되면 경매목적물인 부동산 위에 존재하던 저당권은(토지별도등기) 낙찰인이 인수하기로 된 경우이외에는 낙찰대금을 완납한 때에, 대지권 지분에 관한 토지별도등기의 근저당권도 이미 소멸하였다고 할 것이며 대지권은 전유부분의 구분소유자에게 귀속한다. 반면 그와 같이 소멸한 근저당권에 기한 경매절차에서 이 토지지분을 경락받은 경우 토지지분에 대한 소유권을 인정받을 수 없다.

(4) 대상 사건 판례 요약

1) 집합건물의 대지소유자가 대지사용권을 가지지 아니한 건물구분소유자에 대하여 그 전유부분의 철거를 구할 권리를 가진 자에 해당한다.

2) 그리고 구분건물의 대지소유자 겸 구분건물 중 2분의 1 지분 소유자 갑이 대지사용권을 가지지 아니한 구분건물 중 2분의 1 지분 소유자 을에 대하여 소유지분을 시가로 매도할 것을 청구하여 매매가 성립한 경우, 구분건물 중 2분의 1 지분만을 소유하고 있으면서도 구분건물 전부를 점유·사용하고 있는 을은

---

41) 대판 2008. 3. 13. 2005다15048.
42) 대판 2008. 3. 13. 2005다15048.

구분건물의 2분의 1과 대지권 전부에 상응하는 임료를 부당이득으로 반환하여야
한다.[43]

(5) 판례내용

【주문】

1. 피고는 원고에게 원고로부터 46,250,000원에서 2006. 5. 2.부터 별지 제2
   목록 기재 부동산을 인도할 때까지 월 426,000원씩으로 계산한 금액을
   공제한 돈을 지급받음과 동시에 위 부동산 중 2분의 1 지분에 관하여
   2006. 9. 22.자 매매를 원인으로 한 소유권이전등기절차를 이행하고, 위
   부동산을 인도하라.

2. 원고의 나머지 청구를 기각한다.

3. 소송비용 중 10%는 원고가, 90%는 피고가 각 부담한다.

【청구취지】 피고는 원고에게 원고로부터 41,250,000원에서 2006. 5.부
터 별지 목록 기재 부동산을 인도할 때까지 월 75만원씩으로 계산한 금액
을 공제한 돈을 지급받음과 동시에 위 부동산 중 2분의 1 지분에 관하여
소장 송달일에 매매를 원인으로 한 소유권이전등기절차를 이행하고, 위 부
동산을 인도하라.

【이유】

1. 인정 사실

가. 대지 및 건물에 대한 근저당권의 설정

(1) 소외 1, 2는 1998. 6. 5.자로 서울 광진구 자양동 (각 지번 생략)의 각 대지
   (이하 이 사건 '각 대지'라고 한다)와 그 지상 2층 주택(이하 이 사건 '구 주택'이
   라고 한다)에 관하여 각 2분의 1의 공유지분을 취득하고, 각 지분소유권
   이전등기를 마쳤다.

(2) 주식회사 한국주택은행은 1998. 6. 18.자로 이 사건 각 대지와 구 주택에
   관하여 채권최고액 3억 5,100만원의 공동근저당권을 설정하였다.

---

43) 서울동부지판 2007. 7. 10. 2006가단64789.

나. 이 사건 구 주택의 철거 및 가등기설정

(1) 소외 1, 2는 1998. 6.경 이 사건 구 주택을 철거하고, 이 사건 각 대지에 별지 제2목록 기재 부동산(이하 이 사건 '구분건물'이라고 한다)을 포함하는 별지 제1목록 기재 부동산(이하 이 사건 '신축건물'이라고 한다)을 신축하고, 1999. 5. 25.자로 각 2분의 1 지분에 관하여 소유권보존등기를 마쳤다.

(2) 소외 3은 1999. 6. 16.자로 이 사건 구분건물 및 그 대지권에 대한 소외 1, 2의 공유지분 전부이전청구권가등기를 마쳤다.

다. 원고의 대지권 취득과 가등기에 기한 일부 본등기의 경료

(1) 원고는 2006. 2. 28.경 주식회사 한국주택은행이 이 법원 2000타경2317호로 이 사건 각 대지에 대하여 개시결정받은 경매절차에서 이 사건 구분건물과 그 대지권에 해당하는 541.1분의 36.91 대지지분을 함께 낙찰받아 낙찰대금을 완납하였다.

(2) 소외 3은 그 후 위 가등기에 기하여 이 사건 구분건물 중 소외 2의 2분의 1지분에 관하여 2006. 4. 26.자로 지분소유권이전의 본등기를 마쳤다가 2006. 5. 12.자로 피고에게 지분소유권이전등기를 마쳐주었고, 피고는 이 사건 구분건물을 점유·사용하고 있다.

라. 이 사건 구분건물의 시가 및 임료

2006. 5. 2.부터 2007. 3. 15.까지의 이 사건 구분건물의 2분의 1에 해당하는 가격은 46,250,000원이고, 이에 해당하는 월 임료는 142,000원이며, 이 사건 구분건물의 대지지분에 해당하는 월 임료는 284,000원이고, 그 이후의 액수도 같을 것으로 예상된다.

[인정 근거] 다툼 없는 사실, 갑 제1 내지 5호증, 을 제1 내지 4호증, 감정인 이용준에 대한 감정결과, 변론 전체의 취지

2. 판단

가. 소유권이전등기의무 등

살피건대, 집합건물의 소유 및 관리에 관한 법률(이하 '집합건물법'이라고 한다)에 의하면, 대지사용권을 가지지 아니한 구분소유자가 있을 때에는 그 전유부분의 철거를 구할 권리를 가진 자는 그 구분소유자에 대하여 구분소유권을 시가로

매도할 것을 청구할 수 있는바, 집합건물의 대지소유자는 대지사용권을 가지지 아니한 건물구분소유자에 대하여 그 전유부분의 철거를 구할 권리를 가진 자에 해당한다고 할 것이다.

위 인정 사실에 의하면, 원고는 대지권 없는 이 사건 구분건물의 대지소유자 겸 이 사건 구분건물 중 2분의 1 지분을 소유한 자이고, 피고는 대지사용권을 가지지 아니한 이 사건 구분건물 중 2분의 1 지분을 소유한 자이므로 원고가 피고에게 그 소유지분에 해당하는 이 사건 구분건물의 철거를 구할 권리를 가지고 있다고 할 것이고, 따라서 원고는 피고에게 집합건물법에 터잡아 소유지분을 시가로 매도할 것을 청구할 수 있고, 원고의 매도청구권행사의 의사표시가 기재된 이 사건 소장이 피고에게 송달된 2006. 9. 22.에 이 사건 구분건물 중 피고의 소유지분에 관하여 시가를 매매대금으로 한 매매가 성립되었다고 할 것이다.

나. 피고의 주장에 대한 판단

피고는, 피고가 이 사건 구분건물 중 피고 지분에 관하여 법정지상권을 취득하였으므로 원고의 청구에 응할 수 없다고 항변한다.

살피건대, 동일인의 소유에 속하는 토지 및 그 지상건물에 관하여 공동저당권이 설정된 후 그 지상건물이 철거되고 새로 건물이 신축된 경우에는 그 신축건물의 소유자가 토지의 소유자와 동일하고 토지의 저당권자에게 신축건물에 관하여 토지의 저당권과 동일한 순위의 공동저당권을 설정해 주는 등 특별한 사정이 없는 한 저당물의 경매로 인하여 토지와 그 신축건물이 다른 소유자에 속하게 되더라도 그 신축건물을 위한 법정지상권은 성립하지 않는다(대판(전) 2003. 12. 18. 98다43601)고 할 것인바, 위 인정 사실에 의하면, 이 사건 각 대지와 그 지상의 구 주택에 관하여 공동저당권이 설정된 후 그 구 주택이 철거되고 새로이 이 사건 구분건물을 포함한 이 사건 신축건물이 축조되었고, 이 사건 신축건물에 대하여는 동일한 순위의 공동저당권이 설정된 바 없어 이 사건 각 대지에 대한 경매로 인하여 이 사건 각 대지와 신축건물이 다른 소유자에게 속하더라도 이 사건 구분건물을 포함한 신축건물에는 법정지상권이 성립하지 아니한다고 할 것이므로 이 사건 신축건물의 일부인 이 사건 구분건물도 법정지상권을 취득할 수 없다. 따라서 당초부터 법정지상권을 취득하지 못하는 이 사건 구분건물의 일부

지분권자에 불과한 소외 3이 그 지분에 관하여 가등기에 기한 본등기를 경료하였다고 하여 법정지상권을 취득할 수는 없는 것이므로 피고의 위 주장은 더 나아가 살필 필요 없이 이유 없다.

다. 매도금액의 산정 및 임료 등의 공제

(1) 위 인정 사실에 의하면, 이 사건 구분건물의 2분의 1에 해당하는 가격은 46,250,000원이므로 원고는 피고에게 이를 매매대금으로 지급할 의무가 있다.

(2) 원고는, 피고에 대한 위 매매대금에서 이 사건 구분건물 중 2분의 1 지분만을 보유한 피고가 원고 소유인 이 사건 구분건물 중 2분의 1 지분과 그 대지권을 점유·사용하고 있으므로 이 사건 건물을 인도할 때까지 이에 대한 임료상당의 액수를 공제하여야 한다고 주장한다.

살피건대 위 인정 사실에 의하면, 원고가 이 사건 구분건물 중 2분의 1 지분과 그 대지권 전부를 소유하고 있고, 피고가 이 사건 구분건물의 2분의 1 지분만을 소유하고 있으면서도 이 사건 구분건물 전부를 점유·사용하고 있으므로 구분건물의 2분의 1과 대지권 전부에 상응하는 임료를 부당이득으로 지급하여야 할 것으로 보이고, 2006. 5. 2.부터 2007. 3. 15.까지의 이 사건 구분건물의 2분의 1에 해당하는 월 임료는 142,000원이며, 이 사건 구분건물의 대지지분에 해당하는 월 임료는 284,000원이고, 그 이후의 액수도 같을 것으로 예상되므로, 피고는 원고에게 원고가 구하는 2006. 5. 2.부터 이 사건 구분건물을 인도할 때까지 월 426,000원(= 284,000원 + 142,000원)의 비율로 계산한 임료를 부당이득으로서 지급할 의무가 있다고 할 것이므로 원고의 위 주장은 이유 있다.

(6) 결론

본 사건에 있어서 경락인은 대지사용권을 가지지 아니한 구분소유자에 대하여 그 전유부분의 철거를 구할 권리를 가진다. 그리고 그 구분소유자에 대하여 구분소유권을 시가로 매도할 것을 청구할 수 있으며 건물을 인도할 때까지는 지료 청구도 할 수 있다.

따라서 피고는 원고에게 원고로부터 46,250,000원에서 2006. 5. 2.부터 이 사건 구분건물을 인도할 때까지 월 426,000원씩으로 계산한 금액을 공제한 돈을 지급받음과 동시에 이 사건 구분건물 중 2분의 1 지분에 관하여 2006. 9. 22.자 매매를 원인으로 한 소유권이전등기절차를 이행하고, 이 사건 구분건물을 인도할 의무가 있다.

18. 펜션개발 및 필지분양

(1) 개요

용 도	임야	채 권 자	신라저축은행 임의경매		
감정평가액	1,294,585,000원	소 유 자	하재형	개시결정일	2012.08.22
최저경매가	(21%) 271,494,000원	채 무 자	하재형	감 정 기 일	2012.09.04
입찰보증금	(10%) 27,149,400원	경 매 대 상	토지전부	배당종기일	2012.11.12
청 구 금 액	637,560,780원	토 지 면 적	13990m² (4231.97평)	낙 찰 일	2013.12.02
등기채권액	1,150,424,872원	건 물 면 적	0m²	종 국 일 자	2014.02.20
물건번호	1 [배당]				

특 이 사 항	• (접수일:2013.11.29)기타 주식회사유건 유치권신고 제출 • (접수일:2014.01.03)기타 주식회사 유건 유치권신고철회서 제출
주 의 사 항	• 일괄매각, 맹지, 지상분묘 수기소재로 분묘기지권 성립 여지 있음, 현황:택지개발공사 중단된 잡종지,정확한 면적이나 인접토지와의 경계 등은 측량 등 별도의 확인이 필요함,목록3지상의 제시외 컨테이너는 매각에서 제외함. • 현지 출장시 아무도 만나지 못하여 점유관계를 알 수 없음
과 거 사 건	2011-12869 (의정부지방법원 12계)

[토지]		유찰 2012.12.17	점류 목록1,2,3번 제	전소유자:최재우
• 경기도 가평군 하면 현리 소재 "역사을마을" 북측 인근에 위치하며 주변은 임야 및 전원주택 등으로 형성된 마을주변 야산지대로서 제 반 입지여건은 보통임. • 본건까지 차량진입은 가능 하며 인근에 버스정류장이 소재하나 운행횟수 및 배차 간격을 고려할때 일반적인 대중교통 여건은 불리임. • 본건은 공히 동향향 완결사 의 대체로 부정형의 토지로 서 현황 공사중단된 이행지 상태임. ▶ 토지이용계획 • 도시지역 • 자연녹지지역 • 자연보전권역 • 춘보전산지	• 4992 (1510.08평) • (현) 잡종지,맹지) 입찰외 • 분묘소재 =분묘기지권설립여지 있음 감정지가 70,000/m² 토지감정 349,440,000 평당가격 231,410 감정기관 아람감정	80% 1,035,668,000 유찰 2013.01.21 64% 828,534,000 유찰 2013.02.25 51% 662,827,000 유찰 2013.04.01 41% 530,262,000 유찰 2013.05.06 33% 424,210,000 유찰 2013.06.10 26% 339,368,000 유찰 2013.07.15 21% 271,494,000 변경 2013.08.19 21% 271,494,000 변경 2013.10.28	시외 (점유 : 2010년부터현재 까지)	매매(2011.02.03) 근저당 신라저축은행 2011.03.03 715,000,000 (신한은행외근저이 전) [말소기준권리] 지상권 신라저축은행 2011.03.03 (만30년) 근저당 김연희 2011.03.03 100,000,000 근저당 이동섭 2011.03.03 100,000,000 근저당 최재우 2011.03.03 70,000,000
경기 가평군 하면 현리 산22-5 [지도] [등기] ▶ 토지이용계획 • 도시지역 • 자연녹지지역 • 자연보전권역 • 춘보전산지	임 야 • 4991 (1509.78평) • (현)잡종지,맹지) 입찰외 • 분묘소재 =분묘기지권설립여지	21% 271,494,000 낙찰 2013.12.02 280,000,000 (21.63%) 이미자 응찰 1명 허가 2013.12.09		압 류 서초세무서 2011.08.18 압 류 군포시 2011.09.23

(2) 매각물건명세서

사건			매각물건번호	1	작성일자	2013.11.18	(사법보좌관)	류정봉
부동산 및 감정평가액 최저매각가격의 표시			부동산표시목록 참조		최선순위 설정 일자		2011.03.03.(근저당)	

부동산의 점유자와 점유의 권원, 점유할 수 있는 기간, 차임 또는 보증금에 관한 관계인의 진술 및 임차인이 있는 경우 배당요구 여부와 그 일자, 전입신고일자 또는 사업자등록신청일자와 확정일자의 유무와 그 일자

점유자의 성명	점유부분	정보출처 구분	점유의 권원	임대차기간 (점유기간)	보증금	차임	전입신고일자, 사업자등록신청일자	확정일자	배당요구여부 (배당요구일자)
구자승 (주식회사 우림토건)	목록1,2,3 및 제시 외	현황조사	유치권 점유임 차인	2010년부터현 재까지					

〈비고〉

최선순위 설정일자보다 대항 요건을 먼저 갖춘 주택, 상가건물 임차인의 임차보증금은 매수인에게 인수되는 경우가 발생할 수 있고, 대항력과 우선변제권이 있는 주택,상가건물 임차인이 배당 요구를 하였으나 보증금 전액에 관하여 배당을 받지 아니한 경우에는 배당받지 못한 잔액이 매수인에게 인수되게 됨을 주의하시기 바랍니다.

▢ 등기된 부동산에 관한 권리 또는 가처분으로 매각허가에 의하여 그 효력이 소멸되지 아니하는 것

(3) 개발행위 허가증

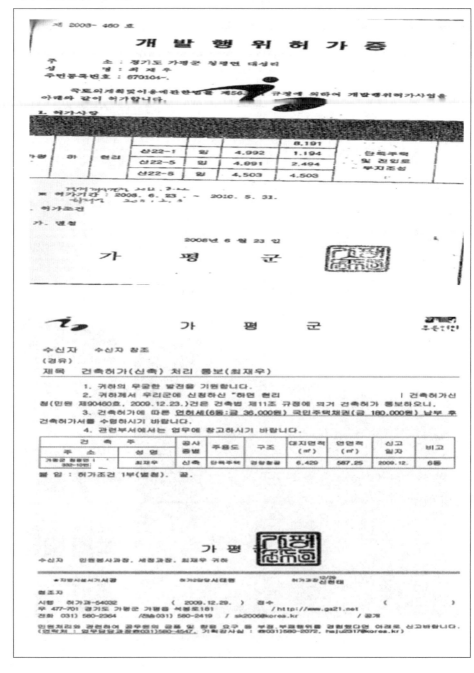

(4) 결론

- 본건은 건축허가와 개발행위허가를 득한 약 4,200평의 임야로 자연녹지, 준보전지역으로 전원주택이나 펜션의 개발이 가능한 토지.
- 12억 감정가액에 2억 8원에 낙찰.
- 시세는 평당 급매로 20만원으로 약 8억원 정도인 토지를 약 3억원에 낙찰받아 결국 5억원의 차임발생.
- 이후 도로와 기반공사 등 평탄 작성을 하고 각 필지로 분양을 하거나 약 4,000평을 펜션으로 개발예정.
- 본건 주변지역의 교통과 환경 등을 면밀히 분석하여 향후 개발.
- 결론적으로 개발행위와 건축허가를 받은 토지를 저렴하게 낙찰받아 개발을 하면 많은 차액과 효율적으로 개발할 수 있는 장점이 있음.

19. 부동산경매신청에서 명도집행까지 - 사례·서식·이론 -

사건번호	소재지	면적(평방)	등기부상권리분석	임차관계	감정평가액
					최저경매가
20 - ○○○○ 근린주택 주신협 박○○ 김○○ *신법적용	경기 파주시 ○ ○ ○ 동 1772 16 <개1 호> 알씨조 슬래브 (평) *등기 소남동 측인근 일반대중음식 점 및 중소규 모점포, 학원 등소재 차량출입 용이, 시내외버스정 류장 인근 유류보일러난 방 각각정리된장 방형등고평탄지 남측 8m, 서측 10m도로 접함 2종일반주거 지역 토지거래허가 구역	대지 163.9(49.58평) 1층 소매점 97.445 (29.40평) (현 : 도기창고) 2층추택 97.445 (29.48평) (방3, 욕실2) 제시외 창고 11.3(3.42평) 보일러실등 10.2 (3.09평) 보존등기일 : 20. 7. 12. 전체 2층 표준공시 : 950,000 감정지가 : 1,200,000 토지감정 : 196,680,000 건물감정 : 85,946,490 제시외 : 741,500	근저 20. 8. 1. 주)신협 3억4000만 기외 20. 10. 22. 주)신협 1억 임의 20. 11. 29. 주 신협 *청구액 : 340,000,000원 최종소유권이전 20. 7. 12. *(발급일자 : 20. 6. 30) *1772-16 <1호> 건 물등기	배당요구종 기일 : 20. 6. 9.	283,367,990 283,367,990 (100%)
					결 과
					거벽 감정 : 20. 3. 26.

(1) 사건개요

본 사건은 박○○이 주신협의 채무를 변제하지 않자 주신협이 물상보증인 김○○의 부동산을 임의경매 신청하였다. 이후 정○○가 낙찰받아 물상보증인 김○○과 불법점유자 김○○ 임차인을 상대로 인도명령결정 및 손해배상청구를 하여 명도를 받은 사건이다. 이하에서 각종서식을 가지고 구체적으로 살펴보도록 한다.

(2) 임의경매신청 및 임의경매개시결정촉탁서

채권자 주신협은 물상보증인 소유의 부동산에 대해 임의경매를 신청하였다. 경매를 신청하기 위해서는 부동산 소재지 관할 법원에 신청한다. 법원은 별지기재 부동산에 대하여 경매개시결정을 하였고 그러한 사실을 관할 등기소에 임의경매기입등기를 할 것을 촉탁하였다. 등기관은 물상보증인 소유의 부동산등기부 갑구란에 임의경매라고 기입등기를 하였다. 이때부터 압류가 되어 이후의 소액임차인은 최우선변제권이 인정되지 않는다.

부동산임의경매신청

채 권 자   주신협
          법률상 대리인
          송달장소   파주시 ○○동 ○○번지
채 무 자   박○○
          등기부상 주소 : ○○동 ○○번지
          송달장소 : ○○동 ○○번지
소 유 자   김○○

경매할 부동산의 표시

별지 목록 기재와 같음

청구금액의 표시

금 340,000,000원

신 청 취 지

  채권자의 채무자에 대한 위 채권의 변제에 충당하기 위하여 별지목록기재 부동산에 대하여 임의경매절차 개시 결정을 한다.
라는 재판을 구합니다.

부동산 표시

1. 파주시 ○○동 1772-16   대 163.9㎡
2. 위 지 상 제 1 호
   알씨조 및 연와조 슬래브지붕 2층
   근린생활시설 및 주
   1층 97.445㎡(근린생활시설 소매점)
   2층 97.445㎡(주택)

※ 부동산표시란에 기재된 물건과 기재되지 않은 종물 및 종된 권리가 경락인 소유가 된다. 타인의 권원에 의하여 부합된 독립된 물건은 부동산 표시에 기재 되더라도 경락인의 소유가 되지 않는다.

【경매개시결정문】

[경매○계]

서울지방법원 고양지원

결 정

사   건   20 타경 ○○○ 부동산임의경매
채 권 자
채 무 자   박○○
소 유 자   김○○

민사집행법 제95조 등기부 등본 송부에 갈음한 통지
20. 1. 20. 등본작성 이후 변동 사항 없음
의정부지방법원고양지원 파주등기소   ⑨ 등기공무원

주 문

별지 기재 부동산에 대하여 경매절차를 개시하고 채권자를 위하여 이를 압류한다.

청구금액

금 340,000,000원

이 유

위 채권에 대한 담보권의 실행을 위하여 20 . 1. 20. 채권자가 한 신청은 이유있으므로 주문과 같이 결정한다.

정 본 입 니 다.
20. 1. 27.
서울지방법원 고양지원
법원사무관

20. 1. 27.

사법보좌관   ○○○

【경매개시결정기입등기 촉탁서】

서울지방법원 고양지원
등기촉탁서(기입)

파주등기소 등기관 귀하

사 건   20 타경 ○○○ 부동산임의 경매

부동산의 표시 별지와 같음

등기 권리자

등기 의무자   김○○

등기원인과 그 연월일 20 . 1.27. 부동산임의경매 개시결정

등 기 목 적   임의경매 개시결정등기

과 세 표 준   금   340,000,000 원

등 록 세   금   680,000 원

지 방 교 육 세   금   136,000 원

등기촉탁수수료   금   400 원

첨   부   결정정본 1 부

위 등기를 촉탁합니다.(등본작성 : 20. 1. 20.)

20. 1. 27.

법원사무관 ○○○

※ 채권자가 경매신청한 목적물에 대하여 집행법원에서 경매개시결정을 하고, 이어 관할등기소에 경매개시결정에 대한 촉탁을 한다. 부동산등기부등본 '갑'구란에 "임의(강제)경매개시결정"이라고 등기가 됐을때 압류가 되었다고 하고, 이후부터는 처분금지적 효력이 발생한다.

(3) 등기부상 권리분석 및 배당분석

등기부등본(말소사항 포함) - 건물

경기도 파주시 ○○동 1772-16 <제1호>　　　　　　　　　　고유번호

【 표 제 부 】				(건물의 표시)
표시번호	접 수	소재지번 및 건물번호	건 물 내 역	등기원인 및 기타사항
~~1~~ (전 1)	~~20- 년7월12일~~	~~경기도 파주군 ○○읍 ○리 1772-16 제1호~~	~~알씨조 및 연와조 슬래브지붕 2층 1층 97.445㎡ (근린생활시설 및 주택 2층 97.445㎡ (주택)~~	~~부동산등기법 제177조의 6 제1항의 규정 에 의하여 20 년 12월 09일 전산이기~~
2		~~경기도 파주시 ○○동 1772-16 제1호~~	~~알씨조 및 연와조 슬래브지붕 2층 1층 97.445㎡ (근린생활시설 및 주택) 2층 97.445㎡ (주택)~~	~~20 년1월5일 행정구역변경 및 명칭변경으로 인하여 20 년1월5일 등기~~
3	~~20- 년10월22일~~	~~경기도 파주시 ○○동 1772-16~~	~~알씨조 및 연와조 슬래브지붕 2층 1층 97.445㎡ (근린생활시설 소매점)~~	신청착오

경기도 파주시 ○○동 1772-16 <제1호>　　　　　　　　　　고유번호

표시번호	접 수	소재지번 및 건물번호	건 물 내 역	등기원인 및 기타사항
			2층 97. 445㎡ (주택)	

【 갑　구 】				(소유권에 관한 사항)
순위번호	등기목적	접 수	등기원인	권리자 및 기타사항
전 (전 1)	소유권보존	20 년7월12일 제20672호		소유자 김○○ 부동산등기법 제117조의 6 제1항의 규정에 의하여 20 년 12월 09일 전산이기
2	가압류	~~20 년10월22일 제64382호~~	~~20 년10월17일 서울지방법원고양 지원의 가압류 결정(2003가단○ ○○)~~	~~청구금액 금100,000,000원 채권자 ○○○의파산관재인예금보험공사 서울특별시 중구 다동 33~~
3	~~임의경매개시결정~~	~~20년 1월 29일 제4190호~~	~~20년 1월 27일 서울지방법원 의정부지원의 경매개 시 결정(20 타경○○ ○)~~	~~채권자 ○○○○의파산관재인예금보험공사 서울특별시 중구 다동 33~~
4	소유권이전	20년 9월 1일 제65088호	20년 8월 30일 임의경매로 인한 매각	소유자 정○○

경기도 파주시 ○○동 1772-16 <제1호>　　　　　　　　　　고유번호

순위번호	등기목적	접 수	등기원인	권리자 및 기타사항
5	2번가압류, 3번임의경매개시결정 등기말소	20 년9월1일 제65088호	임의경매로 인한 매각	

【 을　구 】				(소유권에 관한 사항)
순위번호	등기목적	접 수	등기원인	권리자 및 기타사항
~~1~~ (전 3)	근저당권설정	~~20 년8월1일 제34575호~~	~~20 년8월1일 설정계약~~	채권최고액 금삼억사천만원정 채무자 ○○○ ~~파주시 ○○동 1772-16~~ 근저당권자 ○○○○조합 115641-0000012 ~~파주시 ○○동 65-30~~ 공동담보 동소 1772-16 토지, 위지상 재1호 ~~건물~~ 부동산등기법 제177조의6 제1항의 규정에 의 하여 20년 12월 9일 전산이기
2	1번근저당권설정 등 기말소	20년 9월 1일 제65088호	임의경매로 인한 매각	

── 이 하 여 백 ──

등기부등본(말소사항 포함)-토지

경기도 파주시 ○○동 1772-16 <제1호>　　　　　고유번호

【표 제 부】 (건물의 표시)

표시번호	접 수	소재지번 및 건물번호	지 목	면 적	등기원인 및 기타사항
~~1~~ (~~전 9~~)	~~20~~ ~~년2월3일~~	~~경기도 파주군 ○○읍 ○○리~~ ~~1772 16~~	~~태~~	~~163.9㎡~~	~~부동산등기법 제177조의 6 제1항의~~ ~~규정에 의하여 20 년 12월 07일~~ ~~전산이기~~
2		경기도 파주시 ○○동 1772-16	대	163.9㎡	2001년1월3일 행정구역변경 및 명칭변경으로 인하여 20년1월3일 등기

【갑　구】 (소유권에 관한 사항)

순위번호	등기목적	접 수	등기원인	권리자 및 기타사항
1 (전 2)	소유권이전	20년 1월 4일 제15호	20년 12월 30일 매매	소유자　김○○ 부동산등기법 제177조의 6 제1항의 규정에 의하여 20 년 12월 07일 전산이기

* 실선으로 그어진 부분은 말소사항을 표시함.　*등기부에 기록된 사항이 없는 갑구 또는 을구는 생략함.

경기도 파주시 ○○동 1772-16 <제1호>　　　　　고유번호

순위번호	등기목적	접 수	등기원인	권리자 및 기타사항
~~2~~	~~가압류~~	~~20 년12월15일~~ ~~제77502호~~	~~20년12월12일~~ ~~서울지방법원의정부지원~~ ~~의 가압류~~ ~~결정(20가단○○○○)~~	~~청구금액　금50,000000원~~ ~~채권자　○○○○조합~~ ~~115641-0000012~~ ~~파주시 ○○동 65-30~~
~~3~~	~~압류~~	~~20년12월19일~~ ~~제78407호~~	~~20년12월17일~~ ~~압류(세세13410 ○○○○)~~	~~권리자 파주시~~
~~4~~	~~임의경매개시결~~ ~~정~~	~~20년1월29일~~ ~~제4190호~~	~~20년1월27일~~ ~~서울지방법원~~ ~~고양지원의 경매개시~~ ~~결정(20정○○○○)~~	~~채권자　○○○○조합의파산관재인예금~~ ~~보험공사~~ ~~서울특별시 중구 다동 33~~
5	소유권이전	20년9월1일 제65088호	20년8월30일 임의경매로 인한 매각	소유자　정○○
6	2번가압류, 3번압류 4번임의경매개시결정 등기말소	20년9월1일 제65088호	임의경매로 인한 매각	

【을　구】 (소유권에 이외의 권리에 관한 사항)

순위번호	등기목적	접 수	등기원인	권리자 및 기타사항
~~1~~ (~~전 5~~)	~~근저당권설정~~	~~20년8월1일~~ ~~제34575호~~	~~20년8월1일~~ ~~설정계약~~	~~채권최고액 금삼억사천만원정~~ ~~채무자 ○○○~~

* 실선으로 그어진 부분은 말소사항을 표시함.　*등기부에 기록된 사항이 없는 갑구 또는 을구는 생략함.

경기도 파주시 ○○동 1772-16 <제1호>　　　　　고유번호

순위번호	등기목적	접 수	등기원인	권리자 및 기타사항
				~~파주시 ○○동 1772-16~~ ~~근저당권자 ○○○○조합 115641-0000012~~ ~~파주시 ○○동 65-30~~ ~~공동담보 동소 1772-16토지, 위자상재1호~~ ~~건물~~ 부동산등기법 제177조의 6 제1항의 규정에 의하여 20년 12월 07일 전산이기
2	1번근저당권설정 등기말소	20년 9월 1일 제65088호	임의경매로 인한 매각	

－－ **이　하　여　백** －－

수수료　1,200원 영수함　　　　　　　　　관할등기소 의정부지방법원 고양지원 파주등기소

이 등본은 부동산 등기부의 내용과 틀림없음을 증명합니다.
서기 20년 11월 10일

1) 등기부상의 권리관계는 근저당, 가압류, 임의경매가 모두 말소기준권리의 종류에 해당하지만 그중 주신협이 가장 앞선 일자로 되어 있어서 1순위 근저당이 말소기준권리에 해당한다. 그리고 가압류와 임의경매는 모두 말소촉탁이 되었다.

【건물표시변경등기신청】

접수	년 월 일 제 호	처리인	| 건물표시변경등기신청					
			접 수	조 사	기 입	교 합	등기필 통 지	각종 통지

부동산의 표시
변경전표시 　　　경기도 파주시 ○○동 1772 − 16 제 1 호 변경후표시 　　　경기도 파주시 ○○동 1772 − 16

등기원인과 그 연월일	20년 10월 22일　　　용도변경
등기의 목적	건물표시변경

구 분	성　　　명 (상호 · 명칭)	주민등록번호 (등기용등록번호)	주　　소 (소 재 지)
신 청 인	·정○○		

등 록 세	금	3,000	원
교 육 세	금	600	원
세 액 합 계	금	3,600	원

첨 부 서 면	
·건축물관리대장　　　　　　　　1통 ·등록세영수필확인서및통지서　1통 ·신청서부본　　　　　　　　　　1통 ·위임장　　　　　　　　　　　　통	<기　타>

20년 10월 22일

위 신청인　정○○　　　　　　　　　　　(전화 :　　 −　　)
(또는)위 대리인　　　　　　　　　　　　(전화 :　　 −　　)
　　　　　　　　지방법원　파주시　　 등기과(소) 귀중

- 신청서 작성요령 및 등기수입증지 첨부란-
* 1. 부동산표시란에 2개 이상의 부동산을 기재하는 경우에는 부동산의 일련번호를 기재하여야 합니다.
　2. 신청인란등 해당란에 기재할 여백이 없을 경우에는 별지를 이용합니다.
　3. 등기신청수수료(등기수입증지)를 이 란에 첨부합니다.

| 파 주 시 | | **등록세영수증 (자납분)** | | | | | | | 납 세 자
보 관 용 | | 파주시 | 510 |

등록세 납기는 등기접수전까지입니다.

납 세 번 호	과세가관	검	회계	과목	세목	년도	월	기준	읍면동	과세번호	검		등 기 원 인	
	480	3	30	102	2001	20	10	3	5○	01172○	5p		기납의등기등록	

등기물건 : ○○동 1772 − 16
주   소 :
납 세 자 :　　　　　　　　　　　주민등록번호 :　　　　−

세　　(과)　목	납 부 세 액
등 록 세	3,000
교 육 세	600
농 어 촌 특 별 세	0
합 계 세 액	3,600

과 세 표 준 액	0

담당자 : ○○○　　　　　　　　위의 금액을 영수합니다.
문의 : 031−○○○−○○○

20년 10월 22일

수납인

※ 납부장소 : 파주시관내 시중본행, 전국우체국, 농협(읍면농협포함)
※ 영수증을 5년간 보관하시기 바라며, 과세증명서로 사용할 수 있습니다.

2) 그런데 토지등기부등본에는 …1772−16으로 정확히 등기되어 있는데 건물등기부등본의 표시번호 2번까지는 …1772−16 제1호로 "제1호"라고 표시가 되어 있다. 제1호라는 의미는 이전의 건물등기부에 1772−16호라고 등기가 되어 있어서 신축건물에 대하여 등기관이 1772−16 제1호라고 등기한 것이다. 그런데 경매신청은 실제현황에 제1호가 없는데도 건물등기부에 표시되어 있는 제1호로 경매가 진행된 것이다. 이렇게 현황과 등기부가 일치하지 않으면 나중에 금융대출을 제대로 받을 수 없는 문제가 발생한다. 이렇게 된 원인은 이전 채무자(김○○)가 …1772−16호의 건물을 멸실시키고 신축을 한 건물에 건물등기신청을 할 때 구 건물을 멸실등기하지 않고 등기를 신청하였기 때문이었다. 할 수 없이 경락인이 경락잔금을 납부한 후 건물표시변경등기신청을 하였다. 건물표시변경등기신청을 할 때는 앞의 서식을 작성하여 멸실등기된 구 건축물대장과, 등록세영수필 확인서 및 통지서(소재지 시·구청의 세무관서에서 발급), 신청서부본을 첨부하여 등기소에 제출한다. 등기관은 서류를 심사한 후 이상이 없으면 1772−16 제1호를 삭제하고 1772−16호로 기재한 등기부권리증과 등기부등본을 교부한다. 결과적으로 경락대금을 완납한 후에 앞에 있는 건물표시변경등기신청서의 내용을 작성하여, 관할구청에서 멸실된 1772−16번지의 건축물대장을 발급받아,

앞에서 설명한 신청서류 등을 관할등기소에 제출함으로써 본 사례의 물건은 정
상적으로 건물등기부등본에 1772-16로 등기가 이루어지게 되었다. 위의 건물등
기부등본 표제부의 표시번호 3번 란을 보면 정상적으로 1772-16으로 등기가
이루어진 것을 알 수 있다.

3) 배당분석

채 권 계 산 서

　사 건　명 : 20 타경 ○○○○호 부동산 임의경매
　채 권　자 : ○○○○조합의 파산관재인 예금보험공사
　채 무　자 : ○○○
　소 유　자 : ○○○
　가압류권자 : ○○○○조합의 파산관재인 예금보험공사(구. ○○○○조합)

　당사자간 귀 지원 20 타경 17765호 부동산 임의경매 사건에 관하여 위가압류
권자인 ○○○○조합은 최고서를 받은바 아래와 같이 채권계산서를 제출합니다.

☞ 아　　래 ☜

　1. 보증채무금(신원보증 채무에 기한 손해배상청구채권)
　'20. 12. 15. 접수 서울지방법원 의정부지원 부동산가압류결정 20. 12. 12.
2001(카단○○○○)

금 50,000,000원정

　(이상내용은 첨부자료와 같음)

　　첨부　1. 가압류결정문사본 1부.
　　　　　2. 부실책임조사서 1부.
　　　　　3. 신원보증서 사본 1부.
　　　　　4. 위임장 1부.　끝.

20. .

위 가압류권자 : ○ ○ ○ ○ 조 합
파산관재인 예금보험공사
법률상대리인 ○○○

의정부지방법원 고양지원 경매○계 귀중

　　　채권계산서는 배당표나 배당표원안의 작성을 위해서 배당기일이 정하여진
때에는 집행법원은 민사집행법 제148조 각 호의 배당받을 채권자에게 채권의 원

금·배당기일까지의 이자, 그 밖의 부대채권 및 집행비용을 적은 계산서를 송달받은 날로부터 1주 안에 법원에 제출할 것을 최고한다(민사집행규칙 81조). 위의 채권계산서는 법원으로부터 채권계산서의 제출을 요하는 최고를 받고 제출한 경우이다. 배당기일이 정해지면 법원사무관은 아예 배당기일통지서에 채권계산서를 1주 이내에 제출할 것을 최고하는 취지를 부기하여 송달한다.

채권계산서를 제출하여도 이는 배당요구의 종기 후에 제출된 것이므로 독립된 배당요구의 효력이 생기는 것이 아니고 현존 채권액을 확인하려는 의미밖에 없다. 따라서 종전의 채권액을 원칙적으로 확장할 수는 없고 다만 감소된 채권계산서를 제출한 경우에는 감소된 금액을 기준으로 배당표를 작성할 수는 있다.

최고서를 받고 채권계산서를 제출하지 아니한 경우에는 집행력 있는 집행권원의 정본, 등기부등본 등 기록에 나타나 있는 자료에 의하여 배당표를 작성한다. 특히 당연히 배당을 받을 수 있는 민사집행법 제148조 제3호 및 제4호의 채권자가 배당요구의 종기까지 채권신고를 하지 아니한 때에는 그 채권자의 채권액은 등기부등본 등 집행기록에 있는 서류와 증빙에 따라 계산한다. 이 경우 후에 계산서를 제출하여도 추가하지 못한다(민사집행법 84조 5항).

가압류 중 첫 경매개시결정등기 전에 등기된 것은 배당요구를 하지 않아도 배당을 받을 수 있지만 첫 경매개시결정 등기 이후에 등기된 것은 배당요구의 종기까지 배당요구를 한 경우에 한하여 배당을 받을 수 있다(민사집행법 84조 4항 및 5항, 동법 88조, 동법 148조 2호 및 3호). 예컨대 갑이 가압등기를 경매개시결정등기 이전에 한 경우에는 배당요구의 종기까지 하지 아니한 경우에도 후에 채권계산서의 제출을 최고기일까지 하거나, 아니면 하지 아니한 경우에도 법원은 등기부등본 등 집행기록에 있는 증빙에 따라 배당을 실시한다. 그러나 갑이 가압류등기를 경매개시결정등기 이후에 한 경우에는 배당요구의 종기까지 배당요구를 한 경우에 한하여 인정받을 수 있다.[44] 그러나 민사집행법 제84조 제1항, 동법 제88조 제1항, 동법 제148조 제1호 및 제2호에 따른 우선변제권을 행사한 경우에는 가장 채권자가 우선하여 배당을 받을 수 있는 문제의 소지가 있다.[45] 따라서 배당기일

---

[44] 2002. 7. 1. 민사집행법이 시행되기 이전에는 배당요구의 종기일이 낙찰허가일까지로 되어 있어서(구 민사소송법 605조 1항) 최고가매수신고가 결정된 후에도 낙찰허가일(매각허부결정일) 이전까지 권리신고를 한 경우에는 우선변제권을 인정받았다.

에 예상치 않았던 담보권 등이 경매개시결정등기 이후에 우선하여 배당을 받는 경우에 이해관계인은 배당이의를 적극적으로 구두나 서면으로 제기하고 7일 이내에 배당이의의 소를 제기하여 권리를 주장하는 것이 합리적일 것이다.

【당해세】

주　　　소 : 경기도 파주시 ○○동 ○○○번지	전　화 :	
담　당　자 : ○○○	민　송.	
문 서 번 호 : 시세-9584		

의정부지방법원 고양지원 경매 ○ 계 (배당일 : 20. 9. 24.) (사건번호 :　　　　　)

체납자	주소(거소)	경기도 파주시 ○○동						
	성　명	김○○				(주민, 업체번호　　　)		
교부청구액		금액　　　　구십사만칠천팔백칠십　원정 (　　　947,870)						
경매물건		1. ○○동 1772-16 대 163.9㎡ 2. 위 지 상　근생 및 주택 　1층 97. 445㎡ (근생) 2층 97.445㎡　(주택)						

연도	과세번호	법정기일	세 목	세 액	가 산 세	가 산 금	합 계	비 고
2003	006072	20. 7. 10.	재산세	239.950	0	11,980	251,930	당해세
			과세대상	○○동 1772-16 (194.88)				
2003	086785	20. 10. 10.	종합토지세	189,020	0	9,440	198,460	당해세
			과세대상	○○동 1772-16 (194.88) (면적 163.9㎡)				
2004	000505	20. 6. 10.	종합토지세	224,050	0	11,180	235,230	당해세
			과세대상	○○동 1772-16 (194.88) (면적 163.9㎡)				
2004	006243	20. 7. 10.	재산세	249,780	0	12,470	262,250	당해세
			과세대상	○○동 1772-16 (194.88)				
합　　계				902,800	0	45,070	947,870	

-지방세법 제34조 제2항의 사유로 인하여 위의 금액을 교부받고자 국세징수법 제56조의 규정에 의하여 상기와 같이 교부청구합니다.

　　　　　　　　　　　　　　　　　　　　　　　　　　　　　　　20년 09월 07일

　　　　　　　　　　　　　파 주 시 장

　　낙찰금액 286,670,000원으로 경매신청비용과 당해세 450,490원을 제한 나머지 금액을 경매신청권자인 근저당권자 주신협이 배당을 받았다. 주신협의 채권액은 이자금액까지 합하면 청구금액을 초과하고 있지만 근저당권의 최고액을 초과할 수 없어 등기한 최고액의 범위 내에서 배당을 받고 말소되었다. 이후 순위자인 가압류권자는 한 푼도 못 받고 말소되었다.

45) 전장헌, 민법과 민사집행법의 관계, 법률정보센타, 2005, 58면, 222면 이하.

(4) 매각물건명세서 및 감정평가서

○○지방법원 ○○지원

매각물건명세서

사건	20 타경○○○부동산임의경매		매각물건 번호	1	작성일자	20. 6. 29.	담임법 관	
부동산 및 감정평가액 최저매각가격의 표시		부동산표시목록 참조	최선순위 설정 일자		근저 20. 8. 1.			

부동산의 점유자와 점유의 권원, 점유할 수 있는 기간, 차임 또는 보증금에 관한 관계인의 진술 및 임차인이 있는 경우 배당요구 여부와 그 일자, 전입신고일자 또는 사업자등록신청일자와 확정일자의 유무와 그 일자

점유자의 성명	점유부분	정보출처 구분	점유의 권원	임대차기간 (점유기간)	보증금	차 임	전입신고일 자·사업자 등록신청일 자	확정 일자	배당요구 여부 (배당요구 일자)
김○○	목록2의 1층 전부	현황 조사	임차인	20. . 부터 사용시	무	400,000	미전입	미상	

\<비고\>

※ 최선순위 설정일자보다 대항요건을 먼저 갖춘 주택·상가건물 임차인의 임차보증금은 매수인에게 인수되는 경우가 발생할 수 있고, 대항력과 우선변제권이 있는 주택·상가건물 임차인이 배당요구를 하였으나 보증금 전액에 관하여 배당을 받지 아니한 경우에는 배당받지 못한 잔액이 매수인에게 인수되게 됨을 주의하시기 바랍니다.

■ 등기된 부동산에 관한 권리 또는 가처분으로 매각허가에 의하여 그 효력이 소멸되지 아니하는 것

해당사항 없음

■ 매각허가에 의하여 설정된 것으로 보는 지상권의 개요

해당사항 없음

■ 비고란

※ 주1 : 경매, 매각목적물에서 제외되는 미등기건물 등이 있을 경우에는 그 취지를 명확히 기재한다.

　2 : 최선순위 설정보다 먼저 설정된 가등기담보권, 가압류 또는 소멸되는 전세권이 있는 경우에는 그 담보가 등기, 가압류 또는 는 전세권 등기일자를 기재한다.

　　　매각물건명세서에는 개략적인 임대차현황관계와 등기부상의 권리관계를 기재하며 공신력은 인정되지 않는다. 민사집행법 제91호 제3호와 4호의 인수주의와 소제주의에 해당하는 내용과 유치권, 법정지상권의 여부를 기재한다. 감정평가서는 그 입찰부동산에 대한 시세를 파악하는 데 참고가 된다. 참고 정도로 보면 된다. 감정평가액을 전적으로 신뢰하고 입찰에 참여한 경우에는 감정가와 시세차액으로 이익을 보는 경우도 있지만 불의의 손해를 보는 경우도 있다. 따라서 직접 현장을 방문하여 확인하고 점검하는 것이 바람직하다.

【부동산현황조사보고서】

부동산현황조사보고서

○○○○ 사법보좌관 귀하

20타경○○○ 부동산경매사건에 관하여 다음과 같이 부동산의 현황을 조사보고 합니다.

1. 부동산의 표시 : 별지참조
2. 조사의 일시 : 20년 3월 15일 09시 45분
3. 조사의 장소 : 부동산 소재지 현장
4. 조사의 방법 : 임차인 김○○를 참여시키고 현장에서 조사함.
5. 야간·공휴일에 실시한 경우, 그 사유

없음.

첨부 :
1. 부동산의 현황 및 점유관계 조사서
2. 임대차관계 조사서
3. 주민등록표교부신청서 1통.

20. 3. 30.
집행관

(수수료 63,260원)

※ 집행법원은 경매개시결정을 한 뒤에 바로 집행관에게 부동산의 현상, 점유관계, 차임 또는 보증금의 액수, 그 밖의 현황에 관하여 조사하도록 명하여야한다. 집행관은 위의 부동산현황조사보고서를 위하여 건물에 출입할 수 있고, 건물을 점유하는 제3자에게 질문하거나 문서의 제시를 요구할 수 있고, 필요한 때에는 잠긴 문을 여는 등 적절한 조치를 할 수 있다(민사집행법 82조, 85조). 집행관은 조사 후에 소정의 현황조사보고서를 제출하고, 입찰자들은 이 서류를 근거로 임대차 관계를 분석한 후 입찰에 참여한다.

감 정 평 가 서

물건명	○ ○ ○ 소유물건 (20타경 ○ ○ ○)
감정평가서번호	

(주)거벽감정평가

주상복합용부동산 평가표

			기 호	

평가가액	283,367,990. −			
평가 의뢰인	(주) 거벽감정평가	평가목적	경매	
소 유 자 (대상업체명)	김○○ (20타경○○○)	제 출 처		
평가조건	− −			

목록표시근거	귀 의뢰목록	가격시점	조사기간	작성일자
		20. 3. 26.	20. 3. 26.	20. 4. 2.

평가내용	사 정		평 가 가 격	
	종 별	면적 또는 수량	단 가	금 액
	토 지	163.9㎡	1,200,000	196,680,000
	건 물	194.89㎡	−	85,946,490
	제시외건물	21.5㎡	−	741,500
	합 계			283,367,990. −

※ 간혹 아파트나 연립 등을 경매 신청할 때는 토지에 대한 감정평가가 빠진 경우가 있다. 그 원인은 토지에 대한 지분등기가 이루어지지 않은 상태에서 건물만 소유권보존등기를 하고, 그 건물만 경매신청한 경우에 발생한다. 이런 경우에도 90% 이상은 향후 확정될 대지지분권에 대한 감정은 하고 경매가 이루어지기 때문에 문제가 되지는 않는다. 나중에 매각대금을 납부하고 대지지분을 감정평가한 감정평가 서류, 매각잔금납부완납 증명원을 집행법원에서 발급받아 건설시행사에 제출하면 대지지분권을 이전받을 수 있다.

평 가 의 견 서

1. 평가개요

본 평가는 ○○시 ○○동 소재 '○○' 남동측 인근 주거지역 내에 위치한 주상복합용 부동산에 대한 경매 목적의 감정평가입니다.

2. 평가방법

가. 토지는 당해 토지와 유사한 이용가치를 지닌 인근지역 내 표준지공시지가를 기준으로 공시기준일부터 가격시점까지의 지가변동추이 및 당해 토지의 위치·형상·환경 등 토지의 객관적 가치에 영향을 미치는 제요인과 인근지 지가 수준 등을 종합적으로 참작하여 평가하였습니다.

나. 건물은 구조·사용자재·시공정도·부대설비 및 관리상태 등을 종합적으로 참작하여 원가법으로 평가하되, 면적사정은 등기부등본상 면적과 건축물대장등본상 면적이 서로 상이하여 귀 의뢰목록 및 건축물대장등본을 기준하였습니다.

다. 제시외건물은 구조·사용자재·시공정도 및 부대설비 등을 종합적으로 참작하여 원가법으로 평가하되, 면적사정은 개략적인 실측에 의하였으며 감가수정은 현상 및 관리상태 등을 감안하여 관찰감가하였습니다.

3. 토지가격 산출개요

가. 비교공시지가 표준지(20.1.1. 기준)

일련번호	소재지	면적(㎡)	지목	이용상황	용도지역	도로교통	형상지세	공시지가(원/㎡)
41480-27	○○동 ○○○-8	221.1	대	상업용지	제2종일반주거	소로한면	세로장방형평지	950,000

※ 위의 서류는 인근지역의 유사한 부동산을 평가한 내용이다. 참고적으로만 이용하고 실질적으로는 유사한 물건의 매각가액이 입찰가액을 결정하는 데 중요한 역할을 한다.

토지·건물평가명세표

기 호	소재지	지 번	지목 용도	용도지역 및 구조	면 적(㎡) 공 부	면 적(㎡) 사 정	평 가 가 격 단 가	평 가 가 격 금액	비 고
1	경기도 ○○○ ○○○	○○○○	대	제2종 일반주거지역	163.9	163.9	1,200,000	196,680,000	
ㄱ	제시외 건물	○○○○ 위지상	근린생활 시설 및 주택	일씨쇼 빗 연와조 슬래브지붕 2층					
			(근린생활 시설 소매점)	1층	97.445	97.445	378,000	36,834,210	450,000× 42/50
				2층	97.445	97.445	504,000	49,112,280	600,000× 42/50
ㄴ	경기도 ○○○ ○○○	○○○○	(창고)	샌드위치판넬조 판넬지붕 단층	(11.3)	11.3	25,000	282,500	50,000× 5/10
			(보일러실 등)	알루미늄새시조 슬래브지붕 단 층	(10.2)	10.2	45,000	459,000	90,000× 5/10
합 계								₩283,367,990.-	

토 지 평 가 요 항 표

---

1. **위치 및 부근의 상황**

   본건의 ○○○○○남동측 인근에 위치하며, 부근에는 일반 대중음식점 및 중소규모의 점포, 학원 등이 소재하여 무난상황은 보통시 됨.

2. **교통상황**

   차량출입이 용이하며, 인근에 시내·외 버스정류장이 소재하여 대중교통사정은 대체로 무난한 편임.

3. **형태 및 이용상태**

   장방형의 가각정리된 토지로서 인접지와 등고평탄한 주상복합용 건부지로 이용중임.

4. **도로상태**

   본건 남측 및 서측으로 각각 로폭 약 8미터, 약 10미터의 포장도로와 접함.

5. **토지이용계획관계 및 공법상 제한상태**

   제2종일반주거지역, 토지거래허가구역임.

6. **제시목록외의 물건**

   없음.

7. **공부와의 차이**

   없음.

4-1

건 물 평 가 요 항 표

---

6. **공부와의 차이**

   없음.

7. **기타사항**

   가. 소유자 : 20. 3. 25일자 등기부등본상 '김○○'임.

   나. 임대관계 : 현장조사지 1층은 임대중인 것으로 임차인에 의해 조사되었으나, 구체적 임대내역은 답변거부에 따라 미상임.

   다. 기타 : 등기부등본상 면적과 건축물대장등본상 동일하니 경매취급시 참고하시기 바람.

5

※ 도로가 가능한 한 4미터 이상 접하고 있는 토지를 매입하는 것이 좋다. 향후 건물을 신축할 때 4미터 이상을 접하고 있지 않으면 건축허가가 나오지 않을 수 있기 때문이다. 위의 물건과 같이 양측으로 각각 도로에 접하고 있는 물건이 상가로도 발전할 가능성이 있다. 위의 서류에는 토지거래허가 구역이라고 명기되어 있는데 경매로 토지를 매입하는 경우에는 허가를 받지 않아도 소유권을 이전받을 수 있는 장점이 있다. 다만, 위의 물건은 근린상가라 허가 여부와는 관계없다.

【토지이용계획확인서】

토지이용계획확인서				처리기간
				1일

신 청 인	성 명		주 소			
대 상 지	토 지 소 재 지		지 번	지 목	지 적(㎡)	
	경기도 ○○○		○○○ - ○○○			

확 인 내 용	1	도시관리 계 획	용 도 지 역	제2종일반주거지역
			용 도 지 구	
			용 도 구 역	
			도시계획시설	
			지구단위계획구역	
			기 타	
	2	군사시설	[해당없음]	
	3	농 지	[해당없음]	
	4	산 림	[해당없음]	
	5	자연공원	[해당없음]	
	6	수 도	[해당없음]	
	7	하 천	[해당없음]	
	8	문 화 재	[해당없음]	
	9	전원개발	[해당없음]	
	10	토지거래	[해당없음]	
	11	개발사업	[해당없음]	
	13	기 타	[해당없음]	

국토의계획및이용에관한법률 제132조제1항의 규정에 의하여 귀하의 신청 토지에 대한 현재의 토지이용계획사항을 위와 같이 확인합니다.	수 수 료
	000원

20년 03월 18일 오전 11 : 57 : 55

○ ○ 시 장

전산발급에 따라 기발급된 토지이용계획확인원과 상이한 경우

건축 및 매매 등 중요한 사항은 관계직원에게 재확인 바랍니다.

※ 특히 토지를 매입할 때는 토지이용계획 확인서를 관할 시·군·구청에서 발급 받아 어떠한 공법상의 제한을 받고 있는지 확인할 필요가 있다.

(5) 즉시항고

【매각허가결정문】

○○○지방법원 ○○○지원

매각허가결정

사　　　건　　　　20타경○○○ 부동산임의 경매

최고가매수신고인　　정○○

매각가격　　　　　286,670,000원

별지 기재 부동산에 대하여 최고가로 매수신고한 위 사람에게 매각을 허가한다.

20. 7. 21.

사법보좌관　○　○　○

　　매각허가결정은 최고가매수신고 후 7일 이내에 매각허부 결정을 한다. 매각허가결정이 난 후 7일 동안 이해관계인은 매각허가결정 여부에 대하여 즉시항고를 할 수 있다. 즉시항고가 접수된 경우 집행법원은 잔금지급 기한일을 정할 수 없다. 위의 사례는 매수인이 부동산의 현황과 공부상의 표시가 일치하지 않음을 이유로 항고를 제기하였다. 즉시항고를 하고자 할 때는 매각대금의 1/10의 공탁금을 납부해야 한다. 공탁금은 보증보험으로도 가능하지만 현금공탁을 원칙으로 하고 있다.

【즉시항고장】

즉시항고장

사　건 : 20타경○○○ 부동산임의경매
채권자 :
채무자 : 박○○
소유자 : 김○○

매수인 : 정○○

위 사건의 매수인은 귀원의 매각허가결정(20. 7. 21.자)에 대하여, 그 매각절차에 다음과 같은 흠결이 있으므로 민사집행법 제129조 제2항에 따라 다음과 같이 즉시항고를 제기합니다.

항고취지

이 사건에서 20. 7. 21.자로 정○○에 한 매각허가결정을 취소하고 동인에 대한 매각을 불허가하는 재판을 구함.

항고이유

1. 등기부
① 건물 : 경기도 ○○시 ○○○ 지상
　　　시멘트 블록조 시멘트 기와지붕
　　　단층주택 64.19㎡
② 건물 : 경기도 ○○시 ○○○
　　　알씨조 및 연와조 슬래브지붕 2층

2. 건축물대장에 건물은 이미 폐쇄되어 없음.

첨부서류 : 1. 등기부등본 2통
　　　　　2. 건축물대장 2통

20. 7. 27.

위 항고인 : 정○○

지방법원 지원 귀중

【즉시항고의 각하】

○○○**지방법원** ○○○**지원**
결정

사 건 20타경 ○○ 부동산임의경매

채권자 ○○○

채무자 박○○

소유자 김○○

주 문

이 사건 매각허가결정에 대한 즉시항고를 각하한다.

이 유

기록에 의하면 당원은 20. 7. 21.자 최고가 매수신고인에 대하여 매각허가결정을 하였는바, 위 결정에 대하여 최고가 매수신고인이 항고를 할 경우 항고장에는 보증을 제공하였음을 증명하는 서류를 첨부하여야 함에도 이를 첨부하지 않았으므로 민사집행법 제130조 제4항에 의하여 주문과 같이 결정한다.

20. 7. 29.

판사 ○ ○ ○

(6) 소유권이전등기

매각허가결정이 확정되면 집행법원은 대금의 지급기한일을 정하고, 이를 매수인과 차순위 매수신고인에게 통지하여야 한다(민사집행법 142조 1항). 매수신청의 보증으로 금전이 제공된 경우에 그 금전은 매각대금에 넣는다(동법 2항). 다만 매수신청의 보증으로 금전 외의 것이 제공된 경우로서 매수인이 매각대금 중 보증액을 뺀 나머지 금액만을 낼 때에는 법원이 보증을 현금화하여 그 비용을 뺀 금액을 보증금액에 해당하는 매각대금 및 이에 대한 지연이자에 충당하고 부족한 금액이 있으면 다시 대금지급기한을 정하여 매수인으로 하여금 납부하게 한다(동법 3항). 차순위 매수신고인은 매수인이 대금을 모두 지급한 때 매수의 책임을 벗게 되고 즉시 매수신청의 보증을 돌려줄 것을 요구할 수 있다(동법 4항). 구법에서는 대금지급기일에 경락대금을 납부할 수 있도록 규정하고 있어(구 민사소송법 654조) 경락인이 설사 대금을 미리 준비하고 있더라도 납부를 할 수가 없었다. 그래서 경락인이 잔금지급기일 경락잔금을 납부하러 법원에 가면 바로 이전에 경매신청채권자의 채권액을 채무자 등이 변제하고 경매를 취소시키는 문제가 있었다. 구법의 제도는 채무자를 위한 시각에서는 타당하였지만 그 제도를 악용하여 즉시항고를 남발하는 문제점이 있었다. 그래서 현행법에서는 대금지급기한일까지로 규정하였다. 따라서 경락허가결정(매각허가결정)[46]이 확정된 후 3일 이후부터 잔금지급기한일까지 사이에 경락인이 경락잔금을 납부하는가, 아니면 경매신청채권자의 채권액을 채무자 등이 먼저 변제하느냐에 따라 권리관계가 달라진다고 볼 수 있다.

---

46) 본서에는 이해를 위하여 매각이나 매수 등의 용어를 경락이나 낙찰 등으로 호칭한다.

【대금지급기한지정통지】

○○○**지방법원** ○○○**지원**
대금지급기한지정

사　건　20타경 ○○○ 부동산임의경매
채권자
채무자　박○○
소유자　김○○

위 사건의 대금지급기한을 20. 8. 27. 10:00로 정한다.

해당물건번호 : 1

20. 7. 30.
사법보좌관　○　○　○

【등기촉탁서류】

대금완납에 따른 등기촉탁 신청서

사　건 : 20타경○○○ 부동산임의경매
채권자 : ○○○
채무자 : 박○○
소유자 : 김○○

매수인 : 정○○

부동산의 표시 : 별지목록기재와 같음.

　위 사건에서 매수인은 매각대금 전액을 완납했으므로, 위 부동산에 대하여 매수인 앞으로 소유권이전등기 및 별지목록기재 말소할 등기를 말소하는 등기촉탁을 하여 주시기 바랍니다.

첨부서류

1. 등기부등본 1통
2. 토지 및 건축물대장등본 각 1통
3. 과표 및 시가표준액 산정내역 1통
4. 등록세(교육세 포함) 영수필확인서 및 영수필통지서 각 2통
5. 국민주택채권 매입필증 1통
6. 주민등록(매수인)등본 1통 끝.

20. 8. 25.
위 매수인 : ○○○

【대금완납에 따른 등기촉탁 신청서】

대금완납에 따른 등기촉탁 신청서

사　건 : 20타경○○○ 부동산임의경매
채권자 : ○○○
채무자 : 박○○
소유자 : 김○○

매수인 : 정○○

※송달우표 : 금 5,400원

※등록세(교육세 포함)[47]
　1. 이전 등록세 : 금 10,320,120원(매각대금 286,670,000원×36/1,000)
　2. 말소 등록세 : 금 25,200원(3,600원×7)

※국민주택채권 : 금 8,420,000원
　1. 토지 : 금 7,350,000원
　2. 건물 : 금 1,070,000원

※등기신청수수료 : 금 30,000원(대법원 증지)
　1. 이전 : 8,000원×2=16,000원
　2. 말소 : 2,000원×7=14,000원

○○○지방법원 ○○○지원 귀중

【말소사항】

말소할 등기

(20타경○○○)

1. 가압류(토지만)
　20. 12. 15. 접수 제○○○호

2. 가압류(건물만)
　20. 10. 22. 접수 제○○○호

3. 압류(토지만)
　20. 12. 19. 접수 제○○○호

4. 임의경매(토지, 건물)
　20. 1. 19. 접수 제○○○호

5. 근저당권(토지, 건물)
　20. 8. 1. 접수 제○○○호

－이　상－

---

47) 등록세율은 물가변동 등으로 앞으로 계속적이며 수시로 변경될 것이다. 다만 본 사례의 세목종류와 절차를 숙지하여 앞으로 변경되는 현행세율에 맞추어 계산하면 될 것이다.

【과세산정내역】

소유권이전등기

(○○○타경○○○)

매수인 : 정○○

과표 및 시가표준액 산정내역

※ 과표(등록세의 산정)

목적부동상 매각대금 : 금 286,670,000원

1. 이전등록세(교육세 포함) : 금 10,320,120원

   등록세 : 금 8,600,100원(×30/1,000)

   교육세 : 금 1,720,020원(×20%)

2. 말소세금합계 : 금 25,200원(7건)

※ 시간표준액(주택채권의 산정)

1. 토지 과표 : 금 163,408,300원×45/1,000=금 7,350,000원

2. 건축물 과표 : 금 30,597,730원×35/1,000=금 1,070,000원

채권합계 : 금 8,420,000원

-이 상-

※ 위의 소유권 이전등기신청을 작성하여 집행법원에 제출할 때는 등록세, 국민주택채권, 등기신청수수료에 대한 금액을 계산한 서류와 소유권이전 및 말소할 등기목록서 등을 첨부하여 제출해야 한다.

취득세를 매각잔금 납부 이후 1개월 이내에 관할 시·군·구청에 자진 납부해야 하고, 그 후에는 20%의 가산금을 납부해야 하기 때문에 소유권이전등기신청은 실질적으로 잔금납부일로부터 30일 이내에 하여야 할 것으로 본다.

(7) 인도명령

본 물건의 임차인(김○○)은 법원으로부터 권리신고 및 배당요구 신청통지서를 받았지만 신고를 하지 않았다. 그 이유는 집행관이 조사한 부동산의 현황 및 점유관계서에도 나타나고 있듯이 보증금이 없고 월세만 월 40만씩 지급하고 있었기 때문인 것 같다. 직접 해당 동사무소나 세무서에서 경락을 받았다는 증명서[48]를 제출하면 주민등록등본이나 사업자등록등본을 발급받을 수는 없어도 주소별 열람은 가능하다. 주민등록등본이나 초본의 내용을 직접 발급받고자 할 때는 법원으로부터 받은 주소보정명령서를 첨부하여 동사무소에 제출해야 발급받을 수가 있다. 주소보정명령은 채무자나 임차인 등에게 주소지로 송달이 되지 않을 때 발급받을 수 있다.

---

[48] 경락을 받았다는 사실만 증명하면 되기 때문에 특별한 서류를 요하는 것은 아니나, 매각허가증명원, 잔금납부완납증명원, 소유권이전등기부 등이 해당할 것이다.

【임차인에 대한 통지】

서울지방법원

통 지 서

김 현 주, 천 정 짐 귀하

사건   20 타경8482   부동산임의경매

채권자 주식회사 고려은행(리스크관리부)

채무자 동흥국제주식회사

소유자 박 철 수

부동산의 표시   별지와 같음

1. 귀하가 임차하고 있는 부동산에 관하여 위와 같이 입찰절차가 진행중임을 알려 드립니다.

2. 귀하의 임차보증금이 소액임차권으로써의 요건을 구비하고 있는 경우에는 이 법원에 배당요구를 함으로써 낙찰대금으로부터 보증금 중 일정액을 우선변제받을 수 있습니다.

3. 배당요구는 배당요구신청서에 임대차계약서 사본, 주민등록표 등본(본인의 전입일자 및 임차인의 동거가족이 표시된 등본) 및 연체된 차임 등이 있을 때는 이를 공제한 잔여 보증금에 관한 계산서를 첨부하여 위 입찰사건의 첫 경매기일 이전까지(민사집행법 84조 1항) 이 법원에 제출하여야 하며, <u>배당요구를 하지 아니한 경우에는 소액임차권이라도 배당을 받을 수 없습니다.</u>

20. 4. 9.

법원사무관   강 대 정 (인)

① 부동산의 현황 및 점유관계 조사

• 부동산의 점유관계

소재지	1. 경기도 파주시 ○○동 ○○○－○○○
점유관계	채무자(소유자)점유
기 타	현황 : 대지

소재지	2. 경기도 파주시 ○○동 ○○○－○○○
점유관계	채무자(소유자)점유, 임차인(별지)점유
기 타	현황 : 대지

• 부동산의 현황

1) 제시외·판넬조 판넬지붕 창고 약 3평
2) 목록2의 2층은 소유자 김○○이 점유하며 1층은 임차인 김○○이 창고로 사용하고 있다고 참여자
   김○○이 진술함.

② 임대차관계조사서

• 임차 목적물의 용도 및 임대차 계약등의 내용

	점유인	김○○	당사자구분	임차인
	점유부분	목록2의 1층 전부	용도	기타－창고
1	점유기간	20년부터 사용시		
	보증(전세)금	무	차임	월 40만원
	전입일자	미전입	확정일자	미상

③ 주소별 세대열람 내역

행정기관 : ○○2동

작업일자 : 20년 7월 28일
페이지 : 1

주소 : 경기도 파주시 ○○동 ○○○
부터 경기도 파주시 ○○동 ○○○

순 번	세대주성명　전입일자　거주상태	최초전입자성명　전입일자 거주상태
	주 소	
	() 해당주소의 세대주가 존재하지 않음. －－	

1) ①번 부동산 현황 및 점유관계조사, ②번 임대차 관계조사서는 집행법원
에서 조사한 내용으로 입찰기일 이전에 대법원 인터넷이나 법원에서 열람이 가
능하다. 임대차 권리분석에 있어서 상당히 중요한 서류에 해당한다. 감정평가사
가 임대차 관계를 정확히 기재하지 않아 매수인에게 손해가 발생한 경우 감정평
가사에게 손해배상의 책임이 있다. 매수인이 잔금을 납부하여 소유권등기신청을
할 때는 이 서류없이 인도명령결정신청서만 집행법원에 제출하여도 된다.

【인도명령결정문】

신청인 ○○○
        정○○
        208999646114   ○○○-○○○

	경매○계

○○○지방법원 ○○○지원

결 정

사 건   20 타기1495   매각부동산인도명령

신청인   정○○ : 000

피신청인   김○○ : 파주시 ○○○동 ○○○-○○
          김○○ : 파주시 ○○○동 ○○○-○○

주문   피 신청인은 신청인에게 별지목록기재 부동산을 인도하라.

이유   이 법원 20 타경 ○○○○호 부동산임의경매에 관하여 신청인의 인도명령 신청이 이유있다고 인정되므로 주문과 같이 결정한다.

정본입니다.
20. 9. 2.   20. 9. 2.
            법원사무관 ○○○

사법보좌관 ○ ○ ○

2) 인도명령결정신청은 잔금납부 후 6개월 이내에 집행법원에 신청해야 한다. 6개월이 지난 후에는 명도소송을 제기해야 하기 때문에 주의해야 한다. 피신청인이 두 명 이상이면 인도명령결정신청의 피신청인란에 함께 신청하는 것이 시간과 비용을 절약할 수 있다. 집행법원은 특별한 사정이 없으면 인도명령결정문의 주문란에 위의 사례와 같이 2명을 병합하여 결정문을 내어준다.

정본은 {피신청인 김○○
{피신청인 김○○   에 대한 강제집행을 실시하기

위하여 신청인 정○○에게 부여합니다.

20. 9. 24.

○○○지방법원 ○○○지원

법원사무관 ○○○(인)

민소479   2-134
주 : 이 정본에는 법원의 인을 찍을 것.

  인도명령결정문에 표시된 자를 상대로 강제집행을 할 때는 인도명령결정문
에 집행문을 부여받아야 하며,[49] 송달증명서, 인도명령결정문, 집행비용을[50] 준
비하여 목적물의 소재지 집행관사무실에 접수하면 된다. 이후 집행관과 현장에
계고집행을 하러 가는데 접수 후 약 1개월에서 2개월 정도 후 계고집행을 한다.
계고집행은 피신청인에게 언제까지 목적물을 경락인(매수인)에게 명도하여 줄 것
인가, 인도(명도)해야 할 목적물의 양과 종류는 어떠한지를 조사하여 집행비용 등
을 산출한다. 계고집행은 집행관 사무실에 교통비용 정도를 납부하고 집행을 한
다. 사례의 표에 나와 있듯이 약 20만원 정도가 들어간다. 집행관과 함께 목적물

---

49) 현재는 모든 법원이 인도명령결정문에 집행문을 부여받을 것을 요구하고 있다.
50) 목적물의 평수나 위치, 내용 등에 따라 집행비용이 다르다.

【증명원신청서】

신 청 서	(해당사항을 기재하고 해당번호란에 'O'표)
사건번호 20 타기 1495	
(단독(합)　.　.　.선고, 기타　)	
원고 (채권자) : ○ ○ ○	집행문부여인지대 000원 송달증명　인지대 000원 확정증명　인지대 000원
피고 (채무자) : ○ ○ ○, ○ ○ ○	

1. 집행문부여신청 　위 당사자 간 사건의(판결, 결정, 명령, 화해조서, 인낙조서, 조정조서) 정본에 　집행문을 부여하여 주시기 바랍니다.
2. 송달증명원 　위 사건의(판결, 결정, 명령, 화해조서, 인낙조서, 조정조서) 정본이 　20. 9. 6.자로 상대방에게 각 송달되었음을 증명하여 주시기 바랍니다.
3. 확정증명원 　위 사건의(판결, 결정, 명령, 화해조서, 인낙조서, 조정조서)　20.　.　.자로 　확정되었음을 증명하여 주시기 바랍니다.

	20. 9. 24.	
위(1항, 2항, 3항) 신청인	원고(채권자) ○ ○ ○　(인)	
	○ ○ ○법원 ○ ○ ○지원 귀중	

위 (송달, 확정) 사실을 증명합니다.	위 증명합니다.
20. 9. 24.	서기 20년 9월 24일 ○ ○ ○지방법원○○지원
○ ○ ○지방법원 ○○지원　(인)	법원사무관 ○ ○ ○

에 대하여 계고집행을 하였는 데도 점유자가 계고장에 기재되어 있는 날짜까지 인도(명도)를 이행하지 않는 경우에 경락인(매수인)은 강제집행의 비용을[51] 집행 관실에 납부하고 집행관과 다시 집행일자를 협의하여 계고집행 후 약 30일에서 60일 사이에 강제집행을 한다. 집행을 할 때는 경락인이나 대리인이 참석해야 한다. 위의 사례와 같이 증명원 신청서에 집행문부여신청, 송달 등 명원에 체크 를 하여 집행법원에서 위 서류의 교부를 받는다. 이 후 집행관 사무실에 교부받 을 위의 서류와 인도명령결정문, 집행비용을 제출하고 목적물을 강제집행한다.

---

51) 인도나 명도집행비용은 부동산의 평수나 그 내용물, 층수 그리고 위험물 등 집행목적물의 여건 에 따라 산정한다.

【계고집행비용】

접 수 증 (집행비용 예납 안내)

사건번호	20 본 7224		사 건 명	부동산인도
구 분	신규 예납		담 당 부	14부
채권자	성 명		주민등록번호 (사업자등록번호)	○○○ - ○○○
	주 소	∩∩∩		
채무자	성 명	김○○ 외 1명	주민등록번호 (사업자등록번호)	
	주 소			
대리인	성 명		주민등록번호 (사업자등록번호)	
	주 소			
	사무원			
잡부금액		209,100 원		
납부항목	금 액		납부항목	금 액
수 수 료	45,000 원		송달수수료	원
여 비	150,000 원		우편료	8,100 원
숙 박 비	원		기 타	원
노 무 비	원			6,000 원
감 정 료	원			
납부장소		조흥은행		

위 당사자간   부동산인도   사건에 대해 당일 신규 예납 접수되었으므로
위 금액을 지정 취급점에 납부하시기 바랍니다.

20년 09월 24일

○○○지방법원 ○○○지원 집행관사무소

집행관 ○○○

문의전화 : 집행관사무소 ○○○-○○○-○○○○
담 당 자 : ○○○ ○○○-○○○-○○○○

위임하신 사건관련 정보는 대법원 홈페이지(http://marshal.scourt.go.kr)의 '나의 집행정보'에서 비밀번호 1155를 입력하시면 조회할 수 있습니다.

※ 납부금액을 당일 내에 납부하지 않을 경우, 접수된 사건은 취소될 수도 있습니다.

※ 예납금은 위 납부장소에서만 납부할 수 있습니다.

※ 채권자의 주소가 변동될 때에는 2주 이내에 반드시 신고하여야 합니다.

(8) 종합분석

본 물건은 부동산의 현황과 부동산등기부의 표시가 일치하지 않은 문제가 있었지만 나중에 표시변경등기를 하고 새로운 권리증을 교부받을 수 있었다. 명도관계는 임차인과 소유자가 완강히 거부하여 어려움이 있었지만 인도명령결정과 손해배상청구를 병행하여 진행함으로써 큰 무리 없이 진행되었다. 이외에도 본 사례는 여러 가지 내용들을 담고 있는데 각 해당되는 곳에서 참고하면 될 것이다.

부록

[1] 부동산 등에 대한 경매절차 처리지침(예규)[1]

제1장 총칙

제1조 (목적)

이 예규는 부동산에 대한 강제경매절차와 담보권실행을 위한 경매절차를 정함을 목적으로 한다.

제2조 (용어의 정의)

이 예규에서 사용하는 용어의 정의는 다음과 같다.

1. "보증서"라 함은 민사집행규칙 제64조 제3호, 제70조 제2호의 규정에 따라 은행 등과 지급보증위탁계약을 체결한 문서(경매보증보험증권)를 말한다.

2. "입금증명서"라 함은 법원보관금취급규칙 제9조 제9항에 따라 법원보관금취급규칙의 별지 제3호 서식(법원보관금영수필통지서)이 첨부된 법원보관금취급규칙의 별지 제7-1호 서식을 말한다.

3. "입찰기간등"이라 함은 기간입찰에서의 입찰기간과 매각기일을 말한다.

4. "집행관등"이라 함은 집행관 또는 그 사무원을 말한다.

5. "법원사무관등"이라 함은 법원서기관·법원사무관·법원주사 또는 법원주사보를 말한다.

6. "보증금"이라 함은 지급보증위탁계약에 따라 은행 등이 지급하기로 표시한 금액(보험금액)을 말한다.

제3조 (부동산의 매각방법)

① 부동산은 기일입찰 또는 기간입찰의 방법으로 매각하는 것을 원칙으로 한다.

② 부동산의 호가경매에 관하여 필요한 사항 중 민사집행법과 민사집행규칙에 정하여지지 아니한 사항은 따로 대법원예규로 정한다.

---

1) 재판예규 제1728호, 시행 2019. 11. 15.

제4조 (선박등에 대한 경매절차에서의 준용)

선박·항공기·자동차·건설기계 및 소형선박에 대한 강제집행절차와 담보권 실행을 위한 경매절차에는 그 성질에 어긋나지 아니하는 범위 안에서 제2장 내지 제6장의 규정을 준용한다.

제2장 매각의 준비

제5조 (미등기건물의 조사)

① 미등기건물의 조사명령을 받은 집행관은 채무자 또는 제3자가 보관하는 관계 자료를 열람·복사하거나 제시하게 할 수 있다.

② 집행관은 건물의 지번·구조·면적을 실측하기 위하여 필요한 때에는 감정인, 그 밖에 필요한 사람으로부터 조력을 받을 수 있다.

③ 제1항과 제2항의 조사를 위하여 필요한 비용은 집행비용으로 하며, 집행관이 조사를 마친 때에는 그 비용 내역을 바로 법원에 신고하여야 한다.

제6조 (배당요구의 종기 결정 등)

① 배당요구의 종기는 특별한 사정이 없는 한 배당요구종기결정일부터 2월 이상 3월 이하의 범위 안에서 정하여야 한다. 다만, 자동차나 건설기계의 경우에는 1월 이상 2월 이하의 범위 안에서 정할 수 있다.

② 배당요구의 종기는 인터넷 법원경매공고란(www.courtauction.go.kr ; 이하 같다) 또는 법원게시판에 게시하는 방법으로 공고한다.

③ 법 제84조 제2항 후단에 규정된 전세권자 및 채권자에 대한 고지는 기록에 표시된 주소에 등기우편으로 발송하는 방법으로 한다.

④「민사집행법」제84조 제4항에 따라 최고하여야 할 조세, 그 밖의 공과금을 주관하는 공공기관은 다음 각 호와 같다.

1. 소유자의 주소지를 관할하는 세무서

2. 부동산 소재지의 시(자치구가 없는 경우), 자치구, 군, 읍, 면

3. 관세청 {공장저당법상 저당권자의 신청에 의한 담보권 실행을 위한 경매사건인 경우, 그 밖의 사건에 있어서 채무자(담보권 실행을 위한 경매에 있어서는 소

유자)가 회사인 경우}

4. 소유자의 주소지를 관할하는 국민건강보험공단

⑤ 배당요구의 종기가 정하여진 때에는 법령에 정하여진 경우(예: 법 제87조 제3항)나 특별한 사정이 있는 경우(예: 채무자에 대하여 경매개시결정이 송달되지 아니하는 경우, 감정평가나 현황조사가 예상보다 늦어지는 경우 등)가 아니면 배당요구의 종기를 새로 정하거나 정하여진 종기를 연기하여서는 아니 된다. 이 경우 배당요구의 종기를 연기하는 때에는 배당요구의 종기를 최초의 배당요구종기결정일부터 6월 이후로 연기하여서는 아니 된다.

⑥ 배당요구의 종기를 새로 정하거나 정하여진 종기를 연기한 경우에는 제1항 내지 제3항의 규정을 준용한다. 다만, 이미 배당요구 또는 채권신고를 한 사람에 대하여는 새로 정하여지거나 연기된 배당요구의 종기를 고지할 필요가 없다.

제7조 (매각기일 또는 입찰기간등의 공고)

① 매각기일 또는 입찰기간등의 공고는 제6조 제2항의 방법으로 한다. 이 경우 법원사무관등은 이와 별도로 매각기일공고문을 집행과 사무실에 비치된 컴퓨터 단말기를 통해 열람할 수 있도록 한다.

② 첫 매각기일 또는 입찰기간등을 공고하는 때에는 제1항의 공고와는 별도로 공고사항의 요지를 신문에 게재하여야 하며, 그 게재방식과 게재절차는 다음의 기준을 따라야 한다.

가. 기일입찰의 신문공고 내용에 따라, 기간입찰의 신문공고 내용에 따라 알아보기 쉽게 작성하여야 한다.

나. 매각기일 또는 입찰기간등의 공고문은 아파트, 다세대주택, 단독주택, 상가, 대지, 전·답, 임야 등 용도별로 구분하여 작성하고, 감정평가액과 최저매각가격을 함께 표시하여야 하며, 아파트·상가 등의 경우에는 면적란에 등기부상의 면적과 함께 모델명(평형 등)을 표시할 수 있다.

다. 매각기일 또는 입찰기간등의 공고문에는 그 매각기일에 진행할 사건 중 첫 매각기일 또는 입찰기간등으로 진행되는 사건만을 신문으로 공고하며, 속행사건에 대하여는 인터넷 법원경매공고란에 게시되어 있다는 사실을 밝혀야 한다.

라. 신문공고비용은 공고비용 총액을 각 부동산이 차지하는 공고지면의 비

율에 따라 나누어 각 사건의 경매예납금 중에서 지출하여야 한다.

③ 법원사무관등은 제1항과 제2항에 규정된 절차와는 별도로 공고사항의 요지를 매각기일 또는 입찰기간 개시일의 2주 전까지 인터넷 법원경매공고란에 게시하여야 한다.

제8조 (매각물건명세서의 작성·비치 등)

① 매각물건명세서는 매 매각기일 또는 입찰기간 개시일 1주 전까지 작성하여 그 원본을 경매기록에 가철하여야 하고, 이 경우 다른 문서의 내용을 인용하는 방법(예컨대, 현황조사보고서 기재와 같음)으로 작성하여서는 아니 된다.

② 인수 여부가 불분명한 임차권에 관한 주장이 제기된 경우에는 매각물건명세서의 임대차 기재란에 그 임차권의 내용을 적고 비고란에 ○○○가 주장하는 임차권은 존부(또는 대항력 유무)가 불분명함이라고 적는다.

③ 매각물건명세서에는 최저매각가격과 함께 매각목적물의 감정평가액을 표시하여야 한다.

④ 매각물건명세서·현황조사보고서 및 감정평가서의 사본은 일괄 편철하여 매각기일 또는 입찰기간 개시일 1주 전까지 사건별·기일별로 구분한 후 집행과 사무실 등에 비치하여 매수희망자가 손쉽게 열람할 수 있게 하여야 한다. 다만, 현황조사보고서에 첨부한 주민등록 등·초본은 비치하지 아니한다.

⑤ 법원은 전자적으로 작성되거나 제출된 매각물건명세서·현황조사보고서 및 감정평가서의 기재내용을 전자통신매체로 열람하게 하거나 그 출력물을 비치함으로써 그 사본의 비치에 갈음할 수 있다.

제9조 (매각물건명세서의 정정·변경 등)

① 매각물건명세서의 사본을 비치한 이후에 그 기재 내용을 정정·변경하는 경우에 판사(사법보좌관)는 정정·변경된 부분에 날인하고 비고란에 "200○.○.○. 정정·변경"이라고 적는다. 권리관계의 변동이 발생하여 매각물건명세서를 재작성하는 때에는 기존의 매각물건명세서에 "200○.○.○. 변경 전", 재작성된 매각물건명세서에 "200○.○.○. 변경 후"라고 적는다. 다만, 전자화된 매각물건명세서의 경우에는 새로 작성하는 매각물건명세서의 비고란에 정정·변경된 내용을 기재하고 "200○.○.○. 정정·변경"이라고 적고 날인은 사법전자서명으로

한다.

② 매각물건명세서의 정정·변경이 그 사본을 비치한 이후에 이루어진 경우에 정정·변경된 내용이 매수신청에 영향을 미칠 수 있는 사항(예컨대, 대항력 있는 임차인의 추가)이면 매각기일 또는 입찰기간등을 변경하여야 한다.

③ 매각물건명세서의 정정·변경이 매각물건명세서의 사본을 비치하기 전에 이루어져 당초 통지·공고된 매각기일에 매각을 실시하는 경우에 다음 각호의 같이 처리한다.

1. 기일입찰에서는 집행관이 매각기일에 매각을 실시하기 전에 그 정정·변경된 내용을 고지한다.

2. 기간입찰에서는 법원사무관등이 집행과 및 집행관 사무실 게시판에 그 정정·변경된 내용을 게시한다.

제10조 (사건목록 등의 작성)

① 법원사무관등은 매각기일이 지정된 때에는 매각할 사건의 사건번호를 적은 사건목록을 3부 작성하여, 1부는 제7조 제1항의 규정에 따른 공고시에 법원 게시판에 게시하고(게시판에 게시하는 사건목록에는 공고일자를 적어야 한다), 1부는 담임법관(사법보좌관)에게, 나머지 1부는 집행관에게 보내야 한다.

② 법원사무관등은 기간입찰의 공고후 즉시 입찰기간 개시일 전까지 법원보관금 취급점(이하 "취급점"이라고 한다)에 매각물건의 표시 및 매각조건등에 관한 사항을 전송하여야 한다.

제11조 (경매사건기록의 인계)

① 매각기일이 지정되면 법원사무관등은 경매사건기록을 검토하여 매각기일을 여는 데 지장이 없는 사건기록은 매각기일 전날 일괄하여 집행관에게 인계하고 매각기일부의 기록인수란에 영수인을 받아야 한다. 다만, 기간입찰의 경우 법원사무관등은 입찰기간 개시일 이전에 매각명령의 사본을 집행관에게 송부하고 매각명령 영수증에 영수인을 받아 기록에 편철한다.

② 법원사무관등은 매각기일이 지정된 사건 중 제1항의 규정에 따라 집행관에게 인계된 사건기록 외의 사건기록은 즉시 담임법관(사법보좌관)에게 인계하고 그 사유를 보고한 뒤 담임법관(사법보좌관)의 지시에 따라 처리하여야 한다.

③ 전자기록사건에 있어서는 매각기일이 지정된 사건기록에 대하여 집행관은 매각기일 전날부터 5일간 열람할 수 있으며, 이 열람으로 경매사건기록의 집행관 인계에 갈음한다. 이 기간 이외에는 집행관은 일반 열람신청의 방법에 의하여 경매사건기록을 열람할 수 있다.

제12조 (매각명령의 확인)

집행관은 법원으로부터 인계받은 기록에 매각명령이 붙어 있는지를 확인한다. 기일입찰의 경우 기록에 매각명령이 붙어 있지 아니한 때에는 법원에 매각절차를 진행할지 여부를 확인하여야 한다.

제13조 (기일입찰에서의 매각사건목록과 매각물건명세서 비치)

① 집행관은 매각기일에 매각사건목록을 작성하여 매각물건명세서·현황조사보고서 및 평가서의 사본과 함께 경매법정, 그 밖에 매각을 실시하는 장소(이하 "경매법정등"이라고 한다)에 비치 또는 게시하여야 한다.

② 제1항의 규정에 따라 비치하는 매각물건명세서·현황조사보고서 및 평가서의 사본은 사건 단위로 분책하여야 한다. 다만, 매각물건명세서·현황조사보고서 및 감정평가서의 기재내용을 전자통신매체로 열람하게 함으로써 그 사본의 비치에 갈음하는 경우에는 사건 단위로 열람할 수 있도록 한다.

제14조 (입찰표등의 비치)

① 기일입찰의 경우 집행과 사무실과 경매법정등에는 기일입찰표, 매수신청보증봉투, 기일입찰봉투, 공동입찰신고서, 공동입찰자목록을 비치하여야 한다.

② 기간입찰의 경우 집행과 및 집행관 사무실에 기간입찰표, 기간입찰봉투, 입금증명서, 공동입찰신고서, 공동입찰자목록을 비치하여야 한다.

③ 기간입찰의 경우 집행과 및 집행관 사무실에 주의사항과 필요사항을 적은 기간입찰표 견본을 비치하여야 한다.

제15조 (기일입찰에서의 기일입찰표 견본과 주의사항 게시)

기일입찰을 실시함에 있어서는 경매법정등의 후면에 제31조 제2호 내지 제13호의 주의사항을 게시하고, 기일입찰표 기재 장소에 필요사항을 적은 기일입찰표 견본을 비치하여야 한다.

제3장 기간입찰에서의 입찰등

제16조 (매수신청보증)

① 기간입찰에서 매수신청보증의 제공은 입금증명서 또는 보증서에 의한다.

② 기간입찰봉투가 입찰함에 투입된 후에는 매수신청보증의 변경, 취소가 허용되지 않는다.

제17조 (매각기일의 연기)

매각기일의 연기는 허용되지 않는다. 다만, 연기신청이 입찰공고 전까지 이루어지고, 특별한 사정이 있는 경우에 한하여 그러하지 아니하다.

제18조 (매수신청)

매수신청은 기간입찰표를 입금증명서 또는 보증서와 함께 기간입찰봉투에 넣어 봉인한 다음 집행관에게 직접 또는 등기우편으로 부치는 방식으로 제출되어야 한다.

제19조 (매수신청인의 자격증명등)

① 매수신청인의 자격 증명은 개인이 입찰하는 경우 주민등록표등·초본, 법인의 대표자 등이 입찰하는 경우 법인등기사항증명서, 법정대리인이 입찰하는 경우 가족관계증명서, 임의대리인이 입찰하는 경우 대리위임장, 인감증명서(「본인서명사실 확인 등에 관한 법률」에 따라 「인감증명법」에 의한 인감증명을 갈음하여 사용할 수 있는 본인서명사실확인서와 전자본인서명확인서의 발급증을 포함한다. 이하 같다), 2인 이상이 공동입찰하는 경우 공동입찰신고서 및 공동입찰자목록으로 한다. 다만, 변호사·법무사가 임의대리인으로 입찰하는 경우에는 인감증명서의 첨부를 생략할 수 있다.

② 제1항의 서류등은 기간입찰봉투에 기간입찰표와 함께 넣어 제출되어야 한다.

제19조의2 (매수신청시 대리권을 증명하는 서면에 첨부되는 서면으로 전자본인서명확인서의 발급증이 제출된 경우의 특칙)

① 집행관이 제19조 제1항에 따라 전자본인서명확인서의 발급증을 제출받았을 때에는 전자본인서명확인서 발급시스템에 발급번호를 입력하고 전자본인서

명확인서를 확인하여야 한다.

② 전자본인서명확인서 발급시스템의 장애 등으로 인하여 집행관이 전자본인서명확인서를 확인할 수 없는 경우에는 해당입찰표를 개찰에 포함하여 매각절차를 진행하고, 매수신청인에게 매각기일의 다음날까지 인감증명서 또는 본인서명사실확인서를 제출할 것을 요구할 수 있다. 이 경우 매수신청인은 이미 제출된 위임장 등을 인감증명서 또는 본인서명사실확인서에 맞게 보정하여야 한다. 다만, 매각기일의 다음날까지 장애가 제거된 경우에는 제1항에 따른다.

③ 집행관 외의 기관, 법인 또는 단체에서 전자본인서명확인서를 열람한 사실이 확인된 경우에는 제2항에 따른다.

④ 매수신청인이 제2항에 따른 인감증명서 또는 본인서명사실확인서 제출 등을 이행하지 아니하는 경우에는 해당입찰표는 무효로 본다. 이 경우, 매수신청보증의 처리는 제5장(입찰절차 종결 후의 처리)에 따른다.

제19조의3 (준용규정)

본인서명사실확인서 또는 전자본인서명확인서의 발급증이 첨부된 소송서류 기타 사건관계서류가 제출된 경우의 처리절차는 이 예규에서 특별한 규정이 있는 경우를 제외하고는 그 성질에 반하지 아니하는 한 「본인서명사실 확인 등에 관한 법률에 따른 재판사무 등 처리지침(재일 2012-2)」의 규정을 준용한다.

제20조 (직접 제출)

① 집행관에 대한 직접 제출의 경우에는 입찰기간 중의 평일 09:00부터 12:00까지, 13:00부터 18:00까지 사이에 집행관 사무실에 접수하여야 한다.

② 입찰기간의 개시 전 또는 종료 후에 제출된 경우 집행관등은 이를 수령하여서는 안 된다.

③ 집행관등은 기간입찰봉투에 매각기일의 기재 여부를 확인하고, 기간입찰봉투의 앞면 여백에 접수일시가 명시된 접수인을 날인한 후 접수번호를 기재한다. 그 후 집행관등은 기간입찰 접수부에 전산등록하고, 기간입찰봉투를 입찰함에 투입한다.

④ 집행관등은 제출자에게 입찰봉투접수증을 작성하여 교부한다.

⑤ 매수신청인이 제1항의 접수시간 이외에는 기간입찰봉투를 당직근무자에

게 제출할 수 있다. 이때 당직근무자는 주민등록증등으로 제출자를 확인한 다음, 기간입찰봉투에 매각기일의 기재 여부, 기간입찰봉투를 봉한 후 소정의 위치에 날인한 여부를 확인한 후 기간입찰봉투 앞면 여백에 제출자의 이름을 기재하고, 접수일시가 명시된 접수인을 날인한 후 문건으로 접수한다.

⑥ 당직근무자는 즉시 제출자에게 접수증을 교부하고, 다음 날 근무시작 전 집행관사무실에 기간입찰봉투를 인계하고 법인개민사무치리규식의 별시 제2호 서식(문서사송부) 수령인란에 집행관등의 영수인을 받는다.

제21조 (우편 제출)

① 우편 제출의 경우 입찰기간 개시일 00:00시부터 종료일 24:00까지 접수 되어야 한다.

② 집행관등은 기간입찰봉투에 매각기일의 기재 여부를 확인하고, 기간입찰 봉투의 앞면 여백에 접수일시가 명시된 접수인을 날인한 후 접수번호를 기재한 다. 그 후 집행관등은 기간입찰접수부에 전산등록하고, 기간입찰봉투를 입찰함에 투입한다.

제22조 (입찰의 철회등)

기간입찰봉투가 입찰함에 투입된 후에는 입찰의 철회, 입찰표의 정정·변경 등이 허용되지 않는다.

제23조 (기간입찰봉투등의 흠에 대한 처리)

① 집행관등은 기간입찰봉투와 첨부서류에 흠이 있는 경우 별지 1, 2 처리 기준에 의하여 처리한다.

② 집행관등은 흠이 있는 경우 기간입찰봉투 앞면에 빨간색 펜으로 그 취지 를 간략히 표기(기간도과, 밀봉안됨, 매각기일 미기재, 미등기우편, 집행관등 이외의 자에 제출등)한 후 입찰함에 투입한다.

제24조 (기간입찰봉투의 보관)

① 집행관은 개찰기일별로 구분하여, 잠금장치가 되어 있는 입찰함에 기간 입찰봉투를 넣어 보관하여야 한다. 잠금장치에는 봉인을 하고, 입찰기간의 종료 후에는 투입구도 봉인한다.

② 집행관은 매각기일까지 입찰함의 봉인과 잠금상태를 유지하고, 입찰함을

캐비닛식 보관용기에 넣어 보관하여야 한다.

③ 집행관등은 입찰상황이 외부에 알려지지 않도록 주의하여야 한다.

제25조 (경매신청 취하등)

① 경매신청의 취하 또는 경매절차의 취소, 집행정지등의 서면이 제출된 경우 법원사무관등은 즉시 집행관에게 이를 교부하고, 인터넷 법원경매공고란에 그 사실을 게시하여야 한다.

② 집행관은 제1항에 관한 사건번호, 물건번호, 매각기일등을 집행관 사무실의 게시판에 게시하여야 한다.

제4장 매각기일의 절차

제1절 총칙

제26조 (매각기일의 진행)

① 매각기일은 법원이 정한 매각방법에 따라 집행관이 진행한다.

② 집행관은 그 기일에 실시할 사건의 처리에 필요한 적절한 인원의 집행관등을 미리 경매법정등에 배치하여 매각절차의 진행과 질서유지에 지장이 없도록 하여야 한다.

③ 법원은 매각절차의 감독과 질서유지를 위하여 법원사무관등으로 하여금 경매법정등에 참여하도록 할 수 있다.

제27조 (매각실시방법의 개요 설명)

집행관은 매각기일에 매각절차를 개시하기 전에 매각실시 방법의 개요를 설명하여야 한다.

제2절 기일입찰

제28조 (매수신청보증)

기일입찰에서 매수신청보증의 제공은 현금·자기앞수표 또는 보증서에 의한다.

제29조 (매각실시전 고지)

집행관은 특별매각조건이 있는 때에는 매수신고의 최고 전에 그 내용을 명확하게 고지하여야 한다.

제30조 (매수신청인의 자격 등)

① 집행관은 주민등록증, 그 밖의 신분을 증명하는 서면이나 대리권을 증명하는 서면에 의하여 매수신청인이 본인인지 여부, 행위능력 또는 정당한 대리권이 있는지 여부를 확인함으로써 매수신청인의 자격흠결로 인한 분쟁이 생기지 않도록 하여야 한다,

② 법인이 매수신청을 하는 때에는 제1항의 예에 따라 매수신청을 하는 사람의 자격을 확인하여야 한다.

③ 집행관은 채무자와 재매각절차에서 전의 매수인은 매수신청을 할 수 없음을 알려야 한다.

제30조의2 (준용규정)

기일입찰에서 매수신청시 대리권을 증명하는 서면에 첨부되는 서면으로 전자본인서명확인서의 발급증이 제출된 경우에는 제19조의2 및 제19조의3을 준용한다.

제31조 (입찰사항·입찰방법 및 주의사항 등의 고지)

집행관은 매각기일에 입찰을 개시하기 전에 참가자들에게 다음 각 호의 사항을 고지하여야 한다.

1. 매각사건의 번호, 사건명, 당사자(채권자, 채무자, 소유자), 매각물건의 개요 및 최저매각가격

2. 일괄매각결정이 있는 사건의 경우에는 일괄매각한다는 취지와 각 물건의 합계액

3. 매각사건목록 및 매각물건명세서의 비치 또는 게시장소

4. 기일입찰표의 기재방법 및 기일입찰표는 입찰표 기재대, 그 밖에 다른 사람이 엿보지 못하는 장소에서 적으라는 것

5. 현금(또는 자기앞수표)에 의한 매수신청보증은 매수신청보증봉투(흰색 작은 봉투)에 넣어 1차로 봉하고 날인한 다음 필요사항을 적은 기일입찰표와 함께 기일입찰봉투(황색 큰 봉투)에 넣어 다시 봉하여 날인한 후 입찰자용 수취증 절취선상에 집행관의 날인을 받고 집행관의 면전에서 입찰자용 수취증을 떼어 내 따로

보관하고 기일입찰봉투를 입찰함에 투입하라는 것, 보증서에 의한 매수신청보증은 보증서를 매수신청보증봉투(흰색 작은 봉투)에 넣지 않고 기일입찰표와 함께 기일입찰봉투(황색 큰 봉투)에 함께 넣어 봉하여 날인한 후 입찰자용 수취증 절취선상에 집행관의 날인을 받고 집행관의 면전에서 입찰자용 수취증을 떼어 내 따로 보관하고 기일입찰봉투를 입찰함에 투입하라는 것 및 매수신청보증은 법원이 달리 정하지 아니한 이상 최저매각가격의 1/10에 해당하는 금전, 은행법의 규정에 따른 금융기관이 발행한 자기앞수표로서 지급제시기간이 끝나는 날까지 5일 이상의 기간이 남아 있는 것, 은행등이 매수신청을 하려는 사람을 위하여 일정액의 금전을 법원의 최고에 따라 지급한다는 취지의 기한의 정함이 없는 지급보증위탁계약이 매수신청을 하려는 사람과 은행등 사이에 맺어진 사실을 증명하는 문서이어야 한다는 것

6. 기일입찰표의 취소, 변경, 교환은 허용되지 아니한다는 것

7. 입찰자는 같은 물건에 관하여 동시에 다른 입찰자의 대리인이 될 수 없으며, 한 사람이 공동입찰자의 대리인이 되는 경우 외에는 두 사람 이상의 다른 입찰자의 대리인으로 될 수 없다는 것 및 이에 위반한 입찰은 무효라는 것

8. 공동입찰을 하는 때에는 기일입찰표에 각자의 지분을 분명하게 표시하여야 한다는 것

9. 입찰을 마감한 후에는 매수신청을 받지 않는다는 것

10. 개찰할 때에는 입찰자가 참석하여야 하며, 참석하지 아니한 경우에는 법원사무관등 상당하다고 인정되는 사람을 대신 참석하게 하고 개찰한다는 것

11. 제34조에 규정된 최고가매수신고인등의 결정절차의 요지

12. 공유자는 집행관이 매각기일을 종결한다는 고지를 하기 전까지 매수신청보증을 제공하고 우선매수신고를 할 수 있으며, 우선매수신고에 따라 차순위매수인으로 간주되는 최고가매수신고인은 매각기일이 종결되기 전까지 그 지위를 포기할 수 있다는 것

13. 최고가매수신고인 및 차순위매수신고인 외의 입찰자에게는 입찰절차의 종료 즉시 매수신청보증을 반환하므로 입찰자용수취증과 주민등록증을 갖고 반환신청하라는 것

14. 이상의 주의사항을 장내에 게재하여 놓았으므로 잘 읽고 부주의로 인한 불이익을 받지 말라는 것

제32조 (입찰의 시작 및 마감)

① 입찰은 입찰의 개시를 알리는 종을 울린 후 집행관이 입찰표의 제출을 최고하고 입찰마감시각과 개찰시각을 고지함으로써 시작한다.

② 입찰은 입찰이 마감을 알리는 종을 울린 후 집행관이 이를 선언함으로써 마감한다. 다만, 입찰표의 제출을 최고한 후 1시간이 지나지 아니하면 입찰을 마감하지 못한다.

제33조 (개찰)

① 개찰은 입찰마감시각으로부터 10분 안에 시작하여야 한다.

② 개찰할 때에 입찰자가 한 사람도 출석하지 아니한 경우에는 법원사무관 등 상당하다고 인정되는 사람을 참여하게 한다.

③ 개찰을 함에 있어서는 입찰자의 면전에서 먼저 기일입찰봉투만 개봉하여 기일입찰표에 의하여 사건번호(필요시에는 물건번호 포함), 입찰목적물, 입찰자의 이름 및 입찰가격을 부른다.

④ 집행관은 제출된 기일입찰표의 기재에 흠이 있는 경우에 별지 3 처리기준에 의하여 기일입찰표의 유·무효를 판단한다.

⑤ 현금·자기앞수표로 매수신청보증을 제공한 경우 매수신청보증봉투는 최고의 가격으로 입찰한 사람의 것만 개봉하여 정하여진 보증금액에 해당하는 여부를 확인한다. 매수신청보증이 정하여진 보증금액에 미달하는 경우에는 그 입찰자의 입찰을 무효로 하고, 차순위의 가격으로 입찰한 사람의 매수신청보증을 확인한다.

⑥ 보증서로 매수신청보증을 제공한 경우 보증서는 최고의 가격으로 입찰한 사람의 것만 정하여진 보증금액에 해당하는 여부를 확인한다. 보증서가 별지 5 무효사유에 해당하는 경우에는 그 입찰자의 입찰을 무효로 하고, 차순위 가격으로 입찰한 사람의 매수신청보증을 확인한다.

제34조 (최고가매수신고인등의 결정)

① 최고의 가격으로 입찰한 사람을 최고가매수신고인으로 한다. 다만, 최고

의 가격으로 입찰한 사람이 두 사람 이상일 경우에는 그 입찰자들만을 상대로 추가입찰을 실시한다.

② 제1항 단서의 경우에는 입찰의 실시에 앞서 기일입찰표의 기재는 최초의 입찰표 기재방식과 같다.

③ 제1항 단서의 경우에 추가입찰의 자격이 있는 사람 모두가 추가입찰에 응하지 아니하거나 또는 종전 입찰가격보다 낮은 가격으로 입찰한 때에는 그들 중에서 추첨에 의하여 최고가매수신고인을 정하며, 두 사람 이상이 다시 최고의 가격으로 입찰한 때에는 그들 중에서 추첨에 의하여 최고가매수신고인을 정한다. 이때 입찰자 중 출석하지 아니한 사람 또는 추첨을 하지 아니한 사람이 있는 경우에는 법원사무관등 상당하다고 인정되는 사람으로 하여금 대신 추첨하게 된다.

④ 최고가매수신고액에서 매수신청보증을 뺀 금액을 넘는 금액으로 매수신고를 한 사람으로서 법 제114조의 규정에 따라 차순위매수신고를 한 사람을 차순위매수신고인으로 한다. 차순위매수신고를 한 사람이 두 사람 이상인 때에는 매수신고가격이 높은 사람을 차순위매수신고인으로 정하고, 신고한 매수가격이 같을 때에는 추첨으로 차순위매수신고인을 정한다.

제35조 (종결)

① 최고가매수신고인을 결정하고 입찰을 종결하는 때에는 집행관은 "○○○호 사건에 관한 최고가매수신고인은 매수가격 ○○○원을 신고한 ○○(주소)에 사는 ○○○(이름)입니다. 차순위매수신고를 할 사람은 신고하십시오"하고 차순위매수신고를 최고한 후, 차순위매수신고가 있으면 차순위매수신고인을 정하여 "차순위매수신고인은 매수가격 ○○○원을 신고한 ○○(주소)에 사는 ○○○(이름)입니다"라고 한 다음, "이로써 ○○○호 사건의 입찰절차가 종결되었습니다"라고 고지한다.

② 입찰을 마감할 때까지 허가할 매수가격의 신고가 없는 때에는 집행관은 즉시 매각기일의 마감을 취소하고 같은 방법으로 매수가격을 신고하도록 최고할 수 있다.

③ 매수가격의 신고가 없어 바로 매각기일을 마감하거나 제2항의 최고에 대하여 매수가격의 신고가 없어 매각기일을 최종적으로 종결하는 때에는 사건은

입찰불능으로 처리하고 "○○○호 사건은 입찰자가 없으므로 입찰절차를 종결합니다"라고 고지한다.

제3절 기간입찰

제36조 (입금내역통지)

취급점은 집행관의 요청에 따라 매각기일 전날 입금내역서를 출력하여 집행관에게 송부하여야 한다.

제37조 (개찰)

① 집행관은 매각기일에 입찰함을 경매법정에 옮긴 후, 입찰자의 면전에서 개함한다. 다만, 개찰할 때에 입찰자가 한 사람도 출석하지 아니한 경우에는 법원사무관등 상당하다고 인정되는 사람을 참여하게 한다.

② 집행관은 개찰하기에 앞서 차순위매수신청인의 자격 및 신청절차를 설명한다. 개찰을 함에 있어서는 입찰자의 면전에서 먼저 기간입찰봉투를 개봉하여 기간입찰표에 의하여 사건번호(필요시에는 물건번호 포함), 입찰목적물, 입찰자의 이름 및 입찰가격을 부른다.

③ 집행관은 기간입찰표의 기재나 첨부서류에 흠이 있는 경우에는 별지 2, 4 처리기준에 의하여 기간입찰표의 유·무효를 판단한다.

④ 매수신청보증은 최고의 가격으로 입찰한 사람의 것만 정하여진 보증금액에 해당하는 여부를 확인한다. 입금증명서상 입금액이 정하여진 보증금액에 미달하거나 보증서가 별지 5 무효사유에 해당하는 경우에는 그 입찰자의 입찰을 무효로 하고, 차순위의 가격으로 입찰한 사람의 매수신청보증을 확인한다.

⑤ 집행관은 제23조에 의하여 입찰에 포함시키지 않는 기간입찰봉투도 개봉하여 그 입찰가액이 최고가 또는 차순위 가액인 경우 부적법 사유를 고지한다.

제38조 (최고가매수신고인등의 결정)

① 최고의 가격으로 입찰한 사람을 최고가매수신고인으로 한다. 다만, 최고의 가격으로 입찰한 사람이 두 사람 이상일 경우에는 그 입찰자들만을 상대로 기일입찰의 방법으로 추가입찰을 실시한다.

② 매각기일에 출석하지 아니한 사람에게는 추가입찰 자격을 부여하지 아니

한다. 집행관은 출석한 사람들로 하여금 제1항 단서의 방법으로 입찰하게 하고, 출석한 사람이 1인인 경우 그 사람에 대하여만 추가입찰을 실시한다.

③ 제34조 제3항 및 제4항은 이를 준용한다.

제39조 (종결)

① 제35조 제1항은 이를 준용한다.

② 매수가격의 신고가 없는 경우 집행관은 매각기일을 마감하고, "○○○호 사건은 입찰자가 없으므로 입찰절차를 종결합니다"라고 고지한다.

제5장 입찰절차 종결 후의 처리

제1절 현금·자기앞수표인 매수신청보증의 처리

제40조 (반환절차)

① 입찰절차의 종결을 고지한 때에는 최고가매수신고인 및 차순위매수신고인 외의 입찰자로부터 입찰자용 수취증을 교부받아 기일입찰봉투의 연결번호 및 간인과의 일치여부를 대조하고, 아울러주민등록증을 제시받아 보증제출자 본인인지 여부를 확인한 후 그 입찰자에게 매수신청보증을 즉시 반환하고 기일입찰표 하단의 영수증란에서명 또는 날인을 받아 매각조서에 첨부한다.

② 법원이 정한 보증금액을 초과하여 매수신청보증이 제공된 경우 집행관과 법원사무관등은 다음 각 호와 같이 처리한다.

1. 집행관은 매각기일에 즉시 제1항의 규정에 따라 매수신청보증 중 초과금액을 반환하고 기일입찰표 하단 영수증란에 반환한 금액을 기재한다. 그러나 즉시 반환할 수 없는 경우(예컨대, 자기앞수표로 제출되어 즉시 반환할 수 없는 경우)에는 집행기록의 앞면 오른쪽 위에 "초과금반환필요"라고 기재한 부전지를 붙인다.

2. 법원사무관등은 매수인이 매각대금을 납부하지 않아 재매각되거나, 최고가매수신고인, 차순위매수신고인 또는 매수인이 매각대금 납부 전까지 반환을 요구한 때에는 취급점에 매수신청보증 중 초과금액을 분리하도록 분리요청을 전송하여야 한다.

제40조의2 (기간입찰에서의 반환절차)

① 매각기일에 매수신청인이 반환을 요구하는 때에는 집행관은 주민등록증 등으로 본인인지 여부를 확인한 후 매수신청인에게 매수신청보증을 즉시 반환하고, 기간입찰표 하단의 보증의 제공방법란에 빨간색 펜등으로 "현금 또는 자기앞수표 제출"이라고 기재한 후 기간입찰표 하단의 영수인란에 서명 또는 날인을 받아 매각기일조서에 첨부한다.

② 매각기일에 매수신청인이 반환을 요구하지 아니한 때에는 집행관은 매각기일 당일 법원보관금취급규칙의 별지 1-4호 서식(법원보관금납부서)을 이용하여 "납부당사자 사용란"에 매수신청인의 이름·주민등록번호 등을 기재한 후 "납부당사자 기명날인란"에 대리인 집행관 ○○○라고 기명날인하고, 이를 제출된 현금 또는 자기앞수표와 함께 보관금 취급점에 제출한다.

제41조 (납부)

집행관은 입찰절차를 종결한 때에는 최고가매수신고인 및 차순위매수신고인이 제출한 매수신청보증을 즉시 취급점에 납부한다.

제2절 입금증명서인 매수신청보증의 처리

제42조 (반환절차)

① 집행관은 입찰절차의 종결 후 즉시 최고가매수신고인과 차순위매수신고인을 제외한 다른 매수신고인의 입금증명서 중 확인란을 기재하여 세입세출외현금출납공무원(이하 출납공무원이라고 한다)에게 송부한다.

② 입금증명서를 제출하지 아니한 사람은 입금증명서를 작성한 후 법원사무관등에게 제출하고, 법원사무관등은 확인란을 기재하여 출납공무원에게 송부한다.

③ 입금증명서가 제출되지 아니한 경우 법원사무관등은 담임법관(사법보좌관)으로부터 법원보관금취급규칙의 별지 제7호 서식의 법원보관금출급명령서를 발부받아 출납공무원에게 송부한다.

④ 입금증명서에 법원이 정한 보증금액을 초과하여 매수신청보증이 제공된 경우 집행관과 법원사무관등은 제40조 제2항의 규정에 따라 매수신청보증 중 초과금액을 처리한다.

제43조 (통지)

집행관은 입찰절차를 종결한 때에는 매각통지서를 작성하여 취급점에 통지하여야 한다.

제3절 보증서인 매수신청보증의 처리

제44조 (반환절차)

① 최고가매수신고인과 차순위매수신고인을 제외한 다른 매수신고인이 입찰절차 종결후 경매법정에서 보증서의 반환을 신청하는 경우 집행관은 다음 각 호와 같이 처리한다.

1. 기일입찰에서는 신청인으로부터 입찰자용 수취증을 교부받아 기일입찰봉투의 연결번호 및 간인과의 일치 여부를 대조하고 아울러 주민등록증을 제시받아 보증의 제출자 본인인지 여부를 확인한 후 그 입찰자에게 보증서를 즉시 반환하고 기일입찰표 하단의 영수증란에 서명 또는 날인을 받아 매각조서에 첨부한다.

2. 기간입찰에서는 주민등록증을 제시받아 보증의 제출자 본인인지 여부를 확인한 후 그 입찰자에게 보증서를 즉시 반환하고 기간입찰표 하단의 영수증란에 서명 또는 날인을 받아 매각조서에 첨부한다.

② 최고가매수신고인과 차순위매수신고인을 제외한 다른 매수신고인이 기록이 법원에 송부된 후 보증서의 반환을 신청하는 경우 법원사무관등은 신청인으로부터 주민등록증을 제시받아 보증서의 제출자 본인인지 여부를 확인한 다음, 입찰표 하단의 영수증란에 서명 또는 날인을 받고, 그 입찰자에게 보증서를 반환한다.

제45조 (보증료 환급을 위한 확인)

다음 각 호의 경우 입찰자로 하여금 보증료(보험료)의 전부 또는 일부를 환급받을 수 있도록, 기록이 집행관에 있는 때에는 집행관이, 법원에 있는 때에는 법원사무관등이 제출된 보증서 뒷면의 법원확인란 중 해당 항목에 √ 표시 및 기명날인을 한 다음 원본을 입찰자에게 교부하고, 그 사본을 기록에 편철한다.

1. 입찰에 참가하지 않은 경우

2. 매각기일 전 경매신청의 취하 또는 경매절차의 취소가 있었던 경우

3. 별지 5 보증서의 무효사유에 해당하는 경우

제46조 (보증금의 납부최고)

① 법원은 다음 각 호의 사유가 발생한 경우 보증금납부최고서를 작성한 다음 보증서 사본과 함께 보증서를 발급한 은행등에 보증금의 납부를 등기우편으로 최고하고, 그 사본을 작성하여 기록에 편철한다

1. 매수인이 대금지급기한까지 그 매각대금 전액을 납입하지 아니하고, 차순위매수신고인에 대한 매각허가결정이 있는 경우

2. 차순위매수신고인이 없는 상태에서 매수인이 재매각기일 3일 전까지 매각대금 전액을 납입하지 아니한 경우

3. 매각조건불이행으로 매각불허가결정이 확정된 경우

② 매수인이 차액지급신고 또는 채무인수신고를 하고, 배당기일에 그 차액을 지급하지 아니하는 경우에 매수인이 납입해야 될 금액이 보증금의 한도내에 있을 때에는 배당기일을 연기하고, 법원은 즉시 보증금납부최고서를 작성한 다음 보증서의 사본과 함께 보증서를 발급한 은행등에 보증금의 납부를 등기우편으로 최고하고, 그 사본을 작성하여 기록에 편철한다.

제47조 (통지)

법원사무관등은 최고가매수신고인이 매각대금을 납입한 때에는 매각통지서를 작성하여 취급점에 통지하여야 한다.

제48조 (보증금의 반환통지)

은행등의 보증금 납입 후 경매신청의 취하 또는 경매절차의 취소(이중경매사건에서는 후행사건도 취하 또는 취소되어야 한다)가 있는 경우 법원사무관등은 은행등에 보증금의 반환을 통지한다.

제6장 보칙

제49조 (기록인계등)

① 집행관은 매각절차를 종결한 때에는 최고가매수신고인 및 차순위매수신

고인에 대한 정보를 전산으로 입력·전송한 후 사건기록을 정리하여 법원에 보내야 한다.

② 집행관은 전자기록사건에 있어서 매각절차를 종결한 때에는 최고가매수신고인 및 차순위매수신고인에 대한 정보를 전산으로 입력·전송하고, 입찰표, 입찰조서를 전자화하여 대한민국법원 전자소송시스템을 통하여 제출한다. 이 경우 전자화한 입찰표 원본도 정리하여 함께 법원에 보내야 한다.

제50조 (매각허가결정의 공고방법)

매각허가결정은 법원게시판에 게시하는 방법으로 공고하여야 한다.

제51조 (매각불허가결정의 이유 기재)

매각불허가결정에는 불허가의 이유를 적어야 한다.

제52조 (소유권이전등기의 촉탁)

① 매수인이 매각대금을 모두 낸 후 법원사무관등이 매수인 앞으로 소유권이전등기를 촉탁하는 경우 그 등기촉탁서상의 등기원인은 강제경매(임의경매)로 인한 매각으로, 등기원인일자는 매각대금을 모두 낸 날로 적어야 한다[기재 예시 : 200○.○.○. 강제경매(임의경매)로 인한 매각].

② 등기촉탁서에는 매각허가결정 등본을 붙여야 한다.

제52조의2 (등기필증 우편송부신청)

① 매수인은 우편에 의하여 등기필정보를 송부받기 위해서는 등기필정보 우편송부신청서를 작성하여 등기촉탁신청서와 함께 법원에 제출하여야 한다.

② 매수인이 수인인 경우에는 매수인 중 1인을 등기필정보 수령인으로 지정하고, 나머지 매수인들의 위임장 및 인감증명서를 제출하여야 한다.

③ 법원사무관등은 등기촉탁서 오른쪽 상단에 "등기필정보 우편송부신청"이라는 표시를 하고, 등기촉탁서에 등기필정보 송부용 주소안내문, 송달통지서와 우표처리송달부를 첨부한다.

④ 법원사무관등은 등기필정보 우편송부신청서, 송달실시기관으로부터 수령한 송달통지서를 기록에 편철하여야 한다.

제53조 (경매기록의 열람·복사)

① 경매절차상의 이해관계인(민사집행법 90조, 268조) 외의 사람으로서 경매기

록에 대한 열람·복사를 신청할 수 있는 이해관계인의 범위는 다음과 같다.

1. 파산관재인이 집행당사자가 된 경우의 파산자인 채무자와 소유자

2. 최고가매수신고인과 차순위매수신고인, 매수인, 자기가 적법한 최고가 매수신고인 또는 차순위매수신고인임을 주장하는 사람으로서 매수신고시 제공한 보증을 찾아가지 아니한 매수신고인

3. 민법·상법, 그 밖의 법률에 의하여 우선변제청구권이 있는 배당요구채권자

4. 대항요건을 구비하지 못한 임차인으로서 현황조사보고서에 표시되어 있는 사람

5. 건물을 매각하는 경우의 그 대지 소유자, 대지를 매각하는 경우의 그 지상 건물 소유자

6. 가압류채권자, 가처분채권자(점유이전금지가처분 채권자를 포함한다)

7. 「부도공공건설임대주택 임차인 보호를 위한 특별법」의 규정에 의하여 부도임대주택의 임차인대표회의 또는 임차인 등으로부터 부도임대주택의 매입을 요청받은 주택매입사업시행자

② 경매기록에 대한 열람·복사를 신청하는 사람은 제1항 각 호에 규정된 이해관계인에 해당된다는 사실을 소명하여야 한다. 다만, 이해관계인에 해당한다는 사실이 기록상 분명한 때에는 그러하지 아니하다.

③ 경매기록에 대한 복사청구를 하는 때에는 경매기록 전체에 대한 복사청구를 하여서는 아니되고 경매기록 중 복사할 부분을 특정하여야 한다.

제54조 (등기촉탁서의 송부방법)

① 경매절차에서 등기촉탁서를 등기소로 송부하는 때에는 민사소송법에 규정된 송달의 방법으로 하여야 한다. 다만, 청사 내의 등기과로 송부할 때에는 법원직원에게 하도록 할 수 있으나, 이 경우에도 이해관계인이나 법무사 등에게 촉탁서를 교부하여 송달하도록 하여서는 아니 된다.

② 매수인과 부동산을 담보로 제공 받으려고 하는 사람이 등기촉탁공동신청 및 지정서를 제출한 때에는 법원사무관등은 피지정자에게 등기촉탁서 및 피지정자임을 증명할 수 있는 확인서를 교부하고 피지정자로부터 영수증을 제출받는다.

③ 등기과(소)에서 촉탁서를 접수할 때에는 제2항의 피지정자임을 증명할 수

있는 확인서를 제출받는다.

제54조의2 (경매개시결정등기촉탁서 작성시 유의사항)

① 부동산가압류채권자가 동일 채권에 기한 집행권원을 얻어 강제경매신청을 한 때에는 법원사무관등은 경매개시결정등기촉탁서 등기목적란에 '강제경매개시결정등기(○번 가압류의 본압류로의 이행)'이라고 기재한다.

② 부동산가압류채권자의 승계인이 강제경매를 신청하는 때에도 제1항의 규정을 준용하되, 괄호 안에 '○번 가압류 채권의 승계'라고 기재한다.

제55조 (매수신고 대리인 명단의 작성)

집행관은 매월 5일까지 전월 1개월간 실시된 매각기일에 매수신청의 대리를 한 사람의 성명, 주민등록번호, 주소, 직업, 본인과의 관계, 본인의 성명, 주민등록번호, 매수신청 대리를 한 횟수 등을 적은 매수신청대리인 명단을 작성하여 법원에 제출하여야 한다.

제56조 (지배인 등이 타인에게 경매배당금 수령을 위임한 경우 대리권 증명서면)

지배인 또는 이에 준하는 법률상 대리인으로부터 경매배당금 등의 수령을 위임받은 사람은 다음과 같은 서류를 제출하여야 한다.

1. 위임장
2. 법인등기사항증명서(지배인 또는 법률상 대리인에 관한 사항이 나타나야 함)
3. 「상업등기법」 제11조에 따라 발행한 인감증명서

제57조 (전자기록사건에서의 배당실시절차)

채권자가 민사소송등에서의 전자문서 이용 등에 관한 규칙 제44조 제1항에 따라 집행권원이나 그 집행력 있는 정본(이하 "집행권원 등"이라 한다)을 전자문서로 변환하여 제출한 경우에도 민사집행법 제159조의 배당을 실시할 때에는 채권자에게 집행권원 등을 전자문서가 아닌 본래의 형태로 제출하게 하여야 한다.

제58조 (전자기록사건에서 기계기구목록 등 영구보존문서의 편철)

① 전자소송 동의를 한 부동산경매신청인은 전산정보처리조직에 의하여 등기소에서 영구보존하는 문서 중 도면, 신탁원부, 공동담보목록(공동전세목록을 포함한다), 「공장 및 광업재단 저당법」 제6조에 따른 목록, 공장(광업)재단목록(이하 "영구보존문서"라 한다)을 첨부문서로 제출하는 것에 갈음하여 해당 영구보존문서

의 번호를 경매신청서에 기재할 수 있다.

② 부동산경매신청인이 영구보존문서의 번호를 기재하여 경매신청서를 제출한 경우 법원사무관등은 부동산등기시스템으로부터 해당 영구보존문서를 전송받은 후 기록에 편철할 수 있다.

부 칙

제1조(시행시기) 이 예규는 2002. 7. 1.부터 시행한다.

제2조(구 예규의 폐지) 경매절차개선을 위한 사무처리지침(재민 83−5)(재민 84−1), 부동산등의경매지침(재민 84−12), 부동산등에 대한 입찰실시에 관한 처리지침(재민 93−2), 경매·입찰 물건명세서의 작성 및 비치시 유의사항(재민 97−9) 및 경락대금 완납 후 소유권이전등기의 촉탁시 유의사항(재민 97−12)을 폐지한다. 다만, 민사집행법 부칙과 민사집행규칙 부칙의 규정에 따라 구민사소송법과 구민사소송규칙이 적용되는 집행사건에 대하여는 위 각 예규(재민 93−2 제2조 제1항 제외)를 적용한다.

부 칙(2003. 12. 31. 제943호)

이 예규는 2004. 1. 1.부터 시행한다.

부 칙(2019. 11. 15. 제1728호)

① (시행일) 이 예규는 즉시 시행한다.

② (경과조치) 이 예규는 이 예규 시행 당시 법원에 계속 중인 사건에도 적용한다.

[별지 1] 기간입찰봉투에 흠이 있는 경우 처리기준

번호	흠결사항	처리기준	비고
1	기간입찰봉투(이하, "입찰봉투"라고 한다)가 입찰기간 개시 전 제출된 경우	① 직접제출 : 접수하지 않는다.	입찰기간 개시 후에 제출하도록 한다.
		② 우편제출 : 입찰기간 개시일까지 보관하다가 개시일에 접수한다.	입찰봉투 및 기간입찰접수부(이하 "접수부"라고 한다)에 그 취지를 부기한다.
2	입찰봉투가 입찰기간 종료 후 제출된 경우	① 직접제출 : 접수하지 않는다.	지체 이유를 불문한다.
		② 우편제출 : 접수는 하되, 개찰에 포함시키지 않는다.	지체 이유를 불문한다. 입찰봉투 및 접수부에 그 취지를 부기한다.
3	입찰봉투가 봉인되지 아니한 경우	① 직접제출 : 봉인하여 제출하도록 한다.	
		② 우편제출 : 접수는 하되, 개찰에 포함시키지 않는다. 다만, 날인만 누락된 경우에는 개찰에 포함시킨다.	입찰봉투 및 접수부에 그 취지를 부기한다.
4	비치된 입찰봉투 이외의 봉투가 사용된 경우	① 직접 제출 : 접수하지 않는다.	비치된 입찰봉투를 사용하여 제출하도록 한다.
		② 우편제출 : 개찰에 포함시킨다.	
5	입찰봉투에 매각기일의 기재가 없는 경우	① 직접제출 : 접수하지 않는다.	매각기일을 기재하여 제출하도록 한다.
		② 우편제출 : 접수는 하되, 개찰에 포함시키지 않는다.	입찰봉투를 개봉하여 매각기일을 확인하여 입찰봉투에 매각기일을 기재하고, 접수부에 그 취지를 부기한다.
6	입찰봉투가 등기우편 이외의 방법으로 송부된 경우	접수는 하되, 개찰에는 포함시키지 않는다.	입찰봉투 및 접수부에 그 취지를 부기한다.
7	입찰표가 입찰봉투에 넣어지지 않고 우송된 경우	접수는 하되, 개찰에는 포함시키지 않는다.	접수부에 그 취지를 부기한다.

8	입찰봉투가 집행관 이외의 사람을 수취인으로 하여 우송된 경우	접수하고, 그중 입찰봉투가 봉인된 채로 집행관에게 회부된 경우에 한하여 개찰에 포함시킨다.	
9	입찰봉투가 범위에 접수되어 집행관 등에게 회부된 경우	① 법원에 접수된 일시가 입찰기간 내인 경우 개찰에 포함시킨다.	입찰봉투 및 접수부에 그 취지를 부기한다.
		② 법원에 접수된 일시가 입찰기간을 지난 경우 접수는 하되, 개찰에는 포함시키지 않는다.	
10	집행관 등 또는 법원직원이 입찰봉투를 착오로 개찰기일 전 개봉한 경우	즉시 다시 봉한 후 개찰에 포함시킨다.	입찰봉투 및 접수부에 그 취지를 부기한다.
11	집행관 등이나 법원 이외의 자에게 직접 제출된 경우	접수는 하되, 개찰에는 포함시키지 않는다.	입찰봉투 및 접수부에 그 취지를 부기한다.
12	접수인과 기간입찰접수부 등재 없이 입찰함에 투입된 경우	개찰에 포함시키지 않는다.	.

[별지 2] 첨부서류 등에 흠이 있는 경우의 처리기준

번호	흠결사항	처리기준	비고
1	입금증명서 또는 보증서, 법인등기사항증명서, 가족관계증명서, 공동입찰자목록이 같은 입찰봉투에 함께 봉함되지 않고 별도로 제출된 경우	① 직접제출 : 접수하지 않는다.	입찰봉투에 넣어 제출하도록 한다.
		② 우편제출 : 접수는 하되, 개찰에는 포함시키지 않는다.	클립 등으로 입찰봉투에 편철하고, 입찰봉투와 접수부에 그 취지를 부기한다.
2	입금증명서 또는 보증서, 법인등기사항증명서, 가족관계증명서, 공동입찰자목록이 누락된 경우	개찰에 포함시키지 않는다.	
3	주민등록표 등·초본이 누락되거나 발행일이 입찰기간 만료일 전 6월을 초과하는 경우	개찰에 포함시킨다.	
4	대표자나 관리인의 자격 또는 대리인의 권한을 증명하는 서면으로서 관공서에서 작성하는 증명서, 대리위임장 및 인감증명서가 누락되거나 발행일이 입찰기간 만료일 전 6월을 초과하는 경우	개찰에 포함시키지 않는다. 다만, 변호사·법무사가 임의대리인으로 입찰하는 경우 인감증명서가 붙어 있지 않더라도 개찰에 포함시킨다.	

※ 설립 중인 회사인 경우에는 발기인, 대표자, 준비행위 등의 소명자료를, 법인 아닌 사단이나 재단의 경우에는 정관 기타의 규약, 대표자 또는 관리인임을 증명하는 서면 등의 소명자료를 제출하여야 한다.

[별지 3] 기일입찰표의 유·무효 처리기준

번호	흠결사항	처리기준
1	입찰기일을 적지 아니하거나 잘못 적은 경우	입찰봉투의 기재에 의하여 그 매각기일의 것임을 특정할 수 있으면 개찰에 포함시킨다.
2	사건번호를 적지 아니한 경우	입찰봉투, 매수신청보증봉투, 위임장 등 첨부서류의 기재에 의하여 사건번호를 특정할 수 있으면 개찰에 포함시킨다.
3	매각물건이 여러 개인데, 물건번호를 적지 아니한 경우	개찰에서 제외한다. 다만, 물건의 지번·건물의 호수 등을 적거나 입찰봉투에 기재가 있어 매수신청 목적물을 특정할 수 있으면 개찰에 포함시킨다.
4	입찰자 본인 또는 대리인의 이름을 적지 아니한 경우	개찰에서 제외한다. 다만, 고무인·인장 등이 선명하여 용이하게 판독할 수 있거나, 대리인의 이름만 기재되어 있으나 위임장·인감증명서에 본인의 기재가 있는 경우에는 개찰에 포함시킨다.
5	입찰자 본인과 대리인의 주소·이름이 함께 적혀 있지만(이름 아래 날인이 있는 경우 포함) 위임장이 붙어 있지 아니한 경우	개찰에서 제외한다.
6	입찰자 본인의 주소·이름이 적혀 있고 위임장이 붙어 있지만, 대리인의 주소·이름이 적혀 있지 않은 경우	개찰에서 제외한다.
7	위임장이 붙어 있고 대리인의 주소·이름이 적혀 있으나 입찰자 본인의 주소·이름이 적혀 있지 아니한 경우	개찰에서 제외한다.
8	한 사건에서 동일인이 입찰자 본인인 동시에 다른 사람의 대리인이거나, 동일인이 2인 이상의 대리인을 겸하는 경우	쌍방의 입찰을 개찰에서 제외한다.
9	입찰자 본인 또는 대리인의 주소나 이름이 위임장 기재와 다른 경우	이름이 다른 경우에는 개찰에서 제외한다. 다만, 이름이 같고 주소만 다른 경우에는 개찰에 포함시킨다.

10	입찰자가 법인인 경우 대표자의 이름을 적지 아니한 경우(날인만 있는 경우도 포함)	개찰에서 제외한다. 다만, 법인등기사항증명서로 그 자리에서 자격을 확인할 수 있거나, 고무인·인장 등이 선명하며 용이하게 판독할 수 있는 경우에는 개찰에 포함시킨다.
11	입찰자 본인 또는 대리인의 이름 다음에 날인이 없는 경우	개찰에 포함시킨다.
12	입찰가격의 기재를 정정한 경우	정정인 날인 여부를 불문하고, 개찰에서 제외한다.
13	입찰가격의 기재가 불명확한 경우(예, 5와 8, 7과 9, 0과 6 등)	개찰에서 제외한다.
14	보증금액의 기재가 없거나 그 기재된 보증금액이 매수신청보증과 다른 경우	매수신청보증봉투 또는 보증서에 의해 정하여진 매수신청보증 이상의 보증제공이 확인되는 경우에는 개찰에 포함시킨다.
15	보증금액을 정정하고 정정인이 없는 경우	
16	하나의 물건에 대하여 같은 사람이 여러 장의 입찰표 또는 입찰봉투를 제출한 경우	입찰표 모두를 개찰에서 제외한다.
17	보증의 제공방법에 관한 기재가 없거나 기간입찰표를 작성·제출한 경우	개찰에 포함시킨다.
18	위임장은 붙어 있으나 위임장이 사문서로서 인감증명서가 붙어 있지 아니한 경우, 위임장과 인감증명서의 인영이 다른 경우	개찰에서 제외한다. 다만, 변호사·법무사가 임의대리인으로 입찰하는 경우 인감증명서가 붙어 있지 않더라도 개찰에 포함시킨다.

[별지 4] 기간입찰표의 유·무효 처리기준

번호	흠결사항	처리기준
1	매각기일을 적지 아니하거나 잘못 적은 경우	입찰봉투의 기재에 의하여 그 매각기일의 것임을 특정할 수 있으면 개찰에 포함시킨다.
2	사건번호를 적지 아니한 경우	입찰봉투, 보증서, 입금증명서 등 첨부서류의 기재에 의하여 사건번호를 특정할 수 있으면 개찰에 포함시킨다.
3	매각물건이 여러 개인데, 물건번호를 적지 아니한 경우	개찰에서 제외한다. 다만, 물건의 지번·건물의 호수 등을 적거나 보증서, 입금증명서 등 첨부서류의 기재에 의하여 특정할 수 있는 경우에는 개찰에 포함시킨다.
4	입찰자 본인 또는 대리인의 이름을 적지 아니한 경우	개찰에서 제외한다. 다만, 고무인·인장 등이 선명하여 용이하게 판독할 수 있거나, 대리인의 이름만 기재되어 있으나 위임장·인감증명서에 본인의 기재가 있는 경우에는 개찰에 포함시킨다.
5	입찰자 본인과 대리인의 주소·이름이 함께 적혀 있지만(이름 아래 날인이 있는 경우 포함) 위임장이 붙어 있지 아니한 경우	개찰에서 제외한다.
6	입찰자 본인의 주소·이름이 적혀 있고 위임장이 붙어 있지만, 대리인의 주소·이름이 적혀 있지 않은 경우	개찰에서 제외한다.
7	위임장이 붙어 있고 대리인의 주소·이름이 적혀 있으나 입찰자 본인의 주소·이름이 적혀 있지 아니한 경우	개찰에서 제외한다.
8	한 사건에서 동일인이 입찰자 본인인 동시에 다른 사람의 대리인이거나, 동일인이 2인 이상의 대리인을 겸하는 경우	쌍방의 입찰을 개찰에서 제외한다.
9	입찰자 본인 또는 대리인의 주소나 이름이 위임장 기재와 다른 경우	이름이 다른 경우에는 개찰에서 제외한다. 이름이 같고 주소만 다른 경우에는 개찰에 포함시킨다.

10	입찰자가 법인인 경우 대표자의 이름을 적지 아니한 경우(날인만 있는 경우도 포함)	개찰에서 제외한다. 다만, 법인등기사항증명서로 그 자리에서 자격을 확인할 수 있거나, 고무인·인장 등이 선명하며 용이하게 판독할 수 있는 경우에는 개찰에 포함시킨다.
11	입찰자 본인 또는 대리인의 이름 다음에 날인이 없는 경우	개찰에 포함시킨다.
12	입찰가격의 기재를 정정한 경우	정정인 날인 여부를 불문하고, 개찰에서 제외한다.
13	입찰가격의 기재가 불명확한 경우 (예, 5와 8, 7과 9, 0과 6 등)	개찰에서 제외한다.
14	보증금액의 기재가 없거나 그 기재된 보증금액이 매수신청보증과 다른 경우	보증서 또는 입금증명서에 의해 정하여진 매수신청보증 이상의 보증제공이 확인되는 경우에는 개찰에 포함시킨다.
15	보증금액을 정정하고 정정인이 없는 경우	
16	하나의 물건에 대하여 같은 사람이 여러 장의 입찰표 또는 입찰봉투를 제출한 경우	입찰표 모두를 개찰에서 제외한다.
17	보증의 제공방법에 관한 기재가 없거나 기일입찰표를 작성·제출한 경우	개찰에 포함시킨다.
18	위임장은 붙어 있으나 위임장이 사문서로서 인감증명서가 붙어 있지 아니한 경우, 위임장과 인감증명서의 인영이 다른 경우	개찰에서 제외한다. 다만, 변호사·법무사가 임의대리인으로 입찰하는 경우 인감증명서가 붙어 있지 않더라도 개찰에 포함시킨다.
19	매각물건이 여러 개인데 입찰표에는 물건번호를 특정하여 기재하였으나 보증서에는 물건번호 기재가 누락된 경우	집행법원이 정한 보증금액과 비교하여 당해 매각물건에 관하여 발행된 보증서라는 것이 명백한 경우 개찰에 포함시킨다.
20	입금증명서와 함께 붙어 있는 법원보관금 영수필통지서에 보관금종류가 기간입찰 매수신청보증금으로 기재되어 있지 않고 경매예납금 등으로 기재된 경우	개찰에 포함시키고, 집행관은 취급점에 법원보관금 종류 정정 통지서를 작성하여 즉시 통지하고 납입 여부를 확인한다.

[별지 5] 보증서의 무효사유

번호	무효사유
1	보증서상 보험계약자의 이름과 입찰표상 입찰자 본인의 이름이 불일치하는 경우
2	보험가입금액이 매수신청보증액에 미달하는 경우
3	보증서상의 사건번호와 입찰표상의 사건번호가 불일치하는 경우
4	입찰자가 금융기관 또는 보험회사인 경우에 자기를 지급보증위탁계약의 쌍방 당사자로 하는 보증서를 제출한 경우
5	지급보증위탁계약상의 보증인이 「은행법」의 규정에 따른 금융기관 또는 보증보험업의 허가를 받은 보험회사가 아닌 경우

[2] 경매절차진행사실의 주택임차인에 대한 통지

[2002. 6. 26. 예규 제866-42호]

경매법원은 집행관의 현황조사보고서 등의 기재에 의하여 주택임차인으로 판명된자, 주택임차인인지 여부가 명백하지 아니한 자 또는 주택임차인으로 권리신고를 하고 배당요구를 하지 아니한 자에 대하여 별지 통지서 양식을 송부하여 주택임대차보호법 제3조 제1항 소정의 소액임차인이라도 배당요구종기까지 배당요구를 하여야만 우선변제를 받을 수 있음을 고지하여 주시기 바랍니다.

부 칙(2002. 6. 26. 제866호)

이 예규는 2002. 7. 1.부터 시행한다. 다만, 2002. 7. 1. 전에 접수된 사건에 대하여는 이 예규를 적용하지 아니한다.

○ ○ 지 방 법 원

[담당 : 경매   계]

통 지 서

사   건   타경   부동산강제(임의)경매

채 권 자

채 무 자

소 유 자

부동산의 표시   별지와 같음

1. 별지 기재 부동산에 관하여 위와 같이 매각절차가 진행중임을 알려드립니다.

2. 귀하가 소액임차인 또는 확정일자를 갖춘 임차인인 때에는 다음 사항을 유의하시기 바랍니다.

　가. 귀하의 임차보증금이 수동권정비계획법에 의한 수도권 중 과밀억제권역

(수도권정비계획법 시행령 9조 별표 1 참조)에서는 4,000만원, 광역시(군지역과 인천광역시 지역을 제외한다)에서는 3,500만원, 그 밖의 지역에서는 3,000만원 이하이고, 주택임 대차보호법 제8조 제1항 소정의 소액임차인으로서의 요건을 갖추고 있는 경우에는 배당요구종기인 . . .까지 이 법원에 배당요구를 하여야만 매각대금으로부터 보증금 중 일정액을 우선변제받을 수 있습니다. 다만 최선수위 담보물권이 2001. 9. 15. 이전에 설정된 경우에는 위 임차보증금의 범위가 특변시 및 광역시(군지역은 제외)에서는 3,000만원 이하, 기타의 지역에서는 2,000만원 이하로 됩니다.

나. 귀하가 주택임대차보호법 제3조 제1항 소정의 대항요건과 임대차계약상 의 확정일자를 갖춘 임차인인 경우에는 이 법원에 배당요구종기인 . . .까 지 배당요구를 하여야만 매각대금으로부터 후순위권리자 기타 채권자에 우선하 여 보증금을 변제받을 수 있습니다.

다. 배당요구는 임대차계약서(확정일자를 갖춘 임차인의 경우에는 임대차계약서가 공정증서로 작성되거나 임대차계약서에 확정일자가 찍혀 있어야 한다)사본, 주민등록표등 본(임차인 본인의 전입일자 및 임차인의 동거가족이 표시된 것이어야 한다) 및 연체된 차 임 등이 있을 때에는 이를 공제한 잔여보증금에 대한 계산서를 첨부하여 위 경 매사건의 배당요구종기까지 이 법원에 제출하여야 하고, 만일 배당요구를 하지 아니하거나 배당요구를 하더라도 임차권등기를 경료함이 없이 배당요구종기 이 전에 임차주택에서 다른 곳으로 이사가거나 주민등록을 전출하여 대항요건을 상 실한 경우에는 우선변제를 받을 수 없습니다. 다만, 배당요구의 종기가 연기된 경우에는 연기된 배당요구의 종기까지 대항요건을 계속 구비하여야 합니다.

3. 귀하가 소액임차인 또는 확정일자를 갖춘 임차인에 해당되지 않는 때에 는 일반채권자와 마찬가지로 첫경매개시결정등기 후의 가압류채권자 또는 집행 력있는 정본을 가진 채권자로서 가압류등기된 등기부등본 또는 집행력있는 정본 이나 그 사본을 첨부하여 배당요구종기까지 배당요구를 하거나 첫 경매개시결정 등기 전에 가압류집행을 한 경우에 한하여 배당을 받을 수 있습니다.

. . . .

법원사무관   ○ ○ ○

[3] 부동산경매의 절차도

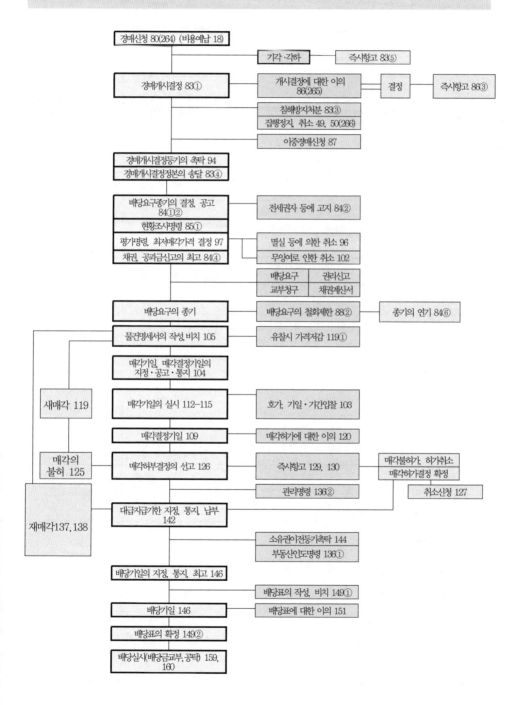

경매신청 80(264) (비용예납 18)

기각·각하 ─ 즉시항고 83⑤

경매개시결정 83①

개시결정에 대한 이의 86(265) ─ 결정 ─ 즉시항고 86③

침해방지처분 83③
집행정지, 취소 49, 50(266)

이중경매신청 87

경매개시결정등기의 촉탁 94
경매개시결정정본의 송달 83④

배당요구종기의 결정, 공고 84①②

전세권자 등에 고지 84②

현황조사명령 85①

평가명령, 최저매각가격 결정 97

멸실 등에 의한 취소 96
무잉여로 인한 취소 102

채권, 공과금신고의 최고 84④

배당요구 │ 권리신고
교부청구 │ 채권계산서

배당요구의 종기

배당요구의 철회제한 88② ─ 종기의 연기 84⑥

물건명세서의 작성, 비치 105

유찰시 가격저감 119①

매각기일, 매각결정기일의 지정·공고·통지 104

새매각 119

매각기일의 실시 112~115

호가, 기일·기간입찰 103

매각결정기일 109

매각허가에 대한 이의 120

매각의 불허 125

매각허부결정의 선고 126

즉시항고 129, 130

매각불허가, 허가취소
매각허가결정 확정

관리명령 136②

취소신청 127

재매각137, 138

대급지급기한 지정, 통지, 납부 142

소유권이전등기촉탁 144
부동산인도명령 136①

배당기일의 지정, 통지, 최고 146

배당표의 작성, 비치 149①

배당기일 146

배당표에 대한 이의 151

배당표의 확정 149②

배당실시(배당금교부, 공탁) 159, 160

[4] 부동산경매진행기간표

(참고표) 〈2002. 06. 27. 송무예규 제867호〉

종 류	기산일	기 간	비 고
경매신청서 접수		접수 당일	법 §80, 264①
미등기건물 조사명령	신청일로부터	3일 안(조사기간은 2주 안)	법 §81③④, 82
개시결정 및 등기촉탁	접수일로부터	2일 안	법 §83, 94, 268
채무자에 대한 개시 결정의 송달	임의경매 : 개시결정일부터 강제경매 : 등기필증 접수일부터	3일 안	법 §83, 268
현황조사명령	임의경매 : 개시결정일부터 강제경매 : 등기필증 접수일부터	3일 안(조사기간은 2주 안)	법 §85, 268
평가명령	임의경매 : 개시결정일부터 강제경매 : 등기필증 접수일부터	3일 안(평가기간은 2주 안)	법 §97 ①, 268
배당요구종기결정 배당요구종기등의 공고·고지	등기필증 접수일부터	3일 안	법 §84①②③, 268
배당요구종기	배당요구종기결정일부터	2월 후 3월 안	법 §84①⑥, 법 §87③, 268
채권신고의 최고	배당요구종기결정일부터	3일 안(최고기간은 배당요구종기까지)	법 §84④
최고경매기일· 매각결정기일의 지정· 공고(신문공고의뢰) 이해관계인에 대한 통지	배당요구종기부터	1월 안	법§104, 268
매각물건명세서의 작성, 그 사본 및 현황조사 보고서·평가서사본의 비치		매각기일(입찰기간 개시일) 1주 전까지	법 §105②, 268, 규 §55

최초매각기일	공고일부터	2주 후 20일 안	규 §56
새매각기일· 새매각결정기일 또는 재매각기일· 재매각결정기일의 지정·공고 이해관계인에 대한 통지	사유발생일부터	1주 안	법 §119, 138, 268
새 매각 또는 재매각기일	공고일부터	2주 후 20일 안	법 §119, 138, 268, 규 §56
배당요구의 통지	배당요구일부터	3일 안	법 §89, 268
매각실시		매각기일	법 §112, 268
매각기일조서 및 보증금 등의 인도	매각기일부터	1일 안	법 §117, 268
매각결정기일	매각기일부터	1주 안	법 §109①, 268
매각허부결정의 선고		매각결정기일	법 §109②, 126①, 268
차순위매수신고인에 대한 매각결정기일의 지정 이해관계인의 통지	최초의 대금지급기한 후	3일 안	법 §104① ②, 137①, 268
차순위매수신고인에 대한 매각결정기일	최초의 대금지급기한 후	2주 안	법 §109①, 137①, 268
매각부동산 관리명령	신청일부터	2일 안	법 §136②, 268
대금지급기한의 지정 및 통지	매각허가결정확정일 또는 상소법원으로부터 기록송부를 받은 날부터	3일 안	법 §142①, 268 규 §78, 194
대금지급기한	매각허가결정확정일 또는 상소법원으로부터 기록송부를 받은 날부터	1월 안	규 §78, 194
매각부동산 인도명령	신청일부터	3일 안	법 §136①, 268
배당기일의 지정· 통지계산서 제출의 최고	대금납부 후	3일 안	법 §146, 268 규 §81

배당기일	대금납부 후	4주 안	법 §146, 268
배당표의 작성 및 비치		배당기일 3일 전까지	법 §149①, 268
배당표의 확정 및 배당실시		배당기일	법 §149②, 159, 268
배당조서의 작성	배당기일부터	3일 안	법 §159④, 268
배당액의 공탁 또는 계좌입금	배당기일부터	10일 안	법 §160, 268 규 §82
매수인 앞으로 소유권이전등기 등 촉탁	서류제출일부터	3일 안	법 §144, 268
기록 인계	배당액의 출급, 공탁 또는 계좌입금 완료 후	5일 안	

판례색인

사항색인

[學歷 및 經歷]

- 단국대학교 일반대학원 법학박사 과정수료 법학박사(민사법 전공)
- Northwestern University School of Law Master of Laws(미국 법학석사)
- Visiting Scholar University of Washington
- 한국금융연수원(전국은행 연수기관) 자문교수
- 한국연구재단 학술서 심사위원
- 한국교시 민법긴문위원
- KBS-TV, 매일경제신문 등 출연
- 충남도청 평생교육원장 채용 면접위원
- 한국법학회 최우수 논문상 수상
- 사)한국지적재산권 법제연구원 책임연구원
- 단국대학교 지역경제연구소 자문위원
- 한국산업인력공단/국민건강관리공단 외래교수
- 천안시청 자문위원
- 대전지방법원 천안지원 민사·가사 조정위원
- 소방공무원 경력직(변호사)채용 면접위원
- 법무부 법 교육 강사
- 건국대·중앙대·성균관대·한양대 등 외래교수
- 한세대학교 민법 전임교수
- 한국대학협의회 출제위원 등
- 건국대학교 법학과 Best Teaching Award 수상
- 한국부동산경매법제연구원 인정
- 한국부동산법학회 부회장/편집위원
- 한국부동산학회 경기권 회장/편집위원
- 한국법학회 수석부회장/편집위원
- 한국부동산경매학회 초대회장
- 사)한국법학회 제20대 회장
- 단국대학교 특수대학원 특수법무학과 주임교수
- 단국대학교 법정대학 법무행정학과 교수/학과장

[主要 著書 및 論文]

- 「민법강의」
- 「법학원론」
- 「민법총칙」
- 「민법 및 민사특별법」
- 「민법이론」
- 「부동산경매론」
- 「부동산권리분석과 법 실무」
- 「American Law」
- 「민법과 민사집행법의 관계」
- 「민법연습」
- 「부동산집행법과 사례분석」
- 「부동산경매 제1권~제2권」
- 「부동산 사법」
- 「선의취득의 요건에 관한 연구」
- 「미국주택임대차에서 의무위반의 구제에 대한 고찰」
- 「저당권 실행에 관한 연구」
- 「불법행위에 따른 손해배상의 범위에 대한 고찰」
- 「민법의 상린관계와 건축법의 접점에 관한 연구」

民事訴訟에서　民事執行까지(Ⅱ) ― 民事訴訟에서　不動産執行까지 ―

초판발행　　2021년 12월 1일

지은이　　　전장헌
펴낸이　　　안종만·안상준

편　집　　　박가온
기획/마케팅　오치웅
표지디자인　이수빈
제　작　　　고철민·조영환

펴낸곳　　　㈜ **박영사**
　　　　　　서울특별시 금천구 가산디지털2로 53, 210호(가산동, 한라시그마밸리
　　　　　　등록　1959. 3. 11. 제300-1959-1호(倫)
전　화　　　02)733-6771
ｆａｘ　　　02)736-4818
e-mail　　　pys@pybook.co.kr
homepage　www.pybook.co.kr
ISBN　　　979-11-303-3725-8　93360

＊파본은 구입하신 곳에서 교환해 드립니다. 본서의 무단복제행위를 금합니다.

정　가　　　47,000원